KB250939

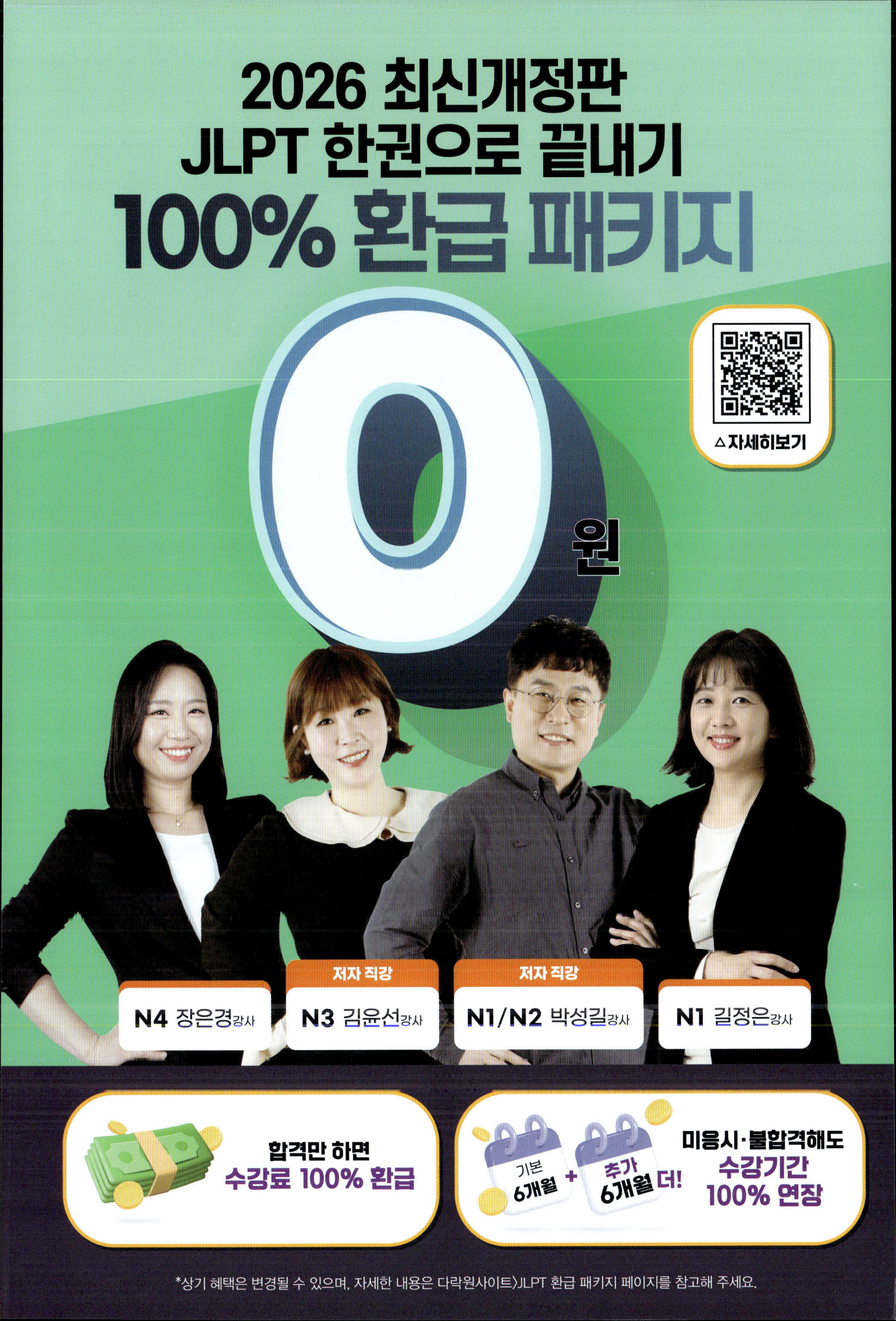

JLPT 한 권으로 끝내기

이치우, 기타지마 치즈코, 박성길, 도리이 마이코 공저

다락원

JLPT 일본어능력시험
한권으로 끝내기 N2

지은이 이치우, 기타지마 치즈코, 박성길, 도리이 마이코
펴낸이 정규도
펴낸곳 (주)다락원

1판 1쇄 발행 1998년 7월 15일
2판 1쇄 발행 2005년 8월 10일
3판 1쇄 발행 2010년 8월 19일
4판 1쇄 발행 2015년 12월 21일
5판 1쇄 발행 2021년 9월 30일
6판 1쇄 발행 2026년 3월 24일
6판 2쇄 발행 2026년 4월 17일

편집장 송화록
편집 이지현, 손명숙
디자인 장미연, 최예원(표지), 이승현
일러스트 생성형 AI(ChatGPT) 활용

다락원 경기도 파주시 문발로 211
내용문의: (02)736-2031 내선 460~465
구입문의: (02)736-2031 내선 250~252
Fax: (02)732-2037
출판등록 1977년 9월 16일 제406-2008-000007호

ISBN   978-89-277-1334-0 14730
       978-89-277-1332-6(세트)

http://www.darakwon.co.kr

- 다락원 홈페이지를 방문하시면 상세한 출판 정보와 함께 동영상강좌, MP3 자료 등 다양한 어학 정보를 얻으실 수 있습니다.
- 다락원 홈페이지 또는 표지의 QR코드를 스캔하시면 MP3 파일 및 관련 자료를 다운로드하실 수 있습니다.

JLPT(일본어능력시험)는 일본어를 모국어로 하지 않는 학습자들의 일본어 능력을 측정하고 인정하는 것을 목적으로 하는 시험으로, 국제교류기금 및 일본국제교육지원협회가 1984년부터 실시하고 있습니다. JLPT는 일본 정부가 공인하는 세계 유일의 일본어 시험인 만큼 그 결과는 일본의 대학, 전문학교, 국내 대학의 일본어과 등의 특차 전형과 기업 인사 및 공무원 선발에서 일본어 능력을 평가하는 자료로도 활용되고 있습니다.

JLPT의 수험자층은 초등학생에서 일반인으로 그 폭이 넓어지고 있고 수험의 목적도 실력 측정이나 취직 및 승진을 위해서 대학이나 대학원 등의 진학을 위해서 등등 다양해지고 있습니다. 이와 같은 변화에 대응하여 국제교류기금과 일본국제교육지원협회는 시험 개시로부터 20년 넘게 발전해 온 일본어 교육학이나 테스트 이론의 연구 성과와 지금까지 축적해 온 시험 결과의 데이터 등을 활용하여 JLPT의 내용을 개정하어 2010년부터 새로운 JLPT를 실시하고 있습니다.

『JLPT 한권으로 끝내기 N2』는 2021년에 발행된 『JLPT(일본어능력시험) 한권으로 끝내기 N2』의 개정판으로, 실제 시험 문제와 같은 형식인 1교시 언어지식(문자·어휘·문법)·독해, 2교시 청해 순으로 구성되어 있습니다. 이번 개정판에서는 JLPT N2에서 고득점을 받을 수 있도록 문자·어휘, 문법, 독해, 청해의 각 파트별 총정리는 물론, 예상문제와 실전모의테스트까지 준비하였습니다. 또한 2010년부터 현재까지 출제된 어휘와 문법을 연도별로 정리하였고, 새롭게 출제된 문제 유형을 철저히 분석 및 반영하여 JLPT N2의 모든 파트를 종합적으로 마스터할 수 있도록 하였습니다. 또한 해설집의 풀이와 단어 정리를 보강하여 학습의 편의성을 높였습니다.

이 책을 이용하는 독자 여러분 모두에게 아무쪼록 좋은 결과가 있기를 바랍니다. 끝으로 이 책의 출판에 도움을 주신 (주)다락원의 정규도 사장님과 일본어 편집부 지원분들께 이 자리를 빌어 감사 드립니다.

저자 일동

JLPT (일본어능력시험)에 대하여

❶ JLPT의 레벨

N1, N2, N3, N4, N5로 나뉘어져 있으며 수험자가 자신에게 맞는 레벨을 선택한다. 각 레벨에 따라 N1~N2는 언어지식(문자·어휘·문법)·독해, 청해의 두 섹션으로, N3~N5는 언어지식(문자·어휘), 언어지식(문법)·독해, 청해의 세 섹션으로 나뉘어져 있다.

시험 과목과 시험 시간 및 인정기준은 다음과 같으며, 인정기준을 「읽기」,「듣기」의 언어 행동으로 나타낸다. 각 레벨에는 이들 언어행동을 실현하기 위한 언어지식이 필요하다.

레벨	과목별 시간		인정기준
	유형별	시간	
N1	언어지식(문자·어휘·문법) 독해	110분	**폭넓은 장면에서 사용되는 일본어를 이해할 수 있다.** 【읽기】 신문의 논설, 논평 등 논리적으로 약간 복잡한 문장이나 추상도가 높은 문장 등을 읽고, 문장의 구성과 내용을 이해할 수 있으며, 다양한 화제의 글을 읽고 이야기의 흐름이나 상세한 표현의도를 이해할 수 있다.
	청해	60분	
	계	170분	【듣기】 자연스러운 속도로 체계적 내용의 회화나 뉴스, 강의를 듣고, 내용의 흐름 및 등장인물의 관계나 내용의 논리구성 등을 상세히 이해하거나 요지를 파악할 수 있다.
N2	언어지식(문자·어휘·문법) 독해	105분	**일상적인 장면에서 사용되는 일본어의 이해에 더해, 보다 폭넓은 장면에서 사용되는 일본어를 어느 정도 이해할 수 있다.** 【읽기】 신문이나 잡지의 기사나 해설, 평이한 평론 등, 논지가 명쾌한 문장을 읽고 문장의 내용을 이해할 수 있으며, 일반적인 화제에 관한 글을 읽고 이야기의 흐름이나 표현의도를 이해할 수 있다.
	청해	55분	
	계	160분	【듣기】 자연스러운 속도로 체계적 내용의 회화나 뉴스를 듣고, 내용의 흐름 및 등장인물의 관계를 이해하거나 요지를 파악할 수 있다.
N3	언어지식(문자·어휘)	30분	**일상적인 장면에서 사용되는 일본어를 어느 정도 이해할 수 있다.** 【읽기】 일상적인 화제에 구체적인 내용을 나타내는 문장을 읽고 이해할 수 있으며, 신문 기사 제목 등에서 정보의 개요를 파악할 수 있다. 일상적인 장면에서 난이도가 약간 높은 문장은 대체 표현이 주어지면 요지를 이해할 수 있다.
	언어지식(문법)·독해	70분	
	청해	45분	
	계	145분	【듣기】 자연스러운 속도로 체계적 내용의 회화를 듣고, 이야기의 구체적인 내용을 등장인물의 관계 등과 함께 거의 이해할 수 있다.
N4	언어지식(문자·어휘)	25분	**기본적인 일본어를 이해할 수 있다.** 【읽기】 기본적인 어휘나 한자로 쓰여진, 일상생활에서 흔하게 일어나는 화제의 문장을 읽고 이해할 수 있다.
	언어지식(문법)·독해	55분	
	청해	40분	【듣기】 일상적인 장면에서 다소 느린 속도의 회화라면 내용을 거의 이해할 수 있다.
	계	120분	
N5	언어지식(문자·어휘)	20분	**기본적인 일본어를 어느 정도 이해할 수 있다.** 【읽기】 히라가나나 가타카나, 일상생활에서 사용되는 기본적인 한자로 쓰여진 정형화된 어구나 문장을 읽고 이해할 수 있다.
	언어지식(문법)·독해	40분	
	청해	35분	【듣기】 일상생활에서 자주 접하는 장면에서 느리고 짧은 회화라면 필요한 정보를 얻어낼 수 있다.
	계	95분	

※N3 ~ N5 의 경우, 1교시에 언어지식(문자·어휘)과 언어지식(문법)·독해가 이어서 실시된다.

❷ 시험 결과의 표시

레벨	득점 구분	득점 범위
N1	언어지식(문자·어휘·문법)	0 ~ 60
	독해	0 ~ 60
	청해	0 ~ 60
	종합득점	0 ~ 180
N2	언어지식(문자·어휘·문법)	0 ~ 60
	독해	0 ~ 60
	청해	0 ~ 60
	종합득점	0 ~ 180
N3	언어지식(문자·어휘·문법)	0 ~ 60
	독해	0 ~ 60
	청해	0 ~ 60
	종합득점	0 ~ 180
N4	언어지식(문자·어휘·문법)·독해	0 ~ 120
	청해	0 ~ 60
	종합득점	0 ~ 180
N5	언어지식(문자·어휘·문법)·독해	0 ~ 120
	청해	0 ~ 60
	종합득점	0 ~ 180

※ 일본어능력시험은 매회 시험의 난이도를 관리하고, 새로운 유형의 문제를 평가하기 위해 득점에 가산되지 않는 문제를 포함할 수 있다.

❸ 시험 결과 통지의 예

다음 예와 같이 ① '득점 구분 별 득점'과 득점 구분 별 득점을 합계한 ② '종합득점', 앞으로의 일본어 학습을 위한 ③ '참고 정보'를 통지한다. ③ '참고 정보'는 합격/불합격 판정 대상이 아니다.

*예 : N3을 수험한 Y씨의 '합격/불합격 통지서'의 일부 성적 정보 (실제 서식은 변경될 수 있다.)

① 득점 구분 별 득점			② 종합득점
언어지식 (문자·어휘·문법)	독해	청해	
50 / 60	30 / 60	40 / 60	120 / 180

③ 참고 정보	
문자·어휘	문법
A	C

A 매우 잘했음 (정답률 67% 이상)
B 잘했음 (정답률 34%이상 67% 미만)
C 그다지 잘하지 못했음 (정답률 34% 미만)

이 책의 **구성과 활용**

이 책은 2010년부터 시행된 JLPT N2를 완벽하게 대응할 수 있도록 출제 경향 및 문제 유형을 철저히 분석하여 종합적으로 정리한 학습서이다. 이번 개정판에서는 최신 기출 어휘, 문법과 함께 새 문제 경향에 대비한 문제도 함께 추가하였다. 전체 구성은 본책 〈1교시 끝내기 – 언어지식(문자·어휘·문법) / 독해〉, 〈2교시 끝내기 – 청해〉와 〈실전모의테스트〉, 별책부록 〈해설집〉과 〈스피드 체크북〉으로 이루어져 있다.

1 교시 끝내기   언어지식(문자·어휘·문법) / 독해

제1~2장 언어지식
– 문자·어휘 기출 공략편/예상 공략편

제1장은 문자·어휘 기출 공략편으로 JLPT N2에 출제된 기출 어휘를 연도별로 나누어 정리하고 확인문제를 실었다. 제2장에서는 출제 가능성이 높은 어휘를 품사별로 나누어 정리하고 문제별 예상문제를 통해 학습한 내용을 다시 한번 확인할 수 있도록 구성하였다.

기출 어휘 MP3 파일은 다락원 홈페이지에서 다운로드할 수 있으며, 표지의 QR코드를 스캔하면 쉽게 스마트폰으로 접속하여 음성을 들을 수 있다.

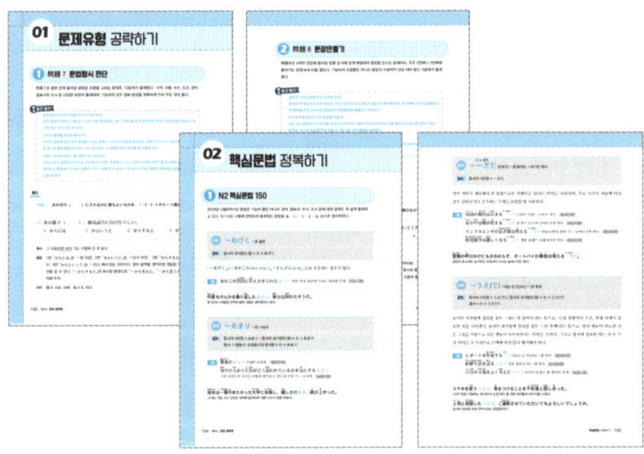

제3장 언어지식 – 문법 공략편

JLPT N2 대비용으로 선정한 150개의 문형을 あいうえお 순으로 수록하고, 출제 가능성이 높은 경어와 접속어 등도 같이 정리하였다. 또한 문제 유형에 맞추어 제시한 문법 확인문제를 통해 복습할 수 있도록 구성하였다.

제4장 독해 공략편

JLPT N2 독해 문제의 유형 분석과 함께 문제를 푸는 요령을 정리하였다. 각 문제 유형별로 예제를 통해 실전 감각을 익히고, 다양한 연습문제를 통해 실전에 대비할 수 있도록 하였다.

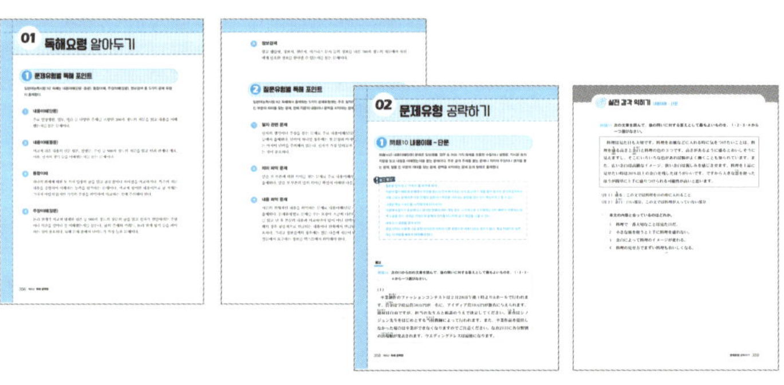

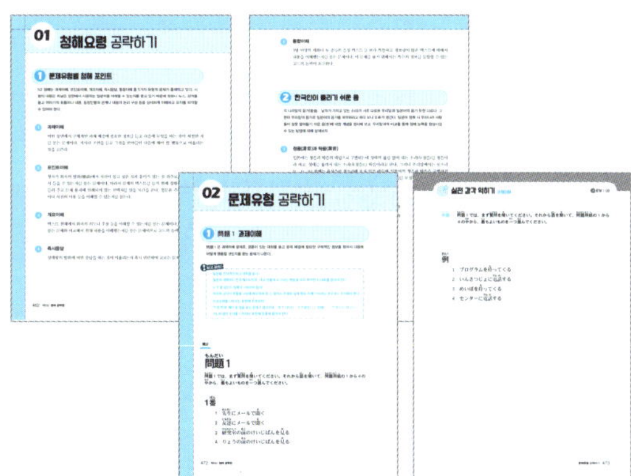

제5장 청해 공략편

우리나라 사람들이 알아 듣기 힘든 발음을 항목별로 정리하고 원어민 음성을 통해 요령을 터득할 수 있도록 하였다. 또한 각 문제 유형별로 예제를 통해 실전 감각을 익히고, 다양한 확인문제를 통해 실전에 대비할 수 있도록 하였다.

청해 MP3 파일은 다락원 홈페이지에서 다운로드할 수 있으며, 표지의 QR코드를 스캔하면 쉽게 스마트폰으로 접속하여 음성을 들을 수 있다.

실전모의테스트

실전모의테스트 (2회분)

실제 시험과 동일한 형식의 모의테스트가 2회분 수록되어 있다. 모의테스트를 통해 학습한 내용을 최종적으로 점검하고 함께 수록된 채점표를 통해 본 시험에서의 예상 점수를 확인해 볼 수 있다.
청해 파트의 MP3 음성은 다락원 홈페이지 혹은 표지의 QR 코드를 통해 내려받을 수 있다.

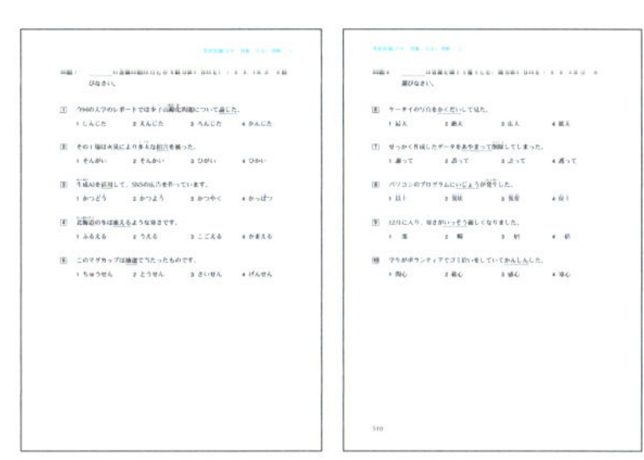

별책 부록

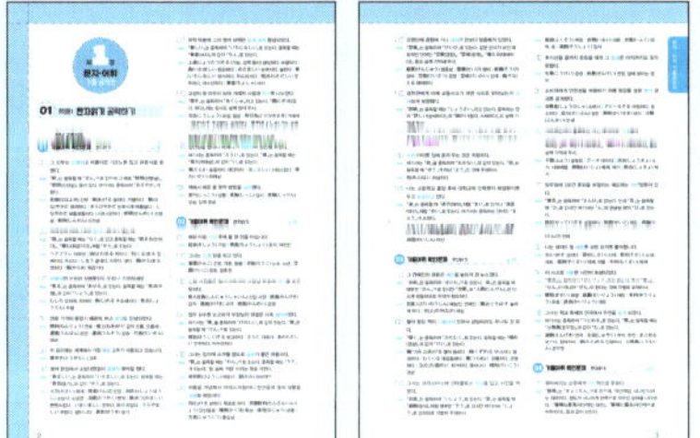

해설집

학습의 이해도와 능률을 높이기 위하여 각 단원별로 확인문제의 해석과 해실, 독해 시문의 해석 및 성납과 해실, 청해 스크립트 및 성납과 해실, 실전모의테스트의 해석 및 정답과 해설을 실었다. 함께 실은 해답용지를 이용하여 사전에 해답 기재 요령을 익힐 수 있다. 해석 및 해설집은 문제를 풀고 확인하기 편리하게끔 별책으로 제공한다.

스피드 체크북

문자·어휘 파트에서 출제된 어휘를 각 문제 유형별로 나누고 あいうえお 순으로 정리하였다. 문법에서는 핵심문법 150개를 실어 평소 자투리 시간을 이용하여 공부할 수 있으며, 시험 당일 최종 점검용으로도 활용할 수 있다.

목차

머리말 3

JLPT(일본어능력시험)에 대하여 4

이 책의 구성과 활용 6

1교시 끝내기 언어지식(문자·어휘·문법) / 독해

문자·어휘 – 기출 공략편

제 1 장

01 **問題 1 한자읽기 공략하기** 14
[문제유형 완전분석 / 한자읽기 기출어휘 / 기출어휘 확인문제]

02 **問題 2 표기 공략하기** 34
[문제유형 완전분석 / 표기 기출어휘 / 기출어휘 확인문제]

03 **問題 3 단어형성 공략하기** 54
[문제유형 완전분석 / 단어형성 기출어휘 / 기출어휘 확인문제]

04 **問題 4 문맥구성 공략하기** 65
[문제유형 완전분석 / 문맥구성 기출어휘 / 기출어휘 확인문제]

05 **問題 5 유의표현 공략하기** 91
[문제유형 완전분석 / 유의표현 기출어휘 / 기출어휘 확인문제]

06 **問題 6 용법 공략하기** 115
[문제유형 완전분석 / 용법 기출어휘 / 기출어휘 확인문제]

문자·어휘 – 예상 공략편

제 2 장

01 **예상어휘 공략하기** 136
[명사 / 동사 / い형용사 / な형용사 / 접두어 / 접미어 / 복합동사 / 부사 /
외래어 / 유의어]

[예상어휘 확인문제] 172

문법 공략편

제 3 장

01 **문제유형 공략하기** 190
[問題 7 문법형식 판단 / 問題 8 문장만들기 / 問題 9 글의 문법]

02 **핵심문법 정복하기** 194
[N2 핵심문법 150 / 경어 / 사역·수동·수수 표현 / 지시어·접속어]

독해 공략편

제
4
장

01   **독해요령 알아두기** ———— 356

02   **문제유형 공략하기** ———— 358

[問題10 내용이해–단문 / 問題11 내용이해–중문 / 問題12 통합이해
問題13 주장이해–장문 / 問題14 정보검색]

2 교시 끝내기 청해

청해 공략편

제
5
장

01   **청해요령 알아두기** ———— 462

02   **문제유형 공략하기** ———— 472

[問題1 과제이해 / 問題2 포인트이해 / 問題3 개요이해
問題4 즉시응답 / 問題5 통합이해]

실전모의테스트

제1회 실전모의테스트 ———— 507

제2회 실전모의테스트 ———— 559

별책 1

해설집

문자·어휘 기출 공략편
분자·어휘 예상 공략편
문법 공략편
독해 공략편
청해 공략편
실전모의테스트
해답용지

별책 2

스피드 체크북

01   언어지식 문자·어휘 직전 체크!
한자읽기 기출어휘
표기 기출어휘
단어형성 기출어휘
문맥구성 기출어휘
유의표현 기출어휘
용법 기출어휘

02   언어지식 문법 직전 체크!
[N2 핵심문법 150]

N2

1교시

끝내기

언어지식 (문자·어휘·문법) / 독해

제 **1** 장

문자·어휘
기출 공략편

01 問題 1　한자읽기 공략하기
02 問題 2　표기 공략하기
03 問題 3　단어형성 공략하기
04 問題 4　문맥구성 공략하기
05 問題 5　유의표현 공략하기
06 問題 6　용법 공략하기

문제유형
완전분석
동영상 강의

 **問題1 한자읽기 공략하기**

1 문제유형 완전분석

問題1 한자읽기는 한자로 된 단어의 히라가나 표기를 묻는 5문제가 출제된다. 탁음, 장음, 촉음의 유무에 주의해서 학습하도록 하자.

! 알고 풀자!

- 한자어의 기본 읽기 규칙을 파악하자!
  두 글자 이상 한자어는 대부분 음독으로 읽는 경우가 많으니 각 한자의 대표 음독을 먼저 떠올려 보자.

- 문장 전체의 문맥을 통해 의미를 생각해 보자!
  문맥을 통해 단어가 어떤 의미로 쓰였는지, 어떤 역할(명사, 동사 등)을 하는지 파악하면 음독인지 훈독인지 알기 쉽다. 그에 맞지 않는 답은 빠르게 지워 버려야 한다.

- 한자의 짝을 찾아 대표 발음을 유추해 보자!
  해당 한자가 들어가는 다른 단어들을 떠올려 가장 흔하게 쓰이는 대표 발음을 떠올려 보자. 예를 들어 「破」는 「破壊(はかい, 파괴)」「破産(はさん, 파산)」 등과 같이 쓰여 「は」로 읽히는 경우가 많다.

예시

問題 1 ＿＿＿＿＿の言葉の読み方として最もよいものを、1・2・3・4から一つ選びなさい。

1 彼は割れた皿の<u>破片</u>で指を切ってしまった。
 ✓ はへん　　　　2 だんぺん　　　　3 しょうへん　　　　4 さいへん

해석 　그는 깨진 접시 파편에 손을 베고 말았다.

해설 　「破片」은 음독하여 「はへん」으로 읽는다. 각 한자를 훈독할 때는 「破れる(찢어지다)」, 「片道(편도)」와 같이 읽는다.

단어 　だんぺん 단편　しょうへん 작은 조각　さいへん 파편

❷ 한자읽기 기출어휘 2025~2021

2025

- □ 争う 싸우다, 경쟁하다
- □ 収まる 가라앉다, 해결되다
- □ 辛い 맵다
- □ 起床 기상
- □ 刑事 형사
- □ 才能 재능
- □ 統一 통일
- □ 討論 토론
- □ 柱 기둥
- □ 豊富 풍부함

memo

2024

- □ 鮮やか（あざ） 선명함
- □ 衣装（いしょう） 의상
- □ 絡まる（から） 휘감기다, 얽히다
- □ 実践（じっせん） 실천
- □ 詳細（しょうさい） 상세함, 자세함
- □ 背骨（せぼね） 척추
- □ 農薬（のうやく） 농약
- □ 分析（ぶんせき） 분석
- □ 迷う（まよ） 망설이다
- □ 優秀（ゆうしゅう） 우수

2023

- □ 握手（あくしゅ） 악수
- □ 腕（うで） 팔, 솜씨
- □ 運賃（うんちん） 운임
- □ 幼い（おさな） 어리다, 유치하다
- □ 険しい（けわ） 험악하다, 험상궂다
- □ 削除（さくじょ） 삭제
- □ 善良（ぜんりょう） 선량함, 어질고 착함
- □ 平等（びょうどう） 평등
- □ 乱れる（みだ） 흐트러지다, 흐려지다
- □ 模範（もはん） 모범

memo

2022

- <ruby>勇<rt>いさ</rt></ruby>ましい 용감하다, 활기차다
- <ruby>偉<rt>えら</rt></ruby>い 대단하다, 위대하다
- <ruby>記憶<rt>きおく</rt></ruby> 기억
- <ruby>警備<rt>けいび</rt></ruby> 경비
- <ruby>刺激<rt>しげき</rt></ruby> 자극
- <ruby>世間<rt>せけん</rt></ruby> 세간, 세상
- <ruby>素材<rt>そざい</rt></ruby> 소재
- <ruby>務<rt>つと</rt></ruby>める (역할을) 맡다
- <ruby>途端<rt>とたん</rt></ruby>に 바로 그 순간에, 갑자기
- <ruby>外<rt>はず</rt></ruby>れる 제외되다, 벗어나다

2021

- <ruby>焦<rt>あせ</rt></ruby>る 초조해하다
- <ruby>著<rt>いちじる</rt></ruby>しい 현저하다, 두드러지다
- <ruby>介護<rt>かいご</rt></ruby> 간호, 간병
- <ruby>拡充<rt>かくじゅう</rt></ruby> 확충
- <ruby>傾<rt>かたむ</rt></ruby>く 기울다, 치우치다
- <ruby>賛否<rt>さんぴ</rt></ruby> 찬반, 가부
- <ruby>情景<rt>じょうけい</rt></ruby> 정경, 광경
- <ruby>声援<rt>せいえん</rt></ruby> 성원
- <ruby>乏<rt>とぼ</rt></ruby>しい 모자라다, 부족하다
- <ruby>破片<rt>はへん</rt></ruby> 파편, 부서진 조각

memo

問題1 ______ の言葉の読み方として最もよいものを、１・２・３・４から一つ選びなさい。

1 その花嫁(はなよめ)は鮮やかで美しい着物を着て結婚式を挙げた。

　１　あざやか　　　　２　はなやか　　　　３　きらびやか　　　　４　しなやか

2 ヘアブラシに髪の毛が絡まってとれない。

　１　はさまって　　　２　からまって　　　３　くるまって　　　４　しまって

3 焦るとむしろ失敗するかもしれないので、落ち着いてください。

　１　はしる　　　　　２　あせる　　　　　３　あわてる　　　　４　じれる

4 燃料(ねんりょう)価格が上がったので、バスの運賃も値上がりした。

　１　うんぱん　　　　２　だいきん　　　　３　うんそう　　　　４　うんちん

5 この料理には世界で一番辛い唐辛子が使われています。

　１　つらい　　　　　２　からい　　　　　３　あつい　　　　　４　いたい

6 火災現場で消防士達(しょうぼうしたち)が勇ましい活躍(かつやく)をした。

　１　いさましい　　　２　あつかましい　　３　いまいましい　　４　うらやましい

7 留学のおかげで彼の英語が著しく上達(じょうたつ)した。

　１　いさましく　　　２　めざましく　　　３　いちじるしく　　４　あわただしく

8 交渉(こうしょう)がうまくいったので、取引先の人と握手を交(か)わした。

　１　きょしゅ　　　　２　えしゃく　　　　３　あくしゅ　　　　４　あいのて

9 家の手伝いをしたら母が偉いとほめてくれた。

　１　すごい　　　　　２　すばらしい　　　３　えらい　　　　　４　ほこらしい

10 本で学んだ水の節約方法を実践する。

　１　じっこう　　　　２　じっし　　　　　３　じっけん　　　　４　じっせん

답　1①　2②　3②　4④　5②　6①　7③　8③　9③　10④

問題1 ＿＿＿＿の言葉の読み方として最もよいものを、1・2・3・4から一つ選びなさい。

1 毎朝起床後に、1杯の水を飲みます。
1　きしょう　　　　2　きゆか　　　　3　きどこ　　　　4　ちょうしょく

2 彼女は介護の仕事をしている。
1　かんご　　　　2　ろうご　　　　3　けいご　　　　4　かいご

3 新入社員達は入社式での社長の言葉に刺激を受けたようだ。
1　しげき　　　　2　かんげき　　　　3　かげき　　　　4　かんめい

4 仕事のミスを報告すると、部長の顔はさらに険しくなった。
1　むずかしく　　　　2　いそがしく　　　　3　あわただしく　　　　4　けわしく

5 彼女は雑誌に紹介されるほど腕のいい美容師だ。
1　むね　　　　2　あたま　　　　3　かみ　　　　4　うで

6 夏に向けてアイスクリームや炭酸飲料（たんさんいんりょう）などの商品を拡充する予定だ。
1　かくじゅ　　　　2　かくじゅう　　　　3　かくちゅ　　　　4　がくちゅう

7 久しぶりに空港に行くと、警備が以前より厳重（げんじゅう）になっていた。
1　せいび　　　　2　そうび　　　　3　けいび　　　　4　じゅんび

8 警察官に昨日の交通事故がどのように起きたのか詳細に説明した。
1　しょうさい　　　　2　せいさい　　　　3　めいさい　　　　4　たさい

9 幼い子供を家で一人にしておくのは危ない。
1　かわいい　　　　2　おさない　　　　3　ちいさい　　　　4　みじかい

10 私は高校卒業後、進学か就職かで迷っている。
1　さまよって　　　　2　まよって　　　　3　さからって　　　　4　とまどって

답 1① 2④ 3① 4④ 5④ 6② 7③ 8① 9② 10②

問題1 ＿＿＿ の言葉の読み方として最もよいものを、1・2・3・4から一つ選びなさい。

1 あの芸能人の結婚は世間を驚かすニュースだった。

　1　せかい　　　　2　せま　　　　　3　よのなか　　　　4　せけん

2 積み上げた本が傾いていて、今にも崩れそうだ。

　1　むくいて　　　2　つらぬいて　　3　たちのいて　　　4　かたむいて

3 彼女はクリスマスにサンタクロースの衣装で写真を撮った。

　1　ふくそう　　　2　いしょう　　　3　いるい　　　　　4　いふく

4 富士山を登りきった時のあの情景は今でも忘れられない。

　1　じょうけい　　2　ふうけい　　　3　こうけい　　　　4　ぜんけい

5 消費者に安全性をアピールするため、化粧品の成分の分析結果を公開した。

　1　かいせき　　　2　ぶんかい　　　3　ぶんせき　　　　4　ちょうさ

6 スマホから不要な写真データを削除した。

　1　しょうきょ　　2　さくじょ　　　3　はいじょ　　　　4　じょきょ

7 1週間に3日間、休日を設定する制度には賛否両論がある。

　1　さんせい　　　2　さんどう　　　3　さんぴ　　　　　4　さんび

8 私はサラダなど、素材を生かした料理が好きです。

　1　しざい　　　　2　そざい　　　　3　やくざい　　　　4　もくざい

9 この事故で善良な市民が犠牲となった。

　1　さいりょう　　2　ゆうりょう　　3　ぜんりょう　　　4　かいりょう

10 彼女は文化祭の演劇で主役を務めることになった。

　1　やめる　　　　2　つとめる　　　3　まとめる　　　　4　みとめる

답 1④　2④　3②　4①　5③　6②　7③　8②　9③　10②

2020

- 下降 (かこう) 하강, 추락
- 険しい (けわしい) 험악하다, 험상궂다
- 損害 (そんがい) 손해
- 倒す (たおす) 쓰러뜨리다, 무너뜨리다
- 比較的 (ひかくてき) 비교적

2019

- 圧倒的 (あっとうてき) 압도적
- 映る (うつる) 비치다
- 偶然 (ぐうぜん) 우연(히)
- 軽傷 (けいしょう) 경상, 조금 다침
- 下旬 (げじゅん) 하순
- 刺激 (しげき) 자극
- 憎む (にくむ) 미워하다, 증오하다
- 恥 (はじ) 부끄러움, 수치, 창피
- 等しい (ひとしい) 같다, 동등하다
- 負担 (ふたん) 부담

2018

- 企画 (きかく) 기획
- 怖い (こわい) 무섭다
- 再度 (さいど) 재차, 다시
- 湿る (しめる) 축축해지다, 습기 차다
- 処理 (しょり) 처리
- 総額 (そうがく) 총액
- 抽選 (ちゅうせん) 추첨
- 和やか (なごやか) 온화함
- 離れる (はなれる) 떨어지다, 멀어지다, 떠나다
- 冷蔵庫 (れいぞうこ) 냉장고

2017

- □ 幼い（おさな） 어리다, 유치하다
- □ 抱える（かか） (껴)안다, (문제 등을) 떠안다
- □ 求人（きゅうじん） 구인, 일할 사람을 구함
- □ 絞る（しぼ） 조이다, (쥐어)짜다, 좁히다
- □ 柔軟（じゅうなん） 유연함
- □ 垂直（すいちょく） 수직
- □ 強火（つよび） 센불
- □ 握る（にぎ） 쥐다, 잡다
- □ 乱れる（みだ） 흐트러지다
- □ 密閉（みっぺい） 밀폐

2016

- □ 怪しい（あや） 수상하다
- □ 納める（おさ） 넣다, 납입하다
- □ 劣る（おと） 뒤떨어지다
- □ 願望（がんぼう） 바람, 소원
- □ 競う（きそ） 겨루다, 경쟁하다
- □ 貴重（きちょう） 귀중함
- □ 治療（ちりょう） 치료
- □ 伴う（ともな） 동반하다, 따르다
- □ 批評（ひひょう） 비평
- □ 容姿（ようし） 용모와 자태

2015

- □ 囲む（かこ） 둘러싸다
- □ 行事（ぎょうじ） 행사
- □ 拒否（きょひ） 거부
- □ 現象（げんしょう） 현상
- □ 省略（しょうりゃく） 생략
- □ 損害（そんがい） 손해
- □ 乏しい（とぼ） (경험·물자 등이) 부족하다
- □ 憎い（にく） 밉다
- □ 含める（ふく） 포함하다
- □ 油断（ゆだん） 방심, 부주의

2014

- □ 圧勝（あっしょう） 압승
- □ 傷む（いた） 상하다
- □ 大幅（おおはば） 큰 폭
- □ 極端（きょくたん） 극단적임, 아주 지나침
- □ 悔しい（くや） 분하다, 억울하다
- □ 継続（けいぞく） 계속
- □ 除く（のぞ） 제거하다, 제외하다
- □ 貿易（ぼうえき） 무역
- □ 戻す（もど） (원래 자리·상태로) 되돌리다
- □ 幼稚（ようち） 유치함

2013

- 改めて あらた / 다시, 새삼스레
- 拡充 かくじゅう / 확충
- 隠す かく / 감추다, 숨기다
- 勧誘 かんゆう / 권유
- 姿勢 しせい / 자세
- 清潔 せいけつ / 청결함
- 積む つ / (짐·경력 등을) 쌓다, 싣다
- 逃亡 とうぼう / 도망
- 模範 もはん / 모범
- 世の中 よ なか / 세상

2012

- 削除 さくじょ / 삭제
- 撮影 さつえい / 촬영
- 占める し / (비율·자리 등을) 차지하다
- 焦点 しょうてん / 초점
- 装置 そうち / 장치
- 抽象的 ちゅうしょうてき / 추상적
- 破片 は へん / 파편, 부서진 조각
- 針 はり / 바늘
- 返却 へんきゃく / (책 등의) 반환, 반납
- 略する りゃく / 생략하다

2011

- 祝う いわ / 축하하다
- 補う おぎな / 보충하다
- 至急 し きゅう / 시급, 급히
- 地元 じ もと / 그 지역, 그 고장, 연고지
- 率直 そっちょく / 솔직함
- 調節 ちょうせつ / 조절
- 豊富 ほう ふ / 풍부함
- 密接 みっせつ / 밀접함
- 敗れる やぶ / 지다, 패배하다
- 要求 ようきゅう / 요구

2010

- 辛い から / 맵다
- 規模 き ぼ / 규모
- 景色 け しき / 경치
- 相互 そう ご / 상호, 서로
- 備える そな / 갖추다, 대비하나
- 尊重 そんちょう / 존중
- 治療 ち りょう / 치료
- 隣 となり / 옆
- 触れる ふ / (문화·주제 등을) 집하나
- 防災 ぼうさい / 방재, 재해를 막음

問題1 ＿＿＿の言葉の読み方として最もよいものを、1・2・3・4から一つ選びなさい。

1 祖父は孫に極端に甘い。

1 ごくたん　　　2 ごくだん　　　3 きょくたん　　　4 きょくだん

2 消毒済みの清潔なガーゼを傷口に当てる。

1 せいげつ　　　2 せいけつ　　　3 せいぎつ　　　4 せいきつ

3 抽象的な説明はやめてください。

1 つうぞうてき　　2 つうしょうてき　　3 ちゅうぞうてき　　4 ちゅうしょうてき

4 私は地元の野球チームを応援しています。

1 じもと　　　2 じげん　　　3 ちもと　　　4 ちげん

5 花見は我が社の春の恒例行事です。

1 ぎょうごと　　　2 ぎょうじ　　　3 こうごと　　　4 こうじ

6 食糧は彼らの間で等しく分配された。

1 やさしく　　　2 ひとしく　　　3 したしく　　　4 きびしく

7 事故にあったが、幸い軽傷とのことだ。

1 けいしょう　　　2 けしょう　　　3 けそう　　　4 けいそう

8 テレビの画面が乱れたので、修理を依頼しました。

1 みだれた　　　2 くずれた　　　3 つぶれた　　　4 よごれた

9 店長から貴重なアドバイスを受けた。

1 きじゅう　　　2 きちょう　　　3 きっじゅう　　　4 きっちょう

10 病院に行ってけがの治療を受けた。

1 じりょ　　　2 ちりょ　　　3 じりょう　　　4 ちりょう

답 1③ 2② 3④ 4① 5② 6② 7① 8① 9② 10④

問題1 ＿＿＿＿の言葉の読み方として最もよいものを、1・2・3・4から一つ選びなさい。

1 費用は彼が全部負担した。

1　ぶたん　　　　2　ぶんたん　　　　3　ふたん　　　　4　ふんたん

2 費用の総額は200万円になった。

1　こうがく　　　　2　そうがく　　　　3　そうかく　　　　4　こうかく

3 野菜を強火で炒めてください。

1　きょうか　　　　2　つよか　　　　3　きょうび　　　　4　つよび

4 ああ、悔しい。もっとうまくできると思ったのに。

1　はずかしい　　　　2　かなしい　　　　3　くやしい　　　　4　おそろしい

5 いとこが今月下旬、うちへ遊びに来る予定だ。

1　けじゅん　　　　2　けしゅん　　　　3　げじゅん　　　　4　げしゅん

6 漫画が本棚の大半を占めている。

1　はめて　　　　2　うめて　　　　3　せめて　　　　4　しめて

7 このモデルはデータ処理が相当速いそうです。

1　しゅり　　　　2　しょり　　　　3　しゅうり　　　　4　しょうり

8 この研究の継続には資金が必要だ。

1　たんそく　　　　2　たんぞく　　　　3　けいそく　　　　4　けいぞく

9 彼女は楽な姿勢で座っていた。

1　じょうせい　　　　2　うんせい　　　　3　きせい　　　　4　しせい

10 時計の針は12時を指していた。

1　はり　　　　2　くぎ　　　　3　はしら　　　　4　たか

답　1 ③　2 ②　3 ④　4 ③　5 ③　6 ④　7 ②　8 ④　9 ④　10 ①

問題1 ＿＿＿＿の言葉の読み方として最もよいものを、１・２・３・４から一つ選びなさい。

1 簡単な質問に答えられなくて<u>恥</u>をかいた。

　　1　はし　　　　　2　はじ　　　　　3　はす　　　　　4　はず

2 <u>抽選</u>で順番を決めました。

　　1　ちゅうせん　　2　ちゅうぜん　　3　つうせん　　　4　つうぜん

3 <u>幼稚</u>な議論（ぎろん）を繰り返しても無駄（むだ）だ。

　　1　ゆうじ　　　　2　ゆうち　　　　3　ようじ　　　　4　ようち

4 その本について<u>批評</u>を書きました。

　　1　ひびょう　　　2　ひひょう　　　3　ひべい　　　　4　ひへい

5 部屋の温度を25度に<u>調節</u>する。

　　1　ちょうせい　　2　ちょうさい　　3　ちょうせつ　　4　ちょうさつ

6 あの商店主は店の<u>規模</u>を大きくした。

　　1　きぼう　　　　2　きぼ　　　　　3　きもう　　　　4　きも

7 洪水（こうずい）による<u>損害</u>は２億円に達（たっ）する。

　　1　ひかい　　　　2　ひがい　　　　3　そんかい　　　4　そんがい

8 <u>略</u>さずに正式名称（めいしょう）を書いてください。

　　1　ぞくさず　　　2　りゃくさず　　3　かくさず　　　4　やくさず

9 農薬（のうやく）は雑草（ざっそう）を<u>除</u>くのに便利だ。

　　1　とどく　　　　2　まねく　　　　3　のぞく　　　　4　くだく

10 我がチームは大差（たいさ）で相手に<u>敗</u>れた。

　　1　たおれた　　　2　みだれた　　　3　やぶれた　　　4　つぶれた

答　1② 2① 3④ 4② 5③ 6② 7④ 8② 9③ 10③

あ

- □ 与える (あたえる) 주다
- □ 温かい (あたたかい) 따뜻하다, 다정하다
- □ 誤り (あやまり) 잘못, 틀림, 실수
- □ 改めて (あらためて) 다시, 새삼스레
- □ 案外 (あんがい) 뜻밖에, 의외로
- □ 言い難い (いいがたい) 말하기 어렵다
- □ 異常 (いじょう) 이상함
- □ 移転 (いてん) (장소·권리 등의) 이전
- □ 祈る (いのる) 기도하다
- □ 違反 (いはん) 위반
- □ 医療 (いりょう) 의료
- □ 印刷 (いんさつ) 인쇄
- □ 植木 (うえき) 정원수, 분재
- □ 浮く (うく) 떠오르다, 들뜨다
- □ 疑い (うたがい) 의심
- □ 宇宙 (うちゅう) 우주
- □ 運送 (うんそう) 운송
- □ 偉い (えらい) 훌륭하다, 대단하다
- □ 得る (える) 얻다
- □ 延期 (えんき) 연기, 미룸
- □ 応援 (おうえん) 응원
- □ 応対 (おうたい) 응대, 접대
- □ 欧米 (おうべい) 구미, 유럽과 미국
- □ ～億 (～おく) ～억
- □ 置く (おく) 놓다, 두다
- □ 怒る (おこる) 화내다
- □ 幼い (おさない) 어리다, 유치하다
- □ 踊り (おどり) 춤
- □ 主 (おも) 주됨

か

- □ 改善 (かいぜん) 개선
- □ 会談 (かいだん) 회담
- □ 快適 (かいてき) 쾌적함
- □ 回復 (かいふく) 회복
- □ 重ねる (かさねる) 거듭하다, 겹치다
- □ 賢い (かしこい) 현명하다, 영리하다
- □ 傾く (かたむく) 기울다, 치우치다
- □ 仮定 (かてい) 가정, 가설
- □ 可能性 (かのうせい) 가능성
- □ 貨物 (かもつ) 화물
- □ 観察 (かんさつ) 관찰
- □ 乾燥 (かんそう) 건조
- □ 缶詰 (かんづめ) 통조림
- □ 完了 (かんりょう) 완료
- □ 危険 (きけん) 위험
- □ 機嫌 (きげん) 기분, 심기
- □ 記事 (きじ) (신문·잡지 등의) 기사
- □ 規制 (きせい) 규제
- □ 決まる (きまる) 결정되다, 정해지다
- □ 客 (きゃく) 손님
- □ 休息 (きゅうそく) 휴식
- □ 共感 (きょうかん) 공감
- □ 協力 (きょうりょく) 협력
- □ 漁業 (ぎょぎょう) 어업

☐ 記録 기록	☐ 議論 의논, 논쟁	☐ 空港 공항
☐ 靴 신발, 구두	☐ 雲 구름	☐ 暮す 살다, 생활하다
☐ 芸能 예능, 연예	☐ 警備 경비	☐ 結果 결과
☐ 険しい 험악하다, 험상궂다	☐ 原因 원인	☐ 厳重 엄중함
☐ 建設 건설	☐ 講演 강연	☐ 郊外 교외, 도시 주변 지역
☐ 公害 공해	☐ 交差点 교차로	☐ 高層 고층
☐ 声 (목)소리	☐ 越える (시간, 장소, 지점 등을) 넘다	☐ 氷 얼음
☐ 故郷 고향	☐ 小包 소포	☐ 異なる 다르다
☐ 断る 거절하다	☐ 混乱 혼란	

さ

☐ 裁判 재판	☐ 再利用 재사용	☐ 幸い 다행, 다행히
☐ 作業 작업	☐ 寒い 춥다	☐ 参考 참고
☐ 事件 사건	☐ 指示 지시	☐ 地震 지진
☐ 島 섬	☐ 占める (비율·자리 등을) 차지하다	☐ 宿泊 숙박
☐ 手術 수술	☐ 出版 출판	☐ 首脳 수뇌, 정상
☐ 寿命 수명	☐ 主要 주요	☐ 順調 순조로움
☐ ～賞 ～상	☐ 状況 상황	☐ 正直 정직함, 솔직함
☐ 商品 상품	☐ 情報 정보	☐ 諸国 여러 나라
☐ 職場 직장	☐ 処理 처리	☐ 資料 자료
☐ 進学率 진학률	☐ 心臓 심장	☐ 信用 신용
☐ 信頼 신뢰	☐ 人類 인류	☐ 数年 여러 해, 수년
☐ 優れる 뛰어나다, 우수하다	☐ 隅 구석, 모퉁이	☐ 性格 성격
☐ 成功 성공	☐ 政治 정치	☐ 成長 성장
☐ 政党 정당	☐ 責任 책임	☐ 設備 설비

□ 戦争 전쟁　　□ 選択 선택　　□ 全般 전반, 전체

□ 操作 조작　　□ 想像 상상　　□ 備える 갖추다, 대비하다

□ 損得 손익, 손해와 이득

た

□ 退院 퇴원　　□ 大臣 대신, 장관　　□ 代表 대표

□ 他人 타인　　□ 単純 단순함　　□ 担当者 담당자

□ 知恵 지혜　　□ 地球 지구　　□ 遅刻 지각

□ 知識 지식　　□ 駐車 주차　　□ ～兆 ～조

□ 調査 조사　　□ 著者 저자　　□ 貯蔵 저장

□ 通行 통행　　□ 次々と 잇달아　　□ 机 책상

□ 伝える 전하다　　□ 適切 적절함　　□ 鉄橋 철교

□ 展開 전개　　□ 登山 등산　　□ 途中 도중

□ 突然 돌연, 갑자기　　□ 届く 도착하다, 이르다　　□ 努力 노력

□ 泥 진흙

な

□ 内容 내용　　□ 仲良く 사이좋게　　□ 悩む 고민하다

□ 日課 일과　　□ 盗む 훔치다　　□ 塗る 바르다, 칠하다

□ 熱演 열연　　□ 年齢 연령, 나이　　□ 残る 남다

□ 述べる 서술히다, 말하다

は

- □ 〜倍（〜ばい） 〜배
- □ 配布（はいふ） 배포
- □ 爆発（ばくはつ） 폭발
- □ 発射（はっしゃ） 발사
- □ 張り切る（はりきる） 기운이 넘치다
- □ 犯罪（はんざい） 범죄
- □ 反対（はんたい） 반대
- □ 判断（はんだん） 판단
- □ 販売（はんばい） 판매
- □ 比較的（ひかくてき） 비교적
- □ 悲劇（ひげき） 비극
- □ 皮膚（ひふ） 피부
- □ 〜秒（〜びょう） 〜초
- □ 評価（ひょうか） 평가
- □ 標識（ひょうしき） 표지, 표식
- □ 舞台（ぶたい） 무대
- □ 部分的（ぶぶんてき） 부분적
- □ 平均（へいきん） 평균
- □ 減る（へる） 줄다
- □ 貿易（ぼうえき） 무역
- □ 方針（ほうしん） 방침
- □ 法律（ほうりつ） 법률
- □ 星（ほし） 별
- □ 掘る（ほる） 파다, 캐다

ま

- □ 招く（まねく） 초대하다, 부르다, 초래하다
- □ 認める（みとめる） 인정하다
- □ 未来（みらい） 미래
- □ 迎える（むかえる） 맞이하다
- □ 面倒（めんどう） 귀찮음, 번거로움
- □ 目的（もくてき） 목적
- □ 求める（もとめる） 구하다, 청하다
- □ 物語（ものがたり） 이야기

や

- □ 役目（やくめ） 임무, 역할
- □ 焼ける（やける） (불)타다, 구워지다
- □ 家賃（やちん） 집세
- □ 雇う（やとう） 고용하다
- □ 優勝（ゆうしょう） 우승
- □ 豊か（ゆたか） 풍요로움
- □ 良い（よい） 좋다
- □ 溶岩（ようがん） 용암

ら・わ

- □ 流行（りゅうこう） 유행
- □ 両替（りょうがえ） 환전
- □ 両国（りょうこく） 양국
- □ 例外（れいがい） 예외
- □ 冷凍（れいとう） 냉동
- □ 歴史（れきし） 역사
- □ 連続（れんぞく） 연속
- □ 連絡（れんらく） 연락
- □ 笑う（わらう） 웃다
- □ 割合（わりあい） 비율

問題1 ＿＿＿の言葉の読み方として最もよいものを、１・２・３・４から一つ選びなさい。

1 この携帯電話は操作が簡単だ。

　　1　そうさく　　　　2　ぞうさく　　　　3　そうさ　　　　4　ぞうさ

2 美しい景色を見ていると、寿命が延びるようだ。

　　1　じゅみょう　　　2　じゅめい　　　　3　じゅうみょう　　4　じゅうめい

3 一方通行の標識に気づかず逆走してしまった。

　　1　ひょうしき　　　2　ひょうじき　　　3　しょうしき　　　4　しょうじき

4 我が国は諸外国と貿易を行っている。

　　1　ぼういき　　　　2　ぼうえき　　　　3　もういき　　　　4　もうえき

5 彼女の話に改めて付け加えることはありません。

　　1　なぐさめて　　　2　あきらめて　　　3　たしかめて　　　4　あらためて

6 スポンサーの協力を得てプロジェクトを進めた。

　　1　きょうりょく　　2　きょりょく　　　3　どうりょく　　　4　どりょく

7 彼のスピーチはその場では適切でなかった。

　　1　てきせつ　　　　2　てっせつ　　　　3　てききり　　　　4　てっきり

8 部屋の空気がとても乾燥しています。

　　1　りんぞう　　　　2　りんそう　　　　3　かんぞう　　　　4　かんそう

9 弟は自分の間違いをなかなか認めない。

　　1　みとめない　　　2　つとめない　　　3　ふくめない　　　4　すすめない

10 震災以後、化石燃料輸入額は約10兆円増加した。

　　1　ちゅ　　　　　　2　ちゅう　　　　　3　ちょ　　　　　　4　ちょう

答　1③　2①　3①　4②　5④　6①　7①　8④　9①　10④

問題1　______の言葉の読み方として最もよいものを、1・2・3・4から一つ選びなさい。

1 靴の泥を落としてから入室（にゅうしつ）してください。

　1　すな　　　　　2　つち　　　　　3　どろ　　　　　4　とち

2 私は毎朝植木に水をやります。

　1　うえき　　　　2　いえぎ　　　　3　しょくもく　　4　しょくぼく

3 事故は単純な計算（けいさん）ミスが原因だった。

　1　かんたん　　　2　かんだん　　　3　たんじゅん　　4　だんじゅん

4 彼らは双子（ふたご）だが、性格はずいぶん異なっている。

　1　かさなって　　2　ことなって　　3　つらなって　　4　なくなって

5 工場で大きな爆発があったが、幸（さいわ）いけが人は出なかった。

　1　ばくはつ　　　2　ぼくはつ　　　3　ばくほつ　　　4　ぼくほつ

6 山田（やまだ）さんは顧客（こきゃく）のクレーム対応（たいおう）の担当者です。

　1　だんとうしゃ　2　たんとうしゃ　3　たんどうもの　4　たんとうもの

7 初めて発表会で舞台に上がった時はすごく緊張（きんちょう）した。

　1　まいだい　　　2　まいたい　　　3　ぶだい　　　　4　ぶたい

8 佐藤（さとう）さんはネズミの行動を観察した。

　1　かんさい　　　2　かんさつ　　　3　けんさい　　　4　けんさつ

9 あの携帯会社は優秀（ゆうしゅう）な電気通信技術者を雇おうとしています。

　1　すくおう　　　2　いおう　　　　3　やとおう　　　4　ねがおう

10 私はそのパーティーへの招待を丁重（ていちょう）に断った。

　1　おこなった　　2　うしなった　　3　ことなった　　4　ことわった

答　1③　2①　3③　4②　5①　6②　7④　8②　9③　10④

問題1 ______の言葉の読み方として最もよいものを、1・2・3・4から一つ選びなさい。

1 上司からの信頼（しんらい）が回復しないうちは彼の昇進（しょうしん）は無理だろう。

  1 かいほう   2 かいほく   3 かいふう   4 かいふく

2 このような状況（じょうきょう）は私には極（きわ）めて異常に思える。

  1 いじょう   2 こしょう   3 ししょう   4 ひじょう

3 休暇でどこへ行くかは彼女の選択に任せた。

  1 せいたく   2 ぜいたく   3 せんたく   4 ぜんたく

4 毎朝通勤者が郊外から都心（としん）に集まってくる。

  1 こうがい   2 ごうがい   3 きょうがい   4 ぎょうがい

5 あの子は特に語学に優れている。

  1 あふれて   2 あこがれて   3 すぐれて   4 めぐまれて

6 缶詰（れいあんしょ）は冷暗所に保存（ほぞん）してください。

  1 かんつめ   2 かんづめ   3 びんつめ   4 びんづめ

7 あの仕事は、たいてい単純な作業の繰り返しだと聞いた。

  1 さぎょ   2 さぎょう   3 さくぎょ   4 さくぎょう

8 部屋の隅にたまったほこりを掃除した。

  1 うち   2 かど   3 すみ   4 はし

9 二度と戦争という名の悲劇を繰り返してはいけない。

  1 きげき   2 こうげき   3 しょうげき   4 ひげき

10 川にはごみがたくさん浮いている。

  1 ういて   2 ふいて   3 まいて   4 わいて

답 1④ 2① 3③ 4① 5③ 6② 7② 8③ 9④ 10①

問題2 **표기 공략하기**

1 문제유형 완전분석

問題2 표기는 한자읽기와는 반대로 히라가나로 된 단어의 올바른 한자 표기를 묻는 문제가 출제된다.

알고 풀자!

· 문맥을 통해 단어의 핵심 의미를 파악하자!
  밑줄 친 단어의 정확한 의미를 파악하면 선지의 단어들 속에서 정답을 고르기 쉬워진다. 동음이의어에도 주의하자.

· 한자 부수를 통해 의미를 유추해 보자!
  한자 모양이 비슷하여 헷갈리는 경우엔 각 한자의 부수의 의미와 문맥을 통해 파악한 단어의 의미를 같이 생각해 보면 쉽게 답을 고를 수 있다.

예시

問題 2 ＿＿＿＿ の言葉を漢字で書くとき、最もよいものを 1・2・3・4 から一つ選びなさい。

6 彼はよく<u>を出し</u>すぎて、事業(じぎょう)に失敗してしまった。

✓ 欲　　　　　2 願　　　　　3 望　　　　　4 念

해석　그는 <u>욕심</u>을 너무 부려서 사업에 실패하고 말았다.

해설　1번 「欲」는 '욕심'이라는 뜻으로, 「欲を出す」는 '욕심을 부리다'라는 의미의 관용구이다. 2번은 「がん・ねがい」, 3번은 「ぼう」 혹은 「望(のぞ)み」, 4번은 「ねん」과 같이 읽는다.

단어　事業(じぎょう) 사업　願(ねがい) 소원　望(ぼう) 보름달, 희망　念(ねん) 염원, 생각

2025

□ 拡充 ^{かくじゅう} 확충	□ 傾向 ^{けいこう} 경향	□ 削る ^{けず} 깍다, 줄이다, 없애다
□ 視察 ^{しさつ} 시찰	□ 施設 ^{しせつ} 시설	□ 湿る ^{しめ} 축축해지다, 습기 차다
□ 救う ^{すく} 구하다, 구조하다	□ 涼む ^{すず} 시원한 바람을 쐬다	□ 濃厚 ^{のうこう} 농후함, 짙음
□ 略す ^{りゃく} 생략하다		

memo

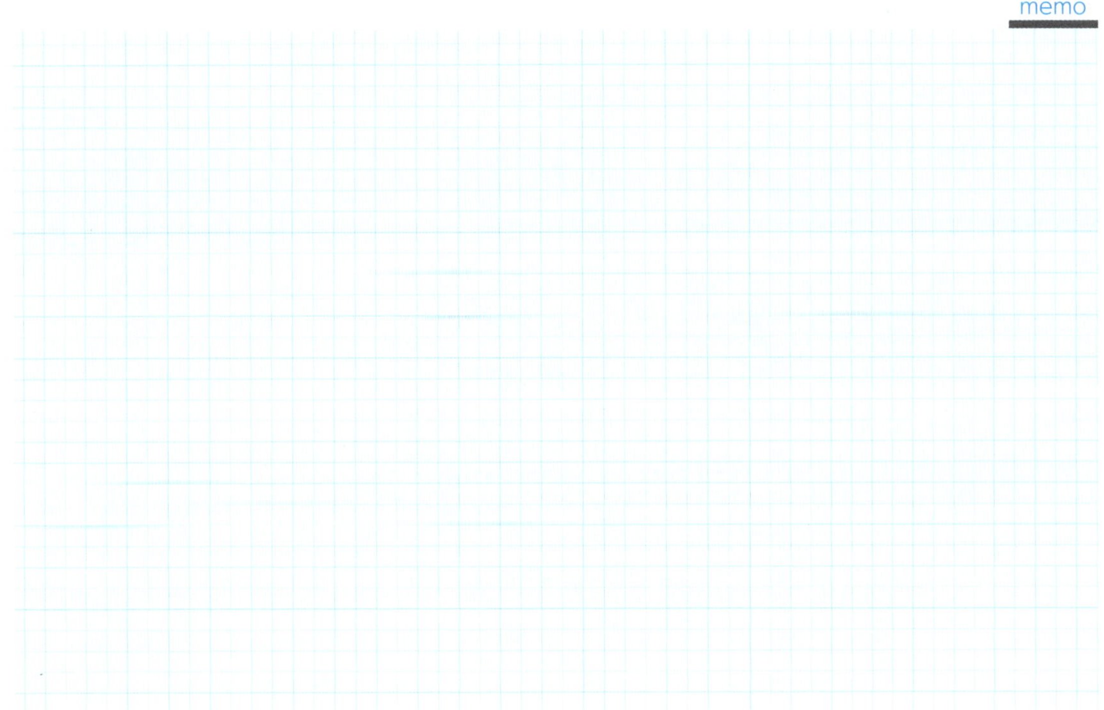

2024

- □ 厚かましい 뻔뻔하다
- □ 敬う 공경하다
- □ 警備 경비
- □ 志望 지망
- □ 受講 수강
- □ 短編 단편
- □ 散る 지다, 떨어지다, 흐트러지다
- □ 避難 피난
- □ 疲労 피로
- □ 柔らかい 부드럽다

2023

- □ 抱える (껴)안다, (문제 등을) 떠안다
- □ 管理 관리
- □ 機嫌 기분, 심기
- □ 研修 연수
- □ 捨てる 버리다
- □ 損失 손실
- □ 絶えず 늘, 끊임없이
- □ 投票 투표
- □ 布 천
- □ 福祉 복지

memo

2022

☐ 住居 주거   ☐ 診断 진단   ☐ 垂直 수직

☐ 備える 갖추다, 대비하다   ☐ 典型的 전형적   ☐ 昇る 떠오르다

☐ 俳優 배우   ☐ 離れる 떨어지다, 멀어지다, 떠나다   ☐ 等しい 같다, 동등하다

☐ 欲 욕심

2021

☐ 永久 영구, 영원   ☐ 勧誘 권유   ☐ 競う 겨루다, 경쟁하다

☐ 弱点 약점   ☐ 順調 순조로움   ☐ 積もる 쌓이다

☐ 返品 반품   ☐ 任せる 맡기다   ☐ 豊か 풍요로움, 풍부함

☐ 乱暴 난폭함

memo

問題2 ＿＿＿の言葉を漢字で書くとき、最もよいものを１・２・３・４から一つ選びなさい。

1 最近、日本の米の輸出が増加けいこうにあります。

　1　動向　　　　　2　傾向　　　　　3　携行　　　　　4　傾行

2 この電池は半えいきゅう的に使えます。

　1　永久　　　　　2　英久　　　　　3　栄久　　　　　4　映久

3 ９月の第３月曜日は老人をうやまう日で、日本の国民の祝日です。

　1　慕う　　　　　2　恋う　　　　　3　想う　　　　　4　敬う

4 高校生になったのでお金のかんりは自分でしています。

　1　監理　　　　　2　管理　　　　　3　整理　　　　　4　原理

5 竪穴じゅうきょの跡の周りでは当時の土器や石器などが発掘されています。

　1　家居　　　　　2　重居　　　　　3　住居　　　　　4　新居

6 部員が足りないので、友達をバドミントン部にかんゆうした。

　1　歓友　　　　　2　勧誘　　　　　3　歓迎　　　　　4　歓裕

7 電動ドリルですいちょくに穴をあける。

　1　水平　　　　　2　垂直　　　　　3　直角　　　　　4　実直

8 今日は母のきげんが悪いから、テストの答案用紙を見せるのはやめておこう。

　1　起源　　　　　2　紀元　　　　　3　期限　　　　　4　機嫌

9 芸能人が出国するので、空港のけいびがいつもより厳重だ。

　1　警固　　　　　2　警否　　　　　3　警備　　　　　4　警護

10 面接時に公務員をしぼうした理由を聞かれた。

　1　希望　　　　　2　願望　　　　　3　志望　　　　　4　所望

答 1② 2① 3④ 4② 5③ 6② 7② 8④ 9③ 10③

問題2 ＿＿＿の言葉を漢字で書くとき、最もよいものを１・２・３・４から一つ選びなさい。

1 このコンテストは技と美しさを<u>きそう</u>ものです。

　　1　戦う　　　　　2　闘う　　　　　3　争う　　　　　4　競う

2 来月、中国の工場の<u>しさつ</u>に行きます。

　　1　観察　　　　　2　偵察　　　　　3　視察　　　　　4　考察

3 地震に<u>そなえて</u>長期保存用の食料^{しょくりょう}を買っておこう。

　　1　抑えて　　　　2　構えて　　　　3　仕えて　　　　4　備えて

4 さらなるスキルアップのため、<u>けんしゅう</u>に参加した。

　　1　検習　　　　　2　研習　　　　　3　検修　　　　　4　研修

5 自分の<u>じゃくてん</u>を克服^{こくふく}できるようにトレーニングする。

　　1　若点　　　　　2　弱点　　　　　3　尺点　　　　　4　短点

6 投資^{とうし}に失敗して、大きな<u>そんしつ</u>が出た。

　　1　損失　　　　　2　喪失　　　　　3　亡失　　　　　4　忘失

7 インドネシアは<u>てんけいてき</u>な熱帯気候^{ねったいきこう}なので一年中暑くて雨も多い。

　　1　典型的　　　　2　点型的　　　　3　天型的　　　　4　転型的

8 本棚がいっぱいなので、古い漫画は<u>すてる</u>ことにした。

　　1　当てる　　　　2　捨てる　　　　3　企てる　　　　4　充てる

9 夏休みを利用して、経営学の講座^{こうざ}を<u>じゅこう</u>する。

　　1　受講　　　　　2　授講　　　　　3　就講　　　　　4　充講

10 彼は最近、<u>たんぺん</u>小説をよく読んでいる。

　　1　端編　　　　　2　単編　　　　　3　短編　　　　　4　反編

答　1④　2③　3④　4④　5②　6①　7①　8②　9①　10③

問題2 ＿＿＿＿の言葉を漢字で書くとき、最もよいものを１・２・３・４から一つ選びなさい。

1 理科の授業で地球が太陽の周りをたえず回っていることを学んだ。

　　1　絶えず　　　　　2　耐えず　　　　　3　堪えず　　　　　4　足えず

2 海外の企業（きぎょう）に就職したので日本をはなれることになった。

　　1　放れる　　　　　2　離れる　　　　　3　逃れる　　　　　4　遅れる

3 北海道では雪が３メートルもつもることがあります。

　　1　曇る　　　　　　2　凍る　　　　　　3　降る　　　　　　4　積もる

4 勉強中は気がちるのでテレビを消してください。

　　1　散る　　　　　　2　余る　　　　　　3　在る　　　　　　4　有る

5 アイロンを買ったが、不良品（ふりょうひん）だったのでへんぴんした。

　　1　辺品　　　　　　2　返品　　　　　　3　変品　　　　　　4　片品

6 私は免許がないので運転は彼にまかせています。

　　1　負かせて　　　　2　巻かせて　　　　3　任せて　　　　　4　寄せて

7 生徒会長を全校生徒のとうひょうで決めた。

　　1　党票　　　　　　2　投票　　　　　　3　当票　　　　　　4　頭票

8 彼はモデル出身のはいゆうで、かっこいいと評判だ。

　　1　俳優　　　　　　2　配優　　　　　　3　杯優　　　　　　4　背優

9 津波警報（つなみけいほう）が出たので、急いで高台へひなんした。

　　1　非難　　　　　　2　批難　　　　　　3　避難　　　　　　4　否難

10 日本の国立天文台のサイトによると、明日は５時に太陽がのぼるそうです。

　　1　到る　　　　　　2　現る　　　　　　3　余る　　　　　　4　昇る

答　1① 2② 3④ 4① 5② 6③ 7② 8① 9③ 10④

③ 표기 기출어휘 2020~2010

2020

- ☐ 鮮やか 선명함, 또렷함
- ☐ 異色 이색적임
- ☐ 帰省 귀성
- ☐ 実践 실천
- ☐ 縮める 줄이다, 움츠리다

2019

- ☐ 勇ましい 용감하다, 활기차다
- ☐ 違反 위반
- ☐ 演技 연기
- ☐ 拡張 확장
- ☐ 濃い 짙다, 진하다
- ☐ 趣味 취미
- ☐ 損 손해
- ☐ 混じる 섞이다
- ☐ 見逃す 못 보다, 놓치다
- ☐ 陽気 명랑함

2018

- ☐ 介護 간호, 간병
- ☐ 系統 계통
- ☐ 警備 경비
- ☐ 精算 정산
- ☐ 束ねる 묶다, 통솔하다
- ☐ 省く 줄이다, 생략하다
- ☐ 破片 파편, 부서진 조각
- ☐ 迎える 맞이하다, 마중하다
- ☐ 養う 기르다, 부양하다
- ☐ 豊か 풍요로움, 풍부함

2017

- □ 荒い〔あら〕 거칠다, 거세다
- □ 永久〔えいきゅう〕 영구, 영원
- □ 好調〔こうちょう〕 호조, 순조, 좋은 상태임
- □ 凍る〔こお〕 얼다
- □ 在籍〔ざいせき〕 재적
- □ 従う〔したが〕 따르다, 좇다
- □ 救う〔すく〕 구하다, 구조하다
- □ 討論〔とうろん〕 토론
- □ 福祉〔ふくし〕 복지
- □ 領収書〔りょうしゅうしょ〕 영수증

2016

- □ 簡潔〔かんけつ〕 간결함
- □ 硬貨〔こうか〕 금속 화폐, 동전
- □ 焦げる〔こ〕 타다, 눋다
- □ 快い〔こころよ〕 유쾌하다, 즐겁다
- □ 参照〔さんしょう〕 참조
- □ 症状〔しょうじょう〕 증상, 증세
- □ 製造〔せいぞう〕 제조
- □ 保証〔ほしょう〕 보증
- □ 招く〔まね〕 초대하다, 부르다, 초래하다
- □ 催し〔もよお〕 모임, 행사

2015

- □ 鮮やか〔あざ〕 선명함, 또렷함
- □ 争う〔あらそ〕 다투다, 경쟁하다
- □ 腕〔うで〕 팔, 솜씨
- □ 驚く〔おどろ〕 놀라다
- □ 距離〔きょり〕 거리
- □ 講師〔こうし〕 강사
- □ 混乱〔こんらん〕 혼란
- □ 指摘〔してき〕 지적
- □ 順調〔じゅんちょう〕 순조로움
- □ 恵まれる〔めぐ〕 (좋은 환경 등의) 혜택을 받다, 풍족함을 누리다

2014

- □ 援助〔えんじょ〕 원조, 도움
- □ 劣る〔おと〕 뒤떨어지다
- □ 詳しい〔くわ〕 자세하다
- □ 逆らう〔さか〕 거스르다, 거역하다
- □ 湿っぽい〔しめ〕 축축하다
- □ 接続〔せつぞく〕 접속
- □ 批判〔ひはん〕 비판
- □ 拾う〔ひろ〕 줍다
- □ 面倒〔めんどう〕 귀찮음, 번거로움, 돌봄
- □ 破れる〔やぶ〕 찢어지다, 터지다

2013

- [ ] 傾く 치우치다, 기울다
- [ ] 寄付 기부
- [ ] 削る 깎다, 줄이다, 없애다
- [ ] 講義 강의
- [ ] 招待 초대
- [ ] 真剣 진지함
- [ ] 責める 탓하다, 책망하다
- [ ] 即座に 즉각, 당장
- [ ] 努める 노력하다, 힘쓰다
- [ ] 果たす (역할, 임무 등을) 완수하다

2012

- [ ] 扱う 다루다, 취급하다
- [ ] 勢い 기세, 힘
- [ ] 至る (~에) 이르다
- [ ] 訪れる 방문하다, (시기가) 찾아오다
- [ ] 肩 어깨
- [ ] 収穫 수확
- [ ] 積極的 적극적
- [ ] 組織 조직
- [ ] 抵抗 저항
- [ ] 導く 인도히다

2011

- [ ] 与える 주다
- [ ] 管理 관리
- [ ] 誘う (같이 하길) 권하다
- [ ] 象徴 상징
- [ ] 属する 속하다, 소속하다
- [ ] 登録 등록
- [ ] 討論 토론
- [ ] 激しい 격하다, 심하다
- [ ] 福祉 복지
- [ ] 変更 변경

2010

- [ ] 焦る 초조해하다
- [ ] 運賃 운임
- [ ] 開催 개최
- [ ] 暮らす 살디, 생활히디
- [ ] 撮影 촬엉
- [ ] 出世 출세
- [ ] 頼る 의지하다
- [ ] 伝統 전통
- [ ] 乱れる 흐트러지디
- [ ] 礼儀 예의

問題2 　　　＿＿＿の言葉を漢字で書くとき、最もよいものを１・２・３・４から一つ選びなさい。

1　ユリの花は純粋さを<u>しょうちょう</u>する花として知られています。
　　1　像微　　　　　　2　像徵　　　　　　3　象微　　　　　　4　象徵

2　このソースは味が<u>こい</u>。
　　1　軟い　　　　　　2　薄い　　　　　　3　硬い　　　　　　4　濃い

3　出張後、経費<u>せいさん</u>のため、領収証をメールに添付しました。
　　1　請算　　　　　　2　製算　　　　　　3　精算　　　　　　4　制算

4　ずっと閉めっきりだったので部屋が<u>しめっぽい</u>。
　　1　湿っぽい　　　　2　泡っぽい　　　　3　汗っぽい　　　　4　汚っぽい

5　日本の総理大臣が工事現場を<u>おとずれた</u>。
　　1　伺れた　　　　　2　参れた　　　　　3　訪れた　　　　　4　尋れた

6　彼は<u>しんけん</u>な表情で医者の説明を聞いている。
　　1　真堅　　　　　　2　真剣　　　　　　3　真健　　　　　　4　真検

7　時間がないため、詳細な説明は<u>はぶきます</u>。
　　1　略きます　　　　2　省きます　　　　3　除きます　　　　4　抜きます

8　弟が私の結婚式の写真<u>さつえい</u>を担当した。
　　1　撮映　　　　　　2　撮影　　　　　　3　撮営　　　　　　4　撮栄

9　彼は赤十字社に多額の<u>きふ</u>をした。
　　1　奇与　　　　　　2　奇付　　　　　　3　寄与　　　　　　4　寄付

10　8月中旬に<u>きせい</u>したいと思います。
　　1　規省　　　　　　2　規制　　　　　　3　帰制　　　　　　4　帰省

답　1④　2④　3③　4①　5③　6②　7②　8②　9④　10④

問題2 ＿＿＿＿の言葉を漢字で書くとき、最もよいものを１・２・３・４から一つ選びなさい。

1 台風が接近しているので波が<u>あらい</u>。
1　暴い　　　　　2　激い　　　　　3　荒い　　　　　4　雑い

2 今年は米の<u>しゅうかく</u>量が少ない。
1　就穫　　　　　2　就護　　　　　3　収穫　　　　　4　収護

3 彼の受賞はみんなを<u>おどろ</u>かせた。
1　驚かせた　　　2　警かせた　　　3　啓かせた　　　4　慶かせた

4 パーティーではみんな<u>ようき</u>に歌って踊った。
1　陽気　　　　　2　容器　　　　　3　容気　　　　　4　陽器

5 見たかった映画を<u>みのがして</u>しまった。
1　見欠して　　　2　見失して　　　3　見延して　　　4　見逃して

6 彼は大学で英文学の<u>こうぎ</u>をしている。
1　構義　　　　　2　構議　　　　　3　講義　　　　　4　講議

7 彼女の<u>しょうじょう</u>は次第に悪化してきた。
1　症状　　　　　2　症情　　　　　3　障状　　　　　4　障情

8 ポケットに物を入れすぎて<u>やぶれて</u>しまった。
1　敗れて　　　　2　破れて　　　　3　突れて　　　　4　裂れて

9 私は法学部に<u>ざいせき</u>しています。
1　採籍　　　　　2　採簿　　　　　3　在籍　　　　　4　在簿

10 今朝は寒くて、水道管が<u>こおった</u>。
1　凍った　　　　2　結った　　　　3　固った　　　　4　冷った

답　1③　2③　3①　4①　5④　6③　7①　8②　9③　10①

問題2 ＿＿＿の言葉を漢字で書くとき、最もよいものを 1・2・3・4 から一つ選びなさい。

1 その言い方にはちょっと<u>ていこう</u>がある。

1 抵伉　　　　2 抵抗　　　　3 低伉　　　　4 低抗

2 彼らは平和（へいわ）について繰り返し<u>とうろん</u>した。

1 討議　　　　2 討論　　　　3 計議　　　　4 計論

3 彼女は親善（しんぜんたいし）大使としての大役（たいやく）を<u>はたした</u>。

1 担たした　　2 務たした　　3 果たした　　4 任たした

4 手術が彼女を<u>すくう</u>唯一（ゆいいつ）の手段です。

1 救う　　　　2 助う　　　　3 治う　　　　4 療う

5 詳しくは巻末（かんまつ）の解説をご<u>さんしょう</u>ください。

1 賛照　　　　2 参照　　　　3 賛考　　　　4 参考

6 部下の失敗を<u>せめず</u>自分が責任（せきにん）を取る。

1 攻めず　　　2 志めず　　　3 憎めず　　　4 責めず

7 友達と同じチームに<u>ぞくして</u>いる。

1 即して　　　2 接して　　　3 属して　　　4 達して

8 ノーベル賞受賞者（じゅしょうしゃ）を<u>こうし</u>に迎えて講演（こうえん）をしてもらう。

1 講士　　　　2 講師　　　　3 教士　　　　4 教師

9 彼女はとても<u>れいぎ</u>正しいです。

1 札儀　　　　2 札義　　　　3 礼儀　　　　4 礼義

10 激しい運動はかえって寿命を<u>ちぢめて</u>しまう恐（おそ）れがあります。

1 薄めて　　　2 納めて　　　3 貯めて　　　4 縮めて

答 1② 2② 3③ 4① 5② 6④ 7③ 8② 9③ 10④

④ 표기 기출어휘 2009~2000

あ

□ 悪天候(あくてんこう) 악천후	□ 浅い(あさい) 얕다, 깊지 않다	□ 辺り(あたり) 주변, 주위
□ 厚かましい(あつかましい) 뻔뻔하다	□ 甘い(あまい) 달다, 엄하지 않다	□ 誤り(あやまり) 잘못, 틀림, 실수
□ 委員会(いいんかい) 위원회	□ 勢い(いきおい) 기세, 힘	□ 泉(いずみ) 샘
□ 忙しい(いそがしい) 바쁘다	□ 痛い(いたい) 아프다	□ 依頼(いらい) 의뢰
□ 岩(いわ) 바위	□ 祝い(いわい) 축하 (선물)	□ 伺う(うかがう) 여쭙다
□ 薄い(うすい) 얇다, 연하다, 싱겁다, 적다	□ 永久(えいきゅう) 영구, 영원	□ 絵の具(えのぐ) 그림물감
□ 追い越し(おいこし) 추월	□ 横断(おうだん) 횡단	□ お菓子(おかし) 과자
□ 補う(おぎなう) 보충하다	□ 〜億(おく) 〜억	□ 遅れる(おくれる) 늦다, 뒤처지다
□ 贈る(おくる) 주다, 선물하다	□ お互いに(おたがいに) 서로	□ お湯(おゆ) 더운 물
□ 泳ぐ(およぐ) 헤엄치다	□ 温泉(おんせん) 온천	

か

□ 改札口(かいさつぐち) 개찰구	□ 回復(かいふく) 회복	□ 拡大(かくだい) 확대
□ 必ず(かならず) 반드시, 꼭	□ 壁(かべ) 벽	□ 革靴(かわぐつ) 가죽 구두
□ 感覚(かんかく) 감각	□ 環境(かんきょう) 환경	□ 関係(かんけい) 관계
□ 関心(かんしん) 관심	□ 観測(かんそく) 관측	□ 岸(きし) 물가, 절벽, 벼랑
□ 喫茶店(きっさてん) 찻집, 카페	□ 疑問(ぎもん) 의문	□ 牛乳(ぎゅうにゅう) 우유
□ 器用(きよう) 손재주가 있음	□ 教育(きょういく) 교육	□ 教師(きょうし) 교사
□ 競争(きょうそう) 경쟁	□ 共同(きょうどう) 공동	□ 恐怖(きょうふ) 공포
□ 許可(きょか) 허가	□ 巨大(きょだい) 거대함	□ 議論(ぎろん) 논의, 토론

□ 金額 금액	□ 禁止 금지	□ 区域 구역
□ 偶然 우연(히)	□ 暮れる (날이) 저물다	□ 訓練 훈련
□ 経営 경영	□ 景気 경기, 경제 활동 상태	□ 形式 형식
□ 景色 경치	□ 欠点 결점	□ 煙 연기
□ 健康 건강	□ 検査 검사	□ 研修 연수
□ 県庁 현청(일본 지방 관청)	□ 濃い 짙다, 진하다	□ 強引 반대를 무릅씀, 억지로 함
□ 郊外 교외, 도시 주변 지역	□ 構造 구조	□ 行動 행동
□ 鉱物 광물	□ 国際 국제	□ 腰 허리
□ 個人的 개인적	□ 骨折 골절	□ 異なる 다르다
□ 困る 곤란하다, 어려움을 겪다		

さ

□ 際 때, 기회	□ 最高 최고	□ 才能 재능
□ 財布 지갑	□ 坂 언덕	□ 捜す (분실물 등을) 찾다
□ 咲く (꽃이) 피다	□ 酒 술	□ 叫ぶ 외치다, 부르짖다
□ 雑誌 잡지	□ 参加 참가	□ 残念 유감임
□ 散歩 산책	□ 寺院 사원	□ 司会 (회의나 예식 등의) 사회
□ 四捨五入 반올림	□ 自信 자신(감)	□ 沈む 가라앉다, 지다
□ 湿度 습도	□ 失敗 실패, 실수	□ 指導 지도
□ 児童 아동	□ 事務所 사무소	□ 周囲 주위
□ 就職 취직	□ 宿泊 숙박	□ 首相 수상, 내각 총리대신
□ 出版社 출판사	□ 準備 준비	□ 紹介 소개
□ 蒸気 수증기	□ 条件 조건	□ 招待 초대
□ 承認 승인	□ 消費 소비	□ 消防署 소방서
□ 将来 장래	□ 省略 생략	□ 食欲 식욕

<ruby>女優<rt>じょゆう</rt></ruby> 여배우	<ruby>深夜<rt>しんや</rt></ruby> 심야	<ruby>水滴<rt>すいてき</rt></ruby> 물방울
<ruby>涼しい<rt>すず</rt></ruby> 시원하다	<ruby>鋭い<rt>するど</rt></ruby> 날카롭다, 예리하다	<ruby>座る<rt>すわ</rt></ruby> 앉다
<ruby>生活<rt>せいかつ</rt></ruby> 생활	<ruby>成績<rt>せいせき</rt></ruby> 성적	<ruby>生徒<rt>せいと</rt></ruby> 학생 (주로 초·중고생)
<ruby>製品<rt>せいひん</rt></ruby> 제품	<ruby>成分<rt>せいぶん</rt></ruby> 성분	<ruby>積極的<rt>せっきょくてき</rt></ruby> 적극적
<ruby>節約<rt>せつやく</rt></ruby> 절약	<ruby>背中<rt>せなか</rt></ruby> 등	<ruby>狭い<rt>せま</rt></ruby> 좁다
<ruby>戦争<rt>せんそう</rt></ruby> 전쟁	<ruby>総人口<rt>そうじんこう</rt></ruby> 총인구	<ruby>装置<rt>そうち</rt></ruby> 장치
<ruby>底<rt>そこ</rt></ruby> 바닥, 밑	<ruby>卒業<rt>そつぎょう</rt></ruby> 졸업	<ruby>尊敬<rt>そんけい</rt></ruby> 존경
<ruby>存在<rt>そんざい</rt></ruby> 존재		

た

<ruby>倒す<rt>たお</rt></ruby> 쓰러뜨리다	<ruby>畳<rt>たたみ</rt></ruby> 다다미(일본식 돗자리)	<ruby>谷<rt>たに</rt></ruby> 계곡
<ruby>頼もしい<rt>たの</rt></ruby> 믿음직하다	<ruby>卵<rt>たまご</rt></ruby> 알, 달걀	<ruby>団体<rt>だんたい</rt></ruby> 단체
<ruby>駐車場<rt>ちゅうしゃじょう</rt></ruby> 주차장	<ruby>頂点<rt>ちょうてん</rt></ruby> 꼭대기, 정상	<ruby>直接<rt>ちょくせつ</rt></ruby> 직접
<ruby>疲れ<rt>つか</rt></ruby> 피로	<ruby>続く<rt>つづ</rt></ruby> 계속되다, 이어지다	<ruby>務める<rt>つと</rt></ruby> (역할을) 맡다
<ruby>常に<rt>つね</rt></ruby> 항상	<ruby>到着<rt>とうちゃく</rt></ruby> 도착	<ruby>道路<rt>どうろ</rt></ruby> 도로
<ruby>整う<rt>ととの</rt></ruby> 갖추어지다, 정돈되다	<ruby>飛ぶ<rt>と</rt></ruby> 날다	

な

| <ruby>流れる<rt>なが</rt></ruby> 흐르다 | <ruby>波<rt>なみ</rt></ruby> 파도 | <ruby>涙<rt>なみだ</rt></ruby> 눈물 |
| <ruby>慣れる<rt>な</rt></ruby> 익숙해지다, 습관이 되다 | <ruby>逃げる<rt>に</rt></ruby> 도망치다 | <ruby>願う<rt>ねが</rt></ruby> 바라다 |

は

<ruby>歯<rt>は</rt></ruby> 이, 치아	~<ruby>杯<rt>はい</rt></ruby> ~잔	<ruby>灰色<rt>はいいろ</rt></ruby> 잿빛, 회색, 침울함
<ruby>販売<rt>はんばい</rt></ruby> 판매	<ruby>被害<rt>ひがい</rt></ruby> 피해	~<ruby>匹<rt>ひき</rt></ruby> ~마리
<ruby>必要<rt>ひつよう</rt></ruby> 필요함	<ruby>拾う<rt>ひろ</rt></ruby> 줍다	<ruby>広がる<rt>ひろ</rt></ruby> 넓어지다

□ 表現 표현　　□ 夫婦 부부　　□ 複雑 복잡함

□ 含む 포함하다　　□ 物価 물가　　□ 降る (눈·비 등이) 내리다

□ 変更 변경　　□ 編集 편집　　□ 貿易 무역

□ 報告書 보고서　　□ 帽子 모자　　□ 宝石 보석

□ 方法 방법　　□ 訪問 방문　　□ 法律 법률

□ 募集 모집　　□ 保存 보존　　□ 骨 뼈, 가시

ま

□ 増す 늘다, 많아지다　　□ 祭り 축제　　□ 窓 창문

□ 招く 초대하다, 부르다, 초래하다　　□ 守る 지키다　　□ 万年筆 만년필

□ 磨く (문질러) 닦다　　□ 湖 호수　　□ 皆 모두

□ 昔 옛날　　□ 娘 딸　　□ 村 마을

□ 群れ 떼, 무리　　□ 明確 명확함　　□ 珍しい 진귀하다, 드물다

□ 申し込み 신청

や・ら・わ

□ 辞める 사임하다, 그만두다　　□ 柔らか 부드러움, 유연함　　□ 油断 방심, 부주의

□ 喜ぶ 기뻐하다, 좋아하다　　□ 乱暴 난폭함　　□ 理解 이해

□ 輪 원형, 고리　　□ 沸く 끓다, 뜨거워지다　　□ 割引 할인

問題2 ＿＿＿＿の言葉を漢字で書くとき、最もよいものを１・２・３・４から一つ選びなさい。

1 彼女はピアノコンクールで優秀（ゆうしゅう）な<u>せいせき</u>を収めた。

1 成積　　　2 成績　　　3 実積　　　4 実績

2 <u>しょうぼうしょ</u>に電話をして問い合わせてください。

1 消妨著　　　2 消防著　　　3 消妨署　　　4 消防署

3 高橋（たかはし）さんは<u>みずうみ</u>のほとりに別荘（べっそう）を持っています。

1 池　　　2 湖　　　3 泉　　　4 潮

4 冬に窓に<u>すいてき</u>がつく現象（げんしょう）を結露（けつろ）と言います。

1 水滴　　　2 水摘　　　3 水適　　　4 水敵

5 プレゼントは<u>きんがく</u>ではなく気持ちの問題です。

1 金須　　　2 金頭　　　3 金額　　　4 金頂

6 彼女は念願（ねんがん）どおり<u>しゅっぱんしゃ</u>に就職した。

1 出坂社　　　2 出阪社　　　3 出板社　　　4 出版社

7 <u>かんそく</u>の結果によると、実現する可能性（かのうせい）が高いそうだ。

1 勧側　　　2 勧測　　　3 観側　　　4 観測

8 <u>かわぐつ</u>を買ってもらったのは、入学に入ってからだった。

1 革鞄　　　2 革靴　　　3 毛鞄　　　4 毛靴

9 家を出た時、<u>あたり</u>は暗くなりかけていた。

1 切り　　　2 囲り　　　3 周り　　　4 巡り

10 今、<u>じどう</u>虐待（ぎゃくたい）が大きな社会問題になっている。

1 子童　　　2 子量　　　3 児童　　　4 児量

答　1② 2④ 3② 4① 5③ 6④ 7④ 8② 9① 10③

問題2　＿＿＿＿の言葉を漢字で書くとき、最もよいものを１・２・３・４から一つ選びなさい。

1　子供達は芝生（しばふ）の上でわになって踊っていた。

　　1　円　　　　　　2　丸　　　　　　3　輪　　　　　　4　周

2　この家は耐震（たいしん）こうぞうになっています。

　　1　構成　　　　　2　構造　　　　　3　講成　　　　　4　講造

3　本当にそんなことが可能かどうかぎもんだ。

　　1　欺問　　　　　2　疑問　　　　　3　擬問　　　　　4　議問

4　会員募集（ぼしゅう）を開始（かいし）したらもうしこみが殺到（さっとう）した。

　　1　申し込み　　　2　甲し込み　　　3　申し混み　　　4　甲し混み

5　鍋（なべ）からじょうきが上がっている時に近づくのは危険だ。

　　1　乗気　　　　　2　蒸気　　　　　3　暑気　　　　　4　昇気

6　彼は今パイロットになるくんれんを受けている。

　　1　修練　　　　　2　訓練　　　　　3　習練　　　　　4　順練

7　お湯がわいたので紅茶を入れました。

　　1　熱いた　　　　2　沸いた　　　　3　蒸いた　　　　4　溶いた

8　IT産業ではきょうそうが年々激しくなっている。

　　1　境走　　　　　2　境争　　　　　3　競走　　　　　4　競争

9　彼女はついに卓球（たっきゅう）選手のちょうてんに立った。

　　1　超点　　　　　2　超天　　　　　3　頂点　　　　　4　頂天

10　波がきしに寄せる時の変化の様子を調べた。

　　1　岸　　　　　　2　崖　　　　　　3　底　　　　　　4　辺

답　1③　2②　3②　4①　5②　6②　7②　8④　9③　10①

問題2　______の言葉を漢字で書くとき、最もよいものを１・２・３・４から一つ選びなさい。

1　これから午後3時まで自由こうどうになります。

　　1　行動　　　　　2　交動　　　　　3　行働　　　　　4　交働

2　おじいさんは年のせいでこしが曲がっています。

　　1　腸　　　　　　2　腹　　　　　　3　腰　　　　　　4　臓

3　結婚生活ではお互いにそんけいし合うことが大切です。

　　1　尊敬　　　　　2　恵尊　　　　　3　敬尊　　　　　4　尊恵

4　喜んで「万歳」とさけびながら両手を上げる。

　　1　吸びながら　　2　呼びながら　　3　叫びながら　　4　吹びながら

5　このページを2倍にかくだいしてコピーしてください。

　　1　広大　　　　　2　各大　　　　　3　拡大　　　　　4　格大

6　ここは子供を育てるのにとてもいいかんきょうだ。

　　1　還境　　　　　2　環境　　　　　3　還鏡　　　　　4　環鏡

7　彼女は仙台市のこうがいに住んでいます。

　　1　郊外　　　　　2　構外　　　　　3　効外　　　　　4　格外

8　部屋の中にはたばこのけむりがもうもうこもっていた。

　　1　煙　　　　　　2　燃　　　　　　3　燥　　　　　　4　灯

9　少年はととのった髪型をしているが、服装はだらしない。

　　1　済った　　　　2　終った　　　　3　補った　　　　4　整った

10　さかを下ると、コンビニがあります。

　　1　反　　　　　　2　板　　　　　　3　阪　　　　　　4　坂

답 1① 2③ 3① 4③ 5③ 6② 7① 8① 9④ 10④

① 문제유형 완전분석

問題3 단어형성은 N2에서만 출제되는 유형으로, 올바른 파생어나 복합어의 형태를 묻는 문제이며 공란 메우기 형식으로 되어 있다. N2 수준의 어휘 뿐만 아니라 N3~N5 수준에서도 출제되므로 하위 수준의 어휘까지 공부해 두는 것이 좋다.

❗알고 풀자!

· 빈칸이 문장에 어떤 뜻을 더하는지 찾아 보자!
  괄호 앞뒤의 핵심 단어를 먼저 보고 괄호 안에 어떤 뜻이 들어가야 문장이 완성되는지 생각해 보자.

· 정답 선지를 넣어 진짜 쓰는 말인지 확인하자!
  선지에 있는 단어를 하나씩 넣어 보며 그 조합이 실제로 일본에서 쓰이는지 확인해 보자. 소리 내어 읽어 보면 어색한 조합은 쉽게 걸러낼 수 있다.

· 비슷한 글자들의 주된 역할을 비교하자!
  뜻이 비슷한 글자들이 알고 있는 다른 단어에서는 주로 어떤 역할을 하는지 생각해 보자. 예를 들어 「現」은 '현직'처럼 시점을 나타내며 「今」는 '지금 바로'라는 뜻을 나타낼 때 사용한다.

예시

問題3 （　　　）に入れるのに最もよいものを、1・2・3・4から一つ選びなさい。

11　日本の結婚式は結婚式と披露宴（ひろうえん）パーティーが（　　　）会場で行われます。
　　1　違　　　　　2　離　　　　　3　別　　　　　4　異

해석　일본의 결혼식은 결혼식과 피로연 파티가 <u>다른</u> 회장에서 열립니다.

해설　「別」는 명사 앞에 붙어 '다른, 별개의, 따로' 라는 의미를 더하는 접두어이다. 「別会場」는 '별개의 장소, 따로 마련된 장소'등을 뜻하여 문맥에 가장 자연스럽다. 「異」는 「異文化(다른 문화)」와 같이 명사 앞에 붙어 특성이나 성격 등이 다르다는 의미를 나타낸다.

단어　披露宴（ひろうえん） 피로연

② 단어형성 기출단어 2025~2021

2025

□ <ruby>悪<rt>あく</rt></ruby><ruby>条件<rt>じょうけん</rt></ruby> 악조건	□ <ruby>仮<rt>かり</rt></ruby><ruby>契約<rt>けいやく</rt></ruby> 가계약	□ <ruby>教育<rt>きょういく</rt></ruby><ruby>論<rt>ろん</rt></ruby> 교육론
□ 9<ruby>時<rt>じ</rt></ruby><ruby>発<rt>はつ</rt></ruby> 9시발, 9시 출발	□ <ruby>先着<rt>せんちゃく</rt></ruby><ruby>順<rt>じゅん</rt></ruby> 선착순	□ <ruby>食<rt>た</rt></ruby>べづらい 먹기 힘들다

memo

2024

- □ 決定権 （けっていけん）결정권
- □ 最接近 （さいせっきん）가장 가까이 접근함
- □ 主原料 （しゅげんりょう）주원료
- □ 読書離れ （どくしょばなれ）독서에서 멀어짐
- □ 名選手 （めいせんしゅ）명선수
- □ 私宛て （わたしあて）내 앞

2023

- □ 壁際 （かべぎわ）벽가, 벽 옆
- □ 諸手続き （しょてつづき）여러 절차
- □ 抵抗心 （ていこうしん）저항심
- □ 日本風 （にほんふう）일본풍
- □ 二人連れ （ふたりづれ）동행한 두 사람
- □ 無回答 （むかいとう）무응답

memo

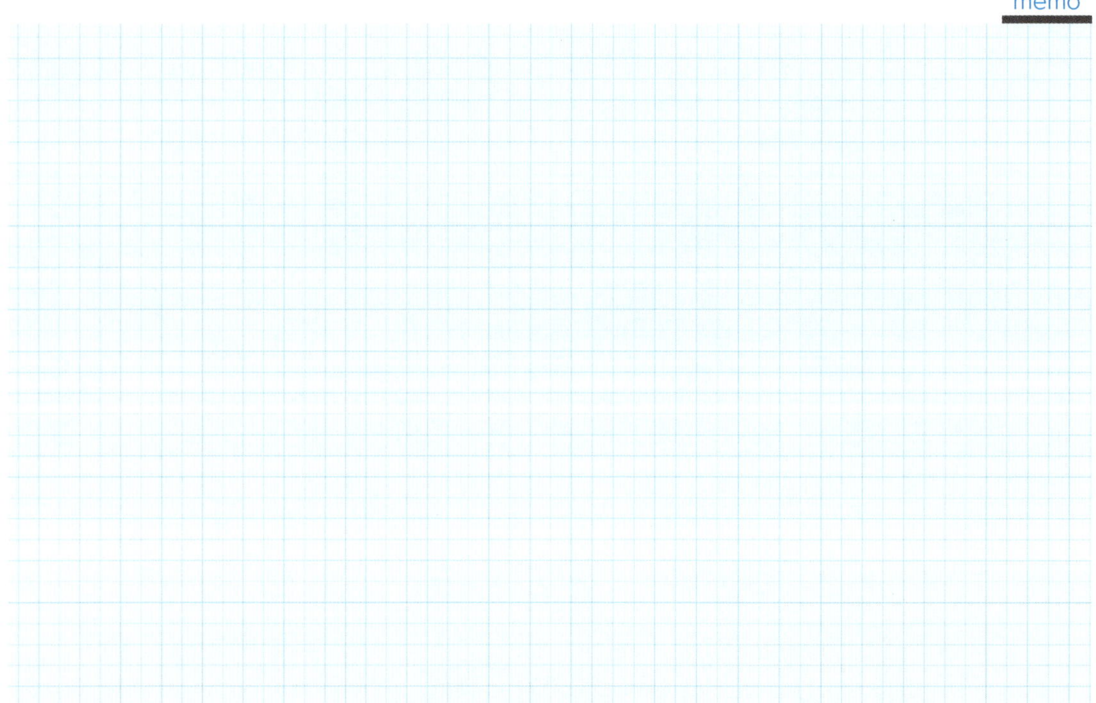

2022

- □ 異分野 다른 분야
- □ 貴団体 귀 단체
- □ 現制度 현 제도
- □ 写真付き 사진 포함
- □ 低価格 낮은 가격
- □ 用心深い 신중하다

2021

- □ 仮登録 임시 등록
- □ 現社長 현 사장
- □ 食べ頃 먹기에 적당한 때
- □ 同意見 같은 의견
- □ 別会場 다른 회장
- □ ボール状 둥근 형태, 둥근 모양

memo

問題3　（　　　）に入れるのに最もよいものを、1・2・3・4から一つ選びなさい。

1　部長は今回のプロジェクトの最終決定（　　　）をもっています。

1　手　　　　　　2　権　　　　　　3　観　　　　　　4　力

2　我が社では4月から（　　　）社長が会長に就任（しゅうにん）するらしい。

1　今　　　　　　2　先　　　　　　3　現　　　　　　4　来

3　彼女は用心（　　　）性格なので、相手に心を開くまで時間がかかります。

1　長い　　　　　2　深い　　　　　3　重い　　　　　4　硬い

4　彼女はいつも壁（　　　）の席に座っている。

1　沿　　　　　　2　掛　　　　　　3　際　　　　　　4　建

5　ヴィーガン用の肉は豆を（　　　）原料（げんりょう）としている。

1　主　　　　　　2　中　　　　　　3　元　　　　　　4　内

6　この商品は（　　　）分野の専門家が意見を出し合って開発しました。

1　奇　　　　　　2　外　　　　　　3　違　　　　　　4　異

7　ニュースによると、3年ぶりに火星が地球に（　　　）接近（せっきん）するらしい。

1　長　　　　　　2　短　　　　　　3　最　　　　　　4　極

8　高温、乾燥（かんそう）、強風（きょうふう）などの（　　　）条件が重なると山火事の危険性が高まります。

1　不　　　　　　2　無　　　　　　3　非　　　　　　4　悪

9　このパンの生地（きじ）をボール（　　　）に丸めてください。

1　体　　　　　　2　形　　　　　　3　状　　　　　　4　量

10　大学入学に必要な（　　　）手続きが無事（ぶじ）終わりました。

1　諸　　　　　　2　皆　　　　　　3　必　　　　　　4　複

答　1②　2③　3②　4③　5①　6④　7③　8④　9③　10①

問題3　（　　　　）に入れるのに最もよいものを、1・2・3・4から一つ選びなさい。

1　スマートフォンの普及で読書（　　　　）が加速している。

　1　下げ　　　　　　2　辞め　　　　　　3　離れ　　　　　4　引き

2　教育に関する（　　　　）制度では小学校と中学校が義務教育となっています。

　1　今　　　　　　　2　近　　　　　　　3　先　　　　　　4　現

3　会議での彼の発言に（　　　　）意見の人が多く、会議が円滑に進んでいます。

　1　同　　　　　　　2　等　　　　　　　3　伴　　　　　　4　類

4　バナナは皮に茶色い点が出てくると食べ（　　　　）です。

　1　際　　　　　　　2　節　　　　　　　3　折　　　　　　4　頃

5　野球界の（　　　　）選手たちが集まるイベントが開かれた。

　1　大　　　　　　　2　名　　　　　　　3　古　　　　　　4　時

6　韓国の大型スーパーは会員になると（　　　　）価格で品物を買うことができる。

　1　安　　　　　　　2　小　　　　　　　3　短　　　　　　4　低

7　カナダに留学中の友達から私（　　　　）に手紙が届いた。

　1　送り　　　　　　2　受け　　　　　　3　宛て　　　　　4　配り

8　そのアンケートの収入に関する質問には（　　　　）回答が多かった。

　1　白　　　　　　　2　空　　　　　　　3　無　　　　　　4　消

9　彼女は小さな女の子と二人（　　　　）でレストランに入っていった。

　1　連れ　　　　　　2　付き　　　　　　3　伴い　　　　　4　添え

10　誕生日プレゼントに友達から写真（　　　　）のメッセージカードをもらった。

　1　連れ　　　　　　2　添い　　　　　　3　伴い　　　　　4　付き

답　1③　2④　3①　4④　5②　6④　7③　8③　9①　10④

2020

- 再提出 ^{さいていしゅつ} 재제출
- 都会育ち ^{と かいそだ} 도시에서 자람
- 一仕事 ^{ひと し ごと} 조금 일을 함

2019

- 悪影響 ^{あくえいきょう} 악영향
- アメリカ流 ^{りゅう} 미국식
- 政治色 ^{せい じ しょく} 정치색
- 前町長 ^{ぜんちょうちょう} 전 마을 대표
- 頼みづらい ^{たの} 부탁하기 곤란하다
- 別れ際 ^{わか ぎわ} 헤어질 때

2018

- 学年別 ^{がくねんべつ} 학년별
- 進学率 ^{しんがくりつ} 진학률
- スキー場 ^{じょう} 스키장
- 送信元 ^{そうしんもと} 발신지
- 働き手 ^{はたら て} 일꾼, 일손
- 副大臣 ^{ふくだいじん} 부대신, 부장관
- 無計画 ^{む けいかく} 무계획
- 来学期 ^{らいがっ き} 다음 학기

memo

2017

- 会員制 회원제
- 会社員風 회사원 같음, 회사원풍
- 家族連れ 가족 동반
- 住宅街 주택가
- 諸外国 여러 외국
- 初年度 초년도, 첫 년도
- 前社長 전 사장
- 低カロリー 저칼로리
- 不正確 부정확함
- 真後ろ 바로 뒤

2016

- 異文化 다른 문화
- 管理下 관리하
- 結婚観 결혼관
- 高水準 높은 수준
- 再開発 재개발
- 主成分 주성분
- 日本式 일본식
- 年代順 연대순
- 勉強漬け 공부에 열중임
- 未使用 미사용

2015

- 悪影響 악영향
- 応援団 응원단
- 現実離れ 현실과 동떨어짐
- 子供連れ 아이 동반
- 招待状 초대장
- 成功率 성공률
- 副社長 부사장
- 真新しい 아주 새롭다, 완전히 새것이다
- 無責任 무책임
- ヨーロッパ風 유럽풍, 유럽식

2014

- 一日おきに 하루 걸러
- 期限切れ 기한이 다 됨
- 危険性 위험성
- 高性能 고성능
- 作品集 작품집
- 諸問題 여러 문제
- 線路沿い 기찻길 옆
- 電車賃 전철 요금
- 未経験 미경험
- ムード一色 분위기 일색

2013

- ☐ 薄暗い（うすぐら） 좀 어둡다, 침침하다
- ☐ 親子連れ（おやこづ） 부모와 자녀 동반
- ☐ 音楽全般（おんがくぜんぱん） 음악 전반
- ☐ 風邪気味（かぜぎみ） 감기 기운
- ☐ 再提出（さいていしゅつ） 재제출
- ☐ 最有力（さいゆうりょく） 가장 유력함
- ☐ 準決勝（じゅんけっしょう） 준결승
- ☐ 食器類（しょっきるい） 식기류
- ☐ 東京駅発（とうきょうえきはつ） 도쿄역발
- ☐ 夏休み明け（なつやす・あ） 여름 방학이 끝난 직후

2012

- ☐ アルファベット順（じゅん） 알파벳순
- ☐ 仮採用（かりさいよう） 임시 채용
- ☐ 国際色（こくさいしょく） 국제색
- ☐ 諸外国（しょがいこく） 여러 외국
- ☐ 低価格（ていかかく） 낮은 가격
- ☐ 投票率（とうひょうりつ） 투표율
- ☐ 日本流（にほんりゅう） 일본류, 일본식
- ☐ 半透明（はんとうめい） 반투명
- ☐ ビジネスマン風（ふう） 비즈니스맨풍
- ☐ 真夜中（まよなか） 한밤중

2011

- ☐ 悪条件（あくじょうけん） 악조건
- ☐ 医学界（いがくかい） 의학계
- ☐ 一日おきに（いちにち） 하루 걸러
- ☐ クリーム状（じょう） 크림 상태
- ☐ 現段階（げんだんかい） 현 단계
- ☐ 準優勝（じゅんゆうしょう） 준우승
- ☐ 総売上（そううりあげ） 매상 총액, 총 판매액
- ☐ 非公式（ひこうしき） 비공식
- ☐ 文学賞（ぶんがくしょう） 문학상
- ☐ 来シーズン（らい） 다음 시즌

2010

- ☐ 旧制度（きゅうせいど） 구제도
- ☐ 高収入（こうしゅうにゅう） 고수입
- ☐ 再放送（さいほうそう） 재방송
- ☐ 就職率（しゅうしょくりつ） 취업률
- ☐ 集中力（しゅうちゅうりょく） 집중력
- ☐ 商店街（しょうてんがい） 상점가
- ☐ 諸問題（しょもんだい） 여러 문제
- ☐ 2対1（たい） 2 대 1
- ☐ 副社長（ふくしゃちょう） 부사장
- ☐ 予約制（よやくせい） 예약제

問題3 （　　　）に入れるのに最もよいものを、1・2・3・4から一つ選びなさい。

1 音楽（　　　）に興味がありますが、今は特に日本の伝統音楽に興味があります。

1　一般　　　　　　2　全般　　　　　　3　一面　　　　　　4　全面

2 彼から招待（　　　）をもらったが、それに応じなかった。

1　状　　　　　　　2　客　　　　　　　3　巻　　　　　　　4　席

3 風邪（　　　）で仕事を休んだ。

1　気味　　　　　　2　気配　　　　　　3　気分　　　　　　4　気持ち

4 駅前にひときわ目立つ（　　　）新しい建物がある。

1　正　　　　　　　2　真　　　　　　　3　本　　　　　　　4　実

5 この病院の外来は予約（　　　）です。

1　席　　　　　　　2　度　　　　　　　3　製　　　　　　　4　制

6 大臣の下に2人の（　　　）大臣がいるのが一般的だ。

1　補　　　　　　　2　助　　　　　　　3　次　　　　　　　4　副

7 データが古くなっていたり、（　　　）正確なデータが多いケースがある。

1　否　　　　　　　2　反　　　　　　　3　非　　　　　　　4　不

8 友人が線路（　　　）の家を買い、うるさくてまた引っ越ししてしまった。

1　付き　　　　　　2　沿い　　　　　　3　並び　　　　　　4　伴い

9 数学に関するレポートを夏休み（　　　）に提出することになりました。

1　明け　　　　　　2　閉め　　　　　　3　分け　　　　　　4　止め

10 アメリカ（　　　）の考え方はどうも私にはなじめない。

1　形　　　　　　　2　質　　　　　　　3　性　　　　　　　4　流

答 1② 2① 3① 4② 5④ 6④ 7④ 8② 9① 10④

問題3 （　　　）に入れるのに最もよいものを、1・2・3・4から一つ選びなさい。

1 クラスのほとんどが都会（とかい）（　　　）でした。

1 育ち　　　　2 離れ　　　　3 連れ　　　　4 生き

2 さっそく指摘（してき）された数箇所（すうかしょ）を直して（　　　）提出した。

1 復　　　　2 改　　　　3 再　　　　4 補

3 私はほとんどスーパーで食器（　　　）を買っている。

1 料　　　　2 集　　　　3 財　　　　4 類

4 明日の会議には、社長と（　　　）社長も出席する予定だ。

1 助　　　　2 補　　　　3 副　　　　4 準

5 迷惑（めいわく）メールのほとんどが送信（　　　）を偽装（ぎそう）して送られている。

1 元　　　　2 原　　　　3 根　　　　4 素

6 （　　　）学期（がっき）から日本語を勉強しようと思っています。

1 明　　　　2 近　　　　3 隣　　　　4 来

7 男性は会社員（　　　）で、年齢（ねんれい）40歳くらい、身長175センチくらいだそうです。

1 風　　　　2 類　　　　3 状　　　　4 式

8 休日の遊園地（ゆうえんち）は家族（　　　）でにぎわった。

1 込み　　　　2 付き　　　　3 伴い　　　　4 連れ

9 彼は別れ（　　　）に何かつぶやいた。

1 刻　　　　2 際　　　　3 間　　　　4 期

10 とても気に入ったので作品（　　　）を買いました。

1 巻　　　　2 冊　　　　3 部　　　　4 集

답 1① 2③ 3④ 4③ 5① 6④ 7① 8④ 9② 10④

問題4 문맥구성 공략하기

1 문제유형 완전분석

問題4 문맥구성은 주어진 문장의 괄호 안에 들어갈 알맞은 어휘를 고르는 문제로, 한자 표기 여부나 품사에 관계없이 다양한 단어가 출제되고 있다. 특히 부사에서는 「ぶつぶつ」「まごまご」「はきはき」와 같은 의성어와 의태어도 자주 출제된다.

! 알고 풀자!

· 짝꿍 단어를 먼저 찾아 보자!

명사(목적어)와 동사가 정해진 한 쌍처럼 쓰이는 경우가 많으니, 빈칸 앞뒤의 단어를 보고 어떤 말과 같이 쓰이는지 떠올려 보자. 예를 들어 「憧れ(동경)」는 「抱く(~한 마음을 품다)」와 자주 같이 쓰인다.

· 문장 전체의 상황을 머릿속으로 상상해 보자!

의성어, 의태어가 선지로 나왔을 때는 문장에서 설명하는 상태를 머릿속으로 그려 보며 제일 잘 어울리는 답을 골라 보자.

· 비슷한 복합 동사의 핵심 뜻을 구별하자!

「~込む」, 「~切る」 등이 붙는 복합 동사가 나온다면 각 단어의 미묘한 차이를 구별할 수 있어야 한다.

예시

問題4　（　　　）に入れるのに最もよいものを、1・2・3・4から一つ選びなさい。

14　私たちはお客様の（　　　）に応えるために日々努力しています。

　✓ ニーズ　　　　　2　ニート　　　　　3　シーン　　　　　4　ユーザー

해석　저희들은 고객님이 요구에 부응하기 위해 매일 노력하고 있습니다.

해설　앞부분의 '고객'과 뒷부분의 '~에 부응하다'를 통해 가장 적절한 것은 1번임을 알 수 있다.

단어　日々 나날, 매일　ニート 니트족, 자발적 실업자　シーン 신, 장면　ユーザー 유저, 이용자

2025

□ 一時的（いちじてき）に 일시적으로	□ 裏付（うらづ）ける 뒷받침하다	□ 追（お）い払（はら）う 쫓아 버리다
□ 関与（かんよ） 관여	□ くたくた 녹초가 된 모양	□ スタイル 스타일
□ ステージ 스테이지, 무대	□ 誓（ちか）う 맹세하다	□ 飛（と）び散（ち）る 사방으로 튀다
□ 反則（はんそく） 반칙	□ 敏感（びんかん） 민감함	□ べたべた 끈적끈적
□ 要約（ようやく） 요약	□ 予防（よぼう） 예방	

memo

2024

- □ インパクト 임팩트, 충격, 인상
- □ 完了 완료
- □ ずうずうしい 뻔뻔하다
- □ 通過 통과
- □ もてなす 대접하다

- □ 衰える 쇠약해지다, 쇠퇴하다
- □ 口調 말투
- □ そそっかしい 덜렁거리다
- □ 溶け込む 녹아들다
- □ 役目 역할

- □ 思い込む 굳게 믿다
- □ 省略 생략
- □ 多大な 커다란, 막대한
- □ 歩道 보도, 보행로

2023

- □ かさかさ 꺼칠꺼칠, 바삭바삭
- □ 好調 호조, 순조, 좋은 상태임
- □ 節約 절약
- □ 飛びつく 달려들다
- □ リハーサル 리허설

- □ 求人 구인, 일할 사람을 구함
- □ 誤解 오해
- □ 頼もしい 믿음직히다
- □ まねる 흉내 내다
- □ 話題 화제

- □ 後悔 후회
- □ こそこそ 소곤소곤
- □ 特定 특정
- □ 盛り上がる 고조되다

memo

2022

- 抱く (마음 등을) 품다
- 違反 위반
- 劣る 뒤떨어지다
- ぎっしり 가득 찬 모양, 잔뜩
- 苦情 불만, 고충
- クリア 통과함, 헤쳐 나감
- 劇的に 극적으로
- 交渉 교섭
- 締め切る 마감하다
- 進出 진출
- 接続 접속
- 設備 설비
- ぞろぞろ 졸졸, 줄줄(많은 사람이 잇달아 움직이는 모양)
- まれだ 드물다

2021

- 思いきって 과감히, 큰맘 먹고
- 開設 개설
- 解約 해약
- 固める 굳히다
- 格好 모습, 행색
- 気軽に 선뜻, 가벼운 마음으로
- ぎりぎり 아슬아슬함, 빠듯함
- 限界 한계
- 上昇 상승
- じろじろ 빤히, 유심히
- タイミング 타이밍
- 添付 첨부
- ニーズ 필요, 수요, 요구
- 雇う 고용하다

memo

問題4 （　　　　）に入れるのに最もよいものを、1・2・3・4から一つ選びなさい。

1 病気の時こそ、すぐに治るのだと（　　　　）ことが大切だ。

　1　思い悩む　　　　2　思い込む　　　　3　思い当たる　　　4　思い残す

2 洗い物をしすぎて手が（　　　　）だ。

　1　すかすか　　　　2　かさかさ　　　　3　ごそごそ　　　　4　ごしごし

3 私は教師という職業に憧れを（　　　　）います。

　1　叶って　　　　　2　生まれて　　　　3　抱いて　　　　　4　湧いて

4 自分の誕生日に（　　　　）100万円もする指輪を買った。

　1　思い浮かべて　　2　思い起こして　　3　思いやって　　　4　思いきって

5 エレベーターの点検のため（　　　　）ご利用できない時間帯がございます。

　1　一方的に　　　　2　一般的に　　　　3　一時的に　　　　4　一面的に

6 銀行口座を（　　　　）するためには本人確認書類を準備しなければなりません。

　1　設立　　　　　　2　開設　　　　　　3　発足　　　　　　4　確立

7 個人がごみを屋外で焼却することは法律に（　　　　）している。

　1　侵害　　　　　　2　批判　　　　　　3　制定　　　　　　4　違反

8 有名レストランが2号店を出すのでアルバイトの（　　　　）広告を出している。

　1　求人　　　　　　2　職人　　　　　　3　就職　　　　　　4　転職

9 年をとると体力が（　　　　）ことは仕方のないことだ。

　1　衰える　　　　　2　尽きる　　　　　3　絶える　　　　　4　抑える

10 その会社の広告は（　　　　）があっておもしろい。

　1　パワフル　　　　2　インパクト　　　3　ショック　　　　4　ユニーク

답　1②　2②　3③　4④　5③　6②　7④　8①　9①　10②

問題4　（　　　　）に入れるのに最もよいものを、1・2・3・4から一つ選びなさい。

1　この道の拡張工事は6月3日に（　　　　）する予定だ。
　1　完了　　　　　　2　完結　　　　　　3　終結　　　　　　4　閉幕

2　はちみつが手についてしまって手が（　　　　）です。
　1　ぱたぱた　　　　2　べたべた　　　　3　すたすた　　　　4　ばたばた

3　夏休みはこの参考書で勉強して、数学の基礎を（　　　　）つもりです。
　1　固める　　　　　2　丸める　　　　　3　眺める　　　　　4　諦める

4　やはり、インスタントコーヒーはドリップコーヒーに比べ、香りも味も（　　　　）。
　1　欠ける　　　　　2　劣る　　　　　　3　及ぶ　　　　　　4　後れる

5　私は窓ガラスを割っていません。（　　　　）です。
　1　心得　　　　　　2　誤解　　　　　　3　悪事　　　　　　4　犯行

6　彼女は子供に、穏やかな（　　　　）で話した。
　1　音色　　　　　　2　調子　　　　　　3　口調　　　　　　4　音質

7　テストの点数が悪くて、もっと勉強すればよかったと（　　　　）した。
　1　失敗　　　　　　2　思い出　　　　　3　後悔　　　　　　4　誤解

8　店員の態度が悪いので店長に（　　　　）を言った。
　1　非難　　　　　　2　苦難　　　　　　3　感情　　　　　　4　苦情

9　来週から1年間、アメリカに留学に行くので日本の携帯電話を（　　　　）しました。
　1　加入　　　　　　2　消滅　　　　　　3　解約　　　　　　4　請求

10　おかげさまで新商品の売れ行きは（　　　　）です。
　1　調子　　　　　　2　具合　　　　　　3　無事　　　　　　4　好調

답　1①　2②　3①　4②　5②　6③　7③　8④　9③　10④

問題4 （　　　）に入れるのに最もよいものを、１・２・３・４から一つ選びなさい。

1 授業中、お腹が空いたので先生にばれないように（　　　）お菓子を食べた。
　　1 いらいら　　　　2 わくわく　　　　3 こそこそ　　　　4 うろうろ

2 ハロウィンにおばけの（　　　）をした子供達がお菓子をもらっていた。
　　1 制服　　　　2 格好　　　　3 体形　　　　4 外観

3 ショートヘアにヘア（　　　）を変えてみました。
　　1 オリジナル　　　2 ジャンル　　　3 スタイル　　　4 シングル

4 時間の都合上、前回ご説明した内容につきましては（　　　）させていただきます。
　　1 追加　　　　2 補充　　　　3 省略　　　　4 例外

5 食事代を払おうとしないなんて（　　　）にもほどがある。
　　1 はなはだしい　　　2 けわしい　　　3 とぼしい　　　4 ずうずうしい

6 来月、旅行に行くので今月は生活費を（　　　）している。
　　1 浪費　　　　2 質素　　　　3 無駄　　　　4 節約

7 社長は来週までスケジュールが（　　　）詰まっています。
　　1 ぎっしり　　　2 ぴったり　　　3 ゆったり　　　4 しっくり

8 何かご不明な点等ございましたら（　　　）お声かけください。
　　1 お気楽に　　　2 お気軽に　　　3 お手軽に　　　4 お見事に

9 このゲームを（　　　）すると商品がもらえる。
　　1 ゼロ　　　　2 クリーン　　　3 リセット　　　4 クリア

10 彼と結婚して彼女の人生は（　　　）変わりました。
　　1 劇的に　　　　2 効果的に　　　　3 反動的に　　　　4 日常的に

答 1③　2②　3③　4③　5④　6④　7①　8②　9④　10①

問題4 （　　　　）に入れるのに最もよいものを、1・2・3・4から一つ選びなさい。

1 世界の平均気温が年々（　　　　）していて、地球温暖化が加速している。
1　向上　　　　　2　最上　　　　　3　追加　　　　　4　上昇

2 無料体験レッスンの申し込みは、応募者が多かったのでこれで（　　　　）。
1　締め出します　2　締め切ります　3　締めくくります　4　示し合わせます

3 彼の周りにはいつも女性達がいるが、（　　　　）の彼女はいないらしい。
1　特定　　　　　2　指名　　　　　3　限定　　　　　4　断定

4 書類選考を（　　　　）したので、次は面接の準備をしなければなりません。
1　通告　　　　　2　免許　　　　　3　通過　　　　　4　解除

5 彼女は体力の（　　　　）が来たといって選手生活を終えました。
1　限度　　　　　2　限界　　　　　3　制限　　　　　4　限定

6 取引先と商品の値段について（　　　　）を始めた。
1　交換　　　　　2　考慮　　　　　3　交渉　　　　　4　販売

7 私の兄は警察官で、家族の中でも（　　　　）存在です。
1　苛だたしい　　2　頼もしい　　　3　慌ただしい　　4　望ましい

8 彼はメジャーリーガーになるために（　　　　）努力をしてきました。
1　多大な　　　　2　多忙な　　　　3　重要な　　　　4　重大な

9 朝寝坊して走って行ったら、遅刻（　　　　）で学校に着いた。
1　がりがり　　　2　がつがつ　　　3　ぎりぎり　　　4　こつこつ

10 彼女は（　　　　）方なのでよく電車やバスに忘れ物をする。
1　うらやましい　2　さびしい　　　3　そそっかしい　　4　わずらわしい

答　1④　2②　3①　4③　5②　6③　7②　8①　9③　10③

問題4 （　　　　）に入れるのに最もよいものを、1・2・3・4から一つ選びなさい。

1 カメレオンは周りの景色に（　　　　）ために体の色を変えるといわれている。
　1 突っ込む　　　　2 沈み込む　　　　3 塞ぎ込む　　　　4 溶け込む

2 彼は投資の話になるとすぐに（　　　　）ので、よく騙されている。
　1 飛びつく　　　　2 飛び散る　　　　3 飛び出る　　　　4 飛び交う

3 彼の会社は東京に（　　　　）することを目指して頑張っている。
　1 前進　　　　2 侵入　　　　3 進歩　　　　4 進出

4 知らない人のことを（　　　　）見るのはとても失礼なことです。
　1 そわそわ　　　　2 じろじろ　　　　3 つくづく　　　　4 きょろきょろ

5 どの（　　　　）でバットを振ればいいのかわからないので、野球は私にとって難しい。
　1 タイムリー　　　　2 チャンス　　　　3 スタンバイ　　　　4 タイミング

6 パソコンを使っていたら突然、インターネットに（　　　　）できなくなった。
　1 関係　　　　2 関連　　　　3 接続　　　　4 合流

7 彼は韓国人だが、関西弁を（　　　　）のが上手だ。
　1 見習う　　　　2 まねる　　　　3 手伝う　　　　4 従う

8 自転車は（　　　　）を走ってはいけません。
　1 外道　　　　2 歩道　　　　3 剣道　　　　4 悪道

9 初対面の人だったが、共通の話題で（　　　　）。
　1 盛り上がった　　　　2 憧れた　　　　3 込み上げた　　　　4 思い上がった

10 友達が誕生日だったので、手作りのケーキで（　　　　）。
　1 うけとった　　　　2 あたえた　　　　3 もてなした　　　　4 せわした

답 1④　2①　3④　4②　5④　6③　7②　8②　9①　10③

2020

□ 争_{あらそ}う 다투다, 경쟁하다	□ いいかげん 건성임, 무책임함	□ 気配_{けはい} 기색, 기미
□ 尊重_{そんちょう} 존중	□ ターゲット 타깃, 표적, 대상	□ 独特_{どくとく} 독특함
□ 評価_{ひょうか} 평가		

2019

□ あいまい 애매함	□ あこがれ 동경	□ うなずく 수긍하다, (고개를) 끄덕이다
□ 衰_{おとろ}える 쇠약해지다, 쇠퇴하다	□ ごちゃごちゃ 어지러이 뒤섞임, 너저분한 모양	
□ 栽培_{さいばい} 재배	□ 転勤_{てんきん} 전근	□ 不安定_{ふあんてい} 불안정함
□ ふさわしい 적합하다, 어울리다	□ プレッシャー 압력, 압박	□ 分担_{ぶんたん} 분담
□ 本物_{ほんもの} 진짜, 실물	□ 面倒_{めんどう} 귀찮음, 번거로움	□ 油断_{ゆだん} 방심, 부주의

memo

2018

- □ アレンジ 정리, 변형, 각색
- □ 欠かす 빠뜨리다, 빼먹다
- □ 地元 그 지역, 그 고장, 연고지
- □ スペース 공간
- □ 続出 속출
- □ 達する 이르다, 도달하다
- □ 着々と 착착, 척척
- □ でたらめに 엉터리로, 아무렇게나
- □ 点検 점검
- □ 独特 독특함
- □ 飛び散る 흩날리다
- □ にっこり 빙긋(이)
- □ 発揮 발휘
- □ 敏感 민감함

2017

- □ アピール 어필, 호소
- □ 打ち消す 부정하다
- □ 穏やか 온화함
- □ 確保 확보
- □ ぎりぎり 아슬아슬함, 빠듯함
- □ 苦情 불평, 불만
- □ 悔やむ 후회하나, 애식하게 여기나
- □ 契機 계기
- □ そそっかしい 경솔하다, 딜링대다
- □ バランス 밸런스, 균형
- □ ひそひそ 소곤소곤
- □ 豊富に 풍부하게, 풍족하게
- □ 名所 명소
- □ 有利 유리함

2016

- □ 安易 손쉬움, 안이함
- □ 活発 활발함
- □ ぐったり 녹초가 됨, 늘어짐
- □ 邪魔 방해, 거추장스러움
- □ 収穫 수확
- □ ショック 쇼크, 충격
- □ たのもしい 믿음직하다, 기대할 만하다
- □ 提供 제공
- □ なだらか (경사 등이) 완만함
- □ のんびり 느긋함, 태평함
- □ 引き止める 말리다, 붙잡다
- □ 普及 보급
- □ リーダー 리더, 지도자
- □ 割り込む 끼어들다, 새치기하다

2015

- □ 輝かしい 빛나다, 눈부시다
- □ 完了 완료
- □ 時間をつぶす 시간을 때우다
- □ 柔軟 유연함
- □ 鋭い 날카롭다, 예리하다
- □ 相違 상이함, 다름
- □ たっぷり 듬뿍, 많이
- □ デザイン 디자인
- □ 特色 특색
- □ 濁る 흐려지다, 탁해지다
- □ バランス 밸런스, 균형
- □ びっしょり 흠뻑 젖은 모양
- □ 面する 면하다, 마주 보다
- □ 予測 예측

2014

- □ あらかじめ 사전에, 미리
- □ 一気に 단숨에
- □ うとうと 꾸벅꾸벅 조는 모양
- □ 思いきって 과감히, 큰맘 먹고
- □ 差し支える 지장이 있다
- □ 体格 체격
- □ 蓄える 저장하다, 비축하다
- □ 訂正 정정, 고쳐서 바로잡음
- □ 導入 도입
- □ 腹を立てる 화를 내다
- □ パンク 펑크, 터짐
- □ 目指す 목표로 하다
- □ やかましい 시끄럽다
- □ リラックス 편안함, 긴장을 풀고 편히 쉼

2013

- □ あいにく 공교롭게도
- □ 意欲 의욕
- □ 解散 해산
- □ 格好 모양, 모습
- □ 見当 예측, 짐작
- □ すっきり 말쑥함, 상쾌함
- □ スムーズに 순조롭게
- □ ぜいたく 사치스러움
- □ 専念 전념
- □ 中継 중계
- □ つまずく 발에 걸려 넘어지다
- □ つらい 괴롭다
- □ 比例 비례
- □ 呼び止める 불러 세우다

2012

- いらいら 초조해함, 안절부절못함
- 得^える 얻다
- 改正^{かいせい} 개정
- 抱^{かか}える (껴)안다, (문제를) 떠안다
- かたよる 치우치다
- ぐちを言^いう 푸념을 하다
- ごろごろ 뒹굴뒹굴, 데굴데굴
- 辞退^{じたい} 사퇴
- 成長^{せいちょう} 성장
- 着々^{ちゃくちゃく}と 착착, 척척
- 散^ちらかす 어지르다
- 適度^{てきど} 적당한 정도
- 場面^{ばめん} 장면
- 夢中^{むちゅう}になる 푹 빠지다, 열중하다

2011

- 解消^{かいしょう} 해소
- 改善^{かいぜん} 개선
- 活気^{かっき} 활기
- 機能^{きのう} 기능
- さっぱり 상쾌함
- 視野^{しや} 시야
- 迫^{せま}る 다가오다
- 詰^つまる 막히다
- 強^{つよ}み 강점, 유리한 점
- 反映^{はんえい} 반영
- ぶらぶら 어슬렁어슬렁, 빈둥빈둥
- 分析^{ぶんせき} 분석
- ぼんやり 멍하니, 흐릿하게
- わりと 비교적

2010

- 相次^{あいつ}ぐ 잇따르다, 연달다
- あいまい 애매함
- 温厚^{おんこう} (성격이) 온화하고 다정함
- シーズン 시즌, 시기, 철
- 上昇^{じょうしょう} 상승
- 徐々^{じょじょ}に 서서히
- 通^{つう}じる 통하다
- のんびり 느긋하게, 태평하게
- 発揮^{はっき} 발휘
- 尽^つきる 끝나다, 다하다
- 評判^{ひょうばん} 평판, 유명함
- 含^{ふく}む 포함하다
- マイペース 자기 나름의 방식
- 有効^{ゆうこう} 유효함

問題4 （　　　）に入れるのに最もよいものを、1・2・3・4から一つ選びなさい。

1 その映画について審査員の（　　　）が分かれた。

　1 考慮　　　　　2 評価　　　　　3 信頼　　　　　4 測定

2 彼女は真面目で（　　　）リーダーなので、部下からの信頼が厚いです。

　1 適度な　　　　2 安易な　　　　3 温暖な　　　　4 温厚な

3 今週は忙しかったから、週末は家で（　　　）テレビを見ていた。

　1 のんびり　　　2 のろのろ　　　3 ぐるぐる　　　4 ぐっすり

4 先日、街を歩いていたらたまたまテレビ局のリポーターに（　　　）、インタビューされました。

　1 呼び止められて　　2 聞き取られて　　3 見わけられて　　4 問い合わせられて

5 彼女は（　　　）笑いながら玄関に出てきた。

　1 さっぱり　　　2 にっこり　　　3 ぴかぴか　　　4 ほかほか

6 （　　　）気持ちではこの計画を実行できないよ。

　1 不規則な　　　2 手ごろな　　　3 大まかな　　　4 いいかげんな

7 彼は試験の前にもっと勉強しておけばよかったと（　　　）いる。

　1 断って　　　　2 疑って　　　　3 悔やんで　　　4 諦めて

8 後30分あるから、その辺を（　　　）してくるよ。

　1 がらがら　　　2 ばらばら　　　3 ゆらゆら　　　4 ぶらぶら

9 昼寝をしたら気分が（　　　）した。

　1 たっぷり　　　2 うっかり　　　3 すっきり　　　4 ぎっしり

10 ビールにはアルコール分が5％ほど（　　　）いる。

　1 含まれて　　　2 納められて　　　3 割り込まれて　　　4 詰め込まれて

答 1② 2④ 3① 4① 5② 6④ 7③ 8④ 9③ 10①

問題4 （　　　　）に入れるのに最もよいものを、1・2・3・4から一つ選びなさい。

1 野菜を無農薬で（　　　　）する農家が増えている。

　1　制作　　　　　　2　栽培　　　　　　3　養成　　　　　　4　製造

2 川沿いの朝市は（　　　　）の人たちにも観光客にもとても人気がある。

　1　地元　　　　　　2　根元　　　　　　3　土台　　　　　　4　立場

3 マラソンでは周りの人に合わせようとしないで、（　　　　）で走ればいい。

　1　アプローチ　　　2　テクニック　　　3　マイペース　　　4　フレッシュ

4 その会社は技術が優れていると（　　　　）だ。

　1　決断　　　　　　2　納得　　　　　　3　予測　　　　　　4　評判

5 疲れていたので仕事中つい（　　　　）してしまった。

　1　いらいら　　　　2　うろうろ　　　　3　うとうと　　　　4　ぶらぶら

6 体が弱くては実力を十分に（　　　　）することはできない。

　1　表現　　　　　　2　明示　　　　　　3　公開　　　　　　4　発揮

7 帰ろうとした友達を（　　　　）お土産を渡した。

　1　取り付けて　　　2　呼び止めて　　　3　持ち寄って　　　4　受け入れて

8 経費の問題で（　　　　）計画が進まない。

　1　おちこんで　　　2　つっこんで　　　3　くっついて　　　4　つまずいて

9 都市部を中心に自転車盗難事件が（　　　　）いる。

　1　相次いで　　　　2　乱れて　　　　　3　当てはめて　　　4　見込んで

10 なるべく（　　　　）したばかりの新鮮な野菜を食べるようにしてください。

　1　収穫　　　　　　2　成立　　　　　　3　製作　　　　　　4　取得

답　1② 2① 3③ 4④ 5③ 6④ 7② 8④ 9① 10①

問題4　（　　　　）に入れるのに最もよいものを、１・２・３・４から一つ選びなさい。

1　この切符は、明日まで（　　　）です。

　　1　有効　　　　　　2　効用　　　　　　3　権利　　　　　4　利点

2　トイレが一つ（　　　）いて使えません。

　　1　埋まって　　　　2　詰まって　　　　3　沈んで　　　　4　潜って

3　年末の完成を（　　　）工事を進める。

　　1　見下ろして　　　2　眺めて　　　　　3　見上げて　　　4　目指して

4　私の部屋はいろいろな物で（　　　）している。

　　1　きちんと　　　　2　ぼんやり　　　　3　ごちゃごちゃ　　4　きょろきょろ

5　彼はちょっとしたことにもすぐ腹を（　　　）。

　　1　立てる　　　　　2　決める　　　　　3　切る　　　　　4　割る

6　工程が複雑な作業は個々の得意分野を活かし、（　　　）して作業に取り組んでいます。

　　1　分別　　　　　　2　区別　　　　　　3　区分　　　　　4　分担

7　ロシア語ができるのが彼女の（　　　）ですね。

　　1　重み　　　　　　2　強み　　　　　　3　高み　　　　　4　深み

8　交通渋滞で全く動かないので車の中で（　　　）している。

　　1　すらすら　　　　2　ぺらぺら　　　　3　わくわく　　　4　いらいら

9　趣味が同じ人と会うと、何時間話しても話が（　　　）。

　　1　尽きない　　　　2　衰えない　　　　3　限りない　　　4　枯れない

10　僕の部屋は通りに（　　　）いるから、ときどきうるさいんだ。

　　1　面して　　　　　2　適して　　　　　3　属して　　　　4　対して

답 1① 2② 3④ 4③ 5① 6④ 7② 8④ 9① 10①

問題4　（　　　）に入れるのに最もよいものを、1・2・3・4から一つ選びなさい。

1　雨に降られて、上着が（　　　）濡れた。

　　1　ぐっすり　　　　2　びっしょり　　　3　ぴったり　　　4　ぐったり

2　途中寄り道をせず、岡山まで（　　　）車を飛ばした。

　　1　一斉に　　　　　2　一気に　　　　　3　改めて　　　　4　思いきって

3　明日ゴルフだというのに（　　　）雨のようですね。

　　1　あいにく　　　　2　わざわざ　　　　3　せっかく　　　4　うっかり

4　給与を引き上げただけでは社員の不満は（　　　）しない。

　　1　停止　　　　　　2　減量　　　　　　3　削除　　　　　4　解消

5　（　　　）言っておくが、これは楽な仕事ではない。

　　1　一斉に　　　　　2　あいまいに　　　3　あらかじめ　　4　思いきって

6　彼は収入の増減に（　　　）して出費が多くなった。

　　1　対応　　　　　　2　応答　　　　　　3　比例　　　　　4　比較

7　列車は混んでいたが、何とか席を二つ（　　　）できた。

　　1　制作　　　　　　2　保存　　　　　　3　作成　　　　　4　確保

8　子供達はみんな猛暑の中で（　　　）していた。

　　1　ぐったり　　　　2　しっかり　　　　3　すっきり　　　4　ぎっしり

9　一人の男が順番を無視してタクシーを待つ列に（　　　）きた。

　　1　当てはまって　　2　付け加えて　　　3　行き着いて　　4　割り込んで

10　いいことばかり言うのではなく、ちゃんとデメリットも教えてくれたので（　　　）。

　　1　したしかった　　2　なつかしかった　3　くわしかった　4　たのもしかった

答　1② 2② 3① 4④ 5③ 6③ 7④ 8① 9④ 10④

問題4　（　　　　）に入れるのに最もよいものを、1・2・3・4から一つ選びなさい。

1　年末にベートーベンの交響曲第九番を演奏することは日本（　　　　）の風習だ。

　　1　専属　　　　　2　独特　　　　　3　限定　　　　　4　孤立

2　私は今、お風呂に入って（　　　　）しています。

　　1　アレンジ　　　　2　リラックス　　　　3　イージー　　　　4　シンプル

3　彼は努力のすえ、（　　　　）成功を収めた。

　　1　もったいない　　2　ものたりない　　3　うらやましい　　4　かがやかしい

4　（　　　　）手続きの後、ようやく写真撮影の許可が下りた。

　　1　安易な　　　　　2　面倒な　　　　　3　過剰な　　　　　4　無力な

5　あのホテルは手ごろな料金で（　　　　）利用できる。

　　1　無事に　　　　　2　気軽に　　　　　3　率直に　　　　　4　器用に

6　彼のメールには一枚の写真が（　　　　）されていた。

　　1　輸送　　　　　　2　付属　　　　　　3　郵送　　　　　　4　添付

7　その公園は、お花見（　　　　）になると、たくさんの人でにぎわいます。

　　1　シーズン　　　　2　スムーズ　　　　3　デザイン　　　　4　タイム

8　あの会社はいろんな問題を（　　　　）いる。

　　1　握って　　　　　2　抱えて　　　　　3　限って　　　　　4　迎えて

9　私は会社を辞める決意を（　　　　）。

　　1　固めた　　　　　2　まとめた　　　　3　仕上げた　　　　4　合わせた

10　大雨で地盤が緩み、落石が（　　　　）転がってきた。

　　1　ごろごろ　　　　2　ゆらゆら　　　　3　ぶらぶら　　　　4　うろうろ

답　1② 2② 3④ 4② 5② 6④ 7① 8② 9① 10①

 **문맥구성 기출어휘 2009~2000**

あ

- □ あくび 하품
- □ あこがれる 동경하다
- □ 足元(あしもと) 발밑
- □ 預(あず)ける 맡기다
- □ 溢(あふ)れる 넘치다
- □ 慌(あわ)ただしい 어수선하다, 바쁘다
- □ 案外(あんがい) 의외로, 예상 외로
- □ いきなり 갑자기
- □ 育児(いくじ) 육아
- □ 維持(いじ) 유지
- □ いじめる 괴롭히다
- □ 偉大(いだい) 위대함
- □ 抱(いだ)く (마음에) 품다
- □ いつのまにか 어느새
- □ 緯度(いど) 위도
- □ いわば 말하자면, 예를 들면
- □ いわゆる 소위, 이른바
- □ 引退(いんたい) 은퇴
- □ うわさ 소문
- □ 営業(えいぎょう) 영업
- □ エネルギー 에너지
- □ エンジン 엔진
- □ おかまいなく 신경 쓰지 마세요
- □ 納(おさ)める 납부하다
- □ お世話(せわ)になる 신세를 지다
- □ 主(おも)に 주로, 대부분

か

- □ 改造(かいぞう) 개조
- □ 覚悟(かくご) 각오
- □ 空(から) 속이 빔
- □ カロリー 칼로리, 열량
- □ 感覚(かんかく) 감각
- □ 効(き)く 효과가 있다
- □ きつい 꽉 끼다
- □ 記入(きにゅう) 기입
- □ キャンパス 캠퍼스, (대학) 교정
- □ 共通(きょうつう) 공통
- □ くどい 장황하다, 끈질기다
- □ 苦労(くろう) 고생
- □ 詳(くわ)しい 자세하다
- □ 結論(けつろん) 결론
- □ ご遠慮(えんりょ)なく 사양 않고
- □ 克服(こくふく) 극복
- □ ごくろうさま 수고하셨습니다
- □ コミュニケーション 커뮤니케이션, 의사 전달
- □ コンクール 콩쿠르, 성악 대회

さ

- □ 逆(さか)らう 거스르다, 거역하다
- □ さて 그건 그렇고
- □ 覚(さ)める 잠이 깨다, 눈이 뜨이다
- □ しかたがない 어쩔 수 없다
- □ 直(じき)に 바로, 곧
- □ 敷(し)く 깔다
- □ 次第(しだい)に 점차
- □ しつこい 집요하다, 끈질기다
- □ しびれる 마비되다, 저리다
- □ 地味(じみ) 수수함, 검소함
- □ 締(し)め切(き)り 마감(일)
- □ しゃべる 이야기하다, 수다를 떨다
- □ 順調(じゅんちょう) 순조로움
- □ 慎重(しんちょう) 신중함
- □ 隙(すき) 틈, 방심
- □ スケジュール 스케줄
- □ スタート 시작, 출발(점)
- □ すなわち 즉
- □ スムーズ 순조로움, 원활함
- □ 接(せっ)する 접하다
- □ そういえば 그러고 보니
- □ 続々(ぞくぞく)(と) 잇달아, 끊임없이
- □ そそっかしい 덜렁대다, 경솔하다

た

- □ 対立(たいりつ) 대립
- □ 炊(た)く (밥을) 짓다
- □ ただし 다만
- □ チーム 팀
- □ ちゃんと 제대로, 정확하게
- □ 超過(ちょうか) 초과
- □ 調節(ちょうせつ) 조절
- □ つねに 항상, 늘
- □ 手(て)ごろ 적당함
- □ 徹夜(てつや) 철야, 밤샘
- □ 手間(てま) 수고, 품
- □ どうしても 기어코, 꼭
- □ とっくに 훨씬 전에, 벌써
- □ 努力(どりょく) 노력
- □ とんでもない 당치 않다

な

- □ なお 여전히, 더욱
- □ 懐(なつ)かしい 그립다
- □ 納得(なっとく) 납득
- □ 倣(なら)う 따르다, 모방하다
- □ 苦手(にがて) 서투름, 잘 못함, 어색함
- □ ノック 노크

は

- ☐ 配達 (はいたつ) 배달
- ☐ 拍手 (はくしゅ) 박수
- ☐ 発揮 (はっき) 발휘
- ☐ 派手 (はで) 화려함
- ☐ 話しかける (はな) 말을 걸다
- ☐ 比較 (ひかく) 비교
- ☐ ひも 끈
- ☐ 費用 (ひよう) 비용
- ☐ 平和 (へいわ) 평화(로움)
- ☐ ほがらか 명랑함, 쾌청함
- ☐ ほんの 그저, 단지

ま

- ☐ まあまあ 그런대로
- ☐ 貧しい (まず) 가난하다, 변변찮다
- ☐ 迷う (まよ) 헤매다, 망설이다
- ☐ 見出し (みだ) 제목, 헤드라인
- ☐ 耳にする (みみ) 듣다
- ☐ 面接 (めんせつ) 면접

や・ら・わ

- ☐ 雇う (やと) 고용하다
- ☐ 愉快 (ゆかい) 유쾌함
- ☐ 容積 (ようせき) 용적, 용량
- ☐ 流行 (りゅうこう) 유행
- ☐ レベル 레벨, 수준

memo

問題4 （　　　）に入れるのに最もよいものを、1・2・3・4から一つ選びなさい。

1 彼は（　　　）すぎるため、決断（けつだん）が遅くなる傾向（けいこう）があります。

1　重要　　　　　2　重大　　　　　3　貴重　　　　　4　慎重

2 暗いから（　　　）に気をつけてください。

1　足早　　　　　2　足元　　　　　3　足音　　　　　4　足跡

3 その遊覧船（ゆうらんせん）の乗客数（じょうきゃくすう）は定員を50人も（　　　）していた。

1　過剰（かじょう）　　2　過失（かしつ）　　3　超過（ちょうか）　　4　通過（つうか）

4 何度も彼の説明を聞いたが、（　　　）がいかない点がある。

1　結論　　　　　2　解決　　　　　3　議論　　　　　4　納得

5 （　　　）新しいスマホが欲しいなら、自分で買いなさい。

1　どうも　　　　2　必ずしも　　　3　くれぐれも　　　4　どうしても

6 その新聞社は、毎年全国音楽（　　　）を開催（かいさい）している。

1　コンクール　　2　コラム　　　3　コンクリート　　4　コンセント

7 A「このノートパソコン、使わせていただいてもよろしいでしょうか。」

B「どうぞ、（　　　）。」

1　お気の毒に　　2　ご遠慮なく　　3　かしこまりました　4　おじゃましました

8 固く結（むす）んであるから、なかなか靴の（　　　）がほどけないはずだ。

1　つな　　　　　2　なわ　　　　　3　いと　　　　　4　ひも

9 そろそろお茶の時間だね。（　　　）、昨日買ったクッキーどうした？

1　そういえば　　2　それとも　　　3　なぜなら　　　4　だって

10 道路の建設をめぐって住民同士（どうし）が（　　　）している。

1　対立（たいりつ）　　2　対面（たいめん）　　3　対策（たいさく）　　4　対照（たいしょう）

答　1④　2②　3③　4④　5④　6①　7②　8④　9①　10①

問題4 （　　　）に入れるのに最もよいものを、1・2・3・4から一つ選びなさい。

1 アインシュタインは科学者として（　　　）な業績を残した。
　1　豪華　　　　　2　高級　　　　　3　上等　　　　　4　偉大

2 お昼時は忙しいのでもう一人アルバイトを（　　　）つもりです。
　1　もらう　　　　2　雇う　　　　　3　借りる　　　　4　集める

3 新聞の一面に保険金詐欺事件が大きな（　　　）で出ている。
　1　見方　　　　　2　見本　　　　　3　見かけ　　　　4　見出し

4 熱いコーヒーのおかげで凍えていた指先に（　　　）が戻ってきた。
　1　感激　　　　　2　感覚　　　　　3　感動　　　　　4　感情

5 このプロジェクトは（　　　）に進んでいる。
　1　協調　　　　　2　強調　　　　　3　順調　　　　　4　順序

6 報告書では、（　　　）説明より簡潔で説得力のある文章が重要だ。
　1　くどい　　　　2　かゆい　　　　3　えらい　　　　4　ゆるい

7 私は子供の頃からパイロットになる夢を（　　　）きた。
　1　くだいて　　　2　いだいて　　　3　かかえて　　　4　むかえて

8 その店はここから（　　　）10分ほど歩いたところにあります。
　1　ほんの　　　　2　めっきり　　　3　とっくに　　　4　はるかに

9 1時間以上床に座っていたら、足が（　　　）。
　1　くずれた　　　2　つぶれた　　　3　しびれた　　　4　やぶれた

10 彼女の語学（　　　）はプロ並みだが、それを謙遜して口にしない。
　1　ゴール　　　　2　レベル　　　　3　スタイル　　　　4　パターン

答 1④ 2② 3④ 4② 5③ 6① 7② 8① 9③ 10②

問題4　（　　　）に入れるのに最もよいものを、1・2・3・4から一つ選びなさい。

1 明日から子供をベビーシッターに（　　　）ことにしました。
1　預ける　　　　　2　借りる　　　　　3　受け取る　　　　4　与える

2 テレビのおかげで我々は世界各国の出来事に（　　　）ことができる。
1　達する　　　　　2　関する　　　　　3　接する　　　　　4　適する

3 番組終了後、テレビ局には抗議のメールが（　　　）と届いた。
1　別々　　　　　　2　点々　　　　　　3　着々　　　　　　4　続々

4 父親は子供にふとんを（　　　）あげた。
1　敷いて　　　　　2　延ばして　　　　3　引っ張って　　　4　散らかして

5 今すぐ結果が出なくとも、（　　　）し続けることに意義がある。
1　自慢　　　　　　2　納得　　　　　　3　覚悟　　　　　　4　努力

6 地震の規模は大きかったが、倒れた家は（　　　）少なかった。
1　当然　　　　　　2　少々　　　　　　3　案外　　　　　　4　事実

7 ゆうべは救急車のサイレンの音で目が（　　　）。
1　枯れた　　　　　2　吠えた　　　　　3　更けた　　　　　4　覚めた

8 この料理を作るには（　　　）も時間もかかります。
1　手間　　　　　　2　手段　　　　　　3　手入れ　　　　　4　手続き

9 商品は土曜日の午前中に（　　　）をお願いします。
1　通達　　　　　　2　配達　　　　　　3　伝達　　　　　　4　発達

10 太陽の南中高度は（　　　）と季節によって大きく変化する。
1　軽度　　　　　　2　緯度　　　　　　3　容積　　　　　　4　水準

答　1①　2③　3④　4①　5④　6③　7④　8①　9②　10②

問題4　（　　　　）に入れるのに最もよいものを、1・2・3・4から一つ選びなさい。

1　僕は小さい頃、歌手に（　　　　）ものだ。

　　1　あこがれた　　　2　あらそった　　　3　あらわれた　　　4　あわてた

2　運営方針について（　　　　）のメンバー間で意見が割れた。

　　1　システム　　　2　ルール　　　3　コード　　　4　チーム

3　学生は2週間に5冊まで貸し出しできる。（　　　　）試験期間中は不可能だ。

　　1　ただし　　　2　しかも　　　3　だって　　　4　そのうえ

4　あの選手はけがのため、やむなく（　　　　）した。

　　1　移動　　　2　克服　　　3　引退　　　4　完了

5　彼女はようやく実力を（　　　　）できる機会を与えられた。

　　1　発行　　　2　発揮　　　3　発表　　　4　発射

6　その洋服は、ちょっと（　　　　）ですが、上品ですね。

　　1　高度　　　2　率直　　　3　地味　　　4　妥当

7　母の父、（　　　　）私の祖父は現在85歳です。

　　1　そのうえ　　　2　すなわち　　　3　ところが　　　4　なぜなら

8　代替（　　　　）の開発は、環境問題の解決に不可欠である。

　　1　シグナル　　　2　コントロール　　　3　アプローチ　　　4　エネルギー

9　A　「あ、また電車の中にかばんを忘れてきた。」

　　　B　「どうしてそんなに（　　　　）の。」

　　1　ずうずうしい　　　2　いじわるい　　　3　さわがしい　　　4　そそっかしい

10　彼は（　　　　）家に生まれたので良い教育が受けられなかった。

　　1　貧しい　　　2　恋しい　　　3　怪しい　　　4　険しい

答 1① 2④ 3① 4③ 5② 6③ 7② 8④ 9④ 10①

問題4 （　　　　）に入れるのに最もよいものを、1・2・3・4から一つ選びなさい。

1 これまでに決断（けつだん）しなければならない状況（じょうきょう）で（　　　　）しまったことがありませんか。

1　比べて　　　　　2　尋ねて　　　　　3　選んで　　　　　4　迷って

2 （　　　　）になったビンはこの箱に入れてください。

1　空　　　　　　　2　隙　　　　　　　3　無し　　　　　　4　空き

3 彼の演説は退屈（たいくつ）で多くの人が（　　　　）をしていた。

1　くしゃみ　　　　2　しゃっくり　　　3　せき　　　　　　4　あくび

4 A「どうぞ、お上がりください。今お茶でも入れますから。」

B「いえ、どうぞ（　　　　）。」

1　ご遠慮なく　　　2　おかまいなく　　3　かしこまりました　4　お待たせしました

5 料金（りょうきん）を（　　　　）なければガスをとめられる。

1　預け　　　　　　2　数え　　　　　　3　納め　　　　　　4　済ませ

6 緊張（きんちょう）のあまり、（　　　　）で自己PRの肝心（かんじん）な部分を言い忘れてしまった。

1　議論　　　　　　2　応答　　　　　　3　対面　　　　　　4　面接

7 普段使いに（　　　　）なサイズのかばんがなかなか見つからない。

1　いいかげん　　　2　安易　　　　　　3　手ごろ　　　　　4　不規則

8 兄は毎日走っている。私も兄に（　　　　）ジョギングを始めた。

1　倣って　　　　　2　代わって　　　　3　混ざって　　　　4　従って

9 この缶の（　　　　）は1リットルです。

1　容積（ようせき）　2　濃度（のうど）　3　水圧（すいあつ）　4　重量（じゅうりょう）

10 あの選手はキャプテンとして今も（　　　　）健在（けんざい）だ。

1　さて　　　　　　2　なお　　　　　　3　ただし　　　　　4　いわば

答　1④　2①　3④　4②　5③　6④　7③　8①　9①　10②

問題5 유의표현 공략하기

1 문제유형 완전분석

問題5 유의표현은 주어진 문장에서 밑줄 친 어휘와 가장 가까운 의미를 지닌 어휘를 고르는 문제가 출제된다. 비슷한 의미를 가진 어휘끼리 묶어서 학습하는 것이 좋다.

! 알고 풀자!

- 문맥을 보고 뜻을 대충 짐작해 보자!
  밑줄 친 단어의 뜻을 정확히 모르더라도 문장의 상황(긍정적/부정적, 어떤 동작인지 등)을 보고 단어의 뜻을 짐작해 보자.

- 단어의 역할(품사, 활용 방식 등)이 같은지 확인하자!
  밑줄 친 단어가 형용사인지 부사인지 등을 확인해 보자. 답을 고를 때는 밑줄 친 단어와 문장에서 같은 역할을 수행하는지 확인해야 한다.

- 정답 선지를 직접 넣어 비교해 보자!
  헷갈리는 보기들은 하나씩 밑줄 친 자리에 넣어 문장을 다시 읽어 보자. 가장 자연스럽게 문맥이 통하는 단어가 정답일 확률이 높다.

예시

問題5 ＿＿＿＿の言葉に意味が最も近いものを、１・２・３・４から一つ選びなさい。

21 子供が小さい時しか使わないのでベビーベッドはレンタルした。

1 借りた　　　　2 再利用した　　　　3 提供した　　　　4 もらった

해석　아이가 어릴 때 밖에 쓰지 않아서 아기 침대는 내여했나.

해설　「レンタルする」는 '렌털하다, 빌리다, 대여하다'의 의미이므로 「借りた(빌렸다)」가 정답이 된다. 「再利用した」는 '재이용했다', 「提供した」는 '제공했다', 「もらった」는 '받았다'는 의미이므로 의미가 다르다.

단어　提供(ていきょう)する 제공하다

 **유의표현 기출어휘 2025~2021**

2025

□ いきなり 갑자기, 돌연	≒	突然(とつぜん) 돌연, 갑자기
□ 一致(いっち)していた 일치했다	≒	同(おな)じだった 같았다
□ 帰省(きせい)して 귀성해서	≒	ふるさとに戻(もど)って 고향에 돌아가서
□ そうぞうしい 시끄럽다, 떠들썩하다	≒	うるさい 시끄럽다
□ 相当(そうとう) 상당히	≒	かなり 꽤, 상당히
□ 題(だい) 제목	≒	タイトル 타이틀, 제목
□ ぶかぶかだ 헐렁헐렁하다	≒	大(おお)きすぎる 너무 크다
□ 妙(みょう)な 묘한, 이상한	≒	不思議(ふしぎ)な 이상한, 희한한
□ やかましい 시끄럽다, 떠들썩하다	≒	うるさい 시끄럽다
□ 用心(ようじん) 조심, 주의	≒	注意(ちゅうい) 주의

memo

□ いばって 뽐내며, 으스대며	≒	えらそうにして 잘난 척하며	
□ おおよそ 대체로, 거의	≒	だいたい 대개, 대체로	
□ ガイド 가이드, 안내	≒	案内(あんない) 안내	
□ 行儀(ぎょうぎ) 예의, 예의범절	≒	マナー 매너, 예의	
□ しぐさ 행동, 동작	≒	動作(どうさ) 동작	
□ 修正(しゅうせい)する 수정하다	≒	直(なお)す 고치다, 바꾸다	
□ 収納(しゅうのう)する 수납하다	≒	しまう 정리하다, 넣다, 치우다	
□ 徐々(じょじょ)に 서서히	≒	次第(しだい)に 차례로	
□ はげる 벗겨지다, 바래다	≒	取(と)れる 떨어지다	
□ 不平(ふへい) 불평	≒	文句(もんく) 불만	

memo

☐ うつむいて 고개를 숙이고	≒	下を向いて 아래를 향하고, 고개를 숙이고
☐ 惜しい 아깝다, 아쉽다	≒	もったいない 아깝다
☐ 概要 개요	≒	大体の内容 대강의 내용
☐ 各自 각자	≒	一人一人 각자, 한 사람 한 사람
☐ 仕上げる 일을 끝내다, 완성시키다	≒	完成させる 완성시키다
☐ 深刻な 심각한	≒	重大な 중대한
☐ たちまち 금세, 갑자기	≒	すぐに 곧, 즉시
☐ テンポ 템포, 빠르기, 박자, 속도	≒	速さ 빠르기, 속도
☐ 同僚 동료	≒	同じ会社の人 같은 회사 사람
☐ 油断していた 방심하고 있었다	≒	気をつけていなかった 조심하지 않았다

memo

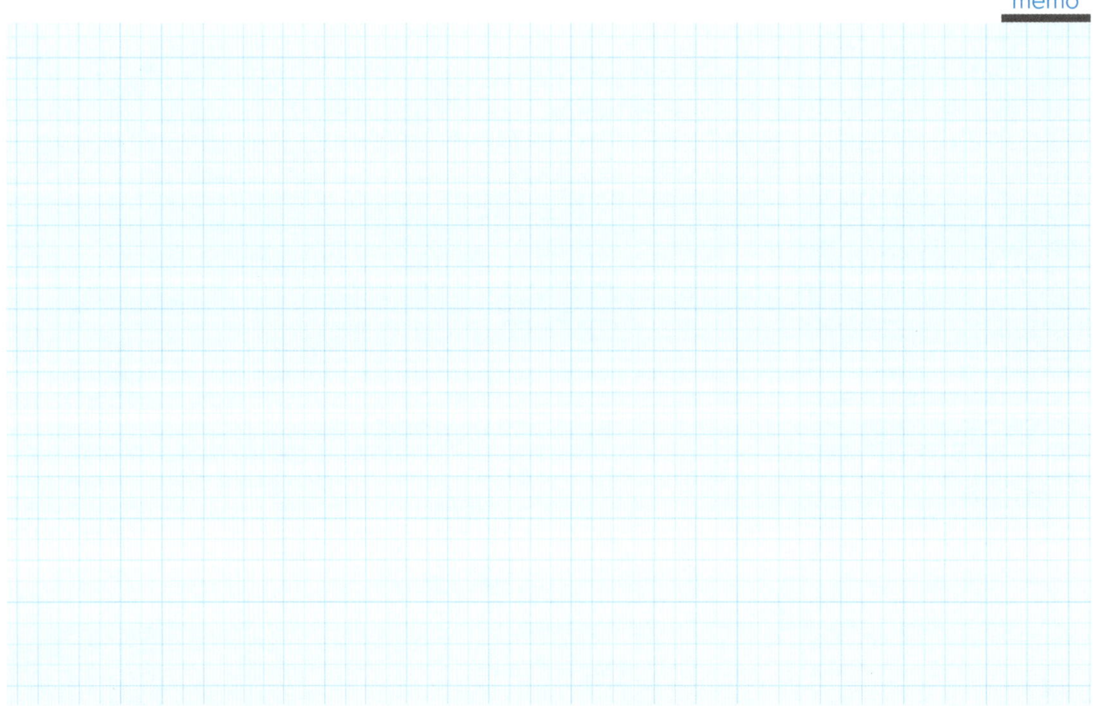

2022

□ 一転（いってん）した 완전히 바뀌었다	≒	すっかり変（か）わった 완전히 바뀌었다
□ お勘定（かんじょう） 계산, 값을 치름	≒	会計（かいけい） 계산, 회계
□ くだらない 하찮다, 가치 없다	≒	価値（かち）がない 가치가 없다
□ 再三（さいさん） 재삼, 여러 번	≒	何度（なんど）も 몇 번이나
□ さわがしい 소란스럽다	≒	うるさい 시끄럽다
□ 衝突（しょうとつ）しそうに 충돌할 것처럼	≒	ぶつかりそうに 부딪힐 것처럼
□ 書籍（しょせき） 서적	≒	本（ほん） 책
□ テクニック 테크닉, 기술	≒	技術（ぎじゅつ） 기술
□ でたらめ 엉터리임, 되는 대로임	≒	うそ 거짓말
□ とがっている 뾰족하다, 예민하다	≒	細（ほそ）くなっている 좁다, 가늘다, 예민하다

memo

- 案<ruby>あん</ruby>の定<ruby>じょう</ruby> 예상대로, 아니나 다를까 ≒ やっぱり 역시
- 依然<ruby>いぜん</ruby> 여전히 ≒ まだ 아직
- 欠<ruby>か</ruby>かせない 빼놓을 수 없다 ≒ ないと困<ruby>こま</ruby>る 없으면 곤란하다
- くるむ 감싸다, 둘러싸다 ≒ 包<ruby>つつ</ruby>む 싸다, 포장하다
- 指図<ruby>さしず</ruby> 지시, 지휘 ≒ 命令<ruby>めいれい</ruby> 명령
- 仕事<ruby>しごと</ruby>にとりかかる 일에 착수하다 ≒ 仕事<ruby>しごと</ruby>をはじめる 일을 시작하다
- 失望<ruby>しつぼう</ruby>した 실망했다 ≒ がっかりした 낙담했다, 실망했다
- 人柄<ruby>ひとがら</ruby> 인품, 성품 ≒ 性格<ruby>せいかく</ruby> 성격
- 最寄<ruby>もより</ruby>の 근처의, 가장 가까운 ≒ 一番近<ruby>いちばんちか</ruby>い 가장 가까운
- レンタルする 대여하다 ≒ 借<ruby>か</ruby>りる 빌리다

memo

問題5 ＿＿＿＿の言葉に意味が最も近いものを、1・2・3・4から一つ選びなさい。

1 夜中に走るバイクのエンジン音がやかましくて寝ることができない。

　　1　驚いて　　　　　　2　うるさくて　　　　3　気になって　　　　4　腹が立って

2 駐車場に車がないので、怪しいと思ったら案の定、今日は定休日だった。

　　1　やっぱり　　　　　2　おそらく　　　　　3　とうぜん　　　　　4　たぶん

3 昨日の雨から一転して、今日はさわやかな青空が広がっています。

　　1　一周回って　　　　2　引き続いて　　　　3　予想通りになって　4　すっかり変わって

4 父はニュースを見ながら、政治に対してよく不平不満を言っている。

　　1　弱点　　　　　　　2　不安　　　　　　　3　文句　　　　　　　4　不意

5 彼はいつも後輩にいばっています。

　　1　恐れて　　　　　　2　怒って　　　　　　3　忙しそうにして　　4　えらそうにして

6 このイベントの参加者はおおよそ100人になる見込みです。

　　1　だいたい　　　　　2　おそらく　　　　　3　たぶん　　　　　　4　とうぜん

7 写真を撮るから、うつむいてないで、カメラの方を見て。

　　1　上を向いて　　　　2　下を向いて　　　　3　横を向いて　　　　4　後ろを向いて

8 先にお勘定を済ませておきました。

　　1　計算　　　　　　　2　算数　　　　　　　3　決裁　　　　　　　4　会計

9 このキャラクターは10年も前のものだが依然、根強い人気がある。

　　1　これから　　　　　2　いつも　　　　　　3　まだ　　　　　　　4　また

10 京都の寺院について詳しい彼女にガイドを頼みました。

　　1　指導　　　　　　　2　案内　　　　　　　3　運転　　　　　　　4　助言

답 1② 2① 3④ 4③ 5④ 6① 7② 8④ 9③ 10②

問題5 ＿＿＿の言葉に意味が最も近いものを、1・2・3・4から一つ選びなさい。

1 行儀よく、ちゃんと座って食べなさい。
　　1　モラル　　　　　2　マナー　　　　　3　ルール　　　　　4　クレーム

2 まだ使える子供のおもちゃを捨てるのは惜しい。
　　1　残念だ　　　　　2　悲しい　　　　　3　悔しい　　　　　4　もったいない

3 彼とくだらないことで喧嘩をした。
　　1　とんでもない　　2　覚えのない　　　3　価値がない　　　4　数えきれない

4 田舎での生活に車は欠かせない。
　　1　必要ない　　　　2　ないと困る　　　3　乗らなくてもいい　4　乗らない方がいい

5 目の前でいきなり人が倒れたので、急いで救急車を呼んだ。
　　1　突然　　　　　　2　そのうち　　　　3　間もなく　　　　4　いずれ

6 お皿が割れないように新聞紙でくるんだ。
　　1　丸めた　　　　　2　重ねた　　　　　3　たたんだ　　　　4　包んだ

7 子供たちに再三、部屋を片付けるように言っても聞いてくれない。
　　1　何度も　　　　　2　時々　　　　　　3　たまたま　　　　4　三回

8 ニュースでその事件の概要が報道された。
　　1　詳しい内容　　　2　細かい内容　　　3　大体の内容　　　4　はっきりした内容

9 男の人が腕まくりをするしぐさをかっこいいと感じる女子は多い。
　　1　合図　　　　　　2　癖　　　　　　　3　動作　　　　　　4　演技

10 運動会の日には給食は出ませんので、各自でお弁当を持参してください。
　　1　一人だけ　　　　2　一人一人　　　　3　様々な　　　　　4　全員で

答 1② 2④ 3③ 4② 5① 6④ 7① 8③ 9③ 10②

問題5 　＿＿＿の言葉に意味が最も近いものを、１・２・３・４から一つ選びなさい。

1 このパンフレットに写真をつけて修正するのはどうだろうか。

　1　動かす　　　　　2　直す　　　　　3　足す　　　　　4　加える

2 頭が痛かったのですが、薬を飲んだので徐々に痛みは消えていきました。

　1　同時に　　　　　2　次第に　　　　　3　急に　　　　　4　一斉に

3 関係のない人に仕事のことで指図されたくありません。

　1　命令（めいれい）　　2　批判（ひはん）　　3　非難（ひなん）　　4　絶賛（ぜっさん）

4 外がさわがしいので見てみると、子供たちが家の前で遊んでいた。

　1　気になる　　　　2　おそろしい　　　3　静かだ　　　　4　うるさい

5 この料理は最後にごまを振りかけて仕上げる。

　1　完成させる　　　2　達成させる　　　3　片づける　　　4　締める

6 暖かくなってきたので冬服はクローゼットの奥の方に収納しておきました。

　1　捨てて　　　　　2　隠して　　　　　3　しまって　　　4　放って

7 自転車に乗って坂道（さかみち）を下っていたら、曲がり道で木に衝突しそうになった。

　1　滑りそうに　　　2　かすりそうに　　3　ぶつかりそうに　　4　こけそうに

8 昼休みも終わったので、今からその仕事にとりかかるところです。

　1　仕事が終わった　　2　仕事をはじめる　　3　仕事をやめる　　4　仕事を中断する

9 西洋画に関する書籍を探している。

　1　ポスター　　　　2　論文　　　　　3　絵画　　　　　4　本

10 今年は深刻な水不足になるそうだ。

　1　危険な（きけん）　　2　痛切な（つうせつ）　　3　重大な（じゅうだい）　　4　残酷な（ざんこく）

答　1② 2② 3① 4④ 5① 6③ 7③ 8② 9④ 10③

2020

□ いじる 만지다	≒	<ruby>触<rt>さわ</rt></ruby>る 만지다, 닿다	
□ ガイドして 안내해	≒	<ruby>案内<rt>あんない</rt></ruby>して 안내해	
□ <ruby>終日<rt>しゅうじつ</rt></ruby> 종일	≒	<ruby>一日中<rt>いちにちじゅう</rt></ruby> 하루 종일	
□ <ruby>真剣<rt>しんけん</rt></ruby>に 진지하게	≒	まじめに 성실하게, 진지하게	
□ まれだ 드물다	≒	あまりいない 드물다, 별로 없다	

memo

2019

☐ 一層 _{いっそう} 한층	≒	もっと 더욱, 더
☐ 落ち込んだ _{おこ} 기가 죽었다	≒	がっかりした 낙담했다, 실망했다
☐ かかりつけの 늘 같은 의사에게 진료 받는	≒	いつも行く 늘 가는
☐ 定める _{さだ} 정하다, 결정하다	≒	決める 정하다
☐ 精一杯 _{せいいっぱい} 힘껏, 있는 힘을 다해	≒	一生懸命 열심히
☐ 同情した _{どうじょう} 동정했다	≒	かわいそうだと思った 불쌍하다고 생각했다
☐ 動揺した _{どうよう} 동요했다	≒	不安になった 불안해졌다
☐ ハードだ 힘들다	≒	大変だ 힘들다
☐ 引き返す _{ひ かえ} 되돌아가다	≒	戻る 돌아가다
☐ 物騒になってきた _{ぶっそう} 위험해졌다, 뒤숭숭해졌다	≒	安全じゃなくなってきた 안전하지 않게 되었다

2018

☐ 当てる _あ 맞히다	≒	ぶつける 부딪다, 던져서 맞히다
☐ あわれな 불쌍한, 가여운	≒	かわいそうな 불쌍한
☐ 一転した _{いってん} 완전히 바뀌었다	≒	すっかり変わった 완전히 바뀌었다
☐ うつむいて 고개를 숙이고	≒	下を向いて 아래를 향하고
☐ くどい 장황하다, 끈질기다	≒	しつこい 집요하다, 끈질기다
☐ じたばたしても 버둥버둥대도, 발버둥쳐도	≒	あわてても 허둥대도
☐ テクニック 테크닉, 기술	≒	技術 기술
☐ 当分 _{とうぶん} 당분간	≒	しばらく 잠시, 당분간
☐ 用心する _{ようじん} 조심하다, 주의하다	≒	気をつける 소심하다, 주의하다
☐ 利口な _{りこう} 영리한	≒	頭がいい 머리가 좋은

2017

□ 誤り 잘못, 틀림, 실수	≒	間違っているところ 잘못된 부분
□ 臆病だ 겁쟁이다, 겁이 많다	≒	何でも怖がる 무엇이든 무서워하다
□ 過剰である 과잉이다	≒	多すぎる 너무 많다
□ 勝手な 제멋대로인	≒	わがままな 제멋대로인
□ 記憶して 기억하고	≒	覚えて 기억하고
□ とっくに 훨씬 전에, 벌써	≒	ずっと前に 훨씬 전에
□ 不平 불평	≒	文句 불평, 불만
□ まれな 드문	≒	ほとんどない 드문, 거의 없는
□ むかつく 화가 치밀다, 울컥하다	≒	怒る 화내다
□ ゆずる 넘겨주다, 양보하다	≒	あげる 주다

2016

□ 息抜きする 잠시 쉬다, 숨을 돌리다	≒	休む 쉬다
□ じかに 직접	≒	直接 직접
□ 衝突する 충돌하다	≒	ぶつかる 부딪치다
□ たびたび 여러 번, 자주	≒	何度も 몇 번이나
□ 注目する 주목하다	≒	関心を持つ 관심을 갖다
□ ついている 행운이 따르다	≒	運がいい 운이 좋다
□ つねに 늘, 항상	≒	いつも 언제나
□ ひきょうな 비겁한	≒	ずるい 치사한, 교활한
□ やむを得ない 어쩔 수 없다, 부득이하다	≒	しかたない 어쩔 수 없다, 하는 수 없다
□ 愉快な 유쾌한	≒	面白い 재미있는

2015

□ おそらく 아마도	≒	たぶん 아마도
□ かつて 일찍이	≒	以前(いぜん) 이전에
□ 小柄(こがら)だ 몸집이 작다	≒	体(からだ)が小(ちい)さい 체격이 작다
□ ささやく 속삭이다	≒	小声(こごえ)で話(はな)す 작은 소리로 이야기하다
□ 収納(しゅうのう)する 수납하다	≒	しまう 정리하다, 치우다
□ 所有(しょゆう)する 소유하다	≒	持(も)つ 가지다
□ テンポ 템포, 빠르기, 박자, 속도	≒	速(はや)さ 빠르기, 속도
□ 妙(みょう)な 묘한	≒	変(へん)な 이상한
□ 無口(むくち)だ 말이 없다, 과묵하다	≒	あまり話(はな)さない 그다지 말하지 않는다
□ やや 약간	≒	少(すこ)し 조금

2014

□ 明(あき)らかな 확실한, 명백한	≒	はっきりした 확실한, 분명한
□ お勘定(かんじょう)は済(す)ませました 계산은 마쳤습니다	≒	お金(かね)は払(はら)いました 돈은 지불했습니다
□ 買(か)い占(し)めた (상품, 주식 등을) 매점했다	≒	全部(ぜんぶ)買(か)った 전부 샀다
□ 異(こと)なる 다르다	≒	違(ちが)う 다르다
□ そろえる 맞추다, 일치시키다	≒	同(おな)じにする 같게 하다
□ そうぞうしい 시끄럽다, 떠들썩하다	≒	うるさい 시끄럽다
□ たちまち 금세	≒	すぐに 곧, 바로
□ たまたま 우연히	≒	偶然(ぐうぜん) 우연히
□ 間際(まぎわ) 직전	≒	直前(ちょくぜん) 직전
□ 用心(ようじん) 조심	≒	注意(ちゅうい) 주의

□ あいまいだ 애매하다 ≒ はっきりしない 분명하지 않다

□ 依然_{いぜん}として 여전히 ≒ 相変_{あいか}わらず 변함없이

□ 思_{おも}いがけない 의외의, 뜻밖의 ≒ 意外_{いがい}な 의외의

□ およそ 대략, 약 ≒ だいたい 대개, 약

□ 済_すます 끝내다, 마치다 ≒ 終_おえる 끝내다

□ そろう 갖추어지다, 모이다 ≒ 集_{あつ}まる 모이다

□ 必死_{ひっし}だった 필사적이었다 ≒ 一生懸命_{いっしょうけんめい}だった 열심이었다

□ プラン 플랜, 계획 ≒ 計画_{けいかく} 계획

□ 自_{みずか}ら 스스로 ≒ 自分_{じぶん}で 스스로

□ 山_{やま}のふもと 산기슭 ≒ 山_{やま}の下_{した}の方_{ほう} 산의 아래쪽

□ あやまった 잘못된 ≒ 正_{ただ}しくない 옳지 않은

□ かさかさしている 꺼칠꺼칠하다, 버석버석하다 ≒ 乾燥_{かんそう}している 건조하다

□ 奇妙_{きみょう}な 기묘한 ≒ 変_{へん}な 이상한

□ 仕上_{しあ}げて 일을 끝내고 ≒ 完成_{かんせい}させて 완성시키고

□ じっとして 꼼짝 않고, 가만히 ≒ 動_{うご}かないで 움직이지 않고

□ 湿_{しめ}っている 젖어 있다 ≒ まだ乾_{かわ}いていない 아직 마르지 않았다

□ 相当_{そうとう} 상당히 ≒ かなり 상당히, 꽤

□ 直_{ただ}ちに 곧장, 즉시 ≒ すぐに 곧, 바로

□ 追加_{ついか}する 추가하다 ≒ 足_たす 더하다

□ 日中_{にっちゅう} 낮, 주간 ≒ 昼間_{ひるま} 낮, 주간

2011

□ いきなり 갑자기	≒	突然(とつぜん) 돌연, 갑자기
□ うつむいて 고개를 숙이고	≒	下(した)を向(む)いて 아래를 향하고
□ 回復(かいふく)する 회복하다	≒	よくなる 좋아지다
□ くたくただ 녹초가 되었다	≒	ひどく疲(つか)れた 몹시 지쳤다
□ 慎重(しんちょう)に 신중히	≒	十分注意(じゅうぶんちゅうい)して 충분히 주의해서
□ 縮(ちぢ)んで (길이, 크기 등이) 줄고, 줄어	≒	小(ちい)さくなって 작아지고, 작아져
□ ブーム 유행	≒	流行(りゅうこう) 유행
□ ほぼ 거의, 대체로	≒	だいたい 대체로
□ 優秀(ゆうしゅう)だった 우수했다	≒	頭(あたま)がよかった 머리가 좋았다
□ わずか 약간, 불과	≒	少(すこ)し 조금

2010

□ あいさつ 인사	≒	会釈(えしゃく) 가벼운 인사
□ 大(おお)げさだ 과장되다	≒	オーバーだ 오버다, 과장되다
□ 見解(けんかい) 견해	≒	考(かんが)え方(かた) 사고방식
□ 雑談(ざつだん) 잡담	≒	おしゃべり 수다
□ たびたび 여러 번, 자주	≒	何度(なんど)も 몇 번이나
□ とりあえず 일단, 우선	≒	一応(いちおう) 일단, 우선
□ ぶかぶかだ 헐렁헐렁하다	≒	とても大(おお)きい 무척 크다
□ 安(やす)くゆずる 싸게 넘기다	≒	安(やす)く売(う)る 싸게 팔다
□ レンタルする 대여하다	≒	借(か)りる 빌리다
□ 自分勝手(じぶんかって)な 제멋대로의	≒	わがままな 제멋대로의

問題5 ＿＿＿の言葉に意味が最も近いものを、１・２・３・４から一つ選びなさい。

1 私はたまたま彼の家の前を通った。
　１　偶然　　　　　２　突然　　　　　３　自然　　　　　４　当然

2 彼女はその知らせを聞いてとても動揺した。
　１　うれしくなった　　２　不安になった　　３　不満になった　　４　面白いと思った

3 鈴木さんは写真で見るより小柄だ。
　１　体が小さい　　　　２　体が大きい　　　３　力が弱い　　　４　力が強い

4 殺人事件が起きたなんて、この辺も物騒になってきた。
　１　きれいじゃなくなってきた　　　　　２　うるさくなってきた
　３　安全じゃなくなってきた　　　　　　４　さびしくなってきた

5 とりあえず家族に電話で話しておいた。
　１　すぐに　　　　　２　さっき　　　　　３　一応　　　　　４　直接

6 あの人はいつもあいまいな返事をする。
　１　丁寧な　　　　　２　奇妙な　　　　　３　はっきりしない　　４　はっきりする

7 私は彼が大変頭のいい生徒だったと記憶している。
　１　心配して　　　　２　語って　　　　　３　覚えて　　　　４　応援して

8 A案とB案には、わずかな意味の相違があるとのことです。
　１　たくさんの　　　２　少しの　　　　　３　ゆっくりの　　　４　突然の

9 納得できない奇妙な提案が突然出てきた。
　１　変な　　　　　２　楽な　　　　　３　つらい　　　　４　ずるい

10 彼はたびたびその山に登った。
　１　必ず　　　　　２　ようやく　　　　３　偶然　　　　　４　何度も

答　1① 2② 3① 4③ 5③ 6③ 7③ 8② 9① 10④

問題5 ＿＿＿の言葉に意味が最も近いものを、１・２・３・４から一つ選びなさい。

1 みんなそろったら出発しよう。
　１　食べたら　　　　２　起きたら　　　　３　別れたら　　　　４　集まったら

2 あの頃の私は毎日必死だった。
　１　一生懸命だった　２　いい加減だった　３　危なかった　　　４　悔しかった

3 仕事はほぼ片付いた。
　１　すべて　　　　　２　すぐに　　　　　３　だいたい　　　　４　やっと

4 このセーターは洗濯すると縮んでしまうかもしれない。
　１　古くなって　　　２　小さくなって　　３　破れて　　　　　４　汚れて

5 彼がやめるなんて、それは思いがけないことだった。
　１　悲しい　　　　　２　恋しい　　　　　３　不思議な　　　　４　意外な

6 授業中はじっとしてください。
　１　動かないで　　　２　立たないで　　　３　話さないで　　　４　走らないで

7 このズボンは僕にはぶかぶかだ。
　１　とても小さい　　２　とても大きい　　３　ちょうどいい　　４　きつすぎる

8 キャベツの生産が過剰である。
　１　早すぎる　　　　２　少なすぎる　　　３　遅すぎる　　　　４　多すぎる

9 彼女はいつも周りの人を愉快な気持ちにさせる才能がある。
　１　面白い　　　　　２　おしゃれな　　　３　親切な　　　　　４　かわいい

10 そのことを彼からじかに聞いた。
　１　直接　　　　　　２　あとで　　　　　３　すべて　　　　　４　確実

答　1④　2①　3③　4②　5④　6①　7②　8④　9①　10①

問題5 ＿＿＿＿の言葉に意味が最も近いものを、1・2・3・4から一つ選びなさい。

1 少しでも安くゆずってもらえませんか。

　　1　安く貸して　　　2　安く売って　　　3　安く直して　　　4　安く預かって

2 かかりつけの病院で処方されている薬がなくなりかけている。

　　1　いつも行く　　　2　専門の　　　3　近くの　　　4　休日も開いている

3 精一杯やったので悔いはない。

　　1　せっかく　　　2　一生懸命　　　3　いろいろ　　　4　何回も

4 列車の発車間際になって駅に到着した。

　　1　直前　　　2　直後　　　3　当日　　　4　後日

5 財布を忘れたので、家に引き返した。

　　1　答えた　　　2　直した　　　3　回復した　　　4　戻った

6 彼女は自ら身を引いたのだ。

　　1　仲間で　　　2　自分で　　　3　すぐに　　　4　にわかに

7 彼のずうずうしい態度にむかついた。

　　1　怒った　　　2　驚いた　　　3　困った　　　4　怖がった

8 彼は見た目によらず、実は非常に臆病だ。

　　1　よく病気をする　　2　何でも怖がる　　3　何でも忘れる　　4　よく泣く

9 レモンを入れると一層紅茶の風味が増します。

　　1　すぐに　　　2　少し　　　3　できるだけ　　　4　もっと

10 私は当分は忙しいと思う。

　　1　少し　　　2　全部　　　3　今回　　　4　しばらく

답 1② 2① 3② 4① 5④ 6② 7① 8② 9④ 10④

□ アイデア 아이디어, 구상	≒	案 안	
□ 頭にきている 화가 나 있다	≒	怒っている 화내고 있다	
□ あぶない 위험하다, 위태롭다	≒	あやうい 위험하다, 위태롭다	
□ あらゆる 모든, 온갖	≒	すべての 모든	
□ いきなり 갑자기	≒	突然 돌연, 갑자기	
□ 打ち消した 부정했다	≒	正しくないと言った 옳지 않다고 말했다	
□ オイル 오일, 기름	≒	あぶら 기름	
□ おしゃべりな 수다스러운	≒	よく話す 말을 많이 하는	
□ おそらく 아마, 어쩌면	≒	たぶん 아마	
□ おわびする 사죄하다, 사과하다	≒	謝る 사죄하다, 사과하다	
□ がっかりする 낙담하다, 실망하다	≒	失望する 실망하다	
□ 感謝 감사	≒	お礼 감사(의 말씀)	
□ 気に入る 마음에 들다	≒	好きになる 좋아하게 되다	
□ 奇妙な 기묘한	≒	変わった 별난, 특이한	
□ 気をつける 조심하다	≒	注意する 주의하다	
□ 苦情 불평, 불만	≒	不満 불만	
□ 契機 계기	≒	きっかけ 계기	
□ 貢献できる 공헌할 수 있나	≒	役に立つ 도움이 되다	
□ 娯楽 오락	≒	レジャー 레서, 여가	
□ 再三 재삼, 여러 번	≒	何度も 몇 번이나	
□ サイン 사인, 서명	≒	署名 서명	

□ 差し支え 지장, 장애, 문제	≒	問題 문제
□ 差し支えない 지장이 없다, 괜찮다	≒	かまわない 상관없다
□ サンプル 샘플, 견본	≒	見本 견본
□ 真剣に 진지하게	≒	まじめに 성실하게, 진지하게
□ すべて 모두	≒	全部 전부
□ すまない 미안하다	≒	申し訳ない 죄송하다
□ せいぜい 기껏해야	≒	多くても 많아 봤자
□ 相互 상호	≒	たがい 서로, 상호
□ 相当 상당히	≒	かなり 꽤, 상당히
□ そっくりだ 꼭 닮다	≒	似ている 닮았다
□ 退屈な 지루한	≒	つまらない 재미없는
□ たびたび 여러 번, 자주	≒	しばしば 자주, 종종
□ 単なる 단순한	≒	ただの 단순한, 그저
□ チャンス 기회	≒	機会 기회
□ 使い道 용도, 쓸모	≒	用途 용도
□ 疲れる 피곤하다	≒	くたびれる 지치다
□ テンポ 템포, 빠르기, 박자, 속도	≒	速さ 빠르기, 속도
□ トレーニング 훈련, 연습	≒	練習 연습
□ 年中 연중, 항상	≒	いつも 늘, 항상
□ 比較的 비교적	≒	割合に 비교적
□ 方々 여기저기, 여러 곳	≒	あちこち 이곳저곳
□ まもなく 곧, 머지않아	≒	もうすぐ 이제 곧, 머지않아
□ まれな 드문	≒	ほとんどない 거의 없는
□ 見事だ 훌륭하다	≒	すばらしい 훌륭하다
□ みっともない 보기 흉하다, 창피하다	≒	はずかしい 부끄럽다, 창피하다

□ もっとも 가장, 무엇보다도	≒	一番(いちばん) 가장, 제일
□ やかましい 시끄럽다	≒	うるさい 시끄럽다
□ 約(やく) 약, 대략	≒	およそ 대략
□ やむをえない 어쩔 수 없다, 부득이하다	≒	しかたがない 어쩔 수 없다, 하는 수 없다
□ やや 약간, 다소	≒	すこし 조금
□ 冷静(れいせい)な 냉정한, 침착한	≒	落(お)ち着(つ)いた 침착한, 차분한
□ わがまま 제멋대로 굶	≒	勝手(かって) 제멋대로 굶

memo

問題5 ＿＿＿＿の言葉に意味が最も近いものを、1・2・3・4から一つ選びなさい。

1 娯楽の楽しみ方を知らない人もいる。

1　ドラマ　　　　2　パーティー　　　3　デート　　　4　レジャー

2 彼女に先日のことをおわびした。

1　怒鳴った　　　2　謝った　　　3　感謝した　　　4　質問した

3 試験は比較的よくできた。

1　非常に　　　　2　特別に　　　3　割合に　　　4　意外に

4 駅まではバスで約10分です。

1　あと　　　　2　もう　　　3　およそ　　　4　たった

5 世界平和に貢献できるような人になりたい。

1　すぐ使える　　　2　認められる　　　3　役に立つ　　　4　有名になる

6 彼女は年中忙しいと言っている。

1　いつも　　　　2　たまに　　　3　しばしば　　　4　ときどき

7 今年はたびたび地震があった。

1　そろそろ　　　　2　つぎつぎ　　　3　たまたま　　　4　しばしば

8 昨日は徹夜をしたので、疲れた。

1　くずれた　　　2　くたびれた　　　3　しびれた　　　4　やぶれた

9 あらゆる機会を用いる。

1　すべての　　　　2　大体の　　　3　難しい　　　4　新しい

10 刺激のない退屈な暮らしに飽きた。

1　おもしろい　　　2　かなしい　　　3　たのしい　　　4　つまらない

답　1④　2②　3③　4③　5③　6①　7④　8②　9①　10④

問題5 ＿＿＿＿の言葉に意味が最も近いものを、１・２・３・４から一つ選びなさい。

1 そんな格好をするなんてみっともないと思わない？

　　1　もったいない　　　2　はずかしい　　　3　たまらない　　　4　おとなしい

2 この機械は使い道がない。

　　1　効果（こうか）　　　2　用途（ようと）　　　3　形式（けいしき）　　　4　種類（しゅるい）

3 おそらく彼女の言うとおりだろう。

　　1　もちろん　　　2　たとえ　　　3　たぶん　　　4　たしかに

4 志望校（しぼうこう）に合格したいと思うなら、もっと真剣に勉強しなさい。

　　1　さびしく　　　2　親しく　　　3　本当に　　　4　まじめに

5 彼女はまもなく退院するだろう。

　　1　たちまち　　　2　もうすぐ　　　3　いま　　　4　いつか

6 甘いものばかり食べる食生活はとてもあぶない。

　　1　あやうい　　　2　けわしい　　　3　はげしい　　　4　みにくい

7 差し支えがなければ、ここにご住所を入力してください。

　　1　仕方　　　2　変更　　　3　問題　　　4　不平

8 いなくなったねこを方々捜しまわった。

　　1　あちこち　　　2　あれこれ　　　3　うろうろ　　　4　まごまご

9 説明がやや足りない気がしました。

　　1　もっと　　　2　すこし　　　3　たぶん　　　4　かえって

10 我々の感謝の印としてこのメダルを贈（おく）ります。

　　1　あいさつ　　　2　別れ　　　3　祝い　　　4　お礼

답 1② 2② 3③ 4④ 5② 6① 7③ 8① 9② 10④

問題5 ＿＿＿の言葉に意味が最も近いものを、1・2・3・4から一つ選びなさい。

1 この計画の実現には相互の理解が大切だ。

　　1　あいて　　　　　2　たがい　　　　　3　われわれ　　　　4　みなさん

2 単なる風邪だから気にしないでね。

　　1　ばかな　　　　　2　むだな　　　　　3　うその　　　　　4　ただの

3 みんなに迷惑をかけて、本当にすまないと思っています。

　　1　はずかしい　　　2　申し訳ない　　　3　悔しい　　　　　4　悲しい

4 彼は、旅行中に起きた奇妙な出来事をもとにして小説を書いた。

　　1　変わった　　　　2　優れた　　　　　3　あきれた　　　　4　驚いた

5 ここで食事をしても差し支えない。

　　1　かまわない　　　2　いけない　　　　3　関係ない　　　　4　しかたがない

6 見事な演奏だった。

　　1　きびしい　　　　2　ただしい　　　　3　すばらしい　　　4　めずらしい

7 この二人は何から何までそっくりだ。

　　1　違っている　　　2　変わっている　　3　似ている　　　　4　合っている

8 彼は冷静な判断力を持っている。

　　1　動かない　　　　2　落ち着いた　　　3　静かな　　　　　4　和やかな

9 母は、とても頭にきているようだ。

　　1　悔やんでいる　　2　驚いている　　　3　悲しんでいる　　4　怒っている

10 休暇はせいぜい1週間しかとれない。

　　1　せめて　　　　　2　だいたい　　　　3　多くても　　　　4　少なくとも

答 1② 2④ 3② 4① 5① 6③ 7③ 8② 9④ 10③

06 問題6 **용법** 공략하기

1 문제유형 완전분석

問題6 용법은 어휘의 올바른 쓰임새를 묻는 문제로, 부사·명사·외래어 등 다방면의 단어가 출제된다.

알고 풀자!

· 단어의 진짜 뜻과 쓰임새를 먼저 확인하자!

제시된 단어가 어떤 상황에서 쓰이는지 확실히 정리해 두어야 한다. 예를 들어「漏れる」는 틈에서 흘러나오는 상황, 무언가를 누락시킨 상황에서 쓴다는 것을 알고 있어야 한다.

· 오답 선지의 틀린 이유를 찾아 보자!

틀린 선지는 보통 아주 비슷한 다른 단어와 헷갈리게 만든다. 정답을 찾기보다 왜 틀렸는지를 찾는 것이 더 빠르니 의미나 발음이 살짝 다른 단어를 사용하지 않았는지 먼저 확인해 보자.

예시

問題6　次の言葉の使い方として最もよいものを、1・2・3・4から一つ選びなさい。

26 漏れる

1　彼のように才能に漏れた若者はめったにいない。

2　いつもテストの最後には記入に漏れがないか確認している。

3　部屋に物が漏れていて、足の踏み場もない。

4　グラスにビールを注いだら、注ぎすぎて漏れてしまった。

해석　1 그처럼 재능이 새는 젊은이는 거의 없다. (X, 溢れた : 넘치는)

2 항상 시험 마지막에는 적은 것에 누락이 없는지 확인하고 있다. (O)

3 방에 물건이 빠지고 있어 발 디딜 곳도 없다. (X, 溢れて : 넘쳐)

4 컵에 맥주를 따랐더니 너무 많이 따라서 새고 있다. (X, 溢れて : 넘치고)

단어　漏れる 새다, 누설되다, 누락되다　めったに 거의, 좀처럼　踏み場 발 디딜 곳
注ぐ 따르다, 붓다, 쏟다

 **용법 기출어휘 2025~2021**

2025

□ <ruby>愛着<rt>あいちゃく</rt></ruby> 애착	□ <ruby>休息<rt>きゅうそく</rt></ruby> 휴식	□ <ruby>区切<rt>く ぎ</rt></ruby>り (일의) 매듭, 단락
□ <ruby>貢献<rt>こうけん</rt></ruby> 공헌	□ <ruby>早急<rt>さっきゅう</rt></ruby> 매우 급함	□ <ruby>進<rt>すす</rt></ruby>める 진행하다, 진척시키다
□ <ruby>粗末<rt>そ まつ</rt></ruby> 변변치 않음, 함부로 함	□ <ruby>潰<rt>つぶ</rt></ruby>す 찌부러뜨리다	□ <ruby>和<rt>なご</rt></ruby>やか 온화함
□ <ruby>熱中<rt>ねっちゅう</rt></ruby> 열중		

memo

□ 薄^{うす}める 옅게 하다, 묽게 하다	□ 鑑賞^{かんしょう} 감상	□ 共有^{きょうゆう} 공유

□ 薄(うす)める 옅게 하다, 묽게 하다　　□ 鑑賞(かんしょう) 감상　　□ 共有(きょうゆう) 공유

□ 充実(じゅうじつ) 충실, 알참　　□ するどい 날카롭다, 예리하다　　□ 鮮明(せんめい) 선명함

□ 着々(ちゃくちゃく) 착착　　□ 定年(ていねん) 정년　　□ はきはき 시원시원, 또박또박

□ ふもと (산)기슭

□ 偉大(いだい) 위대함　　□ 暮(く)れ 저녁때, 한 해의 마지막　　□ さまたげる 방해하다, 지장을 주다

□ 残高(ざんだか) 잔고　　□ 上達(じょうたつ) 숙달, 기능이 향상됨　　□ 印(しるし) 표, 표시

□ 早期(そうき) 조기, 이른 시기　　□ 続出(ぞくしゅつ) 속출　　□ 廃止(はいし) 폐지

□ 腫(は)れる 붓다

memo

2022

□ 荒れる 거칠어지다, 날뛰다　　□ 打ち合わせ 협의, 미리 상의함　　□ 温厚 (성격이) 온화하고 다정함

□ 頑固 완고함, 끈질김　　□ 生じる 생기다, 발생하다　　□ 世代 세대

□ 中断 중단　　□ 濁る 탁해지다, 흐려지다　　□ 普及 보급

□ ベテラン 베테랑, 노련한 사람

2021

□ 引用 인용　　□ かばう 감싸다, 비호하다　　□ 急激 급격함

□ 傾向 경향　　□ 栽培 재배　　□ さっさと 어서, 서둘러

□ 妥当 타당함, 적절함　　□ 展開 전개　　□ ほっと 안심하는 모양

□ 漏れる 새다, 빠지다

memo

問題6　次の言葉の使い方として最もよいものを、1・2・3・4から一つ選びなさい。

1 鑑賞

1　植物の成長を鑑賞し、記録するのが夏休みの宿題です。

2　明日の課外学習はチョコレート工場の鑑賞に行きます。

3　週末は話題のミュージカルを鑑賞しに行きます。

4　パイロットは常に空の状態を注意深く鑑賞しなければなりません。

2 粗末

1　家具や家電などの粗末ゴミを捨てる時は、有料で事前の申し込みが必要です。

2　世界には満足に食べられない人もいるのだから、食べ物を粗末にしてはいけない。

3　彼は粗末な性格なので仕事でも細かいミスをしてしまうことが多い。

4　弊社の従業員が粗末をしでかしてしまい、まことに申し訳ございませんでした。

3 偉大

1　友達のみんなで彼女の誕生日パーティーを偉大に盛り上げた。

2　今回のクリスマスイベントは芸能人を呼んで偉大に開催する予定だ。

3　電子レンジは、世界を変えた偉大な発明の一つだ。

4　この論文を完成させるには偉大な量のデータを集めなければならない。

4 引用

1　この土地を引用して、マンションを建てる計画がある。

2　この技術を引用して、新たな商品開発に役立てた。

3　投資は初心者なので資産の引用のために銀行へ相談に行きました。

4　論文を書く際は、自分の文章と引用する文章を区別しなければならない。

5 荒れる

1　台風が来て海が荒れているので魚がとれません。

2　風船に空気を入れすぎて荒れてしまいました。

3　受験のストレスで頭が荒れそうに痛い。

4　お気に入りのシャツが荒れてしまい悲しい。

答　1③　2②　3③　4④　5①

問題6　次の言葉の使い方として最もよいものを、１・２・３・４から一つ選びなさい。

1 愛着

1　彼女が愛着のこもったお弁当を作ってくれた。
2　私は両親からたくさんの愛着をもらい、育ちました。
3　私たちは友情から愛着関係へと発展していきました。
4　この手帳は学生の頃から長く使っているので愛着があります。

2 かばう

1　友達の結婚式に行ったら、他の招待客とドレスがかばってしまった。
2　この前の台風で農作物が大きな被害をかばった。
3　けがをした足をかばって歩いていると、今度は腰を痛めてしまった。
4　彼女は水が怖くて泳げないので、水をかばう練習から始めた。

3 打ち合わせ

1　その交通事故が起きた時、彼は偶然そこに打ち合わせた。
2　高速道路が渋滞していて打ち合わせの予定時刻に遅刻しそうだ。
3　彼が前回のデートの約束を破ったので打ち合わせにステーキをおごってもらった。
4　買い物に行けなかったので冷蔵庫の中の打ち合わせの材料でご飯を作ることにした。

4 暮れ

1　沖縄では６月下旬に梅雨暮れを迎えます。
2　週暮れの月曜日には荷物が届くはずです。
3　連休暮れは体がだるくて気分が落ち込む。
4　年の暮れは新年の準備などで忙しい。

5 共有

1　医師と看護師が患者の病状について情報を共有している。
2　教師と保護者が共有して、子供の成長を支援する。
3　大学で学生と教授が共有で研究し、論文を書いている。
4　デザイナーと研究員が新商品の開発を共有で行う。

答　1④　2③　3②　4④　5①

問題6　次の言葉の使い方として最もよいものを、1・2・3・4から一つ選びなさい。

1 温厚

1　この地域は一年中、温厚な気候で甘いみかんが特産品です。

2　寒いから温厚な部屋の中に入ってあたたまってください。

3　そのレストランは自分の家のようにくつろげる温厚な雰囲気のお店です。

4　彼はめったに怒らない温厚な性格で周りから好かれています。

2 残高

1　今日の朝ご飯は昨日の残高を温めて食べるつもりだ。

2　商品が全く売れなかったので残高がたくさんある。

3　今日は給料日なので銀行口座の残高を確認した。

4　卵の残高が少ないのでスーパーに買いに行かなければならない。

3 急激

1　車を運転していたら、子供が急激に飛び出した。

2　仕事のストレスで体重が急激に増加した。

3　来月から転勤だという急激な話に戸惑っています。

4　急激に電車が急停止したので、他の乗客にぶつかった。

4 充実

1　このホテルはドリンクのサービスが充実しています。

2　私は転職をして今のこの仕事に十分充実しています。

3　充実した栄養を取ることで健康を保つことができます。

4　私はボーナスの半分を貯金に充実しています。

5 するどい

1　私は幼い時から運動神経がするどく、体育の時間が好きだった。

2　後ろの車のスピードがするどいので、危うく事故になるところだった。

3　そんなするどい言い方だと伝わらないので、もっとはっきり言ってほしい。

4　彼女はするどい観察力を持っていて、周りの人の変化によく気が付きます。

답 1④ 2③ 3② 4① 5④

問題6　次の言葉の使い方として最もよいものを、1・2・3・4から一つ選びなさい。

1 傾向

1　この問題集を解いているうちに大学入試の傾向がつかめてきた。

2　最近、若者の間でヨーグルトアイスが傾向している。

3　彼女は毎日の傾向で朝6時には目が覚めてしまうらしい。

4　魚の傾向を上手く利用して、川で魚釣りをした。

2 頑固

1　この製品を汚れに吹きかけて5分待つと、頑固な油汚れを落とすことができます。

2　牛乳にレモン汁を入れて温めると頑固し、カッテージチーズが出来上がります。

3　彼女は困った人を助けるという頑固をもって、弁護士になりました。

4　ビジネスは大きな決断をすることが多いので頑固がある人に向いています。

3 鮮明

1　誰に責任があるのかを鮮明にするべきです。

2　子供が初めて立った時のことを今でも鮮明に覚えている。

3　彼女はまだ迷っていたのか彼の問いに鮮明に答えた。

4　久しぶりに山に登って、鮮明な空気を吸った。

4 上達

1　幼児期の体の上達に合わせて、適切な運動をさせるべきだ。

2　あの市長になってから、この街は上達し、人口が増加した。

3　接客の仕事を通して、精神的に上達しました。

4　プロの先生に教えてもらってからゴルフが上達した。

5 印

1　彼は山田さんと付き合ったことが人生最大の印だと後悔している。

2　頭が痛くて病院で薬をもらったが、よくなる印がない。

3　この印のところまでお湯を注ぎ、カップラーメンを作った。

4　後ろに誰かいる印がしたが、気のせいだった。

答　1① 2① 3② 4④ 5③

2020

□ 引退 은퇴 □ 打ち明ける 밝히다, 털어놓다 □ ぎっしり 가득, 잔뜩, 빽빽이
□ 欠陥 결함 □ 初期 초기

2019

□ しみる 배다, 스며들다 □ 充満 충만, 가득함 □ 初歩 초보
□ 即座に 즉각, 당장 □ 素材 소재
□ だらしない 단정하지 않다, 칠칠치 못하다 □ 尽きる 다하다, 떨어지다, 끝나다
□ 特殊 특수 □ 廃止 폐지 □ めくる (종이 등을) 넘기다

2018

□ 演説 연설 □ 解約 해약, 해지 □ きっぱり 딱 잘라, 단호히
□ 多彩 다채로운 □ 日課 일과 □ 鈍い 둔하다, 굼뜨다, 반응이 느리다
□ 乗り継ぐ 갈아타다 □ 保存 보존, 저장 □ 最寄り 가장 가까움, 근처
□ 役目 역할

2017

- □ 一斉に (いっせい) 일제히, 동시에
- □ 覆う (おお) 덮다, 씌우다
- □ 限定 (げんてい) 한정
- □ 節約 (せつやく) 절약
- □ 頂上 (ちょうじょう) 정상
- □ 散らかす (ち) 어지르다
- □ 分解 (ぶんかい) 분해
- □ 破れる (やぶ) 찢어지다, 터지다
- □ 略す (りゃく) 줄이다, 생략하다
- □ 論争 (ろんそう) 논쟁

2016

- □ 引退 (いんたい) 은퇴
- □ 延長 (えんちょう) 연장, 길게 늘림
- □ 大げさ (おお) 과장됨
- □ きっかけ 계기
- □ さびる 녹슬다
- □ 順調 (じゅんちょう) 순조로움
- □ 生じる (しょう) 발생하다, 생기다
- □ 発達 (はったつ) 발달
- □ 反省 (はんせい) 반성
- □ 目上 (め うえ) 윗사람, 연장자

2015

- □ 甘やかす (あま) 응석을 받아 주다, 오냐오냐하다
- □ いったん 일단
- □ 思いつく (おも) 생각이 떠오르다
- □ 温暖 (おんだん) (날씨가) 온난함
- □ 作成 (さくせい) 작성
- □ たくましい 늠름하다
- □ 中断 (ちゅうだん) 중단
- □ 振り向く (ふ む) 뒤돌아보다
- □ 行方 (ゆくえ) 행방
- □ 用途 (ようと) 용도

2014

- □ 合図 (あい ず) (눈짓, 몸짓, 소리 등의) 신호
- □ 言い訳 (い わけ) 변명
- □ 会見 (かいけん) 회견
- □ 頑丈 (がんじょう) 튼튼하고 옹골참
- □ こつこつ 꾸준히 노력하는 모양
- □ 支持 (し じ) 지지
- □ 畳む (たた) (이불, 옷 등을) 개다
- □ 妥当 (だ とう) 타당함, 적절함
- □ 縮む (ちぢ) 줄어들다
- □ 手軽 (て がる) 손쉬움, 간단함

2013

- 慌ただしい　어수선하다, 바쁘다
- 生き生き　생기 있는 모양, 활기찬 모양
- かすか　희미함, 어렴풋함
- 掲示　게시
- 快い　상쾌하다, 유쾌하다
- 催促　재촉
- 分野　분야, 활동 범위
- へだてる　사이를 떼다, 멀리하다
- 補足　보충
- ものたりない　어딘가 부족하다

2012

- 交代　교대
- 合同　합동
- 心強い　마음 든든하다
- さっさと　어서, 서둘러
- 問い合わせる　문의하다
- 乏しい　부족하다
- 廃止　폐지
- ふさぐ　틀어막다, 가리다
- 矛盾　모순
- 冷静　냉정함

2011

- 違反　위반
- 受け入れる　받아들이다
- かなう　이루어지다
- 質素　검소함
- 世間　세간, 세상
- せめて　적어도
- とっくに　훨씬 전에, 벌써
- 範囲　범위
- 方針　방침
- 利益　이익

2010

- 外見　겉모습, 외견, 외관
- きっかけ　계기
- 取材　취재
- 深刻　심각함
- 続出　속출
- 保つ　(상태를) 유지하다
- 注目　주목
- 外す　푼다, 벗다
- 普及　보급
- ふさわしい　적합하다, 어울리다

問題6　次の言葉の使い方として最もよいものを、1・2・3・4から一つ選びなさい。

1 方針

1　これまでどおりの方針を続けるつもりだ。
2　彼女を説得するにはあの人に頼むしか方針はない。
3　募金はとうとう方針の金額に達した。
4　よく考えて方針の選択を誤らないようにしなさい。

2 手軽

1　手軽な分量の酒は健康にいいといわれている。
2　舞台に立つにはまだ演技が手軽だ。
3　彼女はいつも手軽に相談に乗ってくれる。
4　インターネットは情報収集に手軽な手段だ。

3 充満

1　私たちはその問題を充満している。
2　レストランは開店5分後に充満になった。
3　部屋にはガスが充満している。
4　ホテルの食事は充満したものだった。

4 だらしない

1　だらしないこと言わないで、自信を持てよ。
2　10代とは思えないほどだらしない歯だと言われた。
3　その日の彼の服装はその場にだらしないものではなかった。
4　彼はだらしなくて何日も同じシャツを着ている。

5 ものたりない

1　あの女優は若者にものたりない人気がある。
2　衣類のものたりない汚れにはこの洗剤をお試しください。
3　彼の新作はアクション映画としてはものたりない感じがする。
4　田舎の生活は変化にものたりないが、それが私に合っている。

답 1① 2④ 3③ 4④ 5③

問題6　次の言葉の使い方として最もよいものを、1・2・3・4から一つ選びなさい。

1 普及

1　大きな火事が起こって、隣の家にも被害が普及した。

2　日本は海外に比べ、電気自動車の普及が遅れていると言われている。

3　インフルエンザは11月頃から普及していき、1月頃に最も患者が多くなる。

4　今回の大きな地震によって、水の普及は数日間中断された。

2 補足

1　資料には概要しか書かれていないので、少し説明を補足します。

2　家庭科の授業で衣服の補足の仕方を習った。

3　祖父は日常生活に多少の補足が必要だ。

4　事故の被害者たちは損害の補足を求めて市を訴えた。

3 冷静

1　無差別テロが冷静な問題になっている。

2　高齢者に対する冷静な扱いを望みたい。

3　感情的にならず冷静に話し合おう。

4　科学の冷静な成果を利用すべきだ。

4 続出

1　暑い夏の日に運動会をしたので熱中症で倒れる人が続出した。

2　私の母は毎週月曜日に放送される続出ドラマを楽しみにしている。

3　この選手は、世界大会に4回も続出で出場している。

4　水泳教室を辞めようかと思ったが、もう少し続出することにした。

5 ふさわしい

1　吉田さんの意見はいつもふさわしいです。

2　私にふさわしい仕事を探している。

3　ダム建設をめぐって地元の住民のふさわしい反対にあった。

4　本当にあの人とは性格がふさわしくて付き合えない。

답 1② 2① 3③ 4① 5②

53 기출어휘 확인문제 용법

問題6　次の言葉の使い方として最もよいものを、１・２・３・４から一つ選びなさい。

1 きっぱり

1 今日は学校の屋上から山がきっぱりと見えた。

2 私の故郷の町はきっぱり変わってしまっていた。

3 そんな不当（ふとう）な要求はきっぱり断るべきだ。

4 姉は日本に行く前にきっぱり日本語を勉強した。

2 こつこつ

1 春に失職（しっしょく）してから家でこつこつしている。

2 こつこつ勉強してとうとう志望校（しぼうこう）に合格した。

3 ネオンサインがこつこつ点滅（てんめつ）している。

4 彼は何でもこつこつするから時間がかかってしかたがない。

3 さっさと

1 おいしそうなケーキがさっさと並んでいます。

2 いらないものを捨てたら気分がさっさとした。

3 ５日連続（れんぞく）で残業をしてさっさと疲れた。

4 家に帰ってすぐ、宿題をさっさと片付けた。

4 尽きる

1 あらゆる手段を尽きて山田（やまだ）さんの行方（ゆくえ）を捜した。

2 36名が参加した二次会では、カラオケや尽きない話で盛り上（も・あ）がった。

3 その法律はもはや現実に尽きないものになっている。

4 この目的を尽きるためには、我々みんなが協力しないといけない。

5 生き生き

1 山本（やまもと）さんは最近生き生きと仕事をしている。

2 彼女との思い出が今も生き生きしている。

3 テレビから事故現場の生き生きとした様子（ようす）がわかる。

4 野菜はゆでるより生き生きと食べるほうが好きだ。

답 1③ 2② 3④ 4② 5①

問題6　次の言葉の使い方として最もよいものを、１・２・３・４から一つ選びなさい。

1　即座に

1　山田さんはアメリカに５年間住んでいた即座に英語が下手だ。

2　そのきれいな服を見て、彼女は即座にそれを買う決心をした。

3　山を登るにつれて即座に道が険しくなった。

4　家族は皆、私に仕事を辞めないよう即座に説得してきた。

2　一斉に

1　公園で小さな子供たちは一斉に仲良く遊んでいた。

2　昨日は家族一斉においの結婚式に招待されて行った。

3　卒業の記念写真には、クラスの生徒が一斉に写っている。

4　歌が終わると、観客は一斉に立ち上がって歌手に拍手を送った。

3　廃止

1　使えなくなったクレジットカードをはさみで切って廃止した。

2　今月中に、ショベルカーでこの建物を廃止する予定だ。

3　今年から給食制度が廃止になったので、お弁当を持っていかなければならない。

4　契約期間が廃止したので、次の仕事を探さなければならない。

4　生じる

1　飼っていた犬に赤ちゃんが４匹生じた。

2　知らない人がそのドアから突然生じたので驚いた。

3　来月結婚するのに、不安で迷いが生じてしまった。

4　間違えて指を切ってしまい血が生じてしまった。

5　頑丈

1　彼はあの件について頑丈に主張している。

2　複雑な事情を頑丈な言葉で説明する。

3　あわてていて頑丈なことを話すのを忘れた。

4　頑丈にできた机を長年使っている。

답　1② 2④ 3③ 4③ 5④

□ 明かり 등불, 불빛	□ 明らか 분명함	□ 甘やかす 응석을 받아 주다
□ あるいは 혹은, 또는	□ 生き生き 생생한 모양, 활기참	□ いちいち 일일이, 하나하나
□ いったん 일단, 우선	□ 今に 머지않아	□ 薄める 옅게 하다, 묽게 하다
□ うたがう 의심하다	□ 感心 감탄함, 감복함	□ がっかり 낙담함, 실망함
□ 気候 기후	□ くれぐれも 아무쪼록	□ 催促 재촉
□ 差別 차별	□ 作法 예의범절	□ 実施 실시
□ 実に 실로	□ 支配 지배	□ 正直 정직함, 솔직함
□ 少しも 조금도	□ スピード 속도	□ せっかく 모처럼, 애써서
□ 節約 절약	□ せめて 적어도	□ それとも 그렇지 않으면, 혹은
□ 大した 대단한, 특별한	□ たしか 아마	□ 妥当 타당함, 적절함
□ たとえ~ても 비록 ~해도	□ たまたま 때마침, 우연히	□ ~だらけ ~투성이
□ 単なる 단순한	□ 中断 중단	□ 散らかる 흩어지다, 널브러지다
□ 展開 전개	□ どうせ 어차피	□ どっと 왈칵, 갑자기 덮치는 모양
□ ドライブ 드라이브	□ 乗り越す 내릴 곳을 지나치다	□ 引き返す 되돌아가다
□ 微妙 미묘함	□ 不安 불안	□ ふもと (산)기슭
□ 振り向く 뒤돌아보다	□ 分解 분해	□ 向かい 맞은편, 건너편, 정면
□ 夢中 열중함, 몰두함	□ ユーモア 유머	□ 行方 행방
□ 楽 편안함, 쉬움	□ 礼儀 예의	□ わずか 약간, 불과

問題6　次の言葉の使い方として最もよいものを、1・2・3・4から一つ選びなさい。

1 中断

1　今夜予定されていた飲み会は参加者が少ないようなので中断した。
2　車の運転中は横断歩道の前で一時中断しなければなりません。
3　一緒に乗っていた友達が途中で降りるので横道に車を中断させた。
4　突然大雨が降ってきたので、審判の指示で試合が中断された。

2 大した

1　昨日ここで大した事故が起きた。
2　この市の中央には大した噴水があります。
3　大した病気じゃないから、じきに治るだろう。
4　後ろから大した声で呼ばれて、びっくりした。

3 薄める

1　コーヒーがとても熱かったので水を入れて温度を薄めた。
2　子供の卒業式なので派手な服はやめて薄めた服装で参加した。
3　自分の使いたい色を作るために絵具を水で薄めた。
4　水が沸騰し始めたので、ガスの火を薄めた。

4 どうせ

1　どうせ最後まで一生懸命頑張れば、きっと良い結果になるよ。
2　今から勉強したところでどうせいい成績はとれないに決まっている。
3　結果がよくても悪くても、どうせ試験が終わると嬉しい。
4　間に合うかどうかわからないが、どうせ早く行ってみよう。

5 妥当

1　大きい車が欲しかったが，高いので妥当して軽自動車にした。
2　最近の物価は高いので卵が10個350円は妥当な値段でしょう。
3　英語の「ハイスクール(high school)」は日本語の「高校」に妥当する。
4　5千円妥当の服がセール中の今なら半額で買えます。

答 1④　2③　3③　4②　5②

問題6　次の言葉の使い方として最もよいものを、1・2・3・4から一つ選びなさい。

1　微妙

1　微妙な時計を見つけたら、交番に届けてください。
2　両者の主張には微妙なところでくいちがいがある。
3　店の外に微妙な人が立っていたので、怖くなった。
4　微妙な偶然(ぐうぜん)から事件の目撃者(もくげきしゃ)となった。

2　明かり

1　泥棒は明かりとなるものは何も残していない。
2　まぶしい真夏の太陽の明かりが照りつける。
3　空気の入る量により、ガスコンロの明かりの色が違う。
4　毎晩10時になると部屋の明かりを消して寝る。

3　たまたま

1　僕は暇があると、たまたまゲームをする。
2　たまたま遊びに来てください。
3　あの男はたまたまいたずらをする。
4　昨日はたまたま先生と同じ電車で帰った。

4　振り向く

1　富士山はここから振り向くのが一番きれいだ。
2　後ろから名前を呼ばれて振り向いた。
3　母は一生子共への愛を振り向いて生きてきた。
4　橋の下を振り向かずに歩きなさい。

5　今に

1　最後の試験が終わったら、今に覚えていたことを全部忘れた。
2　明日では間に合わないので、今に掃除してください。
3　もう試合は始まったのだから、今にやめたいと言っても遅すぎる。
4　心配しなくても、今に帰って来ますよ。

답　1② 2④ 3④ 4② 5④

問題6　次の言葉の使い方として最もよいものを、1・2・3・4から一つ選びなさい。

1 行方

1　台風は、行方を東に変えた。

2　中央図書館への行方をご存じですか。

3　その男の子は家を出たままいまだに行方がわからないそうです。

4　今度の旅行、行方をどこにしようか迷っている。

2 わずか

1　ここまで来れば、駅まではあとわずか5分だ。

2　みんなと別れてわずか一人になってほっとした。

3　ご飯をもうわずかください。

4　母の話はわずかすぎて聞こえなかった。

3 あるいは

1　この店は古い、あるいは、有名な店です。

2　この梅を梅干しにするか、あるいは、どうしましょうか。

3　私は夏休みに、日本、あるいは、アメリカに行った。

4　私あるいは彼がその質問に答えなければならない。

4 展開

1　接触事故のため止まっていた電車は運転を展開した。

2　今後、新しいビジネスをアジア市場に展開する予定です。

3　大型船がゆっくりと展開して、反対方向へ向かっていきました。

4　そのうわさは、あっという間にクラス中に展開した。

5 どっと

1　時間がないのでどっと説明してください。

2　その料理は見た目よりどっとおいしかった。

3　お母さんが戻るまでここでどっとしていてね。

4　家に戻ったら、たまっていた疲れがどっと出た。

답 1③　2①　3④　4②　5④

問題 6　次の言葉の使い方として最もよいものを、１・２・３・４から一つ選びなさい。

1　夢中

　1　妹は新しい趣味に夢中している。

　2　彼女はフランス語の勉強に夢中だ。

　3　彼は事業の失敗を夢中に悩んでいる。

　4　あのゲームが子供たちの間で夢中だ。

2　乗り越す

　1　この道では、後の車は前の車を乗り越してはいけないのです。

　2　終点で降りて、そこから別のバスに乗り越した。

　3　終電に乗り越してしまったので、タクシーで帰ってきた。

　4　居眠りをしていて三つも駅を乗り越してしまった。

3　実施

　1　その法律は来年３月から実施される。

　2　理想と実施を一緒にしてはいけない。

　3　理論と実施はときどき、合わないことがある。

　4　彼の偉大な夢はついに実施した。

4　向かい

　1　飛行機はあっという間に海の向かいに消えた。

　2　この家は南向かいなので、日がよく当たる。

　3　出張で東京へ行ったとき、向かいで友達に会った。

　4　彼女は私のうちの向かいに住んでいる。

5　催促

　1　エキスポは５年ごとに催促される。

　2　家賃を払うのをすっかり忘れていたら、催促の電話がかかってきた。

　3　国連催促の平和会議が行われた。

　4　このツアーは参加者５名より催促します。

答　1② 2④ 3① 4④ 5②

제 2 장

문자·어휘

예상 공략편

01 예상어휘 공략하기

1 명사

あ

□ 愛情（あいじょう） 애정
□ 愛人（あいじん） 애인, 정부, 불륜 상대
□ 赤字（あかじ） 적자
□ 悪意（あくい） 악의
□ 悪魔（あくま） 악마
□ 明け方（あけがた） 새벽녘, 동틀 녘
□ 足跡（あしあと） 발자취, 발자국
□ あだ 적, 원수, 원한
□ 圧縮（あっしゅく） 압축
□ 圧力（あつりょく） 압력
□ 宛名（あてな） 받는 사람의 이름, 수신인명
□ 跡（あと） 자국, 흔적, 유적
□ 後先（あとさき） 앞뒤, 전후
□ 後始末（あとしまつ） 뒤치다꺼리, 뒤처리
□ 雨戸（あまど） (비바람을 막는) 덧문
□ 余り（あま） 나머지, 여분
□ 編み物（あみもの） 편물, 뜨개질
□ あらすじ 대충의 줄거리, 개요
□ 現れ（あらわ） 현상, 발로
□ 在り方（ありかた） 본연의 자세
□ 安定（あんてい） 안정
□ 安否（あんぴ） 안부, 안위
□ 委員（いいん） 위원
□ 意義（いぎ） 의의
□ 幾分（いくぶん） 일부분, 조금, 약간
□ 生け花（いけばな） 꽃꽂이
□ 以後（いご） 이후
□ 移行（いこう） 이행, 다른 상태로 바뀜
□ 遺産（いさん） 유산
□ 意思（いし） 의사, 의향
□ 意志（いし） 의지, 의욕
□ 移住（いじゅう） 이주
□ 衣食住（いしょくじゅう） 의식주
□ 板（いた） 판자, 널빤지
□ いたずら 못된 장난
□ 一助（いちじょ） 일조, 약간의 도움
□ 一面（いちめん） 일면
□ 一覧（いちらん） 일람, 한 번 봄
□ 一家（いっか） 일가
□ 一括（いっかつ） 일괄
□ 一瞬（いっしゅん） 일순, 일순간
□ 一致（いっち） 일치
□ 一定（いってい） 일정
□ 一般（いっぱん） 일반
□ 遺伝（いでん） 유전
□ 意図（いと） 의도
□ 井戸（いど） 우물
□ 移動（いどう） 이동
□ 異動（いどう） (인사)이동
□ いとま 틈, 겨를, 휴식
□ 稲（いね） 벼
□ 居眠り（いねむり） 말뚝잠, 앉아서 졺
□ 衣服（いふく） 의복, 옷
□ 意訳（いやく） 의역

□ <ruby>入<rt>い</rt></ruby>れ<ruby>替<rt>か</rt></ruby>え 갈아 넣음, 교체	□ <ruby>飲酒<rt>いんしゅ</rt></ruby> 음주	□ <ruby>飲料水<rt>いんりょうすい</rt></ruby> 음용수, 마실 수 있는 물
□ <ruby>引力<rt>いんりょく</rt></ruby> 인력	□ <ruby>魚<rt>うお</rt></ruby> 물고기	□ <ruby>訴<rt>うった</rt></ruby>え 호소, 소송
□ <ruby>打<rt>う</rt></ruby>って<ruby>付<rt>つ</rt></ruby>け 알맞음, 안성맞춤	□ <ruby>器<rt>うつわ</rt></ruby> 그릇, 용기	□ <ruby>雨天<rt>うてん</rt></ruby> 우천, 비 오는 날씨
□ <ruby>有無<rt>うむ</rt></ruby> 유무	□ <ruby>裏口<rt>うらぐち</rt></ruby> 뒷문	□ <ruby>恨<rt>うら</rt></ruby>み 원한, 앙심
□ <ruby>売<rt>う</rt></ruby>り<ruby>出<rt>だ</rt></ruby>し 발매	□ <ruby>雨量<rt>うりょう</rt></ruby> 강우량	□ <ruby>憂<rt>うれ</rt></ruby>い 근심, 걱정
□ <ruby>売<rt>う</rt></ruby>れ<ruby>行<rt>ゆ</rt></ruby>き 팔림새	□ <ruby>運河<rt>うんが</rt></ruby> 운하	□ <ruby>運勢<rt>うんせい</rt></ruby> 운세
□ <ruby>運用<rt>うんよう</rt></ruby> 운용	□ <ruby>影響<rt>えいきょう</rt></ruby> 영향	□ <ruby>栄光<rt>えいこう</rt></ruby> 영광
□ <ruby>衛生<rt>えいせい</rt></ruby> 위생	□ <ruby>映像<rt>えいぞう</rt></ruby> 영상	□ <ruby>栄養分<rt>えいようぶん</rt></ruby> 영양분
□ <ruby>液<rt>えき</rt></ruby> 액, 즙, 액체	□ えさ 먹이	□ <ruby>宴会<rt>えんかい</rt></ruby> 연회, 잔치
□ <ruby>園芸<rt>えんげい</rt></ruby> 원예	□ <ruby>演劇<rt>えんげき</rt></ruby> 연극	□ <ruby>円周<rt>えんしゅう</rt></ruby> 원주, 원둘레
□ <ruby>演出<rt>えんしゅつ</rt></ruby> 연출	□ <ruby>煙突<rt>えんとつ</rt></ruby> 굴뚝	□ おい 조카
□ <ruby>応急<rt>おうきゅう</rt></ruby> 응급	□ <ruby>応接<rt>おうせつ</rt></ruby> 응접, 접대	□ <ruby>応答<rt>おうとう</rt></ruby> 응답
□ <ruby>大通<rt>おおどお</rt></ruby>り (시내의) 큰길, 대로	□ <ruby>大家<rt>おおや</rt></ruby> 집주인	□ <ruby>丘<rt>おか</rt></ruby> 언덕, 작은 산
□ <ruby>沖<rt>おき</rt></ruby> 먼바다	□ <ruby>奥様<rt>おくさま</rt></ruby> 사모님, 안주인	□ <ruby>行<rt>おこな</rt></ruby>い 행실, 행동
□ お<ruby>辞儀<rt>じぎ</rt></ruby> (머리 숙여) 절함, 인사함	□ <ruby>汚染<rt>おせん</rt></ruby> 오염	□ <ruby>落<rt>お</rt></ruby>とし<ruby>物<rt>もの</rt></ruby> 분실물
□ おのおの 각자, 각각	□ <ruby>帯<rt>おび</rt></ruby> 띠	□ お<ruby>参<rt>まい</rt></ruby>り 신불을 참배하러 감, 참배
□ <ruby>思<rt>おも</rt></ruby>いつき 문득 생각이 남, 착상	□ おやつ (오후에 먹는) 간식	□ <ruby>親指<rt>おやゆび</rt></ruby> 엄지손가락, 엄지발가락
□ <ruby>織物<rt>おりもの</rt></ruby> 직물	□ <ruby>恩恵<rt>おんけい</rt></ruby> 은혜	□ <ruby>温室<rt>おんしつ</rt></ruby> 온실
□ <ruby>温帯<rt>おんたい</rt></ruby> 온대	□ <ruby>温暖化<rt>おんだんか</rt></ruby> 온난화	□ <ruby>御中<rt>おんちゅう</rt></ruby> 귀중, 귀하

か

□ <ruby>害<rt>がい</rt></ruby> 해, 손해	□ <ruby>開演<rt>かいえん</rt></ruby> 개연, 연극 등을 시작함	□ <ruby>開花<rt>かいか</rt></ruby> 개화
□ <ruby>絵画<rt>かいが</rt></ruby> 회화	□ <ruby>開会<rt>かいかい</rt></ruby> 개회	□ <ruby>会館<rt>かいかん</rt></ruby> 회관
□ <ruby>開講<rt>かいこう</rt></ruby> 개강	□ <ruby>会合<rt>かいごう</rt></ruby> 회합	□ <ruby>外交<rt>がいこう</rt></ruby> 외교
□ <ruby>開始<rt>かいし</rt></ruby> 개시	□ <ruby>解釈<rt>かいしゃく</rt></ruby> 해석	□ <ruby>海水浴<rt>かいすいよく</rt></ruby> 해수욕

□ 回数 _{かいすう} 횟수	□ 快晴 _{かいせい} 쾌청	□ 回送 _{かいそう} 회송, 돌려보냄
□ 開通 _{かいつう} 개통	□ 改定 _{かいてい} 개정	□ 回転 _{かいてん} 회전
□ 街道 _{かいどう} 가도, 간선 도로	□ 街灯 _{がいとう} 가등, 가로등	□ 該当 _{がいとう} 해당
□ 開封 _{かいふう} 개봉	□ 開放 _{かいほう} 개방	□ 解放 _{かいほう} 해방
□ 海洋 _{かいよう} 해양	□ 改良 _{かいりょう} 개량	□ 概論 _{がいろん} 개론
□ 家屋 _{かおく} 가옥	□ 係員 _{かかりいん} 담당자	□ 書留 _{かきとめ} 등기 우편
□ 書き取り _{かきとり} 베껴 씀, 받아쓰기	□ 垣根 _{かきね} 울타리	□ 各位 _{かくい} 각위, 여러분
□ 学位 _{がくい} 학위	□ 架空 _{かくう} 가공	□ 格言 _{かくげん} 격언
□ 学士 _{がくし} 학사	□ 学術 _{がくじゅつ} 학술	□ 各人 _{かくじん} 각자
□ 各説 _{かくせつ} 각자의 의견	□ 確認 _{かくにん} 확인	□ 学問 _{がくもん} 학문
□ 確率 _{かくりつ} 확률	□ 学力 _{がくりょく} 학력	□ 学歴 _{がくれき} 학력
□ 掛け算 _{かけざん} 곱셈	□ 過去 _{かこ} 과거	□ かご 바구니
□ 火口 _{かこう} 화구, 화산의 분화구	□ 過失 _{かしつ} 과실	□ 果実 _{かじつ} 과실, 열매
□ 貸間 _{かしま} 셋방	□ 課税 _{かぜい} 과세	□ 下線 _{かせん} 밑줄
□ 加速 _{かそく} 가속	□ 加速度 _{かそくど} 가속도	□ 型 _{かた} 본, 거푸집, 틀, 형식
□ 刀 _{かたな} 칼, 검	□ かたまり 덩어리, 뭉치	□ 学会 _{がっかい} 학회
□ 学級 _{がっきゅう} 학급	□ 括弧 _{かっこ} 괄호	□ 各国 _{かっこく} 각국
□ 活字 _{かつじ} 활자	□ 課程 _{かてい} (교육, 학습 등의) 과정	□ 過程 _{かてい} 과정, 프로세스
□ 鐘 _{かね} 종	□ 加熱 _{かねつ} 가열	□ 過半数 _{かはんすう} 과반수
□ かび 곰팡이	□ 株 _{かぶ} 그루, 포기, 주식	□ かま 솥, 가마
□ 紙くず _{かみ} 휴지, 쓸모없는 종이	□ かみそり 면도칼	□ 雷 _{かみなり} 천둥, 우레, 벼락
□ 殻 _{から} 껍질, 껍데기	□ 柄 _{がら} 몸집, 품위, 무늬	□ 空っぽ _{から} 텅 빔
□ 革 _{かわ} 가죽	□ 為替 _{かわせ} 환, 환어음	□ かわら 기와
□ 勘 _{かん} 직감, 육감	□ 間隔 _{かんかく} 간격	□ 換気 _{かんき} 환기
□ 観客 _{かんきゃく} 관객	□ 感激 _{かんげき} 감격	□ 関西 _{かんさい} 간사이 (지방)

□ 元日（がんじつ） 새해 첫날, 1월 1일	□ 患者（かんじゃ） 환자	□ 間接（かんせつ） 간접
□ 勘違い（かんちがい） 착각	□ 乾電池（かんでんち） 건전지	□ 関東（かんとう） 간토 (지방)
□ 監督（かんとく） 감독	□ 看板（かんばん） 간판	□ 看病（かんびょう） 간병
□ 緩和（かんわ） 완화	□ 気圧（きあつ） 기압	□ 議員（ぎいん） 의원
□ 器械/機械（きかい/きかい） 기계	□ 議会（ぎかい） 의회	□ 機関車（きかんしゃ） 기관차
□ 機関銃（きかんじゅう） 기관총	□ 飢饉（ききん） 기근, 굶주림	□ 器具（きぐ） 기구, 도구
□ 期限（きげん） 기한	□ 記号（きごう） 기호	□ 生地（きじ） 옷감, 천, 반죽
□ 技師（ぎし） 기사, 기술자	□ 儀式（ぎしき） 의식	□ 期日（きじつ） 기일, 정해진 날짜
□ 規準（きじゅん） 규준, 규범, 기준	□ 気性（きしょう） 기질, 성질	□ 奇数（きすう） 기수, 홀수
□ 帰宅（きたく） 귀가	□ 議長（ぎちょう） 의장	□ 気迫（きはく） 기백
□ 基盤（きばん） 기반	□ 義務（ぎむ） 의무	□ 客席（きゃくせき） 객석
□ 客間（きゃくま） 응접실, 객실	□ 休講（きゅうこう） 휴강	□ 吸収（きゅうしゅう） 흡수
□ 急所（きゅうしょ） 급소, 핵심	□ 救助（きゅうじょ） 구조	□ 給与（きゅうよ） 급여, 급료
□ 休養（きゅうよう） 휴양	□ 教員（きょういん） 교원, 교사	□ 境界（きょうかい） 경계
□ 共学（きょうがく） (남녀) 공학	□ 競技（きょうぎ） 경기, 기량·기술을 겨룸	□ 供給（きょうきゅう） 공급
□ 教材（きょうざい） 교재	□ 教授（きょうじゅ） 교수	□ 恐縮（きょうしゅく） 황송함, 죄송함
□ 強風（きょうふう） 강풍	□ 教養（きょうよう） 교양	□ 行列（ぎょうれつ） 행렬
□ 曲線（きょくせん） 곡선	□ 霧（きり） 안개	□ 規律（きりつ） 규율, 질서
□ 気力（きりょく） 기력	□ きれ 조각, 직물, 옷감	□ 金魚（きんぎょ） 금붕어
□ 金庫（きんこ） 금고	□ 均衡（きんこう） 균형	□ 近視（きんし） 근시
□ 金銭（きんせん） 금전	□ 金属（きんぞく） 금속	□ 近代（きんだい） 근대
□ 緊張（きんちょう） 긴장	□ 金融（きんゆう） 금융	□ 句（く） 글귀, 구절
□ 空間（くうかん） 공간	□ 偶数（ぐうすう） 우수, 짝수	□ 空想（くうそう） 공상
□ 空中（くうちゅう） 공중	□ 区画（くかく） 구획	□ くぎ 못
□ 鎖（くさり） 쇠사슬	□ くし 빗	□ くしゃみ 재채기

□ 苦心 (くしん) 고심	□ くず 쓰레기, 찌꺼기	□ 管 (くだ) 관, 대롱
□ 具体化 (ぐたいか) 구체화	□ 唇 (くちびる) 입술	□ 苦痛 (くつう) 고통
□ 組み合わせ (くみあわせ) 짜맞춤, 조합, 편성	□ 位 (くらい) 지위, 계급	□ 黒字 (くろじ) 흑자
□ 訓 (くん) 훈, 가르침	□ 群 (ぐん) 무리, 떼	□ 軍隊 (ぐんたい) 군대
□ 計 (けい) 계, 합계	□ 敬意 (けいい) 경의	□ 敬具 (けいぐ) 경구(편지 끝에 쓰는 말)
□ 稽古 (けいこ) (학문·예능 등을) 배움, 연습	□ 蛍光灯 (けいこうとう) 형광등	□ 警告 (けいこく) 경고
□ 掲載 (けいさい) 게재	□ 毛糸 (けいと) 털실	□ 軽度 (けいど) 경도, 정도가 가벼움
□ 競馬 (けいば) 경마	□ 経費 (けいひ) 경비, (사업 등에) 드는 비용	□ 景品 (けいひん) 경품
□ 経由 (けいゆ) 경유, 거쳐 지남	□ 毛皮 (けがわ) 모피	□ 劇場 (げきじょう) 극장
□ 激増 (げきぞう) 격증, 급증	□ 下車 (げしゃ) 하차	□ 化粧 (けしょう) 화장
□ 下水 (げすい) 하수	□ 血液 (けつえき) 혈액	□ 月給 (げっきゅう) 월급
□ 傑作 (けっさく) 걸작	□ 決断 (けつだん) 결단	□ 血統 (けっとう) 혈통
□ 月末 (げつまつ) 월말	□ 解熱 (げねつ) 해열	□ 原稿 (げんこう) 원고
□ 検索 (けんさく) 검색	□ 原産 (げんさん) 원산	□ 原始 (げんし) 원시
□ 減少 (げんしょう) 감소	□ 現状 (げんじょう) 현상, 현 상황	□ 検診 (けんしん) 검진
□ 謙遜 (けんそん) 겸손	□ 建築 (けんちく) 건축	□ 建築家 (けんちくか) 건축가
□ 限度 (げんど) 한도	□ 現場 (げんば) 현장	□ 顕微鏡 (けんびきょう) 현미경
□ 憲法 (けんぽう) 헌법	□ 権利 (けんり) 권리	□ 原理 (げんり) 원리
□ 減量 (げんりょう) 감량	□ 原料 (げんりょう) 원료	□ 考案 (こうあん) 고안
□ 行為 (こうい) 행위	□ 合意 (ごうい) 합의	□ 工員 (こういん) 공장 직원, 공장 노동자
□ 幸運 (こううん) 행운	□ 豪華 (ごうか) 호화, 호화로움	□ 交換 (こうかん) 교환
□ 航空 (こうくう) 항공	□ 光景 (こうけい) 광경	□ 工芸 (こうげい) 공예
□ 攻撃 (こうげき) 공격	□ 孝行 (こうこう) 효행, 효도	□ 交差 (こうさ) 교차
□ 鉱山 (こうざん) 광산	□ 口実 (こうじつ) 구실	□ 後者 (こうしゃ) 후자
□ 公衆 (こうしゅう) 공중	□ 構成 (こうせい) 구성	□ 功績 (こうせき) 공적

光線 광선	公団 공단	校庭 교정
肯定 긍정	強盗 강도	公認 공인
光熱費 광열비	効能 효능	後半 후반
公表 공표	交付 교부	候補 후보
項目 항목	効用 효용	合理 합리
公立 공립	交流 교류	合流 합류
考慮 고려	効力 효력	高齢 고령
呼吸 호흡	国王 국왕	国籍 국적
国土 국토	告発 고발	穀物 곡물
小言 잔소리	心当たり 짐작, 짐작 가는 곳	個性 개성
国境 국경	古典 고전	琴 거문고
語頭 어두	言葉遣い 말씨, 말투	ことわざ 속담
語尾 어미	こぶ 혹	ごぶさた 격조함, 무소식
小麦 밀	小屋 작은 집, 오두막집	孤立 고립
根気 끈기	混合 혼합	根性 근성
献立 식단, 메뉴	婚約 약혼	

さ

際 때, 기회, 경우	在庫 재고	財産 재산
祭日 종교 의례를 행하는 날	再生 재생	最善 최선
採点 채점	災難 재난	裁縫 재봉, 바느질
材木 재목, 목재	採用 채용	境 경계, 갈림길
盛り 한창(때)	先々 먼 장래, 도처, 오래전	索引 색인
作物 작물, 농작물	さじ 숟가락	座敷 다다미방, 객실
雑音 잡음	砂漠 사막	さび 녹

□ 座布団 방석 　　□ 左右 좌우, 좌지우지 　　□ 参観 참관

□ 酸性 산성 　　□ 酸素 산소 　　□ 山林 산림

□ 自衛 자위, 스스로 막아 지킴 　　□ 視界 시계, 시야 　　□ 四角 사각형, 네모꼴

□ 資格 자격 　　□ 四季 사계, 사계절, 사철 　　□ 敷地 부지, 대지

□ 支給 지급 　　□ 資源 자원 　　□ 事項 사항

□ 持参 지참 　　□ 磁石 자석 　　□ 始終 처음부터 끝까지, 자초지종

□ 自習 자습 　　□ 支出 지출 　　□ 詩人 시인

□ 事前 사전, 일이 일어나기 전 　　□ 思想 사상 　　□ 時速 시속

□ 持続 지속 　　□ 子孫 자손 　　□ 死体 사체, 시체

□ 事態 사태 　　□ 字体 자체, 서체 　　□ 下書き 초고, 초안

□ 下町 상점가, 구시가지 　　□ 自治 자치 　　□ 実感 실감

□ 湿気 습기 　　□ 実験 실험 　　□ 実習 실습

□ 実地 현장, 실제 　　□ 執筆 집필 　　□ しっぽ 꼬리

□ 実務 실무 　　□ 実例 실례, 실제 사례 　　□ 私鉄 사철, 민간 철도

□ 芝居 연극, 연기 　　□ 始発 시발, 처음 떠남, 첫차 　　□ 芝生 잔디밭

□ 地盤 지반 　　□ 紙幣 지폐 　　□ 資本 자본

□ しま 줄무늬 　　□ 地面 지면 　　□ 霜 서리

□ 車庫 차고 　　□ 写生 사생 　　□ 借金 빚

□ しゃっくり 딸꾹질 　　□ 車輪 차륜, 수레 바퀴 　　□ じゃんけん 가위바위보

□ 銃 총 　　□ 集会 집회 　　□ 宗教 종교

□ 集計 집계 　　□ 集合 집합 　　□ 修繕 수선, 수리

□ 充足 충족 　　□ 重体 중태 　　□ 住宅 주택

□ じゅうたん 융단, 양탄자 　　□ 就任 취임 　　□ 周辺 주변

□ 修了 수료 　　□ 重量 중량 　　□ 重力 중력

□ 主演 주연 　　□ 主観 주관 　　□ 主義 주의

熟語 (じゅくご) 숙어	縮小 (しゅくしょう) 축소	主語 (しゅご) 주어
主人公 (しゅじんこう) 주인공	主体 (しゅたい) 주체	主題 (しゅだい) 주제
出演 (しゅつえん) 출연	出血 (しゅっけつ) 출혈	出現 (しゅつげん) 출현
述語 (じゅつご) 술어, 서술어	出産 (しゅっさん) 출산	出社 (しゅっしゃ) 출근
出場 (しゅつじょう) 출장, 출전	出生 (しゅっしょう) 출생	出題 (しゅつだい) 출제
出動 (しゅつどう) 출동	出費 (しゅっぴ) 출비, 지출	出品 (しゅっぴん) 출품
主任 (しゅにん) 주임	需要 (じゅよう) 수요	主力 (しゅりょく) 주력
受話器 (じゅわき) 수화기	瞬間 (しゅんかん) 순간	循環 (じゅんかん) 순환
巡査 (じゅんさ) 순경	順序 (じゅんじょ) 순서	純情 (じゅんじょう) 순정
順番 (じゅんばん) 순번, 순서, 차례	仕様 (しよう) 방법, 도리	上位 (じょうい) 상위
上映 (じょうえい) 상영	上演 (じょうえん) 상연	消化 (しょうか) 소화
障害 (しょうがい) 장해, 장애	将棋 (しょうぎ) 장기	定規 (じょうぎ) 자, 기준
上京 (じょうきょう) 상경	賞金 (しょうきん) 상금	上空 (じょうくう) 상공, 하늘
上下 (じょうげ) 상하	衝撃 (しょうげき) 충격	正午 (しょうご) 정오
障子 (しょうじ) 장지, 미닫이(문)	常識 (じょうしき) 상식	情勢 (じょうせい) 정세
冗談 (じょうだん) 농담	消毒 (しょうどく) 소독	使用人 (しようにん) 피고용인, 사용인
商人 (しょうにん) 상인	勝敗 (しょうはい) 승패	商売 (しょうばい) 장사
蒸発 (じょうはつ) 증발	消費者 (しょうひしゃ) 소비자	勝負 (しょうぶ) 승부, 승패
消防 (しょうぼう) 소방	正味 (しょうみ) 겉껍질을 뺀 내용물	正面 (しょうめん) 정면
消耗 (しょうもう) 소모	勝利 (しょうり) 승리	初級 (しょきゅう) 초급
助教授 (じょきょうじゅ) 조교수	職員 (しょくいん) 직원	食塩 (しょくえん) 식염
食卓 (しょくたく) 식탁	職人 (しょくにん) 지곤, 잔인	食物 (しょくもつ) 시픔, 음시문
食料 (しょくりょう) 식료품, 식대, 식비	食糧 (しょくりょう) 식량	書斎 (しょさい) 서재
助手 (じょしゅ) 조수, (대학) 조교	初旬 (しょじゅん) 초순, 상순	所属 (しょぞく) 소속
書道 (しょどう) 서도, 서예	所得 (しょとく) 소득	白髪 (しらが) 백발

□ 汁 즙, 물, 국(물)　　□ 城 성　　□ 素人 초심자, 풋내기

□ しわ 주름, 구김살　　□ 人格 인격　　□ 心境 심경, 마음의 상태

□ 真空 진공　　□ 神経 신경　　□ 信仰 신앙

□ 人工 인공　　□ 申告 신고　　□ 人材 인재

□ 診察 진찰　　□ 人事 인사, 인간사　　□ 親戚 친척

□ 人造 인조, 사람이 만듦　　□ 寝台 침대　　□ 振動 진동

□ 侵入 침입　　□ 審判 심판　　□ 人文科学 인문 과학

□ 進歩 진보　　□ 人命 인명, 사람의 목숨　　□ 森林 삼림, 숲

□ 親類 친척, 일가　　□ 人類学 인류학　　□ 針路 항로, 진로

□ 神話 신화　　□ 炊事 취사　　□ 水準 수준

□ 水蒸気 수증기　　□ 水素 수소　　□ 推定 추정

□ 水筒 물통, 보온병　　□ 随筆 수필　　□ 水平 수평

□ 水平線 수평선　　□ 睡眠 수면, 잠　　□ 末 끝, 마지막

□ 末っ子 막내　　□ 杉 삼나무　　□ 隙間 (빈)틈, 겨를, 짬

□ 図形 도형　　□ 筋 줄기, 줄거리, 힘줄　　□ 鈴 방울

□ 頭脳 두뇌　　□ 図表 도표, 그래프　　□ 相撲 스모(일본 씨름)

□ 寸法 길이, 치수　　□ 正解 정답　　□ 税関 세관

□ 世紀 세기　　□ 請求 청구　　□ 税金 세금

□ 生計 생계　　□ 製作 (물건·상품 등의) 제작, (도구나 기계 등을 사용하여) 만듦

□ 制作 (예술 작품·방송 등의) 제작　　□ 正式 정식　　□ 性質 성질

□ 青春 청춘　　□ 青少年 청소년　　□ 精神 정신

□ 清掃 청소　　□ 晴天 맑은 하늘, 맑은 날씨　　□ 整備 정비

□ 政府 정부　　□ 正方形 정방형, 정사각형　　□ 姓名 성명, 이름

□ 声明 성명, 의견　　□ 制約 제약, 제한　　□ 勢力 세력

□ 西暦 서력, 서기　　□ 咳 기침　　□ 石炭 석탄

□ 赤道 (せきどう) 적도	□ 石油 (せきゆ) 석유	□ 世帯 (せたい) 세대, 가구
□ 接近 (せっきん) 접근	□ 絶好 (ぜっこう) 절호, 더 없이 좋음	□ 接触 (せっしょく) 접촉
□ 説得 (せっとく) 설득	□ 絶滅 (ぜつめつ) 절멸, 멸종, 근절	□ せりふ 대사, 틀에 박힌 말
□ 全額 (ぜんがく) 전액	□ 専業 (せんぎょう) 전업	□ 洗剤 (せんざい) 세제
□ 選出 (せんしゅつ) 선출	□ 先祖 (せんぞ) 선조	□ 専属 (せんぞく) 전속
□ 先端 (せんたん) 첨단, 선두	□ 先頭 (せんとう) 선두	□ 扇風機 (せんぷうき) 선풍기
□ 洗面 (せんめん) 세면	□ 専用 (せんよう) 전용	□ 騒音 (そうおん) 소음
□ 増加 (ぞうか) 증가	□ 送金 (そうきん) 송금	□ ぞうきん 걸레
□ 増減 (ぞうげん) 증감	□ 倉庫 (そうこ) 창고	□ 創作 (そうさく) 창작
□ 葬式 (そうしき) 장례식	□ 造船 (ぞうせん) 조선, 배를 만듦	□ 相続 (そうぞく) 상속
□ 増大 (ぞうだい) 증대	□ 送別 (そうべつ) 송별	□ 総理大臣 (そうりだいじん) 총리대신
□ 測定 (そくてい) 측정	□ 測量 (そくりょう) 측량	□ 素質 (そしつ) 소질
□ 祖先 (そせん) 선조, 조상	□ 続行 (ぞっこう) 속행	□ 存続 (そんぞく) 존속

た

□ 大気 (たいき) 대기, 공기	□ 大工 (だいく) 목수	□ 体系 (たいけい) 체계
□ 太鼓 (たいこ) 북	□ 対策 (たいさく) 대책	□ 大使 (たいし) 대사
□ 対象 (たいしょう) 대상	□ 対照 (たいしょう) 대조	□ 大小 (だいしょう) 대소, 크고 작음
□ 退場 (たいじょう) 퇴장	□ 体制 (たいせい) 체제	□ 体積 (たいせき) 체적, 부피
□ 体操 (たいそう) 체조	□ 対比 (たいひ) 대비, 대조	□ 大木 (たいぼく) 거목, 큰 나무
□ 大陸 (たいりく) 대륙	□ 対話 (たいわ) 대화	□ 田植え (たうえ) 모내기, 이앙
□ 滝 (たき) 폭포	□ 脱線 (だっせん) 탈선	□ 脱退 (だったい) 탈퇴
□ 足袋 (たび) 일본식 버선	□ 球 (たま) 구, 공	□ 弾 (たま) 총알, 탄알
□ 試し (ためし) 시험, 시도	□ 便り (たより) 소식, 편지	□ 頼り (たより) 의지, 연고, 연줄
□ 炭鉱 (たんこう) 탄광	□ 淡水 (たんすい) 담수, 민물	□ 断水 (だんすい) 단수

単数 단수	団地 단지	単独 단독
田んぼ 논	治安 치안	地域 지역
地下水 지하수	地区 지구, 땅의 한 구획	知事 지사(광역 자치 단체의 장)
地帯 지대	地点 지점, 곳	知能 지능
地平線 지평선	着陸 착륙	中古 중고
中世 중세	中途 중도	彫刻 조각
長女 장녀, 맏딸	長短 장단, 길고 짧음, 장단점	長男 장남, 맏아들
長方形 장방형, 직사각형	調理 조리	直線 직선
直通 직통	直訳 직역	直流 직류
直角 직각	直径 직경, 지름	ちり紙 휴지, 화장지
通貨 통화, 유통 화폐	通用 통용	突き当たり 막다른 곳
月日 세월, 시간, 월일, 날짜	綱 밧줄	翼 날개
つや 윤기, 광택	強め 강한 편임	定休日 정기 휴일
停留所 정류장	手入れ 고침, 손질함, 보살핌	敵 적
手首 손목	弟子 제자	手品 요술, 속임수
哲学 철학	徹底 철저	鉄砲 총, 총포류
手ぬぐい 수건	転換 전환	伝記 전기
典型 전형, 본보기	天候 기후, 날씨	天災 천재, 자연재해
電子 전자	点字 점자	天井 천장
転職 전직, 이직	点数 점수	天然 천연
電波 전파, 전기파	党 당, 무리	塔 탑
銅 동, 구리	同格 동격	峠 고개, 고비
登校 등교	東西 동서	投書 투서
当選 당선	逃走 도주	灯台 등대
道徳 도덕	盗難 도난	当番 당번

□ 逃避 도피	□ 等分 등분	□ 灯油 등유
□ 動力 동력	□ 童話 동화	□ 毒 독
□ 独占 독점, 독차지	□ 特売 특매, 특별히 싸게 팜	
□ 床の間 도코노마(일본식 방의 바닥 일부를 높게 만들어 장식품을 두는 곳)		□ 土台 토대, 기초
□ 戸棚 찬장	□ 土地 토지, 그 지방	□ 虎 호랑이, 범

な

□ 眺め 전망, 풍경	□ 中指 중지, 가운뎃손가락	□ 鍋 냄비, 전골 요리
□ 縄 새끼, 포승줄	□ 難関 난관	□ 南極 남극
□ 南米 남미	□ 南北 남북	□ 虹 무지개
□ 入賞 입상	□ 任務 임무	□ 任命 임명
□ 値上がり 값이 오름	□ 値下がり 값이 내림	□ 熱帯 열대
□ 根本 뿌리, 근본	□ 年月 연월, 세월	□ 年功序列 연공서열
□ 農産物 농산물	□ 農村 농촌	□ 濃度 농도
□ 能率 능률	□ 軒 처마	

は

□ 灰 재	□ 拝啓 배계(편지 첫머리에 쓰는 인사말)	□ 配置 배치
□ 売買 매매	□ 配列 배열	□ 博士 박사
□ はかり 저울	□ 吐き気 구역질	□ 白紙 백지
□ 歯車 톱니바퀴	□ 破産 파산	□ 端 끝, 신단, 가장자리
□ はしご 사다리	□ 旗 기, 깃발	□ 肌 피부, 살갗
□ 裸 알몸, 맨몸	□ 発刊 발간	□ 罰金 벌금
□ 発言 발언	□ 発車 발차	□ 花嫁 신부, 새색시
□ ばね 용수철, 스프링	□ 早口 말이 빠름	□ 針金 철사

□ 半径 ^{はんけい} 반지름	□ 半減 ^{はんげん} 반감, 절반으로 줄임	□ 判子 ^{はんこ} 도장
□ 反抗 ^{はんこう} 반항	□ 万歳 ^{ばんざい} 만세	□ 判事 ^{はんじ} 판사

□ 半径（はんけい）반지름
□ 半減（はんげん）반감, 절반으로 줄임
□ 判子（はんこ）도장

□ 反抗（はんこう）반항
□ 万歳（ばんざい）만세
□ 判事（はんじ）판사

□ 万全（ばんぜん）만전
□ 番地（ばんち）번지
□ 半島（はんとう）반도

□ 反発（はんぱつ）반발
□ 日陰（ひかげ）응달, 음지
□ 引き分け（ひわ）비김, 무승부

□ 非行（ひこう）비행, 그릇된 행위
□ ひざ 무릎
□ 日差し（ひざ）햇살, 햇볕

□ ひじ 팔꿈치
□ 額（ひたい）이마
□ 筆記（ひっき）필기

□ 筆者（ひっしゃ）필자
□ 必需品（ひつじゅひん）필수품
□ 必須（ひっす）필수

□ 筆跡（ひっせき）필적
□ 否定（ひてい）부정
□ 人込み（ひとご）붐빔, 북적임

□ 人通り（ひとどお）사람의 왕래
□ 一休み（ひとやす）잠깐 쉼
□ 独り言（ひとごと）혼잣말, 독백

□ 非難（ひなん）비난
□ 日の入り（ひい）일몰, 해넘이
□ 日の出（ひで）일출, 해돋이

□ 百科事典（ひゃっかじてん）백과사전
□ 美容（びよう）미용
□ 表紙（ひょうし）표지

□ 標準（ひょうじゅん）표준
□ 病状（びょうじょう）병세
□ 病人（びょうにん）병자, 환자

□ 標本（ひょうほん）표본
□ 評論（ひょうろん）평론
□ 品（ひん）품격, 품질

□ 便（びん）편, 나름, 이동 수단
□ 品質（ひんしつ）품질
□ 瓶詰め（びんづ）병조림

□ 風船（ふうせん）풍선, 기구
□ 封筒（ふうとう）봉투
□ 笛（ふえ）피리

□ 不可（ふか）옳지 않음, 불가능, 불합격
□ 武器（ぶき）무기
□ 不況（ふきょう）불황, 불경기

□ 付近（ふきん）부근
□ 複数（ふくすう）복수, 둘 이상의 수
□ 服装（ふくそう）복장, 옷차림

□ 袋（ふくろ）자루, 주머니
□ 不幸（ふこう）불행
□ 符号（ふごう）부호, 기호

□ 不在（ふざい）부재
□ 節（ふし）마디, 절
□ 武士（ぶし）무사

□ 部首（ぶしゅ）(한자의) 부수
□ 負傷（ふしょう）부상
□ 付属（ふぞく）부속

□ 双子（ふたご）쌍둥이
□ 不通（ふつう）불통, 두절
□ 物質（ぶっしつ）물질

□ 不動産（ふどうさん）부동산
□ 船便（ふなびん）선편, 배편
□ 父母（ふぼ）부모

□ 踏切（ふみきり）(철도의) 건널목
□ 舞踊（ぶよう）무용
□ 噴火（ふんか）분화

□ 分割（ぶんかつ）분할
□ 文芸（ぶんげい）문예
□ 文献（ぶんけん）문헌

□ 噴水（ふんすい）분수
□ 分数（ぶんすう）분수
□ 分配（ぶんぱい）분배

□ 分布 분포	□ 文脈 문맥	□ 分類 분류
□ 塀 담	□ 閉会 폐회	□ 平行 평행
□ 兵隊 군대, 병사	□ 別館 별관	□ 別荘 별장
□ 変換 변환	□ 棒 몽둥이, 막대기	□ 放映 방영
□ 望遠鏡 망원경	□ 防火 방화	□ 方角 방위, 방향
□ ほうき 비, 빗자루	□ 法規 법규	□ 包装 포장
□ 包帯 붕대	□ 包丁 식칼	□ 方程式 방정식
□ 防犯 방범	□ 頰/頬 볼, 뺨	□ 牧場 목장
□ 保護 보호	□ 歩行 보행	□ 誇り 자랑, 긍지
□ 募集 모집	□ 北極 북극	□ 仏 부처, 불상
□ 炎 불꽃, 불길	□ 盆 쟁반	□ 本格 본격
□ 本国 본국	□ 盆地 분지	

ま

□ 迷子 미아	□ 幕 막, 천막	□ 枕 베개
□ 摩擦 마찰	□ まとまり 합침, 통합, 정리	□ まとめ 정리, 수습
□ まぶた 눈꺼풀	□ 三日月 초승달	□ みさき 갑, 곶
□ 蜜 꿀	□ 実り 결실, 수확	□ 身分 신분, 지위
□ 身元 신분, 신원	□ 魅力 매력	□ 芽 싹
□ めい 조카딸	□ 明示 명시	□ 迷信 미신
□ 名人 명인, 명수	□ めいめい 각자, 제각기, 각각	□ 目印 표시, 표지
□ めまい 현기증	□ 目安 목표, 기준	□ 綿 면, 무명
□ 免税 면세	□ 面積 면적	□ 木材 목재, 재목
□ 目次 목차, 차례	□ 餅 떡	□ 基 근본, 기초, 토대

□ 物置 주택 창고, 조립식 창고　　□ 物真似 흉내　　□ 模様 모양, 무늬

□ 問答 문답, 묻고 답함

や

□ やかん 주전자　　□ 夜間 야간　　□ 訳 역, 번역

□ 役 직무, 역할　　□ 役者 배우, 광대　　□ 役作り 배우가 배역에 대해 연구함

□ 役人 관리, 공무원　　□ 薬品 약품　　□ 役割 역할, 임무

□ 夜行 야행　　□ 矢印 화살표　　□ 家主 집주인, 가장

□ 夜分 밤, 밤중　　□ 遊園地 유원지, 놀이공원　　□ 夕刊 석간

□ 友好 우호　　□ 友情 우정　　□ 優先 우선

□ 湯気 김, 수증기　　□ 輸血 수혈　　□ 輸出 수출

□ 輸送 수송　　□ ゆとり 여유　　□ 輸入 수입

□ 用語 용어　　□ 要旨 요지　　□ 幼児 유아

□ 要所 요소, 요점, 요지　　□ 養成 양성, 육성　　□ 要素 요소

□ 幼稚園 유치원　　□ 羊毛 양모, 양털　　□ 要領 요령

□ 予期 예기, 예상　　□ 四つ角 네 모퉁이, 네거리　　□ 酔っ払い 술주정꾼, 취객

□ 予備 예비　　□ 余分 여분　　□ 嫁 며느리

□ 余裕 여유

ら

□ 利害 이해, 득실, 손익　　□ 離婚 이혼　　□ 裏面 이면, 뒷면

□ 流通 유통　　□ 両側 양측　　□ 漁師 고기잡이, 어부

□ 旅客 여객　　□ 離陸 이륙　　□ 臨時 임시

□ 零度 섭씨 0도　　□ 列島 열도　　□ 連合 연합

□ 連想 연상　　□ ろうそく 초, 양초

わ

- わき 겨드랑이, 옆
- 綿 (わた) 목화, 솜
- 割り算 (わ・ざん) 나눗셈
- 湾 (わん) 만, 바다가 육지로 파고들어 간 곳

② 동사

あ

- 遭う (あ) (어떤 일을 우연히) 겪다, 당하다
- あおぐ 부채질하다, 부치다
- あきれる 어이없다, 기가 막히다
- 暴れる (あば) 난폭하게 굴다, 날뛰다
- 過つ (あやま) 잘못하다, 실수하다
- 改める (あらた) 고치다, 개선하다
- 著す (あらわ) 서술하다, 저작하다
- 炒る (い) 볶다, 지지다
- 飢える (う) 굶주리다
- 浮かぶ (う) 뜨다, 떠오르다, 나타나다
- 浮かべる (う) 띄우다, 생각해 내다
- 承る (うけたまわ) 받다·듣다·맡다의 겸양어
- 失う (うしな) 잃다
- 撃つ (う) 발사하다, 쏘다
- 討つ (う) 공격하다, 정벌하다
- 訴える (うった) 소송하다, 호소하다
- 写る (うつ) 비치다, 보이다
- うなる 신음하다, 으르렁거리다
- 奪う (うば) 빼앗다
- 埋まる (う) 메워지다, 막히다
- 埋める (う) 묻다, 메우다
- 占う (うらな) 점치다
- 恨む (うら) 원망하다, 분하게 여기다
- 負う (お) 짊어지다, 맡다
- 犯す (おか) 범하다, 어기다
- 拝む (おが) 공손히 절하다
- 遅らす (おく) 늦추다
- 怠る (おこた) 게으름을 피우다, 소홀히 하다
- 押さえる (お) 누르다
- 納まる (おさ) 납입되다, 납부되다
- 治まる (おさ) 고요해지다, 진정되다
- おどかす 으르다, 위협하다
- 及ぶ (およ) 이르다, 미치다, 달하다
- 及ぼす (およ) (작용·영향 등을) 미치게 하다, 끼치다
- 織る (お) (옷감 등을) 짜다
- 折る (お) 접다, 꺾다, 굽히다
- 卸す (おろ) 도매로 팔다

か

- □ かがむ 굽다, 굽히다
- □ かかわる 관계되다, 상관하다
- □ かく 긁다, 할퀴다
- □ かぐ 냄새 맡다
- □ かじる 갉아먹다, 베어 먹다
- □ 科する (형벌·벌금을) 내리다, 과하다
- □ 課する 부과하다, 시키다
- □ 稼ぐ 돈을 벌다
- □ 担ぐ 메다, 짊어지다
- □ 兼ねる 겸하다
- □ かぶせる 덮다, 씌우다
- □ からかう 조롱하다, 놀리다
- □ 刈る 베다, 깎다
- □ 枯れる (초목이) 마르다, 시들다
- □ 刻む 잘게 썰다, 새기다
- □ 築く 쌓다, 구축하다
- □ 腐る 썩다, 상하다, 부패하다
- □ 砕く 깨뜨리다, 부수다
- □ 砕ける 부서지다, 깨지다
- □ 配る 나누어 주다, 배포하다
- □ 汲む 푸다, 퍼 올리다
- □ 狂う 미치다, 이상해지다
- □ 苦しめる 괴롭히다
- □ 蹴る 발로 차다, 걷어차다
- □ 被る 받다, 입다
- □ 焦がす 눌리다, 태우다
- □ こぐ (노로 배를) 젓다
- □ 凍える 얼다, 추위로 곱다
- □ こしらえる 마련하다, 만들다
- □ こじらせる 어렵게 하다, 악화시키다
- □ こじれる 복잡해지다, 악화되다
- □ こする 문지르다, 비비다
- □ こらえる 참다, 견디다

さ

- □ 裂く 찢다, 쪼개다
- □ 探る 더듬어 찾다, 탐색하다
- □ 支える 떠받치다, 지탱하다
- □ 刺さる 박히다, 찔리다
- □ 刺す 찌르다
- □ 冷ます 식히다
- □ 騒がす 소란을 피우다, 시끄럽게 하다
- □ 茂る 초목이 무성하다
- □ 静まる 가라앉다, 안정되다
- □ しぼむ 시들다, 오므라들다
- □ しゃがむ 웅크리다, 쭈그리다
- □ しゃぶる 입에 넣고 빨다
- □ 記す 적다, 기록하다
- □ 澄む 맑아지다, 맑갛다
- □ ずらす 비켜 놓다
- □ 刷る 인쇄하다, 찍다
- □ ずれる 어긋나다, 벗어나다
- □ 沿う 따르다
- □ 添う 꼭 붙어 있다, 더해지다
- □ 注ぐ 흘러 들어가다, 쏟아지다
- □ そる 깎다, 면도하다
- □ それる 빗나가다, 벗어나다

た

- □ 耕す (논밭을) 갈다, 일구다
- □ 戦う 싸우다, 맞서다
- □ 黙る 입을 다물다
- □ 試す 시험하다, 실제로 해 보다
- □ ためらう 주저하다, 망설이다
- □ 足る 충분하다, 족하다
- □ 契る 굳게 약속하다, 장래를 약속하다
- □ 縮れる 주름지다, 오그라들다
- □ 散らす 흩뜨리다, 어지르다
- □ 突く 찌르다
- □ 就く 자리에 오르다, 취임하다
- □ 注ぐ (술이나 물 등을) 따르다
- □ 次ぐ 뒤를 잇다, 버금가다
- □ 尽くす 다하다, 애쓰다
- □ 詰める 채우다, 막다, 좁히다
- □ 強める 강하게 하다, 세게 하다
- □ つるす 달아매다, 매달다, 걸다
- □ 適する 알맞다, 적당하다
- □ 照らす (빛을) 비추다
- □ 照る 비치다, (날이) 개다
- □ 問う 묻다, 질문하다
- □ 溶かす 녹이다, 풀다
- □ 尖る 뾰족해지다, 예민해지다
- □ 解く (매듭·문제를) 풀다
- □ 溶く 풀다, 개다, 녹이다
- □ どく 물러나다, 비키다
- □ 解ける 풀리다, 끌러지다
- □ 溶ける 녹다, 풀리다
- □ どける 치우다, 물리치다
- □ とどまる 머물다, 움직이지 않다
- □ 飛ばす 날리다, 날게 하다

な

- □ 眺める 바라보다, 전망하다
- □ 慰める 위로하다, 달래다
- □ 殴る 세게 때리다, 세게 치다
- □ 成す 만들다, 이루다
- □ なでる 어루만지다, 쓰다듬다
- □ 怠ける 게으름 피우다
- □ 生る (열매가) 열리다, 맺히다
- □ 逃がす 놓아주다, 놓치다
- □ にらむ 쏘아보다, 노려보다
- □ 煮る 삶다, 익히다
- □ 縫う 꿰매다, 바느질하다
- □ 濡らす 적시다
- □ 寝かす/寝かせる 눕히다, 재우다
- □ ねじる 비틀다, 쥐어짜다
- □ 熱する 뜨거워지다, 뜨겁게 하다
- □ 狙う 겨누다, 노리다
- □ のぞく 엿보다, 들여다보다
- □ 望む 바라다, 소망하다, 기대하다

は

- □ 生^はえる (수염·초목 등이) 나다
- □ はがす 벗기다, 떼어 내다
- □ 掃^はく 쓸다
- □ 吐^はく 토하다, 내뱉다
- □ 挟^{はさ}まる 틈새에 끼이다
- □ 挟^{はさ}む 끼우다, 사이에 두다
- □ 罰^{ばっ}する 벌주다, 처벌하다
- □ 放^{はな}す 놓다, 풀어놓다
- □ 跳^はねる 뛰어오르다, 튀다
- □ はめる 끼우다, 끼다, 채우다
- □ ひねる 돌리다, 꼬집다, 비틀다
- □ 響^{ひび}く (소리가) 울리다
- □ 膨^{ふく}らます 부풀게 하다, 부풀리다
- □ 膨^{ふく}らむ 부풀어 오르다, 불룩해지다
- □ 更^ふける 깊어지다, 이슥해지다
- □ 塞^{ふさ}がる 막히다, 차다
- □ ふざける 농하다, 까불다
- □ 防^{ふせ}ぐ 막다, 방지하다
- □ 振^ふる 흔들다
- □ 凹^{へこ}む 움푹 패다, 꺼지다
- □ 経^へる 지나다, 경유하다
- □ ほうる 집어던지다, 내팽개치다
- □ ほえる (개·짐승 따위가) 짖다
- □ 干^ほす 말리다
- □ 解^{ほど}く 풀다, 뜯다, 풀이하다
- □ 彫^ほる (칼로) 새기다, 조각하다

ま

- □ まく (씨를) 뿌리다, 파종하다
- □ 交^{まじ}える 섞다, 주고받다
- □ 祭^{まつ}る 제사 지내다
- □ 丸^{まる}める 둥글게 하다
- □ 満^みたす 채우다, 충족시키다
- □ 満^みちる 가득 차다
- □ 蒸^むす 무덥다, 찌다
- □ 命^{めい}じる/命^{めい}ずる 명하다
- □ 恵^{めぐ}む 은혜를 베풀다, 인정을 베풀다
- □ 巡^{めぐ}る 돌다, 순회하다, 둘러싸다
- □ 儲^{もう}かる 벌이가 되다, 덕을 보다
- □ 儲^{もう}ける 벌다, 이익을 보다
- □ 潜^{もぐ}る 잠수하다, 숨어들다
- □ もたれる 기대다, 의지하다
- □ 用^{もち}いる 사용하다, 채용하다
- □ もむ 비비다, 문지르다, 주무르다

や・わ

- □ 訳^{やく}す 번역하다, 해석하다
- □ 破^{やぶ}る (종이 등을) 찢다, 깨다, 어기다
- □ ゆでる 데치다, 삶다
- □ 止^よす 중지하다, 그만두다
- □ 寄^よせる 밀려오다, 들르다, 가까이 하다
- □ 因^よる 기인하다, 원인이 되다

□ 青白い 파르스름하다, 창백하다	□ 粗い 성글다, 거칠다, 조잡하다	□ 意地悪い 심술궂다, 짖궂다
□ 痛ましい 애처롭다, 가엾다	□ 重苦しい 답답하다, 울적하다	□ 硬い 딱딱하다, 단단하다
□ 堅い 굳건하다, 견고하다, 확고하다	□ 清い 맑다, 깨끗하다	□ 煙い (연기가) 맵다, 메케하다
□ 恋しい 그립다	□ 四角い 네모지다	□ 力強い 마음 든든하다, 힘차다
□ でかい 크다, 방대하다	□ 憎らしい 밉살스럽다, 얄밉다	□ のろい 느리다, 둔하다
□ 甚だしい (정도가) 아주 심하다	□ 平たい 평평하다, 넓적하다	□ まぶしい 눈부시다
□ めでたい 경사스럽다, 순조롭다		

□ あやふや 불확실함, 애매함	□ 新た 새로움, 생생함	□ ありがち 흔함, 흔히 있음
□ 円満 원만함	□ 大柄 몸집이 큼, 모양이 큼	□ おおざっぱ 대략적임, 조잡함
□ 温和 (날씨·성질이) 온화함	□ 格別 각별함, 특별함	□ 過激 과격함
□ がらがら 텅텅 비어 있음	□ 簡略 간략함	□ 機敏 기민함, 민첩함
□ 急速 아주 빠름	□ 強力 강력함	□ 下品 품위가 없음
□ 謙虚 겸허함	□ 肯定的 긍정적임	□ 高等 고등함, 수준이 높음
□ 逆さま 거꾸로 됨, 반대로 됨	□ ささやか 자그마함, 사소함, 조졸함	□ しきり 빈번함, 되풀이됨
□ 純粋 순수함	□ 上等 고급임, 훌륭함	□ 新鮮 신선함, 새롭고 산뜻함
□ 対等 대등함, 동등함	□ 平ら 평평함, 평탄함	□ 多様 다양함
□ 単調 단조로움	□ 着実 착실함	□ 強気 강경함, 적극적임

□ 凸凹（でこぼこ） 울퉁불퉁함, 불균형함	□ 同一（どういつ） 동일함, 같음	□ 透明（とうめい） 투명함
□ 鈍感（どんかん） 둔감함	□ 斜め（なな） 경사짐, 비스듬함	□ 生意気（なまいき） 건방짐, 주제넘음
□ 滑らか（なめ） 매끄러움, 순조로움	□ 軟弱（なんじゃく） 연약함, 무르고 약함	□ のんき 태평함, 느긋함
□ 莫大（ばくだい） 막대함	□ 皮肉（ひにく） 짓궂음, 얄궂음, 빈정거림	□ 不規則（ふきそく） 불규칙함
□ 不潔（ふけつ） 불결함, 더러움	□ 膨大（ぼうだい） 방대함, 막대함	□ ぼろぼろ 너덜너덜함
□ みじめ 비참함, 참혹함	□ 無限（むげん） 무한함	□ 無数（むすう） 무수함
□ 厄介（やっかい） 귀찮음, 성가심	□ 悠々（ゆうゆう） 느긋함, 아득히 멈	□ 緩やか（ゆる） 완만함, 느슨함, 느긋함
□ 余計（よけい） 여분, 불필요함	□ 弱気（よわき） 무기력함, 나약함	□ 良好（りょうこう） 양호함

⑤ 접두어

□ 空き〜（あ） 속이 빔, 빈〜	空き缶（あかん） 빈 깡통	空き部屋（あべや） 빈방	
□ 悪〜（あく） 악〜	悪感情（あくかんじょう） 악감정	悪趣味（あくしゅみ） 악취미	悪循環（あくじゅんかん） 악순환
□ ある〜 어떤〜, 어느〜	ある所（ところ） 어느 곳	ある日（ひ） 어느 날	ある人（ひと） 어떤 사람
□ 異〜（い） 이〜, 다른〜	異業種（いぎょうしゅ） 다른 업종	異国（いこく） 이국, 외국	異民族（いみんぞく） 이민족
□ 薄〜（うす） 어쩐지〜, 약간〜	薄汚い（うすぎたな） 어쩐지 더럽다	薄気味悪い（うすきみわる） 어쩐지 섬뜩하다	薄ぼんやり（うす） 희미한 모양
□ 大〜（おお） 큰〜, 많은〜	大急ぎ（おおいそ） 몹시 서두름	大火事（おおかじ） 큰 화재	大騒ぎ（おおさわ） 큰 소동
□ 各〜（かく） 각〜	各家庭（かくかてい） 각 가정	各選手（かくせんしゅ） 각 선수	各方面（かくほうめん） 각 방면
□ 仮〜（かり） 가〜, 임시〜	仮処分（かりしょぶん） 가처분	仮製本（かりせいほん） 가제본	仮払金（かりばらいきん） 가지급금
□ 逆〜（ぎゃく） 역〜	逆回転（ぎゃくかいてん） 역회전	逆効果（ぎゃくこうか） 역효과	逆差別（ぎゃくさべつ） 역차별
□ 旧〜（きゅう） 구〜, 옛〜	旧正月（きゅうしょうがつ） 구정, 음력설	旧植民地（きゅうしょくみんち） 옛 식민지	旧体制（きゅうたいせい） 구체제
□ 急〜（きゅう） 급〜	急カーブ（きゅう） 급커브	急上昇（きゅうじょうしょう） 급상승	急ブレーキ（きゅう） 급제동
□ 劇〜（げき） 극〜	劇映画（げきえいが） 극영화	劇作家（げきさっか） 극작가	

現～ 현～	現時点 현시점	現住所 현주소	現政府 현 정부
高～ 고～	高学歴 고학력	高気圧 고기압	高血圧 고혈압
好～ 호～, 좋은～	好景気 호경기, 호황	好条件 좋은 조건	好都合 형편·상황이 좋음
今～ 금번～, 이번～	今季 지금 계절, 이번 시즌	今シーズン 이번 시즌	今大会 이번 대회
再～ 재～	再発行 재발행	再検査 재검사	再評価 재평가
最～ 최～, 가장～	最高級 최고급	最後尾 맨 뒤	最新作 최신작
昨～ 작～, 지난～	昨シーズン 지난 시즌	昨年度 작년도	
試～ 시～	試飲 시음	試運転 시운전, 시운행	試着 시착, 입어 봄
主～ 주～	主産地 주산지	主電源 주 전원	主目的 주목적
重～ 중～	重金属 중금속	重工業 중공업	重労働 중노동
純～ 순～, 순수～	純国産 순수 국산	純収入 순수입	純文学 순수 문학
準～ 준～	準会員 준회원	準公務員 준공무원	
諸～ 제～, 여러～	諸事情 여러 사정	諸条件 여러 조건	諸団体 여러 단체
初～ 초～, 첫～	初演 초연	初夏 초여름	初対面 첫 대면, 첫 만남
助～ 조～	助監督 조감독	助教授 조교수	助動詞 조동사
小～ 소～	小規模 소규모	小都市 소도시	小論文 소논문
上～ 좋은～	上成績 좋은 성적	上機嫌 매우 좋은 기분	
新～ 신～	新学期 신학기	新記録 신기록	新商品 신상품
素～ 맨～, 그저 ～함	素顔 맨얼굴	素通り 그대로 지나침	素泊まり 잠만 자는 숙박
前～ 전～	前市長 전 시장	前近代的 전근대적	前年度 전년도
全～ 전～	全学生 전체 학생	全国民 전 국민	全世界 전세계
総～ 총～	総決算 총결산	総収入 총수입	総選挙 총선거
多～ 다～, 여러～	多機能 다기능	多方面 다방면	多目的 다목적
対～ 대～	対中国貿易 대중국 무역	対米輸出 대미 수출	
大～ 대～	大歓迎 대환영	大規模 대규모	大成功 대성공

□ 短〜 단~	短期間 단기간	短距離 단거리	短時間 단시간
□ 低〜 저~	低気圧 저기압	低姿勢 저자세	低成長 저성장
□ 同〜 동~, 같은~	同形式 같은 형식	同時代 동시대	同問題 같은 문제
□ 生〜 생~	生演奏 라이브 연주	生ビール 생맥주	生放送 생방송
□ 反〜 반~	反社会的 반사회적	反政府 반정부	反体制 반체제
□ 半〜 반~	半永久的 반영구적	半自動 반자동	半そで 반소매, 반팔
□ 非〜 비~	非科学的 비과학적	非公開 비공개	非常識 몰상식함
□ 一〜 한~, 조금 ~함	一勝負 한판 승부	一握り 한 줌	一眠り 한숨 잠
□ 不〜 불~, 부~	不規則 불규칙함	不公平 불공평함	不自由 자유롭지 못함
□ 無〜 무~, ~하지 않음	無意味 무의미	無関心 무관심	無制限 무제한
□ 副〜 부~	副委員長 부위원장	副作用 부작용	副収入 부수입
□ 古〜 헌~	古着 헌 옷	古新聞 헌 신문	古本屋 헌책방
□ 別〜 별~, 다른~	別行動 따로 행동함	別世界 별세계	別問題 별문제
□ 本〜 본~, 이~	本試験 본시험	本書 본서, 이 책	本製品 본 제품
□ 真〜 참~, 진~, 바로~	真上 바로 위	真正面 바로 정면	真っ赤 새빨감
□ 未〜 미~	未解決 미해결	未完成 미완성	未公開 미공개
□ 明〜 다음~	明春 내년 봄	明朝 내일 아침	明年 내년
□ 元〜 전~	元首相 전 수상	元大統領 전 대통령	
□ 要〜 요~, ~이 필요함	要観察 관찰이 필요함	要検討 검토가 필요함	要注意 요주의
□ 来〜 다음~	来夏 내년 여름	来年度 내년도	
□ 両〜 양~, 두~	両極端 양극단	両陣営 양 진영, 두 진영	両手 양손
□ 和〜 일본(식)의~	和菓子 일본식 과자	和食 일식	和服 일본 옷
□ 我が〜 우리~	我が校 우리 학교	我が社 우리 회사	我が家 우리 집

6 접미어

□ ～愛 _{~애}	人類愛 인류애	同性愛 동성애	母性愛 모성애

□ ～愛 ~애 ／ 人類愛 인류애 ／ 同性愛 동성애 ／ 母性愛 모성애

□ ～明け ~이 끝난 직후 ／ 梅雨明け 장마가 끝난 직후 ／ 休み明け 휴가 직후

□ ～あたり ~쯤, ~경 ／ 去年あたり 작년쯤 ／ 来月あたり 다음 달쯤

□ ～案 ~안 ／ 改革案 개혁안 ／ 妥協案 타협안 ／ 予算案 예산안

□ ～一色 ~일색 ／ 反対派一色 반대파 일색 ／ ワールドカップ一色 월드컵 일색

□ ～一 ~최고, ~제일 ／ 世界一 세계 최고 ／ 全国一 전국 최고 ／ 日本一 일본 제일

□ ～液 ~액 ／ 消化液 소화액 ／ 水溶液 수용액 ／ 不凍液 부동액

□ ～園 ~원 ／ 植物園 식물원 ／ 動物園 동물원 ／ 幼稚園 유치원

□ ～おきに ~걸러, ~마다 ／ 一週間おきに 일주일 마다 ／ 一人おきに 한 사람 걸러

□ ～家 ~가 ／ 政治家 정치가 ／ 専門家 전문가 ／ 投資家 투자가

□ ～下 ~하 ／ 管轄下 관할하 ／ 監督下 감독하 ／ 支配下 지배하

□ ～画 ~화 ／ 水彩画 수채화 ／ 西洋画 서양화 ／ 東洋画 동양화

□ ～界 ~계 ／ 映画界 영화계 ／ 教育界 교육계 ／ 芸能界 예능계

□ ～街 ~가 ／ 官庁街 관청가 ／ 地下街 지하상가 ／ 繁華街 번화가

□ ～外 ~외, ~밖 ／ 問題外 문제 밖 ／ 予定外 예정 밖 ／ 領域外 영역 외

□ ～係 ~계, ~담당(지) ／ 会計係 회계 담당 ／ 出納係 출납계 ／ 接待係 접대 담당

□ ～額 ~액 ／ 限度額 한도액 ／ 消費額 소비액 ／ 合計額 합계액

□ ～かけ ~하다 맒 ／ 書きかけ 쓰다 맒 ／ やりかけ 하다 맒 ／ 読みかけ 읽다 맒

□ ～方 ~님들, ~분들 ／ あなた方 여러분들 ／ 先生方 선생님들

□ ～型 ~형 ／ 最新型 최신형 ／ 天才型 천재형 ／ 努力型 노력형

□ ～刊 ~간(행) ／ 近刊 근간 ／ 2015年刊 2015년 간(행)

□ 〜観 ~관	価値観 가치관	人生観 인생관	歴史観 역사관
□ 〜器 ~기(도구)	呼吸器 호흡기	受話器 수화기	洗面器 세면기, 세면대
□ 〜機 ~기(기계)	写真機 사진기	探知機 탐지기	発電機 발전기
□ 〜着 ~복, ~옷	柔道着 유도복	部屋着 실내복	防寒着 방한복

□ 〜きっての ~제일의	クラスきっての 반에서 제일가는
	野球界きっての 야구계에서 제일가는

□ 〜気味 ~기미, ~기색	上がり気味 오를 기미	焦り気味 초조해하는 기색
□ 〜強 ~정도, 조금 많음	五百円強 500엔 정도	三キロ強 3킬로그램 정도
□ 〜教 ~교, ~종교	イスラム教 이슬람교	キリスト教 기독교	仏教 불교
□ 〜業 ~업	建築業 건축업	製造業 제조업	販売業 판매업
□ 〜切れ 다 ~함	在庫切れ 재고 없음	時間切れ 시간이 다 됨
□ 〜際 ~하려고 할 때	散り際 지는 때	入り際 들어가려고 할 때
□ 〜句 ~구, ~구절	慣用句 관용구	挿入句 삽입구	名詞句 명사구
□ 〜口 ~구	改札口 개찰구	通用口 통용 출입구	非常口 비상구
□ 〜軍 ~군	革命軍 혁명군	政府軍 정부군	反乱軍 반란군
□ 〜家 ~가, ~의 집안	将軍家 장군의 집안	山本家 야마모토의 집안	武家 무가, 무사 집안
□ 〜系 ~계	外資系 외자계, 외국계	銀河系 은하계	太陽系 태양계
□ 〜劇 ~극	時代劇 시대극	創作劇 창작극	人形劇 인형극
□ 〜権 ~권	経営権 경영권	主導権 주도권	所有権 소유권
□ 〜庫 ~고, ~창고	車庫 차고	貯蔵庫 저장고	冷凍庫 냉동고
□ 〜後 ~후	紀元後 기원후	放課後 방과 후
□ 〜工 ~공	画工 화공, 화가	機械工 기계공	修理工 수리공
□ 〜港 ~항	自由港 자유 무역항	貿易港 무역항	輸出港 수출항
□ 〜号 ~호	一月号 1월호	創刊号 창간호	第一号 제1호
□ 〜国 ~국	強大国 강대국	共和国 공화국	先進国 선진국

□ ～ごと ~째	<ruby>皮<rt>かわ</rt></ruby>ごと 껍질째	<ruby>車<rt>くるま</rt></ruby>ごと 자동차 그대로	まるごと 통째로
□ ～ごとに ~마다	5<ruby>分<rt>ふん</rt></ruby>ごとに 5분마다	<ruby>会<rt>あ</rt></ruby>う<ruby>人<rt>ひと</rt></ruby>ごとに 만나는 사람마다	
□ ～<ruby>差<rt>さ</rt></ruby> ~차	<ruby>温度<rt>おんど</rt></ruby><ruby>差<rt>さ</rt></ruby> 온도 차	<ruby>個人<rt>こじん</rt></ruby><ruby>差<rt>さ</rt></ruby> 개인차	<ruby>時間<rt>じかん</rt></ruby><ruby>差<rt>さ</rt></ruby> 시간차
□ ～<ruby>祭<rt>さい</rt></ruby> ~제, ~축제	<ruby>映画<rt>えいが</rt></ruby><ruby>祭<rt>さい</rt></ruby> 영화제	<ruby>学園<rt>がくえん</rt></ruby><ruby>祭<rt>さい</rt></ruby> 학교 축제	<ruby>文化<rt>ぶんか</rt></ruby><ruby>祭<rt>さい</rt></ruby> 문화제
□ ～<ruby>財<rt>ざい</rt></ruby> ~재	<ruby>消費<rt>しょうひ</rt></ruby><ruby>財<rt>ざい</rt></ruby> 소비재	<ruby>代替<rt>だいたい</rt></ruby><ruby>財<rt>ざい</rt></ruby> 대체재	<ruby>文化<rt>ぶんか</rt></ruby><ruby>財<rt>ざい</rt></ruby> 문화재
□ ～<ruby>剤<rt>ざい</rt></ruby> ~제, ~약	<ruby>消毒<rt>しょうどく</rt></ruby><ruby>剤<rt>ざい</rt></ruby> 소독제	<ruby>睡眠<rt>すいみん</rt></ruby><ruby>剤<rt>ざい</rt></ruby> 수면제	<ruby>洗浄<rt>せんじょう</rt></ruby><ruby>剤<rt>ざい</rt></ruby> 세정제
□ ～<ruby>罪<rt>ざい</rt></ruby> ~죄	<ruby>脅迫<rt>きょうはく</rt></ruby><ruby>罪<rt>ざい</rt></ruby> 협박죄	<ruby>詐欺<rt>さぎ</rt></ruby><ruby>罪<rt>ざい</rt></ruby> 사기죄	<ruby>傷害<rt>しょうがい</rt></ruby><ruby>罪<rt>ざい</rt></ruby> 상해죄
□ ～<ruby>作<rt>さく</rt></ruby> ~작	<ruby>最新<rt>さいしん</rt></ruby><ruby>作<rt>さく</rt></ruby> 최신작	<ruby>代表<rt>だいひょう</rt></ruby><ruby>作<rt>さく</rt></ruby> 대표작	デビュー<ruby>作<rt>さく</rt></ruby> 데뷔작
□ ～<ruby>史<rt>し</rt></ruby> ~사	<ruby>古代<rt>こだい</rt></ruby><ruby>史<rt>し</rt></ruby> 고대사	<ruby>世界<rt>せかい</rt></ruby><ruby>史<rt>し</rt></ruby> 세계사	<ruby>文学<rt>ぶんがく</rt></ruby><ruby>史<rt>し</rt></ruby> 문학사
□ ～<ruby>士<rt>し</rt></ruby> ~사	<ruby>機関<rt>きかん</rt></ruby><ruby>士<rt>し</rt></ruby> 기관사	<ruby>飛行<rt>ひこう</rt></ruby><ruby>士<rt>し</rt></ruby> 비행사	<ruby>弁護<rt>べんご</rt></ruby><ruby>士<rt>し</rt></ruby> 변호사
□ ～<ruby>師<rt>し</rt></ruby> ~사	<ruby>看護<rt>かんご</rt></ruby><ruby>師<rt>し</rt></ruby> 간호사	<ruby>美容<rt>びよう</rt></ruby><ruby>師<rt>し</rt></ruby> 미용사	<ruby>薬剤<rt>やくざい</rt></ruby><ruby>師<rt>し</rt></ruby> 약사
□ ～<ruby>視<rt>し</rt></ruby> ~시	<ruby>確実<rt>かくじつ</rt></ruby><ruby>視<rt>し</rt></ruby> 확실시	<ruby>重要<rt>じゅうよう</rt></ruby><ruby>視<rt>し</rt></ruby> 중요시	<ruby>問題<rt>もんだい</rt></ruby><ruby>視<rt>し</rt></ruby> 문제시
□ ～<ruby>誌<rt>し</rt></ruby> ~지	<ruby>会報<rt>かいほう</rt></ruby><ruby>誌<rt>し</rt></ruby> 회보지	<ruby>月刊<rt>げっかん</rt></ruby><ruby>誌<rt>し</rt></ruby> 월간지	<ruby>週刊<rt>しゅうかん</rt></ruby><ruby>誌<rt>し</rt></ruby> 주간지
□ ～<ruby>式<rt>しき</rt></ruby> ~식	<ruby>結婚<rt>けっこん</rt></ruby><ruby>式<rt>しき</rt></ruby> 결혼식	<ruby>成人<rt>せいじん</rt></ruby><ruby>式<rt>しき</rt></ruby> 성인식	<ruby>卒業<rt>そつぎょう</rt></ruby><ruby>式<rt>しき</rt></ruby> 졸업식
□ ～<ruby>式<rt>しき</rt></ruby> ~식	<ruby>最新<rt>さいしん</rt></ruby><ruby>式<rt>しき</rt></ruby> 최신식	<ruby>充電<rt>じゅうでん</rt></ruby><ruby>式<rt>しき</rt></ruby> 충전식	
□ ～<ruby>次第<rt>しだい</rt></ruby> ~하는 대로	<ruby>決<rt>き</rt></ruby>まり<ruby>次第<rt>しだい</rt></ruby> 결정되는 대로	<ruby>着<rt>つ</rt></ruby>き<ruby>次第<rt>しだい</rt></ruby> 도착하는 대로	
□ ～<ruby>室<rt>しつ</rt></ruby> ~실	<ruby>研究<rt>けんきゅう</rt></ruby><ruby>室<rt>しつ</rt></ruby> 연구실	<ruby>実験<rt>じっけん</rt></ruby><ruby>室<rt>しつ</rt></ruby> 실험실	<ruby>面会<rt>めんかい</rt></ruby><ruby>室<rt>しつ</rt></ruby> 면회실
□ ～<ruby>弱<rt>じゃく</rt></ruby> 약~, ~이 조금 안 됨	<ruby>十万円<rt>じゅうまんえん</rt></ruby><ruby>弱<rt>じゃく</rt></ruby> 약 10만 엔	<ruby>三千名<rt>さんぜんめい</rt></ruby><ruby>弱<rt>じゃく</rt></ruby> 약 3천 명	
□ ～<ruby>手<rt>しゅ</rt></ruby> ~수 (직업)	<ruby>運転<rt>うんてん</rt></ruby><ruby>手<rt>しゅ</rt></ruby> 운전사	<ruby>外野<rt>がいや</rt></ruby><ruby>手<rt>しゅ</rt></ruby> 외야수	<ruby>歌<rt>か</rt></ruby><ruby>手<rt>しゅ</rt></ruby> 가수
□ ～<ruby>酒<rt>しゅ</rt></ruby> ~주, ~술	<ruby>果実<rt>かじつ</rt></ruby><ruby>酒<rt>しゅ</rt></ruby> 과실주	<ruby>日本<rt>にほん</rt></ruby><ruby>酒<rt>しゅ</rt></ruby> 일본 술	<ruby>洋<rt>よう</rt></ruby><ruby>酒<rt>しゅ</rt></ruby> 양주
□ ～<ruby>集<rt>しゅう</rt></ruby> ~집	<ruby>写真<rt>しゃしん</rt></ruby><ruby>集<rt>しゅう</rt></ruby> 사진집	<ruby>問題<rt>もんだい</rt></ruby><ruby>集<rt>しゅう</rt></ruby> 문제집	<ruby>用例<rt>ようれい</rt></ruby><ruby>集<rt>しゅう</rt></ruby> 용례집
□ ～<ruby>術<rt>じゅつ</rt></ruby> ~술	<ruby>航海<rt>こうかい</rt></ruby><ruby>術<rt>じゅつ</rt></ruby> 항해술	<ruby>催眠<rt>さいみん</rt></ruby><ruby>術<rt>じゅつ</rt></ruby> 최면술	<ruby>占星<rt>せんせい</rt></ruby><ruby>術<rt>じゅつ</rt></ruby> 점성술
□ ～<ruby>順<rt>じゅん</rt></ruby> ~순	<ruby>成績<rt>せいせき</rt></ruby><ruby>順<rt>じゅん</rt></ruby> 성적순	<ruby>年度<rt>ねんど</rt></ruby><ruby>順<rt>じゅん</rt></ruby> 연도순	<ruby>番号<rt>ばんごう</rt></ruby><ruby>順<rt>じゅん</rt></ruby> 번호순
□ ～<ruby>所<rt>しょ</rt></ruby>/<ruby>所<rt>じょ</rt></ruby> ~소	<ruby>研究<rt>けんきゅう</rt></ruby><ruby>所<rt>じょ</rt></ruby> 연구소	<ruby>市役<rt>しやく</rt></ruby><ruby>所<rt>しょ</rt></ruby> 시청	<ruby>停留<rt>ていりゅう</rt></ruby><ruby>所<rt>じょ</rt></ruby> 정류소, 정류장
□ ～<ruby>賞<rt>しょう</rt></ruby> ~상	<ruby>新人<rt>しんじん</rt></ruby><ruby>賞<rt>しょう</rt></ruby> 신인상	<ruby>努力<rt>どりょく</rt></ruby><ruby>賞<rt>しょう</rt></ruby> 노력상	<ruby>優秀<rt>ゆうしゅう</rt></ruby><ruby>賞<rt>しょう</rt></ruby> 우수상

□ ~商 ~상	小売商 소매상	雑貨商 잡화상	貿易商 무역상
□ ~省 ~성(관청)	外務省 외무성(외교부)	環境省 환경성(환경부)	法務省 법무성(법무부)
□ ~症 ~증, ~증상	合併症 합병증	過敏症 과민증	花粉症 꽃가루 알레르기
□ ~証 ~증	学生証 학생증	登録証 등록증	免許証 면허증
□ ~上 ~상	法律上 법률상	見かけ上 외관상	歴史上 역사상
□ ~状 ~장	案内状 안내장	告訴状 고소장	催促状 독촉장
□ ~状 ~형태, ~상태	液状 액상, 액체 상태	球状 구형, 둥근 형태	
□ ~場 ~장	運動場 운동장	競技場 경기장	駐輪場 자전거 주차장
□ ~色 ~색	郷土色 향토색	地方色 지방색	保護色 보호색
□ ~食 ~식	栄養食 영양식	機内食 기내식	流動食 유동식
□ ~職 ~직	管理職 관리직	事務職 사무직	専門職 전문직
□ ~数 ~수	周波数 주파수	得票数 득표수	学生数 학생 수
□ ~済み ~이 끝남, ~완료	解決済み 해결됨	消毒済み 소독 완료	予約済み 예약 완료
□ ~生 ~생	研究生 연구생	新入生 신입생	留学生 유학생
□ ~制 ~제	共和制 공화제	罰金制 벌금제	四年制 4년제
□ ~性 ~성	安全性 안전성	一貫性 일관성	遺伝性 유전성
□ ~席 ~석	禁煙席 금연석	指定席 지정석	助手席 조수석
□ ~線 ~선	延長線 연장선	国際線 국제선	電話線 전화선
□ ~船 ~선	宇宙船 우주선	貨物船 화물선	輸送船 수송선
□ ~戦 ~전	延長戦 연장전	空中戦 공중전	決勝戦 결승전
□ ~全体 ~전체	都内全体 도내 전체	屋根全体 지붕 전체	
□ ~全般 ~전반	経済全般 경제 전반	計画全般 계획 전반	
□ ~沿い ~가, ~기슭	海岸沿い 해안가, 바닷가	川沿い 강가	山沿い 산기슭
□ ~層 ~층	知識層 지식층	読者層 독자층	年齢層 연령층
□ ~育ち ~에서 자람	田舎育ち 시골에서 자람	温室育ち 온실에서 자람	東京育ち 도쿄에서 자람

□ ～団 ~단	青年団 청년단	選手団 선수단	調査団 조사단
□ ～着 ~도착, ~벌	一着 일등, 한 벌	５時着 5시 도착	
□ ～庁 ~청	検察庁 검찰청	国税庁 국세청	水産庁 수산청
□ ～賃 ~요금, ~삯	航空賃 항공 요금	手間賃 품삯	船賃 뱃삯
□ ～づかい ~씀, ~법	仮名づかい 가나 표기법	言葉づかい 말씨, 말투	無駄づかい 헛되이 씀
□ ～付き ~이 딸림, ~부	景品付き 경품이 딸림	条件付き 조건부	
□ ～漬け ~에 빠짐, ~에 몰두	英語漬け 영어 공부에 몰두	ゴルフ漬け 골프에 빠짐	
□ ～づらい ~하기 어렵다	言いづらい 말하기 어렵다	読みづらい 읽기 어렵다	
□ ～手 ~하는 사람	書き手 쓰는 사람, 필자	語り手 말하는 사람, 화자	聞き手 듣는 사람, 청자
□ ～点 ~점	共通点 공통점	妥協点 타협점	問題点 문제점
□ ～展 ~전	企画展 기획진	作品展 직품진	写真展 사진진
□ ～度 ~도	危険度 위험도	知名度 지명도	理解度 이해도
□ ～同士 ~끼리	いとこ同士 사촌끼리	隣同士 이웃끼리, 나란히	友達同士 친구끼리
□ ～内 ~내, ~안	期間内 기간 내	教室内 교실 안	時間内 시간 내
□ ～難 ~난	経営難 경영난	資金難 자금난	生活難 생활난
□ ～熱 ~열	教育熱 교육열	読書熱 독서열	野球熱 야구에 대한 열의
□ ～離れ ~를 기피함	活字離れ 활자를 멀리함	理科離れ 이과를 기피함	
□ ～犯 ~범	現行犯 현행범	殺人犯 살인범	知能犯 지능범
□ ～版 ~판	改訂版 개정판	限定版 한정판	最新版 최신판
□ ～板 ~판	掲示板 게시판	広告板 광고판	表示板 표지판
□ ～判 ~판	Ａ４判 A4판	規格判 규격판	名刺判 명함판
□ ～費 ~비	研究費 연구비	交通費 교통비	生活費 생활비
□ ～評 ~평	映画評 영화평	人物評 인물평	
□ ～表 ~표	価格表 가격표	時刻表 시각표	予定表 예정표
□ ～病 ~병	職業病 직업병	成人病 성인병	皮膚病 피부병

□ ～風 ～풍	90年代風 90년대풍	西洋風 서양풍	
□ ～深い ～깊다, 아주 ～하다	遠慮深い 매우 조심스럽다	興味深い 흥미롭다	注意深い 주의 깊다
□ ～服 ～복	宇宙服 우주복	作業服 작업복	体操服 체육복
□ ～物 ～물	遺失物 유실물	飲食物 음식물	刊行物 간행물
□ ～ぶり ～만임	3年ぶり 3년 만임	しばらくぶり 오랜만임	
□ ～別 ～별	職業別 직업별	地方別 지방별	能力別 능력별
□ ～法 ～법, ～방법	活用法 활용법	国際法 국제법	調理法 조리법
□ ～報 ～보	社内報 사내보	注意報 주의보	
□ ～末 ～말	学期末 학기 말	今月末 이달 말	世紀末 세기말
□ ～味 ～미, ～성	現実味 현실성	真実味 진실성	人間味 인간미
□ ～面 ～면, ～측면	金銭面 금전적인 면	興行面 흥행 면	構成面 구성 면
□ ～元 ～원	製造元 제조원	販売元 판매원	
□ ～役 ～역, ～역할	相手役 상대역	監査役 감사역, 감사	相談役 상담역
□ ～ら ～들	彼ら 그들	それら 그것들	我ら 우리들
□ ～来 ～전부터	10年来 10년 전부터	先日来 요전부터	
□ ～率 ～율/률	出生率 출생률	致命率 치명률, 치사율	百分率 백분율, 퍼센트
□ ～流 ～류, ～식	自己流 자기류, 자기식	西洋流 서양식	
□ ～領 ～령, ～영토	フランス領 프랑스령	オランダ領 네덜란드령	
□ ～類 ～류	文房具類 문구류	シーツ類 시트류	魚介類 어패류
□ ～暦 ～력, ～경력, ～이력	家族歴 가족력	指導歴 지도 경력	受賞歴 수상 이력
□ ～路 ～로	滑走路 활주로	通学路 통학로	輸送路 수송로
□ ～録 ～록, ～기록	会議録 회의록	回想録 회상록	見聞録 견문록

□ 相打つ 서로 치다, 서로 싸우다	□ 仰向く 위를 보다	□ 当てはめる 맞추다, 적용시키다
□ 言いつける 명령하다, 고자질하다	□ 受け持つ 맡다, 담당하다	□ 移り住む 옮겨 살다, 이주하다
□ 裏返す 뒤집다	□ 裏切る 배반하다, 배신하다	□ 売り出す 판매하다, 출시하다
□ 上回る 상회하다, 웃돌다	□ 追い返す 돌려보내다, 쫓아내다	□ 追い掛ける 뒤쫓아가다
□ 追い込む 몰아넣다	□ 追い出す 내쫓다, 몰아내다	□ 買い込む 사들이다
□ 書き換える 고쳐 쓰다	□ 書き込む 적어 넣다, 기입하다	□ 書き取る 받아쓰다, 베껴 쓰다
□ 考えつく 생각나다	□ 聞き返す 되묻다, 다시 듣다	□ 聞き流す 건성으로 듣다
□ 組み立てる 조립하다	□ 心得る 알다, 납득하다	□ 言付ける 전언하다, 말을 전하다
□ 差し引く 빼다, 제하다	□ 下回る 하회하다, 밑돌다	□ 絞り込む 짜 담다, 좁히다
□ 信じ込む 믿어 의심치 않다	□ 吸い取る 흡수하다, 빨아들이다	□ 透き通る 비쳐 보이다, 투명하다
□ すれ違う 스쳐 지나가다, 엇갈리다	□ 背負う 짊어지다, 업다	□ 立ち去る 떠나다, 물러나다
□ 近寄る 접근하다, 다가가다	□ 突き当たる 부딪치다, 충돌하다	□ 突っ込む 깊이 파고들다, 처넣다
□ 釣り合う 균형 잡히다, 어울리다	□ 問い返す 다시 묻다, 반문하다	□ 問いかける 묻다, 질문하다
□ 通り掛かる 마침 지나가다	□ 飛び上がる 날아오르다, 날뛰다	□ 飛び降りる 뛰어내리다
□ 飛び越える 뛰어넘다, 건너뛰다	□ 飛び出す 뛰어나가다, 튀어나오다	□ 飛び立つ 날아가다, 날아오르다
□ 飛び付く 달려들다, 덤벼들다	□ 飛び乗る 뛰어 올라타다	□ 飛び回る 날아다니다
□ 取り合う 맞잡다, 쟁탈하다	□ 取り上げる 채택하다, 빼앗다	□ 取り扱う 취급하다, 처리하다
□ 取り集める 한데 모으다	□ 取り入れる 받아들이다	□ 取り置く 남겨두다, 보관하다
□ 取り囲む 둘러싸다, 에워싸다	□ 取り交わす 교환하다	□ 取り決める 결정하다, 계약하다
□ 取り切る 모조리 따다, 전부 뜯다	□ 取り組む 맞붙다, 몰두하다	□ 取り込む (빨래 등을) 거둬들이다
□ 取り止める 그만두다, 중지하다	□ 取り分ける 나누다, 갈라놓다	□ 長引く 오래 끌다, 질질 끌다

☐ 乗り越える 극복하다　☐ 張り切る 팽팽하다, 힘을 내다　☐ 引き込む 끌어들이다

☐ 引き抜く 뽑다, 선발하다　☐ 引っ掛かる 걸리다, 걸려들다　☐ 引っ掛ける 걸다

☐ 引っ繰り返す 뒤집다, 뒤엎다　☐ 引っ繰り返る 뒤집히다　☐ ぶら下がる 매달리다, 늘어지다

☐ ぶら下げる 매달다, 늘어뜨리다　☐ 見合わせる 마주 보다, 보류하다　☐ 見失う (시야에서) 놓치다

☐ 見落とす 간과하다, 못 보고 놓치다　☐ 見下ろす 내려다보다, 얕보다　☐ 見返す 다시 보다, 뒤돌아보다

☐ 見下す 얕보다, 업신여기다　☐ 見込む 기대하다, 예상하다　☐ 見詰める 응시하다, 주시하다

☐ 見慣れる 눈에 익다, 낯익다　☐ 見分ける 분별하다, 분간하다　☐ 持ち上げる 들어 올리다, 쳐들다

☐ 基づく 기인하다, 바탕으로 하다　☐ 指差す 손가락질하다, 가리키다　☐ 寄越す 보내오다, 넘겨주다

☐ 呼びかける 부르다, 호소하다　☐ 読み上げる 소리 내어 읽다　☐ 読み切る 끝까지 다 읽다

☐ 読み通す 끝까지 다 읽다　☐ 読み取る 읽고 이해하다

⑧ 부사·접속사

☐ あくまで 어디까지나, 끝까지　☐ いずれ 조만간, 언젠가, 어차피　☐ いずれにせよ 어느 쪽이든

☐ 一段と 한층, 더욱, 훨씬　☐ いよいよ 마침내, 드디어　☐ うっすら 어렴풋이, 희미하게

☐ うんと 매우, 썩, 많이　☐ おおむね 대개, 대강, 대체로　☐ お気の毒に 불쌍하게도

☐ 折り返し 받은 즉시, 곧바로　☐ かえって 도리어, 오히려, 반대로　☐ 仮に 만일, 만약, 임시로

☐ 仮にも 결코, 만일 ~하더라도　☐ 軽々 가뿐히, 거뜬히　☐ かんかん 땡땡(소리), 쨍쨍(햇빛)

☐ がんがん 머리가 띵함　☐ ぎざぎざ 들쭉날쭉　☐ きょろきょろ 두리번두리번

☐ ぐんぐん 부쩍부쩍, 쑥쑥　☐ 現に 실제로, 지금　☐ 極 극히, 대단히

☐ ころころ 대굴대굴, 오동통　☐ しいんと 아주 조용한 상태　☐ 始終 내내, 늘, 항상

☐ 従って 따라서, 그러므로　☐ しっとり 촉촉이, 차분히　☐ しみじみ 절실히, 곰곰이

☐ 順々に 차례차례, 차례로　☐ すいすい 척척, 술술, 거침없이　☐ すくすく 쑥쑥, 무럭무럭

□ すっと 불쑥, 쓱, 후련함, 개운함	□ すらすら 술술, 척척, 거침없이	□ ずらり 죽, 줄줄이
□ せっせと 열심히, 부지런히	□ ぜひとも 꼭, 무슨 일이 있어도	□ 大層(たいそう) 매우, 아주, 대단히
□ 大半(たいはん) 태반, 대부분	□ 断固(だんこ) 단호히, 단연코	□ 単(たん)に 단지, 다만, 그저
□ 近々(ちかぢか) 머지않아, 일간	□ 次(つ)いで 뒤이어, 잇따라서	□ ついに 드디어, 마침내, 결국
□ つくづく 곰곰이, 뚫어지게, 절실히	□ つるつる 매끈매끈, 반들반들	□ ともかく 하여간, 어쨌든, 여하튼
□ 何(なに)しろ 어쨌든, 여하튼	□ 何(なん)とも 정말, 뭐라고도	□ のろのろ 느릿느릿, 꾸물꾸물
□ 果(は)たして 과연, 역시, 대체	□ ばっさり 싹둑, 싹, 과감하게	□ ばったり 딱 마주침, 뚝 끊김
□ 一通(ひととお)り 대강, 얼추, 대충	□ ひとまず 우선, 일단	□ ひとりでに 저절로, 자연히
□ 広々(ひろびろ) 널찍한 모양	□ ふと 문득, 갑자기	□ ふんわり(と) 폭신폭신, 사뿐(히)
□ ぼうっと 흐릿함, 희미함, 멍함	□ ほかほか 따끈따끈	□ ぼつぼつ 점점이, 슬슬
□ ぼろぼろ(と) 주르르, 홀홀	□ まことに 참으로, 정말로	□ まごまご 우물쭈물
□ まさに 바로, 틀림없이, 정말로	□ むしろ 차라리, 오히려	□ 万一(まんいち)／万(まん)が一(いち) 만일, 만약
□ めっきり 뚜렷이, 현저히, 부쩍	□ めったに 거의, 좀처럼	□ もしかしたら 어쩌면, 혹시
□ もしかして 만약에, 어쩌면	□ もじもじ 꾸물꾸물, 머뭇머뭇	□ もともと 본디부터, 원래
□ もはや 이미, 벌써, 어느새	□ やがて 머지않아, 이윽고	□ やたらに 마구, 몹시, 함부로
□ ゆらゆら 흔들흔들, 하늘하늘	□ 要(よう)するに 요컨대, 결국	□ ようやく 겨우, 간신히, 그제야
□ より一層(いっそう) 한층 더, 보다 더		

9 외래어

□ アーケード 아케이드, 상점가	□ アイテム 아이템, 항목, 품목	□ アイボリ 아이보리, 상아빛
□ アクセス 액세스, 접근, 교통편	□ アクセント 악센트, 억양, 강조	□ アクティブ 활동적임, 적극적임
□ アプローチ 어프로치, 접근	□ アンテナ 안테나	□ アンバランス 불균형함

□ イージー 손쉬움, 안이함	□ インストール 설치	□ ウーマン 여성, 여자
□ ウール 울, 양털, 모직물	□ ウエートレス 웨이트리스, 여자 종업원	
□ エアメール 항공 우편	□ エプロン 에이프런, 앞치마	□ オルガン 오르간
□ キャプテン 캡틴, 주장	□ ギャング 갱, 강도(단)	□ クラシック 클래식, 고전
□ クリーニング 세탁, 청소	□ ケア 주의, 조심, 돌봄, 보살핌	□ ゲスト 게스트, 손님
□ コード 코드, 부호, 암호, 규정	□ コーラス 코러스, 합창(단)	□ コメント 코멘트, 논평, 의견
□ コラム 칼럼	□ コレクション 컬렉션, 수집품	□ コンクリート 콘크리트
□ コントロール 컨트롤, 통제, 조절	□ コンプレックス 콤플렉스	□ サークル 서클, 동아리, 동호회
□ シーツ 시트	□ ジーンズ 진, 청바지	□ ジェット 제트기
□ シグナル 시그널, 신호	□ ジャーナリスト 언론인	□ シャッター 셔터
□ スタッフ 스태프, 담당자, 제작진	□ スタミナ 체력, 끈기	□ スタンド 스탠드, 관람석, 판매대
□ スタンプ 스탬프, 우편물의 소인	□ ステーション 정거장, 역	□ ステップ 스텝, 걸음, 단계
□ ストッキング 스타킹	□ ストップ 정지, 멈춤, 정류소	□ ストライキ 파업
□ スピーカー 스피커	□ スマート 똑똑함, 말쑥함	□ スライド 슬라이드, 미끄러짐
□ セメント 시멘트	□ タイマー 타이머, 스톱워치	□ ダイヤモンド 다이아몬드
□ ダブル 더블, 이중, 2배	□ ダム 댐	□ ダメージ 피해, 손해
□ チャージ 충전	□ チョーク 초크, 분필	□ チラシ 광고용 전단지
□ テーマ 테마, 주제	□ トップ 톱, 정상, 선두, 1위	□ トランプ 트럼프, 카드 게임
□ ナイロン 나일론	□ ナンバー 번호	□ パイプ 파이프, 관
□ パイロット 파일럿, 비행 조종사	□ バケツ 양동이, 들통	□ パターン 패턴, 유형
□ パブリック 공공적임, 대중적임	□ ハンドバッグ 핸드백	□ ハンドル 핸들, 손잡이
□ ピーク 피크, 정상, 정점	□ ピストル 권총	□ ヒット 히트, 큰 성공, (야구) 안타
□ ビニール 비닐	□ プライベート 개인적임, 사적임	□ プラスチック 플라스틱
□ フリー 프리, 자유로움, 무료	□ ブレーキ 브레이크, 제동(기)	□ フレッシュ 신선함, 참신함
□ フロア 플로어, 층, 마룻바닥	□ ブローチ 브로치	□ プログラム 프로그램, 예정표

プロジェクト 프로젝트, 계획　　フロント 프런트, 접수대　　ペース 페이스, 속도, 보조

ヘリコプター 헬리콥터, 헬기　　ペンキ 페인트　　マーケット 마켓, 시장, 판로

マスター 마스터, 숙달함. 주인　　ミーティング 미팅, 모임　　ミシン 재봉틀

ミス 미스, 실패, 실수　　モーター 모터, 전동기　　モダン 모던, 현대적임

モノレール 모노레일　　ヨット 요트　　ライター 라이터

ライバル 라이벌, 경쟁 상대　　ライブ 라이브, 생방송, 실황　　ライフスタイル 생활 방식

ラウンジ 라운지, 휴게실　　ラウンド 라운드, 둥긂, 일주, 순환　　ラケット 라켓

ランニング 달리기, 러닝셔츠　　リアル 현실적임, 사실적임　　リットル 리터 (부피 단위)

ルーズ 허술함, 야무지지 않음　　レインコート 레인코트, 우비　　レクリエーション 오락, 휴양

ロッカー 로커, 사물함, 보관함

⑩ 유의어

相次いで 이어서, 연달아	≒	続々 속속
相棒 짝, 한패	≒	パートナー 파트너, 상내
あくる日 다음날, 익일	≒	翌日 다음날, 익일
当て 목표, 기대, 가망	≒	見込み 전망, 예상, 목표
過ち 잘못, 실수	≒	過失 과실
歩み 걸음, 발걸음	≒	歩行 보행
あらかじめ 미리	≒	事前に 사전에
争い 다툼	≒	論争 논쟁
言い訳 변명, 핑계	≒	弁解 변명
イージーな 쉬운, 적당한, 안이한	≒	安易な 손쉬운, 안이한, 적당한

□ いわば 말하자면, 비유하자면	≒	たとえてみれば 예를 들면
□ 往々にして 왕왕, 이따금	≒	時々 때때로, 가끔
□ 大幅に 대폭적으로	≒	格段に 현격히
□ 押し出す 내세우다, 부각하다	≒	一段と強く打ち出す 한층 강하게 내세우다
□ 思わず 무심코	≒	無意識に 무의식적으로
□ 掛かり 비용, 경비	≒	出費 지출
□ 賢い 현명하다, 영리하다	≒	頭がいい 머리가 좋다
□ かつては 일찍이, 예전에는	≒	以前は 이전에는
□ 均衡 균형	≒	バランス 밸런스, 균형
□ 個々 개개, 각각, 각기	≒	おのおの/それぞれ 각각, 각기
□ 心強い 마음 든든하다	≒	頼もしい 믿음직하다
□ コツ 요령	≒	要領 요령
□ 細かい 잘다, 세세하다	≒	詳しい 자세하다
□ 仕組み 구조	≒	構造 구조
□ 支持 지지	≒	サポート 서포트, 지지
□ 視線 시선	≒	まなざし 눈길, 시선, 눈빛
□ シナリオ 시나리오, 각본	≒	脚本 각본
□ スケッチ 스케치, 사생	≒	写生 사생
□ たやすい 쉽다, 용이하다	≒	やさしい 쉽다
□ どうせ 어차피	≒	結局は 결국은
□ トラブル 트러블, 분쟁	≒	もめごと 분규, 분쟁
□ 悩ます 괴롭히다	≒	苦しめる 괴롭히다
□ 映える 빛나다, 돋보이다	≒	引き立つ 돋보이다, 두드러지다
□ パレード 퍼레이드, 행진	≒	行列 행렬
□ 判明する 판명되다, 밝혀지다	≒	明らかになる 밝혀지다

□ 付着する 부착하다	≒	くっつく 붙다, 달라붙다
□ へとへと 녹초가 됨	≒	くたくた 나른함, 흐물흐물해짐
□ 目録 목록	≒	カタログ 카탈로그, 목록
□ ゆとり 여유	≒	余裕 여유
□ 要するに 요컨대	≒	つまり 즉, 요컨대, 결국
□ ランキング 랭킹, 순위	≒	順位 순위
□ ランプ 램프, 전등	≒	電灯 전등
□ レース 레이스, 경주	≒	競走 경주
□ レッスン 레슨, 수업, 연습	≒	稽古 배움, 익힘, (연극 등의) 연습
□ わずかに 간신히, 겨우	≒	かろうじて／やっと 간신히, 겨우

問題1 ＿＿＿の言葉の読み方として最もよいものを、１・２・３・４から一つ選びなさい。

1 真夏の日差しが、きらきらと輝く砂浜（すなはま）を照らしている。

　　1　ひでり　　　　2　ひあし　　　　3　ひさし　　　　4　ひざし

2 この花は日本各地（かくち）に広く分布している。

　　1　ぶんぷ　　　　2　ぶんふ　　　　3　ふんぷ　　　　4　ふんふ

3 この地域住民の災害時（さいがいじ）の避難（ひなん）場所は市立公園だ。

　　1　ちえき　　　　2　じえき　　　　3　ちいき　　　　4　じいき

4 彼女はチームを勝利に導（みちび）いた。

　　1　しゅうり　　　　2　しゅり　　　　3　しょうり　　　　4　しょり

5 彼女は絵よりも彫刻のほうが上手だ。

　　1　ちょかく　　　　2　ちょこく　　　　3　ちょうかく　　　　4　ちょうこく

6 最近このあたりでは盗難事件が相次（あいつ）いでいる。

　　1　となん　　　　2　とらん　　　　3　とうなん　　　　4　とうらん

7 この砂浜（すなはま）の砂は粒が粗い。

　　1　あらい　　　　2　ずるい　　　　3　くどい　　　　4　かたい

8 決定する前にこれらの事情を考慮すべきだ。

　　1　こうりょう　　　　2　こうりょ　　　　3　ごうりょう　　　　4　ごうりょ

9 我々は発想を180度転換する必要がある。

　　1　でんがん　　　　2　でんかん　　　　3　てんがん　　　　4　てんかん

10 ニュースに出たあの人たちの安否が、いまだに不明（ふめい）だそうです。

　　1　あんぴ　　　　2　あんぷ　　　　3　あんび　　　　4　あんぶ

답 1④　2①　3③　4③　5④　6③　7①　8②　9④　10①

問題1 ＿＿＿＿の言葉の読み方として最もよいものを、１・２・３・４から一つ選びなさい。

1 私の読書感想文が学校新聞に掲載された。

1 けいさい　　　　2 けいざい　　　　3 きょうさい　　　4 きょうざい

2 子供の成長を黙って見守ることも大切だ。

1 にごって　　　　2 こおって　　　　3 だまって　　　　4 しめって

3 何事も実際に試してみないとわからない。

1 なおして　　　　2 ためして　　　　3 しめして　　　　4 かえして

4 このしょうゆは塩分の濃度が高い。

1 のうど　　　　　2 のうどう　　　　3 ろうど　　　　　4 ろうどう

5 この品物があるかどうか、倉庫を確認してきてくれない？

1 しょうこう　　　2 しょうこ　　　　3 そうこう　　　　4 そうこ

6 警察は彼の動向を探っていた。

1 さぐって　　　　2 けずって　　　　3 しぼって　　　　4 うかがって

7 ビンをよく振ってからお飲みください。

1 ほって　　　　　2 こすって　　　　3 ふって　　　　　4 にぎって

8 こたつが恋しい季節になった。

1 むなしい　　　　2 くやしい　　　　3 おかしい　　　　4 こいしい

9 泥棒は警備員のすきを狙って侵入した。

1 ねらって　　　　2 きそって　　　　3 うばって　　　　4 あらそって

10 電車のドアにコートが挟まれた。

1 かこまれた　　　2 はさまれた　　　3 つかまれた　　　4 つつまれた

답 1① 2③ 3② 4① 5④ 6① 7③ 8④ 9① 10②

問題1 ＿＿＿＿の言葉の読み方として最もよいものを、１・２・３・４から一つ選びなさい。

1 この任務を終えたら私は辞職（じしょく）するつもりです。
　　1　じんむ　　　　　2　じんぶ　　　　　3　にんむ　　　　　4　にんぶ

2 乗っていた飛行機が激しく上下に揺れた。
　　1　じょうか　　　　2　じょうげ　　　　3　ぞうか　　　　　4　ぞうげ

3 私たちは彼のスピーチに非常に感激した。
　　1　かんげき　　　　2　かんてき　　　　3　しげき　　　　　4　してき

4 彼女のように清い心を持った人は珍しい。
　　1　あらい　　　　　2　ほそい　　　　　3　わかい　　　　　4　きよい

5 交通費は全額支給（しきゅう）します。
　　1　ぜんがく　　　　2　ぜんかく　　　　3　そうがく　　　　4　そうかく

6 あの４本の柱が屋根全体を支えている。
　　1　おさえて　　　　2　ささえて　　　　3　つかまえて　　　4　かかえて

7 夏には全国の電力需要（でんりょく）が増える。
　　1　しゅうよう　　　2　しゅよう　　　　3　じゅうよう　　　4　じゅよう

8 製品の流通システムを変えた。
　　1　りゅうつう　　　2　りゅうとう　　　3　ゆうつう　　　　4　ゆうとう

9 万引き（まんび）の犯人がスーパーの防犯カメラに写っていた。
　　1　もうはん　　　　2　もはん　　　　　3　ぼうはん　　　　4　ぼはん

10 その投手（とうしゅ）の年俸（ねんぼう）は現状維持（いじ）がやっとだった。
　　1　げんそう　　　　2　げんぞう　　　　3　げんしょう　　　4　げんじょう

　　　　　　　　　　　　　　답　1③　2②　3①　4④　5①　6②　7④　8①　9③　10④

問題2　　＿＿＿＿の言葉を漢字で書くとき、最もよいものを１・２・３・４から一つ選びなさい。

1　事件は９時に起きたとすいていされる。

　　１　推定　　　　　２　推進　　　　　３　指定　　　　　４　測定

2　ゆうべは十分にすいみんをとった。

　　１　安眠　　　　　２　睡眠　　　　　３　睡蓮　　　　　４　睡余

3　ファイルをあっしゅくして送ってください。

　　１　圧白　　　　　２　圧宿　　　　　３　圧縮　　　　　４　圧迫

4　彼には味方（みかた）も多いが、てきも多い。

　　１　適　　　　　　２　逆　　　　　　３　敵　　　　　　４　争

5　トマトの葉がちぢれて枯（か）れてしまった。

　　１　減れて　　　　２　削れて　　　　３　略れて　　　　４　縮れて

6　感染者（かんせんしゃ）は２万人にぞうかしたそうだ。

　　１　追加　　　　　２　増加　　　　　３　増減　　　　　４　減少

7　まず、好きな色の紙を半分におってください。

　　１　折って　　　　２　祈って　　　　３　打って　　　　４　追って

8　ごせいきゅういただき次第、サンプルをお送りします。

　　１　誘球　　　　　２　誘求　　　　　３　請球　　　　　４　請求

9　あの国ではユーロがつうかです。

　　１　運貨　　　　　２　運賃　　　　　３　通貨　　　　　４　通賃

10　きたくの途中、思いもかけず高校時代の友人に会った。

　　１　帰宅　　　　　２　帰家　　　　　３　帰国　　　　　４　帰省

答　1① 2② 3③ 4③ 5④ 6② 7① 8④ 9③ 10①

問題2 ＿＿＿＿の言葉を漢字で書くとき、最もよいものを１・２・３・４から一つ選びなさい。

1 報告書のページのじゅんじょがばらばらになっている。

 １ 準所   ２ 準序   ３ 順序   ４ 順所

2 彼女の声がそうおんでよく聞こえなかった。

 １ 怖音   ２ 焦音   ３ 騒音   ４ 驚音

3 ボーナスは10日にしきゅうします。

 １ 支給   ２ 支総   ３ 指総   ４ 指給

4 私は音楽部にしょぞくしています。

 １ 所続   ２ 所属   ３ 序続   ４ 序属

5 当てはまるところにXのふごうをつけてください。

 １ 符号   ２ 符合   ３ 付号   ４ 付合

6 患者（かんじゃ）のこきゅうが安定してきた。

 １ 呼処   ２ 呼拠   ３ 呼扱   ４ 呼吸

7 まくが上がってオペラが始まった。

 １ 募   ２ 幕   ３ 暮   ４ 墓

8 ひらがなを漢字にへんかんする時はこのキーを押してください。

 １ 変改   ２ 変更   ３ 変替   ４ 変換

9 このテレビは鮮明（せんめい）なえいぞうが楽しめる。

 １ 映象   ２ 映像   ３ 影象   ４ 影像

10 事業（じぎょう）に失敗してから彼女はよわきになった。

 １ 弱気   ２ 陽気   ３ 強気   ４ 本気

답 1③ 2③ 3① 4② 5① 6④ 7② 8④ 9② 10①

問題2 ______ の言葉を漢字で書くとき、最もよいものを1・2・3・4から一つ選びなさい。

1 我がチームは正正堂堂（せいせいどうどう）と<u>たたかった</u>。

1 戦った　　2 争った　　3 競った　　4 抗った

2 当院では放射線（ほうしゃせん）<u>ぎし</u>を募集（ぼしゅう）しています。

1 技士　　2 技師　　3 枝士　　4 枝師

3 運動会は<u>せいてん</u>に恵（めぐ）まれ、無事（ぶじ）終えることができました。

1 晴天　　2 照天　　3 鮮天　　4 濃天

4 我々は国民として教育・勤労（きんろう）・納税（のうぜい）の三つの義務（ぎむ）を<u>おって</u>いる。

1 悪って　　2 劣って　　3 負って　　4 乏って

5 当日は必ず印鑑（いんかん）を<u>じさん</u>してください。

1 待伺　　2 待参　　3 持伺　　4 持参

6 定期的（ていきてき）に暗証番号（あんしょう）を変えるのは今や<u>じょうしき</u>となった。

1 常識　　2 常織　　3 冗識　　4 冗織

7 その事実は<u>ごく</u>一部の人にしか知られていない。

1 険　　2 激　　3 極　　4 暴

8 ある男が酔っ払って駅のホームで<u>あばれて</u>いた。

1 乱れて　　2 荒れて　　3 暴れて　　4 破れて

9 この魚は<u>しんせん</u>でとてもおいしいです。

1 親清　　2 親鮮　　3 新清　　4 新鮮

10 私たちは野原（のはら）でウサギの足跡（あしあと）を<u>みうしなって</u>しまった。

1 見逃って　　2 見延って　　3 見失って　　4 見欠って

답 1① 2② 3① 4③ 5④ 6① 7③ 8③ 9④ 10③

問題3 （　　　）に入れるのに最もよいものを、1・2・3・4から一つ選びなさい。

1 彼は引退後、その企業の相談（　　　）に就いたそうです。

1 系　　　　　　2 作　　　　　　3 権　　　　　　4 役

2 我々は海岸（　　　）を走った。

1 付き　　　　　2 並び　　　　　3 沿い　　　　　4 従い

3 その作家は幅広い読者（　　　）を持っている。

1 層　　　　　　2 率　　　　　　3 力　　　　　　4 物

4 気象庁は大雨注意（　　　）を発表しました。

1 案　　　　　　2 報　　　　　　3 界　　　　　　4 服

5 興奮している人に大声でどなるのは（　　　）効果だ。

1 諸　　　　　　2 逆　　　　　　3 再　　　　　　4 最

6 その会社は深刻な経営（　　　）で苦しんでいる。

1 難　　　　　　2 額　　　　　　3 型　　　　　　4 差

7 今日はフランス料理の基本的な調理（　　　）を学びました。

1 表　　　　　　2 面　　　　　　3 剤　　　　　　4 法

8 彼らは金銭（　　　）でその活動を支援している。

1 機　　　　　　2 類　　　　　　3 面　　　　　　4 味

9 証明書の（　　　）発行はできません。

1 両　　　　　　2 再　　　　　　3 諸　　　　　　4 同

10 あの政治家は会う人（　　　）に握手をしていた。

1 あたり　　　　2 ぶり　　　　　3 おき　　　　　4 ごと

答 1④　2③　3①　4②　5②　6①　7④　8③　9②　10④

問題3 （　　　　）に入れるのに最もよいものを、1・2・3・4から一つ選びなさい。

1　山田さんは、クラス（　　　　）の努力家だった。

　1　漬け　　　　　2　育ち　　　　　3　連れ　　　　　4　きって

2　あの仏像は（　　　　）公開だが、研究のために特別に見せてもらった。

　1　無　　　　　2　不　　　　　3　全　　　　　4　非

3　妻は東京生まれの東京（　　　　）です。

　1　始まり　　　　　2　生き　　　　　3　育ち　　　　　4　過ごし

4　このイベントはお互いの仲を深めることが（　　　　）目的です。

　1　本　　　　　2　主　　　　　3　来　　　　　4　両

5　リストラのうわさが現実（　　　　）を増してきた。

　1　味　　　　　2　色　　　　　3　上　　　　　4　調

6　歴史（　　　　）の人物で尊敬する人は誰ですか。

　1　流　　　　　2　上　　　　　3　発　　　　　4　風

7　A社とB社の商品の共通（　　　　）は、軽くてはきやすいということです。

　1　点　　　　　2　法　　　　　3　報　　　　　4　度

8　本年度の我が社の売り上げは11億円から22億円に（　　　　）上昇した。

　1　高　　　　　2　反　　　　　3　急　　　　　4　大

9　現在、12日のご予約は全席予約（　　　　）となっております。

　1　離れ　　　　　2　漬け　　　　　3　切れ　　　　　4　済み

10　私のおじがこの土地の所有（　　　　）を持っている。

　1　状　　　　　2　庫　　　　　3　権　　　　　4　片

答　1④　2④　3③　4②　5①　6②　7①　8③　9④　10③

問題4　（　　　）に入れるのに最もよいものを、1・2・3・4から一つ選びなさい。

1　恋人にふられた友達をやさしく（　　　）。

　　1　なじった　　　　2　なやんだ　　　　3　なぐさめた　　　4　なまけた

2　自分の海外での5年間の経験を（　　　）にしてこの本を書いた。

　　1　土台　　　　　　2　立場　　　　　　3　根本　　　　　　4　地元

3　現在、新しい医療制度への（　　　）が進んでいます。

　　1　移住　　　　　　2　移行　　　　　　3　転勤　　　　　　4　転職

4　外出の際はお部屋のキーを（　　　）にお預けください。

　　1　フロント　　　　2　スペース　　　　3　フロア　　　　　4　ステージ

5　社長に会いに行ったが、秘書に（　　　）。

　　1　入れ替えられた　2　打ち消された　　3　差し引かれた　　4　追い返された

6　このくらいの英語実力ではアメリカで（　　　）しないだろう。

　　1　通訳　　　　　　2　有用　　　　　　3　通用　　　　　　4　活用

7　二人連れの男が旅行者から高級カメラを（　　　）逃げた。

　　1　空けて　　　　　2　欠かして　　　　3　離して　　　　　4　奪って

8　あの会社は新商品開発に真剣に（　　　）いるらしい。

　　1　取り合って　　　2　取り上げて　　　3　取り込んで　　　4　取り組んで

9　私が大好きなアニメを原作にした映画が（　　　）明日公開です。

　　1　のろのろ　　　　2　いよいよ　　　　3　もじもじ　　　　4　つくづく

10　子供の面倒を見すぎると、（　　　）その子のためによくない。

　　1　おかげで　　　　2　かえって　　　　3　はたして　　　　4　もっとも

答　1③　2①　3②　4①　5④　6③　7④　8④　9②　10②

問題4　（　　　　）に入れるのに最もよいものを、1・2・3・4から一つ選びなさい。

1 彼女は（　　　　）心が厚く、毎週教会に行きます。

　1　信仰　　　　　　2　尊重　　　　　　3　発揮　　　　　　4　提案

2 仕事が（　　　　）から、休みの予定が立たない。

　1　あやふやだ　　　2　不規則だ　　　　3　大まかだ　　　　4　いいかげんだ

3 私は決して田中さんに（　　　　）なんか抱いているわけではないよ。

　1　不便　　　　　　2　多難　　　　　　3　悪意　　　　　　4　苦情

4 情報技術ではシステムエンジニアの（　　　　）が常に求められている。

　1　養成　　　　　　2　製造　　　　　　3　栽培　　　　　　4　制作

5 鉄道の（　　　　）により、多くの通勤客に混乱が生じました。

　1　ショック　　　　2　インパクト　　　3　ストライキ　　　4　ダメージ

6 あの有名なハリウッド女優は常に流行の（　　　　）をいっていた。

　1　契機　　　　　　2　合図　　　　　　3　始発　　　　　　4　先端

7 減量すると決意するのは簡単だが、その状態を（　　　　）させるのは難しい。

　1　安定　　　　　　2　続行　　　　　　3　定着　　　　　　4　持続

8 プライバシーを求める患者の気持ちに（　　　　）医者しいる。

　1　あいまいな　　　2　鈍感な　　　　　3　かすかな　　　　4　地味な

9 記憶が（　　　　）ものではっきりは言えませんが、彼はその場にいたと思います。

　1　いいかげんな　　2　大まかな　　　　3　あやふやな　　　4　不規則な

10 この本ではヨーロッパとアメリカの就職率を（　　　　）させている。

　1　配列　　　　　　2　対比　　　　　　3　同格　　　　　　4　公表

答　1① 2② 3③ 4① 5③ 6④ 7④ 8② 9③ 10②

問題4　(　　　　)に入れるのに最もよいものを、1・2・3・4から一つ選びなさい。

1 日曜日にもかかわらずあの遊園地は(　　　　)だった。
　1　がらがら　　　　2　ぎりぎり　　　　3　ぐっすり　　　　4　ばったり

2 布を切る時は端が(　　　　)にならないように気をつけてください。
　1　でたらめ　　　　2　ぎざぎざ　　　　3　わがまま　　　　4　ごちゃごちゃ

3 フォークリフトの運転を(　　　　)学んでいきます。
　1　測量　　　　2　測定　　　　3　実用　　　　4　実地

4 秋の展覧会に出す作品の(　　　　)に没頭している。
　1　制作　　　　2　作成　　　　3　掲載　　　　4　交換

5 長い髪を(　　　　)切ってしまったのは何か理由でもあるの？
　1　ぐっすり　　　　2　ばっさり　　　　3　うろうろ　　　　4　ひそひそ

6 パンは焼きたてで(　　　　)したのが好きです。
　1　にっこり　　　　2　きちんと　　　　3　ほかほか　　　　4　ぴかぴか

7 交通系ICカードの残高が少なくなったので、(　　　　)しました。
　1　インストール　　　2　チャージ　　　3　アピール　　　4　コントロール

8 彼はバスに乗っている間、あたりを(　　　　)見回していた。
　1　きょろきょろ　　　2　ぼつぼつ　　　3　ごちゃごちゃ　　　4　かんかん

9 私はその本を読んで教育の重要性を(　　　　)しました。
　1　気配　　　　2　状態　　　　3　動作　　　　4　実感

10 これは計画実現へ向けての最初の(　　　　)です。
　1　チェンジ　　　　2　バランス　　　　3　ストレス　　　　4　ステップ

답 1① 2② 3④ 4① 5② 6③ 7② 8① 9④ 10④

12 예상어휘 확인문제 문맥구성

問題4 （　　　　）に入れるのに最もよいものを、1・2・3・4から一つ選びなさい。

1 新入生は（　　　　）した表情で、式の始まるのを待っている。
1 緊張　　　　2 出張　　　　3 拡張　　　　4 主張

2 A「ホームページを作っても、更新が続かないことって多いよね。」
B「うん、（　　　　）話だね。」
1 当たり前な　　　　2 ありがちな　　　　3 珍しい　　　　4 ふさわしい

3 台風のせいでその海辺の町は完全に（　　　　）してしまった。
1 独特　　　　2 専属　　　　3 限定　　　　4 孤立

4 そのスキャンダルは彼の名声に大きな（　　　　）を与えた。
1 プレッシャー　　　　2 ショック　　　　3 ダメージ　　　　4 コンプレックス

5 山本さんの（　　　　）な対応のおかげで火事にならずにすんだ。
1 厳密　　　　2 機敏　　　　3 濃厚　　　　4 活発

6 弟に手の傷口を触られた時は（　　　　）ほど痛かった。
1 飛び上がる　　　　2 飛び散る　　　　3 飛び立つ　　　　4 飛び降りる

7 妹はプレゼントをもらって、包み紙をびりびりに（　　　　）箱を開けた。
1 争って　　　　2 破って　　　　3 割って　　　　4 奪って

8 スピード違反で（　　　　）を払った経験があります。
1 所得　　　　2 需要　　　　3 罰金　　　　4 税金

9 この（　　　　）は春になると、お花見をする観光客でにぎわいます。
1 地盤　　　　2 敷地　　　　3 地帯　　　　4 地域

10 あの（　　　　）は選挙で圧倒的な勝利を収めた。
1 所属　　　　2 世帯　　　　3 候補　　　　4 選出

答 1① 2② 3④ 4③ 5② 6① 7② 8③ 9④ 10③

해설집 46쪽

問題5 ＿＿＿＿の言葉に意味が最も近いものを、1・2・3・4から一つ選びなさい。

1 彼女はそのあくる日、もう一度やって来た。

1 翌日　　　　　2 本日　　　　　3 昨日　　　　　4 一昨日

2 雪道を歩くにはコツがいる。

1 用具　　　　　2 道具　　　　　3 要請　　　　　4 要領

3 映画のシナリオを書いている。

1 脚本　　　　　2 謄本　　　　　3 脚注　　　　　4 受注

4 無用なトラブルを起こしたくない。

1 苦情　　　　　2 事件　　　　　3 もめごと　　　　　4 混乱

5 野菜の相場が大幅に下がった。

1 どうにか　　　　　2 格段に　　　　　3 なんとか　　　　　4 次第に

6 暗いからランプをつけてください。

1 電灯　　　　　2 電車　　　　　3 暖炉　　　　　4 暖房

7 今年のプロ野球の優勝パレードが行われた。

1 並列　　　　　2 行列　　　　　3 陳列　　　　　4 系列

8 田舎暮らしは思ったより掛かりが少なかったです。

1 借金　　　　　2 勘定　　　　　3 出費　　　　　4 収入

9 10分ほど遅れるとあらかじめ彼に言っておいた。

1 直前に　　　　　2 事前に　　　　　3 一気に　　　　　4 一斉に

10 子供はどうせ親から離れるものだ。

1 単に　　　　　2 もっとも　　　　　3 結局は　　　　　4 ひととおり

답 1① 2④ 3① 4③ 5② 6① 7② 8③ 9② 10③

問題5 ＿＿＿の言葉に意味が最も近いものを、１・２・３・４から一つ選びなさい。

1 それはあなたの<u>過ち</u>ではありません。

1　失望　　　　　2　絶望　　　　　3　過失　　　　　4　損失

2 着物姿の彼女はパーティーでひときわ<u>映えて</u>いた。

1　取り上げて　　2　引き立って　　3　飛び上がって　　4　見下ろして

3 私はその計画を<u>支持</u>しています。

1　コントロール　　2　サポート　　3　アドバイス　　4　サイン

4 この企画(きかく)が成功するかどうか、<u>当て</u>がつかない。

1　見込み　　　　2　味わい　　　　3　工夫　　　　　4　幸運

5 高級感を前面に<u>押し出した</u>商品です。

1　わっと泣き出した　　　　　　　　2　飛ぶように売れている
3　一段と強く打ち出した　　　　　　4　あまり目立たない

6 大地震のニュースが入ったが、まだ<u>細かい</u>ことはわからない。

1　細い　　　　　2　明るい　　　　3　賢い　　　　　4　詳しい

7 それはあまりにも<u>イージー</u>な考えだ。

1　正常な　　　　2　安易な　　　　3　重大な　　　　4　異常な

8 自分のやったことについて<u>言い訳</u>するつもりはない。

1　弁解　　　　　2　翻訳　　　　　3　分解　　　　　4　通訳

9 <u>要するに</u>それは失敗だった。

1　まるで　　　　2　つまり　　　　3　なるほど　　　　4　やっぱり

10 彼女はクラスで一番<u>賢い</u>。

1　頭がいい　　　2　頭が悪い　　　3　おとなしい　　　4　やさしい

答 1③ 2② 3② 4① 5③ 6④ 7② 8① 9② 10①

問題5 　＿＿＿＿の言葉に意味が最も近いものを、1・2・3・4から一つ選びなさい。

1 日本人でさえ往々にして敬語の使い方を間違える。

1　しょっちゅう　　2　ときどき　　　3　めったに　　　4　どうしても

2 ギフトは景品の目録からお選びいただけます。

1　ナンバー　　　　2　チラシ　　　　3　テーマ　　　　4　カタログ

3 今回の優勝は相棒の活躍のおかげです。

1　パートナー　　　2　キャプテン　　3　スタッフ　　　4　マネージャー

4 先生からいいアドバイスをもらえるのは心強いです。

1　気配り　　　　　2　頼もしい　　　3　心細い　　　　4　気が気でない

5 1日中働き続けてへとへとだ。

1　くたくただ　　　2　びっくりだ　　3　がりがりだ　　4　がっかりだ

6 主要な貿易相手国との貿易収支の均衡を保つことが大切だ。

1　リズム　　　　　2　ペース　　　　3　コントロール　4　バランス

7 人気の商品をランキング形式で紹介した。

1　勝負　　　　　　2　順位　　　　　3　抽選　　　　　4　順番

8 最近、やっと精神的にゆとりが出てきた。

1　余裕　　　　　　2　土台　　　　　3　満足　　　　　4　実り

9 ここは、いわば天国みたいな所だよ。

1　やむをえず　　　2　たとえてみれば　3　言わなくても　4　よく考えてみると

10 手に汗をにぎる接戦に、思わず身を乗り出してしまった。

1　思ったとおり　　2　十分に　　　　3　わざと　　　　4　無意識に

答　1②　2④　3①　4②　5①　6④　7②　8①　9②　10④

問題6　次の言葉の使い方として最もよいものを、1・2・3・4から一つ選びなさい。

1 つくづく

1　道路を渡る時にはつくづく車に注意してください。

2　親鳥がつくづくひなにえさを運んでいる。

3　今回の人事異動でつくづく会社が嫌になった。

4　山田さんの肌は白くてつくづくしていてうらやましい。

2 会合

1　今晩は各クラブ代表者の会合がある。

2　スポーツ用具を借りる会合には、先生の許可を得てください。

3　仲よしが何年ぶりに集まったので会合が弾んだ。

4　母校の同窓会には100人を超える会合がいる。

3 承る

1　あちらで田中様が承っております。

2　今回の事故は、私の不注意が承った結果です。

3　部長はあいにく外出しておりますので、私が代わりに承ります。

4　承るまでもなく、彼は当代指揮者の中でもトップに立つ人です。

4 ルーズ

1　志願者数は定員をはるかにルーズした。

2　父は、私が背が高くてルーズなのを自慢している。

3　給与だけで就職先を決めるなんてルーズな選択だと思う。

4　あの人はお金にルーズだから貸さないほうがいい。

5 ぼつぼつ

1　このぼつぼつになった辞書が私の宝だ。

2　こちらでは桜の花がぼつぼつ咲き始めた。

3　彼はぼつぼつしながら私に小さな包みを差し出した。

4　彼は私の顔をぼつぼつ見た。

答　1③　2①　3③　4④　5②

問題6　次の言葉の使い方として最もよいものを、1・2・3・4から一つ選びなさい。

1 めったに

1　彼女はめったに遅刻をする。

2　彼女はめったにミスをしない。

3　私が部屋に入っためったに地震が起きた。

4　めったに雨が降りはじめた。

2 ようやく

1　遅れるかもしれないが、ようやく頑張って急いでみよう。

2　あの人とのつらい別れの時が、ようやく来てしまった。

3　難しい注文かもしれないが、ようやく1週間で作ってください。

4　一週間も待ってようやく新しいゲーム機が到着した。

3 上回る

1　この地域の農家で栽培する米の量は毎年上回っている。

2　会議を上回る時間まで延長した。

3　応募者の数が定員を上回った。

4　私は最近、めきめき数学の成績が上回っている。

4 着実

1　彼女はゆっくりだが、着実に仕事を進めている。

2　健康にはいつも気をつかっていた彼が入院とは、着実なものだ。

3　彼がその提案に反対しているとは、着実だ。

4　私の家は着実な地盤の上にあるので、地震の心配はない。

5 及ぶ

1　湖に及んだそのホテルからは素晴らしい風景が楽しめます。

2　私は株には詳しいほうだが、兄には足元にも及ばない。

3　初心者ばかりですので、やさしく及んでください。

4　彼女とはこれまで親しく及ぶ機会がなかった。

답 1② 2④ 3③ 4① 5②

제 **3** 장 문법 공략편

01 문제유형 공략하기

02 핵심문법 정복하기

(1) 핵심문법 150

(2) 경어

(3) 사역·수동·수수 표현

(4) 지시어·접속어

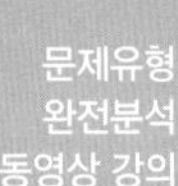

문제유형
완전분석
동영상 강의

문제유형 공략하기

1 問題 7 문법형식 판단

問題7 문법형식 판단은 괄호 안에 들어갈 알맞은 표현을 고르는 문제이다. 사역, 수동, 수수, 조건, 경어, 접속사와 조사 등 다양한 표현이 출제되며, 기능어의 경우 접속 방법을 정확하게 익혀 두는 것이 좋다.

알고 풀자!

· 문장 앞뒤의 접속 관계를 먼저 파악해 보자!
빈칸 앞뒤의 단어나 구를 보고 서로 어떤 관계(원인, 첨가, 역접 등)로 연결되어야 자연스러운 문장이 되는지 생각해 보는 것이 가장 중요하다.

· 단어의 형태를 꼭 확인해 보자!
주어진 문형에 맞는 접속 형태를 고르는 문제도 나오므로 문형에 접속하는 형태가 명사인지 동사의 사전형인지 등 품사와 활용형을 확인하는 것이 중요하다. 각 문형의 접속 방법을 잘 떠올려 보자.

· 문형의 의미와 뉘앙스를 정확히 비교해 보자!
모든 선지가 문법적으로 연결 가능해 보인다면, 각 문형이 가진 고유한 의미와 뉘앙스를 비교해야 한다. 비슷한 뜻이라도 문형마다 쓰이는 상황이 다르기 때문에 이 문장이 나타내고자 하는 정확한 뜻에 맞는 답을 고르는 연습을 해 보자.

예시

問題 7 　次の文の（　　　）に入れるのに最もよいものを、１・２・３・４から一つ選びなさい。

31 あの様子（　　　）、彼は試合に負けたらしい。
　　1　からには　　　　　2　かというと　　　　　3　からすると　　　　4　からといって

해석　그 모습으로 보아 그는 시합에 진 것 같다.

해설　1번「からには」는 '~한 이상', 2번「かというと」는 '~인가 하면', 3번「からすると」는 '~로 보아', 4번「からといって」는 '~라고 해서'라는 의미이다. 앞뒤 문맥을 생각하면 정답은 3번이 된다는 것을 알 수 있다.「~からすると」와 유사한 문형인「~から見ると」,「~から言うと」도 함께 기억해 두자.

단어　様子(ようす) 모습, 상태　負(ま)ける 지다

問題 8 문장만들기

問題8 문장만들기는 4개의 빈칸에 들어갈 말을 순서에 맞게 배열하여 문장을 만드는 문제이다. 주로 2번째 나 3번째에 들어가는 표현(★표시)을 묻는다. 기능어의 조합뿐만 아니라 문장의 구성까지 신경 써야 한다. 5 문제가 출제된다.

알고 풀자!

· 문장의 시작과 끝을 먼저 연결해 보자!

  문장의 첫 부분과 마지막 부분이 자연스럽게 이어지도록 조각을 먼저 배치해 보자. 첫 번째와 마지막 밑줄을 먼저 배치해 두면 나머지는 문법적인 연결에 맞춰 배열하기 쉬워진다.

· 조사에 주목하여 두 단어 묶음을 만들자!

  정답 선지 중에 조사가 있다면 앞 또는 뒤 단어와 어떻게 연결되어야 하는지를 알려 주는 중요한 힌트가 된다. 딱 맞는 두 단어 묶음을 먼저 만들고 나면 남은 선지 배열은 쉬워진다.

· 문형이나 관용 표현을 찾아 보자!

  의미적 혹은 문법적으로 다른 단어와 연결하기 쉬운 문형이나 관용 표현이 있다면 먼저 덩어리로 묶어 배치 하면 쉽게 문장을 완성할 수 있다.

예시

問題8　次の文の ＿＿★＿＿ に入る最もよいものを、１・２・３・４から一つ選びなさい。

13　私は ＿＿＿＿ ＿＿★＿＿ ＿＿＿＿ ＿＿＿＿ ことは社員の方に聞いてください。

　　　1　にすぎない　　　　2　アルバイト　　　3　ので　　　　　4　詳しい

해석　저는 아르바이트에 지나지 않기 때문에 자세한 것은 직원 분께 물어 보세요.

해설　1번「~にすぎない」는 '~에 지나지 않는다', 2번「アルバイト」는 '아르바이트', 3번「~ので」는 '~때문에', 4번「詳しい」는 '자세하다'라는 의미이다. 「~にすぎない」는 명사와 함께 와서 '~에 지나지 않는다'는 뜻을 나타내므로 2번 다음에 1번이 온다. 「~にすぎない」 다음에 올 표현과 뒤에 오는 명사 こと를 수식할 표현을 고려하면 순서는 2134가 된다.

단어　詳(くわ)しい 상세하다, 자세하다

問題9 글의 문법은 제시된 지문의 빈칸에 들어갈 가장 적절한 표현을 고르는 문제로 단순히 문법 자체에 국한되지 않고 문장의 흐름을 파악할 수 있는 종합적인 독해력이 요구된다. 문법 기능어뿐만 아니라 접속사, 부사 등 다양한 어휘가 출제된다.

！알고 풀자!

- 빈칸이 포함된 문장과 앞뒤 문장의 관계를 분석해 보자!
  빈칸에 들어갈 답을 찾는 핵심 단서는 대개 빈칸이 속한 문장과 그 바로 앞뒤 문장에 있다. 인과 관계, 역접 등을 나타내는 접속 표현이 선지에 있다면 앞뒤 문장 사이의 논리적인 연결이 무엇인지 파악해야 한다.

- 선택지의 문형이 나타내는 뉘앙스를 비교해 보자!
  문법적으로 비슷해 보이지만 미묘하게 뜻이나 뉘앙스가 다른 문형들이 자주 선지로 등장한다. 각 문형이 문맥에서 어떤 의미를 가지는지 정확히 파악해야 한다.

- 빈칸을 전후로 문장 성분이 빠지지 않았는지 확인해 보자!
  빈칸에 들어가는 말이 문장의 주어, 목적어, 술어 등의 일부로서 문장 성분을 완성하는 역할인지 확인하고 그에 맞는 답을 골라낼 수 있어야 한다.

예시

問題9　次の文章を読んで、文章全体の内容を考えて、　48　から　51　の中に入る最もよいものを１・２・３・４から一つ選びなさい。

　世の中には、人の目につきたくてうずうずしている人もいない　48　。しかし、大部分の人は、大声を出して人に見られるのをはずかしいと思う。あぶないなあと気づいても、声に出して注意を発（はっ）するまでに至（いた）らないことが多いのではなかろうか。電車の事故や、火事などというような、直接的（ちょくせつてき）な問題ばかりではない。考えてみると、世の中には、めいめいが早めにさわぎたてれば、それで大事（おおごと）に至（いた）らずに済（す）むということが少なくないのだ。　49　、自分の身に直接の影響（えいきょう）がないと、たいていのことは、ひとごとに見える。(後略)

48

　　1　ものだ　　　　　2　ものではない　　　3　わけだ　　　　✓4　わけではない

49

　　1　そこで　　　✓2　ところが　　　　3　さて　　　　　4　それとも

해석　세상에는 남의 눈에 띄고 싶어 안달하는 사람도 <u>없는 것은 아니다</u>. 하지만 대부분의 사람은 큰 소리를 내서 남에게 주목받는 것을 부끄럽게 생각한다. 위험하다고 알아차려도, 소리 내어 주의를 주기까지 이르지 못하는 경우가 많지 않은가. 전철 사고나 화재 같은 직접적인 문제만은 아니다. 생각해 보면, 세상에는 각자가 일찌감치 소란을 피우면, 그것으로 큰일로 이어지지 않고 끝날 수 있는 일이 적지 않다. <u>그런데</u>, 자기 몸에 직접적인 영향이 없으면, 대부분의 일은 남의 일처럼 보인다. (후략)

해설　48번 빈칸 뒤에 「しかし、大部分の人は」이라는 역접의 접속사와 대조되는 주어가 이어지므로 빈칸 앞 문장은 일부 존재한다는 내용이 되어야 문맥이 자연스럽다. 49번 빈칸 앞 문장은 '미리 소란을 피우면 큰일이 되지 않을 일이 적지 않다'는 일반적인 가능성을 제시하며 빈칸 뒤 문장은 '자신에게 영향이 없으면 대부분 남의 일로 보인다'는 현실의 문제점을 지적하고 있다. 이 두 문장은 '이론적으로는 가능하지만 실제로는 그렇지 않다'는 역설적인 현실을 대조하고 있으므로, 예상 밖의 사실을 언급하며 역접을 나타내는 접속사 「ところが」가 가장 적절하다.

단어　発する 일어나다, 발생하다　至る 이르다, 도달하다　めいめい 각자, 제각기　影響 영향

 N2 핵심문법 150

2010년 시험부터 N2 문법은 기능어 뿐만 아니라 경어, 접속사, 부사, 조사 등에 대한 문제도 폭 넓게 출제되고 있다. 여기서는 시험에 빈번하게 출제되는 문형을 あ・い・う・え・お 순으로 정리하였다.

 001　～あげく　～한 끝에

접속	동사의 과거형(た형) + た + あげく

「～あげく」는 「あれこれ(여러 가지로)」, 「さんざん(몹시)」 등과 호응하는 경우가 많다.

기출　あれこれ質問に答えさせられたあげく　여러 가지 질문에 억지로 대답한 끝에　2011-1회

何度もけんかを繰り返したあげく、彼らは別れたそうだ。
몇 번이나 싸움을 반복한 끝에 그들은 헤어졌다고 한다.

002　～あまり　～한 나머지

접속	동사의 사전형 + あまり / 동사의 과거형(た형) + た + あまり
	동사・い형용사・な형용사의 명사형 + の + あまり

기출　緊張のあまり　긴장한 나머지　2015-1회
周りの人から自分がどう思われているかを気にするあまり
주변 사람들이 자신을 어떻게 생각하고 있을지 신경 쓰는 나머지　2024-2회

彼女は一番行きたかった大学に合格し、嬉しさのあまり跳び上がった。
그녀는 가장 가고 싶었던 대학에 합격하여 기쁜 나머지 껑충 뛰었다.

003 ～一方だ (오로지) ~할 뿐이다, ~하기만 한다

접속 동사의 사전형 + 一方だ

어떤 변화가 계속해서 한 방향으로만 진행되고 있다는 의미를 나타내며, 주로 시간이 지남에 따라 점차 심화되거나 증가하는 추세를 표현할 때 사용한다.

기출
周囲の期待は高まる一方だ 주위의 기대는 높아만 진다 　2010-1회

家の中は物が増える一方だ 집 안은 물건이 늘어나기만 한다 　2015-2회

インフルエンザの患者数は増える一方だ 인플루엔자 환자 수는 늘어나기만 한다 　2018-2회

開発競争は激しくなる一方だ 개발 경쟁은 심해지기만 한다 　2025-1회

警察の呼びかけにもかかわらず、オートバイの事故は増える一方だ。
경찰의 호소에도 불구하고 오토바이 사고는 늘어나기만 한다.

004 ～うえ(で) ~하는 데 있어서 / ~한 후에

접속 동사의 사전형 + うえ(で) / 동사의 과거형(た형) + た + うえ(で)
명사 + の + うえ(で)

동사의 사전형에 접속할 경우 '~하는 데 있어서'라는 뜻으로, 특정 상황이나 조건, 전제 하에서 필요한 것을 나타낸다. 동사의 과거형에 접속할 경우 '~한 후에'라는 뜻으로, 앞의 행동이 완료된 다음 그것을 바탕으로 다음 행동이 이루어진다는 의미를 가진다. 그리고 명사에 접속할 때는 위 두 가지 의미를 다 가지므로 문맥에 따라 달리 해석해야 한다.

기출
レポートを作成する上で 리포트를 작성하는 데 있어 　2014-1회

結婚生活を送るうえで 결혼 생활을 하는 데 있어 　2016-2회

自分の立場をよく考えたうえで 자신의 입장을 잘 생각한 후에 　2022-1회

スマホを使ううえで、気をつけることを子供たちと話し合った。
스마트폰을 사용하는 데 있어서 신경 써야 할 것을 아이들과 이야기를 나눴다.

上司と相談したうえで、ご連絡させていただいてもよろしいでしょうか。
상사와 상의한 후에 연락드려도 괜찮을까요?

電話番号をよくお確かめのうえ、おかけ間違いのないようお願いいたします。
전화번호를 잘 확인하신 후, 잘못 거는 일이 없도록 부탁드립니다.

005 ～うえ(に) ～인 데다가

접속 い형용사・な형용사 + うえ(に)

간혹 「명사+の+うえに」, 「동사 과거형(た형)+た+うえに」, 또는 「동사 사전형+うえに」의 꼴로도 사용된다.

このへんは物価が高いうえに交通も不便なので暮らしにくい。
이 근처는 물가가 비싼 데다가 교통도 불편하기 때문에 살기 불편하다.

006 ～うえは ～한 이상에는, ～한 바에는

접속 동사의 과거형(た형) + た + うえは

「～うえは」는 어떤 일을 실행하거나 결정한 것을 전제로 삼아 그에 따른 당연한 책임이나 의무, 또는 각오를 강하게 나타낼 때 사용한다. 또한 문어적이고 딱딱한 표현이므로 제한적으로 사용된다.

[유사 표현] ～以上は / ～からには ～한 이상에는

こうなったうえは、何としても責任をとるつもりです。
이렇게 된 바에는 어떻게든 책임을 질 작정입니다.

007 〜うちに / 〜ないうちに

〜하는 동안에, 〜중에, 〜할 때에 / 〜하지 않는 사이에, 〜하기 전에

접속 동사·い형용사·な형용사·명사의 명사접속형 + うちに
동사·い형용사·な형용사·명사의 부정형(ない형) + ないうちに

「〜うちに」는 '어떤 상태나 동작 등이 지속되는 동안에'라는 뜻을 나타내며, 「〜ないうちに」는 '어떤 상태로 변하기 전에'라는 뜻을 나타낸다. 「〜うちは(〜할 때에는)」의 형태로도 출제되기도 한다.

기출 何か月もしないうちに 몇 개월도 지나기 전에　2010-2회

練習していくうちに 연습해 나가는 동안에　2014-1회

カメラを取り出そうとしているうちに 카메라를 꺼내려고 하는 사이에　2017-1회

毎朝体操を続けるうちに 매일 아침 체조를 계속하는 사이에　2017-2회

CMなどで何度か見ているうちに 광고 방송 등에서 몇 번인가 보는 동안에　2018-2회

最後まで読み終わらないうちに 마지막까지 다 읽기 전에　2025-1회

使い始めていくらもたたないうちに 쓰기 시작하고 얼마 지나지 않아　2025-2회

この辺りはにぎやかだが、夜になると人通りもなくなるから、明るいうちに帰ろう。
이 부근은 붐비지만 밤이 되면 인적도 뜸해지니 밝을 때에 돌아가자.

冷めないうちに、召し上がってください。
식기 전에 드세요.

008 〜おきに　〜간격으로, 〜걸러

접속 명사 + おきに

앞에 비교적 시간의 길이가 짧은 분, 시간 단위가 오면 「〜ごとに(〜마다)」와 같은 의미로 사용되지만, 비교적 시간의 길이가 긴 '일, 주, 월, 년'과 쓰이면 「〜ごとに」와 다른 의미로 쓰인다. 예를 들어 「一日ごとに」는 '매일', 「一日おきに」는 '하루 걸러, 이틀마다' 라는 뜻이 된다. 거리를 나타내는 용법은 「〜ごとに」와 의미가 같다. 또한 「〜おきに」는 동사에 접속하지 않는다.

기출 大体2日おきに 대체로 이틀 간격으로 2015-2회

節電のため、廊下の蛍光灯を一つおきに外している
절전하기 위해 복도 형광등을 하나 걸러 하나씩 빼고 있다 2017-1회

大学行きのシャトルバスは15分おきに出ています。
대학교행 셔틀버스는 15분 간격으로 출발하고 있습니다.

009 〜か〜ないかのうちに 〜하자마자

접속 동사의 사전형 + か + 동사의 부정형(ない형) + ないかのうちに

「〜かないかのうちに」는 어떠한 동작이나 행위 등이 발생함과 거의 동시에 다음 일이 일어남을 나타내며, 간혹 「동사의 과거형(た형)+た+か+동사의 부정형(ない형)+ないかのうちに」의 형태로 쓰이기도 한다.

유사 표현 〜たとたん(に) 〜한 순간(에)

기출 娘は「いってきます」と言い終わるか終わらないかのうちに
딸은 '다녀오겠습니다'라고 말을 끝내자마자 2021-1회

彼は、問題を見るか見ないかのうちに、もう答えを書き始めていた。
그는 문제를 보자마자 벌써 답을 적기 시작했다.

010 〜かいがある 〜한 보람이 있다

접속 동사의 ます형 + かいがある / 동사의 과거형(た형) + た + かいがある
명사 + の + かいがある

어떤 노력이나 고생, 행위가 헛되지 않고 그에 상응하는 좋은 결과나 의미를 얻었을 때 사용한다.

二時間待ったかいがあって、雨がやみ、美しい景色を見ることができた。
2시간 기다린 보람이 있어 비가 그치고 아름다운 경치를 볼 수 있었다.

011 〜かぎり / 〜ないかぎり 〜(하)는 한 / 〜(하)지 않는 한

접속 동사의 보통형 + かぎり / 동사의 부정형(ない형) + ないかぎり

「〜かぎり＋の＋명사(~하는 한의)」와 「〜かぎりでは(~하는 바로는)」도 출제된 적이 있으며, 주로 「持てるかぎりの荷物(들 수 있는 한의 짐)」, 「君がここにいるかぎりでは(네가 여기 있는 한)」의 형태로 사용된다.

私が記憶するかぎり、彼は結婚したことはない。
내가 기억하는 한 그는 결혼한 적은 없다.

あの人が謝らないかぎり、私は許しません。
그 사람이 사과하지 않는 한 나는 용서하지 않겠습니다.

012 〜かけの / 〜かける 〜하다 만, 〜하는 중인 / 〜하다 말다, 〜할 뻔하다

접속 동사 ます형 + かけの/かける

어떠한 동작이나 행위 등이 시작되었으나 아직 완료되지 않은 상태 또는 도중에 멈춘 상태임을 나타낸다. 주로 지속성이 있는 동작 동사에 접속한다.

기출 一時はあきらめかけたが 한때는 포기할 뻔했지만 2016-2회
読みかけだった 3 冊の本を 읽다 만 3권의 책을 2022-2회

椅子に編みかけのセーターが置いてあった。
의자에 뜨다 만 스웨터가 놓여 있었다.

冷蔵庫の中の野菜がくさりかけている。
냉장고 안의 야채가 썩으려고 한다.

013 〜がたい　〜하기 어렵다, 〜하기 힘들다

| 접속 | 동사의 ます형 + がたい |

「〜がたい」는 어떤 행동을 하고 싶어도 쉽게 할 수 없는 상황이나 심리적으로 어떤 행동을 하기 어려운 마음 상태를 표현할 때 사용한다. 주로 감정, 도덕적 판단, 상식 등에 의해 어떤 행동을 하기 어렵다고 느낄 때 자주 쓴다.

유사 표현　〜かねる　〜하기 어렵다, 〜하기 힘들다

기출　山頂に立ったときの感動は今でも忘れがたい
산꼭대기에 섰을 때의 감동은 지금도 잊기 힘들다　2024-2회

私にとって子供は何ものにも代えがたい大切な存在だ。
나에게 있어 아이는 어떤 것으로도 바꿀 수 없는 소중한 존재다.

014 〜がち　자주 〜함, 〜하는 경향이 있음

| 접속 | 동사의 ます형·명사 + がち |

기출　つい思ってしまいがちだ　무심결에 생각해 버리는 경우가 많다　2013-2회
テニスクラブの練習を休みがちだ　테니스 클럽 연습을 자주 쉰다　2022-1회

一つ悪いことがあると、何につけても悪く考えがちになる。
한 가지 나쁜 일이 있으면 뭐든지 나쁘게 생각하게 된다.
病気がちの彼には、こんな激しいスポーツはできない。
잔병치레가 잦은 그는 이런 과격한 운동은 할 수 없다.

015 **〜かというと・〜かといえば** 〜(하)는가 하면

접속	동사·い형용사의 보통형 + (の) + かというと・かといえば
	な형용사의 어간 + (なの) + かというと・かといえば
	명사 + (なの/である) + かというと・かといえば

관용적으로 쓰이는 「何かというと・何かといえば(툭하면, 뭐냐면)」, 「どちらかというと・どちらかといえば(어느 쪽인가 하면)」, 「なせかというと・なぜかといえば(왜냐하면)」도 함께 익혀 두자.

文章がうまければ誰でも作家になれるかというと、そんなことはない。
문장에 능하면 누구나 작가가 될 수 있는가 하면 그렇지는 않다.

部長と課長は何かといえば意見が対立する。
부장님과 과장님은 툭하면 의견이 대립한다.

016 **〜かねない** 〜(할) 수도 있다, 〜(할) 지도 모른다

접속	동사의 ます형 + かねない

「〜かねない」는 '(좋지 않은 결과가) 일어날 수도 있다' 또는 '(부정적인 일이) 생길 우려가 있다'는 의미로 사용된다. 말하는 사람이 판단하기에 그럴 가능성이 충분히 있다고 생각할 때 쓰는 표현이다.

기출 大事故が起きかねない危険な状態が 큰 사고가 일어날지도 모르는 위험한 상태가 `2023-2회`

誤解を招きかねない言い方はさけよう。
오해를 살 수도 있는 말투는 피하자.

017 〜かねる 〜하기 힘들다, 〜하기 어렵다

접속 동사의 ます형 + かねる

상대의 부탁, 요구 등을 거절하거나 상대에게 곤란함을 전할 때 자주 쓰는 정중하고 간접적인 부정 표현이다. 직접적으로 '〜할 수 없다'고 말하기보다 완곡하게 표현하여 상대에게 '〜하기 어렵다', '〜하는 것은 받아들이기 힘들다'는 느낌을 주어 존중과 예의를 갖출 수 있다.

유사 표현 〜がたい 〜하기 어렵다, 〜하기 힘들다

기출 現時点では判断しかねる 현시점에서는 판단하기 어렵다   2016-1회 2020

詳しい状況は分かりかねます。
자세한 상황은 알기 어렵습니다.

駐車場内の事故、トラブルには責任を負いかねます。
주차장 내 사고, 문제에는 책임을 지기 어렵습니다.

018 〜から 〜にかけて 〜부터 〜에 걸쳐

접속 명사 + から + 명사 + にかけて

시간이나 장소 등의 시작점과 끝점이 명확하지 않은 상황에서 계속적으로 발생하는 일에 대해 말할 때 사용한다.

유사 표현 〜にわたって 〜에 걸쳐

기출 明日の夕方から夜にかけて 내일 저녁부터 밤에 걸쳐   2017-1회

日本では、8月の下旬から9月の上旬にかけて台風が多い。
일본에서는 8월 하순부터 9월 초순에 걸쳐 태풍이 많다.

発達する低気圧の影響で、土曜日の夕方から日曜日の朝にかけて、激しい雨が降るおそれがあります。
발달하는 저기압의 영향으로 토요일 저녁부터 일요일 아침에 걸쳐 심한 비가 내릴 우려가 있습니다.

～からいって・～からいうと ～으로 보아, ～으로 보건대

| 접속 | 명사 + からいって・からいうと |

한자 표기「～から言って・～から言うと」로 출제되는 경우도 많다. 유사한 표현에는「～から言えば」도 있다.

유사 표현 ～からすると・～からすれば ～으로 보아

今の状況からいって、このまま計画を進めるのは無理です。
지금 상황으로 보건대 이 상태로 계획을 추진하는 것은 무리입니다.

私の経験から言うと、留学はした方がいいよ。
내 경험으로 보아 유학은 하는 편이 좋아.

020 ～からして ～부터가, ～으로 보아

| 접속 | 명사 + からして |

私は彼のことが大嫌いだ。彼の話し方や服装からしてがまんならない。
나는 그 사람을 무척 싫어한다. 그 사람의 말투나 복장부터가 참을 수 없다.

021 ～からすると・～からすれば ～으로 보아

| 접속 | 명사 + からすると・からすれば |

유사 표현 ～からいって・～からいうと ～으로 보아, ～으로 보건대

기출 実務経験者ということからすると 실무 경험자라는 것으로 보아 2010-1회

わからないことばかりの私からすると 모르는 것 투성이인 내가 보기에 2024-1회

アクセントからすると、どうやらあの人は外国出身らしい。
악센트로 보아 아무래도 그 사람은 외국 출신인 것 같다.

022 　～からといって　～라고 해서

접속	동사·い형용사·な형용사의 사전형 + からといって
	명사 + だ + からといって

「～からといって」는 '아무리 그렇더라도 ~해서는 곤란하다, 단지 그렇다고 해서 ~할 것은 없다'라는 뉘앙스를 가진 문장에 주로 사용된다. 뒤에는 주로 「～(という)わけではない((~라는) 것은 아니다)」, 「～とはかぎらない(~라고는 할 수 없다)」, 「～とはいえない(~라고는 말할 수 없다)」와 같은 부분 부정 표현이 온다.

기출　休みの日だからといって　휴일이라고 해서　　2022-2회

親が頭がいいからといって、子供も必ず頭がいいとはかぎらない。
부모가 머리가 좋다고 해서 자식도 꼭 머리가 좋다고는 할 수 없다.

しばらく連絡がないからといって、そんなに心配することはないよ。
잠시 연락이 없다고 해서 그렇게 걱정할 필요는 없어.

023 　～からには　～할 바에는, ~한 이상에는

접속	동사의 사전형·과거형(た형) + からには
	명사 + である + からには

유사 표현　～以上は・～うえは　～한 이상에는

기출　いったん仕事を引き受けたからには　일단 일을 맡은 이상에는　　2010-2회
決まったからには、うまく付き合っていこうと思う
정해진 이상에는 같이 잘 지내 보려고 한다　　2025-2회

プロ選手になったからには誰にも負けないくらい頑張ろうと思っている。
프로 선수가 된 이상 누구에게도 지지 않을 정도로 열심히 해 보자고 생각하고 있다.

024 **〜気味（ぎみ）** 〜(한) 기운이 있음, 〜(한) 경향, 〜(한) 기색

접속 동사의 ます형·명사 ＋ 気味

仕事の進み具合が遅れ気味なので、今から巻き返せるように頑張ります。
일 진행 상황이 조금 늦어지는 듯해서 이제부터 다시 제 속도를 맞출 수 있도록 노력하겠습니다.

025 **〜きり / 〜きりだ** 〜한 이래로 / 〜한 채이다, 〜했을 뿐이다

접속 동사의 과거형(た형) ＋ た ＋ きり/〜きりだ

어떤 동작이 일어난 시점을 끝으로 그 동작이 지속되거나 후속 동작이 일어나지 않았음을 나타낸다.

기출 髪は半年前に切ったきり 머리는 6개월 전에 자른 이래로 　2013-1회
数年前に先輩の結婚式で会ったきり
수년 전에 선배 결혼식에서 만난 이래로 　2024-1회

あの人は出かけたきり戻ってこなかった。
그 사람은 나간 채 돌아오지 않았다.

本田さんとは３年前に一度会ったきりだ。
혼다 씨와는 3년 전에 한 번 만났을 뿐이다.

問題7 次の文の（　　　）に入れるのに最もよいものを、1・2・3・4から一つ選びなさい。

1 彼女は悲しみの（　　　）、声が出なくなってしまった。 002
　1 まで　　　　　　2 わけ　　　　　　3 あまり　　　　　4 ばかり

2 彼女は頭がいい（　　　）実行力もあるから、みんなに信頼されている。 005
　1 ために　　　　　2 うえに　　　　　3 ものの　　　　　4 ほどの

3 両親が元気な（　　　）、色んなところへ旅行に行きたいと思っている。 007
　1 ところに　　　　2 うちに　　　　　3 なかに　　　　　4 あとに

4 ここ数年、冷夏が続き、野菜の値段が（　　　）一方だ。 003
　1 あがる　　　　　2 あがり　　　　　3 あがった　　　　4 あがるの

5 ５年前に大病をしてから、すっかり病気（　　　）になった。 014
　1 ぐせ　　　　　　2 ふう　　　　　　3 だけ　　　　　　4 がち

6 彼はコーヒーに口をつけるか（　　　）かのうちにあわてて店を出ていった。 009
　1 つける　　　　　2 つけない　　　　3 つけている　　　4 つけていない

7 受験すると決めた（　　　）は、全力をつくすつもりです。 006
　1 まで　　　　　　2 わけ　　　　　　3 うえ　　　　　　4 ほど

8 経験がない（　　　）、失敗するとはかぎらない。 022
　1 からして　　　　2 からには　　　　3 からすると　　　4 からといって

9 いったん引き受けた（　　　）、最後までやり通すべきです。 023
　1 ためには　　　　2 わけには　　　　3 からには　　　　4 うちには

답 1③　2②　3②　4①　5④　6②　7③　8④　9③

10 一生懸命、看病した（　　　）があって、子供の熱は下がりました。010

1　から　　　　　　2　がち　　　　　　3　かい　　　　　　4　こそ

11 両親と話し合った（　　　）、進学先を決めました。004

1　うえで　　　　　　2　あまり　　　　　　3　かぎり　　　　　　4　かというと

12 生まれて３か月未満の赤ちゃんには３時間（　　　）ミルクをあげなければなりません。008

1　がち　　　　　　2　こそ　　　　　　3　おきに　　　　　　4　からして

13 あのチームの選手は＿＿＿＿　＿★＿　＿＿＿＿　＿＿＿＿。020

1　から　　　　　　2　強そうだ　　　　　　3　体格　　　　　　4　して

14 ＿＿＿＿　＿＿＿＿　＿★＿　＿＿＿＿のは、かえって失礼になることもあります。022

1　遠慮する　　　　　　2　物だから　　　　　　3　高価な　　　　　　4　といって

15 庭に咲いている＿＿＿＿　＿＿＿＿　＿★＿　＿＿＿＿すごくいい。005

1　香りも　　　　　　2　花は　　　　　　3　うえに　　　　　　4　きれいな

16 申し訳ございません。個人情報に関する質問＿＿＿＿　＿＿＿＿　＿★＿　＿＿＿＿ます。017

1　いたし　　　　　　2　お答え　　　　　　3　かね　　　　　　4　には

17 メニューが＿＿＿＿　＿＿＿＿　＿★＿　＿＿＿＿いつも食べているうどんを頼むことにした。001

1　あげく　　　　　　2　結局　　　　　　3　迷った　　　　　　4　多くて

問題9　次の文章を読んで、文章全体の内容を考えて、　18　から　21　の中に入る最も
　　　　よいものを1・2・3・4から一つ選びなさい。

　　　子供の生活から「遊び」をもぎ取ってしまったら、それはちょうど羽根をむし
り取られたトンボと同じで、子供ではない。羽根を取られたトンボは、地面をよ
たよたと歩くことはできるかもしれないが、大空を自由に飛び回ることはできな
いだろう。

　　　子供たちは、仲間同士のあせまみれ、どろまみれの遊びの中から、おのずと人　　　05
間の心のふれあいを　18　友情をつちかうのである。また、想像力もここで発達
するだろう。何かおもしろいことはないか、こうしてみようああしてみようと、
常に　19　、より楽しい遊びは得られないし、長続きもしない。その間に、取っ
組み合いのけんかもあるかも知れぬが、そのけんかがまた大事なのだ。けんかほ
ど、子供の感情の振り幅を豊かにするものはあるまい。　　　　　　　　　　　　　10

　　　もう一つあげよう。子供の遊びには、当然ながら、自然がいる。自然は土に象
徴される。その中には、小さなありんこたちが無数に穴をほり、　20　名も知れぬ
芽が、ひょっこり顔をのぞかせるかも知れない。子供たちは、ものごころつきは
じめたころから、それら自然の生物たちとの交流の中で、　21　生命の尊さという
ものを学んでいくのではないか。私は、子供のこのような姿こそ真の子供らしさ　　　15
ではないかと思っているし、これからも大事に育てていきたいと考えている。

（注1）もぎ取る：しっかり付いているものを無理やり取り上げる
（注2）むしり取られる：強引に取られる
（注3）よたよた：今にも倒れそうに、歩き方がしっかりしていない様子
（注4）取っ組み合い：互いに組合って争うこと
（注5）ありんこ：ありの子
（注6）ひょっこり：思いがけない時に急に現れるさま
（注7）ものごころ：世の中の物事や人間の感情などについて理解できる心

18

1 確かめつつ

2 確確かめたきり

3 確かめたからといって

4 確かめない限り

19

1 工夫したかいがある

2 工夫しない限り

3 工夫したからには

4 工夫したかというと

20

1 だが

2 しかし

3 あるいは

4 ところが

21

1 つまり

2 やがて

3 けれど

4 または

핵심문법

〜つつ(も) 060 〜하면서(도)	心のふれあいを確かめつつ 마음이 서로 통하는 것을 확인하면서
〜ないかぎり 011 〜하시 않는 한	常に工夫しない限り 항상 궁리하지 않는 한
〜まい 128 〜(하)지 않겠다, 〜(하)지 않을 것이나	豊かにするものはあるまい 풍부하게 하는 것은 없을 거이다
〜ながら(も) 060 〜하면서(도), 〜(하)지만	当然ながら 당연하지만
〜こそ 028 〜야말로	このような姿こそ 이런 모습이야말로

問題7　次の文の　（　　　　）　に入れるのに最もよいものを、1・2・3・4から一つ選びなさい。

1　ゆうべ私が調べた（　　　　）、工場の機械に問題はなかったのです。011
　　1　かぎりでは　　　2　次第では　　　3　うえでは　　　4　ようでは

2　雪が降ると、バスは遅れ（　　　　）。014
　　1　がちになる　　　2　かけになる　　　3　きれなくなる　　　4　かけなくなる

3　テーブルの上に（　　　　）ケーキが置いてあります。012
　　1　食べぬいた　　　2　食べかけの　　　3　食べきった　　　4　食べはじめの

4　森田さんのお父さんは、声（　　　　）やさしそうですね。020
　　1　をして　　　2　からは　　　3　をもって　　　4　からして

5　家に着くか着かない（　　　　）雨が降りだした。009
　　1　かのように　　　2　ようにして　　　3　かのうちに　　　4　ままにして

6　あの人とは卒業式の時別れた（　　　　）。025
　　1　ことだ　　　2　きりだ　　　3　ほどだ　　　4　ばかりだ

7　昨日、3時から4時に（　　　　）停電があった。018
　　1　おいて　　　2　そって　　　3　かけて　　　4　わたって

8　どうしてこんなに水ばかり飲む（　　　　）、暑くて汗をかきすぎたからです。015
　　1　からといって　　　2　かのように　　　3　かといえば　　　4　からいうと

9　彼はあまり笑わないし、口数も少ないので（　　　　）。013
　　1　近寄りがちだ　　　2　近寄りがたい　　　3　近寄りかねない　　　4　近寄りきる

답　1①　2①　3②　4④　5③　6②　7③　8③　9②

10 留学したからといって英語が上手に（　　　　）、そういうわけでもないらしい。 015·022

1　なるかぎり　　　　2　なりがたい　　　　3　なるからこそ　　　4　なるかというと

11 お酒ばかり飲んでいると病気に（　　　　）、やめた方がいいですよ。 016

1　なるからこそ　　　　　　　　　2　なるからといって

3　なりかねないので　　　　　　　4　なるかいがあって

12 台風の影響で野菜の値段は（　　　　）。 003

1　上がりきれない　　2　上がりかねる　　3　上がる一方だ　　4　上がりきりだ

問題8　次の文の ＿＿★＿＿ に入る最もよいものを、1・2・3・4から一つ選びなさい。

13 試験の ＿＿＿＿ ＿＿★＿＿ ＿＿＿＿ ＿＿＿＿、胃が痛くなった。 002

1　心配の　　　　　2　あまり　　　　　3　結果が　　　　　4　どうなるか

14 それを ＿＿＿＿ ＿＿＿＿ ＿＿★＿＿ ＿＿＿＿「その話はやめよう」と言われた。 009

1　しない　　　　　2　かのうちに　　　　3　するか　　　　　4　話題に

15 現地の記者によると、状況は ＿＿＿＿ ＿＿＿＿ ＿＿★＿＿ ＿＿＿＿だ。 003

1　する　　　　　　2　一方　　　　　　3　のよう　　　　　4　悪化

16 ＿＿＿＿ ＿＿★＿ ＿＿＿＿、このあたりは夜とても危ないですよ。 007

1　帰らない　　　　2　明るい　　　　　3　と　　　　　　　4　うちに

17 愛犬のマメが動物病院で、＿＿＿＿ ＿＿★＿＿ ＿＿＿＿ ＿＿＿＿ので、一緒にダイエットを始めました。 024

1　太り　　　　　　2　だと　　　　　　3　言われた　　　　4　気味

<hr>

答 10 ④　11 ③　12 ③　13 ④(3412)　14 ①(4312)　15 ②(4123)　16 ①(2413)　17 ④(1423)

　　ここ十年ほどの生活の変化、とくに食生活の変化は、　18　大きくなってきています。ここまで変えたのは電子レンジ、加工食品、コンビニエンスストア、ファストフードなどが生活にすっかり浸透したことが大きいでしょう。例えば、朝食を家で食べない人がすごく増えました。朝の駅の立ち食いそば屋は、父親でいっぱいだし、コンビニでは若い世代の人たちが、並んでおにぎりやサンドイッチを買っています。

　　夜は夜で、父親は帰りが遅い。子供は夜遅くまで塾があって、塾に行く途中に食事をすませる子も多い。これでは母親も食事の　19　から、適当にテイクアウトのお寿司やお惣菜でも買ってきてすましてしまう、ということになる。よほど特別なことが　20　、家族全員が一緒に食事をすることなどありません。

　　こういうふうに家庭の食生活のあり方が昔と様変わりして、生活が一番変わったのは主婦であるお母さんたちです。今、主婦が家族の食事のために費やす時間やエネルギーは十数年前の主婦の半分ほどではないでしょうか。当然、今どきの主婦の多くは時間を持て余し気味。趣味や遊びに精を出しています。

　　これを「時代の流れだ」と醒めた目で見ている人も多いのですが、私は違います。

　　21　、私も家庭以外のことにやりがいを見つけること自体には、おおいに賛成します。でも、多くの主婦たちが今、結婚当初にもっていたはずの自分の生き方、考え方まで見失い、ただ右往左往しているように映るのです。そのことについて私が最近考えていることをお話しましょう。

　　家庭は夫婦の共同事業であるわけですが、やはり、主婦が家庭の責任者なのです。別の言い方をすれば"主婦権"をもっています。主婦の考え方、やり方次第で、その家庭の方向性が変わってしまうと言っても言い過ぎではないのです。

　　　　（町田貞子『娘に伝えたいこと―本当の幸せを知ってもらうために―』による）

（注１）精を出す：一生懸命に努力する

18

1　しかし　　　　　2　さらに　　　　　3　または　　　　　4　せめて

19

1　作りきる　　　　2　作りかねない　　3　作りがいがない　4　作りかける

20

1　あるからこそ　　　　　　　　　2　ないかぎり
3　ないからといって　　　　　　　4　ないうちに

21

1　または　　　　　2　だが　　　　　3　すると　　　　　4　もちろん

핵심문법

〜**ないかぎり** 011 〜(하)지 않는 한　　　よほど特別なことが**ないかぎり** 여간 특별한 일이 없는 한

〜**気味** 024 〜(한) 경향, 〜(한) 기색　　　時間を持て余し気味 시간을 주체하지 못하는 경향

〜**次第で(は)** 042 〜에 따라서(는)　　　やり方次第で、その家庭の方向性が変わってしまうと
하는 방식에 따라서 그 가정의 방향성이 바뀌어 버린다고

답　18②　19③　20②　21④

026 〜きる / 〜きれない　다 ~하다, 매우 ~하다 / 다 ~할 수 없다

접속　동사의 ます형 + きる / きれない

「〜きる」는 크게 두 가지 의미로 사용된다. 하나는 동작의 완료로서 '다 ~하다' 라는 의미이고, 다른 하나는 극한의 상태를 표현하는 것으로, '매우 ~하다', '몹시 ~하다' 라는 의미를 지닌다. 「〜きれる」는 「〜きる」의 가능형으로, '다 ~할 수 있다', 「〜きれない」는 「〜きる」의 가능 부정형으로 '다 ~할 수 없다, 도저히 ~할 수 없다'는 의미이다.

기출　３時間では全部の作品を見きれなかった 3시간으로는 모든 작품을 다 볼 수 없었다　2015-2회

彼はフルマラソンを走りきった。
그는 마라톤 풀코스를 다 뛰었다.

近所の人から食べきれないほどのりんごをもらった。
이웃 사람에게 다 먹을 수 없을 만큼의 사과를 받았다.

027 〜くせに　~인 주제에, ~이면서도

접속　동사·い형용사·な형용사의 명사수식형 + くせに
　　　명사 + の + くせに

뒤따르는 내용이 앞의 사실이나 상태와 모순되거나 어울리지 않을 때 사용하며, 주로 화자의 부정적인 감정을 담고 있다.

父は今日、早く帰ると言ったくせに、飲み会で遅く帰ってきたので母に怒られていた。
아버지는 오늘 일찍 온다고 했으면서 회식 때문에 늦게 와서 어머니께 혼났다.

うちのジョンは犬のくせに、人間と同じものを食べたがる。
우리집 존은 개이면서 사람과 같은 걸 먹고 싶어한다.

028 **〜こそ / 〜からこそ** 〜야말로 / 〜이기 때문에

접속 명사 + こそ
동사·い형용사의 보통형 + からこそ / な형용사의 어간·명사 + だ+からこそ

「〜こそ」는 다른 것이 아닌 바로 앞에 나온 명사임을 강조할 때 사용한다. 「〜からこそ」는 앞선 내용이 유일하거나 가장 중요한 원인, 이유임을 강조하는 표현이다.

기출 一度は経験させたいと願う**からこそ**
한 번은 경험하게 하고 싶다고 바라기 때문에　2010-2회
電子メールが普及している今の時代である**からこそ**
전자 메일이 보급된 지금의 시대이기 때문에　2012-2회
今年**こそ**結婚を申し込もう 올해야말로 청혼을 해야지　2020

いつも約束の時間に遅れて迷惑をかけるから、今度**こそ**、遅刻をしないようにしよう。
항상 약속 시간에 늦어 폐를 끼치니까 이번에야말로 지각을 하지 않도록 하자.

自分の才能を信じ続けてきた**からこそ**、彼女は成功することができた。
자신의 재능을 계속 믿어 왔기 때문에 그녀는 성공할 수 있었다.

029 **〜ことか** 〜던가, 〜인지

접속 동사·い형용사의 보통형 + ことか
な형용사의 어간 + な/である + ことか
명사 + である + ことか

「〜ことか」는 감탄이나 반문의 뜻을 나타내며 「なんと(얼마나)」, 「何度(몇 번)」, 「どんなに(얼마나)」 등과 호응하는 경우가 많다.

日本に来たばかりの時、あなたの親切がどんなにうれしかった**ことか**。
일본에 온 지 얼마 되지 않았을 때, 당신의 친절이 얼마나 기뻤던지.

030 **～ことから** ~로 인해, ~때문에

～ところから ~(하)는 점에서, ~해서

접속	동사·い형용사·な형용사의 명사수식형 + ことから・ところから
	명사 + である + ことから・ところから

「～ことから・～ところから」는 근거나 유래 등을 나타낼 때 자주 쓰인다.

기출 「百」の字から「一」をとると「白」という字になることから
'百'이라는 글자에서 '一'을 빼면 '白'이라는 글자가 되기 때문에   2018-2회

腰の曲がった老人に似ているところから
허리가 굽은 노인을 닮았다는 점에서   2020

非常に混雑するようになったことから
굉장히 혼잡해졌기 때문에   2022-1회

岡田さんは何でもよく知っていることから、友達に「博士」と呼ばれている。
오카다 씨는 뭐든지 잘 알고 있어서 친구들에게 '박사'라고 불리고 있다.

彼女は父親が韓国人であるところから、韓国人の知り合いも多い。
그녀는 아버지가 한국인이어서 한국인 지인도 많다.

031 **～ことだから** ~(의) 일이니까, ~이니까

접속	명사 + の + ことだから

「～ことだから」는 특정 인물의 성격, 습관, 행동 등을 나타낼 때 사용하며, 뒤엔 화자의 주관적인 판단, 이유가 오는 경우가 많다.

유사 표현 ～ものだから ~이기 때문에

あの人のことだから、どうせ時間どおりには来ないだろう。
그 사람이니까 어차피 시간대로는 오지 않을 것이다.

032 ～ことなく ～(하)지 않고

접속 동사의 사전형 + ことなく

어떤 동작이나 상태를 거치지 않거나 중단하지 않고 다음 동작을 이어나갈 때 사용하는 문어적인 표현이다.

失敗をおそれることなく挑戦してほしい。
실패를 두려워하지 말고 도전해 주었으면 한다.

033 ～ことに ～하게도

접속 동사의 과거형(た형)·い형용사·な형용사의 명사수식형 + ことに

감정을 나타내는 단어 뒤에 붙어 그러한 느낌이 깅하게 든다는 화자의 심리를 강조하여 나타내는 표현이다. 그 상황을 주목할 만한 것으로 여겨 부각할 때 주로 사용한다.

기출 **不思議なことに** 희한하게도 2021-1회

びっくりしたことに、宝くじに高額当選しました。
놀랍게도 고액 복권에 당첨되었습니다.

〜ことになる 〜하게 되다, 〜하는 셈이 된다
〜ことにはならない 〜한 것이 되지는 않는다
〜ことにする 〜하기로 하다

접속 동사·い형용사의 사전형 + ことになる
동사의 과거형(た형) + た + ことにはならない
동사의 보통형 + ことにする

「〜ことになる」는 '결과적으로 〜하게 되다'라는 의미이며, 「〜こととなる」라고 써서 결과를 강조하기도 한다. 「〜ことにはならない」는 '충족 요건을 채우지 못해 실현되지 않았거나 부족하다, 충분하지 않다'는 의미를 나타낼 때 사용하므로 앞에 「〜だけでは(〜만으로는)」와 같은 말과 호응하는 경우가 많다. 「〜ことにする」는 화자의 의지를 나타낸다.

기출 スピーチをすることになってしまって 연설을 하게 되어 버려서 2016-2회

聞かなかったことにしてくれない？ 못 들은 걸로 해 주지 않을래? 2019-2회

東日本の地図作成も命じられることとなる 동일본 지도 작성도 명을 받게 된다 2019-2회

講義の感想や質問を書いて提出してもらうことにしている

강의의 감상이나 질문을 써서 제출하도록 하고 있다 2022-1회

2年以上の時間を通勤に使うということになる

2년 이상의 시간을 통근에 쓰는 셈이 된다 2024-1회

家賃は1か月6万円だから、1年で72万円も支払うことになる。
집세는 한 달에 6만 엔이니까, 1년에 72만 엔이나 지불하는 셈이 된다.

本やインターネットの資料を写しただけではレポートを書いたことにはならない。
책이나 인터넷 자료를 베낀 것만으로는 리포트를 쓴 것이 되지는 않는다.

A 電車とバスとどちらがいいですか。
전철과 버스 중 어느 쪽이 좋아요?

B そうですね。バスはいつも混みますから、今日は電車で行くことにしましょう。
글쎄요, 버스는 늘 붐비니까 오늘은 전철로 가기로 합시다.

035 ～ことはない ～할 필요는 없다

접속　동사의 사전형 + ことはない

앞에 오는 말을 부정하며 그 사실에 대해 충고나 조언을 할 때 사용하는 표현이다.

기출　慌てることはありません 당황할 필요는 없습니다　2015-1회

ピザは配達してもらえるので、わざわざ買いに行くことはありません。
피자는 배달시킬 수 있기 때문에 일부러 사러 갈 필요는 없습니다.

036 ～最中 한창 ～중

접속　동사의 진행형(ている) + 最中
　　　　　명사 + の + 最中

어떤 동작이나 상태가 한창 절정임을 나타낸다.

洗濯物をたたんでいる最中に突然、部屋から大きな音がした。
한창 빨래를 개고 있던 중에 갑자기 방에서 큰 소리가 났다.

今は食事の最中だから、たばこは遠慮した方がいいですよ。
지금은 한창 식사 중이니 담배는 삼가는 것이 좋아요.

037 〜さえ・〜すら　〜조차, 〜마저, 〜도

| 접속 | 명사 + さえ・すら |

조사 に나 で와 같이 쓰여「〜にさえ/〜でさえ/〜にすら」등의 형태로도 쓰인다.

기출
疑問にすら思っていなかった　의문스럽게조차 생각하지 않았다　2013-2회

質問の内容すら　질문의 내용조차　2021-1회

目を合わせることすらなくなってしまった
눈을 마주치는 일조차 없게 되었다　2023-1회

水に顔をつけることさえできなかったが
물에 얼굴을 담그는 것조차 할 수 없었지만　2024-2회

今の調子では、予選に出ることさえ難しい。
지금 상태로는 예선에 나가는 것조차 어렵다.

漢字どころか、ひらがなすら読めない。
한자는커녕 히라가나조차 읽지 못한다.

038 〜さえ〜ば　〜만 〜하면

| 접속 | 동사의 ます형·동사의 て형 + さえ〜ば |
| い형용사 어간 + くさえ〜ば / な형용사 어간 + でさえ〜ば |
| 명사 + さえ〜ば |

「동사의 ます형 + さえすれば」,「동사의 て형 + さえいれば」,「い형용사의 어간 + くさえあれば」,「な형용사의 어간 + でさえあれば」형태로도 자주 쓰인다.

기출
事前にリストをしっかり確認さえしておけば
사전에 목록을 제대로 확인만 해 두면　2011-2회

この試合に勝ちさえすれば、オリンピックに出場できる。
이 시합에 이기기만 하면 올림픽에 출전할 수 있다.

おもしろくさえあればどんな本でもけっこうです。
재밌기만 하면 어떤 책이든 좋습니다.

039 ～ざるをえない ～할 수밖에 없다, ～해야만 한다

접속 동사의 부정형(ない형) + ざるをえない

자신의 의지와 상관없이 외부적인 상황이나 필연성 때문에 어쩔 수 없이 어떤 행동을 해야 함을 나타내는 문어적 표현이다. 동사 する는「せざるをえない(할 수밖에 없다)」의 형태로 접속하며,「～ざるを得ない」와 같이 한자로 표기하기도 한다.

기출 旅行は、残念だが、延期せざるを得ない
여행은 아쉽지만 연기할 수 밖에 없다　2011-2회

会社に問題があったと言わざるをえない
회사에 문제가 있었다고 말할 수밖에 없다　2018-2회

私たちも変更された契約の条件を受け入れざるをえなかった。
우리들도 변경된 계약 조건을 받아들일 수밖에 없었다.

ここまでマスコミにたたかれれば、彼も謝罪せざるをえないだろう。
이 정도로 매스컴이 비난하면 그도 사죄할 수밖에 없을 것이다.

040 ～しかない ～밖에 없다

접속 동사의 사전형 + しかない
명사 + (で) + しかない

어떤 것 이외에 다른 것은 존재하지 않음을 강조하거나 다른 대안이 없어 어떠한 행동을 할 수밖에 없을 때 사용하는 표현이다. 명사에「～でしかない」형태로 접속하면 '~일 뿐이다, ~에 지나지 않는다'는 의미를 가진다.

유사 표현 ～ほかない ～(할) 수 밖에 없다

기출 世界のほんの小さな一部分でしかないことに
세계의 정말 작은 일부분에 불과하다는 것에　2011-1회

もうあきらめるしかないのか 이제 포기할 수 밖에 없는 걸까　2014-2회
会議が終わるのを待つしかないね 회의가 끝나는 걸 기다릴 수 밖에 없네　2021-2회
単なる理想でしかないのだろうか 그저 이상에 불과한 것인가　2024-2회

自分の志望する大学に合格するには、毎日一生懸命勉強する**しかありません**。
자신이 원하는 대학교에 합격하기 위해서는 매일 열심히 공부하는 수밖에 없습니다.

時間がなかったというのは言い訳で**しかない**。
시간이 없었다는 것은 변명에 지나지 않는다.

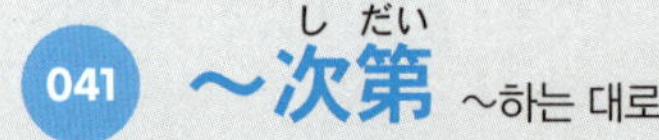

041　〜次第　〜하는 대로

| 접속 | 동사의 ます형 + 次第 |

동사의 ます형이나 「終了(종료)・到着(도착)・出発(출발)」 등 일부 명사에 접속하여 '〜하자마자', '하는 대로 즉시'라는 의미를 가진다. 지금 이후의 일에 대해 말할 때 사용하므로 뒤 문장에 동사의 과거형은 올 수 없다.

기출 商品がなくなり次第終了しますので 상품이 다 떨어지는 대로 종료하니　2013-1회
場所は決まり次第、お知らせします 장소는 정해지는 대로 공지하겠습니다　2015-1회

会議の資料ができ次第、メールでお送りいたします。
회의 자료가 완성되는 대로 메일로 보내 드리겠습니다.

042

～次第で(は) ～에 따라서(는)
しだい

～次第だ ～나름이다, ～한 것이다, ～에 달려 있다
しだい

접속	명사 + 次第で(は)
	동사의 보통형·명사 + 次第だ

기출
安い材料でも工夫次第で 저렴한 재료라도 궁리하기에 따라　2019-1회
やす　ざいりょう　　く ふう し だい

今度の大会の結果次第だ 이번 대회 결과 나름이다　2023-2회
こん ど　たいかい　けっ か し だい

明日の試合は天気次第では中止になるかも知れない。
あした　し あい　てん き し だい　ちゅうし　　　　し

내일 시합은 날씨에 따라서는 중단될지도 모른다.

先日お伝えした日程に誤りがありましたので、今回改めてご連絡した次第です。
せんじつ　つた　　　にってい　あやま　　　　　　　　こんかいあらた　　　れんらく　　し だい

일전에 전해 드린 일정에 착오가 있어 이번에 다시 연락을 드린 것입니다.

043

～末(に) ～한 끝에
すえ

접속	동사의 과거형(た형) + た + 末(に)
	명사 + の + 末(に)

오랜 기간 동안 또는 여러 번의 복잡한 과정·고민·노력·논의 등을 거친 결과, 최종적으로 어떤 결말이나 결론에 이르렀을 때 사용한다.

유사 표현 ～あげく ～한 끝에

기출
鉄道会社と自治体による長期間の議論の末に
てつどうがいしゃ　じ ち たい　　　　　ちょう き かん　ぎ ろん　すえ

철도 회사와 지자체의 장기간에 걸친 논의 끝에　2013-1회

家族や先生と何日も話し合った末に 가족이랑 선생님과 며칠이나 이야기 나눈 끝에　2016-1회
か ぞく　せんせい　なんにち　はな　あ　　　すえ

あれこれ考えた末に 이것저것 생각한 끝에　2017-2회
かんが　すえ

約10年の工事の末 약 10년의 공사 끝에　2019-2회
やく　ねん　こう じ　すえ

この新しい薬は、何年にもわたる研究の末に作り出されたものだ。
あたら　くすり　なんねん　　　　けんきゅう　すえ　つく　だ

이 신약은 몇 년에 걸친 연구 끝에 만들어 낸 것이다.

| 접속 | 동사의 부정형(ない형) + ずに |

어떠한 행동을 하지 않은 채로 다음 행동을 했을 때 사용하며 동사 「する」는 「しずに」가 아닌 「せずに」가 되므로 주의가 필요하다. 「〜ないで(〜하지 않고)」와 같은 의미로 이해하면 된다.

기출
せっけんを使いすぎずに 비누를 너무 많이 쓰지 않고　2011-1회

めんどうくさがらずにきちんと答えてあげましょう
귀찮아하지 말고 제대로 대답해 줍시다　2014-2회

しばらく本は買わずにおこうと決めていたのに
당분간 책은 사지 않겠다고 정했는데도　2015-1회

どんなに大変な状況でもあきらめずに 아무리 힘든 상황이어도 포기하지 않고　2016-2회

忙しくてなかなかできずにいる 바빠서 좀처럼 하지 못하고 있다　2022-2회

自分の本当の気持ちを言えずに無理して
자신의 진짜 기분을 말하지 못하고 무리해서　2024-2회

とても疲れていたので、メイクも落とさずに、寝てしまいました。
굉장히 피곤했기 때문에 화장도 지우지 않고 자 버렸습니다.

045 ～ずに済む・～ないで済む・～なくて(も)済む

～(하)지 않고 끝나다, ～(하)지 않아도 된다

접속　동사의 ない형 + ずに済む・ないで済む・なくて(も)済む

본래 해야 할 일이나 예상되었던 일이 발생하지 않고 해결되거나 끝났다는 의미를 나타낸다.

기출　あまり並ばないで済んだのは 별로 줄 서지 않고 끝난 것은　2016-1회

遅刻をせずに済んだのは 지각을 하지 않고 끝난 것은　2025-1회

今日はそんなに待たずに済んだ 오늘은 그렇게 기다리지 않아도 되었다　2025-2회

友達がコンサートのチケットを1枚くれたので、私はチケットを買わずに済んだ。
친구가 콘서트 티켓을 한 장 주어서 나는 표를 사지 않아도 되었다.

かさを持って行ったので、突然雨に降られてもぬれないで済んだ。
우산을 가시고 갔기 때문에 갑자기 비가 와도 젖지 않아도 되었다.

幸い友人が冷蔵庫をくれたので、新しいのを買わなくて済んだ。
다행히 친구가 냉장고를 줘서 새것을 사지 않아도 되었다.

046 ～ずにはいられない ～(하)지 않을 수 없다

접속　동사의 부정형(ない형) + ずにはいられない

'～하려는 마음이 생겨서 도저히 ～하지 않고는 있을 수 없다, ～하지 않고는 못 배기다' 라는 뜻이며, 외부적 요인에 의한 것이 아니라 내부적 요인, 즉 자발적인 감정에 의한 것이라는 점에 주의하자. 동사「する」는「しずにはいられない」기 이니「サずにはいられない」가 된다.

기출　買わずにはいられなくなってすぐ買ってしまう
사지 않을 수 없게 되어 금세 사 버린다　2021-2회

今日は嫌なことがあったので、お酒を飲まずにはいられなかった。
오늘은 안 좋은 일이 있었기 때문에 술을 마시지 않을 수가 없었다.

047 **～そうにない** ~할 것 같지 않다

접속 동사의 ます형 + そうにない

「～そうにない」는 추측의 조동사 「～そうだ」의 부정형으로, 형태가 「～そうで(は)ない」가 아닌 「～そうにない・～そうもない・～そうにもない」가 된다는 것에 주의하자. 어떠한 일이 일어날 가능성이 낮은 상황에서 주로 부정적인 예측을 할 때 사용하는 표현이다.

기출 どうも夕日は見られそうにない 도무지 석양은 볼 수 있을 것 같지 않다　2016-2회
一人では食べ切れそうにない 혼자서는 다 먹을 수 있을 것 같지 않다　2021-2회

外が騒がしくて、今夜は寝られそうにありません。
밖이 소란스러워서 오늘 밤은 잠들 수 있을 것 같지 않습니다.

048 **～そうになる** ~할 것 같다, ~할 뻔하다

접속 동사의 ます형 + そうになる

특정 행동을 조금만 더 했다가는 어떤 일이 일어날 뻔했다는 뜻으로, 좋지 않은 결과로 이어지지 않아서 그나마 다행임을 나타낼 때 사용한다.

기출 つい眠ってしまいそうになった 그만 잠들어 버릴 뻔했다　2015-1회
何度も帽子を飛ばされそうになった 몇 번이나 모자가 날아갈 뻔했다　2022-2회

石につまずいて、転びそうになった。
돌에 걸려 넘어질 뻔했다.

ドラマに感動して涙が出そうになった。
드라마에 감동해서 눈물이 나올 뻔했다.

049 それなりの〜 그런 대로의, 그 나름의

접속　それなりの ＋ 명사

「それ」와 「なりの」가 결합된 문형으로, '그 나름의'이라는 뜻이다. 「なりの」앞에는 「それ」외에도 명사, い형용사, な형용사의 어간 등이 오며 「自分なりの(자기 나름대로의)」, 「貧しいなりの(가난한 대로의)」 등과 같이 쓰인다.

기출　それなりの知識が求められるので 나름대로의 지식이 필요하기 때문에　2023-2회

彼が突然、学校をやめたのにはそれなりの理由があった。
그가 갑자기 학교를 그만둔 것에는 그 나름의 이유가 있었다.

050 〜た以上(は) 〜한 이상(에는)

접속　동사의 た형 ＋ た以上(は)

'〜한 이상은, 〜이니까 당연히'라는 의미이다. 뒤 문장에는 당연, 의무, 희망 등의 의미를 담은 표현이 주로 온다.

[유사 표현]　〜うえは・〜からには　〜한 이상에는, 〜한 이상은

기출　自分でこの仕事を選んだ以上 스스로 이 일을 선택한 이상　2016-2회
もう酒は飲まないと決めた以上は 더이상 술은 안 마신다고 정한 이상에는　2021-2회

この仕事を引き受けた以上は、責任をもって最後までやり遂げます。
이 일을 맡게 된 이상에는 책임감을 가지고 마지막까지 해내겠습니다.

問題7　次の文の　（　　　）　に入れるのに最もよいものを、1・2・3・4から一つ選びなさい。

1　有望な社員だと思う（　　　）課長は彼を厳しく教育しているのだ。 028

　　1　からこそ　　　　　2　からさえ　　　　　3　末に　　　　　4　次第

2　彼女は、明るく責任感が強い（　　　）、同級生に好かれている。 030

　　1　ことなく　　　　　2　ことだから　　　　3　ことから　　　　4　ことに

3　慎重な彼女の（　　　）、おそらくうまくやるに違いない。 031·105

　　1　ものだから　　　　2　ことだから　　　　3　わけだから　　　　4　ところだから

4　彼は家賃を払うために休む（　　　）働いている。 032

　　1　ものなく　　　　　2　ほどなく　　　　　3　ことなく　　　　4　わけなく

5　うれしい（　　　）、今度の集会はあちらこちらから多くの参加者が集まった。 033

　　1　ことに　　　　　　2　せいで　　　　　　3　ものだから　　　　4　ばかりに

6　私は秋の公募展に今度（　　　）入選するのだと意気込んで制作にとりかかった。 028

　　1　ことか　　　　　　2　ことだから　　　　3　こそ　　　　　4　さえ

7　あの人の計画には、どこかおかしいところがあると（　　　）。 039

　　1　言わざるをえない　　　　　　　　　2　言うどころではない

　　3　言わずにおくしかない　　　　　　　4　言うわけにはいかない

8　和英辞典を買おうと思っていたら、友達が古いのをくれたので（　　　）。 045·076

　　1　買わずにはいられなかった　　　　　2　買わざるをえなかった

　　3　買わずに済んだ　　　　　　　　　　4　買わずには済まなかった

9　終電に乗り遅れてしまったので、タクシーで帰る（　　　）ありません。 040

　　1　こと　　　　　　　2　しか　　　　　　　3　そう　　　　　4　ところ

답　1① 2③ 3② 4③ 5① 6③ 7① 8③ 9②

10 このお店は高級食材を使っているだけあって、どのメニューも（　　　）値段をしている。 049·051

 1　それさえ   2　それなりの   3　するしかない 4　せざるをえない

11 彼は困っている人を見ると、（　　　）性格だ。 046

 1　助けずに済む   2　助けることになる

 3　助けることはない   4　助けずにはいられない

12 彼女に嘘が（　　　）焦った。 048

 1　ばれそうになって   2　ばれそうになくて

 3　ばれずにはいられなくて   4　ばれるだけのことはあって

問題8　次の文の　★　に入る最もよいものを、1・2・3・4から一つ選びなさい。

13 ＿＿＿＿＿ ＿＿＿＿＿ ＿★＿＿ ＿＿＿＿＿ とは別れることにした。 034·043

 1　彼女   2　末に   3　あれこれ   4　悩んだ

14 通勤ラッシュの時間帯なので、＿＿＿＿＿ ＿＿＿＿＿ ＿★＿＿ ＿＿＿＿＿。 047

 1　朝の   2　座れそうにない 3　には   4　電車

15 絵の展覧会には興味がないが、社長の ＿＿＿＿＿ ＿＿＿＿＿ ＿★＿＿ ＿＿＿＿＿。 039

 1　をえない   2　命令な   3　ので   4　行かざる

16 Ａ 「池田さんは遅いですね。」

 Ｂ 「そうですね。でも、＿＿＿＿＿ ＿＿＿＿＿ ＿★＿＿ ＿＿＿＿＿、必ず来ますよ。」 031

 1　ことだ   2　あの人の   3　から   4　まじめな

17 日本語能力試験の受験料を ＿＿＿＿＿ ＿★＿＿ ＿＿＿＿＿ ＿＿＿＿＿ ように毎日勉強するつもりです。 050

 1　以上   2　払った   3　できる   4　合格

답　10 ②　11 ④　12 ①　13 ②(3421)　14 ③(1432)　15 ④(2341)　16 ①(4213)　17 ①(2143)

　　　私は仕事で　18　、主人や子供達以外の人とも旅行に行きますが、遊びの旅行
まで仕事仲間や主婦友達とは行きたいとは思いません。できれば家族で行きたい
と思います。たまに友人に「ご主人にお留守番してもらって、女同士で温泉に行
きましょうよ」などと誘われることがありましたが、「私は主人と行きたいから
行かないわ」と、相手に自分の正直な気持ちを話して断っていました。私は旅行
も好きだし、おいしいものを食べるのも好きです。　19　、ぜひとも、一番好きな
人と行きたいし、食べたいと思うのです。それに、自分一人の時にどこかで美し
いものを見たり、おいしいものを食べたりすると「ああ、これを主人にも見せて
あげたいな」とか「今度は子供達も連れて食べに来ましょう」とか思います。

　　　20　、最近の主婦には、こういう気持ちがあまりないようです。主婦達に聞
いてみると、これは経済的な要因もかなりあるようです。

　　　たとえば、どこかのイタリア料理の店がおいしいと聞いたとします。3千円の
ランチを家族4人で食べたら、お昼ご飯に1万2千円もかかってしまいます。家
計のことを考えたら、これはちょっとできない。　21　友達と行けば自分一人だ
け出せばいい。3千円ならまあ許せる範囲です。こういうお金の計算もあるので
す。(中略)

　　　もちろん、主婦が家庭に縛りつけられている必要は全くありません。主婦同士
仲良くすることもいいことだと思います。ただし、主婦が主婦としての自覚まで
見失っては家庭はおしまいなのです。

　　　　　　　（町田貞子『娘に伝えたいこと―本当の幸せを知ってもらうために―』による）

18

1 こそ　　　　　　2 きり　　　　　　3 おきに　　　　　4 うえに

19

1 だからといって　　　　　　　　2 だからこそ
3 そういえば　　　　　　　　　　4 それにもかかわらず

20

1 ところが　　　2 または　　　3 つまり　　　4 さて

21

1 ところで　　　2 いや　　　3 でも　　　4 それとも

핵심문법

~こそ 028 ~야말로	仕事でこそ 일에서야말로
~とは 084 ~라고는, ~하다니	行きたいとは思いません 가고 싶다고는 생각하지 않습니다
~と思う 076 ~라고 생각하나	食べたいと思うのです 먹고 싶다고 생각하는 것입니다
~のだ 118 ~인 것이다, ~이다	こういうお金の計算もあるのです 이런 돈 계산도 있는 것입니다
~として(は) 081 ~로서(는), 의 입장에서(는)	主婦としての自覚まで 주부로서의 자각까지

답　18 ①　19 ②　20 ①　21 ③

問題7 次の文の（　　　　）に入れるのに最もよいものを、1・2・3・4から一つ選びなさい。

1 この困難（　　　　）、あとは楽になりますよ。038
　　1　さえ乗り切ると　　2　さえ乗り切れば　　3　すえ乗り切れば　　4　すえ乗り切ると

2 すっかり疲れてしまい、お風呂に入ること（　　　　）できなかった。037
　　1　だけ　　　　　　2　さえ　　　　　　3　ばかり　　　　　4　こそ

3 授業を（　　　）最中に、非常ベルが鳴り出した。036
　　1　している　　　　2　する　　　　　　3　した　　　　　　4　して

4 やり方（　　　）、8時間の仕事も6時間で終わる。042
　　1　上は　　　　　　2　のことだから　　3　の末に　　　　　4　次第では

5 ただ今、担当者が外出中ですので、（　　　）折り返しご連絡差し上げます。041
　　1　戻っている最中　　2　戻り次第　　　3　戻った末に　　　4　戻ったとたんに

6 マンションの管理費は1か月5千円だから、1年で6万円も（　　　）。034
　　1　払うことになる　　2　払うことにする　　3　払いかねない　　4　払いかねる

7 大事な試験の（　　　）お腹が痛くなって困った。036
　　1　末に　　　　　　2　最中に　　　　　3　次第に　　　　　4　とたんに

8 毎晩ホテルで騒いで昼間のバスで寝ているのでは、旅行はしても観光した（　　　）。034
　　1　ことにはならない　　　　　　　　2　ことにする
　　3　ことになる　　　　　　　　　　4　ことにほかならない

9 中学校生活の3年間、一度も休む（　　　）、学校に通いました。032
　　1　ことに　　　　2　ことか　　　　3　ことから　　　　4　ことなく

답 1② 2② 3① 4④ 5② 6① 7② 8① 9④

10 手術といっても30分程度の簡単な手術なのでそんなに心配（　　　）ですよ。035

   1　するしかない　　　　　　　　　　　2　することはない

   3　することにはならない　　　　　　　4　せずにはいられない

11 私は何も（　　　）食パンを食べるのが好きです。044

   1　つけずに　　　　2　つけそうに　　　　3　つけたところ　　　4　つけたとたんに

12 この店では一人で10人分のラーメンを（　　　）、賞金がもらえます。026

   1　食べかけると　　　2　食べたからには　　　3　食べきったら　　　4　食べたからこそ

問題8　次の文の　＿＿★＿＿　に入る最もよいものを、1・2・3・4から一つ選びなさい。

13 毎日、健康に過ごせる ＿＿＿＿ ＿★＿ ＿＿＿＿ ＿＿＿＿ 。029

   1　幸せな　　　　2　ことが　　　　3　どれだけ　　　4　ことか

14 県大会での優勝を ＿＿＿＿ ＿＿＿＿ ＿★＿ ＿＿＿＿ 以上、毎朝早起きして練習をする
つもりです。050

   1　決めた　　　　2　と　　　　3　頑張ろう　　　4　目指して

15 明日から新学期が始まるというのに夏休みの ＿＿＿＿ ＿＿＿＿ ＿★＿ ＿＿＿＿ 。047

   1　そうに　　　　2　終わり　　　　3　宿題が　　　4　ありません

16 このうわさを ＿＿＿＿ ＿★＿ ＿＿＿＿ ＿＿＿＿ です。042

   1　信じないかは　　2　あなた　　　3　信じるか　　　4　次第

17 ＿＿＿＿ ＿＿＿＿ ＿★＿ ＿＿＿＿ ので、住所は書かなくてもけっこうです。038

   1　さえ　　　　2　わかれば　　　3　電話番号　　　4　いい

　　　職業だけでなく地域や親族の人間関係が濃ければ、こうしたことはいずこも同
じ。いわゆる"恥の文化"の一つの現れです。

　　　この「人に迷惑をかけるな」にがんじがらめになって、　18　ムシャクシャし
ていたある時、私は「人に迷惑をかけなければ何をしてもいいのか」と母に詰め
寄りました。「いいわよ」との母の言葉に「しめた」と喜んだのも束の間、やは
り思い切ったことができません。そして、ついに「迷惑かどうかを決めるのは私
ではなく、相手が決める問題なのだ」と気づいたのです。

　　　自分では迷惑でないだろうと思っても、相手が迷惑だと思えば迷惑です。
　　　19　自分では迷惑だと思って遠慮しても、相手は「ちっとも迷惑なんて思っ
ていませんよ」と返事が返ってくることもよくある話です。

　　　迷惑かどうかの判断は、相手が全権を持っているのです。
　　　20　、どうすればいいのか・・・。仏教ではこう考えます。人は持ちつ持たれ
つ、互いに依存しあい、助け合うことで生きています。相互扶助、お互い様の関
係です。あなたが何かする時、それが迷惑かどうかは相手が判断します。

　　　反対にあなたが何かされた時に迷惑かと思うかは　21　。もし迷惑だと思って
も、お互い様ですから迷惑をかけても気にしない心を作っていくのです。

（名取芳彦『気にしない練習』による）

05
10
15

（注1）がんじがらめ：自由にならないようにする
（注2）ムシャクシャ：気分がいらいらしたり、腹が立ったりする
（注3）詰め寄る：返答を求めたり、抗議したりする
（注4）束の間：時間がごく短いこと

18

  1　やりたいこともできた以上　　　　　2　やりたいこともできずに

  3　やりたいこともでき次第　　　　　　4　やりたいこともできただけに

19

  1　さて　　　　　　2　では　　　　　　3　いや　　　　　　4　逆に

20

  1　かつ　　　　　　2　ところが　　　　3　なぜなら　　　　4　では

21

  1　あなたの末　　　　　　　　　　　　2　あなたがした以上

  3　あなた次第　　　　　　　　　　　　4　あなたがしている最中

핵심문법

〜ずに [011] 〜(하)지 않고	やりたいこともできずに 하고 싶은 일도 하지 못하고
〜のだ [118] 〜인 것이다, 〜이다	相手が決める問題なのだ 상대가 정할 문제인 것이다
〜と思う [076] 〜라고 생각하다	迷惑でないだろうと思っても 민폐가 아닐 것이라고 생각해도

답 18 ②　19 ④　20 ④　21 ③

051 　〜だけあって・〜だけに (과연) 〜인 만큼
　　　〜だけのことはある (과연) 〜은/는 다르다, 〜라 할 만하다

 동사·い형용사의 보통형＋だけあって・だけに・だけのことはある
な형용사의 어간＋な＋だけあって・だけに・だけのことはある
명사＋(な)＋だけあって・だけに・だけのことはある

「〜だけあって」는 주로 긍정적인 맥락에서 사용되어 원인이나 조건 등에 상응하는 당연한 결과나 특징 등이 뒤에 온다. 「〜だけに」는 긍정적, 부정적 맥락에서 모두 사용하며 앞선 원인이나 이유 때문에 뒤의 결과가 더욱 강하게 나타남을 강조한다. 「〜だけのことはある」는 앞선 노력, 시간, 비용, 기대 등이 헛되지 않고 충분한 가치가 있었다는 의미이다.

기출 彼の努力をずっと見てきた**だけに** 그의 노력을 쭉 보아 온 만큼 　2014-2회

彼女は日本に留学していた**だけあって**、日本語がよくできる。
그녀는 일본에 유학했던 만큼 일본어를 아주 잘한다.

この家は、さすが金をかけた**だけに**、大地震でも倒れなかった。
이 집은 과연 돈을 들인 만큼 대지진에도 무너지지 않았다.

彼の作業は速くて確実だ。さすがに、ベテラン**だけのことはある**。
그의 작업은 빠르고 확실하다. 과연 베테랑은 다르다.

052 　〜たところ 〜했더니

 동사의 과거형(た형)＋たところ

앞선 동작을 실행하거나 경험해 본 결과, 뒤의 사실이나 상태를 알게 되었다는 의미를 나타낸다.

기출 遠くを見るようにし**たところ** 먼 곳을 보도록 했더니 　2010-1회
病院に行っ**たところ** 병원에 갔더니 　2018-1회

久しぶりにふるさとに帰ってみ**たところ**、すっかり変わっていて少し悲しかった。
오랜만에 고향에 돌아가 봤더니 완전히 변해 있어서 조금 슬펐다.

053　〜たとたん(に)　〜한 순간(에), 〜하자마자

접속	동사의 과거형(た형) + たとたん(に)

앞 동작이 끝남과 동시에 뒷 동작이 시작됨을 나타내며 뒤에는 주로 화자의 의도와 상관없는 돌발적인 변화, 현상, 사건 등이 온다.

유사 표현　〜か〜ないかのうちに　〜하자마자

二人は出会ったとたんに恋に落ちたそうです。
두 사람은 만나자마자 사랑에 빠졌다고 합니다.

054　〜たばかり　막 〜한 참임, 〜한지 얼마 되지 않음

접속	동사의 과거형(た형) + たばかり

주관적인 느낌이 강한 표현으로, 「〜たところ(막 〜한 참임)」보다 시간의 폭이 다소 넓은 편이다. '방금 〜했다' 보다 '〜한 지 얼마 되지 않았다'고 해석하는 것이 자연스럽다.

기출　ついこの前も出張に行かされたばかりなんですけど
바로 얼마 전에도 출장 갔다 오라고 한 참인데요　2010-1회

さっきご飯を食べたばかりだ　아까 막 밥을 먹은 참이다　2010-2회

起きたばかりらしく　막 일어난 참인지　2023-1회

子供たちはさっき起きたばかりなので機嫌が悪いようです。
아이들은 방금 일어나서 얼마 안 되었기 때문에 기분이 좋지 않은 듯합니다.

055 　〜たび(に) 〜할 때마다

접속　동사의 사전형 + たび(に) / 명사 + の + たび(に)

어떠한 동작이나 상태가 반복적으로 일어나거나 꾸준히 발생할 때 사용하는 표현이다. 긍정적 상황과 부정적 상황 양쪽에 다 사용할 수 있다.

기출　出張に行くたびに泊まっているホテルが 출장갈 때마다 머무르는 호텔이　2017-2회
　　　この歌を聞くたびに思い出すのは 이 노래를 들을 때마다 떠올리는 것은　2022-1회
　　　お客さんがおいしいと言ってくれるたびに 손님이 맛있다고 말해 줄 때마다　2022-2회
　　　お客様から感謝の言葉をいただくたび 고객에게 감사의 말을 들을 때마다　2024-2회

帰省するたび、親戚にお土産を買っていきます。
고향에 갈 때마다 친척에게 줄 선물을 사갑니다.

056 　〜だらけ 〜투성이

접속　명사 + だらけ

어떠한 장소나 특정 사물이 무언가로 가득 차 있거나 뒤덮여 있을 때 사용하는데, 일반적으로 좋지 않은 것이나 부정적인 것이 많을 때 쓴다.

기출　すぐほこりだらけになってしまう 금방 먼지투성이가 되어 버린다　2019-1회

彼の答案用紙は間違いだらけだった。
그의 답지는 오답투성이였다.

057 ～ついでに・～がてら・～をかねて

～하는 김에, ~을/를 겸해서

접속	동사의 사전형·과거형(た형) + ついでに / 명사 + の + ついでに
	동사의 ます형·명사 + がてら
	명사 + をかねて

「～ついでに」는 본래의 주된 행위를 하는 김에 그 상황을 이용하여 부수적인 행위를 추가한다는 의미이다. 단독으로 부사로 사용되기도 하며, 「～ついでで(~하는 김으로)」의 형태로도 쓰인다. 「～がてら」는 주로 '산책', '드라이브' 등 동작성 표현과 같이 쓰여 그 행위를 하는 과정 중에 다른 행위를 겸한다는 의미를 나타낸다. 「～ついでに」보다 딱딱한 표현이다. 「～をかねて」는 하나의 행동으로 두 가지 이상의 목적을 동시에 이룰 때 사용하는 문어적 표현이다.

기출 買い物のついでに 쇼핑하는 김에 　2018-2회

コンビニでお弁当を買うついでに、ジュースも買った。
편의점에서 도시락을 사는 김에 주스도 샀다.

犬と散歩がてら郵便局に寄って切手を買った。
개와 산책할 겸 우체국에 들러 우표를 샀다.

車を買ったので、ドライブをかねてふるさとの両親の家に行った。
차를 사서 드라이브를 겸해 고향 부모님 집에 갔다.

058 〜っけ ~던가, ~였더라

접속　동사·い형용사·な형용사·명사의 보통형 + っけ

과거의 사실이나 정보를 확인하거나 그 사실을 갑자기 떠올렸을 때 사용한다.

기출　席の番号、何番だっけ 자리 번호 몇 번이었더라?　2022-2회

えっ？ 今日が大学入試でしたっけ。 네? 오늘이 대학 입학 시험이었던가요?

059 〜っこない ~할 리 없다

접속　동사의 ます형 + っこない

'절대로 ~할 리가 없다, 아무리 해도 ~할 수 없다'는 의미로, 화자의 주관적인 판단이나 확신을 담아 강하게 부정할 때 사용한다.

기출　抽選で一人じゃ、当たりっこない 추첨으로 한 사람이라면 당첨될 리가 없다　2016-1회

山本さんに頼んだってやってくれっこないよ。
야마모토 씨에게 부탁해 봤자 해 줄 리 없어.

060 **〜つつ(も)・〜ながら(も)** ～하면서(도), ～(하)지만

〜つつある ～중이다, ～하고 있다

접속	동사의 ます형 + つつ(も)
	동사의 ます형·い형용사의 사전형·な형용사의 어간·명사 + ながら(も)
	동사의 ます형 + つつある

「〜つつ(も)」와「〜ながら(も)」에는 두 가지 동작을 동시에 한다는 의미 외에 역접의 의미도 있다. 또한「〜ながら」는 '〜한 채로 변함없이'의 뜻으로도 많이 쓰인다.「昔ながらの風景(옛날 그대로의 풍경)」,「いつもながら(항상)」도 함께 알아 두자.「〜つつある」는 동작이 계속해서 이루어지고 있음을 나타낸다.

기출　現実的でありながらも 현실적이면서도　2010-2회

道路や公園などの公共施設が整備されつつある
도로나 공원 등 공공시설을 정비하는 중이다　2014-2회

11時までには寝ようと思いつつ 11시까지는 자려고 생각하면서노　2019-2회

彼女はまだ小学生ながらも 그녀는 아직 초등학생이면서도　2025-1회

勉強しなければと思いつつ遊んでしまう。
공부해야지 라고 생각하면서도 놀고 만다.

残念ながら彼の言うとおりだ。
유감이지만 그가 말하는 대로다.

地球は毎年少しずつ温かくなりつつある。
지구는 매년 조금씩 따뜻해지고 있다.

061 **〜つもり(で)** 〜한 셈 (치고), 〜할 생각(으로)

접속	동사·い형용사·な형용사의 명사수식형 ＋ つもり(で)
	명사 ＋ の ＋ つもり(で)

「〜つもり(で)」는 '어떤 행위를 하는 전제로서, 〜한 셈 치고'라는 뜻이다. 응용 표현인 「〜つもりでいる(〜인 줄 알고 있다)」도 많이 쓰이니 알아 두는 것이 좋다.

기출 完璧に理解したつもりでも 완벽하게 이해했다고 생각하더라도　2021-1회
　　　見るだけのつもりで服屋に入ったら 보기만 할 생각으로 옷 가게에 들어갔더니　2025-2회

旅行したつもりで、お金は貯金することにした。
여행한 셈 치고 돈은 저금하기로 했다.

でも、自分じゃまだまだ若いつもりでいるよ。
하지만 자기는 아직도 젊은 줄 알고 있어.

062 **〜(の)であれば** 〜라면

접속	동사의 보통형·명사 ＋ (の)であれば

'〜인 것이라면'과 같이 전하고 싶은 내용을 좀 더 강조해서 말하고자 할 때 사용한다.

기출 海水が入ったのであれば、修理は難しいかもしれませんが
　　　바닷물이 들어간 거라면 수리는 힘들지도 모르지만　2024-1회

可能であれば、ミーティングの時間を変更していただけますか。
가능하다면 미팅 시간을 변경해 주실 수 있으신가요?

もし、予約をキャンセルされるのであれば、必ずご連絡ください。
만약 예약을 취소하신다면 반드시 연락 바랍니다.

063 〜て以来（いらい） ~한 후

| 접속 | 동사의 て형 + て以来 |

「〜て以来」는 '~한 이후로', '~한 후 계속 ~하다' 라는 뜻이다. 「〜た以来」와 같이 완료의 형태로 표현하지 않는다는 점에 주의하자.

기출 就職（しゅうしょく）したときに買（か）って以来（いらい）ずっと使（つか）っていたかばんが
취직했을 때 산 뒤로 계속 쓰던 가방이　2016-2회

テレビ番組（ばんぐみ）で紹介（しょうかい）されて以来（いらい）、とても売（う）れている
텔레비전 방송에서 소개된 뒤로 굉장히 잘 팔리고 있다　2021-2회

彼（かれ）とけんかして以来（いらい）、一切口（いっさいくち）を利（き）かなくなった。
그와 싸우고 난 후 일절 말을 하지 않게 되었다.

064 〜てからでないと ~한 다음이 아니면

| 접속 | 동사의 て형 + てからでないと |

선행 조건이 실현되지 않으면 뒤에 오는 행동이 불가능하거나 어렵다는 의미이다.

기출 哲学（てつがく）Ⅰの単位（たんい）を取得（しゅとく）してからでないと 철학Ⅰ의 학점을 취득한 다음이 아니면　2013-1회
一度社内（いちどしゃない）で検討（けんとう）し てからでないと 한번 사내에서 검토한 다음이 아니면　2019-2회
借（か）りている本（ほん）を全部返（ぜんぶかえ）してからでないと
빌린 책을 전부 반납한 다음이 아니면　2024-2회

一定（いってい）の年齢（ねんれい）を超（こ）えてからでないと、選挙権（せんきょけん）は得（え）られません。
일정 연령을 넘긴 다음이 아니면 선거권은 얻을 수 없습니다.

豚肉（ぶたにく）はしっかり火（ひ）を通（とお）してからでないと、食（た）べられません。
돼지고기는 확실히 구운 다음이 아니면 먹을 수 없습니다.

〜てたまらない・〜てしょうがない

〜해서 견딜 수 없다, 너무 〜하다

접속　동사·い형용사·な형용사의 て형 + てたまらない・てしょうがない

어떠한 상황에서 마음이나 감정, 몸의 상태 등의 정도가 너무 강해서 억누를 수 없거나 참을 수 없는 상태임을 나타낼 때 사용한다.

유사 표현　〜てならない　〜해서 견딜 수 없다

기출　仕事が休みの日はすることがなくて暇でしょうがない
일을 쉬는 날에는 할 일이 없어서 한가하기 짝이 없다　2014-1회

ピアノを弾くことが好きで好きでたまらない
피아노 치는 것을 정말 정말 좋아한다　2019-1회

アニメが好きでたまらないという学生が　애니메이션이 정말 좋다는 학생이　2024-1회

チーズが好きでたまらないという人に　치즈를 정말 좋아한다는 사람에게　2025-2회

昨日から何も食べていないので、お腹がすいてたまらない。
어제부터 아무것도 안 먹었기 때문에 배가 고파서 견딜 수 없다.

合格発表は来週だが、試験の結果が気になってしょうがない。
합격 발표는 다음 주이지만 시험 결과가 너무 신경 쓰인다.

066

〜てでも　〜해서라도

접속　동사의 て형 + てでも

「〜てでも」는 목표를 이루기 위한 강경한 수단을 나타낸다. 따라서 뒤에는 주로 강한 의지나 희망을 나타내는 표현이 온다.

今日の会合には、どんな手段を使ってでも時間通りに到着しなければならない。
오늘 회합에는 어떤 수단을 써서라도 시간대로 도착해야 한다.

067 ～てならない ~해서 견딜 수 없다, 너무 ~하다

접속 동사·い형용사·な형용사의 て형 + てならない

자신도 모르게 마음속 깊은 곳에서 어떤 감정이나 상태 등이 강하게 솟아올라 억제할 수 없음을 나타내는 문어적 표현이다.

유사 표현 ～てたまらない ~해서 견딜 수 없다
　　　　　　 ～てしょうがない ~해서 어쩔 수가 없다

기출 私のことが心配でならないらしい 내가 너무 걱정되는 듯하다 　2017-1회

友達に何度も電話をしたがつながらない。何かあったのか心配でならない。
친구에게 몇 번이고 전화를 했지만 연결이 되지 않는다. 무슨 일이 생겼는지 걱정이 되어 견딜 수 없다.

068 ～てはじめて ~서야 비로소

접속 동사의 て형 + てはじめて

「～てはじめて」는 두 가지 일의 시간적 전후 관계를 말할 때 앞의 일을 겪고 난 후에 전에는 몰랐던 것을 알게 되었음을 나타낸다.

기출 政治に対する信頼があって初めて 정치에 대한 신뢰가 있어야 비로소 　2011-1회

父が亡くなってはじめて、そのありがたさがわかった。
아버지가 돌아가시고 나서야 비로소 그 고마움을 알았다.

069 ～ということだ ～라고 한다, ~라는 것이다

접속	동사의 보통형 + ということだ
	명사 + だ + ということだ

전문의「そうだ」처럼 객관적 사실을 전달하거나 어떤 정보를 설명하고 결론을 내릴 때 사용한다.

기출 多少価格が高くなっても問題ないということだ
다소 가격이 높아지더라도 문제 없다는 것이다 `2014-1회`

景気は回復しつつあるということだが 경기는 회복하고 있다는 것이지만 `2017-2회`

ニュースによると、この前起きた事件の犯人が捕まったということだ。
뉴스에 의하면 요전에 일어난 사건의 범인이 잡혔다고 한다.

このお店の野菜は全て無農薬だということです。
이 가게의 야채는 전부 무농약이라고 합니다.

070 ～というと・～といえば ～라고 하면

접속	명사 + というと・といえば

「～というと」와「～といえば」는 화제로 삼거나 바로 연상되는 것을 말할 때 많이 쓴다.

기출 人気のあるスポーツといえば 인기 있는 스포츠라고 하면 `2013-1회`

何が大切かといえば 무엇이 중요한가라고 한다면 `2016-2회`

昔は新婚旅行というと、ハワイを思い出す人が多かった。
예전에는 신혼여행이라고 하면 하와이를 떠올리는 사람이 많았다.

日本といえば、富士山を連想します。
일본이라 하면 후지산을 연상합니다.

071 ～というものだ ~라는 것이다

접속   동사·い형용사의 보통형·な형용사 어간·명사 + というものだ

「～というものだ」는 어떤 상황이나 상태에 대해 일반적인 관점에서 당연하다고 생각하는 평가, 판단, 단정을 내릴 때 사용하는 표현이다.

기출   血液型が分かれば大体の性格も分かるというものです
혈액형을 알면 대략적인 성격도 알 수 있다는 것입니다   2010-1회

賃金を倍にしてほしいなどと言うのは、過大な要求というものだ。
임금을 배로 해 달라고 하는 것은 과대한 요구라는 것이다.

072 ～というより ~라기보다

접속   동사·い형용사·な형용사·명사의 보통형 + というより

앞에 제시된 표현이나 판단보다 뒤에 오는 표현이나 판단이 더 정확하거나 더 적절하다고 말할 때 사용한다.

기출   コーチというより兄のような存在だ 코치라기보다 형과 같은 존재다   2021-2회

駅から家までバスに乗らず歩くのは、節約というより健康のためだ。
역에서 집까지 버스를 타지 않고 걷는 것은 절약이라기보다 건강을 위해서이다.

073 〜というわけだ ~라는 것이다
〜というわけではない ~인 것은 아니다

접속	동사·い형용사의 보통형 + というわけだ / というわけではない
	な형용사의 어간·명사 + というわけだ / というわけではない

「〜というわけだ」는 나름의 근거를 통해 '그래서 ~인 것이다, ~인 셈이다' 라고 말할 때 사용하며, 「〜というわけではない」는 부정의 의미를 나타내지만 일부 예외가 허용될 수 있다는 여지를 남길 때 사용한다. 참고로, な형용사와 명사에는 「な형용사의 어간·명사 + な/である」 형태로 접속하기도 하며 「という」를 생략하기도 한다.

기출
必ずしも最初から順調だった**わけではない**
꼭 처음부터 순조로웠던 것은 아니다　2010-2회

そのため、安くすることができる**というわけだ**
그렇기에 싸게 하는 것이 가능한 것이다　2012-1회

宇宙空間に出たときには簡単に広げられる**というわけだ**
우주 공간에 나갔을 때는 간단하게 펼칠 수 있는 것이다　2018-2회

気体と一緒に逃げていき、気温が下がる**というわけです**
기체와 함께 날아가 기온이 내려간다는 것입니다　2019-1회

まだ完全に治った**わけではない**が 아직 완전히 나은 것은 아니지만　2024-2회

セール中だから、安く買える**というわけです**。
세일 중이니 싸게 살 수 있는 것입니다.

お金があればあるほど、幸せ**というわけではない**。
돈이 많으면 많을수록 행복한 것은 아니다.

074 ～といった ～라고 하는, ～(와/과) 같은

| 접속 | 명사 + といった |

「～といった」는 대표적인 예를 들어 설명할 때 사용한다.

기출 みそやしょうゆといった調味料 된장이나 간장과 같은 조미료　2012-2회

きゅうりやトマト、なすといった夏の野菜が
오이나 토마토, 가지와 같은 여름 채소가　2024-1회

この人形は、「こんにちは」「さようなら」といった簡単な言葉をしゃべります。
이 인형은 '안녕하세요' '안녕히 가세요'와 같은 간단한 말을 합니다.

075 ～といっても ～라고 해도

| 접속 | 동사·い형용사·な형용사의 보통형 + といっても |
| | 명사 + (だ) + といっても |

기출 ひとくちにカレーライスといっても 한마디로 카레라이스라고 해도　2010-1회

香木といってもそのような名前の木が
향나무라고 해도 그러한 이름의 나무가　2023-1회

店長になったといってもわからないことばかりで
점장이 되었다고 해도 모르는 것뿐이라서　2023-2회

料理ができるといっても、たまごやきぐらいです。
요리를 할 수 있다고 해도 계란말이 정도입니다.

問題7　次の文の　（　　　）　に入れるのに最もよいものを、1・2・3・4から一つ選びなさい。

1　いくら資金がない（　　　）、そこまで経費を削減すべきではないでしょう。075

　　1　といっても　　　　2　というより　　　　3　といったら　　　　4　といえば

2　夜中の2時に電話してくるなんて、それは非常識（　　　）。071・087

　　1　ということではない　　　　　　　2　というからだ
　　3　というわけではない　　　　　　　4　というものだ

3　山口さんは、見た目で学校の先生（　　　）、銀行員のようだ。072

　　1　だけで　　　　　　2　にもかかわらず　　3　どころか　　　　4　というより

4　夏目漱石（　　　）、「こころ」という小説を思い出す人も多いだろう。070

　　1　というより　　　　2　というと　　　　3　からいえば　　　　4　からいって

5　西村さんは娘の大学合格がうれしくて（　　　）らしい。067

　　1　きれない　　　　2　ほかない　　　　3　しかない　　　　4　ならない

6　昨日、病院でもらった薬のおかげで、風邪は（　　　）あります。060

　　1　治りながらも　　　2　治りっこ　　　　3　治りつつ　　　　4　治ったのであれば

7　可能（　　　）、学校の帰りに牛乳を買ってきてほしいな。062

　　1　であれば　　　　2　というと　　　　3　というより　　　　4　どころか

8　大学を卒業して（　　　）、田中さんとは連絡をとっていない。063

　　1　でも　　　　　　2　以来　　　　　3　はじめて　　　　4　からでないと

9　日本語の勉強を（　　　）なので、まだひらがなしかわかりません。054

　　1　始めたばかり　　2　始めたと思う　　3　始めて以来　　4　始めたっけ

답　1①　2④　3④　4②　5④　6③　7①　8②　9①

10 父は出張に（　　　　）、お土産を買ってきてくれます。 055

1　行くっけ　　　　　　　　　　　　2　行くたびに

3　行ったばかり　　　　　　　　　　4　行ってからでないと

11 去年の夏休みは、母の誕生日祝い（　　　　）家族旅行に行ったんだ。 057

1　ながらも　　　　　　　　　　　　2　をかねて

3　であれば　　　　　　　　　　　　4　といっても

12 あれ、私の眼鏡、どこに（　　　　）。 058

1　置きっこない　　　2　置いたところだ　　3　置いたと思う　　　4　置いたっけ

問題8　次の文の　＿★＿　に入る最もよいものを、1・2・3・4から一つ選びなさい。

13 昨日、＿＿＿＿＿　＿★＿＿　＿＿＿＿＿　＿＿＿＿＿ケチャップのシミがついてしまった。 054

1　ばかりの　　　　　　2　白い　　　　　　3　買った　　　　　4　シャツに

14 健康に＿＿＿＿＿　＿＿＿＿＿　＿★＿＿　＿＿＿＿がやめられない。 060

1　と　　　　　　　　　2　悪い　　　　　　3　たばこ　　　　　4　知りつつも

15 先生にため口で＿＿＿＿＿　＿★＿＿　＿＿＿＿＿　＿＿＿＿。 071

1　というものだ　　　　2　失礼　　　　　　3　話す　　　　　　4　のは

16 シャツが＿＿＿＿＿　＿＿＿＿＿　＿★＿＿　＿＿＿＿、アイロンをかけました。 056

1　になって　　　　　　2　しわ　　　　　　3　いたので　　　　4　だらけ

17 蚊に刺された＿＿＿＿＿　＿＿＿＿＿　＿★＿＿　＿＿＿＿、薬を塗った。 065

1　かゆくて　　　　　　2　ところが　　　　3　ので　　　　　　4　たまらなかった

問題9　次の文章を読んで、文章全体の内容を考えて、　18　から　21　の中に入る最も
　　　　よいものを１・２・３・４から一つ選びなさい。

　　私たちは日本語に慣れ切っている。幼い時から、私たちは日本語を聞き、日本
語を話し、日本語を書き、日本語で考えてきた。私たちにとって、日本語は空気
のようなもので、日本語が上手とか下手とかいうのさえ滑稽なほど、私たちはみ
な日本語の達人　18　いる。　19　、そんなことを更めて考えないくらい、私た
ちは日本語に慣れ、日本語　20　を意識していない。これは当たり前のことであ
る。

　　　21　、その日本語で文章を書くという時は、この日本語への慣れを捨てなけ
ればいけない。日本語というものが意識されないのでは駄目である。話したり聞
いたりしている間はそれでよいが、文章を書くという段になると、日本語をハッ
キリ客体として意識しなければいけない。自分と日本語の融合関係を脱出して、
日本語を自分の外の客体として意識せねば、これを道具として文章を書くことは
できない。文章を書くというには、日本語を外国語として取り扱わなければいけ
ない。

　　日本語を自分の外部の客体として掴むというチャンスは、普通は、私たちが
外国語を勉強する時に訪れるものである。全く外国語と縁がなかったら、日本語
が言語そのものということになり、日本語が日本語として自覚される折はないで
あろう。日本語の自覚が外国語との接触から起こるということは、民族について
も、個人についても、同様に言い得る。

(清水幾太郎　『論文の書き方』　による)

18

1　のついでに　　　2　のつもりで　　　3　のたびに　　　4　というより

19

1　いや　　　2　および　　　3　さて　　　4　そういえば

20

1　といっても　　　2　といえば　　　3　というもの　　　4　というより

21

1　さらに　　　2　しかし　　　3　すなわち　　　4　それどころか

핵심문법

문형	의미	예문
～にとって ¹⁰⁸	～에게 있어서, ～에게	私_{わたし}たちにとって 우리에게
～さえ ⁰³⁷	～조차, ～마저, ～도	下手_{へた}とかいうのさえ 서툴다고 말하는 것조차
～つもり(で) ⁰⁶¹	～할 생각(으로)	日本語_{にほんご}の達人_{たつじん}のつもりでいる 일본어 달인인 줄 알고 있다
～として(は) ⁰⁸¹	～로서(는)	客体_{かくたい}として 객체로서

問題7　次の文の　（　　　）　に入れるのに最もよいものを、1・2・3・4から一つ選びなさい。

1　大阪に行った（　　　）、大学時代の友人に会ってきた。057
　　1　ばかりに　　　　2　とおりに　　　　3　ついでに　　　　4　うちに

2　飼っている猫が家の床をひっかくので、床が傷（　　　）になってしまいました。056
　　1　だらけ　　　　2　ぎみ　　　　3　がち　　　　4　どおり

3　台風や地震（　　　）自然によって起こる災害^{さいがい}は避けられない。074
　　1　がてら　　　　2　ばかりの　　　　3　といっても　　　　4　といった

4　どうしても留学したい。家を（　　　）絶対^{ぜったい}行きたい。066
　　1　売りつつ　　　　2　売ってでも　　　　3　売るうちに　　　　4　売ろうとして

5　親切心から言った（　　　）なのだが、かえって怒^{おこ}らせてしまったようだ。061
　　1　よう　　　　2　はず　　　　3　まま　　　　4　つもり

6　もし英語ができる（　　　）、代わりに予約をお願いできますか。062
　　1　のであれば　　　　2　ばかりか　　　　3　というより　　　　4　たびに

7　A「毎日6時間は勉強しなさい。」
　　B「そんなこと、（　　　）よ。」059
　　1　できっこない　　　2　できるしかない　　　3　できざるをえない　　4　できるほかはない

8　友達の家へ（　　　）、あいにく留守だった。052
　　1　行くところ　　　　2　行ったところ　　　　3　行くばかり　　　　4　行ったばかり

9　かわいがっていた犬に死なれて（　　　）。067
　　1　悲しいつもりでいる　　　　　　2　悲しくてならない
　　3　悲しいということだ　　　　　　4　悲しんだばかりだ

답　1③　2①　3④　4②　5④　6①　7①　8②　9②

10 危ないので、準備運動を（　　　）、プールに入れません。 074

1　して以来　　　　2　してでも　　　　3　したのであれば　4　してからでないと

11 お酒が飲めない（　　　）が、好きではない。 073

1　つもり　　　　　2　と思う　　　　　3　ということだ　　4　わけではない

12 自分が親に（　　　）、親のありがたさがわかりました。 068

1　なるはじめて　　2　なってはじめて　3　なったはじめて　4　ならないはじめて

問題8　次の文の ＿＿＿★＿＿ に入る最もよいものを、1・2・3・4から一つ選びなさい。

13 銀行や ＿＿＿＿ ＿＿＿＿★ ＿＿＿＿は残業が多いらしい。 074
1　金融関係（きんゆうかんけい）　　2　保険会社（ほけんがいしゃ）　　3　の会社　　4　といった

14 窓を ＿＿＿＿ ＿★＿ ＿＿＿＿ ＿＿＿＿鳥が逃（に）げてしまった。 053

1　かわいがって　　2　開けた　　　　　3　とたんに　　　　4　いた

15 サッカーの試合に ＿＿＿＿ ＿＿＿＿ ＿★＿ ＿＿＿＿。 065

1　ことが　　　　　2　悔しくて　　　　3　負けた　　　　　4　たまらない

16 今日の会議は ＿＿＿＿ ＿＿＿＿ ＿★＿ ＿＿＿＿。 058

1　から　　　　　　2　っけ　　　　　　3　だった　　　　　4　3時

17 このサービスに ＿＿＿＿ ＿★＿ ＿＿＿＿ ＿＿＿＿、半数以上の人が「満足している」
と答えた。 052

1　と聞いた　　　　2　いるか　　　　　3　満足して　　　　4　ところ

答　10 ④　11 ④　12 ②　13 ①(2413)　14 ③(2314)　15 ②(3124)　16 ③(4132)　17 ②(3214)

　　最近では、名の知られた大企業が不祥事に絡んで世間を騒がせたり、刑事事件
で当局の捜査を受けることは珍しくなくなった。事件の関係者として著名企業の
名が挙がると、新聞やテレビはこぞってそれを報道するため、とりわけそのよう
な事件が目立つという面はあるにせよ、著名企業が関係した犯罪はもはやレアケー
スとは言えない時代となっている。もっとも、多くの企業人は、他の企業が捜
査対象となっても「当社に限ってそのようなことがあるはずない」といわば対岸
の火事を眺めるような気持ちで新聞報道などに接していることと思う。その発想
は健全であり、また、本来そうでなければならないのであるが、実際には企業犯
罪に巻き込まれる危険はたいていの企業が等しく負っているのである。現に不祥
事や企業犯罪に絡んで名前が出る企業の多くは業務を通じて社会に多大の貢献を
しているし、犯罪を実行したとされる役職員も個人的には社会的に高く評価され
尊敬を集めている例が　18　多い。問題は、こういった企業や役職員が、なぜ、
業務を遂行する過程で、犯罪として指弾を受けるような行為に関係してしまった
のか　19　。もちろん、ここの事案をみればその原因はさまざまであろうが、少な
くとも一流と目されるような企業が関係した事件については、ある共通した特質
が見いだせるように思われる。

　　いかなる企業にも、しかも歴史と伝統のある大企業ほど、組織内で通用してき
た慣行　20　。そして、そのような企業内の慣行は、トップの意思決定のシステム
から日常的な業務の処理の方法に至るまで、組織の至るところに存在し深く浸透
している。それ自体はもちろん悪いことではない。　21　、その組織の内部では、
そのような慣行に合理性があるからこそ、長年にわたって維持され継承されてき
たのだろう。

(経営刑事法研究会編『企業活動と経済犯罪』による)

18

1　そこで　　　　　　　2　むしろ　　　　　　3　あるいは　　　　4　それとも

19

1　ということはない　　　　　2　ということにする
3　ということである　　　　　4　ということにはならない

20

1　どころではない　　　　　　2　というわけではない
3　ということだ　　　　　　　4　というものがある

21

1　また　　　　　　　2　さて　　　　　　3　もし　　　　　　4　たとえ

핵심문법

～として(は) 081 ～로서(는)	事件の関係者として 사건의 관계자로서	
～とは 084 ～라고는	レアケースとは言えない 드문 케이스라고는 말할 수 없는	
～にかぎって 093 ～에 한해, ～만	当社に限って 당사에 한해	
～と思う 076 ～라고 생각하다	新聞報道などに接していることと思う 신문 보도 등으로 접하고 있을 거라 생각하다	
～を通じて 147 ～을 통해서	企業の多くは業務を通じて 기업의 상당수는 업무를 통해서	
～からこそ 028 ～이기 때문에	合理性があるからこそ 합리성이 있기 때문에	
～にわたって 115 ～에 걸쳐	長年にわたって維持され 긴 시간에 걸쳐 유지되어	

076

～と思う ～라고 생각하다, ～일/할 것이다
～(よ)うと思う ～(하)려고 생각하다, ～(하)려고 하다

접속	동사·い형용사·な형용사·명사의 보통형 + と思う
	동사의 의지형 + (よ)うと思う

「～と思う」는 화자의 예상이나 추측, 상상을 나타내며 「～(よ)うと思う」는 화자의 결심이나 의지 등을 담아 말할 때 사용한다.

기출　日本文化の一つとして紹介しようと思う 일본 문화의 하나로 소개하려고 한다　2013-2회

ただ、気分の問題ではないかとも思います
단지 기분 문제가 아닐까라고도 생각합니다　2019-1회

先生や友達と過ごすのもあと数週間と思うと
선생님이나 친구들과 보내는 것도 앞으로 몇 주밖에 안 남았다고 생각하니　2021-1회

なんと美しい声なんだろうと思ったのを
이 얼마나 아름다운 목소리인가라고 생각한 것을　2021-2회

アルバイトに遅刻しそうだったので急ごうと思って
아르바이트에 지각할 것 같았기 때문에 서두르자고 생각하여　2022-1회

私が教師になりたいと思ったのは
내가 교사가 되고 싶다고 생각한 것은　2022-2회

このような香りの楽しみ方もいいものだと思います
이러한 향을 즐기는 방식도 좋은 것이라고 생각합니다　2023-1회

この問題、テストに出ると思う？
이 문제, 시험에 나올 것 같아?

今夜はカレーにしようと思います。
오늘 저녁은 카레를 먹으려고 합니다.

077 ## 〜どころか / 〜どころではない

〜하기는커녕 / 〜할 상황이 아니다

접속 동사·い형용사·명사의 보통형 + どころか / な형용사 + な + どころか
동사의 사전형·명사 + どころではない

「〜どころか」는 「AどころかB」의 형태로 A를 완전히 부정하고 그와 정반대이거나 거리가 먼 B를 내세우는 표현이다.

기출 喜ばれるどころか、迷惑をかけることもあるので
기뻐해 주기는커녕 민폐를 끼치는 경우도 있기 때문에　2020

食事をする時間どころか 식사를 할 시간은커녕　2022-1회

温泉に入って、元気になるどころか 온천에 들어가 건강해지기는커녕　2023-2회

私はあの人にいろいろ親切にしたつもりだが、感謝されるどころか、恨まれた。
나는 그 사람에게 여러 가지로 친절하게 대했다고 생각하는데 감사를 받기는커녕 원망받았다.

明日は試験があるので、ドライブどころではない。
내일은 시험이 있어서 드라이브할 상황이 아니다.

078 ## 〜ところだ 막 〜하려는 참이다

접속 동사의 보통형 + ところだ

「〜ところだ」는 어떠한 상황의 바로 직전임을 나타내며, 상대방에게 어떠한 상황이나 행동이 발생한 타이밍을 설명하거나 행동의 의도를 전달할 때 자주 사용한다. 또한 진행형(ている)에 접속하면 '〜하고 있는 중이다' 라는 진행, 과거형(た)에 접속하면 '막 〜했다' 라는 완료의 의미를 나타낸다.

기출 ズボンのポケットに入れたまま洗濯するところだった
바지 주머니에 넣은 채로 세탁할 참이었다　2024-2회

雨が降り始めたことに気づかなかったら、洗濯物が濡れるところだった。
비가 내리기 시작한 것을 알아차리지 못했다면 빨래가 젖을 뻔한 참이었다.

ケータイを見ながら下を向いて歩いていたので、危うく車にひかれるところだった。
핸드폰을 보면서 고개를 숙이고 걸어가고 있었기 때문에 하마터면 차에 치일 뻔한 참이었다.

079 〜ところを 〜(인/한) 중에
〜ところに・〜ところへ 〜하는 참에

접속	동사·い형용사의 보통형 + ところを / ところに・ところへ
	な형용사 + な + ところを / ところに・ところへ
	명사 + の + ところを / ところに・ところへ

お忙しいところをわざわざおいでいただき、恐縮でございます。
바쁘신 중에 일부러 와 주셔서 송구스럽습니다.

私が説明をしているところに、誰かが会議室のドアをノックした。
내가 설명을 하고 있는 참에 누군가가 회의실 문을 노크했다.

ちょうど出かけようとしていたところへ、田舎の母から宅急便が届いた。
마침 외출하려던 참에 시골에 계신 어머니로부터 택배가 왔다.

080 〜としたら 〜라고 하면

접속	동사·い형용사의 보통형 + としたら
	な형용사의 어간·명사 + だ + としたら

'어떠한 일이 실제로 일어나지는 않았지만, 그 일이 만약 일어난다면'과 같이 특정한 상황을 가정하여 말할 때 쓰는 표현이다. 현실과는 다소 거리가 있는 가정이나 상상을 전제로 이야기하고 싶을 때 주로 사용한다.

기출 自分のアドバイスが相手の人生を大きく変えるかもしれないとしたら
자신의 조언이 상대의 인생을 크게 바꿀지도 모른다고 한다면 　2016-1회

もし、生まれ変われるとしたら、何になりたいですか。
만약 다시 태어난다고 하면 무엇이 되고 싶나요?

081 ～として(は) ~로서(는), ~의 입장에서(는)

접속　명사 + として(は)

「～として」는 일반적으로 자격이나 입장, 명목, 부류를 나타낼 때 사용한다.

기출
生活に欠かせない道具として 생활에 빼놓을 수 없는 도구로서　2015-1회
山や植物の写真家として 산이나 식물 사진가로서　2018-2회
プロの選手としては 프로 선수로서는　2019-1회
政治家としての自分の立場を 정치가로서의 본인의 입장을　2022-1회
趣味としてなら何歳から始めても 취미로서라면 몇 살부터 시작해도　2023-1회
自動車や航空機などの燃料として使われるだけでなく
자동차나 비행기 등의 연료로서 사용될 뿐만 아니라　2023-2회
卒業後は演奏家としてではなく 졸업 후엔 연주가로서가 아닌　2025-2회

彼女は研究生として、この大学で勉強している。
그녀는 연구생으로서 이 대학에서 공부하고 있다.

082 ～としても ~라고 해도

접속　동사·い형용사의 보통형 + としても
　　　　な형용사의 어간·명사 + だ + としても

「～としても」는 '~라고 (가정)해도'라는 뜻으로 '지금은 아니지만 만일 그렇게 되더라도 관계없다'는 의미로 쓰인다.

기출
どこかの星に生物がいたとしても 어딘가의 별에 생물이 있다고 해도　2013-1회
行けるとしても、多分途中からになると思う
갈 수 있다고 해도 도중부터가 될 거라고 생각한다　2019-1회

楽天的な彼は会社を首になったとしてもあまり心配しないだろう。
낙천적인 그는 회사에서 해고가 되었다고 해도 별로 걱정하지 않을 것이다.

083 〜とのことだ 〜라고 한다, 〜라는 것이다

접속 동사·い형용사의 보통형 + とのことだ
な형용사의 어간·명사 + (だ) + とのことだ

「〜ということだ」처럼 객관적 사실을 전달할 때 사용한다. 반면 정보에 대해 설명하거나 결론을 내릴 때는 잘 사용하지 않는다.

기출 至急連絡がほしいとのことです 빠른 시일 내에 연락을 주길 바란다고 합니다　2014-2회
今日中に連絡してほしいとのことでした 오늘 중에 연락을 달라고 하셨습니다　2023-1회

新しいショッピングセンターが今週末にオープンするとのことです。
새로운 쇼핑 센터가 이번 주말에 연다고 합니다.

運送会社から連絡があり、大雪の影響で荷物の到着が遅れるとのことです。
운송 회사에서 연락이 와 대설의 영향으로 화물 도착이 늦어진다고 합니다.

084 〜とは ① 〜(이)란 ② 〜라고는, 〜하다니, 〜일/할 줄이야

접속 ① 명사 + とは
② 동사·い형용사·な형용사·명사의 보통형 + とは

「〜とは」는 명사에 직접 접속하면 어떠한 정의나 명제 등을 나타낼 때 흔히 쓰는 표현이 된다. 「〜というのは」로 바꿔 쓰면 딱딱한 느낌이 덜해지고 친밀한 인상을 주지만 명제를 정의한다는 감각이 약해지기도 한다. 회화체로는 「〜って」가 되며, 뒤에는 「〜(の)ことだ·〜(という)ことだ(~(이)라는 것이다)」, 「〜という意味だ(~(이)라는 의미이다)」 등과 함께 쓰이는 경우가 많다. 또, 동사와 형용사 등에 접속하여 앞에 오는 내용을 강조하여 놀람이나 감탄을 나타내기도 한다.

기출 サラリーマンから農家になるとは 샐러리맨에서 농부가 되다니　2021-1회
初対面とは思えないぐらい 첫 만남이라고는 생각 못할 정도로　2025-2회

「下水」とは、台所などで使った汚れた水のことである。
'하수'라는 것은 부엌 등에서 사용한 더러워진 물을 말한다.

あれ以来あの人にもう二度と会えないとは、想像もできなかった。
그 이후로 그 사람을 두 번 다시 만날 수 없을 거라고는 상상도 하지 못했다.

085 ～ないことには ～(하)지 않으면

| 접속 | 동사의 부정형(ない형) + ないことには |

「AないことにはB」의 형태로 A라는 조건이 충족되지 않으면 B라는 결과는 실현 불가능하다는 의미를 나타낸다.

| 기출 | この企業で働きたいと思っていても、応募しないことには
이 기업에서 일하고 싶다고 생각해도 지원하지 않으면 2015-1회

噴火がどんな状態なのかは、その現場へ行ってみないことにはわからない。
분화가 어떤 상태인지는 그 현장에 가 보지 않으면 알 수 없다.

086 ～ないことはない ～(하)지 않는 것은 아니다

| 접속 | 동사의 부정형(ない형) + ないことはない |

「～ないことはない」를 강조할 때는「～ないこともない(~지 않는 것도 아니다)」의 형태로도 쓰인다.

あなたの苦労がわからないことはないです。
당신의 고생을 모르는 것은 아닙니다.

087 **〜なんて** 〜따위, 〜라고는, 〜하다니

| 접속 | 동사・い형용사・な형용사의 보통형 + なんて |
| 명사 + (だ) + なんて |

「など・なんか」와 유사한 의미로, 열거하거나 비하, 겸손 등의 의미를 나타낼 때에 사용되며, 이와는 별개로 놀라움, 의외성 등을 강조할 때 사용하기도 한다.

기출 すっぱいのが苦手だなんていう若者が最近増えている
신 것을 잘 못먹는다고 하는 젊은이들이 최근 늘고 있다　2011-1회

まさか、彼が浮気していたなんて。
설마 그가 바람을 피우고 있었다니.

088 **〜にあたって** 〜에 앞서, 〜에 있어서

| 접속 | 동사의 사전형・명사 + にあたって |

중요한 일을 시작하거나 수행하는 상황에서 사용한다. 공식적인 자리에서 주로 쓰이며 앞으로의 일에 중점을 둔 표현이다.

기출 新しい事業を始めるにあたって 새로운 사업을 시작하는데 있어　2019-1회
この道路拡張計画を進めるにあたっては
이 도로 확장 계획을 진행하는데 있어서는　2021-2회
市民ホールを建設するにあたって 시민 홀을 건설하는데 있어　2025-1회

運動会の開会にあたって、校長先生からお話があります。
운동회 시작에 앞서 교장 선생님의 말씀이 있겠습니다.

089 ～に至って(は) ～에 이르러서(는)

| 접속 | 동사의 사전형·명사 + に至って(は) |

어떠한 예시를 들어 강조하는 표현으로, 뒤에는 성과나 결과 등을 나타내는 문장이 온다.

기출 一番上の兄に至っては、卵もうまく割れない
첫째 형에 이르러서는 계란도 잘 깨지 못한다　2023-2회

先生に敬語の使い方を指摘されるに至って、ようやく自分の間違いに気づいた。
선생님께 경어 사용법에 대해 지적 받음에 이르러서 겨우 내 실수를 알아차렸다.

今年の夏はとても暑く、兵庫県に至っては最高気温が41度を記録した。
올해 여름은 굉장히 더워서 효고현에 이르러서는 최고 기온이 41도를 기록했다.

090 ～において・～における ～에서, ～에서의

| 접속 | 명사 + において・における |

「～において・～における」는 어떤 일이 이루어지는 때나 장소, 상황 등을 나타낼 때 사용하는 표현이다.

기출 安全性において、他のどのメーカーの製品よりも優れている
안전성에서 다른 어떤 브랜드 제품보다 뛰어나다　2013-2회
多様な情報があふれる現代社会において 다양한 정보가 넘치는 현대 사회에서　2016-2회
世界各国の国会議員選挙における投票率 세계 각국의 국회 의원 선거에서의 투표율　2019-1회
高齢化が進む日本において 고령화가 진행되는 일본에서　2025-1회

1998年の冬季オリンピックは長野市において行われた。
1998년 동계 올림픽은 나가노 시에서 열렸다.

国際社会における我が国の役割について述べなさい。
국제 사회에서의 우리나라의 역할에 관해 서술하시오.

091 **〜に応じて** 〜에 맞게, 〜에 따라서, 〜에 응해

접속 명사 + に応じて

기출 客の予算に応じて 손님의 예산에 맞게 2010-1회

この会社では、能力に応じて給料が支払われます。
이 회사에서는 능력에 따라서 월급이 지급됩니다.

092 **〜に欠かせない** 〜에 빠트릴 수 없다, 〜에 빼놓을 수 없다
〜(を)欠かさず (〜을/를) 빠트리지 않고, (〜을/를) 거르지 않고

접속 명사 + に欠かせない / (を)欠かさず

「欠かせない」는 동사 「欠かす(빠트리다)」의 가능 부정형으로, '빠트릴 수 없다, 중요하다, 필수적이다'라는 의미를 가진다. 「欠かさず」는 「欠かさない(で)」와 같은 의미로, '빠짐없이'라는 뜻이다.

기출 日本食を作るのに欠かせない調味料です
일본 요리를 만드는 데 빼놓을 수 없는 조미료입니다 2013-1회
10年以上一日も欠かさず日記を書くなんて
10년 이상 하루도 빼놓지 않고 일기를 쓰다니 2014-2회
携帯電話は生活に欠かせない道具として定着した
휴대 전화는 생활에서 빼놓을 수 없는 도구로서 정착했다 2015-1회
日々の練習が上達に欠かせないのはもちろんだが
매일 하는 연습이 실력을 늘리는 데 빼놓을 수 없는 것은 당연하지만 2018-1회
メンバー同士の十分なコミュニケーションが欠かせない
멤버끼리의 충분한 소통을 빼놓을 수 없다 2024-1회

日光と水は植物を育てるのに欠かせない。
햇빛과 물은 식물을 키우는 데 빼놓을 수 없다.

父は健康のために毎日欠かさず、散歩をしている。
아버지는 건강을 위해 매일 빠트리지 않고 산책을 하고 있다.

〜にかぎって・〜にかぎり 〜에 한해, 〜만
〜にかぎらず 〜뿐만 아니라

접속	명사 + にかぎって・にかぎり
	명사 + にかぎらず

「〜にかぎって」는 '〜일 때만은 〜하다'는 뜻으로, 예외적인 상황이나 특별한 경우를 나타낸다. 「〜にかぎり」는 조건이나 대상을 한정하는 표현이다. 「〜にかぎらず」는 어떤 범위나 대상에 국한되지 않고 더 넓은 범위나 다른 대상에도 해당됨을 나타내는 표현이다. 「〜に限って・〜に限り・〜に限らず」와 같이 한자로도 출제된다.

기출
わが国に限らず 우리나라뿐만 아니라　2019-1회
外出するときにかぎって 외출할 때만　2021-1회
ご購入いただいた当日にかぎり 구입하신 당일에 한해　2025-2회

うちの子にかぎってそんなことをするはずがない。
우리 아이만은 그런 짓을 할 리가 없다.

先着100名様にかぎり、景品を差し上げます。
선착순 100분에 한해 경품을 드립니다.

彼は野球部に入っているが、野球に限らずスポーツなら何でも得意だ。
그는 야구부에 들어 있지만 야구뿐만 아니라 스포츠라면 뭐든지 잘한다.

094 **〜に限る** ～하는 것이 제일이다, ～이/가 최고다

접속 동사의 사전형·부정형(ない형)·명사 + に限る

기출 風邪の時はあたたかくして早く寝るに限る
감기에 걸렸을 때는 따뜻하게 하고 일찍 자는 것이 제일이다　2013-2회

やっぱり寒い日は、温かい鍋に限るね。
역시 추운 날엔 따뜻한 전골이 최고지.

095 **〜にかけては** ～에 있어서는, ～에 관한 한

접속 명사 + にかけては

「Aにかけては」의 형태로 쓰여 'A라는 능력에 있어서는 그 누구보다 뛰어나다'는 의미를 나타낸다.

기출 人を笑わせることにかけては天才だ 사람을 웃기는데 있어서는 천재다　2014-1회

彼は勉強はできないが、泳ぎにかけては誰にも負けない。
그는 공부는 못하지만 수영에 있어서는 누구에게도 지지 않는다.

096 ～に決^きまっている 반드시 ~이다, ~임이 분명하다, ~임이 당연하다

접속 동사·い형용사·な형용사의 보통형·명사 + に決まっている

「～に決^きまっている」는「～に違^{ちが}いない・～に相違^{そう い}ない(~임에 틀림없다)」와 비슷한 의미이지만 추측의 뜻은 없고 필연적이거나 당연하다는 화자의 경험 등에서 비롯된 주관적인 확신의 의미를 강조할 때 사용한다.

유사 표현 ～に違^{ちが}いない・～に相違^{そう い}ない ~임이 틀림없다, ~임이 분명하다

기출 反対するに決^きまっている 반대할 게 분명하다 　2019-2회

こんなことをしたら父^{ちち}に叱^{しか}られるに決^きまっている。
이런 일을 하면 아버지에게 혼날 게 분명하다.

大雨^{おおあめ}の日^ひに運動会^{うんどうかい}なんて、できないに決^きまっている。
큰비가 오는 날 운동회라니, 못 할게 분명해.

097 ～にこたえて ~에 부응하여

접속 명사 + にこたえて

기대나 요청 등의 의미를 지닌 명사에 접속하여 그 내용을 실현하기 위해 어떠한 동작을 실행에 옮긴다는 의미로 사용된다. 한자로 쓰면「～に答えて」가 아니라「～に応えて」인 점에 주의하자.

기출 利用者^{りょうしゃ}の声^{こえ}にこたえて、夏期^{か き}の開館時間^{かいかんじ かん}を1時間延長^{じ かんえんちょう}する
이용자의 목소리에 응하여 여름 동안 개관 시간을 1시간 연장한다 　2011-2회

そのアイドルは会場^{かいじょう}のアンコールにこたえて、もう一曲歌^{いっきょくうた}った。
그 아이돌은 회장의 앙코르에 부응하여 한 곡 더 불렀다.

098 〜に先立って ~함에 앞서

접속 동사의 사전형·명사 + に先立って

앞에 제시된 내용에 앞서 사전 준비나 특별한 행위를 한다는 의미로 사용된다.

기출 再開発事業を行うに先立って 재개발 사업을 시행하기에 앞서　2022-2회

試合を始めるに先立って、審判からルール説明があります。
시합을 시작하기에 앞서 심판의 규칙 설명이 있겠습니다.

新システム導入に先立って、操作研修を実施します。
새로운 시스템 도입에 앞서 조작 연수를 실시합니다.

099 〜にしたがって ~(함)에 따라

접속 동사의 사전형·명사 + にしたがって

「〜にしたがって」는 크게 두 가지 의미로 사용된다. 첫 번째는 어느 한쪽이 변화함에 따라 다른 한쪽도 변화한다는 의미이며, 두 번째는 앞선 지시나 명령 등에 복종한다는 의미이다.

유사 표현 〜につれ(て) ~(함)에 따라, ~하면서, ~할수록

기출 夫の年齢が下がるにしたがって増加している
남편의 연령이 내려감에 따라 증가하고 있다　2018-2회

暗くなるにしたがって、肌寒くなってきた。
어두워짐에 따라 쌀쌀해졌다.

スタッフの案内にしたがって移動してください。
스태프의 안내에 따라 이동해 주세요.

～にもかかわらず ～에도 관계없이, ～에도 불구하고

접속　동사·い형용사의 보통형 + にもかかわらず
　　　　な형용사의 어간·명사 + (である) + にもかかわらず

어떤 사실이나 조건이 존재함에도 불구하고 예상되거나 당연한 결과와 모순되거나 관련없는 결과가 나왔을 때 사용한다. 「にかかわらず」 형태로도 사용한다.

기출　大雨にもかかわらず行列ができていた
큰비가 내림에도 불구하고 줄을 서 있었다　2012-2회

説明会に参加するしないにかかわらず
설명회에 참가하고 하지 않고에 관계없이　2023-2회

努力したにもかかわらず全て失敗してしまった。
노력했는데도 불구하고 모두 실패하고 말았다.

荷物は多少にかかわらずご配達します。
짐은 많고 적음에 관계없이 배달해 드립니다.

問題7　次の文の　（　　　）　に入れるのに最もよいものを、１・２・３・４から一つ選びなさい。

1　お忙しい（　　　）お越しいただきまして、ありがとうございます。079
　　1　ことを　　　　　　2　ものを　　　　　　3　ところを　　　　4　あいだを

2　そのころ母は英語の教師（　　　）中学校で働いていた。081
　　1　どころか　　　　　2　にこたえて　　　　3　に限って　　　　4　として

3　A「明日のパーティーに行きたくないの？」
　　B「行きたくないこと（　　　）ないけど、あまり気が進まないんだ。」086
　　1　では　　　　　　　2　まで　　　　　　　3　さえ　　　　　　4　は

4　ノートパソコンがすでにある（　　　）、最新モデルが出るとほしくなる。100
　　1　にそって　　　　　2　にもかかわらず　　3　にこたえて　　　4　とすれば

5　技術的な点に（　　　）も劣る他社の商品が売れる理由が分からない。090
　　1　とって　　　　　　2　おいて　　　　　　3　応じて　　　　　4　あたって

6　家族で海外旅行に行く（　　　）、ハワイに行きたい。080
　　1　ところを　　　　　2　としては　　　　　3　としたら　　　　4　なんて

7　将来、結婚する（　　　）仕事は続けるつもりです。082
　　1　としても　　　　　2　としては　　　　　3　なんて　　　　　4　ところを

8　山田課長から連絡があり、折り返し電話するように（　　　）。083・141
　　1　限ります　　　　　2　すぎません　　　　3　とのことです　　4　決まっています

9　あんなに仲の悪かった二人が付き合うことになる（　　　）信じられない。034・087
　　1　としては　　　　　2　なんて　　　　　　3　としても　　　　4　にもかかわらず

答　1③　2④　3④　4②　5②　6③　7①　8③　9②

10 ビザを申請するに（　　　）、必要な書類をそろえました。 088

1　至って　　　　　　2　おいて　　　　　　3　あたって　　　　　4　限って

11 今回のテストの点数はどの教科も悪かったが、数学に（　　　）30点だった。 089

1　かけては　　　　　2　至っては　　　　　3　応じて　　　　　　4　対して

12 妊娠してからビタミンDのサプリメントを毎日（　　　）飲むようにしています。 092

1　としたら　　　　　2　に限って　　　　　3　欠かさず　　　　　4　において

問題8　次の文の　＿＿★＿＿　に入る最もよいものを、1・2・3・4から一つ選びなさい。

13 その国に＿＿＿＿＿　＿＿＿＿＿　＿＿★＿＿　＿＿＿＿＿、その国の本当の良さも悪さもわからない。 085

1　こと　　　　　　　2　住んで　　　　　　3　みない　　　　　　4　には

14 あの建築士は、個人＿＿＿＿＿　＿＿★＿＿　＿＿＿＿＿　＿＿＿＿＿ある。 095

1　住宅の　　　　　　2　定評が　　　　　　3　設計に　　　　　　4　かけては

15 取引先の田中様から来週の会議を15時からに＿＿＿＿＿　＿＿★＿＿　＿＿＿＿＿　＿＿＿＿＿。 083

1　連絡が　　　　　　2　とのことで　　　　3　変更したい　　　　4　ありました

16 大学に＿＿＿＿＿　＿＿★＿＿　＿＿＿＿＿　＿＿を買いました。 088

1　新しい　　　　　　2　入学する　　　　　3　にあたって　　　　4　ノートパソコン

17 今年の＿＿　＿★＿＿　＿＿＿＿＿、＿＿＿＿＿来年もあきらめずに受験するつもりです。 082

1　試験に　　　　　　2　としても　　　　　3　落ちた　　　　　　4　また

答　10 ③　　11 ②　　12 ③　　13 ①(2314)　　14 ③(1342)　　15 ②(3214)　　16 ③(2314)　　17 ③(1324)

問題9　次の文章を読んで、文章全体の内容を考えて、　18　から　21　の中に入る最も
　　　　よいものを1・2・3・4から一つ選びなさい。

「何度も言うように、重大な案件については、まず部長に相談しろ」。

上司が部下に対して、こんなことを言うようになったら、ほぼ怒っていると見
ていいでしょう。

普通に考えれば、何度も同じ失敗を繰り返し、その失敗がさっぱり無くならな
いようなケース。このとき出て来る「何度も言うように」の言葉には、「いい加減
にわかれよ」という怒りがこもっています。

どんなに穏やかな　18　、怒りが表に噴出してしまったという状態。　19　、
その原因は言われた側にある可能性が高いと言えます。即刻、態度を改めなけれ
ばいけません。

　20　、相手が何度も失敗しているわけではないの　21　、この言い回しを使
う人も、なかにはいます。

多くの場合は、発言者の勘違いのケースがほとんど。やんわりと「初めて聞き
ました」と伝えれば「そうだったか。まあ次から気をつけろ」と口にし、一件落
着[注1]となるはずです。

ただまれに、わざとこの言い回しを使う人もいます。頭ごなし[注2]に言うことで、
相手に「俺は何度も言われていたんだな」と思い込ませようとする魂胆[注3]がそこに
はあります。ですから、言われた側は「本当に何度も言われたかな」と振り返る
ことです。

もし、相手の魂胆が見えたら「多分初めて聞いたと思います」とやんわり否定
しておきましょう。

（町沢静夫『口ぐせ・しぐさで人の心を見抜く本』による）

（注1）落着：決まりがつくこと。落ち着くこと
（注2）頭ごなしに：相手の意見を聞かず、一方的に怒ったり、叱りつけること
（注3）魂胆：よくない意図、計画

18

1　話し方をしていたとは　　　　2　話し方をしていたとしても

3　話し方をするに至って　　　　4　話し方をするに先立って

19

1　ところで　　　　2　しかも　　　　3　あるいは　　　　4　では

20

1　さて　　　　2　つまり　　　　3　一方　　　　4　それとも

21

1　に先立って　　　　2　にかぎらず　　　　3　にしたがって　　　　4　にもかかわらず

핵심문법

문법	뜻	예문
〜に対して 103	〜에 대해서, 〜에 비해서	上司が部下に対して 상사가 부하 직원에 대해
〜ようになる 142	〜하게 되다	こんなことを言うようになったら 이런 것을 말하게 되었다면
〜としても 082	〜라고 해도	穏やかな話し方をしていたとしても 유화한 말투를 하고 있었다고 해도
〜(という)わけではない 073	〜인 것은 아니다	何度も失敗しているわけではない 몇 번이나 실패하고 있는 것은 아닌
〜(よ)うとする 138	〜하려고 하다	思い込ませようとする魂胆が 믿게 하려는 속셈이

답　18 ②　19 ②　20 ③　21 ④

問題7　次の文の　（　　　）　に入れるのに最もよいものを、１・２・３・４から一つ選びなさい。

1　客の要望に（　　　）、９時から店を開けることにした。034·091
　　1　応じて　　　　　　　2　おいて　　　　　　3　至って　　　　　　4　つれて

2　この会社は社長一人の意見で動いていると（　　　）。086
　　1　言えないこともない　　　　　　　　2　言うものだ
　　3　言えないはずだ　　　　　　　　　　4　言うどころではない

3　あれだけ努力した（　　　）、結局失敗に終わってしまった。100
　　1　にしたがって　　　2　にしたら　　　　　3　にもかかわらず　　4　に先立って

4　短距離（　　　）、県内には彼に匹敵する選手は見当たらない。095
　　1　に対して　　　　　2　にかけては　　　　3　によると　　　　　4　にとっては

5　泥棒（　　　）人の物を盗むやつのことだ。084
　　1　としたら　　　　　2　といっても　　　　3　といった　　　　　4　とは

6　日本語を覚えるには、日本人の友人を（　　　）に限ります。094·110
　　1　作り　　　　　　　2　作る　　　　　　　3　作って　　　　　　4　作った

7　運動もせずに、食べてばかりいたら太る（　　　）。044·096
　　1　に限る　　　　　　2　に決まっている　　3　ところだ　　　　　4　に欠かせない

8　今日はクリスマスなので、子供たちのリクエストに（　　　）チョコケーキを準備しました。097
　　1　限って　　　　　　2　おいて　　　　　　3　至って　　　　　　4　こたえて

9　新曲の発売（　　　）ミュージックビデオが公開された。098
　　1　とは　　　　　　　2　なんて　　　　　　3　に先立って　　　　4　としたら

答 1① 2① 3③ 4② 5④ 6② 7② 8④ 9③

10 歳をとる（　　　）脂っこいものが食べられなくなってきた。099
　　1　に先立って　　　　2　に対して　　　　3　にしたがって　　　4　において

11 お小遣いをもらったので、前からほしかった漫画を買おう（　　　）。076
　　1　と思う　　　　　　2　ところだ　　　　3　というものだ　　　4　ということだ

12 彼は10年も日本に住んでいるのに漢字（　　　）ひらがなさえも書けない。037·077
　　1　といった　　　　　2　だらけ　　　　　3　どころか　　　　4　というより

問題8　次の文の　★　に入る最もよいものを、1・2・3・4から一つ選びなさい。

13 そんな軽装で＿＿＿＿＿＿　★　＿＿＿＿＿＿　＿＿＿＿＿＿です。087
　　1　する　　　　　　　　2　登山を　　　　　3　危険　　　　　　4　なんて

14 掃除当番のことで彼女と私が＿＿＿＿＿＿　＿＿＿＿＿＿　★　＿＿＿＿＿＿来たのです。079
　　1　している　　　　　　2　ところに　　　　3　先生が　　　　　4　言い合いを

15 連休はどこも大変な人出で、こんな時は＿＿＿＿＿＿　★　＿＿＿＿＿＿　＿＿＿＿＿＿。094
　　1　している　　　　　　2　に限る　　　　　3　家で　　　　　　4　のんびり

16 今回の選挙の投票率はとても低く、＿＿＿＿＿＿　★　＿＿＿＿＿＿です。087
　　1　20代に　　　　　　　2　30パーセント　　3　ほど　　　　　　4　至っては

17 このクレジットカードは、＿＿＿＿＿＿　★　＿＿＿＿＿＿　＿＿＿＿＿＿。091
　　1　に応じて　　　　　　2　ポイントが　　　3　たまります　　　4　利用金額

 次の文章を読んで、文章全体の内容を考えて、 18 から 21 の中に入る最も
よいものを１・２・３・４から一つ選びなさい。

体重に大きく影響するのは、筋肉が減ってしまうこと。筋肉が減ると基礎代謝
が落ちるので、たとえ運動しても消費するカロリーが減ります。 18 、それほど
食べていないのに体重が増えるということになります。お肌や髪、爪など美容面
にも影響が出てくるでしょう。

こうお話しすると「たしかに、肉や魚、納豆など、あまり食べていませんでし
た」とDさんも自覚していました。

野菜からとれるビタミンやミネラル、食物繊維も 19 が、それよりはるかに
たんぱく質は重要な栄養素です。

Dさんのように「野菜さえ食べていれば健康で美しくいられる」と考える人は
多いのですが、たんぱく質、脂質、炭水化物の３大栄養素をバランスよくとって
はじめて、野菜からとる栄養素が体内で有効活用されます。

20 、パン食にするのであれば、必ずたんぱく質のおかずを添えるようにし
ましょう。または具材 21 たんぱく質が使われているものを選ぶのもよいでし
ょう。

朝食には卵を添え、昼食のパンも一つはサーモンやツナなど、たんぱく質の具
材をサンドしたものを選び、夜のベーグルには蒸し鶏をサンドするなどしてたん
ぱく質を取れるように工夫してください。

（小島美和子『おいしく食べて「やせる！みそ汁」』による）

（注１）基礎代謝：生命を維持するために必要なエネルギー
（注２）脂質：エネルギーを作り出す栄養素のひとつ

18

1 だが　　　　　2 結果　　　　　3 さて　　　　　4 では

19

1 体には欠かせません　　　　　2 体には限りません
3 体にはすぎません　　　　　4 体には決まっています

20

1 実は　　　　　2 いや　　　　　3 もし　　　　　4 いわば

21

1 とは　　　　　2 なんて　　　　　3 にこたえて　　　　　4 として

핵심문법

～に欠かせない ⁰⁹² ~에 빼놓을 수 없다	体には欠かせません 몸에는 빼놓을 수 없습니다
～さえ～ば ⁰³⁸ ~만 ~하면	野菜さえ食べていれば 야채만 먹으면
～てはじめて ⁰⁶⁸ ~시야 비로소	バランスよくとってはじめて 균형 있게 취해야 비로소
～(の)であれば ⁰⁶² ~라면	パン食にするのであれば 빵 식사로 한다면
～ようにする ¹⁴² ~하도록 하다	おかずを添えるようにしましょう 반찬을 곁들이도록 합시다

답 18 ②　19 ①　20 ③　21 ④

제목 영역:

101 **〜にしては** ~치고는

접속 동사의 보통형·명사 + にしては

화자의 주관적 기준, 평가, 경험, 기대되는 결과 등과 비교하여 실제 결과가 그와는 다름을 나타낸다.

유사 표현 〜わりに(は) ~에 비해서(는), 〜치고(는)

기출 シングルルームにしては 싱글룸치고는 　2018-1회
梅雨のこの時期にしては珍しくいい天気で
장마인 요즘 시기치고는 드물게 날이 좋아서 　2025-1회

うちの子は小学校4年生にしては、背が低いほうです。
우리 아이는 초등학교 4학년치고는 키가 작은 편입니다.

102 **〜にすぎない** ~에 불과하다, ~에 지나지 않는다

접속 동사·い형용사의 보통형 + にすぎない
な형용사의 어간·명사 + (である) + にすぎない

어떠한 사실을 작은 범위에 두고 한정할 때 사용한다. 중요한 것이 아님을 강조하는 표현이므로 겸손하게 말하거나 상황을 축소해서 이야기할 때 사용한다.

기출 まだほんの一部にすぎないとすると 아직 극히 일부에 불과하다고 한다면 　2010-1회
かつては人口5千人の小さな村にすぎなかったが
예전에는 인구 5천 명의 작은 마을에 불과했지만 　2013-2회
大切な機会を奪うことにすぎないのだ
중요한 기회를 빼앗는 것에 불과한 것이다 　2023-1회

地球の陸地面積は全体の3割にすぎない。
지구의 육지 면적은 전체의 3할에 불과하다.

103 　〜に対して　〜에 대해서, 〜에 비해서

접속　명사 + に対して

「〜に対して」는 크게 두 가지 의미로 사용된다. 첫 번째는 '〜에 대해서, 〜에게' 라는 뜻으로 특정 대상이나 행동의 방향성을 나타낼 때 사용한다. 두 번째는 '〜에 비해서' 라는 뜻으로 두 가지 대상을 대조, 비교할 때 사용한다.

기출　なぜか私に対してだけはそうではない　왜인지 나에 대해서 만큼은 그렇지 않다　2016-1회

米に対して10倍の水で作ったおかゆ
쌀에 비해 10배 많은 물로 만든 죽　2020

いちご100グラムに対して80グラムの砂糖を使う
딸기 100그램에 대해 80그램의 설탕을 쓴다　2024-2회

山が好きだと答えた人が30％だったのに対して海が好きだと答えた人は70％だった。
산이 좋다고 답한 사람이 30%이었던 것에 비해 바다가 좋다고 답한 사람은 70%이었다.

104 　〜に対する　〜에 대한

접속　명사 + に対する + 명사

특정 대상에 대한 느낌이나 행동의 방향성을 나타내는 표현이다.

기출　国民の、政治に対する信頼があって初めて
국민의 정치에 대한 신뢰가 있고 나서야 비로소　2011-1회

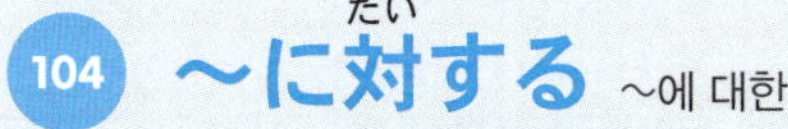

사쿠라 시는 관계자들을 대상으로 설명회를 개최할 예정이다　2022-2회

弊社では環境に対する取り組みを行っております。
저희 회사에서는 환경에 대한 대응책을 실시하고 있습니다.

～に違いない・～に相違ない ～임이 틀림없다, ～임이 분명하다

접속 동사·い형용사의 보통형·な형용사의 어간·명사 + に違いない

동사·い형용사의 보통형·な형용사의 어간·명사 + に相違ない

자신의 판단, 앞선 내용 등을 근거로 해서 화자의 강한 확신을 나타낸다. 「～に相違ない」는 다소 딱딱하고 문어체적인 표현이다.

기출 わかりやすくという思いが世界に届いた結果に違いない

이해하기 쉽도록 하려는 마음이 세계에 전해진 결과임에 틀림없다 `2016-2회`

持ち主によほど大切にされていたに相違ない

주인이 어지간히 소중히 다뤘음이 틀림없다 `2019-2회`

結婚は考えていないに違いない 결혼은 생각하지 않고 있음에 틀림없다 `2025-2회`

あの子は将来、大物になるに違いない。
그 아이는 장래에 대단한 인물이 될 것이 틀림없다.

服装はいつもとだいぶ違うが、やっぱりあれは石原さんに相違ない。
복장은 평소랑 꽤 다르지만 역시 저건 이시하라 씨가 분명하다.

～に次いで ～에 뒤이어, ～다음으로

접속 명사 + に次いで

「～に次いで」는 「次ぐ(뒤를 잇다, 다음가다)」라는 동사의 て형으로, 앞의 내용 다음으로 뒤의 내용이 이어진다는 뜻이다.

기출 サッカーに次いで人気のあるスポーツといえば

축구에 이어 인기 있는 스포츠라고 하면 `2013-1회`

卵、牛乳についで3番目に多い食物アレルギーは

계란, 우유에 이어 세 번째로 많은 음식 알레르기는 `2016-1회`

北岳は富士山に次いで日本で2番目に高い山です。
기타다케산은 후지산에 이어 일본에서 2번째로 높은 산입니다.

107 ～につれ(て) ～(함)에 따라, ~하면서, ~할수록

| 접속 | 동사의 사전형·명사 + ~につれ(て) |

하나가 변화함에 따라 다른 변화도 같이 진행된다는 의미를 나타낸다. 「~にしたがって」와 달리 지시나 명령 등에 따른다는 의미로는 쓰이지 않는다.

유사 표현 ～にしたがって ~(함)에 따라

기출 夕方が近づくにつれて 저녁때가 가까워지면서 2014-2회
年をとるにつれて 나이를 먹을수록 2018-2회
物語が進むにつれて主人公の少年の心理が
이야기가 진행됨에 따라 주인공 소년의 심리가 2023-1회

都市の人口が増えるにつれて、犯罪が増加してきた。
도시의 인구가 늘어남에 따라 범죄가 증가해 왔다.

108 ～にとって ～에게 있어서, ~에게

| 접속 | 명사 + にとって |

「~にとって」는 판단의 기준이나 입장을 나타낼 때 사용한다.

기출 自分にとって人生で一番大切なのは 자신에게 있어서 인생에서 가장 중요한 것은 2017-1회

留学生にとって住むところを探すのは大きな問題だ。
유학생에게 있어서 살 곳을 찾는 것은 커다란 문제이다.

109 **〜にともなって・〜にともない / 〜にともなう**

〜에 따라, 〜에 동반해 / 〜에 따른, 〜에 동반한

접속 동사의 사전형·명사 + にともなって・にともない

동사의 사전형·명사 + にともなう + 명사

기출 情報技術の発展にともなって 정보 기술의 발전에 따라　2022-1회

高齢化にともない、老人医療の問題も深刻になりつつある。
고령화에 따라 노인 의료 문제도 심각해지고 있다.

火山活動にともなう現象は、次のようなものがあります。
화산 활동에 동반한 현상은 다음과 같은 것이 있습니다.

110 **〜には** 〜(하)려면

접속 동사의 사전형 + には

「〜には」는 이루고자 하는 목적을 나타낼 때 사용하는 표현이다.

기출 スケジュールどおりに仕事を進めるには 스케줄대로 일을 진행하려면　2015-1회
この本の内容をきちんと理解するには 이 책의 내용을 제대로 이해하려면　2023-2회

この計画を実現するには、政府の援助が必要です。
이 계획을 실현하려면 정부의 원조가 필요합니다.

111 **〜に反して** 〜와/과 반대로, 〜와/과 달리, 〜에 반하여

접속 명사 + に反して

専門家の予測に反して、景気の回復が遅れている。
전문가의 예측과 달리 경기 회복이 늦어지고 있다.

112　〜にほかならない　〜임에 틀림없다, 바로 〜이다

접속	명사 + にほかならない

「〜にほかならない」는 다른 것이 아니라 바로 그것임을 단정적으로 강하게 주장하거나 강조할 때 사용한다. 경우에 따라 원인이나 이유를 나타내는 「〜から」에도 접속한다.

我が社がここまで成長できたのも、社員全員の努力があったからにほかならない。
우리 회사가 여기까지 성장할 수 있었던 것도 바로 사원 전원의 노력이 있었기 때문이다.

113　〜によって(は)　〜에 따라서(는), 〜에 의해(서는)

접속	명사 + によって(は)

'〜에 따라서(는)'로 해석될 때는 대부분 '나라에 따라서 문화가 다르다' 처럼 '차이'에 대해 표현하는 것이며, '〜에 의해(서는)'로 해석될 때는 원인, 수단, 방법, 근거, 수동형의 주체 등의 용법이 있다.

기출

スーパーによっては、24時間営業のところもある
슈퍼에 따라서는 24시간 영업하는 곳도 있다　2012-2회

南極の氷を調べることによって数十万年前の地球の気候を知ることが
남극의 얼음을 조사하는 것에 의해 수십만 년 전 지구의 기후를 아는 것이　2015-1회

情報をどのような順番で提示するかによって
정보를 어떠한 순서로 제시하는 지에 따라　2018-2회

直接見ることによってしか得られない
직접 보는 것으로 밖에 얻을 수 없는　2019-2회

血液によって運ばれる酸素と栄養が 혈액에 의해 운반되는 산소와 영양이　2022-2회

同じ気温でも温度や風の強さによって
같은 기온이어도 온도나 바람 세기에 따라　2024-1회

未成年の飲酒は法律によって禁じられています。
미성년자의 음주는 법률에 의해 금지되어 있습니다.

所によってはにわか雨が降るでしょう。
곳에 따라서는 소나기가 내리겠습니다.

114 〜によらず 〜에 관계없이, 〜에 상관없이

접속 명사 + によらず

유사 표현 〜を問わず 〜을/를 불문하고

기출 午後４時以前にご注文いただければ数量や合計金額によらず
오후 4시 이전에 주문해 주시면 수량이나 합계 금액에 관계없이　2011-2회

我が社は新入社員を学歴によらず採用しています。
우리 회사는 신입 사원을 학력에 관계없이 채용하고 있습니다.

115 〜にわたって・〜にわたり 〜에 걸쳐

접속 명사 + にわたって・にわたり

어떠한 행위나 상태가 특정 시간과 시간 또는 공간과 공간의 사이에서 영향을 미치는 경우에 사용한다. 그 범위가 비교적 넓으며 계속성을 나타낸다.

유사 표현 〜から〜にかけて 〜부터 〜에 걸쳐

기출 約700メートルにわたって、美しい砂浜が続いています
약 700미터에 걸쳐 아름다운 모래사장이 이어져 있습니다　2014-2회

事故の影響で高速道路が５キロにわたって渋滞しています。
사고의 영향으로 고속 도로가 5키로미터에 걸쳐 정체되고 있습니다.

このお店の味は親子３代にわたり受け継がれています。
이 가게의 맛은 부모 자식간 3대에 걸쳐 이어 내려오고 있습니다.

116

〜ぬきで(は) 〜없이(는), 〜(하)지 않고(는)

〜ぬきには 〜없이는, 〜빼고는

〜(は/を)ぬきにして 〜(은/는) 생략하고, 〜(을/를) 빼고

접속 명사＋ぬきで / ぬきには / (は/を)ぬきにして

「〜ぬきにして」는「A(は/を)ぬきにしてB(A가 없는 상태로 B하다)」의 형태로 쓰여 보통은 있어야
하는 것이나 당연히 그래야 하는 것을 하지 않는다는 의미를 나타낸다.

기출 この人抜きには日本のジャズは語れないほど
이 사람을 빼고는 일본 재즈는 논할 수 없을 정도　2020

朝食抜きで学校に来た 아침밥을 거르고 학교에 왔다　2025-2회

冗談ぬきでまじめに考えてください。
농담하지 말고 진지하게 생각해 주세요.

プラスの面もマイナスの面もあるにせよ、現代はもはや観光ぬきには語れない時代です。
긍정적인 면도 부정적인 면도 있지만, 현대는 이제 관광을 빼고는 논할 수 없는 시대입니다.

財政問題をぬきにして福祉政策を考えても、あまり意味がない。
재정 문제를 빼고 복지 정책을 생각해도 별로 의미가 없다.

117

〜抜く (끝까지) 계속 〜하다

접속 동사의 ます형＋抜く

동작의 완료를 나타내는 표현으로, 고난이나 역경 등을 극복하고 최선을 다해 끝까지 완수했다는
의미로 사용된다.

기출 一度やると決めたら最後までやり抜くことが
일단 하겠다고 정했다면 끝까지 해내는 것이　2021-1회

プロ野球選手になるために厳しい練習に耐え抜いた。
프로 야구 선수가 되기 위해서 혹독한 훈련을 끝까지 견뎠다.

118 〜のだ 〜인 것이다, 〜이다

접속	동사·い형용사의 보통형 + のだ
	な형용사의 어간·명사 + (な) + のだ

어떠한 이유나 사정을 설명하거나 화자의 감정을 담아 강조하고 싶을 때 사용하는 표현이다. 무언가 새로운 내용을 알게 되었을 때도 사용한다.

기출 一定の気温まで下がらなければ、紅葉は始まらないのです
일정 기온까지 떨어지지 않으면 단풍은 시작되지 않는 것입니다 2024-1회

3年間一生懸命勉強したからこそ、志望校に合格できたのです。
3년간 열심히 공부했기 때문에 원하는 학교에 합격할 수 있었던 것입니다.

ペットにとっては飼い主がすべてなのだ。
반려동물에게 있어서는 주인이 전부인 것이다.

119 〜ば〜ほど 〜(하)면 〜(할)수록

접속	동사의 가정형 + ば + 사전형 + ほど
	い형용사의 어간 + ければ + 사전형 + ほど
	な형용사의 어간 + なら + な형용사의 어간 + なほど

특정 행동이나 조건이 반복되거나 강화될수록 그 결과 또한 더욱 심해진다는 의미로 사용된다. 여기서 「〜ば」부분은 없어도 의미에 큰 영향을 주지 않는다.

기출 泣くのを我慢しようとすればするほど 울음을 참으려고 하면 할수록 2019-1회

お金はあればあるほど幸せなのだろうか。
돈은 많으면 많을수록 행복한 것일까.

120 　〜ばかりに 〜하는 바람에, 〜하는 탓에

접속　동사의 과거형(た형) + た + ばかりに
い형용사의 사전형 + ばかりに
な형용사의 어간 + な/である + ばかりに
명사 + である + ばかりに

앞선 이유나 원인 때문에 뒤에 부정적인 결과나 불운한 상황이 발생했을 때 사용한다.

古いさしみを食べたばかりにお腹をこわしてしまった。
오래된 생선회를 먹은 탓에 배탈이 나고 말았다.

121 　〜始める 〜(하)기 시작하다

접속　동사의 ます형 + 始める

동사의 ます형에 접속하여 어떤 동작이나 상태를 새롭게 시작한다는 의미로 사용한다. 갑작스럽게 시작된다는 느낌이 강한 「〜だす」와는 달리 점진적으로 시작한다는 느낌이 강하다.

기출　中学生になったころから次第に医学に興味を持ち始め
중학생이 된 무렵부터 점점 의학에 흥미를 가지기 시작하여　2018-1회
星や暦について高橋至時のもとで学び始めた
별이나 역법에 대해 다카하시 요시토키 아래서 배우기 시작했다　2019-2회

一昨日からうちで猫を飼い始めました。
그저께부터 우리 집에서 고양이를 기르기 시작했습니다.

122 　**〜はともかく・〜は別^{べつ}として** 〜은/는 차치하고, 〜은/는 그렇다 치고

접속　명사 + はともかく・は別として

「〜はともかく」와「〜は別^{べつ}として」는 앞에「〜かどうか(〜인지 어떤지)」가 붙기도 한다. 「〜はともかく」는「〜ならともかく(〜하면 몰라도)」의 형태로 쓰이기도 하며,「〜は別として」는「〜は別にして」로 쓰이기도 한다.

기출　デートで着^きる**ならともかく** 데이트할 때 입는다면 몰라도　2013-2회

本当^{ほんとう}に将来警察官^{しょうらいけいさつかん}になるかどうか**は別^{べつ}として**
정말로 장래에 경찰관이 될지 안 될지는 차치하고　2019-1회

このレストラン、ちょっと高^{たか}いんですけど、値段^{ねだん}**はともかく**味^{あじ}はいいですね。
이 레스토랑은 조금 비싸지만 가격은 그렇다 치고 맛은 좋네요.

10年前^{ねんまえ}**ならともかく**、今^{いま}はそんな服^{ふく}は着^きられない。
10년 전이면 몰라도 지금은 그런 옷은 입을 수 없다.

彼^{かれ}**は別^{べつ}として**チームの他^{ほか}のメンバーとはうまくいっている。
그는 그렇다 치고 팀의 다른 멤버들과는 잘 지내고 있다.

123 　**〜ばよかった** 〜하면 좋았겠다, 〜할 걸 그랬다

접속　동사의 가정형 + ばよかった

「〜ばよかった」는 그렇게 하지 못한 아쉬움을 나타낸다.

기출　やはり電車^{でんしゃ}で行^いけ**ばよかった** 역시 전철로 갈 걸 그랬다　2024-1회

天気予報^{てんきよほう}を確認^{かくにん}すれ**ばよかった**のに。
일기 예보를 확인했으면 좋았을걸.

買^かう前^{まえ}にちゃんと調^{しら}べておけ**ばよかった**。
사기 전에 잘 알아볼 걸 그랬다.

 **124** **〜ぶりに / 〜ぶりだ** ~만에 / ~만이다

| 접속 | 명사 + ぶりに / ぶりだ |

시간을 나타내는 명사 뒤에 붙어 그 시간이 경과한 후에 어떤 일이 다시 발생했음을 나타내는 표현이다.

기출 友人が1年ぶりに帰国する 친구가 1년 만에 귀국한다 `2020`

大学の時以来だから、約5年ぶりだ

대학생 때 이후로 처음이니까 약 5년 만이다 `2023-1회`

台風で電車が運休になっていたが、10時間ぶりに運転を再開したそうだ。

태풍으로 전철이 운행 중지가 됐었는데 10시간 만에 운행을 재개했다고 한다.

プロ野球の試合を見に行くのは、2年ぶりだ。

프로 야구 경기를 보러 가는 것은 2년 만이다.

125 **〜べきだ** ~해야 한다, ~하는 것이 당연하다

접속	동사의 사전형 + べきだ
	い형용사의 어간 + くある + べきだ
	な형용사의 어간·명사 + である + べきだ

「〜べきだ」는 주관적 판단보다 보편적 상식이나 도덕적인 것에 근거한 판단을 나타낼 때 사용한다.

동사 する는「すべき·するべき」둘 다 사용한다.

기출 レポートを作成する上で注意すべきことは

리포트를 작성하는 데 있어 주의해야 할 점은 `2014-1회`

事前に確認しておくべきだった 사진에 확인해 두었어야 했다 `2023-1회`

間違えたことをしたなら、謝るべきです。

실수를 했다면 사과해야 합니다.

借りたお金は必ず返すべきだ。

빌린 돈은 반드시 갚아야 한다.

問題7　次の文の　（　　　）　に入れるのに最もよいものを、１・２・３・４から一つ選びなさい。

1　かたくるしいあいさつは（　　　）さっそく一杯やりましょう。 116
　　1　ぬきにして　　　　2　ぬきながら　　　　3　ぬいても　　　　4　ぬきつつ

2　私が留学できたのは、両親のおかげ（　　　）。 112
　　1　のかいがない　　　　　　　　　　2　にほかならない
　　3　ではいられない　　　　　　　　　4　になくてはならない

3　台風の上陸に（　　　）、九州地方に特別警報が発表されました。 109
　　1　反して　　　　2　わたって　　　　3　ともなって　　　　4　とって

4　たぶん来るだろうという予想に（　　　）、彼は来なかった。 111
　　1　反して　　　　2　限って　　　　3　次いで　　　　4　対して

5　この個別指導の塾は生徒2人（　　　）講師1人の割合で教えています。 103
　　1　に対して　　　　2　に先立って　　　　3　にしたがって　　　　4　にあたって

6　成功するかしないかは（　　　）、一生懸命努力してみなさい。 122
　　1　欠かさず　　　　2　ともかく　　　　3　ぬきで　　　　4　ばかりに

7　あの人の言葉を信じた（　　　）ひどい目にあった。 120
　　1　ほどで　　　　2　かぎりに　　　　3　だけあって　　　　4　ばかりに

8　経済が発展するに（　　　）、社会の矛盾も拡大してきた。 107
　　1　わたって　　　　2　つれて　　　　3　とって　　　　4　しては

9　殺人の動機は金銭的トラブルではなく憎しみに（　　　）。 112
　　1　かぎらない　　　　2　ほかならない　　　　3　ともなわない　　　　4　かかわらない

답　1① 2② 3③ 4① 5① 6② 7④ 8② 9②

10 面接で仕事（　　　　）熱意（ねつい）を伝えた。　**104**

　　1　に対する　　　　　2　に違いない　　　　3　につれて　　　　4　にとって

11 こんなに行列（ぎょうれつ）ができているのだから、このお店はおいしい（　　　）。　**105**

　　1　まい　　　　　　　2　よりほかない　　　3　に違いない　　　4　ほどではない

12 オーストラリアはカナダ（　　　　）2番目に人気のある留学先です。　**106**

　　1　につれて　　　　　2　に次いで　　　　　3　にとって　　　　4　によって

問題8　次の文の　＿＿★＿＿　に入る最もよいものを、1・2・3・4から一つ選びなさい。

13 階段の上り下りは、＿＿＿＿＿ ＿＿＿＿＿ ＿＿★＿ ＿＿＿＿＿の消耗（しょうもう）です。　**108**

　　1　多大な　　　　　　2　お年寄りに　　　　3　エネルギー　　　4　とっては

14 インスタント食品がこれほど普及（ふきゅう）しているのは、＿＿＿＿ ＿＿＿＿ ＿＿★＿ ＿＿＿。　**112**

　　1　生活に　　　　　　2　にほかならない　3　忙しい現代人の　4　合っているから

15 国道7号線は＿＿＿＿ ＿＿★＿ ＿＿＿＿ ＿＿＿＿渋滞（じゅうたい）しています。　**115**

　　1　にわたって　　　　2　のため　　　　　3　事故　　　　　　4　2時間

16 納豆は＿＿＿＿ ＿＿★＿ ＿＿と言われています。　**119**

　　1　まぜるほど　　　　2　おいしく　　　　3　まぜれば　　　　4　なる

17 ちょっと＿＿＿＿ ＿＿★＿ ＿＿＿＿ ＿＿＿＿が、今お時間よろしいですか。　**118**

　　1　のです　　　　　　2　がある　　　　　3　お話したい　　　4　こと

問題9　次の文章を読んで、文章全体の内容を考えて、　18　から　21　の中に入る最も
　　　　よいものを1・2・3・4から一つ選びなさい。

　　私たちは、農業、つまり、土を耕して作物を栽培するという仕事を通して、
食料の大部分を手に入れています。私たち人間の生存にとって欠くことのできな
い、穀物・野菜・果物などの生産を支えているもの、それが「土」なのです。
　　ところで、土は　18　何によってできているのでしょうか。常識では、土は岩
石が　19　けずられたり、水や空気の作用によってくずされたりしてできた鉱物
だと思われています。しかし、実際の土を調べてみると、土は単なる鉱物ではな
くて、その中には、動植物の遺体が変化してできた物質が含まれ、数多くの生物
が住んでいることがわかります。
　　学者の調査によると、長野県志賀高原の森林に住んでいる動物は1平方メート
ル当たり、みみずやむかでなどの大型のものが360ぴき、とびむしやだになどの中
型のものが202万8千びきもいることがわかりました。
　　20　、人間がひとふみする片足の面積を200平方センチメートルとすれば、
その土の下には、およそ4万びきの動物が生活している　21　。さらに、もっと小
型の動物や、顕微鏡を使わなくては見えないバクテリア・かびなどの微生物を加
えるとおびただしいものになります。微生物は1グラムの土に1億も含まれてい
るということですから、土の塊は生物のかたまりだといってもよいくらいです。

（注1）遺体：死んだ生き物の体
（注2）高原：海抜の高いところにある平原
（注3）おびただしい：数や量が非常に多い

18

1　いったい　　　　2　または　　　　3　ただし　　　　4　もちろん

19

1　川の流れにあたって　　　　　　2　川の流れに至って
3　川の流れにこたえて　　　　　　4　川の流れによって

20

1　しかし　　　　2　つまり　　　　3　そこで　　　　4　反面

21

1　ことになるほどです　　　　　　2　ことになるべきです
3　ことになるのです　　　　　　　4　ことになるほかありません

핵심문법

～を通して 147 ~을/를 통해서	作物を栽培するという仕事を通して 작물을 재배하는 일을 통해서
～にとって 108 ~에게 있어서, ~에게	人間の生存にとって 인간의 생존에 있어서
～によって(は) 113 ~에 따라서(는), ~에 의해(서는)	何によって 무엇으로
～ことになる 034 ~하는 셈이 된다	4万びきの動物が生活していることになる 4만 마리의 동물이 생활하고 있는 셈이 된다
～ということだ 069 ~라는 것이다	1億も含まれているということですから 1억이나 포함되어 있다는 것이니까

답 18 ①　19 ④　20 ②　21 ③

問題7　次の文の　（　　　）　に入れるのに最もよいものを、1・2・3・4から一つ選びなさい。

1　たばこの火を消すのを忘れた（　　　）、大火事になってしまった。 120
　　1　かぎりに　　　　2　ばかりに　　　　3　ところに　　　　4　とおりに

2　試験の結果（　　　）、やるだけのことはやったから悔いはない。 122
　　1　にともなって　　2　につれて　　　　3　ぬきには　　　　4　はともかく

3　選挙の結果は予測に（　　　）、野党の大敗であった。 111
　　1　至って　　　　　2　反して　　　　　3　よらず　　　　　4　したがって

4　店の改装に（　　　）工事のため、3日間休業します。 109
　　1　つれ　　　　　　2　して　　　　　　3　ともなう　　　　4　ほかならない

5　山本さんはあいさつ（　　　）いきなり用件を切り出した。 116
　　1　にわたって　　　2　としては　　　　3　によらず　　　　4　ぬきで

6　駅へ行く（　　　）、この道の方がずっと近いですよ。 110
　　1　かは　　　　　　2　とは　　　　　　3　のが　　　　　　4　には

7　妹は風邪で家で休んでいたが、3日（　　　）学校へ行った。 124
　　1　ごろに　　　　　2　ぶりに　　　　　3　ほどに　　　　　4　ぐらいに

8　もう5分早く（　　　）。見送りできなかったことが残念でならない。 123·067
　　1　着けばよかった　　　　　　　　　　2　着いたらいいのに
　　3　着いたってことだ　　　　　　　　　4　着くべきだ

9　子供の頃から飼っている愛犬のラッキーは私（　　　）家族のような存在です。 108
　　1　に次いで　　　　2　につれて　　　　3　によって　　　　4　にとって

답　1②　2④　3②　4③　5④　6④　7②　8①　9④

10 単なる風邪だと思っていても場合（　　　　）重症化することもあるので気を付けた方がいい。 ¹¹³

    1　につれて　　　　　2　にとって　　　　　3　によっては　　　　　4　にわたって

11 彼女は見かけ（　　　　）、よく食べる。 ¹¹⁴

    1　に次いで　　　　　2　によらず　　　　　3　にとって　　　　　4　にわたって

12 あの野球選手とアナウンサーの熱愛はただのうわさ（　　　　）。 ¹⁰²

    1　にすぎない　　　　2　に限る　　　　　3　に欠かせない　　　　4　における

問題8　次の文の　__★__　に入る最もよいものを、1・2・3・4から一つ選びなさい。

13 全国大会で ______ __★__ ______ ______ 、彼はチームのために一生懸命やったのです。 ^{118·122}

    1　は　　　　　　　　2　優勝した　　　　　3　かどうか　　　　　4　別として

14 銀行の ______ ______ __★__ ______ すればいいでしょうか。 ¹¹⁰

    1　どう　　　　　　　2　開く　　　　　　　3　口座を　　　　　　4　には

15 彼は ______ __★__ ______ ______ と評価されているらしい。 ¹⁰¹

    1　しては　　　　　　2　仕事が　　　　　　3　よくできる　　　　4　新人に

16 一人で海外旅行に行きたいので、昨日から ______ __★__ ______ ______ 。 ¹²¹

    1　始めました　　　　2　を　　　　　　　　3　英会話　　　　　　4　習い

17 健康のためにも、 ______ __★__ ______ ______ です。 ¹²⁵

    1　吸うのは　　　　　2　たばこを　　　　　3　べき　　　　　　　4　やめる

問題9　次の文章を読んで、文章全体の内容を考えて、　18　から　21　の中に入る最も
　　　　よいものを１・２・３・４から一つ選びなさい。

　　　　農薬の存在しない時代には、たとえ品種改良で甘いリンゴを実らせる木が生ま
　　れたとしても、その木が病害虫に弱ければ育つことはできなかった。別の言い方
　　をすれば、農薬など使わなくても病害虫に負けない品種しか栽培できなかった。
　　　18　農薬出現とともに、その制約が外されることになる。害虫や病気との
　　戦いは農薬が肩代わりしてくれるのだ。病害虫　19　態勢を考えずに、より大き
　　く、より甘いリンゴを実らせる木を作ることだけを目的とした品種改良ができる
　　ようになった。
　　　　実を言えば、現在我々が食べているリンゴのほとんどは農薬が使われるよう
　　になってから開発された品種だ。つまり、農薬を前提に品種改良された品種なの
　　だ。
　　　　その結果として、現在リンゴは、遠い祖先であるコーカサス山脈の野生種とは
　　比べものにならないくらいに巨大で、甘い果物になった。　20　その引き換えとし
　　てリンゴは野生の力を失った。農薬の助けなしには害虫と戦うことのできない、
　　極めて弱い植物になってしまったというわけだ。
　　　　リンゴという果物は農薬に深く依存した、現代農業の　21　。
　　　　もっとも、そんな理屈を持ち出すまでもなく、リンゴを作っている農家なら誰
　　でも、農薬の散布を怠れば畑がどれだけ簡単に病害虫の餌食になるか身をもって
　　知っている。農薬を使っていても、その散布時期や方法を誤れば病害虫は発生す
　　るのだ。
　　　　ましてその農薬が普及していなかった時代、リンゴを育てるために自分たちの
　　父祖がどんな苦労をしていたかという話はリンゴ農家の子供たちなら耳にタコが
　　できるほど聞かされていた。現代では想像すら出来ないような労力をかけたにも
　　かかわらず、青森県のリンゴ栽培は幾度も全滅の危機にひんしている。
　　　　（石川拓治『奇跡のリンゴ「絶対不可能」を覆した農家木村秋則の記録』による）

18

1 もしくは　　　　　2 つまり　　　　　3 ところが　　　　　4 それにしても

19

1 に次いで　　　　　2 に対する　　　　　3 につれて　　　　　4 に反して

20

1 そして　　　　　2 それとも　　　　　3 それでも　　　　　4 それなら

21

1 象徴的存在ほどだ　　　　　　　　2 象徴的存在なのだ
3 象徴的存在にともなう　　　　　　4 象徴的存在であるべきだ

핵심문법

~としても ⁰⁸² ~라고 해도	木が生まれたとしても 나무가 생겨났다고 해도	
~ことになる ⁰³⁴ ~하게 되다	その制約が外されることになる 그 제약에서 벗어나게 된다	
~のだ ¹¹⁸ ~인 것이다, ~이다	農薬が肩代わりしてくれるのだ 농약이 대신해 주는 것이다	
~に対する ¹⁰⁴ ~에 대한	病害虫に対する 병해충에 대한	
~ずに ⁰⁴⁴ ~(하)지 않고	態勢を考えずに 태도를 생각하지 않고	
~ようになる ¹⁴² ~하게 되다	品種改良ができるようになった 품종 개량이 가능하게 되었다	
~として(は) ⁰⁸¹ ~로서(는)	その結果として 그 결과로서	
~(という)わけだ ⁰⁷³ ~라는 것이다	極めて弱い植物になってしまったというわけだ 몹시 약한 식물이 되어 버렸다는 것이다	
~すら ⁰³⁷ ~조차, ~마저, ~도	想像すら出来ない 상상조차 할 수 없는	
~にもかかわらず ¹⁰⁰ ~에도 불구하고	労力をかけたにもかかわらず 수고를 들였음에도 불구하고	

126 〜(より)ほかない　〜(하는) 수밖에 없다

접속	동사의 사전형 + (より)ほかない

설령 그렇게 하고 싶지 않더라도 그것 외에는 다른 방법이 없어 그렇게 할 수밖에 없다는 뜻으로 사용한다.

기출 もう自分ではどうしようもないので、修理に出すほかない
이제 나로서는 어찌할 수 없어 수리를 보낼 수밖에 없다　2015-2회

終電を逃してしまったので、タクシーで帰るほかない。
막차를 놓쳐 버렸기 때문에 택시로 귀가할 수밖에 없다.

風邪のせいで旅行をあきらめるよりほかなかった。
감기 때문에 여행을 포기할 수밖에 없었다.

127 〜ほどだ　〜(할) 정도이다
〜ほどではない　〜(할) 정도는 아니다

접속	동사·い형용사의 보통형·명사 + ほどだ / ほどではない
	な형용사의 어간 + な + ほどだ / ほどではない

어떤 동작이나 상태의 정도를 구체적인 예를 들거나 비유적으로 설명할 때 사용한다.「ぐらい」보다 정도가 더 강하다는 느낌을 가진다.

기출 味は期待していたほどではなかった 맛은 기대한 만큼은 아니었다　2022-2회

こんなにおいしいなら、毎日食べたいほどだ。
이렇게 맛있다면 매일 먹고 싶을 정도다.

車とぶつかったが、救急車を呼ぶほどではなかった。
차에 부딪혔지만 구급차를 부를 정도는 아니었다.

128 〜まい　〜(하)지 않겠다, 〜(하)지 않을 것이다

접속　동사의 사전형·2그룹 동사의 부정형(ない형) + まい

「〜まい」는 부정 의지나 부정 추측을 나타내는 표현으로, 동사 する는 「しまい」와 「するまい」두 가지 형태 모두 사용한다.

기출　引き受けるしかあるまい 떠맡을 수밖에 없을 것이다　2011-1회

今日は雨が降るまいと思って、かさを持ってきませんでした。
오늘은 비가 오지 않을 거라 생각해서 우산을 가져오지 않았습니다.

もう、このようなことはしまいと神様に誓いました。
이제 이런 짓은 하지 않겠다고 신에게 맹세했습니다.

129 〜向き　〜(방)향, 〜취향에 맞음, 〜에 적합함, 〜용

접속　명사 + 向き

「〜向き」는 어떤 대상이나 방향을 향해 있거나 그에 적합하다는 의미를 나타낸다.

お年寄り向きのサービスや商品がありますか。
어르신에게 적합한 서비스나 상품이 있습니까?

130 〜向け　〜용(임)

접속　명사 + 向け

「〜向け」는 특정 대상을 위해 만들었음을 나타낸다.

기출　上級者向けのコースなど 상급사용 코스 등　2018-1회

この会社では、子供向けのテレビ番組を作っている。
이 회사에서는 어린이용 텔레비전 프로그램을 만들고 있다.

131 〜も〜ば〜も 〜도 〜하고(하거니와) 〜도

접속 명사 + も + 동사의 가정형 + ば + 명사 + も

洗濯の好きな人もいれば、料理が趣味という人もいる。
빨래를 좋아하는 사람도 있고 요리가 취미라는 사람도 있다.

132 〜もあれば 〜쯤 있으면, 〜나 되면

접속 명사 + もあれば

「〜もある」는 '(수, 양, 무게, 길이, 시간 등이) 〜쯤 있다, 〜나 되다'라는 뜻인데, 「〜もあれば」는 이것의 가정형으로 '〜쯤 있으면, 〜나 되면'이라는 의미로 사용된다.

기출 これだったら30分もあれば直りますよ 이거라면 30분만 있으면 고쳐요 2019-2회

このお店は安いので1000円もあればお腹いっぱいになります。
이 가게는 저렴해서 1000엔 정도 있으면 배불러집니다.

133 〜ものか 〜할까 보냐, 〜하나 봐라

접속 동사·い형용사의 사전형 + ものか
な형용사의 어간·명사 + な + ものか

결코 그렇지 않다거나 그렇게 하지 않겠다는 강한 부정의 의미를 나타낸다. 회화체에서는 「〜もんか」라고도 한다.

サービスも味も悪いあんな店、二度と行くものか。
서비스도 맛도 안 좋은 저런 가게를 두 번 다시 가나 봐라.

嘘ばかりつく彼の言葉なんて信じるものか。
거짓말만 치는 그의 말 따위 믿을까 보냐.

134 **〜ものだ** 〜하는 법이다, 〜해야 한다

〜ものではない 〜하는 게 아니다, 〜해서는 안 된다

접속 동사의 사전형·부정형(ない형) + ものだ / ものではない

い형용사의 사전형 + ものだ / ものではない

な형용사의 어간 + な + ものだ / ものではない

「〜ものだ」는 자연의 섭리나 세상의 일반적인 사실, 또는 당연히 그래야 할 상식 혹은 사물 등의 본래의 성질이나 경향 등을 나타낸다. 「〜ものではない」는 사회적, 도덕적 기준에 근거하여 '당연히 그렇게 해서는 안 된다'는 충고를 나타낸다.

기출 冷静に話そうとしてもうまくいかない**ものだ**

냉정하게 말하려 해도 잘 되지 않는 법이다 `2010-2회`

着る服を選ぶ時も、休日の予定を立てる時も、天気は気になる**もの**

입을 옷을 고를 때에도, 휴일의 계획을 세울 때에도 날씨는 신경이 쓰이는 법 `2021-1회`

遊んでばかりではだめだ。学生は勉強する**ものだ**。

놀고만 있어서는 안 된다. 학생은 공부를 해야 한다.

夜遅く電話をかける**ものではない**よ。

밤늦게 전화하는 거 아니야.

135 **〜ものだから** 〜이기 때문에, 〜해서

접속 동사·い형용사의 보통형 + ものだから

な형용사의 어간·명사 + ものだから

특정한 개인적 이유나 상황 때문에 부득이하게 그러한 상황이 발생했음을 설명하거나 변명할 때 사용한다.

風邪をひいてしまった**ものだから**、出席できなかった。

감기에 걸리고 말았기 때문에 참석할 수 없었다.

136 〜ものなら ~(할) 수 있다면

접속　동사의 가능형 + ものなら

「〜ものなら」는 실현되기 힘든 일이 실현되기를 바라거나 기대할 때 사용하는 표현으로, 뒤에는
「〜たい(~하고 싶다)」가 오는 경우가 많다.

기출　行けるものなら行きたい 갈 수 있다면 가고 싶다　2013-2회
　　　あのころに戻れるものなら戻りたい 그때로 돌아갈 수 있다면 돌아가고 싶다　2017-1회

クリスマスのテーマパークの混雑は避けるものなら避けたい。
크리스마스 놀이공원의 혼잡함은 피할 수 있다면 피하고 싶다.

137 〜ものの ~하기는 했으나, ~하기는 했지만

접속　동사·い형용사의 보통형 + ものの
　　　な형용사의 어간・명사 + な/である + ものの

「〜ものの」는 앞의 내용과 상반되거나 모순되는 일이 뒤에 전개됨을 나타낸다.

기출　生産量は、2000年から2003年にかけて一時減少したものの
　　　생산량은 2000년부터 2003년에 걸쳐 일시적으로 감소하긴 했지만　2015-1회
　　　メダルは獲得できなかったものの 메달 획득은 하지 못하긴 했으나　2023-1회

すぐ退院はできたものの、不幸にも後遺症が残り、思うように仕事をすることができなく
なった。 금방 퇴원은 할 수 있었지만 불행히도 후유증이 남아 생각대로 일을 할 수 없게 되었다.

138 ～(よ)う ～해야지, ～하자
～(よ)うとする ～하려고 하다

접속 동사의 의지형 + (よ)う / (よ)うとする

「～(よ)う / ～(よ)うとする」는 어떠한 행동을 하겠다는 의지를 나타내거나 남에게 뭔가를 함께 하자고 권유할 때 사용한다.

기출

かばんからカメラを取り出そうとしているうちに
가방에서 카메라를 꺼내려고 하는 사이에 2017-1회

無理に泳ごうとしないで 무리하게 헤엄치려 하지 말고 2017-2회

そんなに無理に忘れようとしなくてもいい
그렇게 무리하게 잊으려고 하지 않아도 된다 2018-2회

一例を挙げよう 한 예를 들어 보자 2018-2회

捨ててしまおうかと思ったが 버려 버릴까 하고 생각했지만 2019-1회

泣くのを我慢しようとすればするほど 울음을 참으려고 하면 할수록 2019-1회

戻そうとしてもなかなか戻せないので
되돌리려고 해도 좀처럼 되돌릴 수 없기 때문에 2022-1회

懐中電灯を使おうとしたら 손전등을 사용하려 했더니 2023-2회

私が買い物に行こうか。
내가 사러 갈까?

ピッチャーが投げようとした時、ランナーは三塁へ走った。
투수가 던지려고 할 때 주자는 3루로 달렸다.

～ようがない ～할 수 없다, ～할 방법이 없다

접속 동사의 ます형 + ようがない

「～ようがない」는 '어떠한 방법을 쓴다고 해도 불가능하다'라는 의미를 가진다. 같은 의미로 「～ようもない」 형태로 쓰이기도 하며 「명사 + する」 형태로 쓰이는 동사는 「명사 + の + しようがない」 형태로 쓰이기도 한다.

기출

こんなにひどく壊れていると直しようがない
이렇게 심하게 망가져 있으면 고칠 방법이 없다 2010-2회

今はもう会うこともないので、確かめようがない
지금은 더이상 만날 일이 없어서 확인할 방법이 없다 2021-2회

彼に連絡したくても電話番号もメールアドレスも知らないので連絡のしようがない。
그에게 연락하고 싶어도 전화번호도 메일 주소도 모르기 때문에 연락할 방법이 없다.

お箸もスプーンも忘れてしまったので、せっかく作ったお弁当だったが食べようがなかった。
젓가락도 스푼도 까먹어 버렸기 때문에 기껏 만든 도시락이었지만 먹을 수 없었다.

自然災害は、時には人間の力では防ぎようがない。
자연재해는 때로는 인간의 힘으로는 막을 방법이 없다.

〜ようで(は) _{〜할 것 같아서, 〜해서(는)}
〜ようであれば _{〜할 것 같으면}

접속 동사·い형용사·な형용사의 명사수식형 + ようで(は) / 명사 + の + ようで(は)
동사·い형용사·な형용사의 명사수식형 + ようであれば

「AようでB」는 'A인 것 같지만 사실은 B이다' 라는 의미이며 「〜ようでは」는 '〜하는 식으로는, 〜한다면' 이라는 뜻으로 주로 부정적 평가가 이어진다. 「〜ようで(は)」는 「〜ようでいて」의 형태로도 사용되니 함께 알아 두는 것이 좋다. 「〜ようであれば」는 「〜ようだ」의 가정 조건형이다.

기출 明日になっても熱が下がらない**ようであれば**
내일이 되어도 열이 떨어지지 않는다면　2014-1회

毎日日記を書きつづけることは、簡単な**ようでいて**
매일 일기를 계속해서 쓰는 것은 간단한 것 같지만　2020

彼は冷静な**ようで**、本当はあわてものなんです。
그는 침착할 것 같지만 사실은 덜렁이입니다.

締め切り直前になってテーマを変える**ようでは**、いい論文は書けないだろう。
마감 직전이 되어 주제를 바꿔서는 좋은 논문은 쓸 수 없을 것이다.

水やりは、簡単な**ようでいて**奥の深い作業なんです。
물 주기는 간단한 것 같지만 심오한 작업입니다.

予定通りに進まない**ようであれば**、再検討した方がいいのではないでしょうか。
예정대로 진행되지 않는다면 재검토하는 편이 좋지 않을까요?

141 〜ように 〜하도록
〜ないように 〜하지 않도록

접속　동사의 사전형·가능형 + ように
　　　　동사의 부정형(ない형) + ないように

「〜ように」는 하고자 하는 목적을 나타내며 어말에 붙어 기원이나 바람 등을 나타내기도 한다.
「〜ないように」는 원치 않는 상황이나 부정적인 결과가 발생하지 않도록 조치하거나 노력함을 나타낸다. 「〜ますように / 〜ませんように」의 형태로 쓰이기도 한다.

기출　いつ雨が降ってもいい**ように** 언제 비가 와도 괜찮도록　2014-2회
　　　疲れている顔を見せ**ないように** 지친 얼굴을 보이지 않도록　2018-1회
　　　どうか明日は雨が降りません**ように** 부디 내일은 비가 오지 않기를　2019-1회
　　　倒れてしまわ**ないように**ね 쓰러지지 않도록 해　2019-2회
　　　この資料を読んでおく**ように** 이 자료를 읽어 두도록　2022-2회
　　　指定の駐車場以外には駐車なさら**ないよう**
　　　지정된 주차장 외에는 주차하지 않으시도록　2023-2회
　　　赤ちゃんが口に入れてもいい**ように**
　　　아기가 입에 넣어도 괜찮도록　2025-2회

彼はみんなによく聞こえる**ように**大声で話した。
그는 모두에게 잘 들리도록 큰 소리로 말했다.

素敵な出会いがあります**ように**。
멋진 만남이 있기를.

二度と同じ誤りをし**ないように**注意しなさい。
두 번 다시 같은 잘못을 하지 않도록 조심해라.

～ようになる ～하게 되다
～ようにする ～하도록 하다

접속　동사의 사전형·부정형(ない형)·가능형 + ようになる
동사의 사전형·부정형(ない형) + ようにする

「～ようになる」는 이전의 모습이나 상태가 다르게 바뀌었음을 나타내고, 「～ようにする」는 그렇게 되기 위해서 분발하거나 신경을 쓴다는 것을 나타낸다.

기출　テーブルの上に物を置かないようにするだけで
탁자 위에 물건을 두지 않도록 하는 것만으로　2015-2회

広く感じられるようになると 넓게 느끼게 된다고　2015-2회

たくさんの人が読めるようにしてほしい
많은 사람들이 읽을 수 있도록 했으면 좋겠다　2016-1회

年をとるにつれて短く感じるようになるのは
나이가 들수록 짧게 느껴지게 되는 것은　2018 2회

分かるようにしておくと 알 수 있게 해 두면　2019-2회

お茶でうがいをするようにしたことで 차로 입을 헹구도록 한 것으로　2021-2회

非常に混雑するようになったことから 매우 혼잡하게 되었기 때문에　2022-1회

お湯に入る前には必ずかけ湯をするようにしてください
욕탕에 들어가기 전에는 반드시 물을 끼얹어 몸을 깨끗이 할 수 있도록 해 주세요　2023-2회

より強く感じるようになりました 보다 강하게 느끼게 되었습니다　2024-1회

健康のことを考えてなるべく歩くようにしている
건강을 생각해서 되도록 걸으려고 하고 있다　2025-1회

早く退院できるようになりたいです。
빨리 퇴원할 수 있게 되었으면 좋겠습니다.

もう会わないようにしよう。
이젠 만나지 않도록 해야지.

143　〜わけにはいかない ~할 수는 없다

접속　동사의 보통형 + わけにはいかない

「〜わけにはいかない」는 사회적·법률적·도덕적·심리적 이유 등으로 하고 싶지만 할 수 없음을 나타낸다. 「〜いかない」는 정중하게 「〜いきません」 또는 「〜まいりません」과 같이 쓰기도 한다.

기출　大事な会議があるから休むわけにはいかない 중요한 회의가 있어서 쉴 수는 없다 　2013-1회

　　　そのことを無視して進めるわけにはいかない 그것을 무시하고 추진할 수는 없다 　2018-1회

　　　ほかに手段がないので、乗らないわけにはいかない
　　　다른 수단이 없기 때문에 타지 않을 수 없다 　2025-1회

明日は試験があるから、今日は遊んでいるわけにはいかない。
내일은 시험이 있어서 오늘은 놀고 있을 수는 없다.

144　〜わりに(は) ~에 비해서(는), ~치고(는)

접속　동사·い형용사의 보통형 + わりに(は)
　　　な형용사의 어간 + な/である + わりに(は)
　　　명사 + の/である + わりに(は)

「〜わりに(は)」는 앞에 제시된 일반적인 기준이나 예상에 비해 실제 결과나 정도가 부합하지 않거나 의외일 때 사용하며, 긍정적이거나 부정적인 평가에 모두 사용한다.

유사 표현　〜にしては ~치고는

기출　雪が降っているわりにそんなに寒く感じないのは
　　　눈이 내리고 있는 것에 비해 그렇게 춥게 안 느껴지는 건 　2023-1회

あの映画は、有名なスターがたくさん出演しているわりにはつまらなかった。
그 영화는 유명한 스타가 많이 출연한 것 치고는 재미없었다.

145 ～を契機として・～を契機に・～をきっかけに

～을/를 계기로

접속 명사 + を契機として・を契機に・をきっかけに

특정한 일이 이후에 일어나는 변화나 행동의 시작이 되었음을 말할 때 사용한다. 앞 문장의 일이 계기가 되어 그와 관련 있는 다른 일을 시작하게 되었다고 말할 때 쓴다.

기출 体験ができる教室に誘ってくれたのをきっかけに

체험이 가능한 강좌에 불러 준 것을 계기로 2023-1회

その事件を契機として法律が改正されました。
그 사건을 계기로 법률이 개정되었습니다.

転職を契機にすべてがうまくいっている。
이직을 계기로 모든 것이 잘되고 있다.

健康診断をきっかけにダイエットを始めた。
건강 검진을 계기로 다이어트를 시작했다.

146 ～を込めて ～을/를 담아, ～을/를 가지고

접속 명사 + を込めて

어떤 행위에 감정이나 마음 등을 담아 전달하거나 실행함을 나타내는 표현이다.

기출 感謝の気持ちを込めて 감사의 마음을 담아서 2024-2회

このケーキは私が心を込めて作ったものです。
이 케이크는 제가 마음을 담아 만든 것입니다.

147　〜を通（つう）じて・〜を通（とお）して　〜을/를 통해서

接続　명사 + を通じて・を通して

「〜を通じて・〜を通して」는 어떤 일에 있어서 그 매개나 수단이 되는 사물이나 사람 등을 나타내거나, 기간, 과정 등을 나타내는 명사와 같이 쓰여 '〜기간 동안 내내'의 의미를 나타내기도 한다.

기출　ゼミでの活動（かつどう）を通（とお）して、物事（ものごと）を論理的（ろんりてき）に考（かんが）える力（ちから）を
세미나 활동을 통해서 사물을 논리적으로 생각하는 힘을　2017-2회

藤田（ふじた）さんご夫妻（ふさい）とは鈴木（すずき）さんを通（つう）じて知（し）り合（あ）いました。
후지타 씨 부부와는 스즈키 씨를 통해서 알게 되었습니다.

その講義（こうぎ）を通（とお）して、政治（せいじ）にどんどん興味（きょうみ）がわいてきた。
그 강의를 통해서 점점 정치에 흥미가 생겼다.

148　〜を問（と）わず　〜을/를 불문하고, 〜을/를 막론하고

接続　명사 + を問わず

「性別（せいべつ）(성별)・年齢（ねんれい）(연령)・経験（けいけん）(경험)」 등과 같은 명사와 자주 쓰여 특정 조건이나 구분에 얽매이지 않고 모두에게 해당됨을 나타낸다.

유사 표현　〜によらず　〜에 관계없이, 〜에 상관없이

기출　初心者（しょしんしゃ）、経験者（けいけんしゃ）を問（と）わず　초보자, 경험자를 불문하고　2012-1회　2021-1회

年齢（ねんれい）、性別（せいべつ）を問（と）わず、誰（だれ）でもツアーに参加（さんか）できます。
나이, 성별을 불문하고 누구나 투어에 참가할 수 있습니다.

149 　〜をはじめ　〜을/를 비롯하여

접속　명사 + をはじめ

뒤에 오는 집단 등에서 대표적인 인물이나 사물 등을 예시로 들어 설명할 때 사용한다. 「〜をはじめとする(〜을 비롯한)」의 형태로 뒤의 명사를 수식하기도 한다.

기출　北川先生をはじめ多くの方々にお世話になり
기타가와 선생님을 비롯하여 많은 분들께 신세를 지어 　2013-2회

この大学には中国をはじめ、アジアからの留学生が多い。
이 대학에는 중국을 비롯하여 아시아에서 온 유학생이 많다.

150 　〜をめぐって　〜을/를 둘러싸고, 〜에 관해

접속　명사 + をめぐって

주로 어떤 주제, 논쟁점, 사건 혹은 장소를 중심으로 여러 사람이나 집단이 논쟁·갈등·경쟁 등을 벌이는 상황을 나타낼 때 사용한다. 「〜をめぐる(〜을 둘러싼)」의 형태로 뒤의 명사를 수식하기도 한다.

大気汚染の解決策をめぐって活発な議論が続いている。
대기 오염의 해결책을 둘러싸고 활발한 논의가 계속되고 있다.

問題7　次の文の　（　　　）　に入れるのに最もよいものを、1・2・3・4から一つ選びなさい。

1　佐藤さんは50歳の（　　　）若く見えます。144
　　1　からには　　　　2　ようでは　　　　3　わりには　　　　4　ほどでは

2　ひらがなもカタカナも読めない（　　　）、日本文学の研究をしたいといっても、それは問題外ですよ。140·075
　　1　ようでは　　　　2　そうでは　　　　3　ものでは　　　　4　ならでは

3　動物が好きな人も（　　　）、きらいな人もいる。131
　　1　いると　　　　　2　いたら　　　　　3　いても　　　　　4　いれば

4　このラーメン屋は安いうえに量も多くて、学生（　　　）のお店だ。005·129
　　1　がち　　　　　　2　向き　　　　　　3　ぬき　　　　　　4　かぎり

5　不可能だとわかってはいるが、戻れる（　　　）子供の頃に戻ってみたい。136
　　1　ものなら　　　　2　ものだから　　　3　ことから　　　　4　ことだから

6　お酒は体によくないとわかっている（　　　）、なかなかやめられない。137
　　1　ものなので　　　2　ものの　　　　　3　ものなら　　　　4　ものから

7　料理がまずいうえに値段も高い。あんな店なんか、二度と行く（　　　）。005·133
　　1　ものか　　　　　2　ことか　　　　　3　ようだ　　　　　4　だろう

8　インターネット（　　　）多くの取引が行われるようになりました。142·147
　　1　を込めて　　　　2　をはじめ　　　　3　をめぐって　　　4　を通じて

9　先生に叱られた時には、二度と（　　　）と思いますが、つい朝寝坊をして授業に遅刻してしまいます。128
　　1　遅れよう　　　　2　遅れかねない　　3　遅れまい　　　　4　遅れきれる

答 1③　2①　3④　4②　5①　6②　7①　8④　9③

10 あと10分（　　　　）そちらに到着するので、待っていてください。¹³²

1　をめぐって　　　　2　もあれば　　　　3　を問わず　　　　4　を通して

11 スキー（　　　　）、冬でも楽しめるスポーツはたくさんあります。¹⁴⁹

1　を込めて　　　　2　のおかげ　　　　3　をはじめ　　　　4　からして

12 電球を（　　　　）、椅子から落ちてしまいました。¹³⁸

1　変えようとしたら　　　　　　　　2　変えるものの
3　変えるものなら　　　　　　　　　4　変えるようであれば

問題8　次の文の　___★___　に入る最もよいものを、1・2・3・4から一つ選びなさい。

13 いきなり ______ ______ ___★___ ______ 、赤ちゃんが泣き出したんです。¹³⁵

1　から　　　　　2　した　　　　　3　物音（ものおと）が　　　　4　ものだ

14 私たちは、読書や ______ ___★___ ______ ______ 、自分の教養（きょうよう）を高めていくのです。¹⁴⁷

1　体験から　　　　2　を通して　　　　3　多くの　　　　4　学んだこと

15 警察は国民の安全を守る ______ ______ ___★___ ______ いる。¹⁴⁸

1　働いて　　　　2　ために　　　　3　問わず　　　　4　昼夜（ちゅうや）を

16 読書によって、さまざまな方面の知識（ちしき）が ______ ______ ___★___ ______ 。^{113·134}

1　楽しい　　　　2　広がっていく　　　　3　のは　　　　4　ものだ

17 歳をとるにつれて、ブラックコーヒーの ______ ______ ___★___ ______ 。^{107·142}

1　わかる　　　　2　ように　　　　3　おいしさが　　　　4　なりました

답 10 ②　11 ③　12 ①　13 ④(3241)　14 ①(3142)　15 ③(2431)　16 ①(2314)　17 ②(3124)

　次の文章を読んで、文章全体の内容を考えて、　18　から　21　の中に入る最も
　　　よいものを1・2・3・4から一つ選びなさい。

　　　最近、地球の環境を守るために積極的(せっきょくてき)にリサイクルをしようという意見をよく
耳にする。もちろん使ったものをすぐ捨ててしまって、また新たに必要なものを
作り出すという使い捨て文化は問題であり、見直しが必要だ。しかし、使い終わ
ったものをもう一度資源(しげん)として利用するリサイクルは、本当に地球環境を守るた
めに役立っているのだろうか。

　　　例えばペットボトルのリサイクルについて考えよう。確かに「使い終わったも
のをゴミとして捨てるのではなく、もう一度資源として使う」という考えは、う
まくいけば理想的だ。　18　、皆さんは石油から新しいペットボトルを作るのに
かかる石油の量と、使い終わって集めたペットボトルから新たにペットボトルを
作るのにかかる石油の量を知っているだろうか。実は、石油から新しいペットボ
トルを作るのに必要な石油の量は約40グラム、一方、このペットボトルを　19
と、それに必要な石油は150グラムといわれているのだ。これは　20　、資源を
できるだけ　21　ためのリサイクルによって、かえって資源が多く使われてしま
っている例といえるだろう。もちろん、資源が多く使われるのだから、当然その
分、資源として使えなくなったもの、すなわちゴミも増える。このように、リサ
イクル運動には実は大きな問題があるのだ。本来、資源を節約し、環境汚染(おせん)を防
止(し)するために行われるはずのリサイクルだが、やり方によっては、リサイクルを
すればするほど資源を使い、ゴミを増やす。

(武田邦彦『リサイクル幻想』による)

  1　そのため　　　　2　しかし　　　　3　つまり　　　　4　やはり

  1　リサイクルするものだ　　　　　2　リサイクルしようとする
  3　リサイクルしないようにする　　　4　リサイクルするわけにはいかない

  1　いや　　　　2　しかし　　　　3　ところで　　　　4　つまり

  1　使いようがない　　　　　2　使うものではない
  3　使わないようにする　　　4　使わないものではない

핵심문법

～(よ)う 138 ～해야지, ～하자	リサイクルをしようという意見を	재활용을 하자는 의견을
～として(は) 081 ～로서(는)	資源として 자원으로서 / ゴミとして 쓰레기로서	
～によって(は) 113 ・에 의해(서는)	リサイクルによって 재활용에 의해서	
～のだ 118 ～인 것이다, ～이다	それに必要な石油は150グラムといわれるのだ 거기에 필요한 석유는 150그램이라고 일컬어지고 있는 것이다	
～ば～ほど 119 ～(하)면 ～(할)수록	リサイクルをすればするほど 재활용을 하면 할수록	

답 18 ② 19 ② 20 ④ 21 ③

問題7　次の文の　（　　　）　に入れるのに最もよいものを、1・2・3・4から一つ選びなさい。

1　あの学生は、勉強する（　　　）成績がよくないです。144
　　1　からには　　　　2　ようでは　　　　3　ものなら　　　4　わりには

2　いじめ相談の電話は昼夜（　　　）24時間受け付けています。148
　　1　をはじめ　　　　2　にかけて　　　　3　を問わず　　　4　といわず

3　戻れる（　　　）やせていたころに戻りたい。136
　　1　ものの　　　　　2　ものか　　　　　3　ものなら　　　4　ものだから

4　失恋を（　　　）、ダイエットを始めました。145
　　1　問わず　　　　　2　はじめ　　　　　3　めぐって　　　4　きっかけに

5　私が心（　　　）作ったものです。どうぞ召し上がってみてください。146
　　1　を通じて　　　　2　を込めて　　　　3　にかぎって　　4　において

6　いくら困っても、人の物を盗む（　　　）。143
　　1　ようになる　　　　　　　　　　　2　ものである
　　3　ことにはならない　　　　　　　　4　わけにはいかない

7　親子丼は簡単な（　　　）実は難しい。140
　　1　ようで　　　　　2　ようであれば　　3　もので　　　　4　ものなら

8　この雑誌は大学生（　　　）編集されている。130
　　1　向いた　　　　　2　向きで　　　　　3　向けて　　　　4　向けに

9　冷蔵庫に何もないので、料理の（　　　）。139
　　1　するものだ　　　2　しようとする　　3　しようがない　4　するようにする

답　1④　2③　3③　4④　5②　6④　7①　8④　9③

10 暑い日が続きますが、体調を（　　　）お気をつけください。 141

  1　崩さないように　　　　　　　　　　2　崩すようであれば

  3　崩せるものなら　　　　　　　　　　4　崩したものだから

11 山田さんは奥さんの妊娠を（　　　）たばこをやめたそうです。 145

  1　込めて　　　　　2　契機に　　　　　3　通して　　　　　4　問わず

12 賛否を（　　　）、議論が深夜まで行われた。 150

  1　まわって　　　　2　はじめ　　　　　3　めぐって　　　　4　かねて

問題8　次の文の　★　に入る最もよいものを、1・2・3・4から一つ選びなさい。

13 答えを教えて ＿＿＿＿　＿＿＿＿　★＿＿　＿＿＿＿ 、実は僕にもよくわからないので困っている。 137

  1　約束は　　　　　2　あげると　　　　3　ものの　　　　　4　した

14 あの事件は新聞や ＿＿＿＿　＿＿＿＿　★＿＿　＿＿＿＿ 、一般の関心はうすい。 144

  1　さかんに　　　　2　報道される　　　3　テレビで　　　　4　わりに

15 彼女の ＿＿＿＿　★＿＿　＿＿＿＿　＿＿＿＿ 思い出してしまう。 119·138

  1　忘れようと　　　2　ことを　　　　　3　するほど　　　　4　すれば

16 おいしいと聞いたので1時間並んで食べてみたが、 ＿＿＿＿　＿＿＿＿　★＿＿　＿＿＿＿ ではなかった。 127

  1　食べる　　　　　2　ほど　　　　　　3　並んで　　　　　4　まで

17 その犯罪組織による ＿＿＿＿　＿＿＿＿　★＿＿　＿＿＿＿ が厳重になりました。 145

  1　をきっかけに　　2　テロ事件　　　3　空港の　　　　　4　警備

答 10 ①　11 ②　12 ③　13 ④(2143)　14 ②(3124)　15 ①(2143)　16 ①(3412)　17 ③(2134)

 次の文章を読んで、文章全体の内容を考えて、　18　から　21　の中に入る最も
よいものを1・2・3・4から一つ選びなさい。

　　元来、日本人はよく「泣いた」ようである。柳田国男翁が、「涕泣史談」とい
う文章でこのことを論じたが、古くは、声に出して哭くことも涙を流して泣くこ
とも、極めて普通であった日本人が、時代とともに、だんだん、あまり泣かなく
なってきた　18　見える。

　　平安時代の物語や歌などを見ると、女も男も感動の表明としてすぐに涙を流
す。『源氏物語』五十四帖に、「泣く」という言葉は、実に370回も出てくるし、
「涙」とか「涙ぐむ」とか言う語も225回ぐらい用いられている。そのなかには、
むろん幼児の泣く場合や、悲しみの涙を流すという場合も多数あるけれども、あ
りがたさや嬉しさやら恋しさやらで、大の男までが簡単に泣き出すのには、少々
奇異な感じさえ受ける。

　　「枕も浮くばかり」涙を流すなどという表現と同じような、文学的な修辞かと
疑われるが、どうも、そればかりではなさそうである。もちろん、多少情緒過敏
と言えそうな貴族社会を描いたこの種の文学の性格によるところもあろうけれど
も、その後の、「物語」以外の文学作品でもこうした傾向は同様にうかがえると
ころを見ると、こんなふうに人前をはばからず率直に感情を表出するという自然
な姿が、　19　、日本人の本来であるらしい。感情を抑制することをもって「よ
し」とするようになったのは、　20　中世以後の傾向であると思われる。それ
には、いろいろの事情があったに相違ない。柳田翁の言われるように「泣く」と
いうことが、ことごとく不幸の表示として忌み嫌われるようになって、そのむや
みな行使がはばかられるようになったこと、また「泣く」こと以外の表現法とし
て、言葉に訴えてその感情が表出できると信じられるようになり、事実その面に
発達が　21　こと、などと考えられよう。

(阪倉篤義『日本語の語源』による)

(注1)　翁：年輩の男の人に対して尊敬した言い方
(注2)　哭く：大声で泣く
(注3)　大の男：一人前の男。成人した男
(注4)　はばかる：気がねする、遠慮する
(注5)　忌み嫌う：嫌って避ける。ひどくいやがる
(注6)　むやみ：結果や是非を考えないで、いちずに物事をするさま

18

1 わりに 2 ようであれば 3 ようにも 4 ものだから

19

1 だから 2 ところが 3 しかし 4 やはり

20

1 むしろ 2 または 3 さて 4 だが

21

1 みられるまい 2 みられるようになった
3 みられるほどではない 4 みられるにともなう

핵심문법

〜として(は) 001 〜로서(는)	感動の表明として 감동의 표명으로서
〜さえ 037 〜조차, 〜마저, 〜도	奇異な感じさえ受ける 기이한 느낌조차 든다
〜に相違ない 105 〜임이 틀림없다	いろいろの事情があったに相違ない 여러 사정이 있었음이 틀림없다
〜ようになる 142 〜하게 되다	忌み嫌われるようになって 몹시 미움받게 되어

답 18 ③ 19 ④ 20 ① 21 ②

경어는 크게 존경어, 겸양어, 정중어 이렇게 세 부류로 나뉜다. 2010년부터 커뮤니케이션 중심의 일본어 표현을 강조하고 있어 경어의 출제율 또한 높아졌다. 꼭 알아 두어야 할 경어 표현들을 예문과 함께 정리하였다.

1 존경어

あがる 드시다	・ご飯をあがる　밥을 드시다 ・お酒をあがる　술을 드시다
召し上がる 드시다	・どうぞお好きなだけ召し上がってください。 원하시는 만큼 드세요. ・パンはご自由にお召し上がりください。　빵은 자유롭게 드세요.
いらっしゃる 계시다, 오시다, 가시다	・先生は今日はずっと研究室にいらっしゃいます。 선생님께서는 오늘은 쭉 연구실에 계십니다. ・どちらからいらっしゃいましたか。　어디에서 오셨습니까? ・明日はどこかへいらっしゃいますか。　내일은 어디 가십니까?
〜でいらっしゃる 〜이시다, 〜하시다	・ご本人様でいらっしゃいますか。　본인이신가요? ・お父さんは元気でいらっしゃいますか。　아버님은 잘 계신가요?
〜くていらっしゃる 〜하시다	・先生はお忙しくていらっしゃいます。　선생님께서는 바쁘십니다.
〜ていらっしゃる 〜하고 계시다, 〜하시다	・先生は歴史を研究していらっしゃいます。 선생님은 역사를 연구하고 계십니다. ・音楽はふだんどんなものを聴いていらっしゃいますか。 음악은 평소에 어떤 것을 들으시나요?
おいでになる 오시다, 가시다, 계시다	・先生はいつおいでになりますか。　선생님께서는 언제 오십니까? ・山下様はどちらへおいでになりましたか。 야마시타 님께서는 어디로 가셨나요? ・社長は今、応接室においでになります。 사장님께서는 지금 응접실에 계십니다.

～ておいでになる ～하고 계시다	・町に初めて電車が走った時のことを鮮明に覚えておいでになり 마을에 처음으로 전철이 달렸을 때의 일을 선명하게 기억하고 계셔서
おいでくださる 와 주시다	・お忙しいところおいでくださり誠にありがとうございました。 바쁘신 와중에 와 주셔서 대단히 감사했습니다.
お越し 오심, 가심	・お越しをお待ちしておりました。 오시기를 기다리고 있었습니다. ・電車でお越しのお客様は 전철로 오시는 손님께서는
お越しになる / お越しください 오시다, 가시다 / 오세요, 가세요	・いつお越しになりますか。 언제 가십니까? / 언제 오십니까? ・山田様、正面玄関までお越しください。 야마다 님, 정면 현관으로 와 주세요.
お/ご～だ/です ～하시다 / ～하십니다	・どのようなご用件でしょうか。 어떤 용건이신가요? ・パスポートはお持ちですか。 여권은 가지고 계십니까?
お/ご～になる ～하시다	・山田部長は先ほどお帰りになりました。 야마다 부장님께서는 조금 전에 귀가하셨습니다. ・先生はもうお目覚めになりましたか。 선생님께서는 벌써 일어나셨나요?
おっしゃる 말씀하시나	・先生はそうおっしゃった 선생님은 그렇게 말씀하셨다 ・先生のおっしゃる通りだと思います。 선생님께서 말씀하시는 대로라고 생각합니다.
くださる 주시다	・先生は私にこの本をくださった。 선생님은 나에게 이 책을 주셨다.
～てくださる / ～てくださいませんか ～해 주시다 / ～해 주시겠습니까?	・わざわざ空港まで迎えに来てくださって 일부러 공항까지 와 주셔서 ・指導をしてくださいませんか。 시노를 해 주시겠습니까?
～(さ)せてくださる / ～(さ)せてください ～하게 해 주시다 / ～하게 해 주세요	・先生は私にこの本を使わせてくださった。 선생님은 나에게 이 책을 사용하게 해 주셨다. ・私に任せてください。 저에게 맡겨 주세요.

お/ご～くださる / お/ご～ください _{～해 주시다 / ～해 주십시오}	・ご出席_{しゅっせき}くださいましてありがとうございます。 참석해 주셔서 감사합니다. ・こちらで少々_{しょうしょう}お待_まちください。 여기서 잠시 기다려 주십시오.
ご存_{ぞん}じ _{알고 계심}	・この近_{ちか}くでいいレストランをご存_{ぞん}じですか。 이 근처에 좋은 레스토랑을 알고 계십니까? ・ご存_{ぞん}じの方_{かた}もいらっしゃると思_{おも}いますが 알고 계신 분도 있으리라 생각합니다만
ご覧_{らん}/ご覧_{らん}になる _{보심 / 보시다}	・ご覧_{らん}のように 보시는 것처럼 ・あの映画_{えいが}、もうご覧_{らん}になりましたか。 그 영화, 이미 보셨습니까?
ご覧_{らん}くださる / ご覧_{らん}ください _{봐 주시다 / 봐 주십시오}	・ホームページをご覧_{らん}くださり、ありがとうございます。 홈페이지를 봐 주셔서 감사합니다. ・詳細_{しょうさい}は添付_{てんぷ}した資料_{しりょう}をご覧_{らん}ください。 자세한 사항은 첨부한 자료를 봐 주십시오.
なさる _{하시다}	・先生_{せんせい}は授業_{じゅぎょう}以外_{いがい}にもいろいろな仕事_{しごと}をなさっている。 선생님께서는 수업 이외에도 여러 가지 일을 하고 계신다. ・何_{なに}になさいますか。 무엇으로 하시겠습니까?
～なさる _{～하시다}	・研究_{けんきゅう}なさる 연구하시다 ・連絡_{れんらく}なさる 연락하시다
お/ご～なさる _{～하시다}	・あの方_{かた}は若_{わか}いころずいぶんご苦労_{くろう}なさったそうです。 저 분은 젊었을 적에 무척 고생을 하셨다고 합니다. ・社長_{しゃちょう}、本日_{ほんじつ}は何時_{なんじ}にご帰宅_{きたく}なさいますか。 사장님, 오늘은 몇 시에 귀가하십니까?
見_みえる _{오시다}	・何時_{なんじ}ごろお見_みえになりますか。 몇 시쯤 오십니까? ・まもなくお見_みえになるとお電話_{でんわ}がありました。 곧 오신다는 전화가 왔습니다. ・Y社_{ワイしゃ}の川西部長_{かわにしぶちょう}が見_みえました。 Y사의 가와니시 부장님이 오셨습니다.

| **〜(ら)れる**
〜하시다 | ・ロンドンには**何泊何日**で行かれますか。
런던에는 몇 박 며칠로 가시나요?

・**女優**になろうと思われたきっかけは**何**だったんですか。
여배우가 되려고 생각하신 계기는 무엇이었습니까?

・回復されますように 회복하시기를 |

② 겸양어

あがる 가다, 찾다, 방문하다	・あすの**午後**、お**届け**にあがります。 내일 오후에 전해 드리러 찾아뵙겠습니다. ・スタッフがお**迎え**にあがりますので 스태프가 마중을 갈 테니
いたす 하다	・この**仕事**はわたくしどもがいたします。 이 일은 저희들이 하겠습니다. ・いっそうの**努力**をいたす**所存**でございます。 한층 더 노력할 생각입니다. ・**商品**ご**使用後**の**返品対応**はいたしかねます。 상품을 사용하신 후에는 반품하실 수 없습니다.
〜いたす 〜하다	・すぐに**確認**いたします。 바로 확인하겠습니다. ・これで**失礼**いたします。 이만 실례하겠습니다.
お/ご〜いたす 〜해 드리다	・お**席**までご案内いたします。 좌석까지 안내해 드리겠습니다. ・**詳細**につきましては、**山田**よりご説明いたします。 자세한 내용은 야마다가 설명해 드리겠습니다.
いただく 받다, 먹다, 마시다	・**私**は**先生**からこの**本**をいただきました。 저는 선생님께 이 책을 받았습니다. ・**朝**ジョギングをしているおかげで**何**でもおいしくいただけます。 아침에 조깅을 하고 있는 덕분에 뭐든지 맛있게 먹을 수 있습니다.

～ていただく ～해 받다, (～가) ~해 주시다	・また来<ruby>来<rt>き</rt></ruby>ていただけるとうれしいです。 또 와 주시면 기쁠 겁니다. ・お話<ruby>話<rt>はなし</rt></ruby>を聞<ruby>聞<rt>き</rt></ruby>いていただきたいのですが。 이야기를 들어 주셨으면 합니다만. ・日時<ruby>日時<rt>にちじ</rt></ruby>を変更<ruby>変更<rt>へんこう</rt></ruby>していただけますでしょうか。 일정을 변경해 주실 수 있으신가요?
～(さ)せていただく ～하도록 허락받다, ～하도록 해 주시다, ～하게 되다	・来月<ruby>来月<rt>らいげつ</rt></ruby>より担当<ruby>担当<rt>たんとう</rt></ruby>させていただくことになりました。 다음 달부터 담당하게 되었습니다. ・明日<ruby>明日<rt>あした</rt></ruby>休<ruby>休<rt>やす</rt></ruby>ませていただけないでしょうか。 내일 쉴 수 없을까요? ・先輩<ruby>先輩<rt>せんぱい</rt></ruby>のお話<ruby>話<rt>はなし</rt></ruby>を聞<ruby>聞<rt>き</rt></ruby>かせていただけないでしょうか。 선배님의 얘기를 들려주실 수 없을까요?
お/ご～いただく ～해 주시다	・おほめいただいて恐縮<ruby>恐縮<rt>きょうしゅく</rt></ruby>の至<ruby>至<rt>いた</rt></ruby>りです。 칭찬을 받아 황송할 따름입니다. ・本日<ruby>本日<rt>ほんじつ</rt></ruby>は忙<ruby>忙<rt>いそが</rt></ruby>しい中<ruby>中<rt>なか</rt></ruby>お越<ruby>越<rt>こ</rt></ruby>しいただき、ありがとうございます。 오늘은 바쁘신 와중에 걸음해 주셔서 감사드립니다. ・どうかご理解<ruby>理解<rt>りかい</rt></ruby>いただきたく　부디 이해해 주시기를 ・ご購入<ruby>購入<rt>こうにゅう</rt></ruby>いただいた商品<ruby>商品<rt>しょうひん</rt></ruby>は 구입해 주신 상품은
伺<ruby>伺<rt>うかが</rt></ruby>う 듣다, 묻다, 찾다, 방문하다	・お話<ruby>話<rt>はなし</rt></ruby>は伺<ruby>伺<rt>うかが</rt></ruby>っております。 말씀은 들었습니다. ・お名前<ruby>名前<rt>なまえ</rt></ruby>を伺<ruby>伺<rt>うかが</rt></ruby>ってもよろしいでしょうか。 성함을 여쭤봐도 될까요? ・明日<ruby>明日<rt>あした</rt></ruby>、こちらから伺<ruby>伺<rt>うかが</rt></ruby>います。 내일 제가 찾아뵙겠습니다.
うけたまわる 삼가 받다, 삼가 듣다, 삼가 맡다	・ありがたいお話<ruby>話<rt>はなし</rt></ruby>をうけたまわりました。 감사한 이야기를 들었습니다. ・ご予約<ruby>予約<rt>よやく</rt></ruby>、うけたまわっております。 예약을 받았습니다. ・日<ruby>日<rt>ひ</rt></ruby>にち指定<ruby>指定<rt>してい</rt></ruby>の発送<ruby>発送<rt>はっそう</rt></ruby>もうけたまわります。 날짜 지정 배송도 (접수) 받고 있습니다.
お/ご～する ～하다, ～해 드리다	・あさってまでお借<ruby>借<rt>か</rt></ruby>りしてもよろしいでしょうか。 모레까지 빌려도 될까요? ・ちょっとお見<ruby>見<rt>み</rt></ruby>せしましょうか。 좀 보여 드릴까요? ・私<ruby>私<rt>わたし</rt></ruby>が荷物<ruby>荷物<rt>にもつ</rt></ruby>をお持<ruby>持<rt>も</rt></ruby>ちします。 제가 짐을 들어 드릴게요.

お/ご〜できる 〜할 수 있다, 〜해 드릴 수 있다	・明日お届けできます。 내일 배달해 드릴 수 있습니다. ・お会いできて光栄です。 만나 뵙게 되어 영광입니다.
お目にかかる 만나 뵙다	・社長にお目にかかりたいのですが。 사장님을 만나 뵙고 싶은데요. ・またお目にかかるのを楽しみにしています。 또 만나 뵙기를 기대하고 있겠습니다.
お目にかける 보여 드리다	・実物をお目にかけます。 실물을 보여 드리겠습니다. ・お目にかけたいものがございます。 보여 드리고 싶은 것이 있습니다.
ご覧に入れる 보여 드리다	・家宝をご覧に入れましょう。 가보를 보여 드리겠습니다. ・ぜひご覧に入れたいものがありますが。 꼭 보여 드리고 싶은 것이 있는데요.
おる 있다	・明日は一日中家におります。 내일은 하루 종일 집에 있을 겁니다. ・父は裏の畑におります。 아빠는 뒤쪽 밭에 있습니다.
〜ておる / 〜ておらず 〜하고 있다 / 〜하고 있지 않아서	・ご連絡お待ちしております。 연락 기다리고 있겠습니다. ・いつもお世話になっております。 항상 신세 지고 있습니다. ・あれでは何の説明にもなっておらず 저래서는 아무런 설명도 되지 않아서
差し上げる 드리다	・ぜひ奥様にその絵を差し上げたいと思いましてね。 꼭 사모님께 그 그림을 드리고 싶어서 말이죠. ・何か飲み物でも差し上げましょうか。 뭐 마실 거라도 드릴까요? ・お客様にイベントの記念品を差し上げました。 고객님께 이벤트 기념품을 드렸습니다.
存じる 알다, 생각하다	・ご迷惑とは存じますが 폐가 되는 줄은 알지만 ・そのことならよく存じております。 그것이라면 잘 알고 있습니다.

存じ上げる（ぞんあ） 알다, 생각하다	・お名前はよく存じ上げています。 성함은 잘 알고 있습니다. ・お父様のことは以前からよく存じ上げております。 아버님에 대해서는 이전부터 잘 알고 있습니다.
頂戴する / **頂戴いたす**（ちょうだい） 받다, 먹다	・先生からお土産を頂戴しました。 선생님으로부터 선물을 받았습니다. ・ありがたく頂戴します。 감사히 받겠습니다, 감사히 먹겠습니다. ・十分頂戴いたしました。 많이 먹었습니다.
拝見する / **拝見いたす**（はいけん） 배견하다, 삼가 보다	・お手紙を拝見しました。 편지는 잘 받아 보았습니다. ・乗車券を拝見いたします。 승차권을 확인하겠습니다. ・小川教授のお書きになった論文を拝見いたしました。 오가와 교수님이 쓰신 논문을 보았습니다.
拝借する / **拝借いたす**（はいしゃく） 배차하다, 빌리다	・明日まで拝借してもよろしいでしょうか。 내일까지 빌려도 될까요? ・お知恵を拝借いたします。 지혜를 빌리겠습니다.
まいる 가다, 오다	・私がまいります。 제가 가겠습니다. ・駅へお出迎えに参ります。 역에 마중하러 가겠습니다.
〜てまいる 〜해지다, 〜하고 오다, 〜하고 가다	・私も次第に分かってまいりました。 저도 점차 알게 되었습니다. ・寒くなってまいりましたね。 추워졌네요. ・50年ぶりにふるさとに戻ってまいりました。 50년 만에 고향에 돌아왔습니다.
申す（もう） 말하다, 〜(라고) 하다	・私は青木と申します。 저는 아오키라고 합니다.
申し上げる（もうあ） 말씀드리다, 여쭙다	・そのことはもう社長に申し上げました。 그 일은 이미 사장님께 말씀드렸습니다. ・申し上げにくいのですが 말씀드리기 어렵지만

| お/ご〜申し上げる
〜해 드리다, 〜하다 | ・お礼申し上げます。 감사드립니다.
・ご案内申し上げます。 안내해 드리겠습니다.
・大変ご迷惑をおかけしましたことを深くお詫び申し上げます。 대단히 폐를 끼친 점 깊이 사과드립니다. |

③ 정중어

ございます / ございません 있습니다 / 없습니다	・あちらに申込書がございます。 저쪽에 신청서가 있습니다. ・何かご用がございましたら 뭔가 용무가 있으시면 ・あの時は申し訳ございませんでした。 그때는 죄송했습니다.
〜でございます 〜입니다	・こちらが会場でございます。 이쪽이 행사 장소입니다. ・お電話ありがとうございます。 ○○商社の小林でございます。 전화 주셔서 감사합니다. OO상사의 고바야시입니다.

3 사역·수동·수수 표현

1 사역

어떠한 동작이나 행위를 지시하거나 허락할 때 사용하는 표현으로, 우리말의 '~하게 하다'에 해당한다. 동사의 어미를 「(さ)せる」로 활용하며, 어떤 동작을 하도록 강제하거나 감정이나 행동을 유발시킨다는 의미로 사용한다.

기출 部下にもう一度書き直させるより 부하 직원에게 다시 한번 고쳐 쓰게 하는 것보다 `2014-2회`

実現させるのは簡単なことではない 실현시키는 것은 간단한 일이 아니다 `2016-2회`

娘を体験レッスンに参加させてみようか 딸을 체험 레슨에 참가시켜 볼까 `2024-1회`

私は弟に部屋の掃除をさせた。
나는 남동생에게 방 청소를 시켰다.

友達を泣かせてはいけません。
친구를 울려서는 안 됩니다.

2 수동

다른 외부 요소에 의하여 어떤 행위나 작용을 받게 되었음을 뜻하는데, 이때 받는 쪽이 문장의 주어가 된다. 동사의 어미를 「(ら)れる」와 같이 활용하여 '~함을 당하다', '~하게 되다' 등의 의미를 나타낸다. 수동 표현은 피해를 입었음을 나타내거나, 어떤 객관적인 사실을 표현할 때 사용한다.

기출 二日はかかるだろうと思われたが 이틀은 걸릴 것이라 생각되었지만 `2015-2회`

たんぱく質が多く含まれる 단백질이 많이 포함된 `2015-2회`

デザインを変えながら毎回使用されている
디자인을 바꿔가면서 매번 사용되고 있다 `2016-2회`

こうして生まれたのが 이렇게 생겨난 것이 `2016-2회`

地図作成も命じられたことになる 지도 작성도 명령 받게 된다 `2019-2회`

得られるのだそうです 얻어지는 것이라고 합니다 `2020`

喜ばれるどころか 기뻐해 주기는커녕 `2020`

何度も帽子を飛ばされそうになった
몇 번이나 모자가 날아갈 뻔 했다   2022-2회

私は昨日母にしかられた。
나는 어제 엄마에게 혼났다.

学校から帰る時、雨に降られた。
학교에서 돌아올 때 비를 맞았다.

この雑誌は毎月発行されています。
이 잡지는 매월 발행되고 있습니다.

③ 사역 수동

사역에 수동을 추가하여 자신의 의지가 아니라 상대방에 의해 어떤 행동을 하게 되었음을 나타낸다. 동사의 어미를 「(さ)せられる」와 같이 활용한다.

기출 その土地に生きる人と食文化とのつながりについて考えさせられた
그 땅에 사는 사람과 식문화의 관계에 대해 생각하게 되었다   2013 1회

どんなに恵まれた環境にいたかと感じさせられる毎日だった
얼마나 축복 받은 환경에 있었는지 절감하는 매일이었다   2016-1회

まず電話の応対の練習を2週間させられるそうだ
먼저 전화 응대 연습을 2주일간 한다고 한다   2018-1회

文化が続いているのだと納得させられました
문화가 계속되고 있는 거라고 납득하게 되었습니다   2019-1회

子供の頃、親に野菜を食べさせられました。
어렸을 적에 부모님이 억지로 야채를 먹였습니다.

私は野球部をやめさせられました。
나는 억지로 야구부를 그만두게 되었습니다.

④ 수수와 사역 수수

물건을 비롯해 행동이니 동작을 주고 받을 때에도 수수 표현을 사용한다. 이때 동작의 내용은 받는 사람에게 이득이 되는 경우가 많다. 또 수수 표현은 사역형과 결합하여 쓰이기두 하는데, 누규가에게 어떤 행동을 하도록 허락하거나 또는 반대로 허가를 구할 때, 그리고 자신의 행동을 겸손하게 나타내기 위해 사용한다.

001 〜てやる 〜해 주다

접속	동사의 て형 + てやる

「仕事は見つけてやる(일은 찾아 주겠다)」, 「また買ってやるから(또 사 줄 테니)」와 같은 형태로 쓰인다.

002 〜(さ)せてやる 〜하게 해 주다

접속	동사의 사역형 + てやる

「〜(さ)せてやる」는 어떤 행동을 하도록 시키거나 허락한다는 의미를 나타내며, 어떤 감정을 느끼게 한다는 의미로도 사용된다.

기출 子どもがしたいと思うことはやらせてやりたい
아이가 하고 싶어 하는 것은 하게 해 주고 싶다　2011-1회

おれたちが勝って世間を驚かせてやろう　우리가 이겨서 세상을 놀라게 해 주자　2014-1회

003 〜てあげる 〜해 주다

접속	동사의 て형 + てあげる

「〜てあげる」역시 '〜해 주다'라는 의미인데, 「〜てやる」보다 약간 정중한 표현이다.

기출 きちんと答えてあげましょう　제대로 대답해 줍시다　2014-2회

もう遅いから家まで車で送ってあげるよ。　이미 늦었으니까 집까지 차로 데려다 줄게.

| **004** | **〜(さ)せてあげる** 〜하게 해 주다 |

| 접속 | 동사의 사역형 + (さ)せてあげる |

「〜(さ)せてあげる」는 '〜하게 해 주다'라는 뜻이며, 「〜(さ)せてやる」보다 약간 정중한 표현이다.

子供には、好きなことをさせてあげたいです。
아이에게는 좋아하는 것을 하게 해 주고 싶습니다.

| **005** | **〜てくれる** (남이 나에게) 〜해 주다 |

| 접속 | 동사의 て형 + てくれる |

「〜てくれる」는 다른 사람이 나 또는 내가 속한 집단에 어떤 행동을 해 주다는 의미를 나타내는 표현이다.

기출
電話をかけてきてくれた友達が 전화를 걸어 준 친구가 `2015-2회`
親戚がたくさん送ってくれたんだけど 친척이 많이 보내 주었는데 `2017-2회`
よかったら、少しもらってくれない？ 괜찮으면 조금 받아 줄래? `2017-2회`
足元で支えてくれている 주변에서 지지해 주고 있는 `2018-1회`
そんなことを言ってくれたことに 그런 말을 해 준 것에 `2019-1회`
聞かなかったことにしてくれない？ 못 들은 걸로 해 줄래? `2019-2회`
お弁当を作ってくれてありがとうという 도시락을 만들어 주어서 고맙다는 `2024-2회`

駅に行く道を教えてくれませんか。
역에 가는 길을 가르쳐 줄 수 없겠습니까?

006

～(さ)せてくれる (남이 나에게) ~하게 해 주다

접속　동사의 사역형 ＋ (さ)せてくれる

「～(さ)せてくれる」는 상대방이 나 또는 내가 속한 집단이 어떤 행동을 하도록 해 주거나 감정이나 생각이 들도록 한다는 의미를 나타낸다.

기출　私たちの目を楽しませてくれます　우리의 눈을 즐겁게 해 줍니다　2010-2회

もう一度頑張ろうと思わせてくれた
다시 한번 힘내자고 생각하게 해 주었다　2023-2회

この曲は昔のことを思い出させてくれます。
이 곡은 옛날 일을 떠올리게 해 줍니다.

007

～てもらう ~해 받다, (남이 나에게) ~해 주다

접속　동사의 て형 ＋ てもらう

「～てもらう」는 나 또는 내가 속한 집단이 상대방의 행동으로 인해 도움이나 혜택 등을 받았을 때 사용한다. 정중하게 표현할 때는 「～ていただく」를 사용한다.

기출　息子がひろしくんに遊んでもらったそうで
히로시 군이 아들과 놀아 주었다고 해서　2010-2회

使うたびに広告を見てもらえるという　사용할 때마다 광고를 봐 줄 수 있다는　2013-2회

おいしいと言ってもらえてよかった　맛있다고 해 줘서 다행이다　2019-2회

自転車屋さんにパンクを直してもらった。
자전거 가게에서 구멍을 때웠다.

008 **〜(さ)せてもらう** ~하도록 허락받다, ~하게 해 주다

접속 동사의 사역형 + (さ)せてもらう

「〜(さ)せてもらう」는 실제로 누군가의 허가가 필요한 행위 외에도 자신의 행동을 겸손하게 표현하기 위해 사용한다. 이를 정중하게 표현할 때는 「〜(さ)せていただく」를 사용한다.

기출 親に子供のころから自分がやりたいことを自由にやらせてもらってきた
부모님은 어렸을 때부터 내가 하고 싶은 일을 자유롭게 하게 해 주셨다　2018-2회

新人でも大きな仕事を任せてもらえるので
신인이라도 큰 임무를 맡을 수 있으므로　2020

アルバイトをさせてもらうことになった　아르바이트를 하게 되었다　2021-1회

サークルをやめさせてもらいたいんですが。
동아리를 그만두고 싶은데요.

1 지시어

지시어는 보통 こ/そ/あ/ど로 시작하는 연체사와 지시 대명사 등을 일컫는다. 실제 시험에서는 지시어의 의미 구별에 대한 문제보다는 전체 문장의 흐름으로 보아 어떤 지시어를 사용해야 하는지를 묻는 문제가 주로 출제된다.

지시어	기출 예
こう 이렇게	• **こう**考えると 이렇게 생각하면 2010-1회 • 鉄道の魅力を**こう**語る 철도의 매력을 이렇게 말한다 2011-1회
こうして 이렇게 하여, 이리하여	• **こうして**生まれたのが 이렇게 하여 태어난 것이 2016-2회 • **こうして**見てみると 이렇게 살펴보면 2017-2회 • **こうして**、忠敬55歳のとき 이렇게 하여 다다타카 55세일 때 2019-2회
こういう 이러한, 이런	• **こういう**表現を使い始めたのは 이런 표현을 사용하기 시작한 것은 2016-1회
このような 이와 같은, 이러한	• **このような**心理現象を 이와 같은 심리 현상을 2018-2회 • **このような**駐車場にはさまざまなメリットが 이러한 주차장에는 여러 이점이 2022-1회
このように 이와 같이, 이처럼	• **このように**、花粉に対して 이와 같이 꽃가루에 대해 2010-2회
そう 그렇게	• **そう**ではなかったので驚いた 그렇지 않았기 때문에 놀랐다 2013-1회 • 「白」という字になることから**そう**呼ばれて '白'이라는 글자가 되기 때문에 그렇게 불려 2018-2회

<table>
<tr><td>それが
그것이, 그게</td><td>• それが本当ならば　그게 정말이라면　2010-1회

• それが花粉症です　그것이 꽃가루 알레르기증입니다　2010-2회

• それがストレス解消になっている
그게 스트레스 해소가 되고 있다　2011-1회</td></tr>
<tr><td>そんな
그런</td><td>• そんなことを言ってくれたことに
그런 말을 해 준 것에　2019-1회

• そんな紅葉ですが　그런 단풍이지만　2024-1회</td></tr>
<tr><td>そういう /
そういった
그러한, 그런</td><td>•「優子」にしたのはそういった願いを込めたからだ
'유코'로 한 것은 그런 바람을 담았기 때문이다　2015-1회

• そういう小川さんの楽観的な性格がうらやましいよ
그런 오가와 씨의 낙관적인 성격이 부러워요　2019-1회</td></tr>
<tr><td>そのような
그와 같은,
그러한, 그런</td><td>• そのような目的で使われることはない
그런 목적으로 사용되는 경우는 없다　2015-1회

• そのような理由があったのだと知って
그런 이유가 있었다는 것을 알고　2019-1회</td></tr>
<tr><td>そうした
그러한, 그런</td><td>• そうした実感はない　그런 실감은 없다　2017-2회</td></tr>
<tr><td>ある〜
어떤, 어느</td><td>• ある会社が広告宣伝用に　어떤 회사가 광고 선전용으로　2013-2회

• ある調査によると　어느 조사에 의하면　2017-1회　2025-1회

• ある先生との出会いがきっかけだった
어느 선생님과의 만남이 계기였다　2022-2회</td></tr>
<tr><td>どの
어느, 어떤</td><td>• どの旗も色が派手で　어느 깃발이나 색이 화려하고　2015-1회</td></tr>
<tr><td>どのような
어떠한, 어떤</td><td>• どのような人を指しているのだろうか
어떤 사람을 가리키고 있는 것일까　2014-2회

• 情報をどのような順番で　정보를 어떠한 순서대로　2018-2회</td></tr>
<tr><td>どのように
어떻게</td><td>• どのように趣味を楽しんでいるのだろうか
어떻게 취미를 즐기고 있는 걸까?　2011-1회</td></tr>
</table>

［1］ 접속사

접속사란 앞뒤의 문절(文節) 또는 문장을 연결하여 그 관계를 나타내는 단어를 가리킨다. 「先生および生徒が校庭に集まる(선생님을 비롯해 학생이 교정에 모이다)」, 「窓を開けた。すると、涼しい風が入ってきた(창문을 열었다. 그러자 시원한 바람이 들어왔다)」에서 「および」는 문절을, 「すると」는 문장을 연결하는 역할을 하고 있다.

［2］ 부사

부사란 동사나 형용사와 같은 용언을 수식하는 역할을 하는 단어를 말한다. 「歌声がとても美しい(노랫소리가 무척 아름답다)」, 「ここはずっと静かだ(여기는 훨씬 조용하다)」에서 「とても」「ずっと」는 각각 「美しい」와 「静かだ」를 수식하고 있다.

［3］ 기출 접속어

접속어	기출 예
あと 앞으로	・あと1週間ぐらいは休みたい 앞으로 일주일 정도는 쉬고 싶다　2013-2회 ・友達と遊ぶのもあと数週間だ 친구들과 노는 것도 앞으로 몇 주뿐이다　2021-1회
あとは 나머지는	・あとは資料を受付に運ぶだけです 나머지는 자료를 안내 데스크에 옮기는 것뿐입니다　2020
あるいは 또는, 혹은	・直接持参するか、あるいは郵送してください 직접 지참하거나 또는 우편으로 보내 주세요　2014-2회
いずれにしても 어느 쪽이든, 어쨌든	・この計画をこのまま進めるかやめるか、いずれにしても 이 계획을 이대로 진행할지 말지, 어느 쪽이든　2012-2회
一度 한번, 일단	・一度食べ出すと止まらないほど 한번 먹기 시작하면 그만둘 수 없을 만큼　2018-1회 ・一度買ってしまうと簡単に引っ越せないのが 한번 사 버리면 간단히 이사할 수 없는 것이　2023-2회

いったい 도대체	・いったいどうやってできたのでしょうか 도대체 어떻게 생겨난 것일까요　2018-2회 ・いったい何が違うのだろうか 도대체 뭐가 다른 것인가　2025-1회
いつのまに(か) 어느새, 어느 틈엔가	・いつのまにできたのだろう　어느 틈에 생긴걸까　2023-2회
一方(で) 한편(으로)	・一方、性格はどうでしょうか 한편, 성격은 어떨까요?　2019-1회
今にも 이제라도, 당장에라도	・今にも動き出して近づいてきそうな 지금이라도 움직여서 다가올 듯한　2013-2회 ・今にも動き出しそうな　당장에라도 움직일 듯한　2016-2회 ・今にも走り出しそうだ　당장에라도 뛰쳐나올 것 같다　2020
おそらく 아마, 필시, 어쩌면	・おそらくストレスが原因　아마 스트레스가 원인　2019-2회
かえって 도리어, 반대로	・正しく行わないと、かえってひざや腰を痛めてしまう 올바르게 하지 않으면 도리어 무릎이나 허리를 다치게 되는　2015-2회 ・道が渋滞していたせいでかえって時間がかかり 길이 막힌 탓에 오히려 시간이 걸려　2022-1회
必ず 반드시, 꼭	・必ずコンセントを抜いて　반드시 콘센트를 뽑고　2016-2회 ・誰でも必ずお世話になるものがある 누구라도 반드시 신세를 지는 것이 있다　2018-1회
かなり 꽤, 제법, 상당히	・かなり早めに予約しとかなくちゃ 상당히 일찍 예약해 두지 않으면　2011-2회
仮に 만약, 설사	・かりに通勤に往復２時間かけるとすると 만일 출퇴근에 왕복 2시간 걸린다고 하면　2012-2회 ・仮に１日８時間寝て　만약 하루 8시간 자서　2016-2회
けっこう 제법, 그런대로	・けっこう難しいことだ　제법 어려운 일이다　2020

決して 결코, 절대 (~하지 않다, ~이/가 아니다)	・決して特別なことをしてきたのではありません 결코 특별한 일을 해 온 것은 아닙니다　2011-2회 ・決して性格や能力の問題ではなく 결코 성격이나 능력의 문제가 아닌　2017-2회 ・決して規模は大きくないが　결코 규모는 크지 않지만　2020
結局 결국	・結局、上司の意見が優先されて終わった 결국, 상사의 의견이 우선시되어 끝났다　2010-1회 ・結局飛行機に間に合わなかった　결국 비행기를 놓쳤다　2014-1회 ・結局寝たのは1時だった　결국 잠이 든 것은 1시였다　2019-2회
こんなに 이렇게, 이토록	・こんなにひどく壊れていると 이토록 심하게 부서져 있으면　2010-2회 ・彼女のことがこんなに気になるのか 그녀의 일이 이토록 신경 쓰이는 것인지　2017-1회
しかし 그러나, 그렇지만, 하지만	・しかし、それでは世界90数か国から来日する 하지만 그래서는 세계 90여 개 국에서 방일하는　2016-2회 ・しかし、人々がより安全で快適に暮らせるように 그러나 사람들이 보다 안전하고 쾌적하게 생활할 수 있도록　2018-1회 ・しかし、そうではありませんでした 하지만 그렇지 않았습니다　2024-1회
次第に 차차로, 차츰차츰, 점점	・中学生になったころから次第に医学に興味を持ち始め 중학생이 되었을 때부터 차츰 의학에 흥미를 가지기 시작해서　2018-1회
実は 실은, 사실은	・実は開花する前の年の夏には 실은 개화하기 전 해의 여름에는　2012-2회 ・実は空を飛ぶ鳥は、体や翼の大きさのわりには 실은 하늘을 나는 새는 몸이나 날개 크기에 비해　2017-2회 ・実は温泉は入り方を間違えると 실은 온천은 입욕 방법이 틀리면　2023-2회
ずいぶん 꽤, 몹시, 아주	・ずいぶん勇気があるもんだね　아주 용기 있구나　2021-1회

ぜひ 아무쪼록, 제발, 꼭	・ぜひ青木先輩のお話を聞かせていただけないでしょうか 꼭 아오키 선배님의 말씀을 들려주실 수 없을까요?　2014-1회 ・ぜひご参加ください　꼭 참가해 주십시오　2015-1회
そこで 그래서	・そこで、照明を目的に合わせて適切に使うことが 그래서 조명을 목적에 맞춰 적절히 사용하는 것이　2014-1회 ・そこで、太陽光線の吸収を防ぐ 그래서 태양 광선의 흡수를 막는　2018-1회 ・そこで政府は気象データと 그래서 정부는 기상 데이터와　2021-1회
そのうち 일간, 가까운 시일 안에, 머지 않아, 때가 되면	・たくさん書けばそのうちうまくなるよ 많이 쓰면 머지 않아 솜씨가 좋아질거야　2016-2회 ・使っていればそのうち慣れる 써 보면 머지않아 익숙해진다　2022-1회
そんなに 그렇게, 그토록	・そんなに大きな翼は　그렇게 커나란 날개는　2017-2회 ・そんなに無理に忘れようとしなくてもいい 그렇게 무리해서 잊으려고 하지 않아도 된다　2018-2회
だいぶ 상당히, 어지간히, 꽤	・内容自体はだいぶ良くなったと思う 내용 자체는 상당히 좋아졌다고 생각한다　2011-2회 ・木村さん、だいぶ髪が伸びましたね 기무라 씨, 머리가 꽤 길었네요　2013-1회
だが 그러나, 그렇지만, 하지만	・だが、食の多様化に伴う問題も 그렇지만 음식이 다양하에 따른 문제도　2013-1회 ・だが、今も情報を一瞬ではっきり伝えたい時に 그러나 지금도 정보를 한순간에 분명하게 전달하고 싶을 때에　2015-1회
だから 그러니까, 그래서, 그러므로	・だから、夕食も食べないで寝ちゃったんだ 그래서 저녁밥도 먹지 않고 자 버린거야　2012-1회 ・だから、いい素材を使うことによって 그러므로 좋은 재료를 씀으로써　2014-2회

確かに 분명, 아마, 틀림없이, 확실히	・**確かに**それもあるかもしれませんが 확실히 그것도 있을지도 모르지만　2013-1회 ・**確かに**「起きてから寝るまでが今日」だと考えれば 확실히 '일어나서 잘 때까지가 오늘'이라고 생각하면　2016-1회
ただし 단, 다만	・**ただし**、同じことが何度も　단, 같은 일이 몇 번이나　2012-2회 ・**ただし**、資料代を500円いただきます 단, 자료비를 500엔 받습니다　2013-2회
例えば 예를 들면, 예를 들어	・**例えば**、夜はパスタだけで1200円ぐらいする店でも 예를 들어 저녁은 파스타만 1200엔 정도 하는 가게여도　2012-1회 ・**例えば**、高速道路や大きな道路の 예를 들면, 고속도로나 큰 도로의　2018-1회 ・**例えば**、収穫のタイミングは　예를 들어 수확 시기는　2024-2회
多分 아마, 필시, 어쩌면	・**多分**、途中からになると思う 아마 도중부터가 될 것이라 생각한다　2019-1회
だんだん 차차, 점점	・何度も聞いているうちに**だんだん**好きになってきた 몇 번이고 듣는 도중에 점점 좋아하게 되었다　2011-2회 ・**だんだん**大きな声で歌えるようになりますよ 점점 큰 목소리로 노래할 수 있게 될 거예요　2014-1회
つい ① (시간적·거리적으로) 조금, 바로 ② 무의식 중에, 자신도 모르게, 그만	・**つい**この前も出張に行かされたばかりなんですけど 바로 요전에도 억지로 출장을 간지 얼마 안 되었는데요　2010-1회 ・**つい**食べすぎてしまう人も 그만 너무 많이 먹어 버리는 사람도　2015-2회 ・寝ようと思いつつ**つい**テレビを見続けてしまい 자려고 생각하면서도 그만 TV를 계속 보고 말아서　2019-2회
つまり 즉, 요컨대, 다시 말하면, 결국	・**つまり**、日本では家を建て替えることが多いために 즉, 일본에서는 집을 다시 짓는 일이 많기 때문에　2011-2회 ・**つまり**、105歳の男性が出した世界記録は 즉, 105세의 남성이 낸 세계 기록은　2017-1회

どうも 아무래도, 도무지, 어딘가, 어쩐지	・表の数字がどうも間違っていたようなんです 표 숫자가 아무래도 틀린 것 같습니다 `2011-2회` ・どうも夕日は見られそうにない 도무지 석양은 볼 수 있을 것 같지 않다 `2016-2회` ・どうもパソコンの調子がおかしい 어쩐지 컴퓨터의 상태가 이상하다 `2021-1회`
どうしても 무슨 일이 있어도, 꼭, 아무리 해도	・友人にどうしてもと頼まれて 친구에게 꼭 (해 달라고) 부탁받아서 `2014-2회` ・どうしてもと言われて引き受けることにした 꼭 (해 달라고) 들어서 받아들이기로 했다 `2022-1회`
ところが 그런데, 그러나	・ところが日本に来てみると　그런데 일본에 와 보니까 `2013-1회` ・ところが、座り方によっては 그러나 앉는 방법에 따라서는 `2022-2회`
とても ① 아무리 해도, 도저히 ② 대단히, 몹시, 매우	・とてもプロの試合とは思えない内容だったよ 도저히 프로의 시합이라고는 여겨지지 않는 내용이었어 `2010-2회` ・プライベートではとても仲がいい 사적으로는 매우 사이가 좋다 `2013-1회` ・とても弾けそうにない　도저히 연주할 수 있을 것 같지 않다 `2015-1회`
とはいえ 그렇다 하더라도, 그렇지만	・とはいえ、私はポケットティッシュの広告を見て 그렇지만, 니는 휴대용 화장지 광고를 보고 `2013-2회` ・とはいえ、東京のような大都会で 그렇다 하더라도 도쿄 같은 대도시에서 `2014-1회`
どれだけ 얼마만큼, 얼마나	・そんなサービスがあったらどれだけよかったか 그런 서비스가 있었다면 얼마나 좋았을까 `2012-2회` `2021-2회`
どれほど 얼마만큼, 얼마나, 아무리	・携帯電話なしで生活している人はどれほどいるのだろうか 휴대 전화 없이 생활하고 있는 사람은 얼마나 있는 것일까 `2024-1회`
どんなに 아무리, 얼마나	・どんなに恵まれた環境にいたか 얼마나 풍족한 환경에 있었는지 `2016-1회` ・どんなに勧誘されても　아무리 권유받아도 `2021-2회`

なかなか ① 상당히, 꽤, 어지간히 ② 좀처럼, 쉽사리, 그리 간단히는	・初めてにしてはなかなか上手だった 처음치고는 꽤 잘했다　2016-1회 ・なかなか予約が取れなくて　좀처럼 예약을 할 수 없어서　2017-1회 ・時間をかけてもなかなか上達しない 시간을 들여도 좀처럼 실력이 늘지 않는다　2018-1회
二度と 두 번 다시	・こんなに苦しいことは二度としたくないと 이렇게 괴로운 건 두 번 다시 하고 싶지 않다고　2016-2회 ・二度と行きたくない　두 번 다시 가고 싶지 않다　2023-1회
反面 반면, 한편	・この植物は寒さに強い反面　이 식물은 추위에 강한 반면 2023-2회
ほとんど 거의, 대부분	・ほとんど雨が降らないので　거의 비가 내리지 않기 때문에　2020 ・エネルギー資源がほとんどないため 에너지 자원이 거의 없는 탓에　2018-2회
本当は 사실은, 정말은	・本当は映画を見に行くつもりだったが 사실은 영화를 보러 갈 생각이었는데　2020
まさか 설마	・まさか受賞できるとは　설마 수상할 수 있을거라고는　2017-2회 ・まさかこの時期に大雪になるとは 설마 이 시기에 큰 눈이 올 거라고는　2021-2회
まず ① 우선, 먼저, 첫째로, 최초에 ② 대체로, 아마도, 하여간, 거의	・失敗することはまずないという友人の話を聞いて 실패할 일은 거의 없다는 친구의 말을 듣고　2016-1회 ・まず電話の応対の練習を２週間させられるそうだ 먼저 전화 응대 연습을 2주일간 한다고 한다　2018-1회 ・まずやってみてうまくいかなかったら 우선 해 보고 잘 안된다면　2019-2회 ・一日で終わらせるのはまず無理だろう 하루 만에 끝마치게 하는 건 아마 무리겠지　2024-2회
また ① (또)다시, 재차 ② 또한, 게다가	・またしかられる　또 야단맞는다　2011-2회 ・また、寒い地域では　또한, 추운 지역에서는　2018-1회

全く 완전히, 전혀	・どの時計にもなかった**全く**新しいデザイン 어떤 시계에도 없던 완전히 새로운 디자인　2014-2회 ・効果は**全く**違います　효과는 전혀 다릅니다　2015-1회
まもなく 머지않아, 이윽고, 곧	・**まもなく**開店いたしますので　곧 가게를 열겠으니　2018-1회
むしろ 차라리, 오히려	・午後になっても雨はやまず、**むしろ**強くなるばかりだった 오후가 되어도 비는 그치지 않고 오히려 강해지기만 할 뿐이었다　2013-1회 ・**むしろ**好きな野菜の一つだ 오히려 좋아하는 채소 중 하나이다　2022-2회
もう ① 벌써, 이미, 이제 ② 곧, 머지않아 ③ 조금 더, 이 위에, 또	・田中さんの息子さんも**もう**高校生ですか 다나카 씨의 아드님도 곧 고등학생인가요?　2019-1회 ・修理にかかる費用を考えると**もう**買い替えたほうが 수리에 드는 비용을 생각하면 이제 새로 사는 편이　2024-2회
もちろん 물론	・そういったことは**もちろん**ない 그러한 일은 물론 없다　2012-1회 ・**もちろん**田中さんがよければ　물론 다나카 씨가 좋다면　2020
もっとも 그렇다고는 하지만, 하긴, 단	・**もっとも**、本人はそれほど気にしていないかもしれないが 하긴, 본인은 그다지 신경 쓰고 있지 않을지도 모르지만　2012-1회
要するに 요컨대, 즉	・**要するに**、経済的、時間的、精神的に余裕がある人が 요컨대, 경제적, 시간적, 정신적으로 여유가 있는 사람이　2012-1회

問題7　次の文の　（　　　）　に入れるのに最もよいものを、１・２・３・４から一つ選びなさい。

1　昨日、駅で小林（こばやし）教授を（　　　）。

1　ご覧になった　　2　存じ上げた　　3　失礼した　　4　拝見した

2　よろしければ、車で駅まで（　　　）。

1　お送りしますか　　　　　　　2　お送りになりませんか

3　お送りしましょうか　　　　　4　お送りになりましょうか

3　それでは明日、9時にお宅へ（　　　）ます。

1　うかがい　　　2　いらっしゃい　　3　来られ　　　4　おり

4　お客様から、お土産を（　　　）。

1　あげました　　2　いただきました　3　くださいました　4　差し上げました

5　A「木村（きむら）部長をお願いしたいのですが。」

B「申し訳ございません。木村はただ今、席を（　　　　）。」

1　お外しになっています　　　　2　お外しでございます

3　外しております　　　　　　　4　外していらっしゃいます

6　毎日、夜中に赤ちゃんの泣き声で（　　　）寝不足です。

1　起こして　　　2　起こされて　　　3　起こしてあげて　　4　起こしてもらって

7　美容院代を節約しようと思って母に髪を（　　　）。

1　切ってもらった　2　切ってくれた　　3　切ってあげた　　4　切られてしまった

8　母は私がやりたいと言ったことは全て（　　　）ました。

1　やらせてあげ　　2　やらせてくれ　　3　やらせてもらい　　4　やられてしまい

答 1④ 2③ 3① 4② 5③ 6② 7① 8②

9 ここは禁煙です。（　　　　）、ここでたばこを吸ってはいけません。

　　1　しかも　　　　　　　2　ただし　　　　　　　3　ところで　　　　　4　そのため

10 ご来場（らいじょう）いただく際はなるべく電車やバス、（　　　　）タクシーなどをご利用ください。

　　1　なお　　　　　　　　2　だが　　　　　　　　3　あるいは　　　　　4　それとも

11 このパン屋は安いです。（　　　　）毎週水曜日は全品（ぜんぴん）２割引きになります。

　　1　しかも　　　　　　　2　そこで　　　　　　　3　それにしては　　　4　ところが

12 あの制服を着ている男の子、本当に中学生ですか。（　　　　）背が高いですね。

　　1　それとも　　　　　　2　それにしては　　　3　そのため　　　　　4　そういえば

問題８　次の文の　＿＿★＿＿　に入る最もよいものを、１・２・３・４から一つ選びなさい。

13 お会いできる日を ＿＿＿＿＿ ＿＿＿＿＿ ＿★＿＿ ＿＿＿＿＿。

　　1　して　　　　　　　　2　お待ち　　　　　　　3　おります　　　　　4　楽しみに

14 こちらの ＿＿＿＿＿ ＿＿＿＿＿ ＿★＿＿ ＿＿＿＿＿ ますか。

　　1　コピーを　　　　　　2　いただけ　　　　　　3　取らせて　　　　　4　資料の

15 私は社長の奥様に ＿＿＿＿＿ ＿★＿＿ ＿＿＿＿＿ ＿＿＿＿＿。

　　1　ありません　　　　　2　お目に　　　　　　　3　かかった　　　　　4　ことが

16 電車に乗っていると、親切な方が私の ＿＿＿＿＿ ＿＿＿＿＿ ＿★＿＿ ＿＿＿＿＿。

　　1　くれました　　　　　2　席を　　　　　　　　3　祖父に　　　　　　4　譲って

17 私は子供に ＿＿＿＿＿ ＿＿＿＿＿ ＿★＿＿ ＿＿＿＿＿ ました。

　　1　していた　　　　　　2　腕時計を　　　　　　3　大切に　　　　　　4　壊され

　　ホテルのなかでも、コンシェルジュはお客様と比較的（ひかくてき）深い話ができる、人と
なりが分かるようなおつきあいができる職種（しょくしゅ）の一つです。お客様が何をしたいの
か、どう思っているのかを考えるのが一番重要です。つまり、お客様の気持ちを
読むという仕事なのです。

　　それだけにたとえ「ありがとう」の言葉がなくても、満足してもらえたかどう
かはだいたい分かるものです。

　　そんなお客様が、何か月たって、再び（ふたた）私たちのホテルを訪れた（おとず）時、わざわざコ
ンシェルジュデスクに立ち（た）寄っ（よ）て、「また来たよ」と声をかけてくださる。「わ
ざわざ声をかけてくださったということは、以前、お客様が何かリクエストをし
た時に、満足のいく答えを用意することができたんだ。　18　、また頼りにしてい
るからねという気持ちでわざわざ声をかけてくださった」そう認識（にんしき）することがで
きた時、最高のお讃辞（さんじ）をもらえたと思うのです。

　　以前の仕事を評価されたという喜びと、次に何かあった時もよろしく頼むとい
うお客様がかける期待、　19　がコンシェルジュにこの仕事をさせている最も大き
なモチベーションになっているのかもしれません。

　　こっそり本音を言えば「ありがとう」を言われるのがうれしいくらいではやっ
てられない仕事です。

　　「昨日、紹介してくれたレストラン、すごくおいしかったよ。いいところを紹
介してくれてありがとう」なんてわざわざ言いに来る方はめったにいらっしゃい
ません。逆に　20　時は、すぐに言ってこられますが…。

　　ただ、人を　21　ことが単純（たんじゅん）にうれしい、どうしたらこのお客様にもっと喜ん
でいただけるだろうか、それだけの気持ちで毎日、仕事をしているように思いま
す。

（阿部佳『わたしはコンシェルジュ』による）

18

1 しかし　　　2 いわば　　　3 ただし　　　4 だから

19

1 それ　　　2 あれ　　　3 あそこ　　　4 どこ

20

1 おいでにならなかった　　　2 お気に召さなかった
3 ご覧にならなかった　　　4 おかけにならなかった

21

1 喜ぶ　　　2 喜んだ　　　3 喜ばせる　　　4 喜ばれる

핵심문법

～のだ 118 ～인 것이다, 이다	お客様の気持ちを読むという仕事なのです 손님의 기분을 읽는 일인 것입니다
～てもらう (남이 나에게) ～해 주다	満足してもらえたかどうか 만족해 주었는지 어떤지
～てくださる ～해 주시다	声をかけてくださる 말을 걸어 주신다
～(ら)れる 동사의 수동형	以前の仕事を評価されたという喜び 이전의 일을 평가받았다는 기쁨
～てくれる (남이 나에게) ～해 주다	紹介してくれたレストラン 소개해 준 식당
いらっしゃる '있다'의 존경어, 계시다	わざわざ言いに来る方はめったにいらっしゃいません 일부러 말하러 오는 분은 좀처럼 안 계십니다
～ていただく (～가) ～해 주시다	どうしたらこのお客様にもっと喜んでいただけるだろうか 어떻게 하면 이 고객님을 더 기쁘게 해드릴 수 있을까?

답　18 ④　19 ①　20 ②　21 ③

問題7　次の文の（　　　　）に入れるのに最もよいものを、1・2・3・4から一つ選びなさい。

1　もしこちらへ（　　　）機会がございましたら、ぜひお立ち寄りください。
　1　まいる　　　　　　2　お目にかかる　　　3　ご覧になる　　　4　お越しになる

2　面接官「恐れ入りますが、応募資格である調理師免許を（　　　）。」
　応募者「はい、調理師の免許を取得しました。」
　1　お持ちいただけますか　　　　　　　　2　お持ちになりますか
　3　お持ちですか　　　　　　　　　　　　4　お持ちしますか

3　こちらは中古車ですが、（　　　）新車と見間違えるほどきれいです。
　1　ご覧のように　　　2　ご覧いただく　　　3　拝見したとおり　　4　拝見したきり

4　このたびの報道で皆様に大変ご心配をおかけしましたことを心より（　　　）ます。
　1　お詫び申し上げ　　2　お詫びいただき　　3　詫びて差し上げ　　4　詫びてもらい

5　当商品はクレジットカード決済のみ（　　　）おります。
　1　申し上げて　　　　2　差し上げて　　　　3　いたして　　　　4　うけたまわって

6　悩んでいる時は、誰かに話を聞いて（　　　）気が楽になります。
　1　あげることは　　　2　もらうだけで　　　3　くれることに　　　4　やるだけが

7　私は、娘がやりたいことはなるべく（　　　）たいと思っています。
　1　やらせてやり　　　2　やらせていただき　3　やらせてもらい　　4　やらせてくれ

8　この前（　　　）本、ありがとう。今日返そうと思って持ってきたんだ。
　1　貸してあげた　　　2　借りてあげた　　　3　貸してくれた　　　4　借りてもらった

9　外国人観光客には西洋式のホテルより（　　　）和風旅館の方が人気があるそうだ。
　1　もっとも　　　　　2　むしろ　　　　　　3　かりに　　　　　　4　ただし

답　1④　2③　3①　4①　5④　6②　7①　8③　9②

10 彼女は快活で愛想がよく、（　　　　）親切で思いやりがある。

　　1　しかも　　　　　　　2　ぜひ　　　　　　　3　ところが　　　　4　もっとも

11 参加費は無料です。（　　　　）、先着100名様限定です。

　　1　あるいは　　　　　2　および　　　　　　3　すなわち　　　　4　ただし

12 小林さんの演奏は（　　　　）点から見ても非の打ちどころがありません。

　　1　このように　　　2　あのように　　　3　どの　　　　　　4　そちらの

問題8　次の文の ＿＿★＿＿ に入る最もよいものを、1・2・3・4から一つ選びなさい。

13 私は靴のデザインよりも ＿＿＿ ＿＿＿ ＿★＿ ＿＿＿を重視します。

　　1　か　　　　　　　　2　はきやすい　　　3　どうか　　　　　4　まずそれが

14 看護師の医療行為は、医師の指示に ＿＿＿ ＿＿＿ ＿★＿ ＿＿＿ います。

　　1　ものに　　　　　2　基づく　　　　　3　限定　　　　　　4　されて

15 自然を人間から切り離して ＿＿＿ ＿＿＿ ＿★＿ ＿＿＿迫ることが大切なのである。

　　1　むしろ　　　　　2　自然を友とし　　3　自然の心に　　　4　眺めるのではなく

16 え、まだいたんだ。＿＿＿ ＿＿＿ ＿★＿ ＿＿＿図書館にいるの？

　　1　どうして　　　　2　まで　　　　　　3　遅く　　　　　　4　こんなに

17 一度お時間をいただき、もう少し ＿＿＿ ＿★＿ ＿＿＿ ＿＿＿ 存じます。

　　1　と　　　　　　　2　聞かせて　　　　3　お話を　　　　　4　いただければ

　相手への敬意を込めた表現がすべて非効率というわけではない。言葉だけで敬
意が伝わる場合がある。だが、例えば最近定着した言葉で、「○○させていただ
きます」という言い方がある。「○○させていただきます」が、これだけひんぱ
んに使われ出し、ほとんど主流になったのはたぶんここ20年のことだろう。パー
ティーや授賞式などの司会者は、高度成長の終わりごろまでは、「司会を担当し
ます村上です」と言っていた。ところがいまは必ず「司会を担当させていただき
ます村上です」と言う。

　実は、「させていただきます」という言い方は、単純に相手に敬意を払い、へ
りくだっているわけではない。「私はこの仕事を自分から望んでやるわけではあ
りません。誰かの命令を受けて、　18　許可を　19　やらせていただくのです。
だから自分には責任はありません」というニュアンスのほうが強い。

　なぜそのような表現が定着してしまったのか。

　　20　は、いまだに日本社会では、責任の所在がはっきりしないコミュニケー
ションのほうが好まれるからだ。

　責任は決定権と不可欠だ。ある組織で、ある特定の　21　、同時に決定権を持
たせないと仕事にならないし、組織内のコミュニケーションもとれなくなる。た
だし責任者というのは、決定権保持者なのだ。経営の責任を取る人物は、経営の
決定権を持つ人物でなければならない。あるプロジェクトで失敗の責任を取る人
物は、そのプロジェクトを実行する際の決定権を持っていなければならない。

(村上龍『eメールの達人になる』による)

（注1）敬意を払う：相手に対する尊敬の気持ちなどを、話し方や行動などで表現すること
（注2）へりくだる：謙遜する
（注3）不可欠：ぜひ必要なこと。なくてはならないこと

18

1　しかし　　　　2　すると　　　　3　あるいは　　　　4　ところで

19

1　あげて　　　　2　もらって　　　　3　くれて　　　　4　やって

20

1　あれ　　　　2　あそこ　　　　3　その　　　　4　それ

21

1　人間に責任を持つ場合　　　　2　人間に責任を持たれる場合
3　人間に責任を持たせる場合　　　　4　人間に責任を持ってあげる場合

핵심문법

～というわけではない 073 ～라는 것은 아니다　　すべて非効率というわけではない 전부 비효율이라는 것은 아니다
～(さ)せていただく '하다'의 겸양어　　司会を担当させていただきます 사회를 담당하겠습니다

답　18 ③　19 ②　20 ④　21 ③

제 4 장

독해
공략편

01 독해요령 알아두기
02 문제유형 공략하기

문제유형
완전분석
동영상 강의

독해요령 알아두기

1 문제유형별 독해 포인트

일본어능력시험 N2 독해는 내용이해(단문·중문), 통합이해, 주장이해(장문), 정보검색 총 5가지 문제 유형이 출제된다.

1 내용이해(단문)

주로 일상생활, 업무, 학습 등 다양한 주제를 포함한 200자 정도의 지문을 읽고 내용을 이해했는지를 묻는 문제이다.

2 내용이해(중문)

비교적 쉬운 내용의 신문 평론, 설명문, 수필 등 500자 정도의 지문을 읽고 인과 관계나 개요, 이유, 필자의 생각 등을 이해했는지를 묻는 문제이다.

3 통합이해

하나의 화제에 대한 두 가지 입장의 글을 읽고 공통점이나 차이점을 비교하거나, 복수의 지문 내용을 종합하여 이해하는 능력을 평가하는 문제이다. 비교적 평이한 내용이므로 글 자체는 그다지 어렵지 않지만 각각의 주장을 파악하여 비교하는 것에 주의해야 한다.

4 주장이해(장문)

논리 전개가 비교적 명쾌한 평론 등 900자 정도의 장문의 글을 읽고 필자가 전달하려는 주장이나 의견을 얼마나 잘 이해했는지를 묻는다. 글의 주제와 키워드, 논리 전개 방식 등을 파악하는 것이 중요하다. 독해 문제 중에서 난이도가 가장 높은 문제이다.

5 정보검색

광고 팸플릿, 정보지, 전단지, 비즈니스 문서 등의 정보를 다룬 700자 정도의 지문에서 자신에게 필요한 정보를 찾아낼 수 있는지를 묻는 문제이다.

2 질문유형별 독해 포인트

일본어능력시험 N2 독해에서 출제되는 5가지 문제유형에는 주로 필자의 생각이나 주장을 묻는 문제, 밑줄 친 부분의 의미를 찾는 문제, 전체 지문의 내용이나 문맥을 파악하는 문제 등이 등장한다.

1 필자 관련 문제

필자의 생각이나 주장을 묻는 문제로 주로 내용이해(단문·중문), 통합이해, 주장이해(장문) 등에서 출제된다. 단락이 하나일 경우에는 첫 문장과 마지막 문장, 단락이 2개 이상일 경우에는 마지막 단락을 주의해서 읽는다. 필자가 가장 말하고자 하는 요점을 나타내는 키워드를 찾는 것이 중요하다.

2 의미 파악 문제

밑줄 친 부분에 대한 의미를 찾는 문제로 주로 내용이해(단문·중문), 주장이해(장문) 등에서 출제된다. 밑줄 친 부분의 말의 의미를 확실히 이해한 다음, 앞뒤 문맥을 잘 살펴봐야 한다.

3 내용 파악 문제

지문의 전체적인 내용을 파악하는 문제로 내용이해(단문·중문), 통합이해, 정보검색 등에서 출제된다. 문제유형별로 문제를 푸는 요령이 조금씩 다른데, 내용이해의 경우는 먼저 선택지를 읽고 난 후 본문의 내용과 비교하면서 답이 아닌 선택지를 지워가며 문제를 푼다. 통합이해의 경우 공통적으로 언급되는 내용이나 한쪽에서 언급되는 내용을 먼저 파악하는 것이 중요하다. 그리고 정보검색의 경우에는 질문 다음에 지문이 나오므로 먼저 질문을 읽고 난 다음 질문에서 요구하는 정보를 텍스트에서 파악해야 한다.

① 問題10 **내용이해 – 단문**

問題10은 내용이해(단문) 문제로 일상생활, 업무 등 여러 가지 화제를 포함한 수필이나 설명문, 지시문 등의 지문을 읽고 내용을 이해했는지를 묻는 문제이다. 주로 글의 주제를 묻는 문제나 저자의 주장이나 생각을 묻는 문제, 밑줄 친 부분의 의미를 찾는 문제, 문맥을 파악하는 문제 등의 형태로 출제된다.

❗ 알고 풀자!

- 질문을 먼저 읽고 '키워드'를 파악해 보자!
  지문이 짧기 때문에 문제에서 무엇을 묻는지 먼저 파악하는 것이 중요하다. 예를 들어 필자의 생각과 일치하는 것을 고르는 문제라면 지문 전체의 결론이나 주장을 나타내는 문장을 찾는 것이 핵심이라고 할 수 있다.
- 나열된 핵심 키워드를 시각화하며 읽어 보자!
  지문에서 필자가 중요하다고 명시한 항목이 여러 개일 경우, 시각적으로 구조화하는 것이 빠르게 이해하는 데에 도움을 준다. 정리된 키워드와 문제의 선지를 비교하면 쉽게 정답을 고를 수 있다.
- 바꿔 쓰기 표현을 찾아 보자!
  정답 선지는 지문에 나온 표현과 비슷한 의미의 다른 표현으로 바꿔 나오는 경우가 많다. 핵심 키워드와 일치하는 지 여부를 빠르게 파악해야 한다.

예시

問題10 次の(1)から(5)の文章を読んで、後の問いに対する答えとして最もよいものを、1・2・3・4から一つ選びなさい。

(1)
　卒業制作のファッションコンテストは２月28日午後１時よりAホールで行われます。賞金は学校長賞50万円が一名に、アイディア賞10万円が数名に与えられます。題材は自由ですが、担当の先生方と相談のうえで決定してください。審査はシノジュン先生をはじめとする当校教師によって行われます。また、卒業作品を提出しなかった場合は卒業ができなくなりますのでご注意ください。なお21日に各分野別の出場順が発表されます。ウエディングドレスは最後になります。

例題10 次の文章を読んで、後の問いに対する答えとして最もよいものを、１・２・３・４から一つ選びなさい。

料理は見た目も大切です。料理をお皿などに入れる時に気をつけたいことは、料理を盛る高さと余白と料理の色の３つです。高さがあるように盛るとおいしそうに見えますし、そこにいろいろな色があれば脳がよく働くことも知られています。また、広い余白は高級なイメージ、狭い余白は親しみを感じさせます。料理を上品に見せたい時は30％以上の余白を残した方がいいです。ですから大きな器を使った方が簡単に上手に盛りつけられる可能性が高いと思います。

（注１）盛る：この文では料理を山の形に入れること
（注２）余白：白い部分。この文では料理が入っていない部分

1 本文の内容と合っているのはどれか。

1 料理で一番大切なことは見た目だ。

2 小さな皿を使うと上手に料理を盛れない。

3 余白によって料理のイメージが変わる。

4 料理の見せ方でまずい料理もおいしくなる。

해석

　　요리는 외관도 중요합니다. 요리를 접시 등에 담을 때 신경 써야 할 것은 요리를 담는(주1) 높이와 여백(주2)과 요리의 색 3가지입니다. 높이감 있게 담으면 맛있게 보이며, 거기에 여러 가지 색이 있으면 뇌가 잘 작용하는 것도 알려져 있습니다. 또 넓은 여백은 고급스러운 이미지, 좁은 여백은 친밀감을 느끼게 합니다. 요리를 고급스럽게 보이고 싶을 때는 30% 이상의 여백을 남기는 편이 좋습니다. 따라서 큰 그릇을 사용하는 편이 간단히 잘 담을 수 있는 가능성이 높다고 생각합니다.

(주1) 盛る : 이 글에서는 요리를 산의 형태로 담는 것
(주2) 余白 : 하얀 부분. 이 글에서는 요리가 담겨 있지 않은 부분

1 본문의 내용과 일치하는 것은 어느 것인가?

1　요리에서 가장 중요한 것은 외관이다.
2　작은 접시를 사용하면 요리를 잘 담을 수 없다.
3　여백에 의해 요리의 이미지가 바뀐다.
4　요리를 보여 주는 방식에 의해 맛없는 요리도 맛있어진다.

단어

盛(も)る 높이 쌓다, (그릇에) 담다 | 余白(よはく) 여백 | 高級(こうきゅう) 고급 | 印象(いんしょう) 인상 | 上品(じょうひん) 고상함, 품위 있음 | 器(うつわ) 그릇 | 可能性(かのうせい) 가능성

해설

이 문제는 글의 전체 내용을 파악하는 문제이다. 먼저 선택지를 확인한 후에 지문을 읽어 가면서 틀린 것을 바로바로 지우는 것이 문제 푸는 요령이다. 선택지 1번은 본문에는 '외관도 중요하다'라고 되어 있는데 이것은 '맛뿐만 아니라'라는 표현이 생략되어 있는 것이라고 보아야 한다. 따라서 외관이 가장 중요하다는 의미가 아니기 때문에 정답이 아니다. 2번은, 본문에 '큰 그릇을 사용하는 편이 간단히 잘 담을 수 있는 가능성이 높다'라고 얘기하고 있다. 이것이 작은 접시로는 잘 되지 않는다는 의미로 연결되는 것은 아니기 때문에 틀리다. 3번은, 본문에 여백에 의한 이미지 변화의 예가 기술되어 있기 때문에 정답이다. 4번은 이에 대한 기술이 없으므로 정답이 아니다.

실전 연습하기 내용이해 – 단문

問題10 次の(1)から(10)の文章を読んで、後の問いに対する答えとして最もよいものを、1・2・3・4から一つ選びなさい。

（1）

以下は、メールの書き方の注意である。

社内メールについて

1．件名：簡単に一目で内容がわかるように短くする

2．宛名：役職か「さん／様」。何人かに同じ内容のメールを送る時は「各位」

3．挨拶：最初の挨拶は「お疲れ様です」が一般的だが、急ぎの場合は省略する

4．内容：わかりやすく、送信前に確認する

5．CC：念のためにCCで共有することは控える

（注）CC：同時に他の人にも送る同じ内容のメール

1 これは何のために書かれたか。

1　誰に出しても大丈夫なメールの書き方を教えるため

2　同僚に出すプライベートメールの書き方を教えるため

3　同じ会社の人に出す仕事のメールの書き方を教えるため

4　誰に出しても困らないメールの書き方を教えるため

（2）

　ガーデニングは穴を掘（ほ）ったり植木（うえき）を運んだり雑草を抜いたりして体を動かすので健康にいいと言われています。また、ガーデニング中は嫌なことや悩みがあってもそれから離れられます。ですから精神的な面での不安やストレスの解消にも役に立ちます。また、ガーデニング中には知り合いにとどまらず知らない人にも花の名前を聞かれたり、「きれいですね」などと話しかけられたりすることがよくあります。草花（くさばな）についての会話はきっと楽しいに違いありません。草花は単に見るだけでも明るい気持ちになったり心がなぐさめられたりするのですから、その草花を自分で育てたとあれば満足極（きわ）まりないはずです。

2　筆者はガーデニングするメリットは何だと述べているか。

1　心身（しんしん）ともにいい影響を受けること

2　楽しい話題の会話ばかりするようになること

3　ガーデニングを話題にすることで友達ができること

4　植物を見たり触ったりするとストレスが生じないこと

（3）

　　日本が貧しい時代に育った私の人生は感激の連続でした。初めてバターを食べた時の感激を今でも覚えています。現在はマーガリンもバターに似ておいしいですが、当時のマーガリンはただの油を固めたもので、まずかったです。初めてラジオが家に来た日、友達の家で初めてテレビを見た時、カラーテレビやワープロ、パソコンなど、そのどれもが驚きと喜びを与えてくれました。子供のころ家に1冊の本もなく、風呂もなく、麦や芋が入ったご飯を食べていたけれど、私は毎日楽しいことでいっぱいでした。何もなかったからこそ、少しのことにも喜びを感じられたのではないでしょうか。だから生まれた時から物が豊富にあって便利な生活ができたら幸せなのかと疑問に感じることさえあります。現在日本は落ち目だと言われています。でも、子供のころを思うと、私には大したことではないと思われます。

3 筆者はどうして大したことではないと思うのか。

1　貧しかった時代に比べれば、今の日本は十分に豊かだから

2　日本の経済がこれからすぐに元に戻ることを信じているから

3　貧しい時代に育ち、物がなくても喜びや感激を経験して生きてきたから

4　日本が落ち目になるのは当然のことであり、仕方がないと思っているから

（4）

　2008年にイギリスで始まったストリートピアノは、日本では2011年に鹿児島市に置かれたのが最初で、2025年には724台に増えました。ストリートピアノは平和な場所だけでなく、ウクライナのように戦争で街が壊れた場所にも置かれています。それは希望の象徴[注1]として、人々に安らぎ[注2]を与え、文化を守り続ける意思を示しています。ストリートピアノは、弾く人も聴く人も幸せを感じられる一時を生み出せます。時にはプロの音楽家も参加したり、ピアノとバイオリンなどの楽器が一緒に演奏されたり、ピアノに合わせて歌を歌ったりすることもあります。そうした光景は、さらに幸せな雰囲気を広げているのではないでしょうか。

（注1）象徴：シンボル。抽象的なものを表す時に使う具体的な物。(例：平和の象徴は鳩)
　　　　　　　　ここでは、あるものを代表して表すもの
（注2）安らぎ：安心感やなぐさめ

4　筆者がストリートピアノに感じていないことはどれか。

　1　人々に安らぎや希望などを与える存在である。

　2　その場にいる人しか幸せになれないのは残念だ。

　3　聴く人・弾く人の両方に安心感やなぐさめを与える。

　4　単なる楽器ではなく、音楽文化を伝えようというものだ。

(5)

　フランスには福祉スーパーと言って普通のスーパーの20％ほどの値段で貧しい人だけが買えるスーパーがあるそうです。経済的に苦しくても無料でもらうことには抵抗感があるでしょうから、これは大変良い制度だと思います。日本にはフードバンクというのがあって貧しい家庭に食品を届けていますが、こちらはどうしてもかわいそうだからあげるという感じが強いです。生活が大変苦しくて、もらわないと生活ができない状況ですから、仕方がないと言えますが、自尊心が傷つかないような制度があればその方が望ましいと思います。

（注）自尊心：自分を大切に思う心

5　自尊心が傷つかないのはどれか。

1　畑に行って直接自分で野菜をただでとる。
2　スーパーで賞味期限が切れた商品をもらう。
3　フードバンクに食品を届けてもらわないで自分で取りに行く。
4　福祉スーパーで買い物をする。

（6）

　14階建てのビルが予想通り森のようになった。1995年の建設時、南側面の緑化については、多くのビルとは違い草花の代わりに76種類の木を植えることにした。その木が成長しただけでなく長年の間に鳥や風が運んだ種により200種類にも増え、その木から落ちた葉が腐葉土となり、木を育て、雨だけで木々が育つほどになったそうだ。確かに南から見るとビルは森に囲まれている。ビルの外側に造られた階段をのぼれば屋上まで15分ほどの登山気分も楽しめるとか。

（注）腐葉土：落ち葉などが小さな生物によって長時間かけて分解されて土のように変わった物

6 著者はなぜ登山気分も楽しめると述べているか。

1　自然に囲まれた場所がのぼれるから

2　屋上までビルを見ながらのぼれるから

3　ビルの中を木を見ながらのぼれるから

4　屋上から自然いっぱいの遠くの景色が見えるから

（7）

以下は、ある病院のホームページに載せられているお知らせである。

面会再開のお知らせ

当院では、4月6日(月)より面会を再開いたします。

【面会時間】

午後1時～午後8時(ただし、小学生以下の方の面会はできません)

【面会手続き】

面会する場合は総合案内所でお名前をご記入の上、番号札(ばんごうふだ)をもらってよく見える
ところにつけてください。

【面会時のお願い】

＊病室では他の入院されている方の迷惑にならないように話し声に気をつけてく
ださい。

＊面会の方は病室内でのご飲食はご遠慮ください。

＊病院内でのお酒とたばこはすべて禁止されております。

＊携帯電話は医療機器(いりょうきき)に悪い影響を与える恐れがありますので、病室では電源(でんげん)を
切ってください。休憩室(きゅうけいしつ)でのみご使用できます。休憩室は全ての階にございま
す。

北病院

7 病院でできることは何か。

1　病人と一緒に果物を食べること

2　５歳の子供を連れて行くこと

3　下の階の休憩室で電話に出ること

4　休憩室でたばこを吸うこと

（8）

地球温暖化を防ぐために私たち個人でもできることがある。しかし、やろうと決心して始めても、段々面倒くさくなって止めてしまいがちだ。毎日自分がどのぐらい二酸化炭素（にさんかたんそ）を減らせたか数字で見ることができればやる気が出るだろう。1日で減らせる主な二酸化炭素の量は以下の通りだ。レジ袋をもらわないことで42ｇ、テレビをつけたままにしないことで45ｇ、シャワーを出しっぱなしにしないことで86ｇ、ゴミ出しルールを守って分別することで119ｇ、暖房を20度以下にすることで129ｇ、自動車を使わず電車、自転車、徒歩で移動することで400ｇ減らせる。逆に言うと、レジ袋をもらったら42ｇ排出（はいしゅつ）するということになる。

8 著者は二酸化炭素の排出量について何と述べているか。

1　個人で頑張っている人は毎日数字を見ている。

2　計算すると排出量が抑（おさ）えられる。

3　ここに書かれている全てを実行したら温暖化は防げる。

4　自動車を使わないことが、排出量を減らすのに一番効果がある。

(9)

> 　大川さんは毎月月末に10万円ずつ、7月と12月にはボーナスからも30万円ずつ貯金してきた。12月31日現在、貯金が総額1,000万円になった。貯金は家の購入時の頭金にするつもりだ。子供の教育費の100万円を除いた全額が頭金にできる。頭金は普通20％必要だ。来年4月に子供が小学校に入学するので家を探している。

（注）頭金：何かを買う時に最初に払うお金

9 　大川さんは来年3月15日に最高でいくらの家が契約できるか。

　　1　4,500万円

　　2　4,600万円

　　3　5,000万円

　　4　5,100万円

(10)

> 　アルコール成分が入っていないノンアルコールビールはビールに似ている味でおいしい。それに酒税もかからないからジュースと同じくらい安く買える。だから宗教上の理由などでお酒が飲めない人や、車を運転する人、妊娠中の女の人などお酒を飲んではいけない人に飲まれている。また、酒が飲みたくない若い人たちにも人気があって、ビールの売り上げが減少しているのにこちらは売り上げが急増している。

（注）酒税：お酒にかかる税金

10 　ノンアルコールビールの説明として合っているものはどれか。

　　1　飲酒が禁止されている人にも飲まれている。

　　2　ジュースより安いので人気がある。

　　3　ビールと同じ味がするので飲む人が増加した。

　　4　ビールより売り上げ高が多い。

問題11은 내용이해(중문) 문제로 비교적 평이한 내용의 평론, 해설, 수필 등의 지문을 읽고, 문장의 개요나 저자의 생각, 인과 관계나 이유 등을 이해했는지를 묻는 문제가 나온다.

❗알고 풀자!

- **정답 선지의 범위 한정 표현은 주의하자!**
  정답처럼 보이는 선지에 '모든, 반드시, ~만' 등 단정적·한정적 표현이 있다면, 본문이 실제로 그렇게까지 말하는지 반드시 확인해야 한다.

- **[A가 아니라 B] 구조에 익숙해지자!**
  필자가 강조하고 싶은 바를 명확히 하기 위해 'A가 아니라 B이다'의 형태로 글을 전개하는 경우가 많은데, 글에서 강조점은 A가 아니라 B에 있으므로, 문제에서도 B에 해당하는 핵심 내용을 중심으로 정답을 판단해야 한다.

- **부연 설명과 예시는 핵심만 파악하자!**
  예시와 나열은 주제를 설명하기 위한 수단이므로, 세부 예시에 집착하지 말고 중심 주장만 파악하고 넘어가면 된다.

예시

問題11　次の(1)から(4)の文章を読んで、後の問いに対する答えとして最もよいものを、1・2・3・4から一つ選びなさい。

（1）

　人間が誰かと関係を持ちたいと思うのは自然なことだ。一般的には結婚して家庭を持つことでそれを実現している。しかし、一人暮らしでも求めれば様々な関係がきずける。最近、知らない人と一緒に暮らす「シェアハウス」が人気である。他人と暮らすのはちょっとと言う人でもずっと一人ではつまらないだろう。また、いろいろな地域で口コミ、SNSを通じて集まった人が一緒にご飯を作って食べるイベントが開かれている。その多くが、月一回程度、空き家や公民館などで開かれている。「まち食」という。会費は会によって違うが、高くない。ほんの短い間、一緒にご飯を作って食べるだけのことだが、職業、年齢に関係なくいろいろな世代の人と出会える貴重な機会になっている。　（中略）また、「住み開き」をしている人も増えてきた。「住み開き」というのは自分の住まいの一部を外部の人に使わせることである。図書室、教室、子供の居場所、前に述べた「まち食」やお茶飲み場など様々に利用されている。内容は<u>全て提供者の意思のままである</u>。ある老人は一日中「住み開き」している。そのまま泊まっていく人もいるそうだ。

例題11　次の文章を読んで、後の問いに対する答えとして最もよいものを、１・２・３・４から
一つ選びなさい。

> 　自分が何かしてもらった時、「○○さんに〜していただく」という敬語を使う。しか
> し、これを「○○さんが〜していただく」と間違えて使う人が多い。「が」を使うなら
> 「○○さんが〜してくださる」と動詞を変えなければならない。外国人は授業で習う
> し、日本語能力試験にも必ず出題されるので、むしろ外国人の方が正しく使ってい
> るようだ。日本人も敬語を学校で習っているが、全然身についていない。有名な司
> 会者をはじめ、政治や経済の重要な地位にいる人までが間違える。だから毎日のよ
> うにこの間違った敬語をテレビで耳にする一般の人々はこれが正しいと思うように
> なってしまう。先日、ある人が友達にセーターを作ってもらったことを説明する際
> に、「友達が作ってもらった」と言っているのを聞いた。もうここまで来ているのか
> と驚いた。
> 　言葉は変化するものだ。「全然」が否定形と一緒に使われなくなって久しい。「ら抜
> き言葉」も「さ入れ言葉」も仕方がない部分もある。しかし、日本語で助詞は一番重要
> だ。日本語が主語や言わなくても分かる言葉を省略（しょうりゃく）して使うことができるのは助詞
> があるからだ。もし助詞が正しく使えないなら、もう省略した言い方はできなくな
> る。何とかしなければならない時期に来ているのではないだろうか。

1 著者は助詞と動詞の使い方の誤りについて、どう考えているか。

　1　言葉は変化するものだからこのままでいい。

　2　「ら抜き言葉」と同じ程度の間違いだ。

　3　根本的に間違えているので問題だ。

　4　外国人は正しく使えるのに日本人が間違えるのは問題だ。

2 本文の内容と合っているのはどれか。

　1　日本語も英語のように主語を言わなければならなくなる。

　2　ほとんどの学校で敬語が教えられていない。

　3　外国人が決して間違えないのは学校の試験に出るからだ。

　4　助詞と動詞の組み合わせは非常に重要だ。

해석

　자신이 누군가에게 어떤 행동을 해 받았을 때 「○○さんに～していただく(~씨에게 ~해 받다, ~씨가 ~해 주다)」라는 경어를 쓴다. 그러나 이것을 「○○さんが～していただく(~씨가 ~해 받다)」라고 잘못 사용하는 사람이 많다. 「が」를 쓴다면 「○○さんが～してくださる(~씨가 ~해 주시다)」라고 동사를 바꿔야 한다. 외국인은 수업에서 배우고 일본어능력시험에도 반드시 출제되기 때문에 오히려 외국인 쪽이 바르게 사용하고 있는 듯하다. 일본인도 경어를 학교에서 배우고 있지만, 전혀 몸에 배어 있지 않다. 유명한 사회자를 비롯하여 정치나 경제의 중요한 지위에 있는 사람까지 틀린다. 그래서 매일같이 이런 잘못된 경어를 텔레비전에서 듣는 일반 사람들은 이것이 바르다고 생각하고 만다. 일전에 어떤 사람이 친구가 자기에게 스웨터를 만들어 준 것을 설명할 때 「友達が作ってもらった(친구가 만들어 받았다)」라고 하는 것을 들었다. 이미 여기까지 온 건가 하고 놀랐다.

　말은 변화하는 것이다. 「全然(전혀)」이 부정형과 함께 쓰여지지 않게 된 것도 오래되었다. 「ら抜き言葉(ら탈락어)」도 「さ入れ言葉(さ삽입어)」도 어쩔 수 없는 부분도 있다. 그러나 일본어에서 조사는 가장 중요하다. 일본어가 주어나 말하지 않아도 아는 말을 생략해서 사용할 수 있는 것은 조사가 있기 때문이다. 만약 조사를 바르게 쓸 수 없다면 이제 생략한 말투는 할 수 없게 된다. 어떻게든 해야만 하는 시기에 와 있는 것은 아닐까.

1 저자는 조사와 동사 사용법의 오류에 대해서 어떻게 생각하고 있는가?

1 말은 변화하는 것이므로 이대로 괜찮다.
2 「ら탈락어」와 같은 정도의 오류이다.
3 근본적으로 틀리고 있기 때문에 문제이다.
4 외국인은 바르게 쓸 수 있는데 일본인이 틀리는 것은 문제이다.

2 본문의 내용과 맞는 것은 어느 것인가?

1 일본어도 영어와 같이 주어를 말할 수밖에 없게 된다.
2 대부분의 학교에서 경어를 가르치지 않고 있다.
3 외국인이 결코 틀리지 않는 것은 학교 시험에 나오기 때문이다.
4 조사와 동사의 조합은 아주 중요하다.

단어

敬語(けいご) 경어 | 動詞(どうし) 동사 | 出題(しゅつだい) 출제 | むしろ 오히려 | 身(み)につく 몸에 배다 | 司会者(しかいしゃ) 사회자 | 政治(せいじ) 정치 | 地位(ちい) 지위 | 一般(いっぱん) 일반 | 変化(へんか)する 변화하다 | 否定形(ひていけい) 부정형 | 助詞(じょし) 조사 | 主語(しゅご) 주어 | 省略(しょうりゃく)する 생략하다 | 時期(じき) 시기

해설

〈질문 1〉에서 「○○さんが～していただく」「○○さんが～してもらう」와 같이 조사와 동사를 잘못 사용하는 것에 대해 저자는 두 번째 단락에서 말이 변화하는 것은 인정하면서도 일본어에서 가장 중요한 것은 조사이며, 조사가 잘못 사용되고 있는 것에 대해서는 뭔가 대책이 필요하다고 말하고 있다. 따라서 이것과 관련이 있는 선택지 3번 '근본적으로 틀리고 있기 때문에 문제이다'가 정답이 된다.

〈질문 2〉는 본문의 전반적인 내용에 대한 질문으로, 저자는 경어를 예로 들어 조사와 동사를 잘못 사용하고 있는 것에 대해서 걱정하고 있다. 따라서 선택지 4번 '조사와 동사의 조합은 아주 중요하다'가 정답이 된다.

問題11 次の(1)から(8)の文章を読んで、後の問いに対する答えとして最もよいものを、１・２・３・４から一つ選びなさい。

（１）

　サッカーの全日本U12選手権(12歳以下国内最高の大会)で毎年約20％の子供たちが試合に出ることがなく大会を終えているというデータがある。また、試合に負けて責められたという話もよく聞く。小学生の大会で息子がPKを失敗したために負けてしまったことがある。その時は本人はもちろん親の私まで心が痛くなった。子供のサッカーの試合だし、誰にも責められることもなかったが、トーナメント^(注1)だったので試合はそれ以上できなかった。息子にとって残酷^(注2)な結果だった。

　小学生にスポーツを楽しむということを教えたいと日本でも子供たちのサッカーの試合に全員を出さなければならないリーグ戦^(注3)を始めるようになった。トーナメントではなくリーグ戦だから試合でミスをして負けても次の試合がある。まだ数えるほどだが、もっと広まってほしい。

　実は小学時代にサッカーをやっていても、試合に出られなかったので、つまらなくてやめてしまう子供たちが大勢いることがわかっている。体が小さくてまだサッカーがうまくできない子供たちは試合に出られないことが多いが、その中にはその時はできなくても体が大きくなったり、よい指導を受けたりすることで、すごい選手になる可能性がある子供たちがいたに違いない。まだ小さい子供のうちに将来、伸びるかどうかを見つけるのはとても難しい。そのような子供たちを救うためにも全員出場リーグはとてもいいことだ。様々な研究の結果、公平に試合に出すことが子供たちの才能を伸ばすのにいいということもわかってきている。「スポーツはやりたいから、楽しいからやる」という基本に戻る必要があるのではないだろうか。

（注１）トーナメント：勝ったチームが次の段階に進んで最後に優勝を決める方法
（注２）残酷：痛みや苦しみを与え、相手のことを考える気持ちや同情がないこと
（注３）リーグ戦：参加する全てのチームや選手が、互いに試合をする形式の大会

1 　息子にとって残酷な結果だったとあるが、なぜか。

　　1　自分の息子のせいで負けたと、周囲の人に責められたから

　　2　子供の試合なのに、勝敗をPKで決めることになったから

　　3　誰にも文句を言われなかったし、息子のせいで負けたわけでもないから

　　4　トーナメントだったので、一度の失敗でもう試合ができなくなったから

2 　筆者がこの文章を通して最も伝えたいことは何か。

　　1　スポーツの試合は「全員出場リーグ」にできる。

　　2　子供のスポーツは勝つことより楽しさを優先させたい。

　　3　スポーツの試合はトーナメントよりリーグ戦のほうが重要だ。

　　4　「全員出場リーグ」にすれば日本のサッカーは強くなる。

(2)

　日本人の6人に1人しかパスポートを持っていないと知って驚いた。国の統計によると、2024年末時点で有効なパスポート数は2164万冊で、2005年の3493万冊から約4割も減少しているそうだ。人口あたりでも2005年には27%の人が持っていたのに約17%まで落ちた。一方、アメリカでは2005年には約2割だった保有率が今は5割近くになっている。韓国は約6割、ドイツは約8割といわれている。新型コロナウイルスの影響もあるだろうが、いずれも日本を上回っているそうだ。

　パスポートを持つ人の少なさは日本の国際競争力の低下を招く大きな問題と言える。インターネット時代なので異文化や国際的なことについて国内で学べるから海外に出る必要を感じなかったり、海外留学がその後の就職活動に有利でなかったり、そもそも円安などの経済的な理由で行けないということもある。これらはすぐに変えられないことばかりなので日本の将来がますます心配になってくる。

　一方、ここ20年以上年々長期間海外で暮らす日本人永住者(注)が増えていて、今後もこの傾向は変わらないと推測されている。永住者は若者が多く、主にアメリカ、カナダ、ヨーロッパなどの高所得国で増えている。円安もあって、日本で得られる給料よりそれらの国々のほうが高い賃金が得られると、日本を飛び出してそのまま帰らない人が多いのだろう。日本の会社ではこれ以上は上に行けないと海外に出た女性が、現地の生活が快適なので帰国しないケースもある。女性のほうが日本の状況に希望が持てないと感じるらしく、男性より移住者が多い理由になっている。日本では働きがいが持てない人が増えている。日本の魅力も減っているのだろう。

　二つの全く反対の傾向を見て日本は変わらなければならないと感じるのは私だけではないだろう。

（注）永住：長くそこに住むこと

3 パスポート保有者が減っている理由でないのはどれか。

1 留学しても役に立たないから

2 海外のことに興味がないから

3 海外に行く経済力がないから

4 日本で海外のことがわかるから

4 筆者はなぜ海外移住者が増えていると述べているのか。

1 日本の生活は苦しいから

2 海外は生活しやすいから

3 日本の生活に満足できないから

4 日本での仕事はつまらないから

（3）

　　日本のトイレの温水便座は世界でも有名だが、そのヒットの決め手となったのが
ＴＯＴＯの「おしりだって洗ってほしい」という宣伝の文句だったそうだ。当時、
「おしり」などの言葉を使うことは下品でタブー[注1]とされていた。それをあえて使っ
たところ、多くの共感を呼び、温水便座が一般家庭にも普及するきっかけとなっ
た。また「味の素」には「調味料入れの穴を大きくして消費量を増やし、売り上げ
を伸ばした」という都市伝説[注2]がある。味の素によると、穴が詰まるのを防ぐ目的で
穴を大きくし、その数も増やしたのだそうだ。それが都市伝説になったのは誰もが
信じてしまうほどその発想が斬新[注3]だと認められた結果なのではないだろうか。ケ
チャップのハインツは、ライバル社のケチャップより出にくくて使いにくいという
うわさが立ったのを逆手に取り[注4]、「ハインツのケチャップは中身が濃いので、なか
なか瓶から出てきません」と宣伝して売り上げを伸ばしたそうで、これは事実であ
り、現在でもトップブランドの地位を守っている。

　　このような発想ができる人は特別な人のように思えるが、心理学者や教育者は、
「発想力は筋肉と同じであり、使えば使うほど鍛えられるものだ」と言っている。
発想力は知識も必要だが、周りのことにいつも疑問を持ったり、自分ならどうする
かと考えたり、絶えず新しいアイディアを考えたり、違う見方をしたりする練習や
好奇心を育てる生活習慣で鍛えることができるそうだ。

（注１）タブー：避けるべきだと考えられている行動や話題
（注２）都市伝説：事実かどうかははっきりしないが、本当にあったことのように語られて
　　　　　　　　　広まっているうわさ話や作り話。
（注３）斬新：今までにないほど新しい考え方や方法
（注４）逆手に取る：悪いことのように思えることや状況を利用して有利に変えること。

5　3つの会社の例から、どのようなことが学べるか。

1　発想の工夫<ruby>く<rt>ふう</rt></ruby>は、どの商品にもすぐに効果が出るということ

2　発想の工夫は商品そのものの価値より大事であるということ

3　発想の工夫が商品の価値や売り上げを高めることがあるということ

4　発想の工夫があれば、広告費をかけなくても必ず成功するということ

6　筆者が一番伝えたいことは何か。

1　普段の生活の仕方によって誰でも発想力を高められるということ

2　宣伝には意外性のある言葉を使うことが最も効果的であるということ

3　商品の売れ行きは、世間の共感を得られるかどうかで決まるということ

4　他人と違う見方をすることが、成功するための一番いい方法であるということ

（4）

　厚生労働省によると、2024年に仕事をしていて熱中症になって４日以上休んだり死んだりした人は1,257人で、過去最大だったそうです。そこで政府は2025年には会社が対策を取ることを義務化しました。暑いところで働く建設会社などは涼しい服を用意したりしましたが、それだけでは不十分です。

　熱中症予防には水分と塩分が必要です。ある会社は以前より社員に水と梅干しを摂るように勧めていたそうです。しかし、喉が渇いている時に梅干しを食べるのは逆効果で、誰も食べたがりませんでした。社員の健康のために何とかしたいと考えた会社が2020年に作ったのが「塩ゼリー」でした。製造を他の会社に協力してもらったとはいえ、建設会社なのによく作ったと感心しました。

　今では味もレモン・りんご・ぶどう・ライチ・マスカットの５種類あって、しょっぱいだけでなく甘みもありますから食べやすくなっています。また、10ｇのスティック状のゼリーですから、仕事の前、休憩時間などに１本ずつ食べればいいので食べやすいと喜ばれています。自分の会社の社員のために作ったのですが、だんだん知られるようになって他の建設会社などから売ってほしいと頼まれるようになりました。そこで2021年に一般販売を開始したところ、たちまち人気が出て、2024年までに180万本も売れたそうです。2025年は150万本の約８億円の売り上げが見込めるそうです。

（注１）熱中症：暑さによって体の具合が悪くなる病気
（注２）梅干し：梅の実を干して作った食べ物。一般的に塩分が多い。
（注３）スティック：ここでは細長い形の入れ物

7 建設会社が「塩ゼリー」を作ったのはなぜか。

1　協力会社に「塩ゼリー」を作って売ろうと勧められたから

2　熱中症予防のために、塩分を摂る新しい方法が必要だったから

3　政府から、何らかの新しい熱中症対策に取り組むよう求められたから

4　社員の健康を守るためには、おいしくなければならないと考えたから

8 「塩ゼリー」について、本文の内容と合っているものはどれか。

1　1本の量が少ないので便利だ。

2　5つの味があるからあきない。

3　おいしくないが、梅干しよりはいい。

4　ゼリーなので水分を摂る必要がない。

（5）

　誰もが若々しく美しくありたいと願うから化粧品コーナーの棚は様々な化粧品で溢れている。特に基礎化粧品は肌の美しさを保つためのものなので、最も重要視されている。化粧品会社は美白用、しわ防止用として様々な成分を入れて各社の違いを前面に出し、競い合っているが、画期的と言えるほど効果があるものはまだない。(注1)

　しかし、若々しい肌を簡単に手に入れられる可能性が出てきた。しわやしみで悩んでいる人には嬉しい情報である。携帯型３Ｄスキンプリンターが生体材料を使って(注2)皮膚の上にもう一枚の皮膚を重ねることで若々しい肌を手に入れられるのである。まず、その人の肌を撮影してしわやしみがどこにあるかを探す。そしてその人の肌に合わせて作った色の生体材料のファンデーションを肌全体に塗っていく。全てが自動化されていて、ただプリンターを肌の上で滑らせるだけである。しわやしみが多い人ほど仕上がりの違いが実感できるので大喜びする。もうメイクアップアーティストのテクニックは必要ない。

　この発明は化粧品会社には手ごわい競争相手になるだろう。しかし、装置で肌そ(注3)のものがきれいになるわけではなく、化粧するのと同じである。また価格によっては、普通の人には手が届かないだろう。だから今ある化粧品が消えることはない。今後もそれぞれ得意な分野での活況が続くことだろう。(注4)

（注１）しわ：ここでは顔の皮が伸びたりしてできる線のようなもの

（注２）しみ：ここでは顔にできた茶色い部分

（注３）手ごわい：とても強いので簡単には勝てない

（注４）活況：力強い状態。特に景気がよい状態

9 本文によると、どのような製品が生まれたか。

1 肌のしわやしみがなくなる製品

2 好きなファンデーションが作れる製品

3 個人用ファンデーションを作って塗ってくれる製品

4 しわやしみのある場所を探してきれいにする製品

10 筆者は新製品が化粧品業界に与える影響は何だと述べているか。

1 この新製品に圧倒（あっとう）されてしまうだろう。

2 競合しない分野でしか生き残れないだろう。

3 強力な競争相手にはなるが、生き残っていけるだろう。

4 根本的（こんぽんてき）な問題が解決できないので影響は少ないだろう。

（6）

調理ロボットは人手不足や人件費の節約のために開発された。だから人手不足の日本のレストランで使われるのは自然なことだ。しかし、十分な人手があるにもかかわらず取り入れている国も多い。前述の理由だけでなく、調理ロボットに高度の技術を取り入れたことでそのような国にも受け入れられたようだ。例えば、誰もが簡単に巻き寿司を作ることはできない。海外では巻き寿司が人気だが、寿司職人を雇うのは難しい。しかし巻き寿司が作れるロボットなら、材料を入れさえすればあっという間にきれいな寿司ができる。ロボットの値段は性能によっていろいろあるから、自分たちに合わせて手に入れることができる。

　また、物珍しさで人目を引くために調理ロボットを買う店もある。ロボットがたこ焼きを作っているのを見ているのはお客にとって楽しいことだからだ。店でなく食品工場で活躍する調理機械は主に大量生産するためにお菓子をはじめ、多くの加工食品を作るのに使われている。様々な機械があるが、今一番注目を集めているのは串刺しができる調理機械かもしれない。焼き鳥をはじめ様々な食品を串刺しにできる。簡単なようでも形が様々な材料を串に刺すのには高度な技術が必要だが、この機械はとうもろこしの粒さえ刺すことができるそうだ。

　これからも様々な調理ロボットが生まれてますます進化していくことだろう。

（注）串刺し：細長い棒状の串というものに何かを刺すこと。ここでは食品を刺す

11 <u>そのような国</u>とはどのような国か。

1 労働力は不足しているが、ロボット並みの技術を持つ人が結構いる。

2 労働力は十分にあるし、ロボット並みの技術を持つ人も結構いる。

3 労働力は不足しているし、ロボット並みの技術を持つ人もあまりいない。

4 労働力は十分にあるが、ロボット並みの技術を持つ人はあまりいない。

12 調理ロボットを買う理由でないのはどれか。

1 働く人が足りないから

2 ロボットの方が価格が安いから

3 客に見せて人を集めたいから

4 多くの食品を大量に作りたいから

（7）

　　海外では日本茶は「グリーンティー」つまり緑のお茶と広く呼ばれている。「茶色」はお茶の色という意味だが、実際は土のような色である。なぜ茶色が現在のお茶の色と違ってしまったのか。お茶は中国から伝わってきたもので、当時のお茶は釜で煎って揉んで日に干して作ったので色は茶色だった。今の緑色のお茶は煎茶（注1）といって江戸時代（1603年〜1868年）に製法が完成した。紅茶は発酵させたお茶であり、ウーロン茶は半発酵、煎茶は全く発酵させずに作る。同じお茶の葉を使っても全く違う味や色のお茶ができる。

　　お茶は昔は貴重だったので、薬として使われていた。お茶の木がたくさん植えられるようになると一般の人もお茶を飲むようになった。今では、多くの日本人は煎茶を飲んでいる。日本でお茶を「茶道」という芸術に完成させたのは「千利休」（注3）である。なぜ本場の中国で芸術とならなかったのか不思議に思ったが、中国人はおいしく飲むことを第一に考えていたからだという話を聞いて「なるほど」と納得した。これに対して日本の茶道では花や書（注4）を飾った静かで落ち着いた雰囲気の茶室で、お茶を飲んだり道具や入れ方を見て楽しんだりする。茶道で使われるお茶は煎茶ではなく、葉を全部粉にした抹茶だからかなり苦い。私は初めて抹茶を飲んでおいしいと言う人にめったに会ったことがない。

　　お茶は体に良いから健康のために飲むことも多い。海外の人にも砂糖やミルクなどを入れずに飲むお茶の人気が出てきたそうだ。また、抹茶味は日本の味として多くの外国人に人気だそうだ。そのため抹茶が入っているチョコレートを箱買いしている外国人が大勢いるのだろう。

（注1）煎茶：日本で飲まれている一般的なお茶。緑色をしている
（注2）発酵：チーズ・ヨーグルト・ワイン・酒・みそなどを作る方法
（注3）千利休：16世紀に現在の茶道の基礎を作った人
（注4）書：ここでは筆という道具で書いた文字

13 日本の「茶道」が中国の茶文化と違っている点は何か。

   1   お茶を薬として飲むことを禁止した点

   2   お茶の苦みをなくして、誰でもおいしく飲めるようにした点

   3   お茶の茶具や雰囲気などの芸術性を大切にする点

   4   お茶の葉を粉にせず、そのままお湯に入れて飲む点

14 なぜ茶色が一般的なお茶の色と違っているのか。

   1   昔のお茶は茶色だったが、今は緑色のお茶が多いから

   2   昔は緑色がなかったから

   3   最初にお茶を見た人が間違えたから

   4   土の色とお茶の色が同じだったから

（8）

　2009年から日本では一般の市民が刑事裁判に参加することが可能になった。しかし、呼び出されても約3人に1人が辞退しているそうだ。辞退できるのは本人や家族の病気やケガ、葬式や出産、重要な仕事などの事情がある場合に限られている。また、呼び出された人のうちの6人までしか裁判員になれないので、呼び出す人数が多すぎるという不満の声が上がっている。

　日当は裁判員を選ぶ日は8千円以内、裁判員を務めた日は1万円以内だそうだ。額が多いとか少ないとか言われているが、いくら高額でも嫌だという人もいる。裁判員が参加する裁判は泥棒などという軽い事件ではなく殺人など重大な事件だから、死刑を言い渡さなければならないこともあって、裁判員になりたくないという人もいる。裁判官と裁判員で話し合って多数決で判決を出すから、裁判員も責任が重い。多数決では必ず裁判官1人以上が賛成する必要がある。裁判官3人と裁判員6人では単純な多数決にすると裁判員だけで決められるからである。

　一般人の参加によって家族間の事件では同情が集まり刑が軽くなる一方、性犯罪は重くなる傾向にある。よくも悪くも普通の人の考え方に近づいているようである。また市民の裁判に対する関心が高まっている。これがこの制度で一番よかったことなのではないだろうか。

（注1）言い渡す：裁判所の下す判決・決定・命令の内容を口頭で当事者に告げる
（注2）多数決：会議などで大勢の人が賛成した意見を全体の意見と決めること

15 裁判員として呼び出された場合にどんな不満があるか。

1　裁判員になりたいのになれない。

2　辞退することがなかなかできない。

3　裁判員が6人では少なすぎる。

4　候補者を多く呼び出しすぎる。

16 筆者は裁判員制度が始まって何が一番よかったと述べているか。

1　人々が裁判に興味を持つようになったこと

2　普通の人の意見と全く違った刑にならなくなったこと

3　家族の間で起きた事件の刑が軽くなっていること

4　一般の人の意見が取り入れられるようになったこと

問題12는 통합이해 문제로, 같은 화제에 대해 다른 입장에서 쓰여진 신문 기사나 칼럼 등의 지문을 가지고 내용을 비교·통합하면서 내용을 이해했는지를 묻는 문제이다.

！알고 풀자!

· 필자의 태도(긍정적/부정적)를 먼저 파악해 보자!
  각 필자가 주제에 대해 찬성하는지 혹은 반대하는지를 파악하는 것이 이 문제의 핵심이며, 태도가 같을 경우에는 각 주장 간의 세부 차이에 집중해야 한다.

· 공동 키워드와 개별 키워드를 구분해 보자!
  두 글이 공통적으로 다루고 있는 소재가 무엇인지, 한쪽에서만 강조하는 내용이 있지 않은지 잘 비교하면서 읽어야 한다.

예시

問題12　次のAとBの文章を読んで、後の問に対する答えとして最もよいものを、1・2・3・4から一つ選びなさい。

A

　一度事故が起きたら取り返しがつかないのが原発事故である。厳しく安全性をチェックしても、人間のミスやテロの可能性を完全に防ぐことは不可能に近い。再生可能エネルギーは原発より高いと言われるが、技術革新により価格は安くなっている。原発への投資をこちらに回していれば、今頃もっと安価な電力を得られていただろうと残念でならない。　（後略）

B

　原発の新設とまでは言わないが、停止中の原発を再稼働させないのは経済的な損失である。安全が確認された原発は動かすべきであり、そうでなければ燃料費の値上がりにより電気料金がさらに高くなってしまう。これは家計だけでなく製造業の競争力低下を招く。自然エネルギーはコスト面だけでなく、安定した電力供給が難しいという課題がある。　（後略）

例題12 次のＡとＢの文章を読んで、後の問いに対する答えとして最もよいものを、１・２・
３・４から一つ選びなさい。

A

宝くじは貧乏な人が自分から払う「貧乏税」だという説がある。宝くじを毎月3万円も買うのはどうかしていると言えるだろう。それが生活費の一部ならば、すぐに止めるべきだ。3万円が不足することによって食事が貧しくなるなど、生活のレベルが下がるからだ。また、たとえそれが全額小遣いだとしても、もったいないという事実に変わりはない。そのお金があれば旅行や食事を楽しむことができ、貯金すれば1年で36万円、10年で360万円にもなる。それに加えて、わずかではあるが利息（注1）もつく。あるいは投資に回せば、さらに増えて戻ってくる可能性もある。宝くじが当たるかは運次第で、めったに当たらないが、投資は知識があればお金を増やしていける。確かに、投資に失敗し、ただの紙切れになってしまう恐れもあるが、自分で投資せず、プロの投資会社に任せるという選択肢もある。宝くじにお金を出すのは今すぐ止めるべきである。

B

自分のお小遣いで買っているなら、宝くじを買ってもいいと思う。もし当たったらすぐに会社を辞めて遊んで暮らそうと考えて宝くじを買う人も大勢いる。人間には夢が必要だから、それもいいと思う。宝くじが当たる確率は飛行機事故にあう確率と等しいとも言われるが、買わなければ絶対に当たらない。しかし、実現しそうにない夢に毎月3万円は多すぎるのではないだろうか。せめて趣味程度の5千円ほどに留め、残りは生活を豊かにするために使おう。おいしいものを食べたり、ほしいものを買ったり、家族にプレゼントをしたりする方が心も人間関係も豊かになるはずだ。貧困に苦しむ国の子供たちへ寄付することだってできる。お金をどぶに捨てる（注2）ようなことはせず、有効に使ってみてはどうだろうか。

（注1）利息：銀行にお金を預けるともらえるお金
（注2）どぶ：雨や汚い水を流すための地面を細長く掘ったもの

1　ＡとＢが共通して取り上げていることは何か。

　1　宝くじがほとんど当たらないということ

　2　何のために宝くじを買うかということ

　3　いくら買うのが妥当かということ

　4　宝くじが夢を与えるものだということ

2　宝くじを買うことについて、ＡとＢはどのように考えているか。

　1　Aはお金の使い道はほかにあると考え、Bは無駄なことだと考えている。

　2　Aは１枚も買わない方がいいと考え、Bは金額によっては買ってもいいと考えている。

　3　AもBもあまったお金で買うのは問題ないと考えている。

　4　AもBも生活を豊かにするためには買ってもいいと考えている。

해석

A

　복권은 가난한 사람이 스스로 지불하는 '가난세'라는 말이 있다. 복권을 매달 3만 엔이나 사는 것은 제정신이 아니라고 말할 수 있을 것이다. 그것이 생활비의 일부라면 당장 그만두어야 한다. 3만 엔이 부족해짐으로써 식사가 부실해지는 등 생활 수준이 낮아지기 때문이다. 또한, 설령 그것이 전액 용돈이라 해도 아깝다는 사실에는 변함이 없다. 그 돈이 있으면 여행이나 식사를 즐길 수 있고, 저축한다면 1년에 36만 엔, 10년에 360만 엔이나 된다. 게다가 적게나마 이자(주1)도 붙는다. 혹은 그것을 투자로 돌린다면 훨씬 더 불어나서 돌아올 가능성도 있다. 복권 당첨 여부는 운에 달린 것이며 좀처럼 당첨되는 것이 아니지만, 투자는 지식만 있다면 돈을 불려 나갈 수 있다. 물론 투자에 실패해 그냥 종잇조각이 되어버릴 우려도 있지만, 직접 투자하지 않고 전문 투자 회사에 맡기는 선택지도 있다. 복권에 돈을 쓰는 것은 지금 당장 그만두어야 한다.

B

　자기 용돈으로 사는 것이라면 복권을 사도 좋다고 생각한다. 만약 당첨된다면 당장 회사를 그만두고 놀고먹으며 살고 싶다는 생각에 복권을 사는 사람도 많다. 인간에게는 꿈이 필요하기에 그러한 생각도 괜찮다고 본다. 복권이 당첨될 확률은 비행기 사고를 당할 확률과 같다고도 하지만, 사지 않으면 절대로 당첨될 리 없다. 하지만 실현될 가능성이 희박한 꿈에 매달 3만 엔을 쓰는 것은 너무 과한 것이 아닐까. 적어도 취미 수준인 5천 엔 정도로 줄이고, 나머지는 생활을 풍요롭게 만드는 데 사용하자. 맛있는 것을 먹거나 갖고 싶은 것을 사고, 가족에게 선물을 하거나 하는 편이 마음도 인간관계도 풍요로워지게 할 것이다. 빈곤으로 고통받는 나라의 아이들에게 기부하는 것 또한 가능하다. 돈을 시궁창(주2)에 버리는 듯한 짓은 하지 말고 유효하게 활용해 보는 것이 어떨까.

(주1) 利息 : 은행에 돈을 맡기고 받을 수 있는 돈
(주2) どぶ : 비나 오수를 흘려보내기 위해 지면을 가늘고 길게 판 것

1 A와 B가 공통으로 언급하고 있는 것은 무엇인가?

　1 복권이 거의 당첨되지 않는다는 것
　2 무엇을 위해서 복권을 사는가 하는 것
　3 얼마나 사는 것이 타당한가 하는 것
　4 복권이 꿈을 주는 것이라는 것

2 복권을 사는 것에 대해 A와 B는 어떻게 생각하고 있는가?

　1 A는 돈의 용도는 따로 있다고 생각하며, B는 쓸모 없는 일이라고 생각하고 있다.
　2 A는 1장도 사지 않는게 좋다고 생각하며, B는 금액에 따라서는 사도 괜찮다고 생각하고 있다.
　3 A도 B도 남는 돈으로 사는 것은 문제 없다고 생각하고 있다.
　4 A도 B도 생활을 풍요롭게 하기 위해서는 사도 괜찮다고 생각하고 있다.

단어

貧乏(びんぼう) 가난함 | 貯金(ちょきん) 저금 | 利息(りそく) 이자 | 投資(とうし) 투자 | 選択肢(せんたくし) 선택지 | 確率(かくりつ) 확률 | 留(と)める 그치다, 만류하다 | 豊(ゆた)か 풍요로움 | 寄付(きふ) 기부 | どぶ 시궁창 | 活用(かつよう)する 활용하다

해설

〈질문 1〉 A는 복권은 운에 달려 있지만 거의 당첨되지 않는다고 말하고 있고, B 역시 당첨 확률을 비행기 사고에 비유하며 웬만해서는 맞지 않는다고 설명하고 있다. 즉 두 사람 모두 복권은 거의 당첨되지 않는다는 점에 대해 공통된 인식을 보이므로 1번이 정답이다

〈질문 2〉 A는 용돈이라 해도 아깝기 때문에 복권은 사지 않는 편이 좋다고 말하고 있는 반면, B는 5천 엔 정도의 소액이라면 괜찮다고 생각하고 있다. 따라서 두 사람의 입장을 가장 잘 정리한 것은 2번이다.

問題12 次のＡとＢの文章を読んで、後の問に対する答えとして最もよいものを、１・２・３・４から一つ選びなさい。

（１）

A

　我が社はこれまで利益が少なくてもたくさん売ることで最終的に多くの利益を得ることができる、いわゆる「薄利多売」で事業規模を拡大してきた。しかし、海外の安い商品が流入し安売りされて経営が難しくなってきた。我が社の商品は安くて高品質というお買い得感から多くの消費者に愛されてきた。それは、我が社の誇りであり、守りたいと考えている。しかし、海外製品と競争するためには設備の拡張が不可欠で、家賃をはじめ様々な費用がかかる。ブランド商品の開発ができれば一番いいのだが、すぐには困難である。そこで、今ある商品をちょっと工夫して、「前より便利だ」「高くなったけれど、これなら買いたい」と思えるような商品開発を進める方針だ。職員たちがお客様の不満や意見を聞いているはずであることを考えれば、それをもとにしていろいろ工夫してみてほしい。

B

　商品価格の二極化が進んできた。お金持ちが求める商品とお金がない人が求める商品がはっきり分かれてきた。だから、売る側はどの価格帯の商品を扱うか慎重に考えなければならない。高価格帯の戦略をとるか、低価格の商品を売るかである。「安ければ売れる」と考えてしまいがちだが、いくら安くても価値がないと売れないのだ。我が社は人気ブランドを扱っていて、以前から高級路線を展開している。幸い、不景気であっても高級品を求める需要はある程度ある。また、商品を投資として考えている人さえいるから、このままでいいと考えている。さらに安定した経営を続けるために新商品の開発に力を入れたいと思う。そこでお客様の意見を伺ってみてはいかがだろうか。そこから思いもかけない良いアイディアが生まれるような気がする。

（注１）事業規模：ここでは売り上げ、従業員数など
（注２）流入：人・もの・お金・水・情報などが外から入ってくること
（注３）二極化：大きく異なる二つの状態に分かれ、その中間がなくなること。ここではお
　　　　　　　金持ちとお金がない人の二極化
（注４）戦略：目標を達成するための全体的な計画や方針
（注５）高級路線：高級なものを売る方針

1　AとBが共通して考えている、今後の経営戦略は何か。

　1　高級路線に変える。

　2　今の路線を変えない。

　3　客の声を重要だと考える。

　4　新しいブランドの開発を進める。

2　AとBの会社の違いは何か。

　1　Aは海外製品の影響で苦しんでいるが、Bはその影響をあまり受けていない。

　2　Aは高級ブランドを扱っているが、Bは安くて高品質な商品を扱っている。

　3　Aは不景気で需要が増えると考え、Bは需要が減ると考えている。

　4　Aは現状の路線を維持しようとし、Bは路線の変更を検討している。

（2）

A

　日本の国公私立大は2024年に813校に達し、少子化にもかかわらず20年前より15%増加した。そのため、2024年には4年制私大の59%が定員割れとなった。定員が50%を下回ると国からの助成金が0円になるため、経営はますます厳しくなり、当然閉校する大学も出てくるだろう。学生数に対して大学が多すぎるのだ。だからこそ定員割れの赤字の大学はなくしてしまえばいいと考えるだろう。しかし、地方の大学は別だ。地方に大学があるかないかは大問題である。学生の消費による経済効果が失われるだけでなく、人材も減少する。また、地方の大学はその地域の課題解決や独自の文化などの研究を行なっているため、なくてはならない存在なのだ。さらに、廃止されれば経済的理由で遠くの大学に通えない学生の教育の機会が失われてしまうことにもなる。だから、地方自治体とともに国も地域での必要性を考えて助成金を出すべきである。

B

　日本の大学進学率は2024年に59.1%で過去最高であった。しかし、韓国の74.9%に比べるとかなり低いため、日本もさらに進学率を上げるためにも大学は存続させるべきだと考えるかもしれない。しかし、少子化のせいだとしても定員50%以下で国の助成金さえ受けられないような大学まで地方自治体が救う必要はない。大学がなくなることで様々な問題が出てくるが、地方の活性化については他の手段を探すべきである。定員50%割れの教育水準の低い大学を維持して、教育水準の低い大学の卒業生を多く生むことは国家的な損失にもなりかねない。一方、地方自治体が経営する公立大学で、優秀な学生を多く集めているところもある。秋田県の国際教養大学などは、全国から優秀な学生が集まる入学が大変難しい大学で、就職率100%を誇る。このような学校を増やすことこそが目指すべきことではないだろうか。

（注1）定員割れ：決められた人数より少ないこと
（注2）活性化：元気にすること、活発にすること

3   AとBで主に扱っているテーマは何か。

1   赤字大学の割合

2   少子化による閉校問題

3   地方大学への助成金のあり方

4   地方大学の研究成果

4   AとBの大学についての考えはどれか。

1   Aは教育水準の高い大学だけ残すべきだと考えて、Bは教育水準が低い大学は
　　潰した方がいいと考えている。

2   Aは大学の増加が赤字の原因だと考えて、Bはレベルが高い公立大学を増やす
　　べきだと考えている。

3   Aは地方には潰せない大学もあると考えて、Bはレベルの高い大学に自治体の
　　助成金はいらないと考えている。

4   Aは自治体が助成してでも残したい大学があると考えて、Bは国の助成金をも
　　らえない大学は切り捨てる方がいいと考えている。

（3）

A

　ルッキズムとは、外見、つまり見た目によって人を評価する考え方を指すが、最近、これが行きすぎていると感じている。確かに人は誰でも服装を含めた姿形で人を判断し、「いいなあ」とか「嫌だ」と感じるのは本能[注1]に近いため、ある程度は避けられないことかもしれない。しかし、それが強すぎると差別[注2]や偏見[注3]に繋がってしまう。美の基準は時代によって大きく異なる。ふっくらとした姿がよしとされた時代もあれば、個性的な姿が尊重され、多様な美が受け入れられた時代もある。現在は多様な美の存在を認めていないようにも見え、そこから外れた人は劣等感[注4]を抱いてしまう傾向がある。そして、特に若い人に強いストレスを与えているようだ。個人的な問題だけならまだよいのだが、今や社会全体に影響する問題になってきているのではないだろうか。

B

　外見に対する評価や美の基準は、文化や社会によって大きく異なる。最近、特にSNSやメディアを通して理想的なスタイルや顔などが広まってきている[注5]。これにより、美の基準が狭くなっている。外見は内面と違って簡単に変えられるものではない。そのため、周りの人があれこれ言うことは少ないかもしれないが、言われなくても本人にはわかるため、理想的な外見でないと劣等感を抱いてしまう人も多い。身長でさえ手術で伸ばすことができる時代であるから、基準から外れた人は苦しむことになる。また、外見は内面や能力とは何の関係もないから、外見だけで判断を誤ると大きな問題になるだろう。個人だけでなく社会全体の損失になるかもしれない。もっと内面の大切さをSNSやメディアを通じて共通の認識として広めていくことが必要ではないだろうか。

（注1）本能：人間が生まれつき持っている、何かを見たり聞いたりした時に自然に感じたり行動したりする性質
（注2）差別：正当な理由なく、特定の人を平等に扱わないこと

（注3）偏見：正しい理由や理解がないまま、一方的に物や人を「〜だ」と決めてしまう考
　　　　　え方
（注4）劣等感：自分が他人より劣っていると感じる気持ち
（注5）ＳＮＳ：Social Networking Serviceの略語で、インターネット上で情報交換やコミュ
　　　　　ニケーションができるサービスのこと

5　ＡとＢが共通して特に問題だと考えていることは何か。

1　内面を重視しないこと
2　ストレスを感じる人の増加
3　社会全体でルッキズムを認めていること
4　美の基準が多様ではないこと

6　ＡとＢの両方の話に加えたほうが良いことは何か。

1　ルッキズムが広まっていること
2　メディアでルッキズムを解消する方法
3　ルッキズムが与える社会的な損失
4　ルッキズムの問題を解決する手段

（4）

A

　山に入る時は熊に人間の存在を知らせるために音を出しながら歩くべきだとよく言われているが、今は人間を恐れない熊がいるため、人間の側が熊から逃げなければならない。最近は熊が山から人里まで出没することが増えており、人間が大けがをしたり命を落としたりすることもある。ある時、熊を捕まえて殺したというニュースが流れると、動物愛護団体などから自治体に「熊がかわいそうだ」「捕まえて山に戻すべきだ」といった抗議の電話が殺到し、仕事が止まってしまうほどになった。抗議をする人々は、熊から身を守るために生活を制限されている住民たちがどれほど困難な状況にあるか理解していないのではないだろうか。「熊と人間とどちらが大切なのか」と問わざるを得ない。

B

　熊が居住地まで食べ物を求めてやってくるのは、人間が熊の住む環境を破壊しているからではないだろうか。熊の餌となる実のなる木が減っている一方で、人里には柿や栗など様々な果実があり、最近では人間の食べ物の味も覚えたため、山から下りてくるのは自然なことだと言わざるを得ない。人間の都合で熊が山から下りてきたのにもかかわらず、殺してしまうのはあまりにひどい対応ではないだろうか。捕らえたのであれば、殺さずにまた山へ戻すべきである。私たちは山に熊の餌となる木を増やしたり、家の周りに食べ物を置かないようにしたり、ゴミを出しっぱなしにしないようにして熊が近づかない工夫をするべきだ。熊と人間がともに生きていけるようにしたいものだ。

（注１）動物愛護団体：動物の命や権利を守って人間と動物が一緒に生活できる社会を目指して活動するグループ
（注２）抗議：相手が行なったことに対し、「間違っている」という意見や不満を伝えること

7 ＡとＢが共通して話題にしていることは何か。

1 熊による被害の大きさ
2 熊を殺すことへの賛否
3 熊の住む環境の変化
4 熊が山を下りてくる理由

8 ＡとＢの考え方の違いとして、最も適切なものは何か。

1 Ａは熊は危険なので殺した方がいいと考え、Ｂは熊を殺すのは最後の手段にしてほしいと考えている。

2 Ａは熊を殺すこともあることを理解してほしいと考え、Ｂは熊と一緒に暮らせるようにしたいと考えている。

3 Ａは熊を殺しても抗議をしないでほしいと考え、Ｂは抗議するのは熊を殺してほしくないからだと考えている。

4 Ａは熊より人間のほうを大切にしてほしいと考え、Ｂは熊に餌を与えれば問題は解決すると考えている。

（5）

A

　電車に女性専用車両や弱冷房車があるが、何でも特別扱いをすることには反対だ。女性専用車両は仕方がないとしても、最近の夏の暑さを考えると、弱冷房車は不要なのではないだろうか。電車の冷房が効いていないと、かえって気分が悪くなってしまう。普通の車両を探すのも大変だし、間違って弱冷房車に乗ってしまったら目的地まで我慢し続けなければならなくて大変だ。また、どの車両が弱冷房車かわかりにくいのも困る点である。さらにラッシュアワーのように混雑してくると、普通の車両も温度が上がって暑くてたまらなくなる。弱冷房車であれば、我慢できないほどの暑さになるだろう。寒さを感じる人は、上着を準備すればよいのではないだろうか。

B

　弱冷房車は絶対に必要だ。そもそも、日本では電車だけでなく店もレストランも冷房が効きすぎていると思う。誰にとっても体を冷やすことは健康によくないし、電力の過剰消費でもある。電車もスーツを着ている人が暑くないような温度に設定されているのではないだろうか。弱冷房車は10両編成のうちのたった1両である。体調の悪い人、子供やお年寄りのためにあるのだ。元気な人は少しぐらい暑くても大丈夫だと思うし、上着を脱げばよいのではないだろうか。しかし、体の弱い人は冷えすぎると本当に気分が悪くなったり、本格的に体調を崩してしまったりする。自分のことばかり考えず、弱い人のことを考えて少し我慢する優しい気持ちを持ってほしいものだ。

9　AとBが共通して議論しているテーマはどれか。

1　弱冷房車の必要性

2　冷えと健康の関係

3　相手の状況への理解

4　冷房車両の電気代

10　AとBの意見はどれか。

1　Aは弱冷房車は利用者が多くて混雑すると考え、Bは弱冷房車が少なくて困ると考えている。

2　Aはスーツを着ている人は困ると考え、Bは弱い人のことも考える必要があると考えている。

3　Aは冷房の強い車両がもっとほしいと考え、Bは健康に悪い冷房車はいらないと考えている。

4　Aは弱冷房車はなくてもいいと考え、Bは弱冷房車は体の弱い人のために必要だと考えている。

（6）

A

　民泊は、一般の住宅やアパートなどに旅行者が泊まることである。地域の住民の生活を守るために、1年間に180日間までしか貸し出すことができない。その一方で、旅行者が増えてホテルが不足し、ホテルの宿泊代が上がるのを抑えるのに役立っている。貸し手には収益が入るうえ、旅行者が買い物をしたりレストランを利用したりすることで、地域の経済活性化にも繋がる。そのため、地域によっては「2泊3日」以上という制限がある場合もあるが、「特区民泊」制度を活用して1年中営業できるようにしている地域もある。ホテルが不足している場所で、宿泊客を増やして地域の経済を活性化させようと考えたのだ。もちろん、不特定多数の人が出入りすることで問題も起きるが、正しく管理すれば、地域と旅行者の両方にメリットがあるはずである。

B

　民泊には、旅行者が安い料金で泊まれるというメリットがある反面、地域の住民が困ることもある。特に特区民泊には、大人数が宿泊できるホテルのような大型の施設もある。ルールを守っていても、短期間に多くの旅行者が出入りすれば騒音やゴミの問題が起きやすく、住民の生活に影響を及ぼす。管理が不十分な場合、旅行者の安全も確保できない。また、「特区民泊」の地域では家賃が上昇し、一般の人がアパートを借りにくくなっている。民泊施設にするために、居住者が追い出されているのだ。民泊は地域経済にとっては魅力があるが、住民の暮らしを守ることのほうが重要である。需要に応える必要性は理解できるが、「特区民泊」制度は見直すべきだと思う。個人の民泊だけに制限してほしいものだ。

（注）特区民泊制度：特定の地域だけに違う民泊の条件を与える制度。一般の民泊と違って、1年間に180日という制限がない。

11　ＡとＢは民泊のメリットは何だと述べているか。

1　Ａは地域経済のためになること、Ｂは管理しなくてもいいこと

2　Ａは宿泊施設不足に役立つこと、Ｂは地域経済に役立つこと

3　Ａはいつでも泊まれること、Ｂはホテルのような大きい施設もあること

4　Ａはホテルを建てる必要がないこと、Ｂは家賃が安くなること

12　ＡとＢの民泊に対する意見として合っているものはどれか。

1　Ａはいいことだらけなのですすめたいと述べ、Ｂは普通の民泊には問題が起きないと述べている。

2　Ａは地域のためになるのでいいと述べ、Ｂは管理の問題が解決できれば反対しないと述べている。

3　Ａは泊まる人にも貸す人にもよい制度だと述べ、Ｂは民泊は問題が多いので反対だと述べている。

4　Ａは地域経済のためにもよいと述べ、Ｂは「特区民泊」には反対だが個人の場合はよいと述べている。

（7）

A

　ダムの役目は主に①治水、②利水、③水力発電である。近年の異常気象による大雨が各地に洪水を引き起こしているが、ダムがあれば事前に放水しておけば、大雨の際にダムに水が溜められ、下流の洪水を防ぐことが可能となる。また、ダムは絶えず水量を調節しながら放流できるため、生活用水や農業・工業用水を安定的に供給できるばかりか、発電に利用することも可能だ。水力発電は火力発電などと違って自然エネルギーであるから地球環境にも優しい。確かにダムの建設には莫大な費用がかかる。また、ダムの底に沈む地域に住む住民は故郷を失い、移住しなければならない。多大な犠牲の上に造るものの、多くの人々の命や生活を守るために、ダム建設は不可欠だと考えられる。

B

　全てのダムが不必要だとは思わないが、今後、ダムを建設するかどうかは慎重な判断が求められる。建設には小規模ダムでも数百億、大規模ダムでは一兆円近くかかることもある。また、上流から流れてくる土砂がたまって年々ダムの底が上がってくるため、それを取り除く費用もかかる。これらの費用には税金や水道料金が使われる。農業や工業、また水道事業のために水の安定供給は必要だが、人口の減少や産業構造の変化により、水の需要は減っており、下流の地域の費用負担が重荷になっている。また、治水の面でもダムに頼りすぎ、下流のため池や堤防の整備が遅れた地域もある。雨はダムの上流だけに降るわけではないし、水が増えすぎるとダムが壊れる恐れもある。さらに、ダムは多くの犠牲の上に造られ、完成した後も生態系を乱すなどの悪影響を及ぼしかねない。

（注1）治水：大雨などによる洪水を防ぐために、川の状態を整えること
（注2）利水：川などから水を引いて利用すること
（注3）放流：水などを流すこと
（注4）土砂：土と砂が混じったもの
（注5）ため池：主に農業に利用するために水をためておく人工の池

（注6）堤防：川や海の水を防ぐために土、コンクリートなどで高く造った場所
（注7）乱す：まとまりをなくしてばらばらにする

13　AとBに共通して述べられている点は何か。

1　水の供給の必要性

2　ダムを造るメリット

3　ダムを維持するための費用

4　ダムが洪水を防ぐのに有効なこと

14　AとBは**ダム建設**について、どのように考えているか。

1　Aは生活を守るためにダムを造った方がよいと考え、Bは今あるダムだけにしておいた方がよいと考えている。

2　Aはいろいろ利点があるのでダム建設は必要だと考え、Bは今あるダムで十分なので造る必要はないと考えている。

3　Aは治水・利水・電力の確保のためにダムを造らなければならないと考え、Bはダムを造ると下流の堤防などを造る治水工事ができなくなってしまうと考えている。

4　Aは問題もあるが治水・利水・発電に役立つので造った方がよいと考え、Bはデメリットがあるので必要性を検討した方がよいと考えている。

(8)

A

　エレクトロニックスポーツ、いわゆる「eスポーツ」はスポーツとは言いがたいものではないだろうか。日本語辞書で「スポーツ」を調べると定義は様々だが、いずれも「身体運動」つまり体を動かすことと定義されている。そうであれば、eスポーツは日本語で言うスポーツには含まれない。欧州スポーツ憲章でも「身体運動を伴う」と謳われている。日本には元々スポーツは健康のためにするものだと見なす歴史があるため、eスポーツをスポーツとして認める人は少ないのではないだろうか。また、もしeスポーツが公認されれば、ゲーム依存症になり、時には死に至るほど夢中になってしまう人が増加する恐れがある。長時間のプレイが本当によい影響を与えると言えるだろうか。頭脳や集中力を競うとはいえ、健康を害する恐れがあるものをスポーツと呼ぶことはできない。

B

　日本には世界的に有名なゲーム会社が多いうえ、ゲーム人口も膨大であるにもかかわらず、世界でeスポーツと呼ばれて人気があるエレクトロニックスポーツをスポーツではないと考える人が多いのは不思議である。身体を動かさないものはスポーツではないという固定観念が根強いのではないか。だが、英語の「Sport」には本来的な意味として「娯楽」も含まれている。そのため、スポーツが必ずしも身体を使わなければならないものだとは断定できない。eスポーツも長時間の集中力を必要とする激しい競技であり、脳も体の一部であるからには、身体を使っていると言えるだろう。すでに2022年のアジア競技大会では公式の競技として認められた。身体を動かすスポーツを「フィジカルスポーツ」、頭脳を使うスポーツを「マインドスポーツ」と区分すればよいのではないだろうか。日本が世界の流れに取り残されないためにもスポーツとして認めた方がよいと思う。

（注1）定義：「これは何か」をはっきり決めた説明
（注2）憲章：重要で根本的なことを定めた取り決め
（注3）謳う：強く述べる

15 AとBが共通して認めていることは何か。

1 スポーツというのは体を使うものであること

2 日本ではeスポーツを認める人が少ないこと

3 スポーツの意味が日本と海外とでは違うこと

4 海外ではeスポーツが受け入れられていること

16 AとBはeスポーツについて、どのように述べているか。

1 Aは体を丈夫にするのがスポーツであると述べ、Bは体力は関係ないと述べている。

2 Aは健康に悪いからスポーツではないと述べ、Bは世界では人気があるのでスポーツであると述べている。

3 Aは頭を使う競技はスポーツではないと述べ、Bはスポーツだと認めない人が多いのは不思議だと述べている。

4 Aは体を使わないものはスポーツではないと述べ、Bはスポーツをもっと広い意味で考えてスポーツとして認めた方がよいと述べている。

(9)

A

　家を買うなら、やはり庭のある一戸建ての方がいい。しかし、都心にはそのような土地はもう残っていないし、売りに出されたとしても高価で手が出ない。そのため、片道2時間を超えない範囲であれば、会社から遠くてもかまわない。郊外は空気が良く、小さな庭でも自分の好きな花や野菜を植えることができるし、何より子供を自然の中で育てたいからである。また、自分で間取りも色も自由に設計できる点も魅力だ。それに、マンションによってはペットを飼うことが禁止されているため、犬のいる我が家は困ってしまう。小さな子供がいるため、家の中を走り回る足音を気にしたり、夜遅く帰ってお風呂に入りたい時でも隣近所に気をつかったりしなければならないマンション暮らしは、とてもストレスが溜まる。一戸建てなら将来の建て替えも自由だし、管理費や駐車場代の負担もない。マンションが老朽化した際にも煩わしい思いをすることがない。

B

　現在、夫婦共働きなので、なるべく会社に近いところに住みたいと考えている。都心で利便性を求めるなら、マンションを選ばざるを得ない。何と言っても良い点は、最近のマンションは防犯カメラが設置され、関係者以外は立ち入れないなど、空き巣や放火などの心配がなく安全面でしっかりしている点である。そのため、子供に留守番させていても安心だ。それに加え気密性や断熱性が高いため、光熱費が少なくて済む。冬でも日当たりがよければ日中は暖房を使わなくても大丈夫なほどである。また、お客様用のゲストルームやキッチン付きのホールを備えているマンションも多い。維持管理についても管理費さえ払っておけば計画的に行われるため、自分で管理する手間が省けて楽だ。それに同じ条件なら一戸建てより安い。新築マンションは子供が幼稚園や小学校へ入るのを機会に購入することが多いため、同世代の住民が多く、子育て環境としても非常にいいのである。

（注１）　一戸建て：マンションのようにたくさんの住居が集まっている建物ではなく、土地
　　　　　　　　　　の上に１軒ずつ建っている建物
（注２）　間取り：部屋の配置。どの部屋をどこに置くかということ
（注３）　老朽化：古くなって役に立たなくなること
（注４）　空き巣：人がいない家に入って物を盗むこと
（注５）　気密性：閉めてあるので空気の流れがないこと。空気が動かないこと
（注６）　断熱性：熱を伝えないこと
（注７）　光熱費：電気代およびガス・灯油などの燃料費の総称
（注８）　新築：新しく建てられた建物

17　ＡとＢが共通して述べている話題はどれか。

1　自分が選んだ住宅に不満は全くないという点

2　住宅そのもの以外にも良い点があるということ

3　物件を選ぶのに通勤時間が一番重要だということ

4　子育てでは周りの自然環境が重要だという点

18　ＡとＢが共通して取り上げていることはどれか。

1　近隣トラブル

2　建て替え

3　安全問題

4　通勤時間

問題13은 주장이해(장문) 문제로, 장문의 사설이나 평론 등의 논리적인 지문을 읽고 지문 전체가 전하려고 하는 주장이나 의견 등이 무엇인지를 묻는 문제가 나온다.

！알고 풀자!

- 지문 전체의 주장과 의도를 파악해 보자!
  문제 13은 장문의 논설문을 읽고 저자가 전달하려는 중심 주장이나 글의 의도를 찾는 파트이므로, 부분이 아닌 전체 의미를 이해하는 것이 중요하다.

- 키워드와 논리 전개에 주목해 보자!
  반복되는 키워드와 논리 흐름을 통해 저자가 무엇을 강조하는지 요지를 정리하며 읽어야 한다.

예시

問題13 次の文章を読んで、後の問いに対する答えとして最もよいものを、1・2・3・4から一つ選びなさい。

　戦後、子供たちに大人気だった動物園は、様々な楽しみが現れるにつれ、年々入園者が減って経営が苦しくなった。それを救ったのが、北海道にある旭山動物園が始めた「行動展示」という動物の見せ方である。行動展示というのは、動物たちの持つ自然な動作を見せることである。例えば、餌も自然に近い方法で与えるのである。これにより動物たちがよく動くようになり、見る人を楽しませている。今では多くの動物園がこれを取り入れており、多くの人が再び訪れるようになっている。

　しかし、今、日本の動物園は違った危機に直面している。日本だけではなく世界中の動物園で、動物が買えなくなっているのだ。絶滅の恐れがある動物を守ることを目的としたワシントン条約によって、動物の取引は厳しく制限され、価格が上がっているからである。例えば、ニシローランドゴリラは1億円、ホッキョクグマは6000万円、アジアゾウは1500～3200万円、5億円もしたシャチもいたという。主に取引は動物園同士で行われるが、こうなると小さな園ではとても手が出ない。もちろん、繁殖を目的として動物園同士で貸したり借りたりすることもある。しかし、その動物がたった1匹しかいない場合は、貸すことはできない。

　（後略）

例題13 次の文章を読んで、後の問いに対する答えとして最もよいものを、1・2・3・4から一つ選びなさい。

「奇跡のリンゴ」は無農薬の上に無肥料で作られている。「奇跡」というのは普通では起こらないという意味だ。無農薬の米や野菜が売られているが、作るには大変な努力が必要だそうで、完全な無農薬の作物を作ることはほとんど不可能だそうだ。ましてリンゴは決して無農薬では作れないと言われていた。ところが、それに挑戦した1人の農民がいた。木村秋則さんと言う。彼は本を読み、応用し、結果を書き留めた。書いた資料が箱いっぱいになるほど研究熱心だった。虫を殺すためにも毎年様々な工夫をした。酢をまいたこともあった。しかし、その全てが無駄であった。いくらやってもリンゴが実らなかったのだ。リンゴが収穫できないので無収入になり、出稼ぎに出たこともあった。家族の生活はどん底だった。周りからは馬鹿だとか迷惑だとか言われ、親類からもあきらめろと言われた。そんな中、家族だけが苦しい生活を続けながらも彼を支えてくれた。しかし、いくら工夫してもリンゴはできなかった。もう限界だった。その時、土作りの重要性に気づいた。森の土が自分の畑の土と全然違って柔らかいことに気づいたのだ。森の土を調べて同じような土を作ろうと、雑草も生えたまま、自然のままにした。すると土の中には微生物が住むようになって、翌年、とうとうリンゴが実をつけたのだ。

彼のリンゴは味が濃いそうだ。それに、リンゴは切るとすぐに色が変わるのに対し、彼のリンゴの色はそのまま変わらないそうだ。さらに腐らないとさえ言われている。だから当然その人気は高く、販売されるやいなや、わずか10分ほどで売り切れてしまうそうだ。買いたくても買えるとは限らない。もし幸運にも抽選に当たれば買うことができる。1個300円だそうだ。他のリンゴに比べて決して高くない。もっと高くても買う人は大勢いると思うのだが、彼は決してリンゴを高く売ろうとはしないそうだ。こんなところも彼の魅力の一つなのかもしれない。今ではリンゴ作りの他に農業指導や講演会、本の出版などで忙しく過ごしているそうだ。

　私たちは彼が経験した信じられないほどの貧乏生活や、数えきれないほどの工夫や努力、挑戦しつづける強い気持ち、そして最後に訪れた成功などに心を引かれずにはいられない。そして、それを他の人に知らせたくなる。私も彼の話を書いているからにはその1人であることを認めざるを得ない。

（注1）まして：さらに。もっと
（注2）書き留める：忘れないように、ノートなどに書いて記録しておく
（注3）出稼ぎ：ある期間、住んでいる場所を離れて仕事をすること
（注4）どん底：一番下の底。最悪、最低の状態
（注5）親類：生まれや結婚などによって関係ができた人で家族以外の人

1 「奇跡のリンゴ」とはどんなリンゴか。

　　1　今、一番人気があるリンゴ

　　2　腐るのに時間がかかるリンゴ

　　3　他のリンゴよりおいしいリンゴ

　　4　農薬や肥料を使っていないリンゴ

2 「奇跡のリンゴ」の誕生について述べられているのはどれか。

　　1　微生物が住めるような柔らかい土を作ることが大事だった。

　　2　畑の土を調べた結果、土作りの大切さが分かった。

　　3　畑の土の中に微生物が住むようになるまでに10年かかった。

　　4　雑草を取り除いて、微生物が住みやすい自然のままの土を作った。

3 「奇跡のリンゴ」の話を聞いた後の筆者の気持ちはどれか。

1 奇跡のリンゴの話は信じられない話だ。

2 奇跡のリンゴの話を広めたい。

3 奇跡のリンゴが買えるのは奇跡だ。

4 奇跡のリンゴを食べてみたい。

해석

'기적의 사과'는 무농약인데다가 무비료로 만들어지고 있다. '기적'이란 보통은 일어나지 않는다는 의미이다. 무농약 쌀이나 채소가 판매되고 있지만 재배하려면 엄청난 노력이 필요하다고 하며, 완전한 무농약 작물을 만드는 것은 거의 불가능하다고 한다. 하물며(주1) 사과는 결코 무농약으로는 만들 수 없다고들 했다. 그런데 거기에 도전한 한 농민이 있었다. 기무라 아키노리 씨라고 한다. 그는 책을 읽고 응용해서 결과를 기록했다(주2). 기록한 자료가 상자에 가득 찰 만큼 연구에 열심이었다. 벌레를 죽이기 위해서도 매년 여러 가지 연구를 했다. 식초를 뿌린 적도 있었다. 그러나 그 모든 것이 허사였다. 아무리 해도 사과가 열리지 않았던 것이다. 사과를 수확할 수 없으니 수입이 없어서 외지로 돈을 벌러(주3) 나간 적도 있었다. 가족의 생활은 최악의 상태(주4)였다. 주변에서는 바보라든가 폐를 끼친다는 말을 들었고, 친척들(주5)로부터도 그만두라는 말을 들었다. 그런 상황 속에서 가족만이 힘든 생활을 계속하면서도 그를 지지해 주었다. 그러나 아무리 연구해도 사과는 열리지 않았다. 이제 한계였다. 그때 흙 만들기의 중요성을 깨달았다. 숲의 흙이 자신의 밭에 있는 흙과 전혀 다르게 부드럽다는 것을 깨달은 것이다. 숲의 흙을 조사하여 똑같은 흙을 만들려고 잡초도 자란 채로 자연 그대로 두었다. 그러자 흙 속에는 미생물이 살게 되었고, 이듬해에 드디어 사과가 열매를 맺었다.

그의 사과는 맛이 진하다고 한다. 게다가 사과는 자르면 바로 색이 변하는 것에 반해 그의 사과는 색이 변하지 않고 그대로라고 한다. 게다가 썩지조차 않는다고도 한다. 때문에 당연히 그 인기가 높아서 판매되자마자 불과 10분만에 품절이 된다고 한다. 사고 싶어도 살 수 있다고는 장담할 수 없다. 만약 운 좋게 추첨에 당첨이 되면 살 수 있다. 한 개에 300엔이라고 한다. 다른 사과에 비해 결코 비싸지 않다. 좀 더 비싸도 살 사람은 많이 있다고 생각하지만 그는 결코 사과를 비싸게 팔려고 하지 않는다고 한다. 이런 점도 그의 매력의 하나일지도 모르겠다. 지금은 사과 재배 외에 농업 지도나 강연회, 책의 출판 등으로 바쁘게 지내고 있다고 한다.

우리는 그가 경험한 믿을 수 없을 정도의 가난한 생활이나 셀 수 없을 만큼의 연구와 노력, 계속 도전하는 강한 마음, 그리고 마지막에 찾아온 성공 등에 마음을 뺏기지 않을 수 없다. 그리고 그것을 다른 사람에게 알리고 싶어진다. 나도 그의 이야기를 쓰고 있으니 그 중 한 사람인 것을 인정하지 않을 수 없다.

(주1) まして : 하물며, 더욱이
(주2) 書き留める : 잊지 않도록 노트 등에 적어서 기록해 두다
(주3) 出稼ぎ : 어느 기간 동안 살고 있는 곳을 벗어나 일을 하는 것
(주4) どん底 : 가장 낮은 바닥, 최악의 상태
(주5) 親類 : 혈연이나 혼인 등으로 인해 관계를 맺은 가족 이외의 사람

1 '기적의 사과'란 어떤 사과인가?

1 지금 가장 인기 있는 사과
2 썩는 데 시간이 걸리는 사과
3 다른 사과보다 맛있는 사과
4 농약이나 비료를 사용하지 않은 사과

2 '기적의 사과'의 탄생에 대해 서술하고 있는 것은 어느 것인가?

1 미생물이 살 수 있는 부드러운 흙을 만드는 게 중요했다.
2 밭의 흙을 조사한 결과 흙 만들기의 중요성을 알았다.
3 밭의 흙 속에 미생물이 살게 되기까지 10년이 걸렸다.
4 잡초를 제거하여 미생물이 살기 쉬운 자연 그대로의 흙을 만들었다.

3 '기적의 사과'에 대한 이야기를 들은 후의 필자의 마음은 어느 것인가?

1 기적의 사과 이야기는 믿을 수 없는 이야기이다.
2 기적의 사과 이야기를 퍼트리고 싶다.
3 기적의 사과를 살 수 있는 것은 기적이다.
4 기적의 사과를 먹어 보고 싶다.

**단어

奇跡(きせき) 기적 | 無農薬(むのうやく) 무농약 | 無肥料(むひりょう) 무비료, 비료를 쓰지 않음 | 作物(さくもつ) 작물 | まして 하물며, 더구나 | 挑戦(ちょうせん)する 도전하다 | 応用(おうよう)する 응용하다 | 熱心(ねっしん) 열심 | 収穫(しゅうかく) 수확 | 限界(げんかい) 한계 | 雑草(ざっそう) 잡초 | 生(は)える 나다, 자라다 | 微生物(びせいぶつ) 미생물 | わずか 조금, 불과 | 幸運(こううん) 행운 | 抽選(ちゅうせん) 추첨 | 魅力(みりょく) 매력 | 指導(しどう) 지도 | 講演会(こうえんかい) 강연회 | 出版(しゅっぱん) 출판 | 貧乏(びんぼう) 가난함, 궁핍함

해설

〈질문 1〉은 '기적의 사과'가 어떤 사과인지를 묻고 있다. 기적의 사과에 대해서는 지문의 맨 앞에 '기적의 사과는 무농약인데다가 무비료로 만들어지고 있다'고 설명이 나온다. 따라서 정답은 선택지 4번 '농약이나 비료를 사용하지 않은 사과'가 된다.

〈질문 2〉는 기적의 사과가 어떻게 탄생되었는지를 묻고 있다. 저자는 첫 번째 단락에서 기무라 아키노리 씨가 기적의 사과를 어떻게 탄생시키게 되었는지에 대해 설명하고 있다. 기무라 씨는 아무리 연구해도 사과가 열리지 않았는데, 숲에 있는 흙과 자신의 밭의 흙이 다르다는 것을 깨닫고 숲의 흙과 같이 부드러운 흙을 만들기 위해 노력하였다. 그러자 흙 속에 미생물이 살게 되어 그 이듬해 사과가 열렸다고 했다. 따라서 정답은 선택지 1번 '미생물이 살 수 있는 부드러운 흙을 만드는 게 중요했다'가 된다. 숲의 흙을 조사했다고 언급하고 있으며, 흙 속에 미생물이 살게 되기 까지 걸린 정확한 시간은 언급되어 있지 않다. 또한 잡초도 그대로 둔다고 하였으므로 2, 3, 4번은 오답이다.

〈질문 3〉은 저자가 기적의 사과에 대한 이야기를 들은 후 어떤 마음을 갖게 되었는지를 묻고 있다. 저자는 마지막 단락에서 '우리는 그가 경험한 믿을 수 없을 정도의 가난한 생활이나 셀 수 없을 만큼의 연구와 노력, 계속 노전하는 깅힌 마음, 그리고 마지막에 찾아온 성공 등에 마음을 뺏기지 않을 수 없고, 그것을 다른 사림에 알리고 싶어진다'고 했다. 또, 자신 역시 그 중 한 사람이라고 했으므로 정답은 선택지 2번 '기적의 사과 이야기를 퍼트리고 싶다'가 된다.

問題13 次の文章を読んで、後の問いに対する答えとして最もよいものを、1・2・3・4から一つ選びなさい。

（1）

　子供が自由に遊べる場所が減少している。私が子供の頃は今と違ってゲームなどなかったが、子供たちが集まれば直ちにそこが遊び場になった。雨が降らない限り外で遊んだものだった。今では危険だからと多くの公園で禁止されている木登りや池に入ってザリガニや魚を捕まえることも、大人が見ていないところで泳ぐことさえできた。子供たちだけであちこち冒険したり、そこに秘密基地を作ったりもした。(注1) 幸運なことにまだ自然がたくさん残っていたから新しい発見をしたり、自分たちで遊びを考えたりすることができた。崖から飛び降りる競争をして骨折したり、川の氷に乗って遊んでいて氷が割れ、ずぶぬれになったりする子供も珍しくなかった。もちろん、そのたびに親たちに「危ないことをするな」と叱られたけれど、子供は懲りもせず同じことを繰り返していた。(注2)

　今考えると子供たちは遊びの中で多くを学んでいた。一緒に遊ぶためのコミュニケーションの取り方、何か問題が起きた時の解決方法、何が危険かを判断する力、おもしろい遊びを作る想像力、考えを実行に移す行動力などを自然と身につけていったのだ。原っぱや道路、公園など、あらゆるところが子供の遊び場だった。(注3) 走ったり飛んだり登ったり降りたり体を使って遊んでいたから自然に体が強くなった。そうした遊びを通して生きる力を付けていった。

　今は子供はいろいろなおもちゃに囲まれている。外で遊ぶことなく、何時間もゲームばかりしている子供も多い。ゲームは1人でも楽しめるし、ゲームの最中は話す必要もない。それに体を動かさないから健康面も心配だ。与えられたおもちゃはほとんど遊び方が決まっていて、子供が考えて工夫する必要がない。子供の生きる力が衰えていくのではないかと心配になる。もっと友達と外で体を使って遊んでほしい。

　子供にとって自由な環境での遊びは成長させてくれる大切なことだ。ボール遊びさえできない公園もあるし、子供の声がうるさいと言って閉められた公園すらある。大人の都合で子供の遊び場を取り上げてもよいものだろうか。それを心配して外での自由な遊びを通して得られるさまざまな体験や子供たちを交流させる公園が造られるようになった。そこでは子供たちの自主性や主体性、社会性やコミュニケーション能力を育てることができるらしい。危険がないようにボランティアが見守る中ではあるが自由に遊べるし、時には普通の公園ではできない焚き火や泥遊び、木登りなども楽しめる。これはよいことだとは思うが、まだ数が少ない。今後、どれほどの効果があるかは未知数だ。

（注1）秘密基地：人に知られないようにして、自分や仲間だけが使う特別な場所
（注2）懲りる：失敗や痛い経験からもう同じことをしない気持ちになる
（注3）原っぱ：身近にある、子供たちが遊ぶような草が生えている広い空き地

1 筆者は現在の子供の遊びの環境について、どのように考えているか。

1　自由な遊びよりも安全が優先されるのは当然だと思っている。

2　外で自由に遊ぶことが減ったことについて心配している。

3　昔と比べて今の子供の方が遊ばなくなっているので心配している。

4　今の子供はおもちゃもゲームもあって恵まれていると評価している。

2 筆者は公園が造られるようになったことについて、どのように感じているか。

1　良いことだとは思うが、限界も感じている。

2　大人がいることは子供の成長にマイナスだと感じている。

3　全ての公園を変えられないので残念だと感じている。

4　子供にとって危険な冒険ができないのは問題だと感じている。

3 筆者が最も伝えたかったことは何か。

1　子供を心身ともに育てるためには自由を与えるべきである。

2　子供がよく育つためには子供同士の自由な遊びが必要だ。

3　子供を何人かで自由に遊ばせるためには監視する大人が必要だ。

4　子供が自由に好きなことができるように自然の中で育てるのがいい。

（2）

　　2025年はトイレの便器数の男女差が広く認識されるようになった年です。それま
でも女性建築家が便器の数の男女差を調べて論文を発表したり大学の研究テーマに
したりして、問題があることは明らかになっていましたが、特に大きく取り上げら
れることはありませんでした。今回、これが日本中の注目を浴びたのは、1人の女
性が約2年半にわたってコツコツと全国の鉄道、空港、コンサートホールや商業施
設、706か所を調べたことがニュースに取り上げられたためです。彼女の調査によ
ると、便器数(男性は小便器を含む)は、男性が女性の1.76倍。706か所のうち、9割
以上のトイレで男性の方が便器数が多く、女性の方が多かったのは28か所だったそ
うです。男女差が目立った施設の一つが駅で、女性用個室6個に対し、男性用は小
便器10個、個室7個の計17個、女性の2.83倍という例もあったそうです。多くの女
性はトイレの長い行列に不満を持ちながらもあまりそれを訴えてきませんでした。
トイレのことを言うのは恥ずかしいことだし、重要なことでもないし、我慢するの
に慣れていたうえに、何より当たり前のことだと思っていたからです。しかし、今
はSNSの時代ですからこのことがあっという間に広まっていかに多くの女性が不満
を持っていたかが明らかになりました。日本のトイレは素晴らしいと世界中に知れ
渡っていたのに、こんな問題を見落としていたのです。

　このトイレの数の男女差には別の重要な問題も含まれています。女性用便器が少な
いからといって、単に平等に男女で同じ数にしても問題は解決しません。平等と公
平は違うからです。平等は単に同じにすることですが、公平はすべての人が不利に
ならないように、それぞれに合うようにすることです。例えば、高いところのりん
ごを取る時に同じ高さの台を与えることは平等です。それに対し、背が低い人が同
じ高さの台を使ってもりんごが取れない場合には、その人にはより高い台を与えな
ければならないというのが公平なのです。トイレについても公平にしなければなり
ません。ようやく、これに気がついて男女の便器数を入場者の男女比に合わせてを
柔軟に変更できるホールも造られています。しかし、すべての日本の公共トイレが
公平になるには、まだ時間がかかりそうです。これが解決できてはじめて日本のト
イレは素晴らしいと胸を張って言えるのではないでしょうか。

（注1）便器：用を足す時に出るものを受け止める道具。男性用は小便器と言う。
（注2）不利：他の人と比べて、立場や条件が悪くなること

4 2025年にトイレの便器数の男女差が広く注目されるようになった理由は何か。

1 初めての男女別便器数の調査結果がニュースになったから

2 女性がトイレの不満をＳＮＳで言うようになったことがニュースで広まったから

3 一人の女性による長期間の全国調査がニュースに報じられたから

4 女性の建築家が初めて書いた男女別トイレの便器の数の論文がニュースになったから

5 筆者はトイレの便器数の問題にどう対処するべきだと考えているか。

1 女性の便器数を男性より多くすればよい。

2 日本全体で公共のトイレの数を公平になるようにすればよい。

3 男女の違いを考えて公平になるようにすればよい。

4 できるだけ新しいトイレを造って公平さが保たれるようにすればよい。

6 これまでの日本のトイレの評価に対する筆者の気持ちは何か。

1 誇らしいが、気がつかなかった問題があるので残念だと思っている。

2 見落としがあっても、日本のトイレは十分に素晴らしいと思っている。

3 日本のトイレは問題があるので世界からの評価は間違っていると思っている。

4 時間をかければ解決できる小さな問題が評価を下げているので不満だと思っている。

（3）

　ノーベル財団の発表によると、2025年までの日本の自然科学分野における受賞者は24人だそうだ。このほかアメリカ国籍の受賞者を含めると27人になり、世界で第５位の受賞者数だ。受賞者の多くは1980～90年代にいい研究環境で研究ができていたが、今は違う。今後しばらくは有力候補者はいるものの、多くは60代以上で、次世代の受賞者がいなくなる恐れがある。25年前、日本は「トップ１％論文」の引用回数で世界４位だったが、年々順位を下げ、2023年には12位(319本、シェア1.7%)に落ち込み、韓国(331本)にも追い越されているからだ。博士号を持つ人も少なくなり、人口100万人あたり約130人で、韓国や英国の約340人に及ばない。理由は研究者数、研究時間、研究予算の減少にある。これでは状況は悪化する一方だ。

　日本では2004年の国立大学の法人化にともない、助成金が毎年１％ずつ減少した。大学では職員が減り、そのために研究者は書類の作成などに追われ、研究時間が大幅に減少した。さらに、ポスドクの問題がある。ポスドクは地位が不安定であり、これが博士課程への進学をためらわせ、修士号を取得しただけで就職してしまう多くの学生を生んでいる。また、ポスドクは１年から５年、場合によっては10年以内によい研究結果が出なければ退職しなければならないため、時間がかかる基礎研究や、未知の分野への挑戦を避ける傾向にある。しかし、ノーベル賞は基礎研究や新たな知識から生まれるものなので状況は深刻化している。

　政府は研究予算を有効に活用し、世界最高水準の研究大学をつくる計画を立てて大学間で競争させている。「国際卓越研究大学」を選び10兆円のファンドから最長25年間の助成金を与えることとした。2024年には東北大学が選ばれ、まず約154億円を受け取った。しかし、それだけではなく、多くの大学にも助成金が必要であり、特に若い研究者が新しい挑戦を行えるよう、広く研究費を与える必要があるのではないだろうか。研究者への少額の助成金が効果的で、論文数やノーベル賞級の研究を生む可能性が高いという研究結果もある。

　だから、国の方針にかかわらず、広く薄く助成を充実すべきだ。「少額でもいいから好奇心に基づく研究ができるようにしてほしい」という声を政府は無視してはならない。小規模な実験で成果を上げ、世界から注目されている例もあるそうだから、幅広い研究者への助成を強化することで、技術大国日本を取り戻すべきではないだろうか。

（注1）引用：自分の意見などを証明するために他人の文章や図表などをそのまま使うこと
（注2）法人化：会社などのように独立して経営できる組織にすること
（注3）ポスドク：ポストドクターの略。博士号を取った後に大学や研究所で研究を続ける任期付きの研究者
（注4）国際卓越研究大学：世界トップレベルの研究力を持ち、社会を変えるほどの研究成果を生み出す可能性があると認定された大学

7 今の日本の科学技術力はどんな状態か。

1 博士号を持つ研究者が減っているが、科学技術力に影響はない。

2 研究予算や研究者、研究時間の減少により、科学技術力が低下している。

3 高い科学技術力を誇っており、それをさらに高めようとしている。

4 科学技術力が落ちているので、ノーベル賞受賞者はもう出ない。

8 筆者は日本の科学技術はどうなると考えているか。

1 助成金が増えさえすれば、今後も順調に発展しつづけるだろう。

2 もはやノーベル賞レベルの研究はできなくなるだろう。

3 助成金が広く行き渡れば、元の水準に戻る可能性があるだろう。

4 いい研究環境ができれば、以前の数を超えてノーベル賞が取れるだろう。

9 筆者はどうすべきだと考えているのか。

1 国際卓越研究大学への助成金を多くの研究者に与えるべきだ。

2 国際卓越研究大学への助成金より研究者への助成金の方を増やすべきだ。

3 助成金を効果的に使うため、国際卓越研究大学の予算を増やすべきだ。

4 国際卓越研究大学の助成金とともに多くの研究者に助成金を与えるべきだ。

（4）

　最近、話題を集めているのが「クラウドファンディング」だ。これは、何かをしたい人がその考えをインターネットに公開し、支援者から実現するための資金を集める方法である。目標金額を設定し、期限までにその金額が集まらない場合はプロジェクトが取り消しになることもある。「Ａ：購入型」と「Ｂ：応援型」の２つがあってＡでは支援に対してお礼の品物が用意されている。Ａはアイディアがあっても資金不足で商品化できない場合などに使われ、支援者はその商品を購入する形になる。クラウドファンディングのおかげでチャンスが得られるわけだ。成功例として、ペットドライヤーがある。猫は洗った後、ドライヤーで乾かそうとしても、嫌がってなかなか乾かすことができない。そこで、猫を入れる箱型のドライヤーを作ることとした。これは予想以上の支援を集め、その後の売れ行きもよく、ビジネスとして成功しているそうだ。Ａは応援の気持ちとともに新商品を最初に手に入れられるということもあって、多額の資金が集まりやすい。集まった金額によって、人々にどれほど期待されているかがわかるため、出品者にとって計画が立てやすいという利点もある。

　Ｂの応援型として多いのは、災害支援などである。これに対してはお礼の品はほとんどないが、こちらも順調でかなりの金額を集めている。寄付金がどのように使われるのかが明確であるため、お礼がなくても支援者が満足するかららしい。今までで最高の支援金を集めたのはＢの国立科学博物館で恐竜の標本の維持管理費で、国が出すべきだということは置いておいて、90日で９億円を集めた。こちらは珍しい体験ができるなどのお礼も含めて、全体の３分の１に当たる３億2000万円が、品物の作製や手数料に使われたそうだ。その作業は思ったより大変だったとも言われており、最近のＢでは品物ではなく特別な経験をお礼にかえる例が増えてきているという。

　クラウドファンディングはお礼の有無にかかわらず、依頼者も支援者も満足できるシステムなので、これからも普及していくと思う。

（注１）支援：困っている人などを助けること

（注２）恐竜：２億5,100万年前から6,550万年前ごろに栄えていたトカゲのような生物
で、小さいものもいたが、ほとんどが大変大きかった。

（注３）標本：動物・植物・鉱物などの全体、またはその一部を後世に残したり研究したり
するために保存処理したもの

10 筆者はなぜ計画が立てやすいと述べているのか。

1　支援金額からその品物がほしい人が大勢いるかどうかわかるから

2　支援金額からその品物の値段をいくらにしたらよいか決められるから

3　支援金額から支援者数がわかるのでその分だけを作ればよいから

4　支援金額が目標金額を超えていたらたくさん製造できるから

11 主にどのような人が支援者になっているか。

1　Aでは新商品を安く買いたい人、Bではお返しを求めない人

2　Aでは安い商品を手に入れたい人、Bではお礼の品がなくても満足する人

3　Aでは今までにない商品が最初にほしい人、Bではお礼の有無は気にしない人

4　Aでは新商品を最初にもらいたい人、Bではお礼はあったほうがいいが、なく
てもいい人

12 筆者の考えに合っているものはどれか。

1　お礼があったので国立科学博物館が９億円も集められたのは当然だ。

2　国立科学博物館はクラウドファンディングをすべきではなかった。

3　クラウドファンディングはお礼がない場合も支援者が満足するようだ。

4　クラウドファンディングは依頼者にも支援者にもよいことだらけのシステム
だ。

（5）

　国の推計によると、日本で使われる水は３分の２が農業用に使われ、残りは工業用水と家庭や学校、事務所などで使う生活用水で約二分されているそうだ。農業用では特にお米を作る水田に多くの水が使われる。水田は地下水を使うこともあるが、多くは雨や川の水、ため池、水路から引く。水田やため池は、洪水を防ぐことも、雨が少ない時に使うこともできる。また、かえるや昆虫が住む場所にもなっている。農業が衰えるとため池や水路の管理が難しくなり、自然を守ることも難しくなってくる。工業用水は主に川の水を使うが、水の約80％〜85％は、機械や設備、製品を冷やすために、約10％は材料や製品を洗うのに、約２〜３％は製品の原料にするために使われる。昔は工場の汚れた水が問題を起こしたこともあったが、今はそんなことはほとんどない。また、地下水の使いすぎで地盤が沈んだり、水が減ったりしたので、今は使い方も制限されている。生活用水は、トイレが約22％、お風呂が約24％、料理や洗いものに使うのが約17％、洗濯が約16％、シャワーが約９％、飲み水が約４％だ。生活用水は使わないわけにはいかないが、無駄にしないようにしたいものだ。

　日本は世界平均の約２倍の雨が降るため、水不足は起きないと思われがちだが、山が多く川が短く流れが急なため、降った雨はすぐに海へ流れてしまい、溜めておくのが難しい。気候変動の影響で、大雨や台風による洪水が増えた地域がある一方で、雨が少なく深刻な水不足になる場所もある。また、人口の多い地域は水の利用量が多く、一人あたりでは日本の水資源は世界の平均より少ないそうだ。だから、ダムや貯水池を造って水を溜めなければならない。

　日本では水道がほぼ100％普及しており、そのまま飲めるうえに、おいしい水が多い。大変ありがたいことだが、水道管や施設の多くは建設から50年以上経過しており、取り換えるには多くの費用が必要だ。人口が減少している地域では、水道料金の収入も少なく、修理も難しい。また、現在は工場や家庭から出る水で川や湖が汚れることはほとんどないが、最近はＰＦＡＳという人工的に作られた化学物質が検出されて問題になっている。ＰＦＡＳは便利な物質として多くの製品に使われてきたが、自然に分解されにくく、人間の体に入ってたまると癌になる恐れもある。国は水道水のＰＦＡＳの基準を決めて安全な水道水を提供する対策を取っているが、安全な水をどこから取るか自治体は大変苦労している。これは日本だけでは完全に解決できない問題であるため、世界的な使用規制やＰＦＡＳを取り除く技術の開発を望みたい。

（注１）推計：限られたデータや一部の情報をもとにして、全体の数や傾向を推測すること
（注２）分解する：ばらばらにする

13 水の使用について、本文の内容と合っているものはどれか。

1　最も少ないのは飲み水に使う水だ。

2　生活用水は減らすことはできない。

3　最も水を使うのは米を作るためである。

4　今は工場から汚い水が出ることはない。

14 筆者は日本の水にはどんな問題があると考えているか。

1　大雨が降るような地域で水不足が起きること

2　水道管や施設が古くなって修理不能になっていること

3　安全な水道水のためにＰＦＡＳがない水が探せないこと

4　雨が降ってもほとんどの水が海に流れていってしまうこと

15 筆者は日本の水について、どのように思っているか。

1　問題はあるが、対策がないわけではない。

2　私たち個人が水を大切に使えば、問題は解決する。

3　ダムを造らなければ水不足は解決できない。

4　外国より雨が多いから問題はほとんどない。

（6）

　漫画やアニメの世界は、最近大きく変化してきました。日本のアニメや漫画は「ドラゴンボール」「ワンピース」「ナルト」「ポケモン」などの人気作品を通して、世界中の人に親しまれてきました。けれども最近では、日本だけでなく、韓国、中国、アメリカやヨーロッパの国々でも、自国のアニメや漫画を盛んに制作するようになっています。特に中国は国をあげてアニメ産業を育てていて、大きなスタジオや投資が増えています。韓国は「ウェブトゥーン」というスマホ向けの漫画に強みがあり、それをもとにしたドラマやアニメが世界中で人気を集めています。ウェブトゥーンは、スマホやパソコンで読むことを考えて作られた縦や横にスクロールして読む新しいスタイルです。画面をスクロールさせるだけで読み進められるため、スマホ世代にとってとても読みやすい形式です。韓国から広がり、今では日本やアメリカなど多くの国でも人気があります。

　また、インターネットやSNSの広がりは、アニメや漫画を楽しむ方法を大きく変えました。「Netflix」や「Disney+」のような配信サービスを使えば、世界中の人が同じ日に同じ作品を見ることができます。ファンは「YouTube」や「TikTok」、「X(旧Twitter)」に感想やイラストを投稿することで世界中と繋がることができます。さらに楽しみ方が広がるので、作品の人気が長く続くようになりました。

　今は「日本一強の時代」から「いろいろな国が競争する時代」へと変わっています。日本が勝ち残るためには、漫画のデジタル化をさらに進めること、作品の内容も冒険や友情だけでなく、ジェンダー(男女の役割や多様な性)、環境問題、社会の不平等など、世界が求めている共通のテーマを取り入れること、翻訳と配信のスピードを上げること、新しい作家を育てること、そして漫画をもとにアニメやゲームを作るといったメディア展開を広げることなどが必要です。特に重要なのはＩＰ産業[注1]です。漫画は読むだけでなく、関連グッズの販売、アニメ化や映画化、ゲーム化、イベントやテーマパークとの繋がり、音楽ビジネス、海外配信やコラボ商品など幅広いビジネスを生み出すことができます。[注2]つまり、戦略次第では作品以上に大きな[注3]利益を得ることもできます。しかし、基本はやはり良い作品を作ることにあるため、何といっても新しい才能を育てることを大事にし、さらなる高みを目指してほしいと思います。

（注1）ＩＰ産業：作品やキャラクターを使って生まれる産業
（注2）コラボ商品：作品やキャラクターと関係がある特別に作られた商品。キャラクター
　　　　　　　　　入りＴシャツなど
（注3）戦略：目的を達成するために様々な手段を考えて作った計画

16　筆者は今の日本の漫画やアニメの状況について、どのように述べているか。

　1　今までの日本の人気作品は海外の新しい作品に負けている。

　2　新しい技術を取り入れない日本はおくれを取ってしまった。

　3　縦読み漫画ばかりになって、紙の漫画は消えつつある。

　4　日本以外の国も力をつけてきていて競争が激しくなっている。

17　筆者はどうしてＩＰ産業を重要視しているのか。

　1　作品より多くの利益を得ることができるから

　2　作品より人気が出るものが作れるはずだから

　3　作品をめぐっていろいろなビジネスが広がるから

　4　作品をさらに人気商品にすることができるから

18　筆者は日本の漫画・アニメに何を望んでいるのか。

　1　紙の漫画は古いから止めてデジタル化すること

　2　勝ち残るために問題を解決して今を越えること

　3　良い作品を出して世界から認められること

　4　才能がある海外の作者を探して、さらに良い作品を出すこと

（7）

　食事の時一番よく働いているのは味覚でも嗅覚でもなく実は視覚だそうだ。視覚の情報が87％を占めているとか。だから、料理をどんな皿にどのように盛り付けるか、お弁当に何をどのように入れるかといった見た目を考えることがとても大切だ。和食は特に器や盛り付け方を大事にする。料理を引き立てるつまもよく使われる。刺身を盛る時に大根を千切りにしたものの上に置いたり、大葉などの緑の葉や海藻を添えたりする。時にはプラスチック製の食べられない大葉が添えられていたりするのはそのためだろう。盛り付けの形ばかりでなく色も最重要視されている。例えば、緑の野菜ばかりのサラダの中に赤いトマトを入れるだけで、料理はもっとおいしそうに見えるものだ。トマトの代わりに黄色いレモンを入れたりオレンジ色のにんじんを薄く切って散らしたりするのも、そのためだろう。

　色に関する調査で、割った卵を見せたところ、黄身の色が濃い方、つまり黄色がオレンジに近い方をおいしそうだと感じた人が多かった。食べ物は温かみを感じさせる赤やオレンジ色の方がおいしそうに見えるらしい。反対に青系の色は食欲を減退させる傾向があるといわれている。しかし、同じ食べ物でも魚やアイスなどは冷たさ、さわやかさ、新鮮さなどが求められるため、寒色系の色が好まれる。あるチョコレート会社はミント味のチョコレートを売り出す際、ミント味の部分を実物に近い黄緑色に決めた。ところが、同じ製品をミントのさわやかな香りをイメージさせる水色に変えたところ、なんと売り上げが以前の２倍になったそうだ。このように温かい食べ物には暖色系を、冷たい食べ物には寒色系を使うのが今や一般的な常識となっている。

　しかし、それに反して秋の真っ赤な紅葉をデザインした缶ビールが発売され、瞬く間に人気商品となった。その後、次々と同様の缶ビールが売り出されるようになり、今では缶ビールの色に対するタブーがなくなったと言える。冷たい銀色が多かった缶ビールに金色の方が高級感があるとしてよく使われるようになった。さらに、冷やすと紫色が現れたり、桜が白からピンクに変わったりする遊び心がいっぱいの缶も生まれて大人気だ。これはまさにデザインの勝ちと言えるだろう。常に成功するとは限らないが、冒険者、万歳！

（注１）嗅覚：匂いを感じる感覚
（注２）引き立てる：ここでは良く見えるようにすること
（注３）つま：刺身などの料理に添えられているもの
（注４）千切り：野菜などを細かく切ること
（注５）大葉：しそと呼ばれる緑色の葉
（注６）海藻：海に生えている草のようなもの。のり、昆布など
（注７）寒色：氷や水のように冷たい感じを与える色。青色など
（注８）暖色：火のように暖かい感じを与える色。赤、オレンジなど
（注９）タブー：しても言ってもいけないこと

19 プラスチックの大葉を使うのはなぜか。

1 刺身のつまは食べないものだから

2 緑色のつまが刺身には合うから

3 本物よりプラスチックの方がよいから

4 偽物でもあった方が刺身が良く見えるから

20 筆者はなぜこれはもうデザインの勝ちと言えるだろうと言っているのか。

1 色のイメージに反する缶が出たから

2 常識外れの様々な缶が受け入れられているから

3 赤い色の缶ビールばかり売れるようになったから

4 色のイメージというものがないことがわかったから

21 筆者はデザインする時の態度はどれがよいと言っているか。

1 いつも遊び心を持ってデザインしよう。

2 失敗を恐れずに新しいことに挑戦してみよう。

3 色のイメージの変更などは自信がある時だけにしよう。

4 常識外の色使いで成功する可能性が高いから試してみよう。

　日本は少子化の影響で、お墓を守る子孫がいなくなり、無縁仏になる人が増えています。先祖代々のお墓があっても引き継ぐ人がいないのです。①それを避けるために墓じまいをする人もいますが、寺にお墓がある場合は高額な費用を請求されることもあります。そのため、最近新しくお墓を準備する際は寺ではなく共同墓地を選ぶ人が増えています。また、一般的なお墓の代わりに樹木葬や合同葬を希望する人も多いです。樹木葬は普通のお墓と比べると費用が抑えられますが、一人あるいは二人が埋められるのが一般的です。そのため、大家族など大人数で一緒に入ることはできません。一方、合同葬は多くの人と一緒で塔の形のお墓が多いです。同じ合同葬でも友人同士で一緒に入るために一つの普通のお墓を買っている人たちもいます。こちらは見知らぬ人と一緒ではなく友達同士だから寂しくない、ずっと一緒がいいといった理由から選ばれています。自然に帰りたい人は山や海に散骨をしますが、山での散骨は近所の住民から苦情が出ることもありますし、海では後からお参りする場所がなくて困るといった話も聞かれます。少し夢があるのが宇宙葬です。宇宙葬もいくつかありますが、人工衛星プランは約240年間宇宙を飛び回るプランで、本当に星になれるというものです。遺灰の一部をカプセルに入れて月に運ぶプランは約120万円でいつも月を見てお参りできます。流れ星プランは地球を数日から数年回った後、流れ星となって消えていくものです。費用は内容によって30万円から100万円ほどかかります。20万円ぐらいでできるバルーン葬というのもあります。巨大な風船に入れて飛ばしますが、成層圏に着くと割れるため実際には宇宙までは行けません。さらに、遺骨からダイヤモンドを作って身につける人もいます。価格は業者によって異なりますが、0.20カラットの場合は40万円ほどだそうです。良いアイディアですが、やはり残りの遺骨をどうするかを決めなければなりません。また、現代らしい傾向といえますが、②ペットと一緒に入れる納骨堂や樹木葬を望む人も増えています。なお、お墓を見てくれる人がいないからと言って心配しすぎることはありません。普通のお墓で後継ぎがいなくなった場合は最終的には管理している寺や霊園などの合同墓に納められるからです。ただ、元気なうちに自分のお墓をどうするかについて家族と相談しておいた方がいいことは言うまでもありません。

（注１）無縁仏：世話をしてくれる人がいない死者
（注２）墓じまい：現在あるお墓を取って土地に戻すこと
（注３）樹木葬：遺骨を木や花の周りに埋める方式
（注４）散骨：死んだ人の焼いた骨を細かくして山や海にまくこと
（注５）遺灰：死んだ人を焼いた後に残る灰になった骨
（注６）成層圏：地球から約12〜50ｋｍの範囲
（注７）納骨堂：死んだ人の骨を入れて置く場所
（注８）霊園：お墓がある公園のような場所。お寺とは関係ないところ

22 ①それを避けるためにの「それ」は何を指しているか。

1　寺にお墓があること

2　無縁仏になること

3　子孫がいないこと

4　先祖代々のお墓がないこと

23 なぜ②ペットと一緒に入れる納骨堂や樹木葬を望む人も増えているのか。

1　家族と一緒のお墓は嫌だから

2　家族に迷惑をかけたくないから

3　小さいお墓で済むから

4　ペットを家族のように考えているから

24 お墓の文化について、筆者の考えと合っているものはどれか。

1　宇宙葬なら問題が残らない。

2　今後ペットのお墓は増えていく。

3　無縁仏にならないようにする必要がある。

4　様々な方法があるのでみんなで考えた方がよい。

(9)

　多くの町や村で過疎化が進む一方、実はかなりの若者が地方移住を希望しています
が、仕事がないため仕方なく都会で働いているのだそうです。そんな中、人口が増
加している地域もあります。地方には都会にはない豊かな自然や生活があるからで
す。今回は、その村の取り組みを皆さんの参考となるように、ご紹介いたします。
　長野県の人口4000人の村では1992年から村道や農道の1500か所の補修を村民自
らが行なっています。資材は村が支給しますが、道を直すのは村民で無給です。当
初は反対の声もありましたが、実際に取り組むと予想以上に簡単で、業者に比べて
3分の1の費用で済んだので続けているそうです。そのあまった予算で1997年には
最初の公営住宅を建設しました。①そのどちらも国の補助金には頼らなかったので
す。というより、補助金は規則があって利用できなかったそうです。②ここにも国
の補助金制度に問題があることが分かります。公営住宅の家賃は結婚の予定がある
人や小さな子供がいる家族には民間の半額ぐらいにし、医療費も高校卒業まで無料
にしました。その結果、若者が都会からも次々移住してくるようになったのです。
　もう一つの例は、人口2400人ほどの島根県の小さな島にある町の話です。財政
が苦しくなった時に町で働いていた人たちが給料を減らして作ったお金で「CAS」
という海産物の味を落とさずに冷凍できる装置を買いました。これにより商品が全
国に売れるようになりました。今では様々な新製品も生まれました。これを可能に
したのが日本全国からＩターンやＵターンしてきた若者たちでした。Ｉターンとは
縁のない地域に移り住むことです。Ｕターンは一度その地域を出て行った人がまた
戻ってくることです。町が1年間様々な仕事をしながら商品開発をする研修生制度
を作ったのでＩターンしやすかったと言えます。給料は高くはありませんが、この
町に夢を求めてやってくる若者は大勢いました。この研修生のアイディアから生ま
れたヒット商品もあります。町がアイディアを実現するための支援も行なっている
からです。

　前者も後者も国の助けに頼らずに何をするにも自分たちで知恵を出し、自分たちでやっています。自立しているのです。特に後者の素晴らしい点はそこに産業を作り出していることです。仕事がなければ結局人はそこに住めなくなってしまうからです。他の地域で同じことをしても成功するとは限りません。抱えている問題が違うからです。しかし、この２つの例をもとに自分たちで考え、自分たちの村や町に合ったことを実行したらよいと思います。

（注１）過疎化：人口が減りすぎて、その地域での生活が難しくなること
（注２）取り組み：ここでは問題などを解決するための試み
（注３）当初：最初の時
（注４）財政：ここでは町の経済

25　①そのどちらもとあるが、「どちら」は何を示しているか。

1　村道や農道の補修費と公営住宅の建設費用

2　資材を買った費用と村民に払ったお金

3　村のための費用と村民のための費用

4　村の人に払ったお金と建設業者に払った費用

26　②ここにも国の補助金制度に問題があることが分かりますとあるが、「ここ」とはどのことか。

1　補助金を拒否した村

2　補助金の使い方

3　補助金の金額

4　補助金の規則

27　筆者は地域を活性化するのに何が大切だと述べているか。

1　費用がかからない方法にすることが一番大切だ。

2　地域のことはボランティアがすることが大切だ。

3　成功した地域のやり方を真似することが大切だ。

4　自分たちで工夫して、実行することが大切だ。

問題14는 정보검색 문제로, 광고, 팸플릿, 정보지, 전단지, 비즈니스 문서 등의 정보를 주는 지문을 읽고 그 속에서 필요한 정보를 찾아낼 수 있는지를 묻는 문제가 나온다.

! 알고 풀자!

・질문과 선택지를 먼저 읽고 키워드를 파악해 보자!
 지문 전체를 정독하기보다 질문에서 요구하는 핵심 키워드를 파악하고, 해당 키워드가 있는 부분을 빠르게 찾아 읽는 것이 중요하다. 제시된 조건을 지문과 대조해 조건과 일치하지 않는 선지부터 먼저 지워 나가면 쉽게 답을 찾을 수 있다.

・예외 조항을 놓치지 말자!
 표나 설명 하단에 있는 예외 조건이 문제의 요구 사항에 영향을 미칠 수 있으니 놓치지 않고 점검해야 한다.

예시

問題7　右のページはあるホテルのホームページに載っている案内である。下の問いに
　　　　対する答えとして最もよいものを、１・２・３・４から一つ選びなさい。

70 ユンさんは、来週ミハマホテルのビュッフェに行きたいと考えている。金曜か
土曜の12時から17時の間で、２時間いられるものがいい。ユンさんの希望に
合うビュッフェはどれか。
　1　「ベルン」のランチビュッフェ
　2　「ベルン」のデザートビュッフェ
　3　「ベルン」の夕食ビュッフェ
　4　「みよし」のランチビュッフェ

71 エンリケさんは、今度の土曜日に妻と一緒にレストラン「ベルン」の夕食ビュ
ッフェに行き、「窓際特別テーブル」を利用したい。エンリケさんは63歳、妻
は66歳である。エンリケさんたちの料金はどのようになるか。
　1　エンリケさん6,000円、妻6,000円のみ
　2　エンリケさん6,000円、妻6,000円、テーブル料金1,000円
　3　エンリケさん6,000円、妻5,500円、テーブル料金1,000円
　4　エンリケさん5,500円、妻5,000円、テーブル料金1,000円

ビュッフェのご案内

レストラン「ベルン」および「みよし」では、以下のビュッフェをご用意しております。お好みの料理を食べ放題でお楽しみください。

ベルン（洋食）

◆ランチ　11:30〜14:00　（制限時間90分）

料金		おとな	シニア	こども
	（平日）	おとな 3,300円	シニア 3,000円	こども 1,700円
	（土日・祝日）	おとな 4,000円	シニア 3,700円	こども 2,000円

◆デザート　15:00〜17:00　（制限時間60分）

料金		おとな	シニア	こども
	（平日）	おとな 2,500円	シニア 2,200円	こども 1,500円
	（土日・祝日）	おとな 3,000円	シニア 2,700円	こども 1,800円

◆夕食　18:00〜21:00　（制限時間2時間）

料金		おとな	シニア	こども
	（平日）	おとな 5,500円	シニア 5,000円	こども 2,000円
	（土日・祝日）	おとな 6,000円	シニア 5,500円	こども 2,500円

"窓際特別テーブル"のご案内

　レストラン「ベルン」では、海が見渡せる窓際の特別席をご用意しております。最高の眺めとともにビュッフェをお楽しみください。ビュッフェ料金に、1テーブル（2〜4名様）1,000円の追加料金でご利用いただけます。

みよし（和食）

◆ランチ　11:00〜16:00　（制限時間2時間）

土日・祝日のみ

料金　おとな 4,500円　　シニア 1,200円　　こども 2,200円

※ビュッフェ料金の区分について（ベルン・みよし共通）
　　おとな…中学生から64歳までのお客様
　　シニア…65歳以上のお客様
　　こども　4歳から小学生までのお子様（3歳以下のお子様は無料です。）

ご予約・お問い合わせ
　　ベルン 031-277-1116（直通）　／　みよし 031-277-1119（直通）

例題14 右のページはあるホテルの宿泊案内書である。下の問いに対する答えとして最もよいものを、１・２・３・４から一つ選びなさい。

1 山下さんが５月２日10：30に使えるのはどれか。

1 大浴場

2 ノース温泉

3 レストラン桜

4 707号室の金庫

2 施設の利用方法で間違っているのはどれか。

1 朝食をレストラン桜で食べる。

2 冷蔵庫でビールを冷やすことができる。

3 浴衣とスリッパでレストランに行くことができる。

4 大浴場では部屋のタオルを使わなければならない。

ノースホテルご宿泊のご案内

ヤマト旅行社

山下様

チェックイン	5月1日（1泊、2名様、夕食・朝食付き）
チェックアウト	5月2日 10：00まで（お手続きは各自でお願いいたします）
フロント	1階（内線番号5番）
お部屋	7階707号室（添乗員は701号室、電話は0701番） （注1）
ご利用案内	鍵はお部屋に用意してあります。
	ドアは手で鍵をかけてください。
	貴重品はフロントにお預けになるか、客室内の金庫をご利用ください。
	宅配便はフロントにて承ります。
	タオル・浴衣・歯ブラシ・ドライヤーなどは客室内に備え付けております。
	冷蔵庫は空になっておりますので、ご自由にお使いください。
	ホテルの隣のノース遊園地とノース温泉を2日間ご利用いただけます。
売店	3階 8：00〜22：00
朝市 （注2）	7：00〜10：00、1階ロビーの横にて
館内移動	浴衣・スリッパ可
大浴場	1階 5：00〜7：30、11：00〜24：00（備え付けタオルあり）
ノース遊園地	10：00〜18：00
ノース温泉	10：00〜23：00
お食事のご案内	夕食は3階レストラン「桜」にて（ビュッフェスタイル）、18：00〜22：00
	朝食は3階同会場にて（ビュッフェスタイル）、7：00〜8：30
	喫茶室「チェリー」は1階、10：00〜18：00

（注1）添乗員：団体旅行に同行し、旅行がスムーズに進むように管理する人
（注2）朝市：朝の時間帯にのみ店が集まって開かれる市場

해석

노스 호텔 숙박 안내

야마토 여행사

야마시타 님

체크인	5월 1일(1박, 2인, 석식·조식 포함)
체크아웃	5월 2일 10시까지(수속은 각자 부탁 드립니다)
프런트	1층(내선 번호 5번)
객실	7층 707호(가이드(주1)는 701호, 전화는 0701번)
이용 안내	열쇠는 방에 준비되어 있습니다.
	문은 손으로 열쇠를 채워 주시기 바랍니다.
	귀중품은 프런트에 맡기거나 객실 내 금고를 이용해 주시기 바랍니다.
	택배는 프런트에서 접수 받고 있습니다.
	수건·유카타·칫솔·드라이어 등은 객실 내에 구비되어 있습니다.
	냉장고는 비어 있으니 자유롭게 사용하십시오.
	호텔 옆의 노스 유원지와 노스 온천을 이틀간 사용하실 수 있습니다.
매점	3층 8:00~22:00
아침 시장(주2)	7:00~10:00, 1층 로비 옆에서
관내 이동	유카타·슬리퍼 차림 가능
대욕탕	1층, 5:00~7:30, 11:00~24:00(수건 비치되어 있음)
노스 유원지	10:00~18:00
노스 온천	10:00~23:00
식사 안내	석식은 3층 레스토랑 사쿠라에서 (뷔페 스타일) 18:00~22:00
	조식은 3층 같은 곳에서 (뷔페 스타일) 7:00~8:30
	카페 체리는 1층 10:00~18:00

(주1) 添乗員: 단체 여행에 따라가서 여행이 원활하게 진행되도록 관리하는 사람

(주2) 朝市: 아침 시간대에만 가게가 모여 영업하는 시장

1 야마시타 씨가 5월 2일 10:30에 사용할 수 있는 것은 어느 것인가?

1 대욕탕
2 노스 온천
3 레스토랑 사쿠라
4 707호실 금고

2 시설의 이용 방법으로 잘못된 것은 어느 것인가?

1 조식을 레스토랑 사쿠라에서 먹는다.
2 냉장고로 맥주를 차게 할 수 있다.
3 유카타와 슬리퍼 차림으로 레스토랑에 갈 수 있다.
4 대욕탕에서는 객실의 수건을 사용해야 한다.

宿泊(しゅくはく) 숙박 | 案内(あんない) 안내 | 大浴場(だいよくじょう) 대욕장 | 金庫(きんこ) 금고 | | 施設(しせつ) 시설 | 利用(りよう) 이용 | 朝食(ちょうしょく) 조식 | 冷蔵庫(れいぞうこ) 냉장고 | 冷(ひ)やす 차갑게 하다, 식히다 | 浴衣(ゆかた) 유카타 | 付(つ)き ～이 포함됨 | 手続(てつづ)き 수속, 절차 | 各自(かくじ) 각자 | 内線(ないせん) 내선 | 添乗員(てんじょういん) 인솔자, 가이드 | 用意(ようい)する 준비하다 | 貴重品(きちょうひん) 귀중품 | 預(あず)ける 맡기다 | 客室(きゃくしつ) 객실 | 宅配便(たくはいびん) 택배 | 承(うけたまわ)る (접수 등을) 받다 | 備(そな)え付(つ)ける 비치하다 | 空(から) 비어 있음 | 自由(じゆう) 자유 | 遊園地(ゆうえんち) 유원지, 놀이공원 | 売店(ばいてん) 매점 | 朝市(あさいち) 아침 시장 | 館内(かんない) 관내 | 移動(いどう) 이동 | 会場(かいじょう) 회장, 장소 | 喫茶室(きっさしつ) 찻집, 카페 | 団体(だんたい) 단체 | 同行(どうこう) 동행 | 管理(かんり) 관리 | 時間帯(じかんたい) 시간대 | のみ ～만, ～뿐

〈질문 1〉은 '5월 2일 오전 10시 30분에 이용할 수 있는 것은 무엇인지'에 대해 묻고 있다. 선택지 1번의 '대욕탕'은 오전 10시 30분에는 닫혀 있기 때문에 정답이 아니다. 2번 '노스 온천'은 이용 안내에서 이틀간 이용할 수 있다고 언급하고 있으며 이용 시간이 오전 10시부터 오후 11시까지이므로 정답이 된다. 3번 '레스토랑 사쿠라'의 아침 영업 시간은 오전 8시 30분까지이므로 정답이 되지 않는다. 4번 '707호실의 금고'는 10시에 체크아웃을 한 이후에는 객실에 들어갈 수 없으므로 역시 맞지 않는다.

〈질문 2〉는 '시설의 이용 방법으로 잘못된 것은 무엇인지'를 묻는 문제이다. 안내문을 보면 아침 식사는 '3층 같은 곳에서'라고 되어 있는데 여기서 같은 곳이란 저녁 식사를 하는 곳과 같은 곳이라는 뜻이므로, 선택지 1번 '아침 식사를 레스토랑 사쿠라에서 먹는다'는 맞는 내용이다. 또 '냉장고가 비어 있으니 자유롭게 사용해 주세요'라고 했으므로 냉장고를 사용할 수 있음을 알 수 있다. 따라서 2번도 맞는 내용이다. 유카타나 슬리퍼 차림으로 관내 이동이 가능하다고 언급되어 있기 때문에 3번 역시 맞는 내용이다. 대욕탕에 대한 안내에 '수건 비치되어 있음'이라고 되어 있으므로 객실의 수건을 사용하지 않아도 된다. 따라서 안내문의 내용과 맞지 않는 것은 4번으로 정답이다.

問題14　右のページは動物園の説明である。下の問いに対する答えとして最もよいものを、
　　　　1・2・3・4から一つ選びなさい。

1　動物に乗ったり触ったりしたい人はどこの動物園へ行くのがよいか。

1　A
2　B
3　C
4　D

2　2月26日(木)に大人3人、中学生2人、小学生2人、5歳児2人、3歳児1人で車で動物園に行きたい。入園料は1万円以上は使いたくない。どの動物園に行けるか。

1　A
2　B
3　C
4　D

	A	B	C	D
入園料	大人(中学生以上) 1,500円 小人(4歳以上) 1,000円	大人(高校生以上) 2,500円 小人 中学生 1,500円 小学生 1,000円 ＊団体(10名以上)1割引き	大人(高校生以上) 2,000円 小人(3歳から中学生) 900円 ＊団体(10名以上)2割引き	大人(中学生以上) 500円 小人(小学生以下) 200円 ＊団体(10名以上)1割引き(休日は除く)
営業時間	夏期(4月〜10月) 9:30〜17:15 冬期(11月〜3月) 10:30〜15:30 ＊休日：毎週月曜日	10:00〜17:00 ＊休日：毎週水曜日	9:00〜16:00 ＊休日：毎週月曜日	10:00〜17:00 ＊休日：毎週木曜日
特徴	＊ペンギンを水中トンネルの下から見たり、高さ17メートルのロープを歩くオランウータンを見たりできる行動展示を行っている。 ＊行動展示は、動物が自然な環境に近い状態で暮らせるよう工夫された展示である。 ＊冬には、雪の上を散歩するペンギンの姿が見られる。 ＊展示の見せ方や説明板は、動物の生活を守りながら飼育員が相談して決めている。	＊10頭の象を飼育しており、餌やりや背中に乗る体験、鼻で持ち上げてもらう体験ができる。 ＊象が絵を描いたり、サッカーをしたり、楽器を演奏したりするショーがある。 ＊象のほか、カンガルーやアルパカ、カピバラ、小動物や鳥類、犬や猫と触れ合える場所もある。	＊ライオンやベンガルトラ、キリンなどが完全放し飼いで群れで暮らしている。 ＊動物がグループで行動する様子を見ることができる。 ＊動物について詳しく説明するガイドツアーがある。 ＊一部の区域では、カンガルーやカピバラなどに触れることができる。	＊規模は小さいが、市内の動物園として長年地域に親しまれてきた。 ＊動物の数は少ないものの、のびのびと暮らす様子を見ることができる。 ＊絶滅危惧種の保護や繁殖プログラムを行い、動物の種を守る取り組みをしている。 ＊行動や生態、飼育方法を研究し、動物福祉と保護に役立つデータを集めている。

問題14 右のページは工場見学プログラムの説明である。下の問いに対する答えとして最も
よいものを、1・2・3・4から一つ選びなさい。

3 駅から出発して全ての工場を見る移動時間が一番短いコースはどれか。

1　駅→A→B→C→D→駅

2　駅→A→駅→B→駅→C→駅→D→駅

3　駅→A→駅→B→駅→C→D→駅

4　駅→A→駅→B→C→D→駅

4 工場で1時間以内で見学と体験をする場合、2,000円以下でできるのはどれか。

1　AかC

2　BかD

3　AかD

4　AかCかD

工場見学プログラム

	アクセス	見学時間	体験時間・料金	体験内容
A 陶器 工場	駅から北へ 徒歩3分	20分	40分 2,000円	＊皿に絵を描きます。 （その後焼いて完成品は郵送）
B ガラス 工場	駅から東へ 徒歩3分	20分	1時間30分 3,000円	＊万華鏡を作ります。 （注）
C 和紙 工場	駅から南へ 徒歩5分	25分	40分 800円	＊和紙ではがきを2枚作ります。 （完成品は郵送）
D 菓子 工場	駅から西へ 徒歩10分	20分	35分 1,200円	＊お菓子お絵かき体験ができます。 （お持ち帰り用箱付き） ＊お菓子詰め放題(1,000円)もあります。

（注）万華鏡：回すと中の模様が変化する鏡

◆ 工場間の移動時間

A	徒歩10分	B
B	徒歩10分	C
C	徒歩12分	D
D	徒歩15分	A

5　来年も今年と同じ金額を会から援助してもらって余興も行い、来年は食事代を一人当たり3,500円に上げるにはどうしたらよいか。(参加人数は今年と同じである)

 1 紅白饅頭の購入と印刷を止める。

 2 印刷と福引景品の購入を止める。

 3 往復はがきの半分をメールに変える。

 4 女性の会費を男性と同じ金額にし、景品購入費を半額にして、印刷も止める。

6　余興を止めて、そのほかは去年と全く同じ条件で行う場合、最低何人の男性の会員が追加で参加すれば会からの援助は必要ないか。

 1 6人

 2 7人

 3 8人

 4 9人

＊新年会のスケジュール

10:00	スタッフ集合・会場設定・受付の準備	13:00	乾杯・食事
11:00	受付開始	15:00	閉会の挨拶
12:00	新年会開始・開会の挨拶	15:10	写真撮影
12:05	余興(卒業生による楽器演奏)(注1)	15:30	閉会・片づけ
12:35	会長の挨拶	16:00	解散
12:45	来賓の挨拶		

＊新年会の合計

収入	会費	男性　70名×5,000円	350,000円
		女性　5名×4,000円	20,000円
		来賓　4名×5,000円(注2)	20,000円
	※出席者は余興の6名を含めて85名である。		
	収入合計		390,000円
支出	会場費		80,000円
	飲食費	料理　（一人当たり2,500円）	212,500円
		飲み物　（一人当たり800円）	68,000円
	余興(楽器演奏)謝礼費		50,000円
	福引景品購入費		15,000円
	長寿紅白饅頭購入費	500円×25個	12,500円
	印刷代		1,000円
	往復はがき代(注3)	170円×200枚	34,000円
	支出合計		473,000円
収支	※不足の83,000円は会からの援助金を使った。		−83,000円

（注1）余興（よきょう）：式やパーティなどで目的とは違う楽しみのために行うもの。(例：歌・ダンス・楽器演奏など)ここでは卒業生による楽器演奏

（注2）来賓（らいひん）：会に招待された人

（注3）往復はがき（おうふく）：「往信用（送る）」と「返信用（返事用）」の2枚を折って1枚になっているはがき。

 右のページはアルバイトの募集ポスターである。下の問いに対する答えとして最も
よいものを、1・2・3・4から一つ選びなさい。

7 村田さんはお金をたくさんためたいが、1か月しか働けない。最も多く給料がもらえる
のはどこか。(ただし、1か月は4週として計算する)

1　A

2　B

3　C

4　D

8 泉さんはできるだけ長い時間、スキーを楽しみたいと考えている。ニコスキー場のリフ
トは午前8時半から午後4時半まで動いている。勤務の前後には30分ずつ空ける必要
がある。最終リフトの後は30分スキーができる。どの仕事を選んだらよいか。

1　A

2　B

3　C

4　D

アルバイト大募集！

A　ニコホテル(土産物売り場)

＊**場所**：ニコスキー場から徒歩１分

＊**時給**：2,400円

＊**勤務時間**：７時間(７：00〜15：00)
　　　　　　　(休憩１時間を含む)

＊**仕事内容**：土産物販売スタッフ

＊**勤務期間**：12月1日〜4月15日(最低１か月)

＊**休日**：週休２日

＊**寮**：ホテルの客室を利用(２名１室)

＊**その他**：シーズンリフト券支給・交通費
　　　　　　２万円支給

B　ホテルにこにこ

＊**場所**：ニコスキー場から徒歩10分

＊**時給**：2,500円

＊**勤務時間**：８時間(８：00〜17：00)
　　　　　　　(休憩１時間を含む)

＊**仕事内容**：掃除・受付・案内・ベッドメー
　　　　　　　キングなど

＊**勤務期間**：１年中(最低２か月)

＊**休日**：火曜日・木曜日

＊**寮**：２人部屋・食事３回付き

＊**その他**：２か月以上勤務の場合30,000円支給
　　　　　　・リフト券代金2万円支給・交通費
　　　　　　2万円支給

C　ニコレストラン

＊**場所**：ニコスキー場内

＊**時給**：2,300円

＊**勤務時間**：７時間(７：00〜15：00)
　　　　　　　(休憩１時間を含む)

＊**仕事内容**：ホールスタッフ

＊**勤務期間**：12月15日(月)〜１月20日(火)

＊**休日**：毎週水曜日

＊**寮**：２DKアパート(２名１室)。
　　　　光熱費・ＷｉＦｉ利用料は無料

＊**その他**：昼夜食事付き・交通費3万円支給

D　ニコスキー場

＊**場所**：スキー場のスキー道具店

＊**時給**：2,100円

＊**勤務時間**：８時間(８：00〜17：00)
　　　　　　　(休憩１時間を含む)

＊**仕事内容**：スキー用品の管理(貸出・返却対
　　　　　　　応・メンテナンスなど)

＊**勤務期間**：12月１日(月)〜12月28日(日)
　　　　　　　あるいは12月22日(月)〜
　　　　　　　１月18日(日)

＊**休日**：土・日・祝日を除く、週１日休み

＊**寮**：１DKアパート・光熱費・ＷｉＦｉ
　　　　利用料は無料

＊**その他**：スキーの用品レンタル無料・
　　　　　　シーズンリフト券(５万円相当)支給
　　　　　　・交通費1万円支給

 右のページはトークショーのプログラムの一覧である。下の問いに対する答えとして最もよいものを、1・2・3・4から一つ選びなさい。

9 学生で、仕事を持たない吉田さんはどんな仕事をするか迷っている。ゲストはもちろん、他の人の意見も聞きたい。どのコースを選んだらよいか。

1　A

2　B

3　C

4　D

10 会社員の川村さんは、課長と性格的に合わないので、毎日会社に行くのが苦しい。川村さんはX大学を卒業していないし、平日の夜は他の仕事をしている。問題を全て解決するにはどのコースを選んだらよいか。

1　A

2　B

3　C

4　D

	A 転職・起業 (注1)	B 副業の仕方	C 専門職	D これからの働き方
日時	10月5日(日曜日) 13：00～15：00	10月4日(土曜日) 13：00～15：00	10月13日(月曜日) 14：00～16：00	10月2日(木曜日) 19：30～22：00 (終了時間はグループにより伸びる可能性がある)
場所	X大学2号館180教室 (リモート参加も可能)	X大学1号館201教室 (リモート参加も可能)	X大学ホール (リモート参加も可能)	オンライン講演会
定員	100名 (X大学関係者に限定) ※ただし、リモートでの参加は一般の方も可能	100名 (X大学関係者に限定)	500名	
ゲスト	会社員・起業家 (40代のX大学の卒業生5名)	30～50歳のX大学卒業生の会社員5人	有名な医師・弁護士・公認会計士	リモートワーカー・(注2)フリーランサー・ノ(注3)マドワーカー・(注4)起業家(じ えいぎょうしゃ)・自営業者
内容	① 講演 - 現在の仕事・前の仕事 - 初めての仕事で学んだこと - 転職・起業の理由 - 成功するために ② ゲストに質問 ③ 5グループに分かれて話し合い ④ 発表	① 講演 - 本業と副業の関係 - 仕事の中で学んだこと - 副業で成功するために ② ゲストに質問 ③ 5グループに分かれて話し合い ④ 発表	① 講演 - さまざまな専門職の仕事 - 実際の仕事・成功と失敗・やりがいを感じた時 - 必要な資格 - 学生に伝えたい仕事に対する態度 - 学生時代に取り組んでいて役に立ったこと ② ゲストに質問	① 講演 - 働き方を選んだ理由 - 新しい働き方のメリット・デメリット - これから働き方はどうなるか ② 質問時間 ③ 興味があるゲストのグループに入って話し合う

（注1）起業（き ぎょう）：新しく自分の会社、店などを始めること

（注2）リモートワーカー：インターネットを使って離れた場所で働く人

（注3）フリーランサー：会社などに入らず、自分の能力や時間を使って自由に仕事をする人

（注4）ノマドワーカー：決まった職場を持たず、場所を移動しながらパソコンなどで働く人

 次のページは夏休みのキャンプ場の情報である。下の問いに対する答えとして最も
よいものを、1・2・3・4から一つ選びなさい。

11　金子さんは夫と、息子(中学１年生)、娘(小学５年生)の家族４人で、１泊２日で水遊び
ができるキャンプ場に行くつもりだ。予算は宿泊代を含め１人あたり6,000円以内とし
たい。最も費用を安く抑えられるキャンプ場はどこか。(ただし、費用はすべての活動
に参加した場合の金額で計算する)

1　A

2　B

3　C

4　D

12　大学生の川村さんと山下さんはキャンプ場の中でシャワーができて、宿泊料が安いとこ
ろに行きたい。どこへ行ったらいいか。

1　A

2　B

3　C

4　D

	基本料金	施設	そこでできる活動
A	テント - 3人用 　3,000円 - 5人用 　5,000円	トイレ 共同炊事場 バーベキュー場	＊ プールの入場料は500円です。(小学生以下無料) ＊ 大人も楽しめるアスレチックがあります。 　(中学生以上700円。小学生以下400円) ＊ 徒歩2分の距離に温泉があります。 　(入浴料金：中学生以上800円・小学生以下500円)
B	テント - 3人用 　4,000円 - 5人用 　7,000円	トイレ 共同炊事場 バーベキュー場	＊ 川で泳げます。 ＊ そばの山で気球に乗れます。 　(中学生以上は7,000円/ 小学生以下は2,000円引き)
C	テント及びマット 1人1泊 3,000円	トイレ コインシャワー 共同炊事場 バーベキュー場	＊ 山の中のキャンプ場です。 ＊ 隣接の牧場には牛、馬、うさぎなどがいます。 　(中学生以上1,600円、 小学生以下は1,000円、 　3歳以下は無料。キャンプ場利用者は半額)
D	テント 10,000円	トイレ コインシャワー 共同炊事場 バーベキュー場	＊ 近くの湖でボートやカヌーに乗れます。 ＊ ボートは二人乗り1時間で1,000円で、 　カヌーは小学生以上、一人2,000円で指導して 　もらえます。(要予約)

問題14 次のページは保険の説明である。下の問いに対する答えとして最もよいものを、1・
　　　　2・3・4から一つ選びなさい。

13　５年前に全ての保障に入った現在50歳の男性大木正男さんの保険料はいくらか。

　　1　3,240円

　　2　3,530円

　　3　3,640円

　　4　4,400円

14　川村花子さんは58歳の女性で全ての保障に入った。保険の内容が正しいのはどれか。

　　1　手術を受けたらかかった費用が払われる。

　　2　85歳になっても先進医療が受けられる。

　　3　85歳で障害者になっても保障が受けられる。

　　4　先進医療特約をいつでも止めることができる。

終身医療保険

加入できる方：満15歳 ～ 満80歳の健康な方

保障期間・保険料払込期間：終身（一生涯保障）

※加入年齢による先進医療特約あり保険料(円)

年齢	男性	女性	年齢	男性	女性	年齢	男性	女性
45	3,130	2,840	55	4,250	3,740	65	5,780	5,110
46	3,220	2,920	56	4,390	3,860	66	5,950	5,280
47	3,320	2,990	57	4,530	3,980	67	6,130	5,450
48	3,420	3,070	58	4,680	4,100	68	6,310	5,630
49	3,530	3,160	59	4,830	4,230	69	6,510	5,820
50	3,640	3,240	60	4,980	4,370	70	6,710	6,020
51	3,750	3,340	61	5,130	4,500	71	6,920	6,220
52	3,870	3,430	62	5,290	4,650	72	7,140	6,440
53	4,000	3,530	63	5,450	4,800	73	7,380	6,670
54	4,120	3,630	64	5,610	4,950	省略 ～		

・先進医療特約無しでご加入の場合、上記保険料から100円を引いた金額となります。

・60歳以下の方で死亡・重度障害保険をご希望の方は、上記保険料に200円を追加してください。

　71歳到達時でこの保障は終わります。

・個人賠償プラスは、日本国内において法律上の損害賠償責任を負った際、最高3億円までお支払いいたします。

・個人賠償を追加したい方は上記保険料に200円を追加してください。

・先進医療特約は10年ごとに見直しされます。（自動更新で一生涯保障。解約も可能）

※保障内容

先進医療特約(実額保障)	最高1,000万円（通算1,000万円）
入院(5日目より)	日額5,000円（通算1,000日まで）
通院(5日目から最高90日分)	日額2,000円
手術	5万円
放射線治療(60日に1回限度)	5万円

問題14　次のページは、「南市」の地域商品券についての説明である。下の問いに対する答え
　　　　として最もよいものを、1・2・3・4から一つ選びなさい。

15　地域商品券の使い方で正しいのはどれか。

1　4月10日に協力店で地域商品券を使ってビールを買う。

2　協力店で地域商品券を使い、400円の商品を買って100円のおつりをもらう。

3　地域商品券1枚と200円で700円の品物を買う。

4　3月31日に協力店の本屋で地域商品券を使って図書券を買う。

16　地域商品券に対する説明と合っていないのはどれか。

1　2冊買うと、2千円分得をする。

2　家族2人で行って6万6千円分買うことができる。

3　とても人気があるので買える数量に制限がある。

4　協力店でいつでも買うことができる。

南市地域商品券の発売のお知らせ

　南市では地域の商店の協力のもと、総額１億１千万円の地域商品券を売り出します。１万円で500円券22枚(11,000円分)１冊を買うことができます。

★ 南市地域商品券の購入に関するご注意

　１．購入できる数量

　　　毎回希望者多数のため、お一人様３冊までとさせていただきます。

　２．発売日

　　　１月17日(日曜日)午前９時より販売開始いたします。限定数量１万冊が売り切れ次第終了となりますので、お早めにお越しください。

　３．発売場所

　　　南市役所を含む市内15カ所。（詳細は裏面の地図を参照）

★ 南市地域商品券のご利用に関するご注意

　１．有効期限

　　　３月31日まで。期日を過ぎた場合は使えません。

　２．利用可能店

　　　協力商店のみ。協力商店名は裏面をご覧ください。

　３．利用対象外

　　　商品を買う時だけ使用できる。切手・印紙(注)・商品券など現金に換えられるものは買えません。

　４．おつりについて

　　　商品券ご使用の際はおつりはもらえませんのでご注意ください。

（注）印紙：収入印紙のこと。主に国に税金や手数料を払うための切手のような形をしているもの

N2

2교시

끝내기

청해

제 5 장

청해

공략편

- 01 청해요령 알아두기
- 02 문제유형 공략하기

문제유형
완전분석
동영상 강의

청해요령 공략하기

1 문제유형별 청해 포인트

N2 청해는 과제이해, 포인트이해, 개요이해, 즉시응답, 통합이해 총 5가지 유형의 문제가 출제되고 있다. 시험의 내용은 폭넓은 장면에서 사용되는 일본어를 이해할 수 있는지를 묻고 있기 때문에 회화나 뉴스, 강의를 듣고 이야기의 흐름이나 내용, 등장인물의 관계나 내용의 논리 구성 등을 상세하게 이해하고 요지를 파악할 수 있어야 한다.

❶ 과제이해

어떤 장면에서 구체적인 과제 해결에 필요한 정보를 듣고 다음에 무엇을 하는 것이 적절한 지를 묻는 문제이다. 지시나 조언을 듣고 그것을 받아들인 다음에 해야 할 행동으로 어울리는 것을 고른다.

❷ 포인트이해

청자가 화자의 발화(發話)에서 자신이 알고 싶은 것과 흥미가 있는 것 위주로 포인트를 좁혀서 들을 수 있는지를 묻는 문제이다. 따라서 문제의 텍스트를 듣기 전에 상황 설명과 질문을 들려 주고 문제 용지에 인쇄되어 있는 선택지를 읽을 시간을 준다. 질문은 주로 화자의 심정이나 사건의 이유 등을 이해할 수 있는지를 묻는다.

❸ 개요이해

텍스트 전체에서 화자의 의도나 주장 등을 이해할 수 있는지를 묻는 문제이다. 일부의 이해를 묻는 문제와 비교해서 전체 내용을 이해했는지를 묻는 문제이므로 고도의 능력을 요구한다.

❹ 즉시응답

상대방의 발화에 어떤 응답을 하는 것이 어울리는지 즉시 판단하여 고르는 문제가 나온다.

3명 이상의 대화나 두 종류의 음성 텍스트 등 보다 복잡하고 정보량이 많은 텍스트에 대해서 내용을 이해했는지를 묻는 문제이다. 이 문제를 풀기 위해서는 복수의 정보를 통합할 수 있는 고도의 능력이 요구된다.

2 한국인이 틀리기 쉬운 음

각 나라말의 음가(音価 : 낱자가 가지고 있는 소리)가 서로 다르듯 우리말과 일본어의 음가 또한 다르다. 그런데 우리말의 음가로 일본어의 음가를 파악하려고 하다 보니 오류가 생긴다. 일본어 청취 시 우리나라 사람들이 잘못 알아듣기 쉬운 음(音)에 대한 개념을 정리해 보고, 우리말과의 비교를 통해 청해 능력을 향상시킬 수 있는 방법에 대해 살펴보자.

① 청음(清音)과 탁음(濁音)

일본어는 청음과 탁음의 대립으로 구별되는데 성대의 울림 없이 내는 소리(무성음)를 청음이라 하고, 성대를 울려서 내는 소리(유성음)를 탁음이라고 한다. 그러나 우리말에서는 콧소리(ㄴ, ㅁ, ㅇ) 외에는 유성음이 첫소리에 오지 않기 때문에 일본어의 청음과 탁음을 구별하기 어렵다. 예를 들어 「げた[geta] : 나막신」의 첫소리인 유성음 [g]를 무성음 [k]로 잘못 알아듣거나 무성음 [t]를 유성음 [d]로 잘못 듣는 경우가 많다.

듣기연습   ♬ 듣기연습 01

❶ タンゴ(単語 : 단어)   ダンゴ(団子 : 경단)

❷ テンシ(天使 : 천사)   デンシ(電子 : 전자)

❸ 天気が悪いので電気をつけた。 날이 흐려서 불을 켰다.

❹ 井戸に糸を落とした。 우물에 실을 떨어뜨렸다.

❺ 会館の外観は素晴らしい。 회관의 외관은 멋있다.

② 장음(長音)과 단음(短音)

장음이란 연속되는 두 개의 모음을 따로 발음하지 않고 길게 늘여서 발음하는 것으로, 뒤에 오는 모음도 한 박의 길이를 갖는다. 장음과 단음의 차이를 비교해 보면 다음과 같다.

단음(한 박)	クツ(靴 : 신발)	セキ(席 : 자리)	ホシ(星 : 별)

장음(두 박)	クツウ(苦痛 : 고통)	セイキ(世紀 : 세기)	ホウシ(奉仕 : 봉사)

우리나라 사람들이 장단음 구별에 서툰 이유는 다음과 같다.

① 우리말에서는 합성어를 제외하고는 첫음절에서만 긴소리가 나타나는 것을 원칙으로 하기 때문에 2음절 이하에 나타나는 장음의 구별이 어렵다.

② 외래어 표기법상에서도 장음을 따로 표기하지 않아 장·단음의 구별이 어렵다. 예를 들어 「とうきょう」를 '도쿄'로, 「おおさか」를 '오사카'로 표기한다.

듣기연습

🎵 듣기연습 02

❶ ツチ(土 : 흙) ツーチ(通知 : 통보)

❷ カド(角 : 모퉁이) カード(card : 카드)

❸ ヨイ(良い : 좋다) ヨーイ(用意 : 준비)

❹ あの映画にはいい絵が出てくる。 그 영화에는 좋은 그림이 나온다.

❺ 彼女に対する好意が恋に変わった。 그녀에 대한 호의가 사랑으로 변했다.

장음은 아니지만 모음과 모음 사이에서 음성 기관이 이완되어 장음처럼 들리는 말도 있다.

☐ [a / a]　真新しい [maatarashii]　아주 새롭다

☐ [i / i]　自意識 [dʒiishiki]　자의식

☐ [u / u]　食う [kuu]　먹다

☐ [e / e]　影絵 [kagee]　그림자 놀이

☐ [o / o]　保温 [hoon]　보온

촉음(促音)

일명「つまる音」이라고도 하는 촉음에는 다음과 같은 특징이 있다.

① 작은「っ」또는「ッ」로 표기된다.

② 「カ행, サ행, タ행, パ행」앞에만 온다.

③ 뒤에 오는 음(カ행·サ행·タ행·パ행)에 따라 [k·s·t·p]로 발음된다.

④ 1박의 길이로 발음된다.

⑤ 첫소리에 오지 않는다.

★ 촉음의 유무에 따라 뜻이 달라지는 예

□ 知っているの？ 알고 있니?　　　　　　しているの？ 하고 있니?

□ 行ってください。가 주십시오.　　　　　いてください。있어 주십시오.

□ 切ってください。잘라 주십시오.　　　　来てください。와 주십시오.

촉음의 발음이「カ행, サ행, タ행, パ행」의 발음에 동화되어 우리말의 된소리(ㄲ, ㅆ, ㅉ, ㅃ)와 비슷하게 인식되나 우리말에서는 된소리를 한 음절로 인정하지 않기 때문에 촉음이 있는 것을 없는 것으로, 또는 촉음이 없는 것을 있는 것으로 잘못 듣는 경우가 많으므로 주의해야 한다.

촉음을 구분할 때에는 다음 사항을 알아 두자.

① 탁음 앞에서는 촉음 현상이 일어나지 않으므로 청음과 탁음의 구별을 정확하게 한다.

② 5단동사는 활용할 때「〜た, 〜て, 〜たり」앞에서 촉음 현상을 일으키므로 활용하는 동사의 종류를 확인한다.

③ 2자 이상의 한자어에서 첫 번째 한자의 마지막 음이「く, ち, つ」이고, 뒤에「カ행, サ행, タ행, パ행」의 음이 이어지면「く, ち, つ」는 촉음으로 바뀐다.

□ 学校 학교 : がく＋こう → がっこう

□ 一回 한 번 : いち＋かい → いっかい

□ 圧迫 압박 : あつ＋ぱく → あっぱく

듣기연습

🎵 듣기연습 03

❶ サッカク(錯覚 : 착각)

❷ ゼッタイ(絶対 : 절대)

❸ ケッテイ(決定 : 결정)

❹ 喫茶店に行く前に薬局で薬を買った。카페에 가기 전에 약국에서 약을 샀다.

❺ この雑貨店にはいろんな骨董品がそろっている。

이 잡화점에는 여러 가지 골동품이 구비되어 있다.

4 **요음(拗音)**

일본어의 요음은 우리말의 이중 모음 'ㅑ, ㅠ, ㅛ'와 비슷하여 구분이 어렵지 않을 것이라 생각할 수도 있지만 청해 시험에서 결정적인 실수는 이 요음에서 나온다.

★ 요음을 직음(直音)으로 잘못 듣는 예

□ がいしゅつ(外出)する回数が少ない 외출하는 횟수가 적다 → がいしつ (×)

□ じゃま(邪魔)でやっかいな仕事 거추장스럽고 귀찮은 일 → ざま (×)

이것은 '요음의 직음화' 현상 즉, 「しゅ, じゅ」가 「し, じ」에 가깝게 발음되어 생기는 문제인데, 이런 현상은 장음보다 「しゅ, じゅ」와 같이 단음일 때 많이 발생한다.

★ 직음을 요음으로 잘못 듣는 예

□ みち(道)を歩きながら 길을 걸으며 → みちょう歩きながら (×)

□ ごじぶん(御自分)でき(来)て 몸소 와서 → ごじゅうぶんで来て (×)

이것은 듣는 사람이 연속되는 모음을 다음과 같이 이중 모음으로 잘못 듣기 때문에 발생한다.

[イ + ア] → [ヤ]

[イ + ウ] → [ユ]

[イ + オ] → [ヨ]

따라서 요음 듣기의 어려움을 극복하려면 다음과 같은 점에 주의하면 된다.

① 「し, じ」라고 들려도 「しゅ, じゅ」가 아닌지 의심해 본다(대개 한자어가 많다).

② 「 i +あ」는 「や」로, 「 i +う」는 「ゆ」로, 「 i +お(を)」는 「よ」로 들리므로 조심한다.

③ 대화 중에서 「～を」가 나오리라 짐작되는 곳에 「ヨ」 또는 「ヨー」가 들리는 경우 「 i + を」가 아닌지 의심해 본다.

듣기연습　　　　　　　　　　　　　　　　　　　　　🎵 듣기연습 04

❶ ショースー (少数 : 소수)　　　　ソースー (総数 : 총수)

❷ キャク (客 : 손님)　　　　　　　キヤク (規約 : 규약)

❸ チューシン (中心 : 중심)　　　　ツーシン (通信 : 통신)

❹ あの法科の評価はどうか。 그 법학과의 평가는 어떤가?

5 **연속되는 모음**

조사 「を」 앞에 장음 「オ」가 올 때는 [o]음이 세 박자에 걸쳐 이어지게 되어 미처 다 듣지 못하는 경우가 있다.

듣기연습　　　　　　　　　　　　　　　　　　　　　　　🎵 듣기연습 05

❶ ごう<u>とう</u>をたいほする。 강도를 체포하다.

❷ 休みの日にテレビを見ながら<u>ぶどう</u>を食べた。
휴일에 텔레비전을 보면서 포도를 먹었다.

❸ アフリカで<u>ぞう</u>を捕まえた人の話を聞いた。
아프리카에서 코끼리를 잡은 사람의 이야기를 들었다.

6 **악센트**

일본어에는 악센트의 치이로 그 뜻을 구분하는 단어들이 많아 악센트 또한 청해의 중요한 단서가 된다. 악센트는 일반적으로 '높낮이의 차이'로 구분되는 것과 '강약의 차이'로 구분되는 것이 있는데, 일본어는 '높낮이의 차이'로 구분되는 '고저(高低)악센트'에 해당한다.
다음 동음이의어들의 악센트 차이를 살펴보자.

듣기연습　　　　　　　　　　　　　　　　　　　　　　　🎵 듣기연습 06

❶ ア「キ(空き : 텅 빔)　　　　　ア¬キ(秋 : 가을)

❷ カ「ウ(買う : 사다)　　　　　カ¬ウ(飼う : 기르다)

❸ あ¬め(雨)の日にあ¬め(飴)をか「う(買う)。 비 오는 날에 사탕을 산다.

❹ 資料をこう「かい(公開)してこ¬うかい(後悔)した。 자료를 공개하고 후회했다.

기타

이외에 혼동을 일으키기 쉬운 발음을 정리해 보면 다음과 같다.

シ와 ヒ

일본어를 듣다 보면「シ」와「ヒ」를 혼동하는 경우가 있다. 이는「シ」를 발음할 때의 혀의 위치가「ヒ」를 발음할 때의 혀 위치와 가까워져 비슷하게 발음되기 때문이다.

☐ **鉄道をしく** 철도를 깔다 → **鉄道をひく** (×)

☐ **法律をしく** 법률을 시행하다 → **法律をひく** (×)

듣기연습 　　　　　　　　　　　　　　　　　　　　　　　🎵 듣기연습 07

❶ シカク(資格 : 자격, 視覚 : 시각)　　　　ヒカク(比較 : 비교)

❷ シテー(指定 : 지정)　　　　　　　　　ヒテー(否定 : 부정)

❸ シル(知る : 알다)　　　　　　　　　　ヒル(昼 : 낮)

❹ しんこう(信仰)のある人はひんこう(品行)方正だ。
　신앙이 있는 사람은 품행이 바르다.

❺ しんし(紳士)はひんし(瀕死)の状態だった。 신사는 빈사 상태였다.

ラ와 ダ, ロ와 ド

듣기연습 　　　　　　　　　　　　　　　　　　　　　　　🎵 듣기연습 08

❶ ランボー(乱暴 : 난폭)　　　　　　　　ダンボー(暖房 : 난방)

❷ ヒロイ(広い : 넓다)　　　　　　　　　ヒドイ(酷い : 심하다)

❸ テレビのためだんらんの時間がだんだん少なくなった。
　텔레비전 때문에 단란한 시간이 점점 적어졌다.

❹ はら(原)さんのはだ(肌)は大変きれいだ。 하라 씨 피부는 매우 곱다.

「ス」와「ツ」를 구분하기 어려운 이유는 우선「ス[su]」와「ツ[tsu]」에서 [su] 발음이 같고, [t]음을 낼 때 혀끝으로 잇몸 부분을 치게 되는데 이것이 가벼우면「ス」가 되어 버리기 때문이다. 또 우리말에는「ツ」라는 음이 없기 때문이다. 따라서 의미를 모르는 경우「ツ」로 들리기도 하고「ス」로 들리기도 하는 것이다.

★「ス」를「ツ」로 잘못 듣는 예

□ くものす(巣)やほこりだらけだ 거미집과 먼지투성이다 → くものつやほこりだらけだ (×)

□ あたまをすりよせて 머리를 맞대고 → あたまをつりよせて (×)

★「ツ」를「ス」로 잘못 듣는 예

□ かじやのやつが 대장장이 녀석이 → かじやのやすが (×)

□ 先生からばつ(罰)を受けた 선생님께 벌을 받았다 → 先生からばすを受けた (×)

듣기연습

🎵 듣기연습 09

❶ スーガク(数学 : 수학)　　　ツーガク(通学 : 통학)

❷ スキ(好き : 좋아함)　　　ツキ(月 · 달)

❸ スミ(隅 : 구석)　　　ツミ(罪 : 죄)

❹ この山を越すにはこつがある。 이 산을 넘는 데는 요령이 있다.

❺ バスの中のすりはつかまってバツ(罰)を受けた。
버스 안의 소매치기범은 붙잡혀서 벌을 받았다.

① 「〜では」 → 「〜じゃ」 ··· 🎵 듣기연습 10

＊それでは → それじゃ

それじゃなくてあっちのを持ってきてください。　그것 말고 저기 있는 걸 갖다 주세요.

＊騒いでは → 騒いじゃ

廊下でそんなに騒いじゃいけません。　복도에서 그렇게 떠들면 안 됩니다.

② 「〜ている」 → 「〜てる」 ·· 🎵 듣기연습 11

＊勉強している → 勉強してる

夜中に勉強してる受験生。　밤중에 공부하고 있는 수험생

＊持っていない → 持ってない

携帯電話を持ってないので公衆電話を使う。　휴대 전화를 갖고 있지 않아서 공중전화를 쓴다.

③ 「〜ておく」 → 「〜とく」 ·· 🎵 듣기연습 12

＊書いておく → 書いとく

メモ用紙に書いといたのを読んだ。　메모지에 적어 놓은 것을 읽었다.

＊はさんでおく → はさんどく

本にはさんどいた紙がなくなった。　책에 끼워 놓은 종이가 없어졌다.

④ 「〜てしまう」 → 「〜ちゃう」 「〜ちまう」 ···················· 🎵 듣기연습 13

＊捨ててしまう → 捨てちゃう

古くなった食べ物は捨てちゃうほうがいいよ。　오래된 음식은 버리는 게 나아요.

＊かんでしまう → かんじゃう

この犬は知らない人が近づくとかんじゃうのよ。　이 개는 모르는 사람이 가까이 오면 물어요.

⑤ 「〜らない」, 「〜れない」 → 「〜んない」 듣기연습 14

＊ わからない → わかんない

意味がわかんないから、ボーッとしてた。 뜻을 몰라서 멍하니 있었다.

＊ いられない → いらんない

こんなきたない場所にいらんないよ。 이렇게 지저분한 곳에 있을 수 없어.

1 問題 1 과제이해

問題 1 은 과제이해 문제로, 결론이 있는 대화를 듣고 문제 해결에 필요한 구체적인 정보를 찾아서 다음에
어떻게 행동할 것인지를 묻는 문제가 나온다.

! 알고 풀자!

· 질문을 먼저 확인하고 대화를 듣자!
  질문이 대화보다 먼저 제시되므로, 대상 인물과 요구되는 행동을 미리 파악한 뒤 대화를 들어야 한다.

· 누가 할 일인지 정확히 구분하며 듣자!
  여자와 남자의 역할을 구분해 메모하며 듣고, 말하는 주체와 실제 행동 주체가 바뀌는 경우에도 주의해야 한다.

· 우선순위를 나타내는 표현에 주의하자!
  '가장 먼저' 해야 할 일을 묻는 문제가 많으므로, 「まず(우선)・その前に(그 전에)・〜てから(~하고 나
  서)」와 같은 순서를 나타내는 표현에 집중해 들어야 한다.

예시

もんだい
問題 1

問題 1 では、まず質問を聞いてください。それから話を聞いて、問題用紙の 1 から 4 の
中から、最もよいものを一つ選んでください。

1番

1 先生にメールで聞く
2 友達にメールで聞く
3 研究室の前のけいじばんを見る
4 りょうの前のけいじばんを見る

例題
問題1では、まず質問を聞いてください。それから話を聞いて、問題用紙の1から4の中から、最もよいものを一つ選んでください。

例

1　プログラムを持ってくる
2　いんさつじょに電話する
3　めいぼを持ってくる
4　センターに電話する

스크립트 & 해석

(M：男性, 男の子　F：女性, 女の子)

女の人と男の人が話しています。男の人はまず何をしなければなりませんか。 F： 受付や駐輪場の整理をしてくれるボランティアはもう集まりましたか。 M： 受付は大丈夫ですが、駐輪場の方がまだ2人足りません。 F： もう一度センターにお願いしてみて。日にちがないから心配ね。 M： じゃ、去年参加してくれた人の名簿をもとに直接頼んでみましょうか。 F： そうねえ。そちらは私がするのですぐに名簿をお願いします。 M： はい、分かりました。 F： ところで音楽会のプログラムの方は、いつできあがるのかしら。 M： あさっての予定ですが、印刷所に確認しておきます。 F： できあがり次第すぐに見たいので持ってきてください。 M： はい、かしこまりました。	여자와 남자가 이야기하고 있습니다. 남자는 우선 무엇을 해야 합니까? 여： 접수나 자전거 주차장 정리를 해 줄 자원봉사자는 벌써 모였습니까? 남： 접수는 괜찮습니다만, 자전거 주차장 쪽이 아직 두 명 부족합니다. 여： 다시 한번 센터에 부탁해 봐요. 며칠 남지 않아 걱정이네요. 남： 그럼 작년에 참가해 준 사람의 명부를 기초로 직접 부탁해 볼까요? 여： 그렇군요. 그쪽은 내가 할 테니 바로 명부를 부탁해요. 남： 네, 알겠습니다. 여： 그런데 음악회 안내 책자 쪽은 언제 완성는 걸까요? 남： 모레 예정입니다만, 인쇄소에 확인해 두겠습니다. 여： 완성되는 대로 바로 보고 싶으니 가지고 와 주세요. 남： 네, 알겠습니다.

男の人はまず何をしなければなりませんか。

1 プログラムを持ってくる
2 いんさつじょに電話する
3 めいぼを持ってくる
4 センターに電話する

남자는 우선 무엇을 해야 합니까?

1 안내 책자를 가지고 온다
2 인쇄소에 전화한다
3 명부를 가지고 온다
4 센터에 전화한다

단어

受付(うけつけ) 접수 ┃ 駐輪場(ちゅうりんじょう) 자전거 주차장, 자전거 거치대 ┃ ボランティア 자원봉사자 ┃ 名簿(めいぼ) 명부 ┃ 直接(ちょくせつ) 직접 ┃ 印刷所(いんさつじょ) 인쇄소 ┃ 確認(かくにん)する 확인하다 ┃ ~次第(しだい) ~(하)는 대로, ~(하)자마자

해설

남자가 우선 무엇을 해야 할지를 묻고 있다. 여자가 남자에게 '바로 명부를 부탁해요'라고 했으므로 3번 '명부를 가지고 온다'가 정답이다. 1번 안내 책자는 모레에 완성될 예정이고, 2번 인쇄소에 전화를 하는 것은 명부를 가져 온 다음이다. 4번 센터에 전화를 해서 부탁하는 대신 명부를 보고 직접 전화하기로 했으므로 정답이 아니다.

정답 ❸

問題 1

問題1では、まず質問を聞いてください。それから話を聞いて、問題用紙の1から4の中から、最もよいものを一つ選んでください。

1番 문제 1-01

1 インターネットでラーメン作りを学ぶ。

2 ラーメン学校に入学する。

3 普通の料理学校で学ぶ。

4 ほかのラーメン学校を探す。

2番 문제 1-02

1 自分で家が造れること

2 部屋にトイレやお風呂があること

3 すぐに引っ越せること

4 静かで公園が近くにあること

3番 ばん

1 全員去年と同じ品物

2 全員カタログギフト

3 Ａランクのお客には商品券、そのほかのお客には
去年と同じ品物

4 Ａランクのお客には商品券、そのほかのお客には
カタログギフト

4番 ばん

1 

2 

3 

4 

5番 🎵 문제 1-05

1 何も買わなくてもいい。

2 シートを買わなければならない。

3 布団を買わなければならない。

4 使い捨てカイロを買わなければならない。

6番 🎵 문제 1-06

1 会議室を予約する

2 みんなに連絡する

3 キャンプ場を探す

4 インターネットで調べる

7番

1　荷物を運ぶ
2　店に行く
3　小学校に行く
4　母親の家に行く

8番

1

2

3

4

9番 문제 1-09

1 救急車を呼ぶ
2 西病院へ行く
3 東病院へ行く
4 夜間病院へ行く

10番 문제 1-10

1 おばあさん／おじさん／父／妹
2 おじいさん／おばあさん／おじさん／父／妹
3 おばあさん／おじさん／父／母／妹
4 おばあさん／父／兄／妹

問題 2 는 포인트이해로, 결론이 있는 대화를 듣고 사전에 제시되는 질문에 입각해서 포인트를 파악할 수 있는지를 묻는 문제가 나온다.

！알고 풀자!

· 선지 읽기 시간에 키워드를 파악하자!
  문제가 나온 후 주어지는 시간 동안 선지의 차이점이 되는 핵심 키워드를 파악해 질문의 유형과 범주를 미리 정리해 두는 것이 중요하다.

· '이유'를 드러내는 표현에 집중하자!
  정답은 역접 표현 뒤나 강조·이유를 나타내는 접속사·종결 어미 뒤에 나오는 경우가 많으므로, 앞부분보다 핵심 이유가 제시되는 지점에 주의해 들어야 한다.

예시

問題2

問題 2 では、まず質問を聞いてください。そのあと、問題用紙のせんたくしを読んでください。読む時間があります。それから話を聞いて、問題用紙の 1 から 4 の中から、最もよいものを一つ選んでください。

1番

1 友達とけんかしたから

2 かみがたが気に入らないから

3 試験があるから

4 頭が痛いから

例題 問題２では、まず質問を聞いてください。そのあと、問題用紙のせんたくしを読んでください。読む時間があります。それから話を聞いて、問題用紙の１から４の中から、最もよいものを一つ選んでください。

例

1　もけい作りが趣味だったから

2　部品が本についていたから

3　船のもけいが好きだったから

4　もけいが買えなかったから

스크립트 & 해석

(M : 男性, 男の子　F : 女性, 女の子)

女の人と男の人が船の模型を見ながら話しています。男の人はどうして船の模型を作りましたか。

F：この船の模型、よくできているわね。作るのに時間がかかったでしょう？

M：うん、3年かな。

F：えっ、3年も？ それはかかりすぎでしょ。

M：毎月送られてくる雑誌の付録で作ったから。毎月部品が少ししかついてこないんだよ。

F：そうなの？ 雑誌に船の部品がついてくるなんて知らなかったわ。

M：流行っているんだよ。少しずつ作るのも楽しみだよ。

F：セットになっているものを買えばすぐにできたのに。

M：わざわざ買ってまで作りたかったわけじゃないよ。たまたま始めただけで。

F：模型作りが趣味だと思っていたわ。

M：趣味になりそうだよ。

여자와 남자가 배 모형을 보면서 이야기하고 있습니다. 남자는 왜 배 모형을 만들었습니까?

여 : 이 배 모형, 잘 만들었다. 만드는 데 시간 걸렸지?

남 : 응, 3년 정도.

여 : 뭐? 3년이나? 너무 많이 걸린 거 아냐?

남 : 매달 배송되는 잡지 부록으로 만들었으니까. 매달 부품이 조금밖에 딸려서 오지 않거든.

여 : 그래? 잡지에 배의 부품이 딸려서 오다니 몰랐어.

남 : 유행이거든. 조금씩 만드는 것도 재미있어.

여 : 세트로 되어 있는 것을 사면 금방 할 수 있었을 텐데.

남 : 일부러 사면서까지 만들고 싶었던 건 아니야. 우연히 시작했을 뿐이라서.

여 : 모형 만들기가 취미라고 생각하고 있었어.

남 : 취미가 될 것 같아.

男の人はどうして船の模型を作りましたか。

1 もけい作りが趣味だったから
2 部品が本についていたから
3 船のもけいが好きだったから
4 もけいが買えなかったから

남자는 왜 배 모형을 만들었습니까?

1 모형 만들기가 취미였기 때문에
2 부품이 책에 딸려 있었기 때문에
3 배 모형을 좋아했기 때문에
4 모형을 살 수 없었기 때문에

단어

模型(もけい) 모형 | 雑誌(ざっし) 잡지 | 付録(ふろく) 부록 | 部品(ぶひん) 부품 | 流行(はや)る 유행하다 | わざわざ 일부러 | たまたま 우연히

해설

남자가 어째서 배 모형을 만들었는지를 묻고 있다. 대화 마지막에 남자가 '취미가 될 것 같다'라고 말한 것으로 보아 아직 취미라고 보기는 어렵기 때문에 선택지 1번은 정답이 아니다. 3번과 4번에 대한 언급은 없었기 때문에 역시 답으로는 적절하지 않다. 남자가 배 모형을 만들기 시작한 이유는 '우연히 시작했을 뿐'이며, '매달 배송되는 잡지 부록으로 만들었다'고 얘기하고 있으므로 정답은 2번이 된다.

정답 ❷

問題2

問題2では、まず質問を聞いてください。そのあと、問題用紙のせんたくしを読んでください。読む時間があります。それから話を聞いて、問題用紙の1から4の中から、最もよいものを一つ選んでください。

1番　🎵 문제 2-01

1 韓国系の学校が優勝したから
2 延長戦まで行ってやっと勝ったから
3 留学中にいい経験ができたから
4 優勝して韓国語の校歌が流れたから

2番　🎵 문제 2-02

1 日本製の方が品質がいいから
2 日本製の方が安いから
3 いまばりで作られていたから
4 中国製とそう違わない値段だから

3番

🎵 문제 2-03

1　もで金をとろうという考え
2　研究を実用化するという考え
3　温泉などから金がとれるということ
4　金が大量にとれるようになる状況

4番

🎵 문제 2-04

1　日本人のように発音できないこと
2　意味が分からなくて使えない言葉があること
3　日本語には英語にない表現ばかりあること
4　意味が分かっても使えない表現があること

5番

문제 2-05

1　ＡＩなら思いどおりにできるからいい。
2　趣味ならいいと考えている。
3　人と付き合わなくなるのが心配だ。
4　現実を知らないのではと考えている。

6番

문제 2-06

1　東京はハンガンのように川のそばで食事などができないから
2　東京にはハンガンのように自由に利用できる広い場所がないから
3　東京はハンガンのように川を観光に使っていないから
4　東京にはハンガンのような有名な観光スポットがないから

7番 ♪ 문제 2-07

1 初めて会ったから
2 服の模様が怖いから
3 しゅうじんふくを着ているから
4 女の人の方が好きだから

8番 ♪ 문제 2-08

1 自転車で転んだから
2 車にぶつかったから
3 お酒を飲みすぎたから
4 車で事故を起こしたから

9番 ばん

🎵 문제 2-09

1　道を教える
2　酔っぱらいの世話をする
3　どろぼうをつかまえる
4　お金を貸す

10番 ばん

🎵 문제 2-10

1　今日
2　明日の3時
3　あさっての10時
4　あさっての3時

問題 3은 개요이해 문제로, 결론이 있는 대화를 듣고 화자의 의도나 주장 등을 이해할 수 있는지를 묻는 문제가 나온다. 문제지에는 선택지가 제시되지 않으므로 음성을 듣고 정답을 골라야 한다.

❗알고 풀자!

- 키워드 메모로 주제를 파악해 보자!
  세부 정보보다 반복되는 핵심 명사를 중심으로 메모하며, 화자의 태도와 흐름을 간단히 도식화해 전체 주제를 파악하는 것이 중요하다.

- 역접 접속사 뒤의 핵심 주장을 찾아 보자!
  화자의 본론은 '하지만·실은'과 같은 역접 표현 뒤에 나오는 경우가 많으므로, 해당 표현 직후의 내용을 주제와 연결해 이해해야 한다.

- 각 선지의 핵심은 바로 메모하자!
  지문 전체를 들은 후 나오는 선지는 잊어버리지 않도록 바로바로 핵심만 짧게 메모해 두고 틀린 내용은 바로 지우며 정답을 찾아야 한다.

예시

もんだい
問題 3

問題 3 では、問題用紙に何もいんさつされていません。この問題は、全体としてどんな内容かを聞く問題です。話の前に質問はありません。まず話を聞いてください。それから、質問とせんたくしを聞いて、1 から 4 の中から、最もよいものを一つ選んでください。

－メモ－

실전 감각 익히기 개요이해

例題 問題3では、問題用紙に何もいんさつされていません。この問題は、全体としてどんな内容かを聞く問題です。話の前に質問はありません。まず話を聞いてください。それから、質問とせんたくしを聞いて、1から4の中から、最もよいものを一つ選んでください。

－メモ－

해석 및 해설

스크립트 & 해석

(M : 男性, 男の子　F : 女性, 女の子)

男の人が町の電器屋の新しいビジネスについて話しています。

M: 大型電器店に押されて次々つぶれていった町の個人電器店がやっと元気を取り戻してきました。個人商店が団結して商品を安く仕入れることができるようになったからです。今までほとんどの個人電器店は決まった会社の製品だけを売っていました。今ではグループを作って商品はグループ全体でいろいろな会社から仕入れます。ですから様々な会社の商品を安い値段で売ることができるようになりました。個人商店は元々、客との繋がりが強いですから、価格も安いとなったら客が戻ってくるのは当然のことです。この新しいやり方を考え、実行した一電器屋の経営者のアイディアに感心するばかりです。

남자가 마을 전자 제품점의 새 비즈니스에 대해 이야기하고 있습니다.

남: 대형 전자 제품점에 밀려 잇달아 쓰러져 가던 마을의 개인 전자 제품점이 겨우 기운을 차리게 되었습니다. 개인 상점이 단결하여 상품을 싸게 매입할 수 있게 되었기 때문입니다. 지금까지 대부분의 개인 전자 제품점은 정해진 회사의 제품만을 팔고 있었습니다. 지금은 그룹을 만들어서 상품은 그룹 전체로 여러 회사로부터 매입합니다. 때문에 다양한 회사의 상품을 싼 가격에 팔 수 있게 되었습니다. 개인 상점은 본래 손님과의 유대가 강해서, 가격도 싸지면 손님이 돌아오는 것은 당연한 일입니다. 이 새로운 방식을 생각해 실행한 한 전자 제품점 경영자의 아이디어에 감탄할 뿐입니다.

新しいビジネスが成功した一番の理由は何ですか。
1 個人商店がたくさん集まったから
2 安く仕入れることができるようになったから
3 色々な会社の製品を売るようになったから
4 お客さんとの繋がりを強めたから

새로운 비즈니스가 성공한 가장 큰 이유는 무엇입니까?

1 개인 상점이 많이 모였기 때문에
2 싸게 매입할 수 있게 되었기 때문에
3 여러 회사의 제품을 팔게 되었기 때문에
4 손님과의 유대를 강화했기 때문에

단어

電器屋(でんきや) 전자 제품점 | 大型(おおがた) 대형 | 個人(こじん) 개인 | 取(と)り戻(もど)す 되찾다 | 団結(だんけつ)する 단결하다 | 仕入(しい)れる 사들이다, 매입하다 | 当然(とうぜん) 당연함 | 実行(じっこう)する 실행하다 | 経営者(けいえいしゃ) 경영자 | 感心(かんしん)する 감탄하다

해설

남자는 새로운 비즈니스가 성공한 이유로 개인 상점이 단결하여 상품을 싸게 매입할 수 있었기 때문이라고 이야기하고 있다. 개인 상점이 모인 것, 여러 회사의 제품을 팔게 된 것 모두 상품을 싸게 매입할 수 있었기 때문에 가능한 일이므로 정답은 2번이 된다.

정답 ❷

もんだい
問題3

問題3では、問題用紙に何もいんさつされていません。この問題は、全体としてどんな内容かを聞く問題です。話の前に質問はありません。まず話を聞いてください。それから、質問とせんたくしを聞いて、1から4の中から、最もよいものを一つ選んでください。

－メモ－

♪ 문제 3-01 ~ 문제 3-10

1	① ② ③ ④	6	① ② ③ ④
2	① ② ③ ④	7	① ② ③ ④
3	① ② ③ ④	8	① ② ③ ④
4	① ② ③ ④	9	① ② ③ ④
5	① ② ③ ④	10	① ② ③ ④

問題 4는 즉시응답 문제로, 주어진 문장에 알맞는 답을 3개의 음성 중에서 고르는 문제이다. 문제지에는 지시문 외에 아무것도 인쇄되어 있지 않기 때문에 바로바로 메모를 하며 음성을 들어야 한다.

❗ 알고 풀자!

· 화자의 의도를 먼저 파악해 보자!
　상대가 정보를 알려 달라는 건지, 같이 공감해 달라는 건지, 아니면 부탁이나 제안을 하는 건지 먼저 생각한다.
　문장 해석보다 의도 파악이 먼저다.

· 가장 자연스러운 반응을 생각해 보자!
　화자의 의도가 질문이면 그에 맞는 대답, 불평이면 "그러게" 같은 공감 표현, 제안이면 수락이나 다른 제안이
　자연스럽다. 흐름에 안 맞는 선지는 바로 지운다.

· 말투가 상황에 맞는지 체크하자!
　너무 직설적이진 않은지, 제3자를 언급하는 것이 상황에 맞는지 등을 체크해야 한다. 뜻은 맞아 보여도 상황에
　맞지 않는 뉘앙스의 대답이리면 오답일 가능성이 높다.

예시

問題 4

問題 4 では、問題用紙に何もいんさつされていません。まず文を聞いてください。それから、それに対する返事を聞いて、1 から 3 の中から、最もよいものを一つ選んでください。

－メモ－

例題 問題 4 では、問題用紙に何もいんさつされていません。まず文を聞いてください。
それから、それに対する返事を聞いて、1 から 3 の中から、最もよいものを一つ選んでください。

－メモ－

📢 **해석 및 해설**

스크립트 & 해석　　　　　　　　　　　　　　　　(M：男性, 男の子　F：女性, 女の子)

例	예
M: この件、課長抜きで相談できないかな。	남: 이 건, 과장님을 빼고 상담할 수 없을까?
F: 1 課長はあちらにいらっしゃいますよ。	여: 1 과장님은 저쪽에 계세요.
2 課長をお呼びしましょうか。	2 과장님을 불러드릴까요?
3 課長にもいていただきたいです。	3 과장님도 있어 주셨으면 해요.

단어

～抜(ぬ)き (～을/를) 뺌, (～을/를) 제외함 | 相談(そうだん) 상담

해설

남자는 과장님 없이 이야기를 하고 싶다고 했는데 이에 대해 1번 '과장님은 저쪽에 계세요'와 2번 '과장님을 불러드릴까요?'는 엉뚱한 대답이다. 3번은 여자가 남자의 말에 '과장님도 있어 주셨으면 해요'라고 확실히 거부의 의사를 밝히고 있다. 그러므로 대화의 흐름으로 가장 적당한 것은 3번이다.

정답 ❸

실전 연습하기 즉시응답

もんだい
問題4

問題4では、問題用紙に何もいんさつされていません。まず文を聞いてください。それから、それに対する返事を聞いて、1から3の中から、最もよいものを一つ選んでください。

－メモ－

🎵 문제 4-01 ~ 문제 4-20

1	①	②	③	**11**	①	②	③
2	①	②	③	**12**	①	②	③
3	①	②	③	**13**	①	②	③
4	①	②	③	**14**	①	②	③
5	①	②	③	**15**	①	②	③
6	①	②	③	**16**	①	②	③
7	①	②	③	**17**	①	②	③
8	①	②	③	**18**	①	②	③
9	①	②	③	**19**	①	②	③
10	①	②	③	**20**	①	②	③

問題5는 통합이해 문제로, 다소 긴 텍스트를 듣고 복수의 정보를 비교, 종합하면서 내용을 이해하는 문제가 나온다.

알고 풀자!

- **필요한 정보만 잡아내자!**
  이 유형은 모든 내용을 이해했는지가 아니라, 필요한 정보를 정확히 골라냈는지를 보는 문제이다. 상황 설명·예시·부연 설명은 흘려듣고, 계획·결정·비교 대상이 나올 때 집중한다.

- **화자별로 핵심 키워드만 메모해 보자!**
  문장이 길수록 문장 단위로 이해하는 것은 어렵다. 사람 이름(또는 남1·2 / 여1·2) + 동사 중심 키워드(~할 것이다 / ~해 보자 / 계획)만 적어 누가 무엇을 하는지 한눈에 보이게 만든다.

- **질문과 메모를 바로 대조하자!**
  질문은 의도·결론·선택 등을 묻는 경우가 많다. 질문을 들으면 새로 생각하지 말고, 이미 적어둔 메모에서 해당 인물의 '결론 부분'만 확인하는 습관을 들인다.

예시

問題5

問題5では長めの話を聞きます。この問題には練習はありません。問題用紙にメモをとってもかまいません。

1番、2番

問題用紙に何もいんさつされていません。まず話を聞いてください。それから、質問とせんたくしを聞いて、1から4の中から、最もよいものを一つ選んでください。

－メモ－

例題（れいだい）　問題 5 では長（なが）めの話（はなし）を聞（き）きます。この問題には練習（れんしゅう）はありません。問題用紙（もんだいようし）にメモをとってもかまいません。

例（れい）

まず話（はなし）を聞（き）いてください。それから、二（ふた）つの質問（しつもん）を聞（き）いて、それぞれ問題用紙（もんだいようし）の 1 から 4 の中から、最（もっと）もよいものを一（ひと）つ選（えら）んでください。

質問（しつもん）1

1　宿泊施設（しゅくはくしせつ）
2　体験教室（たいけんきょうしつ）
3　宿泊施設（しゅくはくしせつ）と農業体験（のうぎょうたいけん）
4　体験教室（たいけんきょうしつ）と道（みち）の駅（えき）

質問（しつもん）2

1　宿泊施設（しゅくはくしせつ）
2　体験教室（たいけんきょうしつ）
3　宿泊施設（しゅくはくしせつ）と農業体験（のうぎょうたいけん）
4　体験教室（たいけんきょうしつ）と道（みち）の駅（えき）

(M：男性, 男の子　F：女性, 女の子)

村おこし会で、地域の活性化についての村長の説明を聞いて、ほかの村の代表2人が話しています。

M1：私は谷川村という小さな村の村長です。私の村は年々人口が減って65歳以上の高齢者が人口の50％を超える、いわゆる限界集落でした。何もない村の古民家を改造して宿泊施設を造り、都会の人に田舎暮らしを楽しんでもらっています。また、地元の農家に泊まれるような民宿システムも作りました。農業体験は特に子供たちに人気があって、田植えや、稲刈りなど希望者が多くて断るほどです。仕事が段々増えて働く人が足りなくなるほどになりましたから、都会から若者が帰ってくるようになって、子供も増えてきました。隣の村はうちの村に来る通り道に道の駅を造って農産物を売り始めました。こちらも順調だそうです。隣にカフェを増設したところ、景色がよいのでそちらで休む人も増えました。また、カフェで出す地元の特産の和菓子やケーキを作る人も必要になって、近所の村もすっかり活気づいてきました。今、廃校を紙を作ってみる体験教室にしようと考えています。みなさんの村も自然が豊かだと思います。それを活用して村おこしをしてみませんか。

F：今日、この会に参加してよかったです。私の村には古い空き家が残っているんです。それを活用して何か始めようと思います。

M2：いいですね。古民家ホテルは人気がありますから。僕の村には何もありませんから。

F：大丈夫ですよ。大山さんのところは和紙の産地じゃありませんか。

M2：職人さんが協力してくれるかなあ。

F：協力がなくても、材料はたくさんあるんですから、空き家でやってみたらどうですか。

M2：紙づくりがだめでも、竹細工やわらじづくりならできる人がいますから、やってみます。

마을 부흥회에서 지역 활성화에 대한 촌장의 설명을 듣고 다른 마을 대표 2명이 이야기하고 있습니다.

남1：저는 다니가와 마을이라는 작은 마을의 촌장입니다. 우리 마을은 해마다 인구가 줄어들어 65세 이상의 고령자가 인구의 50%를 넘는 이른바 한계 취락(극단적인 과소(過疎) 상태로, 공동체로 존재하기가 어려운 취락)이었습니다. 아무것도 없는 마을의 옛 민가를 개조해 숙박 시설을 만들어 도시 사람들이 시골 생활을 즐기게 하고 있습니다. 또한 지역 농가에 묵을 수 있는 민박 시스템도 만들었습니다. 농업 체험은 특히 아이들에게 인기가 있어서 모내기나 벼 베기 등 희망자가 많아서 거절할 정도입니다. 일이 점점 늘어나서 일하는 사람이 부족해질 정도가 되었기 때문에 도시에서 젊은이가 돌아오게 되고 아이도 늘어났습니다. 옆 마을은 우리 마을로 오는 길에 도로 휴게소를 만들어 농산물을 팔기 시작했습니다. 이쪽도 순조롭다고 합니다. 옆에 카페를 증설했더니 경치가 좋아서 그곳에서 쉬는 사람도 늘었습니다. 또한 카페에서 내는 지역 특산 화과자나 케이크를 만드는 사람도 필요해져서 이웃 마을도 아주 활기를 띠기 시작했습니다. 지금 폐교를 종이를 만들어 보는 체험 교실로 하려고 생각하고 있습니다. 여러분의 마을도 자연이 풍요로울 것입니다. 그것을 활용하여 마을을 부흥시켜 보지 않겠습니까?

여：오늘 이 모임에 참석해서 좋았어요. 우리 마을에는 오래된 빈집이 남아 있어요. 그것을 활용해서 뭔가 시작하려고 해요.

남2：좋네요. 오래된 민가 호텔은 인기가 있으니까요. 우리 마을에는 아무것도 없어서요.

여：괜찮아요. 오야마 씨가 사는 곳은 일본 종이의 산지이지 않나요?

남2：장인들이 협력해 줄지.

여：협력이 없어도 재료는 많이 있으니까 빈집에서 해보는 건 어때요?

남2：종이만들기는 못 해도 대나무 세공이나 짚신 만들기라면 할 수 있는 사람이 있으니까 해보겠습니다.

F：隣の村同士ですから、お互いに協力し合っていきましょう。成功したら一緒に道の駅を造って農産物を売るのもいいですね。

M2:カフェもいいですよ。何だか希望が見えてきました。

F：頑張りましょう。

여 : 이웃 마을끼리니까 서로 협력해 나가요. 성공하면 함께 도로 휴게소를 만들어 농산물을 파는 것도 좋겠네요.

남2 : 카페도 좋아요. 왠지 희망이 보이기 시작했습니다.

여 : 열심히 합시다.

質問1　女の人は何をするつもりですか。

　　1 宿泊施設
　　2 体験教室
　　3 宿泊施設と農業体験
　　4 体験教室と道の駅

質問2　男の人は何をするつもりですか。

　　1 宿泊施設
　　2 体験教室
　　3 宿泊施設と農業体験
　　4 体験教室と道の駅

질문1　여자는 우선 무엇을 할 생각입니까?

　　1 숙박 시설
　　2 체험 교실
　　3 숙박 시설과 농업 체험
　　4 체험 교실과 도로 휴게소

질문2　남자는 우선 무엇을 할 생각입니까?

　　1 숙박 시설
　　2 체험 교실
　　3 숙박 시설과 농업 체험
　　4 체험 교실과 도로 휴게소

단어

村(むら)おこし 마을 부흥 | 地域(ちいき) 지역 | 活性化(かっせいか) 활성화 | 村長(そんちょう) 촌장 | 高齢者(こうれいしゃ) 고령자 | 人口(じんこう) 인구 | いわゆる 이른바 | 限界集落(げんかいしゅうらく) 한계 취락 | 古民家(こみんか) 오래된 민가 | 改造(かいぞう)する 개조하다 | 施設(しせつ) 시설 | 地元(じもと) 그 지방, 그 고장 | 農家(のうか) 농가 | 民宿(みんしゅく) 민박 | 田植(たう)え 모내기 | 稲刈(いねか)り 벼 베기 | 希望者(きぼうしゃ) 희망자 | 農産物(のうさんぶつ) 농산물 | 順調(じゅんちょう) 순조로움 | 増設(ぞうせつ)する 증설하다 | 特産(とくさん) 특산 | すっかり 아주, 완전히 | 活気(かっき) 활기 | 廃校(はいこう) 폐교 | 豊(ゆた)か 풍요로움 | 活用(かつよう)する 활용하다 | 和紙(わし) 일본 전통 종이 | 産地(さんち) 산지 | 職人(しょくにん) 장인 | 協力(きょうりょく)する 협력하다 | 竹細工(たけざいく) 대나무 세공 | わらじづくり 짚신 만들기

해설

〈질문1〉 여자가 살고 있는 마을은 오래된 빈집을 이용할 수 있다고 했기 때문에 1번이 정답이다. 체험 교실과 농업 체험에 대해서는 언급하지 않았고, 도로 휴게소는 나중에 성공하면 해 보는 것도 좋겠나는 의견이므로 선택지 2, 3, 4번은 정답이 아니다.

〈질문2〉 남자가 살고 있는 마을은 전통 종이의 산지인데, 종이 장인들이 도와줄 지는 모르겠지만, 도와주지 않더라도 대나무 세공이나 짚신 만들기를 해 보겠다고 했으므로 2번이 정답이다. 숙박 시설과 농업 체험에 대해서는 언급하지 않았고, 도로 휴게소는 미래의 일이므로 선택지 1, 3, 4번은 정답이 아니다.

질문1-정답 ❶　질문2-정답 ❷

もんだい
問題5

問題5では長めの話を聞きます。この問題には練習はありません。問題用紙にメモをとってもかまいません。

1番、2番

🎵 문제 5-01 ~ 문제 5-02

問題用紙に何もいんさつされていません。まず話を聞いてください。それから、質問とせんたくしを聞いて、1から4の中から、最もよいものを一つ選んでください。

－メモ－

3番、4番

問題用紙に何もいんさつされていません。まず話を聞いてください。それから、質問とせんたくしを聞いて、1から4の中から、最もよいものを一つ選んでください。

－メモ－

まず<ruby>話<rt>はなし</rt></ruby>を<ruby>聞<rt>き</rt></ruby>いてください。それから、<ruby>二<rt>ふた</rt></ruby>つの<ruby>質問<rt>しつもん</rt></ruby>を<ruby>聞<rt>き</rt></ruby>いて、それぞれ<ruby>問題用紙<rt>もんだいようし</rt></ruby>の1から4の<ruby>中<rt>なか</rt></ruby>から、<ruby>最<rt>もっと</rt></ruby>もよいものを<ruby>一<rt>ひと</rt></ruby>つ<ruby>選<rt>えら</rt></ruby>んでください。

質問1

1　卓球
2　水泳
3　テニス
4　バレーボール

質問2

1　卓球
2　水泳
3　テニス
4　バレーボール

6番
_{ばん}

🎵 문제 5-06

まず話を聞いてください。それから、二つの質問を聞いて、それぞれ問題用紙の1から4の中から、最もよいものを一つ選んでください。

質問1
_{しつもん}

1 種類
2 時間
3 時間と種類
4 時間と時間帯

質問2
_{しつもん}

1 種類
2 時間
3 時間と種類
4 時間と時間帯

JLPT

실전모의테스트

제1회 실전모의테스트
제2회 실전모의테스트

제 **1** 회

JLPT
실전모의테스트

제1회 실전모의테스트 채점표

자신의 실력이 어느 정도인지 확인할 수 있도록 임의적으로 만든 채점표입니다. 실제 시험은 상대 평가 방식이므로 약간의 오차가 발생할 수 있습니다.

언어지식 (문자 · 어휘 · 문법)

		배점	만점	1회	
				정답 문항 수	점수
문자 · 어휘	문제 1	1점×5문항	5		
	문제 2	1점×5문항	5		
	문제 3	1점×3문항	3		
	문제 4	1점×7문항	7		
	문제 5	1점×5문항	5		
	문제 6	1점×5문항	5		
문법	문제 7	1점×12문항	12		
	문제 8	1점×5문항	5		
	문제 9	2점×4문항	8		
	합계		55점		

* 점수 계산법 : (언어지식(문자 · 어휘 · 문법) [　　　]점÷55)×60 = [　　　]점

독해

		배점	만점	1회	
				정답 문항 수	점수
독해	문제 10	2점×5문항	10		
	문제 11	3점×8문항	24		
	문제 12	3점×2문항	6		
	문제 13	3점×3문항	9		
	문제 14	3점×2문항	6		
	합계		55점		

* 점수 계산법 : (독해 [　　　]점÷55)×60 = [　　　]점

청해

		배점	만점	1회	
				정답 문항 수	점수
청해	문제 1	2점×5문항	10		
	문제 2	2점×6문항	12		
	문제 3	3점×5문항	15		
	문제 4	1점×11문항	11		
	문제 5	3점×3문항	9		
	합계		57점		

* 점수 계산법 : (청해 [　　　]점÷57)×60 = [　　　]점

N2

言語知識（文字・語彙・文法）・読解

（105分）

注　意
Notes

1. 試験が始まるまで、この問題用紙を開けないでください。
   Do not open this question booklet until the test begins.

2. この問題用紙を持って帰ることはできません。
   Do not take this question booklet with you after the test.

3. 受験番号と名前を下の欄に、受験票と同じように書いて
   ください。
   Write your examinee registration number and name clearly in each box below as written on your test voucher.

4. この問題用紙は、全部で33ページあります。
   This question booklet has 18 pages.

5. 問題には解答番号の ⒈、⒉、⒊ …が付いています。
   解答は、解答用紙にある同じ番号のところにマークしてください。
   One of the row numbers ⒈, ⒉, ⒊ … is given for each question. Mark your answer in the same row of the answer sheet.

受験番号　Examinee Registration Number

名　前　Name

問題1　＿＿＿＿の言葉の読み方として最もよいものを、1・2・3・4から一つ選びなさい。

1　今回の大学のレポートでは少子高齢化問題について論じた。

1　しんじた　　　2　えんじた　　　3　ろんじた　　　4　かんじた

2　その工場は火災により多大な損害を被った。

1　そんがい　　　2　そんかい　　　3　ひがい　　　4　ひかい

3　生成AIを活用して、SNSの広告を作っています。

1　かつどう　　　2　かつよう　　　3　かつやく　　　4　かっぱつ

4　北海道の冬は凍えるような寒さです。

1　ふるえる　　　2　うえる　　　3　こごえる　　　4　かまえる

5　このマグカップは抽選で当たったものです。

1　げんせん　　　2　とうせん　　　3　さいせん　　　4　ちゅうせん

問題2 ＿＿＿＿の言葉を漢字で書くとき、最もよいものを１・２・３・４から一つ選びなさい。

6 ケータイの写真をかくだいして見た。

1 最大 　　　 2 絶大 　　　 3 広大 　　　 4 拡大

7 せっかく作成したデータをあやまって削除してしまった。

1 謝って 　　　 2 誤って 　　　 3 計って 　　　 4 護って

8 パソコンのプログラムにいじょうが発生した。

1 以上 　　　 2 移乗 　　　 3 異常 　　　 4 位上

9 12月に入り、寒さがいっそう厳しくなりました。

1 一層 　　　 2 一瞬 　　　 3 一部 　　　 4 一括

10 学生がボランティアでゴミ拾いをしていてかんしんした。

1 関心 　　　 2 歓心 　　　 3 感心 　　　 4 寒心

問題 3　　（　　　　）に入れるのに最もよいものを、1・2・3・4から一つ選びなさい。

11　日本（　　　　）の腕時計を彼にプレゼントした。

1 産　　　　　　　2 作　　　　　　　3 品　　　　　　　4 製

12　飛行機の機内は（　　　　）席禁煙です。

1 満　　　　　　　2 全　　　　　　　3 完　　　　　　　4 総

13　（　　　　）使用のはがきは、郵便局で切手に交換してもらえます。

1 無　　　　　　　2 否　　　　　　　3 非　　　　　　　4 未

問題4 （　　　）に入れるのに最もよいものを、1・2・3・4から一つ選びなさい。

14　彼は毎日、学校で友達と（　　　）ばかりいる。

1 つまずいて　　　2 あきらめて　　　3 ふざけて　　　4 でたらめて

15　（　　　）の夢がようやく叶いました。

1 年月　　　2 月日　　　3 日付　　　4 長年

16　飛行機に乗るため、出発の3時間前に搭乗（とうじょう）（　　　）を行った。

1 手当て　　　2 手続き　　　3 手入れ　　　4 手書き

17　彼の考えていることは（　　　）わかりません。

1 きっぱり　　　2 さっぱり　　　3 しっかり　　　4 すっかり

18　私は子供のころから虫が（　　　）です。

1 苦手　　　2 非難　　　3 短所　　　4 危険

19　彼は（　　　）背が高く、モデルのようです。

1 さっと　　　2 ざっと　　　3 すらっと　　　4 ずらっと

20　パソコンが（　　　）に感染（かんせん）して動きません。

1 エコ　　　2 ショック　　　3 ウイルス　　　4 ターゲット

問題5 ＿＿＿＿＿の言葉に意味が最も近いものを、1・2・3・4から一つ選びなさい。

21 働く所を失った彼を気の毒に思い、うちの会社で雇（やと）うことにしました。

1 不満　　　　　2 面倒　　　　　3 かわいそう　　　4 わがまま

22 姉にもらったワンピースを着てみたら、ぶかぶかだった。

1 古かった　　　2 きれいだった　　3 短かった　　　4 大きかった

23 新しい仕事は順調ですか。

1 スタート　　　2 スムーズ　　　3 サービス　　　4 スマート

24 最近、不審者（ふしんしゃ）が多いと聞いたので夜道（よみち）を一人で歩くのは用心してください。

1 準備　　　　　2 注意　　　　　3 心配　　　　　4 警備

25 地球温暖化（ちきゅうおんだんか）の影響（えいきょう）で徐々に海の水位が上がっている。

1 だんだん　　　2 どんどん　　　3 さっさと　　　4 そっと

問題6　次の言葉の使い方として最もよいものを、１・２・３・４から一つ選びなさい。

26　みじめ

1　ふざけないで、みじめに授業を聞いてください。

2　上司から怒られてばかりの同僚にみじめだった。

3　子供たちは飼っていた犬の死をみじめだった。

4　彼はお金持ちの友達と自分の生活を比べて、みじめな気持ちになった。

27　誤解

1　彼は誤解されやすい見た目ですが、とても親切な人です。

2　相手チームがここまで強いとは、誤解だった。

3　予想よりたくさん売れたなんて、私の誤解だった。

4　この製品は0.1mmの誤解も許されません。

28　せっかく

1　せっかくお見舞いに来てくださり、ありがとうございます。

2　せっかく大阪に来たのだから、本場のたこ焼きが食べたいです。

3　せっかくですが、社長は外出しております。

4　彼はせっかく足を踏んで、私を怒らせた。

29　ハード

1　司会のおかげでハードに話がまとまった。

2　彼女へのプレゼントは予算(よさん)を少しハードしてしまった。

3　あの高校の野球部は練習がハードで有名だ。

4　映画館の中ではケータイをハードにしてください。

30　ぎっしり

1　今月は予定がぎっしり詰まっていて休む暇もない。

2　真夏に外で野球をしたので服が汗でぎっしり濡(ぬ)れた。

3　風が入ってこないように窓をぎっしり閉めた。

4　この契約書にぎっしり目を通してからサインしてください。

問題7　　　次の文の（　　　　）に入れるのに最もよいものを、1・2・3・4から一つ
　　　　　　選びなさい。

31　彼は18時になった（　　　　）、すぐ会社を出て行った。

1　かどうか　　　　　　2　からこそ　　　　　　3　かと思うと　　　4　からと言って

32　いつも休日には家の掃除をしなければいけないと思い（　　　　）、いざ休日に
なるとだらだらしてしまう。

1　がてら　　　　　　　2　こみ　　　　　　　　3　つつ　　　　　　4　はじめ

33　飲み会が好きな田中（たなか）さんの（　　　　）、また今日もどこかでお酒を飲んでいる
に違いない。

1　せいで　　　　　　　2　ことで　　　　　　　3　せいだから　　　4　ことだから

34　1万円以上お買い上げの方（　　　　）、このハンカチをプレゼントいたしま
す。

1　によると　　　　　　2　に際して　　　　　　3　に沿って　　　　4　に限り

35　彼女は一度決めたことは最後まで（　　　　）タイプだ。

1　やり抜く　　　　　　　　　　　　　2　やりかねない

3　やらざるを得ない　　　　　　　　　4　やってもいい

36　日本の出生率は低下する（　　　　）と言われています。

1　べきだ　　　　　　　2　一方だ　　　　　　　3　きりだ　　　　　4　ほどだ

37　緊張（きんちょう）（　　　　）、お腹が痛くなってきた。

1　の末　　　　　　　2　抜きで　　　　　　3　のあまり　　　　4　折に

38　彼は料理が作れない（　　　　）私の作る料理に文句を言うので腹が立つ。

1　にしろ　　　　　　2　くせに　　　　　　3　だけあって　　　4　かのうちに

39　昨日セールで買ったこのセーターは、値段の（　　　　）着心地（きごこち）が良かった。

1　割に　　　　　　　2　せいで　　　　　　3　かわりに　　　　4　おかげで

40　姉は幼い頃から病気（　　　　）で、よく入院していました。

1　だらけ　　　　　　2　がち　　　　　　　3　気味　　　　　　4　さえ

41　運動会で子供たちが頑張っている姿を見ると、応援（おうえん）（　　　　）。

1　のしようがない　　　　　　　　　　2　するわけではない

3　せずにはいられない　　　　　　　　4　するわけにもいかない

42　山田（やまだ）さん夫婦は奥さんが物静かなのに（　　　　）、旦那（だんな）さんは社交的（しゃこうてき）なタイプです。

1　関して　　　　　　2　応えて　　　　　　3　加えて　　　　　4　対して

問題8　　次の文の　★　に入る最もよいものを、1・2・3・4から一つ選びなさい。

（問題例）

あそこで ＿＿＿＿ ＿＿＿＿ ★ ＿＿＿＿ は山田さんです。

　　1　テレビ　　　　　2　見ている　　　3　を　　　　　　4　人

（解答のしかた）

1．正しい文はこうです。

あそこで ＿＿＿＿＿＿ ＿＿＿＿＿＿ ★ ＿＿＿＿＿＿ は山田さんです。

　　1　テレビ　　3　を　　2　見ている　　4　人

2．　★　に入る番号を解答用紙にマークします。

（解答用紙）　　（例）　①　●　③　④

43　ホラー映画を見ていたが、友達は ＿＿＿＿ ★ ＿＿＿＿ ＿＿＿＿ しまった。

　　1　怖さ　　　　　　2　泣き出して　　　3　の　　　　　　4　あまり

44　小学生の時まで、タイに住んでいましたが、＿＿＿＿ ＿＿＿＿ ★ ＿＿＿＿ です。

　　1　忘れていく　　　2　帰国してからは　3　一方　　　　　4　タイ語を

45 韓国に ______ ★______ ______ ______ ので、ぜひご連絡ください。

1 ソウルを　　　　2 折には　　　　　3 いらっしゃる　4 案内いたします

46 そのインターンシップは毎年、______ ______ ★______ ______ されます。

1 を通じて　　　　2 大学の　　　　　3 募集　　　　　4 学生支援課

47 私の娘は、______ ______ ______ ★______ ようだ。

1 ピアノが　　　　2 ほしくて　　　　3 たまらない　　4 誕生日に

問題9　次の文章を読んで、文章全体の内容を考えて、 48 から 51 の中に入る最もよいものを、1・2・3・4から一つ選びなさい。

「村上君、例の案件、大丈夫か。」

「はい、絶対に大丈夫です。」

あなたの周りにも「絶対」という言葉を頻発する人、いますよね。そして、この言葉を使う人に限って、まったく大丈夫じゃなかったりしませんか。

なぜ大丈夫じゃないの 48 、「絶対」を頻発する人は、そもそも、その事柄に対して自信を持っていないからなんです。

自信がない 49 「絶対」という言葉を使って、自分自身を鼓舞し、ハッパをかけているのです。あるいは「絶対」と口に出すことで、自分自身を納得させようとしている可能性もあります。そういう意味で「弱気な人」という側面もあります。

しかし、いかんせん自信がないため、いくら自分にハッパをかけても、結局失敗してしまうわけです。

また、自分の意見を押し通したい気持ちから「絶対」を使う人もいます。「絶対」という絶対的な言葉で押し切れば、相手は反論せずに、納得してくれるだろうという心情です。自己中心的な面が強いと言えます。わがままな性格ともいえるでしょう。自分の発言に周囲がうなずいてくれないと納得できない、ちょっと困った人です。

50 人は「根拠は？」と返されてしまうと、途端に口ごもってしまう傾向にあります。論理でこられると、きちんと反論することができないのです。

このように「絶対」という言葉はあまりいい印象を与えない言葉です。ちょっと冷静になれば、この世界に絶対なんて存在しないことは、誰でもわかります。それだけにあまり頻繁に使うのは避けた方が無難です。

> 　　51　、120％の自信を持っているのであれば「絶対」などという陳腐な言い
> 回しは持ち出さずに「○○だから大丈夫です。」という根拠を示すべきです。
>
> 　　　　　　　（町沢静夫　『口ぐせ・しぐさで人の心を見抜く本』による）

（注１）頻発する：物事が続けて何度も起きる
（注２）ハッパをかける：はげます、気合を入れる
（注３）陳腐：ありふれていてつまらない

48

1　であれば　　　　　　　　　　2　かといえば
3　によっては　　　　　　　　　4　にともなって

49

1　からには　　　2　からこそ　　　3　ことには　　　4　としては

50

1　これ　　　　　2　どれ　　　　　3　どういう　　　4　こういう

51

1　もし　　　　　2　ところで　　　3　なぜなら　　　4　では

問題10　次の(1)から(5)の文章を読んで、後の問いに対する答えとして最もよいものを、1・2・3・4から一つ選びなさい。

（1）

以下は、ある会社の新入社員に届いたメールである。

　新入社員の皆様、本日午後から研修（けんしゅう）が始まります。入社式で配った名札（なふだ）を付けてペンなどの筆記用具（ひっきようぐ）を持って、1時に3階の301会議室にお集まりください。入口に名前とテーブル番号が掲示（けいじ）されています。テーブルに番号が立ててありますので決められたテーブルの好きな席に座ってください。4人で一つのグループになっています。これは10日間毎日変わります。毎日研修の最初に簡単な自己紹介をする時間が10分ほどあります。午前の研修は9時から50分ごとに10分ずつ休憩しながら11時50分まで行われます。午後は1時から同様に4時50分までです。よろしくお願いいたします。

52　研修はどのように進められるか。

　1　好きな者同士4人のグループを作る。

　2　各グループ4人ずつ指定された席に座る。

　3　午前と午後にグループ内で自己紹介をする。

　4　毎日違うメンバーのグループに分けられる。

（2）

　成功する人は自分に向かって前向きなことを言っているそうだ。決して「自分なんか～」などとは言ってはいけない。強い否定的な言葉は脳の働きを抑えてしまう。もし言ってしまったら「なぜ、こんなことを言ってしまったのか」と考えて解決策を探すのがよい。きっと見つけられるはずだ。「よくやった」「できるはずだ」といった前向きな言葉は、気持ちを良くしてくれる。でも、あまりに現実の自分と違いすぎると、脳は混乱してしまう。そんな時は、「私ほど素晴らしい人間はいない」を「私でも素晴らしい人間になれる」に、「100％いい」を「やり方によって100％にできる」のように、少し表現を変えればよいのだ。また、よい言葉を人にかけてあげるのもいいそうだ。

53　筆者の考えはどれか。

　1　前向きな言葉とは、ほめる言葉である。

　2　いつもその言葉を使った理由を考える。

　3　否定的なことを言っても解決方法はある。

　4　気分を良くしてくれるなら言葉は選ばない。

（3）

　ある店で店員の髪の色を自由にした。そして、赤や金色などの目立つ色にした場合は「店で一番元気な挨拶をすること・お客様にいい印象を与えること」という規則を守ることにした。黒や茶色だった店員の多くが髪を様々な色に変えた。目立つ色の店員は特に頑張るようになってきた。お客に文句を言われる恐れがあったが、実際には苦情どころか、かえってお客に髪の色をほめられて会話がはずんでいるということだ。また、アルバイトの申し込みが増えたのもその店にとっては嬉しいことだった。

54　髪の色を自由にしたら、どんな効果があったか。

　　1　文句を言うお客がいなくなったこと

　　2　この店で働きたい人が増えたこと

　　3　黒や茶色の髪の店員がいなくなったこと

　　4　客が増えて、店の売り上げが伸びたこと

（４）

　日本では財布や携帯電話などを落としても戻ってくると海外の人に驚かれる。それは誇れることだが、それにしても拾得物が多すぎる。2023年は現金以外の落とし物が2078万7068点もあったが、統計がある1917年以降で最高だったそうだ。現金も約228億4568万円と過去最多で、持ち主が現れず、都道府県の収入になったのも約34億699万円だったそうだ。また、拾得物の中には何と動物も含まれており、犬が1万2722匹、猫も4382匹、鳥を含むその他が8431匹だった。野生動物なら保護センターへ送られるが、飼い主のいるペットは警察が預からなければならないので負担になっている。

（注）拾得物：誰かが落としたのを拾った物。

55　どうして筆者は「何と」と言っているのか。

　1　動物も拾得物として扱われることに驚いたから

　2　動物の拾得物の数が過去最多だったから

　3　動物は捨てたり落としたりできないと考えたから

　4　動物の多くが飼い主がいるのが信じられなかったから

（5）

いざという時のためのご飯の炊き方

① アルミ缶２個、牛乳などの紙パックを３個用意する。

② 一つのアルミ缶の上部を切り取る。

③ もう一つの缶に縦1.5センチ、横３センチの穴をナイフで90度ごとに上下に４個開ける。

④ 燃料の牛乳パックは底を取って１cm(縦)Ｘ７cm(横)の大きさに切る。

⑤ 缶にお米120ｇと水160ｃｃを入れて、アルミホイル２枚でしっかり蓋をする。

⑥ 穴を開けた缶に紙を入れて火をつけると、15分ぐらいで沸騰(注1)してくる。20分から25分でご飯が炊ける。

⑦ できあがったら缶をひっくり返して１分ほど蒸らす。(注2)

（注１）沸騰：液体(水や飲み物など入れ物によって形が変わるもの)が100°くらいになって中から泡がどんどん出てくる状態。

（注２）蒸らす：火を止めたあと、蓋をしたままでしばらく置くこと

56 筆者はいざという時と言っているが、それはどんな時か。

1 自宅のご飯を炊く道具が壊れた時

2 災害で電気やガスが止まった時

3 自宅の電気などが止まった時

4 缶でご飯を炊こうと思う時

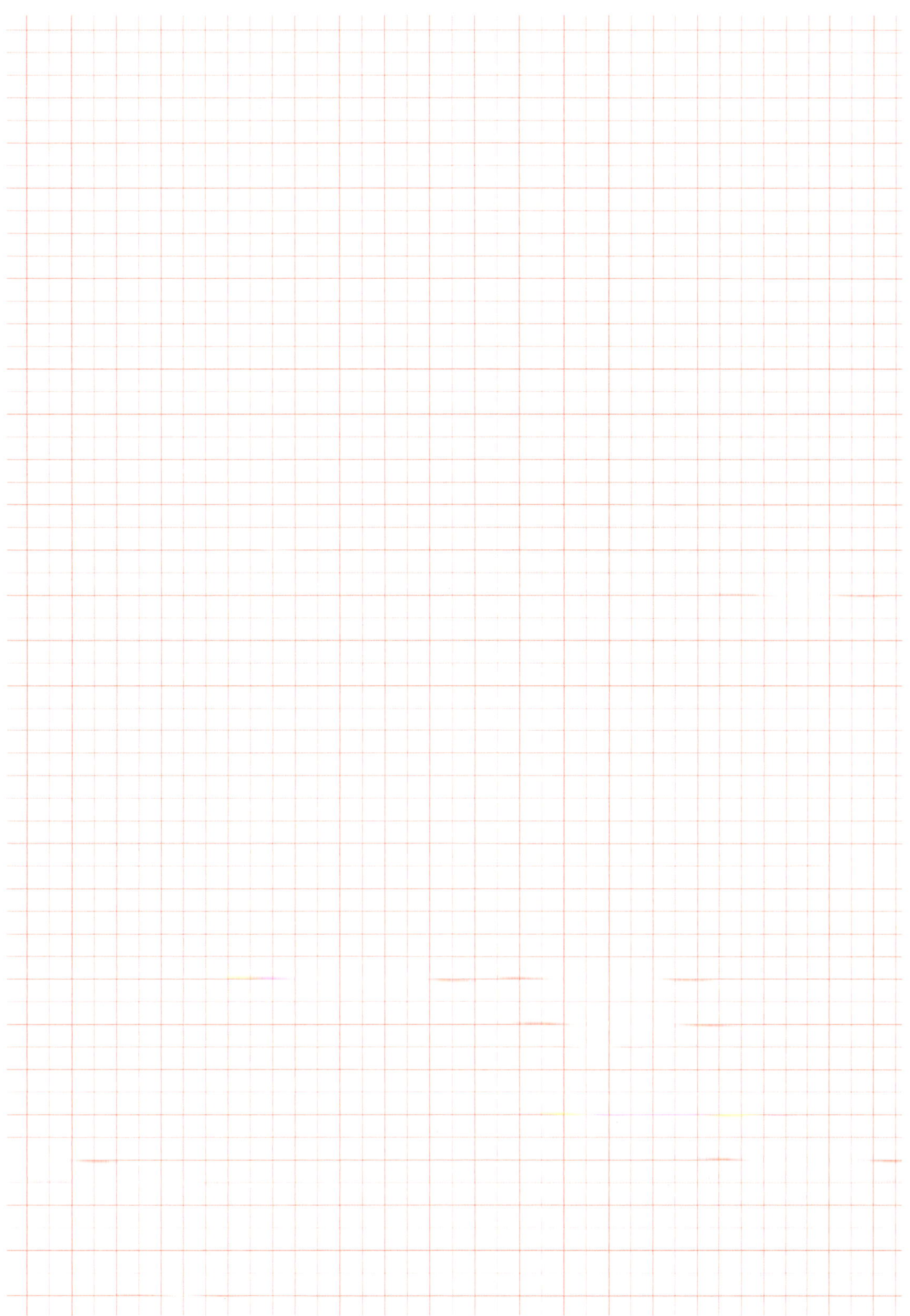

問題11　次の(1)から(4)の文章を読んで、後の問いに対する答えとして最もよいものを、１・２・３・４から一つ選びなさい。

（１）

　日本では決まった規格の大きさや形などに合わない野菜や果物はスーパーなどの店で売られることはほとんどない。だからかなりの農産物（注1）が捨てられている。おいしいけれど小さなサツマイモも①同じ運命だった。ところが、そのサツマイモがアジアの国々では大人気なのだ。日本と違って炊飯器（注2）に入れて料理するので小さい方がいいからだ。これに気がついた輸出会社が小さなサツマイモを農家から買って外国でどんどん売るようになった。規格があるにもかかわらず、今では日本でも小さなサツマイモが売られるようになった。

　ところで、現在のように日本のサツマイモが海外で人気になったのは最近のことである。日本のサツマイモのおいしさを知ってもらえるようにサツマイモを輸出したい国にサツマイモを焼く機械を持っていって、焼いて実際に食べてもらったおかげだ。やはりおいしさを知ってもらうのには実際に食べてもらうのが一番だ。その販売努力には感心させられる。それにしても焼き芋機まで持って行くとはよく考えたものだ。

　サツマイモは一つの例で、米やイチゴ、お茶など、いろいろな農産物の輸出量が伸びている。これはおいしいという理由ばかりではなく、円安のおかげで海外の人が買いやすくなっているからでもある。②日本の農業にも明るい光が差してきたようだ。

（注１）農産物：農業で作られる物
（注２）炊飯器：お米と水を入れてスイッチを押せば、自動でご飯を炊いてくれる機械

57 筆者は① 同じ運命だったと言っているが、どんな運命か。

1 海外市場には出ない。

2 海外だけで売られる。

3 規格外なので捨てられる。

4 加工品として利用される。

58 ② 日本の農業にも明るい光が差してきたようだとあるが、それはなぜか。

1 農産物の海外での売り上げが伸びているから

2 日本の農産物は、形が悪い方がおいしいと知られるようになったから

3 大きさや形などに関係なく全国のスーパーで農産物が売られるようになった
から

4 売り方を工夫すれば、どんな農産物でも必ず売れるから

（2）

　日本の少子化が止まらない。児童手当を支給するなど様々な政策があるが、なかなか効果が見えない。育児の大変さを減らそうと会社に男性の育児休暇の取得の推進が義務化されたおかげで育児休暇を取る男性の割合は、2024年には40.5％に上昇した。

　しかし、現実は厳しい。子供のいる人を得をしている人だと考えて「子持ち様」と呼ぶ人たちがいるのだ。そうした人たちは子供のいる人のせいで自分たちに不利益があると考えている。職場に温かく受け入れる雰囲気がないと、子育ては辛くなる。子供はよく病気になったり問題を起こしたりするため、親が学校に何度も行かなければならないことも多い。1986年には自分や親戚に子供がいる人の割合が46.2％だったが、2022年には18.3％に減少した。そのせいで、育児の大変さを知る機会が少なくなってしまった。

　また、子供を持つ持たないにかかわらず、私たちの未来は、将来の労働者として、あるいは年金を支えてくれる存在として子供に助けてもらうことになる。それはわかっていても現実には職場で休まれた穴を埋めるのは容易ではなく、現場の理解を得るのが難しい。誰かが出産や育休で休んでも周りの人の負担が増えないようにする必要がある。もっといいのはその時に負担が増えた人に手当や休暇を与えることだ。そうすれば、子育てを温かく見守ることができて「子持ち様」などという言葉は消え去るだろう。子供を持とういう人が増えてくるかもしれない。

59　筆者はなぜ「子持ち様」と言う言葉が広まったと言っているか。

　　1　子供がいる人のせいで損をしていると思うから

　　2　子供がいるだけで偉いと思うのは止めてほしいと思うから

　　3　子育ては大変だけれども働くのはもっと大変だと思うから

　　4　子供がいない人に子育てを押し付けないでほしいと思うから

60　筆者は子持ちの人が一番働きやすいのはどんな職場だと言っているか。

　　1　子供のために休んでも文句を言われない職場

　　2　子供のために休める制度がいろいろある職場

　　3　子供のために休んでも周りに迷惑がかからない職場

　　4　子供のために休んだ人の仕事を分担してくれる職場

（3）

　「アクアポニックス」という魚と野菜が同時に育てられる設備_{せつび}に注目が集まっている。魚を水槽_{すいそう}(注1)で育てると、排泄物_{はいせつぶつ}(注2)で水が汚れるのでたびたび水を入れ替えなければならない。しかし、これを使えば排泄物を含む水を植物のための栄養_{えいよう}を含んだ水に変えることができるので、そのまま野菜の栽培_{さいばい}に使える。野菜に運ばれた栄養分は野菜に吸収_{きゅうしゅう}されて水はきれいになる。それがまた魚の水槽に運ばれる。だから魚を育てる水を入れ替える必要がない。肥料_{ひりょう}もいらないし、室内の野菜工場で育てるため、外から虫が入る心配がなく、農薬も必要ない。そして無農薬有機野菜_{むのうやくゆうきやさい}(注3)として高値で取引できる。必要なものは魚の餌だけである。実験では電力の76％、水の66％、窒素_{ちっそ}(N)の99％、二酸化炭素_{にさんかたんそ}(ＣＯ2)の99％が減らせたそうだから環境にも大変良いことがわかる。

　いいことばかりのようだが、淡水_{たんすい}(注4)なので育てられる魚が限られる。日本では淡水魚は人気がないので売りにくい。また、農産物_{のうさんぶつ}もリーフレタス、トマト、イチゴなど一部に限られている。海水が使えれば可能性はずっと高まる。現在はその開発中だそうだ。大いに（　　　）。

（注１）水槽_{すいそう}：水を入れておく大きな容器_{ようき}。ここでは魚を育てる容器
（注２）排泄物_{はいせつぶつ}：生物から出るＣＯ2以外のもの
（注３）無農薬有機野菜_{むのうやくゆうきやさい}：農薬も化学的_{かがくてき}に作られた肥料も使わずに育てる野菜
（注４）淡水_{たんすい}：川などの塩分_{えんぶん}が含まれていない水

61 筆者はどうしてこの設備が良いと言っているのか。

1 放っておけば魚と野菜が育つから

2 魚と野菜が魚の餌だけで育つから

3 全ての種類の魚や野菜が育てられるから

4 魚と野菜を同じ容器で育てられるから

62 (　　　　)に入る言葉として、最も適当なものはどれか。

1 期待ができない。

2 期待しない方がよい。

3 期待外れということもある。

4 期待したいところである。

（４）

　子供の頃から考える機会が多いテーマの一つは、命についてではないだろうか。小さい頃に読んだ地獄についての絵本の中で、親より早く亡くなった子供が鬼にいじめられながら石を積むというシーンが頭に焼きついている。本来それは仏教の教えとか色々な意味が込められていたのかもしれない。しかし私には、「命とは大事にしなければいけないもの」というメッセージとして受け取れるように思えた。今はその解釈でもいいような気がしている。小さい子供が読むような絵本にそのような描写があるということは、子供の頃から命について考えるきっかけを作り、命を大事にしてほしいという願いが込められているのかもしれない。

　また、小さい時は虫を殺すことに抵抗がなかった。例えばアリの巣に水を入れたり、カマキリに共食いさせたりしたことはないだろうか。今では意図的に虫を殺すことなどできそうにない。蚊も殺せないような私なので、小さい時を振り返ってなぜあんなことができたのだろうと疑問に思う。ズバリその答えは私たちが子供の頃から受ける、命の大切さについての教育によるものだと考えられる。先述した絵本や、食事をする際に「いただきます」と声に出して感謝を伝えるのも、些細なことであまり意識されないかもしれないが、命の大切さを教える一環として重要な役割を持つと思う。こうした教育により、私たちは子供の頃から命について考えるきっかけを与えられ、大切にするように無意識のうちに教えこまれてきたのだ。

(北嶋かりん『命についてのレポート』による)

（注１）地獄：生きている時悪いことをした人が死んだ後に苦しみを受ける場所
（注２）鬼：悪を代表するもの
（注３）解釈：意味を理解し、自分のやり方で説明したり判断したりすること
（注４）共食い：同じ生物が仲間を食べること
（注５）先述：前に述べたこと
（注６）一環：全体の流れの中の一部

63 筆者は絵本の死んだ後に子供が苦しむ場面は何のためだと考えているか。

1 命が大切だというメッセージを子供に伝えるため

2 死んでも苦しいことがあるというメッセージを伝えるため

3 親より先に死ぬことはよくないというメッセージを伝えるため

4 死んだ子供は石を積まなければならないというメッセージを伝えるため

64 筆者は「いただきます」についてどう考えているか。

1 この言葉を言いさえすれば命に感謝する気持ちが育つと考えている。

2 無意識のうちに命を大切にする気持ちを育てる重要な行動だと考えている。

3 誰もが食事の前に命に感謝する気持ちを示さなければならないと考えている。

4 言っているだけで命の大切さがわかるようになる魔法の言葉だと考えている。

問題12 次のＡとＢの文章を読んで、後の問いに対する答えとして最もよいもの
を、１・２・３・４から一つ選びなさい。

Ａ

　　国立大学の授業料値上げは貧しい人たちの大学入学を難しくすると思う。貧しい人た
ちには授業料の安い国公立を目指すしか道はないからだ。優秀な人には返さなくてもよ
い奨学金を用意するから大丈夫だという意見もあるので一般の人はそれで納得してしま
うだろう。しかし、こういう例もある。私の教え子が通っていた大学は成績が1番の留
学生に10万円、２番と３番には３万円の奨学金を出していた。彼女はよく勉強したが４
年間２番しか取れなかった。彼女はバイトをしなければならない学生だったが、１番を
取り続けた学生は勉強だけしていればよい経済的に余裕のある中国人の学生だった。こ
れは日本人の学生にも当てはまる。働きながら勉強して、よい成績を取ることがどんな
に大変か考えてほしい。外国の大学との競争で大変な状態の大学がもっとお金を必要と
していることはわかるが、お金は学生からではなく国からもらうべきだと思う。

Ｂ

　　日本は高等教育への国などの支出が少なすぎる。授業料が高い国は学生への経済的支
援がしっかりしているし、ヨーロッパなどでは国立大学の授業料が無料の国も多い。し
かし、日本は授業料も高いし、学生への奨学金も少ない。そんな中、東京大学が授業料
を上げた。他の国立大学もこれに続くだろう。しかし、これ以上授業料を上げたらます
ます貧しい家庭の子供たちは大学に入りにくくなるだろう。多くの東大生は医者や、高
級官僚、一流会社の高収入の親を持っているそうだ。小さい頃から塾に通って受験戦争
を勝ち抜いてきた学生が多い。現在は各方面で多様性の重要性が言われているが、大学
においても、人種・年齢・性別・能力・価値観など様々な違いを持った学生が存在する
ことが重要である。だから、授業料値上げは国にとっても大きな損害になるだろう。今
のままでは日本の大学は国際競争に負けてしまうだろう。もっと国からの交付金だけで
なく、企業や個人からの寄付を増やすことで、値上げを抑えるべきである。

65 ＡとＢが共通して取り上げていることは何か。

1 大学における多様性の必要性

2 授業料値上げに反対する理由

3 日本の大学が外国に劣っている点

4 貧しい家庭の子が大学に行かない現状

66 ＡとＢで意見が異なっている点は何か。

1 奨学金の有効性

2 大学の収入不足

3 収入を得る手段

4 大学の国際化

問題13 次の文章を読んで、後の問いに対する答えとして最もよいものを、1・2・3・4から一つ選びなさい。

　アートフェアとは、国内外のギャラリーが作品を展示する見本市のことで、チケットを買えば誰でも会場に入って作品を買うことができる。それで世界中からギャラリーや買いたい人が大勢集まる。同時に会場の内外で音楽やファッションのイベントも開かれて世界中に新しい文化を発信できる価値があるイベントである。アートフェアではイギリスの「フリーズ」、スイスの「アート・バーゼル」、アメリカの「アーモリー・ショー」が世界３大アートフェアと言われていて有名である。その一つ「フリーズ」は、日本での開催も検討されていたものの、最終的にはソウルを選んだ。これはアートビジネスでも韓国が有利な立場になったことを意味する。

　韓国は音楽の分野でアジア初の世界進出に成功し、それを維持し続けている国である。ＢＴＳをはじめ何人ものアーティストが世界で活躍している。それには国の力も大きかったそうだ。今回も韓国は国が積極的に動いて「フリーズ」の誘致に成功した。これは、世界的な作品を展示・販売するだけでなく、「フリーズ」の力を利用して多くの客を集め、経済効果を高めると同時に、韓国の技術や文化を発信する場となっている。さらに国全体で協力しようと美術館や博物館が展覧会やイベントを開き、人々が地方にも訪れるようにした。また、国際空港に温度管理などができる「フリーポート」、つまり税金がかからない倉庫の建設が進められている。加えて、美術館やギャラリー、店を開く「アート・ハブ」の計画も進められている。これでアジアのみならず世界からアート作品を引き付ける中心地になることは間違いない。

　一方、日本といえば、残念ながら世界的な視野を持って行動する人や組織がない。「クールジャパン」と名前をつけて日本の文化の発信ばかり進めているような気がする。それがうまくいっていればまだ良いのだが、<u>なかなかのような気がする</u>。このままでは漫画やアニメでもおくれをとるかもしれない。漫画はスマホに合わせた縦に読む形式がどんどん広まっている。なぜ、漫画を縦に読むという発想が日本で生まれなかったのか。現状に甘えていたのではないだろうか。これまではそれでも良かったかもしれないが、追い越されつつある現状を考えると世界から学び、日本も変わらなければならないと思う。

（注１）ギャラリー：美術品を展示したり販売したりする組織や施設
（注２）見本市：企業などが自分達の製品やサービスを展示して売るための大きなイベント
（注３）誘致：呼びよせること
（注４）アート・ハブ：美術に関係がある活動や施設などの中心

67 なかなかのような気がするとは日本のどのような状態を表しているのか。

　1　日本文化さえ広められない。

　2　韓国のような視野が持てない。

　3　世界的文化のハブにはなれない。

　4　日本文化の発信しかできていない。

68 ソウルでフリーズが開催されたことでわかったことは何か。

　1　韓国のアートが素晴らしいこと

　2　韓国が日本の先を行っていること

　3　アートフェアは経済効果があること

　4　アートフェアには多くの作品が集まること

69 筆者は日本はどうすればよいと言っているか。

　1　韓国の真似をすればよい。

　2　日本文化を発信する力を付ければよい。

　3　世界の文化を広めようにすればよい。

　4　視野を広げて変わらなければならない。

問題14　　右のページは、公園開設のお知らせである。下の問いに対する答えとし
　　　　　て最もよいものを、1・2・3・4から一つ選びなさい。

70　幼児用広場は公園の中のどこに造ったらよいか。

　1　北東

　2　南東

　3　南西

　4　北西

71　公園開設のお知らせの文から考えられる正しい内容はどれか。

　1　備蓄倉庫は駐車場の中か駐車場の隣に置くのがいい。

　2　災害用設備は全て備蓄倉庫のそばに置くことができる。

　3　駐車場はお金を払えばいつでも利用できる。

　4　午前9時から午後5時までなら全ての施設が利用できる。

公園開設のお知らせ

ひばり市では2026年4月に東町に公園を開設する予定です。施設の内容は以下の通りです。最近、子供の声がうるさいと閉園(へいえん)になったところもあります。そのようなことにならないように地域(ちいき)の皆様、特に公園の近くにお住まいの方のご意見を聞かせていただきたいです。ぜひ、多くの方に説明会に参加していただきたくお願い申し上げます。

◆ 東町公園の内容(案)

・管理棟(かんりとう)：事務所・トイレ・休憩所(きゅうけいじょ)・小会議室(事前に申し込みが必要)

・駐車場：40台。9：00～17：00。有料(3時間300円、その後1時間ごとに100円追加)

・駐輪場(ちゅうりんじょう)：約100台(無料)

・トイレ・手洗い・水飲み場：管理棟の他、3か所。

・ジョギング・ランニングコース：公園の中心に広い原っぱを造り、その周りに1キロメートルのコースを造る予定。その周りに散歩用通路(つうろ)も設置(せっち)する。

・ボール遊び広場：バスケットゴールやミニサッカーゴールを設置する予定だが、公式な試合などは不可。ボール遊び専用の広場とする。

・幼児用広場：砂場・ジャングルジム・噴水（夏だけ下から水が噴き出てくる）

・シニア用健康器具：5種類の筋肉やバランスが取れる器具、小さい石をたくさんつけた足の裏を刺激する道（散歩道に沿って10メートル）

・災害用設備：公園の中心のヘリコプターの発着場、災害用備蓄倉庫(トラックでの運び出しに便利な場所に造る予定)、災害用かまど付きベンチ(すべてのベンチ)、災害用マンホール

・ローラースケート・スケートボード場：使用は9：00～17：00。管理棟で申し込む

・日本庭園：池・橋など。季節の花を植える。

・雑木林：公園の周りと日本庭園の隣

・バーベキュー場：無料・10か所

・その他：公園の位置(北側に病院、東側に住宅、南側に歩道、西側はゴルフ場に面している。公園の入り口は南の中央)

問題用紙

N2

聴解

（50分）

注　意
Notes

1. 試験が始まるまで、この問題用紙を開けないでください。
   Do not open this question booklet until the test begins.

2. この問題用紙を持って帰ることはできません。
   Do not take this question booklet with you after the test.

3. 受験番号と名前を下の欄に、受験票と同じように書いて
   ください。
   Write your examinee registration number and name clearly in each box below as written on your test voucher.

4. この問題用紙は、全部で12ページあります。
   This question booklet has 13 pages.

5. この問題用紙にメモをとってもかまいません。
   You may make notes in this question booklet.

受験番号　Examinee Registration Number	

名　前　Name	

もんだい
問題1

問題1では、まず質問を聞いてください。それから話を聞いて、問題用紙の1から4の中から、最もよいものを一つ選んでください。

例

1 先生にメールで聞く

2 友達にメールで聞く

3 研究室の前のけいじを見る

4 りょうの前のけいじを見る

1番

1　完全食は1日1回にする

2　ガムをかむ

3　完全食以外食べない

4　食事に時間をかけない

2番

1

2

3

4

3番

1 ロープを取りにそうこに行く

2 危険な場所を子供に知らせに行く

3 穴があいている場所でみはる

4 危険な場所をロープで囲む

4番

1 歩くのが大変な人がいるか確認する

2 東山に行ってみる

3 原田さんに電話する

4 コースを決める

5番

1 すしロボットを買う

2 普通の店員を募集する

3 女の人がすし学校へ入る

4 すし学校に働く人の募集を出す

もんだい
問題2

　問題2では、まず質問を聞いてください。そのあと、問題用紙のせんたくしを読んでください。読む時間があります。それから話を聞いて、問題用紙の1から4の中から、最もよいものを一つ選んでください。

例

1　友達とけんかしたから

2　かみがたが気に入らないから

3　試験があるから

4　頭が痛いから

1 番

1　働いているうちにローンを終わらせたいから

2　ローンが年収の５倍までしか借りられないから

3　安いしんちくマンションが売っていないから

4　お父さんにローンの支払いを頼みたいから

2 番

1　解約方法がないこと

2　簡単に申し込めること

3　最初は安く買えること

4　解約の仕方が難しいこと

3番

1　記念品を寄付するから

2　しょうもうひんが全くないから

3　毎年買わなければならないから

4　買いたいものがないから

4番

1　シャンプーを泡立てているから

2　洗う前に髪をとかさなかったから

3　とうひを十分に洗わなかったから

4　髪をぬらしてシャンプーをしたから

5番

1 学校のプールを管理するのが大変だから

2 環境も指導もいいし、市も費用を節約できるから

3 費用が減るし、先生が何もしなくてすむから

4 建物の中のプールの方がよく泳げるから

6番

1 友達にすすめられたから

2 心が温かくなる本だから

3 韓国の本なら何でもよかったから

4 本屋大賞を取ったから

もんだい
問題3

　問題3では、問題用紙に何もいんさつされていません。この問題は、全体としてどんな内容かを聞く問題です。話の前に質問はありません。まず話を聞いてください。それから、質問とせんたくしを聞いて、1から4の中から、最もよいものを一つ選んでください。

－ メモ －

もんだい
問題4

　問題4では、問題用紙に何もいんさつされていません。まず文を聞いてください。それから、それに対する返事を聞いて、１から３の中から、最もよいものを一つ選んでください。

－ メモ －

もんだい
問題5

問題 5 では、長めの話を聞きます。この問題には練習はありません。
問題用紙にメモをとってもかまいません。

1 番

問題用紙に何もいんさつされていません。まず話を聞いてください。それから、質問とせんたくしを聞いて、1 から 4 の中から、最もよいものを一つ選んでください。

－ メモ －

2番^{ばん}

まず話^{はなし}を聞^きいてください。それから、二^{ふた}つの質問^{しつもん}を聞^きいて、それぞれ問題用紙^{もんだいようし}の1から4の中^{なか}から、最^{もっと}もよいものを一^{ひと}つ選^{えら}んでください。

質問^{しつもん}1

1　A

2　B

3　C

4　D

質問^{しつもん}2

1　A

2　B

3　C

4　D

제 **2** 회

JLPT
실전모의테스트

제2회 실전모의테스트 채점표

자신의 실력이 어느 정도인지 확인할 수 있도록 임의적으로 만든 채점표입니다. 실제 시험은
상대 평가 방식이므로 약간의 오차가 발생할 수 있습니다.

언어지식 (문자·어휘·문법)

		배점	만점	1회	
				정답 문항 수	점수
문자·어휘	문제 1	1점×5문항	5		
	문제 2	1점×5문항	5		
	문제 3	1점×3문항	3		
	문제 4	1점×7문항	7		
	문제 5	1점×5문항	5		
	문제 6	1점×5문항	5		
문법	문제 7	1점×12문항	12		
	문제 8	1점×5문항	5		
	문제 9	2점×4문항	8		
합계			55점		

* 점수 계산법 : (언어지식(문자·어휘·문법) [   ]점÷55)×60 = [   ]점

독해

		배점	만점	1회	
				정답 문항 수	점수
독해	문제 10	2점×5문항	10		
	문제 11	3점×8문항	24		
	문제 12	3점×2문항	6		
	문제 13	3점×3문항	9		
	문제 14	3점×2문항	6		
합계			55점		

* 점수 계산법 : (독해 [   ]점÷55)×60 = [   ]점

청해

		배점	만점	1회	
				정답 문항 수	점수
청해	문제 1	2점×5문항	10		
	문제 2	2점×6문항	12		
	문제 3	3점×5문항	15		
	문제 4	1점×11문항	11		
	문제 5	3점×3문항	9		
합계			57점		

* 점수 계산법 : (청해 [   ]점÷57)×60 = [   ]점

問題用紙

N2

言語知識（文字・語彙・文法）・読解

（105分）

注　意
Notes

1. 試験が始まるまで、この問題用紙を開けないでください。
   Do not open this question booklet until the test begins.

2. この問題用紙を持って帰ることはできません。
   Do not take this question booklet with you after the test.

3. 受験番号と名前を下の欄に、受験票と同じように書いて
   ください。
   Write your examinee registration number and name clearly in each box below as written on your test voucher.

4. この問題用紙は、全部で33ページあります。
   This question booklet has 18 pages.

5. 問題には解答番号の 1 、 2 、 3 …が付いています。
   解答は、解答用紙にある同じ番号のところにマークしてください。
   One of the row numbers 1 , 2 , 3 … is given for each question. Mark your answer in the same row of the answer sheet.

受験番号　Examinee Registration Number	

名 前　Name	

問題1 ＿＿＿＿の言葉の読み方として最もよいものを、1・2・3・4から一つ選びなさい。

1 洗濯物をハンガーにかけて干す。

   1 おす   2 ほす   3 かす   4 さす

2 彼女は3年前から祖母の介護をしている。

   1 けいご   2 かんご   3 かいご   4 きゅうご

3 梅雨の時期なので、湿度が高い。

   1 おんど   2 しつど   3 のうど   4 かくど

4 鉄分不足をサプリメントで補う。

   1 おぎなう   2 ととのう   3 ともなう   4 うやまう

5 雑巾を強く絞って床を拭いた。

   1 ひねって   2 ねじって   3 ひっぱって   4 しぼって

問題2　　　　　　　の言葉を漢字で書くとき、最もよいものを１・２・３・４から一つ
選びなさい。

6　今日は朝４時に目が<u>さめて</u>しまった。

1 冷めて　　　　　2 覚めて　　　　　3 起めて　　　　　4 動めて

7　このモバイルバッテリーは<u>ばくはつ</u>する可能性があるので、飛行機には持ち込
めません。

1 暴発　　　　　2 募発　　　　　3 爆発　　　　　4 幕発

8　みかんの<u>かんづめ</u>を開ける。

1 缶詰　　　　　2 幹詰　　　　　3 乾杯　　　　　4 缶杯

9　彼女の主張に<u>きょうかん</u>する。

1 同感　　　　　2 共感　　　　　3 教感　　　　　4 協感

10　この辺りの海に、イルカが現れるなんて<u>めずらしい</u>。

1 稀しい　　　　2 清しい　　　　3 希しい　　　　4 珍しい

問題3　（　　　）に入れるのに最もよいものを、1・2・3・4から一つ選びなさい。

11　ペットポトルは（　　　）利用できるので、ゴミ箱に捨てないでください。

1 再　　　　　　　2 次　　　　　　　3 復　　　　　　　4 好

12　（　　　）労働で腰を痛めてしまった。

1 高　　　　　　　2 大　　　　　　　3 多　　　　　　　4 重

13　祖母は毎日、川（　　　）の道を散歩している。

1 面　　　　　　　2 傍　　　　　　　3 沿い　　　　　　4 付き

問題4 （　　　　）に入れるのに最もよいものを、1・2・3・4から一つ選びなさい。

14 苦労するのは（　　　）の上で彼と結婚しました。

1 決意　　　　　　2 維持　　　　　　3 誤解　　　　　4 覚悟

15 そんな小さいことで（　　　）悩まなくてもいいですよ。

1 くよくよ　　　　2 うきうき　　　　3 ぐんぐん　　　4 うろうろ

16 この間、教授に（　　　）いただいた論文を読みました。

1 交際して　　　　2 命令して　　　　3 推薦して　　　4 恐縮して

17 車の免許をとったので（　　　）車を買う予定です。

1 前日　　　　　　2 近々　　　　　　3 近年　　　　　4 当時

18 友人が（　　　）するレストランで夕食を食べました。

1 業務　　　　　　2 製造　　　　　　3 経営　　　　　4 作成

19 シワだらけのシャツは（　　　）ので、ちゃんとアイロンをかけてきてください。

1 ふさわしい　　　2 やかましい　　　3 もったいない　4 だらしない

20 私は毎日お風呂にアロマオイルを入れて（　　　）します。

1 リサイクル　　　2 リラックス　　　3 リハーサル　　4 リクエスト

問題5 _______ の言葉に意味が最も近いものを、1・2・3・4から一つ選びなさい。

21 財布を無くして、ほうぼう探したが、結局見つからなかった。

1 べつべつ　　2 あれこれ　　3 あちこち　　4 それぞれ

22 子供たちは真剣な表情で、先生の話を聞いていた。

1 楽しそうな　　2 悲しそうな　　3 怒った　　4 真面目な

23 今回の日本語能力試験のために徹夜で勉強しました。

1 寝ないで　　2 寝たあとで　　3 寝る前に　　4 夜遅くに

24 私が余計なことを言ったので、彼女は怒って帰ってしまった。

1 不安な　　2 不満な　　3 不必要な　　4 不可解な

25 2年後にオーストラリアへ移住（いじゅう）するという計画を立てている。

1 ルート　　2 プラン　　3 コース　　4 イメージ

問題6　次の言葉の使い方として最もよいものを、１・２・３・４から一つ選びなさい。

26　削除

1　間違えたところは消しゴムできちんと<u>削除</u>してから書き直しましょう。

2　たばこの火はちゃんと<u>削除</u>してください。

3　頭が痛かったが、薬を飲んだら痛みが<u>削除</u>できた。

4　パソコンの容量（ようりょう）が少ないので不要（ふよう）なデータを<u>削除</u>する。

27　問い合わせる

1　自分が将来、何になりたいのか自分自身に<u>問い合わせた</u>。

2　彼女は彼に昨日の夜、誰と何をしていたのか<u>問い合わせた</u>。

3　注文した商品がなかなか届かないので、電話で<u>問い合わせた</u>。

4　警察が犯人になぜそんなことをしたのかと<u>問い合わせた</u>。

28　手当て

1　バレンタインデーに彼女が<u>手当て</u>のチョコレートをプレゼントしてくれた。

2　料理中にけがをしたが、すぐに母が<u>手当て</u>してくれた。

3　プレゼントと一緒に<u>手当て</u>のメッセージカードを添（そ）えて渡した。

4　姉は髪の<u>手当て</u>をするため月に１回、美容室に行っている。

29 深刻

1 今日は深刻な発表があるので、楽しみにしておいてください。

2 大雨の日に川の近くに行くことは深刻だ。

3 卒業式で言われた先生の言葉が胸に深刻する。

4 世界の１７か国では深刻な水不足が問題になっている。

30 ブーム

1 最近、海外では日本の抹茶がブームらしい。

2 契約交渉がブームに終わり、一安心だ。

3 12月に入ると街はクリスマスブーム一色だった。

4 このお店は安くてブームがあるので学生に人気です。

問題7　　次の文の（　　　　）に入れるのに最もよいものを、1・2・3・4から一つ
　　　　選びなさい。

31　市役所の建て替え工事（　　　　）議論（ぎろん）が続いている。

　　1　をはじめ　　　　　2　をめぐって　　　　3　に沿って　　　　4　に基づいて

32　急いで家を出てきた（　　　　）、忘れ物をしてきてしまった。

　　1　末に　　　　　　　2　だけあって　　　　3　ばかりに　　　　4　ことだし

33　最近は女性（　　　　）、男性も美容に関心を持っている人が増えてきている。

　　1　に先立って　　　　2　を問わず　　　　　3　に限らず　　　　4　を抜きに

34　来年は引っ越しするか、（　　　　）このままこの部屋を借りるか、悩んでい
　　る。

　　1　それとも　　　　　2　それなのに　　　　3　そこで　　　　　4　それにしては

35　こちらのフィットネスクラブでは水泳（　　　　）、テニス、ヨガ、ダンスなど
　　様々な運動を楽しむことができます。

　　1　を問わず　　　　　2　をはじめ　　　　　3　を通して　　　　4　をめぐって

36　日本で1年間暮らした（　　　　）、日本語は全く上手にならなかった。

　　1　あげく　　　　　　2　ものの　　　　　　3　かのように　　　4　からには

37　この試験に合格するかどうかは、私の努力（　　　　）です。

　　1　の最中　　　　　　2　ばかり　　　　　　3　の上　　　　　　4　次第

38 国民の反対が大きいので、この国の大統領（だいとうりょう）も（　　　）だろう。

1　辞めざるを得ない　　　　　　　　2　辞めるほどではない

3　辞めるにすぎない　　　　　　　　4　辞めるどころではない

39 背が高いからといって誰でもモデルになれる（　　　）。

1　ほかない　　　　　　　　　　　　2　しかない

3　というものだ　　　　　　　　　　4　というわけではない

40 お客様からお土産としてお菓子を（　　　）。

1　あげました　　　　　　　　　　　2　差し上げました

3　いただきました　　　　　　　　　4　くださいました

41　（会社で）

A「では、来週の月曜日に弊社（へいしゃ）でお会いして、その件について話し合いましょう。」

B「はい。ところで、私の部下も一緒に（　　　）のですが、よろしいでしょうか。」

1　お越しになりたい　　　　　　　　2　うかがいたい

3　来られたい　　　　　　　　　　　4　いらっしゃりたい

42 こちらのコース料理では、デザートにお好きなケーキ（　　　）アイスクリームからおひとつお選びいただけます。

1　さて　　　　　　　2　いわば　　　　　　3　または　　　　　　4　むしろ

問題8 次の文の ＿★＿ に入る最もよいものを、1・2・3・4から一つ選びなさい。

（問題例）

あそこで ＿＿＿＿ ＿＿＿＿ ＿★＿ ＿＿＿＿ は山田さんです。

1　テレビ　　　　2　見ている　　　3　を　　　　　4　人

（解答のしかた）

1. 正しい文はこうです。

あそこで ＿＿＿＿＿ ＿＿＿＿＿ ＿★＿＿ ＿＿＿＿＿ は山田さんです。

1　テレビ　　3　を　　2　見ている　　4　人

2. ＿★＿ に入る番号を解答用紙にマークします。

（解答用紙）　（例）　① ● ③ ④

---

43 日々の ＿＿＿＿ ＿★＿ ＿＿＿＿ ＿＿＿＿ 、試合で優勝することができた。

1　トレーニングに　　2　厳しい　　　　3　かいがあって　　4　耐えた

44 学生の一人が体育の授業で ＿＿＿＿ ＿＿＿＿ ＿★＿ ＿＿＿＿ しまった。

1　どころでは　　　　2　なくなって　　　3　授業　　　　　4　倒れたので

45 今回のけんかは彼が悪いので、＿＿＿＿ ＿＿＿＿ ＿★＿ ＿＿＿＿絶対に謝りません。

1 謝らない　　　　2 限り　　　　　　3 彼が　　　　　4 私からは

46 最近、天気も雨ばかり続いていて、＿＿＿＿ ＿＿＿＿ ＿★＿ ＿＿＿＿。

1 気味だ　　　　2 気分も　　　　　3 落ち込み　　　4 私の

47 生のカキを食べて ＿＿＿＿ ＿＿＿＿ ＿★＿ ＿＿＿＿生のカキは食べなくなりました。

1 をきっかけに　　2 痛く　　　　　3 お腹が　　　　4 なったの

問題9 次の文章を読んで、文章全体の内容を考えて、 48 から 51 の中に入る最もよいものを、1・2・3・4から一つ選びなさい。

　世はグルメブーム。「一億総食通_(注1)」と言った感もありますが、本物の食通と言われる人たちは料理を味わうことより料理の写真を撮ることに夢中になっている、にわかグルメの人々を苦々しく思って眺めているかもしれません。

　ただ、精神科医のフロイトから見ると、食通と言われる人たちはある意味かわいそうな人たちに映っている可能性があります。

　というのも、フロイトによれば、料理の味にこだわりを持つ人はこの世に生_(注2)をうけてから18か月ぐらいまでの間に、ある「欲求不満」を経験している可能性があるからです。

　乳児期の第一段階をフロイトは『口唇期_(注3)』と名付けていますが、この時期、乳児は自分では何もできません。そのため、親に依存することを学びます。

　乳児は母親のおっぱいを本能的に吸いますが、乳児にとってくちびるは生存に必須の器官であるとともに、人生で最初の快楽をもたらす器官でもあることを学ぶのです。

　ところが、その大事な口唇期に母親が 48 家にいなかったり、家にいても放っておかれたりしてその欲求が十分に満たされないと、心にかっとうが生じてしまいます。そして、口唇期をうまく乗り越えられなくなります。_(注4)

　そんな乳児期を過ごした人は大人になっても依存的になり、愛情を強く求めるようになると言います。また、口からの満足を異常に求めるようになり、その結果、食べることへの強いこだわりを 49 というのです。それを『口唇期固着』と言います。

　 50 、食通と言われる人は、大切な乳児期に満足に母乳をもらわなかった人かもしれないということ。 51 思うと、食通の人の見方がちょっと変わってくるかもしれません。

（清田予紀 『時間を忘れるほど面白い人間心理のふしぎがわかる本』による）

（注１）食通：料理の味や知識について詳しいことまたはその人
（注２）生をうける：生まれる
（注３）口唇期：口を通して欲求を満たそうとする時期
（注４）かっとう：どちらを選ぶべきかと迷うこと

48

1 外出しまいと

2 外出がちで

3 外出してからこそ

4 外出のうえで

49

1 持つわけにはいかない

2 持ちかねない

3 持つとは限らない

4 持つようになる

50

1 つまり　　　2 さて　　　3 それとも　　　4 それはそうと

51

1 それ　　　2 そこ　　　3 そう　　　4 その

問題10　次の(1)から(5)の文章を読んで、後の問いに対する答えとして最もよいも
　　　　　　のを、１・２・３・４から一つ選びなさい。

（１）

以下は、ある会社から届いた手紙である。

拝啓

　寒さが和らいで参りましたが、貴社ますますご隆盛のこととおよろこび申し
上げます。

　いつも大変お世話になっております。例年のように新入社員教育の一環とし
て話し方教室を開催する予定でございますので、講師の先生を派遣していただ
きたいと存じます。貴社の講師の方は皆様優秀な方ばかりと承っております
が、可能でしたら昨年の大林良子先生にお願いしたいと存じます。先生のお話
が大変わかりやすく、評判もよかったためでございます。

　何卒よろしくお願いいたします。

敬具

（注１）一環：つながりの一つ。ここでは新入社員教育の中の一つ
（注２）派遣する：人を行かせる。ここでは講師に来てもらう。

52　この手紙は何を依頼しているか。

　　１　話し方教室に毎年同じ講師を送ってもらいたい。

　　２　話し方教室を直接開催してもらいたい。

　　３　できれば大林先生を新入社員教育のために呼びたい。

　　４　最も優秀な講師に新入社員教育をしてもらいたい。

（2）

　歩き方が次のようなら「フレイル」だそうだ。「①体が左右に大きく揺れる。②歩くのが遅い。③あまり手を振らない。④足が上がらないのですり足になる。⑤一歩の幅が狭い。」最近は老人ばかりではなく若者にも見られる。コロナや夏の暑さで外に出なくなり、運動不足になったからだ。歩き方だけでは判断できない時は「Ⓐ疲れる・体がだるい。Ⓑペットボトルが開けられない。Ⓒ６ヶ月で２kg以上体重が減る。Ⓓ歩くのが遅くて信号が青の間に渡れない。Ⓔ週に１回も運動をしない。」のうち３つにあてはまったらフレイルの可能性があるので、すぐに運動を始めた方がいい。

（注１）フレイル：健康な状態と助けが必要な状態の間の状態
（注２）すり足：足の裏で床などをこするような歩き方

53　フレイルの説明に合っているのはどれか。

　1　フレイルは歩き方に表われる。

　2　フレイルは歩き方以外では判断できない。

　3　フレイルは老人だけに起きる症状である。

　4　フレイルはすぐに運動をしなければ治らない。

（3）

　ペットを飼う長所は色々ある。まず、心がいやされる。特に一人暮らしならペットなしでは生きられないほどになるかもしれない。ペットがいるおかげで、家族の会話が増えたと喜んでいる人も多い。また、世話をすることで子供に責任感がつくとの声もある。その反面、旅行などに行きにくかったり、餌をやったり掃除をしたりする世話が大変なこともある。さらに犬なら散歩もある。また、ペットが病気になると高い医療費が負担になることが多い。そのうえ、死なれるとペットロスになることもある。ペットを飼う前にはよく考えた方がいい。

（注1）いやす：ここでは苦しいことを取り除くこと
（注2）ペットロス：ペットを亡くしたことで受ける悲しみ

54 筆者はペットを飼うことについてどのように述べているか。

　1　ペットがいると誰もが楽しい生活ができる。

　2　短所があるのでペットは飼わない方がいい。

　3　ペットを飼うことはよいことばかりではない。

　4　一人暮らしの人はペットがいないと生きられない。

（4）

夏休みボランティア体験の参加者募集

ひばり福祉協議会では夏休みボランティア体験の参加者を募集しています。

・**参加資格**：小学生以上(年齢によって参加できない活動があります)

・**保険料**：100円～1,000円(プログラムによって異なりますが、ボランティア保険に入っていない方は保険料が必要です)

・**受付**：7月8日(月)～8月3日(土)　9時～16時(日曜日と祝日を除く)

・**活動期間**：7月22日(月)～8月31日(土)

★申し込み方法について★

　必ず本人が福祉協議会の受付に来て申し込んでください。

　小学生は保護者(注1)の方と一緒に来てください。

　中学生以下は保護者の自筆(注2)の承諾書(注3)が必要です。

問い合わせ：042-466-××××

（注1）保護者：ここでは子供の世話をして守る父や母など
（注2）自筆：自分で書くこと
（注3）承諾書：承諾は希望や要求を聞き入れること。承諾書はそれを書いたもの

55　募集の内容と合っているものはどれか。

　1　参加者は全員保険を申し込まなければならない。

　2　申し込み日によって始まっている活動もある。

　3　7月8日に申し込めば誰でも好きな活動に参加できる。

　4　自分で受付に行きさえすれば誰でも申し込める。

（5）

　走る・跳ぶなどの様々な運動競技を表すピクトグラムと呼ばれる絵文字は世界中で似たようなデザインが使われている。これは1964年の東京オリンピックの時に初めて描かれたもので１１人のデザイナーが著作権を放棄したことで世界中に広まった。また非常口を表すなどのデザインも共通のものが多いので外国人にも一目で意味がわかる。その一方で、道路標識のデザインは国によって全く違う。特に日本ではほとんどの道路標識が日本語のみで表記されている。そのため意味が分からず、事故も起こしてしまう外国人も多い。だからこそ、ピクトグラムのような世界共通のデザインが道路標識にも必要なのである。

（注１）放棄：自分が持っている利益がもらえる力などを使わないこと
（注２）道路標識：道路を安全に通るための表示

56 　ピクトグラムの長所は何か。

　1　著作権がないこと

　2　デザインが少しずつ違うこと

　3　昔から使われていること

　4　誰が見ても一目で意味がわかること

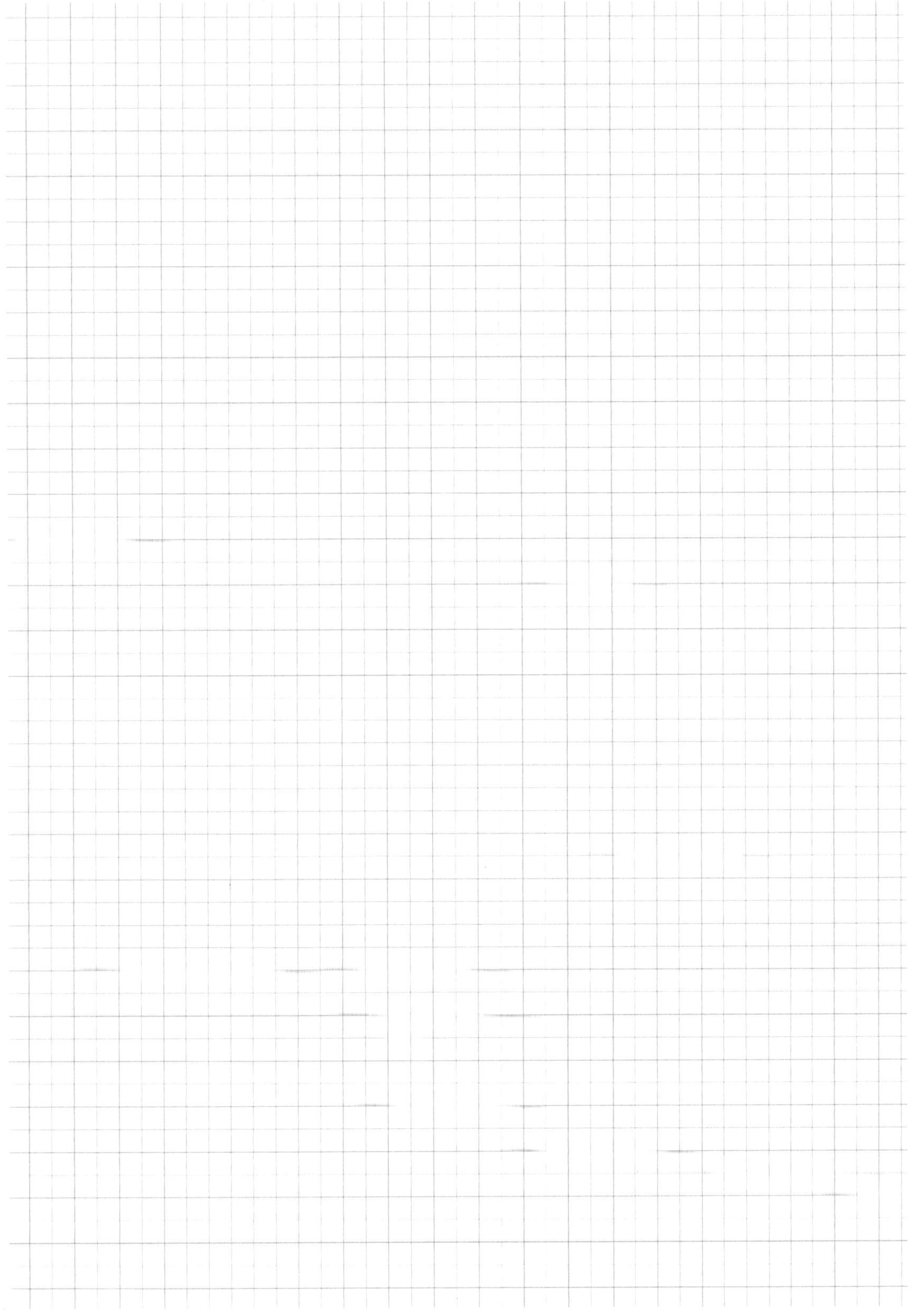

問題11　次の⑴から⑷の文章を読んで、後の問いに対する答えとして最もよいものを、1・2・3・4から一つ選びなさい。

（1）

　近所のピアノの先生が嘆いていた。少子化でピアノを習う子供が減っているからだ。また、昔と違って子供が勉強などで忙しく、今は音楽のように家で練習しなければならない習い事は流行らないのだそうだ。彼女の夫は音楽大学の教授だが、彼の学科も最近女子大学生が多くなってきたそうだ。音楽は学業と違って努力すればプロになれるというわけではないから、職業を重視する男の生徒はよほどのことがないと音大に入学しないそうだ。確かに音大を卒業してもプロとして働く場も教師の仕事も少ないのが現実で、早い段階で趣味として楽しむ程度にとどまってしまう人が多いのだそうだ。

　スポーツはどうか。日本では水泳、サッカー、野球、バスケットボールなどをしている子供が多い。水泳は小学校で水泳の授業があるので多くの子が習っているが、泳げるようになるとやめることが多い。サッカーは幼稚園や保育園の子供も楽しんでいる。サッカーや野球、バスケットボールは人気があって小学校、中学校、高校でも盛んだ。やめる理由は様々だが、昔に比べて子供たちにゆとりがなくなっていて勉強するためにやめる子もかなりいるそうだ。しかし、それでもまだスポーツを楽しみたい子供もいれば、人生をかけて取り組む子供もいる。日本では年代別の大会をはじめ多くの大会が開かれているため、スポーツの人気が衰えないのかもしれない。音楽同様、プロになれる人は少ないが早々とあきらめる必要はない。多くの大会があってスカウトの目に留まることも多いからチャンスはあると思う。

（注）学業：教育の場で行う勉強や学習のこと

57 どうして音大に行く男子生徒が減っているのか。

1 子供が減っているから

2 音楽は難しい仕事だから

3 音楽は趣味にしかならないから

4 音楽の仕事をするのが難しいから

58 筆者はスポーツを続けることについてどのように考えているか。

1 勉強との両立（りょうりつ）は難しいが、続ける価値がある。

2 小学校のうちにやめるのが一般的だが、仕方がない。

3 スポーツはプロになれる可能性があるので全員続けるべきだ。

4 音楽と同様．将来の職業に結びつかないのでやめた方がいい。

（２）

　日本語教師として最近困っていることはいわゆる日本語の乱れである。言葉が変化するのは自然なことだから仕方がないとも言えるが、このままでは日本語能力試験に出せない文法問題が多くなってしまう。日本語では可能、受身などの状態を表す場合は基本的に「が」を使うのが正しいが、それがどんどん「を」に変わっている。今は「名詞が＋できる」は何とか成立しているが、例えば「可能動詞」は「日本語を話せる」のようになってきていて、若い記者が多いせいか新聞でさえ「を」がよく使用されている。新聞社には校正の人がいるはずなのに①どういうことか。例えば「ビールが飲める」を「ビールを飲める」としている。また、受身は「動詞＋助動詞」でできているので、どうしても前にある「動詞」に引かれて「猫に魚を食べられた」のような文になってしまう。何度も同じ間違った表現を見たり聞いたりしていると、だんだんそれに慣れてきて、いつの間にか「を」を使う方が自然になってしまう。「〜たい」はすでに「ビールが飲みたい」より「ビールを飲みたい」を使う人の方が多くなってしまった。だからもう「〜たい」の助詞を質問する問題の選択肢に「が」と「を」を同時に入れることはできなくなった。自動詞と他動詞のどちらを使うかがわからない人も出てきた。10年ほど前、あるアメリカ人の学生から正しい英語が書けるという理由で大学で助手のアルバイトを任されていたという話を聞いたことがあるが、今、②日本の大学生が同じ状況である。どこの国でも同じことが起きているようだが、解決しようとしているのかあるいはそのままにしているのか知りたいものである。

（注１）校正：文を正しく直すこと
（注２）選択肢：一つを選ぶためのいくつかの内容

59　①どういうことかとあるが、筆者は何を指して言っているのか。

1 校正するべきなのか

2 なぜ訂正しないのか

3 校正する人は誰なのか

4 どのように訂正するつもりか

60　②日本の大学生が同じ状況であるとあるが、どういう意味で筆者は言っている
のか。

1 教授の助手をする学生がいる。

2 正しい文が書ける学生が少ない。

3 正しい文が書ければ助手になれる。

4 正しい文法がわかる学生が全くいない。

（3）

　脳は右と左に分かれていて、左手や左足を動かす時は右脳を使い、右側を動かす時は左脳を使います。よく左利きは頭がいいとか天才だとか言われています。確かにアインシュタインやエジソンをはじめ、天才と言われている人には左利きが多いです。それは左利きの人が右利きよりも右脳と左脳のどちらもよく使うことから生じているようです。右脳と左脳は役目が違います。右脳は物の形、色、音、空間の認識、左脳は計算や言葉を処理する時に使われます。例えば文字を書く時には右利きは左脳で手を動かしながら言葉を書きますが、左利きは右脳で左手を動かしながら左脳で言葉を扱うので両方の脳を使わなければなりません。したがって左利きの方が脳全体を活発に動かす機会が多いため、脳が活性化し、人と違う考えも生まれやすくなると言われています。

　左利きになるのは遺伝による場合もありますが、よく左手を使うことで左利きになることもあるそうです。両方の脳を良く働かせたかったら、一か月ほど左手を使って生活してみましょう。大人になってからでも効果があるとされています。しかし、完全に左利きになるのには長い年月がかかります。また、子供を、特に10歳以下の子供を無理に左利きにしようとするのはトラウマになる可能性があるので避けた方がいいです。

（注１）活性化：元気にしたり活動的にすること
（注２）トラウマ：大きなショックや恐怖が原因で起きる心の傷

61　左利きは頭がいいとか天才だとか言われていますとあるが、それはなぜか。

1　普通のことは考えないから

2　考える時だけ脳全体を使うから

3　いつも左右の脳を同時に使うから

4　脳のいろいろな部分が刺激されるから

62　本文の内容と合っているのはどれか。

1　左利きと右利きでは左利きの方がよい。

2　左利きと右利きでは脳の働き方が全然違う。

3　大人になってからでも左利きと右利きは変えられる。

4　左利きや右利きはすべて生まれつきの性質である。

（４）

　日本では美術館・博物館などで「特別展」を開くと大勢の人が集まって大変混みます。それだけ時間やお金に余裕がある人が増えてきたのでしょう。昔はデパートなどが有名な人の展覧会を無料で開いてお客を集めることがよくありました。画廊ももちろん無料だったため、仕事帰りによく立ち寄りました。ある時、会社のビルの隣の小さな画廊で「棟方志功展」が開かれていました。でも、①棟方志功展なのに見ている人は私しかいませんでした。「ほしいなあ」と思いながら会場を見て回っていたところ、入口の小さな机で棟方志功本人が木版を彫っていることに気がつきました。「わあ、棟方志功だ」と驚いて声をかけたいと思いました。しかしかれは強い近眼のため、版画にくっつきそうなほど顔を近づけて一生懸命に彫っていました。邪魔をしては悪いと思い、何も言えませんでした。同僚に「すごいよ。棟方志功がいたよ」と言ったけれど、誰も画廊に行こうとはしませんでした。そういえば、そのころは美術館も常設展はいつもがらがらで私にとってはゆっくり見られてよい場所だったことを思い出しました。最近は美術館の入館料も高くなりました。それでも、特別展などは作品のそばで見ることができないほど人であふれています。②時代の変化を感じます。

（注１）特別展：持っている作品を見せるのではなく特別な人の作品だけを見せる展覧会。多く
　　　　　　　　は借りてきて見せる。
（注２）画廊：芸術作品、特に絵を売るために見せているところ
（注３）棟方志功：1956年、ベネチア・ビエンナーレで日本人ではじめて一番の賞をもらい、
　　　　　　　　　1970年には日本の文化勲章も受けた有名な版画家。
（注４）版画：板などに絵や文字を彫ったり描いたりして、それを紙や布などに印刷して作られ
　　　　　　　た作品
（注５）常設：いつも見られるように置いているということ

63 筆者はなぜ「①棟方志功展なのに」と言ったのか。

1 棟方志功がとても有名な人だったから

2 筆者は棟方志功が好きだったから

3 棟方志功展が小さな画廊で開かれていたから

4 棟方志功展が開かれていると思わなかったから

64 筆者はどんな②時代の変化があると言っているか。

1 昔は美術展の入館料が安かったが、今は高くなった。

2 昔は特別展でも無料だったが、今はどこも有料になった。

3 昔は安くても美術展に行かなかったが今は高くても混むことが多い。

4 昔は常設展の方が人気があったが、今は特別展の方が人気がある。

問題12　次のＡとＢの文章を読んで、後の問いに対する答えとして最もよいもの
　　　　　を、１・２・３・４から一つ選びなさい。

A

　日本の水道は古い設備や施設が多く、直すのに多額の費用がかかる。人口も減っており、水道料金だけでは修理できない自治体も出ている。もし、水道の経営を民間の会社に任せれば、新しい技術やお金を使って効率的に管理できる(注1)と思う。例えば、コンピューターで水もれを早く見つけたり、遠くから水の様子を見守ったりできれば(注2)、むだな水やお金を減らすことができる。さらに、人件費や管理費も抑えられるため、自治体の負担も減る。水道料金の上がりすぎは国や自治体がチェックすれば心配ない。こうした理由から、民営化は水道サービスを長く安全に守るための、現実的で前向きな方法だと考える。

B

　水道は生活に絶対に欠かせないものであり、会社が利益を目的として経営すべきではないと考える。民間の会社に任せると、利益を出すことが目的になるため、水道料金が上がったり、サービスが悪くなったりする心配がある。実際に外国では、民営化した結果、料金が大きく上がり、住民の反対によって再び公営化に戻された例がある(注3)。また、住んでいる人が少なくもうけにならない地域ではサービスが十分に行われない心配や、災害が起きた時にすぐに修理してもらえない心配もある。また、長い契約をしてしまうと、住民の意見が届きにくくなり、問題があってもすぐに直せない恐れもある。水道は公共のものとして守られるべきであり、修理費が足りない場合は国の支援や自治体の工夫で解決するべきである。したがって、民営化には反対である。

（注１）効率的：少ない時間やお金で最大の効果が出せるやり方や状態
（注２）水もれ：ここでは水道管から水が少しずつ出てくること
（注３）公営：民間でなく国や地方公共団体などが経営すること

65 　AとBが心配していることは何か。

1　Aは設備の修理ができないこと、Bは国の支援金が少ないことを心配している。

2　Aは水道料金が足りないこと、Bは民営化でサービスができなくなることを心配している。

3　Aは水道料金を安くできないこと、Bは維持するための費用が高いことを心配している。

4　Aは水道事業が維持できないこと、Bは民営化で水道料金が上がることを心配している。

66 　水道民営化について、AとBはどのように述べているか。

1　Aは修理費用不足などが解決するので賛成だと述べ、Bは水道は公共の物だから反対だと述べている。

2　Aは効率的に経営できるので賛成だと述べ、Bは赤字の場合国が経営すればいいので反対だと述べている。

3　Aは民間の会社は赤字を出さないので賛成だと述べ、Bは水道の仕事で利益を出すのは反対だと述べている。

4　Aは最新の設備に換えるべきなので賛成だと述べ、Bは海外では民営化に戻した国もあるから反対だと述べている。

問題13 次の文章を読んで、後の問いに対する答えとして最もよいものを、１・２・３・４から一つ選びなさい。

人口増加にともない地球上で食糧不足が進んでいます。国連の調査によると、2022年に世界で約7億3,500万人、世界人口の約11人に１人が飢えに苦しんでいると言います。食糧増産はもちろんですが、食品ロスがなければその人たちを救えるとも言われています。実際に世界の穀物生産量は28億トン以上あるので、すべての人が十分に食べられるだけの食糧は生産されているそうです。しかし世界では毎年、食糧の３分の１にあたる13億トンが捨てられていて必要な人に届かないのです。先進国では、食べなかったり賞味期限切れになったりして捨てるものが多いです。一方で、発展途上国は、農作物がたくさん取れても保存や加工、運ぶ手段がなくて捨てることになることが多いそうです。また、食品ロスは単に食べ物がむだになるだけでなく、その処分方法が地球温暖化に影響を与えています。

食品ロスを減らすために、個人でもできることもあります。私たちは昔から食べ物を乾燥したり、漬物にしたり、発酵したりして保存してきました。また、缶詰や瓶詰、レトルト食品なども作ってきました。冷蔵や冷凍もしています。中でも、生産段階での食糧の保存は規模が大きいだけに重大な問題です。日本各地では自然を利用した一定の温度が保たれる室という大きな穴に野菜や果物などをしまって半年ぐらい保存することがよく行われています。雪を固めて中に保存する方法も使っています。大きな冷蔵庫や冷凍庫も作られていますが、自然の力を利用するのと違って多くの電力が必要です。食品の水分のうち97％を抜いたり真空パックにしたりする方法もあります。今注目されているのは、雪の中に野菜などを入れて低い温度で保存する日本に昔からある方法からヒントを得てさらに湿度を高くした保存方法です。それはイチゴは３ヶ月、桃は２ヶ月、メロンは３ヶ月など長期間にわたってとれたてのまま保存できます。それにより、消費者にはおいしさを保つまま届け、生産者には出荷に関わる負担を減らし、今問題の食品ロスにも貢献できます。またこれ以外にも日々新しい技術が開発されつつあります。期待していいのではないでしょうか。

（注1）賞味期限切れ：おいしく食べられる期限を過ぎてしまったこと
（注2）発展途上国：先進国に比べてまだ発展していない国
（注3）加工：元の材料に新しい形や性質を持たせること
（注4）発酵：目に見えないような生物が働いて新しい食べ物をつくること。
（注5）レトルト食品：食品を高い温度でばい菌を殺して袋などに入れて長期保存できるように
　　　　　　　　　　したもの
（注6）出荷：作った商品や農産物を消費者に送り出すこと

67　現在の世界の食糧事情を述べているのはどれか。

　　1　食糧の生産不足によって飢えている人がいる。

　　2　食糧を保存しないので食糧の不足が起きている。

　　3　個人がもっと努力すれば食糧は不足しない。

　　4　生産量は十分だが、捨てられる食糧が多いので足りない。

68　筆者の関心が最も高い技術はどれか。

　　1　現在開発中の保存技術

　　2　長期間使用できる保存技術

　　3　収穫時の状態を保つ保存技術

　　4　昔から利用してきた保存技術

69　筆者の意見はどれか。

　　1　新鮮なままの保存技術の開発が必要だ。

　　2　技術の進歩で食品ロスは減らせるだろう。

　　3　食品ロスには昔からの食料の保存方法が最も有効だ。

　　4　全ての段階での食品ロスの解決を目指さなければならない。

問題14　右のページは、ある家事代行サービスの内容の案内である。下の問いに
　　　　　対する答えとして最もよいものを、1・2・3・4から一つ選びなさい。

70　週1回1時間の定期コースを申し込んで、明日仕事から帰る前に家の掃除を頼
む場合、最初にいくら払わなければならないか。

1　4,000円

2　4,500円

3　5,000円

4　5,500円

71　料理サービスで2週間に1回料理を作ってもらう場合、最初にいくら払わなけ
ればならないか。

1　10,600円

2　留守中利用で9,600円

3　留守中利用で買い物もしてもらって14,800円

4　買い物もしてもらって12,800円

あなたの豊かな毎日、

ひばり家事代行サービスがサポートします！

　ひばり家事代行サービスはお忙しい方にぴったりの家事代行サービスです。いつでもパソコン・スマホからご依頼・予定変更・キャンセルができます。まず、ご登録ください。初回ご利用時に使える1,000円の割引券を差し上げます。ご登録後すぐに予約ができきます。

・**ご利用料金**(掃除・料理)

　① 定期コース

1週間に1回	3,000円(税込)/時間
2週間に1回	3,200円(税込)/時間
4週間に1回	3,500円(税込)/時間

　② スポットサービス(必要な時だけのサービス)：4,000円(税込)/時間

・**その他追加料金**

　① キャストの指名：500円(税込)/時間

　② 鍵預かり(初回にいただきます)：留守中に利用される方のみ月額1,000円(税込)

　③ 1回のご利用につき、交通費一律1,000円(税込)をちょうだいしております。

・**お掃除代行**(2時間以上30分単位)

　お掃除代行で1週間に1回の定期サービスをご利用の場合に限り、短時間特別料金で1時間(3,500円)からご利用いただけます。

・**お料理代行**(3時間…材料をスタッフが購入する場合は1時間追加)

　料理は材料をご用意ください。こちらで購入してお持ちすることもできます。

※ 定期サービスとは、1週間の決まった曜日かつ日時で繰り返し行うサービスを指します。定期サービスが予約された場合には、キャンセルがされない限り、自動的に次回の予約がされます。

※ 担当者の指名は、一度お伺いしたことのあるスタッフのみ可能です。

※ 各サービスには最低利用時間の設定がございます。

問題用紙

N2

聴解

（50分）

注　　意
Notes

1. 試験が始まるまで、この問題用紙を開けないでください。
   Do not open this question booklet until the test begins.

2. この問題用紙を持って帰ることはできません。
   Do not take this question booklet with you after the test.

3. 受験番号と名前を下の欄に、受験票と同じように書いて
   ください。
   Write your examinee registration number and name clearly in each box below as written on
   your test voucher.

4. この問題用紙は、全部で12ページあります。
   This question booklet has 13 pages.

5. この問題用紙にメモをとってもかまいません。
   You may make notes in this question booklet.

受験番号　Examinee Registration Number	

名　前　Name	

もんだい
問題 1

問題1では、まず質問を聞いてください。それから話を聞いて、問題用紙の1から4の中から、最もよいものを一つ選んでください。

例

1　先生にメールで聞く

2　友達にメールで聞く

3　研究室の前のけいじを見る

4　りょうの前のけいじを見る

1番

1　1時間ごとにお茶を飲む

2　立って仕事をする

3　1時間ごとに歩きながら腕を回す

4　座ったまま足をじょうげに動かす

2番

3番

1　今までの生活を変えない

2　お母さんに料理を送る

3　体にいいものばかり食べる

4　電子レンジは使わない

4番

1　お客さんを集める

2　近所の人に相談する

3　お母さんに相談する

4　鈴木さんと計画書を作る

5 番

1　腰をかけて休む

2　トイレに行く

3　ふかく息をする

4　スポーツドリンクを飲む

もんだい
問題2

問題2では、まず質問を聞いてください。そのあと、問題用紙のせんたくしを読んでください。読む時間があります。それから話を聞いて、問題用紙の1から4の中から、最もよいものを一つ選んでください。

例

1 友達とけんかしたから

2 かみがたが気に入らないから

3 試験があるから

4 頭が痛いから

1番

1 手足が冷えないから

2 疲れがとれるから

3 夜よく眠れるから

4 血が流れるから

2番

1 自販機でさゆが売っていると聞いたから

2 きっさてんにさゆがあるから

3 さゆが体にいいと女の人が言ったから

4 さゆが冷ましたお湯であると知ったから

3番

1　まだ３１センチにならないから

2　がんでウィッグが必要な家族がいるから

3　病院で会った子に髪をあげたいから

4　ウィッグを作るために寄付したいから

4番

1　社員が退職して海外で高い給料で働くこと

2　定年後に週に３日しか働けないこと

3　同じ働き方でも定年後に給料が少なくなること

4　会社が定年後の給料改善を考えていないこと

5番

1　A社がD２Cに失敗したから

2　D２Cをすると売り上げが減るから

3　D２Cには向かない商品があるから

4　D２Cは宣伝のための売り方だから

6番

1　「トホホ」に点々をつけてみたかったから

2　「トホホ」の気持ちが表せないから

3　「ドボボ」で元気いっぱいと言いたかったから

4　「トホホ」の気持ちを強くしたかったから

もんだい
問題3

問題3では、問題用紙に何もいんさつされていません。この問題は、全体としてどんな内容かを聞く問題です。話の前に質問はありません。まず話を聞いてください。それから、質問とせんたくしを聞いて、1から4の中から、最もよいものを一つ選んでください。

－ メモ －

もんだい
問題4

問題4では、問題用紙に何もいんさつされていません。まず文を聞いてください。それから、それに対する返事を聞いて、1から3の中から、最もよいものを一つ選んでください。

－ メモ －

もんだい
問題5

問題5では、長めの話を聞きます。この問題には練習はありません。
問題用紙にメモをとってもかまいません。

1番

問題用紙に何もいんさつされていません。まず話を聞いてください。それから、質問とせんたくしを聞いて、1から4の中から、最もよいものを一つ選んでください。

－ メモ －

2番

まず話を聞いてください。それから、二つの質問を聞いて、それぞれ問題用紙の 1 から 4 の中から、最もよいものを一つ選んでください。

質問 1

1 海外進出

2 お弁当

3 おそうざい

4 給食

質問 2

1 海外進出

2 お弁当

3 おそうざい

4 給食

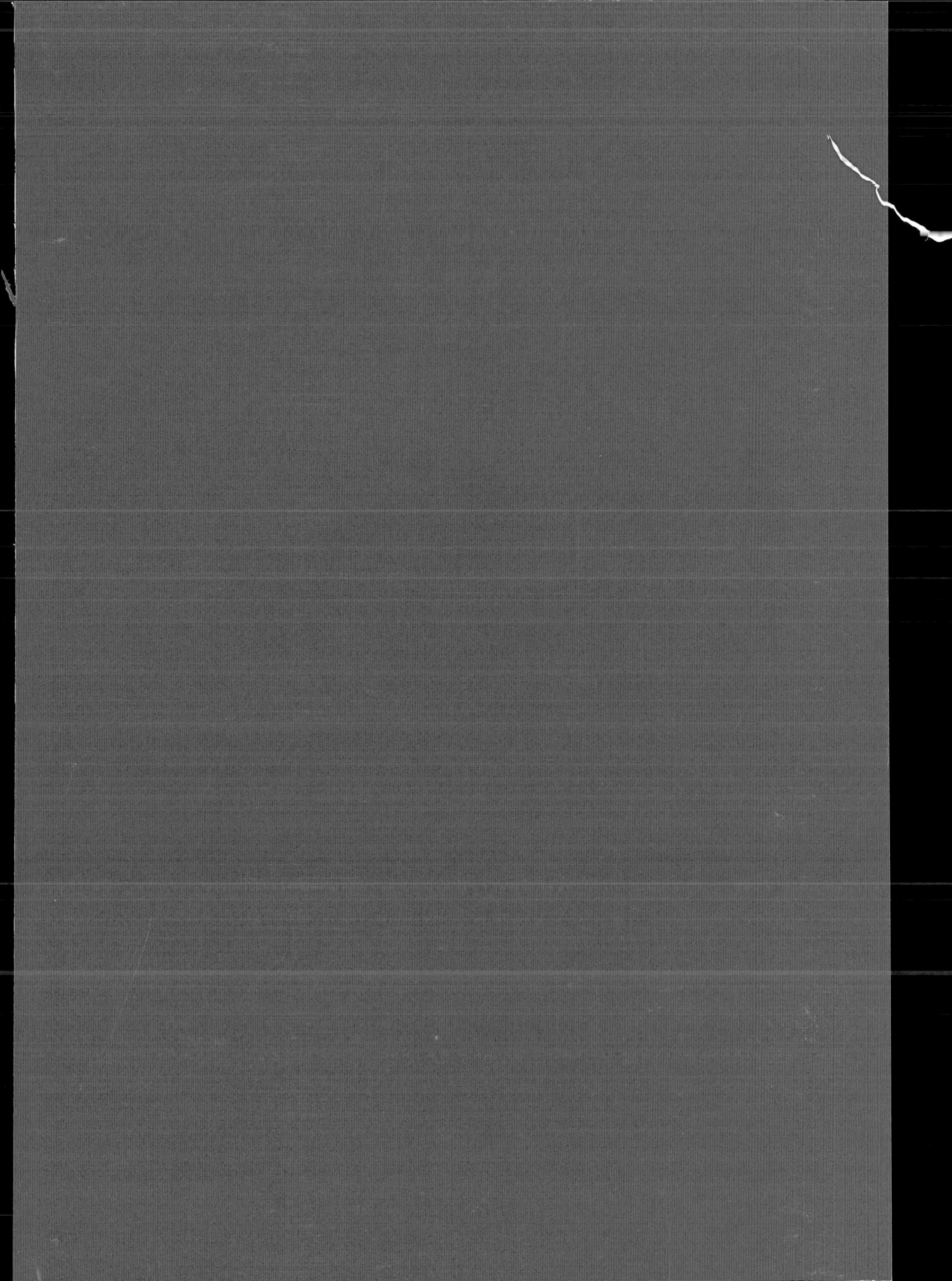

JLPT 한 권으로 끝내기

일본어능력시험

이치우, 기타지마 치즈코, 박성길, 도리이 마이코 공저

다락원

JLPT 한 권으로 끝내기

이치우, 기타지마 치즈코, 박성길, 도리이 마이코 공저

다락원

01 문제1 한자읽기 공략하기

문제 1 _____의 단어 읽기로 가장 알맞은 것을 1·2·3·4에서 하나 고르시오.

01 기출어휘 확인문제　한자읽기　　　　p.18

☐1 그 신부는 **선명하**고 아름다운 기모노를 입고 결혼식을 올렸다.

해설 「鮮」는 음독할 때 「せん」으로 읽으며 그 예로 「鮮明(선명함)」, 「新鮮(신선함)」 등이 있다. 여기서는 훈독하여 「あざやか」가 된다.

단어 花嫁(はなよめ) 신부 | 挙(あ)げる 올리다, 거행하다 | 華(はな)やかだ 화려하다 | きらびやかだ 눈부시게 아름답다 | しなやかだ 보들보들하다, 나긋나긋하다 | 鮮明(せんめい) 선명함 | 新鮮(しんせん) 신선함

☐2 머리빗에 머리카락이 **엉켜서** 빠지지 않는다.

해설 「絡」는 음독할 때는 「らく」로 읽고 훈독할 때는 「絡まる(얽히다)」, 「絡む(휘감기다)」처럼 「から」로 읽는다.

단어 ヘアブラシ 머리빗 | 挟(はさ)まる 끼이다 | 包(くる)まる 휩싸이다, 두르다 | しまう 끝내다, 치우다, 넣다 | 絡(から)まる 얽히다 | 絡(から)む 휘감기다

☐3 **당황하**면 오히려 실패할지도 모르니, 진정하세요.

해설 「焦る」는 훈독하여 「あせる」로 읽는다. 음독할 때는 「焦点(초점)」과 같이 「しょう」로 읽는다.

단어 むしろ 오히려, 차라리 | 焦(じ)れる 초조해지다 | 焦点(しょうてん) 초점

☐4 연료 가격이 올랐기 때문에, 버스 **운임**도 인상되었다.

단어 燃料(ねんりょう) 연료 | 値上(ねあ)がり 값이 오름, 오름세 | 運搬(うんぱん) 운반 | 運送(うんそう) 운송

☐5 이 요리에는 세계에서 가장 **매운** 고추가 사용되었습니다.

단어 唐辛子(とうがらし) 고추

☐6 화재 현장에서 소방대원들이 **용맹한** 활약을 했다.

해설 「勇ましい」는 훈독하여 「いさましい」로 읽는다. 음독할 때는 「勇気(용기)」와 같이 「ゆう」로 읽는다.

단어 火災(かさい) 화재 | 現場(げんば) 현장 | 消防士(しょうぼうし) 소방사, 소방관 | 活躍(かつやく) 활약 | 厚(あつ)かましい 뻔뻔스럽다 | いまいましい 분하다, 화가 치밀다 | うらやましい 부럽다, 샘이 나다 | 勇気(ゆうき) 용기

☐7 유학 덕분에 그의 영어 실력은 **눈에 띄게** 향상되었다.

해설 「著しい」는 훈독하여 「いちじるしい」로 읽는다. 음독할 때는 「著者(저자)」와 같이 「ちょ」로 읽는다.

단어 上達(じょうたつ)する (기능, 실력 등이) 향상되다, 숙달되다 | 勇(いさ)ましい 용감하다 | めざましい 눈부시다, 놀랍다 | 著(いちじる)しい 현저하다, 두드러지다 | 慌(あわ)ただしい 분주하다, 어수선하다 | 著者(ちょしゃ) 저자

☐8 교섭이 잘 마무리 되어 거래처 사람과 **악수**를 나누었다.

해설 「握手」는 음독하여 「あくしゅ」라고 읽는다. 훈독하는 「握(にぎ)る(잡다, 쥐다)」라는 동사도 함께 알아 두자.

단어 交渉(こうしょう) 교섭, 협상 | 取引先(とりひきさき) 거래처 | 交(か)わす 주고받다, 교차하다 | 挙手(きょしゅ) 거수, 손을 위로 들어 올림 | 会釈(えしゃく) (끄덕이며) 가볍게 인사함 | 合(あ)いの手(て) 대화 중에 끼우는 말이나 소리

☐9 집안일을 했더니 어머니가 **장하다**며 칭찬해 주었다.

해설 여기서는 훈독하여 「えらい」로 읽는다. 「偉」는 음독할 때는 「偉大(위대함)」와 같이 「い」로 읽는다.

단어 偉(えら)い 훌륭하다, 대단하다 | ほこらしい 자랑스럽다 | 偉大(いだい) 위대함

☐10 책에서 배운 물 절약 방법을 **실천**한다.

단어 実行(じっこう) 실행 | 実施(じっし) 실시 | 実験(じっけん) 실험, 실제 경험

02 기출어휘 확인문제　한자읽기　　　　p.19

☐1 매일 아침 **기상** 후에 물 한 잔을 마십니다.

단어 起床(きしょう) 기상 | 朝食(ちょうしょく) 조식, 아침밥

☐2 그녀는 **간호** 일을 하고 있다.

단어 看護(かんご) 간호, 개호, 돌봄 | 老後(ろうご) 노후, 노년 | 警護(けいご) 경호, 경호원

☐3 신입 사원들은 입사식에서의 사장님 말씀에 **자극**을 받은 듯하다.

단어 新入社員(しんにゅうしゃいん) 신입 사원 | 感激(かんげき) 감격 | 過激(かげき) 과격 | 感銘(かんめい) 감명

☐4 업무 실수를 보고하자 부장님의 얼굴은 더욱 **험악해**졌다.

해설 여기서는 「険」를 훈독하여 「けわしい」와 같이 읽는다. 「険」은 음독할 때는 「けん」으로 읽는다.

단어 報告(ほうこく)する 보고하다 | さらに 더욱더 | あわただしい 분주하다, 어수선하다

☐5 그녀는 잡지에 소개될 정도로 **솜씨**가 좋은 미용사다.

해설 「腕」는 음독할 때는 「わん」으로 읽는다. 훈독할 때는 「うで」가 되는데, '팔, 솜씨, 역량' 이라는 뜻을 가진다.

단어 美容師(びようし) 미용사 | 髪(かみ) 머리카락

☐6 여름을 겨냥해서 아이스크림이나 탄산음료 등의 상품을 **확충**할 예정이다.

단어 向(む)ける 향하다, 목표로 하다 | 炭酸飲料(たんさんいんりょう) 탄산음료

[7] 오랜만에 공항에 가니 **경비**가 전보다 엄중해져 있었다.

해설 「警備」는 음독하여 「けいび」로 읽는다. 같은 한자가 쓰인 대표적인 단어인 「警察(경찰)」, 「警戒(けいかい, 경계)」, 「備(そな)える(대비하다)」 등도 함께 기억해 두자.

단어 厳重(げんじゅう) 엄중함 | 整備(せいび) 정비 | 装備(そうび) 장비

[8] 경찰관에게 어제 교통사고가 어떤 식으로 일어났는지 **상세**하게 설명했다.

해설 「詳細」는 음독할 때는 「しょうさい」라고 읽는다. 훈독하는 단어 「詳(くわ)しい(상세하다)」와 「細(こま)かい(잘다, 자세하다)」도 함께 기억해 두자.

단어 制裁(せいさい) 제재 | 明細(めいさい) 명세, 자세함, 명세서 | 多彩(たさい) 다채로움

[9] **어린** 아이를 집에 혼자 두는 것은 위험하다.

해설 여기서는 「幼」를 훈독하여 「おさない」와 같이 읽는다. 「幼」는 음독할 때 「幼稚園(ようちえん, 유치원)」처럼 「ゆう」가 아닌 「よう」인 것에 주의하자.

[10] 나는 고등학교 졸업 후에 대학교에 진학할지 취업할지를 두고 **망설**이고 있다.

해설 「迷」는 음독할 때 「迷子(まいご, 미아)」처럼 「まい」로 읽거나 「迷信(めいしん, 미신)」처럼 「めい」로 읽는다. 여기서는 훈독하는 단어인 「まよう」가 쓰였다.

단어 さまよう 헤매다, 주저하다 | 逆(さか)らう 거스르다 | 戸惑(とまど)う 어리둥절해하다, 망설이다

03 기출어휘 확인문제 한자읽기 p.20

[1] 그 연예인의 결혼은 **세간**을 놀라게 한 뉴스였다.

해설 「世間」은 음독하여 「せけん」으로 읽는다. 「間」는 음독할 때 대부분 「かん」으로 읽지만 「世間」과 「人間(にんげん, 인간)」은 다르게 발음하므로 주의가 필요하다.

단어 芸能人(げいのうじん) 예능인, 연예인 | 驚(おどろ)かす 놀라게 하다 | 世(よ)の中(なか) 세상

[2] 쌓아 올린 책이 **기울어져** 있어 금방이라도 무너질 것 같다.

해설 「傾く」는 훈독하여 「かたむく」로 읽는다. 음독할 때는 「傾向(けいこう, 경향)」과 같이 「けい」로 읽는다.

단어 積(つ)み上(あ)げる 쌓아 올리다 | 崩(くず)れる 무너지다, 붕괴하다 | むくいる 대갚음하다 | 貫(つらぬ)く 관통하다, 관철하다 | 立(た)ち退(の)く 퇴거하다, 물러나다

[3] 그녀는 크리스마스에 산타클로스 **의상**을 입고 사진을 찍었다.

해설 「衣装」는 음독하여 「いしょう」로 읽는다. 「装」는 음독할 때 「装飾(そうしょく, 장식)」처럼 대부분 「そう」로 읽지만 여기서는 「しょう」로 읽으므로 각별히 주의하자.

단어 服装(ふくそう) 복장 | 衣類(いるい) 의류 | 衣服(いふく) 의복, 옷

[4] 후지산을 끝까지 올랐을 때의 그 **정경**은 아직까지도 잊을 수 없다.

단어 光景(こうけい) 광경 | 前景(ぜんけい) 전경, 앞에 보이는 경치

[5] 소비자에게 안전성을 어필하기 위해 화장품 성분 **분석** 결과를 공개했다.

단어 消費者(しょうひしゃ) 소비자 | アピールする 어필하다, 호소하다 | 成分(せいぶん) 성분 | 解析(かいせき) 해석 | 分解(ぶんかい) 분해

[6] 스마트폰에서 불필요한 사진 데이터를 **삭제**했다.

해설 「削除」는 음독하여 「さくじょ」라고 읽는다. 같은 한자를 훈독하는 단어 「削(けず)る(깎다)」, 「除(のぞ)く(제외하다)」 등도 함께 기억해 두자.

단어 不要(ふよう) 불필요 | データ 데이터 | 消去(しょうきょ) 소거, 지워버림 | 排除(はいじょ) 배제, 제거 | 除去(じょきょ) 제거

[7] 일주일에 3일간 휴일을 설정하는 제도에는 **찬반**양론이 있다.

해설 「賛否」는 음독하여 「さんぴ」로 읽는다. 본래 「否」는 음독할 때 「ひ」로 읽지만 여기서는 「ん」의 영향을 받아 「ぴ」로 읽는다.

단어 設定(せってい)する 설정하다 | 制度(せいど) 제도 | 両論(りょうろん) 양론, 두 가지의 대립되는 주장 | 賛同(さんどう) 찬동, 뜻을 같이 함 | 賛美(さんび) 찬미

[8] 나는 샐러드 등 **재료**를 살린 요리를 좋아합니다.

단어 生(い)かす 살리다 | 資材(しざい) 자재 | 素材(そざい) 소재, 새료 | 薬剤(やくざい) 약세, 약품 | 木材(もくざい) 목새

[9] 이 사고로 **선량**한 시민이 희생되었다.

해설 「善良」는 음독하여 「ぜんりょう」라고 읽는다. 특히 「善」는 「せん」이 아니라 「ぜん」이 된다는 것에 각별히 유의하자.

단어 犠牲(ぎせい) 희생 | 裁量(さいりょう) 재량 | 有料(ゆうりょう) 유료 | 改良(かいりょう) 개량

[10] 그녀는 학교 축제의 연극에서 주연을 **맡게** 되었다.

해설 여기서는 훈독하여 「つとめる」로 읽는다. 「務」는 음독할 때는 「公務員(こうむいん, 공무원)」과 같이 「む」로 읽는다.

단어 演劇(えんげき) 연극 | 主役(しゅやく) 주역, 주연 | まとめる 모으다, 정리하다 | 認(みと)める 인정하다

04 기출어휘 확인문제 한자읽기 p.24

[1] 할아버지는 손주에게 **극단**적으로 무르다.

해설 「極端」는 「きょくたん」으로 읽으며, '극단직임, 지나침'이라는 의미이다. 정도가 지나치게 한쪽으로 치우친 상태를 나타낸다. 「極端な意見(극단적인 의견)」, 「極端に偏(かたよ)る(극단적으로 치우치다)」 등과 같이 쓰인다.

단어 祖父(そふ) 할아버지 | 孫(まご) 손주 | 甘(あま)い 무르다, 너그럽다

[2] 소독이 완료된 **깨끗한** 거즈를 상처 부위에 댄다.

해설 「清潔」는 「せいけつ」으로 읽으며 '청결함'이라는 의미이다. 「清潔な服装(청결한 복장)」, 「清潔感(청결감)」 등과 같이 쓰여 위생적으로 깨끗한 상태를 나타낸다.

단어 消毒(しょうどく) 소독 | ～済(ず)み 완료됨 | ガーゼ 거즈 | 傷口(きずぐち) 상처 | 当(あ)てる 대다 | 服装(ふくそう) 복장 | 清潔感(せいけつかん) 청결감

3 **추상적**인 설명은 그만해 주세요.

해설 「抽象的」는 「ちゅうしょうてき」로 읽으며 '추상적'이라는 의미이다. 「抽象的な表現(추상적인 표현)」, 「抽象的な考え方(추상적인 사고방식)」 등과 같이 쓰여 구체성이 없는 상태를 나타낸다.

단어 説明(せつめい) 설명 | 表現(ひょうげん) 표현 | 考(かんが)え方(かた) 사고방식

4 나는 **지역** 야구팀을 응원하고 있습니다.

해설 「地元」는 「じもと」로 읽으며 '자기 지역, 연고지, 그 지방'이라는 의미이다. 「地元の人(지역 사람)」, 「地元出身(지역 출신)」 등 자신이 살거나 연고가 있는 지역을 뜻한다.

단어 応援(おうえん) 응원 | 出身(しゅっしん) 출신 | 野球(やきゅう) 야구

5 꽃구경은 우리 회사의 봄 연례**행사**입니다.

해설 「行事」는 「ぎょうじ」로 읽으며 '행사'라는 의미이다. 「学校行事(학교 행사)」, 「年中行事(연중 행사)」 등과 같이 쓰여 정기적으로 치러지는 행사를 나타낸다.

단어 我(わ)が社(しゃ) 우리 회사 | 恒例(こうれい) 연례

6 식량은 그들 사이에서 **균등하게** 배분되었다.

해설 「等しく」는 훈독하여 「ひとしく」로 읽으며 '평등하게'라는 의미이다. 「等しく扱う(평등하게 취급하다)」, 「等しく分ける(평등하게 나누다)」 등과 같이 쓰여 차별 없이 공평함을 나타낸다.

단어 食糧(しょくりょう) 식량 | 等(ひと)しい 평등하다, 동등하다 | 分配(ぶんぱい) 분배, 배분

7 사고를 당했지만, 다행히 **경상**이라고 한다.

해설 「軽傷」는 「けいしょう」로 읽으며 '경상, 가벼운 부상'이라는 의미이다. 「軽傷で済(す)む(경상으로 끝나다)」, 「軽傷者(けいしょうしゃ, 경상자)」 등과 같이 쓰여 심각하지 않은 부상을 나타낸다.

단어 事故(じこ)にあう 사고를 당하다 | 幸(さいわ)い 다행히

8 TV 화면이 **고르지 못해서** 수리를 의뢰했습니다.

해설 「乱れる」는 훈독하여 「みだれる」로 읽으며 '흐트러지다'라는 의미이다. 「睡眠(すいみん)が乱れる(수면 패턴이 깨지다)」, 「信号(しんごう)が乱れる(신호가 불안정해지다)」 등과 같이 쓰여 상태가 정상적이지 않음을 나타낸다.

단어 画面(がめん) 화면 | 修理(しゅうり) 수리 | 依頼(いらい) 의뢰

9 점장님으로부터 **귀중**한 조언을 받았다.

해설 「貴重」는 「きちょう」로 읽으며 '귀중함'이라는 의미이다. 「貴重な経験(귀중한 경험)」, 「貴重品(귀중품)」 등과 같이 쓰여 가치가 높고 드문 것을 나타낸다.

단어 店長(てんちょう) 점장 | アドバイス 조언 | 受(う)ける 받다

10 병원에 가서 부상 **치료**를 받았다.

해설 「治療」는 「ちりょう」로 읽으며 '치료'라는 의미이다. 「治療を受ける(치료를 받다)」, 「治療法(ちりょうほう, 치료법)」 등과 같이 쓰여 병이나 상처를 고치는 행위를 뜻한다.

1 비용은 그가 전부 **부담**했다.

해설 「負担」은 「ふたん」으로 읽으며 '부담'이라는 의미이다. 「責任(せきにん)を負担する(책임을 부담하다)」 등과 같이 쓰여 비용이나 책임 등을 떠맡는 상황을 나타낸다.

단어 費用(ひよう) 비용

2 비용의 **총액**은 200만 엔이 되었다.

해설 「総額」는 「そうがく」로 읽으며 '총액'이라는 의미이다. 「総額が決まる(총액이 정해지다)」, 「支出(ししゅつ)の総額(지출 총액)」 등과 같이 쓰여 합계 금액을 나타낸다.

단어 費用(ひよう) 비용

3 야채를 **센불**에서 볶아 주세요.

해설 「強火」는 「つよび」로 읽으며 '센불'이라는 의미이다. 용례로는 「強火で焼(や)く(센 불로 굽다)」, 「強火にする(불을 세게 하다)」 등과 같이 쓰여 요리에서 불의 세기를 나타낸다.

단어 炒(いた)める 볶다

4 아, **분하다**. 더 잘할 수 있을 거라고 생각했는데.

해설 「悔しい」는 훈독하여 「くやしい」로 읽으며 '분하다'라는 의미이다. 「負(ま)けて悔しい(져서 분하다)」, 「結果(けっか)が悔しい(결과가 분하다)」 등과 같이 쓰여 기대에 못 미친 결과에 대한 감정을 나타낸다.

5 사촌이 이번 달 **하순**에 우리 집에 놀러 올 예정이다.

해설 「下旬」은 「げじゅん」으로 읽으며 '하순'이라는 의미이다. 「月の下旬(달 하순)」, 「下旬に入る(하순에 접어들다)」 등과 같이 쓰여 날짜 범위를 나타낸다.

단어 いとこ 사촌

6 만화책이 책장의 대부분을 **차지하고** 있다.

해설 「占めて」는 훈독하여 「しめて」로 읽으며 '차지하다'라는 의미이다. 기본형은 「占める」이다. 「空間(くうかん)を占める(공간을 차지하다)」, 「割合(わりあい)を占める(비율을 차지하다)」 등과 같이 쓰인다. 전체 중에서 차지하는 정도를 나타낸다.

단어 漫画(まんが) 만화 | 本棚(ほんだな) 책장 | 大半(たいはん) 대부분

7 이 모델은 데이터 **처리**가 상당히 빠르다고 합니다.

해설 「処理」는 「しょり」로 읽으며 '처리'라는 의미이다. 「情報(じょうほう)を処理する(정보를 처리하다)」 등으로 쓰여 정보나 작업을 다루는 과정을 나타낸다.

단어 モデル 모델 | データ 데이터 | 相当(そうとう) 상당히

8 이 연구를 **계속**하는 데에는 자금이 필요하다.

해설 「継続」는 「けいぞく」로 읽으며 '계속, 지속'이라는 의미이다. 「事業(じぎょう)の継続(사업의 지속)」 등으로 쓰인다. 어떤 일을 이어서 하는 것을 나타낸다.

단어 研究(けんきゅう) 연구 | 資金(しきん) 자금

9 그녀는 편한 **자세**로 앉아 있었다.

해설 「姿勢」는 「しせい」로 읽으며 '자세'라는 의미이다. 「正(ただ)しい姿勢(바른 자세)」 등과 같이 쓰여 몸의 상태나 앉은 모양을 나타낸다.

10 시계 **바늘**은 12시를 가리키고 있었다.

해설 「針」는 여기서는 훈독으로 「はり」로 읽으며 '바늘'이라는 의미이다. 또다른 예로 「注射(ちゅうしゃ)の針(주사 바늘)」등이 있다. 참고로 음독할 때는 「しん」으로 읽으며 「秒針(びょうしん, 초침)」등과 같이 쓰인다.

단어 指(さ)す 가리키다

06 기출어휘 확인문제 한자읽기 p.26

1 간단한 질문에 대답하지 못해서 **창피**를 당했다.

해설 「恥」는 훈독으로 「はじ」로 읽으며 '부끄러움, 창피함'이라는 의미이다. 「恥(は)ずかしい」로도 쓰이며 이는 형용사로 '부끄럽다'라는 뜻이다.

단어 簡単(かんたん) 간단함 | 質問(しつもん) 질문 | 答(こた)える 대답하다

2 **추첨**으로 순서를 정했습니다.

해설 「抽選」는 「ちゅうせん」으로 읽으며 '추첨'이라는 의미이다. 「抽選結果(추첨 결과)」 등과 같이 쓰여 무작위로 선택하는 방식을 나타낸다.

단어 順番(じゅんばん) 순서 | 結果(けっか) 결과

3 **유치**한 논쟁을 반복해도 소용없다.

해설 「幼稚」는 「ようち」로 읽으며 '유치함'이라는 의미이다. 「幼稚な考え(유치한 생각)」, 「幼稚な態度(유치한 태도)」 등과 같이 쓰여 수준이 낮고 미성숙함을 나타낸다.

단어 議論(ぎろん) 논의, 논쟁 | 繰(く)り返(かえ)す 반복하다 | 無駄(むだ) 소용없음 | 態度(たいど) 태도

4 그 책에 대해 **비평**을 썼습니다.

해설 「批評」은 「ひひょう」로 읽으며 '비평'이라는 의미이다. 「作品(さくひん)を批評する(작품을 비평하다)」, 「批評文(ひひょうぶん, 비평문)」 등으로 쓰인다. 평가와 의견을 논리적으로 서술하는 것을 나타낸다.

5 방 온도를 25도로 **조절**한다.

해설 「調節」는 「ちょうせつ」로 읽으며 '조절'이라는 의미이다. 「強さを調節する(강도를 조절하다)」 등으로 쓰여 상태나 수치를 맞추는 것을 나타낸다.

단어 温度(おんど) 온도

6 저 상점 주인은 가게의 **규모**를 키웠다.

해설 「規模」는 「きぼ」로 읽으며 '규모'라는 의미이다. 「事業規模(사업 규모)」, 「規模を拡大する(규모를 확대하다)」 등으로 쓰여 크기나 범위를 나타낸다.

단어 商店主(しょうてんしゅ) 상점 주인 | 事業(じぎょう) 사업 | 拡大(かくだい)する 확대하다

7 홍수로 인한 **손해**는 2억 엔에 달한다.

해설 「損害」는 「そんがい」로 읽으며 '손해, 피해'라는 의미이다. 「損害を受ける(피해를 입다)」, 「経済的損害(경제적 손해)」 등으로 쓰인다. 재산, 이익의 손실을 나타낸다.

단어 洪水(こうずい) 홍수 | 〜による 〜에 의한 | 達(たっ)する 달하다 | 経済的(けいざいてき) 경제적

8 **생략하지 말고** 정식 명칭을 써 주세요.

해설 「略さず」는 「りゃくさず」로 읽으며 '생략하지 말고'의 의미이다. 기본형은 「略(りゃく)す(줄이다, 생략하다)」이다. 「説明を略す(설명을 생략하다)」, 「略称(약칭)」 등으로 쓰인다.

단어 正式(せいしき) 정식 | 名称(めいしょう) 명칭 | 略称(りゃくしょう) 약칭

9 농약은 잡초를 **제거하는** 데 편리하다.

해설 「除く」는 훈독하여 「のぞく」로 읽으며 필요 없는 것을 제거한다는 의미이다. 「不要なものを除く(불필요한 것을 제거하다)」 등으로 쓰인다.

단어 農薬(のうやく) 농약 | 雑草(ざっそう) 잡초 | 不要(ふよう) 불필요함

10 우리 팀은 큰 점수 차로 상대에게 **패했다**.

해설 「敗れた」는 「やぶれた」로 읽으며 기본형 「破(やぶ)れる(지다, 패배하다)」의 과거형이다. 「試合(しあい)に敗れる(시합에서 지다)」, 「強敵(きょうてき)に敗れる(강적에게 패하다)」 등으로 주로 쓰인다.

단어 我(わ)がチーム 우리 팀 | 大差(たいさ) 큰 차이 | 相手(あいて) 상대 | 試合(しあい) 경기

07 기출어휘 확인문제 한자읽기 p.31

1 이 휴대 전화는 **조작**이 간단하다.

해설 「操作」는 「そうさ」로 읽으며 '조작'이라는 의미이다. 「機械(きかい)を操作する(기계를 조작하다)」, 「操作方法(조작 방법)」 등과 같이 쓰여 기계나 장치 등을 다루는 행위를 나타낸다.

단어 携帯電話(けいたいでんわ) 휴대 전화

2 아름다운 경치를 보고 있으면 **수명**이 늘어나는 것 같다.

해설 「寿命」는 「じゅみょう」로 읽으며 '수명'이라는 의미이다. 「平均寿命(평균 수명)」, 「寿命が長い(수명이 길다)」 등으로 쓰인다.

단어 景色(けしき) 경치 | 平均寿命(へいきんじゅみょう) 평균 수명

3 일방통행 **표시**를 알아차리지 못하고 역주행해 버렸다.

해설 「標識」는 「ひょうしき」로 읽으며 '표지, 표식'이라는 의미이다. 「交通標識(교통 표지)」, 「危険標識(위험 표지)」 등으로 쓰인다. 길거리에서 주의를 알리는 표시를 뜻한다.

단어 一方通行(いっぽうつうこう) 일방통행 | 逆走(ぎゃくそう) 역주행 | 交通標識(こうつうひょうしき) 교통 표지

4 우리나라는 여러 외국과 **무역**을 하고 있다.

해설 「貿易」는 「ぼうえき」로 읽으며 '무역'이라는 의미이다. 「自由貿易(자유 무역)」, 「貿易摩擦(무역 마찰)」 등과 같이 쓰여 국가 간 물품 거래를 나타낸다.

단어 我(わ)が国(くに) 우리나라 | 諸外国(しょがいこく) 여러 외국 | 自由(じゆう) 자유 | 摩擦(まさつ) 마찰

5 그녀의 이야기에 **새삼스레** 덧붙일 것은 없습니다.

해설 「改めて」는 훈독하여 「あらためて」로 읽으며 '다시, 새로'라는 의미이다. 「改めて考える(다시 생각하다)」, 「改めて謝る(다시 사과하다)」 등과 같이 쓰여 앞선 내용을 새로 정리하거나 태도를 바꿀 때 사용된다.

단어 付(つ)け加(くわ)える 덧붙이다 | なぐさめる 위로하다 | 謝(あやま)る 사과하다

6 스폰서의 **협력**을 얻어 프로젝트를 진행했다.

해설 「協力」는 「きょうりょく」로 읽으며 '협력'이라는 의미이다. 「全面的に協力する(전면적으로 협력하다)」, 「協力体制(협력 체제)」 등과 같이 쓰여 공동으로 일을 추진하는 것을 나타낸다.

단어 スポンサー 스폰서 | プロジェクト 프로젝트 | 全面的(ぜんめんてき) 전면적 | 体制(たいせい) 체제

7 그의 연설은 그 자리에는 **적절**하지 않았다.

해설 「適切」는 「てきせつ」로 읽으며 '적절함, 알맞음'이라는 의미이다. 「適切な対応(적절한 대응)」, 「適切な判断(적절한 판단)」 등과 같이 쓰여 상황이나 목적에 맞는지를 나타낸다.

단어 スピーチ 스피치, 연설 | 対応(たいおう) 대응 | 判断(はんだん) 판단

8 방 안의 공기가 매우 **건조**합니다.

해설 「乾燥」는 「かんそう」로 읽으며 '건조함'이라는 의미이다. 「肌が乾燥する(피부가 건조하다)」, 「乾燥対策(건조 대책, 건조함을 해결할 방법)」 등과 같이 쓰여 수분이 부족한 상태를 나타낸다.

단어 空気(くうき) 공기 | 肌(はだ) 피부 | 対策(たいさく) 대책

9 남동생은 자신의 잘못을 좀처럼 **인정하지 않는다**.

해설 「認めない」는 동사 「認(みと)める」의 부정형(ない형)으로, '인정하다, 승인하다'라는 의미이다. 자신의 과오를 인정하지 않는 태도를 묘사할 때 적절하다. 2번은 「勤めない(근무하지 않다)/努めない(노력하지 않다)」, 3번은 「含めない(포함하지 않다)」, 4번은 「勧めない(권하지 않다)/進めない(나아가지 않다)」이므로 오답이다.

단어 間違(まちが)い 실수, 틀림 | なかなか 좀처럼(~않다)

10 지진 피해 이후, 화석 연료 수입액은 약 10**조** 엔 증가했다.

해설 「兆」는 「ちょう」로 읽으며 '조(10의 12제곱)'라는 의미이다. 「一兆円規模(1조 엔 규모)」, 「数兆円に達する(수조 엔에 달하다)」 등으로 쓰인다.

단어 震災(しんさい) 지진 재해 | 以後(いご) 이후 | 化石燃料(かせきねんりょう) 화석 연료 | 輸入額(ゆにゅうがく) 수입액 | 増加(ぞうか)する 증가하다 | 規模(きぼ) 규모 | 達(たっ)する 달하다

08 기출어휘 확인문제 한자읽기 p.32

1 신발의 **진흙**을 털고 나서 입실해 주십시오.

해설 「泥」는 「どろ」로 읽으며 '진흙'이라는 의미이다. 「泥だらけ(진흙투성이)」, 「泥を洗い落とす(진흙을 씻어내다)」 등으로 쓰인다.

단어 落(お)とす 떨어뜨리다, 제거하다 | 入室(にゅうしつ) 입실 | すな 모래 | つち 흙 | とち 토지, 땅 | ~だらけ ~투성이 | 洗(あら)い落(お)とす 씻어내다

2 저는 매일 아침 **정원 나무**에 물을 줍니다.

해설 「植木」는 「うえき」로 읽으며 관상용으로 심어 기르는 나무나 화초'를 말한다. 「植木を育てる(정원수를 기르다)」, 「庭の植木(정원의 정원수)」 등으로 쓰인다.

3 사고는 **단순**한 계산 실수가 원인이었다.

해설 「単純」은 「たんじゅん」으로 읽으며 '단순함, 복잡하지 않고 간단함'이라는 의미이다. 「単純な作業(단순한 작업)」, 「単純に考える(단순하게 생각하다)」 등으로 쓰인다.

단어 事故(じこ) 사고 | 計算(けいさん) 계산 | ミス 미스, 실수 | 原因(げんいん) 원인 | 作業(さぎょう) 작업

4 그들은 쌍둥이지만, 성격은 상당히 **다르다**.

해설 「異なって」는 「ことなって」로 읽으며 동사 「異(こと)なる(서로 다르다)」의 て형이다. 둘 이상의 대상 사이에 차이가 있음을 나타낸다. 「意見が異なる(의견이 다르다)」, 「性質(せいしつ)が異なる(성질이 다르다)」 등으로 쓰인다.

단어 双子(ふたご) 쌍둥이 | 性格(せいかく) 성격 | つらなる 나란히 줄지어 있다

5 공장에서 큰 **폭발**이 있었지만, 다행히 부상자는 나오지 않았다.

해설 「爆発」는 「ばくはつ」로 읽으며 '갑작스럽게 큰 에너지가 터져 나오는 현상'을 뜻한다. 「ガス爆発(가스 폭발)」, 「爆発事故(폭발 사고)」 등으로 쓰인다.

단어 工場(こうじょう) 공장 | 幸(さいわ)い 다행히 | けが人(にん) 부상자

6 야마다 씨는 고객의 클레임 대응 **담당자**입니다.

해설 「担当者」는 「たんとうしゃ」로 읽으며 '담당자', 즉, 특정 업무를 맡은 사람을 의미한다. 「業務担当者(업무 담당자)」, 「責任担当者(책임 담당자)」 등으로 쓰인다.

단어 顧客(こきゃく) 고객 | クレーム 클레임, 불만 | 対応(たいおう) 대응 | 業務(ぎょうむ) 업무 | 責任(せきにん) 책임

7 처음으로 발표회에서 **무대**에 올랐을 때는 굉장히 긴장했다.

해설 「舞台」는 「ぶたい」로 읽으며 '무대', 즉 예술 공연이나 발표 등이 이루어지는 장소를 뜻한다. 「舞台に立つ(무대에 서다)」, 「舞台装置(무대 장치)」 등으로 쓰인다.

단어 発表会(はっぴょうかい) 발표회 | 緊張(きんちょう)する 긴장하다 | 装置(そうち) 장치

8 사토 씨는 쥐의 행동을 **관찰**했다.

해설 「観察」는 「かんさつ」로 읽으며 '관찰', 즉 자세히 살펴본다는 뜻이다. 「長期観察(장기간 관찰)」 등으로 많이 쓰인다.

단어 ネズミ 쥐 | 行動(こうどう) 행동 | 長期(ちょうき) 장기(간), 긴 기간

9 저 통신사는 우수한 전기 통신 기술자를 **고용하려** 하고 있습니다.

해설 「雇おう」는 훈독하여 「やとおう」로 읽으며 동사 「雇(やと)う(고용하다, 채용하다)」의 의지형이다. 계약을 통해 사람을 채용하는 경우에 사용된다. 「社員を雇う(사원을 고용하다)」 등으로 쓰인다.

단어 携帯会社(けいたいがいしゃ) 통신사 | 優秀(ゆうしゅう) 우수함 | 電気通信(でんきつうしん) 전기 통신 | 技術者(ぎじゅつしゃ) 기술자

10 | 나는 그 파티로의 초대를 정중히 **거절했다**.
해설 | 「断って」는 「ことわって」로 읽으며 동사 「断(こと)わる(거절하다)」의 て형이다. 공손하게 거절하는 상황에서도 사용된다. 「提案(ていあん)を断る(제안을 거절하다)」 등과 같이 쓰인다.
단어 | 招待(しょうたい) 초대 | 丁重(ていちょう) 정중함 | 提案(ていあん) 제안

09 기출어휘 확인문제　한자읽기　　　　p.33

1 | 상사로부터의 신뢰가 **회복**되지 않기 전에는 그의 승진은 무리일 것이다.
해설 | 「回復」는 「かいふく」로 읽으며 '회복', 즉 원래의 상태로 되돌아감을 의미한다. 건강이나 신뢰, 기능 등이 다시 좋아지는 경우에 사용된다. 「体力(たいりょく)が回復する(체력이 회복되다)」 등으로 쓰인다.
단어 | 上司(じょうし) 상사 | 信頼(しんらい) 신뢰 | 昇進(しょうしん) 승진 | 無理(むり) 무리

2 | 이러한 상황은 나에게는 극히 **비정상**적으로 느껴진다.
해설 | 「異常」는 「いじょう」로 읽으며 '이상', 즉 정상에서 벗어난 상태를 의미한다. 「異常事態(이상 사태)」, 「異常気象(이상 기후)」 등으로 쓰인다.
단어 | 状況(じょうきょう) 상황 | 極(きわ)めて 지극히 | 事態(じたい) 사태 | 気象(きしょう) 기상, 닐씨

3 | 휴가 때 어디로 갈지는 그녀의 **선택**에 맡겼다.
해설 | 「選択」는 「せんたく」로 읽으며 '선택', 즉 여러 가지 중 하나를 고른다는 뜻이다. 결정이나 판단의 과정에서 사용된다. 「選択肢(선택지)」, 「自由に選択する(자유롭게 선택하다)」 등으로 쓰인다.
단어 | 休暇(きゅうか) 휴가 | 任(まか)せる 맡기다 | 選択肢(せんたくし) 선택지

4 | 매일 아침 통근자들이 **교외**에서 도심으로 모여든다.
해설 | 「郊外」는 「こうがい」로 읽으며 '교외', 즉 도시 주변 지역을 가리킨다. 「郊外住宅(교외 주택)」 등으로 쓰인다.
단어 | 通勤者(つうきんしゃ) 통근자 | 都心(としん) 도심 | 住宅(じゅうたく) 주택

5 | 저 아이는 특히 어학에 **뛰어나다**.
해설 | 「優れて」는 훈독하여 「すぐれて」로 읽으며 동사 「優(すぐ)れる(뛰어나다)」의 て형이다. 다른 것과 비교해 좋은 점이 두드러질 때 사용된다. 「才能に優れる(재능이 뛰어나다)」, 「成績が優れる(성적이 뛰어나다)」 등으로 쓰인다.
단어 | 語学(ごがく) 어학 | 特(とく)に 특히 | めぐまれる 혜택받다, 풍족하다 | 才能(さいのう) 재능 | 成績(せいせき) 성적

6 | **통조림**은 서늘하고 어두운 곳에 보관해 주십시오.
해설 | 「缶詰」는 「かんづめ」로 읽으며 '통조림', 즉 음식이나 식재료 등을 캔에 넣어 밀봉한 상품을 의미한다. 「果物の缶詰(과일 통조림)」, 「缶詰を開ける(통조림을 열다)」 등으로 쓰인다.
단어 | 冷暗所(れいあんしょ) 서늘하고 어두운 곳 | 保存(ほぞん) 보존, 저장

7 | 저 업무는 대개 단순한 **작업**의 반복이라고 들었다.
해설 | 「作業」는 「さぎょう」로 읽으며 '작업'을 일컫는 말이다. 육체적・기계적 활동에 자주 쓰인다. 「工場作業(공장 작업)」, 「作業効率(작업 효율)」 등으로 쓰인다.
단어 | 単純(たんじゅん) 단순함 | 繰(く)り返(かえ)し 반복 | 効率(こうりつ) 효율

8 | 방 **구석**에 쌓인 먼지를 청소했다.
해설 | 「隅」는 「すみ」라 읽으며 '구석'이라는 의미이다. 공간의 가장 자리 부분을 가리킨다. 「部屋の隅(방 구석)」, 「隅に置く(구석에 두다)」 등으로 쓰인다.
단어 | ほこり 먼지 | 掃除(そうじ) 청소

9 | 두 번 다시 전쟁이라는 이름의 **비극**을 반복해서는 안 된다.
해설 | 「悲劇」는 「ひげき」로 읽으며 '비극' 즉 비참하고 슬픈 사건을 의미한다. 「歴史的悲劇(역사적 비극)」, 「個人の悲劇(개인의 비극)」 등으로 쓰인다.
단어 | 二度(にど)と 두 번 다시 | 戦争(せんそう) 전쟁 | 繰(く)り返(かえ)す 반복하다 | きげき 희극 | 攻撃(こうげき) 공격 | 衝撃(しょうげき) 충격

10 | 강에는 쓰레기가 많이 **떠** 있다.
해설 | 「浮いて」는 훈독하여 「ういて」로 읽으며 동사 「浮(う)く(물 위에 뜨다)」의 て형이다. 가볍거나 비중이 낮아 가라앉지 않는 상태를 나타낸다. 「水に浮く(물에 뜨다)」, 「油が浮く(기름이 뜨다)」 능이 있다.
단어 | ふく 닦다, 훔치다 | まく 뿌리다 | わく 샘솟다

02　문제2 **표기** 공략하기

문제 2 　＿＿＿의 단어를 한자로 쓸 때 가장 알맞은 것을 1・2・3・4에서 하나 고르시오.

10 기출어휘 확인문제　표기　　　　p.38

1 | 최근 일본 쌀 수출이 증가하는 **경향**이 있습니다.
단어 | 輸出(ゆしゅつ) 수출 | 増加(ぞうか) 증가 | 動向(どうこう) 동향 | 携行(けいこう) 가지고 다님, 휴대

2 | 이 건전지는 반영구적으로 사용할 수 있습니다.
단어 | 電池(でんち) 건선지

3 | 9월 셋째 주 월요일은 노인을 **공경하는** 날로, 일본의 국민 공휴일입니다.
단어 | 慕(した)う 연모하다, 그리워하다 | 恋(こ)う 그리워하다, 사랑하다

4 | 고등학생이 되었으므로 돈 **관리**는 스스로 하고 있습니다.
단어 | 監理(かんり) 감독하고 관리함 | 原理(げんり) 원리

5 | 수혈**주거**지(땅속 움집 터) 유적 주변에서는 당시의 토기나 석기 등이 발굴되었습니다.
단어 | 竪穴(たてあな) 수혈, 땅 표면 아래로 파 내려간 구멍 | 跡(あと) 유적, 자취, 자국 | 土器(どき) 토기 | 石器(せっき) 석기 | 発掘(はっくつ)する 발굴하다 | 家居(かきょ) 집에 있음 | 新居(しんきょ) 새 주택

6 부원이 부족해서 친구에게 배드민턴부를 **권유**했다.
단어 バドミントン 배드민턴 | 歓迎(かんげい) 환영

7 전동 드릴로 **수직**으로 구멍을 뚫는다.
단어 電動(でんどう)ドリル 전동 드릴 | 穴(あな) 구멍 | 水平(すいへい) 수평 | 直角(ちょっかく) 직각 | 実直(じっちょく) 성실하고 정직함

8 오늘은 어머니의 **기분**이 좋지 않으시니, 채점한 시험지를 보여 드리는 건 관두자.
단어 答案用紙(とうあんようし) 답안지, 채점한 시험지 | 起源(きげん) 기원 | 紀元(きげん) 기원, 연대를 계산하는 기준이 되는 해 | 期限(きげん) 기한

9 연예인이 출국하기 때문에 공항 **경비**가 평소보다 엄중하다.
단어 出国(しゅっこく)する 출국하다 | 厳重(げんじゅう) 엄중함 | 警固(けいご) 경고, 경계하여 굳게 지킴 | 警護(けいご) 경호, 경호원

10 면접 때 공무원을 **지망**한 이유를 질문 받았다.
단어 希望(きぼう) 희망 | 願望(がんぼう) 소망, 소원 | 所望(しょもう) 소망, 소원

⑪ 기출어휘 확인문제 표기 p.39

1 이 콘테스트는 기술과 아름다움을 **겨루는** 것입니다.
단어 コンテスト 콘테스트, 경연 대회 | 技(わざ) 기술, 솜씨 | 戦(たたか)う 싸우다, 전투하다 | 争(あらそ)う 다투다, 싸우다

2 다음 달에 중국 공장 **시찰**을 갑니다.
단어 観察(かんさつ) 관찰 | 偵察(ていさつ) 정찰 | 考察(こうさつ) 고찰

3 지진에 **대비해** 장기 보존용 식료품을 사 두자.
단어 長期(ちょうき) 장기 | 保存(ほぞん) 보존 | 食料(しょくりょう) 식료품, 음식물 | 抑(おさ)える 억제하다, 막다 | 構(かま)える 꾸미다, 자세를 취하다 | 仕(つか)える 시중들다, 섬기다 | 備(そな)える 대비하다, 갖추다

4 한층 더 스킬 업 하기 위해 **연수**에 참가했다.
단어 さらなる 한층 더

5 자신의 **약점**을 극복할 수 있도록 훈련한다.
단어 克服(こくふく) 극복 | トレーニング 트레이닝, 훈련

6 투자에 실패해서 큰 **손실**이 났다.
단어 投資(とうし) 투자 | 喪失(そうしつ) 상실 | 亡失(ぼうしつ) 잃어버림 | 忘失(ぼうしつ) 아주 잃어버림

7 인도네시아는 **전형적**인 열대 기후이기 때문에 일 년 내내 덥고 비도 많이 온다.
단어 熱帯気候(ねったいきこう) 열대 기후

8 책장이 꽉 차서 오래된 만화책은 **버리기**로 했다.
단어 企(くわだ)てる 계획하다, 시도하다 | 充(あ)てる 충당하다, 맡기다

9 여름 방학을 이용해 경영학 강좌를 **수강**한다.
단어 経営学(けいえいがく) 경영학 | 講座(こうざ) 강좌, 강의

10 그는 최근 **단편** 소설을 자주 읽고 있다.

⑫ 기출어휘 확인문제 표기 p.40

1 과학 수업에서 지구가 태양 주위를 **끊임없이** 돌고 있다는 것을 배웠다.
단어 理科(りか)の授業(じゅぎょう) 이과 수업, 과학 수업 | 耐(た)える 견디다, 참다 | 堪(た)える 참다, 견디다

2 해외 기업에 취직해서 일본을 **떠나게** 되었다.
단어 企業(きぎょう) 기업 | 就職(しゅうしょく) 취직 | 放(はな)れる 풀리다, (화살 등이) 발사되다 | 逃(のが)れる 벗어나다, 피하다

3 홋카이도에서는 눈이 3미터나 **쌓이는** 경우가 있습니다.
단어 北海道(ほっかいどう) 홋카이도〈지명〉 | 凍(こお)る 얼다

4 공부 중에는 정신이 **산만해**지니 텔레비전을 꺼 주세요.
단어 気(き)が散(ち)る 마음이 흐트러지다, 산만해지다 | 余(あま)る 남다

5 다리미를 샀지만, 불량품이었기 때문에 **반품**했다.
단어 アイロン 다리미 | 不良品(ふりょうひん) 불량품

6 저는 면허가 없기 때문에 운전은 그에게 **맡기고** 있습니다.
단어 免許(めんきょ) 면허 | 負(ま)かす (상대를) 지게 하다 | 寄(よ)せる 밀려오다, 옆으로 가까이 대다

7 학생회장을 전교생의 **투표**로 결정했다.
단어 生徒会長(せいとかいちょう) 학생회장 | 全校生徒(ぜんこうせいと) 전교생, 전교 학생

8 그는 모델 출신의 **배우**로, 멋있다고 평판이 자자하다.
단어 出身(しゅっしん) 출신 | 評判(ひょうばん) 평판, 인기가 있음, 평판이 좋음

9 쓰나미 경보가 내려져 서둘러 높은 곳으로 **피난**했다.
단어 津波(つなみ) 쓰나미, 지진 해일 | 警報(けいほう) 경보 | 高台(たかだい) 지대가 높은 곳, 높은 건물 | 非難・批難(ひなん) 비난, 상대를 나무라는 것

10 일본 국립천문대 사이트에 따르면, 내일은 5시에 해가 **뜬다**고 합니다.
단어 天文台(てんもんだい) 천문대 | 〜によると 〜에 의하면, 〜에 따르면 | 到(いた)る 이르다, 도달하다 | 余(あま)る 남다, 넘치다

⑬ 기출어휘 확인문제 표기 p.44

1 백합꽃은 순수함을 **상징**하는 꽃으로 알려져 있습니다.
단어 ユリ 백합 | 純粋(じゅんすい)さ 순수함

2 이 소스는 맛이 **진하다**.

해설 「こい」는 「濃い」로 표기하며 '맛·색·농도가 진하다'는 의미이다. 음식의 맛을 표현할 때 자연스럽다. 「色が濃い(색이 진하다)」, 「味付(あじつ)けが濃い(양념이 강하다)」처럼 폭넓게 쓰인다. 1번 「軟(やわらか)い(부드럽다)」, 2번 「薄(うす)い(연하다)」, 3번 「硬(かた)い(딱딱하다)」는 문맥에 맞지 않거나 다르게 읽는다.

3 출장 후, 경비 **정산**을 위해 영수증을 메일에 첨부했습니다.

해설 「せいさん」은 「精算」으로 표기하며 '정산', 즉 사용한 비용을 계산해 정리한다는 뜻이다. 「交通費を精算する(교통비를 정산하다)」처럼 사무·회계 장면에서 자주 쓰인다.

단어 出張(しゅっちょう) 출장 | 経費(けいひ) 경비 | 領収証(りょうしゅうしょう) 영수증 | 添付(てんぷ) 첨부

4 계속 닫아두었기 때문에 방이 **눅눅하다**.

해설 「しめっぽい」는 「湿っぽい」로 표기하며 습기가 많아 눅눅한 상태를 나타낸다. 「空気(くうき)が湿っぽい(공기가 습하다)」, 「湿っぽい天気(습한 날씨)」처럼 쓰인다. 2번 「泡(あわ)(거품)」, 3번 「汗(あせ)(땀)」, 4번 「汚(きたな)い(더럽다)」는 모두 다르게 읽는다.

단어 閉(し)めきり 완전히 닫음, 밀폐

5 일본의 총리대신이 공사 현장을 **방문했다**.

해설 「おとずれた」는 '訪れた'로 표기하며 동사 '訪(おとず)れる(방문하다, 찾다)'의 과거형이다. 「観光地を訪れる(관광지를 방문하다)」등으로 쓰인다.

단어 総理大臣(そうりだいじん) 총리대신 | 工事(こうじ) 공사 | 現場(げんば) 현장 | 観光地(かんこうち) 관광지

6 그는 **진지**한 표정으로 의사의 설명을 듣고 있다.

단어 表情(ひょうじょう) 표정 | 真剣(しんけん) (태도나 자세 등이) 진지함

7 시간이 없기 때문에 상세한 설명은 **생략합니다**.

해설 「はぶきます」는 「省きます」로 표기하며, 기본형은 「省く(생략하다, 필요 없는 부분을 빼다)」이다. 말이나 글에서 일부를 줄일 때 사용된다. 「手順(てじゅん)を省く(절차를 생략하다)」등으로 쓰인다. 1번은 쓰이지 않는 표기이며, 3번 「除(のぞ)きます(제외합니다)」와 4번 「抜(ぬ)きます(뺍니다)」는 모두 다르게 읽는다.

단어 詳細(しょうさい) 상세함, 자세함

8 남동생이 내 결혼식의 사진 **촬영**을 담당했다.

단어 結婚式(けっこんしき) 결혼식 | 撮影(さつえい) 촬영 | 担当(たんとう) 담당

9 그는 적십자사에 많은 액수의 **기부**를 했다.

해설 「きふ」는 「寄付」로 표기하며 '기부'라는 뜻이다. 「募金(ぼきん)に寄付する(모금을 기부하다)」, 「寄付金を集める(기부금을 모으다)」등으로 쓰인다. 3번 「寄与(きよ)」는 '기여, 공헌'이라는 뜻이며, 나머지는 잘못된 표기이다.

단어 赤十字社(せきじゅうじしゃ) 적십자사 | 多額(たがく) 다액, 많은 액수

10 8월 중순에 **귀성**하고 싶습니다.

해설 「きせい」는 「帰省」로 표기하며 '귀성'이라는 뜻이다. 고향이나 본가로 돌아간다는 것을 나타내며 「実家(じっか)に帰省(본가로 귀성하다)」처럼 쓰인다. 「規制(きせい)」는 '규제'라는 뜻으로, 같은 방법으로 읽지만 맥락에 맞지 않는다. 나머지는 쓰이지 않는 말이다.

단어 中旬(ちゅうじゅん) 중순

⑭ 기출어휘 확인문제 표기　　　　p.45

1 태풍이 접근하고 있어 파도가 **거칠다**.

단어 台風(たいふう) 태풍 | 接近(せっきん)する 접근하다 | 波(なみ) 파도 | 荒(あら)い (파도, 바람 등이) 거칠다, 사납다

2 올해는 쌀 **수확**량이 적다.

단어 米(こめ) 쌀 | 収穫(しゅうかく) 수확, 곡식이나 농작물 등을 거두어 들임

3 그의 수상은 모두를 **놀라게 했다**.

단어 受賞(じゅしょう) 수상 | 驚(おどろ)かせる 놀라게 하다

4 파티에서는 모두 **밝고 쾌활하게** 노래하고 춤췄다.

해설 「ようき」는 「陽気」로 표기하며, '밝고 명랑함, 쾌활함'이라는 뜻이다. 「陽気な人(명랑한 사람)」, 「陽気な雰囲気(밝은 분위기)」 등으로 쓰인다. 2번 「容器(ようき)」는 '용기, 그릇'이라는 뜻이며, 읽는 법은 같지만 맥락상 어울리지 않는다. 나머지는 쓰이지 않는 표현이다.

단어 踊(おど)る 춤추다 | 雰囲気(ふんいき) 분위기

5 보고 싶었던 영화를 **놓치고** 말았다.

단어 見逃(みのが)す (기회, 장면 등을) 놓치다, 못 보고 넘기다

6 그는 대학에서 영문학 **강의**를 하고 있다.

단어 英文学(えいぶんがく) 영문학 | 講義(こうぎ) 강의

7 그녀의 **증상**은 점차 악화되었다.

단어 症状(しょうじょう) 증상, 증세, 병을 앓을 때 나타나는 상태 | 次第(しだい)に 점차, 서서히 | 悪化(あっか)する 악화되다

8 주머니에 물건을 너무 많이 넣어서 **찢어지고** 말았다.

해설 「やぶれて」는 「破れて」로 표기하며 기본형은 「破れる(찢어지다)」이다. 옷이나 종이처럼 얇은 것이 손상될 때 쓰인다. 「ズボンが破れる(바지가 찢어지다)」, 「袋が破れた(봉투가 찢어졌다)」 등으로 쓰인다. 1번 「敗(やぶ)れる」는 '패배하다'는 뜻으로, 읽는 법은 같지만 맥락상 어울리지 않는다. 3번과 4번은 사용되지 않는 표현이다.

단어 ポケット 포켓, 주머니 | 袋(ふくろ) 봉투, 주머니

9 나는 법학부에 **재적**하고 있습니다.

단어 法学部(ほうがくぶ) 법학부 | 在籍(ざいせき) 재적, (학교, 단체 능에) 소속되어 있음

10 오늘 아침은 추워서 수도관이 **얼었다**.

단어 水道管(すいどうかん) 수도관 | 凍(こお)る 얼다

1 그 말투에는 조금 **거부감**이 느껴진다.
단어 言(い)い方(かた) 말하는 방식, 말투 | 抵抗(ていこう) 저항, 거부감, 반발심

2 그들은 평화에 대해 반복해서 **토론**했다.
해설 「とうろん」은 「討論」으로 표기하며, '토론', 즉 '의견을 주고받으며 논의함'이라는 뜻이다. 「討論会(토론회)」, 「活発(かっぱつ)に討論する(활발히 토론하다),등으로 쓰인다. 1번 「討議(とうぎ)」는'토의'라는 뜻이며, 3번, 4번은 쓰이지 않는 표현이다.
단어 平和(へいわ) 평화 | 繰(く)り返(かえ)し 반복해서

3 그녀는 친선 대사로서의 중책을 **완수했다**.
단어 親善大使(しんぜんたいし) 친선 대사 | 大役(たいやく) 중책, 중요한 역할 | 果(はた)す (역할, 책임 등을) 다하다, 완수하다

4 수술이 그녀를 **구할** 유일한 수단입니다.
단어 手術(しゅじゅつ) 수술 | 救(すく)う (위험이나 곤경 등에서) 구하다 | 唯一(ゆいいつ) 유일 | 手段(しゅだん) 수단

5 자세한 내용은 권말의 해설을 **참조**해 주십시오.
해설 「さんしょう」는 「参照」로 표기하며, '참조, 참고', 즉 '다른 자료를 참고하여 보다'라는 뜻이다. 「資料(しりょう)を参照する(자료를 참조하다)」, 「図を参照してください(그림을 참고해 주세요)」등으로 많이 쓰인다. 4번 「参考(참고)」는 「さんこう」로 읽으며 나머지는 쓰이지 않는 표현이다.
단어 詳(くわ)しい 자세하다, 상세하다 | 巻末(かんまつ) 권말, 책의 끝부분 | 解説(かいせつ) 해설

6 부하의 실수를 **나무라지 않고** 자신이 책임을 진다.
단어 部下(ぶか) 부하(직원) | 責(せ)める 비난하다, 나무라다 | 責任(せきにん) 책임 | 攻(せ)める 공격하다, 진격하다

7 친구와 같은 팀에 **소속되어** 있다.
단어 即(そく)する 맞다, 입각하다 | 接(せっ)する 접하다 | 属(ぞく)する (조직이나 집단 등에) 소속되다 | 達(たっ)する 달하다

8 노벨상 수상자를 **강사**로 초빙하여 강연을 듣는다.
해설 「こうし」는 「講師」로 표기하며 '강사'를 뜻한다. 「特別講師(특별 강사)」와 같이 쓰인다. 4번 「教師(きょうし)」는 학교 교사를 뜻하며 나머지는 잘못된 표기이다.
단어 受賞者(じゅしょうしゃ) 수상자 | 迎(むか)える 맞이하다, 초빙하다 | 講演(こうえん) 강연

9 그녀는 매우 **예의** 바릅니다.
단어 礼儀(れいぎ)正(ただ)しい 예의 바르다

10 격렬한 운동은 오히려 수명을 **줄어** 버릴 우려가 있습니다.
해설 「ちぢめて」는 「縮めて」로 표기하며 기본형은 「縮(ちぢ)める(줄이다, 단축하다)」이다. 1번 「薄(うす)めて」는 '연하게 해서', 2번 「納(おさ)めて」는 '납부해서', 3번 「貯(ため)て」는 '모아서, 저축해서'라는 뜻이다.
단어 激(はげ)しい 격렬하다 | かえって 오히려 | 寿命(じゅみょう) 수명 | 恐(おそ)れ 우려, 걱정

1 그녀는 피아노 콩쿠르에서 우수한 **성적**을 거두었다.
해설 「せいせき」는 「成績」로 표기하며 '성적, 성과나 결과'라는 뜻으로, 시험·경기·대회 결과 등에 쓰인다. 「成績が上がる(성적이 오르다)」, 「良い成績を残す(좋은 성적을 거두다)」와 같이 쓰인다. 4번 「実績(じっせき)」는 '실적,업적'이라는 뜻이며, 나머지는 쓰이지 않는 표현이다.
단어 コンクール 콩쿠르, 경연 대회 | 優秀(ゆうしゅう) 우수함

2 **소방서**에 전화해서 문의해 주십시오.
단어 消防署(しょうぼうしょ) 소방서 | 問(と)い合(あ)わせる 문의하다

3 다카하시 씨는 **호숫**가에 별장을 가지고 있습니다.
해설 「みずうみ」는 「湖」로 표기하며 '호수'를 뜻한다. '가장자리, 근처, 물가'라는 뜻인 「ほとり」와 함께 자주 쓰여, 「湖のほとりに立つ(호숫가에 서다)」와 같이 표현한다. 1번 「池(いけ)」는 연못, 3번 「泉(いずみ)」는 샘, 4번 「潮(しお)」는 바닷물의 조수를 뜻하는 것으로, 다르게 발음하거나 의미가 문맥에 맞지 않는다.
단어 別荘(べっそう) 별장

4 겨울에 창문에 **물방울**이 맺히는 현상을 결로라고 합니다.
단어 水滴(すいてき) 물방울 | つく 맺히다, 붙다 | 現象(げんしょう) 현상 | 結露(けつろ) 결로

5 선물은 **금액**이 아니라 마음의 문제입니다.
단어 金額(きんがく) 금액

6 그녀는 염원하던 대로 **출판사**에 취직했다.
단어 念願(ねんがん) 염원 | 出版社(しゅっぱんしゃ) 출판사 | 就職(しゅうしょく)する 취직하다

7 **관측** 결과에 따르면, 실현될 가능성이 높다고 한다.
단어 観測(かんそく) 관측 | 結果(けっか) 결과 | ～によると ～에 의하면, ～에 따르면 | 実現(じつげん) 실현 | 可能性(かのうせい) 가능성

8 **가죽 구두**를 선물 받은 것은 대학에 들어가고 나서였다.
단어 革靴(かわぐつ) 가죽 구두

9 집을 나섰을 때, **주변**은 어두워지기 시작하고 있었다.
해설 「あたり」는 「辺り」로 표기하며 '근처, 부근, 주변 일대'를 가리킨다. 「辺りを見回(みまわ)す(주변을 둘러보다)」, 「この辺り(이 근처)」처럼 쓰인다. 3번 「周り(まわり)」는 '주변'이라는 뜻이지만, 중심을 둘러싼 공간이나 사람을 가리킬 때 쓰인다. 2번은 틀린 표기이며 4번 「巡(めぐ)り」는 '순환'이라는 뜻이다.

10 지금 **아동** 학대가 큰 사회 문제가 되고 있다.
단어 児童(じどう) 아동 | 虐待(ぎゃくたい) 학대 | 社会問題(しゃかいもんだい) 사회 문제

17 기출어휘 확인문제 표기 p.52

1 아이들은 잔디밭 위에서 **원**을 그리며 춤을 추고 있었다.

해설 「わ」는 「輪」로 표기하며, '고리, 원형, (사람이나 사물이) 원을 이루는 형태'를 뜻한다. 「手をつないで輪を作る(손을 잡고 원을 만들다)」와 같이 사용된다. 1번 「円(えん)」은 일본의 통화 단위, 2번 「丸(まる)」는 둥근 모양, 4번 「周(しゅう)」는 둘레·주위를 뜻해 발음이 다르거나 의미상 문맥에 맞지 않는다.

단어 芝生(しばふ) 잔디밭 | 踊(おど)る 춤추다

2 이 집은 내진 **구조**로 되어 있습니다.

해설 「こうぞう」는 「構造」로 표기하며, '구조, 건물이나 물체 등의 짜임'을 뜻한다. 「建物の構造(건물 구조)」 등과 같이 쓰인다. 1번 「構成(こうせい)」는 '구성'을 뜻하며 3번과 4번은 쓰이지 않는 표기이다.

단어 耐震(たいしん) 내진, 지진을 견딤

3 정말로 그런 일이 가능할지 **의문**이다.

단어 疑問(ぎもん) 의문 | 可能(かのう) 가능

4 회원 모집을 시작했더니 **신청**이 쇄도했다.

단어 会員(かいいん) 회원 | 募集(ぼしゅう) 모집 | 申(もう)し込(こ)み 신청 | 殺到(さっとう)する 쇄도하다

5 냄비에서 **김**이 나고 있을 때 가까이 가는 것은 위험하다.

해설 「じょうき」는 「蒸気」로 표기하며 '수증기, 김'을 뜻한다. 「蒸気が立つ(수증기가 피어오르다)」, 「熱い蒸気(뜨거운 수증기)」처럼 쓰인다. 3번 「暑気(しょき)」는 '더운 기운'를 뜻하며, 1번과 4번은 쓰이지 않는다.

단어 鍋(なべ) 냄비

6 그는 지금 파일럿이 되기 위한 **훈련**을 받고 있다.

단어 パイロット 파일럿, 조종사 | 訓練(くんれん) 훈련

7 물이 **끓어**서 홍차를 탔습니다.

해설 「わいた」는 「沸いた」로 표기하며 기본형은 「沸(わ)く(끓다)」이다. 「やかんが沸いた(주전자가 끓었다)」처럼 사용된다. 4번 「溶(と)いた」는 '녹았다'는 뜻이며 나머지는 쓰이지 않는다.

단어 紅茶(こうちゃ)を入(い)れる 홍차를 끓이다, 홍차를 내다

8 IT 산업에서는 **경쟁**이 매년 치열해지고 있다.

해설 「きょうそう」는 「競争」로 표기하며 '경쟁'을 뜻한다. 「競争が激化(げきか)する(경쟁이 격화되다)」처럼 쓰인다. 3번 「競走(きょうそう)」는 '(달리기 등의) 경주'를 뜻하는데, 읽는 법은 같으나 의미상 문맥에 맞지 않다. 나머지는 쓰이지 않는다.

단어 産業(さんぎょう) 산업 | 激(はげ)しい 치열하다, 격렬하다

9 그녀는 마침내 탁구 선수의 **정점**에 섰다.

단어 ついに 마침내, 드디어 | 卓球(たっきゅう) 탁구 | 選手(せんしゅ) 선수 | 頂点(ちょうてん) 정점

10 파도가 **해안**으로 밀려올 때이 변하 양산을 조사했다.

해설 「きし」는 「岸」로 표기하며 물가나 해안가를 뜻한다. 「川の岸(강가)」, 「岸に波が打ち寄せる(해안에 파도가 밀려오다)」처럼 쓰인다. 2번 「崖(がけ)」는 '벼랑, 절벽', 3번 「底(そこ)」는 '바닥', 4번 「辺(へん)」은 '주변' 뜻한다.

단어 波(なみ) 파도 | 寄(よ)せる 밀려오다 | 変化(へんか) 변화 | 様子(ようす) 모습, 상태 | 調(しら)べる 조사하다

18 기출어휘 확인문제 표기 p.53

1 지금부터 오후 3시까지 자유 **행동**입니다.

단어 行動(こうどう) 행동

2 할아버지는 연세 때문에 **허리**가 굽어 있습니다.

해설 「こし」는 「腰」로 표기하며 '허리'를 뜻한다. 「腰を伸ばす(허리를 펴다)」처럼 신체 상태를 표현할 때 자주 쓰인다. 1번 「腸(ちょう)」는 '창자', 2번 「腹(はら)」는 '배,' 4번 「臓(ぞう)」는 '내장'을 뜻하는 말로 의미상 문맥에 맞지 않거나 읽는 법이 다르다.

3 결혼 생활에서는 서로를 **존경**하는 것이 중요합니다.

단어 結婚(けっこん) 결혼 | 生活(せいかつ) 생활 | お互(たが)い 서로, 상호간 | 尊敬(そんけい)し合(あ)う 서로 존경하다

4 기뻐하며 "만세"라고 **외치면서** 양손을 들어 올린다.

해설 「さけびながら(외치면서)」는 「叫びながら」로 표기하며, 기본형은 「叫(さけ)ぶ(큰 소리로 외치다)」이다. 「名前を叫ぶ(이름을 외치다)」, 「喜びを叫ぶ(기쁨을 외치다)」처럼 쓰인다. 2번 「呼(よ)ぶ」는 '(이름 등을) 부르다'라는 뜻이며, 나머지는 쓰이지 않는다.

단어 万歳(ばんざい) 만세 | 両手(りょうて) 양손

5 이 페이지를 2배로 **확대**해서 복사해 주세요.

해설 「かくだい」는 「拡大」로 표기하며 '확대, 크게 늘림'이라는 뜻이다. 「画面(がめん)を拡大する(화면을 확대하다)」처럼 쓰인다. 1번 「広大(こうだい)」는 '광대함, 넓고 큼'이라는 뜻이며 나머지는 쓰이지 않는다.

6 이곳은 아이를 키우기에 매우 좋은 **환경**이다.

단어 育(そだ)てる 기르다 | 環境(かんきょう) 환경

7 그녀는 센다이 시의 **교외**에 살고 있습니다

해설 「こうがい」는 「郊外」로 표기하며 '교외, 도시의 변두리나 외곽'을 뜻한다. 4번 「格外(かくがい)」는 '격이 다름, 규격에서 벗어남'이라는 뜻이며 나머지는 쓰이지 않는다.

단어 仙台(せんだい) 센다이〈지명〉

8 방 안에는 담배 **연기**가 자욱하게 가득 차 있었다.

해설 「けむり」는 「煙」로 표기하며 '연기, 불에 탈 때 생기는 기체'를 뜻한다. 「煙が立ちこめる(연기가 자욱하다)」처럼 쓰인다. 2번 「燃(ねん)」은 '연소'의 '연', 3번 「燥(そう)」는 '건조'의 '조', 4번 「灯(ひ·あかり)」는 '등불, 불빛'이라는 의미이므로 본 문맥에 맞지 않거나 읽는 법이 다르다.

단어 もうもう 연기 등이 자욱한 모양 | こもる (연기·냄새 등이) 가득 차다 자욱하다

9 소년은 **단정한** 머리 모양을 하고 있지만, 복장은 단정치 못하다.

해설 「ととのった」는 「整った」로 표기하며 기본형은 「整う(정돈되다, 단정하다)」이다. 「設備(せつび)が整う(설비가 갖춰지다)」처럼 쓰인다. 2번은 「終(おわ)る(끝나다)」, 3번은 「補(おぎ

な)う(보충하다)」의 과거형으로, 발음이 다르거나 문맥과 맞지 않는다.

단어 少年(しょうねん) 소년 | 髪型(かみがた) 머리 모양 | 服装(ふくそう) 복장 | だらしない 단정하지 않다, 칠칠치 못하다

10 언덕을 내려가면 편의점이 있습니다.

해설 「さか」는 「坂」로 표기하며 '비탈길, 언덕길'이라는 뜻이다. 「坂を上る(언덕을 오르다)」처럼 쓰인다. 2번 「板(いた)」는 '널빤지, 판자'라는 뜻이며, 3번 「阪(さか)」는 읽는 법은 같지만 「大阪(おおさか)」 등 지명에 쓰이는 한자이다.

03 문제3 **단어형성** 공략하기

문제 3 (   )에 들어갈 가장 알맞은 것을 1·2·3·4에서 하나 고르시오.

19 기출어휘 확인문제 단어형성 p.58

1 부장님은 이번 프로젝트의 최종 **결정권**을 가지고 있습니다.

단어 プロジェクト 프로젝트 | 最終(さいしゅう) 최종, 맨 나중

2 우리 회사는 4월부터 **현 사장**이 회장으로 취임한다고 한다.

단어 就任(しゅうにん)する 취임하다

3 그녀는 **조심성이 많은** 성격이라서, 상대에게 마음을 열기까지 시간이 걸립니다.

단어 用心深(ようじんぶか)い 조심성이 많다, 신중하다

4 그녀는 항상 **벽 쪽** 자리에 앉아 있다.

해설 「際」는 「さい」로 읽어 '때'라는 의미의 명사로 쓰이거나 명사나 동사의 ます형에 붙어 접미어적으로 사용되어 「ぎわ」로 읽으면 '~가, ~하려고 할 때'라는 의미로 쓰인다. 「窓際(창가)」, 「別れ際(헤어지려고 할 때)」와 같이 사용한다.

5 비건용 고기는 콩을 **주원료**로 한다.

단어 ヴィーガン 비건, 완전한 채식주의(자) | 原料(げんりょう) 원료

6 이 상품은 **서로 다른 분야**의 전문가들이 의견을 모아 개발했습니다.

해설 「異」가 접두어로 사용되면 '다른, 서로 다른' 등으로 해석한다. 「異文化(다른 문화)」, 「異民族(이민족)」, 「異業種(다른 업종)」 등과 같이 사용한다.

단어 分野(ぶんや) 분야, 영역 | 出(だ)し合(あ)う (의견 등을) 서로 내놓다 | 開発(かいはつ)する 개발하다 | 民族(みんぞく) 민족 | 業種(ぎょうしゅ) 업종

7 뉴스에 따르면, 3년 만에 화성이 지구에 **가장 가까이 접근**한다고 한다.

해설 접두어 「最(최)」가 쓰인 단어 중에는 그대로 직역하면 어색한 단어가 있는데, 그럴 때는 뒤에 오는 단어에 맞추어 조화롭게 해석해야 한다. 「最有力(가장 유력)」, 「最盛期(최전성기)」 등과 같이 쓰인다.

단어 ~によると ~에 의하면, ~에 따르면 | 火星(かせい) 화성 | 接近(せっきん) 접근 | 有力(ゆうりょく) 유력 | 最盛期(さいせいき) 최전성기

8 고온, 건조함, 강풍 등의 **악조건**이 겹치면 산불의 위험성이 높아집니다.

단어 乾燥(かんそう) 건조(함) | 強風(きょうふう) 강풍 | 悪条件(あくじょうけん) 악조건 | 重(かさ)なる 겹치다 | 山火事(やまかじ) 산불 | 高(たか)まる 높아지다

9 이 빵의 반죽을 **공 모양**으로 둥글려 주세요.

해설 「状」의 일본어 발음은 「じょう」인데, 한국어로는 '모양(형상) 상, 문서 장'과 같이 두 가지 발음을 가지므로 함께 오는 단어에 따라 해석을 달리 해야 한다. 「クリーム状(크림 모양)」, 「招待状(초대장)」, 「案内状(안내장)」 등과 같이 사용한다.

단어 生地(きじ) 반죽, 본성, 옷감 | 丸(まる)める 둥글게 하다, 뭉치다

10 대학 입학에 필요한 **여러 절차**가 무사히 끝났습니다.

단어 手続(てつづ)き 수속, 절차 | 無事(ぶじ) 무사, 평온함

20 기출어휘 확인문제 단어형성 p.59

1 스마트폰의 보급으로 **독서와 멀어지는 현상**이 가속화되고 있다.

해설 명사 뒤에 「離れ」가 붙어 '~에서 벗어남, 떨어짐' 등의 의미를 나타낸다. 「現実離れ(현실과 동떨어짐)」, 「政治離れ(정치 무관심)」와 같이 사용한다.

단어 普及(ふきゅう) 보급 | 読書(どくしょ) 독서 | 加速(かそく) 가속

2 교육에 관한 **현 제도**에서는 초등학교와 중학교가 의무 교육으로 되어 있습니다.

단어 ~に関(かん)する ~에 관한 | 制度(せいど) 제도 | 義務教育(ぎむきょういく) 의무 교육

3 회의에서의 그의 발언에 **의견이 같은** 사람이 많아 회의가 원활하게 진행되고 있습니다.

단어 発言(はつげん) 발언 | 円滑(えんかつ) 원활함

4 바나나는 껍질에 갈색 점이 생기면 **먹기에 적당한 때**입니다.

해설 「頃」는 명사 뒤에 붙어 '~경, ~쯤' 이라는 뜻을 가지는데, 일부 단어에 붙어서 '~하기에 적당한 때'라는 의미를 가지기도 한다. 「見頃(보기에 적당한 때)」, 「年頃 (결혼 적령기)」 등과 같이 사용한다.

단어 際(さい) 때, 기회 | 節(ふし) 마디, 단락 | 折(おり) 계절, 때, 기회 | 見頃(みごろ) 보기에 적당한 때 | 年頃(としごろ) 결혼 적령기, 알맞은 나이

5 야구계의 **명선수**들이 모이는 이벤트가 열렸다.

단어 野球界(やきゅうかい) 야구계 | イベント 이벤트, 행사

6 한국의 대형 슈퍼는 회원이 되면 **저렴한 가격**으로 물건을 살 수 있다.

단어 大型(おおがた) 대형

7 캐나다에 유학 중인 친구로부터 **내 앞으로** 편지가 도착했다.

해설 「宛て」는 '~당, ~앞'이라는 뜻으로, 편지 등의 수신처 뒤에 주로 붙이는 표현이다.

단어 宛(あ)て ~당, ~앞, ~ 앞으로

8 그 설문 조사의 수입에 관한 질문에는 **무응답**이 많았다.

단어 収入(しゅうにゅう) 수입 | ~に関(かん)する ~에 관한 | 回答(かいとう) 회답, 응답

9 그녀는 어린 여자아이와 **동반으로** 레스토랑에 들어갔다.

단어 ~付(つ)き 붙어 있음, 포함 | 伴(ともな)う 따라가다, 동반하다 | 添(そ)え 곁들임, 첨부

10 생일 선물로 친구에게서 **사진이 붙은** 메시지 카드를 받았다.

단어 ~連(づ)れ 동행함 | 添(そ)え 곁들임, 첨부 | 伴(ともな)う 따라가다, 동반하다

🔵21 기출어휘 확인문제　단어형성　　　p.63

1 **음악 전반**에 흥미가 있습니다만, 지금은 특히 일본의 전통 음악에 관심이 있습니다.

해설 「全般(ぜんぱん)」은 '전반, 전체 영역'이라는 뜻으로, 관심·경향·상황의 범위를 넓게 말할 때 쓴다. 「音楽全般(음악 전반)」, 「業務全般(업무 전반)」처럼 쓰인다.

단어 伝統音楽(でんとうおんがく) 전통 음악 | 一般(いっぱん) 일반 | 一面(いちめん) 한 면, 한 측면, 온통 | 全面(ぜんめん) 전면 | 業務(ぎょうむ) 업무

2 그로부터 **초대장**을 받았지만, 응하지 않았다.

해설 「状(じょう)」는 문서, 서면을 나타내는 접미어로, 어떤 내용을 글로 전달하는 형식임을 뜻한다. 「案内状(あんないじょう, 안내장)」, 「礼状(れいじょう, 감사장)」등으로 쓰인다. 「状(じょう)」는 「クリーム状(크림 상태)」와 같이 모양, 상태 등을 나낼 때도 쓰이므로 주의해야 한다.

단어 招待状(しょうたいじょう) 초대장 | 応(おう)じる 응하다, 답하다 | 巻(かん) 권(책의 수량 단위)

3 **감기 기운** 때문에 일을 쉬었다.

해설 「気味(ぎみ)」는 '약간 그런 경향, 기미, 기색'의 의미로 「疲れ気味(약간 피곤한 기운)」 등으로 쓰인다. 「気配(けはい)」는 '기미, 기척, 외부에서 느껴지는 조짐', 「気分(きぶん)」은 '일시적 기분', 「気持(きも)ち」은 '마음, 개인적 감정 상태'를 나타낼 때 쓰인다.

4 역 앞에 유독 눈에 띄는 **아주 새로운** 건물이 있다.

해설 「真(ま)」는 상태가 완전히 그러함을 강조하는 접두어로, 「真っ白(새하얀)」, 「真夜中(한밤중)」과 같이 쓰인다.

단어 ひときわ 유달리, 눈에 띄게 | 目立(めだ)つ 눈에 띄다 | 真新(まあたら)しい 아주 새롭다, 아주 새것 같다

5 이 병원의 외래 진료는 **예약제**입니다.

해설 「制(せい)」는 제도, 방식을 나타내는 접미어로 「会員制(회원제)」, 「自由制(자유제)」처럼 쓰인다. 1번 「席(자리)」, 2번 「度

(도수, 횟수)」, 3번 「製(제, 제조)」는 이 문맥과 관련이 없다.

단어 外来(がいらい) 외래 | 予約制(よやくせい) 예약제 | 会員制(かいいんせい) 회원제 | 自由制(じゆうせい) 자유제

6 장관 아래에 두 명의 **부장관**이 있는 것이 일반적이다.

단어 大臣(だいじん) 대신, 장관 | 副大臣(ふくだいじん) 부대신, 차관 | 一般的(いっぱんてき) 일반적

7 데이터가 낡았거나, **부정확**한 데이터가 많은 경우가 있다.

해설 「不(ふ)」는 부정의 의미를 나타내는 접두어로 「不可能(불가능)」, 「不十分(불충분)」등으로 쓰인다. 3번 「非(ひ)」는 「非公式(비공식)」과 같이 쓰이며, 2번 「反(はん)」은 「反対(반대)」처럼 대립의 의미, 1번 「否(ひ)」은 「否定(부정)」처럼 판단의 부정을 나타내는 말로 쓰이므로 이 문맥과 맞지 않는다.

단어 データ 데이터 | 不正確(ふせいかく) 부정확 | ケース 케이스, 경우 | 不可能(ふかのう) 불가능 | 不十分(ふじゅうぶん) 불충분 | 非公式(ひこうしき) 비공식

8 친구가 **선로 변**의 집을 샀는데, 시끄러워서 다시 이사를 가 버렸다.

해설 「~沿(ぞ)い」는 '~을/를 따라'라는 의미로, 「線路(せんろ)沿(ぞ)い(선로를 따라)」, 「川沿い(강변을 따라)」처럼 쓰인다. 1번 「付(つ)き(딸린)」, 3번 「並(なら)び(줄지음)」, 4번 「伴(ともな)い(~에 따라, 수반됨)」는 각각 다른 의미이다.

단어 友人(ゆうじん) 친구 | 引(ひ)っ越(こ)しする 이사하다

9 수학에 관한 리포트를 **여름 방학이 끝난 직후**에 제출하게 되었습니다.

해설 「明け(あけ)」는 기간이 끝난 직후를 나타내는 표현으로, 「連休明(れんきゅうあ)け(연휴가 끝난 직후)」처럼 쓰인다. 2번 「閉(し)め(마감)」, 3번 「分(わ)け(구분)」, 4번 「止(と)め(중지)」는 이 문맥에 맞지 않는다.

단어 数学(すうがく) 수학 | 提出(ていしゅつ) 제출

10 **미국식** 사고방식은 아무래도 나에게는 맞지 않는다.

해설 「流(りゅう)」는 '방식, 스타일'을 나타내는 접미어로 「自己流(자기식)」, 「日本流(일본식)」와 같이 쓰인다. 1번 「~形(형태, 모양)」, 2번 「~質(성질)」, 3번 「~性(성향)」은 이 문맥에서 맞지 않다.

단어 考(かんが)え方(かた) 사고방식 | どうも 도무지, 어쩐지 | なじめない 익숙해지지 않다 | 自己流(じこりゅう) 자기식(자기 스타일)

🔵22 기출어휘 확인문제　단어형성　　　p.64

1 반 아이들 대부분이 **도시에서 자란** 아이들이었습니다.

해설 「~育(そだ)ち」는 '(~에서) 자라남, ~출신'이라는 뜻으로, 자라난 환경이나 출신을 나타내는 말이며 「田舎育ち(시골 출신)」처럼 쓰인다. 「~離(ばな)れ」는 '(~와) 떨어진, 멀어진', 「~連(づ)れ」는 '~동반', 「生(い)き」 '삶'이라는 의미도, 이 문맥에는 맞지 않는다.

단어 都会(とかい) 도시

2 즉시 지적받은 몇 군데를 고쳐서 **다시 제출**했다.

단어 さっそく 곧, 즉시, 바로 | 指摘(してき) 지적 | 数箇所(すうかしょ) 몇 군데 | 提出(ていしゅつ) 제출

3 나는 대부분 슈퍼에서 **식기류**를 사고 있다.

단어 スーパー 슈퍼 | 食器(しょっき) 식기 | ～類(るい) ～류, ～종류

4 내일 회의에는 사장님과 **부사장님**도 참석할 예정이다.

단어 社長(しゃちょう) 사장 | 出席(しゅっせき) 출석, 참석 | 副社長(ふくしゃちょう) 부사장

5 스팸 메일의 대부분이 **발신처**를 위장해서 발송되고 있다.

해설 「元(もと)」는 명사 뒤에 쓰여 출처·근원을 나타내는 말로, 「送信元(そうしんもと) 발신지」, 「販売元(はんばいもと) 판매원/판매처」와 같이 쓰인다. 「元彼氏(전 남자 친구)」, 「元大統領(전직 대통령)」 등과 같이 명사 앞에 오면 '전, 전직'의 뜻을 나타낸다. 「原(げん)」은 '원래', 「根(ね)」는 '뿌리, 근원', 「素(そ)」는 '바탕, 소재'와 관련된 어휘로 문맥과 맞지 않다.

단어 迷惑(めいわく)メール 스팸 메일 | 送信(そうしん) 송신, 발신 | 偽装(ぎそう) 위장 | 送信元(そうしんもと) 발신지 | 元大統領(もとだいとうりょう) 전직 대통령

6 **다음 학기**부터 일본어를 공부하려고 생각하고 있습니다.

해설 「来(らい)」는 '다음'을 나타내는 접두어로 「来学期(다음 학기)」, 「来年(내년)」처럼 쓰인다. 「明～(みょう)」는 「明朝(내일 아침)」과 같이 쓰여 '내일, 다음'의 뜻을 나타내고 「近(きん・ちか)」는 '근처', 「隣(となり)」는 '옆'의 의미를 나타낸다.

단어 学期(がっき) 학기 | 明朝(みょうちょう) 내일 아침

7 그 남성은 **회사원 스타일**에 나이는 40세 정도, 키는 175cm 정도라고 합니다.

해설 「風(ふう)」는 '～같은 인상, 차림, ～풍'을 나타내는 접미어이다. 「類(るい)」는 종류, 「状(じょう)」는 상태·모양이나 서류, 「式(しき)」는 방식을 나타내며 본 문맥과는 맞지 않는다.

단어 年齢(ねんれい) 연령, 나이 | 身長(しんちょう) 신장, 키

8 휴일의 놀이공원은 **가족 동반** 고객들로 붐볐다.

해설 「～連(づ)れ」는 '동반'을 나타내는 말로 「子供連れ(아이 동반)」처럼 쓰인다. 「込(こ)み」는 포함, 「付(つ)き」는 '딸림, 붙어 있음', 「伴(ともな)い」는 '수반함, 동반함'을 나타내며 본 문맥과는 관련이 없다.

단어 休日(きゅうじつ) 휴일 | 遊園地(ゆうえんち) 유원지, 놀이공원 | にぎわう 붐비다

9 그는 **헤어질 때** 무언가 중얼거렸다.

해설 「～際(ぎわ)」는 동사의 ます형 뒤에 붙어 어떠한 순간이나 시점을 나타내는 말이다. 「窓際(창가)」처럼 명사에 붙어 '～가, 옆'의 뜻을 나타내기도 한다. 「～間(かん)」은 명사 뒤에 붙어 '～간, ～사이'의 뜻을 나타내며, 「～期(き)」는 명사 뒤에 붙어 '～기, 기간, 시기'를 나타낸다.

단어 つぶやく 중얼거리다

10 매우 마음에 들어서 **작품집**을 샀습니다.

단어 作品(さくひん) 작품 | 気(き)に入(い)る 마음에 들다

---

04 문제4 **문맥구성 공략하기**

문제 4 (   )에 들어갈 가장 알맞은 것을 1·2·3·4에서 하나 고르시오.

23 기출어휘 확인문제 문맥구성　　　　p.69

1 아플 때일수록 금방 나을 거라고 **굳게 믿는** 것이 중요하다.

해설 동사의 ます형에 「込(こ)む」가 붙으면 '안으로 들어가다, 철저하게 ～해 버리다'라는 뜻이 된다. 여기서 「思い込む」는 '깊이 마음 먹다, 꼭 믿다'라는 의미이므로 정답은 2번이 된다.

단어 思(おも)い悩(なや)む 이런 저런 생각으로 괴로워하다 | 思(おも)い当(あ)たる 마음에 짚이다, 짐작이 가다 | 思(おも)い残(のこ)す 미련을 남기다

2 설거지를 너무 많이 해서 손이 **꺼칠꺼칠**하다.

해설 설거지를 자주한 탓에 건조해진 손의 느낌을 표현하는 단어는 2번 「かさかさ(꺼칠꺼칠, 바삭바삭)」이다.

단어 すかすか 척척, 쓱쓱 | ごそごそ 거친 질감의 물건이 맞닿는 소리, 바스락바스락, 부스럭, 뒤적뒤적 | ごしごし 물건을 비비는 소리, 싹싹, 박박

3 나는 교사라는 직업에 동경심을 **품고** 있습니다.

해설 「抱く」는 「だく」로 읽으면 '안다, 포옹하다'라는 뜻이고 「いだく」로 읽으면 '(～한 마음을) 품다'라는 뜻이 되므로 '동경심을 ～하고 있다'는 말에 함께 오기에 가장 자연스럽다. 이러한 상황에서는 「いだく」로 읽는다는 것도 꼭 기억해 두자.

단어 叶(かな)う 이루어지다 | 湧(わ)く 샘솟다, 솟구치다

4 내 생일에 **큰맘 먹고** 100만 엔이나 하는 반지를 샀다.

해설 「100万円もする(100만 엔이나 하는)」라고 강조할 만큼 많은 돈을 주고 반지를 사는 상황은 큰 결단을 내려야 하는 상황이므로 4번 「思(おも)いきって(큰맘 먹고)」가 자연스럽다.

단어 思(おも)い浮(う)かべる 마음속에 떠올리다, 회상하다 | 思(おも)い起(お)こす 생각해 내다 | 思(おも)いやる 배려하다, 염려되다

5 엘리베이터 점검으로 인해 **일시적으로** 이용하실 수 없는 시간대가 있습니다.

해설 「一時的に(일시적으로)」는 '짧은 시간 동안' 혹은 '잠깐'이라는 의미를 가진다. 점검이나 공사 등으로 인해 특정 시간 동안만 서비스가 중단됨을 알릴 때 가장 자연스럽게 쓰이는 부사적 표현이다. 1번 「一方的(いっぽうてき)に(일방적으로)」는 상대의 사정을 고려하지 않고 한쪽에서만 행하는 태도를 뜻하며, 2번 「一般的(いっぱんてき)に(일반적으로)」는 널리 펴져 있는 상태를 뜻한다. 4번 「一面的(いちめんてき)に(일면적으로)」는 사물의 한쪽 면만을 보는 것을 뜻한다.

단어 点検(てんけん) 점검 | 時間帯(じかんたい) 시간대 | 一方的(いっぽうてき) 일방적 | 一般的(いっぱんてき) 일반적

6 은행 계좌를 **개설**하기 위해서는 본인 확인용 서류를 준비해야 합니다.

해설 '계좌를 개설하다'라고 할 때는 한국어와 같이 「開設(개설)」를 쓴다. 아울러 「口座(こうざ)を開(ひら)く・口座(こうざ)を設(もう)ける」라고도 표현한다.

단어 口座(こうざ) 계좌 | 設立(せつりつ) 설립 | 発足(ほっそく) 발족 | 確立(かくりつ) 확립

7 개인이 쓰레기를 야외에서 소각하는 것은 법률에 **위반**된다.

해설 앞 부분에 '개인이 쓰레기를 야외에서 소각하는 것'과 '법률에 ~한다'는 말로 보아 이어질 수 있는 표현은 4번 위반이 된다. 3번 제정은 법률을 만들어서 정한다는 의미이므로 이 상황에는 어울리지 않는다.

단어 屋外(おくがい) 실외, 야외 | 焼却(しょうきゃく)する 소각하다 | 侵害(しんがい) 침해, 침범 | 批判(ひはん) 비판 | 制定(せいてい) 제정 | 違反(いはん) 위반

8 유명 레스토랑이 2호점을 내서 아르바이트 **구인** 광고를 냈다.

해설 식당이 아르바이트생과 관련된 광고를 낸다면 사람을 구한다는 구인 광고가 가장 자연스러우므로 1번이 정답이 된다.

단어 求人(きゅうじん) 구인, 사람을 구함 | 職人(しょくにん) 장인, 숙련공 | 就職(しゅうしょく) 취직 | 転職(てんしょく) 전직, 이직

9 나이를 먹으면 체력이 **약해지는** 것은 어쩔 수 없는 일이다.

해설 나이를 먹음에 따른 변화로 인해 체력이 약해진다는 의미로 쓰였으므로, 정답은 1번이 된다. 2번은 「話(はなし)が尽(つ)きる (이야기가 끝나다)」와 같은 상황에서 쓰인다.

단어 衰(おとろ)える 약해지다, 쇠하다 | 尽(つ)きる 다하다, 끝나다 | 絶(た)える 끊어지다, 중단되다 | 抑(おさ)える 억누르다, 억제하다

10 그 회사의 광고는 **임팩트**가 있어서 재미있다.

해설 1번「パワフル(파워풀, 힘 있음)」과 4번「ユニーク(유니크, 독특함)」은 な형용사 활용을 하고 3번 '충격'은 「おもしろい」와 의미상 호응이 되지 않으므로 정답은 2번이 된다.

24 기출어휘 확인문제 문맥구성 p.70

1 이 길의 확장 공사는 6월 3일에 **완료**될 예정이다.

해설 '공사를 ~할 예정이다'에서 주어진 선지와 '공사'와의 호응을 생각하여 '공사가 끝날 예정이나'라는 의미를 나타낼 때는 '완료'라고 표현해야 하므로 정답은 1번이 된다.

단어 拡張(かくちょう) 확장 | 完結(かんけつ) 완결 | 終結(しゅうけつ) 종결 | 開幕(かいまく) 개막

2 벌꿀이 손에 묻어 버려서 손이 **끈적끈적**합니다.

해설 벌꿀이 가지고 있는 질감, 특성 등의 느낌을 생각해 보면 2번 '끈적끈적'이 정답임을 알 수 있나.

단어 はちみつ 벌꿀 | ぱたぱた 톡톡, 똑똑, 가볍게 치는 소리 | すたすた 총총, 부리나케 | ばたばた 동동, 푸드덕푸드덕, 몹시 바쁜 모양

3 여름 방학은 이 참고서로 공부해서 수학의 기초를 **다질** 생각입니다.

해설 일본어로 '기초를 나지나, 난난히 하나'라고 할 때는 「基礎(きそ)を固(かた)める」와 같이 「固める(단단히 하다)」라는 동사를 사용한다.

단어 参考書(さんこうしょ) 참고서 | 基礎(きそ) 기초 | 丸(まる)める 둥글게 하다 | 眺(なが)める 멀리 보다, 응시하다 | 諦(あきら)める 단념하다, 포기하다

4 역시 인스턴트 커피는 드립 커피에 비해 향도 맛도 **뒤떨어진다**.

해설 인스턴트 커피보다 드립 커피가 더 낫다는 의미를 나타낼 때는 2번「劣(おと)る」를 쓴다.「後(おく)れる」는 '거리가 뒤떨어지다, 유행에 뒤처지다' 등과 같은 상황에 사용한다.

단어 欠(か)ける 빠지다, 부족하다 | 劣(おと)る 다른 것만 못하다, 뒤떨어지다 | 及(およ)ぶ 미치다, 달하다 | 後(おく)れる 뒤지다, 뒤떨어지다

5 저는 유리창을 깨지 않았습니다. **오해**입니다.

해설 앞서 하지 않은 행동임을 언급하면서 이는 사실에 부합하지 않는 내용이며 그것이 아니라고 말하고 있으므로 2번 '오해'가 정답이 된다.

단어 心得(こころえ) 마음가짐 | 悪事(あくじ) 악행, 못된 짓 | 犯行(はんこう) 범행

6 그녀는 아이에게 온화한 **말투**로 이야기했다.

해설 1번 '음색'과 2번 '상태'는 「穏(おだ)やかな(온화한)」와 호응되지 않고 4번 '음질'은 사람 목소리가 아닌 보통 기계음 등에 사용하므로 정답은 3번 '말투'가 된다.

단어 穏(おだ)やかだ 온화하다 | 音色(ねいろ) 음색 | 口調(くちょう) 말투, 어조 | 音質(おんしつ) 음질

7 시험 점수가 나빠서, 공부를 더 했더라면 좋았을 텐데라고 **후회**했다.

해설 안 좋은 시험 점수를 보고 지난 시간을 돌이켜 반성하고 있는 내용임을 고려하면 3번 '후회'가 정답이 된다.

단어 点数(てんすう) 점수 | 後悔(こうかい) 후회 | 誤解(ごかい) 오해

8 점원의 태도가 나빠서 점장에게 **불만**을 말했다.

해설 「苦情(くじょう)を言(い)う」는 '불만을 말하다, 민원을 제기하다' 라는 관용 표현으로 쓰이므로 함께 묶어서 기억해 두자.

단어 店長(てんちょう) 점장 | 非難(ひなん) 비난 | 苦難(くなん) 고난 | 苦情(くじょう) 불평, 불만

9 다음 주부터 1년간 미국으로 유학을 가기 때문에 일본 휴대폰을 **해지**했습니다.

해설 계약을 체결했다 해지하는 경우에는 「解約(かいやく)」라고 표현한다. 그밖에 「保険(ほけん)を解約(かいやく)する(보험을 해지하다)」라는 표현도 함께 알아 두자.

단어 加入(かにゅう) 가입 | 消滅(しょうめつ) 소멸 | 解約(かいやく) 해약, 해지 | 請求(せいきゅう) 청구

10 덕분에 신상품의 판매는 **순조롭**습니다.

해설 판매 상황이니 매출과 함께 을 수 있는 표현을 생각하면 손세 없이 잘 신행뇐다는 뜻인 4번이 가장 자연스럽다.

단어 売(う)れ行(ゆ)き 판매, 팔림새 | 調子(ちょうし) 상태, 기세 | 無事(ぶじ) 무사함, 평온함 | 好調(こうちょう) 호조, 순조

1 수업 중 배가 고파서 선생님께 들키지 않도록 **몰래몰래** 과
자를 먹었다.

해설 '들키지 않도록'이라는 말에서 몰래 하는 모양을 뜻하는 3번이
정답임을 알 수 있다.

단어 いらいら 안달복달하는 모양 | わくわく 두근두근 | こそこそ
남몰래 하는 모양, 살금살금, 소곤소곤 | うろうろ 어슬렁어슬
렁, 허둥지둥

2 핼러윈에 유령 **모습**을 한 아이들이 과자를 받고 있었다.

해설 유령이 아닌데 유령처럼 꾸몄다는 의미로 '유령 모습, 유령 차
림'이라고 표현할 때는 「おばけの格好(かっこう)」라고 한다.

단어 制服(せいふく) 제복, 교복 | 体形(たいけい) 체형 | 外観(がい
かん) 외관

3 숏컷으로 헤어 **스타일**을 바꿔 보았습니다.

해설 머리 모양은 헤어 스타일로 표현하기 때문에 정답은 3번이 된다.

단어 変(か)える 바꾸다 | オリジナル 오리지널 | ジャンル 장르 |
シングル 싱글

4 시간 여건상, 지난번에 설명해 드린 내용에 대해서는 **생략**
하겠습니다.

해설 이미 설명한 적이 있다고 하고 있으며 「時間の都合上(시간 여
건상, 시간 관계상)」이라는 것은 시간이 부족하다는 뜻이므로
이를 종합해 보면 정답은 3번임을 알 수 있다.

단어 追加(ついか) 추가 | 補充(ほじゅう) 보충 | 省略(しょうりゃ
く) 생략 | 例外(れいがい) 예외

5 식사 비용을 내려고 하지 않다니 **뻔뻔스러운** 것에도 정도
가 있지.

해설 「ずうずうしい」는 자신의 이익만 챙기고 남에 대한 배려가 없
는 뻔뻔한 태도를 나타낸다. 밥값을 내지 않으려는 상황과 가장
잘 어울리는 형용사이다. 1번은 정도가 보통을 훨씬 넘을 때 쓰
지만, 주로 '피해가 심하다'처럼 명사를 수식하거나 서술형으로
쓰이므로, 이 문맥에는 어색하다. 2번은 산길이 험하거나 사람
의 표정이 험악할 때 사용하며 3번은 자원이나 경험, 지식 등이
모자랄 때 사용한다.

단어 はなはだしい 매우 심하다 | けわしい 험하다 | とぼしい 모
자라다, 부족하다, 가난하다 | ずうずうしい 뻔뻔스럽다

6 다음 달에 여행을 가기 때문에 이번 달은 생활비를 **절약**하
고 있다.

해설 여행을 간다는 말과 '생활비를 ~하고 있다'는 말로 미루어 보
았을 때 여행을 가기 위해서 생활비를 아낀다 말이 가장 자연스
러우므로 정답은 4번 '절약'이 된다.

단어 浪費(ろうひ) 낭비 | 質素(しっそ) 검소함 | 無駄(むだ) 쓸데없
음 | 節約(せつやく) 절약

7 사장님은 다음 주까지 스케줄이 **꽉** 차 있습니다.

해설 「詰(つ)まる(가득 차다)」 앞에 올 수 있는 표현은 꽉 찬 모습을
나타내는 1번 「ぎっしり」이다. 「本(ほん)がぎっしり差(さ)し
込(こ)まれている(책이 가득 꽂혀 있다)」 등과 같이 사용된다.

단어 詰(つ)まる 가득 차다 | ぎっしり 가득, 잔뜩 | ゆったり 넉넉
히, 느긋이 | しっくり 잘 어울리는 모양

8 무언가 궁금하신 점이 있으시다면 **편하게** 말씀해 주십시
오.

해설 '부담 없이, 편하게'라고 할 때 2번 「お気軽(きがる)に」를 사용
한다. 1번 「お気楽(きらく)に」는 '마음에 걸리는 것 없이 홀가
분하게'라는 뜻이다.

단어 不明(ふめい)だ 불명료하다 | 気軽(きがる) 부담 없음, 선뜻 |
手軽(てがる) 손쉬움, 간단함 | 見事(みごと) 멋짐, 훌륭함

9 이 게임을 **클리어**하면 상품을 받을 수 있다.

해설 어떤 단계나 게임 등을 깼다는 뜻으로 클리어를 사용하므로 4
번이 정답이 된다.

단어 クリーン 클린, 깨끗함 | リセット 리셋, 초기 상태로 되돌림

10 그와 결혼하고 그녀의 인생은 **극적으로** 변했습니다.

해설 결혼을 계기로 이전의 생활과는 완전히 달라졌다고 표현할 때
는 1번이 가장 자연스럽다.

단어 効果的(こうかてき) 효과적 | 反動的(はんどうてき) 반동적,
정반대의 작용이 있음 | 日常的(にちじょうてき) 일상적

1 세계의 평균 기온이 해마다 **상승**하고 있어, 지구 온난화가
가속화되고 있다.

해설 지구 온난화가 가속화되고 있다는 말로 미루어 보면 온도가 오
르고 있다고 보는 것이 자연스러우므로 정답은 4번 '상승'이 된
다.

단어 平均(へいきん) 평균 | 加速(かそく) 가속 | 向上(こうじょう)
향상 | 最上(さいじょう) 최상 | 追加(ついか) 추가

2 무료 체험 레슨 신청은 응모자가 많아서 이것으로 **마감하
겠습니다**.

해설 '신청', '응모자가 많다' 등의 표현을 고려했을 때 정해진 기한이
나 인원이 채워지면 마감하는 것을 나타내는 2번 「締(し)め切
(き)る」가 자연스럽다.

단어 体験(たいけん) 체험 | 申(もう)し込(こ)み 신청 | 応募者(お
うぼしゃ) 응모자 | 締(し)め出(だ)す 내쫓다, 따돌리다 | 締
(し)め切(き)る 마감하다, 완전히 닫다 | 締(し)めくくる 꼭 묶
다, 단속하다, 매듭짓다 | 示(しめ)し合(あ)わせる 서로 미리
짜다

3 그의 주변에는 항상 여성들이 있지만, **특별히 정해진** 여자
친구는 없는 것 같다.

해설 「特定(とくてい)の(특정한)」는 여러 대상 중에서 특별히 하나
로 정해진 것을 의미한다. 이 문장에서는 여러 명의 여성 지인
이 있지만, '딱 한 명으로 정해진(사귀는)' 여자친구는 없다는
맥락으로 쓰이므로 1번이 답이 된다.

단어 指名(しめい) 지명 | 限定(げんてい) 한정 | 断定(だんてい)
단정

4 서류 전형을 **통과**했으므로, 다음은 면접 준비를 해야 합니다.

해설 면접 준비를 해야 한다는 것은 앞선 전형인 서류 전형에 합격했
다는 뜻이 되므로, '(서류 전형) 과정을 통과했'고 표현할 수
있는 3번이 정답이 된다.

단어　書類選考(しょるいせんこう) 서류 전형 | 面接(めんせつ) 면접 | 通告(つうこく) 통고, 통지 | 免許(めんきょ) 면허 | 通過(つうか) 통과 | 解除(かいじょ) 해제

5　그녀는 체력의 **한계**가 왔다며 선수 생활을 끝냈습니다.

해설　'체력의 ~가 왔다'는 말로 미루어 보았을 때 빈칸에 올 말은 '능력이나 체력 등이 실제 작용할 수 있는 범위'라는 뜻의 「限界(げんかい)」가 자연스러우므로 정답은 2번이 된다.

단어　終(お)える 끝내다, 마치다 | 限度(げんど) 한도 | 限界(げんかい) 한계 | 制限(せいげん) 제한 | 限定(げんてい) 한정

6　거래처와 상품 가격에 대해 **교섭**을 시작했다.

해설　「交渉」는 어떤 목적을 이루기 위해 상대방과 상의하거나 절충하는 것을 뜻한다. 비즈니스 상황에서 가격이나 조건을 조율할 때 가장 적절한 단어이다. 4번 「販売(はんばい), 판매)」는 상품을 파는 행위 자체를 뜻하는데, 문맥상 '판매를 시작했다'도 가능해 보이지만, 앞에 '~와(と) ~에 대해(について)'라는 조율의 과정이 명시되어 있으므로 '교섭'이 가장 자연스럽다.

단어　取引先(とりひきさき) 거래처 | 交換(こうかん) 교환 | 考慮(こうりょ) 고려 | 交渉(こうしょう) 교섭, 협상

7　저희 형(오빠)은 경찰관으로, 가족 중에서도 **믿음직한** 존재입니다.

해설　형의 직업이 경찰이라서 의지가 된다는 의미로 보는 것이 가장 자연스러우므로 2번이 정답이 된다.

단어　苛(いら)だたしい 초조하다 | 慌(あわ)ただしい 분주하다, 어수선하다 | 望(のぞ)ましい 바람직하다

8　그는 메이저 리거가 되기 위해 **엄청난** 노력을 해 왔습니다.

해설　'노력' 앞에 붙어 '엄청난, 대단한' 이라는 의미를 가지는 2번이 오는 것이 가장 자연스럽다.

단어　多忙(たぼう)だ 다망하다, 매우 바쁘다 | 多大(ただい)だ 매우 크다, 많다, 엄청나다

9　아침에 늦잠을 자서 달려갔더니, 지각하기 직전에 **아슬아슬**하게 학교에 도착했다.

해설　시간이나 금전 등의 한도가 가득 차서 더 이상의 여유가 없다는 뜻으로 3번 「ぎりぎり」를 사용한다.

단어　がりがり 으드득으드득 | がつがつ 게걸스러운 모양, 걸신 들린 모양 | こつこつ 꾸준히, 열심히

10　그녀는 **덜렁대는** 편이라 자주 전철이나 버스에 물건을 두고 내린다.

해설　뒤에 오는 챙겨야 할 물건을 자주 잊어버린다는 행동을 생각하면 3번 '덜렁대다, 덜렁거리다'가 정답이 된다.

단어　わずらわしい 성가시다, 까다롭다

㉗ 기출어휘 확인문제 문맥구성　　p.73

1　카멜레온은 주변 풍경에 **녹아들기** 위해 몸 색깔을 바꾼다고 합니다.

해설　몸 색깔을 바꾸는 이유는 주변 풍경과 비슷한 색이 되기 위함이라고 보는 것이 자연스러우므로 '녹아들다, 융화되다' 라는 뜻의 4번이 정답이 된다.

단어　突(つ)っ込(こ)む 돌진하다, 깊이 파고들다 | 沈(しず)み込(こ)む 깊이 가라앉다, 낙담하다 | 塞(ふさ)ぎ込(こ)む 울적해지다 | 溶(と)け込(こ)む 녹아들다, 융화되다

2　그는 투자 이야기만 나오면 바로 **덤벼들기** 때문에 곧잘 속는다.

해설　어떤 이야기에 큰 관심을 보이거나 실제로 상대를 공격할 때 '덤벼들다, 달려들다' 라는 의미로 1번 「飛(と)びつく」를 사용한다.

단어　投資(とうし) 투자 | 騙(だま)す 속이다 | 飛(と)び散(ち)る 사방에 흩날리다 | 飛(と)び出(で)る 튀어나오다 | 飛(と)び交(か)う 어지럽게 날다

3　그의 회사는 도쿄에 **진출**하는 것을 목표로 노력하고 있다.

해설　다른 지역 등으로 영역을 확장할 때는 「進出(しんしゅつ)」로 표현하므로 정답은 4번이 된다.

단어　前進(ぜんしん) 전진 | 侵入(しんにゅう) 침입 | 進歩(しんぽ) 진보

4　모르는 사람을 **빤히** 쳐다보는 것은 매우 실례되는 일입니다.

해설　앞부분의 '모르는 사람'과 뒷부분의 '매우 실례된다'는 내용으로 보아 무안함을 느낄 수 있는 2번이 정답임을 알 수 있다.

단어　そわそわ 안절부절못하는 모양 | じろじろ 빤히, 유심히, 뚫어지게 | つくづく 곰곰이, 지그시, 차근차근히 | きょろきょろ 두리번두리번

5　어느 **타이밍**에 야구 방망이를 휘둘러야 할지 모르기 때문에 야구는 나에게 어렵다.

해설　시간적으로 원하는 순간에 동작을 맞추는 일은 '타이밍'으로 표현하므로 정답은 4번이 된다.

단어　タイムリー 때맞춤, 시의 적절함 | チャンス 찬스, 기회 | スタンバイ 스탠바이, 준비, 대기

6　컴퓨터를 사용하고 있었는데 갑자기 인터넷에 **접속**을 할 수 없게 되었다.

해설　인터넷에 연결한다 또는 접속한다고 표현할 때는 3번 「接続(せつぞく)」을 사용한다.

단어　突然(とつぜん) 갑자기 | 関連(かんれん) 관련, 연관 | 合流(ごうりゅう) 합류

7　그는 한국인이지만, 간사이 지방 사투리를 **흉내 내는** 것을 잘한다.

해설　'한국인임에도 외국어인 일본 간사이 지방 사투리를 ~하는 것을 잘한다'는 내용으로 미루어 보아 다른 나라나 다른 지역 말을 흉내 낸다는 표현이 가장 자연스러우므로 정답은 2번이 된다. 「まねをする」라고도 한다.

단어　見習(みなら)う 본받다 | 従(したが)う 따르다, 복종하다

8　자전거는 **보행로**를 달려서는 안 됩니다.

해설　'자전거는 ~를 달리면 안 된다'는 말을 고려할 때 빈칸에 올 수 있는 자연스러운 말은 2번 보행로이다. 한국어에서는 보행자가 다니는 길을 '인도'라고도 하지만 일본어로는 「歩道(ほどう)」라고 표현함에 주의한다.

단어　外道(げどう) (불교도 입장에서) 이단을 신봉하는 사람 | 剣道(けんどう) 검도 | 悪道(あくどう) 나쁜 길, 나쁜 짓을 한 사람이 죽은 뒤 가는 곳

9 처음 만난 사람이었지만 공통의 이야깃거리로 **무르익었다**.

해설 '분위기가 고조되다, 무르익다'라는 말을 할 때는 1번 「盛(も)り上(あ)がる」로 표현한다.

단어 初対面(しょたいめん) 첫 만남 | 共通(きょうつう) 공통 | 話題(わだい) 화제, 이야깃거리 | 憧(あこが)れる 동경하다 | 込(こ)み上(あ)げる 울컥거리다 | 思(おも)い上(あ)がる 잘난 체하다

10 친구가 생일이라서 직접 만든 케이크로 **대접했다**.

해설 친구 생일을 맞아 직접 만들었다는 말이 나오므로 대접했다는 말이 오는 것이 자연스럽다. 「あたえる(주다, 수여하다)」는 「あげる(주다)」와 달리 '영향, 인상, 희망' 등 추상적 표현에 주로 사용한다.

단어 うけとる 받다, 수취하다 | あたえる 주다, 수여하다 | もてなす 대접하다, 대우하다 | せわする 돌보다, 보살피다

28 기출어휘 확인문제 문맥구성 p.78

1 그 영화에 대해 심사위원의 **평가**가 갈렸다.

해설 「評価(ひょうか)」는 '평가'라는 뜻으로, 대상의 가치나 수준을 판단하는 말이다. 「高い評価を受ける(높은 평가를 받다)」처럼 쓰인다.

단어 ～について ～에 대해서 | 審査員(しんさいん) 심사위원 | 考慮(こうりょ) 고려 | 信頼(しんらい) 신뢰 | 測定(そくてい) 측정

2 그녀는 성실하고 **온후한** 리더라서 부하직원의 신뢰가 두텁습니다.

해설 「温厚(おんこう)」는 '성격이 온화하다'라는 뜻으로, 「温厚な人(온화한 사람)」, 「温厚な性格(온화한 성격)」처럼 쓰인다. 3번 「温暖(おんだん)」은 날씨, 기후 등이 온난하다는 뜻으로 사람의 성격을 나타내기엔 맞지 않다.

단어 信頼(しんらい) 신뢰 | 厚(あつ)い 두텁다, 두껍다 | 適度(てきど) 적당함, 알맞은 정도 | 安易(あんい) 안이함, 손쉬움, 태평함

3 이번 주는 바빴기 때문에 주말은 집에서 **느긋하게** TV를 보고 있었다.

해설 「のんびり」는 여유 있고 느긋한 상태를 나타내는 부사이다. 「のんびり過ごす(느긋하게 보내다)」, 「のんびり休む(느긋하게 쉬다)」처럼 쓰인다. 「のろのろ」는 '동작이 느림', 「ぐるぐる」는 '빙빙 도는 모습', 「ぐっすり」는 '깊이 잠드는 상태'를 나타낼 때 쓰는 부사이다.

단어 週末(しゅうまつ) 주말 | 過(すご)す (시간을) 보내다

4 요전에 길을 걷고 있는데 우연히 방송국 리포터가 **불러 세워서** 인터뷰를 했습니다.

해설 「呼(よ)び止(と)められて」는 「呼(よ)び止(と)める(불러 세우다)」의 수동형이다. 길을 걷다가 우연히 리포터와 인터뷰를 했다는 글의 맥락을 고려하면 1번이 가장 자연스럽다.

단어 テレビ局(きょく) 방송국 | たまたま 우연히, 때마침 | リポーター 리포터 | インタビュー 인터뷰 | 聞(き)き取(と)る 알아듣다 | 見(み)わける 분별하다, 감별하다 | 問(と)い合(あ)わせる 문의하다

5 그녀는 **싱글벙글** 웃으며 현관으로 나왔다.

해설 「にっこり(싱긋)」는 미소 짓는 모습을 나타내는 의태어로 「にっこり微笑(ほほえ)む(싱긋 미소 짓다)」처럼 쓰인다. 1번 「さっぱり(개운하게, 깔끔하게)」, 3번 「ぴかぴか(반짝반짝)」, 4번 「ほかほか(따끈따끈)」는 문맥과 맞지 않다.

단어 玄関(げんかん) 현관

6 **어설픈** 마음가짐으로는 이 계획을 실행할 수 없어.

해설 「いいかげんな」는 '어설픈, 대충인, 무책임한'이란 뜻이다. 성의 없고 대강인 상태를 나타내어 「いいかげんな態度(대충하는 태도)」, 「いいかげんな返事(무성의한 대답)」처럼 쓰인다. 1번 「不規則(ふきそく)な(불규칙한)」, 2번 「手(て)ごろな(알맞은, 적당한)」 3번 「大(おお)まかな(대략적인)」는 문맥과 맞지 않다.

단어 計画(けいかく) 계획 | 実行(じっこう) 실행

7 그는 시험 전에 좀 더 공부했더라면 좋았을 것이라고 **후회하고** 있다.

해설 「悔(く)やんで」는 「悔(く)やむ(후회하다)」의 て형이다. 「失敗を悔やむ(실패를 후회하다)」, 「過去を悔やむ(과거를 후회하다)」처럼 쓰인다. 시험 공부를 더 하지 않은 것에 대해 후회하는 마음을 표현하고 있으므로 3번이 가장 자연스럽다.

단어 試験(しけん) 시험 | ～ばよかった ～했더라면 좋았을 텐데 | 断(ことわ)る 거절하다 | 疑(うたが)う 의심하다 | 諦(あきら)める 포기하다

8 아직 30분 남았으니까 그 주변을 좀 **어슬렁거리고** 올게.

해설 「ぶらぶら」는 '어슬렁어슬렁, 목적없이 돌아다니는 모양'을 나타내는 말로, 「町をぶらぶらする(거리를 어슬렁거리다)」와 같이 쓰인다. 1번 「がらがら(텅 빈 모양)」, 2번 「ばらばら(뿔뿔이, 제각각)」, 3번 「ゆらゆら(흔들흔들)」는 문맥과 맞지 않다.

단어 その辺(へん) 그 근처, 그쯤

9 낮잠을 잤더니 기분이 **상쾌해**졌다.

해설 「すっきり」는 '개운하고 상쾌한 상태'를 뜻하는 말로, 「頭がすっきりする(머리가 맑아지다)」처럼 쓰인다. '낮잠을 잤다'와 '기분'과 호응하는 표현이 와야 함을 고려하면 1번 「たっぷり(듬뿍, 충분히)」, 2번 「うっかり(무심코)」, 4번 「ぎっしり(빽빽하게)」는 문맥과 맞지 않는다.

단어 昼寝(ひるね) 낮잠 | 気分(きぶん) 기분, 몸 상태

10 맥주에는 알코올 성분이 5% 정도 **포함되어** 있다.

해설 「含まれて」는 「含(ふく)む(포함하다)」의 수동형으로, 「さとうが含まれている(설탕이 포함되어 있다)」등으로 쓰인다. 맥주와 맥주에 들어 있는 알코올 성분에 대해 서술하고 있는 것을 고려하면 1번이 가장 자연스럽다.

단어 アルコール分(ぶん) 알코올 성분 | 納(おさ)める 납부하다, 거두다 | 割(わ)り込(こ)む 끼어들다 | 詰(つ)め込(こ)む 마구 넣다, 채워 넣다

29 기출어휘 확인문제 문맥구성 p.79

1 채소를 무농약으로 **재배**하는 농가가 늘고 있다.

해설 「栽培(さいばい)」는 '재배, 식물을 기르고 키움'이라는 뜻이다. 「米を栽培する(쌀을 재배하다)」처럼 쓰인다. 채소와 호응하는 표현이 와야 함을 고려하면 '재배'가 오는 것이 가장 자연스럽다.

단어 無農薬(むのうやく) 무농약 | 農家(のうか) 농가 | 制作(せいさく) 제작 | 養成(ようせい) 양성 | 製造(せいぞう) 제조

2 강변의 아침 시장은 **지역** 주민들에게도 관광객들에게도 매우 인기가 많다.

해설 「地元(じもと)」는 '그 지역, 그 지방'이라는 뜻으로, 그 지역 출신임을 나타내기도 한다. 「地元で有名だ(그 지역에서 유명하다)」처럼 쓰인다. 아침 시장은 외지인인 관광객들뿐만 아니라 그 지역에 사는 사람들에게도 인기 있다고 표현하는 것이 가장 자연스러우므로 정답은 「地元」가 된다.

단어 川沿(かわぞ)い 강가, 강변 | 朝市(あさいち) 아침 시장 | 観光客(かんこうきゃく) 관광객 | 根元(ねもと) 뿌리, 근원 | 土台(どだい) 기초, 토대 | 立場(たちば) 입장

3 마라톤에서는 주변 사람들에게 맞추려 하지 말고, **자기 속도**대로 달리면 된다.

해설 「マイペース」는 '자신의 페이스, 자신만의 방식'이란 뜻으로, 「マイペースで進む(자기 페이스대로 나아가다)」처럼 쓰인다. 마라톤에서 주변 사람들에 맞추려고 하지 말고 달리라는 내용과 가장 어울리는 것은 3번이다.

단어 マラソン 마라톤 | 周(まわ)り 주변 | 合(あわ)せる 맞추다 | アプローチ 어프로치, 접근 (방식) | テクニック 테크닉, 기술 | フレッシュ 프레시, 신선함, 파릇파릇함

4 그 회사는 기술이 우수하다며 **평판이 자자하**다.

해설 「評判(ひょうばん)」은 '평판, 평판이 자자함, 인기 좋음'이란 뜻이다. 「世間(せけん)の評判(세간의 평판)」처럼 쓰인다. 회사의 기술이 우수하다는 좋은 평가와의 호응을 고려하면 4번이 가장 자연스럽다.

단어 技術(ぎじゅつ) 기술 | 優(すぐ)れる 뛰어나다 | 決断(けつだん) 결단 | 納得(なっとく) 납득 | 予測(よそく) 예측

5 피곤해서 업무 중에 그만 **꾸벅꾸벅** 졸고 말았다.

해설 「うとうと」는 '꾸벅꾸벅, 조는 모양'을 나타내는 말로 피곤하다는 상황에 가장 잘 어울린다. 1번 「いらいら(초조한 상태)」, 2번 「うるうる(새싹이 나는 모습)」, 4번 「ぶらぶら(어슬렁어슬렁)」는 문맥과 맞지 않는다.

단어 つい 무심결에, 그만

6 몸이 약해서는 실력을 충분히 **발휘**할 수 없다.

해설 「発揮(はっき)」는 '발휘, 능력이나 힘을 충분히 드러내다'라는 뜻이다. 「才能(さいのう)を発揮する(재능을 발휘하다)」처럼 쓰인다. '실력', '충분히'와 호응하는 표현이 와야 하므로 1번이 가장 자연스럽다. 1번은 생각이나 감정을 글이나 말 등으로 나타낼 때 사용하며, 2번은 내용이나 소신 등을 명확하게 보여주는 것을 뜻한다.

단어 実力(じつりょく) 실력 | 表現(ひょうげん) 표현 | 明示(めいじ) 명시 | 公開(こうかい) 공개

7 가려던 친구를 **불러 세워** 선물을 건넸다.

해설 「呼び止めて」는 동사 「呼(よ)び止(と)める(불러 세우다)」의 て형이다. 「通行人(つうこうじん)を呼び止める(행인을 불러 세우다)」처럼 쓰인다. 집으로 가려는 친구를 불러서 멈춰 세워 선물을 준다고 표현하는 것이 가장 자연스럽다.

단어 お土産(みやげ) 기념품, 선물 | 取(と)り付(つ)ける 설치하다, 부착하다 | 持(も)ち寄(よ)る 각자 가져와 모으다 | 受(う)け入(い)れる 받아들이다, 수용하다

8 경비 문제 때문에 **난관에 부딪혀** 계획이 진행되지 않는다.

해설 「つまずいて」는 동사 「つまずく(걸려넘어지다, 좌절하다)」의 て형이다. 「計画につまずく(계획이 막히다)」, 「途中でつまずく(도중에 난관에 부딪히다)」처럼 쓰인다. 「落(お)ち込(こ)む(기분이 침울해지다, 의기소침하다)」, 「突(つ)っ込(こ)む(파고들다, 깊이 개입하다)」, 「くっ付(つ)く(달라붙다)」는 문맥에 맞지 않는다.

단어 経費(けいひ) 경비 | 問題(もんだい) 문제 | 計画(けいかく) 계획

9 도시 지역을 중심으로 자전거 도난 사건이 **잇따르고** 있다.

해설 「相次いで」는 동사 「相次(あいつ)ぐ(잇따르다, 연이어 일어나다)」의 て형이다. 「事故が相次ぐ(사고가 잇따르다)」, 「苦情(くじょう)が相次ぐ(불만이 잇따르다)」처럼 쓰인다. 「乱(みだ)れる(흐트러지다)」, 「当(あ)てはめる(적용하다, 대입하다)」, 「見(み)込(こ)む(예상하다, 전망하다)」는 사건이 계속해서 일어난다는 문맥과 맞지 않다.

단어 都市部(としぶ) 도시 지역 | 盗難(とうなん) 도난

10 가급적 막 **수확**한 신선한 채소를 먹도록 하십시오.

해설 「収穫(しゅうかく)」는 '(농작물 등의) 수확'을 뜻한다. 「野菜を収穫する(채소를 수확하다)」 등으로 쓰인다. '신선한 채소'와 호응할 수 있는 표현이 와야 함을 고려하면 '수확'이 가장 자연스럽다. 4번은 자격증이나 면허 등을 자신의 것으로 만드는 것을 의미한다.

단어 なるべく 가급적, 가능한 한 | ~たばかり 막 ~함, ~한 지 얼마 안 됨 | 新鮮(しんせん) 신선함 | 成立(せいりつ) 성립 | 製作(せいさく)(기계·두구 등이) 제자 | 取得(しゅとく) 취득

30 기출어휘 확인문제 문맥구성 p.80

1 이 표는 내일까지 **유효**합니다

해설 「有効(ゆうこう)」는 '유효함, 효력이나 사용 기간 등이 남아 있음'을 뜻한다. 문세에서 '표'를 언급하고 '내일까지'라는 기한에 대해 서술하고 있는 것을 고려하면 2번 효용, 3번 권리, 4번 이점은 오답임을 알 수 있다.

단어 効用(こうよう) 효용 | 権利(けんり) 권리 | 利点(りてん) 장점, 이점

2 화장실 하나가 **막혀** 있어서 사용할 수 없습니다.

해설 「詰まって」의 기본형은 「詰(つ)まる(막히다)」이며, 배관이나 통로 등이 막힌 상태를 뜻한다. 「排水口(はいすいこう)が詰まる(배수구가 막히다)」처럼 쓰인다. 화장실을 사용할 수 없는 이유, 상황에 대해 설명하기에 가장 적합한 것은 2번이다.

단어 埋(う)まる 묻히다, 가득 차다 | 沈(しず)む 가라앉다, 저물다 | 潜(もぐ)る 잠수하다, 파고들다

| 3 | 연말 완공을 **목표로** 공사를 진행한다. |

해설 「目指して」의 기본형은 「目指(めざ)す(목표로 하다)」이다. 「優勝(ゆうしょう)을 目指す(우승을 목표로 하다)」처럼 쓰인다. 문제에서 서술하고 있는 공사의 완성과 호응되는 표현을 생각했을 때 「見下(みお)ろす(내려다보다)」, 「眺(なが)める(바라보다, 조망하다)」, 「見上(みあ)げる(올려다보다)」는 어울리지 않는다.

단어 年末(ねんまつ) 연말 | 完成(かんせい) 완성

| 4 | 내 방은 여러 가지 물건으로 **지저분**하다. |

해설 「ごちゃごちゃ」는 어수선한 모습을 나타내는 부사로, 여러 물건이 뒤섞여 정리가 안 된 상태를 나타낼 때 쓰인다. 「机の上がごちゃごちゃだ(책상 위가 어수선하다)」처럼 쓰인다. 1번 「きちんと(깔끔하게)」, 2번 「ぼんやり(멍하게)」, 4번 「きょろきょろ(두리번두리번)」는 문맥에 맞지 않는다.

| 5 | 그는 사소한 일에도 금방 화를 **낸다**. |

해설 「立(た)てる」는 「腹(はら)」와 같이 쓰여 「腹を立てる」의 형태로 '화를 내다'라는 뜻을 나타내는 관용 표현이다. 「些細(ささい)なことで腹を立てる(사소한 일로 화를 내다)」처럼 쓰인다. 2번 「腹を決(き)める(마음을 정하다, 작정하다)」, 3번 「腹を切(き)る(할복하다)」, 4번 「腹を割(わ)る(속마음을 털어놓다)」는 문맥과 맞지 않은 표현이다.

단어 ちょっとした 사소한

| 6 | 공정이 복잡한 작업은 개개인의 특기를 살려, **분담**하여 작업에 임하고 있습니다. |

해설 「分担(ぶんたん)」은 '분담, 일을 나누어 맡는 것'을 뜻하며 「役割(やくわり)を分担する(역할을 분담하다)」처럼 쓰인다. 작업을 나누어 행한다는 맥락에서는 4번이 가장 자연스럽다. 1번 분별, 2번 구별, 3번 구분은 문맥에 어울리지 않는다.

단어 工程(こうてい) 공정 | 複雑(ふくざつ) 복잡함 | 作業(さぎょう) 작업 | 個々(ここ) 각각 | 分野(ぶんや) 분야 | 活(い)かす 살리다 | 取(と)り組(く)む 임하다, 몰두하다 | 分別(ぶんべつ) 분별, 종류에 따라 나눔 | 区別(くべつ) 구별, 차이를 식별함 | 区分(くぶん) 구분, 구역이나 범주로 나눔

| 7 | 러시아어를 할 수 있는 것이 그녀의 **강점**이네요. |

해설 「強(つよ)み」는 '강점, 남보다 뛰어난 점'을 뜻한다. 「最大(さいだい)の強み(최대의 강점)」, 「強みを活(い)かす(강점을 살리다)」처럼 쓰인다. 1번 「重(おも)み(무게, 중요성)」, 3번 「高(たか)み(높은 경지)」, 4번 「深(ふか)み(깊이)」는 문맥과 맞지 않는다.

단어 ロシア語(ご) 러시아어

| 8 | 교통 체증으로 전혀 움직이지 않아서 차 안에서 **짜증 내고** 있다. |

해설 「いらいら」는 '안절부절 못하는 상태, 짜증난 상태, 신경이 날카롭고 답답한 상태'를 나타낸다. 「長時間待たされていらいらする(오랜 시간 기다려서 짜증이 나다)」처럼 쓰인다. 교통 체증이 심한 도로에서 차 안에 있는 상황임을 고려할 때, 1번 「すらすら(술술, 척척)」, 2번 「ぺらぺら(유창하고 거침없이 말하는 모양)」, 3번 「わくわく(두근두근)」는 문맥에 맞지 않는다.

단어 交通渋滞(こうつうじゅうたい) 교통 체증 | 全(まった)く 전혀, 완전히

| 9 | 취미가 같은 사람과 만나면 몇 시간을 이야기해도 이야기가 **끊이지 않는다**. |

해설 「尽(つ)きない」는 '끝나지 않는다'라는 뜻으로, 「話(はなし)が尽きない(이야기가 끝이 없다)」처럼 쓰인다. 2번 「衰(おとろ)えない(체력 등이 쇠하지 않다)」, 3번 「限(かぎ)りない(끝이 없다, 무한하다)」, 4번 「枯(か)れない(마르지 않다)」는 이 문맥과 맞지 않다.

| 10 | 내 방은 도로를 **면해** 있어서 가끔 시끄러워. |

해설 「面して(면해)」의 기본형은 「面(めん)する(면하다)」로, 어떤 방향을 향하고 있음을 뜻한다. 「南(みなみ)に面した部屋(남향방)」처럼 쓰인다. 2번 「適(てき)して(적합해)」, 3번 「属(ぞく)して(속해)」, 4번 「対(たい)して(~에 대해)」는 위치·방향을 나타내는 표현이 아니므로 어색하다.

31 기출어휘 확인문제　문맥구성　　　p.81

| 1 | 비를 맞아서 상의가 **흠뻑** 젖었다. |

해설 「びっしょり」는 '흠뻑, 어떠한 액체에 의해 완전히 젖은 상태'를 나타내는 부사다. 비를 맞아 상의가 젖은 상황을 나타내는 말로 1번 「ぐっすり(잠에 푹 곯아떨어진 모습)」, 3번 「ぴったり(딱 맞게)」, 4번 「ぐったり(맥없는 모습)」는 맞지 않는다.

단어 上着(うわぎ) 겉옷, 상의 | 濡(ぬ)れる 젖다

| 2 | 도중에 다른 곳에 들르지 않고, 오카야마까지 **단숨에** 차를 몰았다. |

해설 「一気(いっき)に」는 '단숨에'란 뜻으로, 중간에 멈추지 않고 한 번에 행하는 것을 나타낼 때 쓰인다. 「一気に飲(の)む(단숨에 마시다)」처럼 쓰인다. 도중에 다른 곳을 들르지 않고 오카야마까지 갔다는 상황에서 쓰기에 적합하다. 1번 「一斉(いっせい)に(일제히)」, 3번 「改(あらた)めて(다시)」, 4번 「思(おも)いきって(과감하게, 큰맘 먹고)」는 문맥과 맞지 않다.

단어 途中(とちゅう) 도중, 가는 길 | 寄(よ)り道(みち) (가는 길에) 다른 곳을 들름 | 岡山(おかやま) 오카야마〈지명〉 | 飛(と)ばす (차 등을) 빨리 몰다, 날리다, 건너뛰다

| 3 | 내일 골프를 치는데 **안타깝게도** 비가 올 모양이네요. |

해설 「あいにく」는 '공교롭게도, 안타깝게도'라는 의미로 기대와 어긋나는 불리한 상황을 나타낸다. 골프를 칠 예정인데 그에 방해되게 비가 온다는 좋지 않은 상황을 나타내기에 적합하다. 2번 「わざわざ(일부러)」, 3번 「せっかく(모처럼)」, 4번 「うっかり(무심코)」는 문맥에 맞지 않는다.

| 4 | 급여를 인상하는 것만으로는 직원의 불만은 **해소되지** 않는다. |

해설 「解消(かいしょう)」는 '해소, (문제·불만 등이) 사라짐'을 뜻하며 「問題が解消する(문제가 해소되다)」처럼 쓰인다. '불만'과 호응하는 표현이 와야 함을 고려하면 1번 정지, 2번 감량, 3번 삭제는 어울리지 않는다.

단어 給与(きゅうよ) 급여 | 引(ひ)き上(あ)げる 인상하다, 끌어올리다 | 不満(ふまん) 불만 | 停止(ていし) 정지 | 減量(げんりょう) 감량, 양이나 무게를 줄임 | 削除(さくじょ) (문장, 데이터 등의) 삭제

5 **미리** 말해 두지만, 이것은 쉬운 일이 아니다.

해설 「あらかじめ」는 '미리, 사전에 대비하여 행함'을 나타낸다. 「あらかじめ準備(じゅんび)する(미리 준비하다)」처럼 쓰인다. 1번 「一斉(いっせい)に(일제히)」, 2번 「あいまいに(모호하게, 애매하게)」, 4번 「思いきって(과감하게, 큰맘 먹고)」는 문맥과 맞지 않는다.

6 그는 수입의 증감에 **비례**해서 지출이 많아졌다.

해설 「比例(ひれい)」는 '비례, 한쪽이 변하면 다른 쪽도 같은 비율을 변함'을 뜻한다. 「年齢(ねんれい)に比例して増える(나이에 비례해 늘다)」처럼 쓰인다. 수입이 오르내리는 정도에 맞춰 지출도 많아졌다고 표현하는 것이 가장 자연스러우므로 3번이 답이 된다. 1번 대응, 2번 응답, 4번 비교는 문맥에 맞지 않는다. 여기서 「増減(증감)」은 변화의 폭을 의미하는데, 여기에 「比較(비교)」를 쓰면 '수입이 변하는 그 현상 자체와 지출을 비교했다'는 어색한 의미가 된다.

단어 収入(しゅうにゅう) 수입 | 増減(ぞうげん) 증감 | 出費(しゅっぴ) 지출 | 対応(たいおう) 대응 | 応答(おうとう) 응답 | 比較(ひかく) 비교

7 열차는 붐볐지만, 어떻게든 좌석을 두 개 **확보**할 수 있었다.

해설 「確保(かくほ)」는 '확보, 필요한 것을 손에 넣어 유지함'을 뜻한다. 「人材(じんざい)を確保する(인재를 확보하다)」처럼 쓰인다. '붐비는 열차 안에서 2개의 자리를 ~했다'라고 말하는 상황에서 1번 제작, 2번 보존, 3번 작성은 어울리지 않는다.

단어 列車(れっしゃ) 열차 | 混(こ)む 붐비다, 혼잡하다 | 制作(せいさく) 제작 | 保存(ほぞん) 보존, 저장 | 作成(さくせい) 작성

8 아이들은 모두 폭염 속에서 **축 늘어져** 있었다.

해설 「ぐったり」는 '기진맥진함, 맥없이'라는 뜻으로, 더위나 피로로 힘이 빠진 상태를 나타낸다. 「暑(あつ)さでぐったりする(더위에 지치다)」, 「疲(つか)れてぐったりだ(피곤해서 맥없다)」처럼 쓰인다. 2번 「しっかり(단단히, 확실히)」, 3번 「すっきり(개운하게)」, 4번 「ぎっしり(빽빽하게)」는 문맥에 맞지 않는다.

단어 猛暑(もうしょ) 폭염

9 한 남자가 순서를 무시하고 택시를 기다리는 줄에 **끼어들어** 왔다.

해설 「割り込んで」는 동사 「割(わ)り込(こ)む(끼어들다)」의 て형으로, 「話に割り込む(대화에 끼어들다)」처럼 쓰인다. 줄을 서 있는 순서를 무시하고 하는 행동에 대해 서술할 때 가장 자연스러운 것은 4번이다. 1번 '적용되어', 2번 '덧붙여', 3번 '도달하여'는 문맥에 맞지 않는다.

단어 順番(じゅんばん) 순서 | 無視(むし)する 무시하다 | 列(れつ) 줄 | 当(あ)てはまる 적용되다, 해당하다 | 付(つ)け加(くわ)える 덧붙이다, 첨가하다 | 行(い)き着(つ)く 다다르다, 다다르다

10 좋은 점만 말하는 게 아니라, 제대로 단점도 일러주어서 **믿음직했다**.

해설 「たのもしかった」는 「頼(たの)もしい(든든하다)」의 과거형으로, 「頼もしい存在(そんざい)(믿음직한 존재)」처럼 쓰인다. 「親(した)しい(친근하다)」, 「懐(なつ)かしい(그립다)」, 「詳(くわ)しい(자세하다)」는 모두 이 문맥에는 맞지 않는다.

단어 ちゃんと 제대로, 확실히 | デメリット 단점, 불이익

---

32 **기출어휘 확인문제** 문맥구성   p.82

1 연말에 베토벤 교향곡 제9번을 연주하는 것은 일본의 **특유** 풍습이다.

해설 「独特(どくとく)」는 '독특, 특유'라는 뜻으로, 특별한 문화·특징·성질 등을 나타낼 때 쓰이며 「独特な雰囲気(ふんいき)(독특한 분위기)」처럼 쓰인다. 일본만의 특별한 풍습이라고 표현하는 상황에서는 2번이 가장 자연스럽다. 1번 전속, 3번 한정(수량이나 범위를 정해 놓음), 4번 고립은 문맥과 맞지 않다.

단어 年末(ねんまつ) 연말 | 交響曲(こうきょうきょく) 교향곡 | 演奏(えんそう) 연주 | 風習(ふうしゅう) 풍습 | 専属(せんぞく) 전속 | 限定(げんてい) 한정 | 孤立(こりつ) 고립

2 나는 지금 목욕을 하며 **휴식**하고 있습니다.

해설 「リラックス」는 '릴랙스', 긴장을 풀고 쉬는 것을 뜻한다. 「リラックスできる(편하게 쉴 수 있다)」처럼 쓰인다. 목욕을 하는 상황에서 1번 「アレンジ(어레인지, 편곡, 변형)」 3번 「イージー(이지, 쉬움, 간단함)」, 4번 「シンプル(심플, 단순함)」는 어울리지 않는다.

3 그는 노력 끝에 **눈부신** 성공을 거두었다.

해설 「かがやかしい」는 '눈부시다'라는 뜻으로, 빛나며 훌륭하고 화려함을 나타내며 「かがやかしい成績(せいせき)(눈부신 성적)」와 같이 쓰인다. 노력한 끝에 성공을 거둔 상황에서 1번 「もったいない(아깝다)」, 2번 「ものたりない(무언가 부족하다)」, 3번 「うらやましい(부럽다)」는 문맥에 맞지 않는다.

단어 努力(どりょく) 노력 | ～すえ ～한 끝에 | 成功(せいこう) 성공 | 収(おさ)める 거두다, 얻다

4 **번거로운** 절차를 거친 후, 드디어 사진 촬영 허가가 떨어졌다.

해설 「面倒(めんどう)な」는 '번거로운, 성가신'이라는 뜻으로 처리하기 귀찮고 손이 많이 가는 상황을 나타내며 「面倒な作業(さぎょう)(번거로운 작업)」과 같이 쓰인다. 「ようやく(겨우, 마침내)」라는 표현은 오랜 기다림이나 힘든 과정이 있었음을 암시하므로, 부정적인 노력이 들어갔음을 뜻하는 2번이 가장 적절하다. 「安易(あんい)な(안일한, 쉽게 생각하는)」, 「過剰(かじょう)な(과잉된, 지나친)」, 4번 「無力(むりょく)な(무력한)」는 문맥에 맞지 않는다.

단어 手続(てつづ)き 절차, 수속 | 撮影(さつえい) 촬영 | 許可(きょか) 허가 | 下(お)りる 내려오다, (허가 등이) 나다

5 시 호텔는 적당한 요금으로 **부담 없이** 이용할 수 있나.

해설 「気軽(きがる)に」는 '부담 없이'란 의미로 「気軽に相談(そうだん)する(부담 없이 상담하다)」, 「気軽に入れる店(부담 없이 들어갈 수 있는 가게)」처럼 쓰인다. 1번 「無事(ぶじ)に(무사히)」, 3번 「率直(そっちょく)に(솔직하게)」 4번 「器用(きよう)に(능수하게)」는 문맥과 맞지 않다.

단어 手(て)ごろ 적당함, 알맞음 | 料金(りょうきん) 요금 | 利用(りよう) 이용

6 그의 메일에는 한 상의 사진이 **첨부**되어 있었다.

해설 「添付(てんぷ)」는 '첨부'라는 의미로 「ファイルを添付する(파일을 첨부하다)」와 같이 쓰인다. 이메일에 사진이 같이 붙어 있는 상황을 나타낼 때 사용하기에 가장 자연스러우므로 4번이 정답이 된다. 1번 수송, 2번 부속, 3번 우송(우편을 보냄)은 문맥에 맞지 않는다.

단어　輸送(ゆそう) 수송 | 付属(ふぞく) 부속 | 郵送(ゆうそう) 우송, 우편 발송

[7]　그 공원은 꽃구경 **시즌**이 되면 많은 사람들로 붐빕니다.

해설　「シーズン」은 '시즌, 어떤 활동이 특히 집중되는 시기'를 말하며 「観光(かんこう)シーズン(관광 시즌)」과 같이 쓰인다. 2번 「スムーズ(매끄럽게)」, 3번 「デザイン(디자인)」, 4번 「タイム(시간)」는 문맥에 맞지 않는다.

단어　にぎわう 붐비다

[8]　저 회사는 여러 가지 문제를 **안고** 있다.

해설　「抱えて」의 기본형은 「抱(かか)える(안다, 떠안다)」이다. 팔로 무언가를 안고 있는 상황이나 문제·고민·빚 등을 떠안고 있는 상황을 나타내며, 「借金(しゃっきん)を抱える(빚을 떠안다)」처럼 쓰인다. 해결하기 어려운 일을 뜻하는 '문제'와 호응하는 표현을 생각하면 2번이 가장 자연스럽다.

단어　握(にぎ)る 쥐다, 잡다 | 限(かぎ)る 한하다, 제한하다 | 迎(むか)える 맞이하다

[9]　나는 회사를 그만두기로 결심을 **굳혔다**.

해설　「固めた」는 동사 「固(かた)める(굳히다)」의 과거형이다. 생각·결의·방침 등을 확실히 정함을 나타내며 「方針(ほうしん)を固める(방침을 굳히다)」와 같이 쓰인다. 회사를 그만두겠다는 결심과 가장 어울리는 표현은 1번이다.

단어　決意(けつい) 결의, 결심 | まとめる 정리하다, 합치다 | 仕上(しあ)げる 마무리하다, 완성하다 | 合(あ)わせる 맞추다

[10]　폭우로 지반이 약해져서, 낙석이 **데굴데굴** 굴러 내려왔다.

해설　「ごろごろ」는 '데굴데굴'이라는 뜻으로 큰 물체가 굴러가는 모습을 나타낸다. 「石がごろごろ転がる(돌이 데굴데굴 굴러가다)」와 같이 사용한다. 지반이 약해져서 낙석이 떨어지는 모습과 가장 잘 어울린다. 2번 「ゆらゆら(흔들흔들)」, 3번 「ぶらぶら(어슬렁어슬렁)」, 4번 「うろうろ(서성서성)」는 문맥과 맞지 않는다.

단어　地盤(じばん) 지반 | 緩(ゆる)む 느슨해지다, 약해지다 | 落石(らくせき) 낙석 | 転(ころ)がる 굴러가다, 자빠지다

🔵33 기출어휘 확인문제　문맥구성　　p.86

[1]　그는 너무 **신중**하기 때문에 결단이 늦어지는 경향이 있습니다.

해설　「慎重(しんちょう)」는 '신중함, 행동이나 판단 등이 매우 조심스러움'을 나타내며 「慎重な判断(はんだん)(신중한 판단)」, 「慎重に考(かんが)える(신중하게 생각하다)」처럼 쓰인다. 사람의 성향이나 태도 등을 나타내는 상황에서 1번 중요, 2번 중대, 3번 귀중은 어울리지 않는다.

단어　～すぎる 너무 ～하다 | 決断(けつだん) 결단 | 傾向(けいこう) 경향 | 重要(じゅうよう) 중요 | 重大(じゅうだい) 중대 | 貴重(きちょう) 귀중

[2]　어두우니까 **발밑**을 조심하세요.

해설　「足元(あしもと)」는 '발밑'이란 뜻이다. 어두워서 무언가를 조심해야 하는 상황에서 1번 빠른 걸음, 3번 발소리, 4번 발자국은 어울리지 않는다.

단어　気(き)をつける 조심하다, 주의하다 | 足早(あしばや) 빠른 걸음 | 足音(あしおと) 발소리 | 足跡(あしあと) 발자국, 흔적

[3]　그 유람선의 승객 수는 정원을 50명이나 **초과**하고 있었다.

해설　「超過(ちょうか)」는 '초과, 어떠한 기준이나 한도를 넘어섬'을 나타내며 「時間を超過する(시간을 초과하다)」처럼 쓰인다. 유람선의 정원에 대해 말할 때, 1번 과잉, 2번 과실, 4번 통과는 어울리지 않는다.

단어　遊覧船(ゆうらんせん) 유람선 | 乗客(じょうきゃく) 승객 | 定員(ていいん) 정원 | 過剰(かじょう) 과잉 | 過失(かしつ) 과실 | 通過(つうか) 통과

[4]　몇 번이나 그의 설명을 들었지만, **납득**이 가지 않는 점이 있다.

해설　「納得(なっとく)」는 '납득, 이해하고 받아들임'을 뜻하며 「納得がいく(납득이 가다)」, 「説明(せつめい)に納得する(설명에 납득하다)」처럼 쓰인다. 여러 번 설명을 들은 점, 뒤에 「いかない」로 연결되는 점을 고려하면 4번 납득이 가장 자연스럽다. 1번 결론, 2번 해결, 3번 논의는 어울리지 않는다.

단어　点(てん) 점, 부분 | 結論(けつろん) 결론 | 解決(かいけつ) 해결 | 議論(ぎろん) 논의, 토론

[5]　**어떻게 해서든** 새 스마트폰을 갖고 싶다면 직접 사렴.

해설　「どうしても」는 '어떻게 해서든'의 의미로 강한 의지나 욕구를 나타내며 「どうしても行きたい(꼭 가고 싶다)」와 같이 쓰인다. 새로운 스마트폰이 갖고 싶다면 스스로 사라고 말하는 상황에서는 4번이 가장 자연스럽다. 2번은 뒤에 부정적인 표현이 같이 와서 '반드시 ～한 것은 아니다'라는 의미를 나타내므로 이 상황에 어울리지 않는다.

단어　どうも 어쩐지, 아무래도 | 必(かなら)ずしも 반드시 ～인 것은 아니다 | くれぐれも 부디, 거듭, 아무쪼록

[6]　그 신문사는 매년 전국 음악 **콩쿠르**를 개최하고 있다.

해설　「コンクール」은 '콩쿠르, 예술·음악 등의 경연 대회'를 뜻하며 「ピアノコンクール(피아노 콩쿠르)」처럼 쓰인다. '음악'과 '개최하고 있다'는 표현으로 미루어 보면 1번 콩쿠르가 가장 자연스럽다. 2번 칼럼, 3번 콘크리트, 4번 콘센트는 어울리지 않는다.

단어　全国(ぜんこく) 전국 | 開催(かいさい)する 개최하다

[7]　A: "이 노트북을 사용해도 괜찮을까요?"
　　B: "네, **부담 갖지 말고** 쓰세요."

해설　「ご遠慮(えんりょ)なく」는 '사양하지 말고'의 의미로 상대에게 부담 없이 행동하라고 권할 때 쓰인다. 내 물건을 사용하도록 허락하는 상황에서 1번 '유감입니다', 3번 '알겠습니다', 4번 '실례했습니다'는 어울리지 않는다.

[8]　단단히 묶여 있으니 좀처럼 신발 **끈**이 풀리지 않을 것이다.

해설　「紐(ひも)」는 '(신발 등에 쓰이는) 끈'이라는 뜻이다. 1번은 굵고 튼튼한 밧줄, 2번은 짚으로 만든 새끼줄, 3번은 바느질할 때 쓰는 실을 말한다.

단어　結(むす)ぶ 묶다, 맺다 | ほどける (묶인 것이) 풀리다 | 綱(つな) 밧줄, 로프 | 縄(なわ) 노끈, 새끼줄 | 糸(いと) 실

[9]　이제 슬슬 차 마실 시간이네. **그러고 보니** 어제 산 쿠키 어떻게 됐어?

해설　「そういえば」는 '그러고 보니'라는 의미로, 말하다가 떠오른 내용을 덧붙일 때 쓴다. 「そういえば、彼は来なかったね(그러고 보니 그는 안 왔네)」와 같이 쓰인다. 2번 「それとも(아니면)」, 3번 「なぜなら(왜냐하면)」, 4번 「だって(왜냐하면)」는 문맥에 맞지 않는다.

10　도로 건설을 둘러싸고 주민들끼리 대립하고 있다.

해설　「対立(たいりつ)」는 '대립, 의견이나 입장 등이 맞서 충돌함'을 나타내며 「意見(いけん)が対立する(의견이 대립하다)」와 같이 쓰인다. 또한 「～をめぐって(～을/를 둘러싸고)」는 주로 어떤 주제, 논쟁점, 사건 혹은 장소를 중심으로 여러 사람이나 집단이 논쟁·갈등·경쟁 등을 벌이는 상황을 나타낼 때 사용하므로 1번이 답이 된다. 2번 대면, 3번 대책, 4번 대조는 지금 상황과 어울리지 않는다.

단어　同士(どうし) 끼리, 서로 | 対面(たいめん) 대면, 마주함 | 対策(たいさく) 대책 | 対照(たいしょう) 대조

34　기출어휘 확인문제　문맥구성　p.87

1　아인슈타인은 과학자로서 위대한 업적을 남겼다.

해설　「偉大(いだい)」는 '위대함, 매우 크고 훌륭하여 존경받을 만함'을 나타낸다. 「偉大な人物(じんぶつ)(위대한 인물)」와 같이 쓰인다. '업적'과 호응되는 표현이 와야 함을 생각하면 1번 '호화로움', 2번 '고급', 3번 '상등, 고급'은 어울리지 않는다.

단어　科学者(かがくしゃ) 과학사 | 業績(ぎょうせき) 업적 | 残(のこ)す 남기다 | 豪華(ごうか) 화려함, 호화로움 | 高級(こうきゅう) 고급 | 上等(じょうとう) 상등, 질이 좋음, 고급

2　점심시간에는 바쁘기 때문에 아르바이트생을 한 명 더 고용할 생각입니다.

해설　「雇(やと)う」는 '고용하다'라는 의미이다. 가게가 바빠 아르바이트가 필요한 상황에서 「もらう(받다)」, 「借(か)りる(빌리다)」, 「集(あつ)める(모으다)」는 어울리지 않는다.

3　신문 1면에 보험금 사기 사건이 큰 헤드라인으로 실려 있다.

해설　「見出(みだ)し」는 신문 기사의 제목, 헤드라인을 뜻한다. 신문에 사기 사건이 실려 있다는 상황에서 1번 견해, 2번 견본, 3번 겉모습은 어울리지 않는다.

단어　保険金(ほけんきん) 보험금 | 詐欺(さぎ) 사기 | 事件(じけん) 사건 | 見方(みかた) 보는 법, 견해 | 見本(みほん) 견본, 샘플 | 見(み)かけ 겉모습, 외관

4　뜨거운 커피 덕분에 얼어붙었던 손끝에 감각이 돌아왔다

해설　「感覚(かんかく)」는 '감각, 신체가 자극을 느끼는 능력'을 뜻하며 「痛(いた)みの感覚(통증의 감각)」처럼 쓰인다. 얼어붙은 손끝과 호응하는 표현이 와야 함을 생각하면 1번 감격, 3번 감동, 4번 감정은 어울리지 않는다.

단어　凍(こご)える 얼다, 추위로 몸이 곱다 | 指先(ゆびさき) 손끝 | 感激(かんげき) 감격 | 感動(かんどう) 감동 | 感情(かんじょう) 감정

5　이 프로젝트는 순조롭게 진행되고 있다.

해설　「順調(じゅんちょう)」는 '순조로움'을 의미한다. 「計画(けいかく)が順調だ(계획이 순조롭다)」처럼 쓰인다. 프로젝트가 진행되고 있는 모습을 표현할 때 1번 협조, 2번 강조, 4번 순서는 어울리지 않는다.

단어　協調(きょうちょう) 협조, 협동 | 強調(きょうちょう) 강조 | 順序(じゅんじょ) 순서

6　보고서에서는 장황한 설명보다 간결하고 설득력 있는 문장이 중요하다.

해설　「くどい」는 '장황하다'라는 의미로, 같은 말을 반복해 길고 성가신 느낌을 표현할 때 쓰인다. 「話(はなし)がくどい(말이 장황하다)」와 같이 표현한다. '보고서의 설명'을 꾸미는 말이라는 점과 뒤에 '간결하고 설득력 있는 문장'과 비교하고 있다는 점을 고려하면 1번이 가장 자연스럽다. 2번 「かゆい(가렵다)」, 3번 「えらい(훌륭하다, 대단하다)」, 4번 「ゆるい(느슨하다)」는 어울리지 않는다.

단어　報告書(ほうこくしょ) 보고서 | 簡潔(かんけつ) 간결함 | 説得力(せっとくりょく) 설득력 | 文章(ぶんしょう) 문장

7　나는 어릴 적부터 파일럿이 되는 꿈을 품어 왔다.

해설　「いだいて」의 기본형은 「抱(いだ)く(품다)」로, 꿈·희망·감정 등을 마음속에 지닌다는 의미이다. 「希望(きぼう)を抱く(희망을 품다)」처럼 쓰인다. 참고로 「抱く」를 「だく」로 읽을 때는 물리적으로 껴안는 행동을 나타내는 경우가 많다. 3번은 빚이나 고민 등 부정적인 문제를 안고 있는 상황을 나타내므로 정답이 아니다.

단어　パイロット 파일럿, 조종사 | 砕(くだ)く 부수다, 깨뜨리다 | 抱(かか)える (짐을) 안다, (문제를) 떠맡다 | 迎(むか)える 맞이하다

8　그 가게는 여기서 불과 10분 정도 걸어간 곳에 있습니다.

해설　「ほんの」는 '겨우, 불과'라는 뜻으로, 수량·시간 등이 매우 적음을 강조하며 「ほんの少(すこ)し(겨우 조금)」와 같이 쓰인다. 2번 「めっきり(눈에 띄게)」, 3번 「とっくに(벌써)」, 4번 「はるかに(훨씬)」은 문맥에 맞지 않는다.

9　한 시간 이상 바닥에 앉아 있었더니 다리가 저렸다.

해설　「痺れた」의 기본형은 「痺(しび)れる(저리다)」로, 오랫동안 같은 자세를 유지해 감각이 둔해진 상황을 나타낸다. 오랜 시간 바닥에 앉아 있던 다리의 상태를 나타내는 말로 1번 「崩(くず)れる(무너지다)」, 2번 「潰(つぶ)れる(찌그러지다)」, 4번 「破(やぶ)れる(찢어지다)」는 어울리지 않는다.

10　그녀의 어학 수준은 프로급이지만, 그것을 겸손해하며 입에 담지 않는다.

해설　「レベル」은 '레벨, 수준'을 뜻한다. '어학'과 '프로급, 프로에 준하는'과 어울리는 표현을 생각해 보았을 때, 1번 「ゴール(목표)」, 3번 「スタイル(스타일, 방식)」, 4번 「パターン(패턴, 유형)」은 어울리지 않는다.

단어　語学(ごがく) 어학 | プロ並(な)み 프로급, 전문가 수준 | 謙遜(けんそん) 겸손 | 口(くち)にする 말하다, 입에 올리다, 먹다

35　기출어휘 확인문제　문맥구성　p.88

1　내일부터 아이를 베이비시터에게 맡기기로 했습니다.

해설　「預(あず)ける」는 '맡기다'라는 의미로 사람이나 물건을 다른 사람의 책임 하에 두는 것을 뜻한다. 「荷物(にもつ)を預ける(짐을 맡기다)」처럼 쓰인다. 아이를 데리고 베이비시터에게 하는 행동임을 고려했을 때, 2번 「借(か)りる(빌리다)」, 3번 「受(う)け取(と)る(받다)」, 4번 「与(あた)える(주다, 수여하다)」는 어울리지 않는다.

2 │ 텔레비전 덕분에 우리는 세계 각국의 사건들을 **접할** 수 있다.

해설 │ 「接(せっ)する」는 '접하다'라는 의미로, 어떤 대상과 직접적으로 맞닿거나 접촉함을 뜻한다. 「情報(じょうほう)に接っする (정보를 접하다)」, 「文化(ぶんか)に接っする(문화를 접하다)」처럼 쓰인다. 텔레비전을 통해 세계의 사건들을 접한다고 표현하는 것이 가장 자연스러우므로 3번이 정답이 된다. 1번 「達(た)っする(도달하다)」, 2번 「関(かん)する(관련되다)」, 4번 「適(てき)する(적합하다)」는 문맥에 어울리지 않는다.

단어 │ おかげで 덕분에 │ 我々(われわれ) 우리, 우리들 │ 世界各国 (せかいかっこく) 세계 각국 │ 出来事(できごと) (일어난) 일, 사건

3 │ 프로그램 종료 후, 방송국에는 항의 메일이 **잇따라** 도착했다.

해설 │ 「続々(ぞくぞく)」는 '속속, 같은 종류의 것이 잇따라 끊임없이 나타남'을 뜻한다. 「人が続々集まる(사람들이 속속 모이다)처럼 쓰인다. 1번은 각각 나누어진 상태, 2번은 점들이 여기저기 흩어진 모양, 3번은 일 등이 예정대로 착실히 진행되는 모양을 나타내므로 항의 메일이 도착했다는 상황에 어울리지 않는다.

단어 │ 番組(ばんぐみ) 방송, 프로그램 │ 終了(しゅうりょう) 종료 │ テレビ局(きょく) 방송국 │ 抗議(こうぎ) 항의 │ 別々(べつべつ) 각각, 따로따로 │ 点々(てんてん) 점점이, 여기저기 흩어진 모양 │ 着々(ちゃくちゃく) 착착, 순조롭게

4 │ 아버지는 아이에게 이불을 **깔아** 주었다.

해설 │ 「敷いて」의 기본형은 「敷(し)く(깔다)」이다. 바닥에 이불이나 매트 등을 펴는 동작을 나타낸다. 아버지가 이불을 가지고 해 주는 행동을 생각했을 때, 2번 「延(の)ばす(늘이다)」, 3번 「引(ひ)っ張(ぱ)る(끌어당기다)」, 4번 「散(ち)らかす(어지르다)」는 어울리지 않는다.

단어 │ ふとん 이불

5 │ 지금 당장 결과가 나오지 않더라도, 계속 **노력**하는 것에 의의가 있다.

해설 │ 「努力(どりょく)」는 '노력, 목표를 위해 힘쓰는 행위'를 뜻하며 「努力が報(むく)われる(노력이 보상받다)」와 같이 쓰인다. '지금 당장 결과가 나오지 않는다', '계속 ~하는 것에 의의가 있다'와 호응되는 표현이 와야함을 고려하면 4번이 가장 잘 어울린다. 1번 자랑, 2번 납득, 3번 각오는 문맥에 어울리지 않는다.

단어 │ 結果(けっか) 결과 │ 意義(いぎ) 의의, 보람 │ 自慢(じまん) 자랑 │ 納得(なっとく) 납득, 이해 │ 覚悟(かくご) 각오

6 │ 지진의 규모는 컸지만, 무너진 집은 **의외로** 적었다.

해설 │ 「案外(あんがい)」는 '의외로'라는 뜻으로 예상과 다른 결과가 나왔음을 나타내며 「案外簡単だ(의외로 간단하다)」, 「案外人が少ない(의외로 사람이 적다)」처럼 쓰인다. 지진의 규모가 컸다면 무너진 집이 많을 것이라 예상이 되는데, 적다고 표현하고 있으므로 '의외로, 예상 외로'가 오는 것이 자연스럽다. 1번 '당연히', 2번 '조금만, 잠시', 4번 '사실'은 문맥에 어울리지 않는다.

단어 │ 地震(じしん) 지진 │ 規模(きぼ) 규모 │ 倒(たお)れる 쓰러지다, 무너지다 │ 当然(とうぜん) 당연히 │ 少々(しょうしょう) 조금만, 잠시 │ 事実(じじつ) 사실

7 │ 어젯밤은 구급차 사이렌 소리에 잠이 **깼다**.

해설 │ 「覚めた」의 기본형은 「覚(さ)める(깨다, 잠에서 깨어나다, 눈이 뜨이다)」이다. 「目(め)」과 함께 쓰여 구급차 사이렌 소리가 나는 상황에서 가장 자연스러운 표현은 4번이 된다. 1번 「枯

(か)れる(마르다)」, 2번 「吠(ほ)える(짖다)」, 3번 「更(ふ)ける(밤 등이 깊어지다)」는 문맥에 어울리지 않는다.

단어 │ 救急車(きゅうきゅうしゃ) 구급차 │ サイレン 사이렌

8 │ 이 요리를 만드는 데에는 **수고**도 시간도 많이 듭니다.

해설 │ 「手間(てま)」는 '수고, 작업 등에 드는 노력이나 수고'를 뜻하며, 「手間を惜(お)しまない(수고를 아끼지 않다)」처럼 쓰인다. 요리를 만드는 상황에서 시간과 함께 드는 것을 나타낼 때 적당하다. 2번 수단, 3번 손질, 4번 절차는 문맥에 어울리지 않는다.

단어 │ 手段(しゅだん) 수단, 방법 │ 手入(てい)れ 손질, 가꿈 │ 手続(てつづ)き 절차, 수속

9 │ 상품은 토요일 오전 중에 **배달**을 부탁드립니다.

해설 │ 「配達(はいたつ)」는 '배달, 배송'의 의미이다. 상품을 가지고 정해진 시간까지 어떠한 행위를 해 달라고 표현할 때는 2번이 가장 자연스럽다. 1번 '통지', 3번 '(정보나 소식, 의사 등의) 전달', 4번 '발달'은 문맥에 어울리지 않는다.

단어 │ 通達(つうたつ) 통달, 알림 (공식적 통지) │ 伝達(でんたつ) 전달 │ 発達(はったつ) 발달

10 │ 태양의 남중 고도는 **위도**와 계절에 따라 크게 변화한다.

해설 │ 「緯度(いど)」는 '위도'라는 뜻으로, 지구상의 위치를 나타내는 기준을 나타낸다. 「緯度が高(たか)い(위도가 높다)」처럼 쓰인다. 계절과 더불어서 태양의 남중 고도를 크게 변화시키는 것에는 2번이 가장 잘 어울린다. 1번 경도(가벼운 정도), 3번 용적, 4번 수준은 문맥에 어울리지 않는다.

단어 │ 太陽(たいよう) 태양 │ 南中高度(なんちゅうこうど) 남중 고도 │ 季節(きせつ) 계절 │ 変化(へんか) 변화 │ 軽度(けいど) 경도, 가벼운 정도 │ 容積(ようせき) 용적, 부피 │ 水準(すいじゅん) 수준

36 기출어휘 확인문제 문맥구성 p.89

1 │ 나는 어릴 적에 가수를 **동경하**곤 했다.

해설 │ 「あこがれた」의 기본형은 「憧(あこが)れる(동경하다)」이다. 「海外生活(かいがいせいかつ)に憧れる(해외 생활을 동경하다)」처럼 쓰인다. '가수에 대해 ~하곤 했다'라고 말하는 상황에서는 1번이 가장 잘 어울린다. 2번 「争(あらそ)う(다투다)」, 3번 「現(あらわ)れる(나타나다)」, 4번 「慌(あわ)てる(당황하다)」는 어울리지 않는다.

2 │ 운영 방침에 대해 **팀** 멤버들 간에 의견이 갈렸다.

해설 │ 「チーム」는 '팀'이라는 뜻으로, 「チーム内で話し合う(팀 내에서 논의하다)」처럼 쓰인다. 뒤에 '~의 멤버, 구성원'이 오고 그에 가장 잘 어울리는 표현을 찾는다면 4번이 정답이 된다. 1번 「システム(시스템)」, 2번 「ルール(규칙)」, 3번 「コード(코드)」는 문맥과 맞지 않다.

단어 │ 運営(うんえい) 운영 │ 方針(ほうしん) 방침 │ ~について ~에 대해서 │ メンバー 멤버, 구성원

3 │ 학생은 2주일에 5권까지 대출할 수 있다. **단**, 시험 기간 중에는 불가능하다.

해설 │ 「ただし」는 '단, 다만'이라는 뜻으로, 앞의 내용을 인정하면서 조건이나 예외를 덧붙일 때 쓰는 말이다. 앞에서 대출이 가능하다고 언급하고 뒤에서 그와 반대되는 불가능한 조건을 이야기

하고 있는 상황에서 2번 「しかも(게다가)」, 3번 「だって(왜냐하면)」, 4번 「そのうえ(게다가)」는 어울리지 않는다.

단어 貸(か)し出(だ)し 대출 | 試験(しけん) 시험 | 期間(きかん) 기간 | 不可能(ふかのう) 불가능

4 그 선수는 부상 때문에 어쩔 수 없이 은퇴했다.

해설 「引退(いんたい)」는 '은퇴'라는 의미로, 「現役(げんえき)を引退する(현역에서 은퇴하다)」처럼 쓰인다. 선수가 부상 때문에 어쩔 수 없이 하는 행동임을 생각했을 때, 3번이 가장 자연스럽다. 1번 이동, 2번 극복, 4번 완료는 문맥에 어울리지 않는다.

단어 選手(せんしゅ) 선수 | やむなく 어쩔 수 없이 | 移動(いどう) 이동 | 克服(こくふく) 극복 | 完了(かんりょう) 완료

5 그녀는 드디어 실력을 발휘할 수 있는 기회를 얻었다.

해설 「発揮(はっき)」는 '발휘, 능력이나 실력을 충분히 드러냄'을 뜻하며, 「能力(のうりょく)を発揮する(능력을 발휘하다)」처럼 쓰인다. 실력을 가지고 할 수 있는 행동을 생각했을 때, 2번이 가장 자연스럽다. 1번 '(신문, 잡지 등의) 발행', 3번 '(조사 결과, 의견 등의) 발표', 4번 '(총알, 화살 등의) 발사'는 문맥에 어울리지 않는다.

단어 ようやく 겨우, 간신히, 드디어 | 実力(じつりょく) 실력 | 機会(きかい) 기회 | 発行(はっこう) 발행 | 発表(はっぴょう) 발표 | 発射(はっしゃ) 발사

6 그 옷은 좀 수수하지만, 고상하네요.

해설 「地味(じみ)」는 '수수함, 화려하지 않고 차분한 상태'를 나타내며 「地味な色(수수한 색)」처럼 쓰인다. 옷에 대한 수식어로 가장 잘 어울리는 것은 3번이다. 1번 고도, 2번 솔직함, 4번 타당함은 문맥에 어울리지 않는다.

단어 洋服(ようふく) 양복, 옷 | 地味(じみ) 수수함 | 上品(じょうひん) 고상함, 품위 있음 | 高度(こうど) 고도 | 率直(そっちょく) 솔직함 | 妥当(だとう) 타당함

7 어머니의 아버지, 즉 나의 할아버지는 현재 85세입니다.

해설 「すなわち」는 '즉'이라는 뜻으로, 앞의 내용을 다시 한번 정리하며 설명할 때 쓰인다. '어머니의 아버지는 다름 아닌, 곧 나의 할아버지이다'라고 설명하는 상황에서는 2번이 가장 자연스럽다. 1번 「そのうえ(게다가)」, 3번 「ところが(그런데)」, 4번 「なぜなら(왜냐하면)」는 문맥에 맞지 않는다.

단어 現在(げんざい) 현재

8 대체 에너지의 개발은 환경 문제 해결에 필수적이다.

해설 「エネルギー」는 '에너지'란 뜻으로, 「クリーンエネルギー(깨끗 에너지)」처럼 쓰인다. '대체'를 수식하며 '개발'과 호응하는 표현을 생각했을 때 4번이 가장 자연스럽다. 1번 「シグナル(시그널, 신호)」, 2번 「コントロール(컨트롤, 통제)」, 3번 「アプローチ(어프로치, 접근)」은 문맥에 맞지 않는다.

단어 代替(だいたい) 대체 | 開発(かいはつ) 개발 | 環境(かんきょう) 환경 | 解決(かいけつ) 해결 | 不可欠(ふかけつ) 불가결, 필수적

9 A: "아, 또 전철 안에 가방을 두고 내렸어."
B: "어째서 그렇게 덜렁대는 거니?"

해설 「そそっかしい」는 '덜렁대다, 덤벙대다'라는 의미로, 주의가 부족한 성격을 나타낸다. 여러 번 전철 안에 가방을 두고 내리는 사람을 표현하는 상황에서 가장 자연스럽다. 1번 「ずうず

우しい(뻔뻔하다)」, 2번 「いじわるい(심술궂다)」, 3번 「さわがしい(시끄럽다)」는 문맥에 맞지 않는다.

10 그는 가난한 집에서 태어났기 때문에 좋은 교육을 받을 수 없었다.

해설 「貧(まず)しい」는 '가난하다'라는 의미로, 「貧しい家庭(かてい)(가난한 가정)」, 「貧しい生活(せいかつ)(가난한 생활)」처럼 쓰인다. 좋은 교육을 받을 수 없었던 집을 수식하기에 가장 적절하다. 2번 「恋(こい)しい(그립다)」, 3번 「怪(あや)しい(수상하다)」, 4번 「険(けわ)しい(험하다)」는 문맥에 맞지 않는다.

단어 教育(きょういく) 교육 | 貧(まず)しい 가난하다, 빈약하다

🔵37 기출어휘 확인문제 문맥구성 p.90

1 지금까지 결단을 내려야 하는 상황에서 망설여 본 적은 없습니까?

해설 「迷って」의 기본형은 「迷(まよ)う(망설이다)」이다. 결정을 내리지 못하고 갈등하는 상태를 나타내며 「進路(しんろ)に迷う(진로를 망설이다)」와 같이 쓰인다. 따라서 결단을 내려야 하는 상황에서 가장 어울리는 표현은 4번이다. 1번은 사물이나 사람의 차이를 비교할 때 쓰이며, 2번은 물어보는 상황에서, 3번은 여러 후보 중에서 고르는 상황에서 쓰이므로 지금 상황에는 어울리지 않는다.

단어 決断(けつだん) 결단 | 状況(じょうきょう) 상황 | 尋(たず)ねる 묻다

2 빈 병은 이 상자에 넣어 주세요.

해설 「空(から)」는 '속이 빔, 내용물이 없는 상태'를 뜻하는 단어다. 「空の箱(빈 상자)」처럼 쓰인다. '〜이 된 병'을 수식하기에 가장 잘 어울리는 것은 1번이다. 2번 '틈', 3번 '없음', 4번 '빈자리'는 어울리지 않는다.

단어 ビン 병 | 隙(すき) 틈 | 無(な)し 없음 | 空(あ)き 빈자리, 빈 것

3 그의 연설은 지루해서 많은 사람이 하품을 하고 있었다.

해설 「あくび」는 '하품'을 뜻하며, 「あくびが出る(하품이 나오다)」처럼 쓰인다. 연설이 지루한 탓에 잠이 와서 하품이 난다고 표현하는 것이 자연스러우므로 답은 4번이 된다. 1번 「くしゃみ(재채기)」, 2번 「しゃっくり(딸꾹질)」, 3번 「せき(기침)」는 문맥에 어울리지 않는다.

단어 演説(えんぜつ) 연설 | 退屈(たいくつ) 지루함, 심심함

4 A: "어서 들어오세요. 지금 차라도 내올 테니까요."
B: "아니요, 부디 신경 쓰지 마세요."

해설 「お構(かま)いなく」는 '신경 쓰지 마세요'의 의미로 상대의 배려를 사양할 때 쓰는 표현이므로 문제의 상황에서 가장 잘 어울린다. 1번 「ご遠慮(えんりょ)なく(사양하지 말고)」, 3번 「かしこまりました(알겠습니다)」, 4번 「お待(ま)たせしました(기다리게 했습니다)」는 상황에 맞지 않는다.

단어 お上(あ)がりください 들어오세요 | お茶(ちゃ)を入(い)れる 차를 타다, 차를 끓이다, 차를 우리다

5 요금을 납부하지 않으면 가스가 끊긴다.

해설 「納め」의 기본형은 「納(おさ)める(납부하다)」로, 「税金(ぜいきん)を納める(세금을 납부하다)」등으로 쓰인다. '요금을 〜하

지 않으면 가스가 끊긴다'는 상황에서 가장 어울리는 것은 3번이다. 1번 「預(あず)ける(맡기다)」, 2번 「数(かぞ)える(세다)」, 4번 「済(すま)せる(끝내다)」는 문맥과 맞지 않다.

단어 料金(りょうきん) 요금 | ガス 가스

6 너무 긴장한 나머지, **면접**에서 자기소개의 핵심적인 부분을 말하는 것을 잊어버렸다.

해설 「面接(めんせつ)」는 '면접'이라는 뜻으로, 「就職(しゅうしょく)面接(취업 면접)」, 「入学(にゅうがく)面接(입학 면접)」처럼 쓰인다. 중요한 부분을 말하는 것을 잊어버린 점, 자기소개를 언급하고 있는 점을 고려하면 4번이 가장 잘 어울린다. 1번 토론, 2번 응답, 3번 대면은 문맥에 맞지 않는다.

단어 緊張(きんちょう) 긴장 | 〜(の)あまり 〜한 나머지 | 自己(じこ)PR (취업 면접 등에서의) 자기소개, 자신의 강점이나 역량 등을 어필함 | 肝心(かんじん) 중요함, 긴요함 | 議論(ぎろん) 토론, 논의 | 応答(おうとう) 응답 | 対面(たいめん) 대면

7 일상적으로 사용하기에 **적당한** 사이즈의 가방이 좀처럼 보이지 않는다.

해설 「手(て)ごろ」는 '알맞은, 적당한'이라는 뜻이며, 가격이나 크기 등이 부담되지 않는 상태를 뜻한다. 「手ごろな値段(ねだん)(적당한 가격)」처럼 쓰인다. '〜한 크기의 가방'을 수식하기에 적절한 것은 3번이다. 1번 '대충, 대강', 2번 '안이함, 손쉬움', 4번 '불규칙'은 문맥에 맞지 않는다.

단어 普段使(ふだんづか)い 평소에 사용함 | サイズ 크기, 사이즈 | いいかげん 적당히, 대충 | 安易(あんい) 안이함, 손쉬움 | 不規則(ふきそく) 불규칙

8 형은 매일 달린다. 나도 형을 **본받아** 조깅을 시작했다.

해설 「倣って」의 기본형은 「倣(なら)う(본뜨다)」로, 다른 사람의 행동을 따라 하는 것을 뜻한다. 「先輩(せんぱい)に倣って行動(こうどう)する(선배를 본떠 행동하다)」처럼 쓰인다. 매일 뛰는 형의 습관을 언급하고 있는 점, 나도 형에게 무언가를 해서 조깅을 시작했다고 언급하고 있는 점을 고려하면 1번이 답이 된다. 2번 「代(か)わる(대신하다)」, 3번 「混(まざ)る(섞이다)」, 4번 「従(したが)う(따르다, 복종하다)」는 문맥과 맞지 않다.

9 이 캔의 **부피**는 1리터입니다.

해설 「容積(ようせき)」는 '용적, 부피'라는 뜻이며, 「容積を測(はか)る(용적을 재다)」처럼 쓰인다. 뒤에서 '1리터'라고 되어 있는 걸로 보면 부피에 대해 얘기하고 있음을 알 수 있다. 2번 농도, 3번 수압, 4번 무게는 문맥에 맞지 않는다.

단어 濃度(のうど) 농도 | 水圧(すいあつ) 수압 | 重量(じゅうりょう) 무게, 중량

10 저 선수는 캡틴으로서 지금도 **여전히** 건재하다.

해설 「なお」는 '여전히'라는 의미로, 이전 상태가 지금도 변함없이 계속됨을 나타낸다. 「なお続いている(여전히 계속되고 있다)」처럼 쓰인다. 지금도 건재하다는 말과 호응하는 표현으로는 2번이 가장 자연스럽다. 1번 「さて(자, 그런데)」, 3번 「ただし(단, 다만)」, 4번 「いわば(말하자면)」는 문맥에 맞지 않는다.

단어 選手(せんしゅ) 선수 | キャプテン 캡틴, 주장 | 健在(けんざい) 건재함

---

05 문제5 **유의표현** 공략하기

문제 5 ＿＿＿＿의 단어와 의미가 가장 가까운 것을 1·2·3·4에서 하나 고르시오.

38 기출어휘 확인문제　유의표현　　　p.97

1 밤중에 달리는 오토바이 엔진 소리가 **시끄러워서(≒시끄러워서)** 잠을 잘 수가 없다.

단어 夜中(よなか) 밤중 | 驚(おどろ)く 놀라다 | 気(き)になる 걱정되다, 신경 쓰이다 | 腹(はら)が立(た)つ 화가 나다

2 주차장에 차가 없어 이상하다 생각했더니 **아니나 다를까(≒역시나)**, 오늘은 정기 휴무일이었다.

단어 駐車場(ちゅうしゃじょう) 주차장 | 定休日(ていきゅうび) 정기 휴무일 | 案(あん)の定(じょう) 예상대로, 아니나 다를까 | おそらく 아마, 어쩌면 | 当然(とうぜん) 당연함

3 어제 비가 오던 것에서 **완전히 바뀌어(≒완전히 바뀌어)**, 오늘은 상쾌한 파란 하늘이 펼쳐져 있습니다.

단어 一転(いってん)する 완전히 바뀌다 | さわやかだ 상쾌하다, 산뜻하다 | 一周(いっしゅう) 일주, 한 바퀴 돎 | 引(ひ)き続(つづ)く 계속되다, 잇따르다 | 予想通(よそうどお)り 예상대로

4 아버지는 뉴스를 보며 정치에 대해 자주 **불평(≒불평)**불만을 말한다.

단어 〜に対(たい)して 〜에 대해서, 〜을/를 상대로 | 不満(ふまん) 불만 | 弱点(じゃくてん) 약점 | 不意(ふい) 불의, 갑작스러움

5 그는 항상 후배에게 **으스대고(≒잘난 체하고)** 있다.

단어 後輩(こうはい) 후배 | 恐(おそ)れる 두려워하다

6 이 이벤트의 참가자는 **대략(≒대략, 거의)** 100명 정도가 될 거라 예상합니다.

단어 見込(みこ)み 예상, 전망 | おそらく 아마, 어쩌면 | 当然(とうぜん) 당연함

7 사진 찍을 거니까 **고개 숙이지(≒아래를 향하지, 고개를 숙이지)** 말고, 카메라 쪽을 봐 줘.

단어 うつむく 고개를 숙이다, 아래로 기울다

8 먼저 **계산(≒계산)**을 마쳐 두었습니다.

단어 勘定(かんじょう) 계산, 대금 지불 | 計算(けいさん) 계산, 셈, 연산 | 算数(さんすう) 산수, 셈 | 決裁(けっさい) 결재

9 이 캐릭터는 10년이나 된 것이지만 **여전히(≒아직도, 지금까지도)**, 탄탄한 인기가 있다.

단어 キャラクター 캐릭터 | 根強(ねづよ)い 뿌리 깊다, 흔들림 없다, 탄탄하다

10 교토의 사원에 대해 잘 아는 그녀에게 **가이드(≒안내)**를 부탁했습니다.

단어 寺院(じいん) 사원 | 指導(しどう) 지도 | 助言(じょげん) 조언

39 기출어휘 확인문제　유의표현　　　　p.98

1 예의(≒매너, 예의) 바르게, 똑바로 앉아서 먹으렴.

단어　行儀(ぎょうぎ) 예의범절, 예의 | モラル 모럴, 윤리, 도덕 | ルール 룰, 규칙 | クレーム 클레임, 불만

2 아직 쓸 수 있는 아이 장난감을 버리는 건 아깝다(≒아깝다).

단어　もったいない 아깝다 | 残念(ざんねん) 유감임 | 悔(くや)しい 분하다, 억울하다

3 그와 하찮은(≒가치가 없는) 일로 싸움을 했다.

단어　喧嘩(けんか) 싸움 | とんでもない 터무니없다, 말도 안 되다 | 数(かぞ)えきれない 다 셀 수 없다

4 시골 생활에서 자동차는 빠질 수 없다(≒없으면 곤란하다).

단어　欠(か)かす 빼다, 빠뜨리다

5 눈앞에서 갑자기(≒갑자기) 사람이 쓰러져서, 서둘러 구급차를 불렀다.

단어　倒(たお)れる 쓰러지다 | 救急車(きゅうきゅうしゃ) 구급차 | そのうち 머지않아 | 間(ま)もなく 곧, 머지않아 | いずれ 얼마 안 있어, 어차피

6 접시가 깨지지 않도록 신문지로 감쌌다(≒감쌌나).

단어　割(わ)れる 깨지다 | 丸(まる)める 둥글게 하다 | 重(かさ)ねる 포개다, 겹치다 | たたむ 접다, 개다

7 아이들에게 여러 번(≒몇 번이나) 방을 치우라고 말해도 듣지 않는다.

단어　片付(かたづ)ける 정리하다, 치우다 | たまたま 가끔, 때마침

8 뉴스에서 그 사건의 개요(≒대강의 내용)가 보도되었다.

단어　報道(ほうどう) 보도 | 詳(くわ)しい 자세하다, 세세하다 | はっきり 확실히, 분명히

9 남자가 소매를 걷어 올리는 행동(≒동작)을 멋지다고 느끼는 여성이 많다.

단어　腕(うで)まくり 소매를 걷어붙임 | 合図(あいず) 신호 | 癖(くせ) 버릇, 습관 | 演技(えんぎ) 연기

10 운동회 날에는 급식이 나오지 않으니 각자(≒한 사람 한 사람) 두 시락을 지참해 주세요.

단어　給食(きゅうしょく) 급식 | 持参(じさん)する 지참하다

40 기출어휘 확인문제　유의표현　　　　p.99

1 이 팸플릿에 사진을 넣어서 수정하는(≒고치는) 건 어떨까?

단어　パンフレット 팸플릿, (광고, 안내 등의) 소책자 | 足(た)す 더하다 | 加(くわ)える 가하다, 더하다

2 머리가 아팠는데, 약을 먹었더니 서서히(≒차츰, 점점) 통증이 사라져 갔습니다.

단어　消(き)える 사라지다 | 一斉(いっせい)に 일제히

3 관계없는 사람에게 업무적으로 지시(≒명령)받고 싶지 않습니다.

단어　批判(ひはん) 비판 | 非難(ひなん) 비난 | 絶賛(ぜっさん) 절찬

4 밖이 소란스러워(≒시끄러워)서 내다보니, 아이들이 집 앞에서 놀고 있었다.

단어　さわがしい 소란스럽다 | おそろしい 두렵다, 무섭다

5 이 요리는 마지막에 깨를 뿌려서 마무리한다(≒완성한다).

단어　ごま 깨 | 振(ふ)りかける 뿌리다 | 達成(たっせい)する 달성하다

6 날씨가 따뜻해져서 겨울옷은 옷장 안쪽에 수납해(≒넣어) 두었습니다.

단어　冬服(ふゆふく) 겨울옷 | クローゼット 벽장, 수납장, 옷장 | 隠(かく)す 숨기다 | 放(ほう)る 멀리 내던지다, 집어치우다

7 자전거를 타고 언덕길을 내려갔더니 굽이진 길에서 나무에 충돌할 뻔(≒부딪힐뻔)했다.

단어　坂道(さかみち) 언덕길 | かする 스치다, 가로채다 | こける 넘어지다, 쓰러지다

8 점심시간도 끝났으니, 이제 막 그 일에 착수하려던(≒일을 시작할) 참입니다.

단어　取(と)りかかる 착수하다, 시작하다 | 中断(ちゅうだん)する 중단히디

9 서양화에 관한 서적(≒책)을 찾고 있다.

단어　西洋画(せいようが) 서양화 | ～に関(かん)する ～에 관한 | ポスター 포스터 | 論文(ろんぶん) 논문 | 絵画(かいが) 회화

10 올해는 심각한(≒중대한) 물 부족 사태가 발생할 것이라고 한다.

단어　深刻(しんこく)だ 심각하다 | 痛切(つうせつ)だ 통절하다, 뼈저리다 | 残酷(ざんこく)だ 잔혹하다, 참혹하다

41 기출어휘 확인문제　유의표현　　　　p.106

1 나는 우연히(≒우연히) 그의 집 앞을 지나갔다.

단어　たまたま 우연히 | 偶然(ぐうぜん) 우연(히) | 突然(とつぜん) 갑자기 | 自然(しぜん) 자연, 자연스레게 | 当然(とうぜん) 당연히

2 그녀는 그 소식을 듣고 매우 동요했다(≒불안해했다).

해설　「動揺(どうよう)した(동요했다)」는 마음이 흔들려 불안해진 상태를 뜻하므로 2번「不安(ふあん)になった(불안해졌다)」가 정답이 된다. 1번「うれしくなった(기뻐졌다)」, 3번「不満になった(불만이 생겼다)」, 4번「面白いと思った(재미있다고 생각했다)」는 문맥에 맞시 않는다.

단어　知(し)らせ 소식, 알림 | 動揺(どうよう) 동요 | 不満(ふまん) 불만

3 스즈키 씨는 사진으로 보는 것보다 체구가 작다(≒몸이 작다).

단어　小柄(こがら) 체구가 작음

4 살인 사건이 일어나다니, 이 근처도 **흉흉해졌다(≒안전하지 않게 되었다)**.

해설 「物騒(ぶっそう)」는 치안이 나쁘고 위험한 상태를 뜻하므로 3번이 정답이 된다. 1번 「きれいじゃなくなってきた(깨끗하지 않게 되었다)」, 2번 「うるさくなってきた(시끄러워졌다)」, 4번 「さびしくなってきた(쓸쓸해졌다)」는 어울리지 않는다.

단어 殺人(さつじん) 살인 | 事件(じけん) 사건 | 辺(へん) 근처, 부근 | 物騒(ぶっそう) 위험함, 어수선함 | 安全(あんぜん) 안전

5 **우선(≒일단)** 가족에게 전화로 이야기해 두었다.

단어 とりあえず 일단, 우선 | 一応(いちおう) 일단, 우선은, 만약을 위해 | 直接(ちょくせつ) 직접

6 저 사람은 항상 **애매모호한(≒확실하게 하지 않는)** 대답을 한다.

단어 あいまい 애매모호함 | 返事(へんじ) 대답 | 丁寧(ていねい) 정중함, 친절함 | 奇妙(きみょう) 기묘함, 이상함 | はっきりする 분명히 하다, 명확해지다

7 나는 그가 매우 머리가 좋은 학생이었다고 **기억하고(≒기억하고)** 있다.

단어 生徒(せいと) 학생 | 語(かた)る 말하다, 이야기하다 | 応援(おうえん)する 응원하다

8 A안과 B안에는 **근소한(≒조금의)** 의미 차이가 있다고 합니다.

해설 「わずかな」는 '아주 적은'이라는 뜻으로, 양, 정도 시간 등이 매우 적음을 나타내며 '겨우 이것밖에 없다니'와 같이 말하는 상황에서도 쓰인다.

단어 わずかな 아주 적은, 근소한 | 相違(そうい) 차이, 다름 | 突然(とつぜん) 갑자기

9 납득할 수 없는 **기묘한(≒이상한)** 제안이 갑자기 나왔다.

단어 納得(なっとく) 납득, 이해 | 奇妙(きみょう) 기묘함, 이상함 | 提案(ていあん) 제안 | ずるい 교활하다, 치사하다, 영악하다

10 그는 **자주(≒몇 번이나)** 그 산에 올랐다.

단어 たびたび 자주, 여러 번 | 必(かなら)ず 반드시 | ようやく 겨우, 마침내 | 偶然(ぐうぜん) 우연히

42 기출어휘 확인문제　유의표현　　　p.107

1 모두 다 **모이면(≒모이면)** 출발하자.

해설 「そろったら」의 기본형은 「そろう」이며 '모이다, 빠짐없이 갖추어지다'라는 뜻이다. 인원이 다 모였을 때, 필요한 물건이 다 갖춰졌을 때, 여럿이 하나처럼 일치할 때 사용한다.

단어 そろう 모이다, (빠짐없이) 갖추어지다 | 出発(しゅっぱつ)する 출발하다

2 그 시절의 나는 매일 **필사적이었다(≒매우 열심이었다)**.

해설 「必死(ひっし)だった」에서 「必死」는 '필사적임, 온 힘을 다한 상태, 사력을 다함'이라는 의미이므로, 같은 뜻을 가진 1번 「一生懸命(いっしょうけんめい)だった(매우 열심이었다)」가 정답이다. 2번 「いい加減(かげん)だった(대충이었다)」, 3번 「危(あぶ)なかった(위험했다)」, 4번 「悔(くや)しかった(분했다)」는 문맥과 맞지 않는다.

3 일은 **거의 다(≒대부분, 거의)** 마무리되었다.

단어 ほぼ 거의 | 片付(かたづ)く 정리되다, (일이) 마무리되다 | やっと 겨우, 마침내

4 이 스웨터는 세탁하면 **줄어들어(≒작아져)** 버릴지도 모른다.

해설 「縮(ちぢ)む」는 '줄어들다'라는 의미로, 길이나 넓이, 부피 등이 원래보다 작아지는 것을 의미한다. 세탁 후 옷이 줄어들거나, 추위로 인해 근육이 뭉치는 등의 상황을 나타낼 때 주로 쓰인다.

단어 洗濯(せんたく)する 세탁하다 | 破(やぶ)れる 찢어지다, 깨지다 | 汚(よご)れる 더러워지다

5 그가 그만두다니, 그것은 **뜻밖의(≒의외의)** 일이었다.

해설 「思(おも)いがけない」는 '예상하지 못한'이라는 의미로, 전혀 예측하지 못했던 일이나 상상조차 못 했던 상황이 벌어졌을 때 사용한다.

단어 意外(いがい) 의외임 | 恋(こい)しい 그립다, 보고 싶다 | 不思議(ふしぎ) 신기함, 이상함

6 수업 중에는 **가만히 있어(≒움직이지 말아)** 주세요.

해설 「じっとする」는 '움직이지 않고 가만히 있다'라는 의미로, 몸을 움직이지 않고 고정된 상태를 유지하거나, 소란을 피우지 않고 침착하게 있는 상태를 나타낸다.

7 이 바지는 나한테는 **헐렁헐렁하다(≒굉장히 크다)**.

단어 ぶかぶか (옷 등이) 너무 커서 헐렁헐렁함

8 양배추 생산이 **과잉 상태다(≒너무 많다)**.

해설 「過剰(かじょう)」는 '과잉, 지나침'이라는 뜻으로, 수량이나 정도가 필요 이상으로 너무 많은 상태를 나타낸다.

단어 生産(せいさん) 생산

9 그녀는 항상 주변 사람들을 **유쾌하게(≒재밌게)** 만드는 재능이 있다.

단어 愉快(ゆかい) 유쾌함, 즐거움, 쾌활함 | 才能(さいのう) 재능

10 그 일을 그에게 **직접(≒직접)** 들었다.

해설 「じかに」는 '직접, 중간을 거치지 않고 바로'라는 뜻으로, 중간에 매개물이나 방해물 등이 없이 바로 닿는 상황을 나타낸다.

단어 直接(ちょくせつ) 직접

43 기출어휘 확인문제　유의표현　　　p.108

1 조금이라도 **싸게 양보해(≒싸게 팔아)** 주실 수 없나요?

해설 「安くゆずってもらう」는 '저렴하게 물건을 넘겨 받다, 양도 받다'라는 의미이므로 2번 「安(やす)く売(う)ってもらう(싸게 팔아 주다)」가 정답이 된다.

단어 ゆずる 양도하다, 물려주다, 양보하다

2 **자주 다니는(≒항상 가는)** 병원에서 처방받은 약이 다 떨어져 가고 있다.

단어 かかりつけの病院(びょういん) 단골 병원, 주치의가 있는 병원 | 処方(しょほう) 처방 | 専門(せんもん) 전문

3 온 힘(≒열심히)을 다했기 때문에 후회는 없다.

단어 精一杯(せいいっぱい) 있는 힘을 다함, 최대한 | 悔(く)い 후회 | せっかく 모처럼, 애써 | 一生懸命(いっしょうけんめい) 매우 열심히, 필사적으로

4 열차 출발 직전(≒직전)이 되어서야 역에 도착했다.

단어 列車(れっしゃ) 열차 | 発車(はっしゃ) 발차, 열차가 출발함 | 間際(まぎわ) 직전, ~하려는 찰나 | 到着(とうちゃく) 도착

5 지갑을 두고 와서 집으로 되돌아갔다(≒돌아갔다).

해설 「引(ひ)き返(かえ)す」는 '되돌아가다'라는 의미로, 가던 길이나 진행하던 일을 중단하고 다시 출발점으로 돌아가는 상황에 쓴다.

단어 回復(かいふく)する 회복하다

6 그녀는 스스로(≒자기 스스로) 물러난 것이다.

단어 自(みずか)ら 스스로, 직접 | 身(み)を引(ひ)く 물러나다, 은퇴하다 | 仲間(なかま) 동료, 친구 | にわかに 갑자기, 갑작스레

7 그의 뻔뻔한 태도에 화가 났다(≒화가 났다).

단어 ずうずうしい 뻔뻔하다, 넉살 좋다 | 態度(たいど) 태도 | むかつく 화가 나다, 짜증 나다, (속이) 메스껍다 | 怒(おこ)る 화내다 | 驚(おどろ)く 놀라다 | 怖(こわ)がる 무서워하다

8 그는 겉보기와 달리 실제로는 굉장히 겁이 많다(≒뭐든지 무서워한다).

단어 見(み)た目(め) 겉모습, 외관 | ~によらず ~에 상관없이, ~에 구애받지 않고 | 非常(ひじょう)に 매우, 굉장히 | 臆病(おくびょう) 겁이 많음, 소심함

9 레몬을 넣으면 홍차의 풍미가 한층(≒좀 더) 더해집니다.

단어 一層(いっそう) 한층, 더욱더 | 風味(ふうみ) 풍미, 맛과 향 | 増(ま)す 더하다, 늘다, 많아지다

10 나는 당분간(≒얼마 동안, 당분간)은 바쁠 것 같다.

단어 当分(とうぶん) 당분간, 한동안 | しばらく 잠시, 잠깐, 한동안

---

44 **기출어휘 확인문제** 유의표현 p.112

1 오락(≒레저)을 즐기는 법을 모르는 사람도 있다.

단어 娯楽(ごらく) 오락, 즐거움 | レジャー 레저, 여가, 놀이

2 그녀에게 지나쳐 일을 사과했다(≒사과했다).

단어 おわびする (잘못 등을) 사과하다 | 怒鳴(どな)る 소리치다, 화내다 | 謝(あやま)る 사과하다 | 感謝(かんしゃ)する 감사하다

3 시험은 비교적(≒비교적) 잘 보았다.

단어 試験(しけん) 시험 | 比較的(ひかくてき) 비교적 | 非常(ひじょう)に 매우 | 特別(とくべつ)に 특별히 | 割合(わりあい)に 비교적 | 意外(いがい)に 의외로

4 역까지는 버스로 약(≒대략) 10분입니다.

단어 約(やく) 대략, 약 | およそ 대략, 대강 | たった 고작, 단지, 겨우

5 세계 평화에 공헌할 수 있는(≒도움이 되는) 사람이 되고 싶다.

단어 平和(へいわ) 평화 | 貢献(こうけん) 공헌, 기여 | 認(みと)める 인정하다, 승인하다

6 그녀는 일 년 내내(≒언제나) 바쁘다고 말한다.

단어 年中(ねんじゅう) 연중, 일 년 내내 | たまに 가끔, 어쩌다 | しばしば 자주, 여러 번, 흔히

7 올해는 자주(≒자주) 지진이 있었다.

단어 たびたび 자주, 여러 번 | 地震(じしん) 지진 | つぎつぎ 차례차례, 연달아 | たまたま 우연히, 어쩌다가 | しばしば 자주, 흔히

8 어제는 밤을 새웠기 때문에 지쳤다(≒지쳤다).

단어 徹夜(てつや) 밤샘 | くずれる 무너지다, 흐트러지다 | くたびれる 몹시 지치다, 피곤하다 | しびれる 저리다, 마비되다 | やぶれる 찢어지다, 깨지다

9 모든(≒모든) 기회를 활용한다.

단어 あらゆる 모든, 온갖 | 機会(きかい) 기회 | 用(もち)いる 사용하다, 이용하다, 채용하다

10 자극 없는 지루한(≒재미없는) 생활에 싫증이 났다.

단어 刺激(しげき) 자극 | 退屈(たいくつ) 지루함, 심심함 | 暮(く)らし 생활, 살림 | 飽(あ)きる 질리다, 싫증 나다

---

45 **기출어휘 확인문제** 유의표현 p.113

1 그런 차림을 하다니 꼴사납다(≒창피하다)고 생각하지 않아?

단어 格好(かっこう) 모습, 차림새 | みっともない 보기 흉하다, 꼴사납다 | もったいない 아깝다, 과분하다 | たまらない 참을 수 없다, 견딜 수 없다 | おとなしい 얌전하다, 온순하다

2 이 기계는 사용처(≒용도)가 없다.

단어 機械(きかい) 기계 | 使(つか)い道(みち) 사용처, 용도 | 効果(こうか) 효과 | 用途(ようと) 용도 | 形式(けいしき) 형식 | 種類(しゅるい) 종류

3 아마도(≒아마) 그녀가 말한 대로일 것이다.

단어 おそらく 아마도, 필시 | たとえ 비록, 설령 | たしかに 확실히, 분명히

4 지망하는 학교에 합격하고 싶다면, 좀 더 진지하게(≒신실하게) 공부하렴.

단어 志望校(しぼうこう) 지망하는 학교, 희망 학교 | 合格(ごうかく) 합격 | 真剣(しんけん)に 진지하게 | きびしい 엄하다 | 親(した)しい 친근하다, 사이좋다

5 그녀는 곧(≒곧) 퇴원할 것이다.

단어 まもなく 곧, 머지않아 | 退院(たいいん) 퇴원 | たちまち 금세, 갑자기, 순식간에

6 단것만 먹는 식생활은 매우 위험하다(≒위험하다).

단어 食生活(しょくせいかつ) 식생활 | あやうい 위태롭다, 위험하다 | けわしい 험하다, 험악하다 | はげしい 격렬하다, 심하다 | みにくい 추하다, 보기 흉하다

7	지장(≒문제)이 없으시다면, 여기에 주소를 입력해 주세요.
단어	差(さ)し支(つか)え 지장, 방해, 문제	入力(にゅうりょく) 입력	変更(へんこう) 변경	不平(ふへい) 불평

8	사라진 고양이를 여기저기(≒이곳저곳) 찾아다녔다.
단어	方々(ほうぼう) 여기저기, 여러 곳	捜(さが)す (없어진 것을) 찾다	うろうろ 어슬렁어슬렁, 방황하는 모양	まごまご 허둥지둥, 당황하는 모양

9	설명이 조금(≒조금) 부족한 느낌이 들었습니다.
단어	やや 약간, 조금	気(き)がする 느낌이 들다	かえって 오히려, 도리어

10	저희의 감사(≒감사, 사례)의 표시로 이 메달을 드립니다.
단어	我々(われわれ) 우리들	感謝(かんしゃ) 감사	印(しるし) 표시, 증표	メダル 메달	贈(おく)る 주다, 선사하다, 증정하다	祝(いわ)い 축하, 축하 선물

46 기출어휘 확인문제　유의표현　p.114

1	이 계획의 실현에는 상호 간(≒서로)의 이해가 중요하다.
단어	計画(けいかく) 계획	実現(じつげん) 실현	相互(そうご) 상호	理解(りかい) 이해	たがい 서로, 상호 간

2	단순한(≒그저) 감기일 뿐이니까 신경 쓰지 마.
단어	単(たん)なる 단순한, 단지	気(き)にする 신경 쓰다	ただの 그저(평범한), 단지

3	모두에게 폐를 끼쳐서 정말 죄송하다(≒면목없다)고 생각하고 있습니다.
단어	迷惑(めいわく) 폐, 실례	すまない 미안하다	申(もう)し訳(わけ)ない 면목 없다, 대단히 죄송하다	悔(くや)しい 분하다, 억울하다

4	그는 여행 중에 일어난 기묘한(≒이상한) 사건을 바탕으로 소설을 썼다.
단어	奇妙(きみょう) 기묘함, 이상함	出来事(できごと) 사건, 일어난 일	～をもとにして ～을/를 근거로 하여, ～을/를 토대로	小説(しょうせつ) 소설	優(すぐ)れる 뛰어나다, 우수하다	あきれる 어이없다, 기가 막히다	驚(おどろ)く 놀라다

5	여기서 식사를 해도 지장이 없다(≒상관없다).
단어	差(さ)し支(つか)えない 지장 없다, 상관없다	かまわない 상관없다, 괜찮다	関係(かんけい) 관계

6	훌륭한(≒멋진) 연주였다.
단어	見事(みごと) 훌륭함, 멋짐, 완벽함	演奏(えんそう) 연주	きびしい 엄하다, 혹독하다	めずらしい 드물다, 희귀하다

7	이 두 사람은 하나부터 열까지 똑 닮았다(≒닮았다).
단어	そっくり 아주 비슷함

8	그는 침착한(≒침착한) 판단력을 가지고 있다.
단어	冷静(れいせい) 냉정함, 침착함	判断力(はんだんりょく) 판단력	落(お)ち着(つ)く 차분하다, 침착하다	和(なご)やか 온화함, 화기애애함

9	어머니는 매우 화가 나신(≒화 나신) 것 같다.
단어	頭(あたま)にくる 몹시 화가 나다, 울컥하다	悔(くや)む 후회하다, 아쉬워하다, 애도하다	驚(おどろ)く 놀라다

10	휴가는 기껏해야(≒많아봤자) 일주일밖에 낼 수 없다.
단어	休暇(きゅうか) 휴가	せいぜい 기껏해야, 고작	せめて 적어도, 최소한	だいたい 대략, 대강	少(すく)なくとも 적어도, 최소한

06 문제6 용법 공략하기

문제 6　다음 단어의 용법으로 가장 알맞은 것을 1·2·3·4에서 하나 고르시오.

47 기출어휘 확인문제　용법　p.119

1	鑑賞(かんしょう) (예술 작품 등의) 감상
	1 식물의 성장을 감상하여 기록하는 것이 여름 방학 숙제입니다. (X, 観察: 관찰)
	2 내일 현장 체험 학습은 초콜릿 공장 감상을 갑니다. (X, 見学: 견학)
	3 주말은 화제의 뮤지컬을 감상하러 갑니다. (O)
	4 파일럿은 항상 하늘의 상태를 주의 깊게 감상해야만 합니다. (X, 観察: 관찰)
단어	植物(しょくぶつ) 식물	観察(かんさつ) 관찰	課外学習(かがいがくしゅう) 정해진 학과 과정 이외의 학습, 현장 체험 학습	見学(けんがく) 견학	パイロット 파일럿, 비행기 조종사	状態(じょうたい) 상태

2	粗末(そまつ) 허술함, 소홀히 함
	1 가구나 가전 등의 소홀 쓰레기를 버릴 때는 유료로 사전 신청이 필요합니다. (X, 粗末ゴミ → 粗大ゴミ: 대형 쓰레기)
	2 세계에는 충분히 먹지 못하는 사람도 있기 때문에 음식을 소홀히 해서는 안 됩니다. (O)
	3 그는 소홀한 성격이기 때문에 업무에서도 자잘한 실수를 하는 일이 많다. (X, 大雑把: 대충하는, 엉성한)
	4 저희 회사 종업원이 소홀을 해 버려서 정말로 죄송했습니다. (X, 不始末: 부주의, 불미스러운 일)
해설	「粗末」는 물건이 허술하거나 품질이 좋지 않을 때도 쓰지만, '음식을 소홀히 다루다, 낭비하다'처럼 가볍게 여긴다는 의미로도 자주 쓰인다.
단어	家電(かでん) 가전	事前(じぜん) 사전	粗大(そだい)ゴミ 대형 쓰레기	大雑把(おおざっぱ) 대충함, 엉성함	弊社(へいしゃ) 폐사, 저희 회사	従業員(じゅうぎょういん) 종업원	不始末(ふしまつ) 부주의, 불미스러운 일

3	偉大(いだい) 위대함
	1 친구들 모두 모여 그녀의 생일 파티를 위대하게 열었다. (X, 盛大: 성대)
	2 이번 크리스마스 이벤트는 연예인을 불러 위대하게 개최할 예정이다. (X, 盛大: 성대)
	3 전자레인지는 세계를 바꾼 위대한 발명 중 하나이다. (O)
	4 이 논문을 완성시키려면 위대한 양의 데이터를 모아야만 합니다. (X, 膨大: 방대)

단어　盛大(せいだい) 성대함 | 開催(かいさい)する 개최하다 | 論文(ろんぶん) 논문 | データ 데이터, 자료 | 膨大(ぼうだい) 방대함

4 引用(いんよう) 인용
1 이 토지를 **인용**해서 아파트를 지을 계획이 있다.
(X, 活用: 활용)
2 이 기술을 **인용**해서 새로운 상품 개발에 도움이 되었다.
(X, 活用: 활용)
3 투자 초보자라서 자산 **인용**을 위해 은행에 상담하러 갔습니다. (X, 運用: 운용)
4 논문을 쓸 때는 자신의 문장과 **인용**하는 문장을 구별해야만 한다. (O)

단어　活用(かつよう) 활용 | 新(あら)ただ 새롭다 | 開発(かいはつ) 개발 | 投資(とうし) 투자 | 初心者(しょしんしゃ) 초심자, 초보자 | 資産(しさん) 자산 | 運用(うんよう) 운용 | 論文(ろんぶん) 논문 | 文章(ぶんしょう) 문장

5 荒(あ)れる (날씨, 바다 등이) 사나워지다, 거세어지다
1 태풍이 와서 바다가 **거세져서** 물고기가 잡히지 않습니다. (O)
2 풍선에 공기를 너무 넣어서 **사나워지고** 말았습니다.
(X, 割れて: 터지고)
3 수험 스트레스로 머리가 **사나워질 듯이** 아프다.
(X, 割れそう: 깨질 듯)
4 맘에 들어 하는 셔츠가 **거세져** 버려서 슬프다.
(X, 汚れて: 더러워져)

단어　風船(ふうせん) 풍선 | 受験(じゅけん) 수험

48 기출어휘 확인문제　용법　　p.120

1 愛着(あいちゃく) 애착
1 그녀가 **애착**이 깃든 도시락을 만들어 주었다. (X, 愛情: 애정)
2 나는 부모님으로부터 많은 **애착**을 받으며 자랐습니다.
(X, 愛情: 애정)
3 우리는 우정에서 **애착** 관계로 발전해 갔습니다.
(X, 恋愛: 연애)
4 이 수첩은 학생 때부터 오래 사용하고 있기 때문에 **애착**이 있습니다. (O)

단어　こもる 깃들다, 담기다 | 愛情(あいじょう) 애정 | 恋愛(れんあい) 연애

2 かばう 감싸다
1 친구 결혼식에 갔더니 다른 손님과 드레스가 **감싸고** 말았다.
(X, かぶって: 겹치고)
2 지난번의 태풍으로 농작물이 큰 피해를 **감쌌다**.
(X, かぶった: 입었다)
3 상처 난 발을 **감싸고** 다니지 이번엔 허리를 다치고 말았다.
(O)
4 그녀는 물이 무서워 헤엄칠 수 없기 때문에 물을 **감싸는** 연습부터 시작했다. (X, かぶる: 뒤집어쓰는, 끼얹는)

단어　農作物(のうさくぶつ) 농작물 | 被害(ひがい) 피해 | 痛(いた)める 다치다, 아프게 하다

3 打(う)ち合(あ)わせ 회의, 협의
1 그 교통사고가 일어났을 때, 그는 우연히 그곳을 **협의**했다.
(X, 打ち合わせた → 居合わせた: 마침 그 자리에 있었다)
2 고속 도로가 정체되어 **회의** 시작 예정 시각에 지각할 것 같다. (O)
3 그가 지난번의 데이트 약속을 깼기 때문에 **협의**로 스테이크를 한턱냈다. (X, 埋め合わせ: 보완, 벌충)
4 장을 보러 갈 수 없어서 냉장고 안의 **협의** 재료로 밥을 만들기로 했다. (X, ありあわせ: 마침 그 자리에 있는)

단어　偶然(ぐうぜん) 우연(히) | 居合(いあ)わせる 마침 그 자리에 있다 | 高速道路(こうそくどうろ) 고속 도로 | おごる 한턱내다 | 埋(う)め合(あ)わせ 보완, 벌충 | ありあわせ 마침 그 자리에 있는 것

4 暮(く)れ 저묾, 저물 때, 한 해의 마지막
1 오키나와에서는 6월 하순에 장마 **저묾**을 맞이합니다.
(X, 明け: 끝, 걷힘)
2 주 **저묾**의 월요일에는 짐이 도착할 것입니다.
(X, 明け: 끝, 끝난 직후)
3 연휴 **저묾**은 몸이 나른해서 기분이 쳐진다.
(X, 明け: 끝, 끝난 직후)
4 한 해의 **마지막**은 신년 준비 등으로 바쁘다. (O)

단어　沖縄(おきなわ) 오키나와〈지명〉 | 落(お)ち込(こ)む 침울해지다

5 共有(きょうゆう) 공유
1 의사와 간호사가 환자의 상태에 대해 정보를 **공유**하고 있다. (O)
2 교사와 보호자가 **공유**해서 아이의 성장을 지원한다.
(X, 共有して → 共同で: 공동으로)
3 대학교에서 학생과 교수가 **공유**로 연구해서 논문을 쓰고 있다. (X, 共有して → 共同で: 공동으로)
4 디자이너와 연구원이 신상품 개발을 **공유**로 진행한다.
(X, 協同: 협동)

단어　看護師(かんごし) 간호사 | 患者(かんじゃ) 환자 | 病状(びょうじょう) 병상, 병세 | 保護者(ほごしゃ) 보호자 | 支援(しえん)する 지원하나 | 共同(きょうどつ) 공동 | 論文(ろんぶん) 논문 | 開発(かいはつ) 개발

49 기출어휘 확인문제　용법　　p.121

1 温厚(おんこう) (성격이) 온후함, 온화하고 다정함
1 이 지역은 일 년 내내 **온후**한 기후로 단 귤이 특산품입니다.
(X, 温厚な → 温暖な: 온난한)
2 추우니까 **온후**한 방 안에 들어가 따뜻하게 하세요.
(X, 温厚な → 暖かい: 따뜻한)
3 그 레스토랑은 내 집처럼 편안하게 해 주는 **온후**한 분위기의 가게입니다. (X, 急激に → 温かい: 따뜻한 / 和やかな: 온화한)
4 그는 결코 화내지 않는 **온후**한 성격으로, 주변 사람들이 좋아합니다. (O)

단어　地域(ちいき) 지역 | 気候(きこう) 기후 | 特産品(とくさんひん) 특산품 | 温暖(おんだん) (기후 등이) 온난함 | くつろげる 안락하게 하다, 편안하게 하다 | 和(なご)やか 온화함, 부드러움 | めったに 좀처럼, 거의

② **残高(ざんだか) 잔고, 잔액**

1 오늘 아침밥은 어제 **잔고**를 데워서 먹을 생각이다.
(X, 残り物: 남은 음식)

2 상품이 전혀 팔리지 않아서 **잔고**가 많이 있다.
(X, 在庫: 재고)

3 오늘은 월급날이어서 은행 계좌의 **잔고**를 확인했다. (O)

4 계란 **잔고**가 적어서 슈퍼에 가야만 한다.
(X, 残り: 남은 것, 나머지)

단어 全(まった)く 전혀, 완전히 | 在庫(ざいこ) 재고 | 給料日(きゅうりょうび) 월급날

③ **急激(きゅうげき) 급격함**

1 차를 운전하던 중에 아이가 **급격**히 뛰어들었다.
(X, 急激に → 急に: 갑자기)

2 업무 스트레스로 체중이 **급격**히 증가했다. (O)

3 다음 달부터 전근이라는 **급격**한 이야기에 당황스럽습니다.
(X, 急激に → 急な: 갑작스러운)

4 **급격**히 전철이 급정거했기 때문에 다른 승객에 부딪혔다.
(X, 急激に → 急に: 갑자기)

단어 飛(と)び出(だ)す 뛰어나오다 | 増加(ぞうか)する 증가하다 | 転勤(てんきん) 전근 | 戸惑(とまど)う 당황하다, 망설이다 | 急停止(きゅうていし) 급정지, 급정거 | 乗客(じょうきゃく) 승객

④ **充実(じゅうじつ) 충실함**

1 이 호텔은 음료 서비스에 **충실**합니다. (O)

2 저는 이직을 해서 지금 업무에 충분히 **충실**하고 있습니다.
(X, 満足: 만족)

3 **충실**한 영양을 챙기는 것으로 건강을 유지할 수 있습니다.
(X, 充実した → 十分な: 충분한)

4 저는 보너스의 절반을 저금에 **충실**하고 있습니다.
(X, 充実して → 充てて: 맡기고)

단어 転職(てんしょく) 전직, 이직 | 栄養(えいよう) 영양 | 保(たも)つ 유지하다, 지키다 | 貯金(ちょきん) 저금 | 充(あ)てる 충당하다, 맡기다

⑤ **するどい 날카롭다, 예리하다**

1 나는 어린 시절부터 운동 신경이 **날카로워** 체육 시간을 좋아했다. (X, 良く: 좋아)

2 뒤차의 속도가 **예리해서** 하마터면 사고가 날 뻔했다.
(X, するどいので → 速いので: 빨라서)

3 그런 **예리한** 말투라면 통하지 않으니 더 확실히 말했으면 좋겠다. (X, あいまいな: 애매한)

4 그녀는 **날카로운** 관찰력을 가져 주변 사람의 변화를 곧잘 눈치 챕니다. (O)

단어 運動神経(うんどうしんけい) 운동 신경 | 体育(たいいく) 체육 | 危(あや)うく 하마터면, 가까스로 | 観察力(かんさつりょく) 관찰력

---

① **傾向(けいこう) 경향**

1 이 문제집을 푸는 동안 대학 입시의 **경향**을 파악하게 되었다. (O)

2 최근, 젊은이들 사이에서 요구르트아이스크림이 **경향**하고 있다. (X, 流行: 유행)

3 그녀는 매일의 **경향**으로 아침 6시에는 눈이 떠져 버린다고 한다. (X, 習慣: 습관)

4 물고기의 **경향**을 잘 이용해서 강에서 낚시를 했다.
(X, 習性: 습성)

단어 解(と)く 풀다 | 習慣(しゅうかん) 습관 | 習性(しゅうせい) 습성

② **頑固(がんこ) 완고함, 끈질김**

1 이 제품을 오염된 곳에 뿌리고 5분 기다리면 **찌든** 기름때를 없앨 수 있습니다. (O)

2 우유에 레몬즙을 넣어서 데우면 **끈질겨져서** 코티지치즈가 완성됩니다. (X, 凝固: 응고)

3 그녀는 곤란한 사람을 구한다는 **완고함**을 가지고 변호사가 되었습니다. (X, 信念: 신념)

4 비즈니스는 큰 결단을 내리는 경우가 많기 때문에 **완고함**이 있는 사람에게 잘 맞습니다. (X, 決断力: 결단력)

해설 「頑固」는 사람의 성격이 고집스러울 때도 쓰지만, 잘 지워지지 않는 「油汚(あぶらよご)れ(기름때)」를 표현할 때도 '끈질기다, 지독하다'라는 의미로 자주 사용된다.

단어 レモン汁(じる) 레몬즙 | カッテージチーズ 코티지치즈 | 凝固(ぎょうこ) 응고 | 弁護士(べんごし) 변호사 | 信念(しんねん) 신념 | 決断(けつだん) 결단

③ **鮮明(せんめい) 선명함**

1 누구에게 책임이 있는지를 **선명**하게 해야 합니다.
(X, 鮮明に → 明確に: 명확하게, 확실하게)

2 아이가 처음으로 일어섰을 때의 일을 지금도 **선명**하게 기억하고 있다. (O)

3 그녀는 아직 고민하고 있는 건지 그의 물음에 **선명**하게 답했다.
(X, 鮮明に → あいまいに: 애매하게)

4 오랜만에 산에 올라 **선명**한 공기를 마셨다.
(X, 鮮明に → 新鮮な: 신선한)

단어 責任(せきにん) 책임 | 明確(めいかく)に 명확하게, 확실하게 | 新鮮(しんせん) 신선함

④ **上達(じょうたつ) (기능, 실력 등이) 향상됨, 숙달됨**

1 유아기 몸의 **향상**에 맞춰 적절한 운동을 시켜야 한다.
(X, 発達: 발달)

2 저 시장이 된 후로 이 마을은 **향상**되어 인구가 증가했다.
(X, 発展: 발전)

3 접객 업무를 통해 정신적으로 **숙달**되었습니다.
(X, 成長: 성장)

4 프로 선생님께 배우고서 골프 **실력이 늘었다**. (O)

단어 幼児期(ようじき) 유아기 | 適切(てきせつ) 적절함 | 発達(はったつ) 발달 | 人口(じんこう) 인구 | 増加(ぞうか)する 증가하다 | 発展(はってん) 발전 | 接客(せっきゃく) 접객 | ～を

通(とお)して ~을/를 통해서 | 精神的(せいしんてき) 정신적 | 成長(せいちょう) 성장

5 印(しるし) 표시, 증표

1 그는 야마다 씨와 사귄 것이 인생 최대의 **표시**라고 후회하고 있다. (X, 汚点: 오점)

2 머리가 아파서 병원에서 약을 받았지만 괜찮아질 **표시**가 없다. (X, 兆し / 気: 조짐, 기미)

3 그 **표시**까지 뜨거운 물을 부어 컵라면을 만들었다. (O)

4 뒤에 누가 있는 **표시**가 났는데, 기분 탓이었다.
(X, 気: 기운, 기미)

단어 後悔(こうかい)する 후회하다 | 汚点(おてん) 오점 | 兆(きざ)し 조짐, 기미 | 注(そそ)ぐ 쏟다, 붓다, 따르다

51 기출어휘 확인문제 용법 p.126

1 方針(ほうしん) 방침, 기본 방향

1 지금까지와 같은 **방침**을 이어갈 생각이다. (O)

2 그녀를 설득하려면 저 사람에게 부탁하는 것 말고는 **방침**이 없다. (X, 方法: 방법)

3 모금은 드디어 **방침** 금액에 도달했다. (X, 目標: 목표)

4 잘 생각해서 **방침**의 선택을 그르치지 않도록 하거라.
(X, 方針을 삭제함)

해설 「方針」은 어떤 목적을 이루기 위해 정한 **기본적인** 방향이나 방침을 뜻한다. 수단, 금액, 수치 등 구체적인 경우에는 적합하지 않다. 「方針を決める(방침을 정하다)」, 「方針を立てる(방침을 세우다)」와 같은 형태로 자주 쓰인다.

단어 説得(せっとく)する 설득하다 | 募金(ぼきん) 모금 | 金額(きんがく) 금액 | 達(たっ)する 도달하다 | 目標(もくひょう) 목표 | 選択(せんたく) 선택 | 誤(あやま)る 잘못하다, 틀리다

2 手軽(てがる) 간편함, 손쉬움, 부담이 적음

1 **손쉬운** 분량의 술은 건강에 좋다고들 한다.
(X, 手軽な → 適量の: 적당량의 / 少量の: 소량의)

2 무대에 서기에는 아직 연기가 **손쉽다**.
(X, 未熟: 미숙함 / 下手: 서투름)

3 그녀는 언제나 **손쉽게** 상담에 응해 준다.
(手軽に → 快く: 기꺼이 / 気軽に: 부담없이)

4 인터넷은 정보 수집에 **손쉬운** 수단이다. (O)

해설 「手軽」는 비용, 노력, 절차, 부담 등이 크지 않아 쉽게 할 수 있음을 나타내는 말로 주로 접근의 용이함을 평가할 때 사용된다. 반면 '양이나 정도가 적다, 가볍다'라는 뜻이나 능력의 수준을 직접 평가하는 상황에는 부적합하다. 「手軽にできる(쉽게 할 수 있다)」 등과 같이 표현한다.

단어 分量(ぶんりょう) 분량 | 適量(てきりょう) 적당량 | 少量(しょうりょう) 소량 | 演技(えんぎ) 연기 | 相談(そうだん) 상담 | 未熟(みじゅく) 미숙 | 快(こころよ)く 기꺼이

3 充満(じゅうまん) 충만함, 가득 참

1 우리는 그 문제를 **충만**하고 있다.
(X, 充満して → 抱えて: 안고)

2 레스토랑은 개점 5분 후에 **충만**이 되었다.
(X, 満員: 만원, 인원이 다 참)

3 방안에는 가스가 **가득 찼다.** (O)

4 호텔 식사는 **충만**한 것이었다. (X, 充実: 충실)

해설 「充満」은 어떤 공간 안에 연기·가스·냄새·사람 등이 가득 차 있는 상태를 뜻한다. '문제·상태·평가'등 추상적인 것이 충만하다고는 쓰지 않는다. 주로 「공간+に+充満する·充満している」의 형태로 사용된다. 2번과 같이 사람이 가득하다는 것을 나타낼 때는 「満員(まんいん)」이 자연스럽다.

단어 抱(かか)える (문제 등을) 안다 | 開店(かいてん) 개점 | 満員(まんいん) 만원 | 充実(じゅうじつ) 충실

4 だらしない 칠칠치 못하다, 단정하지 못하다, 흐트러지다

1 **칠칠치 못한** 소리 하지 말고, 자신을 가져.
(X, 軽率な: 경솔한)

2 10대라고는 생각되지 않을 정도로 **칠칠치 못한** 치아라는 말을 들었다. (X, 不揃い: 가지런하지 않은 / 歯並びが悪い: 치열이 고르지 못한)

3 그날 그의 복장은 그 자리에 **칠칠치 못한** 것이 아니었다.
(X, ふさわしい: 어울리는)

4 그는 **칠칠치 못해서** 몇 날 며칠이나 같은 셔츠를 입고 있다.
(O)

해설 「だらしない」는 정리되지 않고 흐트러진 상태를 나타내는 말이다. 주로 사람의 생활 습관, 복장, 태도, 외모를 평가할 때 쓰이며, 말의 내용이나 신체 일부의 상태를 직접 평가하는 데에는 잘 쓰이지 않는다.

단어 軽率(けいそつ) 경솔함 | 不揃(ふぞろ)い 가지런하지 않음 | 歯並(はなら)び 치열 | 服装(ふくそう) 복장

5 ものたりない 어딘가 부족하다, 아쉽다, 성에 차지 않다

1 저 여배우는 젊은이들에게 **어딘가 부족한** 인기가 있다.
(X, とても: 매우)

2 의류의 **아쉬운** 오염에는 이 세제를 사용해 보세요.
(X, 落ちにくい: 제거하기 어려운)

3 그의 신작은 액션 영화로서는 **어딘가 부족한** 느낌이 든다.
(O)

4 시골 생활은 변화에 **어딘가 부족**하지만, 그것이 나에게 맞는다. (X, 乏しい: 적다, 단조롭다)

해설 「ものたりない」는 기대하거나 요구한 정도에 이르지 못하여 부족하다고 느끼는 상태를 나타내는 말이다. 사람의 평가, 인상, 내용, 정도에 주로 쓰이며, 객관적 수치나 강도를 직접 수식하는 데에는 잘 쓰이지 않는다.

단어 衣類(いるい) 의류 | 汚(よご)れ 때, 오염 | 洗剤(せんざい) 세제 | 試(ため)す 시험하다, 시도하다 | 新作(しんさく) 신작 | 乏(とぼ)しい 부족하다, 적다, 가난하다

52 기출어휘 확인문제 용법 p.127

1 普及(ふきゅう) 보급, 널리 퍼짐

1 큰 화재가 일어나서 옆집에두 피해가 **부급**되었다.
(X, 普及した → 及んだ: 미쳤다)

2 일본은 해외와 비교해서 전기 자동차의 **보급**이 늦다고 한다.
(O)

3 독감은 11월경부터 **보급**되어 1월경에 가장 환자가 많아진다. (X, 流行: 유행)

4 이번의 큰 지진에 의해 물의 **보급**은 수일간 중단되었다.
　　(X, 供給: 공급)

해설　「普及」는 주로 새로운 기술, 상품, 서비스 제도 등이 넓은 범위에 걸쳐 퍼져 사용하게 되는 것을 뜻한다. 긍정적이거나 중립적인 경우 쓰이며 사고, 질병, 피해처럼 부정적 사건의 확산에는 쓰이지 않는다. 「広がる(퍼지다)・進む(진행되다)・遅れる(늦어지다)」 등의 동사와 함께 쓰이는 경우가 많다.

단어　被害(ひがい) 피해 | 〜によって 〜에 의해 | 中断(ちゅうだん)する 중단하다 | 供給(きょうきゅう) 공급

2　補足(ほそく) 보충, 부족분을 채움

1 자료에는 개요밖에 적혀 있지 않으므로, 조금 설명을 **보충**하겠습니다. (O)

2 가정 수업에서 의복의 **보충** 방법을 배웠다. (X, 修繕: 수선)

3 할아버지는 일상생활에 다소의 **보충**이 필요하다.
　　(X, 介助: 도움, 돌봄)

4 사고 피해자들은 손해 **보충**을 요구하며 시를 고소했다.
　　(X, 賠償: 배상)

해설　「補足」는 설명이나 정보가 부족할 때 그 부족한 부분을 덧붙여 채우는 것을 뜻한다. 「説明(설명)・発言(발언)・資料(자료)」 등과 같은 표현과 함께 쓰이며, 생활 전반이나 추상적인 상태를 직접 보충하는 경우에는 적합하지 않다.

단어　概要(がいよう) 개요 | 家庭科(かていか) 가정과 | 衣服(いふく) 의복 | 修繕(しゅうぜん) 수선 | 介助(かいじょ) 도움, 돌봄 | 被害者(ひがいしゃ) 피해자 | 損害(そんがい) 손해 | 訴(うった)える 고소하다, 호소하다 | 賠償(ばいしょう) 배상

3　冷静(れいせい) 냉정함

1 무차별 테러가 **냉정**한 문제가 되고 있다. (X, 深刻: 심각)

2 고령자에 대한 **냉정**한 대우를 바라고 싶다.
　　(X, 冷静な → 丁寧な: 정중한 / 思いやりのある: 배려 있는)

3 감정적이 되지 말고 **냉정**하게 이야기하자. (O)

4 과학의 **냉정**한 성과를 이용해야 한다. (X, 偉大: 위대)

해설　「冷静」는 감정에 휘둘리지 않고 침착하게 상황을 판단하는 태도를 뜻한다. 사건이나 물리적 현상을 설명하는 데에는 적합하지 않다. 「冷静に判断(はんだん)する(냉정하게 판단하다)」 「冷静に話す(냉정하게 말하다)」와 같이 표현한다. 1번에서 '문제' 자체는 감정을 가지지 않으므로 「冷静な問題」는 부자연스럽다.

단어　無差別(むさべつ) 무차별 | テロ 테러 | 深刻(しんこく) 심각함 | 高齢者(こうれいしゃ) 고령자 | 〜に対(たい)する 〜에 대한 | 扱(あつか)い 취급 | 成果(せいか) 성과 | 偉大(いだい) 위대

4　続出(ぞくしゅつ) 속출, 잇따라 나옴

1 더운 여름날에 운동회를 해서 열사병으로 쓰러지는 사람이 **속출**했다. (O)

2 내 어머니는 매주 월요일에 방송되는 **속출** 드라마를 기대하고 있다. (X, 連続: 연속 / 人気: 인기)

3 이 선수는 세계 대회에 4번이나 **속출**하여 출전하고 있다.
　　(X, 連続: 연속)

4 수영 교실을 그만둘까 생각했지만 조금 더 **속출**하기로 했다.
　　(X, 続出する → 続ける: 계속 하다 / 通う: 다니다)

해설　「続出」는 같은 종류의 사건이나 일이 짧은 기간에 잇따라 발생하는 것을 뜻한다. 개인의 반복 행동이나 습관에는 사용되지 않

으며, 부정적인 사건에 자주 사용된다. 4번과 같이 의지적 선택을 나타낼 때는 적합하지 않다.

단어　熱中症(ねっちゅうしょう) 열사병, 온열 질환 | 倒(たお)れる 쓰러지다 | 放送(ほうそう) 방송 | 連続(れんぞく) 연속 | 出場(しゅつじょう)する 출전하다

5　ふさわしい 적절하다, 어울리다

1 요시다 씨의 의견은 언제나 **어울립니다**.
　　(X, 妥当: 타당)

2 나에게 **어울리는** 일을 찾고 있다. (O)

3 댐 건설을 둘러싸고 지역 주민의 **적절**한 반대에 부딪혔다.
　　(X, 猛: 맹, 맹렬한)

4 정말 저 사람과는 성격이 **어울려서** 사귈 수 없다.
　　(X, 合わなくて: 안 맞아서)

해설　「ふさわしい」는 어떤 상황이나 대상에 적합하고 어울리는 상태를 뜻한다. 성격이나 관계에 대한 직접적인 적합성은 표현되지 않는다. 「仕事(일)・場(장소)」 등과 같이 쓰인다.

단어　妥当(だとう) 타당 | 〜をめぐって 〜을/를 둘러싸고 | 地元(じもと) 그 지방, 그 지역 | 猛(もう) 맹, 맹렬함, 매우 심함

🔵 53　기출어휘 확인문제　용법　　　　p.128

1　きっぱり 단호히, 딱 잘라

1 오늘은 학교 옥상에서 산이 **딱 잘라** 보였다.
　　(X, はっきり: 분명히 / くっきり: 선명하게)

2 내 고향 마을은 **단호히** 변해 버려 있었다.
　　(すっかり: 완전히)

3 그런 부당한 요구는 **단호히** 거절해야 한다. (O)

4 언니는 일본에 가기 전에 **딱 잘라** 일본어를 공부했다.
　　(X, しっかり: 착실하게 / 熱心に: 열심히)

해설　「きっぱり」는 단호한 말이나 태도, 결정할 때 망설임 없이 단호하게 행동하는 모습을 나타내는 부사이다. 주로 거절하거나 결단을 내리는 상황에서 사용되며, 감정이나 의지가 분명함을 강조한다. 자연 현상이나 상태 변화, 단순한 결과를 설명하는 경우에는 사용하지 않는다. 「断る(거절하다)・言う(말하다)・決める(정하다)」 등과 함께 쓰인다.

단어　屋上(おくじょう) 옥상 | 不当(ふとう) 부당함 | 要求(ようきゅう) 요구 | 熱心(ねっしん)に 열심히, 열중하여

2　こつこつ 꾸준히, 성실히

1 봄에 실직하고 나서 집에서 **꾸준히** 하고 있다.
　　(X, ごろごろ: 빈둥빈둥)

2 **꾸준히** 공부해서 드디어 원하는 학교에 합격했다. (O)

3 네온사인이 **성실히** 점멸하고 있다. (X, ちかちか: 깜빡깜빡)

4 그는 무엇이든 **성실히** 하기 때문에 시간이 걸려서 어쩔 수가 없다. (X, 細かく: 세세히)

해설　「こつこつ」는 작은 노력을 꾸준히 반복하는 모습을 나타내는 부사이다. 성실하게 계속 이어 가는 행동을 나타낼 때 쓰이며, 공부, 저축, 연습 등 장기적인 노력과 잘 어울린다. 순간적인 변화, 깜박임, 단발적인 행동이나 상태에는 사용하지 않는다. 「勉強する(공부하다)・貯金(ちょきん)する(저축하다)・働く(일하다)」 등과 함께 쓰인다. 「こつこつ」는 노력에 대한 칭찬의 뉘앙스로 쓰이므로 4번의 비판의 뉘앙스와 맞지 않다.

단어 失職(しっしょく)する 실직하다 | 志望校(しぼうこう) 지망 학교, 원하는 학교 | 合格(ごうかく)する 합격하다 | 点滅(てんめつ)する 점멸하다, 깜박이다

[3] さっさと 빨랑빨랑, 서둘러, 후딱

1 맛있어 보이는 케이크가 빨랑빨랑 늘어서 있습니다.
(X, ズラッと: 죽)

2 필요 없는 것을 버리니 기분이 빨랑빨랑했다.
(X, すっきり: 후련함 / さっぱり: 후련함, 상쾌함)

3 5일 연속으로 야근을 해서 후딱 지쳤다.
(X, どっと: 갑자기, 털썩)

4 집에 돌아가 바로 숙제를 후딱 해치웠다. (O)

해설 「さっさと」는 빠르고 신속한 행동을 나타내는 부사로, 빠른 실행이나 결정을 강조할 때 사용하며, 장기적인 노력에는 적합하지 않다. 「片付ける(정리하다, 치우다)·行く(가다)·終わる(끝내다)」 등과 함께 쓰인다.

단어 連続(れんぞく) 연속 | 残業(ざんぎょう) 잔업, 야근

[4] 尽(つ)きる 다하다, 끝나다, 소진되다

1 모든 수단을 끝나서 야마다 씨의 행방을 찾았다.
(X, 尽くして: 다해서)

2 36명이 참가한 2차 회식에서는 노래방과 끊이지 않는 이야기로 분위기가 달아올랐다. (O)

3 그 법률은 이제 현실에 다하지 않는 것이 되어 있다.
(X, 合わない: 맞지 않는)

4 이 목적을 끝나기 위해서는 우리 모두가 협력하지 않으면 안 된다. (X, 達成する: 달성하다)

해설 「尽きる」는 '한계에 이르다, 완전히 소모되다'라는 뜻으로, 「手段(수단)·体力(체력)·資源(자원)·話(이야기)」처럼 소모되거나 끝날 수 있는 것에 쓰인다. '목적·의도·현실성'처럼 무언가를 이루다라는 의미에는 사용하지 않는다. 1번에서 '수단을 다하다'를 나타낼 때는 자동사 「尽きる」가 아니라 타동사 「尽(つ)くす」를 써야 한다.

단어 手段(しゅだん) 수단 | 行方(ゆくえ) 행방 | 捜(さが)す (없어진 것을) 찾다 | 尽(つ)くす 온 힘을 다하다 | 二次会(にじかい) 2차 모임 | 盛(も)り上(あ)がる 분위기가 달아오르다 | 法律(ほうりつ) 법률 | 現実(げんじつ) 현실 | 目的(もくてき) 목적 | 協力(きょうりょく)する 협력하다 | 達成(たっせい)する 달성하다

[5] 生(い)き生(い)き 생생히, 활기차게, 생동감 있게

1 야마모토 씨는 최근 활기차게 일을 하고 있다. (O)

2 그녀와의 추억이 지금도 활기차다.
(X, 生き生きしている → 鮮明だ: 선명하다)

3 TV를 통해 사고 현장의 활기찬 모습을 알 수 있다.
(X, 生き生きとした → 生生しい: 생생한 / リアルな: 사실적인)

4 야채는 데치는 것보다 활기차게 먹는 것을 더 좋아한다.
(生き生きと → 生で: 생으로)

해설 「生き生き」는 활기차고 생동감 있는 모습을 나타내는 부사이다. 정적이고 고요한 상태에는 사용되지 않으며, 2번과 같이 과거를 회상하는 내용과는 맞지 않는다. 「生き生きとする(활기차게 하다)」, 「生き生きした表情(활기찬 표정)」 등과 같은 형태로 쓰인다.

단어 鮮明(せんめい) 선명함 | 現場(げんば) 현장 | 様子(ようす) 모습, 상황 | 生生(なまなま)しい 생생하다 | ゆでる 삶다

🔵54 기출어휘 확인문제　용법　　　p.129

[1] 即座(そくざ)に 즉시, 그 자리에서 바로

1 야마다 씨는 미국에 5년간 살았던 즉시 영어가 서투르다. (X, 住んでいた即座に → 住んでいたのに: 살았음에도 불구하고)

2 그 예쁜 옷을 보고, 그녀는 바로 그것을 살 결심을 했다. (O)

3 산을 오름에 따라 즉시 길이 험해졌다.
(X, だんだん / 次第に: 점점, 점차)

4 가족은 모두 나에게 일을 그만두지 않도록 즉시 설득해 왔다. (X, 必死に: 필사적으로)

해설 「即座」는 '즉시'라는 의미의 부사로, 바로 그 자리에서 일어나는 변화나 빠른 행동을 나타낸다. 장기적인 시간 흐름이나 지연된 변화에는 사용되지 않는다. 「行動する(행동하다)·反応する(반응하다)·決断する(결단하다)」 등과 같이 쓰인다. 3번과 같은 점진적인 변화를 나타내는 상황에서는 쓰이지 않는다.

단어 決心(けっしん)する 결심하다 | 険(けわ)しい 험하다 | 説得(せっとく)する 설득하다

[2] 一斉(いっせい)に 일제히, 동시에

1 공원에서 어린아이들은 일제히 사이좋게 놀고 있었다.
(X, 一緒に: 같이, 함께)

2 어제는 가족 일제히 조카의 결혼식에 초대받아 갔다.
(X, 全員で: 전원이, 모두 함께)

3 졸업 기념사진에는 학급 학생들이 일제히 찍혀 있다.
(X, 全員: 전원)

4 노래가 끝나자 관객은 일제히 일어서서 가수에게 박수를 보냈다. (O)

해설 「一斉に」는 여러 사람이나 사물이 같은 순간에, 동시에 행하는 모습을 나타내는 부사로, 시간적 동시성이 분명한 표현과 함께 쓰인다. 집단이 각자 따로 행동하는 상태나 단순한 구성, 소속을 나타내는 문맥에는 부적합하나. 「始まる(시작되다)·集まる(모이다)」 등과 함께 쓰인다.

단어 全員(ぜんいん) 전원, 모두 | 生徒(せいと) 학생 | 観客(かんきゃく) 관객 | 拍手(はくしゅ) 박수

[3] 廃止(はいし) 폐지

1 쓸 수 없게 된 신용 카드를 가위로 잘라서 폐지했다.
(X, 廃棄. 폐기 / 処分: 처분)

2 이번 달 중으로 굴착기로 이 건물을 폐지할 예정이다.
(X, 撤去: 철거)

3 올해부터 급식 제도가 폐지가 되어서 도시락을 가져와야만 한다. (O)

4 계약 기간이 폐지되었기 때문에 다음 일을 찾아야만 한다.
(X, 終了: 종료)

해설 「廃止」는 '제도, 시스템, 규칙, 법률 등을 폐지하다, 없애다'라는 의미이다. 물리적인 사물의 파괴나 삭제에는 적합하지 않으며, 제도나 규칙 등에 대해 말할 때 적절하다.

단어 廃棄(はいき) 폐기 | 処分(しょぶん) 처분 | ショベルカー 굴착기 | 撤去(てっきょ) 철거 | 給食(きゅうしょく) 급식 | 制度(せいど) 제도 | 終了(しゅうりょう) 종료

4 生(しょう)じる (풀 등이) 돋아나다, 나다 (사물이) 발생하다

1 기르던 개에게 아기가 4마리 **돋아났다**.
   (X, 生まれた: 태어났다)

2 모르는 사람이 그 문에서 갑자기 **발생해서** 놀랐다.
   (X, 生じたので → 現れて: 나타나서)

3 다음 달에 결혼하는데 불안한 마음에 망설임이 **생기고** 말았다. (O)

4 착각해서 손을 베어버려 피가 **돋아나고** 말았다.
   (X, 出て: 나고)

해설 「生じる」는 '문제나 상황이 발생하다, 생기다'라는 의미를 가진 동사이다. 주로 자연스럽게 발생하거나 생기는 상황에서 사용된다. 「問題(문제)・不安(불안)・変化(변화)」 등과 함께 쓰인다.

단어 飼(か)う 기르다, 사육하다 | 突然(とつぜん) 갑자기 | 驚(おどろ)く 놀라다 | 迷(まよ)い 고민, 망설임

5 頑丈(がんじょう) 튼튼함, 견고함

1 그는 그 건에 대해서 **튼튼하게** 주장하고 있다.
   (X, 頑丈に → 強硬に: 강경하게)

2 복잡한 사정을 **튼튼한** 말로 설명한다.
   (X, 頑丈な → 強い: 강한)

3 당황해서 **튼튼한** 것을 말하는 것을 잊었다.
   (X, 頑丈な → 大切な・重要な: 중요한)

4 **튼튼하게** 만들어진 책상을 오랜 세월 쓰고 있다. (O)

해설 「頑丈」는 튼튼함, 견고함을 나타내는 형용사로, 사람의 신체나 물리적 객체의 강도나 내구성 등을 묘사할 때 쓰인다. 단, 정신적, 감정적 강인함을 나타낼 때는 적합하지 않다.

단어 主張(しゅちょう)する 주장하다 | 強硬(きょうこう) 강경함 | 複雑(ふくざつ) 복잡함 | 事情(じじょう) 사정, 상황 | あわてる 당황하다 | 長年(ながねん) 오랜 세월

55 기출어휘 확인문제 용법 p.131

1 中断(ちゅうだん) 중단

1 오늘 밤 예정되어 있던 술자리는 참가자가 적은 듯해 **중단**했다. (X, 中止: 중지)

2 차를 운전 중일 때는 횡단보도 앞에서 일시 **중단**을 해야만 합니다. (X, 停止: 정지)

3 같이 타고 있던 친구가 도중에 내려서 샛길에 차를 **중단**시켰다. (X, とめ: 멈춤, 세움 / 停車: 정차)

4 갑자기 큰비가 내려 심판의 지시로 시합이 **중단**되었다. (O)

해설 「中断」은 진행중인 일을 일시적으로 멈추는 상황을 나타내는 명사로 주로 회의, 행사, 시합, 작업 등을 잠시 멈추는 상황에서 쓰인다. 지속적인 멈춤이나 완전한 정지를 나타낼 때는 적합하지 않다.

단어 参加者(さんかしゃ) 참가자 | 中止(ちゅうし) 중지, 중단 | 停止(ていし) 정지, 일시 멈춤 | 横道(よこみち) 샛길, 옆길 | 突然(とつぜん) 갑자기 | 審判(しんぱん) 심판 | 指示(しじ) 지시

2 大(たい)した 대단한, 별거 아닌, 중요하지 않은

1 어제 여기서 **대단한** 사고가 일어났다. (X, 大きな: 큰)

2 이 시의 중앙에는 **대단한** 분수가 있습니다.
   (X, 立派な: 훌륭한)

3 **별거 아닌** 병이니까, 곧 낫겠지. (O)

4 뒤에서 **대단한** 목소리로 불려서, 깜짝 놀랐다.
   (X, 大きな: 큰)

해설 「大した」는 '중요한' '대단함'이라는 의미로 사용되며, 중요한 일이나 상황 등을 설명할 때 사용된다. 때때로 부정적인 의미로 '별것 아닌, 대단하지 않은' 의미로도 쓰일 수 있기 때문에, 문맥에 따라 주의해야 한다.

단어 噴水(ふんすい) 분수

3 薄(うす)める (농도를) 옅게 하다, 묽게 하다

1 커피가 무척 뜨거워서 물을 넣어 온도를 **옅게 했다**.
   (X, 下げた: 낮췄다)

2 아이의 졸업식이어서 화려한 옷 말고 **옅은** 복장으로 참가했다. (X, 地味な: 수수한)

3 내가 쓰고 싶은 색을 만들기 위해서 물감에 물을 타 **옅게 했다**. (O)

4 물이 끓기 시작해서 가스불을 **옅게 했다**.
   (X, 弱めた: 약하게 했다 / 消した: 껐다)

해설 「薄める」는 물질의 농도를 낮추거나 희석하여 옅게 만든다는 의미의 동사이다. 주로 색상, 맛, 액체의 농도 등을 희석함을 말할 때 사용된다. 그러나 모든 경우에 적용될 수는 없으며, 문맥에 맞는 정확한 사용이 필요하다.

단어 服装(ふくそう) 복장, 옷차림 | 参加(さんか)する 참가하다 | 絵具(えのぐ) 물감 | 沸騰(ふっとう) 끓어오름

4 どうせ 어차피, 결국

1 **어차피** 마지막까지 열심히 노력하면, 분명 좋은 결과가 나올 거야. (X, とにかく: 어쨌든)

2 지금부터 공부한들 **어차피** 좋은 성적은 받지 못할 게 뻔하다. (O)

3 결과가 좋든 나쁘든, **어차피** 시험이 끝나면 기쁘다.
   (X, とにかく: 어쨌든)

4 시간에 맞을지 어떨지 모르겠지만, **어차피** 빨리 가 보자.
   (X, とりあえず: 우선)

해설 「どうせ」는 '어차피', '결국', '어떤 결과가 나와도'라는 뜻을 가진다. 대개 부정적인 상황이나 결과를 예고하는 상황에서 쓰이며, 긍정적 상황에서는 적합하지 않다. 「どうせ無理だ(어차피 무리다)」, 「どうせ結果は変わらない(어차피 결과는 변하지 않는다)」와 같이 표현한다.

단어 成績(せいせき) 성적 | 試験(しけん) 시험 | 間(ま)に合(あ)う 시간에 대다, 늦지 않다

5 妥当(だとう) 타당함, 적절함

1 큰 차가 갖고 싶었지만 비싸기 때문에 **타당**해서 경차로 했다. (X, 妥協: 타협)

2 최근 물가가 높으니 계란 10개에 350엔은 **적절**한 가격이겠지요. (O)

3 영어에서 'high school(고등학교)'는 일본어 '高校(고등학교)'에 **타당**한다. (X, 妥当する → 相当する: 해당한다 / 当たる: 해당한다)

4 5천 엔 **타당**의 옷이 세일 중인 지금이라면 반값에 살 수 있습니다. (X, 相当: 상당)

해설 「妥当」는 판단, 가격, 해석, 평가 등이 객관적으로 무리가 없고 합리적이며 적절함을 나타내는 말이다. 행동의 타협이나 금액 등 수치를 수식하는 말로는 부적합하다. 「妥当な判断(타당한

판단」, 「妥当な値段(적정한 가격)」 등과 같이 표현한다.

단어 妥協(だきょう) 타협 | 物価(ぶっか) 물가 | 相当(そうとう)する 해당하다, 상당하다 | 半額(はんがく) 반값

56 기출어휘 확인문제 용법 p.132

1 微妙(びみょう) 미묘함, 애매함

1 **미묘**한 시계를 발견하면, 파출소에 가져다 주세요.
(X, 微妙な → 怪しい: 수상한)

2 양측의 주장에는 **미묘**한 부분에서 엇갈림이 있다. (O)

3 가게 밖에 **미묘**한 사람이 서 있어서, 무서워졌다.
(X, 微妙な → 怪しい・不審: 수상한, 의심스러운)

4 **미묘**한 우연으로부터 사건의 목격자가 되었다.
(X, 微妙な → 不思議な 신기한, 희한한)

해설 「微妙」는 명확하게 판단하기 어려운 상태, 미세한 차이, 애매한 상태를 나타내는 말로, 섬세한 판단이 필요한 상황에 주로 사용된다. 단, 구체적인 물건이나 사람을 직접 수식하여 정체가 불분명하다는 의미로 사용할 때는 부자연스럽다. 4번과 같이 우연성이나 극적 상황을 나타낼 때도 어색하다. 「違い(차이)・関係(관계)・立場(입장)」 등과 함께 쓰인다.

단어 怪(あや)しい 수상하다, 의심스럽다 | 両者(りょうしゃ) 양쪽, 두 사람 | 主張(しゅちょう) 주장 | くいちがい 불일치, 어긋남 | 不審(ふしん) 수상함, 의심스러움 | 偶然(ぐうぜん) 우연, 우연히 | 目撃者(もくげきしゃ) 목격자 | 不思議(ふしぎ) 신기함, 희한함

2 明(あ)かり 불빛, 등불, 밝음

1 도둑은 **불빛**이 될 만한 것은 아무것도 남기지 않았다.
(X, 手がかり: 실마리, 단서 / 証拠: 증거)

2 눈부신 한여름 태양의 **불빛**이 내리쬐다. (X, 光: 태양 빛)

3 공기가 들어오는 양에 따라, 가스레인지 **불빛**의 색이 다르다.
(X, 炎: 불꽃)

4 매일 밤 10시가 되면 방의 **불**을 끄고 잔다. (O)

해설 「明かり」는 불빛이란 뜻의 명사로 조명, 전등, 불 등 실제로 밝음을 만들어내는 대상에 널리 시용된다. 또한 비유적으로 희망, 단서처럼 '밝혀 주는 것'의 의미로도 쓰인다. 단, 색이나 불꽃 자체의 성질을 말할 때는 적합하지 않다. 「つける(켜다)・消す(끄다)」 등과 함께 쓰인다.

단어 泥棒(どろぼう) 도둑 | 手(て)がかり 단서 | 証拠(しょうこ) 증거 | 炎(ほのお) 불꽃

3 たまたま 우연히, 어쩌다 보니, 마침

1 나는 시간이 나면, **우연히** 게임을 한다. (X, よく: 자주)

2 **우연히** 놀러 오세요. (X, よかったら: 괜찮다면)

3 저 남자는 **우연히** 장난을 친다.
(X, よく: 자주 / しょっちゅう: 늘, 언제나)

4 어제는 **우연히** 선생님과 같은 전철로 귀가했다. (O)

해설 「たまたま」는 '우연히', '마침'이라는 뜻의 부사로, 의도, 습관, 반복, 의지와 관계없는 단발적인 우연에 사용된다. 반복, 의도, 부탁, 권유 등의 상황을 나타낼 때 쓰이면 부자연스럽다. 「たまたま会う(우연히 만나다)」, 「たまたま見かける(마침 보게 되다)」 등과 같이 표현한다.

단어 いたずら 장난

4 振(ふ)り向(む)く 뒤돌아보다, 돌아보다

1 후지산은 여기서 **뒤돌아보는** 것이 가장 아름답다.
(X, 眺める: 바라보다, 조망하다)

2 뒤에서 이름이 불려서 **뒤돌아보았다**. (O)

3 어머니는 평생 자식에 대한 사랑을 **뒤돌아보며** 살아오셨다.
(X, 注いで: 쏟으며)

4 다리 밑을 **뒤돌아보지** 말고 걸으세요.
(X, 振り向かずに → 見ないで: 보지 말고)

해설 「振り向く」는 '뒤돌아보다'는 뜻으로, 실제로 시선이나 몸의 방향이 바뀌는 상황에 사용된다. 또한 과거의 일을 회상하거나 관심을 돌리는 비유적 표현으로도 쓰인다. 단, 경치나 대상 자체가 '방향을 바꾼다'는 의미로는 사용할 수 없다. 「名前を呼ばれて振り向く(이름을 불려 돌아보다)」, 「過去を振り向く(과거를 되돌아보다)」 등과 같이 표현한다.

단어 富士山(ふじさん) 후지산

5 今(いま)に 머지않아, 곧

1 마지막 시험이 끝나자마자, **머지않아** 외우고 있던 것을 전부 잊었다. (X, 今まで: 지금까지)

2 내일은 늦으므로, **머지않아** 청소해 주세요.
(X, 今すぐ: 지금 바로)

3 이미 시합은 시작되었으니, **머지않아** 그만두고 싶다고 말해도 너무 늦다. (X, いまさら: 이제 와서, 지금 와서)

4 걱정하지 않아도 **머지않아** 돌아올 거예요. (O)

해설 「今に」는 '머지않아', '곧', '조만간'이라는 의미의 부사로, 가까운 미래에 일어날 일을 예측, 기대, 판단할 때 쓰인다. 이미 끝난 과거나 즉각적인 명령과는 어울리지 않는다. 「今に分(わ)かる(곧 알게 되다)」와 같이 쓰인다.

단어 試験(しけん) 시험 | 試合(しあい) 시합, 경기

57 기출어휘 확인문제 용법 p.133

1 行方(ゆくえ) 행방, 방향, 진로

1 태풍은 **행방**을 동쪽으로 바꾸었다. (X, 進路: 진로)

2 중앙도서관으로의 **행방**을 아십니까? (X, 行き方: 가는 법)

3 그 남자아이는 집을 나간 채 아직도 **행방**을 알 수 없다고 한다. (O)

4 이번 여행의 **행방**을 어디로 할지 고민하고 있다.
(X, 行き先: 행선지)

해설 「行方」는 사람, 사물, 사건 등이 어디로 가는지 혹은 어디에 있는지가 분명하지 않거나 소재가 정해지지 않은 상태를 나타내는 명사이다. 주로 실종, 행방불명처럼 결과나 위치가 불확실한 상황에 사용된다. 따라서 구체적인 목적지나 장소를 직접 가리키는 말로는 부적합하다. 「行方を追(お)う(행방을 쫓다)」 등과 같이 사용한다.

단어 台風(たいふう) 태풍 | 進路(しんろ) 진로 | 中央図書館(ちゅうおうとしょかん) 중앙도서관 | 行(い)き先(さき) 행선지, 목적지

2 わずか 겨우, 불과, 약간

1 여기까지 오면 역까지는 이제 **겨우** 5분이다. (O)

2 모두와 헤어진 뒤 **약간** 혼자만 남게 되어 마음이 놓였다.
(X, やっと: 마침내)

3 밥을 **겨우** 더 주세요. (X, 少し: 조금)

4 어머니의 말씀은 너무 **약간**이라서 들리지 않았다.
  (X, わずかすぎて → 小さすぎて: 너무 작아서)

해설 「わずか」는 양, 정도, 시간 등이 매우 적음을 나타내는 말이다. 수량화가 가능하거나 '조금 남음', '소량'의 의미를 강조할 때 자연스럽다. 따라서, 사람의 상태나 성질, 추상적인 느낌을 직접 수식하는 용법에는 적합하지 않다. 「わずかに残る(조금 남다)」, 「わずかな時間(짧은 시간)」 등과 같이 표현한다. わずか는 판단의 결과 '아주 적다'는 서술의 의미에 적합하므로 3번과 같은 청유형과는 맞지 않는다.

단어 ほっと 안심하는 모양

3 **あるいは** 또는, 혹은

1 이 가게는 오래되었**거나** 유명한 가게이다.
  (X, あるいは 삭제하고 古い → 古くて: 오래되고)

2 이 매실을 매실절임으로 할까, **또는** 어떻게 할까.
  (X, それとも: 그렇지 않으면, 아니면)

3 나는 여름 방학에 일본 **또는** 미국에 갔다.
  (X, 〜と: 〜와/과)

4 나 **또는** 그가 그 질문에 대답해야 한다. (O)

해설 「あるいは」는 둘 이상의 선택지 중 하나를 제시할 때 쓰이는 접속 부사로, '또는', '혹은'의 의미를 가진다. 보통 같은 범주의 선택지를 병렬로 놓는 경우 쓰이나, 단순한 나열이나 성격이 다른 형용사를 연결하는 용법에는 부적합하다. 1번에서 오래되다(古い)와 유명하다(有名だ)는 선택 관계가 아니라 성질의 나열이므로 부적합하다. 2번에서는 두 번째 선택지가 구체적으로 제시되지 않아 부적합하다.

단어 梅(うめ) 매실 | 梅干(うめぼし) 매실절임

4 **展開(てんかい)** 전개, 펼침, 펼쳐짐

1 접촉 사고 때문에 멈춰 있던 전철은 운전을 **전개**했다.
  (X, 再開: 재개)

2 앞으로 새로운 비즈니스를 아시아 시장에서 **전개**할 예정입니다. (O)

3 대형 선박이 천천히 **전개**해서 반대 방향으로 향해 갔습니다.
  (X, 展開して → 旋回して: 선회해서 / 方向を変えて: 방향을 바꿔서)

4 그 소문은 눈 깜짝할 사이에 반 전체에 **전개**했다.
  (X, 展開した → 広まった: 퍼졌다)

해설 「展開」는 상황, 사업, 전략 등이 퍼지거나 구체적으로 진행된다는 의미이다. 시간의 흐름 속에서 단계적으로 퍼질 때 주로 쓰이며, 소문 등 단순한 전파 등에는 어울리지 않는다. 추상적이거나 조직적인 대상에 쓰이는 반면 교통수단의 운행 재개나 물리적인 이동, 방향 전환 등에는 부적합하다.

단어 接触(せっしょく) 접촉 | 再開(さいかい) 재개 | 大型船(おおがたせん) 대형선, 대형 선박 | 旋回(せんかい)する 선회하다 | あっという間(ま)に 눈 깜짝할 사이에

5 **どっと** 갑자기, 한꺼번에, 우르르, 왈칵, 털썩

1 시간이 없으니 **갑자기** 설명해 주세요. (X, 簡単に: 간단하게)

2 그 요리는 겉보기보다 **왈칵** 맛있었다. (X, ずっと: 훨씬)

3 엄마가 돌아올 때까지 여기서 **우르르** 있어.
  (X, じっと: 가만히)

4 집에 돌아오자 쌓여 있던 피로가 **한꺼번에** 몰려왔다. (O)

해설 「どっと」는 감정, 사람, 물량 등이 한꺼번에 급격히 나타나는 모습을 나타내는 부사로, 순간적인 폭발, 집중, 분출의 뉘앙스를 가진다. 피로, 눈물, 사람, 비, 웃음처럼 갑자기 쏟아지듯 나타나는 것에 잘 쓰인다. 반면, 훨씬, 매우 등 비교나 정도를 나타내는 경우에는 맞지 않다. 「人がどっと集まる(사람들이 한꺼번에 몰려들다)」, 「雨がどっと降る(비가 갑자기 쏟아지다)」 등과 같이 사용한다.

단어 見(み)た目(め) 겉보기

58 기출어휘 확인문제 용법 p.134

1 **夢中(むちゅう)** 열중함, 몰두함, 몰입함

1 여동생은 새로운 취미에 **열중함** 하고 있다.
  (X, 夢中して → 没頭して: 몰두하고)

2 그녀는 프랑스어 공부에 **열중**하고 있다. (O)

3 그는 사업 실패를 **열중**하며 고민하고 있다.
  (X, 夢中に → 深刻に: 심각하게)

4 저 게임이 아이들 사이에서 **열중**이다.
  (X, 夢中だ → 人気だ: 인기다)

해설 「夢中」는 어떤 대상이나 활동에 마음이 완전히 사로잡힌 상태를 나타내는 말이다. 긍정적이거나 중립적 집중 상태를 나타내며, 부정적 심리 상태와는 쓰이지 않는다. 「〜に夢中だ」의 형태로 쓰이며, 「夢中する」의 형태로는 쓰이지 않는다.

단어 没頭(ぼっとう)する 몰두하다 | 事業(じぎょう) 사업 | 失敗(しっぱい) 실패 | 深刻(しんこく)に 심각하게

2 **乗(の)り越(こ)す** 내릴 곳을 지나치다

1 이 도로에서는 뒤차가 앞차를 **내릴 곳을 지나쳐서는** 안 됩니다. (X, 追い越しては: 추월해서는)

2 종점에서 내려 거기서 다른 버스로 **내릴 곳을 지나쳤다**.
  (X, 乗り換えた: 갈아탔다)

3 막차에 **내릴 곳을 지나쳐 버려서** 택시를 타고 돌아왔다.
  (X, 乗り遅れて: 놓쳐)

4 앉아서 졸다가 **내릴 역**을 세 개나 **지나쳐 버렸다**. (O)

해설 「乗り越す」는 타고 가던 교통수단에서 내려야 할 지점이나 목적지를 지나쳐 그대로 더 가 버리는 것을 의미하는 동사다. 사람이나 물체를 앞질러 가는 의미로는 사용되지 않는다. 「終点(しゅうてん)を乗り越す(종점을 지나치다)」, 「うっかり乗り越す(깜빡하고 내릴 곳을 지나치다)」 등과 같이 쓰인다.

단어 追(お)い越(こ)す 추월하다 | 終点(しゅうてん) 종점 | 乗(の)り換(か)える 갈아타다 | 終電(しゅうでん) 막차 | 乗(の)り遅(おく)れる (차를) 놓치다 | 居眠(いねむ)り 앉아서 졺

3 **実施(じっし)** 실시

1 그 법률은 내년 3월부터 **실시**된다. (O)

2 이상과 **실시**를 동일하게 해서는 안 된다. (X, 現実: 현실)

3 이론과 **실시**는 때때로 맞지 않는 경우가 있다.
  (X, 実践: 실천)

4 그의 위대한 꿈은 드디어 **실시**했다. (X, 実現: 실현)

해설 「実施」는 계획, 제도, 정책, 행사 등을 실제로 실행에 옮긴다는 뜻으로, 공식적이고 구체적인 실행 대상과 함께 쓰인다. 생각, 이상, 꿈처럼 추상적인 대상에는 쓰지 않는다. 「計画(けいかく)を実施(じっし)する(계획을 실시하다)」 등과 같이 쓰인다.

단어 法律(ほうりつ) 법률 | 理想(りそう) 이상 | 現実(げんじつ) 현실 | 理論(りろん) 이론 | 実践(じっせん) 실천 | 実現(じつげん) 실현 | 偉大(いだい) 위대함

4 向(む)かい 맞은편, 건너편

1 비행기는 눈 깜짝할 사이에 바다 **맞은편**으로 사라졌다.
 (X, 向こう: 저편)

2 이 집은 남쪽 **맞은편**이라서 해가 잘 든다.
 (X, 向き: 방향, 향함)

3 출장으로 도쿄에 갔을 때, **맞은편**에서 친구를 만났다.
 (向かいで → 向こうで: 저편에서)

4 그녀는 우리 집 **맞은편**에 살고 있다. (O)

해설 「向かい」는 기준이 되는 장소나 대상의 '맞은편', '마주한 쪽'을 뜻한다. 주로 집, 길, 건물처럼 공간적으로 서로 마주 보고 있는 경우에 쓰이며, 이동의 목적지나 추상적인 방향을 나타내는 말로는 적합하지 않다. 추상적 방향일 경우 「向(む)こう(저편, 건너)」가 적합하다. 「道の向かい(길 건너편)」, 「向かい側(맞은편 쪽)」와 같이 쓰인다.

단어 向(む)こう 건너편, 저쪽 | 出張(しゅっちょう) 출장

5 催促(さいそく) 재촉, 독촉

1 엑스포는 5년마다 **독촉**된다. (X, 開催: 개최)

2 집세 내는 것을 까맣게 잊고 있었더니, **독촉** 전화가 걸려 왔다. (O)

3 국제 연합 **독촉**의 평화 회의가 열렸다. (X, 主催: 주최)

4 이 투어는 참가자 5명부터 **독촉**합니다.
 (X, 催行: 개최, 시행, 진행)

해설 「催促」는 주로 돈의 지불, 일의 진행, 행동 등이 지연되었을 때 빨리 하라고 조르거나 다그칠 때 쓰는 말이다. 행사나 회의 등 이벤트적 행위를 시행한다는 의미로는 사용되지 않는다. 「支払(しはら)いを催促(さいそく)する(지불을 재촉하다)」, 「返事(へんじ)を催促(さいそく)する(답변을 재촉하다)」와 같이 쓰인다.

단어 家賃(やちん) 집세 | 開催(かいさい) 개최 | 主催(しゅさい) 주최 | 催行(さいこう) (행사·여행 등의) 실시, 개최

01 문제1 한자읽기

문제 1 _____의 단어의 읽기로 가장 알맞은 것을 1·2·3·4에서 하나 고르시오.

01 예상어휘 확인문제　한자읽기　　　　p.172

1 한여름의 **햇살**이 반짝반짝 빛나는 백사장을 비추고 있다.

해설 「日差し」는 '햇살, 햇볕'이라는 뜻으로 「ひざし」라고 읽는다. 동사 「指(さ)す」나 「差(さ)す」에서 파생된 명사형과 결합할 때 탁음이 붙는 경우가 많다.

단어 真夏(まなつ) 한여름 | 輝(かがや)く 빛나다 | 砂浜(すなはま) 백사장 | 照(て)らす 비추다 | 日照(ひで)り 가뭄

2 이 꽃은 일본 각지에 널리 **분포**해 있다.

해설 「分布」는 「ぶんぷ」라고 읽는다. 「布」는 음독 시 「ふ」 혹은 「ぷ」로 읽히는데, 「分布(ぶんぷ)」, 「配布(はいふ, 배포)」 등 단어에 따른 읽기 구분이 중요하다.

단어 各地(かくち) 각지

3 이 **지역** 주민들의 재해 시 피난 장소는 시립공원이다.

해설 「地域」는 「ちいき」라고 읽는다. 「域」는 「区域(くいき, 구역)」, 「領域(りょういき, 영역)」처럼 주로 「いき」로 읽히며, 「地」의 음독인 「ち」와 결합한다.

단어 住民(じゅうみん) 주민 | 災害(さいがい) 재해 | 避難(ひなん) 피난 | 市立(しりつ) 시립

4 그녀는 팀을 **승리**로 이끌었다.

단어 勝利(しょうり) 승리 | 導(みちび)く 이끌다

5 그녀는 그림보다 **조각**을 더 잘한다.

해설 「彫刻」는 음독하여 「ちょうこく」라고 읽는다. 「彫」가 장음인 「ちょう」로 읽히는 것에 주의해야 한다. 가가 쓰일 때는 「刻(きざ)む」·「彫(ほ)る」와 같이 읽는다.

단어 刻(きざ)む 새기다 | 彫(ほ)る 파다, 새기다

6 최근 이 주변에서는 **도난** 사건이 잇따르고 있다.

단어 盗難(とうなん) 도난 | 事件(じけん) 사건 | 相次(あいつ)ぐ 잇따르다, 연달아 발생하다

7 이 백사장의 모래는 알갱이가 **거칠다**.

단어 粗(あら)い 거칠다 | 粒(つぶ) 알갱이 | ずるい 치사하다, 영악하다 | くどい 장황하다 | かたい 딱딱하다

8 결정하기 전에 이러한 사정들을 **고려**해야 한다.

단어 決定(けってい) 결정 | 事情(じじょう) 사정 | 考慮(こうりょ) 고려

9 　우리는 발상을 180도 **전환**할 필요가 있다.
해설　発想(はっそう) 발상 | 転換(てんかん) 전환

10 　뉴스에 나온 그 사람들의 **안부**가 아직도 불분명하다고 합니다.
해설　「安否」는 「あんぴ」라고 읽는다. 「否」는 단독으로 쓰일 때 「いな」로 읽히기도 하지만, 한자어에서는 「ひ」 혹은 「ぴ」로 읽히며 여기서는 반탁음이 적용된다.
단어　いまだに 여전히, 아직까지 | 不明(ふめい) 불분명함

02 예상어휘 확인문제　한자읽기　　　　p.173

1 　나의 독후감이 학교 신문에 **게재**되었다.
해설　「掲載」는 신문이나 잡지 등에 글을 올리는 상황을 나타내며 음독하여 「けいさい」라고 읽는다.
단어　読書(どくしょ) 독서 | 感想文(かんそうぶん) 감상문 | 経済(けいざい) 경제 | 教材(きょうざい) 교재

2 　아이의 성장을 **묵묵히** 지켜보는 것도 중요하다.
단어　成長(せいちょう) 성장 | 黙(だま)る 말없이 있다, 가만히 있다 | 見守(みまも)る 지켜보다 | 濁(にご)る 탁해지다 | 凍(こお)る 얼다 | 湿(しめ)る 습해지다, 젖다

3 　무엇이든 실제로 **시도해** 보지 않으면 알 수 없다.
단어　実際(じっさい)に 실제로 | 試(ため)す 시험하다, 시도하다 | 示(しめ)す 나타내다 | 返(かえ)す 돌려주다

4 　이 간장은 염분의 **농도**가 높다.
해설　「濃度」는 「のうど」라고 읽는다. 「濃」는 「濃厚(のうこう)」, 「濃淡(のうたん)」처럼 「のう」로 읽히며, 「労働(ろうどう)」 등과 발음이 유사하므로 주의가 필요하다.
단어　塩分(えんぶん) 염분 | 能動(のうどう) 능동 | 濃厚(のうこう) 농후함 | 濃淡(のうたん) 농담, 짙음과 옅음 | 労働(ろうどう) 노동

5 　이 물건이 있는지 어떤지, **창고**를 확인하고 와 줄래?
단어　倉庫(そうこ) 창고 | 確認(かくにん) 확인 | 証拠(しょうこ) 증거

6 　경찰은 그의 동향을 **살피고** 있었다.
해설　「探って」는 '살피다, 탐지하다'라는 뜻의 동사 「探(さぐ)る」의 활용형이며 훈독으로 읽는다.
단어　動向(どうこう) 동향 | 伺(うかが)う 엿보다, 묻다

7 　병을 잘 **흔들어서** 드시기 바랍니다.
해설　「振って」는 '흔들다'라는 뜻의 동사 「振(ふ)る」의 활용형이다. 「掘(ほ)る(파다)」, 「握(にぎ)る(쥐다)」 등 한자가 비슷한 동사들과 구별이 필요하다.
단어　振(ふ)る 흔들다 | 擦(こす)る 문지르다, 비비다

8 　고타쓰(일본식 난방기구)가 **그리운** 계절이 되었다.
해설　「恋しい」는 훈독하여 「こいしい」로 읽으며 계절이나 고향, 사람이 그리울 때 등 폭넓게 쓰인다.
단어　季節(きせつ) 계절 | 空(むな)しい 허무하다 | 悔(くや)しい 분하다 | おかしい 이상하다, 웃기다

9 　도둑은 경비원의 빈틈을 **노려** 침입했다.
해설　「狙って」는 「ねらって」와 같이 읽으며, '겨냥하다, 노리다'라는 뜻의 동사 「狙(ねら)う」의 활용형이다.
단어　泥棒(どろぼう) 도둑 | 警備員(けいびいん) 경비원 | 狙(ねら)う 노리다, 겨냥하다 | 侵入(しんにゅう) 침입 | 競(きそ)う 경쟁하다 | 奪(うば)う 빼앗다 | 争(あらそ)う 다투다

10 　열차 문에 코트가 **꼈다**.
단어　挟(はさ)む 끼이다, 끼우다 | 囲(かこ)む 둘러싸다 | 掴(つか)む 잡다, 움켜쥐다 | 包(つつ)む 싸다, 포장하다

03 예상어휘 확인문제　한자읽기　　　　p.174

1 　이 **임무**를 마치면 나는 사직할 생각입니다.
해설　「任務」는 한자 「任」은 음독하여 「にん」, 「務」는 「む」로 읽히며, 맡겨진 책임이나 일을 뜻한다.
단어　任務(にんむ) 임무 | 辞職(じしょく)する 사직하다

2 　타고 있던 비행기가 심하게 **상하**로 흔들렸다.
해설　「上下」는 여기에서 「じょうげ」라고 읽는다. '위아래'라는 뜻이며, 비행기나 배가 흔들리는 문맥에서 자주 쓰인다.
단어　上下(じょうげ) 상하, 위아래 | 揺(ゆ)れる 흔들리다 | 増加(ぞうか) 증가

3 　우리는 그의 연설에 매우 **감격**했다.
단어　非常(ひじょう)に 매우 | 感激(かんげき) 감격 | 刺激(しげき) 자극 | 指摘(してき) 지적

4 　그녀처럼 **맑은** 마음을 가진 사람은 드물다.
단어　清(きよ)い 맑다, 깨끗하다 | 珍(めずら)しい 희귀하다, 드물다 | 粗(あら)い 거칠다 | 細(ほそ)い 가늘다 | 若(わか)い 젊다

5 　교통비는 **전액** 지급합니다.
단어　交通費(こうつうひ) 교통비 | 全額(ぜんがく) 전액 | 支給(しきゅう) 지급 | 総額(そうがく) 총액

6 　저 네 개의 기둥이 지붕 전체를 **지탱하고** 있다.
단어　柱(はしら) 기둥 | 屋根(やね) 지붕 | 全体(ぜんたい) 전체 | 支(ささ)える 지탱하다, 받치다 | 抑(おさ)える 누르다, 억제하다 | 捕(つか)まえる 잡다, 붙잡다 | 抱(かか)える (팔에) 안다, (고민 등을) 떠맡다

7 　여름에는 전국의 전력 **수요**가 늘어난다.
해설　「需要」는 「じゅよう」라고 읽는다. 「重要(じゅうよう)」는 장음이 포함되나, 「需要」는 단음인 것에 주의한다.
단어　全国(ぜんこく) 전국 | 電力(でんりょく) 전력 | 需要(じゅよう) 수요 | 主要(しゅよう) 주요 | 重要(じゅうよう) 중요

8 　제품의 **유통** 시스템을 바꾸었다.
단어　流通(りゅうつう) 유통 | 融通(ゆうつう) 융통

9 　절도를 한 범인이 슈퍼의 **방범** 카메라에 찍혀 있었다.
해설　「防犯」은 「ぼうはん」이라고 읽는다. 「防」는 음독하여 장음인 「ぼう」로 읽는 점에 주의한다. 또한 「模範(もはん, 모범)」 등과 혼동하기 쉬우므로 정확히 익히는 것이 중요하다.
단어　万引(まんび)き 가게에서 물건을 슬쩍함 | 防犯(ぼうはん) 방범 | 模範(もはん) 모범

| 10 | 그 투수의 연봉은 **현상** 유지가 고작이었다. |

단어　投手(とうしゅ) 투수 | 年俸(ねんぽう) 연봉 | 現状(げんじょう) 현상, 현재의 상태 | 維持(いじ) 유지 | 現像(げんぞう) 현상 , 사진 인화 | 減少(げんしょう) 감소

02 문제2 **표기**

문제 2 ＿＿＿의 단어를 한자로 쓸 때 가장 알맞은 것을 1 · 2 · 3 · 4에서 하나 고르시오.

04 예상어휘 확인문제　표기　　p.175

| 1 | 사건은 9시에 일어난 것으로 **추정**된다. |

단어　事件(じけん) 사건 | 推定(すいてい) 추정 | 推進(すいしん) 추진 | 指定(してい) 지정 | 測定(そくてい) 측정

| 2 | 어제저녁에는 충분히 **수면**을 취했다. |

단어　十分(じゅうぶん)に 충분히 | 睡眠(すいみん) 수면 | 安眠(あんみん) 안면, 편히 잠을 잠 | 睡蓮(すいれん) 수련

| 3 | 파일을 **압축**해서 보내 주세요. |

단어　圧縮(あっしゅく) 압축 | 圧迫(あっぱく) 압박

| 4 | 그에게는 아군도 많지만, **적**도 많다. |

단어　味方(みかた) 아군, 내 편 | 敵(てき) 적 | 逆(ぎゃく) 거꾸로, 반대

| 5 | 토마토 잎이 **오그라들어** 시들어 버렸다. |

단어　縮(ちぢ)れる 쭈글쭈글해지다, 오그라들다 | 枯(か)れる 시들다, 마르다

| 6 | 감염자는 2만 명으로 **증가**했다고 한다. |

단어　感染者(かんせんしゃ) 감염자 | 増加(ぞうか) 증가 | 追加(ついか) 추가 | 増減(ぞうげん) 증감 | 減少(げんしょう) 감소

| 7 | 우선, 좋아하는 색의 종이를 반으로 **접어** 주세요. |

단어　折(お)る 접다 | 祈(いの)る 기도하다 | 打(う)つ 치다 | 追(お)う 쫓다

| 8 | **청구**해 주시는 대로 샘플을 보내드리겠습니다. |

단어　請求(せいきゅう) 청구 | ～次第(しだい) ～하는 대로

| 9 | 저 나라에서는 유로가 **통화**입니다 |

단어　通貨(つうか) 통화 | 運賃(うんちん) 운임

| 10 | **귀가**하던 도중, 뜻밖에도 고등학교 시절 친구를 만났다. |

단어　帰宅(きたく) 귀가 | 途中(とちゅう) 도중 | 帰国(きこく) 귀국 | 帰省(きせい) 귀성

05 예상어휘 확인문제　표기　　p.176

| 1 | 보고서 페이지의 **순서**가 뒤섞여 있다. |

단어　報告書(ほうこくしょ) 보고서 | 順序(じゅんじょ) 순서 | ばらばら 뿔뿔이, 따로따로

| 2 | 그녀의 목소리가 **소음** 때문에 잘 들리지 않았다. |

단어　騒音(そうおん) 소음

| 3 | 보너스는 10일에 **지급**합니다. |

단어　支給(しきゅう) 지급

| 4 | 나는 음악부에 **소속**되어 있습니다. |

단어　所属(しょぞく) 소속

| 5 | 해당되는 곳에 X 표시(**부호**)를 해 주세요. |

단어　符号(ふごう) 부호 | 符合(ふごう) 부합

| 6 | 환자의 **호흡**이 안정되었다. |

단어　患者(かんじゃ) 환자 | 呼吸(こきゅう) 호흡 | 安定(あんてい) 안정

| 7 | **막**이 오르고 오페라가 시작되었다. |

단어　幕(まく) 막 | オペラ 오페라 | 墓(はか) 무덤

| 8 | 히라가나를 한자로 **변환**할 때는 이 키를 눌러 주세요. |

단어　変換(へんかん) 변환 | 変更(へんこう) 변경

| 9 | 이 텔레비전은 선명한 **영상**을 즐길 수 있다. |

단어　鮮明(せんめい) 선명함 | 映像(えいぞう) 영상

| 10 | 사업에 실패한 뒤로 그녀는 **무기력**해졌다. |

단어　事業(じぎょう) 사업 | 失敗(しっぱい) 실패 | 弱気(よわき) 유약함, 기운이 없음 | 陽気(ようき) 명랑함 | 強気(つよき) 강경함, 강세 | 本気(ほんき) 진심

06 예상어휘 확인문제　표기　　p.177

| 1 | 우리 팀은 정정당당하게 **싸웠다**. |

단어　正正堂堂(せいせいどうどう) 정정당당 | 戦(たたか)う 싸우다, 전투하다 | 争(あらそ)う 다투다 | 競(きそ)う 경쟁하다 | 抗(あらが)う 저항하다

| 2 | 본원에서는 방사선 **기사**를 모집하고 있습니다. |

단어　放射線(ほうしゃせん) 방사선 | 技師(ぎし) 기사 | 募集(ぼしゅう) 모집

| 3 | 운동회는 **맑은 날씨** 덕분에 무사히 마칠 수 있었습니다. |

단어　晴天(せいてん) 맑은 날씨 | 恵(めぐ)まれる (혜택 등을) 입다, 받나 | 無事(ぶじ) 부사히

| 4 | 우리는 국민으로서 교육·근로·납세의 세 가지 의무를 **지고** 있다. |

단어　勤労(きんろう) 근로 | 納税(のうぜい) 납세 | 義務(ぎむ) 의무 | 負(お)う 짊어지다, 지다 | 省(おと)る 뒤떨어지다

| 5 | 당일에는 반드시 인감을 **지참**해 주십시오. |

단어　印鑑(いんかん) 인감 | 持参(じさん) 지참

| 6 | 정기적으로 비밀번호를 바꾸는 것은 이제 **상식**이 되었다. |

단어　定期的(ていきてき) 정기적 | 暗証番号(あんしょうばんごう) 비밀번호 | 常識(じょうしき) 상식

7 그 사실은 **극히** 일부 사람들에게만 알려져 있다.

단어 事実(じじつ) 사실 | 極(ごく) 극히, 매우

8 어떤 남자가 취해서 역 승강장에서 **난동을 부리고** 있었다.

단어 酔(よ)っ払(ぱら)う 취하다 | 暴(あば)れる 날뛰다 | 乱(みだ)れる 어지러워지다 | 荒(あ)れる 거칠어지다 | 破(やぶ)れる (종이 등이) 찢어지다, (약속 등이) 깨지다

9 이 생선은 **신선**해서 매우 맛있습니다.

단어 新鮮(しんせん) 신선함

10 우리는 들판에서 토끼의 발자국을 **놓쳐** 버렸다.

단어 野原(のはら) 들판 | 足跡(あしあと) 발자국 | 見失(みうしな)う 시야에서 놓치다, 잃어버리다 | 見逃(みのが)す 못 본 체하다, 놓치다

03 문제3 **단어형성**

문제 3 (   )에 들어갈 가장 알맞은 것을 1·2·3·4에서 하나 고르시오.

07 예상어휘 확인문제 단어형성　　　　p.178

1 그는 은퇴 후, 그 기업의 **고문**으로 취임했다고 합니다.

해설 일부 명사 뒤에 붙어 그 역할이나 직책을 나타내는 접미사로 「役(やく)」를 사용한다. 「相談役(そうだんやく)」는 기업이나 단체에서 조언을 해 주는 '고문'이나 '상담역'을 뜻한다.

단어 引退(いんたい) 은퇴 | 企業(きぎょう) 기업 | 相談役(そうだんやく) 고문, 상담역 | 就(つ)く (직위에) 오르다, 취임하다 | 〜系(けい) 〜계(계통, 계열) | 〜作(さく) 〜작, 작품 | 〜権(けん) 〜권(권리, 권한)

2 우리는 **해안가**를 달렸다.

해설 강이나 해안, 길처럼 길게 이어진 선을 따라 이동하는 것을 나타낼 때 「〜沿(ぞ)い」를 사용한다. 동사 「沿(そ)う」에서 파생된 접미사적 용법이다.

단어 海岸(かいがん) 해안 | 〜沿(ぞ)い 〜가, 〜옆, 〜변 | 〜付(つ)き 〜이/가 붙음, 〜 포함 | 〜並(なら)び 늘어섬, 줄 | 従(したが)う 따르다, 복종하다

3 그 작가는 폭넓은 **독자층**을 보유하고 있다.

해설 사회의 구성원이나 집단을 특정 기준(연령, 소득, 독자 등)으로 나눈 일정한 테두리를 나타낼 때 「層(そう)」를 사용한다. 여기서 「読者層(どくしゃそう)」은 '독자층'을 의미한다.

단어 作家(さっか) 작가 | 幅広(はばひろ)い 폭넓다 | 〜率(りつ) 〜율/률, 비율 | 〜力(りょく) 〜력(힘, 능력)

4 기상청은 **호우 주의보**를 발표했습니다.

해설 공공기관이나 기상청 등에서 특정 정보를 알리기 위해 내보내는 통지나 경보 뒤에 「報(ほう)」를 붙인다. 「注意報(ちゅういほう)」는 '주의보'를 뜻한다.

단어 気象庁(きしょうちょう) 기상청 | 大雨(おおあめ) 폭우 | 発表(はっぴょう) 발표 | 案(あん) 〜안, 안건, 계획 | 〜界(かい) 〜계, 범위

5 흥분하고 있는 사람에게 큰 소리로 호통을 치는 것은 **역효과**다.

해설 어떤 행동이 의도했던 것과는 반대의 결과를 가져올 때 '거꾸로, 반대'의 뜻을 가진 「逆(ぎゃく)」를 붙여 「逆効果(ぎゃくこうか, 역효과)」라고 표현한다.

단어 興奮(こうふん) 흥분 | どなる 고함치다 | 諸(しょ) 제〜, 여러 | 再(さい) 재〜, 다시 | 最(さい) 최〜, 가장

6 그 회사는 심각한 **경영난**으로 고통받고 있다.

해설 어려움이나 곤란한 상황을 나타낼 때 「難(なん)」을 접미사로 사용한다. 「経営難(けいえいなん)」은 '경영난'을 의미한다.

단어 深刻(しんこく) 심각함 | 苦(くる)しむ 괴로워하다 | 額(がく) 〜액, 금액 | 型(がた) 형, 모양, 유형 | 差(さ) 차이

7 오늘은 프랑스 요리의 기본적인 **조리법**을 배웠습니다.

해설 기술이나 방식, 수단을 나타내는 단어 뒤에 「法(ほう)」를 붙여 구체적인 방법을 나타낸다. 「調理法(ちょうりほう)」는 '조리법'을 뜻한다.

단어 料理(りょうり) 요리 | 基本的(きほんてき) 기본적 | 学(まな)ぶ 배우다 | 〜表(ひょう) 〜표 | 〜面(めん) 〜면, 얼굴 | 〜剤(ざい) 〜제, 약제

8 그들은 **금전면**에서 그 활동을 지원하고 있다.

해설 어떤 사물이나 상황의 특정한 측면이나 영역을 나타낼 때 「面(めん)」을 사용한다. 「金銭面(きんせんめん)」은 '금전적인 측면'을 뜻한다.

단어 活動(かつどう) 활동 | 支援(しえん) 지원 | 機(き) 기계 | 類(るい) 류, 종류

9 증명서의 **재발행**은 불가능합니다.

해설 이미 행해진 일을 다시 한번 반복할 때 「再(さい)」를 접두사로 사용한다. 「再発行(さいはっこう)」는 '재발행'을 뜻한다.

단어 証明書(しょうめいしょ) 증명서 | 両(りょう) 양쪽 | 諸(しょ) 여러 | 同(どう) 같은, 동〜

10 저 정치가는 **만나는 사람마다** 악수를 하고 있었다.

해설 명사 뒤에 붙어 '그때마다, 예외 없이 모두'라는 뜻을 나타낼 때 「〜ごと」를 사용한다. 「会う人ごと」는 '만나는 사람마다'라는 의미다.

단어 政治家(せいじか) 정치가 | 握手(あくしゅ) 악수 | あたり 〜당, 〜쯤 | 〜ぶり 〜만 | 〜おき 〜간격으로

08 예상어휘 확인문제 단어형성　　　　p.179

1 야마다 씨는 반에서 **제일가는** 노력가였다.

해설 일정한 범위 내에서 '최고'나 '제일'임을 나타낼 때 「〜きって」를 사용한다. 여기서는 '반에서 으뜸가는, 반 제일의'라는 의미로 쓰였다.

단어 努力家(どりょくか) 노력가 | 〜きって (범위 내에서) 최고인, 제일의 | 〜育(そだ)ち 〜에서 자람 | 〜連(づ)れ 〜와 동반함, 〜와 일행임

2 저 불상은 **비공개**이지만, 연구를 위해 특별히 보여주었다.

해설 일반인에게 공개하지 않음을 나타낼 때 「非(ひ)」를 접두사로 사용하여 「非公開(비공개)」와 같이 표현한다.

단어 　仏像(ぶつぞう) 불상 | 非公開(ひこうかい) 비공개 | 研究(けんきゅう) 연구 | 特別(とくべつ) 특별 | 無(む) 무~, ~이 없음 | 不(ふ) 부~, 아니함 | 全(ぜん) 전~, 전부

3　아내는 도쿄 태생의 **도쿄에서 자란 사람**입니다.

해설　어느 지역에서 자랐음을 나타낼 때 동사 「育(そだ)つ」의 명사형인 「育(そだ)ち」를 접사로 사용한다. 「東京育(とうきょうそだ)ち」는 '도쿄에서 자람'을 뜻한다.

단어　生(う)まれ 태생 | ~育(そだ)ち ~에서 자람 | 始(はじ)まり 시작 | 生(い)き 활기, 살아있음 | 過(す)ごし 지냄, 보냄

4　이 이벤트는 서로의 사이를 깊게 하는 것이 **주된 목적**입니다.

해설　여러 목적 중 가장 중심이 되는 것을 나타낼 때 「主(しゅ)」를 접두사로 사용한다. 「主目的(しゅもくてき)」는 '주요 목적'을 의미한다.

단어　深(ふか)める 깊게 하다 | 本(ほん)~ 근본, 본~ | 来(らい)~ 미래, 다음~ | 両(りょう)~ 양쪽

5　구조 조정 소문이 **현실성**을 더해갔다.

해설　명사 뒤에 붙어 '그러한 상태나 기분, 뉘앙스가 느껴짐'을 나타낼 때 「味(み)」를 사용한다. 「現実味(げんじつみ)を増(ま)す」는 '현실감이 더해지다'라는 관용적 표현이다.

단어　리스트라 구조 조정 | 現実味(げんじつみ) 현실감, 현실미 | 増(ま)す 더하다, 늘다

6　**역사상**의 인물 중에서 존경하는 사람은 누구입니까?

해설　어떤 범위나 관점에서의 상황임을 나타낼 때 「上(じょう)」를 사용한다. 「歴史上(れきしじょう)」는 '역사상'을 의미한다.

단어　人物(じんぶつ) 인물 | 尊敬(そんけい) 존경 | ~流(りゅう) ~류, ~방식 | ~発(はつ) ~발, (~에서) 출발함 | ~風(ふう) ~풍, ~방식

7　A사와 B사 상품의 **공통점**은 가볍고 신기 편하다는 것입니다.

해설　두 사물이 서로 일치하거나 겹치는 구체적인 부분을 나타낼 때 「点(てん)」을 사용하여 「共通点(공통점)」과 같이 나타낸다.

단어　~法(ほう) ~법, 방법 | ~報(ほう) 보도, 소식 | ~度(ど) 정도

8　본 연도의 우리 회사 매출은 11억 엔에서 22억 엔으로 **급상승**했다.

해설　수치나 상태가 갑자기 급격하게 변할 때 「急(きゅう)」를 접두사로 사용한다. 「急上昇(きゅうじょうしょう)」는 '급상승'을 뜻한다.

단어　上昇(じょうしょう) 상승 | 高(こう)~ 높임, 고~ | 反(はん)~ 반대, 반~ | 大(だい)~ 큼, 대~

9　현재 12일 예약은 전 좌석 **예약 완료** 상태입니다.

해설　이미 완료된 상태임을 나타낼 때 「済(ず)み」를 접미사로 사용한다. 「予約済(よやくず)み」는 '예약 완료'를 의미한다.

단어　現在(げんざい) 현재 | 予約(よやく) 예약 | 全席(ぜんせき) 전석 | ~離(ばな)れ ~와 멀어짐 | ~漬(づ)け ~에 몰두함 | ~切(き)れ 끊김, 매진

10　우리 삼촌이 이 토지의 **소유권**을 가지고 있다.

해설　법률적이나 사회적인 권리, 권한 등을 나타낼 때 「権(けん)」을 접미사로 사용한다. 「所有権(しょゆうけん)」은 '소유권'을 의미한다.

단어　土地(とち) 토지 | ~状(じょう) 상태, 모양 | ~장(문서)

04 문제4 **문맥구성**

문제 4 　(　　)에 들어갈 가장 알맞은 것을 1·2·3·4에서 하나 고르시오.

09 예상어휘 확인문제　문맥구성　　　p.180

1　연인에게 차인 친구를 다정하게 **위로해 주었다**.

해설　슬픔이나 실의에 빠진 사람을 따뜻하게 달래주는 상황에는 「なぐさめた(위로했다)」가 가장 적절하다. 1번은 따지다, 2번은 고민한다, 4번은 게으름 피우다라는 뜻으로 문맥에 맞지 않는다.

단어　恋人(こいびと) 연인 | なじる 따지다, 힐책하다 | 悩(なや)む 고민하다 | 慰(なぐさ)める 위로하다 | 怠(なま)ける 게으름 피우다

2　나의 해외에서의 5년간의 경험을 **토대**로 삼아 이 책을 썼다.

해설　어떤 활동이나 저술의 기초가 되는 바탕을 의미할 때는 「土台(どだい)」를 사용한다. 2번은 처지, 3번은 근본(사물의 본질), 4번은 고장, 그 지역을 뜻한다.

단어　経験(けいけん) 경험 | 土台(どだい) 토대, 기초 | 立場(たちば) 입장, 처지 | 根本(こんぽん) 근본 | 地元(じもと) 그 지역, 그 고장

3　현재, 새로운 의료 제도로의 **이행**이 진행되고 있습니다.

해설　새로운 체제나 제도로 상태가 바뀌어 옮겨가는 과정을 나타낼 때는 「移行(いこう)」을 사용한다. 1번은 거주지를 옮김, 3번과 4번은 직장과 관련된 이동이므로 제도 변화에는 어울리지 않는다.

단어　医療制度(いりょうせいど) 의료 제도 | 移住(いじゅう) 이주 | 移行(いこう) 이행, 바뀜 | 転勤(てんきん) 전근 | 転職(てんしょく) 이직

4　외출하실 때는 객실 키를 **프런트**에 맡겨 주십시오.

해설　호텔 등에서 열쇠를 맡기는 접수처를 뜻하는 외래어는 「フロント」이다. 2번은 공간, 3번은 층, 4번은 무대를 뜻하므로 열쇠를 맡기는 장소로 부적절하다.

단어　外出(がいしゅつ) 외출 | フロント 프런트, 안내 데스크 | スペース 공간 | フロア 층, 바닥 | ステージ 무대

5　시장을 만나기 꺼리지만, 비서에게 **쫓겨났니**.

해설　상대방이 만나주지 않거나 거절하여 돌려보내는 상황에는 「追い返された(쫓겨났다, 거절당했다)」가 적절하다. 1번은 교체되다, 2번은 부정되다, 3번은 차감되다라는 뜻이다.

단어　秘書(ひしょ) 비서 | 入(い)れ替(か)える 교체하다 | 打(う)ち消(け)す 부정하다 | 差(さ)し引(ひ)く 빼다, 차감하다 | 追(お)い返(かえ)す 돌려보내다, 쫓아버리다

6　이 정도의 영어 실력으로는 미국에서 **통용**되지 않을 것이다.

해설　어떤 능력이나 기술이 특정 사회나 장소에서 효과적으로 쓰이거나 인정받는 것을 나타낼 때는 「通用(つうよう)」를 사용한다. 1번은 통역, 2번은 유용함, 4번은 활용을 뜻한다.

단어　通訳(つうやく) 통역 | 有用(ゆうよう) 유용 | 通用(つうよう) 통용 | 活用(かつよう) 활용

43

[7] 이인조의 남자가 여행객으로부터 고급 카메라를 **빼앗아** 달아났다.

해설 남의 물건을 억지로 빼앗아 달아나는 상황에는 「奪って(빼앗아)」가 가장 잘 어울린다. 1번은 비우다, 2번은 빠뜨리다, 3번은 떼어놓다 라는 뜻으로 범죄 상황 묘사로는 어색하다.

단어 旅行者(りょこうしゃ) 여행자 | 高級(こうきゅう) 고급 | 空(あ)ける 비우다 | 欠(か)かす 거르다, 빠뜨리다 | 離(はな)す 떼어놓다 | 奪(うば)う 빼앗다

[8] 저 회사는 신상품 개발에 진지하게 **몰두하고** 있는 듯하다.

해설 어떤 일이나 과제에 본격적으로 에너지를 쏟아 몰두하는 것을 「取り組む(맞붙다, 몰두하다)」라고 한다. 1번은 상대하다, 2번은 거론하다, 3번은 혼잡하다(혹은 받아들이다)는 뜻이다.

단어 真剣(しんけん)に 진지하게 | 取(と)り合(あ)う 상대하다, 다투다, 빼앗다 | 取(と)り上(あ)げる 거론하다, 들어 올리다, 받아들이다 | 取(と)り込(こ)む 혼잡하다, 거두어들이다 | 取(と)り組(く)む 맞붙다, 몰두하다

[9] 제가 정말 좋아하는 애니메이션을 원작으로 한 영화가 **드디어** 내일 개봉합니다.

해설 오랫동안 기다려온 일이 드디어 실현될 때 쓰는 부사는 「いよいよ(드디어, 마침내)」이다. 1번은 꾸물꾸물, 3번은 머뭇머뭇, 4번은 절실히(뼈저리게)라는 뜻이다.

단어 原作(げんさく) 원작 | 公開(こうかい) 공개 | のろのろ 꾸물꾸물 | いよいよ 드디어, 마침내 | もじもじ 머뭇머뭇 | つくづく 뼈저리게, 절실히

[10] 아이를 너무 과잉보호하면, **오히려** 그 아이를 위해서는 좋지 않다.

해설 어떤 행위가 의도와는 달리 나쁜 결과를 초래할 때 쓰는 부사는 「かえって(오히려)」이다. 1번은 덕분에, 3번은 과연, 4번은 하긴(그렇기는 하지만)이라는 뜻이다.

단어 面倒(めんどう)を見(み)る 돌보다

⑩ 예상어휘 확인문제 문맥구성 p.181

[1] 그녀는 **신앙**심이 깊어 매주 교회에 갑니다.

해설 매주 교회에 간다는 내용에 어울리는 표현은 '신앙'이다. '신앙심이 깊다'라고 할 때는 관용적으로 「信仰心(しんこうしん)が厚(あつ)い」라고 표현한다.

단어 信仰(しんこう) 신앙 | 尊重(そんちょう) 존중 | 発揮(はっき) 발휘 | 提案(ていあん) 제안

[2] 일이 **불규칙**해서 휴가 계획이 서지 않는다.

해설 업무 시간 등이 일정하지 않은 상태를 나타낼 때는 2번 「不規則(ふきそく)だ(불규칙하다)」를 쓰는 것이 가장 적절하다.

단어 あやふや 모호함 | 大(おお)まか 대략적임 | いいかげん 무책임함, 엉터리임

[3] 나는 결코 다나카 씨에게 **악의** 따위를 품고 있는 게 아니야.

해설 「抱(いだ)く」는 어떠한 마음을 품는다는 의미로 쓰인다. 이와 호응할 수 있는 표현은 3번 '악의'이다. 「悪意(あくい)を抱(いだ)く」와 같이 표현한다. 「苦情」는 「言う(말하다)」와 같은 동사와 함께 쓰인다.

단어 抱(いだ)く 품다 | 不便(ふべん) 불편 | 多難(たなん) 다난, 힘들고 어려움 | 悪意(あくい) 악의 | 苦情(くじょう) 불만, 클레임

[4] 정보 기술 분야에서는 시스템 엔지니어의 **양성**이 항상 요구되고 있다.

해설 사람을 교육하여 실력을 갖추게 한다는 의미인 1번 「養成(ようせい, 양성)」이 '시스템 엔지니어'와 가장 잘 어울린다. 2번 제조, 3번 재배, 4번 제작은 기계나 식물, 예술 작품 등에 쓰이는 표현이다.

단어 養成(ようせい) 양성 | 製造(せいぞう) 제조 | 栽培(さいばい) 재배 | 制作(せいさく) 제작

[5] 철도 **파업**으로 인해 많은 통근객에게 혼란이 발생했습니다.

해설 노동자가 업무를 거부하여 교통수단 등이 멈추는 상황은 3번 「ストライキ(파업)」이다. 1번은 충격, 2번은 영향력을 뜻하며 4번은 물리적, 심리적 충격 혹은 손해 등을 말할 때 쓰이므로 문맥상 어색하다.

단어 混乱(こんらん) 혼란 | ショック 쇼크, 충격 | インパクト 임팩트, 충격 | ストライキ 파업 | ダメージ 데미지, 손해, 타격

[6] 그 유명한 할리우드 여배우는 항상 유행의 **첨단**을 달리고 있었다.

해설 시대의 유행을 선도하는 것을 뜻하는 관용 표현은 「先端(せんたん)をいく(첨단을 걷다)」이므로 4번이 정답이다.

단어 契機(けいき) 계기 | 合図(あいず) 신호 | 始発(しはつ) 첫차

[7] 체중을 감량하겠다고 결심하는 것은 쉽지만, 그 상태를 **지속**시키는 것은 어렵다.

해설 어떤 상태를 그대로 유지해 나가는 것을 뜻하는 4번 「持続(じぞく, 지속)」이 빈칸에 가장 적합하다. 1번은 안정, 2번은 중단 없이 계속함, 3번은 자리를 잡음을 뜻하여 결심 유지의 맥락과는 거리가 있다.

단어 決意(けつい) 결의, 결심 | 安定(あんてい) 안정 | 続行(ぞっこう) 속행 | 定着(ていちゃく) 정착 | 持続(じぞく) 지속

[8] 사생활을 보호받고 싶어 하는 환자의 마음에 **둔감한** 의사도 있다.

해설 주변의 상황이나 타인의 감정을 잘 알아차리지 못하는 것은 「鈍感(どんかん)な(둔감한)」으로 나타낸다.

단어 患者(かんじゃ) 환자 | 鈍感(どんかん) 둔감함 | あいまい 애매함 | かすか 희미함 | 地味(じみ) 수수함

[9] 기억이 **가물가물**해서 확실히 말할 수는 없지만, 그는 그 자리에 있었다고 생각합니다.

해설 기억이나 사실이 뚜렷하지 않고 흐릿한 상태를 나타내는 형용사는 「あやふやな(불확실한)」이다.

단어 いいかげん 적당함, 무책임함, 엉터리임 | 大(おお)まか 대략적임 | 不規則(ふきそく) 불규칙함

[10] 이 책에서는 유럽과 미국의 취업률을 **대비**시키고 있다.

해설 두 가지 대상을 나란히 놓아 차이점을 대조해 보이는 것을 2번 「対比(たいひ, 대비)」라고 한다. 1번 배열, 3번 동격(같은 자격)은 수치를 비교 분석하는 문맥에서 쓰이기 어렵다. 4번 공표가 올 경우, 책에서 공표를 시키고 있다는 의미가 되어 어색하다.

단어 就職率(しゅうしょくりつ) 취업률 | 配列(はいれつ) 배열 | 同格(どうかく) 동격 | 公表(こうひょう) 공표

11 **예상어휘 확인문제** 문맥구성   p.182

1 일요일임에도 불구하고 저 놀이공원은 **텅텅 비어** 있었다.

해설 사람이 많을 것으로 예상되는 일요일 놀이공원임에도 불구하고 사람이 없어 텅 비었다는 의미가 가장 자연스러우므로 정답은 1번 「がらがら(텅텅 비어 있음)」이다. 2번은 한계에 다다름, 3번은 푹 잠든 모양, 4번은 우연히 마주친 모양을 뜻한다.

단어 ~にもかかわらず ~임에도 불구하고 | 遊園地(ゆうえんち) 유원지, 놀이공원 | がらがら 텅 비어 있음 | ぎりぎり 아슬아슬함 | ぐっすり 푹 잠든 모양 | ばったり 딱, 우연히 마주친 모양

2 천을 자를 때는 끝부분이 **들쭉날쭉**하게 되지 않도록 주의해 주세요.

해설 천을 자를 때 끝부분이 톱니처럼 들쭉날쭉한 모양이 되지 않게 주의하라는 맥락이므로 2번 「ぎざぎざ(들쭉날쭉함)」가 정답이다. 1번은 엉터리, 3번은 제멋대로임, 4번은 뒤섞여 어지러운 모양을 뜻한다.

단어 布(ぬの) 천 | 端(はし) 끝 | ぎざぎざ 들쭉날쭉함, 톱니 모양 | でたらめ 엉터리 | わがまま 제멋대로임 | ごちゃごちゃ 뒤죽박죽

3 지게차 운전을 **현장**에서 배워 나갑니다.

해설 '지게차 운전', '배워 나갑니다' 등의 표현을 고려했을 때 이론이 아닌 실제 현장에서 배우는 것을 뜻하는 4번 「実地(실지, 현장)」가 가장 자연스럽다. 1번은 길이나 높이 등을 재는 것, 2번은 양이나 크기 등을 측정함, 3번은 실제로 씀을 뜻한다.

단어 フォークリフト 지게차 | 実地(じっち) 실지, 현장 | 測量(そくりょう) 측량 | 測定(そくてい) 측정 | 実用(じつよう) 실용

4 가을 전람회에 내놓을 작품 **제작**에 몰두하고 있다.

해설 예술 작품 등을 만드는 행위는 1번 「制作(제작)」이라고 한다. 2번 작성은 서류 등에 쓰이며, 3번 게재는 글이나 사진을 잡지 등에 실을 때, 4번 교환은 서로 주고받을 때 쓴다.

단어 展覧会(てんらんかい) 전람회 | 作品(さくひん) 작품 | 没頭(ぼっとう) 몰두 | 制作(せいさく) 제작 | 作成(さくせい) 작성 | 掲載(けいさい) 게재 | 交換(こうかん) 교환

5 긴 머리를 **싹둑** 잘라 버린 것은 무슨 이유라도 있는 거야?

해설 길었던 머리카락을 자르는 행위와 어울리는 표현이 와야 함을 생각하면 과감하게 한번에 자르는 모양을 뜻하는 2번 「ばっさり(싹둑)」가 정답이 된다. 1번은 쓱 삐는 모양, 3번은 어슬렁어슬렁, 4번은 소곤소곤을 뜻한다.

단어 ばっさり 싹둑, 과감하게 | ぐっすり 푹 | うろうろ 어슬렁어슬렁 | ひそひそ 소곤소곤

6 빵은 갓 구워서 **따끈따끈**한 것을 좋아합니다.

해설 갓 구운 빵이나 음식이 따끈따끈한 상태를 나타내는 3번 「ほかほか(따끈따끈)」가 정답이다. 1번은 생구, 2번은 제대로/반듯하게, 4번은 번쩍번쩍을 뜻한다.

단어 焼(や)きたて 갓 구움

7 교통카드 잔액이 적어져서 **충전**했습니다.

해설 교통카드의 잔액을 보충하는 행위는 2번 「チャージ(충전)」라고 한다. 1번 설치, 3번 어필(강조), 4번 컨트롤(조절)은 카드 잔액과 관련된 맥락에서 어울리지 않는다.

단어 残高(ざんだか) 잔고, 잔액 | インストール 설치 | アピール 어필 | コントロール 컨트롤, 조절

8 그는 버스를 타고 있는 동안 주변을 **두리번두리번** 살피고 있었다.

해설 주변을 자꾸 두리번거리는 모양을 뜻하는 1번 「きょろきょろ(두리번두리번)」가 정답이다. 2번은 조금씩/조만간, 3번은 어지럽게 뒤섞인 모양, 4번은 몹시 화가 난 모양을 뜻한다.

단어 見回(みまわ)す 둘러보다 | きょろきょろ 두리번두리번 | ぼつぼつ 조금씩, 슬슬 | ごちゃごちゃ 뒤죽박죽 | かんかん 몹시 화남

9 저는 그 책을 읽고 교육의 중요성을 **실감**했습니다.

해설 어떤 사실을 마음속 깊이 느끼는 것을 뜻하는 4번 「実感(じっかん, 실감)」이 정답이다. 1번 기색, 2번 상태, 3번 동작은 주관적으로 깊이 느꼈다는 맥락에 적합하지 않다.

단어 重要性(じゅうようせい) 중요성 | 気配(けはい) 기색 | 状態(じょうたい) 상태 | 動作(どうさ) 동작

10 이것은 계획 실현을 향한 첫 번째 **단계**입니다.

해설 목표를 향해 나아가는 단계나 조치를 뜻하는 4번 「ステップ(단계, 스텝)」가 정답이다. 1번 변경, 2번 균형, 3번 스트레스는 실현을 위한 첫 단계를 의미하는 맥락과 맞지 않는다.

단어 計画(けいかく) 계획 | 実現(じつげん) 실현

12 **예상어휘 확인문제** 문맥구성   p.183

1 신입생들은 **긴장**한 표정으로 식이 시작되기를 기다리고 있다.

해설 입학식 등의 행사에서 새내기가 느끼는 감정이므로 1번 「緊張(긴장)」이 정답이다. 2번은 출장, 3번은 확장, 4번은 주장이라는 뜻으로 문맥에 맞지 않는다.

단어 新入生(しんにゅうせい) 신입생 | 表情(ひょうじょう) 표정 | 緊張(きんちょう) 긴장 | 出張(しゅっちょう) 출장 | 拡張(かくちょう) 확장 | 主張(しゅちょう) 주장

2 A: "홈페이지를 만들어도 업데이트를 계속하지 않는 경우가 많지."

B: "응, **흔히 있는** 이야기네."

해설 흔히 일어나는 일을 말할 때는 2번 「ありがちな(흔히 있는)」를 사용한다. 1번은 당연한, 3번은 희귀한(드문), 4번은 어울리는(적절한)이라는 뜻이다

단어 更新(こうしん) 갱신 | 当(あ)たり前(まえ)だ 당연하다 | 珍(めず)らしい 희귀하다, 드물다 | ふさわしい 어울리다

3 태풍 때문에 그 해변 마을은 완전히 **고립**되어 버렸다.

해설 태풍으로 인해 주변과 단절된 상황이므로 4번 「孤立(고립)」이 정답이다. 1번은 독특, 2번은 전속, 3번은 한정이라는 뜻으로 고립된 상황과는 거리가 멀다.

단어 台風(たいふう) 태풍 | 海辺(うみべ) 해변 | 独特(どくとく) 독특 | 専属(せんぞく) 전속 | 限定(げんてい) 한정 | 孤立(こりつ) 고립

[4] 그 스캔들은 그의 명성에 큰 **타격**을 주었다.

해설 명성이나 평판에 나쁜 영향을 주어 가치를 떨어뜨리는 상황은 3번 「ダメージ(데미지, 타격)」라고 한다. 1번은 압박, 2번은 충격, 4번은 콤플렉스를 뜻한다.

단어 名声(めいせい) 명성

[5] 야마모토 씨의 **기민**한 대응 덕분에 화재로 번지지 않고 끝났다.

해설 사태에 대해 빠르고 기민하게 대처했다는 의미의 2번 「機敏(きびん, 기민)」이 정답이다. 1번은 엄밀, 3번은 농후, 4번은 활발이라는 뜻으로 화재 예방 대처를 수식하기에 어색하다.

단어 対応(たいおう) 대응 | 機敏(きびん) 기민함 | 厳密(げんみつ) 엄밀함 | 濃厚(のうこう) 농후함 | 活発(かっぱつ) 활발함

[6] 남동생이 손의 상처 부위를 만졌을 때는 **펄쩍 뛰어오를** 정도로 아팠다.

해설 통증이 매우 심할 때 쓰는 관용 표현은 1번 「飛(と)び上(あ)がる(펄쩍 뛰다)」이다. 2번은 흩날리다, 3번은 이륙하다, 4번은 뛰어내리다라는 뜻으로 고통의 정도를 나타내는 표현으로 쓰지 않는다.

단어 傷口(きずぐち) 상처 부위 | 飛(と)び散(ち)る 흩날리다 | 飛(と)び立(た)つ 날아오르다 | 飛(と)び降(お)りる 뛰어내리다

[7] 여동생은 선물을 받고 포장지를 갈기갈기 **찢어서** 상자를 열었다.

해설 종이 등을 갈기갈기 찢는 모양을 뜻하는 「びりびり」와 어울리는 동사는 2번 「破(やぶ)る(찢다)」이다. 1번은 다투다, 3번은 깨뜨리다, 4번은 빼앗다라는 뜻이다.

단어 包(つつ)み紙(がみ) 포장지 | 争(あらそ)う 다투다 | 割(わ)る 깨뜨리다 | 奪(うば)う 빼앗다

[8] 속도 위반으로 **벌금**을 낸 경험이 있습니다.

해설 법규 위반으로 내는 돈은 3번 「罰金(벌금)」이다. 1번은 소득, 2번은 수요, 4번은 세금이라는 뜻으로 교통 법규 위반 상황에는 쓰지 않는다.

단어 違反(いはん) 위반 | 罰金(ばっきん) 벌금 | 所得(しょとく) 소득 | 需要(じゅよう) 수요 | 税金(ぜいきん) 세금

[9] 이 **지역**은 봄이 되면 꽃구경을 하는 관광객들로 붐빕니다.

해설 일정한 범위의 땅이나 장소를 나타내는 4번 「地域(지역)」가 정답이다. 1번은 지반, 2번은 부지, 3번은 지대(특정한 성질의 땅)라는 뜻으로 관광객으로 붐비는 일반적 장소에는 4번이 가장 자연스럽다.

단어 にぎわう 붐비다 | 地盤(じばん) 지반 | 敷地(しきち) 부지 | 地帯(ちたい) 지대 | 地域(ちいき) 지역

[10] 저 **후보**는 선거에서 압도적인 승리를 거두었다.

해설 선거에 나서서 승리를 거두는 대상은 3번 「候補(후보)」이다. 1번은 소속, 2번은 세대(가구), 4번은 선출이라는 뜻으로 문맥에 맞지 않는다.

단어 選挙(せんきょ) 선거 | 勝利(しょうり) 승리 | 所属(しょぞく) 소속 | 世帯(せたい) 세대 | 候補(こうほ) 후보 | 選出(せんしゅつ) 선출

05 문제5 **유의표현**

문제 5 _____의 단어와 의미가 가장 가까운 것을 1·2·3·4에서 하나 고르시오.

⑬ 예상어휘 확인문제 유의표현 p.184

[1] 그녀는 **그 다음날(≒이튿날)**, 다시 한번 찾아왔다.

해설 「あくる日(다음 날)」와 같은 뜻을 가진 단어는 1번 「翌日(よくじつ)(익일, 다음 날)」이다. 2번은 오늘, 3번은 어제, 4번은 그저께라는 뜻으로 시점이 맞지 않는다.

단어 あくる日(ひ) 다음 날 | 翌日(よくじつ) 익일, 다음 날 | 本日(ほんじつ) 오늘

[2] 눈길을 걷는 데는 **요령(≒요령)**이 필요하다.

해설 어떤 일을 잘 처리하는 특별한 방법이나 요령을 뜻하는 「コツ(비법, 요령)」는 4번 「要領(요령)」과 유의어다. 1번 용구, 2번 도구, 3번 요청은 실무적인 기술을 뜻하는 문맥에 맞지 않는다.

단어 用具(ようぐ) 용구 | 道具(どうぐ) 도구 | 要請(ようせい) 요청 | 要領(ようりょう) 요령

[3] 영화 **시나리오(≒각본)**를 쓰고 있다.

해설 영화나 연극의 대본을 뜻하는 「シナリオ(시나리오)」는 1번 「脚本(각본)」으로 바꿔 쓸 수 있다. 2번 등본, 3번 각주, 4번 수주는 문맥상 어색하다.

단어 シナリオ 시나리오 | 脚本(きゃくほん) 각본 | 謄本(とうほん) 등본 | 脚注(きゃくちゅう) 각주 | 受注(じゅちゅう) 수주

[4] 쓸데없는 **트러블(≒분쟁)**을 일으키고 싶지 않다.

해설 개인 간의 다툼이나 분쟁을 뜻하는 「トラブル(트러블, 분쟁)」는 3번 「もめごと(분쟁, 분규, 싸움)」와 유의어다. 1번은 불만, 2번은 사건, 4번은 혼란이라는 뜻으로, 구체적인 다툼을 뜻하는 3번이 가장 적절하다.

단어 無用(むよう) 소용없음, 필요 없음 | 苦情(くじょう) 불만 | 事件(じけん) 사건 | 混乱(こんらん) 혼란

[5] 채소 시세가 **대폭(≒현격하게)** 떨어졌다.

해설 차이가 매우 큰 상태를 나타내는 「大幅(おおはば)に(대폭)」는 2번 「格段(かくだん)に(현격히)」와 유의어다. 1번 어떻게든, 3번 어떻게든, 4번은 점차라는 뜻이다.

단어 相場(そうば) 시세 | 次第(しだい)に 점차

[6] 어두우니까 **램프(≒전등)**를 켜 주세요.

해설 불을 밝히는 기구인 「ランプ(램프)」는 1번 「電灯(전등)」와 유의어다. 2번 전차, 3번 난로, 4번 난방은 조명 기구가 아니므로 정답이 될 수 없다.

단어 電灯(でんとう) 전등 | 暖炉(だんろ) 난로 | 暖房(だんぼう) 난방

[7] 올해 프로야구 우승 **퍼레이드(≒행렬)**가 열렸다.

해설 축하 등을 위해 줄을 지어 가는 「パレード(퍼레이드)」는 2번 「行列(행렬)」과 유의어다. 1번 병렬, 3번 진열, 4번 계열은 나열의 의미는 있으나 축제나 행사 행진의 의미로는 쓰이지 않는다.

단어 優勝(ゆうしょう) 우승 | 並列(へいれつ) 병렬 | 行列(ぎょうれつ) 행렬 | 陳列(ちんれつ) 진열 | 系列(けいれつ) 계열

8 시골 생활은 생각보다 **비용(≒지출)**이 적었습니다.

해설 돈이 들어가는 정도를 뜻하는 「掛(か)かり(비용, 경비)」는 3번 「出費(지출)」와 유의어다. 1번 빚, 2번 계산, 4번 수입은 돈이 나가는 정도를 뜻하는 맥락에 맞지 않는다.

단어 借金(しゃっきん) 빚｜勘定(かんじょう) 계산, 셈｜出費(しゅっぴ) 지출｜収入(しゅうにゅう) 수입

9 10분 정도 늦는다고 **미리(≒사전에)** 그에게 말해 두었다.

해설 일이 일어나기 전에 미리 하는 것을 뜻하는 「あらかじめ(미리)」는 2번 「事前に(사전에)」와 유의어다. 1번 직전에, 3번 단숨에, 4번 일제히는 시간적 선후 관계가 맞지 않는다.

단어 直前(ちょくぜん)に 직전에｜事前(じぜん)に 사전에｜一気(いっき)に 단숨에｜一斉(いっせい)に 일제히

10 자식은 **어차피(≒결국은)** 부모를 떠나는 법이다.

해설 부정적인 전망이나 포기, 혹은 최종적인 판단을 나타내는 「どうせ(어차피)」는 3번 「結局(けっきょく)は(결국은)」와 문맥상 상통한다. 1번 단순히, 2번 하긴/그렇기는 하지만, 4번은 대강/한 차례라는 뜻이다.

단어 単(たん)に 단순히｜もっとも 하긴, 그렇긴 하지만｜ひととおり 대강, 한 차례

⑭ 예상어휘 확인문제 유의표현　　　　　p.185

1 그것은 당신의 **잘못(≒과실)**이 아닙니다.

해설 주의 부족으로 인한 잘못을 뜻하는 「過(あやま)ち(잘못, 실수)」는 3번 「過失(과실)」과 유의어다. 1번 실망, 2번 절망, 4번 손실은 개인의 실수라는 맥락과 거리가 있다.

단어 失望(しつぼう) 실망｜絶望(ぜつぼう) 절망｜過失(かしつ) 과실｜損失(そんしつ) 손실

2 기모노 차림의 그녀는 파티에서 유독 **돋보였다(≒두드러졌다)**.

해설 주변보다 눈에 띄게 좋아 보이거나 돋보이는 것을 뜻하는 「映(は)える(빛나다, 돋보이다)」는 2번 「引(ひ)き立(た)つ(돋보이다)」와 유의어이다. 1번은 집이 들디, 3번은 날아오르다, 4번은 내려다보다라는 뜻이다.

단어 ひときわ 유난히, 한층｜取(と)り上(あ)げる 집어 들다｜引(ひ)き立(た)つ 돋보이다｜飛(と)び上(あ)がる 날아오르다｜見下(みお)ろす 내려다보다

3 나는 그 계획을 **지지(≒서포트)**하고 있습니다.

해설 남의 의견이나 계획 등에 찬성하여 돕는 것을 뜻하는 「支持(지지)」는 2번 「サポート(서포트, 지원)」와 뜻이 통한다. 1번 컨트롤(조절), 3번 어드바이스(조언), 4번 사인(서명)은 지지의 의미를 대체하기 어렵다.

단어 支持(しじ) 지지

4 이 기획이 성공할지 어떨지, **예상(≒전망)**이 서지 않는다

해설 일이 이루어질 가능성이나 예측, 짐작이 간다는 뜻의 관용구 「当(あ)てがつく」에서 「当て」는 1번 「見込(みこ)み(전망, 예상)」와 유의어이다. 2번 맛(풍미), 3번 궁리, 4번 행운은 예측의 의미를 담고 있지 않다.

단어 企画(きかく) 기획｜当(あ)てがつく 예측이 가다, 전망이 서다, 짐작이 가다｜味(あじ)わい 맛, 풍미｜工夫(くふう) 궁리

5 고급스러움을 **전면에 내세운(≒한층 강하게 내세운)** 상품입니다.

해설 특정한 특징을 강하게 드러내어 강조한다, 전면에 내세운다는 표현인 「前面(ぜんめん)に押(お)し出(だ)す」는 3번 「一段(いちだん)と強(つよ)く打(う)ち出(だ)した(한층 더 강하게 내세웠다)」와 유의어이다. 1번은 울음을 터뜨림, 2번은 불티나게 팔림, 4번은 그다지 눈에 띄지 않음을 뜻한다.

단어 高級感(こうきゅうかん) 고급스러움

6 대지진 뉴스가 들어왔지만, 아직 **세세한(≒상세한)** 내용은 모른다.

해설 사정이나 내용이 상세한 것을 뜻하는 「細(こま)かい(상세하다)」는 4번 「詳(くわ)しい(상세하다, 자세하다)」와 유의어이다. 1번 가느다란, 2번 밝은, 3번 현명한은 정보의 구체성을 나타내기에 부적절하다.

단어 地震(じしん) 지진｜賢(かしこ)い 현명하다

7 그것은 너무나도 **안이한(≒안이한)** 생각이다.

해설 ‘쉬운’을 뜻하는 외래어 「イージー」가 생각이나 태도에 쓰이면 ‘생각이 짧거나 만만하게 보는, 안이한’ 등의 의미를 나타내어 2번 「安易(あんい)な(안이한)」과 비슷한 뜻을 나타낸다. 1번 정상적인, 3번 중대한, 4번 이상한과는 의미가 반대되거나 무관하다.

단어 正常(せいじょう) 정상｜重大(じゅうだい) 중대｜異常(いじょう) 이상

8 자신이 한 일에 대해 **변명(≒변명)**할 생각은 없다.

해설 자신의 잘못에 대해 정당성을 주장하거나 변명하는 「言(い)い訳(わけ)(변명)」는 1번 「弁解(べんかい, 변명)」와 유의어이다. 2번 번역, 3번 분해, 4번 통역은 맞지 않다.

단어 言(い)い訳(わけ) 변명｜弁解(べんかい) 변명｜翻訳(ほんやく) 번역｜分解(ぶんかい) 분해｜通訳(つうやく) 통역

9 **요컨대(≒즉)** 그것은 실패였다.

해설 앞의 내용을 요약하여 결론을 내는 「要(よう)するに(요컨대)」는 2번 「つまり(결국, 즉)」와 유의어이다. 1번 마치, 3번 과연(정말), 4번 역시는 요약의 기능을 하지 않는다.

10 그녀는 반에서 가장 **영리하다(≒머리가 좋다)**.

해설 지혜롭고 영리함을 뜻하는 「賢(かしこ)い(영리하다)」는 1번 「頭(あたま)がいい(머리가 좋다)」와 유의어이다. 2번은 머리가 나쁘다, 3번은 얌전하다, 4번은 상냥하다는 뜻이다.

단어 おとなしい 얌전하다｜やさしい 상냥하다, 쉽다

⑮ 예상어휘 확인문제 유의표현　　　　　p.186

1 일본인조차 **종종(≒때때로)** 경어 사용법을 틀린다.

해설 ‘자주 일어나는 모양’을 뜻하는 「往々(おうおう)にして(빈번, 자주)」는 2번 「ときどき(때때로)」와 뜻이 통한다. 1번은 언제나, 3번은 솜처럼(~않다), 4번은 아무리 해도/반드시라는 뜻이다.

단어 敬語(けいご) 경어

2 선물은 경품 **목록(≒카탈로그)**에서 고르실 수 있습니다.

해설 항목을 적어 놓은 목록을 뜻하는 「目録(목록)」는 상품의 목록과 여러 안내가 적힌 「カタログ(카탈로그)」와 유의어이다. 1번

넘버, 2번 전단지, 3번 테마는 전체적인 상품 목록을 뜻하기에 적절하지 않다.

단어 ギフト 기프트, 선물 | 景品(けいひん) 경품 | 目録(もくろく) 목록 | チラシ 전단지

3 이번 우승은 **동료(≒파트너)**의 활약 덕분입니다.

해설 함께 일을 하거나 행동하는 짝을 뜻하는 「相棒(파트너, 동료, 짝)」는 1번 「パートナー(파트너)」와 유의어이다. 2번 캡틴(주장), 3번 스태프, 4번 매니저는 특정 직책을 뜻하므로 파트너라는 포괄적 관계를 대체하기 어렵다.

단어 優勝(ゆうしょう) 우승 | 相棒(あいぼう) 파트너, 동료, 짝 | 活躍(かつやく) 활약

4 선생님께 좋은 조언을 들을 수 있는 것은 **든든합(≒믿음직합)**니다.

해설 의지가 되어 든든한 마음을 뜻하는 「心強(こころづよ)い(마음 든든하다)」는 2번 「頼(たの)もしい(믿음직하다, 든든하다)」와 유의어이다. 1번 배려, 3번 불안함(마음이 허전함), 4번 안절부절못함은 긍정적이고 든든한 상태와 거리가 멀다.

단어 気配(きくば)り 배려 | 心細(こころぼそ)い 불안하다, 허전하다 | 気(き)が気(き)でない 안절부절못하다

5 하루 종일 계속 일해서 **녹초가 되었다(≒기진맥진하다)**.

해설 몹시 지쳐서 기운이 없는 모양인 「へとへとだ」는 1번 「くたくただ(녹초가 되다)」와 유의어이다. 2번은 깜짝 놀람, 3번은 깡 마른 모양, 4번은 실망한 모양을 뜻한다.

단어 がりがり 딱딱한 모양, 깡마른 모양 | がっかり 실망한 모양

6 주요 무역 상대국과의 무역 수지 **균형(≒밸런스)**을 유지하는 것이 중요하다.

해설 어느 한쪽으로 기울지 않은 평형 상태인 「均衡(균형)」은 4번 「バランス(밸런스, 균형)」와 유의어이다. 1번 리듬, 2번 페이스, 3번 컨트롤은 수치상 평형을 뜻하는 문맥에 적합하지 않다.

단어 主要(しゅよう) 주요 | 貿易収支(ぼうえきしゅうし) 무역 수지 | 均衡(きんこう) 균형 | 保(たも)つ 유지하다 | バランス 밸런스 | コントロール 조절

7 인기 상품을 **랭킹(≒순위)** 형식으로 소개했다.

해설 우열이나 가치를 매겨 나열하는 「ランキング(랭킹)」는 2번 「順位(순위)」와 유의어이다. 1번 승부, 3번 추첨, 4번 순번(차례)은 상품의 인기도를 매기는 순위의 의미와 다르다.

단어 形式(けいしき) 형식 | 勝負(しょうぶ) 승부 | 順位(じゅんい) 순위 | 抽選(ちゅうせん) 추첨 | 順番(じゅんばん) 순번, 차례

8 최근, 겨우 정신적으로 **여유(≒여유)**가 생겼다.

해설 시간, 공간, 마음의 넉넉함을 뜻하는 「ゆとり」는 1번 「余裕(여유)」와 유의어이다. 2번 토대, 3번 만족, 4번 결실은 넉넉하고 편안한 상태를 뜻하는 맥락에 맞지 않는다.

단어 精神的(せいしんてき) 정신적 | 余裕(よゆう) 여유 | 土台(どだい) 토대 | 実(みの)り 결실

9 이곳은 **말하자면(≒비유하자면)** 천국 같은 곳이야.

해설 다른 사물을 빌려 비유할 때 쓰는 「いわば(말하자면)」는 2번 「たとえてみれば(예를 들어보면)」와 유의어이다. 1번 어쩔 수 없이, 3번 말하지 않아도, 4번 잘 생각해 보면 등은 비유의 표현이 아니다.

---

10 손에 땀을 쥐게 하는 접전에 **나도 모르게(≒무의식중에)** 몸을 앞으로 내밀었다.

해설 자기도 모르게 어떤 행동을 하는 모양인 「思わず(생각지도 않게)」는 4번 「無意識(むいしき)に(무의식적으로)」와 의미가 상통한다. 1번 생각한 대로, 2번 충분히, 3번 일부러라는 뜻이다.

단어 手(て)に汗(あせ)を握(にぎ)る 손에 땀을 쥐다 | 接戦(せっせん) 접전 | 乗(の)り出(だ)す 상체를 앞으로 내밀다

06 문제6 **용법**

문제 6 다음 단어의 용법으로 가장 알맞은 것을 1·2·3·4에서 하나 고르시오.

16 예상어휘 확인문제 용법 p.187

1 つくづく 뼈저리게, 정말, 절실히
1 도로를 건널 때는 **뼈저리게** 차를 주의해 주세요.
  (X, くれぐれも: 부디, 간곡히)
2 어미 새가 **절실히** 새끼에게 먹이를 나르고 있다.
  (X, せっせと: 부지런히)
3 이번 인사 이동으로 **뼈저리게** 회사가 싫어졌다. (O)
4 야마다 씨의 피부는 하얗고 **절실해서** 부럽다.
  (X, すべすべ: 매끈매끈)

해설 어떤 사실을 절실히 느끼거나 곰곰이 생각하는 모양을 뜻하므로, 회사 생활에 대한 회의감을 절실히 느낀다는 3번이 정답이다.

단어 人事異動(じんじいどう) 인사 이동

2 会合(かいごう) 회합, 모임
1 오늘 저녁에는 각 클럽 대표자들의 **모임**이 있다. (O)
2 스포츠 용구를 빌릴 **모임**에는 선생님의 허가를 받으십시오.
  (X, 際: 때)
3 친한 친구들이 몇 년 만에 모여서 **모임**이 활기를 띠었다.
  (X, 話: 대화)
4 모교 동창회에는 100명이 넘는 **모임**이 있다.
  (X, 出席者: 참석자)

해설 특정한 목적을 위해 사람들이 모이는 공식적인 모임을 뜻하므로 1번이 정답이다.

단어 代表者(だいひょうしゃ) 대표자 | 許可(きょか) 허가 | 際(さい) 때 | 同窓会(どうそうかい) 동창회

3 承(うけたまわ)る 받들다, 듣다·맡다의 겸양어
1 저쪽에서 다나카 님이 **받들고** 계십니다.
  (X, 承って → お待ちになって: 기다리고)
2 이번 사고는 제 부주의가 **받든** 결과입니다.
  (X, 承った → 招いた: 초래한)
3 부장님은 마침 외출 중이시라, 제가 대신 **듣겠습니다**. (O)
4 **듣는** 것까지도 없이, 그는 당대 지휘자 중에서도 톱에 서는 사람이다. (X, 承る → 言う: 말할)

해설 '삼가 듣다/주문을 받다'라는 뜻의 겸양어이므로, 부재중인 상사를 대신해 전언이나 용건을 받겠다는 3번이 정답이다.

단어 外出(がいしゅつ) 외출 | 代(か)わりに 대신에 | 当代(とうだい) 당대 | 指揮者(しきしゃ) 지휘자

4 ルーズ 루즈함, 허술함, 철저하지 못함

1 지원자 수는 정원을 훨씬 **루즈**했다.
(X, ルーズした → オーバーした: 초과했다 / 上回った: 웃돌았다)

2 아버지는 내가 키가 크고 **루즈한** 것을 자랑스러워하신다.
(X, ルーズな → すらりとした: 늘씬한)

3 급여만으로 직장을 결정하다니 **루즈한** 선택이라고 생각한다. (X, ルーズな → 安易な: 안이한)

4 저 사람은 돈 관리에 **철저하지 못하**니까 빌려주지 않는 편이 좋다. (O)

해설 규율이나 예의, 시간, 돈 관리 등이 철저하지 못한 상태를 뜻하므로 4번이 정답이다.

단어 志願者(しがんしゃ) 지원자 | 上回(うわまわ)る 상회하다, 웃돌다 | 自慢(じまん) 자랑 | 安易(あんい) 안이함, 손쉬움 | 給与(きゅうよ) 급여 | 就職先(しゅうしょくさき) 취업처

5 ぼつぼつ 슬슬, 조금씩, 점점이

1 이 **점점이** 된 사전이 나의 보물이다.
(X, ぼろぼろ: 너덜너덜)

2 이곳은 벚꽃이 **슬슬** 피기 시작했다. (O)

3 그는 **조금씩**하며 나에게 작은 꾸러미를 내밀었다.
(X, もじもじ: 머뭇머뭇)

4 그는 나의 얼굴을 **점점히** 보았다. (X, じろじろ: 빤히)

해설 어떤 일이 조금씩 시작되는 모양이나 슬슬 움직여야 할 때를 뜻하므로 2번이 정답이다.

단어 包(つつ)み 꾸러미, 보따리

🔵17 예상어휘 확인문제 용법　　　　　p.188

1 めったに 좀처럼, 거의 ～않다

1 그녀는 **좀처럼** 지각을 한다. (X, しょっちゅう: 늘)

2 그녀는 **좀처럼** 실수를 하지 않는다. (O)

3 내가 방에 **좀체** 들어갔을 때 지진이 일어났다.
(X, とたんに: ～하자마자)

4 **좀처럼** 비가 내리기 시작했다. (X, 急に: 갑자기)

해설 「めったに」는 반드시 뒤에 부정 표현을 동반하여 '좀처럼 ～하지 않는다'는 의미로 쓰이므로 2번이 정답이다.

단어 遅刻(ちこく) 지각 | 地震(じしん) 지진

2 ようやく 겨우, 마침내, 드디어

1 늦을지도 모르지만, **마침내** 힘내서 서둘러 보자.
(X, ともかく: 어쨌든 / 何とか: 어떻게든)

2 그 사람과의 괴로운 이별의 시간이 **겨우** 오고 말았다.
(X, ついに: 결국, 끝내)

3 어려운 주문일지 모르겠지만, **마침내** 일주일 만에 만들어 주세요 (X, せめて: 적어두)

4 일주일이나 기다려서 **마침내** 새로운 게임기가 도착했다. (O)

해설 긴 시간이나 노력이 들고 난 뒤, 기대하던 결과가 이루어졌을 때 사용한다.

단어 注文(ちゅうもん) 주문 | 到着(とうちゃく) 도착

3 上回(うわまわ)る 상회하다, 웃돌다, 기준보다 많아지다

1 이 지역 농가에서 재배하는 쌀의 양은 매년 **상회하고** 있다.
(X, 増えて: 늘고)

2 회의를 **상회한** 시간까지 연장했다.
(X, 予定の: 예정된)

3 응모자 수가 정원을 **상회했다**. (O)

4 나는 최근 부쩍 수학 성적이 **상회하고** 있다.
(X, 上がって: 오르고)

해설 수치나 수량, 능력 등이 일정한 기준보다 높거나 많을 때 사용한다.

단어 地域(ちいき) 지역 | 農家(のうか) 농가 | 栽培(さいばい) 재배 | 延長(えんちょう) 연장 | 応募者(おうぼしゃ) 응모자 | 定員(ていいん) 정원 | 成績(せいせき) 성적

4 着実(ちゃくじつ) 착실, 견실

1 그녀는 느리지만, **착실하게** 일을 진행하고 있다. (O)

2 건강에 항상 신경 쓰던 그가 입원이라니, **착실한** 일이다.
(X, 意外な: 의외인)

3 그가 그 제안에 반대하고 있다니, **견실하다**.
(X, 不思議だ: 이상하다)

4 우리 집은 **착실한** 지반 위에 있어서 지진 걱정은 없다.
(X, 堅固な: 견고한 / 強固な: 공고한)

해설 실수가 없이 성실하고 확실하게 일을 진행하는 상태를 뜻한다.

단어 入院(にゅういん) 입원 | 提案(ていあん) 제안 | 不思議(ふしぎ) 이상함, 희한함 | 地盤(じばん) 지반 | 堅固(けんご) 견고함 | 強固(きょうこ) 공고함

5 及(およ)ぶ 미치다, 달하다, 필적하다

1 호수에 **달하는** 그 호텔에서는 멋진 풍경을 즐길 수 있습니다. (X, 面した: 면한)

2 나는 주식에 대해서는 잘 아는 편이지만, 형에게는 발치에도 **미치지 못한다**. (O)

3 초보자들뿐이므로, 다정하게 **필적해** 주세요.
(X, 接して: 대해)

4 그녀와는 지금까지 친하게 **필적할** 기회가 없었다
(X, 付き合う: 사귀다, 지내다)

해설 능력이나 범위가 특정 수준에 도달하는 것을 뜻하며, 특히 「足元(あしもと)にも及ばない」(발치에도 못 미치다)는 실력 차이가 월등할 때 쓰는 관용구이므로 2번이 정답이다.

단어 湖(みずうみ) 호수 | 面(めん)する 면하다 | 初心者(しょしんしゃ) 초보자 | 接(せっ)する 접하다

01 문법 확인문제　001~025　　　p.206

문제 7　다음 문장의 (　　)에 들어갈 가장 알맞은 것을
　　　　1·2·3·4에서 하나 고르시오.

1　그녀는 너무 슬픈 **나머지** 목소리가 나오지 않게 되어버렸다.

해설　3번「あまり」는 '너무 ~한 나머지'라는 뜻이다. 정도가 지나쳐 어떤 결과가 나타난다는 의미로 쓰인다. 본 문장은 슬픔이 지나쳐 목소리가 나오지 않게 된 결과를 나타내므로「あまり」가 적절하다. 반면 1번「まで(까지)」, 2번「わけ(이유, 사정)」, 4번「ばかり(~뿐, ~만)」는 문맥에 맞지 않는다.

2　그녀는 머리가 좋은 **데다가** 실행력도 있기 때문에 모두에게 신뢰받고 있다.

해설　2번「うえに」는 '~데다가'라는 의미이다. 어떤 성질이나 이유를 하나 더 덧붙일 때 쓰인다. 문제에서 머리가 좋다는 장점이 있고 추가로 실행력이 있다는 장점을 설명하는 구조이므로「うえに」를 써야 한다. 반면 1번「ために(때문에)」, 3번「もの의(~이지만)」, 4번「ほどの(~정도의)」는 문맥과 맞지 않다.

단어　実行力(じっこうりょく) 실행력 | 信頼(しんらい) 신뢰

3　부모님이 건강하실 **때**, 여러 곳으로 여행을 가고 싶다고 생각하고 있다.

해설　정답인 2번「うちに」는 '~동안에, ~안에, ~때'의 의미로, 상태가 변하기 전의 한정된 기간 안에 행동함을 나타낸다. 본 문장에서는 부모님이 건강하신 '한정된 기간 동안'을 의미한다. 1번「ところに(~하던 참에)」, 3번「なかに(~안에, 속에)」, 4번「あとに(~후에)」 모두 문맥과 맞지 않는다.

단어　両親(りょうしん) 부모님

4　요 몇 년간 냉해가 계속되어 채소 가격이 **오르기**만 할 뿐이다.

해설　정답은 1번「あがる(오르다)」이다.「~一方(いっぽう)だ」는 '~(할) 뿐이다'의 의미로 변화가 한 방향으로 계속 진행됨을 나타내며 동사 기본형과 접속한다. 따라서 2,3,4번에는 접속할 수 없다.

단어　冷夏(れいか) 냉하, 추운 여름 | 値段(ねだん) 가격

5　5년 전에 큰 병을 앓고 나서부터 부쩍 병치레가 **잦아**졌다.

해설　정답은 4번「~がち(~하기 십상이다)」이다.「~がち」는 부정적인 상태나 현상이 자주 나타나는 경향을 나타내어「病気がち」는 병에 잘 걸리는 상태를 뜻한다. 1번「~ぐせ(버릇)」, 2번「~ふう(모양, 방식)」3번「~だけ(~만)」은 이 문맥에 맞지 않는다.

단어　大病(たいびょう) 큰 병 | すっかり 완전히, 부쩍

6　그는 커피에 입을 대자**마자** 서둘러 가게를 나갔다.

해설　문형「~か~ないかのうちに(~하자마자)」는 어떤 행동이 발생함과 동시에 다음 행동이 이어짐을 나타내는 표현으로, 빈칸에는「つける」의 부정형(ない형)인「つけない」가 와야 한다. 유사한 표현인「~たとたんに(~하자마자)」도 함께 알아 두자.

단어　口(くち)をつける 입을 대다

7　시험을 치르기로 결정한 **이상**은 전력을 다할 생각입니다.

해설　「うえは(~한 이상)」는 동사의 과거형(た형)과 함께 쓰여 '어떤 결정을 내린 이상 ~한다'와 같이 그에 따른 책임과 각오를 나타내는 표현이다. 참고로「うえに(~인 데다가)」는 이유, 특성을 덧붙일 때 쓰이므로 구분해서 써야 한다. 1번「まで(까지)」, 2번「わけ(이유, 판단)」, 4번「ほど(정도)」는 이 문맥에 맞지 않는다.

단어　受験(じゅけん) 수험, 시험을 치름 | 全力(ぜんりょく) 전력 | つくす 다하다

8　경험이 없다**고 해서 반드시** 실패한다고는 할 수 없다.

해설　정답은 4번「からといって(~라고 해서 반드시 그런 것은 아니다)」이며, 앞의 사실만으로 뒤의 판단이 성립하지 않음을 부정할 때 쓰인다. 1번「からして(~로 보아)」는 판단 근거, 2번「からには(~인 이상)」는 전제에 따른 의무, 3번「からすると(~로 보면)」는 추측·판단을 이끌어내는 말로 본 문맥에 맞지 않는다.

단어　経験(けいけん) 경험 | 失敗(しっぱい) 실패 | ~とはかぎらない ~라고 단정할 수 없다

9　일단 맡은 **이상**은 마지막까지 완수해야 합니다.

해설　정답은 3번「からには(~인 이상)」이다. 이미 어떤 행동이나 결정을 했다는 전제를 바탕으로 책임과 의무를 말할 때 쓰인다. 1번「ためには(~하기 위해서는)」는 목적, 2번「わけには(~할 수는)」는 제약, 4번「うちには(~하는 동안에는)」는 시간 범위를 나타내어 문맥에 맞지 않는다.

단어　いったん 일단 | 引(ひ)き受(う)ける 맡다 | 最後(さいご) 마지막 | やり通(とお)す 끝까지 해내다

10　열심히 간병한 **보람**이 있어 아이의 열은 내렸습니다.

해설　1번「から」는 '~때문에, ~부터', 2번「がち」는 '자주 ~함(경향)', 3번「かい」는 '보람', 4번「こそ」는 '~야말로'라는 의미이다.「かい」는 노력이나 행동의 결과로 좋은 성과가 나타났음을 말한다. 여기서는 문맥상 '간병한 보람이 있다'는 뜻이 자연스러우므로 3번이 정답이 된다.

단어　一生懸命(いっしょうけんめい) 열심히 | 看病(かんびょう) 간병 | 下(さ)がる 내려가다

11　부모님과 상의한 **후에** 진학할 곳을 정했습니다.

해설　1번「うえで」는 '~한 후에, ~을/를 바탕으로', 2번「あまり」는 '~한 나머지', 3번「かぎり」는 '~하는 한(조건, 한계)', 4번「かというと」는 '~인가 하면(화제 전환, 보충 설명)'이라는 의미이다. 여기서「~たうえで」는 어떤 행동을 먼저 완료한 뒤 그 다음 행동으로 이어짐을 나타낸다. 문맥상 부모와 상의한 뒤 진학처를 결정했다는 것이 전후 관계가 자연스러우므로 1번이 정답이 된다.

단어　両親(りょうしん) 부모님 | 進学先(しんがくさき) 진학할 곳

12　태어난 지 3개월 미만인 아기에게는 3시간 **간격으로** 우유를 줘야 합니다.

해설 1번「がち(~하기 십상임, ~하기 쉬움)」는 경향, 부정적 성향, 2번「こそ(~야말로)」는 강조, 4번「からして(~부터가, ~부터 보아)」는 판단의 근거를 제시할 때 쓰여 이 문맥에 맞지 않는다. 3번「おきに(~간격으로, ~마다)」는 일정한 시간 간격으로 반복됨을 나타내는 표현으로, 여기서「명사+おきに」는 '~걸러', '~간격으로'라는 뜻으로 사용된다. 문맥상 '3시간 간격으로'의 의미가 가장 자연스러우므로 정답이 된다.

단어 未満(みまん) 미만

문제 8 다음 문장의 ___★___ 에 들어갈 가장 알맞은 것을 1·2·3·4에서 하나 고르시오.

13 저 팀의 선수는 **체격으로 보아 강해 보인다**.

해설 3번「体格(たいかく) 체격」는 1번「から(~부터, ~에서)」와 결합되어「体格から(체격에서, 체격으로 보아)」라는 근거를 나타내는 표현이 된다. 4번「して(~해서)」는 동사「する」의 て형으로 앞의 근거를 나타내는 표현을 연결하는 역할을 하며, 마지막에 2번「強そうだ(강해 보이다)」가 와서 전체 문장은 '체격으로 보아 강해 보인다'라는 의미가 완성된다. 따라서 문법적으로 자연스러운 순서는 3142이다.

단어 チーム 팀 | 選手(せんしゅ) 선수 | 体格(たいかく) 체격

14 **비싼 물건이라고 해서 사양하는** 것은 오히려 실례가 되는 경우도 있습니다.

해설 3번「高価(こうか)な(고가의)」기 명사「物」를 수식하여, 2번「物だから(것이기 때문에)」와 연결된다. 여기에 4번「といって(~라고 해서)」가 붙어 '고가의 물건이라고 해서'라는 양보 표현이 되고, 마지막에 1번「遠慮(えんりょ)する(사양하다)」가 와서 '고가의 물건이라고 해서 사양하는 것은 오히려 실례가 될 수도 있다'라는 문장이 완성된다. 순서는 3241이다.

단어 高価(こうか) 고가 | かえって 오히려

15 마당에 피어 있는 **꽃은 예쁜 데다 향기도** 매우 좋다.

해설 「咲いている(피어 있는)」와 호응이 맞는「花は(꽃은)」로 주제를 제시한 뒤, 4번「きれいな(아름다운)」로 성질을 설명하고, 3번「うえに(게다가)」로 설명을 덧붙인 다음, 1번「香(かお)りも(향기도)」가 와서 '꽃은 아름다운 데다가 향기도 좋다'라는 구조가 된다. 순서는 2431이다.

단어 庭(にわ) 정원 | 香(かお)り 향기

16 죄송합니다. 개인 정보에 관한 질문**에는 대답해 드릴 수 없습**니다.

해설 먼저 '질문' 뒤에 붙어 있는 긴 조사인 4번「には」이다. 그리고「答える(답하다)」의 겸양 표현은「お答えいたす」이므로 2번과 1번이 연결되고, 여기에「동사의 ます형+かねる(~하기 어렵다, ~할 수 없다)」문형이 접속하면 순서는 4213이 된다.

단어 個人情報(こじんじょうほう) 개인 정보 | 質問(しつもん) 질문

17 메뉴가 **많아서 고민한 끝에 결국** 늘 먹던 우동을 주문하기로 했다

해설 1번「あげく」는 '~한 끝에', 2번「結局」는 '결국', 3번「迷った」는 '망설였다, 고민했다', 4번「多くて」는 '많아서'라는 의미이다.「あげく」는 동사 과거형에 접속하므로 순서는 4312가 된다.

단어 頼(たの)む 부탁하다 | 結局(けっきょく) 결국 | 迷(まよ)う 헤매다, 망설이다

문제 9 다음 문장을 읽고, 문장 전체의 내용을 생각해서 [18]부터 [21]에 들어갈 가장 알맞은 것을 1·2·3·4에서 하나 고르시오.

아이의 생활에서 '놀이'를 떼어내면(주1) 그것은 마치 날개를 뽑힌(주2) 잠자리와 같은 것이지 아이가 아니다. 날개를 뜯긴 잠자리는 지면을 비틀비틀(주3) 걷는 것은 가능할지도 모르지만 넓은 하늘을 자유롭게 날아다닐 수는 없을 것이다.

아이들은 친구들끼리 하는 땀투성이, 흙투성이가 되는 놀이 안에서, 저절로 사람의 마음이 서로 통하는 것을 [18] **확인하면서** 우정을 가꿔가는 것이다. 또한 상상력도 여기서 발달할 것이다. 뭔가 재미있는 것은 없을지, 이렇게 해보자 저렇게 해보자 하며 항상 [19] **궁리하지 않는 한** 보다 즐거운 놀이는 얻을 수 없으며 오래 지속되지도 않는다. 그 동안에 서로 엉겨붙어(주4) 싸울지도 모르지만, 그 싸움이 또한 중요하다. 싸움만큼 아이들 감정의 진폭을 풍부하게 하는 것은 없을 것이다.

또 하나를 들어보자. 아이의 놀이에는 당연하지만 자연이 필요하다. 자연은 땅으로 대표된다. 그 속에는 작은 개미(주5)들이 무수히 땅을 파고, [20] **혹은** 이름도 모르는 싹이 불쑥(주6) 얼굴을 내밀지도 모른다. 아이들은 철(주7)이 들기 시작할 때부터 그들 자연의 생물들과 교류하면서, [21] **이윽고** 생명의 존엄함이라는 것을 배워가는 것이 아닐까. 나는 아이의 이런 모습이야말로 진정한 아이다움이 아닐까 생각하며, 앞으로도 소중하게 키워나가고 싶다고 생각하고 있다.

(주1) もぎ取る : 단단히 붙어있는 곳을 억지로 떼어냄
(주2) むしり取られる : 억지로 뽑음
(주3) よたよた : 당장이라고 쓰러질 듯이 걷는 모습이 똑바르지 않은 모습
(주4) 取っ組み合い : 서로 맞붙어 싸움
(주5) ありんこ : 새끼 개미
(주6) ひょっこり : 예상하지 못한 때에 갑자기 나타남
(주7) ものごころ : 세상의 일이나 사람의 감정 등에 대해 이해할 수 있는 마음

해설

18 1번「確かめつつ」는 '확인하면서', 2번「確かめたきり」는 '확인한 채로, 확인한 후로', 3번「確かめたからといって」는 '확인했다고 해서', 4번「確かめない限り」는 '확인하지 않는 한'이라는 의미이다. 뒷 부분에 '우정을 가꿔가는 것이다'라고 되어 있으므로 앞에는 '어떠한 과정을 통해서'라는 말이 오는 것이 자연스럽다. 따라서 '마음이 서로 통하는 것을 확인하면서'라는 의미가 되는 1번이 정답이 된다.

19 1번「工夫したかいがある」는 '궁리한 보람이 있다', 2번「工夫しない限り」는 '궁리하지 않는 한', 3번「工夫したからには」는 '궁리한 이상', 4번「工夫したかというと」'궁리했냐 하면'이라는 의미이다. 뒤에 '더 즐거운 놀이는 얻을 수 없다'가 나오므로 앞에 '뭔가를 하지 않으면, 하지 않는 한'이라는 표현이 와야 한다. 따라서 2번이 정답이 된다.

20 1번「だが」는 '하지만', 2번「しかし」는 '그러나', 3번「あるいは」는 '혹은', 4번「ところが」는 '그러나'라는 의미이다. 앞에서 자연이 대표된다고 언급하며 개미의 행동을 말

하고 있다. 뒤엔 싹의 행동의 나오므로 역접의 의미보단 여러 상황을 이어주는 표현이 필요하므로 3번이 답이 된다.

21 1번 「つまり」는 '즉', 2번 「やがて」는 '이윽고', 3번 「けれど」는 '하지만', 4번 「または」는 '또는'이라는 의미이다. 자연의 생물들과 교류하면서 시간이 흐른 뒤에 생명의 고귀함을 배워나간다는 내용이므로 2번이 정답이 된다.

단어 羽(はね) 날개 | トンボ 잠자리 | 地面(じめん) 지면 | 仲間(なかま) 동료 | 同士(どうし) ~끼리 | おのずと 저절로 | ふれあい 서로 통함 | つちかう 키우다, 함양하다 | 想像力(そうぞうりょく) 상상력 | 常(つね)に 늘, 항상 | 工夫(くふう) 궁리 | 振(ふ)り幅(はば) 진폭 | 無数(むすう) 무수함 | 穴(あな)をほる 구멍을 파다 | あるいは 혹은 | 芽(め) 싹 | のぞく 엿보다, 내비치다 | 交流(こうりゅう) 교류 | 尊(とうと)さ 고귀함, 존엄 | 姿(すがた) 모습

02 문법 확인문제   001~025   p.210

문제 7 다음 문장의 (   )에 들어갈 가장 알맞은 것을
        1·2·3·4에서 하나 고르시오.

1 어젯밤 내가 조사한 **바에 따르면**, 공장 기계에 문제는 없었습니다.

해설 1번 「(~た)かぎりでは」는 '~한 범위에서는' 이라는 뜻으로 조사·확인한 한도 내에서 판단을 말할 때 적절하다. 2번 「次第(しだい)では(~에 따라서는)」는 조건 변화에 따른 결과, 3번 「上(うえ)では(~의 관점에서는)」는 평가·입장 표명시에 쓰이며 4번 「ようでは(~한 상태라면)」는 부정적 가정에 쓰여 문맥에 맞지 않는다.

단어 調(しら)べる 조사하다 | 工場(こうじょう) 공장 | 機械(きかい) 기계 | 問題(もんだい) 문제

2 눈이 내리면 버스는 늦어지기 **일쑤입니다**.

해설 「~がちになる」는 '~하기 일쑤다'라는 뜻이다. 「がち」는 부정적 경향이 반복됨을 나타낸다. 2번 「~かけになる(막 ~하려는 상태가 되다)」, 3번 「~きれなくなる(완전히 ~할 수 없게 되다)」, 4번 「~かけなくなる(~하려다 말게 되다)」는 문맥과 맞지 않다.

3 테이블 위에 **먹다 남은** 케이크가 놓여 있습니다.

해설 「~かけの(~하다 만)」는 동작이 중간에서 멈춘 상태를 나타내는 표현으로, 「食べかけのケーキ」는 '먹다 만 케이크'란 의미가 된다. 1번 「食べぬいた(끝까지 다 먹은)」와 3번 「食べきった(완전히 다 먹은)」, 4번 「食べはじめの(막 먹기 시작한)」는 테이블 위에 놓여 있다는 말과 맞지 않다.

4 모리타 씨의 아버지는 목소리**부터가** 인자해 보이시네요.

해설 「からして」는 '~부터, ~만 봐도'라는 의미로, 어떤 특징의 일부만으로 판단함을 나타낸다. 1번 「~をして」는 원인이나 수단으로 함을 나타낼 때 쓰이며, 2번 「からは(~부터는)」는 대비·화제 전환에 쓰이며, 3번 「をもって(~을 가지고)」는 수단·시점을 나타내어 의미가 어색하다.

5 집에 도착하자**마자** 비가 내리기 시작했다.

해설 「~か~ないかのうちに」는 '~하자마자'의 의미로 쓰이며 앞선 상황과 뒤의 상황이 거의 동시에 일어남을 나타낸다. 1번

「かのように(~인 것처럼)」는 비유 표현이고, 2번 「ようにして(~하도록 해서)」는 방법·노력을 나타내며, 4번 「ままにして(~인 채로 해서)」는 상태 유지의 의미로 문맥에 맞지 않는다.

6 그 사람과는 졸업식 때 헤어진 이후로 **감감무소식이다**.

해설 「きりだ(~이후로 끝이다)」는 동사의 과거형(た형)과 같이 쓰여, 어떤 일을 끝으로 그 이후의 변화가 없음을 나타낸다. 1번 「ことだ(일이다, 사실이다)」는 서술·평가, 3번 「ほどだ(~할 정도다)」, 4번 「ばかりだ(막 ~한 참이다, 계속 ~만 한다)」는 직후·편중의 의미를 나타내므로 문맥에 맞지 않는다.

단어 卒業式(そつぎょうしき) 졸업식

7 어제 3시부터 4시에 **걸쳐** 정전이 있었다.

해설 「~にかけて」는 '어떠한 시간대에 걸쳐'라는 의미로 시간적 범위를 나타내는 표현이다. 4번 「~にわたって(~에 걸쳐)」는 비교적 넓은 범위·장기간·여러 장소나 단계에 걸친 경우에 쓰이며 1번 「~において(~에서)」는 장소, 때의 의미, 2번 「~にそって(~을/를 따라)」는 방향·선형 등에 따라 이동함을 나타내어 문맥에 맞지 않는다.

단어 停電(ていでん) 정전

8 왜 이렇게 물만 마시는**가 하면**, 더워서 땀을 너무 많이 흘렸기 때문입니다.

해설 「~かといえば」는 '왜 그러냐 하면'의 의미로 앞의 사실을 받아 이유를 말하거나 설명을 제시할 때 쓰인다. 1번 「からといって(~라고 해서)」는 부정적인 역접의 표현이며, 2번 「かのように(~인 것처럼)」는 비유, 4번 「からいうと(~으로 말하면)」는 관점을 나타내는 표현으로 이유를 제시하는 상황에 맞지 않는다.

단어 汗(あせ) 땀

9 그는 별로 웃지도 않고 말수도 적어서 **다가가기 어렵다**.

해설 1번 「近寄りがちだ」는 '다가가기 십상이다', 3번 「近寄りかねない」는 '다가갈지도 모른다', 4번 「近寄りきる」는 '완전히 다가가다'라는 의미이다. 2번 「近寄りがたい」는 '다가가기 어렵다'는 뜻으로 성격이나 분위기 때문에 접근이 힘들다는 상황에 어울린다. 따라서 여기서는 문맥상 2번이 가장 자연스럽다. 「동사의 ます형+がたい(~하기 어렵다, ~할 수 없다)」 라는 문형을 기억해 두자.

단어 口数(くちかず) 말수 | 近寄(ちかよ)る 다가가다

10 유학했다고 해서 영어가 능숙해**지냐 하면**, 꼭 그런 것도 아닌 것 같다.

해설 1번 「なるかぎり(되는 한)」는 '노력의 한계', 2번 「なりがたい(되기 어렵다)」는 '단정적 평가', 3번 「なるからこそ(되기 때문에, 되기 때문에 오히려)」는 '강조, 이유'의 의미를 나타내어 문맥과 어긋난다. 4번 「なるかというと(되느냐 하면)」는 'A라고 해서 반드시 B인 것은 아니다'라는 양보·부정 추론을 나타낼 때 쓴다.

단어 留学(りゅうがく) 유학

11 술만 마시고 있으면 병이 **날 수도 있으니**, 그만두는 편이 좋아요.

해설 「~かねない(~일 수도 있다, ~일 지도 모른다)」는 동사의 ます형과 같이 쓰여 어떤 가능성을 부정적으로 우려함을 나타낸다. 1번 「なるからこそ(되기 때문에 오히려)」는 긍정적·강조 용법이고, 2번 「なるからといって(된다고 해서)」는 뒤에 부

정·반박·역접의 표현이 와야 하며, 4번 「なるかいがあって
(〜된 보람이 있어서)」는 긍정적인 결과가 뒤따름을 나타내어
모두 문맥에 맞지 않는다.

12 태풍의 영향으로 채소 가격은 **오르기만 한다**.

해설 「上がる一方だ」는 '오르기만 하다'라는 의미로, 변화가 한 방
향으로 계속 진행되고 있음을 의미한다. 가격·기온·수치 등의
변화 추세를 말할 때 빈번히 쓰인다. 1번 「上がりきれない(끝
까지 오르지 못하다)」는 미완·부정의 의미, 2번 「上がりかね
る(오르기 어렵다)」는 가능성을 부정하는 의미, 4번 「上がりき
りだ(완전히 올랐다)」는 이미 변화가 종료된 상태를 나타내어
현재 진행 중인 상황과 맞지 않는다.

단어 台風(たいふう) 태풍 | 影響(えいきょう) 영향

문제 8 다음 문장의 ___★___ 에 들어갈 가장 알맞은 것을 1·2·3·4에서 하나 고르시오.

13 시험 **결과가 어떻게 될지 걱정을 너무 한 나머지**, 위가 아
파졌다.

해설 3번 「結果が(결과가)」는 주제 성분이 되고, 4번 「どうなるか
(어떻게 될지)」가 이를 수식하여 '결과가 어떻게 될지'라는 명
사절을 만든다. 2번 「あまり(너무 〜한 나머지)」를 수식할 수
있는 1번 「心配の(걱정의)」가 와서 「心配のあまり(너무 걱정
한 나머지)」의 형태로 앞의 명사절 뒤에 와서 위가 아파진 이
유과 김징에 대해 표현하는 것이 사연스러우므로 문장 순서는
3412가 된다

단어 試験(しけん) 시험 | 結果(けっか) 결과 | 心配(しんぱい) 걱정
| 胃(い) 위

14 그것을 **화제로 삼자 마자** "그 이야기는 그만하자"라는 말
을 들었다.

해설 「〜か〜ないかのうちに」는 동사와 함께 쓰여 '〜하자마자, 〜
하기가 무섭게'라는 의미를 나타내는 문형이다. 이를 생각하면
312 순서로 배열하여 「するかしないかのうちに(하자마자)」
가 되는 것이 자연스럽다. 남은 4번 「話題に(화제로)」는 맨 앞
에 오는 것이 자연스러우므로 정답은 4312 순서이다.

단어 話題(わだい)にする 화제로 삼다

15 현지 기자에 따르면, 상황은 **악화되기만 하는 듯**하다.

해설 4번 「悪化(악화)」에 1번 「する(하다)」가 붙어 '악화되다'의 서
술어를 만들고, 2번 「一方(계속 〜하는 상태)」로 이어 변화의
진행을 나타내는 것이 자연스럽다. 그 뒤를 3번 「のよう(〜인
듯함)」로 이어 주성의 의미를 나타내는 것이 자연스러우므로
정답은 4123 순서이다.

단어 現地(げんち) 현지 | 記者(きしゃ) 기자 | 〜によると 〜에 의
하면 | 状況(じょうきょう) 상황 | 悪化(あっか) 악화 | 一方
(いっぽう)だ 계속 〜하기만 한다

16 **밝을 때 돌아가지 않으면**, 이 근처는 밤에 매우 위험해요.

해설 4번 「うちに」는 '〜하는 동안, 〜하는 상태인 동안'의 의미를
나타내므로 2번 「明るい(밝다)」가 앞에 와서 상태를 표현하는
것이 자연스럽다. 이어서 1번 「帰らない(돌아가지 않다)」가 조
건이 되고, 3번 「と(〜면)」가 결과를 연결해 '밝을 때 돌아가지
않으면 이 근처는 밤에 매우 위험하다'는 문장이 완성된다.

17 반려견 마메가 동물병원에서 **살이 좀 찐 느낌이라는 말을
들어**서, 함께 다이어트를 시작했습니다.

해설 1번 「太り(살이 찜)」에 4번 「気味(경향, 느낌)」가 붙어 '살이 찐
느낌'이라는 표현이 만들어지고, 2번 「だと(〜라고)」가 붙어 인
용·판단의 의미를 만든다. 마지막에 3번 「言(い)われた(들었
다)」가 와서 '살이 찐 느낌이라고 들었기 때문에'라는 원인으로
서 연결이 완성된다. 정답은 1423 순서이다.

단어 愛犬(あいけん) 애견, 반려견 | 太(ふと)る 살찌다 | 気味(ぎ
み) 기운, 느낌, 경향

문제 9 다음 문장을 읽고, 문장 전체의 내용을 생각해서 18 부터 21 에 들어갈 가장 알맞은 것을 1·2·3·4에서 하나 고르시오.

최근 십 년 정도 생활의 변화, 특히 식생활의 변화는 18 **더
욱** 커지고 있습니다. 이렇게까지 바꾼 것은 전자레인지, 가공
식품, 편의점, 패스트푸드 등이 생활에 완전히 침투한 점이 크
겠지요. 예를 들어 아침을 집에서 먹지 않는 사람이 많이 늘었
습니다. 아침에 역에 있는 서서 먹는 소바 집은 아버지들로 가
득하고 편의점에서는 젊은 세대 사람들이 줄을 서서 주먹밥이
나 샌드위치를 사고 있습니다.

밤에는 밤대로 아버지는 귀가 늦는다, 아이는 밤늦게까지
학원이 있어서 학원에 가는 도중에 식사를 때우는 아이도 많
다, 이래서는 엄마도 식사 준비하는 19 **보람이 없기** 때문에
적당히 테이크아웃 초밥이나 반찬이라도 사 와서 해결해 버리
는 것이 된다. 아주 특별한 일이 20 **없는 한** 가족 모두가 함께
식사를 하는 일은 없습니다.

이렇게 가정의 식생활 모습이 옛날과 달라져서 생활이 가장
바뀐 것은 주부인 어머니들입니다. 지금 주부가 가족 식사를
위해서 들이는 시간이나 에너지는 십 수년 전 주부의 절반 정
도 아닐까요? 당연히 요즘 대부분의 주부는 시간을 주체 못하
는 느낌. 취미나 노는 것에 열심입니다(주).

이것을 시대의 흐름이라고 냉정한 눈으로 보고 있는 사람도
많겠지만, 저는 다릅니다.

21 **물론** 저도 가정 이외의 것에서 보람을 찾는 것 자체에는
크게 찬성합니다. 하지만 대다수 주부들이 지금, 결혼 당시에
가지고 있었을 자신의 생활 방식, 사고방식까지 잃고, 그저 우
왕좌왕하고 있는 것으로 비춰지는 것입니다. 그것에 대해 최근
에 제가 생각하고 있는 것을 얘기하지요.

가정은 부부의 공동체이지만 역시 주부가 가정의 책임자인
것입니다. 다른 표현을 하자면 '주부권'을 갖고 있습니다 주부
의 생각이나 방식에 따라서 그 가정의 방향성이 바뀌어 버린다
고 말해도 과언이 아닙니다.

마치다 사다코 「딸에게 전하고 싶은 것
—진정한 행복을 알게 해 주기 위해—」 중에서

(주) 精を出す : 열심히 노력하다

해설

18 1번 「しかし」는 '그러나', 2번 「さらに」는 '더욱', 3번 「また
は」는 '또는', 4번 「せめて」는 '적어도, 하다 못해'라는 의미이
다. 식생활의 변화는 지금보다 커지고 있다고 언급하면서 뒤에
'여기(이렇게)까지' 라는 말이 이어지는 것을 보면 이 상황을 강
조하는 2번이 가장 자연스럽다.

문법 공략편

19 아빠는 귀가가 늦고 아이는 학원 때문에 식사를 대충 해결한다. 이런 상황에서는 엄마도 식사를 준비해 봐야 먹어줄 사람이 없으므로 만드는 보람이 없다는 3번이 정답이 된다.

20 1번 「あるからこそ」는 '있기 때문에', 2번 「ないかぎり」는 '없는 한', 3번 「ないからといって」는 '없다고 해서', 4번 「ないうちには」는 '없는 사이에'라는 의미이다. 여기서는 아주 특별한 일이 있어야 가족이 함께 식사한다는 의미이므로 2번이 정답이 된다.

21 앞 부분에 '나는 생각이 다르다'고 언급하고 뒤에 '요즘 주부들과 생각을 같이 하는 부분도 있다'고 일부 인정하는 내용이 나오므로 4번이 정답이 된다.

단어 食生活(しょくせいかつ) 식생활 | 変化(へんか) 변화 | さらに 더욱 | 加工食品(かこうしょくひん) 가공식품 | 浸透(しんとう) 침투 | 朝食(ちょうしょく) 조식 | 立(た)ち食(ぐ)い 서서 먹음 | おにぎり 주먹밥 | 塾(じゅく) 학원 | 途中(とちゅう) 도중 | すませる 때우다, 해결하다 | 適当(てきとう) 적당 | お寿司(すし) 초밥 | 惣菜(そうざい) 반찬 | あり方(かた) 본연의 모습 | 様変(さまが)わりする 바뀌다, 변하다 | 主婦(しゅふ) 주부 | 費(つい)やす 들이다, 소비하다 | 半分(はんぶん) 절반 | 当然(とうぜん) 당연히 | 持(も)て余(あ)ます 주체 못하다 | 気味(ぎみ) 기색, 느낌 | 趣味(しゅみ) 취미 | 醒(さ)める 깨다, 냉정해지다 | 自体(じたい) 자체 | おおいに 크게 | 賛成(さんせい) 찬성 | 当初(とうしょ) 당초 | 見失(みうしな)う 놓치다, 잃다 | 右往左往(うおうさおう) 우왕좌왕 | 映(うつ)る 비치다 | 共同事業(きょうどうじぎょう) 공동 사업 | 責任者(せきにんしゃ) 책임자 | ~次第(しだい)で ~에 따라서 | 方向性(ほうこうせい) 방향성 | 言(い)い過(す)ぎ 과언

03 문법 확인문제   026~050   p.228

문제 7   다음 문장의 (   )에 들어갈 가장 알맞은 것을
1·2·3·4에서 하나 고르시오.

1 유망한 사원이라고 생각하**기 때문에** 과장은 그를 엄하게 교육하고 있는 것이다.

해설 정답은 1번 「からこそ」로, '바로 그렇기 때문에'라는 뜻의 강조·역설적 이유 표현이다. 유망한 사원이라고 생각하기 때문에 오히려 엄하게 지도한다는 문맥에 맞는다. 2번 「さえ(~조차)」는 극단적 사례 제시, 3번 「末に(~한 끝에)」는 최종 결과, 4번 「次第(~에 따라, ~하는 대로)」는 조건에 따른 변화의 의미로 모두 문맥에 부적절하다.

단어 有望(ゆうぼう) 유망함 | 社員(しゃいん) 사원 | 厳(きび)しい 엄격하다, 엄하다 | 教育(きょういく) 교육

2 그녀는 밝고 책임감이 강한 **점 때문에** 동급생들에게 호감을 사고 있다.

해설 정답은 3번 「ことから」로, '~라는 점에서, ~라는 이유로'라는 뜻이며 밝고 책임감이 강하다는 성질이 사랑받는 원인임을 설명하는 데 적절하다. 「ことなく(~하지 않고)」는 부정 상태의 지속, 「ことだから(~이니까)」는 화자의 추측·판단, 「ことに(~하게도)」는 감정 강조 표현이므로 문맥에 맞지 않는다.

단어 責任感(せきにんかん) 책임감 | 同級生(どうきゅうせい) 동급생 | 好(す)かれる 사랑받다

3 신중한 그녀**인 만큼**, 아마 분명 잘 해낼 것이다.

해설 정답은 2번 「ことだから」이다. '~인 사람이니, 그렇기 때문에 당연히'라는 뜻으로, 성격을 근거로 인물의 성향을 판단할 때 쓰여 문맥에 맞는다. 1번 「ものだから(~이기 때문에)」는 변명·사정 표현, 3번 「わけだから(~인 이유이기 때문에)」는 이유 설명, 4번 「ところだから(~인 상황이니)」는 시점·상황을 나타내는 말로 문맥에 맞지 않는다.

단어 慎重(しんちょう) 신중함 | おそらく 아마 | ~に違(ちが)いない ~임에 틀림없다. ~임이 분명하다

4 그는 집세를 내기 위해 쉬지 **않고** 일하고 있다.

해설 정답은 3번 「ことなく」로 '~하지 않고'라는 뜻이다. 1번 「ものなく」는 의미와 형태 모두 성립하지 않으며 2번 「ほどなく」는 '머지않아'라는 시간 경과를 나타내고 4번 「わけなく」는 '이유 없이'라는 원인 부재를 뜻해 문맥에 맞지 않는다.

단어 家賃(やちん) 집세

5 기쁘**게도**, 이번 집회는 여기저기에서 많은 참가자가 모였다.

해설 정답은 1번 「ことに」로, '~하게도'라는 뜻이며 감정이나 평가를 드러낼 때 쓰는 표현이다. 2번 「せいで(~때문에, ~탓에)」는 부정적인 결과와 함께 쓰이고 3번 「ものだから(~이니까)」는 이유를 설명하는 표현이며 4번 「ばかりに(~한 탓에)」는 부정적 결과를 초래한 원인을 나타내므로 문맥에 맞지 않는다.

단어 今度(こんど) 이번 | 集会(しゅうかい) 집회 | 参加者(さんかしゃ) 참가자

6 나는 가을 공모전에서 이번**에야말로** 입선하겠다고 다짐하며 제작에 들어갔다.

해설 정답은 3번 「こそ」로, '~야말로/바로'라는 뜻이며 화자의 강한 의지, 결의를 강조하여 나타내는 표현이다. 각오를 드러내는 문맥에 가장 적합하다. 1번 「ことか(~던가, ~인가)」는 감탄을 나타내고 2번 「ことだから(~이니)」는 인물의 성격이나 속성에서부터 당연한 결과를 이끌어 낼 때 쓰이며 4번 「さえ(~조차)」는 극단적 최소 조건을 강조하는 표현으로 의지를 표명하는 상황과는 맞지 않는다.

단어 公募展(こうぼてん) 공모전 | 入選(にゅうせん) 입선 | 意気込(いきご)む 의욕을 내다, 단단히 마음먹다 | 制作(せいさく) 제작 | とりかかる 착수하다, 시작하다

7 그 사람의 계획에는 어딘가 이상한 구석이 있다고 **말하지 않을 수 없다**.

해설 정답은 1번 「言わざるをえない」로, '말하지 않을 수 없다'는 뜻이며 평가나 판단을 피할 수 없는 상황에서 적절하다. 2번 「言うどころではない」는 말할 처지가 아님을, 3번 「言わずにおくしかない」는 말하지 않고 넘길 수밖에 없음을 뜻하고 4번 「言うわけにはいかない」는 입장이나 규범상 말할 수 없음을 나타내어 의미가 다르다.

단어 計画(けいかく) 계획

8 일영사전을 사려고 했는데, 친구가 낡은 것을 주어서 **사지 않아도 되게 되었다**.

해설 정답은 3번 「買わずに済んだ」로, '사지 않아도 해결되었다, 살 필요가 없어졌다'는 뜻이다. 사전을 사려 했지만 친구에게서 받아 목적이 충족되어 구매하지 않고 끝났다는 문맥에 가장 알맞다. 1번 「買わずにはいられなかった」는 사고자 하는 강한 욕구로 결국 샀다는 뜻이고 2번 「買わざるをえなかった」는 불

가피하게 살 수밖에 없는 상황을 나타내며 4번 「買わずには済
まなかった」는 결국 사야 했다는 의미로 문맥과 맞지 않는다.

단어 　和英辞典(わえいじてん) 일영사전

9 막차를 놓쳐 버렸기 때문에, 택시로 귀가**할 수밖에** 없습니다.

해설 　정답은 2번 「しか」로, '~밖에'라는 뜻이며 「~しか~ない」의
형태로 쓰여 이것 외에 다른 선택지가 없음을 나타낸다. 택시로
돌아가는 방법 외에는 없다는 상황에 가장 적절하다. 1번 「こ
と」는 가능성이나 선택 범위를 나타내고 3번 「そう」는 추측
표현이며 4번 「ところ」는 시점이나 국면을 나타내는 말로 선
택의 제한을 나타내지 못한다.

단어 　終電(しゅうでん) 막차 | 乗(の)り遅(おく)れる 놓치다, 타지
못하다

10 이 가게는 고급 식재료를 쓰고 있는 만큼, 어떤 메뉴든 **그
에 걸맞은** 가격이다.

해설 　1번 「それさえ」는 '그것조차', 2번 「それなりの」는 '그 나름
의', 3번 「するしかない」는 '할 수밖에 없다', 4번 「せざるを
えない」는 '하지 않을 수 없다'라는 의미이다. 고급 식재료를
쓰고 있다면 가격도 비교적 비싼 편이라는 보는 것이 문맥상 자
연스러우므로 정답은 2번이 된다.

단어 　高級食材(こうきゅうしょくざい) 고급 식재료 | 値段(ねだ
ん) 가격

11 그는 어려움에 처한 사람을 보면 **돕지 않고는 못 배기는** 성
격이다.

해설 　정답은 4번 「助けずにはいられない」로, '돕지 않을 수 없다'
는 뜻이다. 「동사의 ない형+ずにはいられない」 형태로, 자
연스럽게 어떤 행동을 하게 되는 심리를 나타낸다. 1번 「助けず
ずに済む」는 돕지 않아도 됨을, 2번 「助けることになる」는
결과적으로 돕게 됨을, 3번 「助けることはない」는 도울 필요
가 없음을 뜻해 문맥에 맞지 않는다.

단어 　困(こま)る 곤란하다, 난처하다 | 助(たす)ける 돕다 | 性格(せ
いかく) 성격

12 그녀에게 거짓말이 **들통날 뻔해서** 초조했다.

해설 　1번은 '들킬 뻔해서', 2번은 '들킬 것 같지 않아서', 3번은 '들키
지 않고는 못 배겨서', 4번은 '들킨 보람이 있어서'라는 뜻이다.
거짓말을 해 초조한 상황에서는 1번이 가장 적절하다.

단어 　嘘(うそ) 거짓말 | ばれる 들통나다, 들키다 | 焦(あせ)る 초조
해하다, 안달하다

문제 8 다음 문장의 ___★___ 에 들어갈 가장 알맞은 것을
　　　1・2・3・4에서 하나 고르시오.

13 **이것저것 고민한 끝에 그녀와는** 헤어지기로 했다.

해설 　1번 「彼女」는 '그녀', 2번 「末(すえ)に」는 '끝에', 3번 「あれこ
れ」는 '이것저것', 4번 「悩んだ」는 '고민했다'라는 의미이다.
「~末に」는 동사의 과거형이나 「명사+の」에 접속한다. 또한
뒤에 오는 '~외는 헤어지기로'를 고려하여 순서에 맞게 배열해
보면 3421이 된다.

14 출퇴근 시간대이기 때문에 **아침 전철에는 앉을 수 있을 것
같지 않다**.

해설 　1번 「朝の」는 '아침의', 2번 「座れそうにない」는 '앉을 수 있
을 것 같지 않다', 3번 「には」는 '~에는', 4번 「電車」는 '전철'
이라는 의미이다. 1번 뒤에는 명사가 와야 하므로 4번 '전철'이

와야 하고 그 뒤엔 조사인 3번 「~에는」으로 연결하는 것이 자
연스럽다. 여기서 「座れそうにない」는 「座る(앉다)」의 가능
형에 추측의 「そうだ」가 접속한 후 이를 다시 부정형으로 바꾼
것이다. 따라서 자연스러운 순서는 1432가 된다.

단어 　通勤(つうきん)ラッシュ 통근 러시아워, 출퇴근 시 혼잡한 시
간 | 時間帯(じかんたい) 시간대

15 그림 전람회에는 흥미가 없지만, 사장의 **명령이라서 가지
않을 수 없다**.

해설 　정답은 2341 순이다. 2번 「命令な」와 3번 「ので」가 이어져
'명령이기 때문에'라는 의미가 되고, 4번 「行かざる」에 1번
「をえない」가 결합해 「行かざるをえない」는 '가지 않을 수
없다'는 의무·불가피성을 나타낸다.

단어 　展覧会(てんらんかい) 전람회 | 興味(きょうみ) 흥미 | 命令
(めいれい) 명령 | ~ざるをえない ~할 수 없다, ~하지 않을
수 없다

16 A "이케다 씨는 늦네요."
　　B "그러게요. 하지만 **성실한 그 사람이니까**, 반드시 올 거
　　　예요."

해설 　정답은 4213 순이다. 「まじめな＋あの人の＋ことだ」의 형
태로 '성실한 그 사람이니'라는 성격을 근거로 한 판단을 만들
고, 뒤에 「から」를 이어 그 이유로 '반드시 온다'는 결론을 제시
한다. 따라서 늦고 있지만 성실한 사람이기 때문에 꼭 올 것이
라는 자연스러운 문맥이 된다.

17 일본어 능력 시험 수험료를 **낸 이상 합격할 수** 있도록 매일
공부할 생각입니다.

해설 　1번 「以上」은 '이상, ~한 이상', 2번 「払った」는 '지불했다', 3
번 「できる」는 '할 수 있다', 4번 「合格」는 '합격'이라는 의미이
다. 밑줄 앞 '수험료'와 동사의 과거형에 접속하는 1번의 활용
형태를 생각하면 2번 다음에는 1번이 올바르다. 밑줄 뒤의 「~
ように(~하도록)」 앞에는 동사가 오는 것이 올바르므로 2번
다음 1번, 4번 다음에 3번이 와야 함을 알 수 있다. 따라서 올바
른 순서는 2143이 된다.

단어 　能力(のうりょく) 능력 | 受験料(じゅけんりょう) 수험료 |
合格(ごうかく) 합격

문제 9 다음 문장을 읽고, 문장 전체의 내용을 생각해서 18
　　　부터 21 에 들어갈 가장 알맞은 것을 1・2・3・4에서
　　　하나 고르시오.

나는 일에서 18 **아무로** 남편이나 아이들 이외의 사람과도
여행을 가지만, 놀러 가는 여행까지 직장 동료나 주부 친구와
가고 싶다고는 생각하지 않습니다. 가능하면 가족끼리 가고 싶
다고 생각합니다. 가끔 친구에게 "남편한테 집 보리고 하고 아
자들끼리 온천 가자"라고 권유 받는 경우가 있었지만, "나는
남편과 가고 싶으니까 안 갈래"라며 상대에게 나이 솔직한 심
정을 말하고 거절했습니다. 나는 여행도 좋아하고 맛있는 것을
먹는 것도 좋아합니다. 19 **그래서** 반드시 가장 좋아하는 사
람과 가고 싶고 먹고 싶다고 생각하는 것입니다. 게다가 혼자
일 때에 어딘가에서 아름다운 것을 보거나 맛있는 것을 먹으면
"아, 이거 남편에게도 보여주고 싶어"라든가 "다음에는 아이도
데리고 먹으러 오자"라고 생각합니다.

요 주부에게는 이런 마음이 별로 없는 것 같습니다. 주부들에게 물어보면 이것은 경제적인 요인도 꽤 있는 것 같습니다.

예를 들어 어딘가의 이탈리안 식당이 맛있다는 말을 들었다고 합시다. 3천 엔 런치를 4인 가족이 먹으면 점심으로 1만 2천 엔이나 들어 버립니다. 집안 살림을 생각하면 이건 좀 어렵다, [21] **하지만** 친구와 가면 내 것만 내면 된다. 3천엔이라면 봐 줄 수 있는 범위입니다. 이런 돈 계산도 있는 것입니다.

(중략)

물론, 주부가 속박되어 있을 필요는 전혀 없습니다. 주부들끼리 사이 좋게 지내는 것도 좋은 것이라고 생각합니다. 단 주부가 주부로서의 자각까지 잃으면 가정은 끝인 것입니다.

(마치다 사다코 『딸에게 전하고 싶은 말 – 진정한 행복을 알게 하기 위해서－』 중에서

해설

[18] 1번 「こそ」는 '～는, ～야말로', 2번 「きり」는 '～한 채로, ～한 이후로', 3번 「おきに」는 '～간격으로', 4번 「うえに」는 '～한 데다가'라는 의미이다. 일로는 가족 이외의 사람과도 여행을 간다고 강조하는 상황에 맞는 1번이 정답이 된다.

[19] 여행도 좋아하고 맛있는 것을 먹는 것도 좋아하기 때문에 가장 좋아하는 사람과 그런 것을 하고 싶다는 의미가 가장 자연스러우므로 이유를 나타내는 2번이 정답이 된다.

[20] '나는 아름다운 것을 보거나 맛있는 것을 먹으면 가족 생각이 나는데 요즘 주부들은 이런 마음이 별로 없는 것 같다'라는 문장을 잇기엔 역접의 의미를 가진 1번이 가장 자연스럽다.

[21] 가족 전체로 생각하면 식사 비용이 부담스럽지만 친구끼리 가서 본인 것만 부담할 때는 그렇지는 않다는 의미이므로 3번이 정답이 된다.

단어 主人(しゅじん) 남편 | 仲間(なかま) 동료 | 主婦(しゅふ) 주부 | たまに 가끔 | 留守番(るすばん) 집을 봄, 집을 지킴 | 同士(どうし) ～끼리 | 温泉(おんせん) 온천 | 誘(さそ)う 권유하다 | 正直(しょうじき) 정직, 솔직함 | 断(ことわ)る 거절하다 | 連(つ)れる 동반하다 | 経済的(けいざいてき) 경제적 | 要因(よういん) 요인 | 家計(かけい) 가계 | 許(ゆる)す 허락하다, 용서하다 | 範囲(はんい) 범위 | 計算(けいさん) 계산 | 自覚(じかく) 자각 | 見失(みうしな)う 놓치다, 잃다

⑩ 04 문법 확인문제   026~050   p.232

문제 7 다음 문장의 (   )에 들어갈 가장 알맞은 것을 1·2·3·4에서 하나 고르시오.

[1] 이 어려움**만 이겨 내면**, 그다음부터는 편해질 거예요.

해설 정답은 2번 「さえ乗り切れば」로, '～만 이겨 내면'이라는 뜻의 조건 표현이다. 「～ば」 형태를 써서 이 어려움만 넘기면 편해진다는 조건을 강조해 자연스럽다. 1번의 「～と」는 자동적·필연적 결과에 쓰여 이 문맥과 맞지 않고 3번과 4번의 「すえ」는 의미·문법적으로 결합이 부자연스러워 표현이 성립하기 어렵다.

단어 困難(こんなん) 어려움, 곤란 | さえ ～만 | 乗(の)り切(き)る 극복하다, 이겨 내다 | 楽(らく)になる 편해지다

[2] 완전히 지쳐 버려서, 목욕을 하는 것**조차** 할 수 없었다.

해설 정답은 2번 「さえ」로 '～조차'라는 뜻이며 최소한의 행위조차 불가능함을 강조한다. 1번 「だけ(～만)」는 단순 한정, 3번 「ばかり(～만)」는 반복이나 치우침, 4번 「こそ(～야말로)」는 강한 강조를 나타내는 표현으로 최소한의 행위의 불가능함을 나타내는 문맥에는 어색하다.

단어 すっかり 완전히

[3] 수업을 **하고 있는** 도중에 비상벨이 울리기 시작했다.

해설 「～最中(한창 ～하는 중)」는 동사의 진행형(ている)에 접속하므로 1번이 정답이 된다.

단어 授業(じゅぎょう) 수업 | 最中(さいちゅう) 한창 ～하는 중 | 非常(ひじょう)ベル 비상벨 | 鳴(な)り出(だ)す 울리기 시작하다

[4] 방식**에 따라서는**, 8시간 걸릴 일도 6시간 만에 끝난다.

해설 정답은 4번 「次第では」로 '～에 따라서는'이라는 뜻이며 방법이나 조건에 따라 결과가 달라짐을 나타낸다. 1번 「上は(～한 이상에는)」는 전제나 각오를, 2번 「のことだから(～한 사람이니)」는 인물의 성격이나 속성을 근거로 할 때 쓰이고 3번 「の末に(～한 끝에)」는 과정 끝의 결과를 나타내는 표현으로 문맥에 맞지 않는다.

단어 やり方(かた) 방법, 방식 | 次第(しだい) ～에 달림, ～에 따름, ～여하

[5] 지금 담당자가 외출 중이므로, **돌아오는 대로** 다시 연락드리겠습니다.

해설 정답은 2번 「戻り次第」로 '돌아오는 대로'라는 뜻이다. 「동사의 ます형＋次第」 형태로 쓰여 한 행동이 끝나고 곧 다음 행동을 할 때 사용한다. 1번 「戻っている最中(돌아오는 중)」와 3번 「戻った末に(돌아온 끝에)」는 의미상 부자연스럽고 4번 「戻ったとたんに(돌아오자마자)」는 즉각적이고 순간적인 동작을 나타내어 직접적이고 딱딱한 뉘앙스를 가진다. 따라서 비즈니스 상황에서는 부자연스럽다.

단어 ただ今(いま) 지금 | 担当者(たんとうしゃ) 담당자 | 折(お)り返(かえ)し 다시, 곧바로 | 差(さ)し上(あ)げる 드리다 | ～最中(さいちゅう) 한창 중 | ～末(すえ)に ～한 끝에 | ～たとたんに ～하자마자

[6] 아파트 관리비는 한 달에 5천 엔이니까, 1년에 6만 엔이나 **내는 셈이 된다**.

해설 정답은 1번 「払うことになる」로 '지불하게 된다, 지불하는 셈이 된다'는 뜻이며 금액이 이미 정해져 있고 계산된 결과로 자연스럽게 귀결되는 상황에 맞다. '결과적으로 ～하게 된다'는 의미를 나타내어 가장 적절하다. 2번 「払うことにする(내기로 하다)」는 화자의 의지나 결정을, 3번 「払いかねない」는 부정적 가능성·추측을, 4번 「払いかねる」는 곤란이나 거절의 의미를 뜻해 문맥에 맞지 않는다.

단어 マンション 맨션, 아파트 | 管理費(かんりひ) 관리비 | ～かねない ～할지도 모른다 | ～かねる ～하기 어렵다

[7] **한창** 중요한 시험을 치르던 **중에** 배가 아파져서 곤혹스러웠다.

해설 정답은 2번 「最中(さいちゅう)に」로 '한창일 때'라는 뜻이며 어떤 동작이 진행 중인 가운데 다른 일이 발생했음을 나타낸다. 1번 「末(すえ)に(～한 끝에)」는 과정이 끝난 뒤의 결과, 3번 「次第(しだい)に(점점)」는 점진적 변화를, 4번 「とたんに(～

하자마자)」는 행동의 직후를 강조하는 표현으로 시험 도중이라는 의미와 맞지 않는다.

8 매일 밤 호텔에서 떠들고 낮 시간 버스에서 잠만 잔다면, 여행은 했을지언정 관광을 **했다고는 볼 수 없다**.

해설 정답은 1번 「ことにはならない」로, '~하게 되지는 않는다, ~로 이어지지는 않는다'는 뜻이다. 실제로 관광했다고 볼 수 없다며 부정하는 표현으로 문맥에 맞다. 2번 「ことにする(~하기로 하다)」는 의지를, 3번 「ことになる(~하게 되다)」는 결과 확정을, 4번 「ことにほかならない(~임에 틀림없다)」는 단정·강조의 의미를 나타내어 문맥에 맞지 않는다.

단어 騒(さわ)ぐ 떠들다, 시끄럽게 굴다 | 昼間(ひるま) 낮, 주간 | 観光(かんこう) 관광

9 중학교 생활 3년간 한 번도 쉬**지 않고** 학교에 다녔습니다.

해설 정답은 4번 「ことなく」로, '~하지 않고'라는 뜻이며 여기서는 한 번도 쉬지 않고 계속 학교에 다녔음을 나타낸다. 1번 「ことに(~하게도)」는 감정이나 평가, 2번 「ことか(~인가)」는 감탄·의문, 3번 「ことから(~로부터)」는 원인이나 근거를 나타내는 표현으로 문맥에 맞지 않는다. 유사 표현으로 「~ことなしに(~하는 일 없이, ~하지 않고)」도 있다.

10 수술이라고 해도 30분 정도의 간단한 수술이니 그렇게 걱정할 **필요는 없어**요.

해설 정답은 2번 「することはない」로 '~할 필요는 없다'는 뜻이며 안심시키는 상황이나 부정적인 판단을 나타내는 상황에서 쓰인다. 1번 「するしかない」는 체념의 의미로 '~할 수밖에 없다', 3번 「することにはならない(하게 되지는 않는다)」는 결과의 부정을, 4번 「せずにはいられない(~하지 않을 수 없다)」는 강한 감정이나 충동을 나타낸다.

단어 手術(しゅじゅつ) 수술 | 程度(ていど) 정도

11 나는 아무것도 **바르지 않고** 식빵을 먹는 것을 좋아합니다.

해설 정답은 1번 「つけずに」로, '바르지 않고, 붙이지 않고'라는 뜻이다. 「동사의 ない형＋ずに」는 '~하지 않고'의 의미로, 한 행동을 하지 않은 채 다른 행동을 할 때 쓰인다. 괄호 앞의 '아무것도'와 자연스럽게 호응한다. 2번 「つけそうに(바를 것처럼)」는 추측, 3번 「つけたところ(발랐더니)」는 결과 서술, 4번 「つけたとたんに(바르자마자)」는 행동의 직후를 나타내는 표현으로 문맥에 맞지 않는다.

단어 食(しょく)パン 식빵

12 이 기계에서는 혼자서 10인분의 냄비밥 **다 먹으면**, 상금을 받을 수 있습니다.

해설 정답은 3번 「食べきったら(다 먹으면)」이다. 「동사＋きる」는 어떤 동작을 다 한다는 뜻이며 여기서는 조건을 나타내는 「たら」가 붙어 조건이 충족된 뒤 보상이나 결과가 이어진다는 뜻으로 쓰였다. 1번에서 「~かける」는 '~하다 말다', 2번에서 「~からには」는 '~한 이상에는', 4번에서 「~からこそ」는 '~때문이야말로'라는 뜻으로 문맥과 어울리지 않는다.

단어 賞金(しょうきん) 상금

문제 8 다음 문장의 ___★___ 에 들어갈 가장 알맞은 것을 1·2·3·4에서 하나 고르시오.

13 매일 건강하게 지낼 수 있는 **것이 얼마나 행복한 일인가**.

해설 1번 「幸せな」는 '행복한', 2번 「ことが」는 '~것이', 3번 「どれだけ」는 '얼마나', 4번 「ことか」는 '~인가, ~던가'라는 의미이다. 「~ことか」는 「どれだけ」와 함께 쓰여 '얼마나 ~한가' 라는 문형으로 자주 쓰인다. 따라서 2314가 된다.

14 현 대회에서의 우승을 **목표로 노력하자고 결심한** 이상, 매일 아침 일찍 일어나 연습할 생각입니다.

해설 정답은 4321 순이다. 「~を目指して」는 '~을 목표로 하여'라는 표현으로 「優勝(우승)」 뒤에 오기에 알맞다. 이어서 의지를 나타내는 「頑張ろう(노력하자)」가 오고, 2번 「と」가 붙어 인용 형태를 만든다. 결정적인 단서는 「以上」으로, '~한 이상'이라는 뜻이므로 바로 앞에 동사의 과거형이 와야 한다. 따라서 「決めた」가 마지막에 위치하면 문장이 완성된다.

단어 県大会(けんたいかい) 현 대회 | 優勝(ゆうしょう) 우승 | 目指(めざ)す 목표로 하다 | 練習(れんしゅう) 연습

15 내일부터 새 학기가 시작되는데도 여름 방학 **숙제가 끝날 것 같지 않습니다**.

해설 1번 「そうに」는 '~같이, ~할 것처럼', 2번 「終わり」는 '끝날 것', 3번 「宿題が」는 '숙제가', 4번 「ありません」은 '없습니다, 않습니다'라는 의미이다. 동사의 ます형이나 형용사 어간에 접속하는 추측의 「そうだ」는 부정형이 「~そうにない·~そうもない·~そうにもない」가 된다. 이를 고려해 문맥에 맞게 배열해 보면 3214가 된다.

단어 新学期(しんがっき) 신학기, 새 학기 | 宿題(しゅくだい) 숙제

16 이 소문을 **믿을지 말지는 당신에게 달려 있습니다**.

해설 「명사＋次第だ」는 '~에 달려 있다'는 뜻이므로 2번 다음에 4번이 와야 한다. 문맥상 순서는 3124이다.

단어 うわさ 소문 | 信(しん)じる 믿다 | 次第(しだい) ~나름, ~에 달려 있음

17 **전화번호만 알면 되기** 때문에, 주소는 적지 않아도 괜찮습니다.

해설 정답은 3124 순이다. 「~さえ~ば」는 최소한의 조건을 강조하는 문형으로 「명사＋さえ＋동사 조건형(ば)」 형태를 쓴다. 여기서 3번 「電話番号(전화번호)」가 「さえ(~만)」 앞에 와 「電話番号さえ」가 되고, 1번과 2번이 결합해 「さえわかれば」를 만든다. 그 조건에 따른 결과로 4번 「いい」가 이어져 「電話番号さえわかればいい」라는 문장이 완성된다.

문제 9 다음 문장을 읽고 문장 전체의 내용을 생각해서 **18** 부터 **21** 에 들어갈 가장 알맞은 것을 1·2·3·4에서 하나 고르시오.

직업뿐만이 아니라 지역이나 친척의 인간관계가 깊으면 이런 것은 어디나 마찬가지. 소위 말하는 '수치 문화'의 한 가지 표현입니다.

이 '남에게 민폐를 끼치지 마'에 얽매여 서(주1) **10** 하고 싶은 것도 하지 못하고 언짢았던(주2) 때에 나는 "남에게 민폐를 끼치지 않는다면 뭘 해도 상관없는 거야?" 라고 엄마에게 따져(주3) 물었습니다. "그럼" 이라는 엄마의 말에 "좋았어" 라며 기뻐했던 것도 잠시(주4). 역시 대단한 일을 하지는 못합니다. 그리고 결국 '민폐인지 아닌지를 결정하는 것은 내가 아니라 상대가 정하는 문제이다'라고 깨달았습니다.

　　내가 민폐가 아닐 거라고 생각해도 상대가 민폐라고 생각하면 민폐입니다.

　　19 **역으로** 나는 민폐라고 생각해서 조심해도 상대는 "조금도 민폐라고 생각지 않아요"라는 대답이 돌아오는 경우도 자주 있는 이야기입니다.

　　민폐인지 아닌지의 판단은 상대가 전권을 쥐고 있는 것입니다.

　　20 **그럼** 어찌 하는 것이 좋을까…. 불교에서는 이렇게 생각합니다. 사람은 상부상조하고 서로 의존하고 도우면서 살고 있습니다. 상호부조, 피차일반의 관계입니다. 당신이 뭔가 할 때 그것이 민폐인지 아닌지는 상대가 판단합니다.

　　반대로 당신이 뭔가 당했을 때에 민폐인지 생각하는가는 21 **당신에게 달린 일.** 만약 민폐라고 생각해도 피차 마찬가지니까 민폐를 끼쳐도 개의치 않는 마음을 만들어 가는 것입니다.

(나토리 호겐 「신경 쓰지 않는 방법」 중에서)

(주1) がんじがらめ : 자유롭지 않도록 한다
(주2) ムシャクシャ : 짜증나는 기분이 되거나 화가 나다
(주3) 詰め寄る : 대답을 요구하거나 항의하거나 하다
(주4) 束の間 : 시간이 매우 짧은 것

해설

18 앞에 '남에게 민폐를 끼치지 말라는 말 때문에' 라고 되어 있고 뒤에 '언짢았을 때'가 나오므로 '하고 싶은 것도 하지 못하고' 라는 문장이 자연스럽다. 따라서 2번이 정답이 된다.

19 앞부분과 뒷부분이 민폐인지 아닌지 누가 결정하느냐를 서로 다른 입장에서 서술하고 있으므로 2번이 정답이 된다.

20 '민폐인지 아닌지는 오로지 상대가 판단한다. 어찌 하는 것이 좋을까' 라고 하면서 불교의 생각을 전하는 문장으로 이어진다. '그럼'으로 두 문장을 잇는 것이 자연스럽다.

21 당신이 뭔가를 할 때 민폐인지 여부는 상대가 판단하는 것이고 당신이 뭔가를 당했을 때 민폐인지 여부는 당신이 판단하는 것, 즉 당신에게 달려 있다고 말하는 문장이므로 3번이 정답이 된다.

단어 職業(しょくぎょう) 직업 | 地域(ちいき) 지역 | 親族(しんぞく) 친족 | 濃(こ)い 진하다 | いずこも 어디나 | いわゆる 이른바 | 恥(はじ) 수치 | 現(あら)われ 나타남, 표현 | 迷惑(めいわく) 민폐 | しめた 야호, 신난다 | 思(おも)い切(き)る 결심하다 | ついに 드디어 | 気(き)づく 깨닫다 | 逆(ぎゃく)に 역으로 | 遠慮(えんりょ) 사양, 조심 | ちっとも 조금도 | 判断(はんだん) 판단 | 全権(ぜんけん) 전권 | 仏教(ぶっきょう) 불교 | 持(も)ちつ持(も)たれつ 상부상조하다 | 互(たが)いに 서로 | 依存(いそん) 의존 | 相互扶助(そうごふじょ) 상호부조 | お互(たが)い様(さま) 피차일반 | 反対(はんたい) 반대 | 〜次第(しだい) 〜나름, 〜에게 달려 있음

문제 7　다음 문장의 (　　)에 들어갈 가장 알맞은 것을 1・2・3・4에서 하나 고르시오.

1 아무리 자금이 없다**고 해도**, 그 정도로 경비를 삭감해서는 안 될 것입니다.

해설 정답은 1번 「といっても」로 '〜라고 해도, 〜라고는 하지만'라는 뜻이며 양보한 뒤 반론이나 보충 설명을 덧붙일 때 쓰인다. 2번 「というより(〜라기 보다)」는 표현을 수정할 때, 3번 「といったら(〜라고 하면)」와 4번 「といえば(〜라고 하면)」는 화제 제시나 연상・전환에 쓰이는 표현으로 문맥에 맞지 않는다.

단어 資金(しきん) 자금 | 経費(けいひ) 경비 | 削減(さくげん) 삭감 | べきだ 〜해야 한다

2 밤중 2시에 전화하다니, 그것은 몰상식**한 것입니다**.

해설 정답은 4번 「というものだ」로 '〜인 것이다'라는 뜻이며 어떤 사실이나 상황을 단정하거나 평가할 때 쓰는 표현이다. 1번 「ということではない(〜라는 것은 아니다)」는 의미를 부정하며 설명할 때, 2번 「というからだ」는 원인을 말할 때, 3번 「というわけではない(〜라는 것은 아니다)」는 단정하면서 부정할 때 쓰여 문맥에 맞지 않는다.

단어 夜中(よなか) 한밤중 | なんて 〜라니, 〜하다니 | 非常識(ひじょうしき) 비상식, 몰상식

3 야마구치 씨는 겉모습으로 보아 학교 선생님**이라기보다**, 은행원 같다.

해설 정답은 4번 「というより」로, '〜라기보다는'이라는 뜻이며 앞의 표현을 대비・정정할 때 쓰인다. 1번 「だけで」는 한정, 2번 「にもかかわらず(〜에도 불구하고)」는 역접, 3번 「どころか(〜은커녕)」는 기대를 전면 부정하는 표현으로 문맥에 맞지 않는다.

단어 見(み)た目(め) 겉모습, 외관 | 銀行員(ぎんこういん) 은행원 | のようだ 〜같다, 〜인 듯하다

4 나쓰메 소세키라고 **하면**, 「마음」이라는 소설을 떠올리는 사람도 많을 것이다.

해설 정답은 2번 「というと」로, '〜라고 하면'이라는 뜻이며 화제나 대표적인 예를 제시할 때 쓰인다. 1번 「というより(〜라기 보다)」는 표현을 수정할 때, 3번 「からいえば(〜로 말하면)」는 기준을 설명할 때, 4번 「からいって(〜로 보다, 〜로 판단하면)」는 판단의 근거를 나타낼 때 쓰여 문맥에 맞지 않는다.

단어 夏目漱石(なつめそうせき) 나쓰메 소세키(일본의 소설가) | 小説(しょうせつ) 소설

5 니시무라 씨는 딸의 대학 합격이 기뻐서 **견딜 수 없는** 모양이다.

해설 정답은 4번 「ならない」로, て형과 같이 쓰여 '〜해서 견딜 수 없다'는 뜻을 나타낸다. 기쁨이나 감정이 너무 커서 억제할 수 없음을 나타낸다. 1번 「きれない」는 능력 부족, 2번 「ほかない」는 선택의 여지 없음, 3번 「しかない」는 체념을 나타내는 표현으로 문맥에 맞지 않는다.

단어 合格(ごうかく) 합격

6 어제 병원에서 받은 약 덕분에 감기는 **나아지고** 있습니다.

해설 정답은 3번 「治りつつ」로 '(병 등이) 점점 낫고 있다'는 뜻이다. 「동사의 ます형+つつ」는 진행이나 변화 과정을 나타낸다. 1번 「治りながらも(낫고 있으면서도)」는 역접, 2번 「治りっこ」는 뒤에 「~ない」가 같이 와서 강한 부정을 나타내며, 4번 「治ったのであれば(나았다면)」는 가정 조건을 나타내어 문맥에 맞지 않는다.

7 가능**하다면**, 학굣길에 우유를 사다 줬으면 좋겠어.

해설 1번 「であれば」는 '~라면', 2번 「というと」는 '~라고 하면', 3번 「というより」는 '~라기보다', 4번 「どころか」는 '~는커녕'이라는 의미이다. 문맥상 가정을 나타내는 1번이 자연스럽다. 2번은 뭔가를 떠올리거나 예를 들어 설명할 때 사용하는 문형이다.

단어 可能(かのう) 가능, 가능함 | 牛乳(ぎゅうにゅう) 우유

8 대학을 졸업한 **이래로**, 다나카 씨와는 연락을 하고 있지 않다.

해설 정답은 2번 「以来」로, '~이래로'라는 뜻이다. 동사의 て형에 접속해 「~て以来」 형태로 쓰이며 '~한 이후로 계속'의 의미를 나타낸다. 괄호 뒤에서 졸업한 뒤로 연락하지 않고 있는 상황을 설명하므로 2번이 가장 자연스럽다. 1번 「でも」는 양보, 3번 「はじめて」는 최초·비로소의 의미, 4번 「からでないと(~한 다음이 아니면)」는 조건을 나타내는 표현으로 맞지 않는다. 또한 「以来」는 동사의 과거형(た형)에는 접속하지 않는다는 점에 주의해야 한다.

단어 卒業(そつぎょう) 졸업 | 連絡(れんらく) 연락

9 일본어 공부를 **시작한 지 얼마 안 되었기** 때문에, 아직 히라가나밖에 모릅니다.

해설 정답은 1번 「始めたばかり」로 '막 시작한, 시작한 지 얼마 안 됐다'는 뜻이다. 「동사의 た형+ばかり」는 어떤 행동을 한 지 시간이 거의 지나지 않았음을 나타낸다. 뒤 문장에서 아직 히라가나밖에 모른다고 한 점을 보면 막 시작한 상태이므로 1번이 가장 자연스럽다. 2번 「始めたと思う」는 추측, 3번 「始めて以来」는 일정 기간이 경과했음을 전제하고, 4번 「始めたっけ」는 회상이나 불확실한 기억을 나타내어 문맥에 맞지 않는다.

10 아버지는 출장을 **갈 때마다** 선물을 사다 줍니다.

해설 정답은 2번 「行くたびに」로 '갈 때마다'라는 뜻이다. 「동사의 기본형+たびに」 형태로 쓰여 어떤 행동을 할 때마다 같은 결과가 반복됨을 나타낸다. 매번 같은 일(선물을 사오는 일)이 일어나는 상황이므로 2번이 가장 자연스럽다. 1번 「行くっけ(가려나?)」는 기억날 확인하는 회상 표현, 3번 「行ったばかり(막 간 참이다)」는 막 갔음을, 4번 「行ってからでないと(가고 나서가 아니면)」는 조건을 나타내는 표현으로 문맥에 맞지 않는다.

단어 出張(しゅっちょう) 출장 | お土産(みやげ) 기념품, 특산품, 선물

11 지난 여름 휴가는 어머니의 생신 축하**를 겸해서** 가족 여행을 갔었어.

해설 정답은 2번 「をかねて」로 '~을/를 겸하여'라는 뜻이며 한 가지 행동에 두 가지 목적이 포함됨을 나타내는 표현이다. 1번 「ながらも(~하면서도)」는 역접, 3번 「であれば(~라면)」는 조건, 4번 「といっても(~라고 해도)」는 양보 표현으로 문맥에 맞지 않는다.

12 어라, 내 안경 어디에 **뒀더라**?

해설 정답은 4번 「置いたっけ」로 '어디에 두었더라'라는 뜻이다. 「동사의 た형+っけ」는 과거의 일을 스스로 되묻거나 기억이 확실하지 않을 때 쓰는 회상 표현이다. 안경을 어디에 두었는지 떠올리는 문맥에 가장 알맞다. 1번 「置きっこない(둘 리 없다)」는 강한 부정 추측, 2번 「置いたところだ(막 둔 참이다)」는 막 둔 직후 상태, 3번 「置いたと思う(뒀다고 생각한다)」는 추측을 나타내어 문맥에 맞지 않는다.

문제 8 다음 문장의 ___★___ 에 들어갈 가장 알맞은 것을 1·2·3·4에서 하나 고르시오.

13 어제 **막 산 하얀 셔츠에** 케첩 얼룩이 묻어 버렸다.

해설 3번 「買った」에 1번 「ばかりの」가 결합해 '막 산'의 의미를 만들고, 2번 「白い」가 4번 「シャツに」를 수식해 '막 산 하얀 셔츠에'라는 구성이 된다. 「ばかり」는 동사의 た형에 붙어 '막 ~한 지 얼마 안 됨'을 나타내므로 3번 다음에 1번이 와야 하며, 따라서 3124가 답이 된다.

단어 シミがつく 얼룩이 지다

14 건강에 **나쁘다는 것을 알면서도 담배**를 끊을 수 없다.

해설 2번 「悪い」에 1번 「と」가 이어져 '건강에 나쁘다고'가 되고, 여기에 4번 「知りつつも(알면서도)」가 와서 역접의 의미를 이루며 3번 「たばこ」가 주어로 와 문장이 완성된다. 「つつも」는 동사의 ます형에 붙어 '~면서도, ~지만'을 나타내며, 첫 번째 밑줄 앞의 '건강에'와 호응하는 2번과 마지막에 「が」가 이어지는 3번을 기준으로 하면 순서는 2143이 가장 자연스럽다.

단어 健康(けんこう) 건강

15 선생님께 반말로 **말하는 것은 실례인 것이다**.

해설 1번 「というものだ」는 '~인 것이다', 2번 「失礼」는 '실례', 3번 「話す」는 '이야기하다', 4번 「のは」는 '~것은'이라는 의미이다. 4번을 수식할 수 있는 건 3번뿐이므로 3-4순으로 이어진다. 1번 앞에는 명사인 2번이 오는 것이 적절하므로 문맥에 맞게 배치하면 3421 순이 된다.

단어 ためロ(ぐち) 반말 | 失礼(しつれい) 실례

16 셔츠가 **주름투성이가 되어 있어서** 다림질을 했습니다.

해설 1번 「になって」는 '~가 되어', 2번 「しわ」는 '주름', 3번 「いたので」는 '있었기 때문에', 4번 「だらけ」는 '~투성이'라는 의미이다. 「だらけ」는 명사에 접속하여 '~투성이'라는 뜻을 나타내므로 「しわだらけ」가 되어야 한다 뒤의 상황이 일어나게 된 이유를 설명하려면 1번과 3번이 차례로 와야 한다. 따라서 2413 순으로 문장을 완성한다.

단어 しわ 주름 | アイロンをかける 다림질을 하다

17 모기에 물린 **곳이 너무 가려워서 견딜 수 없었기** 때문에 약을 발랐다.

해설 1번 「かゆくて」는 '가려워서', 2번 「ところが」는 '(~한) 곳이', 3번 「ので」는 '~때문에', 4번 「たまらなかった」는 '견딜 수 없었다'라는 의미이다 「たまらない」는 て형에 접속하여 '~해서 견딜 수가 없다'는 뜻을 나타내므로 1번 다음에 4번이 와야 한다. 첫 번째 밑줄 앞에 동사가 명사 수식형임을 고려하면 처음엔 2번이 온다는 것을 알 수 있다. 따라서 올바른 순서는 2143이 된다.

단어 蚊(か)に刺(さ)される 모기에게 물리다 | かゆい 가렵다 | 塗(ぬ)る 바르다

우리는 일본어에 완전히 익숙해져 있다. 어렸을 때부터 우리
는 일본어를 듣고, 일본어를 말하며, 일본어를 쓰고, 일본어로
생각해 왔다. 우리에게 일본어는 공기와 같은 것이어서 일본어
를 잘한다든가 서툴다고 말하는 것조차 우스울 정도로, 우리는
모두 일본어의 달인 [18] 인 줄 알고 있다. [19] 아니 그런 것을
새삼스럽게 생각하지 않을 정도로, 우리들은 일본어에 익숙해
서 일본어 [20] 라는 것을 의식하지 않는다. 이것은 당연한 일
이다.
　[21] 그러나 그 일본어로 문장을 쓴다고 할 때는 이 일본어에
대한 익숙함을 버려야만 한다. 일본어라는 것이 의식되지 않으
면 소용없다. 말하거나 듣는 동안에는 그래도 괜찮지만, 문장
을 쓰는 단계가 되면 일본어를 분명히 객체로서 의식해야만 한
다. 자신과 일본어의 융합 관계를 탈출하여 일본어를 자신의
외부 객체로 의식하지 않으면 이것을 도구로 하여 문장을 쓸
수 없다. 문장을 쓰려면 일본어를 외국어로서 취급해야 한다.
　일본어를 자신 외부의 객체로서 파악하는 기회는 보통 우리
가 외국어를 공부할 때 찾아오는 것이다. 외국어와 전혀 인연
이 없다면 일본어가 언어 그 자체인 것이 되며, 일본어가 일본
어로서 자각될 때는 없을 것이다. 일본어의 자각이 외국어와의
접촉에서 일어난다는 것은 민족에 대해서도, 개인에 대해서도
동일하게 말할 수 있다.

(시미즈 이쿠타로 「논문 쓰는 법」 중에서)

해설

[18] 1번 「のついでに」는 '~하는 김에', 2번 「のつもりで」는 '~할
생각으로, ~인 줄 알고', 3번 「のたびに」에는 '~때마다', 4번
「というより」는 '~라기보다'라는 의미이다. 여기서는 어릴 때
부터 쓰고 들은 일본어는 마치 공기와도 같은 것이어서 모두 자
기가 일본어의 달인이라고 여기고 있다는 뜻이므로 2번이 정
답이 된다.

[19] 1번은 '아니', 2번은 '및', 3번은 '그건 그렇고', 4번은 '그러고 보
니'라는 의미이다. 바로 뒷부분에 달인이니 뭐니 그런 것을 생
각하지도 않는다고 했으므로 가볍게 부정하는 의미를 지닌 1
번이 정답이 된다.

[20] 1번은 '~라고 해도', 2번은 '~라고 하면', 3번은 '~라는 것', 4
번은 '~라기보다'라는 의미이다. 일본어에 너무 익숙해서 일본
어 바로 그 자체를 의식하지도 않는다는 뜻이 되는 3번이 가장
자연스럽다.

[21] 1번은 '더욱', 2번은 '그러나', 3번은 '즉', 4번은 '그렇기는커녕'
이라는 의미이다. 앞에서는 일본어에 익숙해져 있다는 것을 당
연하다고 말하고 뒷부분에는 그 일본어로 문장을 쓸 때는 익숙
함을 버려야 한다고 말하고 있으므로 역접의 의미를 나타내는
2번이 정답이 된다.

단어 慣(な)れ切(き)る (완전히) 익숙해지다 | 幼(おさな)い 어리다
| 滑稽(こっけい) 우스움 | 達人(たつじん) 달인 | 意識(いし
き) 의식 | 駄目(だめ) 소용없음, 안됨 | 客体(きゃくたい) 객
체 | 融合(ゆうごう) 융합 | 脱出(だっしゅつ) 탈출 | 取(と)り
扱(あつか)う 취급하다 | 掴(つか)む 붙잡다 | 訪(おとず)れる

찾아오다 | 全(まった)く 아주, 전혀 | 縁(えん) 인연 | 折(おり)
때, 기회 | 接触(せっしょく) 접촉 | 個人(こじん) 개인 | 同様
(どうよう)に 마찬가지로

06 문법 확인문제　051~075　　　　　　p.254

문제 7 다음 문장의 (　　)에 들어갈 가장 알맞은 것을
1·2·3·4에서 하나 고르시오.

1 오사카에 간 **김에**, 대학 시절 친구를 만나고 왔다.

해설 정답은 3번 「ついでに」로 '~겸해서'라는 뜻이며 「동사의 た
형+ついでに」 형태로 어떤 일을 하는 김에 다른 일을 함께 함
을 나타낸다. 1번 「ばかりに(~한 탓에)」는 원인에 따른 부정
적 결과, 2번 「とおりに(~대로)」는 기준이나 지시와의 일치
함, 4번 「うちに(~하는 동안에)」는 한정된 시간 범위를 나타
내는 표현으로 문맥에 맞지 않는다.

2 기르는 고양이가 집 마루를 긁어서, 바닥이 흠집**투성이가**
되어 버렸습니다.

해설 정답은 1번 「だらけ」로, '투성이'라는 뜻이며 「명사+だらけ」
형태로 쓰여 어떤 것이 여기저기 많이 묻어 가득한 상태를 나타
낸다. 2번 「ぎみ(기운, 경향, 기색)」, 3번 「がち(~하기 쉬움, 경
향)」, 4번 「どおり(~대로)」는 문맥에 맞지 않는다.

단어 飼(か)う 기르다, 사육하다 | 床(ゆか) 마루, 바닥 | ひっかく
긁다 | 傷(きず) 상처, 흠집

3 태풍이나 지진**과 같은** 자연에 의해 일어나는 재해는 피할
수 없다.

해설 정답은 4번 「といった」로, '~와 같은, ~라고 하는'이라는 뜻
이며 「명사+といった」의 형태로 대표적인 예를 들어 어느 범
주를 설명할 때 쓰인다. 1번 「がてら(~하는 김에)」는 부수적
행위, 2번 「ばかりの(~만의, 막 ~한)」는 한정된 행동 혹은 직
후 상황임을, 3번 「といっても(~라고 해도)」는 양보나 반론을
나타내는 표현이다.

단어 台風(たいふう) 태풍 | 地震(じしん) 지진 | 自然(しぜん) 자연
| によって ~에 의해, ~에 따라 | 起(お)こる 일어나다, 발생
하다 | 災害(さいがい) 재해 | 避(さ)ける 피하다

4 어떻게 해서든 유학을 가고 싶다. 집을 **팔아서라도** 반드시
가고 싶다.

해설 정답은 2번 「売ってでも」로, '팔아서라도'라는 뜻이며 「동사
의 て형+でも」 형태로 어떤 대가를 치르더라도 반드시 하겠
다는 강한 의지를 나타낸다. 1번 「売りつつ(팔면서)」는 동시
진행, 3번 「売るうちに(파는 동안에)」는 시간 경과, 4번 「売ろ
うとして(팔려고 해서)」는 시도나 의도를 나타내는 표현으로
문맥에 맞지 않는다.

단어 どうしても 어떻게 해서든, 무슨 일이 있어도 | 留学(りゅう
がく) 유학 | 絶対(ぜったい) 절대, 반드시 | ~つつ ~하면서

5 친절한 마음에서 말한 **생각이었는데**, 오히려 화나게 만든
모양이다.

해설 정답은 4번 「つもり」로 '의도, 작정, 생각'이라는 뜻이다. 1번
「よう(모양, 방법)」은 추정이나 방법, 2번 「はず(당연히 ~일
것)」는 당연한 추정, 3번 「まま(~인 상태 그대로)」는 상태의
지속이나 방치를 나타내는 표현으로 문맥에 맞지 않는다.

단어　親切心(しんせつしん) 친절한 마음 | かえって 오히려, 도리어

6 혹시 영어를 할 수 있**다면**, 대신 예약을 부탁드려도 될까요?

해설　정답은 1번 「のであれば」로 '~것이라면'이라는 뜻이며 「명사・형용사+であれば」 형태로 조건을 나타내고 「もし」와 자주 호응해 쓰인다. 2번 「ばかりか(~은커녕)」는 추가・강조, 3번 「というより(~라기 보다)」는 수정・재정의, 4번 「たびに(~할 때마다)」는 빈도・반복을 나타내는 표현으로 문맥에 맞지 않는다.

7 A "매일 6시간은 공부하렴."
　　 B "그런 거, **할 수 있을 리가 없어.**"

해설　정답은 1번 「できっこない」로 '절대 할 수 없다, ~할 수 있을 리가 없다'라는 뜻이며 「동사의 ます형+っこない」 형태로 가능성을 전면 부정하는 구어적 표현이다. 2번 「~しかない(~할 수밖에 없다)」는 체념이나 불가피함, 3번 「~ざるをえない(~하지 않을 수 없다)」는 의무적 불가피함, 4번 「~ほかはない(~할 수밖에 없다)」는 선택의 여지없음을 나타내는 표현으로 문맥에 맞지 않는다.

8 친구 집에 **갔더니**, 마침 부재중이었다.

해설　정답은 2번 「行ったところ」로 '~해 보니'라는 뜻이며 「동사의 た형+ところ」 형태로 어떤 행동을 해 본 결과를 나타낸다. 1번 「行くところ(가려는 참)」, 3번 「行くばかり(갈 뿐)」, 4번 「行ったばかり(막 간 참임)」는 문맥에 맞지 않는다.

단어　あいにく 공교롭게도, 안타깝게도 | 留守(るす) 부재 중, 집을 비움

9 아끼던 개가 죽어서 **슬프기 그지없다.**

해설　정답은 2번 「悲しくてならない」로 '슬퍼서 견딜 수 없다'는 뜻의 관용 표현이며 어떠한 감정이 강함을 나타낸다. 1번은 자연스럽지 않은 표현이며, 3번 「悲しいということだ(슬프다는 것이다)」는 전달・서술, 4번 「悲しんだばかりだ(슬퍼한 참이다)」는 행동이 일어난 직후를 나타내는 표현이므로 문맥에 맞지 않는다.

10 위험하기 때문에 준비 운동을 **하고 나서가 아니면** 수영장에 들어갈 수 없습니다.

해설　정답은 4번 「してからでないと」로, '~하고 나서가 아니면'이라는 뜻이며 「동사의 て형+からでないと」 형태로 선행 동작이 완료되어야만 다음 행동이 가능함을 나타내는 조건・제약 표현이다. 1번 「して以来(한 이래)」는 기준 시점 이후의 기간, 2번 「してでも(해서라도)」는 강한 의지, 3번 「したのであれば(했다면)」는 가정 조건을 나타내는 표현으로 문맥에 맞지 않는다.

단어　準備運動(じゅんびうんどう) 준비 운동

11 술을 못 마시는 **것은 아니지만**, 좋아하지 않는다.

해설　1번 「つもり」는 '생각, 의도', 2번 「と思う」는 '~라고 생각한다', 3번 「ということだ」는 '~라고 한다', 4번 「わけではない」는 '~인 것은 아니다'라는 의미이다. 「~わけではない」에 부정형(ない형)을 접속하면 '~하지 않는 것은 아니다, ~하지 못하는 것은 아니다' 라는 의미가 된다. 따라서 정답은 4번이 된다.

12 내 자신이 부모가 **되고 나서야 비로소** 부모님의 감사함을 알게 되었습니다.

해설　「はじめて」 앞에 동사의 て형이 접속하여 '~하고서야 비로소'라는 뜻을 나타내므로 정답은 2번이 된다. 다른 선택지는 올바르지 않은 표현이다.

문제 8　다음 문장의 _____★_____에 들어갈 가장 알맞은 것을 1・2・3・4에서 하나 고르시오.

13 은행이나 **보험 회사와 같은 금융 관련 회사**는 잔업이 많은 모양이다.

해설　2번 「保険会社(보험 회사)」 뒤에 4번 「といった(~와 같은)」가 와 예시 범주를 만들고, 1번 「金融関係(금융 관련)」가 또 다른 예시로 이어진 뒤 3번 「の会社(~의 회사)」가 이를 묶어 '은행이나 보험 회사 같은 금융 관련 회사는'이라는 주어 구성이 완성된다.

단어　銀行(ぎんこう) 은행 | 保険(ほけん) 보험 | 金融(きんゆう) 금융 | 残業(ざんぎょう) 잔업, 야근

14 창문을 **열자마자 기르고 있던** 새가 도망가 버렸다.

해설　「동사의 과거형(た형)+とたんに」는 어떤 동작이 완료된 직후 예상치 못한 일이 발생했음을 나타내는 문형이다. 따라서 반드시 동작의 완료를 나타내는 과거형 뒤에만 쓰이며 1번 「かわいがって」 뒤에는 올 수 없다. 또한 1번 「かわいがって」와 4번 「いた」는 결합해 「かわいがっていた」가 되어 '귀여워하고 있었다'라는 상태를 나타내며, 이는 뒤의 명사 「鳥(새)」를 수식한다. 따라서 올바른 순서는 2314이다.

단어　逃(に)げる 도망가다

15 축구 시합에 **진 것이 너무 분해서 견딜 수가 없다.**

해설　「たまらない」는 동사의 て형에 접속하여 감정이나 신체적 욕구를 도저히 참을 수 없는 상태를 나타내는 문형으로 단순히 '매우 ~하다'가 아니라 감정이 제어되지 않을 정도로 강함을 의미한다. 따라서 2번 다음 4번이 오는 것이 자연스럽다. 또한 3번에 1번이 붙어 '진 것'이라는 명사절을 만들며, 이는 뒤에 오는 「悔しい」의 이유를 나타낸다. 「たまらない」는 문장 끝에 오는 것이 자연스럽고, 「ことが」 앞에는 동사의 수식형인 「負けた」가 와야 하므로 3124 순으로 나열하는 것이 가장 적절하다.

단어　試合(しあい) 시합, 경기 | 負(ま)ける 지다, 패배하다 | 悔(くや)しい 분하다, 억울하다, 아쉽다

16 오늘 회의는 **3시부터였던가?**

해설　1번 「から」는 '~부터', 2번 「っけ」는 '~었지?', 3번 「だった」는 '~였다', 4번 「3時」는 '3시'라는 의미이다. 「~っけ」는 주로 과거형에 접속하여 '~였지, ~였나' 라는 뜻으로 기억을 더듬거나 확인을 요할 때 쓰는 문형이다. 따라서 3번 다음에 2번이 오며, 문장의 호응을 고려하면 올바른 순서는 4132가 된다.

단어　会議(かいぎ) 회의

17 이 서비스에 **만족하고 있는지 물어본 결과**, 반수 이상의 사람이 "만족하고 있다"라고 대답했다.

해설　3번 「満足して」에 2번 「いるか」가 이어져 '만족하고 있는지'라는 질문 내용이 되고, 여기에 1번 「と聞いた」와 4번 「ところ」가 결합해 '물어보니'라는 의미를 만든다. 따라서 「このサービスに満足しているかと聞いたところ」가 되어 뒤의 조사 결과와 자연스럽게 연결된다.

문제 9 다음 문장을 읽고, 문장 전체의 내용을 생각해서 18 부터 21 에 들어갈 가장 알맞은 것을 1·2·3·4에서 하나 고르시오.

　최근에는 이름이 알려진 대기업이 불미스러운 일에 얽혀 세간을 소란하게 하거나, 형사 사건으로 당국의 수사를 받는 일은 드물지 않게 되었다. 사건 관계자로서 저명한 기업의 이름이 거론되면 신문이나 TV는 빠짐없이 그것을 보도하기 때문에 특히 그러한 사건이 눈에 띈다는 측면이 있다고 하더라도, 저명한 기업이 관계된 범죄는 이제는 드문 경우라고는 할 수 없는 시대가 되었다. 무엇보다도 많은 기업인들은 다른 기업이 수사 대상이 되어도 '당사에 한해 그런 일이 있을 리는 없다'는 이른바 강 건너의 불구경 하는 기분으로 신문 보도 등을 접하고 있다고 생각한다. 그 발상은 건전하며 또한 본래 그래야 하지만, 실제로는 기업 범죄에 휘말릴 위험은 대부분의 기업이 동일하게 지고 있는 것이다. 현재 불미스러운 일이나 기업 범죄에 얽혀 이름이 나오는 기업의 대부분은 업무를 통해 사회에 많은 공헌을 하고 있으며 범죄를 저질렀다고 생각되는 임원도 개인적으로는 사회적으로 높이 평가되어 존경을 받고 있는 예가 18 **오히려** 많다. 문제는 이러한 기업이나 임원이 왜 업무를 수행하는 과정에서 범죄로서 지탄받는 행위에 관여하게 되었는가 19 **하는 점이다.** 물론 개개의 사안을 보면 그 원인은 다양하겠지만, 적어도 일류라고 인정받는 기업이 관련된 사건에 관해서는 어느 공통된 특성을 발견할 수 있다.

　어떠한 기업이든, 더구나 역사와 전통이 있는 대기업일수록 조직 내에서 통용되어온 관행 20 **이라는 것이 있다.** 그리고 그러한 기업 내의 관행은 상부의 의사 결정 시스템부터 일상적인 업무 처리 방법에 이르기까지, 조직의 모든 곳에 존재하며 깊이 침투되어 있다. 그것 자체는 물론 나쁜 것은 아니다. 21 **또한** 그 조직 내부에는 그러한 관행에 합리성이 있기 때문에 오랜 세월에 걸쳐 유지되고 계승되어 왔을 것이다.

(경영형사법 연구회 편 「기업 활동과 경제 범죄」 중에서)

해설

18 범죄를 저질렀다고 여겨지는 사람이라면 일반적으로 존경 받고 있다고는 보기 어려울 수 있는데 아이러니하게도 높이 평가받거나 존경 받는 사람이 많다고 했으므로 2번이 정답이다.

19 '문제는 ~라는 것이다, ~라는 점이다'의 형태로 호응하는 것이 자연스러우므로 3번이 정답이 된다.

20 1번 「どころではない」는 '~할 입장이 아니다', 2번 「というわけではない」는 '~인 것은 아니다', 3번 「ということだ」는 '~라고 한다, ~라는 뜻이다', 4번 「というものがある」는 '~라는 것이 있다'라는 의미이다. 앞 부분의 '어떤 기업에도'에는 '~관행이라는 것이 있다, 존재한다'가 호응해야 하므로 4번이 정답이 된다.

21 관행 그 자체는 나쁜 것이 아니다 라고 하면서 관행에 합리성이 있기 때문에 유지, 계승되어 왔다고 추가적으로 설명하는 상황이므로 「また(또한)」가 정답이 된다.

07 문법 확인문제　076~100　　　　　p.272

문제 7 다음 문장의 (　　)에 들어갈 가장 알맞은 것을 1·2·3·4에서 하나 고르시오.

1 바쁘신 **중에** 와 주셔서 감사합니다.

해설 정답은 3번 「ところを」로 '~와중에도'라는 뜻이며 바쁜 상황임에도 시간을 내어 주었을 때 감사나 양해를 나타내는 관용적 표현이다. 1번은 명사화나 목적 표시, 2번은 불만·유감의 역접, 4번은 시간 범위를 나타내는 표현으로 문맥에 맞지 않는다.

단어 お越(こ)し 오심(오다/가다의 존경어), 방문

2 그 무렵 어머니는 영어 교사**로서** 중학교에서 근무하셨다.

해설 정답은 4번 「として」로 '~로서'라는 뜻이며 「명사+として」의 형태로 역할이나 자격을 나타낸다. 1번 「どころか(~은커녕)」는 기대의 전면 부정, 2번 「にこたえて(~에 부응하여)」는 요구나 기대에 대한 응답, 3번 「に限って(~에 한해서)」는 한정을 나타내는 표현으로 문맥에 맞지 않는다.

단어 教師(きょうし) 교사, 선생님

3 A: "내일 파티에 가기 싫어?"
　 B: "가기 싫은 **건 아니지만**, 별로 내키지가 않아."

해설 정답은 4번 「は」로 뒤에 「ない」가 이어져 '~인 것은 ~아니다'라는 부분 부정을 만든다. 1번 「では(~은)」는 지정과 가정, 2번 「まで(~까지)」는 범위의 극대화, 3번 「さえ(~만, ~조차)」는 최소 극단을 강조하는 표현으로 문맥에 맞지 않는다.

단어 気(き)が進(すす)まない 마음이 내키지 않다, 하고 싶지 않다, 의욕이 생기지 않다

4 노트북이 이미 있음**에도 불구하고**, 최신 모델이 나오면 사고 싶어진다.

해설 정답은 2번 「にもかかわらず」로 '~임에도 불구하고'라는 뜻이며 어떤 사실을 인정하면서도 그와 반대되는 결과나 판단을 제시하는 강한 역접 표현이다. 1번 「にそって(~에 따라)」는 기준이나 방향, 3번 「にこたえて(~에 부응하여)」는 요구에 대한 대응, 4번 「とすれば(~라고 하면)」는 가정이나 전제를 나타내는 표현으로 문맥에 맞지 않는다.

단어 すでに 이미, 벌써 | 最新(さいしん) 최신

5 기술적인 면에서도 뒤떨어지는 타사 상품이 팔리는 이유를 모르겠다.

해설 정답은 2번「おいて」로, '~에 관하여, ~에서'라는 뜻이며「명사+において」형태로 관점이나 범위를 한정해 말할 때나 장소와 때를 나타낼 때 쓰인다. 1번「にとって(~에게 있어)」는 평가 주체, 3번「に応じて(~에 따라)」는 조건이나 변화, 4번「にあたって(~에 즈음하여)」는 시점이나 계기를 나타내는 표현으로 문맥에 맞지 않는다.

단어 技術的(ぎじゅつてき) 기술적 | 劣(おと)る 뒤떨어지다, 못하다 | 他社(たしゃ) 타사, 다른 회사 | 商品(しょうひん) 상품

6 가족끼리 해외여행을 간다고 하면, 하와이에 가고 싶다.

해설 정답은 3번「としたら」로 '~라고 한다면'이라는 뜻이며「보통형+としたら」형태로 가정이나 전제를 세워 그 경우의 판단이나 선택을 말할 때 쓰인다. 1번「ところを(~중에도)」는 양해·감사의 관용 표현, 2번「としては(~로서는)」는 입장이나 기준, 4번「なんて(~라니)」는 평가나 감탄을 나타내는 표현으로 문맥에 맞지 않는다.

7 장래에 결혼한다 해도 일은 계속할 생각입니다.

해설 정답은 1번「としても」로 '~하더라도'라는 뜻이며「보통형+としても」형태로 가정적인 양보를 나타낸다. 2번「としては(~로서는)」는 입장 제시, 3번「なんて」는 평가·감탄, 4번「ところを」는 양해를 나타내는 표현으로 문맥에 맞지 않는다.

단어 将来(しょうらい) 장래 | 結婚(けっこん) 결혼

8 야마다 과장님께 연락이 왔는데, 다시 전화를 달라고 하십니다.

해설 정답은 3번「とのことです」로 '~라고 합니다'라는 뜻의 인용·전달 표현이다. 앞에서 전화 통화에 대한 사실을 전달하고 있는데, 객관적 사실을 전해 주는 표현으로는「~ということだ・~とのことだ(~라고 한다)」가 있다. 1번「限ります(한정됩니다)」는 한정, 2번「すぎません(불과합니다)」는 축소, 4번「決まっています(정해져 있습니다)」는 확정을 나타내는 표현으로 문맥에 맞지 않는다.

단어 課長(かちょう) 과장 | 連絡(れんらく) 연락 | 折(お)り返(かえ)し 다시, 되짚어, 받은 즉시

9 그렇게 사이가 나빴던 두 사람이 사귀게 되다니 믿을 수 없다.

해설 1번「としては」는 '~로서는', 2번「なんて」는 '~라니', 3번「としても」는 '~라고 해도, ~로서도', 4번「にもかかわらず」는 '~에도 불구하고'라는 의미이다. 서로 사이가 나빴던 사람들이 사귈 것이라 기대하긴 어렵다. 따라서 도저히 믿을 수 없다는 표현이 자연스러우므로 놀라움을 나타내는 2번이 정답이 된다.

10 비자를 신청함에 있어 필요한 서류를 갖추었습니다.

해설 정답은 3번「あたって」로 '~에 즈음하여, ~함에 있어'라는 뜻이며「동사의 기본형+にあたって」형태로 중요한 일을 시작하기 전에 필요한 준비나 내용을 함을 나타낸다. 1번「~に至(いた)って(~에 이르러서)」는 정도, 2번「~において(~에서)」는 범위나 장소, 4번「~に限(かぎ)って(~에 한해서)」는 한정·제한을 나타내는 표현으로 문맥에 맞지 않는다.

단어 申請(しんせい) 신청 | 書類(しょるい) 서류 | そろえる 갖추다, 가지런히 하다

11 이번 시험 점수는 어느 과목이든 안 좋았지만, 수학에 이르러서는 30점이었다.

해설 1번「かけては」는 '있어서 만큼은', 2번「至(いた)っては」는 '이르러서는', 3번「応(おう)じて」는 '따라서, 알맞게', 4번「対(たい)して」는 '(~에) 대해'라는 의미이다. 전반적으로 시험 점수가 나빴는데 수학에 이르러서는 가장 심한 30점을 받았다는 뜻이므로 2번이 정답이 된다. 1번은 뒤에 주로 자랑하거나 자신 있다는 문장이 따라온다.

단어 点数(てんすう) 점수 | 教科(きょうか) 교과, 과목 | 数学(すうがく) 수학

12 임신하고부터 비타민 D 영양제를 매일 빠짐없이 먹도록 하고 있습니다.

해설 1번「としたら」는 '~라고 한다면', 2번「に限(かぎ)って」는 '~에 한해서', 3번「欠(か)かさず」는 '빠짐없이', 4번「において」는 '~에 있어서'라는 의미이다. 여기서는 '하루도 거르지 않고' 라는 표현이 가장 자연스러우므로「欠かす(빠뜨리다)」의 부정형인 3번이 정답이 된다.

단어 妊娠(にんしん) 임신 | ビタミン 비타민 | サプリメント 영양제, 보조제 | 欠(か)かす 빠뜨리다

문제 8 다음 문장의 ＿★＿ 에 들어갈 가장 알맞은 것을 1·2·3·4에서 하나 고르시오.

13 그 나라에 살아 보지 않고서는, 그 나라의 진정한 장점도 단점도 알 수 없다.

해설 「住んで」에 3번「みない」가 이어져 '살아 보지 않다'의 의미가 되고, 여기에 1번「こと」와 4번「には」가 결합해「住んでないことには(살아 보지 않고서는)」라는 조건 표현이 완성된다. 이 형태는 '직접 해 보지 않으면 알 수 없다'는 뜻으로 뒤의 결과문과 자연스럽게 연결된다.

14 저 건축가는 개인 주택 설계에 있어서는 정평이 나 있다.

해설 4번「かけては」는 '관해서는'이라는 범위 한정 표현으로 3번「設計に(설계에)」와 함께 쓰여 대상 분야를 나타낸 뒤 1번「住宅の(주택의)」로 명사인 3번을 꾸미고 2번「定評が(정평이)」가 이어져 '주택 설계에 관해서는 정평이 있다'는 문장이 완성된다.

단어 建築士(けんちくし) 건축가 | 住宅(じゅうたく) 주택 | 設計(せっけい) 설계 | 定評(ていひょう) 정평, 모두가 인정하는 평판

15 거래처의 다나카 님으로부터 다음 주 회의를 15시부터로 변경하고 싶다는 연락이 있었습니다.

해설 「~とのことだ」는 '~라고 한다, ~라는 소식이다'라는 뜻으로 제3자의 말을 격식 있게 전달할 때 쓰이며, 여기서는「~とのことで」형태로 '~라는 내용으로'라는 의미를 만들어 뒤의 결과와 이어진다. 또한「連絡がありました」는 '연락이 있었습니다'라는 표준적인 비즈니스 보고 표현으로, 전체는 '변경하고 싶다는 내용으로 연락이 있었다'는 흐름이 된다. 따라서 3214 순으로 나열하는 것이 자연스럽다.

단어 取引先(とりひきさき) 거래처, 고객사 | 変更(へんこう) 변경 | 連絡(れんらく) 연락

16 대학 입학을 앞두고 새로운 노트북을 샀습니다.

해설 2번「入学する(입학하다)」에 3번「にあたって(~에 즈음하여, ~을/를 앞두고)」가 이어져 행동의 계기와 준비 상황을 나타내고, 1번「新しい(새로운)」가 4번「ノートパソコン(노트

북)」을 수식해 '입학에 즈음해 새 노트북을 샀다'는 문장이 자연스럽게 완성된다.

[17] 올해 **시험에 떨어진다 해도 다시** 내년에도 포기하지 않고 시험을 치를 생각입니다.

해설 1번 「試験に(시험에)」로 대상이 제시되고 3번 「落ちた(떨어졌다)」가 결과를 나타내며, 2번 「としても(~라고 해도)」가 양보 조건을 만든 뒤 4번 「また(다시)」가 이어져 '시험에 떨어졌더라도 다시 도전한다'는 의지가 자연스럽게 완성된다.

단어 試験(しけん) 시험 | 受験(じゅけん) 수험, 시험을 치름

문제 9 다음 문장을 읽고, 문장 전체의 내용을 생각해서 [18] 부터 [21] 에 들어갈 가장 알맞은 것을 1·2·3·4에서 하나 고르시오.

"몇 번이나 말했듯이 중대한 안건에 대해서는 먼저 부장님께 의논해."

상사가 부하 직원에게 이런 말을 하게 됐다면 거의 화가 나 있다고 봐도 좋겠지요.

일반적으로 생각하면 몇 번이나 같은 실수가 반복되고, 그 실수가 전혀 없어지지 않는 경우. 이 때 나오는 '몇 번이나 말했듯이' 라는 말에는 '적당히 좀 알아들어'라는 분노가 담겨 있습니다.

아무리 온화한 [18] **말투였다고 해도** 분노가 겉으로 분출되어 버린 상태. [19] **게다가** 그 원인은 그 말을 들은 쪽에 있을 가능성이 높다고 할 수 있습니다. 즉각 태도를 바꾸어야 합니다. [20] **한편**, 상대가 몇 번이고 실수하고 있는 것이 아님 [21] **에도 불구하고** 이 표현을 쓰는 사람도 개중에는 있습니다.

대다수의 경우는 발언자의 착각인 경우가 대부분. 부드럽게 "처음 들었습니다"라고 전하면 "그랬구나. 다음부터 주의해 줘"라고 하고 일단락(주1)될 것입니다.

다만 드물게 일부러 이 표현을 쓰는 사람도 있습니다. 윽박지르며(주2) 말함으로써 상대에게 '나는 몇 번이나 말을 들었구나'라고 믿게끔 하는 속셈(주3)이 거기에는 있습니다. 그러니까 말을 들은 쪽은 '정말로 몇 번이나 말을 들었나'라고 되돌아보는 것입니다.

만약 상대의 속셈이 보인다면 "아마 처음 들었다고 생각합니다"라고 부드럽게 부정해 둡시다.
(마치자와 시즈오 「입버릇·행동으로 사람의 마음을 꿰뚫어 보는 책」 중에서)

(주1) 落着 : 결론이 지어지는 것. 결말이 나는 것.
(주2) 頭ごなしに : 상대의 의견을 듣지 않고 일방적으로 화 내거나 혼내는 것
(주3) 魂胆 : 좋지 않는 의도, 계획

해설

[18] 1번에서 「とは」는 '~라니', 2번에서 「としても」는 '~라고 해도', 3번에서 「に至(いた)って」는 '~에 이르러서', 4번에서 「に先立(さきだ)って」는 '~에 앞서서'라는 의미이다. 앞의 '온화한 말투'와 뒤의 '화가 겉으로 분출해 버렸다'는 것으로 보아 역접의 표현이 오는 것이 자연스러우므로 2번이 정답이다.

[19] 1번은 '그런데', 2번은 '게다가', 3번은 '혹은', 4번은 '그럼'이라는 의미이다. 화가 난 상태인데 심지어 그 이유가 말을 듣고 있는 상대에게 있다고 말하고 있으므로 2번이 정답이 된다.

[20] 상대에게 잘못이 있을 경우 화를 낼 수도 있지만 그렇지 않은데도 화를 내는 사람도 있다. 즉 이런 사람도 있고 다른 한편으로는 저런 사람도 있다는 말이므로 3번이 자연스럽다.

[21] 1번 「に先立って」는 '~에 앞서서', 2번 「にかぎらず」는 '~뿐만 아니라', 3번 「にしたがって」는 '~에 따라서', 4번 「にもかかわらず」는 '~에도 불구하고'라는 의미이다. 앞 부분의 같은 실수를 반복하고 있는 것은 아니라는 내용과 뒷부분의 화가 났을 때의 표현을 쓰고 있다는 내용을 가장 자연스럽게 이어 주는 것은 4번이다.

단어 案件(あんけん) 안건 | 上司(じょうし) 상사 | 部下(ぶか) 부하 직원 | 怒(おこ)る 화내다 | 普通(ふつう) 보통 | 失敗(しっぱい) 실패, 실수 | 繰(く)り返(かえ)す 되풀이하다 | さっぱり 전혀 | いい加減(かげん)に 적당히, 대충 | こもる 틀어박히다, 담기다 | 穏(おだ)やか 온화함 | 表(おもて) 겉, 표면 | 噴出(ふんしゅつ) 분출 | 状態(じょうたい) 상태 | 可能性(かのうせい) 가능성 | 即刻(そっこく) 즉각 | 態度(たいど) 태도 | 改(あらた)める 바꾸다, 고치다 | 言(い)い回(まわ)し 표현, 말투, 말주변 | 発言者(はつげんしゃ) 발언자 | 勘違(かんちが)い 착각, 오해 | やんわり 부드럽게 | 口(くち)にする 말하다, 먹다 | まれに 드물게 | わざと 고의로 | 思(おも)い込(こ)む 굳게 믿다 | 振(ふ)り返(かえ)る 되돌아보다 | 否定(ひてい) 부정

08 문법 확인문제 076~100 p.276

문제 7 다음 문장의 (　　) 에 들어갈 가장 알맞은 것을 1·2·3·4에서 하나 고르시오.

[1] 고객의 요구**에 응해**, 9시부터 가게를 열기로 했다.

해설 정답은 1번 「応(おう)じて」로 '(~에) 응하여'라는 뜻이며 「명사+に応じて」 형태로 요구나 상황에 맞추어 그에 따라 행동함을 나타낸다. 2번 「おいて(~에서)」는 범위나 기준, 3번 「至(いた)って(이르러서)」는 정도, 4번 「つれて」는 동반이나 수반함을 나타내는 표현으로 문맥에 맞지 않는다.

단어 要望(ようぼう) 요망, 요청, 요구

[2] 이 회사는 사장 한 사람의 의견으로 움직이고 있다고 **말할 수 없는 것도 아니다**.

해설 정답은 1번 「言えないこともない」로, '말할 수 없는 것도 아니다'라는 뜻이며 이중 부정을 통해 '완전히 틀렸다고는 할 수 없고 어느 정도는 그렇게 볼 여지가 있다'는 완화된 판단을 나타낸다. 2번 「言うものだ(말하는 법이다)」는 일반론, 3번 「言えないはずだ(말할 수 없을 것이다)」는 강한 추정, 4번 「言うどころではない(말할 상황이 아니다)」는 여유가 없음을 나타내는 표현으로 문맥에 맞지 않는다.

[3] 그렇게나 노력했음**에도 불구하고**, 결국 실패로 끝나고 말았다.

해설 정답은 3번 「にもかかわらず」로 '~임에도 불구하고'라는 뜻이며 앞의 사실을 인정하면서 그와 반대되는 결과가 이어지는 강한 역접을 나타낸다. 1번 「にしたがって(~에 따라)」는 변화·비례, 2번 「にしたら(~로 하면)」는 가정·전제, 4번 「に先立(さきだ)って(~에 앞서)」는 시점을 나타내는 표현으로 문맥에 맞지 않는다.

단어 あれだけ 그만큼, 그정도로 | 努力(どりょく) 노력 | 結局(けっきょく) 결국 | 失敗(しっぱい) 실패

4 단거리**에 있어서는**, 현 내에서 그에게 필적할 선수가 보이지 않는다.

해설 정답은 2번「にかけては」로, '~에 관해서는, 특히 ~에 있어서는'라는 뜻이며「명사＋にかけては」형태로 특정 분야나 능력에 한정해 뛰어남을 평가할 때 쓰인다. 1번「に対(たい)して(~에 대해서)」는 비교·대조·대응의 대상, 3번「によると(~에 의하면)」는 정보의 출처, 4번「にとっては(~에게 있어서는)」는 관점을 나타내는 표현으로 문맥에 맞지 않는다.

단어 短距離(たんきょり) 단거리 | 県内(けんない) 현 내 | 匹敵(ひってき) 필적, 어깨를 나란히 함 | 見当(みあた)る 발견되다, 눈에 띄다

5 도둑**이란** 남의 물건을 훔치는 녀석을 말하는 것이다.

해설 정답은 4번「とは」로, '~란'이라는 뜻이며「명사＋とは」형태로 용어나 개념의 정의를 제시할 때 쓰인다. 1번「としたら(~라면)」는 가정, 2번「といっても(~라고 해도)」는 양보, 3번「といった(~와 같은)」는 예시를 나타내는 표현으로 문맥에 맞지 않는다.

단어 泥棒(どろぼう) 도둑 | 盗(ぬす)む 훔치다 | やつ 녀석, 놈(사람을 낮잡아 부르는 말)

6 일본어를 익히는 데는 일본인 친구를 **만드는 것**이 최고입니다.

해설 정답은 2번「作る」이다. 「동사 기본형＋に限(かぎ)る」는 '~하는 것이 가상 확실하다/최선이다'라는 뜻으로 쓰이며, 이 분형에는 반드시 동사 기본형이 와야 한다. 따라서 나머지는 접속할 수 없다.

7 운동도 안 하고 먹기만 하면 **분명** 살찌게 **되어 있다**.

해설 정답은 2번「に決まっている」로 '반드시 ~에 틀림없다, ~(하)게 되어 있다'라는 뜻이며「보통형＋に決まっている」형태로 논리적으로 보아 당연한 결과를 단정할 때 쓰인다. 1번「に限(かぎ)る(~하는 것이 최고다)」는 평가, 3번「ところだ(~할 참이다)」는 시점, 4번「に欠かせない」는 필요성을 나타내는 표현으로 문맥에 맞지 않는다.

8 오늘은 크리스마스라 아이들의 요청**에 부응하여** 초코 케이크를 준비했습니다.

해설 정답은 4번「こたえて」로, '~에 응하여'라는 뜻이며 명사와 함께 쓰여 요청이나 기대에 맞추어 행동함을 나타낸다. 여기서는 케이크를 사 달라는 아이들의 요구를 들어줬다는 의미이므로 4번이 정답이 된다. 여기서「こたえる」는 부응하다는 뜻의「応える」인에 주의하자. 1번「限(かぎ)って(한해서)」는 한정, 2번「おいて(~에서)」는 범위의 제한, 3번「至(いた)って(이르러서)」는 범위의 극한을 나타내므로 문맥에 맞지 않는다.

단어 リクエスト 리퀘스트, 요구 | 準備(じゅんび) 준비

9 신곡 발매**에 앞서** 뮤직비디오가 공개되었다.

해설 1번「とは」는 '~이라는 것은', 2번「なんて」는 '~따위, ~라니', 4번「としたら」는 '~라고 한다면'이라는 의미이다. 3번은「Aに先立(さきだ)ってB」라는 형태로 쓰여 'A라는 중요한 일을 하기 전에 미리 B를 하다'라는 뜻을 나타내며, 신곡 발매라는 큰 이벤트 전에 홍보를 위한 뮤직비디오 공개가 이루어지는 맥락에 가장 자연스럽다.

단어 新曲(しんきょく) 신곡 | 発売(はつばい) 발매 | ミュージックビデオ 뮤직비디오 | 公開(こうかい) 공개

10 나이를 먹음**에 따라** 기름진 음식을 먹을 수 없게 되었다.

해설 1번「～に先立(さきだ)って」는 '~에 앞서서', 2번「～に対(たい)して」는 '~에 대해서', 3번「～にしたがって」는 '~에 따라서', 4번「～において」는 '~에 있어서'라는 의미이다. 어떤 변화에 따른 새로운 변화가 생길 때 사용하는 문형은 3번이다. 또한 어떤 지시 등에 복종한다는 의미로도 사용한다. 우리말로는 두 경우 다 '~에 따라서'로 해석되니 주의가 필요하다.

단어 歳(とし)をとる 나이를 먹다 | 脂(あぶ)らっこい 기름지다

11 용돈을 받았으니 전부터 갖고 싶었던 만화책을 **사려고 한다**.

해설 1번「～と思う」는 '~라고 생각한다', 2번「ところだ」는 '~하는 참이다', 3번「というものだ」는 '~라는 것이다', 4번「ということだ」는 '~라고 한다'라는 의미이다.「동사의 의지형＋と思う」는 '~하려고 생각하다'라는 문형이므로 정답은 1번이다. 비슷한 표현으로「동사의 기본형＋つもりだ(~할 생각이다)」도 있으니 함께 기억해 두자.

단어 お小遣(こづか)い 용돈 | 漫画(まんが) 만화

12 그는 10년이나 일본에 살고 있는데도 한자**는커녕** 히라가나조차 쓰지 못한다.

해설 1번「～といった」는 '~라는, ~등의', 2번「～だらけ」는 '~투성이', 3번「～どころか」는 '~은/는커녕', 4번「～というより」는 '~라기보다'라는 의미이다. '10년이나 살았는데도'라는 내용과 뒤에 오는「～さえ(조차)」에 호응하는 표현으로는 3번이 가장 자연스럽다. 「～どころか」는 '~은/는 물론'이라는 의미도 있으므로 함께 기억해 두자.

단어 漢字(かんじ) 한자

문제 8 다음 문장의 ＿＿★＿＿에 들어갈 가장 알맞은 것을 1·2·3·4에서 하나 고르시오.

13 그런 가벼운 차림으로 **등산을 하다니 위험**합니다.

해설 1번「する」는 '하다', 2번「登山を」는 '등산을', 3번「危険」은 '위험', 4번「なんて」는 '~라니'라는 의미이다. '등산을 하다'라는 의미가 되도록 2번과 1번을 먼저 연결하고「なんて(~라니)」를 이어주면 순서는 2143이 된다.

단어 軽装(けいそう) 가벼운 차림 | 登山(とざん) 등산

14 청소 당번 일로 그녀와 내가 **말다툼을 하고 있는 와중에 선생님이** 온 것입니다.

해설 4번「言い合いを(말다툼을)」로 상황의 핵심이 제시되고 1번「している(하고 있나)」가 이를 실병하며, 2번「ところに(~인 중에)」가 진행 중인 상황을 나타낸 뒤 3번「先生が(선생님이)」가 주어로 와 '말다툼을 하고 있던 중에 선생님이 왔다'는 흐름이 자연스럽게 완성된다.

단어 掃除当番(そうじとうばん) 청소 당번 | 言(い)い合(あ)い 말다툼, 언쟁

15 연휴는 어디든 인파가 얼청나서, 이럴 때는 **집에서 느긋하게 쉬는 것이 최고이나**.

해설 3번「家で(집에서)」로 장소를 제시하고 4번「のんびり(느긋하게)」에 1번「している(하고 있다)」가 이어져 동작을 완성한 뒤, 2번「に限る(~하는 것이 최고다)」가 평가로 와 '연휴에는 집에서 느긋하게 지내는 게 최고다'라는 문장이 자연스럽게 완성된다.

단어 連休(れんきゅう) 연휴 | 人出(ひとで) 인파, 나들이 나온 사람들 | のんびり 느긋하게, 유유자적하게 | に限(かぎ)る ~이 최고다, ~가 제일이다

16 이번 선거의 투표율은 매우 낮아, **20대에 이르러서는 30% 정도**입니다.

해설 1번은 '20대에', 2번은 '30퍼센트', 3번은 '~정도', 4번은 '이르러서는'이라는 의미이다. 전체적으로 투표율이 낮은데 가장 심한 경우를 말하고자 할 때 「~に至(いた)っては(~에 이르러서는, ~의 경우는)」를 사용할 수 있다. 따라서 순서는 1423이 된다.

단어 選挙(せんきょ) 선거 | 投票率(とうひょうりつ) 투표율

17 이 신용 카드는 **이용 금액에 따라 포인트가 쌓입니다.**

해설 1번 「に応じて」는 '~에 따라서', 2번 「ポイントが」는 '포인트가', 3번 「たまります」는 '쌓입니다', 4번 「利用金額」는 '이용 금액'이라는 의미이다. 1번 앞에는 명사인 4번 '이용 금액'이 와야 하고 '포인트가 쌓이다'는 「ポイントがたまる」로 표현하므로 순서는 4123이 된다.

단어 利用(りよう) 이용 | 金額(きんがく) 금액 | たまる 쌓이다

문제 9 다음 문장을 읽고, 문장 전체의 내용을 생각해서 18 부터 21 에 들어갈 가장 알맞은 것을 1·2·3·4에서 하나 고르시오.

체중에 크게 영향을 주는 것은 근육이 줄어 버리는 것. 근육이 줄면 기초 대사량(주1)이 떨어지기 때문에 설령 운동하더라도 소비되는 칼로리가 줄어듭니다. 18 그 결과 별로 먹지 않았는데 체중이 늘게 됩니다. 피부나 머리카락, 손톱 등 미용 면에도 영향이 생기겠지요.

이런 이야기를 하면 "확실히 고기나 생선, 낫토 등은 별로 먹지 않았습니다"라며 D씨도 자각하고 있었습니다.

채소에서 섭취하는 비타민이나 미네랄, 식이섬유도 19 **몸에는 빼놓을 수 없지**만, 단백질은 그것보다 훨씬 중요한 영양소입니다.

D씨처럼 '채소만 먹으면 건강하고 아름답게 지낼 수 있다'고 생각하는 사람은 많은데 단백질, 지방질(주2), 탄수화물의 3대 영양소를 균형 있게 섭취해야 비로소 야채로 섭취하는 영양소가 체내에서 효과적으로 활용됩니다.

20 **만약** 빵으로 식사를 한다면 반드시 단백질 반찬을 곁들이도록 합시다. 또는 속재료 21 **로서** 단백질이 들어간 것을 고르는 것도 좋겠지요.

아침에는 계란을 곁들이고 점심 때 빵도 하나는 연어나 참치 등 단백질 속재료를 샌드위치로 한 것을 고르고, 저녁 베이글에는 삶은 닭을 넣는 등 단백질을 섭취할 수 있도록 궁리해 주세요.

(오시마 미와코 「맛있게 먹고 '살 빼자! 된장국!」 중에서)

(주1) 基礎代謝 : 생명을 유지하기 위해 필요한 에너지
(주2) 脂質 : 에너지를 만들어 내는 영양소 중 하나

해설

18 앞 문장에서 기초 대사량이 떨어져 소비 칼로리가 줄어든다는 원인을 설명하고 그 뒤에 체중 증가라는 결과가 이어지므로 인과관계를 나타내는 「結果」가 가장 자연스럽다.

19 뒤에서 '그보다 훨씬 단백질은 중요한 영양소다'라고 비교하고 있다. 즉, 야채의 영양소도 중요하지만(긍정), 단백질은 더욱 중요하다는 흐름이 되어야 한다. 따라서 '몸에 꼭 필요하다(빠질 수 없다)'는 1번이 문맥상 자연스럽다.

20 바로 뒤에 '빵으로 식사를 한다면' 이라는 가정 표현이 나오고 있으므로 「もし(만약)」이 정답이 된다.

21 1번은 '~라는 것은(정의)', 2번은 '~따위(경시)', 3번은 '~에 부응하여', 4번은 '~로서(자격/역할)'라는 뜻이다. 여기서는 문맥상 식재료로서 단백질이 사용된 것을 고르라는 의미이므로 「として」가 정답이 된다.

단어 体重(たいじゅう) 체중 | 影響(えいきょう) 영향 | 筋肉(きんにく) 근육 | 減(へ)る 줄다 | 消費(しょうひ) 소비 | 増(ふ)える 늘다 | 肌(はだ) 피부 | 髪(かみ) 머리카락 | 爪(つめ) 손톱 | 美容面(びようめん) 미용 면 | 自覚(じかく) 자각 | 食物繊維(しょくもつせんい) 식이섬유 | はるかに 아득히, 훨씬 | たんぱく質(しつ) 단백질 | 栄養素(えいようそ) 영양소 | 炭水化物(たんすいかぶつ) 탄수화물 | 体内(たいない) 체내 | 有効(ゆうこう) 유효 | 活用(かつよう) 활용 | おかず 반찬 | 添(そ)える 첨부하다, 곁들이다 | 具材(ぐざい) 식재료 | 朝食(ちょうしょく) 조식 | 昼食(ちゅうしょく) 중식, 점심 식사 | サーモン 연어 | ツナ 참치 | 蒸(む)し鶏(どり) 삶은 닭, 찐 닭

09 문법 확인문제 101~125 p.292

문제 7 다음 문장의 (   )에 들어갈 가장 알맞은 것을 1·2·3·4에서 하나 고르시오.

1 딱딱한 인사는 **생략하고** 바로 한잔합시다.

해설 정답은 1번 「ぬきにして」로 '제외하고'라는 뜻이며 어떤 요소를 의도적으로 빼고 일을 진행함을 나타낸다. 2번 「ぬきながら(제외하면서)」와 4번 「ぬきつつ(제외하면서)」는 동시·병행, 3번 「ぬいても(제외해도)」는 가정을 나타내는 표현으로 문맥에 맞지 않는다.

단어 かたくるしい 딱딱하다, 격식에 치우치다 | さっそく 곧바로, 지체 없이

2 내가 유학할 수 있었던 것은 부모님 덕분**임에 틀림없다.**

해설 정답은 2번 「~にほかならない」로, '~임에 틀림없다'라는 뜻이며 원인이나 이유가 바로 그것임을 단정할 때 쓰인다. 1번 「~のかいがない(~한 보람이 없다)」, 3번 「~ではいられない(~일 수 없다)」, 4번 「~になくてはならない(~이 반드시 필요하다)」는 문맥에 맞지 않는다.

단어 留学(りゅうがく) 유학 | 両親(りょうしん) 부모님 | おかげ 덕분

3 태풍이 상륙함**에 따라**, 규슈 지방에 특별 경보가 발표되었습니다.

해설 정답은 3번 「ともなって」로, '(~에) 따라, (~을/를) 동반하여'라는 뜻이며 어떤 변화나 사건에 따라 다른 일이 함께 발생함을 나타낸다. 1번 「反(はん)して(반하여)」는 반대 상황, 2번 「わたって(걸쳐)」는 범위, 4번 「とって(에게 있어)」는 관점을 나타내는 표현으로 문맥에 맞지 않는다.

단어 台風(たいふう) 태풍 | 上陸(じょうりく) 상륙 | 警報(けいほう) 경보 | 発表(はっぴょう) 발표

<table><tr><td>

4 아마 올 것이라는 예상과 **달리**, 그는 오지 않았다.

해설 정답은 1번 「反(はん)して」로 '(~와는) 달리, (~에) 반해'라는 뜻이며 예상이나 기대와 다른 결과가 나왔음을 나타낸다. 2번 「限(かぎ)って(한해서)」는 한정, 3번 「次(つ)いで(이어)」는 순서, 4번 「対(たい)して(대해서)」는 대응을 나타내는 표현으로 문맥에 맞지 않는다.

단어 たぶん 아마, 어쩌면 | 予想(よそう) 예상

5 이 개별 지도 학원은 학생 2명**당** 강사 1명의 비율로 가르치고 있습니다.

해설 1번 「~に対して」는 '~에 대해서', 2번 「に先立って」는 '~에 앞서서', 3번 「~にしたがって」는 '~에 따라서', 4번 「にあたって」는 '~할 때에'라는 의미이다. 학생 두 명당 강사 한 명이라는 뜻이 되는 1번이 자연스럽다. '~와는 대조적으로, ~에 반해' 라는 의미도 있으니 함께 기억해 두자.

단어 個別(こべつ) 개별 | 指導(しどう) 지도 | 塾(じゅく) 학원 | 生徒(せいと) 학생 | 講師(こうし) 강사 | 割合(わりあい) 비율

6 성공할지 어떨지는 **차치하고**, 열심히 노력해 보렴.

해설 정답은 2번 「ともかく」로 세부 사항이나 결과는 제쳐 두고 다른 사항을 우선적으로 판단·행동할 때 쓰인다. 1번 「欠(か)かさず(빠짐없이)」, 3번 「ぬきで(~없이)」, 4번 「ばかりに(~한 탓에)」는 문맥에 맞지 않는다.

단어 成功(せいこう) 성공 | 一生懸命(いっしょうけんめい) 열심히, 목숨 걸고 함 | 努力(どりょく) 노력

7 그 사람의 말을 믿은 **탓에** 큰 고통을 겪었다.

해설 정답은 4번 「ばかりに」로, '~한 탓에'라는 뜻이며 그 원인 때문에 부정적인 결과가 생겼음을 나타낸다. 1번 「ほどで(~정도로)」, 2번 「かぎりに(~을/를 끝으로)」, 3번 「だけあって(~인 만큼)」는 문맥에 맞지 않는다.

8 경제가 발전함**에 따라**, 사회의 모순도 확대되어 왔다.

해설 정답은 2번 「つれて」로, '~함에 따라'라는 뜻이며 「동사 기본형+につれて」 형태로 한 변화가 진행됨에 따라 다른 변화도 함께 일어남을 나타낸다. 1번 「わたって(걸쳐)」는 범위, 3번 「とって(에게)」는 관점, 4번 「しては(~치고는)」는 평가 기준을 나타내는 표현으로 문맥에 맞지 않는다.

단어 経済(けいざい) 경제 | 発展(はってん) 발전 | 矛盾(むじゅん) 모순 | 拡大(かくだい) 확대

9 살인 동기는 금전적 문제기 아니기 증오임**에 다름없다**.

해설 정답은 2번 「ほかならない」로 '(~에) 다름 아니다'라는 뜻이며 본질이나 원인이 바로 그것임을 단정할 때 쓰인다. 1번 「かぎらない(~라고는 할 수 없다)」, 3번 「ともなわない(동반되지 않는다)」, 4번 「かかわらない(관계없다)」 문맥에 맞지 않는다.

단어 殺人(さつじん) 살인 | 動機(どうき) 동기 | 金銭的(きんせんてき) 금전적 | トラブル 트러블, 문제, 분쟁 | 憎(にく)しみ 증오, 미움

10 면접에서 일**에 대한** 열의를 전했다.

해설 1번 「に対(たい)する」는 '~에 대한', 2번 「に違(ちが)いない」는 '~임에 틀림없다', 3번 「につれて」는 '~함에 따라서', 4번 「にとって」는 '~에게 있어서'라는 의미이다. 여기서는 '일에 대한 열의'라고 표현하는 것이 자연스러우므로 대상을 나타내는 1번이 정답이다.

</td><td>

단어 面接(めんせつ) 면접 | 熱意(ねつい) 열의

11 이렇게 줄이 길게 늘어서 있으니, 이 가게는 맛있음**에 틀림없다**.

해설 1번 「まい」는 '~하지 않겠다, ~하지 않을 것이다', 2번 「よりほかない」는 '~할 수밖에 없다', 3번 「に違いない」는 '~임에 틀림없다', 4번 「ほどではない」는 '~정도는 아니다'라는 의미이다. 대기 줄이 긴 것을 보고 분명 맛있을 것이라고 이야기하고 있으므로 3번이 정답이 된다. 2번은 다른 선택지가 없어서 그것을 할 수밖에 없다는 뜻이다.

단어 行列(ぎょうれつ) 행렬

12 호주는 캐나다**에 이어** 두 번째로 인기 있는 유학지입니다.

해설 1번 「につれて」는 '~함에 따라서', 2번 「に次(つ)いで」는 '~에 이어서', 3번 「にとって」는 '~에 있어서', 4번 「によって」는 '~에 의해서, ~에 따라서'라는 의미이다. 「次ぐ」는 '버금가다, 다음가다' 라는 뜻이다. '캐나다 다음으로, 캐나다에 이어 2번 째로'라고 표현하는 것이 자연스러우므로 2번이 정답이 된다.

단어 留学先(りゅうがくさき) 유학지

문제 8 다음 문장의 ___★___ 에 들어갈 가장 알맞은 것을 1·2·3·4에서 하나 고르시오.

13 계단 오르내리기는 **노인늘에게는 엄청난 에너지** 소모입니다.

해설 2번 「お年寄りに(노인들에게)」로 평가의 주체를 제시하고 4번 「とっては(있어서는)」로 관점을 확정한 뒤, 1번 「多大な(막대한, 엄청난)」가 3번 「エネルギー(에너지)」를 수식해 문장이 완성된다.

단어 階段(かいだん) 계단 | 上(のぼ)り下(お)り 오르내림 | お年寄(としよ)り 노인, 어르신 | 多大(ただい) 막대함, 엄청남 | 消耗(しょうもう) 소모

14 인스턴트 식품이 이 정도로 보급된 것은, **바쁜 현대인의 생활에 맞기 때문임에 틀림없습니다**.

해설 3번 「忙しい現代人の(바쁜 현대인의)」에는 명사인 1번 「生活に(생활에)」가 와야 하며, 4번 「合っているから(맞기 때문에)」로 이유를 제시한 뒤 2번 「にほかならない(~임에 틀림없다)」가 붙어 그 이유를 단정하는 문장이 완성된다.

단어 食品(しょくひん) 식품 | 普及(ふきゅう) 보급, 널리 퍼짐

15 국도 7호선은 **사고 때문에 2시간에 걸쳐** 정체되고 있습니다.

해설 1번 「にわたって」는 '~에 걸쳐서', 2번 「のため」는 '~때문에', 3번 「事故」는 '사고', 4번 「2時間」은 '2시간'이라는 의미이다. 「~にわたって」는 '전체적인 시간, 범위에 걸쳐서' 라는 뜻이므로 4번 다음에 1번이 온다. 앞 쪽에 '사고로 인해'를 연결하면 순서는 3241이 된다.

단어 国道(こくどう) 국도 | 渋滞(じゅうたい) 정체

16 낫토는 **휘저으면 휘저을수록 맛있어진다**고들 합니다.

해설 1번 「まぜるほど」는 '휘저을수록, 섞을수록', 2번 「おいしく」는 '맛있게', 3번 「まぜれば」는 '휘저으면, 섞으면', 4번 「なる」는 '된다'라는 의미이다. 「~ば~ほど(~하면 ~할수록)」이라는 문형에 뒤에 이어지는 결과를 연결하면 순서는 3124가 된다.

단어 納豆(なっとう) 낫토 | まぜる 섞다, 휘젓다

</td></tr></table>

17 잠시 **드릴 말씀이 있습니다**만, 지금 시간 괜찮으신가요?

해설 1번 「のです」는 '~것입니다', 2번 「がある」는 '~이 있다', 3번 「お話したい」는 '말씀드리고 싶은', 4번 「こと」는 '것'이라는 의미이다. 문맥상 순서는 3421이 된다. 「あります」대신에 「あるのです」를 사용하여 시간을 내달라는 이유를 설명하는 느낌을 줄 수 있다.

문제 9 다음 문장을 읽고, 문장 전체의 내용을 생각해서 **18** 부터 **21** 에 들어갈 가장 알맞은 것을 1·2·3·4에서 하나 고르시오.

우리는 농업, 즉 땅을 일구어 작물을 재배하는 일을 통해 식량의 대부분을 얻고 있습니다. 우리 인간의 생존에서 빠뜨릴 수 없는 곡물·채소·과일 등의 생산을 지탱하고 있는 것, 그것이 '흙'인 것입니다.

그런데, 흙은 **18** **도대체** 무엇으로 되어 있는 것일까요? 상식적으로는 흙은 암석이 **19** **강의 흐름에 의해** 깎이거나, 물이나 공기의 작용에 의해 무너져서 생긴 광물이라고 여겨지고 있습니다. 그러나 실제 흙을 조사해 보면 땅은 단순한 광물이 아니라, 그 속에는 동식물의 유해(주1)가 변화해서 생긴 물질이 포함되어 수많은 생물이 살고 있는 것을 알 수 있습니다.

학자의 조사에 따르면 나가노현 시가 고원(주2)에 있는 숲의 흙에 살고 있는 동물은 1평방미터당 지렁이나 지네 등의 대형 벌레가 360마리, 날벌레나 진드기 등의 중형 벌레가 202만 8천 마리나 있는 것을 알았습니다.

20 **즉** 사람이 한 번 밟는 한쪽 발 면적을 200평방 센티미터라고 한다면, 그 땅 아래에는 대략 4만 마리의 동물이 생활하고 있는 **21** **셈이 됩니다.** 게다가 좀 더 소형의 동물이나 현미경을 사용하지 않으면 보이지 않는 박테리아·곰팡이 등의 미생물을 더하면 엄청나게(주3) 많아집니다. 미생물은 1그램의 흙에 1억 마리나 포함되어 있다고 하니, 흙덩어리는 생물 덩어리라고 해도 좋을 정도입니다.

(주1) 遺体 : 죽은 생물의 몸
(주2) 高原 : 해발 고도가 높은 곳에 있는 평원
(주3) おびただしい : 수량이 아주 많다

해설

18 1번 「いったい」는 '도대체', 2번 「または」는 '또는', 3번 「ただし」는 '단', 4번 「もちろん」은 '물론'이라는 의미이다. '흙은 무엇으로 되어 있을까요?' 라는 질문을 던지는 문장을 강조하고자 할 때 「いったい」를 사용한다.

19 1번에서 「にあたって」는 '~할 때에', 2번에서 「に至(いた)って」는 '~에 이르러서', 3번에서 「にこたえて」는 '~에 부응하여', 4번에서 「によって」는 '~에 의해서'라는 의미이다. '강의 흐름 때문에 깎이거나' 라는 문장이기 때문에 원인, 이유를 나타낼 수 있는 4번이 정답이 된다.

20 1번 「しかし」는 '그러나', 2번 「つまり」는 '즉', 3번 「そこで」는 '그래서', 4번 「反面」은 '반면'이라는 의미이다. 앞 문장을 정리하여 다시 한번 설명해 주고자 할 때 「つまり」로 표현한다.

21 1번에서 「ほどです」는 '정도입니다', 2번에서 「べきです」는 '~해야 합니다', 3번에서 「のです」는 '~것입니다', 4번에서 「ほかありません」은 '~밖에 없습니다'라는 의미이다. 내용을

구체적으로 설명하는 문장에서 문말은 '~입니다, ~인 것입니다' 라는 의미를 지닌 「のです」를 사용한다.

단어 耕(たがや)す 경작하다 | 作物(さくもつ) 작물 | 栽培(さいばい) 재배 | 食料(しょくりょう) 식료, 식량 | 生存(せいぞん) 생존 | 欠(か)く 빼놓다 | 穀物(こくもつ) 곡물 | 支(ささ)える 지지하다, 지탱하다 | 常識(じょうしき) 상식 | 岩石(がんせき) 암석 | けずる 깎다 | 作用(さよう) 작용 | くずす 무너뜨리다 | 鉱物(こうぶつ) 광물 | 実際(じっさい) 실제 | 調(しら)べる 조사하다 | 単(たん)なる 단순한 | 物質(ぶっしつ) 물질 | 含(ふく)む 포함하다 | 森林(しんりん) 삼림 | みみず 지렁이 | むかで 지네 | 大型(おおがた) 대형 | とびむし 톡토기 | だに 진드기 | 中型(ちゅうがた) 중형 | ひとふみする 한 번 밟다 | 片足(かたあし) 한 발 | 面積(めんせき) 면적 | およそ 대략 | 小型(こがた) 소형 | 顕微鏡(けんびきょう) 현미경 | かび 곰팡이 | 微生物(びせいぶつ) 미생물 | 加(くわ)える 더하다 | 塊(かたまり) 덩어리

🔟 문법 확인문제 101~125 p.296

문제 7 다음 문장의 (　　　)에 들어갈 가장 알맞은 것을 1·2·3·4에서 하나 고르시오.

1 담뱃불 끄는 것을 잊어버린 **탓에**, 큰 불이 나고 말았다.

해설 정답은 2번 「ばかりに」로 '~한 탓에'라는 뜻이며 그 원인 때문에 심각한 부정적 결과가 발생했음을 나타낸다. 1번 「かぎりに(~을 끝으로)」는 시점 종결, 3번 「ところに(~하는 중에)」는 우연히 맞닥뜨린 상황, 4번 「とおりに(~대로)」는 기준이나 방식의 일치를 나타내는 표현으로 문맥에 맞지 않는다.

단어 大火事(おおかじ) 큰 화재

2 시험 결과**는 별개로 하고**, 할 수 있는 것은 다 했기 때문에 후회는 없다.

해설 정답은 4번 「はともかく」로 '~은 제쳐 두고, ~은 별개로 하고'라는 뜻이며 한 가지 사항을 일단 논외로 하고 다른 판단을 제시할 때 쓰이는 표현이다. 1번 「にともなって(~에 동반하여, ~에 따라서)」는 동시 발생, 2번 「につれて(~에 따라)」는 점진적 변화, 3번 「ぬきには(~없이는)」는 필수 조건을 나타내는 표현으로 문맥에 맞지 않는다.

단어 試験(しけん) 시험 | 結果(けっか) 결과 | 悔(く)い 후회

3 선거 결과는 예측**과 반대로** 야당의 참패였다.

해설 정답은 2번 「反(はん)して」로 '~에 반하여'라는 뜻이며 예상이나 기대와 다른 결과가 나왔음을 나타내는 표현이다. 1번은 「至(いた)って(이르러)」, 3번은 「よらず(상관없이, 관계없이)」, 4번은 「したがって(~에 따라)」이므로 문맥에 맞지 않는다.

단어 選挙(せんきょ) 선거 | 結果(けっか) 결과 | 予測(よそく) 예측 | 野党(やとう) 야당 | 大敗(たいはい) 대패, 참패

4 매장 개보수**에 수반되는** 공사로 인해 3일간 휴업합니다.

해설 정답은 3번 「ともなう」로 '(~을) 수반하다'라는 뜻이며 어떤 변화나 사건에 따라 다른 일이 함께 발생함을 나타내는 표현이다. 1번 「つれ(~에 따라)」는 변화의 추이, 2번 「して」는 자격·입장, 4번 「ほかならない(~임에 틀림없다)」는 단정을 나타내는 표현으로 문맥에 맞지 않는다.

단어 改装(かいそう) 개조, 리모델링 | 休業(きゅうぎょう) 휴업

| 5 | 야마모토 씨는 인사**도 없이** 갑자기 용건을 꺼냈다.

해설 정답은 4번「ぬきで」로 '~없이'라는 뜻이며 어떤 행위나 절차를 생략함을 나타내는 표현이다. 1번「にわたって(~에 걸쳐)」는 기간·범위, 2번「としては(~로서는)」는 입장, 3번「によらず(~와 상관없이)」는 무관함을 나타내는 표현으로 문맥에 맞지 않는다.

단어 用件(ようけん) 용건, 볼일 | 切(き)り出(だ)す (말을) 꺼내다, 시작하다

| 6 | 역에 가기**에는** 이 길이 훨씬 가까워요.

해설 정답은 4번「には」로, 동사 뒤에 쓰여 '~하기에는'이라는 뜻을 나타내며 기준이나 조건의 범위를 한정하여 판단을 제시할 때 쓰이는 표현이다. 1번「かは(~하는지는)」는 불확실성, 2번「とは(~라고는)」는 정의·부정·제한, 3번「のが(~하는 것이)」는 단순 비교·선호를 나타내는 표현으로 문맥에 맞지 않는다.

| 7 | 여동생은 감기로 집에서 쉬고 있었지만, 3일 **만에** 학교에 갔다.

해설 정답은 2번「ぶりに」로 '~만에'라는 뜻이며 일정한 시간이 지난 뒤 같은 행동이 다시 이루어졌음을 나타내는 표현이다. 1번「ごろに(쯤에)」는 시점을, 3번「ほどに(정도에)」와 4번「ぐらいに(정도로)」는 정도를 나타내는 표현으로 문맥에 맞지 않는다.

| 8 | 5분만 더 일찍 **도착했더라면 좋았을 텐데**. 배웅하지 못한 것이 너무나 아쉽다.

해설 정답은 1번「着けばよかった」로, '도착했더라면 좋았을 텐데'라는 뜻이며 이미 지나간 일에 대해 강한 후회를 나타내는 표현이다. 2번「着いたらいいのに(도착하면 좋을 텐데)」는 현재의 바람, 3번「着いたってことだ(도착했다는 뜻이다)」는 설명·정리, 4번「着くべきだ(도착해야 한다)」는 의무·당위를 나타내는 표현으로 문맥에 맞지 않는다.

단어 見送(みおく)り 배웅 | 残念(ざんねん) 아쉽다, 유감이다

| 9 | 어릴 때부터 기르고 있는 반려견 럭키는 저**에게 있어서** 가족 같은 존재입니다.

해설 1번「~に次(つ)いで」는 '~에 이어서', 2번「~につれて」는 '~함에 따라서', 3번「~によって」는 '~에 따라서, ~에 의해서', 4번「~にとって」는 '~에게 있어서'라는 의미이다. 「~にとって」는 앞에 주로 사람이나 회사, 단체 등이 오고 뒷부분에 판단하는 내용이 따라온다. 반려견 럭키를 내게 있어 가족과 같은 존재라고 판단하고 있으므로 정답은 4번이 된다.

단어 飼(か)う 기르다, 사육하다 | 愛犬(あいけん) 애견, 반려견 | 存在(そんざい) 존재

| 10 | 단순한 감기라고 생각하더라도 경우**에 따라서는** 중증화될 수도 있으니 조심하는 것이 좋다.

해설 1번「につれて」는 '~함에 따라서' 2번「にとって」는 '~에게 있어서', 3번「によっては」는 '~에 따라서는', 4번「にわたって」는 '~에 걸쳐서'라는 의미이다. 단순 감기로 금방 나을 수도 있지만 중증화될 수도 있다는 차이가 발생한다고 할 때 3번을 사용한다. 1번은 앞의 것이 변함에 따라서 뒤의 것도 변한다는 의미이다.

단어 単(たん)なる 단순한 | 重症化(じゅうしょうか) 중증화

| 11 | 그녀는 겉보기**와는 다르게** 잘 먹는다.

해설 1번「に次(つ)いで」는 '~에 이어서', 2번「によらず」는 '~에 관계없이', 3번「にとって」는 '~에 있어서', 4번「にわたって」는 '~에 걸쳐서'라는 의미이다.「見かけによらず」는 직역하면 '겉모습에 관계없이'가 되지만 보다 자연스럽게 '겉보기와는 다르게'라는 의미로 이해하는 것이 좋다. 따라서 정답은 2번이 된다.

단어 見(み)かけ 외관, 겉모습

| 12 | 그 야구 선수와 아나운서의 열애는 단지 소문**에 불과하다**.

해설 1번「にすぎない」는 '~에 지나지 않는다, ~에 불과하다', 2번「に限(かぎ)る」는 '~에 한하다', 3번「に欠(か)かせない」는 '~에 빼놓을 수 없다', 4번「における」는 '~에서의, ~에 있어서의'라는 의미이다. '열애는 근거 없는 소문 정도'라는 뜻이므로 문맥상 정답은 1번이 된다. 유사 표현으로「~でしかない」도 함께 기억해 두자.

단어 野球選手(やきゅうせんしゅ) 야구 선수 | 熱愛(ねつあい) 열애 | ただ 단지, 그저 | うわさ 소문

문제 8 다음 문장의 ___★___ 에 들어갈 가장 알맞은 것을 1·2·3·4에서 하나 고르시오.

| 13 | 전국 대회에서 **우승했는지 어떤지는 차지하고**, 그는 팀을 위해 열심히 했습니다.

해설 정답은 2314 순이다. 2번「優勝(ゆうしょう)した(우승했다)」가 화제를 제시, 3번「かどうか(~인지 어떤지)」가 결합되어 사실 여부를 문제 삼는다. 이어서 1번「は」가 주제를 설정, 4번「別(べつ)として(차치하고)」가 붙어 결과와는 무관하게 행동을 평가한다는 의미가 완성된다.

단어 全国大会(ぜんこくたいかい) 전국 대회 | 優勝(ゆうしょう) 우승 | 別(べつ)として ~은/는 별도로 하고, ~은/는 차치하고

| 14 | 은행 **계좌를 개설하려면 어떻게 하면 좋을까요?**

해설 정답은 3241 순이다. 3번「口座を(계좌를)」가 목적어로 오고, 2번「開く(개설하다)」가 동작을 만든다. 이어서 4번「には」가 동사 뒤에 와서 '~하려면'의 의미로 대상 범위를 한정하며, 마지막으로 1번「どう」가 방법을 묻는 의문문을 완성한다.

단어 口座(こうざ) 계좌

| 15 | 그는 **신인치고는 일을 꽤 잘한다**고 평가받고 있는 듯합니다.

해설 정답은 4123 순이다. 4번「新人に」가 1번「しては」와 결합해 '~치고는'이라는 뜻으로 평가의 관점을 만든다. 이어서 2번「仕事が」가 대상이 되고, 3번「よくできる」가 평가 내용으로 이어져 문장이 완성된다.

단어 新人(しんじん) 신인, 신입 | 評価(ひょうか) 평가

| 16 | 혼자서 해외여행을 가고 싶어서, 어제부터 **영어 회화를 배우기 시작했습니다.**

해설 「동사의 ます형+始める」는 '~하기 시작하다'라는 의미의 문형이므로 4번 다음엔 1번이 자연스럽다. 문맥상 순서는 3241이 된다.

단어 英会話(えいかいわ) 영어 회화

| 17 | 건강을 위해서라도, **담배를 피우는 것은 그만두어야 합니다.**

해설 「~べき(だ)」는 '~해야 한다', '~하는 것이 당연하다'라는 뜻의 문형이며, 동사의 기본형에 접속한다. 따라서 4번-3번 순서

로 와야 한다. 「～のは」는 '～(하)는 것은'이라는 뜻으로 문장의 주어 부분을 만든다. 여기서는 2번과 이어져 '담배를 피우는 것은'이라는 뜻으로 자연스럽게 연결되므로 2143 순서가 정답이 된다.

문제 9 다음 문장을 읽고, 문장 전체의 내용을 생각해서 18 부터 21 에 들어갈 가장 알맞은 것을 1·2·3·4에서 하나 고르시오.

농약이 존재하지 않은 시대에는, 설령 품종 개량으로 달콤한 사과를 열리게 해 주는 나무가 생겼다고 해도 그 나무가 병해충에 약하면 자랄 수 없었다. 다른 표현으로 말하자면, 농약 등을 사용하지 않아도 병해충에 지지 않는 품종밖에 재배할 수 없었다.

18 하지만, 농약의 등장과 함께 그 제약이 사라지게 되었다. 해충이나 병해와의 싸움은 농약이 대신 해 주는 것이다. 병해충 19 에 대한 태세를 생각하지 않고, 보다 크고 보다 달콤한 사과를 열리게 해 주는 나무를 만드는 것만을 목적으로 한 품종 개량이 가능하게 됐다.

사실은 현재 우리들이 먹고 있는 사과의 거의 대부분은 농약이 사용되고 나서 개발된 품종이다. 즉, 농약을 전제로 품종 개량된 품종인 것이다.

그 결과로 현재 사과는 먼 조상인 코카서스 산맥의 야생종과는 비교가 안될 정도로 거대하고 달콤한 과일이 되었다. 20 그리고 그 대신, 사과는 야생의 힘을 잃었다. 농약의 도움 없이는 해충과 싸울 수 없는 매우 약한 식물이 되어 버렸다는 것이다.

사과라는 과일은 농약에 깊이 의존한 현대 농업의 21 상징적 존재인 것이다.

다만, 그런 이유를 댈 필요도 없이, 사과를 재배하는 농가라면 누구라도 농약 살포를 게을리하면 밭이 얼마나 쉽게 병해충의 먹잇감이 되는지 겪어 봐서 알고 있다. 농약을 쓰더라도 그 살포 시기와 방법이 틀리면 병해충은 발생하는 것이다.

하물며 그 농약이 보급되지 않았던 시대, 사과를 키우기 위해서 우리 조상이 어떤 고생을 했느냐 하는 이야기는 사과 농가 아이들이라면 귀에 못이 박힐 정도로 들었다. 현대에는 상상조차 할 수 없는 노력을 들였음에도 불구하고 아오모리현 사과 재배는 몇 번이나 전멸의 위기에 처해 있다.

(이시카와 다쿠지 『기적의 사과 '절대 불가능'을 뒤집은 농부 기무라 아키노리의 기록』 중에서)

해설

18 1번 「もしくは」는 '혹은', 2번 「つまり」는 '즉', 3번 「ところが」는 '그런데, 그러나', 4번 「それにしても」는 '그렇다 치더라도'라는 의미이다. 농약이 없을 때는 병해충에 강한 품종밖에 재배할 수 없었다는 제약이 언급되고 농약의 등장으로 그 제약이 사라졌다는 반전의 상황이 제시되므로 역접의 접속사인 3번이 정답이 된다.

19 1번 「に次(つ)いで」는 '～에 이어서', 2번 「に対(たい)する」는 '～에 대한', 3번 「につれて」는 '～에 따라서', 4번 「に反(はん)して」는 '～와는 달리'라는 의미이다. 병해충을 대상으로 보고 '태세'를 수식하므로 2번이 정답이 된다.

20 1번 「そして」는 '그리고', 2번 「それとも」는 '아니면', 3번 「それでも」는 '그래도', 4번 「それなら」는 '그렇다면'이라는 의미이다. 사과는 크고 달콤함을 얻은 대신 그것과 맞바꾸듯 야생의 힘을 잃었다는 문장이다. 순서를 나열하거나 전후 관계를 설명해 주는 1번이 정답이 된다.

21 사과라는 과일에 대해서 정의를 내리는 문장으로, 문맥상 '～인 것이다'이라는 의미의 표현이 와야 하므로 정답은 2번이 된다.

단어 農薬(のうやく) 농약 | 存在(そんざい) 존재 | たとえ 설령, 비록 | 品種(ひんしゅ) 품종 | 改良(かいりょう) 개량 | 実(みの)る 열매를 맺다 | 病害虫(びょうがいちゅう) 병해충 | 育(そだ)つ 자라다 | 負(ま)ける 지다 | 栽培(さいばい) 재배 | 出現(しゅつげん) 출현 | 制約(せいやく) 제약 | 外(はず)す 떼내다, 벗어나다 | 肩代(かたが)わり 대신 떠맡음 | 態勢(たいせい) 태세 | 我々(われわれ) 우리 | 開発(かいはつ) 개발 | 前提(ぜんてい) 전제 | 祖先(そせん) 조상 | 山脈(さんみゃく) 산맥 | 野生種(やせいしゅ) 야생종 | 比(くら)べる 비교하다 | 巨大(きょだい)だ 거대하다 | 引(ひ)き換(か)え 교환, 대가 | 失(うしな)う 잃다 | 極(きわ)めて 매우, 지극히 | 依存(いそん) 의존 | 象徴的(しょうちょうてき) 상징적 | 理屈(りくつ) 이치, 이유 | 散布(さんぷ) 살포 | 怠(おこた)る 게을리하다 | 畑(はたけ) 밭 | 餌食(えじき) 먹이 | 誤(あやま)る 잘못하다, 실수하다 | まして 더구나, 하물며 | 普及(ふきゅう) 보급 | 育(そだ)てる 기르다, 키우다 | 父祖(ふそ) 조상 | 耳(み)にタコができる 귀에 못이 박히다 | 想像(そうぞう) 상상 | 労力(ろうりょく) 노력 | 幾度(いくど) 몇 번 | 全滅(ぜんめつ) 전멸 | 危機(きき)にひんする 위기에 처하다

⑪ 문법 확인문제 126~150 p.314

문제 7 다음 문장의 (　　)에 들어갈 가장 알맞은 것을 1·2·3·4에서 하나 고르시오.

1 사토 씨는 50세인 **것치고는** 젊어 보입니다.

해설 정답은 3번 「わりには」로 '～한 것치고는'이라는 뜻이며 기준이 되는 사실에 비해 결과가 예상과 다름을 나타내는 표현이다. 1번 「からには(～인 이상)」는 각오·의무, 2번 「ようでは(～해서는)」는 부정적 조건, 4번 「ほどでは(～정도는)」는 부정 비교를 나타내는 표현으로 문맥에 맞지 않는다.

2 히라가나도 가타카나도 읽지 못**해서는** 일본 문학 연구를 하고 싶다고 해도 그것은 논할 가치도 없는 문제예요.

해설 정답은 1번 「ようでは」로, '그런 상태로는' 또는 '그렇게 해서는'이라는 뜻이며, 바람직하지 않은 상태를 전제로 부정적인 판단을 내릴 때 쓰이는 표현이다. 2번 「そうでは」는 단순 부정, 3번은 「ものではない」 형태로 금지·훈계, 4번 「ならでは(～만의 특징)」는 한정적 특징을 나타내는 표현으로 문맥에 맞지 않는다.

단어 問題外(もんだいがい) 문제 밖, 논외, 거론할 가치도 없음

3 동물을 좋아하는 사람도 **있는가 하면**, 싫어하는 사람도 있다.

해설 정답은 4번 「いれば」로, 「～も～ば～も～」의 형태로 쓰여 '～도 있으면 ～도 있다'와 같이 서로 다른 사물이나 현상을 나열하거나 대조할 때 사용하는 표현이다. 1번 「いると(있다면)」는 필연적 조건, 2번 「いたら(있다면)」는 희망이나 권유 상황, 3번 「いても(～라도)」는 역접의 의미를 나타내므로 문맥에 맞지 않는다.

4 이 라면집은 싼 데다가 양도 많아서 학생 **맞춤** 가게다.

해설 1번「がち」는 '~하는 경향이 있음(부정적)', 2번「向(む)き」는 '~에게 적합함', 3번「ぬき」는 '~을/를 제외함', 4번「かぎり」는 '~하는 한(한계/조건)'라는 의미이다.「向き」는 방향을 뜻하는 의미와 '~에게 적합함'이라는 의미를 가지고 있다. 싸고 양 많은 가게는 아직 경제 활동을 하지 않는 학생에게 적합하다고 할 수 있으므로 정답이 된다.

5 불가능하다는 것은 알고 있지만, 돌아갈 **수만 있다면** 어린 시절로 돌아가 보고 싶다.

해설 정답은 1번「ものなら」로, '~만일 ~할 수 있다면'이라는 뜻이며 실현 가능성이 거의 없는 가정을 나타낼 때 쓰인다. 2번「ものだから(~이기 때문에)」는 이유, 3번「ことから(~로부터)」는 판단 근거, 4번「ことだから(~인 만큼)」는 성향 추측을 나타내는 표현으로 문맥에 맞지 않는다.

단어 不可能(ふかのう) 불가능

6 술은 몸에 좋지 않다는 것을 알고 **는 있지만**, 좀처럼 끊을 수 없다.

해설 정답은 2번「ものの(~이기는 하지만)」로, 앞 절의 사실을 인정하면서 뒤에 상반되는 결과를 제시할 때 쓰인다. 1번「ものなので(~이기 때문에)」는 이유, 3번「ものなら(만일 ~할 수 있다면)」는 가정, 4번「ものから(~하는 바람에)」는 원인을 나타내는 표현으로 문맥에 맞지 않는다.

7 요리가 맛없는 데다 가격도 비싸다. 저런 가게 따위, 두 번 다시 갈 **까 보냐**.

해설 정답은 1번「ものか(~할 리가 있나, ~할까 보냐)」로 강한 부정의 의지를 나타낸다. 2번「ことか(얼마나 ~한가)」는 감탄, 3번「ようだ(~인 것 같다)」는 추측, 4번「だろう(~일 것이다)」는 화자의 추측을 나타내는 표현으로 문맥에 맞지 않는다.

8 인터넷**을 통해서** 많은 거래가 이루어지게 되었습니다.

해설 정답은 4번「を通(つう)じて(~을/를 통해)」로,「명사+を通じて」형태로 수단이나 매개를 나타낼 때 쓰인다. 1번「を込(こ)めて(~을/를 담아)」, 2번「をはじめ(~을/를 비롯해)」, 3번「をめぐって(~을/를 둘러싸고)」는 의미상 맞지 않는다.

단어 取(と)り引(ひき) 거래

9 선생님께 혼났을 때는 두 번 다시 **늦지 않겠다고** 생각하지만, 그만 늦잠을 자 버려 수업에 지각하고 맙니다.

해설 정답은 3번「遅(おく)れまい(늦지 않을 것이다)」로, '~まい(~하지 않겠다)」는 화자의 강한 의지를 나타내는 표현이다. 1번「遅れよう(늦어야지)」, 2번「遅れかねない(늦을지도 모른다)」, 4번「遅れきれる(끝까지 지각할 수 있다)」는 문맥에 맞지 않는다.

단어 叱(しか)る 꾸짖다 | 二度(にど)と 다시는 | 遅刻(ちこく) 지각

10 앞으로 10분**이면** 그곳에 도착하니, 기다려 주세요.

해설 1번「をめぐって」는 '~을/를 둘러싸고', 2번「もあれば」는 '~두 있으면', 3번「を問(と)わず」는 '~을/를 불문하고', 4번「を通(とお)して」는 '~을/를 통해서'라는 의미이다. '~もあれば」는 시간이나 수치 등에 붙어서 '~정도면, ~만 있으면'이라는 조건과 가정의 의미를 나타낸다. 여기서는 10분정도 지나서 도착한다는 의미의 문장이므로 2번이 정답이 된다.

단어 到着(とうちゃく) 도착

11 스키를 **비롯하여** 겨울에도 즐길 수 있는 스포츠는 많이 있습니다.

해설 정답은 3번「をはじめ(~을/를 비롯해)」로, 대표적인 예를 들어 범위를 넓혀 나열할 때 쓰인다. 1번「を込(こ)めて(~을 담아)」, 2번「のおかげ(~덕분에)」, 4번「からして(~부터가)」는 문맥에 맞지 않는다.

12 전구를 **갈려다가** 의자에서 떨어지고 말았습니다.

해설 정답은 1번「変えようとしたら(바꾸려고 했더니)」로「동사 의지형+としたら」형태이며, 어떤 행동을 시도한 직후 예상과 다른 결과가 발생함을 나타낸다. 2번「変えるものの(바꾸기는 하지만)」는 양보, 3번「変えるものなら(만일 바꿀 수 있다면)」는 가정, 4번「変えるようであれば(바꿀 것 같으면)」는 조건의 의미로 문맥에 맞지 않는다.

단어 電球(でんきゅう) 전구 | 椅子(いす) 의자

문제 8 다음 문장의 ___★___에 들어갈 가장 알맞은 것을 1·2·3·4에서 하나 고르시오.

13 갑자기 **무슨 소리가 났기 때문에** 아기가 울기 시작했습니다.

해설 문장을 나열할 때 크게 두 덩어리로 생각할 수 있다. 3번과 2번을 이어「物音がした(무슨 소리가 났다)」를 만들고, 4번과 1번을 이어「~ものだから(~이기 때문에, ~해서)」문형을 만든다. 이렇게 만들어진 4번과 1번 덩어리 앞에 3번과 2번 덩어리를 붙이면「物音がしたものだから(무슨 소리가 났기 때문에)」로 문상이 완성된다.

단어 いきなり 갑자기 | 泣(な)き出(だ)す 울기 시작하다

14 우리는 독서나 **많은 체험으로부터 배운 것을 통해서** 자신의 교양을 높여가는 것입니다.

해설 문장을 나열할 때 크게 두 덩어리로 생각할 수 있다. 2번「を通して(~을/를 통해서)」앞에는 명사가 필요하므로 4번이 와서「学んだことを通して(배운 것을 통해서)」를 완성한다. 3번은 뒤에 오는 명사를 수식하므로 3번 뒤에 1번이 와서「多くの体験から(많은 체험으로부터)」를 완성한다. 두 덩어리를 자연스럽게 이어「多くの体験から学んだことを通して(많은 체험으로부디 배운 깃을 동해서)」가 완성된다.

단어 読書(どくしょ) 독서 | 体験(たいけん) 체험 | 教養(きょうよう) 교양 | 高(たか)める 높이다 | ~を通(とお)して ~을/를 통해서

15 경찰은 구민이 안전을 지키기 **위해 주야를 불문하고 일하**고 있다.

해설 밑줄 앞뒤 표현을 보고 자연스럽게 이어질 표현을 먼저 나열한다.「安全を守る(안전을 지키다)」뒤에는 이유를 설명하는 2번「~ために(~하기 위해서)」가 오는 것이 자연스럽다. 마지막 밑줄 뒤「いる」와는 1번「働いて」가 이어져「働いている(일하고 있다)」가 완성된다. 4번 뒤에는 서술어가 와야 함을 고려해 4번-3번 순으로 이으면「昼夜を問わず(주야를 불문하고)」기 지연스럽게 완성된다. 따라서 정납은 2431이다.

단어 警察(けいさつ) 경찰 | 国民(こくみん) 국민 | 安全(あんぜん) 안전 | ~を問(と)わず ~을/를 불문하고 | 昼夜(ちゅうや) 주야, 낮과 밤

16 독서를 통해 다양한 방면의 지식이 **넓어지는 건 즐거운 법이다**.

해설 밑줄 앞의 「知識が(지식이)」에 서술어가 와야 함을 고려해 2번 「広がっていく(넓어져 간다)」를 먼저 배열한다. 3번 「のは」가 명사절로 주제를 만들고, 이어서 1번 「楽しい(즐겁다)」가 평가를 덧붙이며, 4번 「ものだ」가 일반적 성질로 정리하여 흐름이 완성된다. 따라서 정답은 2314이다.

단어 読書(どくしょ) 독서 | 〜によって 〜에 의해, 〜에 따라서 | 方面(ほうめん) 방면, 분야 | 知識(ちしき) 지식

17 나이를 먹음에 따라 블랙 커피의 **맛을 알게 되었습니다.**

해설 1번 「わかる」는 '알다', 2번 「ように」는 '〜하게', 3번 「おいしさが」는 '맛있음이', 4번 「なりました」는 '되었습니다'라는 의미이다. 「〜ように」는 「なる」와 연결되어 '〜하게 되다'라는 의미를 나타내고 동사와 접속하므로 1번–2번–4번 순서로 이어진다. 밑줄 앞의 '커피의〜'와의 호응을 고려하면 순서는 3124가 된다.

단어 歳(とし)をとる 나이를 먹다

문제 9 다음 문장을 읽고, 문장 전체의 내용을 생각해서 **18** 부터 **21** 에 들어갈 가장 알맞은 것을 1·2·3·4에서 하나 고르시오.

> 최근 지구의 환경을 지키기 위해서 적극적으로 재활용을 하자는 의견을 자주 듣는다. 물론 사용한 것을 바로 버려 버리고 다시 새로 필요한 것을 만들어 내는 일회용 문화는 문제이며 재검토가 필요하다. 그러나, 다 쓴 것을 다시 한번 자원으로 이용하는 재활용은 정말로 지구의 환경을 지키기 위해 도움이 되고 있는 걸까.
>
> 예를 들면 페트병의 재활용에 대해 생각해 보자. 확실히 '다 쓴 것을 쓰레기로서 버리는 것이 아니라 다시 한번 자원으로 쓴다'는 생각은 잘만 되면 이상적이다. **18 그러나** 여러분은 석유에서 새 페트병으로 만드는 데 드는 석유의 양과 다 쓰고 모은 페트병으로 새 페트병을 만드는 데 드는 석유의 양을 알고 있는가. 사실 석유로 새 페트병을 만드는 데 필요한 석유는 약 40그램, 한편 이 페트병을 **19 재활용하려고 하면**, 거기에 필요한 석유는 150그램이라고 한다. 이것은 **20 즉** 자원을 가능한 한 **21 사용하지 않도록 하기** 위한 재활용에 의해 오히려 자원이 많이 사용되어 버리는 예라고 할 수 있을 것이다. 물론 자원이 많이 사용되기 때문에 당연히 그만큼 자원으로서 사용할 수 없게 된 것, 즉 쓰레기도 늘어난다. 이렇게 재활용 운동에는 사실 큰 문제가 있는 것이다. 원래 자원을 절약하고 환경 오염을 방지하기 위해 행해져야 할 재활용이지만, 하는 방법에 따라서는 재활용을 하면 할수록 자원을 쓰고 쓰레기를 늘린다.
> (다케다 쿠니히코 「재활용 환상」 중에서)

해설

18 1번 「そのため」는 '그 때문에', 2번 「しかし」는 '그러나', 3번 「つまり」는 '즉', 4번 「やはり」는 '역시'라는 의미이다. 앞부분에 재활용이 이상적이라고 했지만 뒷부분에서는 그 내용에 대해서 의문을 제기하고 있으므로 2번이 정답이 된다.

19 1번에서 「するものだ」는 '하는 법이다', 2번에서 「しようとする」는 '하려고 하다', 3번에서 「しないようにする」는 '하지 않도록 하다', 4번에서 「するわけにはいかない」는 '할 수는 없다'라는 의미이다. 문맥상 답이 될 수 있는 것은 2번이다.

20 1번 「いや」는 '아니', 2번 「しかし」는 '그러나', 3번 「ところで」는 '그런데', 4번 「つまり」는 '즉'이라는 의미이다. 앞 문장의 자세한 내용을 다시 한번 정리하고 있으므로 4번이 정답이 된다.

21 1번 「使いようがない」는 '사용할 방법이 없다', 2번 「使うものではない」는 '사용해서는 안 된다', 3번 「使わないようにする」는 '사용하지 않도록 한다', 4번 「使わないものではない」는 '사용하지 않는 것은 아니다'라는 의미이다. 문맥상 답이 될 수 있는 것은 3번이다.

단어 地球(ちきゅう) 지구 | 環境(かんきょう) 환경 | 守(まも)る 지키다 | 積極的(せっきょくてき) 적극적 | リサイクル 재활용 | 使(つか)い捨(す)て 쓰고 버림, 일회용 | 見直(みなお)し 재검토 | 資源(しげん) 자원 | 役立(やくだ)つ 도움되다 | 例えば(たとえ)ば 예를 들면 | ペットボトル 페트병 | 理想的(りそうてき) 이상적 | 石油(せきゆ) 석유 | 当然(とうぜん) 당연히 | すなわち 즉 | 節約(せつやく) 절약 | 汚染(おせん) 오염 | 防止(ぼうし) 방지

12 문법 확인문제   126~150   p.318

문제 7 다음 문장의 (   )에 들어갈 가장 알맞은 것을 1·2·3·4에서 하나 고르시오.

1 저 학생은 공부하는 **것치고는** 성적이 좋지 않습니다.

해설 정답은 4번 「わりには(〜치고는, 〜한 것에 비해서는)」로, 기준이 되는 사실에 비해 결과가 기대와 다름을 나타내는 문형이다. 1번 「からには(〜인 이상)」는 각오·의무, 2번 「ようでは(〜하는 것 같으면)」는 조건, 3번 「ものなら(만일 〜할 수 있다면)」는 가정을 나타내는 표현으로 문맥에 맞지 않는다.

단어 成績(せいせき) 성적

2 괴롭힘 상담 전화는 낮밤을 **불문하고** 24시간 접수하고 있습니다.

해설 정답은 3번 「を問(と)わず(〜을/를 불문하고)」로 조건이나 구분에 관계없음을 나타내는 문법이다. 1번 「をはじめ(〜을/를 비롯하여)」, 2번 「にかけて(〜에 걸쳐)」, 4번 「といわず(〜라고 할 것 없이, 〜뿐만 아니라)」는 문맥에 맞지 않는다.

단어 いじめ 괴롭힘 | 相談(そうだん) 상담 | 昼夜(ちゅうや) 주야, 낮과 밤

3 돌아갈 **수만 있다면** 날씬했던 시절로 돌아가고 싶다.

해설 1번 「ものの」는 '〜지만', 2번 「ものか」는 '〜할까 보냐', 3번 「ものなら」는 '〜할 수만 있다면', 4번 「ものだから」는 '〜이니까'라는 의미이다. 「ものなら」는 가능 동사에 접속하여 '〜할 수만 있다면' 이라는 뜻을 나타낸다. 실현 가능성이 없거나 희박할 때 사용하므로 문맥상 3번이 정답이 된다. 「ものなら」가 동사의 의지형에 접속하면 '〜했다가는, 〜했다하면'이라는 뜻을 나타내는데 이 문형도 함께 기억해 두자.

4 실연을 **계기로** 다이어트를 시작했습니다.

해설 1번 「問(と)わず」는 '불문하고', 2번 「はじめ」는 '비롯하여', 3번 「めぐって」는 '둘러싸고', 4번 「きっかけに」는 '계기로'라는 의미이다. 다이어트를 시작한 계기가 실연이라고 말하는 것이 가장 자연스러우므로 정답은 4번이 된다.

단어 失恋(しつれん) 실연

5 제가 마음을 **담아** 만든 것입니다. 부디 드셔 보세요.

해설 정답은 2번 「を込(こ)めて(~을/를 담아)」로, 마음이나 감정을 담아 어떠한 행위를 할 때 사용하는 표현이다. 1번 「を通(つう)じて(~을/를 통해)」, 3번 「にかぎって(~에 한해서)」, 4번 「において(~에 있어서)」는 의미에 맞지 않는다.

단어 召(め)し上(あ)がる 드시다, 잡수시다

6 아무리 곤란해도 남의 물건을 훔칠 **수는 없다**.

해설 정답은 4번 「わけにはいかない(~할 수는 없다)」로, 동사 기본형과 함께 쓰여 사회적·도덕적 이유로 어떤 행동이 허용되지 않음을 나타내는 표현이다. 1번 「ようになる(~하게 되다)」는 변화, 2번 「ものである(~인 것이다)」는 일반적 성질, 3번 「ことにはならない(~하게 되지는 않다)」는 결과의 부정을 나타내는 표현으로 문맥에 맞지 않는다.

단어 盗(ぬす)む 훔치다

7 오야코동(닭고기계란덮밥)은 쉬운 것 **같으면서도** 실제로는 어렵다.

해설 정답은 1번 「ようで(~인 것 같지만)」로, 앞의 인상과 실제가 다름을 나타내는 문형이다. 2번 「ようであれば(~인 것 같으면)」는 조건, 3번 「もので(~이기 때문에)」는 이유, 4번 「ものなら(만일 ~할 수 있다면)」는 가정을 나타내는 표현으로 문맥에 맞지 않는다.

단어 親子丼(おやこどん) 오야코동, 닭고기계란덮밥

8 이 잡지는 대학생**용으로** 편집되어 있나.

해설 정답은 4번 「向(む)けに(~을 대상으로)」로, 대상이나 목적을 나타낼 때 쓰는 표현이다. 1번 「向(む)いた(~에 적합한)」는 수식형, 2번 「向(む)きで」는 용법이 맞지 않음, 3번 「向(む)けて(~을 향해)」는 방향을 나타내어 문맥에 맞지 않는다.

단어 雑誌(ざっし) 잡지 | 編集(へんしゅう) 편집

9 냉장고에 아무것도 없어서 요리를 **할 방법이 없다**.

해설 1번 「するものだ」는 '하는 법이다', 2번 「しようとする」는 '하려고 한다', 3번 「しようがない」는 '할 방법이 없다', 4번 「するようにする」는 '하도록 한다'라는 의미이다. 「ようがない」는 동사의 ます형 혹은 「명사+の」에 접속하여 '~힐 방법이 없다'는 뜻을 나타내는데, 여기서는 이 문형을 활용하여 '아무것도 없어서 요리를 할 수가 없다'는 의미를 나타내는 것이 자연스럽다.

10 더운 날이 계속되는데, 몸 건강을 **해치지 않도록** 조심하세요.

해설 1번 「崩さないように」는 '나빠지지 않도록', 2번 「崩すようであれば」는 '나빠질 것 같으면', 3번 「崩せるものなら」는 '나빠질 수만 있다면', 4번 「崩したものだから」는 '나빠졌기 때문에'라는 의미이다. '컨디션이 나빠지다'라는 관용적 표현에 '조심하세요'라는 말이 이어지므로 「~ないように(~하지 않도록)」를 활용한 1번이 의미상 자연스럽다.

단어 体調(たいちょう)を崩(くず)す 컨디션이 나빠지다, 건강을 해치다

11 야마다 씨는 부인의 임신을 **계기로** 담배를 끊었다고 합니다.

해설 1번 「込(こ)めて」는 '담아서', 2번 「契機(けいき)に」는 '계기로', 3번 「通(とお)して」는 '통해서', 4번 「問(と)わず」는 '불문하고'라는 의미이다. 담배를 끊게 된 계기가 부인의 임신이라고 표현하는 것이 가장 자연스러우므로 2번이 정답이 된다. 유사 표현인 「~をきっかけに・~を機(き)に(~을/를 계기로)」도

함께 기억해 두자.

단어 奥(おく)さん 부인, 사모님 | 妊娠(にんしん) 임신

12 찬반양론을 **둘러싸고**, 토론이 심야까지 이어졌다.

해설 정답은 3번 「めぐって(둘러싸고)」로, 어떤 쟁점이나 사안을 중심으로 논의가 이루어짐을 나타내는 표현이다. 1번 「まわって(돌아)」, 2번 「はじめ(비롯해)」, 4번 「かねて(겸해서)」는 문맥상 맞지 않는다.

단어 賛否(さんぴ) 찬반 | 議論(ぎろん) 논의, 토론 | 深夜(しんや) 심야

문제 8 다음 문장의 ___★___ 에 들어갈 가장 알맞은 것을 1·2·3·4에서 하나 고르시오.

13 정답을 가르쳐 **주겠다고 약속은 했지만**, 사실 나도 잘 몰라서 곤란해하고 있다.

해설 밑줄 앞뒤 표현을 보고 자연스럽게 이어질 표현을 먼저 나열한다. 첫째로 2번이 와서 '가르쳐 준다고'의 덩어리를 만든다. 1번 「約束は(약속은)」 뒤에는 서술어 4번 「した(했다)」가 와서 「約束はした(약속은 했다)」가 되고, 이어 3번 「ものの(~하지만)」가 연결되어 「約束はしたものの(약속은 했지만)」가 완성된다. 따라서 정답은 2143 순이 된다.

14 그 사건은 신문이나 **텔레비전에서 활발하게 보도되는 것치고는**, 일반인의 관심은 낮다.

해설 밑줄 앞뒤 표현을 보고 자연스럽게 이어질 표현을 먼저 나열한다. 「新聞や(신문이나)」 뒤에는 대등한 3번 「テレビで(텔레비전에서)」가 이어지고, 그 뒤에는 매체를 통해 이루어지는 동작인 2번 「報道される(보도되다)」가 온다. 2번 앞에는 보도의 양상을 수식하는 1번 「さかんに(활발히)」가 와서 「さかんに報道される(활발히 보도되다)」가 완성된다. 마지막 밑줄 뒤 '일반인의 관심은 적다'와 호응하여, '보도되는 것에 비해서는'이라는 의미를 만드는 4번 「わりに(비해서는)」가 이어진다. 따라서 정답은 3124이다.

단어 事件(じけん) 사건 | さかんに 활발히, 빈번히 | 報道(ほうどう)する 보도하다 | わりに ~에 비해서는, ~치고는 | 一般(いっぱん) 일반 | 関心(かんしん) 관심

15 그녀를 **잊으려고 하면 할수록** 떠올리고 만다.

해설 밑줄 앞뒤 표현을 보고 자연스럽게 이어질 표현을 먼저 나열한다. 「彼女の(그녀의)」 뒤에는 소유격으로 수식되는 명사인 2번 「ことを(것을/일을)」가 오는 것이 자연스럽다. 2번 뒤에는 그녀에 관한 것을 어떻게 하려는지 나타내는 1번 「忘れようと(잊으려고)」가 이어진다. 1번 뒤에는 '하려고 하면 할수록'이라는 의미의 문형 4번 「すれば」와 3번 「するほど」가 차례로 연결되어 「忘れようとすればするほど(잊으려고 하면 할수록)」가 완성된다. 이는 문장의 마지막 '떠올리고 만다'와 자연스러운 인과관계를 형성한다. 따라서 정답은 2143이다.

16 맛있다고 들었기에 1시간 줄을 서서 먹어 보았지만, **줄까지 서서 먹을 정도는** 아니었다.

해설 1번 「食べる」는 '먹다', 2번 「ほど」는 '정도', 3번 「並んで」는 '줄 서서', 4번 「まで」는 '~까지(해서)'라는 의미이다. 마지막 밑줄 뒤에 오는 표현을 고려하면 2번이 마지막으로 와 「~ほどではない(~정도는 아니다)」로 나타내는 것이 자연스럽다. 접속 형태를 고려하면 2번 앞에 1번이 와야 하며, 의미상 순서는 3412가 자연스럽다.

17 그 범죄 조직에 의한 **테러 사건을 계기로 공항 경비**가 엄중해졌습니다.

해설 1번 「をきっかけに」는 '~를 계기로', 2번 「テロ事件」는 '테러 사건', 3번 「空港の」는 '공항의', 4번 「警備が」는 '경비가'라는 의미이다. 「きっかけに」는 앞에 「~を」가 와서 '~을 계기로'라는 의미를 나타내므로 2번 다음에 1번이 와야 한다. 3번 뒤에는 수식할 수 있는 명사가 와야 하므로 종합해 보면 순서는 2134가 된다.

단어 犯罪(はんざい) 범죄 | 組織(そしき) 조직 | テロ事件(じけん) 테러 사건 | 空港(くうこう) 공항 | 警備(けいび) 경비 | 厳重(げんじゅう) 엄중함

문제 9 다음 문장을 읽고, 문장 전체의 내용을 생각해서 **18** 부터 **21** 에 들어갈 가장 알맞은 것을 1·2·3·4에서 하나 고르시오.

원래 일본인은 잘 '울었던' 것 같다. 야나기타 쿠니오 옹(주1)이 '체읍(눈물을 흘리며 슬피 읊)사담'이라는 문장에서 이것을 논했는데, 옛날에는 소리내어 큰소리로 우는(주2) 것도 눈물을 흘리며 우는 것도 극히 흔했던 일본인이, 시대와 함께 점점 그다지 울지 않게 된 **18** 것 처럼도 보인다.

헤이안 시대의 소설이나 노래 등을 보면 여자나 남자나 감동의 표명으로 금세 눈물을 흘린다. 『겐지이야기』 54첩에 '울다'라는 단어는 실로 370회나 나오며 '눈물'이라든가 '눈물이 어리다'라는 말도 225회 정도 사용되고 있다. 그 중에는 물론 어린아이가 우는 경우나 슬픔의 눈물을 흘리는 경우도 다수 있지만, 고마움이나 기쁨과 사랑스러움으로 성인 남자(주3)마저 쉽게 울음을 터뜨리는 것에는 조금 기이한 느낌마저 든다.

'베개도 떠오를 듯이' 눈물을 흘리는 등의 표현과 비슷한 문학적인 수사인가 하고 의심도 되지만 아무래도 그것만은 아닌 듯하다. 물론 다소 정서 과민이라고 할 수 있을 듯한 귀족 사회를 그린 이런 종류의 문학의 성격에 의한 부분도 있겠지만, 그 후의 소설 이외의 문학 작품에서도 이러한 경향은 마찬가지로 엿볼 수 있는 것을 보면 이런 식으로 남 앞에서 거리낌없이(주4) 솔직하게 감정을 표출한다는 자연스러운 모습이 **19** 역시 일본인의 본래 모습인 것 같다. 감정을 억제하는 것을 '좋다'고 하게 된 것은 **20** 오히려 중세 이후의 경향이라고 생각된다. 거기에는 여러 가지 사정이 있었음에 틀림없다. 야나기타 옹이 말하듯이 '울다'라는 말이 죄다 불행의 표시로서 극히 꺼려져(주5) 그 지나친(주6) 사용을 주저하게 된 점, 또 '우는' 것 이외의 표현법으로서 말에 호소하여 그 감정을 표출할 수 있다고 믿어지게 되어, 실제로 그 방면으로 발달이 **21** 보여지게 된 점 등으로 생각할 수 있겠다.

(사카쿠라 아츠요시 『일본어의 어원』 중에서)

(주1) 翁 : 연배가 있는 남자에 대해 존경의 의미를 담아 붙이는 말
(주2) 哭く : 큰 소리로 울다
(주3) 大の男 : 성인 남성
(주4) はばかる : 어렵게 여기며 삼감
(주5) 忌み嫌う : 싫어하여 멀리함, 아주 싫어함
(주6) むやみな : 일의 결과나 옳고 그름을 생각하지 않고 무턱대고 하는 모양

해설 **18** 1번 「わりに」는 '~에 비해', 2번 「ようであれば」는 '~일 것 같으면', 3번 「ようにも」는 '~처럼도', 4번 「ものだから」는 '~이니까'라는 의미이다. 잘 울던 일본인이 세월의 흐름에 따라 별로 울지 않게 된 것으로 보인다는 추측의 내용과 이어지는 2번이 정답이 된다.

19 문학 작품 등에서도 잘 운다는 표현이 나온다는 사례를 통해 솔직히 감정을 드러내는 모습이 역시 일본인의 본래 모습이라는 확신을 더해 주는 2번이 정답이 된다.

20 헤이안 시대 문학 작품 등을 보면 일본인은 감정에 솔직했다고 했다. 그러다가 감정을 억제하는 것이 좋다고 여겨진 것은 중세 이후라고 나오므로 본래 모습과 나중의 변화를 대비시키는 3번이 자연스럽다.

21 문맥상 울음 이외의 감정 표현법(말 등)이 발달했다는 긍정적인 변화를 설명하고 있다. 표현법으로서의 발달이 보이게 된(나타나게 된) 것이라는 의미의 2번이 문맥상 완결성이 높다.

단어 元来(がんらい) 원래 | 文章(ぶんしょう) 문장 | 論(ろん)じる 논하다 | 物語(ものがたり) 이야기, 소설 | 表明(ひょうめい) 표명 | 涙(なみだ)ぐむ 눈물을 머금다 | 幼児(ようじ) 유아 | 奇異(きい) 기이함 | 枕(まくら) 베개 | 修辞(しゅうじ) 수사, 수식어 | 疑(うたが)う 의심하다 | 多少(たしょう) 다소 | 情緒過敏(じょうちょかびん) 정서 과민 | 貴族(きぞく) 귀족 | 傾向(けいこう) 경향 | 同様(どうよう)に 마찬가지로 | はばかる 꺼리다, 주저하다 | 率直(そっちょく) 솔직 | 表出(ひょうしゅつ) 표출 | 抑制(よくせい) 억제 | むしろ 오히려, 차라리 | 中世(ちゅうせい) 중세 | ことごとく 모조리, 전부 | 不幸(ふこう) 불행 | 表示(ひょうじ) 표시 | 忌(い)み嫌(きら)う 몹시 싫어하다 | むやみな 당치 않은, 과도한 | 行使(こうし) 행사 | 訴(うった)える 호소하다 | 事実(じじつ) 사실 | 発達(はったつ) 발달

⑬ 문법 확인문제　경어·사역·수동·수수·지시어·접속어　　p.346

문제 7 다음 문장의 (　)에 들어갈 가장 알맞은 것을 1·2·3·4에서 하나 고르시오.

1 어제 역에서 고바야시 교수님을 **뵀다**.

해설 1번 「ご覧になった」는 '보셨다', 2번 「存じ上げた」는 '알았다, 생각했다', 3번 「失礼した」는 '실례했다', 4번 「拝見した」는 '뵀었다'라는 의미이다. 내가 교수님을 봤다는 것이므로 나를 낮춘 겸양어를 써야 한다. 그래서 「見る」의 겸양어인 「拝見する」가 정답이 된다.

2 괜찮으시다면 차로 역까지 **모셔다 드릴까요?**

해설 존경 표현은 「お+동사의 ます형+になる」, 겸양 표현은 「お+동사의 ます형+する」로 표현한다. 여기서는 내가 데려다 드린다는 뜻이므로 겸양 표현을 써야 하는데 1번은 '데려다 드립니까'가 되므로 3번이 올바른 표현이다.

단어 よろしい 좋다

3 그럼 내일 9시에 댁으로 **찾아뵙겠**습니다.

해설 남의 집을 내가 방문한다는 뜻이므로 겸양어인 「うかがう」를 사용해야 한다. 따라서 1번이 정답이 된다.

단어 お宅(たく) 댁

[4] 손님으로부터 기념품을 **받았습니다**.

해설 1번 「あげました」는 '주었습니다', 2번 「いただきました」는 '받았습니다', 3번 「くださいました」는 '주셨습니다', 4번 「差し上げました」는 '드렸습니다'라는 의미이다. 「お客様から (손님으로부터)」라고 했으므로 「もらう」의 겸양어인 「いただく」를 사용한 2번이 정답이 된다.

단어 お土産(みやげ) 기념품, 특산품, 선물

[5] A "기무라 부장님과 통화하고 싶습니다만."
B "죄송합니다. 기무라는 지금 자리를 **비웠습니다**."

해설 직책이 자기보다 높더라도 같은 회사 사람은 외부인에게 높여 말하지 않는다. 따라서 「席を外しています」의 겸양 표현인 「席を外しております」라고 한 3번이 정답이 된다.

단어 ただ今(いま) 지금 | 席(せき)を外(はず)す 자리를 비우다

[6] 매일 밤중에 아기 울음소리에 **깨서** 수면 부족입니다.

해설 앞부분에 아기 울음소리 때문에 라고 되어 있으므로 「起こす (깨우다)」의 수동형인 「起こされる(깨움을 당하다)」가 와야 한다. 따라서 정답은 2번이다. 직역으로 작문하고 의역으로 해석하는 것이 경어 파트에서 실수를 줄일 수 있는 방법이다.

단어 夜中(よなか) 밤중 | 泣(な)き声(ごえ) 우는 소리 | 寝不足(ねぶそく) 수면 부족

[7] 미용실 비용을 절약하기 위해 엄마가 미리를 **잘라 주었다**.(어머니께 머리를 **잘라 달라고 했다**)

해설 조사에 주의하자. 앞부분에 '엄마에게' 라고 되어 있으므로 「~てもらう」를 활용해야 한다. 따라서 정답은 2번이 된다. 단, 해석할 때 직역하여 '엄마에게 잘라 받았다'라고 하는 것은 어색하므로 '엄마가 잘라 주었다'와 같이 해석한다.

단어 節約(せつやく) 절약

[8] 어머니는 제가 하고 싶다고 말한 것은 전부 **하게 해 주셨습니다**.

해설 1번 「やらせてあげました」는 '하게 해 주었습니다', 2번 「やらせてくれました」는 '하게 해 주었습니다', 3번 「やらせてもらいました」는 '하게 해 받았습니다', 4번 「やられてしまいました」는 '당해 버렸습니다'라는 의미이다. 1번과 2번이 우리말 해석이 동일하지만 '상대방이 나에게 ~해 주다' 라고 할 때는 「~てくれる」를 써야 하므로 정답은 2번이 된다.

[9] 이곳은 금연입니다. **그래서**, 이곳에서 담배를 피워서는 안 됩니다.

해설 1번 「しかも」는 '게다가', 2번 「ただし」는 '단', 3번 「ところで」는 '그런데', 4번 「そのため」는 '그래서'라는 의미이다. 금연 구역이라서 여기에서 담배를 피우면 안 된다고 말하고 있으므로 이유를 말해 주는 4번이 정답이 된다.

단어 禁煙(きんえん) 금연

[10] 방문하실 때는 가급적 지하철이나 버스 **혹은** 택시 등을 이용해 주십시오.

해설 1번 「なお」는 '역시, 더욱', 2번 「だが」는 '하지만', 3번 「あるいは」는 '혹은', 4번 「それとも」는 '그렇지 않으면'이라는 의미이다. 선택문에서 A 또는 B 라고 할 때 3번을 사용한다. 유사 표현으로 「または・もしくは」 등이 있다. 4번은 의문문에 주로 사용하는 표현이다.

단어 来場(らいじょう) 내방, 행사장 방문 | 際(さい) 때, 경우

[11] 이 빵집은 쌉니다. **게다가** 매주 수요일은 전 품목 20% 할인이 됩니다.

해설 1번 「しかも」는 '게다가', 2번 「そこで」는 '그래서', 3번 「それにしては」는 '그것치고는', 4번 「ところが」는 '그런데, 그러나'라는 의미이다. 가격이 싼데다가 수요일은 할인까지 더해진다는 의미이므로 1번이 정답이 된다.

단어 全品(ぜんぴん) 전 품목

[12] 저 교복을 입고 있는 남자아이, 정말 중학생인가요? **그런 것 치고는** 키가 크네요.

해설 1번 「それとも」는 '그렇지 않으면', 2번 「それにしては」는 '그것치고는', 3번 「そのため」는 '그래서', 4번 「そういえば」는 '그러고 보니'라는 의미이다. 중학생이라면 예상되는 평균 키가 있는데 그것에 비해서는 키가 크다는 의미이므로 2번이 정답이 된다.

단어 制服(せいふく) 제복, 교복 | 背(せ)が高(たか)い 키가 크다

문제 8 다음 문장의 _____ ★ 에 들어갈 가장 알맞은 것을 1·2·3·4에서 하나 고르시오.

[13] 만나 뵐 날을 기대하며 **기다리고 있겠습니다**.

해설 「待っています(기다리고 있겠습니다)」의 겸양 표현은 「お待ちしております」이므로 순서는 4213이 된다.

[14] 이 **자료를 복사해도 될까요**?

해설 「~せていただけますか」는 동사의 사역형에 접속하여 상대방에게 내가 어떤 행동을 하는 것에 대해 허가나 승낙을 구할 때 쓰는 정중한 표현이다. 그러므로 3번 뒤에 2번이 와야 한다. 4번 뒤엔 수식할 명사가 와야 하므로 종합해 보면 4132가 정답이 된다.

단어 コピーを取(と)る 복사(를) 하다 | 資料(しりょう) 자료

[15] 저는 사장님의 부인 분을 **뵌 적이 없습니다**.

해설 「会う(만나다)」의 겸양어는 「お目にかかる(만나 뵙다)」이다. 여기에 '~한 적이 없습니다'라는 의미의 「~たことがありません」을 연결하면 올바른 순서는 2341이 된다.

단어 奥様(おくさま) 부인, 사모님

[16] 전철을 타고 있었는데, 친절한 분이 저희 **할아버지께 자리를 양보해 주셨습니다**.

해설 1번 「くれました」는 '주었습니다', 2번 「席を」는 '자리를', 3번 「祖父に」는 '할아버지께', 4번 「譲って」는 '양보해'라는 의미이다. 남이 나 또는 내 가족에게 뭔가를 해줄 때는 「~てくれる」를 사용하므로 순서는 3241이 된다.

단어 譲(ゆず)る 양보하다, 양도하다

[17] 제가 **소중히 여기던 손목시계를** 아이가 **망가뜨려 버렸습니다**.

해설 수동형의 문장으로 직역하면서 문장을 만들어야 한다. '아이에게 소중히 여기던 손목시계를 고장냄을 당했습니다'라는 문장으로 연결해 보면 순서는 3124가 된다. 해석은 능동형으로 바꾸어 하면 된다.

단어 腕時計(うでどけい) 손목시계 | 壊(こわ)す 부수다, 고장 내다

문제 9 다음 문장을 읽고, 문장 전체의 내용을 생각해서 [18] 부터 [21] 에 들어갈 가장 알맞은 것을 1·2·3·4에서 하나 고르시오.

> 　호텔 안에서도 컨시어지(안내 담당)는 손님과 비교적 깊은 이야기를 할 수 있는, 사람과 직접 관계를 맺으며 사람 됨됨이를 알 수 있는 직종의 하나입니다. 손님이 무엇을 하고 싶은 것인지, 어떻게 생각하고 있는 것인지를 생각하는 것이 가장 중요합니다. 즉, 손님의 마음을 읽는 일인 것입니다.
>
> 　그런 만큼, 설령 '고마워요' 라는 말이 없더라도 만족하셨는지 아닌지는 대충 알 수 있는 법입니다.
>
> 　그런 고객이 몇 개월 지나서, 다시 우리 호텔을 방문했을 때, 일부러 컨시어지 데스크에 들러서 "또 왔어요"라고 말을 걸어 주신다. '일부러 말을 걸어 주셨다는 것은 이전에 손님이 무언가 요구를 했을 때에, 만족스러운 답을 드릴 수 있었구나, [18] 그러니까 또 의지하고 있어요 라는 마음으로 일부러 말을 걸어 주신 거다' 라고 인식이 되었을 때, 최고의 찬사를 받을 수 있었다고 생각합니다.
>
> 　이전에 일을 평가 받았다는 기쁨과 다음에 무슨 일이 있을 때에도 잘 부탁한다는 손님이 거는 기대, [19] 그것이 안내 담당자에게 이 일을 하게 하는 가장 큰 동기 부여가 되고 있는 건지도 모르겠습니다.
>
> 　살짝 속마음을 말하자면 "고마워요"라는 말을 듣는 것이 기쁜 정도로는 할 수 없는 일입니다.
>
> 　"어제 소개받은 레스토랑 굉장히 맛있었어요. 좋은 곳을 소개해줘서 고마워요"라고 일부러 말하러 오는 분은 거의 안 계십니다. 반대로 [20] 마음에 드시지 않았을 때는 바로 말하시지만….
>
> 　단, 사람을 [21] 기쁘게 하는 것이 단순히 기쁘고, 어떻게 하면 이 손님이 더 기뻐하실 수 있을까 그것만 생각하는 마음으로 매일 일을 하고 있는 것으로 생각합니다.
>
> (아베 케이 「나는 컨시어지」 중에서)

해설

[18] 앞부분이 이유가 되어서 또 믿고 있다는 표현이 이어지고 있으므로 4번이 정답이 된다.

[19] 다음에도 잘 부탁한다는 고객이 거는 기대와 이전 일에 대한 평가를 하나로 묶어서 가리키는 지시어가 필요하므로 1번이 정답이 된다.

[20] 1번 「おいでにならなかった」는 '계시지 않았다', 2번 「お気に召さなかった」는 '마음에 드시지 않았다', 3번 「ご覧にならなかった」는 '보시지 않았다', 4번 「おかけにならなかった」는 '앉지 않으셨다'라는 의미이다. 서비스가 마음에 들었을 때 감사 인사하는 경우는 거의 없다고 하며 반대 상황을 언급한다. 마음에 들지 않았을 때는 바로 얘기하러 온다는 내용인데 마음에 드는 주체는 손님이기 때문에 존경 표현을 사용해야 한다. 따라서 「気に入る」의 존경어인 「お気に召す」가 사용된 2번이 정답이 된다.

[21] 바로 앞부분 '사람을' 이라는 표현으로 보아 '사람을 기쁘게 하다'고 표현하는 것이 자연스러우므로 3번이 정답이 된다.

단어 コンシェルジュ 안내 담당, 컨시어지 | 比較的(ひかくてき) 비교적 | 人(ひと)となり 사람됨, 인성 | つきあい 교제, 교류 | 職種(しょくしゅ) 직종 | 満足(まんぞく) 만족 | 再(ふた)び 다시, 재차 | 訪(おとず)れる 찾다, 방문하다 | 立(た)ち寄(よ)る (가는 길에) 들르다 | 頼(たよ)りにする 의지하다 | 認識(にんしき) 인식 | 讃辞(さんじ) 찬사 | 評価(ひょうか) 평가 | こっそり 가만히, 몰래 | 本音(ほんね) 속마음 | めったに 좀처럼(~않다) | お気(き)に召(め)す 마음에 드시다 | 単純(たんじゅん) 단순함

🔵14 문법 확인문제 경어·사역·수동·수수·조사어·접속어   p.350

문제 7 다음 문장의 (　　)에 들어갈 가장 알맞은 것을 1·2·3·4에서 하나 고르시오.

[1] 만약 여기에 **오실** 기회가 있으시다면, 꼭 들러 주십시오.

해설 정답은 4번 「お越しになる(오시다)」로, 상대방의 이동을 높여 말하는 존경어이다. 1번 「まいる(가다)」는 화자를 낮추는 겸양어, 2번 「お目にかかる(뵙다)」는 만남의 겸양어, 3번 「ご覧(らん)になる(보시다)」는 보다의 존경어로 문맥에 맞지 않는다.

[2] 면접관 "죄송하지만, 지원 자격인 조리사 면허를 **가지고 계시나요?**"
지원자 "네, 조리사 면허를 취득했습니다."

해설 정답은 3번 「お持ちですか(가지고 계십니까)」로 상대방의 소유 상태를 공손하게 묻는 존경 표현이다. 1번 「お持ちいただけますか(가지고 와 주실 수 있습니까)」는 요청, 2번 「お持ちになりますか(가지고 가십니까)」는 동작의 존경 표현, 4번 「お持ちしますか(제가 가져가겠습니까)」는 화자의 동작으로 문맥에 맞지 않는다.

단어 面接官(めんせつかん) 면접관 | 応募資格(おうぼしかく) 응모 자격, 지원 자격 | 免許(めんきょ) 면허(증)

[3] 이것은 중고차이지만, **보시는 바와 같이** 신차로 착각할 정도로 깨끗합니다.

해설 정답은 1번 「ご覧(らん)のように(보시는 것처럼)」로 상대방이 보고 있는 상태를 근거로 설명할 때 쓰는 존경 표현이다. 2번 「ご覧いただく」는 문법상 미완 표현, 3번 「拝見(はいけん)したとおり(제가 본 대로)」는 화자 시점의 겸양 표현, 4번 「拝見したきり(보고 나서 계속)」는 의미가 달라 문맥에 맞지 않는다.

단어 中古車(ちゅうこしゃ) 중고차 | 新車(しんしゃ) 신차, 새 차 | 見間違(みまちが)える 잘못 보다, 착각하다

[4] 이번 보도로 여러분께 큰 심려를 끼쳐드린 점을 진심으로 **사과드립니다.**

해설 정답은 1번 「お詫(わ)び申(もう)し上(あ)げます(사과드립니다)」로, 화자가 자신의 사과를 낮춰 표현하는 겸양어이며, 공식 사과 문장에 적합하다. 2번 「お詫びいただき(사과를 받아)」와 4번 「詫びてもらい(사과를 받다)」는 수수 관계가 반대이고, 3번 「詫びて差(さ)し上(あ)げ」는 어형이 부자연스럽다.

단어 報道(ほうどう) 보도 | お詫(わ)び 사과, 사죄 | 申(もう)し上(あ)げる 말씀드리다 (겸양어)

[5] 당 상품은 신용카드 결제만 **받고** 있습니다.

해설 정답은 4번 「うけたまわって(받고)」로, 주문·신청·결제 등을 받는다는 의미의 겸양 표현이며, 결제 방식 안내 문맥에 적합하

다. 1번 「申(もう)し上(あ)げて(말씀드려)」, 2번 「差(さ)し上(あ)げて(드려)」, 3번 「いたして(하겠습니다)」는 의미가 맞지 않는다.

단어 当商品(とうしょうひん) 해당 상품, 이 상품 | 決済(けっさい) 결제 | うけたまわる 받다, 승낙하다, 듣다

6 고민이 있을 때는 누군가가 이야기를 들어 주**는 것만으로 도** 마음이 편해집니다.

해설 정답은 2번 「もらうだけで(~해 주는 것만으로)」로 「동사 て형+もらう」 형태로 상대에게서 어떤 행동을 받는 것을 나타낸다. 1번 「あげることは(내가 해 주는 것은)」는 입장이 다르고, 3번 「くれることに(남이 해 주는 것으로)」는 수수 관계가 맞지 않고, 4번 「やるだけが(내가 해 주기만이)」는 문법적으로 부자연스럽다.

7 저는 딸이 하고 싶어 하는 일은 가급적 **하게 해 주고** 싶다고 생각합니다.

해설 정답은 1번 「やらせてやりたい(하게 해 주고 싶다)」로, 「사역형+てやる」 형태로 화자가 아랫사람에게 어떤 행동을 허락·배려하는 뉘앙스를 나타낸다. 2번 「やらせていただく」는 자신이 허락을 받는 입장, 3번 「やらせてもらう」는 화자가 허락을 받는 상황, 4번 「やらせてくれ」는 명령형으로 문맥에 맞지 않는다.

8 지난번에 **빌려준** 책 고마워. 오늘 돌려주려고 가져왔어.

해설 정답은 3번 「貸してくれた(남이 화자에게 빌려주었다)」로, 상대가 화자에게 이익이 되는 행동을 해 주었음을 나타내어 감사 표현과 자연스럽게 연결된다. 1번 「貸してあげた(빌려주었다)」는 화자가 빌려준 입장, 2번 「借りてあげた(빌려 와 주었다)」는 대리 행위, 4번 「借りてもらった(빌리게 해 주었다)」는 수수 관계가 달라 문맥에 맞지 않는다.

9 외국인 관광객에게는 서양식 호텔보다 **오히려** 일본풍 여관이 더 인기가 있다고 한다.

해설 정답은 2번 「むしろ(오히려)」로, 앞의 선택지보다 뒤의 내용을 더 적절한 것으로 제시할 때 쓰는 부사이다. 1번 「もっとも(가장)」, 3번 「かりに(설령)」, 4번 「ただし(단, 그러나)」는 문맥에 맞지 않는다.

단어 外国人(がいこくじん) 외국인 | 観光客(かんこうきゃく) 관광객 | 旅館(りょかん) 일본식 여관

10 그녀는 쾌활하고 붙임성이 좋으며, **게다가** 친절하고 배려심이 있다.

해설 정답은 1번 「しかも(게다가)」로, 앞의 성질에 같은 방향의 성질을 덧붙일 때 쓰는 접속 부사이다. 2번 「ぜひ(꼭)」, 3번 「ところが(그런데)」, 4번 「もっとも(가장, 다만)」는 문맥에 맞지 않는다.

단어 快活(かいかつ) 쾌활함, 명랑함 | 愛想(あいそ) 붙임성 | 思(おも)いやり 배려, 동정심

11 참가비는 무료입니다. **단**, 선착순 100명 한정입니다.

해설 정답은 4번 「ただし(단, 그러나)」로, 앞의 내용을 인정하면서 조건이나 제한을 덧붙일 때 쓰는 접속사이다. 1번 「あるいは(또는, 혹은)」, 2번 「および(및)」, 3번 「すなわち(즉)」는 문맥에 맞지 않는다.

단어 参加費(さんかひ) 참가비 | 無料(むりょう) 무료 | 先着(せんちゃく) 선착, 먼저 도착함 | 限定(げんてい) 한정

12 고바야시 씨의 연주는 **어떤** 관점에서 보더라도 흠잡을 데가 없습니다.

해설 정답은 3번 「どの(어느)」로, 「どの点から見ても」의 형태로 모든 관점에서 보아도 흠이 없음을 나타내는 표현이다. 1번 「このように(이렇게)」, 2번 「あのように(저렇게)」, 4번 「そちらの(그쪽의)」는 어울리지 않는다.

단어 演奏(えんそう) 연주 | 点(てん) 점, 부분, 관점 | 非(ひ)の打(う)ちどころがない 흠잡을 데가 없다, 완벽하다

문제 8 다음 문장의 ＿＿★＿＿에 들어갈 가장 알맞은 것을 1·2·3·4에서 하나 고르시오.

13 저는 구두 디자인보다도 **먼저 그것이 신기 편한지 어떤지**를 중시합니다.

해설 문장의 끝에 위치한 「~を重視(じゅうし)します(~를 중시합니다)」와 연결될 목적어가 필요하므로, 4번 「まずそれが(먼저 그것이)」가 앞에 오는 것이 자연스럽다. 4번 뒤에는 상태를 나타내는 2번 「はきやすい(신기 편한지)」가 이어지며, 「~か~どうか(~인지 어떤지)」를 완성하기 위해 1번 「か」와 3번 「どうか」가 차례로 연결된다. 따라서 정답은 42130이다.

단어 重視(じゅうし)する 중시하다 | ~やすい ~하기 편하다 | ~か~どうか ~인지 어떤지

14 간호사의 의료 행위는 의사의 지시에 **근거한 것으로 한정되어** 있습니다.

해설 마지막 밑줄 뒤 표현과 자연스럽게 이어질 표현을 찾는다. 3번 「限定(한정)」 뒤에 수동태 4번 「されて」를 연결해 「限定されています(한정되어 있습니다)」를 완성한다. 밑줄 앞 「指示に(지시에)」에는 서술어가 필요하므로 2번 「基づく(기초하는, 근거한)」와 1번을 연결한다. 따라서 정답은 2134이다.

단어 看護師(かんごし) 간호사 | 医療行為(いりょうこうい) 의료 행위 | 基(もと)づく 기초하다, 근거하다 | 限定(げんてい) 한정

15 자연을 인간으로부터 격리해서 **바라보는 것이 아니라, 오히려 자연을 친구로 삼아 자연의 마음에** 다가가는 것이 중요하다.

해설 마지막 밑줄 뒤 표현과 자연스럽게 연결될 표현을 찾는다. '다가가다'라는 뜻의 동사 「迫る」와 어울리는 목적어 3번 「自然の心に(자연의 마음에)」를 앞에 배치한다. 밑줄 앞 「切り離して(떼어 놓아서)」와 대조되는 4번 「眺めるのではなく(바라보는 것이 아니라)」를 잇고, 접속 부사 1번 「むしろ(차라리, 오히려)」와 2번 「自然を友とし(자연을 벗 삼아)」를 차례로 연결한다. 따라서 정답은 4123이다.

단어 自然(しぜん) 자연 | 切(き)り離(はな)す 떼어 놓다, 분리하다 | 眺(なが)める 바라보다 | 迫(せま)る 다가가다, 다다르다

16 어, 아직도 있었네. **왜 이렇게 늦게까지** 노서관에 있는 **거야?**

해설 '도서관에 있어?'라는 질문 앞에 문장 전체의 이유를 묻는 1번 「どうして(어째서)」를 배치한다. 그 사이에 밑줄 앞 「まだいたんだ(아직 있었구나)」의 호응이도록, 시간을 수식하는 4번 「こんなに(이렇게나)」와 3번 「遅く(늦게)」를 연결하고, 시간 한계를 나타내는 조사 2번 「まで(까지)」를 이어 「こんなに遅くまで(이렇게나 늦게까지)」라는 덩어리를 만든다.

17 한 번 시간을 내 주셔서, **이야기를** 조금 더 **들려 주신다면 좋겠다고** 생각합니다.

해설　「存じます(생각합니다)」앞에 인용의 뜻을 더하는 1번 「と」를
넣어 '~라고 생각합니다'를 만든다. 첫 번째 밑줄 앞 「もう少
し(조금 더)」 뒤에는 구체적 행위가 필요하므로 3번, 2번, 4번
을 이어 「お話を聞かせていただければ」를 완성한다. 여기서
는 들려 주는 상대의 행위를 내가 받는다는 의미로 공손하게 표
현하고 있다.

단어　一度(いちど) 한 번 | 存(ぞん)じる 생각하다(겸양어)

문제 9　다음 문장을 읽고, 문장 전체의 내용을 생각해서 18
부터 21 에 들어갈 가장 알맞은 것을 1·2·3·4에서
하나 고르시오.

　　상대에 대한 경의를 담은 표현이 모두 비효율적이라는 것은
아니다. 말만으로 존경하는 마음이 전달되는 경우가 있다. 하
지만 예를 들어 요즘 정착한 말중에 '〇〇させていただきま
す(~하겠습니다)' 라는 표현이 있다. 「〇〇させていただき
ます」가 이만큼 빈번하게 사용되기 시작해서 거의 주류가 된
것은 아마 요 20년 정도일 것이다. 파티나 시상식 등의 사회자
는 고도성장의 말기쯤까지는 '사회를 담당하는(担当します)
무라카미입니다'라고 말했었다. 그런데 지금은 반드시 '사회를
담당하는 (担当させていただきます) 무라카미입니다'라고
말한다.
　　사실 「させていただきます」라는 표현은 단순히 상대에게
경의를 표해(주1) 겸양하는(주2) 것은 아니다. '나는 이 일을 스
스로 원해서 하는 것이 아닙니다. 누군가의 명령을 받아 18
혹은 허락을 19 받아서 하는 것입니다. 그래서 나에게는 책임
이 없습니다'라는 뉘앙스가 더 강하다.
　　왜 그런 표현이 정착해 버린 걸까?
　　20 그것은 현재까지도 일본 사회에서는 책임의 소재가 분
명하지 않은 커뮤니케이션을 더 선호하기 때문이다.
　　책임은 결정권과 불가결(주3)하다. 어느 조직에서 어느 특정
21 인물에게 책임을 가지게 하는 경우, 동시에 결정권을 갖게
하지 않으면 일은 되지 않으며, 조직내의 커뮤니케이션도 할
수 없게 된다. 단지 책임자란 결정권의 보유자인 것이다. 경영
의 책임을 진 인물은 경영의 결정권을 가진 인물이어야 한다.
어느 프로젝트에서 실패의 책임을 지는 인물은 그 프로젝트를
실행할 때의 결정권을 가지고 있어야 한다.
　　　　　　　　　(무라카미 류 『이메일의 달인이 되다』 중에서)

(주1) 敬意を払う : 상대에 대한 존경의 마음 등을 말투나 행동 등으로 표
　　　　　　　　현하는 것
(주2) へりくだる : 겸손하다
(주3) 不可欠 : 반드시 필요함, 없어서는 안 됨

해설
18　앞의 '누군가의 명령을 받아서'와 뒤의 '허가를 (받아서)'를 대등
하게 연결하는 맥락이다. 명령을 받거나, 아니면(혹은) 허가를
얻어서 한다는 식의 선택적 병렬이 자연스러우므로 3번이 정
답이 된다.

19　문맥상 주어인 내가 타인으로부터 허가를 받는 입장이므로, '받
다'의 의미인 「もらう」를 사용해야 한다.

20　앞 문장의 질문 '왜 그러한 표현이 정착되어 버린 것일까?'에 대
한 이유를 지칭하고 있다. 질문의 내용을 그대로 받아 '그것은
~'이라고 설명하는 결론 부분이므로 「それ」가 정답이다.

21　뒤에 이어지는 문장 '결정권을 갖게 하지 않으면'과 짝을 이루
어야 한다. 조직 관리 측면에서 특정인에게 책임을 지우는 동시
에 결정권도 주어야 한다는 논리이므로, 사역형인 「持たせる」
가 들어간 3번이 정답이 된다.

단어　込(こ)める (마음을) 담다 | 表現(ひょうげん) 표현 | 非効率
(ひこうりつ) 비효율 | 定着(ていちゃく) 정착 | ひんぱん 빈
번 | 主流(しゅりゅう) 주류 | 授賞式(じゅしょうしき) 시상
식 | 司会者(しかいしゃ) 사회자 | 担当(たんとう) 담당 | 単
純(たんじゅん) 단순 | 望(のぞ)む 바라다 | 命令(めいれい) 명
령 | 許可(きょか) 허가 | 責任(せきにん) 책임 | いまだに 아
직도, 현재까지도 | 所在(しょざい) 소재 | 好(この)む 좋아하
다, 선호하다 | 不可欠(ふかけつ) 불가결 | 組織(そしき) 조직
| 保持者(ほじしゃ) 유지하고 있는 사람, 보유자 | 人物(じん
ぶつ) 인물 | 実行(じっこう) 실행 | 際(さい) 때

문제 10	1 ③	2 ①	3 ③	4 ②	5 ④	6 ①	7 ③	8 ④	9 ②	10 ①			
문제 11	1 ④	2 ②	3 ②	4 ③	5 ③	6 ①	7 ②	8 ①	9 ③	10 ③	11 ④	12 ②	13 ③
	14 ①	15 ④	16 ①										
문제 12	1 ③	2 ①	3 ③	4 ④	5 ④	6 ④	7 ②	8 ②	9 ①	10 ④	11 ②	12 ④	13 ①
	14 ④	15 ②	16 ④	17 ②	18 ④								
문제 13	1 ②	2 ①	3 ②	4 ③	5 ③	6 ①	7 ②	8 ③	9 ④	10 ①	11 ③	12 ③	13 ③
	14 ④	15 ①	16 ④	17 ③	18 ②	19 ④	20 ②	21 ②	22 ②	23 ④	24 ④	25 ①	26 ④
	27 ④												
문제 14	1 ②	2 ③	3 ③	4 ③	5 ③	6 ③	7 ④	8 ①	9 ④	10 ①	11 ①	12 ③	13 ②
	14 ②	15 ③	16 ④										

① 문제10 내용이해 단문

p.361

문제 10 다음 (1)에서 (10)의 문장을 읽고 다음 질문에 대한 답으로 가장 적절한 것을 1·2·3·4에서 하나 고르시오.

단문(1)

해석
아래는 메일의 쓰는 방법에 있어서의 주의점이다.

사내 메일에 대하여

1. 제목: 간결하게, 한눈에 내용을 알 수 있도록 짧게 작성한다
2. 수신인: 직함 또는 '씨/님'. 여러 명에게 동일한 내용의 메일을 보낼 때는 '각위'
3. 인사: 첫인사는 '수고하십니다'가 일반적이지만, 급한 경우에는 생략한다
4. 내용: 알기 쉽게 작성하고, 보내기 전에 확인한다
5. CC(주): 만약을 위해 CC(공유 메일)로 공유하는 것은 삼간다

(주) CC: 동시에 다른 사람에게도 보내는 동일한 내용의 메일

1 이 글은 무엇을 위해 쓰였는가?

1 누구에게 보내도 괜찮은 메일 작성법을 가르치기 위해
2 동료에게 보내는 사적인 메일 작성법을 가르치기 위해
3 같은 회사 사람에게 보내는 업무 메일 작성법을 가르치기 위해
4 누구에게 보내도 곤란하지 않은 메일 작성법을 가르치기 위해

단어 件名(けんめい) 거명, 제목 | 一目(ひとめ) 한눈 | 宛名(あてな) 수신인 | 役職(やくしょく) 직무, 직함 | 各位(かくい) 각위, 어러분 | 一般的(いっぱんてき) 일반적 | 急(いそ)ぎ 급함 | 省略(しょうりゃく) 생략 | 送信(そうしん) 송신 | 念(ねん)のため 만약을 위해 | 共有(きょうゆう) 공유 | 控(ひか)える 삼가다 | 同時(どうじ) 동시

해설 선택지 1번과 4번은 제목에 '사내 메일(社内メール)'이라고 명시되어 있으므로 누구에게나 보내도 되는 메일이 아니므로 오답이다. 2번은 본문 2번에서 '직함'을 사용하라는 점과 3번 항목에 사내 인사말인 '수고하셨습니다'를 사용하는 점으로 보아 개인적인 메일이 아닌 업무용 메일임을 알 수 있어 오답이다. 3번은 제목의 '사내(같은 회사)'와 각 항목의 업무적 규칙들이 일치하므로 정답이다.

해석　　가드닝은 구멍을 파거나 나무를 옮기거나 잡초를 뽑는 등 몸을 움직이기 때문에 건강에 좋다고 알려져 있습니다. 또한, 가드닝 중에는 싫은 일이나 고민이 있어도 그것으로부터 벗어날 수 있습니다. 그러므로 정신적인 면에서의 불안이나 스트레스 해소에도 도움이 됩니다. 게다가 가드닝 중에는 지인에 그치지 않고 모르는 사람에게도 꽃 이름을 질문받거나, "예쁘네요" 등과 같이 말을 듣는 일이 자주 있습니다. 꽃과 풀에 관한 대화는 분명 즐거움에 틀림없습니다. 꽃과 풀은 단지 보는 것만으로도 밝은 기분이 되거나 마음이 위로받기도 하므로, 그 식물을 직접 키웠다고 한다면 더할 나위 없이 만족스러울 것입니다.

2　필자는 가드닝을 하는 장점이 무엇이라고 말하고 있는가?

1　몸과 마음 모두에 좋은 영향을 받는 것　　　　2　즐거운 화제의 대화만 하게 되는 것

3　가드닝을 화제로 삼음으로써 친구가 생기는 것　　4　식물을 보거나 만지면 스트레스가 생기지 않는 것

단어　掘(ほ)る (구멍 등을) 파다 | 植木(うえき) 정원수, 심은 나무 | 雑草(ざっそう) 잡초 | 抜(ぬ)く 뽑다 | 解消(かいしょう) 해소 | ～にとどまらず ～에 그치지 않고 | 草花(くさばな) 화초, 꽃과 풀, 식물 | ～に違(ちが)いない ～임에 틀림없다 | なぐさめる 위로하다 | ～極(きわ)まりない ～하기 짝이 없다, 매우 ～하다

해설　선택지 1번은 본문 앞부분에서 가드닝이 몸을 움직여 건강에 좋다고 한 점과 스트레스 해소 등 정신적인 면에 도움이 된다고 한 점을 모두 포함하고 있으므로 정답이다. 2번은 본문에서 식물에 관한 대화가 즐거울 것이라고 하였으나 '즐거운 화제의 대화만' 한다는 기술은 없으므로 정답이 아니다. 3번은 모르는 사람과 대화할 기회가 생긴다는 내용은 있으나 친구가 생긴다는 결과까지는 언급되지 않았으므로 틀린 내용이다. 4번은 본문에서 싫은 일이나 고민에서 '멀어질 수 있다'고 하였으나 스트레스 자체가 '생기지 않는다'는 의미는 아니기 때문에 정답이 아니다.

해석　　일본이 가난했던 시대에 자란 저의 인생은 감격의 연속이었습니다. 처음 버터를 먹었을 때의 감격을 지금도 기억하고 있습니다. 현재는 마가린도 버터와 비슷해서 맛있지만, 당시의 마가린은 단지 기름을 굳힌 것으로 맛이 없었습니다. 처음 라디오가 집에 온 날, 친구 집에서 처음 텔레비전을 본 때, 컬러 TV나 워드프로세서, 컴퓨터 등 그 모든 것들이 놀라움과 기쁨을 안겨 주었습니다. 어릴 적 집에 책 한 권도 없고, 목욕탕도 없고, 보리나 고구마가 들어간 밥을 먹었지만, 저는 매일 즐거운 일로 가득했습니다. 아무것도 없었기에 비로소 작은 일에도 기쁨을 느낄 수 있었던 것이 아닐까요? 그래서 태어날 때부터 물건이 풍족하고 편리한 생활을 할 수 있다면 행복한 것인지 의문이 들기까지 합니다. 현재 일본은 하락세라고 일컬어집니다. 하지만 어릴 적을 생각하면 저에게는 별일이 아니라고 생각됩니다.

3　필자는 왜 별일이 아니라고 생각하는가?

1　가난했던 시대에 비하면 지금의 일본은 충분히 풍요롭기 때문에

2　일본의 경제가 이제부터 곧 원래대로 돌아올 것을 믿고 있기 때문에

3　가난한 시대에 자라 물건이 없어도 기쁨이나 감격을 경험하며 살아왔기 때문에

4　일본이 쇠퇴하게 되는 것은 당연한 일이며, 어쩔 수 없다고 생각하고 있기 때문에

단어　感激(かんげき) 감격 | 連続(れんぞく) 연속 | 当時(とうじ) 당시 | 驚(おどろ)き 놀라움 | 豊富(ほうふ) 풍부 | 疑問(ぎもん) 의문 | 落(お)ち目(め) 하락세, 운이 기울어짐 | 大(たい)したこと 별일, 대단한 일 | 豊(ゆた)か 풍요로움

해설　필자가 아무것도 없던 시절에도 즐거움이 가득했고 사소한 것에 기쁨을 느꼈던 경험을 바탕으로 현재의 상황을 대수롭지 않게 여기고 있으므로 3번이 정답이다. 4번은 필자가 어쩔 수 없다고 체념하는 것이 아니라 자신의 경험에 비추어 별일 아니라고 판단하는 것이므로 정답이 아니다.

해석　2008년 영국에서 시작된 스트리트 피아노는 일본에서는 2011년 가고시마시에 설치된 것이 최초이며, 2025년에는 724대로 늘어났습니다. 스트리트 피아노는 평화로운 장소뿐만 아니라, 우크라이나처럼 전쟁으로 거리가 파괴된 장소에도 놓여 있습니다. 그것은 희망의 상징(주1)으로서 사람들에게 평온함(주2)을 주고, 문화를 계속해서 지키겠다는 의지를 보여줍니다. 스트리트 피아노는 연주하는 사람도 듣는 사람도 행복을 느낄 수 있는 한때를 만들어 냅니다. 때로는 프로 음악가도 참가하거나, 피아노와 바이올린 등의 악기가 함께 연주되기도 하고, 피아노에 맞춰 노래를 부르기도 합니다. 그러한 광경은 행복한 분위기를 더욱 넓히고 있는 것이 아닐까요?

(주1) 象徴 : 심볼. 추상적인 것을 나타낼 때 사용하는 구체적인 물건. (예: 평화의 상징은 비둘기) 여기서는 어떤 것을 대표해서 나타내는 것
(주2) 安らぎ : 안심감이나 위로.

4　필자가 스트리트 피아노에 대해 느끼고 있지 않은 것은 어느 것인가?

　　1　사람들에게 안락함이나 희망 등을 주는 존재이다.

　　2　그 자리에 있는 사람밖에 행복해질 수 없는 것은 아쉽다.

　　3　듣는 사람·연주하는 사람 양쪽 모두에게 안심감이나 위로를 준다.

　　4　단순한 악기가 아니라, 음악 문화를 전하려는 것이다.

단어　象徴(しょうちょう) 상징 | 安(やす)らぎ 평온함 | 意思(いし) 의지 | 一時(ひととき) 한때, 잠시 | 光景(こうけい) 광경 | 雰囲気(ふんいき) 분위기 | 抽象的(ちゅうしょうてき) 추상적

해설　선택지 1번은 본문에 희망의 상징이자 안락함을 주는 존재라고 기술되어 있으므로 필자가 느끼는 바와 일치한다. 2번은 본문 마지막에 '행복한 분위기를 넓히고 있나'고 긍정적으로 표현되어 있을 뿐, 그 자리에 있는 사람만 행복해서 아쉽다는 부정적인 언급은 없으므로 정답이다. 3번은 본문에 연주하는 사람과 듣는 사람 모두 행복을 느낄 수 있다고 나와 있으므로 필자의 생각과 일치한다. 4번은 본문에 문화를 계속 지켜나가겠다는 의사를 나타낸다고 되어 있으므로 필자가 느끼는 내용과 맞다.

독해 공략편

해석　프랑스에는 복지 슈퍼라고 해서 보통 슈퍼의 20% 정도 가격으로 가난한 사람만 살 수 있는 슈퍼가 있다고 합니다. 경제적으로 어려워도 무료로 받는 것에는 거부감이 있을 것이기에, 이것은 매우 좋은 제도라고 생각합니다. 일본에는 푸드뱅크라는 것이 있어서 가난한 가정에 식품을 전달하고 있습니다만, 이쪽은 아무래도 불쌍하니까 준다는 느낌이 강합니다. 생활이 매우 힘들어서 받지 않으면 생활할 수 없는 상황이기에 어쩔 수 없다고는 할 수 있지만, 자존심(주)이 상하지 않을 만한 제도가 있다면 그편이 더 바람직하다고 생각합니다.

(주) 自尊心 : 자신을 소중하게 생각하는 마음

5　자존심이 상하지 않는 것은 어느 것인가?

　　1　밭에 가서 직접 ○○○ 야채를 공짜로 캔다.　　　　2　슈퍼에서 유통기한이 지난 상품은 받는다.

　　3　푸드뱅크에 식품을 배달받지 않고 직접 가지러 간다.　　4　복지 슈퍼에서 쇼핑을 한다.

단어　福祉(ふくし) 복지 | 貧(まず)しい 가난하다 | 抵抗感(ていこうかん) 저항감, 거부감 | 制度(せいど) 제도 | 家庭(かてい) 가정 | 自尊心(じそんしん) 자존심 | 望(のぞ)ましい 바람직하다 | 苦(くる)しい 고통스럽다(괴롭다) | 状況(じょうきょう) 상황 | 傷(きず)つく 상처입다

해설　선택지 1번은 본문에 무료로 받는 것에 거부감이 있을 것이라고 기술되어 있으므로 정답이 아니다. 2번은 유통기한이 지난 상품을 받는 행위 역시 공짜로 얻는 것이므로 자존심과 관련하여 필자가 긍정하는 방식이 아니다. 4번은 필자가 프랑스의 사례를 통해 '저렴한 가격이라도 직접 돈을 내고 사는 것'이 공짜로 받는 것보다 자존심을 지킬 수 있는 좋은 제도라고 언급했으므로 정답이다.

해석
　　14층 건물이 예상대로 숲처럼 되었다. 1995년 건설 당시 남쪽 측면의 녹화를 대부분의 건물과는 달리 화초 대신 76종의 나무를 심기로 정했다. 그 나무가 자랐을 뿐만 아니라 오랜 세월 동안 새나 바람이 실어 나른 씨앗으로 인해 200종으로나 늘어났고, 그 나무에서 떨어진 잎이 부엽토(주)가 되어 나무를 키우고 비만으로도 나무들이 자랄 정도가 되었다고 한다. 확실히 남쪽에서 보면 건물은 숲에 둘러싸여 있다. 건물 바깥쪽에 만들어진 계단을 올라가면 옥상까지 15분 정도의 <u>등산 기분도 즐길 수 있다던가.</u>
(주) 腐葉土 : 낙엽 등이 작은 생물에 의해 오랜 시간 분해되어 흙처럼 변한 것

6　필자는 어째서 등산 기분도 즐길 수 있다고 말하고 있는가?

1　자연에 둘러싸인 장소를 오를 수 있으니까　　　　2　옥상까지 건물을 보면서 오를 수 있으니까

3　건물 안을 나무를 보면서 오를 수 있으니까　　　　4　옥상에서 자연으로 가득찬 먼 곳의 경치가 보이니까

단어　予想(よそう) 예상 | 緑化(りょっか) 녹화 | 草花(くさばな) 화초, 꽃과 풀 | 増(ふ)える 늘어나다 | 腐葉土(ふようど) 부엽토 | 囲(かこ)む 둘러싸다 | 屋上(おくじょう) 옥상

해설　건물을 둘러싸고 있는 숲을 보면서 계단을 오르는 것이 등산을 하는 것 같은 기분이 들기 때문에 정답은 선택지 1번이다. 나무나 숲이 아닌 건물을 보면서 올라가는 것이 등산 기분은 아니므로 선택지 2번은 오답이다. 계단은 건물 바깥쪽에 만들어졌다고 했으므로 3번 역시 오답이다. 옥상에서 보는 경치가 중요한 것이 아니라 올라가면서 보이는 것이 중요하므로 4번 역시 정답이 아니다.

해석
아래는 어느 병원의 홈페이지에 게재되어 있는 알림이다.

면회 재개에 대한 알림

저희 병원에서는 4월 6일(월)부터 면회를 재개합니다.

[면회 시간]
오후 1시~오후 8시(단, 초등학생 이하인 분은 면회할 수 없습니다)
[면회 절차]
면회할 경우에는 종합 안내소에서 이름을 기입한 후 번호표를 받아서 잘 보이는 곳에 달아 주세요.
[면회 시의 부탁 말씀]
＊병실에서는 입원하신 다른 분에게 폐가 되지 않도록 말소리에 주의해 주세요.
＊면회하시는 분은 병실에서는 음식물 섭취는 삼가 주세요.
＊병원 내에서는 술, 담배는 모두 금지입니다.
＊휴대 전화는 의료 기기에 나쁜 영향을 줄 우려가 있기 때문에 병실에서는 전원을 꺼 주세요. 휴게실에서만 사용하실 수 있습니다. 휴게실은 모든 층에 있습니다.

기타(北)병원

7　병원에서 할 수 있는 것은 무엇인가?

1　환자와 함께 과일을 먹는 것　　　　2　5살짜리 아이를 데리고 가는 것

3　아래층 휴게실에서 전화를 받는 것　　　　4　휴게실에서 담배를 피우는 것

단어　面会(めんかい) 면회 | 再開(さいかい) 재개 | 総合案内所(そうごうあんないじょ) 종합 안내소 | 記入(きにゅう) 기입 | ～の上(うえ) ～한 후 | 番号札(ばんごうふだ) 번호표 | 入院(にゅういん) 입원 | 迷惑(めいわく) 폐, 민폐 | 話(はな)し声(ごえ) 말소리 | 禁止(きんし) 금지 | 医療機器(いりょうきき) 의료기기 | 影響(えいきょう)を与(あた)える 영향을 주다 | 恐(おそ)れ 우려 | 電源(でんげん)を切(き)る 전원을 끄다 | 休憩室(きゅうけいしつ) 휴게실 | ～のみ ～만

해설　선택지 1번은 병원에 면회 온 사람은 음료를 마시거나 음식을 먹을 수 없다고 했으므로 틀리다. 선택지 2번은 초등학생 이하는 면회할 수 없다고 했으므로 틀리다. 선택지 3번은 휴대 전화는 휴게실에서만 사용할 수 있고, 휴게실은 모든 층에 있다고 했으므로 정답이 된다. 선택지 4번은 술과 담배는 병원 내에서 전부 금지라고 했으므로 오답이다.

단문(8)

해석
  지구 온난화를 방지하기 위해 우리 개인도 할 수 있는 일이 있다. 그러나 하려고 결심하고 시작해도 점점 귀찮아져서 그만두기 십상이다. 매일 자신이 얼마나 이산화탄소를 줄일 수 있었는지 숫자로 볼 수 있다면 의욕이 날 것이다. 하루에 줄일 수 있는 주요 이산화탄소의 양은 다음과 같다. 쇼핑 봉투를 받지 않는 것으로 42g, 텔레비전을 켠 채로 두지 않는 것으로 45g, 샤워기의 물을 계속 틀어 두지 않는 것으로 86g, 쓰레기 내놓는 규칙을 지켜서 분리수거하는 것으로 119g, 난방을 20도 이하로 하는 것으로 129g, 자동차를 쓰지 않고 전철, 자전거, 도보로 이동하는 것으로 400g 줄일 수 있다. 반대로 말하면 쇼핑 봉투를 받으면 42g 배출하는 것이 된다.

8 필자는 이산화탄소의 배출량에 대해서 뭐라고 말하고 있는가?

1 개인적으로 열심히 하고 있는 사람은 매일 숫자를 보고 있다.
2 계산하면 배출량을 억제할 수 있다.
3 여기에 쓰여 있는 모든 것을 실행하면 온난화는 방지할 수 있다.
4 자동차를 쓰지 않는 것이 배출량을 줄이는 데에 가장 효과가 있다.

단어 地球(ちきゅう) 지구 | 温暖化(おんだんか) 온난화 | 防(ふせ)ぐ 막다, 방지하다 | 個人(こじん) 개인 | 段々(だんだん) 점점 | ～がち ～하기 쉬움, 자주 ～함 | 二酸化炭素(にさんかたんそ) 이산화탄소 | 減(へ)らす 줄이다 | 数字(すうじ) 숫자 | やる気(き) 의욕 | 主(おも)だ 주되다, 주요하다 | レジ袋(ぶくろ) 비닐봉지, 쇼핑백 | シャワー 샤워(기) | ～っぱなし ～한 채로임 | ゴミ出(だ)し 쓰레기 배출 | ルール 규칙 | 分別(ぶんべつ) 분별, 분류 | 暖房(だんぼう) 난방 | 徒歩(とほ) 도보 | 移動(いどう) 이동 | 逆(ぎゃく)に 반대로 | 排出量(はいしゅつりょう) 배출량 | 計算(けいさん) 계산

해설 선택지 1번은 지문에서 매일 자신이 얼마나 이산화탄소를 줄일 수 있는지 숫자로 볼 수 있다면 의욕이 날 것이라고 했지 개인적으로 열심히 하고 있는 사람이 매일 숫자를 보고 있다고는 하지 않았으므로 오답이다. 자동차를 사용하지 않고 전철이나 자전거, 도보로 이동해서 줄일 수 있는 이산화탄소의 양이 400g으로 가장 높으므로 선택지 4번이 정답이 된다.

단문(9)

해석
  오카와 씨는 매달 월말에 10만 엔씩, 7월과 12월에는 보너스에서도 30만 엔씩 저금해 왔다. 12월 31일 현재, 저금이 총액 1,000만 엔이 되었다. 저금은 집을 구입할 때 계약금(주)으로 할 생각이다. 아이 교육비인 100만 엔을 제외한 전액을 계약금으로 할 수 있다. 계약금은 보통 20%가 필요하다. 내년 4월에 아이가 초등학교에 입학하기 때문에 집을 구하고 있다.

(주) 頭金 : 무언가를 살 때 처음에 지불하는 돈

9 오카와 씨는 내년 3월 15일에 최고 얼마의 집을 계약할 수 있는가?

1 4,500만 엔
2 4,600만 엔
3 5,000만 엔
4 5,100만 엔

단어 月末(げつまつ) 월말 | 貯金(ちょきん) 저금, 저축 | 総額(そうがく) 총액 | 購入(こうにゅう) 구입 | 頭金(あたまきん) 계약금 | 教育費(きょういくひ) 교육비 | 除(のぞ)く 제외하다, 빼다 | 全額(ぜんがく) 전액 | 契約(けいやく) 계약

해설 현재 가지고 있는 돈 1000만 엔에서 교육비 100만 엔을 제외하면 900만 엔이 남는다. 매달 말에 저축을 한다고 했으므로 집을 계약하는 시점인 3월 15일에 계약금으로 쓸 수 있는 돈은 900만 엔에 2달 치 저축액 20만 엔을 더한 920만 엔이다. 계약금은 집 가격의 20%라고 했으므로 오카와 씨가 살 수 있는 집의 최대 가격은 920만 엔÷0.2=4,600만 엔으로 선택지 2번이 정답이다.

단문(10)

해석
  알코올 성분이 들어 있지 않은 논 알코올 맥주는 맥주와 비슷한 맛으로 맛있다. 게다가 주류세(주)도 붙지 않아서 주스와 비슷한 정도로 싸게 살 수 있다. 따라서 종교상의 이유 등으로 술을 마실 수 없는 사람이나 차를 운전하는 사람, 임신 중인 여성 등 술을 마시면 안 되는 사람이 마시고 있다. 또한 술을 마시고 싶지 않은 젊은이들에게도 인기가 있어서, 맥주 매상이 감소하고 있는데도 이쪽은 매상이 급증하고 있다.

(주) 酒税 : 술에 붙는 세금

10 논 알코올 맥주의 설명과 맞는 것은 어느 것인가?

1 음주가 금지되어 있는 사람도 마시고 있다.　　　2 주스보다 싸기 때문에 인기가 있다.

3 맥주와 똑같은 맛이 나기 때문에 마시는 사람이 증가했다.　4 맥주보다 판매액이 높다.

단어 アルコール 알코올 | 成分(せいぶん) 성분 | ノンアルコール 논 알코올, 알코올이 없는 | 酒税(しゅぜい) 주세, 술에 부과되는 세금 | 宗教(しゅうきょう) 종교 | 運転(うんてん) 운전 | 妊娠(にんしん) 임신 | 売(う)り上(あ)げ 매상 | 減少(げんしょう) 감소 | 急増(きゅうぞう) 급증 | 飲酒(いんしゅ) 음주 | 禁止(きんし) 금지 | 増加(ぞうか) 증가

해설 1번은 본문에 '마시면 안 되는 사람 등이 마시고 있다'고 기술되어 있으므로 정답이다. 선택지 3번은, 본문에 '맥주와 비슷한 맛'이라고 되어 있는데 일반 맥주와 맛이 똑같은 것은 아니기 때문에 정답이 아니다. 2번은 본문에 '주스와 비슷한 정도로 싸다'라고 되어 있는데 주스보다 싼 것은 아니기 때문에 정답이 아니다. 4번은 본문에 논알코올 맥주의 '매상이 급증'했다고 나와 있는데 맥주보다 많다는 기술은 없기 때문에 틀린 내용이다.

2 문제11 **내용이해** 중문　　　　　　　　　　　　　　　　　　　p.374

문제 11 다음 (1)에서 (8)의 문장을 읽고 다음 질문에 대한 답으로 가장 적절한 것을 1·2·3·4에서 하나 고르시오.

중문(1)

해석
　　축구 전일본 U12 선수권(12세 이하 국내 최고의 대회)에서 매년 약 20%의 아이들이 경기에 나가지 못한 채 대회를 마치고 있다는 데이터가 있다. 또한 경기에서 져서 비난을 받았다는 이야기도 자주 듣는다. 초등학생 대회에서 아들이 PK(페널티킥)를 실수하는 바람에 지고 만 적이 있다. 그때는 본인은 물론 부모인 나까지 마음이 아팠다. 어린이 축구 경기였고 아무도 비난하지 않았지만, 토너먼트(주1)였기에 경기를 더 이상 할 수 없었다. 아들에게는 잔혹(주2)한 결과였다.

　　초등학생에게 스포츠를 즐긴다는 것을 가르치고 싶다며, 일본에서도 어린이 축구 경기에서 전원을 출전시켜야만 하는 리그전(주3)을 시작하게 되었다. 토너먼트가 아니라 리그전이기 때문에 경기에서 실수를 해서 지더라도 다음 경기가 있다. 아직 손에 꼽을 정도지만 더 널리 퍼졌으면 좋겠다.

　　사실 초등학생 때 축구를 하고 있어도 경기에 나가지 못했기 때문에, 재미가 없어 그만두는 아이들이 많다는 사실이 알려져 있다. 체격이 작아 아직 축구를 잘하지 못하는 아이들은 경기에 나가지 못하는 경우가 많지만, 그중에는 그때는 못 하더라도 몸이 커지거나 좋은 지도를 받거나 함으로써, 굉장한 선수가 될 가능성이 있는 아이들이 있었음에 틀림없다. 아직 아이가 어릴 때 장래에 성장할지 어떨지 알아내는 것은 매우 어렵다. 그런 아이들을 구하기 위해서라도 전원 출전 리그는 매우 좋은 일이다. 다양한 연구 결과, 공평하게 경기에 내보내는 것이 아이들의 재능을 키우는 데 좋다는 것도 밝혀지고 있다. '스포츠는 하고 싶으니까, 즐거우니까 한다'라는 기본으로 돌아갈 필요가 있는 것이 아닐까.

(주1) トーナメント: 이긴 팀이 다음 단계로 나아가 마지막에 우승을 결정하는 방법
(주2) 残酷: 고통이나 괴로움을 주며, 상대방을 생각하는 마음이나 동정심이 없는 것
(주3) リーグ戦: 참가하는 모든 팀이나 선수가 서로 경기를 하는 형식의 대회

1 **아들에게 있어 잔혹한 결과였다고 되어 있는데, 어째서인가?**

1 자신의 아들때문에 졌다고 주변 사람들이 책망했기 때문에

2 아이들의 경기인데도 승패를 PK로 결정하게 되었기 때문에

3 누구에게도 불평을 듣지 않았고, 아들 때문에 진 것도 아니기 때문에

4 토너먼트라서 한 번의 실수로 더이상 경기를 할 수 없게 되었기 때문에

2 **필자가 이 글을 통해 가장 전달하고 싶은 것은 무엇인가?**

1 스포츠 경기는 전원 출전 리그로 할 수 있다.

2 아이들의 스포츠는 이기는 것보다 즐거움을 우선시하고 싶다.

3 스포츠 경기는 토너먼트보다 리그전 쪽이 중요하다.

4 전원 출전 리그로 하면 일본 축구는 강해진다.

단어 選手権(せんしゅけん) 선수권 | 試合(しあい) 경기, 시합 | 責(せ)める 비난하다, 나무라다 | トーナメント 토너먼트 | 残酷(ざんこく) 잔혹함 | 結果(けっか) 결과 | 全員(ぜんいん) 전원, 모두 | 数(かぞ)える 세다, 셈하다 | 指導(しどう) 지도 | 可能性(かのうせい) 가능성 | 〜に違(ちが)いない 〜임에 틀림없다 | 将来(しょうらい) 장래 | 救(すく)う 구하다, 구조하다 | 出張(しゅっちょう) 출장 | 公平(こうへい) 공평 | 基本(きほん) 기본 | 同情(どうじょう) 동정(심) | 形式(けいしき) 형식 | 周囲(しゅうい) 주위 | 文句(もんく) 불평 | 優先(ゆうせん) 우선

 〈질문 1〉 초등학생 대회에서 아들이 PK를 실패해서 경기에 진 일에 대해 언급하며 누구에게도 불평을 듣진 않았지만 토너먼트라서 시합에는 더이상 나갈 수 없었다고 하고 있다. 그 후에 실수하더라도 다음 시합에 나갈 수 있는 리그전이 필요하다는 의견으로 이어지고 있으므로 PK에 실패한 실수 한 번 때문에 더이상 시합에 나갈 수 없게 된 것을 안타까워함을 알 수 있다. 따라서 4번이 정답이 된다.

〈질문 2〉 1번은 지문에서 소개한 하나의 수단일 뿐 필자의 최종적인 메시지는 아니므로 정답이 아니다. 2번은 필자가 마지막 문장에서 스포츠의 '기본(즐거움)'으로 돌아갈 필요성을 강조하며 전체 내용을 마무리하고 있으므로 정답이다. 3번은 대회 형식의 중요도를 비교하는 것이 글의 핵심이 아니므로 정답이 아니다. 4번은 재능을 키우는 데 도움이 된다는 언급은 있으나 일본 축구를 강하게 만드는 것이 이 글의 주된 목적은 아니므로 틀린 내용이다.

중문(2)

　　일본인 6명 중 1명밖에 여권을 가지고 있지 않다는 것을 알고 놀랐다. 국가 통계에 따르면, 2024년 말 시점에 유효한 여권 수는 2164만 권으로, 2005년의 3493만 권에서 약 40%나 감소했다고 한다. 인구당 비율로도 2005년에는 27%의 사람이 가지고 있었는데, 약 17%까지 떨어졌다. 한편, 미국에서는 2005년에 약 20%이었던 보유율이 지금은 50% 가까이 되었다. 한국은 약 60%, 독일은 약 80%라고 한다. 신종 코로나바이러스의 영향도 있겠지만, 어느 쪽이든 일본을 웃돌고 있다고 한다.

　　여권을 가진 사람이 적은 것은 일본의 국제 경쟁력 저하를 초래하는 큰 문제라고 할 수 있다. 인터넷 시대이므로 다른 문화나 국제적인 것에 대해 국내에서 배울 수 있어서 해외에 나갈 필요를 느끼지 못하거나, 해외 유학이 그 후의 취업 활동에 유리하지 않거나, 애초에 엔저 등의 경제적인 이유로 갈 수 없다는 경우도 있다. 이것들은 금방 바꿀 수 없는 것들뿐이라 일본의 장래가 점점 걱정된다.

　　한편, 최근 20년 이상 해마다 장기간 해외에서 사는 일본인 영주자(주)가 늘고 있어, 향후에도 이 경향은 변하지 않을 것으로 추측되고 있다. 영주자는 젊은이가 많고, 주로 미국, 캐나다, 유럽 등 고소득 국가에서 늘고 있다. 엔저도 있어서, 일본에서 얻을 수 있는 급여보다 그 나라들에서 더 높은 임금을 받을 수 있다면, 일본을 뛰쳐나가 그대로 돌아오지 않는 사람이 많은 것일 것이다. 일본 회사에서는 더이상 위로 올라갈 수 없다고 해외로 나간 여성이, 현지 생활이 쾌적해서 귀국하지 않는 케이스도 있다. 여성이 일본 상황에 더 희망을 가질 수 없다고 느끼는 모양이라, 남성보다 이주자가 많은 이유가 되고 있다. 일본에서는 일하는 보람을 느끼지 못하는 사람이 늘고 있다. 일본의 매력도 줄고 있는 것일 것이다.

　　두 가지 완전히 반대되는 경향을 보며 일본은 바뀌어야만 한다고 느끼는 것은 나뿐만이 아닐 것이다.

(주) 永住: 길게 그곳에 사는 것

3　여권 보유자가 줄어들고 있는 이유가 아닌 것은 어느 것인가?

　1 유학해도 도움이 되지 않기 때문에

　2 해외 일에 흥미가 없기 때문에

　3 해외에 갈 경제력이 없기 때문에

　4 일본에서 해외에 대해 알 수 있기 때문에

4　필자는 왜 해외 이주자가 늘고 있다고 말하고 있는가?

　1 일본 생활은 괴롭기 때문에

　2 해외는 생활하기 편하기 때문에

　3 일본 생활에 만족할 수 없기 때문에

　4 일본에서의 일은 재미없기 때문에

 統計(とうけい) 통계 | 減少(げんしょう) 감소 | 保有率(ほゆうりつ) 보유율 | 上回(うわまわ)る 웃돌다, 상회하다 | 競争力(きょうそうりょく) 경쟁력 | 低下(ていか) 저하 | 招(まね)く 초래하다 | 異文化(いぶんか) 다른 문화 | 有利(ゆうり) 유리함 | 円安(えんやす) 엔저 | 将来(しょうらい) 장래 | ますます 점점, 더욱더 | 傾向(けいこう) 경향 | 推測(すいそく) 추측 | 賃金(ちんぎん) 임금 | 快適(かいてき) 쾌적함 | 働(はたら)きがい 일하는 보람 | 魅力(みりょく) 매력

 〈질문 3〉 1번은 본문에 유학이 취업 활동에 유리하지 않다고 기술되어 있으므로 정답이 아니다. 2번은 본문에 해외에 관심이 없다는 직접적인 기술은 없으며, 필요성을 못 느끼거나 경제적 제약이 있다는 내용이 주를 이루므로 정답이다. 3번은 엔저 등의 경제적 이유가 언급되었으므로 정답이 아니다. 4번은 인터넷으로 국내에서도 배울 수 있어 나갈 필요를 못 느낀다는 내용이 있으므로 정답이 아니다.

〈질문 4〉 1번은 생활의 고통보다는 임금이니 일하는 보람의 문제를 다루고 있으므로 정답이 아니다. 2번은 일부 여성의 사례로 언급되었으나 이주자 전체가 늘어나는 핵심 이유는 아니므로 정답이 아니다. 3번은 낮은 임금, 취업에 유리하지 않은 유학 등 현재 일본의 여러 상황에 만속하지 못해(희망을 갖지 못해) 해외로 떠난다는 전체 맥락을 포괄하므로 정답이다. 4번은 일하는 보람이 없다는 표현은 있으나 재미없다는 단정적 표현은 적절치 않으므로 정답이 아니다

해석

　　일본 화장실의 온수 세정 비데는 세계적으로도 유명하지만, 그 히트의 결정타가 된 것이 TOTO의 '엉덩이도 씻고 싶어'라는 광고 문구였다고 한다. 당시 '엉덩이' 등의 말을 사용하는 것은 저속하며 금기(주1)시되었다. 그것을 과감히 사용했더니, 많은 공감을 불러일으켜 온수 세정 비데가 일반 가정에도 보급되는 계기가 되었다. 또한 '아지노모토'에는 '조미료 통의 구멍을 크게 해서 소비량을 늘리고 매출도 늘렸다'는 도시전설(주2)이 있다. 아지노모토에 따르면, 구멍이 막히는 것을 방지할 목적으로 구멍을 크게 하고 그 개수도 늘린 것이라고 한다. 그것이 도시전설이 된 것은 누구나 믿어 버릴 정도로 그 발상이 참신(주3)하다고 인정받은 결과가 아닐까. 케첩 회사 하인즈는 라이벌 회사의 케첩보다 잘 나오지 않아 쓰기 불편하다는 소문이 돌자 이를 역이용(주4)하여, '하인즈의 케첩은 내용물이 진해서 좀처럼 병에서 나오지 않습니다'라고 광고하여 매출을 올렸다고 하며, 이것은 사실이고 현재까지도 톱 브랜드의 지위를 지키고 있다.

　　이러한 발상을 할 수 있는 사람은 특별한 사람처럼 보이지만, 심리학자나 교육자는 '발상력은 근육과 같아서 쓰면 쓸수록 단련되는 것이다'라고 말한다. 발상력은 지식도 필요하지만, 주변 일에 항상 의문을 갖거나 나라면 어떻게 할지 생각하거나, 끊임없이 새로운 아이디어를 생각하거나, 다른 관점에서 보는 연습이나 호기심을 기르는 생활 습관으로 단련할 수 있다고 한다.

(주1) 타부 : 피해야 한다고 여겨지는 행동이나 화제
(주2) 都市伝説 : 사실인지 아닌지는 확실치 않으나 실제로 있었던 일처럼 이야기되어 퍼지고 있는 소문이나 꾸며낸 이야기
(주3) 逆手に取る : 나쁜 일처럼 보이는 것이나 상황을 이용해서 유리하게 바꾸는 것

5　세 회사의 사례에서 어떤 것을 배울 수 있는가?

1　발상의 고안은 어느 상품에나 즉시 효과가 나타난다는 것
2　발상의 고안은 상품 그 자체의 가치보다 중요하다는 것
3　발상의 고안이 상품의 가치나 매출을 높이는 경우가 있다는 것
4　발상의 고안이 있다면 광고비를 들이지 않아도 반드시 성공한다는 것

6　필자가 가장 전달하고 싶은 것은 무엇인가?

1　평소의 생활 방식에 따라 누구라도 발상력을 높일 수 있다는 것
2　광고에는 의외성이 있는 말을 사용하는 것이 가장 효과적이라는 것
3　상품의 팔림새는 세간의 공감을 얻을 수 있는지에 따라 결정된다는 것
4　타인과 다른 관점으로 보는 것이 성공하기 위한 가장 좋은 방법이라는 것

단어　温水便座(おんすいべんざ) 온수 세정 비데 | 決(き)め手(て) 결정적 수단, 승부수 | 宣伝(せんでん) 광고, 선전 | 下品(げひん) 저속함, 상스러움 | あえて 감히 | 共感(きょうかん) 공감 | 普及(ふきゅう) 보급 | 調味料(ちょうみりょう) 조미료 | 都市伝説(としでんせつ) 도시전설 | 詰(つ)まる 막히다 | 斬新(ざんしん) 참신함 | 逆手(さかて)に取(と)る 역이용하다 | 地位(ちい) 지위 | 鍛(きた)える 단련하다 | 絶(た)えず 끊임없이 | 好奇心(こうきしん) 호기심 | 習慣(しゅうかん) 습관

해설　〈질문 5〉1번은 본문에 어느 상품에나 즉시 효과가 난다는 언급은 없으므로 정답이 아니다. 2번은 발상이 가치보다 '더' 중요하다는 비교 우위의 내용은 아니므로 정답이 아니다. 3번은 TOTO, 아지노모토, 하인즈의 사례 모두 창의적인 발상을 통해 매출을 올리거나 가치를 인정받았음을 보여주므로 정답이다. 4번은 광고비를 들이지 않아도 반드시 성공한다는 근거가 없으므로 틀린 내용이다.

　　〈질문 6〉1번은 본문 뒷부분에서 발상력을 근육에 비유하며, 특별한 사람만이 아닌 누구나 생활 습관을 통해 단련할 수 있다고 강조하고 있으므로 필자의 최종적인 주장으로 가장 적절하여 정답이다. 2번은 본문 앞부분의 사례 중 하나일 뿐 전체를 관통하는 핵심 메시지는 아니다. 3번은 제품 판매의 원인 중 하나로 언급되었을 뿐이다. 4번은 발상력을 키우는 방법 중 하나로 제시되었으나 전체 결론은 아니다.

중문(4)

해석   후생노동성에 따르면, 2024년에 일을 하다가 열사병(주1)에 걸려 4일 이상 쉬거나 사망한 사람은 1,257명으로 과거 최대였다고 합니다. 이에 정부는 2025년에는 회사가 대책을 마련하는 것을 의무화했습니다. 더운 곳에서 일하는 건설 회사 등은 시원한 옷을 준비하기도 했지만, 그것만으로는 충분하지 않습니다.

    열사병 예방에는 수분과 염분이 필요합니다. 어느 회사는 이전부터 사원들에게 물과 매실장아찌(주2)를 섭취하도록 권해 왔다고 합니다. 하지만 목이 마를 때 매실장아찌를 먹는 것은 역효과라 아무도 먹으려 하지 않았습니다. 사원의 건강을 위해 어떻게든 하고 싶다고 생각한 회사가 2020년에 만든 것이 '소금 젤리'였습니다. 제조를 다른 회사에 협력받았다고는 해도, 건설 회사인데 용케 만들었다고 감탄했습니다.

    지금은 맛도 레몬·사과·포도·리치·머스캣의 5종류가 있어서, 짜기만 한 것이 아니라 단맛도 있기 때문에 먹기 편해졌습니다. 또한, 10g의 스틱형(주3) 젤리이므로 업무 전이나 휴식 시간 등에 한 개씩 먹으면 되어 먹기 편하다고 기뻐들 합니다. 자기 회사의 사원들을 위해 만들었지만, 점점 알려지게 되어 다른 건설 회사 등으로부터 팔아 달라는 요청을 받게 되었습니다. 그래서 2021년에 일반 판매를 시작했더니 금세 인기가 생겨, 2024년까지 180만 개나 팔렸다고 합니다. 2025년은 150만 개, 약 8억 엔의 매출을 예상하고 있다고 합니다.

(주1) **熱中症**: 더위 때문에 몸 상태가 나빠지는 병
(주2) **梅干し**: 매실 열매를 말려 만든 음식. 일반적으로 염분이 많음.
(주3) **スティック**: 여기서는 가늘고 긴 형태의 용기

7   건설 회사가 소금 젤리를 만든 것은 왜인가?

   1 협력 회사로부터 '소금 젤리'를 만들어 팔라고 권유받았기 때문에

   2 열사병 예방을 위해 염분을 섭취할 새로운 방법이 필요했기 때문에

   3 정부로부터 무언가 새로운 열사병 대책에 힘쓰도록 요구받았기 때문에

   4 사원의 건강을 지키기 위해서는 맛있어야만 한다고 생각했기 때문에

8   '소금 젤리'에 대해 본문의 내용과 일치하는 것은 어느 것인가?

   1 한 개의 양이 적어서 편리하다.

   2 다섯 가지 맛이 있어서 질리지 않는다.

   3 맛은 없지만 매실장아찌보다는 낫다.

   4 젤리이므로 수분을 섭취할 필요가 없다.

단어   厚生労働省(こうせいろうどうしょう) 후생노동성(일본의 행정 조직) | 熱中症(ねっちゅうしょう) 열중증, 열사병 | 義務化(ぎむか) 의무화 | 建設(けんせつ) 건설 | 不十分(ふじゅうぶん) 불충분함 | 塩分(えんぶん) 염분 | 勧(すす)める 권하다 | 渇(かわ)く 목이 마르다 | 逆効果(ぎゃくこうか) 역효과 | 感心(かんしん) 감탄함, 기특하게 여김 | 休憩(きゅうけい) 휴식 | 一般(いっぱん) 일반 | 見込(みこ)む 예상하다, 전망하다

해설   〈질문 7〉 1번은 제조 협력만 받았을 뿐 권유받아 만든 것이 아니므로 정답이 아니다. 2번은 기존의 매실장아찌를 사원들이 기피했기에 사원들의 건강을 위해 염분을 섭취할 수 있는 새로운 수단으로 젤리를 고안했으므로 정답이다. 3번은 정부가 대책을 '의무화'한 것이지 특정 제품 개발을 요구한 것은 아니므로 정답이 아니다. 4번은 본문에 '먹기 편하게 되었다'는 기술은 있으나 '맛있어야만 한다'는 철학 때문에 만들었다는 인과 관계는 부족하므로 정답이 아니다.

〈질문 8〉 1번은 본문에 10g의 스틱형이라 한 개씩 먹기 편해 기뻐한다는 내용이 있으므로 정답이다. 2번은 5가지 맛이 있다는 사실은 있으나 '질리지 않는다'는 평가는 본문에 없으므로 정답이 아니다. 3번은 '단맛도 있어 먹기 편하다'고 했지 '맛없다'고 하지 않았으므로 정답이 아니다. 4번은 열사병 예방에 수분과 염분 둘 다 필요하다고 했으므로 젤리만으로 수분 섭취가 필요 없다는 것은 틀린 내용이다.

해석

　　누구나 젊고 아름답게 있고 싶어 하기 때문에 화장품 코너의 선반은 다양한 화장품으로 넘쳐난다. 특히 기초 화장품은 아름다운 피부를 유지하기 위한 것이므로 가장 중요시되고 있다. 화장품 회사는 미백용, 주름(주1) 방지용이라고 하여 다양한 성분을 넣어 각 회사의 차이를 전면에 내세워 경쟁하고 있지만, 획기적이라고 할 수 있을 만큼 효과가 있는 것은 아직 없다.

　　그런데 젊고 생기있는 피부를 쉽게 손에 넣을 수 있는 가능성이 나왔다. 주름이나 기미(주2)로 고민하는 사람에게는 기쁜 정보이다. 휴대형 3D 스킨 프린터가 생체 재료를 사용해 피부 위에 피부를 한 겹 덧씌움으로써 젊고 생기 있는 피부를 손에 넣을 수 있는 것이다. 먼저 그 사람의 피부를 촬영하여 주름이나 기미가 어디에 있는지 찾는다. 그리고 그 사람의 피부에 맞게 만든 색깔의 생체 재료의 파운데이션을 피부 전체에 바른다. 모든 것이 자동화되어 있어 그저 프린터를 피부 위에서 미끄러지게만 하면 된다. 주름이나 기미가 많은 사람일수록 결과물의 차이를 실감할 수 있어서 매우 기뻐한다. 이제 메이크업 아티스트의 기술은 필요 없다.

　　이 발명은 화장품 회사에는 벅찬(주3) 경쟁 상대가 될 것이다. 그러나 장치로 피부 그 자체가 깨끗해지는 것이 아니라 화장하는 것과 마찬가지다. 또 가격에 따라서는 보통 사람의 손이 미치지 않을 것이다. 그래서 지금 있는 화장품이 사라지는 일은 없다. 앞으로도 제각기 자신 있는 분야에서의 성황(주4)이 계속될 것이다.

(주1) しわ : 여기서는 얼굴 피부가 늘어나거나 해서 생기는 선 같은 것
(주2) しみ : 여기서는 얼굴에 생긴 갈색 부분
(주3) 手ごわい : 무척 강해서 간단히 이길 수 없음
(주4) 活況 : 활기가 넘치는 상태. 특히 경기가 좋은 상태

9　본문에 의하면 어떠한 제품이 생겨났는가?

1　피부의 주름이나 기미가 없어지는 제품
2　좋아하는 파운데이션을 만들 수 있는 제품
3　개인용 파운데이션을 만들어 발라주는 제품
4　주름이나 기미가 있는 곳을 찾아 깨끗하게 하는 제품

10　필자는 신제품이 화장품 업계에 끼칠 영향은 무엇이라고 말하고 있는가?

1　이 신제품에 압도당해 버릴 것이다.
2　경합하지 않는 분야에서만 살아남을 수 있을 것이다.
3　강력한 경쟁 상대가 되지만 살아남을 수 있을 것이다.
4　근본적인 문제를 해결할 수 없기 때문에 영향은 적을 것이다.

단어　若々(わかわか)しい 아주 젊다, 생기발랄하다 | 化粧品(けしょうひん) 화장품 | 溢(あふ)れる 넘치다 | 基礎(きそ) 기초 | 保(たも)つ 유지하다, 지키다 | 重要視(じゅうようし) 중요시 | 美白用(びはくよう) 미백용 | しわ 주름 | 防止用(ぼうしよう) 방지용 | 成分(せいぶん) 성분 | 前面(ぜんめん) 전면 | 競(きそ)い合(あ)う 서로 지지 않으려고 경쟁하다 | 画期的(かっきてき) 획기적 | 可能性(かのうせい) 가능성 | しみ 기미 | 携帯型(けいたいがた) 휴대형 | 生体材料(せいたいざいりょう) 생체 재료 | 皮膚(ひふ) 피부 | 重(かさ)ねる 포개다, 겹치다 | 撮影(さつえい) 촬영 | ファンデーション 파운데이션 | 自動化(じどうか) 자동화 | 滑(すべ)らす 미끄러지게 하다 | 仕上(しあ)がり 완성, 결과 | 実感(じっかん) 실감 | 大喜(おおよろこ)び 아주 기뻐함 | メイクアップ 메이크업, 화장 | 手(て)ごわい 힘겹다, 벅차다 | 競争(きょうそう) 경쟁 | 装置(そうち) 장치 | 価格(かかく) 가격 | 手(て)が届(とど)かない 손이 미치지 않다 | 分野(ぶんや) 분야 | 活況(かっきょう) 성황, 호경기 | 製品(せいひん) 제품 | 圧倒(あっとう) 압도 | 根本的(こんぽんてき) 근본적 | 解決(かいけつ) 해결

해설　〈질문 9〉지문은 개인의 피부 특성을 파악해서 특별한 파운데이션을 만들어 발라주는 기계에 대해 설명하고 있다. 따라서 정답은 선택지 3번이다. 주름이나 기미를 완전히 없애주는 것은 아니기 때문에 선택지 1번은 오답이다. 좋아하는 파운데이션이 아니라 피부의 결점을 보완해 주는 파운데이션을 만드는 것이므로 2번 역시 정답이 아니다. 주름이나 기미가 있는 곳만이 아니라 피부 전체에 파운데이션을 발라주는 것이며, 실제 피부가 깨끗해지도록 하는 것은 아니므로 4번 역시 정답이 아니다.

〈질문 10〉마지막 줄에서 '제각기 자신 있는 분야에서의 성황이 계속될 것이다'고 말하고 있기 때문에 화장품 업계가 압도당하지는 않을 것이므로 선택지 1번은 정답이 아니다. '벅찬 경쟁 상대가 될 것'이라고 했지만 '지금 있는 화장품이 사라지는 일은 없다'고 했으므로 선택지 3번이 정답이고, 선택지 2번은 오답이다. '벅찬 경쟁 상대가 될 것이다'고 말하고 있으므로 화장품 업계에 미치는 영향이 클 것이기 때문에 4번 역시 정답이 아니다.

해석

　　요리 로봇은 일손 부족이나 인건비 절약을 위해 개발되었다. 따라서 일손이 부족한 일본의 레스토랑에서 쓰이는 것은 자연스러운 일이다. 그러나 충분한 인력이 있음에도 불구하고 도입하고 있는 나라도 많다. 앞서 말한 이유 뿐만 아니라 요리 로봇에 고도의 기술을 도입함으로써 <u>그러한 나라</u>에서도 받아들여진 것 같다. 예를 들어 누구나 쉽게 말이 초밥을 만들 수는 없다. 해외에서는 말이 초밥이 인기지만 초밥 장인을 고용하는 것은 어렵다. 하지만 말이 초밥을 만들 수 있는 로봇이라면 재료를 넣기만 하면 순식간에 예쁜 초밥이 만들어진다. 로봇의 가격은 성능에 따라 다양하게 있기 때문에 자신들에게 맞게 구입할 수 있다.

　　또 진기함으로 이목을 끌기 위해 요리 로봇을 사는 가게도 있다. 로봇이 다코야키를 만드는 것을 보고 있는 것은 손님에게 즐거운 일이기 때문이다. 가게가 아닌 식품 공장에서 활약하는 요리 기계는 주로 대량 생산을 하기 위해 과자를 비롯한 많은 가공식품을 만드는 데 사용되고 있다. 여러 기계가 있지만 지금 가장 주목을 받고 있는 것은 꼬치를 펠(주) 수 있는 요리 기계일지도 모른다. 닭꼬치를 비롯한 다양한 식품을 꼬치로 만들 수 있다. 간단한 것 같아도 모양이 다양한 재료를 꼬챙이에 꿰려면 고도의 기술이 필요한데, 이 기계는 옥수수 알갱이도 펠 수 있다고 한다.

　　앞으로도 다양한 요리 로봇이 생겨나 더욱더 진화해 나갈 것이다.

(주) 串刺し : 길쭉한 막대 모양의 꼬치라는 것에 뭔가를 꽂는 것. 여기서는 식품을 꽂는다

11　그러한 나라란 어떤 나라인가?

1　노동력은 부족하지만 로봇 수준의 기술을 가진 사람이 꽤 있다.

2　노동력은 충분히 있고 로봇 수준의 기술을 가진 사람도 꽤 있다.

3　노동력은 부족하고 로봇 수준의 기술을 가진 사람도 별로 없다.

4　노동력은 충분히 있지만 로봇 수준의 기술을 가진 사람은 별로 없다.

12　요리 로봇을 사는 이유가 아닌 것은 어느 것인가?

1　일할 사람이 부족하니까

2　로봇이 가격이 더 저렴하니까

3　손님에게 보여주고 사람을 모으고 싶으니까

4　많은 식품을 대량으로 만들고 싶으니까

단어　調理(ちょうり) 조리, 요리 | 人手(ひとで) 일손, 노동력 | 人件費(じんけんひ) 인건비 | 節約(せつやく) 절약 | 取(と)り入(い)れる 받아들이다, 도입하다 | 前述(ぜんじゅつ) 전술, 앞에서 말함 | 巻(ま)き寿司(ずし) 말이 초밥 | 職人(しょくにん) 장인, 전문가 | あっという間(ま)に 순식간에 | 値段(ねだん) 값, 가격 | 性能(せいのう) 성능 | 物珍(ものめずら)しさ 진기함 | 人目(ひとめ)を引(ひ)く 이목을 끌다 | 串刺(くしざ)し 꼬치 꿰기 | 焼(や)き鳥(とり) 닭꼬치 | 串(くし) 꼬치, 꼬챙이 | 刺(さ)す 찌르다, 꽂다 | 進化(しんか) 진화

해설　〈질문 11〉 밑줄 친 문장 바로 앞에 '충분한 인력이 있음에도 불구하고 도입하고 있다'라고 했으므로 선택지 1번과 3번의 노동자가 부족하다는 것은 오답이다. 또 '로봇에 고도의 기술을 도입'했다고 나와 있는데, 기술자가 많이 있다면 로봇은 필요가 없으므로 2번 역시 오답이다. 따라서 노동자는 충분히 있지만 로봇 수준의 기술자는 별로 없다는 4번이 정답이 된다.

〈질문 12〉 요리 로봇의 가격은 성능에 따라 다양하다는 언급은 있으나, 사람의 인건비와 로봇 가격을 비교하여 로봇이 더 저렴하다는 언급은 없으므로 정답은 2번이 된다. 1번은 요리 로봇이 개발된 이유이며, 3번은 두 번째 문단에서 '이목을 끌기 위해 요리 로봇을 사는 가게도 있다'고 했고, 4번은 식품 공장에서는 대량 생산을 위해 사용되고 있다고 했으므로 모두 오답이다.

해석

　　해외에서는 일본 차는 '녹차' 즉 녹색의 차로 널리 불리고 있다. '차색(갈색)'은 차의 색이라는 의미이지만 실제로는 흙과 같은 색이다. 왜 차색이 현재의 차의 색과 달라져 버린 것일까? 차는 중국에서 전해져 온 것으로 당시의 차는 솥에서 덖어서 비비고 볕에 말려서 만들었기 때문에 색은 갈색이었다. 지금의 녹색 차는 전차(주1)라고 해서 에도시대(1603년~1868년)에 제조법이 완성되었다. 홍차는 발효(주2)시킨 차이지만, 우롱차는 반쯤 발효, 전차는 전혀 발효시키지 않고 만든다. 같은 찻잎을 사용해도 전혀 다른 맛이나 색의 차가 생긴다.

　　차는 옛날에는 귀했기 때문에 약으로 사용되었다. 차나무가 많이 심어지게 되자 일반 사람들도 차를 마시게 되었다. 현재 많은 일본인들은 전차를 마시고 있다. 일본에서 차를 '다도'라는 예술로 완성시킨 것은 '센노리큐'(주3)이다. 왜 본고장인 중국에서 예술이 되지 않았는지 의문스럽게 생각했지만 중국인은 맛있게 마시는 것을 가장 중요하게 생각하고 있었기 때문이라는 이야기를 듣고 '역시 그렇군'이라고 납득했다. 이에 비해 일본의 다도에서는 꽃이나 서예(주4)를 장식한 조용하고 차분한 분위기의 다실에서 차를 마시거나 차 도구와 끓이는 법을 보며 즐기거나 한다. 다도에서 사용되는 차는 전차가 아니라 잎을 전부 가루로 만든 말차라서 상당히 쓰다. 나는 처음 말차를 마시고 맛있다고 하는 사람을 좀처럼 만난 적이 없다.

　　차는 몸에 좋아서 건강을 위해서 마시는 경우도 많다. 해외에서도 설탕이나 우유 등을 넣지 않고 마시는 차가 인기 있어졌다고 한다. 또 말차맛은 일본의 맛으로서 많은 외국인에게 인기라고 한다. 그래서 말차가 들어 있는 초콜릿을 상자째로 사는 외국인이 많은 것이리라.

(주1) 煎茶 : 일본에서 음용되고 있는 일반적인 차. 녹색을 띠고 있다
(주2) 発酵 : 치즈·요구르트·와인·술·된장 등을 제조하는 방법
(주3) 千利休 : 16세기에 현재 다도의 기초를 든 사람
(주4) 書 : 여기서는 붓이라는 도구로 쓴 글씨

13 일본의 '차도'가 중국의 차 문화와 다른 점은 무엇인가?

1 차를 약으로서 마시는 것을 금지시킨 점
2 차의 쓴 맛을 없애 누구든지 맛있게 마실 수 있게 한 점
3 차의 도구나 분위기 등의 예술성을 중시한 점
4 찻잎을 가루로 하지 않고 그대로 뜨거운 물에 넣어 마신 점

14 왜 차색이 일반적으로 마시는 차의 색과 다른 것인가?

1 옛날 차는 갈색이었지만 지금은 녹색의 차가 많기 때문에
2 옛날에는 녹색이 없었기 때문에
3 처음에 차를 본 사람이 착각했기 때문에
4 흙의 색과 차의 색이 같았기 때문에

단어　実際(じっさい) 실제 | 釜(かま) 솥, 가마 | 煎(い)る 볶다, 덖다 | 揉(も)む 비비다 | 干(ほ)す 말리다 | 煎茶(せんちゃ) 전차, 녹색을 띤 일반적인 잎차 | 製法(せいほう) 제조법 | 発酵(はっこう) 발효 | 貴重(きちょう)だ 귀하다, 귀중하다 | 植(う)える 심다 | 茶道(さどう) 다도 | 本場(ほんば) 본고장 | 第一(だいいち)に 제일로 | 書(しょ) 서예 | 飾(かざ)る 장식하다 | 雰囲気(ふんいき) 분위기 | 茶室(ちゃしつ) 다실 | 道具(どうぐ) 도구 | 入(い)れ方(かた) (차 등을) 끓이는 법 | 粉(こな) 가루, 분말 | 抹茶(まっちゃ) 말차, 가루 녹차 | めったに 그다지, 좀처럼 | 砂糖(さとう) 설탕 | 箱買(はこが)いする 상자째로 사다 | 大勢(おおぜい) 사람이 많음

해설　〈질문 13〉 중국에서는 차를 맛있게 마시는 것을 제일 중요하게 생각했다는 이야기와 반대로 일본에서는 꽃이나 서예 등으로 꾸민 다실에서 차를 마시거나 도구 등을 보며 즐긴다고 했으므로 답은 3번이 된다.

　　〈질문 14〉 본문에 '차는 중국으로부터 전해진 것으로 ~ 색은 갈색이었다'라고 되어 있다. 옛날에는 차가 갈색이었다는 내용이므로 선택지 1번이 정답이다. 2번과 3번에 대한 언급은 본문에 나와 있지 않고, 4번은 현재의 녹차의 색과 갈색(차색)이 다른 이유가 아니므로 정답이 아니다.

해석

　　2009년부터 일본에서는 일반 시민이 형사 재판에 참가할 수 있게 되었다. 그러나 호출을 받아도 약 3명 중 1명이 사퇴하고 있다고 한다. 사퇴할 수 있는 것은 본인이나 가족의 병이나 부상, 장례식이나 출산, 중요한 업무 등의 사정이 있는 경우에 한한다. 또 호출받은 사람 중 6명까지만 재판원이 될 수 있기 때문에 호출하는 인원수가 너무 많다는 불만의 목소리가 나오고 있다.

　　일당은 재판원을 선택하는 날은 8천 엔 이내, 재판원을 맡은 날은 1만 엔 이내라고 한다. 액수가 많다 적다 말들 하지만, 아무리 고액이라도 싫다는 사람도 있다. 재판원이 참가하는 재판은 절도와 같은 가벼운 사건이 아니라 살인 등 중대한 사건이기 때문에 사형을 선고(주1)해야만 하는 경우도 있어 재판원이 되고 싶지 않다는 사람도 있다. 재판관과 재판원이 서로 이야기해서 다수결(주2)로 판결을 내기 때문에 재판원도 책임이 크다. 다수결에서는 반드시 재판관 1명 이상이 찬성할 필요가 있다. 재판관 3명과 재판원 6명으로는 단순한 다수결로 하면 재판원만으로 결정되기 때문이다.

　　일반인의 참가로 인해 가족 간의 사건에서는 동정표를 얻어 형이 가벼워지는 한편, 성범죄는 무거워지는 경향이 있다. 좋든 나쁘든 보통 사람의 사고방식에 다가선 듯하다. 또 시민들의 재판에 대한 관심이 높아지고 있다. 이것이 이 제도에서 가장 다행스런 점이 아닐까.

(주1) 言い渡す : 재판소에서 내려지는 판결·결정·명령을 구두로 당사자에게 알림
(주2) 多数決 : 회의 등에서 많은 사람이 찬성한 의견을 전체의 의견으로 결정하는 것

15　재판원으로서 호출받은 경우에 어떤 불만이 있는가?

1　재판원이 되고 싶은데 될 수 없다.

2　사퇴하는 것이 좀처럼 불가능하다.

3　재판원이 6명이어서는 너무 적다.

4　후보자를 너무 많이 호출한다.

16　필자는 재판원 제도가 시작되어 무엇이 가장 다행이라고 말하고 있는가?

1　사람들이 재판에 흥미를 가지게 된 점

2　보통 사람의 의견과 전혀 다른 형이 되지 않게 된 점

3　가족 간에 일어난 사건의 형이 가벼워진 점

4　일반인의 의견이 받아들여지게 된 점

단어　一般(いっぱん) 일반 | 刑事裁判(けいじさいばん) 형사 재판 | 参加(さんか) 참가 | 呼(よ)び出(だ)す 호출하다, 불러내다 | 辞退(じたい) 사퇴 | 本人(ほんにん) 본인 | 葬式(そうしき) 장례식 | 出産(しゅっさん) 출산 | 事情(じじょう) 사정 | 人数(にんずう) 인원수 | 不満(ふまん) 불만 | 日当(にっとう) 일당 | 務(つと)める 역할을 맡다 | 高額(こうがく) 고액 | 殺人(さつじん) 살인 | 死刑(しけい) 사형 | 言(い)い渡(わた)す 선고하다 | 多数決(たすうけつ) 다수결 | 判決(はんけつ)を出(だ)す 판결을 내리다 | 賛成(さんせい) 찬성 | 単純(たんじゅん) 단순 | 同情(どうじょう) 동정 | 刑(けい) 형, 형벌 | 性犯罪(せいはんざい) 성범죄 | よくも悪(わる)くも 좋든 나쁘든 | 候補者(こうほしゃ) 후보자

해설　〈질문 15〉 첫 번째 단락을 보면 호출받은 사람 중에 6명만이 재판원이 될 수 있기 때문에 호출 받은 사람 수가 너무 많다는 불만의 목소리가 있다고 했으므로 정답은 선택지 4번 '후보자를 너무 많이 호출한다'가 된다.

　　〈질문 16〉 필자는 마지막 단락에서 일반인이 재판에 참여하게 된 것에 대해서 시민들의 재판에 대한 관심이 높아지고 있는 것이 가장 다행이라고 말하고 있다. 따라서 이것과 관련 있는 선택지 1번 '사람들이 재판에 흥미를 가지게 된 점'이 정답이 된다.

문제 12 다음 A와 B의 문장을 읽고 다음 질문에 대한 답으로 가장 적절한 것을 1・2・3・4에서 하나 고르시오.

통합이해(1)

해석

A

　우리 회사는 지금까지 이익이 적어도 많이 파는 것으로 최종적으로 많은 이익을 얻을 수 있는, 이른바 '박리다매'로 사업 규모(주1)를 확대해 왔다. 하지만, 해외의 싼 상품이 유입(주2)되어 저가 판매되면서 경영이 어려워졌다. 우리 회사의 상품은 싸고 고품질이라는 가성비 덕분에 많은 소비자에게 사랑받아 왔다. 그것은 우리 회사의 자랑이며, 지키고 싶다고 생각하고 있다. 하지만, 해외 제품과 경쟁하기 위해서는 설비 확장이 불가피하며, 집세를 비롯해 다양한 비용이 든다. 브랜드 상품의 개발이 가능하다면 가장 좋겠지만, 당장은 곤란하다. 그러므로, 지금 있는 상품을 조금 고안해서 '전보다 편리하다', '비싸졌지만 이정도라면 사고 싶다'라고 생각할 수 있는 상품 개발을 진행할 방침이다. 직원들이 고객의 불만이나 의견을 듣고 있을 것이라는 점을 생각하면, 그것을 바탕으로 여러 가지를 궁리해 보았으면 하는 바람이다.

B

　상품 가격의 양극화(주3)가 진행되어 왔다. 부자가 원하는 상품과 돈이 없는 사람이 원하는 상품이 명확히 나뉘게 되었다. 그래서 파는 측은 어느 가격대의 상품을 다룰지 신중하게 생각해야 한다. 고가격대의 전략(주4)을 취할 것인가, 저가격의 상품을 팔 것인가이다. '싸면 팔린다'고 생각하기 쉽지만, 아무리 싸도 가치가 없으면 팔리지 않는 것이다. 우리 회사는 인기 브랜드를 다루며, 이전부터 고급 노선(주5)을 전개하고 있다. 다행히, 불경기라 하더라도 고급품을 찾는 수요는 어느 정도 있다. 또한, 상품을 투자로 생각하고 있는 사람조차 있기 때문에, 이대로가 좋다고 생각하고 있다. 나아가 안정된 경영을 계속하기 위해 신상품 개발에 힘을 쏟고 싶다. 거기서 고객의 의견을 여쭈어 보는 것이 어떨까. 거기서 생각지도 못한 좋은 아이디어가 생길 것 같은 기분이 든다.

(주1) 事業規模 : 여기서는 매상, 종업원 수 등
(주2) 流入 : 사람, 물건, 돈, 물, 정보 등이 외부에서 들어오는 것
(주3) 二極化 : 크게 차이나는 두 개의 상태로 갈라져, 그 중간이 없어지는 것. 여기서는 부자와 돈이 없는 사람의 양극화
(주4) 戦略 : 목표를 달성하기 위한 전체적인 계획이나 방침
(주5) 高級路線 : 고급스러운 물건을 파는 방침

1　**A와 B가 공통으로 생각하고 있는 앞으로의 경영 전략은 무엇인가?**

1　고급 노선으로 바꾼다.
2　지금의 노선을 바꾸지 않는다.
3　고객의 소리를 중요하다고 생각한다.
4　새로운 브랜드의 개발을 추진한다.

2　**A와 B 회사의 차이점은 무엇인가?**

1　A는 해외 제품의 영향으로 고생하고 있지만, B는 그 영향을 그다지 받지 않고 있다.
2　A는 고급 브랜드를 취급하고 있지만, B는 저렴하고 품질이 좋은 상품을 취급하고 있다.
3　A는 불경기에 수요가 늘어난다고 생각하며, B는 수요가 줄어든다고 생각하고 있다.
4　A는 현재의 노선을 유지하려고 하며, B는 노선 변경을 검토하고 있다.

단어　利益(りえき) 이익 | 薄利多売(はくりたばい) 박리다매 | 規模(きぼ) 규모 | 拡大(かくだい) 확대 | 流入(りゅうにゅう) 유입 | 誇(ほこ)り 자랑 | 設備(せつび) 설비 | 拡張(かくちょう) 확장 | 困難(こんなん) 곤란함 | 方針(ほうしん) 방침 | 二極化(にきょくか) 이극화, 양극화 | 価格帯(かかくたい) 가격대 | 高級路線(こうきゅうろせん) 고급 노선 | 展開(てんかい) 전개 | 需要(じゅよう) 수요 | 投資(とうし) 투자 | 伺(うかが)う 묻다, 듣다(겸양어)

해설　〈질문 1〉 1번은 B만 해당하므로 정답이 아니다. 2번은 A가 박리다매 노선을 변경하려 하므로 틀린 내용이다. 3번은 A가 '고객의 의견을 토대로 생각해보라'고 했고, B가 '고객의 의견을 여쭈어 보자'고 했으므로 둘의 공통된 의견인 정답이다. 4번은 A가 당장 곤란하다고 언급했으므로 공통된 전략이 아니다.

〈질문 2〉 A는 해외의 저렴한 상품 유입으로 경영이 어려워졌다고 말하고 있는 반면, B는 고급 노선 전략을 유지하며 불경기에도 일정한 수요가 있다고 설명하고 있다. 두 사람의 입장을 올바르게 대비한 것은 1번이므로 정답이다. 2번은 A와 B의 설명이 서로 뒤바뀌어 있고, 3번은 B만 수요가 있다고 언급했을 뿐 A는 오히려 경영 악화를 말하고 있어 맞지 않는다. 4번 역시 A는 노선 변경을 모색하고 B는 현상을 유지하고 있으므로 내용이 반대되어 오답이다.

해석

A

　일본의 국·공·사립 대학은 2024년에 813개교에 달해, 저출산임에도 불구하고 20년 전보다 15% 증가했다. 그 때문에, 2024년에는 4년제 사립 대학의 59%가 정원 미달(주1)이 되었다. 정원이 50%를 밑돌면 국가로부터의 조성금이 0원이 되기 때문에, 경영은 점점 어려워지고, 당연히 폐교하는 대학도 나오게 될 것이다. 학생 수에 비해 대학이 너무 많은 것이다. 그렇기에 정원 미달인 적자 대학은 없애 버리면 된다고 생각할 것이다. 하지만, 지방 대학은 별개다. 지방에 대학이 있는지 없는지는 큰 문제이다. 학생의 소비에 의한 경제 효과가 상실될 뿐만 아니라, 인재도 감소한다. 또한 지방 대학은 그 지역의 과제 해결이나 독자적인 문화 등의 연구를 수행하고 있기 때문에, 없어서는 안 될 존재이다. 게다가, 폐지되면 경제적 이유로 먼 곳의 대학에 다닐 수 없는 학생의 교육 기회가 상실되어 버리는 일도 된다. 따라서, 지방 자치 단체와 함께 국가도 지역에서의 필요성을 고려하여 조성금을 내 주어야 한다.

B

　일본의 대학 진학률은 2024년에 59.1%로 과거 최고였다. 하지만, 한국의 74.9%에 비하면 상당히 낮기 때문에, 일본도 더욱 진학률을 높이기 위해서라도 대학은 존속시켜야 한다고 생각할지도 모른다. 그러나, 저출산 탓이라 하더라도 정원 50% 이하로 국가의 조성금조차 받을 수 없는 대학까지 지방 자치 단체가 도와줄 필요는 없다. 대학이 없어짐으로써 다양한 문제가 발생하지만, 지방의 활성화(주2)에 대해서는 다른 수단을 찾아야 한다. 정원 50% 미달의 교육 수준이 낮은 대학을 유지해서, 교육 수준이 낮은 대학 졸업생을 많이 배출하는 것은 국가적 손실이 될 지도 모른다. 한편, 지방 자치 단체가 경영하는 공립 대학으로, 우수한 학생을 많이 모으고 있는 곳도 있다. 아키타현의 국제교양대학 등은 전국의 우수한 학생이 모이는 입학이 매우 어려운 대학으로, 취업률 100%를 자랑한다. 이러한 학교를 늘리는 것이야말로 지향해야 할 일이 아닐까.

(주1) 定員割れ: 정해진 인원보다 적은 것
(주2) 活性化: 활기차게 하는 것, 활발하게 하는 것

3 A와 B에서 주로 다루고 있는 테마는 무엇인가?

1 적자 대학의 비율

2 저출산에 의한 폐교 문제

3 지방 대학에 대한 조성금의 존재 방식

4 지방 대학의 연구 성과

4 A와 B의 대학에 대한 생각은 어느 것인가?

1 A는 교육 수준이 높은 대학만 남겨야 한다고 생각하며, B는 교육 수준이 낮은 대학은 없애는 편이 낫다고 생각하고 있다.

2 A는 대학의 증가가 적자의 원인이라고 생각하고, B는 수준이 높은 공립 대학을 늘려야 한다고 생각한다.

3 A는 지방에는 없앨 수 없는 대학도 있다고 생각하고, B는 수준이 높은 대학에 지자체의 조성금은 필요 없다고 생각한다.

4 A는 자치 단체가 지원해서리도 남기고 싶은 내학이 있다고 생각하고, B는 국가의 조성금이 없는 대학은 잘라 내야 한다고 생각한다.

단어　少子化(しょうしか) 저출산, 저출생 | 定員割(ていいんわ)れ 정원 미달 | 助成金(じょせいきん) 조성금, 보조금 | 閉校(へいこう) 폐교 | 課題(かだい) 과제 | 解決(かいけつ) 해결 | 廃止(はいし) 폐지 | 進学率(しんがくりつ) 신학률 | 存続(そんぞく) 존속 | 活性化(かっせいか) 활성화 | 維持(いじ) 유지 | 誇(ほこ)る 자랑하다

해석　〈질문 3〉 1번과 2번은 본문에서 언급된 배경 지식일 뿐 전체 주제로 보기 어렵다. 3번은 지방 대학의 경영 위기 상황에서 '조성금(지원)'을 계속 줄 것인가 말 것인가에 대해 서로 다른 의견을 피력하고 있으므로 가장 적절한 테마이다. 지방 대학의 연구 성과에 대한 언급은 없으므로 오답이다.

〈질문 4〉 A는 지방 대학이 지역의 경제적 효과 창출과 문제 해결에 기여하고 있으므로 힘부로 없애서는 안 되며, 지자체와 국가가 조성금을 통해 지원해야 한다고 주장하고 있다. 반면 B는 정원 충족률이 50%에도 못 미쳐 국가 조성금조차 받지 못하는 대학까지 지자체가 지원할 필요는 없다고 말하고 있다. 따라서 두 사람의 입장을 올바르게 반영한 것은 4번이다. 1번은 대학의 수준과 관계없이 지역 내 필요성과 교육 기회를 이유로 유지해야 한다는 A의 주장과 상반되므로 오답이다. 또한 B는 수준이 낮은 대학에 대한 지원을 부정했을 뿐, 수준이 높은 대학에 대한 지원을 부정한 적은 없으므로 3번 역시 오답이다.

해석

A

　루키즘이란 외모, 즉 겉모습에 의해 사람을 평가하는 사고방식을 가리키지만, 최근 이것이 지나치다는 느낌을 받고 있다. 확실히 사람은 누구라도 복장을 포함한 겉모습으로 사람을 판단하고, '좋다'거나 '싫다'라고 느끼는 것은 본능(주1)에 가깝기 때문에, 어느 정도는 피할 수 없는 일일지도 모른다. 하지만, 그것이 너무 강하면 차별(주2)이나 편견(주3)으로 이어지고 만다. 미의 기준은 시대에 따라 크게 다르다. 통통한 모습이 좋다고 여겨진 시대도 있는가 하면, 개성적인 모습이 존중되어 다양한 미가 받아들여진 시대도 있다. 현재는 다양한 미의 존재를 인정하지 않는 것처럼 보이기도 하며, 거기서 벗어난 사람은 열등감(주4)을 품어 버리는 경향이 있다. 그리고 특히 젊은 사람에게 강한 스트레스를 주고 있는 듯하다. 개인적인 문제뿐이라면 아직 괜찮겠지만, 이제는 사회 전체에 영향을 주는 문제가 되어 가고 있는 것이 아닐까.

B

　외모에 대한 평가나 미의 기준은 문화나 사회에 따라 크게 다르다. 최근 특히 SNS(주5)나 미디어를 통해 이상적인 스타일이나 얼굴 등이 퍼지고 있다. 이로 인해 미의 기준이 좁아지고 있다. 외모는 내면과 달라 간단히 바꿀 수 있는 것이 아니다. 그렇기 때문에 주변 사람들이 이렇다 저렇다 말하는 일은 적을지 모르지만, 말하지 않아도 본인은 알기 때문에 이상적인 외모가 아니면 열등감을 품어 버리는 사람도 많다. 키조차 수술로 늘릴 수 있는 시대이기에 기준에서 벗어난 사람은 괴로워진다. 또한 외모는 내면이나 능력과는 아무런 관계도 없으므로, 외모만으로 판단을 그르치면 큰 문제가 될 것이다. 개인뿐 아니라 사회 전체의 손실이 될지도 모른다. 좀 더 내면의 소중함을 SNS나 미디어를 통해 공통의 인식으로서 넓혀 가는 것이 필요하지 않을까.

(주1) 本能: 인간이 태어날 때부터 가지고 있는, 무언가를 보거나 들었을 때 자연스럽게 느끼거나 행동하는 성질

(주2) 差別: 정당한 이유 없이 특정한 사람을 평등하게 대우하지 않는 것

(주3) 偏見: 올바른 이유나 이해가 없는 채로 일방적으로 물건이나 사람을 '〜이다'라고 정해 버리는 사고방식

(주4) 劣等感: 자신이 남보다 못하다고 느끼는 마음

(주5) SNS: 소셜 네트워킹 서비스의 줄임말로, 인터넷상에서 정보 교환이나 소통을 할 수 있는 서비스

5　A와 B가 공통으로 특히 문제라고 생각하고 있는 것은 무엇인가?

1　내면을 중시하지 않는 것

2　스트레스를 느끼는 사람의 증가

3　사회 전체가 루키즘을 인정하고 있는 것

4　미의 기준이 다양하지 않은 것

6　A와 B의 양쪽 이야기에 덧붙이는 것이 좋은 것은 무엇인가?

1　루키즘이 퍼지고 있다는 것

2　미디어에서 루키즘을 해소하는 방법

3　루키즘이 주는 사회적인 손실

4　루키즘의 문제를 해결하는 수단

단어　外見(がいけん) 외모 | 評価(ひょうか) 평가 | 姿形(すがたかたち) 모습, 용모와 자태 | 本能(ほんのう) 본능 | 差別(さべつ) 차별 | 偏見(へんけん) 편견 | 基準(きじゅん) 기준 | 個性的(こせいてき) 개성적 | 尊重(そんちょう) 존중 | 多様(たよう) 다양함 | 劣等感(れっとうかん) 열등감 | 理想(りそう) 이상 | 共通(きょうつう) 공통 | 認識(にんしき) 인식

해설　〈질문 5〉 1번과 2번은 각 지문에서 언급은 되었으나 두 지문이 공통으로 가장 강조하는 '현상의 원인'은 아니다. A와 B에서는 루키즘이라는 사회적 현상이나 영향을 말하고 있는 것으로, 사회가 이를 올바르다고 인정하고 있다는 뜻은 아니므로 3번은 오답이다. A는 '다양한 미를 인정하지 않는다'고 했고, B는 '미의 기준이 좁아지고 있다'고 명시했으므로 4번이 정답이다.

　〈질문 6〉 1번과 3번은 이미 본문에서 비중 있게 다루고 있는 내용이므로 새로 추가할 내용으로는 적절치 않다. 2번은 B에서 미디어를 통한 인식 확산을 언급했으나 구체적인 해소 방법까지는 나아가지 않았다. 4번은 두 지문 모두 루키즘의 현상과 문제점, 우려 사항을 나열하고 있을 뿐 어떻게 이 문제를 해결할지에 대한 구체적인 '해결 수단'은 부족하므로, 이를 보완하는 것이 논리적으로 가장 적절하여 정답이다.

해석 **A**

　산에 들어갈 때는 곰에게 인간의 존재를 알리기 위해 소리를 내며 걸어야 한다고들 하지만, 지금은 인간을 두려워하지 않는 곰이 있기 때문에 인간 측이 곰으로부터 도망쳐야 한다. 최근에는 곰이 산에서 마을까지 출몰하는 일이 늘고 있으며, 인간이 크게 다치거나 목숨을 잃는 일도 있다. 어느 때, 곰을 잡아서 죽였다는 뉴스가 흘러나오자, 동물 애호 단체(주1) 등으로부터 지자체에 '곰이 불쌍하다' '잡아서 산으로 돌려보내야 한다'와 같은 항의(주2) 전화가 쇄도하여, 업무가 마비될 정도가 되었다. 항의를 하는 사람들은 곰으로부터 몸을 지키기 위해 생활을 제한받고 있는 주민들이 얼마나 곤란한 상황에 있는지 이해하지 못하고 있는 것이 아닐까. '곰과 인간 중 어느 쪽이 소중한가'라고 묻지 않을 수 없다.

B

　곰이 주거지까지 먹이를 찾아 오는 것은, 인간이 곰이 사는 환경을 파괴하고 있기 때문이 아닐까. 곰의 먹이가 되는 열매가 열리는 나무가 줄어드는 한편, 마을에는 감이나 밤 등 다양한 과실이 있고, 최근에는 인간의 음식 맛도 알게 되었기 때문에, 산에서 내려오는 것은 자연스러운 일이라고 말하지 않을 수 없다. 인간의 사정으로 곰이 산에서 내려왔음에도 불구하고, 죽여 버리는 것은 너무나 가혹한 대응이 아닐까. 잡았다면, 죽이지 말고 다시 산으로 돌려보내야 한다. 우리는 산에 곰의 먹이가 되는 나무를 늘리거나, 집 주변에 먹을 것을 두지 않도록 하거나, 쓰레기를 내놓은 채로 두지 않도록 해서 곰이 다가오지 않게 궁리해야 한다. 곰과 인간이 함께 살아갈 수 있도록 하고 싶다.

(주1) 動物愛護団体: 동물의 생명이나 권리를 지켜 인간과 동물이 함께 생활할 수 있는 사회를 목표로 활동하는 그룹

(주2) 抗議: 상대가 행한 일에 대해 '틀렸다'라는 의견이나 불만을 전달하는 것

7　A와 B가 공통으로 화제로 삼고 있는 것은 무엇인가?

　1　곰에 의한 피해의 크기

　2　곰을 죽이는 것에 대한 찬반

　3　곰이 사는 환경의 변화

　4　곰이 산을 내려오는 이유

8　A와 B의 사고방식 차이로서 가장 적절한 것은 무엇인가?

　1　A는 곰은 위험하기 때문에 죽이는 것이 좋다고 생각하고, B는 곰을 죽이는 것은 마지막 수단으로 삼아 주길 바라고 있다.

　2　A는 곰을 죽이는 것도 어쩔 수 없다고 생각하고, B는 곰과 함께 살 수 있도록 하고 싶다고 생각하고 있다.

　3　A는 곰을 죽여도 항의를 하지 말아 주길 바라고, B는 항의하는 것은 곰을 죽이지 않길 바라기 때문이라고 생각하고 있다.

　4　A는 곰보다 인간 쪽을 소중히 해 주길 바라고, B는 곰에게 먹이를 주면 문제는 해결된다고 생각하고 있다.

단어 人里(ひとざと) 사람이 사는 마을 | 出没(しゅつぼつ) 출몰 | 動物愛護団体(どうぶつあいごだんたい) 동물 애호 단체 | 抗議(こうぎ) 항의 | 殺到(さっとう) 쇄도 | 制限(せいげん) 제한 | 困難(こんなん) 곤란 | ～ざるを得(え)ない ～하지 않을 수 없다 | 居住地(きょじゅうち) 주거지 | 破壊(はかい) 파괴 | 都合(つごう) 사정 | 対応(たいおう) 대응

해설 〈질문 7〉 1번은 A에서 주로 강조된 내용이다. 2번은 A에서 곰을 사살한 것에 대한 항의를 비판하는 내용과 B에서 실처분 대신 산으로 돌려보내야 한다는 주장이 대립하고 있으므로, 두 지문이 공통으로 다루는 핵심 논쟁점인 정답이다. 3번과 4번은 B에서 곰이 내려오는 원인을 설명할 때 주로 다루어졌다.

〈질문 8〉 1번은 B가 '마지막 수단'이 아닌 '살처분 반대 및 공존'을 주장하므로 오답이다. 2번은 주민의 고통과 인간의 우선순위를 강조하는 A의 입장과, 환경 파괴에 대한 반성과 공존의 노력을 강조하는 B의 입장 차이를 가장 명확히 대조하고 있으므로 정답이다. 3번은 현상에 대한 묘사일 뿐 근본적인 가치관의 차이를 설명하기엔 부족하다. 또한 A는 항의를 하지 말라는 의견을 보이는 것은 아니다. 4번은 B가 곰에게 먹이를 주자고 한 것이 아니라, 환경을 개선하고 유인 요소를 없애자고 한 것이므로 틀린 내용이다.

해석

A

　전철에 여성 전용 차량이나 약냉방차가 있지만, 무엇이든 특별 대우를 하는 것에는 반대다. 여성 전용 차량은 어쩔 수 없다고 하더라도, 최근 여름의 더위를 생각하면, 약냉방차는 불필요한 것이 아닐까. 전철의 냉방이 제대로 작동하지 않으면, 오히려 몸이 안 좋아지고(기분이 나빠지고) 만다. 일반 차량을 찾는 것도 일이고, 실수로 약냉방차에 타 버리면 목적지까지 계속 참아야 해서 힘들다. 또한, 어느 차량이 약냉방차인지 알기 어려운 것도 곤란한 점이다. 게다가 통근 시간대처럼 혼잡해지면, 일반 차량도 온도가 올라가서 더워 견딜 수 없게 된다. 약냉방차라면, 참을 수 없을 정도의 더위가 될 것이다. 추위를 느끼는 사람은, 겉옷을 준비하면 되지 않을까.

B

　약냉방차는 절대적으로 필요하다. 애초에, 일본은 전철뿐만 아니라 가게도 레스토랑도 냉방이 너무 강하다고 생각한다. 누구에게 있어서나 몸을 차게 하는 것은 건강에 좋지 않고, 전력의 과다 소비이기도 하다. 전철도 정장을 입고 있는 사람이 덥지 않을 정도의 온도로 설정되어 있는 것이 아닐까. 약냉방차는 10량 편성 중 단 1량이다. 컨디션이 좋지 않은 사람, 아이나 노인을 위해 있는 것이다. 건강한 사람은 조금 정도 더워도 괜찮다고 생각하고, 정장 상의를 벗으면 되지 않을까. 하지만, 몸이 약한 사람은 너무 차가워지면 정말로 속이 안 좋거나 본격적으로 건강을 해치기도 한다. 자기 자신만 생각하지 말고, 약한 사람을 생각해서 조금 참는 다정한 마음을 가졌으면 한다.

9　A와 B가 공통적으로 논의하고 있는 주제는 무엇인가?

　1　약냉방차의 필요성
　2　냉기와 건강의 관계
　3　상대방의 상황에 대한 이해
　4　냉방 차량의 전기세

10　A와 B의 의견은 어느 것인가?

　1　A는 약냉방차는 이용자가 많아서 혼잡하다고 생각하고, B는 약냉방차가 적어서 곤란하다고 생각하고 있다.
　2　A는 정장을 입은 사람은 곤란하다고 생각하고, B는 약한 사람도 생각할 필요가 있다고 생각하고 있다.
　3　A는 냉방이 강한 차량이 더 필요하다고 생각하고, B는 건강에 나쁜 냉방차는 필요 없다고 생각하고 있다.
　4　A는 약냉방차는 없어도 된다고 생각하고, B는 약냉방차는 몸이 약한 사람을 위해 필요하다고 생각하고 있다.

단어　弱冷房車(じゃくれいぼうしゃ) 약냉방차 | 特別扱(とくべつあつか)い 특별 대우 | 不要(ふよう) 불필요 | 我慢(がまん) 참음, 인내 | 混雑(こんざつ) 혼잡 | 編成(へんせい) 편성 | 体調(たいちょう)を 崩(くず)す 건강을 해치다, 컨디션이 나빠지다

해설　〈질문 9〉 1번이 두 지문의 공통된 논의 쟁점을 가장 잘 나타내고 있다. A는 '최근의 더위를 고려하면 약냉방차는 불필요하다'는 반대 입장이고, B는 '몸이 약한 사람을 위해 절대적으로 필요하다'는 찬성 입장을 보이며 약냉방차의 필요성을 두고 서로 다른 의견을 펼치고 있기 때문이다. 3번의 경우, 상대방의 상황에 대한 이해가 필요하다는 뉘앙스는 양쪽 모두 비치고 있으나, 글 전체를 관통하는 핵심 논의 주제는 약냉방차의 존재 여부와 필요성에 집중되어 있다.

　〈질문 10〉 4번이 각 지문의 핵심 주장을 가장 정확하게 요약하고 있다. A는 '약냉방차는 불필요하다(없어도 된다)'는 입장이고, B는 '몸이 약한 사람을 위해 절대적으로 필요하다'는 입장이기 때문이다. 2번의 경우 B의 생각은 맞지만 A가 '정장'을 직접적으로 언급하며 곤란하다고 하지는 않았으므로(B가 추측함) 정답이 될 수 없다.

해석

A

　민박은 일반 주택이나 아파트 등에 여행자가 숙박하는 것이다. 지역 주민의 생활을 보호하기 위해, 1년간 180일까지만 대여할 수 있다. 그 한편으로, 여행자가 늘어나 호텔이 부족해지고, 호텔 숙박비가 오르는 것을 억제하는 데 도움이 되고 있다. 대여인에게는 수익이 들어오는 데다가, 여행자가 쇼핑을 하거나 레스토랑을 이용함으로써, 지역의 경제 활성화로도 연결된다. 그 때문에, 지역에 따라서는 '2박 3일' 이상이라는 제한이 있는 경우도 있지만, '특구민박' 제도(주)를 활용하여 1년 내내 영업할 수 있도록 하는 지역도 있다. 호텔이 부족한 장소에서, 숙박객을 늘려 지역 경제를 활성화시키려고 생각한 것이다. 물론, 불특정 다수의 사람이 드나듦으로써 문제도 일어나지만, 올바르게 관리하면 지역과 여행자 양쪽 모두에게 이점이 있을 것이다.

B

　민박에는 여행자가 저렴한 요금으로 숙박할 수 있다는 이점이 있는 반면, 지역 주민이 곤란을 겪는 일도 있다. 특히 특구민박에서는, 많은 인원이 숙박할 수 있는 호텔과 같은 대형 시설도 있다. 규칙을 지키더라도, 단기간에 많은 여행자가 드나들면 소음이나 쓰레기 문제가 일어나기 쉽고, 주민의 생활에 영향을 미친다. 관리가 충분하지 않은 경우, 여행자의 안전도 확보할 수 없다. 또한, '특구민박' 지역에서는 집세가 상승하여, 일반인이 아파트를 빌리기 어렵게 되고 있다. 민박 시설로 만들기 위해, 거주자가 쫓겨나고 있는 것이다. 민박은 지역 경제에 있어서는 매력이 있지만, 주민의 삶을 지키는 쪽이 더 중요하다. 수요에 부응할 필요성은 이해할 수 있지만, '특구민박' 제도는 재검토해야 한다고 생각한다. 개인의 민박으로만 제한했으면 한다.

(주) 特区民泊制度: 특정 지역에만 다른 민박 조건을 부여하는 제도. 일반 민박과 달리 1년간 180일이라는 제한이 없다.

11　A와 B는 민박의 이점이 무엇이라고 서술하고 있는가?

1　A는 지역 경제에 도움이 되는 것, B는 관리하지 않아도 되는 것

2　A는 숙박 시설 부족에 도움이 되는 것, B는 지역 경제에 도움이 되는 것

3　A는 언제든 숙박할 수 있는 것, B는 호텔처럼 큰 시설도 있는 것

4　A는 호텔을 지을 필요가 없는 것, B는 집세가 싸지는 것

12　A와 B의 민박에 대한 의견으로서 맞는 것은 어느 것인가?

1　A는 좋은 점뿐이라서 권장하고 싶다고 서술하고, B는 보통의 민박에는 문제가 일어나지 않는다고 서술하고 있다.

2　A는 지역에 도움이 되므로 괜찮다고 서술하고, B는 관리 문제가 해결되면 반대하지 않는다고 서술하고 있다.

3　A는 숙박하는 사람에게도 빌려주는 사람에게도 좋은 제도라고 서술하고, B는 민박은 문제가 많으므로 반대라고 서술하고 있다.

4　A는 지역 경제를 위해서도 좋다고 서술하고, B는 '특구민박'에는 반대하지만 개인의 경우는 괜찮다고 서술하고 있다.

독해 공략편

단어　民泊(みんぱく) 민박 ｜ 一般(いっぱん) 일반 ｜ 地域(ちいき) 지역 ｜ 宿泊代(しゅくはくだい) 숙박비 ｜ 収益(しゅうえき) 수익 ｜ 活性化(かっせいか) 활성화 ｜ 不特定多数(ふとくていたすう) 불특정 다수 ｜ 騒音(そうおん) 소음 ｜ 及(およ)ぼす 미치다, 끼치다 ｜ 確保(かくほ) 확보 ｜ 上昇(じょうしょう) 상승 ｜ 居住者(きょじゅうしゃ) 거주자 ｜ 見直(みなお)す 재검토하다, 다시 보다

해설　〈질문 11〉 A는 여행자가 늘어나 호텔이 부족하고 호텔 숙박비가 오르는 것을 억제하는 데 도움이 된다고 언급하며 숙박 시설 부족 문제를 해결하는 것을 장점으로 꼽았다. B는 민박은 지역 경제에 있어서는 매력이 있다고 언급하고 있다. 즉, 주민 생활에는 피해를 주더라도 지역 경제 활성화라는 장점은 인정하고 있으므로 2번이 정답이 된다. 1번은 B가 관리가 불충분하면 여행자의 안전도 확보할 수 없다며 관리의 중요성을 강조하고 있으므로 오답이다. 3번은 B에게 있어서 호텔 같은 큰 시설도 있는 것은 소음과 쓰레기 문제를 일으키는 단점으로 보고 있으므로 오답이다. 4번은 A가 호텔을 지을 필요가 없다는 직접적인 언급을 하지 않고 있으며 집값이 싸진다는 것은 B의 내용과 반대되므로 오답이다.

〈질문 12〉 1번은 A가 관리의 중요성이나 문제 발생 가능성을 인지하고 있으므로 틀린 내용이다. 2번은 B가 관리 문제뿐만 아니라 집세 상승 및 주민 이탈 등 제도 자체의 부작용을 지적하고 있으므로 정답이 아니다. 3번은 B가 민박 전체를 반대하는 것이 아니라 특구민박 제도를 재건토하자는 것이므로 적절치 않다. 4번은 A가 지역 경제 활성화 측면에서 긍정하고 있으며, B는 특구민박에는 반대하면서도 '개인의 민박으로만 제한하자'고 하여 개인 규모의 민박은 인정하고 있으므로 정답이다.

해석

A

　댐의 역할은 주로 ①치수(주1), ②이수(주2), ③수력 발전이다. 최근 이상 기후에 의한 폭우가 각지에 홍수를 초래하고 있지만, 댐이 있다면 사전에 방류해 둠으로써, 폭우 시에 댐에 물을 저장할 수 있어, 하류의 홍수를 방지할 수 있다. 또한 댐은 끊임없이 수량을 조절하면서 방류(주3)할 수 있기 때문에, 생활용수나 농업·공업용수를 안정적으로 공급하는 것도 가능할 뿐만아니라 발전을 이용하는 것도 할 수 있다. 수력 발전은 화력 발전 등과 달라서 자연 에너지이기 때문에 지구 환경에도 친화적이다. 확실히 댐 건설에는 막대한 비용이 든다. 또한, 댐 바닥에 가라앉는 지역에 사는 주민은 고향을 잃고, 이주해야만 한다. 큰 희생 위에 만드는 것이지만, 많은 사람의 생명과 생활을 지키기 위해, 댐 건설은 불가피하다고 생각한다.

B

　모든 댐이 불필요하다고 생각지는 않지만, 향후, 댐을 건설할지 어떨지는 신중한 판단이 요구된다. 건설에는 소규모 댐이라도 수백억, 대규모 댐에는 1조 엔 가깝게 드는 일도 있다. 또한, 상류에서 흘러오는 토사(주4)가 쌓여 매년 댐 바닥이 올라오기 때문에, 그것을 제거하는 비용도 든다. 이러한 비용에는 세금이나 수도 요금이 사용된다. 농업이나 공업, 또한 수도 사업을 위해 물의 안정 공급은 필요하지만, 인구 감소나 산업 구조의 변화에 의해, 물의 수요는 줄어들고 있어, 하류 지역의 비용 부담이 짐이 되고 있다. 또한, 치수 면에서도 댐에 너무 의지해, 하류의 저수지(주5)나 제방(주6) 정비가 늦어진 지역도 있다. 비는 댐 상류에만 내리는 것이 아니고, 물이 너무 늘어나면 댐이 부서질 우려도 있다. 게다가, 댐은 많은 희생 위에 만들어져, 완성 후에도 생태계를 어지럽히는 등의 악영향을 끼칠지도 모른다.

(주1) 治水 : 큰 비 등에 의한 홍수를 막기 위해 강의 상태를 정비하는 일
(주2) 利水 : 강이나 하천 등에서 물을 끌어 이용하는 일
(주3) 放流 : 물 등을 흘려보내는 것
(주4) 土砂 : 흙과 모래가 섞인 것
(주5) ため池 : 주로 농업에 이용하기 위해 물을 저장해 두는 인공 못
(주6) 堤防 : 강이나 바다의 물을 막기 위해 흙, 콘크리트 등을 높게 쌓아놓은 곳
(주7) 乱す : 질서를 잃고 뿔뿔이 흩어지게 하다

13 A와 B에 공통적으로 서술되어 있는 점은 무엇인가?

　1 물 공급의 필요성
　2 댐을 건설하는 장점
　3 댐을 유지하기 위한 비용
　4 댐이 홍수를 막는 데 효과적인 것

14 A와 B는 댐 건설에 대해 어떻게 생각하고 있는가?

　1 A는 생활을 지키기 위해 댐을 만드는 것이 좋다고 생각하며, B는 지금 있는 댐만으로 하는 것이 좋다고 생각하고 있다.
　2 A는 여러 가지 이점이 있으므로 댐 건설은 필요하다고 생각하며, B는 지금 있는 댐으로 충분하므로 만들 필요는 없다고 생각하고 있다.
　3 A는 치수·이수·전력의 확보를 위해서 댐을 꼭 만들어야 한다고 생각하며, B는 댐을 만들면 하류의 제방 등을 만드는 치수 공사를 할 수 없게 된다고 생각하고 있다.
　4 A는 문제도 있지만 치수·이수·발전에 도움이 되므로 만드는 것이 좋다고 생각하며, B는 단점이 있으므로 필요성을 검토하는 것이 좋다고 생각하고 있다.

단어　ダム 댐 | 役目(やくめ) 역할, 직무 | 治水(ちすい) 치수 | 利水(りすい) 이수 | 異常気象(いじょうきしょう) 이상 기후 | 放水(ほうすい) 방수 | 溜(た)める 모으다, 막아 담아두다 | 下流(かりゅう) 하류 | 供給(きょうきゅう) 공급 | ～に優(やさ)しい ~에 친화적이다, ~에 이롭다 | 莫大(ばくだい)な 막대한 | 費用(ひよう) 비용 | 沈(しず)む 가라앉다 | 移住(いじゅう) 이주 | 犠牲(ぎせい) 희생 | 取(と)り除(のぞ)く 없애다, 제거하다 | 税金(ぜいきん) 세금 | 水道料金(すいどうりょうきん) 수도 요금 | 安定(あんてい) 안정 | 需要(じゅよう) 수요 | 重荷(おもに) 무거운 짐 | ため池(いけ) 저수지 | 堤防(ていぼう) 제방 | 整備(せいび) 정비 | 生態系(せいたいけい) 생태계 | 乱(みだ)す 어지럽히다 | 悪影響(あくえいきょう) 악영향

해설　〈질문 13〉 A에서 '끊임없이 물을 조절하면서 흐를 수 있기 때문에 하류 생활에 필요한 물이나 농업, 공업에 사용할 물을 공급할 수도 있다', B에서 '농업이나 공업, 또 수도 사업을 위해 물의 안정적인 공급은 필요하다고 나와 있기 때문에 선택지 1번이 정답이다. 선택지 2번은 A에 '많은 사람들의 생활을 지키기 위해서 댐을 만들 필요가 있다'라고 쓰여 있지만 B에는 언급이 없기 때문에 정답이 아니다. 3번은 B에 '상류에서 흘러 내려오는 흙이나 모래가 쌓여 해마다 댐의 바닥이 올라오기 때문에 그것을 제거하는 비용도 든다'라고 유지비에 대해서 나와 있지만 A에는 없으므로 역시 오답이다. 4번은 A에 '사전에 방수해 둘 수 있으므로 비가 내렸을 때 댐에 물이 고여 하류의 홍수를 방지할 수 있다'고 나와 있지만 B는 '치수 측면에서도 댐에 지나치게 의존하여 ～ 물이 과도하게 불어나면 댐이 붕괴될 우려도 있다'라고 무조건 댐이 홍

수를 막을 수 있는 것은 아니라고 하므로 정답이 아니다.

〈질문 14〉 A는 비용도 많이 들고 해결해야 할 문제가 있기는 하지만 댐을 만드는 데에 찬성하고 있다. 반면에 B는 첫 문장에서 '향후 댐을 만들 것인지 잘 생각해야 한다'고 말하고 있다. 따라서 정답은 선택지 4번이다. 1번과 2번은 B가 지금의 댐만으로 충분하다고 말하고 있지 않기 때문에 오답이다. 3번은 A는 꼭 만들어야 한다고까지는 말하고 있지 않으며, B는 치수 공사가 늦어진 지역도 있다고만 말하고 있기 때문에 역시 오답이다.

통합이해(8)

해석

A

　　일렉트로닉 스포츠, 이른바 'e스포츠'는 스포츠라고 말하기 어려운 것이 아닐까. 일본어 사전에서 '스포츠'를 찾아보면 정의(주1)는 다양하지만, 어느 것이든 '신체 운동' 즉 몸을 움직이는 것이라고 서술하고 있다. 그런 것이라면 e스포츠는 일본어로 말하는 스포츠에는 해당하지 않는다. 유럽 스포츠 헌장(주2)에서도 '신체 운동을 수반한다'고 명시되어(주3) 있다. 일본에는 원래 스포츠는 건강을 위해 하는 것이라고 간주하는 역사가 있기 때문에, e스포츠를 스포츠로서 인정하는 사람은 적은 것이 아닐까. 또한, 만약 e스포츠가 공인되어 버리면, 게임 의존증이 되어 때로는 죽음에 이르기까지 할 정도로 열중해 버리는 사람이 증가할 우려가 있다. 장시간의 플레이가 정말로 좋은 영향을 준다고 할 수 있을까. 두뇌나 집중력을 겨루는 것이라고 해도, 건강을 해칠 가능성이 있는 것을 스포츠라고 부를 수는 없다.

B

　　일본에는 세계적으로 유명한 게임 회사가 많은 데다가 게임 인구도 방대함에도 불구하고, 세계에서 e스포츠라고 불리며 인기가 있는 일렉트로닉 스포츠를 스포츠가 아니라고 생각하는 사람이 많은 것은 이상한 일이다. 신체를 움직이지 않는 것은 스포츠가 아니라는 고정 관념이 강한 것이 아닐까. 하지만 영어의 'Sport'에는 본래 '오락'이라는 의미도 포함되어 있다. 그 때문에 스포츠가 반드시 신체를 사용해야만 하는 것이라고는 단정할 수 없다. e스포츠도 장시간의 집중력을 요하는 격한 경기이며, 뇌도 몸의 일부인 이상 신체를 사용하고 있다고 말할 수 있을 것이다. 이미 2022년 아시안 게임에서는 공식 경기로 인정받았다. 신체를 움직이는 스포츠를 '피지컬 스포츠', 두뇌를 사용하는 스포츠를 '마인드 스포츠'라고 정의하면 되지 않을까. 일본이 세계의 흐름에 뒤처지지 않기 위해서라도 스포츠로서 인정하는 것이 좋다고 생각한다.

(주1) 正義 : '이것은 무엇인가'를 명확히 정한 설명
(주2) 憲章 : 중요하고 근본적인 것에 대해 정해 놓은 약속
(주3) 謳う : 강하게 주장하다

15 A와 B가 모두 인정하고 있는 것은 무엇인가?

1　스포츠란 몸을 쓰는 것이란 점
2　일본에서는 e스포츠를 인정하는 사람이 적은 점
3　스포츠의 의미가 일본과 해외에서 다른 점
4　해외에서는 e스포츠가 받아들여지고 있는 점

16 A와 B는 e스포츠에 대해 어떻게 서술하고 있는가?

1　A는 몸을 튼튼하게 하는 것이 스포츠라고 서술하며, B는 체력은 관계없다고 서술하고 있다.
2　A는 건강에 나쁘기 때문에 스포츠가 아니라고 서술하며, B는 세계에서는 인기가 있기 때문에 스포츠라고 서술하고 있다.
3　A는 머리를 쓰는 경기는 스포츠가 아니라고 서술하며 B는 스포츠라고 인정하지 않는 사람이 많은 것은 이상하다고 서술하고 있다.
4　A는 몸을 쓰지 않는 것은 스포츠가 아니라고 서술하며, B는 스포츠를 좀더 넓은 의미에서 생각하여 스포츠로서 인정하는 것이 좋다고 서술하고 있다.

단어　エレクトロニックスポーツ 일렉트로닉 스포츠 | 欧州(おうしゅう) 유럽 | 憲章(けんしょう) 헌장 | 伴(ともな)う 동반하다, 수반하다 | 謳(うた)う 강조해서 말하다, 주장하다, 명시하다 | 元々(もともと) 본래, 원래 | 見(み)なす 간주하다, 보다 | 夢中(むちゅう)になる 열중하다, 몰두하다 | 長時間(ちょうじかん) 상시간 | 頭脳(ずのう) 두뇌 | 集中力(しゅうちゅうりょく) 집중력 | 娯楽(ごらく) 오락 | 競技(きょうぎ) 경기 | アジア競技大会(きょうぎたいかい) 아시안 게임 | フィジカル 피지컬, 신체적 | マインド 마인드, 정신적

해설　〈질문 15〉 B는 '영어 sport에는 오락이라는 의미도 있다고 하니 스포츠가 반드시 몸을 써야 하는 것이라고도 할 수 없으며'라고 말하고 있으므로 선택지 1번은 오답이다. 일본어 사전에 나와 있는 스포츠의 정의와 유럽 스포츠 헌장의 내용이 같으므로 선택지 3번 역시 정답이 아니다. B에 '세계에서 뒤쳐지지 않기 위해서'라고 나와 있는데 해외에서는 e스포츠가 받아들여지고 있다고 추측할 수 있다. 그러나 A에는 그러한 언급이 없으므로 4번도 정답이 아니다. A에서 '스포츠로 인정하는 사람도 적다', B에서 '스포츠가 아니라고 생각하는 사람이 많다'고 나와 있으므로 선택지 2번이 정답이다.

 B는 e스포츠도 체력이 필요하다고 말하고 있으므로 선택지 1번은 정답이 아니다. B는 단지 세계에서 인기가 있기 때문이 아니라 e스포츠도 체력이 필요하고 두뇌도 신체 일부이기 때문에 스포츠라고 말하고 있기 때문에 선택지 2번도 정답이 아니다. A는 두뇌를 사용한다고 해도 e스포츠가 건강을 해치기 때문에 스포츠로 인정할 수 없다고 말하고 있기 때문에 3번은 오답이다. A는 일본어 사전에서도, 유럽 헌장에서도 스포츠는 몸을 쓰는 것이라고 말하고 있고, B는 영어 sport에는 오락이라는 의미도 있고 e스포츠를 마인드 스포츠로서 인정하면 된다고 말하고 있으므로 선택지 4번이 정답이다.

통합이해(9)

해석

A

　집을 산다면, 역시 정원이 있는 단독 주택(주1) 쪽이 좋다. 하지만, 도심에는 그러한 토지는 더 이상 남아 있지 않고, 매물로 나온다고 해도 고가라서 살 엄두가 나지 않는다. 그 때문에, 편도 2시간을 넘지 않는 범위라면, 회사에서 멀어도 상관없다. 교외는 공기가 좋고, 작은 정원이라도 자신이 좋아하는 꽃이나 채소를 심을 수 있으며, 무엇보다 아이를 자연 속에서 키우고 싶기 때문이다. 또한, 직접 구조(주2)나 색도 자유롭게 설계할 수 있는 점도 매력이다. 게다가, 아파트에 따라서는 반려동물을 기르는 것이 금지되어 있기 때문에, 개가 있는 우리 집은 곤란해져 버린다. 어린아이가 있기 때문에, 집 안을 뛰어다니는 발소리를 신경 쓰거나, 밤늦게 귀가해 목욕을 하고 싶을 때라도 이웃의 눈치를 보거나 해야만 하는 아파트 생활은, 매우 스트레스가 쌓인다. 단독 주택이라면 장래의 재건축도 자유롭고, 관리비나 주차장비의 부담도 없다. 아파트가 노후화(주3)했을 때에도 번거로운 일을 겪을 일이 없다.

B

　현재, 맞벌이 부부이므로, 되도록 회사에서 가까운 곳에 살고 싶다고 생각하고 있다. 도심에서 편리성을 추구한다면, 아파트를 선택할 수밖에 없다. 무엇보다 좋은 점은, 최근의 아파트는 방범 카메라가 설치되어 있고, 관계자 이외에는 출입할 수 없는 등, 빈집털이(주4)나 방화 등의 걱정이 없고 안전면에서 확실하다는 점이다. 그 때문에, 아이에게 집을 보게 해도 안심이다. 게다가 기밀성(주5)이나 단열성(주6)이 높기 때문에, 광열비(주7)가 적게 든다. 겨울이라도 햇볕이 잘 들면 낮 동안은 난방을 사용하지 않아도 괜찮을 정도이다. 또한, 손님용 게스트룸이나 주방이 딸린 홀을 갖추고 있는 아파트도 많다. 유지 관리에 대해서도 관리비만 내 두면 계획적으로 이루어지기 때문에, 직접 관리하는 수고를 덜 수 있어 편하다. 게다가 같은 조건이라면 단독 주택보다 싸다. 신축(주8) 아파트는 아이가 유치원이나 초등학교에 들어가는 것을 기회로 구입하는 경우가 많기 때문에, 같은 세대가 많아, 육아 환경으로서도 매우 좋은 것이다.

(주1) 一戸建て : 아파트처럼 많은 집이 모여있는 건물이 아니라 토지에 하나씩 세워진 건물
(주2) 間取り : 방 배치. 어느 방을 어디에 둘 것인가 라는 것
(주3) 老朽化 : 오래되어 도움이 되지 못하는 것
(주4) 空き巣 : 사람이 없는 집에 들어가 물건을 훔치는 일
(주5) 気密性 : 닫혀 있어 공기의 흐름이 없는 것. 공기가 움직이지 않는 것
(주6) 断熱性 : 열을 전달하지 않는 것
(주7) 光熱費 : 전기 요금 및 가스·등유 등의 연료비의 총칭
(주8) 新築 : 새로 지어진 건물

17　A와 B가 공통적으로 서술하고 있는 화제는 어느 것인가?

1　자신이 고른 주택에 불만은 전혀 없다는 점
2　주택 그 자체 외에도 좋은 점이 있다는 점
3　집을 고르는 데 통근 시간이 가장 중요하다는 점
4　아이를 기르는 데에는 주변의 자연 환경이 중요하다는 점

18　A와 B가 공통적으로 언급하고 있는 것은 어느 것인가?

1　이웃 문제
2　재건축
3　안전 문제
4　통근 시간

단어　一戸建(いっこだ)て 단독 주택 | 都心(としん) 도심 | 片道(かたみち) 편도 | 超(こ)える 넘다, 초과하다 | 範囲(はんい) 범위 | 郊外(こうがい) 교외 | 植(う)える 심다 | 間取(まど)り 방 배치 | 設計(せっけい) 설계 | ストレスが溜(た)まる 스트레스가 쌓이다 | 将来(しょうらい) 장래, 미래 | 建(た)て替(か)え 재건축 | 管理費(かんりひ) 관리비 | 駐車場代(ちゅうしゃじょうだい) 주차장비 | 負担(ふたん) 부담 | 老朽化(ろうきゅうか) 노후화 | 煩(わずら)わしい 번거롭다 | 防犯(ぼうはん) 방범 | 空(あ)き巣(す) 빈집털이, 도둑 | 放火(ほうか) 방화 | 留守番(るすばん) 빈집을 지킴 | 気密性(きみつせい) 기밀성 | 断熱性(だんねつせい) 단열성 | 光熱費(こうねつひ) 광열비 | ～ないで済(す)む ～하지 않아도 되다 | 日当(ひあ)たり 햇볕 | 日中(にっちゅう) 낮 | 暖房(だんぼう) 난방 | 維持管理(いじかんり) 유지 관리 | 計画的(けいかくてき) 계획적 | 条件(じょうけん) 조건 | 新築(しんちく) 신축 | 幼稚園(ようちえん) 유치원 | 物件(ぶっけん) 물건(부동산), 집 | 通勤時間(つうきんじかん) 통근 시간

해설 〈질문 17〉 선택지 1번은 A만 아파트 생활의 부정적인 면을 언급하면서 단독 주택 쪽이 좋다고 말하고 있으므로 정답이 아니다. 통근 시간이 가장 중요하다고 언급한 것은 B이고, 자연 속에서 아이를 키우고 싶다고 언급한 것은 A이다. 집 그 자체 외에도 주변 환경이나 유지관리비 등이 좋다는 점을 A와 B 모두 언급하고 있으므로 맞는 내용이다. 따라서 선택지 2번이 정답이 된다.

〈질문 18〉 이웃 문제와 재건축은 A만 언급하고 있고, 안전 문제는 B만 언급하고 있다. 통근 시간에 대해 A는 '편도 2시간을 넘지 않는다면 멀더라도 상관없다'라고 했고, B는 현재 맞벌이를 하고 있어서 회사에서 가까운 곳이 좋다고 했으므로 맞는 내용이다. 따라서 선택지 4번이 정답이 된다.

4　문제13 **주장이해** 장문　　　　　　　　　　　　p.418

문제 13 다음 문장을 읽고 다음 질문에 대한 답으로 가장 적절한 것을 1·2·3·4에서 하나 고르시오.

주장이해(1)

해석　아이들이 자유롭게 놀 수 있는 장소가 감소하고 있다. 내가 어릴 적에는 지금과 달리 게임 같은 것은 없었지만, 아이들이 모이면 즉시 그곳이 놀이터가 되었다. 비가 오지 않는 한 밖에서 놀곤 했다. 지금은 위험하다는 이유로 많은 공원에서 금지되어 있는 나무 타기나 연못에 들어가 가재나 물고기를 잡는 일도, 어른이 보고 있지 않은 곳에서 수영하는 것조차 가능했다. 아이들끼리만 여기저기 모험하거나, 그곳에 비밀기지(주1)를 만들기도 했다. 운 좋게도 아직 자연이 많이 남아 있었기에 새로운 발견을 하거나, 우리끼리 놀이를 생각하거나 할 수 있었다. 절벽에서 뛰어내리는 시합을 하다가 골절되거나, 강물이 얼어붙은 얼음 위에서 놀다가 얼음이 깨져 흠뻑 젖는 아이도 드물지 않았다. 물론 그때마다 부모님들께 '위험한 짓 하지 마라'고 혼이 났지만, 아이는 질리지도(주2) 않고 같은 일을 반복했다.

지금 생각하면 아이들은 놀이 속에서 많은 것을 배우고 있었다. 함께 놀기 위한 소통 방법, 어떤 문제가 생겼을 때의 해결 방법, 무엇이 위험한지를 판단하는 능력, 재미있는 놀이를 만드는 상상력, 생각을 실행에 옮기는 행동력 등을 자연스럽게 몸에 익혀 갔다. 들판(주3)이나 도로, 공원 등 모든 곳이 아이들의 놀이터였다. 달리거나 뛰거나 오르거나 내리거나 몸을 써서 놀았기 때문에 자연스럽게 몸이 튼튼해졌다. 그러한 놀이를 통해 '살아가는 힘'을 길러 나갔다.

지금 아이들은 다양한 장난감에 둘러싸여 있다. 밖에서 노는 일 없이, 몇 시간이나 게임만 하고 있는 아이도 많다. 게임은 혼자서도 즐길 수 있고, 게임 중에는 말할 필요도 없다. 게다가 몸을 움직이지 않으니 건강 면도 걱정이다. 주어진 장난감은 대부분 노는 방법이 정해져 있어서, 아이가 생각하고 궁리할 필요가 없다. 아이의 살아가는 힘이 쇠퇴해 가는 것은 아닐까 걱정이 된다. 좀 더 친구와 밖에서 몸을 쓰며 놀았으면 한다.

아이에게 있어 자유로운 환경에서의 놀이는 성장시켜 주는 소중한 것이다. 공놀이조차 할 수 없는 공원도 있고, 아이들 목소리가 시끄럽다고 해서 폐쇄된 공원마저 있다. 어른의 사정으로 아이들의 놀이터를 빼앗아도 되는 것일까. 그것을 걱정하여 외부에서의 자유로운 놀이를 통해 얻을 수 있는 다양한 체험이나 아이들을 교류시키는 공원이 만들어지게 되었다. 그곳에서는 아이들의 자주성이나 주체성, 사회성이나 소통 능력을 키울 수 있다고 한다. 위험이 없도록 자원봉사자가 지켜보는 가운데 자유롭게 놀 수 있고, 때로는 일반 공원에서는 할 수 없는 모닥불이나 진흙 놀이, 나무 타기 등도 즐길 수 있다. 이것은 좋은 일이라고 생각하지만, 아직 수가 적다. 향후 어느 정도의 효과가 있을지는 미지수다.

(주1) 秘密基地: 남에게 알려지지 않게 하여, 자신이나 동료들만 사용하는 특별한 장소
(주2) 懲りる: 실패나 아픈 경험으로부터 다시는 같은 일을 하지 않으려는 마음이 들다
(주3) 原っぱ: 가까운 곳에 있는 아이들이 놀 만한 풀이 나 있는 넓은 빈터

1　필자는 현재 아이들의 놀이 환경에 대해 어떻게 생각하고 있는가?

　1　자유로운 놀이보다 안전이 우선되는 것은 당연하다고 생각하고 있다

　2　밖에서 자유롭게 노는 것이 줄어든 것에 대해 걱정하고 있다.

　3　옛날과 비교해 지금 아이들이 더 놀시 않게 되어서 걱정하고 있다.

　4　지금 아이들은 장난감도 게임도 있어서 혜택받고 있다고 평가하고 있다.

2　필자는 공원이 만들어지게 된 것에 대해 어떻게 느끼고 있는가?

　1　좋은 일이라고는 생각하지만, 한계도 느끼고 있다.

　2　어른이 있는 것은 아이의 성장에 마이너스라고 느끼고 있다.

　3　노는 공원을 바꿀 수 없어서 유감이라고 느끼고 있다.

　4　아이에게 위험한 모험을 할 수 없는 것은 문제라고 느끼고 있다.

3 필자가 가장 전하고 싶었던 것은 무엇인가?

1 아이를 몸과 마음을 같이 키우기 위해서는 자유를 주어야 한다.

2 아이가 잘 성장하기 위해서는 아이들끼리의 자유로운 놀이가 필요하다.

3 아이를 몇 명이서 자유롭게 놀게 하기 위해서는 감시하는 어른이 필요하다.

4 아이가 자유롭게 좋아하는 것을 할 수 있도록 자연 속에서 키우는 것이 좋다.

단어 減少(げんしょう) 감소 | 直(ただ)ちに 즉시, 곧바로 | 冒險(ぼうけん) 모험 | 幸運(こううん) 행운 | 骨折(こっせつ) 골절 | 珍(めずら)しい 드물다 | 繰(く)り返(かえ)す 반복하다 | 想像力(そうぞうりょく) 상상력 | 衰(おとろ)える 쇠퇴하다 | 自主性(じしゅせい) 자주성 | 焚(た)き火(び) 모닥불 | 未知数(みちすう) 미지수

해설 〈질문 1〉필자는 과거와 현재의 놀이 환경을 비교하며, 현재 아이들이 밖에서 몸을 쓰며 자유롭게 노는 기회가 줄어든 것이 '살아가는 힘'의 저하로 이어질까 봐 우려하고 있다. 따라서 2번이 정답이다. 3번의 경우 아이들이 노는 방식(게임 등)이 바뀐 것이지 놀이 자체의 양이 줄었다는 것이 핵심은 아니다.

〈질문 2〉마지막 문단에서 새로운 형태의 공원이 생겨난 것에 대해 '좋은 일이라고 생각한다'고 언급하면서도, 동시에 '수가 적다', '효과는 미지수다'라고 덧붙이고 있다. 이는 긍정하면서도 그 규모나 확실성에 대해 조심스러운 입장, 즉 한계를 느끼고 있음을 보여준다. 따라서 1번이 정답이다.

〈질문 3〉필자는 놀이 속에서 소통, 문제 해결, 상상력 등을 배운다고 강조하며, 어른의 간섭이 적은 자유로운 환경에서 아이들끼리 어울려 노는 것이 성장에 필수적임을 주장하고 있다. 따라서 2번이 가장 적절한 정답이다. 4번의 '자연 속에서 키우는 것'은 과거의 배경일 뿐 필자가 제안하는 핵심 해결책은 아니다.

주장이해(2)

해석 　2025년은 화장실 변기(주1) 수의 남녀 차이가 널리 인식되게 된 해입니다. 그전에도 여성 건축가가 변기 수의 남녀 차이를 조사하여 논문을 발표하거나 대학의 연구 테마로 삼기도 해서, 문제가 있다는 것은 분명해져 있었습니다만, 특별히 크게 다루어지는 일은 없었습니다. 이번에 이것이 일본 전역의 주목을 받은 것은, 한 여성이 약 2년 반에 걸쳐 꾸준히 전국의 철도, 공항, 콘서트홀이나 상업 시설 등 706곳을 조사한 것이 뉴스에 다루어졌기 때문입니다. 그녀의 조사에 따르면, 변기 수(남성은 소변기 포함)는 남성이 여성의 1.76배. 706곳 중 90% 이상의 화장실에서 남성 쪽의 변기 수가 많았고, 여성 쪽이 많았던 것은 28곳이었다고 합니다. 남녀 차이가 눈에 띈 시설 중 하나가 역으로, 여성용 개별실 6개에 대해 남성용은 소변기 10개, 개별실 7개의 계 17개, 여성의 2.83배라는 예도 있었다고 합니다. 많은 여성은 화장실의 긴 행렬에 불만을 가지면서도 그다지 그것을 호소해 오지 않았습니다. 화장실에 대해 말하는 것은 부끄러운 일이고, 중요한 일도 아니며, 참는 것에 익숙해져 있었던 데다, 무엇보다 당연한 일이라고 생각했기 때문입니다. 하지만 지금은 SNS의 시대이기에 이 일이 눈 깜짝할 사이에 퍼져 얼마나 많은 여성이 불만을 가지고 있었는지가 분명해졌습니다. 일본의 화장실은 훌륭하다고 전 세계에 알려져 있었는데, 이런 문제를 간과하고 있었던 것입니다.

　이 화장실 수의 남녀 차이에는 별도의 중요한 문제도 포함되어 있습니다. 여성용 변기가 적다고 해서, 단순히 평등하게 남녀가 같은 수로 한다고 해도 문제는 해결되지 않습니다. 평등과 공평은 다르기 때문입니다. 평등은 단순히 똑같이 하는 것이지만, 공평은 모든 사람이 불리(주2)해지지 않도록, 각각에 맞게 하는 것입니다. 예를 들어, 높은 곳의 사과를 딸 때 같은 높이의 받침대를 주는 것은 평등입니다. 그에 반해, 키가 작은 사람이 같은 높이의 받침대를 사용해도 사과를 딸 수 없는 경우에는 그 사람에게는 더 높은 받침대를 줘야 한다는 것이 공평인 것입니다. 화장실에 대해서도 공평하게 해야 합니다. 마침내, 이것을 깨닫고 남녀 변기 수를 입장객의 남녀비에 맞춰 유연하게 변경할 수 있는 홀도 지어지고 있습니다. 하지만, 모든 일본의 공공 화장실이 공평해지려면, 아직 시간이 걸릴 것 같습니다. 이것이 해결되고서야 비로소 일본의 화장실은 훌륭하다고 가슴을 펴고 말할 수 있는 것이 아닐까요?

(주1) 便器 : 볼일을 볼 때 나오는 것을 받아내는 도구. 남성용은 소변기라고 한다.

(주2) 不利 : 다른 사람과 비교하여 입장이나 조건이 나빠지는 것.

4 2025년에 화장실 변기 수의 남녀 차이가 널리 주목받게 된 이유는 무엇인가?

1 처음으로 남녀별 변기 수 조사 결과가 뉴스가 되었기 때문에

2 여성이 화장실 불만을 SNS로 말하게 된 것이 뉴스로 퍼졌기 때문에

3 한 여성에 의한 장기간의 전국 조사가 뉴스에 보도되었기 때문에

4 여성 건축가가 처음으로 쓴 남녀별 화장실 변기 수 논문이 뉴스가 되었기 때문에

5 필자는 화장실 변기 수 문제에 어떻게 대처해야 한다고 생각하는가?

1 여성의 변기 수를 남성보다 많게 하면 된다.

2 일본 전체에서 공공 화장실의 수를 공평하게 되도록 하면 된다.

3 남녀의 차이를 고려하여 공평하게 되도록 하면 된다.

4 가능한 한 새로운 화장실을 지어서 공평함이 유지되도록 하면 된다.

6 지금까지의 일본 화장실의 평가에 대한 필자의 마음은 무엇인가?

1 자랑스럽지만, 깨닫지 못한 문제가 있어서 유감이라고 생각하고 있다.

2 간과한 점이 있어도, 일본의 화장실은 충분히 훌륭하다고 생각하고 있다.

3 일본의 화장실은 문제가 있으므로 세계로부터의 평가는 틀렸다고 생각하고 있다.

4 시간을 들이면 해결할 수 있는 작은 문제가 평가를 낮추고 있어 불만이라고 생각하고 있다.

단어 認識(にんしき) 인식 | 建築家(けんちくか) 건축가 | 論文(ろんぶん) 논문 | 明(あき)らか 분명함, 명백함 | 注目(ちゅうもく)を浴(あ)びる 주목을 받다 | 〜にわたって 〜에 걸쳐 | コツコツ 꾸준히, 조금씩 정성을 들이는 모양 | 商業施設(しょうぎょうしせつ) 상업 시설 | 調査(ちょうさ) 조사 | 目立(めだ)つ 눈에 띄다, 두드러지다 | 個室(こしつ) 개별실 (화장실 칸) | 行列(ぎょうれつ) 행렬, 줄 | 訴(うった)える 호소하다, 주장하다 | 恥(は)ずかしい 부끄럽다 | 重要(じゅうよう) 중요 | 我慢(がまん) 참음, 인내 | 当(あ)たり前(まえ) 당연함 | 見落(みお)とす 간과하다, 못 보고 넘기다 | 単(たん)に 단순히 | 平等(びょうどう) 평등 | 公平(こうへい) 공평 | 不利(ふり) 불리 | 柔軟(じゅうなん) 유연함 | 変更(へんこう) 변경 | 公共(こっきょう) 공공 | 胸(むね)を張(は)る 가슴을 펴다, 당당해지다

해설 〈질문 4〉 지문 첫 번째 문단에서 이 문제가 널리 주목을 받은 이유는 과거의 논문 발표 등이 아니라, '한 여성이 약 2년 반에 걸쳐 꾸준히 전국의 706곳을 조사한 것이 뉴스에 다루어졌기 때문'이라고 명시되어 있다. 따라서 정답은 선택지 중 3번이다. 1번은 조사가 처음이라는 언급이 없으며, 2번은 뉴스 보도 이후의 파급 효과에 해당하므로 직접적인 계기로 보긴 어렵다. 4번은 과거에 이미 있었던 일이나 큰 주목을 받지 못했다고 했으므로 오답이다.

〈질문 5〉 필자는 평등과 공평을 구분하며, 단순히 똑같은 수를 제공하는 '평등'이 아니라 각각의 상황과 필요에 맞게 대처하는 '공평'을 강조하고 있다. 특히 화장실의 경우 입장객의 남녀비에 맞춰 유연하게 운영하는 사례를 긍정적으로 언급했으므로, 남녀의 차이를 고려한 공평한 배분을 주장하는 3번이 정답이다. 1번은 불균형을 반대로 만드는 것일 뿐 필자가 말하는 '공평'의 정의와 맞지 않는다.

〈질문 6〉 지문 마지막 부분에서 필자는 일본 화장실이 세계적으로 훌륭하다고 알려져 있음에도 불구하고, 이러한 남녀 차이 문제를 '간과하고 있었다'고 말한다. 또한 이 문제가 해결되어야 비로소 '가슴을 펴고(당당하게) 말할 수 있다'고 한 점에서, 기존 평가에 대한 자부심과 동시에 발견된 결점에 대한 아쉬움을 드러내고 있으므로 정답은 1번이다. 나머지는 필자가 문제 해결을 촉구하고 있는 논조와 맞지 않거나 평가 자체를 부정하는 것이 아니므로 오답이다.

해석

노벨 재단의 발표에 따르면, 2025년까지 일본의 자연 과학 분야에서의 수상자는 24명이라고 한다. 이 외에 미국 국적의 수상자를 포함하면 27명이 되어, 세계에서 5위의 수상자 수다. 수상자의 상당수는 1980~90년대에 좋은 연구 환경에서 연구를 할 수 있었지만, 지금은 다르다. 향후 당분간은 유력 후보자는 있기는 하지만, 상당수는 60대 이상으로, 차세대 수상자가 없어질 우려가 있다. 25년 전, 일본은 '톱 1% 논문'의 인용(주1) 횟수에서 세계 4위였지만, 해마다 순위가 내려가, 2023년에는 12위(319편, 점유율 1.7%)로 떨어졌으며, 한국(331편)에게도 추월당하고 있기 때문이다. 박사 학위를 가진 사람도 적어져, 인구 100만 명당 약 130명으로, 한국이나 영국의 약 340명에 미치지 못한다. 이유는 연구자 수, 연구 시간, 연구 예산의 감소에 있다. 이래서는 상황은 악화될 뿐이다.

일본에서는 2004년 국립 대학의 법인화(주2)에 따라, 조성금이 매년 1%씩 감소했다. 대학에서는 직원이 줄어들고, 그 때문에 연구자는 서류 작성 등에 쫓겨, 연구 시간이 대폭 감소했다. 나아가, 포닥(주3)의 문제가 있다. 포닥은 지위가 불안정하며, 이것이 박사 과정으로의 진학을 망설이게 하여, 석사 학위를 취득한 것만으로 취업해 버리는 학생이 많이 생기고 있다. 또한, 포닥은 1년에서 5년, 경우에 따라서는 10년 이내에 좋은 연구 결과가 나오지 않으면 퇴직해야 하기 때문에, 시간이 걸리는 기초 연구나, 미지의 분야로의 도전을 꺼리는 경향이 있다. 하지만, 노벨상은 기초 연구나 새로운 지식에서 태어나는 것이므로 상황은 심각해지고 있다.

정부는 연구 예산을 효과적으로 활용하여, 세계 최고 수준의 연구 대학을 만드는 계획을 세워 대학 간에 경쟁시키고 있다. '국제 탁월 연구 대학(주4)'을 선정하여 10조 엔의 펀드에서 최장 25년간의 조성금을 주기로 했다. 2024년에는 도호쿠 대학이 선정되어, 우선 약 154억 엔을 받았다. 하지만, 그것뿐만 아니라 많은 대학에도 조성금이 필요하며, 특히 젊은 연구자가 새로운 도전을 수행할 수 있도록, 널리 연구비를 줄 필요가 있는 것 아니겠는가. 연구자에 대한 소액의 조성금이 효과적이며, 논문 수나 노벨상 급의 연구를 낳을 가능성이 높다는 연구 결과도 있다.

그러므로 국가의 방침과 상관없이, 넓고 얇게 조성을 충실히 해야 한다. "소액이라도 좋으니까 호기심에 기반한 연구를 할 수 있게 해달라"는 목소리를 정부는 무시해서는 안 된다. 소규모 실험으로 성과를 올려 세계로부터 주목받고 있는 예도 있다고 하니, 폭넓은 연구자에 대한 조성을 강화함으로써, 기술 대국 일본을 되찾아야 하는 것이 아닐까.

(주1) 引用 : 자신의 의견 등을 증명하기 위해 타인의 문장이나 도표 등을 그대로 사용하는 것.
(주2) 法人化 : 회사 등과 같이 독립해서 경영할 수 있는 조직으로 만드는 것.
(주3) ポスドク : 포스트 닥터의 약칭. 박사 학위를 취득한 후 대학이나 연구소에서 연구를 계속하는 임기제 연구자.
(주4) 国際卓越研究大学 : 세계 톱 레벨의 연구력을 가지고, 사회를 바꿀 정도의 연구 성과를 낼 가능성이 있다고 인정된 대학.

7 지금의 일본 과학 기술력은 어떤 상태인가?

1 박사 학위를 가진 연구자가 줄고 있지만, 과학 기술력에 영향은 없다.

2 연구 예산이나 연구자, 연구 시간의 감소로 인해, 과학 기술력이 저하되고 있다.

3 높은 과학 기술력을 자랑하고 있으며, 그것을 더욱 높이려 하고 있다.

4 과학 기술력이 떨어지고 있으므로, 노벨상 수상자는 이제 나오지 않는다.

8 필자는 일본의 과학 기술이 어떻게 될 것이라고 생각하고 있는가?

1 조성금이 늘어나기만 하면, 앞으로도 순조롭게 계속 발전할 것이다.

2 이제 노벨상 레벨의 연구는 할 수 없게 될 것이다.

3 조성금이 널리 퍼진다면, 원래 수준으로 돌아갈 가능성이 있을 것이다.

4 좋은 연구 환경이 만들어진다면, 이전의 수를 넘어 노벨상을 탈 수 있을 것이다.

9 필자는 어떻게 해야 한다고 생각하고 있는가?

1 국제 탁월 연구 대학으로의 조성금을 많은 연구자에게 주어야 한다.

2 국제 탁월 연구 대학으로의 조성금보다 연구자 개별 조성금을 더 늘려야 한다.

3 조성금을 효과적으로 쓰기 위해, 국제 탁월 연구 대학의 예산을 늘려야 한다.

4 국제 탁월 연구 대학의 조성금과 함께 많은 연구자에게 조성금을 주어야 한다.

단어

自然科学(しぜんかがく) 자연 과학 | 分野(ぶんや) 분야 | 受賞者(じゅしょうしゃ) 수상자 | 国籍(こくせき) 국적 | 有力(ゆうりょく) 유력 | 候補者(こうほしゃ) 후보자 | 次世代(じせだい) 차세대 | 恐(おそ)れ 우려, 걱정 | 引用(いんよう) 인용 | 順位(じゅんい) 순위 | 落(お)ち込(こ)む 하락하다, 빠지다 | 追(お)い越(こ)す 추월하다 | 博士号(はくしごう) 박사 학위 | 及(およ)ぶ 미치다 | 予算(よさん) 예산 | 減少(げんしょう) 감소 | 一方(いっぽう)だ ~하기만 하다 | 法人化(ほうじんか) 법인화 | 助成金(じょせいきん) 조성금 | 書類(しょるい) 서류 | 作成(さくせい) 작성 | 大幅(おおはば) 대폭 | 不安定(ふあんてい) 불안정 | 進学(しんがく) 진학 | ためらわせる 망설이게 하다 | 取得(しゅとく) 취득 | 就職(しゅうしょく) 취업 | 退職(たいしょく) 퇴직 | 基礎研究(きそけんきゅう) 기초 연구 | 未知(みち) 미지 | 深刻化(しんこくか) 심각화 | 有効(ゆうこう) 유효 | 水準(すいじゅん) 수준 | 卓越(たくえつ) 탁월 | 可能性(かのうせい) 가능성 | 方針(ほうしん) 방침 | 充実(じゅうじつ) 충실 | 好奇心(こうきしん) 호기심 | 無視(むし) 무시 | 規模(きぼ) 규모 | 強化(きょうか) 강화

 〈질문 7〉 첫 번째 문단에서 일본의 논문 인용 순위 하락, 연구 인력 감소, 예산 축소 등을 근거로 상황이 악화되고 있음을 객관적으로 서술하고 있다. 특히 한국에 추월당하고 있다는 구체적 수치를 제시하며 기술력의 저하를 경고하고 있으므로 정답은 2번이다. 1번은 영향이 심각하다고 했으며, 4번은 수상자가 없어질 '우려'를 표한 것이지 불가능을 단정한 것은 아니다.

〈질문 8〉 필자는 마지막에 '기술 대국 일본을 되찾아야 한다'고 말하며, 이를 위한 해결책으로 폭넓은 연구 지원을 제안하고 있다. 이는 적절한 정책적 노력이 있다면 이전의 수준을 회복할 수 있다는 전제를 깔고 있는 것이므로 정답은 3번이다. 1번은 단순한 양적 지원보다 지원의 방식(넓고 얇게)을 강조하고 있으며, 2번은 필자가 극복하고자 하는 최악의 시나리오일 뿐이다.

〈질문 9〉 세 번째 문단에서 정부가 선정한 특정 대학(국제 탁월 연구 대학)에 대한 집중 지원을 언급한 뒤, '그것뿐만 아니라 많은 대학에도 조성금이 필요하다'고 덧붙이고 있다. 즉, 소수 대학에 대한 거액 지원과 다수 연구자에 대한 폭넓은 지원이 병행되어야 한다는 주장이므로 정답은 4번이다. 2번처럼 지원 대상을 완전히 바꾸자는 논조는 아니며 병행의 필요성을 강조하고 있다.

주장이해(4)

 최근 화제를 모으고 있는 것이 '크라우드 펀딩'이다. 이것은 무언가를 하고 싶은 사람이 그 생각을 인터넷에 공개하고, 후원자(주1)로부터 실현하기 위한 자금을 모으는 방법이다. 목표 금액을 설정하고, 기한까지 그 금액이 모이지 않을 경우는 프로젝트가 취소되는 일도 있다. 'A: 구입형'과 'B: 응원형'의 두 가지가 있어서, A에서는 후원에 대해 답례품이 준비되어 있다. A는 아이디어가 있어도 자금 부족으로 상품화할 수 없는 경우 등에 사용되며, 후원자는 그 상품을 구입하는 형태가 된다. 크라우드 펀딩 덕분에 기회를 얻을 수 있는 셈이다. 성공 사례로서 펫 드라이어가 있다. 고양이는 씻긴 후 드라이어로 말리려 해도, 싫어해서 좀처럼 말릴 수가 없다. 그래서 고양이를 넣는 상자형 드라이어를 만들기로 했다. 이것은 예상 이상의 후원을 모았고, 그 후의 판매 실적도 좋아 비즈니스로서 성공하고 있다고 한다. A는 응원하는 마음과 함께 신상품을 가장 먼저 손에 넣을 수 있다는 점도 있어, 거액의 자금이 모이기 쉽다. 모인 금액에 따라 사람들에게 얼마나 기대받고 있는지를 알 수 있기 때문에, 출품자에게 계획을 세우기 쉽다는 이점도 있다.

B의 응원형으로서 많은 것은 재해 후원 등이다. 이것에 대해서는 답례품은 거의 없지만, 이쪽도 순조로워 상당한 금액을 모으고 있다. 기부금이 어떻게 쓰이는지가 명확하기 때문에, 답례가 없어도 후원자가 만족하기 때문인 듯하다. 지금까지 최고 후원금을 모은 것은 B의 국립과학박물관으로 공룡(주2) 표본(주3)의 유지 관리비인데, 국가가 내야 한다는 점은 차치하고, 90일 만에 9억 엔을 모았다. 이쪽은 희귀한 체험을 할 수 있는 등의 답례를 포함하여 전체의 3분의 1에 해당하는 3억 2000만 엔이 물품 제작이나 수수료에 쓰였다고 한다. 그 작업은 생각보다 힘들었다고도 하며, 최근의 B에서는 물건이 아니라 특별한 경험을 답례로 바꾸는 예가 늘어나고 있다고 한다.

크라우드 펀딩은 답례 유무에 관계없이 의뢰자도 후원자도 만족할 수 있는 시스템이므로, 앞으로도 보급되어 갈 것이라고 생각한다.

(주1) 支援: 곤란을 겪는 사람 등을 돕는 것.
(주2) 恐竜: 2억 5,100만 년 전부터 6,550만 년 전 무렵에 번성했던 도마뱀 같은 생물로, 작은 것도 있었으나 대부분이 매우 컸다.
(주3) 標本: 동물·식물·광물 등의 전체 혹은 그 일부를 후세에 남기거나 연구하거나 하기 위해 보존 처리를 한 것

10 필자는 왜 **계획을 세우기 쉽다**고 기술하고 있는가?

1 후원 금액으로부터 그 물건을 원하는 사람이 많은지 어떤지 알 수 있기 때문

2 후원 금액으로부터 그 물건의 가격을 얼마로 하면 좋을지 정할 수 있기 때문

3 후원 금액으로부터 후원자 수를 알 수 있으므로 그만큼만 만들면 되기 때문

4 후원 금액이 목표 금액을 넘었다면 많이 제조할 수 있기 때문

11 주로 어떤 사람이 후원자가 되고 있는가?

1 A에서는 신상품을 싸게 사고 싶은 사람, B에서는 보답을 필요로 하지 않는 사람

2 A에서는 싼 상품을 손에 넣고 싶은 사람, B에서는 납례품이 없어도 만족하는 사람

3 A에서는 지금까지 없던 상품을 가장 먼저 갖고 싶은 사람, B에서는 답례 유무는 신경 쓰지 않는 사람

4 A에서는 신상품을 가장 먼저 받고 싶은 사람, B에서는 납례는 있는 편이 좋지만 없어도 되는 사람

12 필자의 생각과 일치하는 것은 어느 것인가?

1 답례가 있었으므로 국립과학박물관이 9억 엔이나 모은 것은 당연하다.

2 국립과학박물관은 크라우드 펀딩을 해서는 안 됐다.

3 크라우드 펀딩은 답례가 없는 경우도 후원자가 만족하는 듯하다.

4 크라우드 펀딩은 의뢰자에게도 후원자에게도 좋은 접투성이인 시스템이다.

단어　話題(わだい) 화제 | 公開(こうかい) 공개 | 支援者(しえんしゃ) 후원자, 지원자 | 実現(じつげん) 실현 | 資金(しきん) 자금 | 目標金額 (もくひょうきんがく) 목표 금액 | 設定(せってい) 설정 | 期限(きげん) 기한 | 取(と)り消(け)し 취소 | 購入型(こうにゅうがた) 구입형 | 用意(ようい) 준비 | 商品化(しょうひんか) 상품화 | 成功例(せいこうれい) 성공 사례 | 乾(かわ)かす 말리다 | 予想(よそう) 예상 | 売 (う)れ行(ゆ)き 판매 실적, 매상 | 多額(たがく) 거액 | 期待(きたい) 기대 | 出品者(しゅっぴんしゃ) 출품자 | 利点(りてん) 이점 | 災害 (さいがい) 재해 | 順調(じゅんちょう) 순조로움 | 寄付金(きふきん) 기부금 | 明確(めいかく) 명확 | 維持管理費(いじかんりひ) 유지 관 리비 | 手数料(てすうりょう) 수수료 | 有無(うむ) 유무 | 依頼者(いらいしゃ) 의뢰자 | 普及(ふきゅう) 보급

해설　〈질문 10〉 첫 번째 문단 마지막 부분에서 '모인 금액에 따라 사람들에게 얼마나 기대받고 있는지가 파악되기 때문'에 계획을 세우기 쉽다고 서술되어 있다. 이는 모인 금액이 곧 수요(상품을 원하는 사람의 정도)를 나타내는 지표가 된다는 의미이므로 정답은 1번이다. 3번의 경우 '후원자 수만큼만 만든다'는 구체적 제작 수량에 대한 언급이라기보다 시장의 반응(기대도)을 확인하는 것에 초점이 맞춰져 있으므로 1번이 더 적절하다.

〈질문 11〉 지문에서 A(구입형)의 후원자는 '신상품을 가장 먼저 손에 넣을 수 있다는 점' 때문에 자금을 지원한다고 했으며, B(응원형)의 후 원자는 '기부금의 용처가 명확하다면 답례가 없어도 만족한다'고 설명되어 있다. 따라서 정답은 3번이다. 1번과 2번의 '싸게 사고 싶다'는 내용은 본문에 언급되지 않았으며, 4번의 B에 대한 설명은 '답례 유무와 상관없이 만족한다'는 본문의 논조와는 약간의 거리감이 있다.

〈질문 12〉 두 번째 문단에서 B형(응원형)에 대해 '기부금의 사용처가 명확하기 때문에 답례가 없어도 후원자가 만족하는 듯하다'고 직접적 으로 언급하고 있다. 따라서 정답은 3번이다. 1번은 9억 엔을 모은 것이 대단한 성과라고 했으나 당연하다고 단정 짓지는 않았고, 2번은 필 자가 국가의 책임을 언급하긴 했지만 크라우드 펀딩 자체를 부정하지는 않았다. 4번은 긍정적인 시스템이라 평가하면서도 답례품 준비의 고충(힘들었다는 점) 등 현실적인 어려움도 언급했으므로 '좋은 점투성이'라는 극단적인 표현은 적절치 않다.

주장이해(5)

해석　　국가의 추계(주1)에 따르면 일본에서 사용되는 물은 3분의 2가 농업용으로 쓰이고, 나머지는 공업용수와 가정이나 학교, 사무소 등에서 쓰는 생활용수로 양분되어 있다고 한다. 농업용에서는 특히 쌀을 재배하는 수전(논)에 많은 물이 사용된다. 수전은 지하수를 쓰기도 하지만, 대부분은 비나 강물, 저수지, 수로에서 끌어온다. 수전이나 저수지는 홍수를 막는 것도, 비가 적을 때 사용하는 것도 가능하다. 또한, 개구리나 곤충이 사는 장소도 되고 있다. 농업이 쇠퇴하면 저수지나 수로의 관리가 어려워져, 자연을 지키는 것도 어 려워지게 된다. 공업용수는 주로 강물을 사용하는데, 물의 약 80%~85%는 기계나 설비, 제품을 식히기 위해, 약 10%는 재료나 제 품을 씻는 데, 약 2~3%는 제품의 원료로 하기 위해 사용된다. 옛날에는 공장의 오염된 물이 문제를 일으킨 적도 있었으나, 지금은 그런 일은 거의 없다. 또한, 지하수의 과다 사용으로 지반이 내려앉거나 물이 줄어들었기 때문에, 지금은 사용 방법도 제한되고 있다. 생활용수에서는 변기가 약 22%, 목욕이 약 24%, 요리나 설거지에 쓰는 것이 약 17%, 세탁이 약 16%, 샤워가 약 9%, 식수가 약 4% 다. 생활용수는 쓰지 않을 수는 없으나, 헛되이 쓰지 않도록 하고 싶다.

　　일본은 세계 평균의 약 2배의 비가 내리기 때문에 물 부족은 일어나지 않으리라 생각하기 쉽지만, 산이 많고 강이 짧으며 흐름이 급하기 때문에, 내린 비는 금방 바다로 흘러가 버려 모아 두기가 어렵다. 기후 변동의 영향으로 폭우나 태풍에 의한 홍수가 늘어난 지 역이 있는 반면, 비가 적어 심각한 물 부족이 되는 장소도 있다. 또한, 인구가 많은 지역은 물의 이용량이 많아, 1인당으로는 일본의 수자원은 세계의 평균보다 적다고 한다. 그래서 댐이나 저수지를 만들어 물을 가두지 않으면 안 된다.

　　일본에서는 수도가 거의 100% 보급되어 있어 그대로 마실 수 있는 데다 맛있는 물이 많다. 매우 감사한 일이지만, 수도관이나 시 설의 상당수는 건설일로부터 50년 이상 경과하였으며, 교체하기에는 많은 비용이 필요하다. 인구가 감소하고 있는 지역에서는 수 도 요금 수입도 적어 수리도 어렵다. 또한, 현재는 공장이나 가정에서 나오는 물로 강이나 호수가 더러워지는 일은 거의 없지만, 최근 에는 PFAS라는 인공적으로 만들어진 화학 물질이 검출되어 문제가 되고 있다. PFAS는 편리한 물질로서 많은 제품에 쓰여 왔지만, 자연적으로 분해(주2)되기 어렵고 인간의 몸에 들어가 쌓이면 암에 걸릴 우려도 있다. 국가는 수돗물의 PFAS 기준을 정해 안전한 수돗물을 제공하는 대책을 취하고 있으나, 안전한 물을 어디서 취할지 지자체는 매우 고생하고 있다. 이것은 일본만으로는 완전히 해결할 수 없는 문제이기 때문에, 세계적인 사용 규제나 PFAS를 제거하는 기술의 개발을 바라고 싶다.

(주1) 推計: 한정된 데이터나 일부 정보를 바탕으로 전체의 수나 경향을 추측하는 것.
(주2) 分解する: 뿔뿔이 흩어지게 하는 것.

13　물의 사용에 대하여, 본문의 내용과 일치하는 것은 어 느 것인가?
　1　가장 적은 것은 식수로 사용하는 물이다.
　2　생활용수는 줄일 수 없다.
　3　가장 물을 많이 사용하는 것은 쌀을 재배하기 위해서 이다.
　4　지금은 공장에서 더러운 물이 나오는 일은 없다.

14　필자는 일본의 물에는 어떤 문제가 있다고 생각하고 있 는가?
　1　큰비가 내리는 지역에서 물 부족이 일어나는 것
　2　수도관이나 시설이 오래되어 수리 불능이 되어 있는 것
　3　안전한 수돗물을 위해 PFAS가 없는 물을 찾지 못하는 것
　4　비가 내려도 대부분의 물이 바다로 흘러가 버리는 것

15 필자는 일본의 물에 대해 어떻게 생각하고 있는가?

1 문제는 있으나, 대책이 없는 것은 아니다.

2 우리 개인이 물을 아껴 쓰면 문제는 해결된다.

3 댐을 만들지 않으면 물 부족은 해결할 수 없다.

4 외국보다 비가 많이 오기 때문에 문제는 거의 없다.

단어 推計(すいけい) 추계 | 農業用(のうぎょうよう) 농업용 | 工業用水(こうぎょうようすい) 공업 용수 | 生活用水(せいかつようすい) 생활용수 | 水田(すいでん) 수전 | ため池(いけ) 저수지 | 水路(すいろ) 수로 | 洪水(こうずい) 홍수 | 防(ふせ)ぐ 막다, 방지하다 | 衰(おとろ)える 쇠퇴하다 | 設備(せつび) 설비 | 冷(ひ)やす 식히다 | 地盤(じばん) 지반 | 沈(しず)む 가라앉다, 침하하다 | 制限(せいげん) 제한 | 無駄(むだ) 헛됨, 낭비 | 気候変動(きこうへんどう) 기후 변동 | 貯水池(ちょすいち) 저수지 | 普及(ふきゅう) 보급 | 経過(けいか) 경과 | 取(と)り換(か)える 교체하다 | 費用(ひよう) 비용 | 収入(しゅうにゅう) 수입 | 化学物質(かがくぶっしつ) 화학 물질 | 検出(けんしゅつ) 검출 | 分解(ぶんかい) 분해 | 癌(がん) 암 | 恐(おそ)れ 우려, 위험 | 対策(たいさく) 대책 | 自治体(じちたい) 지자체 | 苦労(くろう) 고생 | 規制(きせい) 규제 | 取(と)り除(のぞ)く 제거하다

해설 〈질문 13〉 지문 첫 번째 문단에서 일본에서 사용되는 물의 3분의 2가 농업용이며, 그중에서도 쌀을 재배하는 수전에 많은 물이 사용된다고 서술되어 있다. 따라서 정답은 3번이다. 1번의 경우 식수는 생활용수의 4%에 해당하지만 공업용 원료(2~3%)보다 수치상 많으므로 가장 적다고 단정할 수 없다. 2번은 아예 안 쓸 수는 없으나 헛되이 쓰지 않도록 하고 싶다고 했으므로 줄일 수 없다는 내용은 틀리다. 4번은 '거의 없다'고 했으나 완전히 없다고 단정할 수는 없다.

〈질문 14〉 두 번째 문단에서 일본은 산이 많고 강이 짧으며 흐름이 급해, 내린 비가 금방 바다로 흘러가 버려 모아 두기가 어렵다는 점을 일본 수자원의 주요 문제로 꼽고 있다. 따라서 정답은 4번이다. 1번은 폭우 지역과 물 부족 지역을 대비시킨 것이지 폭우 지역에 물 부족이 생긴다는 뜻은 아니며, 2번은 수리가 어렵다고 했지 불능 상태라고 하지는 않았다. 3번은 지자체가 고생하고 있다는 내용이지 물 자체를 찾지 못한다는 결론은 아니다.

〈질문 15〉 필자는 노후 시설, 인구 감소에 따른 예산 부족, PFAS 오염 등 여러 심각한 문제를 제기하면서도, 국가의 대책 수립이나 세계적인 규제 및 기술 개발에 대한 기대를 드러내고 있다. 즉, 문제는 산적해 있으나 해결을 위한 대책과 방향성을 제시하고 있으므로 정답은 1번이다. 2번은 개인의 노력만으로는 해결할 수 없는 구조적 문제들을 다루고 있으며, 3번은 댐의 필요성을 언급했으나 그것만이 유일한 해결책이라 주장하는 것은 아니다. 4번은 비가 많아도 이용 효율이 낮다는 점을 지적했으므로 오답이다.

주장이해(6)

해석　만화나 애니메이션의 세계는 최근 크게 변화해 왔습니다. 일본의 애니메이션이나 만화는 '드래곤볼', '원피스', '나루토', '포켓몬' 등의 인기 작품을 통해서 전 세계 사람들에게 친숙해져 왔습니다. 하지만 최근에는 일본뿐만 아니라 한국, 중국, 미국이나 유럽 국가들에서도 자국의 애니메이션이나 만화를 활발하게 제작하게 되었습니다. 특히 중국은 국가 차원에서 애니메이션 산업을 육성하고 있어서, 대형 스튜디오나 투자가 늘어나고 있습니다. 한국은 '웹툰'이라는 스마트폰용 만화에 강점이 있으며, 그것을 바탕으로 한 드라마나 애니메이션이 전 세계에서 인기를 모으고 있습니다. 웹툰은 스마트폰이나 컴퓨터로 읽는 것을 고려하여 만들어진 세로나 가로로 스크롤 해서 읽는 새로운 스타일입니다. 화면을 스크롤 하는 것만으로 읽어나갈 수 있기 때문에, 스마트폰 세대에게 매우 읽기 쉬운 형식입니다. 한국에서 퍼지기 시작하여 지금은 일본이나 미국 등 많은 나라에서도 인기가 있습니다.

또한, 인터넷이나 SNS의 확산은 애니메이션이나 만화를 즐기는 방법을 크게 바꾸었습니다. 'Netflix'나 'Disney+'와 같은 스트리밍 서비스를 사용하면, 전 세계 사람들이 같은 날에 같은 작품을 볼 수 있습니다. 팬들은 'YouTube'나 'TikTok', 'X(구 Twitter)'에 감상이나 일러스트를 올림으로써 전 세계와 연결될 수 있습니다. 더욱 즐기는 방식이 확장되기 때문에, 작품의 인기가 길게 지속되게 되었습니다.

지금은 '일본 독주 시대'에서 '다양한 나라가 경쟁하는 시대'로 바뀌고 있습니다. 일본이 살아남기 위해서는 만화의 디지털화를 더욱 추진하는 것, 작품의 내용도 모험이나 우정뿐만 아니라 젠더(남녀의 역할이나 다양한 성), 환경 문제, 사회의 불평등 등 세계가 요구하고 있는 공통된 테마를 도입하는 것, 번역과 배급의 속도를 올리는 것, 새로운 작가를 육성하는 것, 그리고 만화를 바탕으로 애니메이션이나 게임을 만드는 식의 미디어 전개를 넓히는 것 등이 필요합니다. 특히 중요한 것은 IP 산업(주1)입니다. 만화는 읽는 것뿐만 아니라 관련 굿즈의 판매, 애니메이션화나 영화화, 게임화, 이벤트나 테마파크와의 연결, 음악 비즈니스, 해외 배급이나 콜라보 상품(주2) 등 폭넓은 비즈니스가 생겨날 수 있습니다. 즉, 전략에 따라서는 작품 이상의 큰 이익을 얻을 수도 있습니다. 하지만 기본은 역시 좋은 작품을 만드는 것에 있기 때문에, 무엇보다도 새로운 재능을 키우는 것을 소중히 여겨, 더욱 높은 곳을 지향하기를 바랍니다.

(주1) IP 産業: 작품이나 캐릭터를 사용하여 생겨나는 산업.

(주2) コラボ商品: 작품이나 캐릭터와 관계가 있는 특별히 제작된 상품. 캐릭터가 들어간 T셔츠 등.

16 필자는 지금의 일본 만화나 애니메이션 상황에 대해 어떻게 서술하고 있는가?

1 지금까지의 일본 인기 작품은 해외의 새로운 작품에 지고 있다.

2 새로운 기술을 도입하지 않는 일본은 뒤처지고 말았다.

3 세로 읽기 만화 일색이 되어 종이 만화는 사라지고 있다.

4 일본 이외의 나라들도 힘을 기르고 있어 경쟁이 치열해지고 있다.

17 필자는 왜 IP산업을 중요시하고 있는가?

1 작품보다 많은 이익을 얻을 수 있기 때문에

2 작품보다 인기가 있는 물건을 만들 수 있을 것이기 때문에

3 작품을 둘러싸고 여러 비즈니스가 확산되기 때문에

4 작품을 더욱 인기 상품으로 만들 수 있기 때문에

18 필자는 일본의 만화·애니메이션에 무엇을 바라고 있는가?

1 종이 만화는 오래되었으니 그만두고 디지털화할 것

2 살아남기 위해 문제를 해결하고 지금을 뛰어넘을 것

3 좋은 작품을 내놓아 세계로부터 인정받을 것

4 재능이 있는 해외 작가를 찾아서 더욱 좋은 작품을 내놓을 것

단어 変化(へんか) 변화 | 親(した)しまれる 친숙해지다 | 盛(さか)んに 활발하게, 성대하게 | 制作(せいさく) 제작 | 投資(とうし) 투자 | 強(つよ)み 강점 | 縦(たて) 세로 | 横(よこ) 가로 | 配信(はいしん) 배급, 전송 | 投稿(とうこう) 투고 | 一強(いっきょう) 독주, 최강자 한 명 | 競争(きょうそう) 경쟁 | 勝(か)ち残(のこ)る 살아남다, 이겨서 남다 | 冒険(ぼうけん) 모험 | 友情(ゆうじょう) 우정 | 不平等(ふびょうどう) 불평등 | 共通(きょうつう) 공통 | 導入(どうにゅう) 도입 | 翻訳(ほんやく) 번역 | 展開(てんかい) 전개 | 戦略(せんりゃく) 전략 | 利益(りえき) 이익 | 才能(さいのう) 재능 | 高(たか)み 높은 곳 | 目指(めざ)す 지향하다, 목표로 하다

해설 〈질문 16〉 첫 번째 단락과 세 번째 단락에서 일본 이외의 국가(한국, 중국 등)들이 국가적 육성이나 새로운 스타일(웹툰)을 통해 성장하고 있음을 언급하며, 현재를 '여러 나라가 경쟁하는 시대'로 규정하고 있다. 따라서 정답은 4번이다. 1번은 지고 있다는 결과가 아닌 경쟁 상황을 말한 것이며, 2번은 일본에 디지털화 추진 등의 과제가 있음을 말한 것이지 이미 뒤처졌다고 단정한 것은 아니다. 3번 역시 종이 만화의 소멸을 언급하지 않기 때문에 오답이다.

〈질문 17〉 필자는 IP 산업에 대해 '굿즈 판매, 영화화, 게임화, 이벤트 등 폭넓은 비즈니스가 생겨날 수 있다'고 설명하며, 이것이 전략에 따라 작품 이상의 수익을 낼 수 있는 핵심임을 강조하고 있다. 즉, 하나의 지식재산권을 기반으로 다각적인 사업 전개가 가능하다는 점을 중요시하므로 정답은 3번이다. 1번은 전략에 따른 '결과'이지 중요시하는 '이유(근거)'인 비즈니스 확장을 포괄하지 못한다.

〈질문 18〉 필자는 마지막 단락에서 일본이 살아남기 위해 필요한 여러 가지 과제(디지털화, 테마 도입, 작가 육성 등)를 나열한 뒤, '더욱 높은 곳을 지향하기를 바란다'고 결론짓고 있다. 이는 현재 당면한 경쟁 상황 속의 문제들을 극복하고 한 단계 더 도약할 것을 촉구하는 것이므로 정답은 2번이다. 1번처럼 종이 만화를 중단하라는 극단적 주장은 없으며, 3번은 보편적인 목표일 뿐 본문에서 제시한 구체적인 전략적 발전과는 거리가 있다. 4번은 해외 작가가 아닌 '새로운 작가(재능)'를 키울 것을 강조했다.

해석   식사할 때 가장 많이 기능하고 있는 것은 미각도 후각(주1)도 아닌 실은 시각이라고 한다. 시각 정보가 87%를 차지하고 있다던가. 그래서 음식을 어떤 접시에 어떻게 담을지, 도시락에 무엇을 어떻게 넣을지와 같이 외형을 생각하는 것이 매우 중요하다. 일식은 특히 그릇이나 음식을 담는 방법을 중시한다. 음식을 돋보이게 하는(주2) 곁들임 채소(주3)도 자주 사용된다. 회를 담을 때 무를 채썰은(주4) 것 위에 놓거나, 차조기 잎(주5) 같은 녹색 잎이나 해초(주6)를 곁들이기도 한다. 때로는 플라스틱으로 만들어져 있는 먹을 수 없는 차조기 잎이 곁들여져 있기도 하는 것은 그 때문일 것이다. 담음새의 모양뿐만 아니라 색깔도 가장 중요하게 여겨진다. 예를 들어, 초록색 채소뿐인 샐러드 속에 빨간 토마토를 넣는 것만으로도 요리는 훨씬 맛있어 보이는 법이다. 토마토 대신 노란 레몬을 넣거나 주황색 당근을 얇게 썰어 흩뿌리거나 하는 것도 그 때문일 것이다.

색에 관한 조사에서 깨뜨린 계란을 보여 주었더니 계란의 노른자 색이 진한 쪽, 즉 노란색이 오렌지에 가까울 정도로 진한 쪽이 맛있을 것 같다고 느낀 사람이 많았다. 음식은 따뜻함을 느끼게 하는 빨강이나 오렌지색 쪽이 맛있어 보이는 것 같다. 반대로 파란색 계열의 색은 식욕을 감퇴시키는 경향이 있다고 한다. 그러나 같은 음식이라도 생선이나 아이스크림 등은 차가움, 상쾌함, 신선함 등이 요구되기 때문에 차가운 계열의 색(주7)을 선호한다. 어느 초콜릿 회사는 민트맛 초콜릿을 내놓으면서 민트맛 부분을 실물에 가까운 황록색으로 정했다. 그러나 똑같은 제품을 민트의 상쾌한 향의 이미지를 나타내는 연한 하늘색으로 바꾸니 놀랍게도 매출이 예전의 두 배가 되었다고 한다. 이처럼 따뜻한 음식에는 따뜻한 계열의 색(주8)을, 차가운 음식에는 차가운 계열의 색을 사용하는 것이 지금은 일반적인 상식이 되었다.

그런데 그와 반대로 가을철 새빨간 단풍을 디자인한 캔맥주가 발매되어 순식간에 인기 상품이 되었다. 그 이후에는 계속해서 비슷한 캔맥주가 판매되어 이제는 캔맥주의 색에 대한 금기(주9)가 없어졌다고 할 수 있다. 차가운 은색이 많았던 캔맥주에 금색이 더 고급스러움이 있다고 하여 많이 사용되게 되었다. 게다가 차갑게 하면 보라색이 나타나거나 벚꽃이 흰색에서 분홍색으로 변하는 장난기가 가득한 캔도 생겨나 큰 인기이다. 이것은 그야말로 디자인의 승리라고 할 수 있을 것이다. 항상 성공한다고는 할 수 없지만 모험가, 만세!

(주1) 嗅覚 : 냄새를 느끼는 감각

(주2) 引き立てる : 여기서는 눈에 잘 보이게 하는 것

(주3) つま : 생선회 등의 요리에 곁들여져 있는 것

(주4) 千切り : 채소 등을 가늘게 써는 것

(주5) 大葉 : 차조기라고 불리는 녹색 잎

(주6) 海藻 : 바다에서 자라는 풀과 같은 것. 김, 다시마 등

(주7) 寒色 : 얼음이나 물과 같이 차가운 느낌을 주는 색. 파란색 등

(주8) 暖色 : 불과 같이 따뜻한 느낌을 주는 색. 빨강, 주황 등

(주9) タブー : 행동해서도 이야기해서도 안 되는 일

19　플라스틱의 차조기 잎을 사용하는 것은 어째서인가?

1 생선회의 곁들임 채소는 먹지 않는 것이니까

2 녹색의 곁들임 채소가 회에는 어울리니까

3 진짜보다 플라스틱이 더 좋으니까

4 가짜라도 있는 편이 회가 좋게 보이니까

20　필자는 왜 이것은 그야말로 디자인의 승리라고 할 수 있을 것이다라고 말하고 있는가?

1 색 이미지와 반대되는 캔이 나왔기 때문에

2 상식 밖의 다양한 캔이 받아들여지고 있기 때문에

3 빨간색 캔맥주만 팔리게 되었기 때문에

4 색의 이미지라는 것이 없음을 알았기 때무에

21　필자는 디자인할 때의 태도는 어떤 것이 좋다고 말하고 있는가?

1 항상 장난기를 가지고 디자인하자.

2 실패를 두려워하지 말고 새로운 것에 도전해 보자.

3 색의 이미지 변경 등은 자신이 있을 때만 하자.

4 상식 밖의 색 사용으로 성공할 가능성이 높으니 시도해 보자.

단어   味覚(みかく) 미각｜嗅覚(きゅうかく) 후각｜視覚(しかく) 시각｜盛(も)り付(つ)ける 보기 좋게 담다｜見(み)た目(め) 외형 외관｜引(ひ)き立(た)てる 돋보이게 하다｜つま 곁들임 채소｜刺身(さしみ) 생선회｜大根(だいこん) 무｜千切(せんぎ)り 채 썬 것｜大葉(おおば) 차조기 잎, 생선회에 곁들이는 잎｜海藻(かいそう) 해초｜添(そ)える 곁들이다｜プラスチック 플라스틱｜最(さい)〜 가장〜｜重要視(じゅうようし) 중요시｜黄身(きみ) 노른자｜温(あたた)かみ 따뜻함｜青系(あおけい) 파란색 계열｜食欲(しょくよく) 식욕｜減退(げんたい) 감퇴｜さわやかさ 산뜻함, 상쾌함｜新鮮(しんせん)さ 신선함｜寒色系(かんしょくけい) 차가운 계열 색｜売(う)り出(だ)す 발매하다｜当(あ)たる 즈음하다, 때를 맞다｜実物(じつぶつ) 실물｜黄緑色(きみどりいろ) 황록색｜ところが 그런데｜製品(せいひん) 제품｜香(かお)り 향기, 좋은 냄새｜水色(みずいろ) 연한 하늘색｜売(う)り上(あ)げ 매상, 판매고｜暖色系(だんしょくけい) 따뜻한 계열

색 | 常識(じょうしき) 상식 | 瞬(またた)く間(ま)に 순식간에, 눈 깜짝할 사이에 | タブー 금기 | 銀色(ぎんいろ) 은색, 은빛 | 高級感(こうきゅうかん) 고급스러움 | 紫色(むらさきいろ) 자주색, 보라색 | 遊(あそ)び心(ごころ) 장난기 | 冒険者(ぼうけんしゃ) 모험가 | 万歳(ばんざい) 만세 | 昆布(こんぶ) 다시마 | 偽物(にせもの) 가짜, 위조품 | ～外(はず)れ ～에서 벗어남, ～와 어긋남 | 恐(おそ)れる 두려워하다 | 挑戦(ちょうせん) 도전 | 色使(いろづか)い 색 사용, 배색

 〈질문 19〉 첫 번째 문단에서 일식은 외형을 중시하여 곁들임 채소를 많이 사용한다고 되어 있다. 같은 이유에서 비록 플라스틱이라도 없는 것보다 있는 것이 보기가 좋기 때문에 모형을 사용하기도 한다고 했으므로 정답은 선택지 중 4번이다. 곁들임 채소를 먹지 않는다고는 나와 있지 않고, 진짜 채소는 먹어도 문제가 되지 않으므로 선택지 1번은 정답이 아니다. 색에 대한 언급은 이 다음에 나오기 때문에 2번 역시 오답이다. 3번은 값싼 플라스틱이 진짜 채소보다 더 가치가 있다고 할 수 없으므로 역시 정답이 아니다.

〈질문 20〉 맥주캔은 차가운 색이 일반적이었는데, 정반대되는 이미지의 붉은색과 금색 등을 사용한 캔맥주가 출시되어 인기 상품이 되었다고 했으므로 정답은 선택지 중 2번이다. 단순히 기존의 색 이미지와 다른 캔이 나타난 것만으로는 승리라고 할 수 없으므로 1번은 정답이 아니다. 빨간색 뿐만 아니라 금색을 사용한 캔도 있고, 온도에 따라 색이 변하는 캔 등이 있다고 했으므로 3번은 틀린 내용이다. 색뿐만 아니라 새로운 디자인 요소로 인기 상품이 된 것이지 색이 가지고 있는 이미지가 무의미하다는 언급은 나와 있지 않으므로 4번 역시 오답이다.

〈질문 21〉 마지막 문장에서 '항상 성공한다고는 할 수 없지만 모험가, 만세'라고 했으므로 상식에 신경쓰지 말고 새로운 도전을 해야 한다고 해석할 수 있다. 따라서 정답은 2번이다. 결과적으로 장난기 있는 디자인이 생겨났지만 장난기를 목적으로 하자고는 나와 있지 않으므로 1번은 정답이 아니다. 색의 이미지를 바꾼다는 언급은 없고 그것이 가능하다고도 말하고 있지 않으므로 3번은 오답이다. 역시 마지막 문장에서 '항상 성공한다고는 할 수 없다'고 했으므로 4번도 오답이다.

주장이해(8)

 　일본은 저출생이기 때문에 무덤을 지킬 자손이 없어져 무연고자(주1)가 되는 사람이 늘고 있습니다. 조상 대대로 무덤이 있어도 물려받을 사람이 없는 것입니다. ①그것을 피하기 위해서 묘지를 철거(주2)하는 사람도 있지만, 절에 묘가 있는 경우는 비싼 돈이 청구되는 경우도 있습니다. 그래서 요즘은 새 무덤을 준비할 때는 절이 아닌 공동묘지의 묘로 하는 사람이 많습니다. 또한 일반적인 묘 대신 수목장(주3)이나 합동장을 희망하는 사람도 많습니다. 수목장은 일반 묘에 비하면 비용은 낮출 수 있지만 한 명 혹은 두 명이 묻히는 것이 일반적입니다. 그렇기 때문에 대가족 등 여럿이 함께 들어가는 것은 불가능합니다. 한편 합동장은 많은 사람과 함께 묻히는 것으로 탑 형태의 묘가 많습니다. 같은 합동장이라도 친구끼리 함께 들어가기 위해 하나의 일반 묘를 구입하는 사람들도 있습니다. 이쪽은 낯선 사람과 함께가 아니라 친구끼리이기 때문에 외롭지 않다든가 계속 함께라 좋다는 이유로 선택합니다. 자연으로 돌아가고 싶은 사람은 산이나 바다에 유골을 뿌리(주4)지만 산에 뿌리는 것은 인근 사람들로부터 불만이 나오는 경우도 있고, 바다에서는 나중에 참배할 장소가 없어서 곤란하다는 이야기도 듣습니다. 조금 낭만이 있는 것이 우주장입니다. 우주장도 몇 가지 있습니다. 다만 인공위성 상품은 약 240년간 우주를 날아다니는 상품으로 정말로 별이 될 수 있다고 합니다. 유해(주5)의 일부를 캡슐에 넣어 달에 운반하는 상품은 약 120만 엔으로 항상 달을 보고 참배할 수 있습니다. 별똥별 상품은 지구를 며칠에서 몇 년 돈 후, 별똥별이 되어 사라지는 것입니다. 비용은 내용에 따라 30만 엔부터 100만 엔 정도 듭니다. 20만 엔 정도에서 할 수 있는 풍선장이라는 것도 있습니다. 큰 풍선에 넣어 날리는데 성층권(주6)에 도착하면 터져 버리기 때문에 실제로는 우주까지는 갈 수 없습니다. 게다가 뼈로 다이아몬드를 만들어 몸에 지니는 사람도 있습니다. 가격은 업자에 따라 다르지만 0.20 캐럿일 경우는 40만 엔 정도라고 합니다. 좋은 아이디어지만 역시 나머지 뼈들을 어떻게 할 것인지를 결정해야 합니다. 또한 현대적인 경향이라고 할 수 있는데 ②반려동물과 함께 들어갈 수 있는 납골당(주7)이나 수목장을 원하는 사람도 늘고 있습니다. 또 묘를 돌봐줄 사람이 없다는 이유로 지나치게 걱정할 필요는 없습니다. 일반 묘 중에서 대를 이을 사람이 없어진 경우에는 최종적으로는 관리하고 있는 절이나 공원 묘지(주8) 등의 합동 묘지에 갈 수 있기 때문입니다. 다만, 건강할 때 묘를 어떻게 할 것인가를 가족과 상담해 두는 것이 좋은 것은 당연합니다.

(주1) 無縁仏 : 돌봐줄 사람이 없는 망자
(주2) 墓じまい : 현재 있는 무덤을 파내어 토지로 되돌리는 것
(주3) 樹木葬 : 유골을 나무나 꽃 주위에 묻는 방식
(주4) 散骨 : 죽은 이의 화장한 뼛가루를 산이나 바다에 뿌리는 것
(주5) 遺灰 : 죽은 이의 뼈를 화장한 후에 남는 재가 된 뼈
(주6) 成層圏 : 지구로부터 약 12~50km의 범위
(주7) 納骨堂 : 죽은 이의 유골을 넣어 보관하는 장소
(주8) 霊園 : 무덤이 있는 공원과 같은 곳. 절과는 관계가 없는 곳

22 ①그것을 피하기 위해서의 '그것'은 무엇을 가리키고 있는가?

1 절에 묘가 있는 것
2 무연고자가 되는 것
3 자손이 없는 것
4 조상 대대로 묘가 없는 것

23 왜 ②반려동물과 함께 들어갈 수 있는 납골당이나 수목장을 바라는 사람도 늘고 있는가?

1 가족과 함께인 묘는 싫으니까
2 가족에게 폐를 끼치고 싶지 않으니까
3 작은 묘면 되니까
4 반려동물을 가족처럼 생각하고 있으니까

24 묘 문화에 대해 필자의 생각과 맞는 것은 어느 것인가?

1 우주장이라면 문제가 남지 않는다.
2 향후 반려동물의 묘는 늘어날 것이다.
3 무연고자가 되지 않도록 할 필요가 있다.
4 다양한 방법이 있으므로 모두 함께 생각하는 것이 좋다.

단어　少子化(しょうしか) 저출생, 저출산 | 墓(はか) 무덤, 묘 | 子孫(しそん) 자손, 후손 | 無縁仏(むえんぼとけ) 무연고자 | 先祖(せんぞ) 선조, 조상 | 代々(だいだい) 대대로 | 引(ひ)き継(つ)ぐ 물려받다, 계승하다 | 墓(はか)じまい 무덤을 철거함 | 請求(せいきゅう) 청구, 요구 | 共同墓地(きょうどうぼち) 공동묘지 | 樹木葬(じゅもくそう) 수목장 | 合同葬(ごうどうそう) 합동장 | 費用(ひよう) 비용 | 埋(うず)める 묻다, 매장하다 | 塔(とう) 탑 | 散骨(さんこつ) 유골을 산이나 강에 뿌림 | 苦情(くじょう) 불평, 불만 | お参(まい)り 참배 | 宇宙葬(うちゅうそう) 우주장 | 人工衛星(じんこうえいせい) 인공위성 | 宇宙(うちゅう) 우주 | 遺灰(いはい) 유해 | カプセル 캡슐 | 流(なが)れ星(ぼし) 별똥별, 유성 | バルーン 벌룬, 풍선 | 風船(ふうせん) 풍선 | 成層圏(せいそうけん) 성층권 | 業者(ぎょうしゃ) 업자 | カラット 캐럿 | 傾向(けいこう) 경향 | 納骨堂(のうこつどう) 납골당 | 後継(あとつ)ぎ 대를 이음, 후계자 | 管理(かんり) 관리 | 霊園(れいえん) 공원 묘지 | 納(おさ)める 넣다, 넣어두다

해설　〈질문 22〉 첫 번째 문장에서 무덤을 지킬 자손이 없어 무연고자가 되는 경우가 늘고 있다고 했으므로 정답은 선택지 2번이다.

〈질문 23〉 핵가족화에 이어 1인 가구가 증가하면서 반려동물을 가족과 같이 생각하며 함께 사는 경우가 많으므로 정답은 선택지 중 4번이다. 가속과 함께 묻히는 것이 싫다는 언급은 없으므로 1번은 정답이 아니다. 가족에게 폐를 끼친다는 것에 대한 언급 역시 글을 통틀어 나와 있지 않으며, 반려동물과 함께 안치되는 묘가 더 작다고는 할 수 없기 때문에 2번과 3번 역시 정답이 아니다.

〈질문 24〉 여러가지 장례 형태에 대해 설명하면서 마지막 문장에서 '건강할 때 묘를 어떻게 할 것인가를 가족과 상담해 두는 것이 좋다'고 했으므로 정답은 선택지 중 4번이다. 1번의 우주장은 화장한 재의 일부만 사용하기 때문에 남은 뼈나 재의 처리 문제가 있어 정답이 아니다. 반려동물만 있는 묘에 대한 내용은 나와 있지 않으므로 2번 역시 오답이다. 무연고자가 되더라도 절이나 합동묘지 등에 갈 수 있어 괜찮다고 했으므로 3번 역시 정답이 아니다.

주장이해(9)

해석　　많은 마을들이 과소화(주1)되고 있는 한편 사실 상당수의 젊은이가 지방에 살고 싶어하지만 일자리가 없어서 어쩔 수 없이 도시에서 일하고 있다고 합니다. 그런 가운데 인구가 증가하고 있는 지역도 있습니다. 지방에는 도시에는 없는 풍요로운 자연과 생활이 있기 때문입니다. 이번에는 그 마을의 대처법(주2)을 여러분이 참고하시도록 소개하겠습니다.

나가노 현의 인구 4000명인 마을에서는 1992년부터 마을의 길이나 농로 1500개소의 보수를 마을 사람이 직접 하고 있습니다. 자재는 마을이 지급하지만 길을 보수하는 것은 마을 사람이며 무급입니다. 처음(주3)에는 반대의 있었지만 실제로 해 보니 생각한 것보다 간단하고, 업자에 비해 3분의 1의 비용으로 해결되었기 때문에 계속하고 있다고 합니다. 그 남은 예산으로 1997년에는 처음으로 공영 주택을 건설했습니다. ①그 어느 쪽도 나라의 보조금에는 의지하지 않았습니다. 그렇다기보다 보조금은 규칙이 있어서 쓸 수 없었다고 합니다. ②여기에서도 나라의 보조금 제도에 문제가 있다는 것을 알 수 있습니다. 공영 주택의 집세는 결혼 예정이 있는 사람이나 어린 아이가 있는 가족에게는 민간의 반값 정도로 하고, 의료비도 고등학교 졸업까지 무료로 했습니다. 그 결과 젊은이가 도시에서도 속속 이주해 오게 된 것입니다.

또 하나의 예는 인구 2400명 정도의 시마네현의 작은 섬에 있는 마을의 이야기입니다. 재정(주4)이 힘들어졌을 때에 마을에서 일하고 있던 사람들이 급여를 줄여서 만든 돈으로 'CAS'라는 해산물의 맛을 떨어뜨리지 않고 냉동 가능한 장치를 구매했습니다. 이것에 의해 상품이 전국으로 팔리게 되었습니다. 지금은 다양한 신제품도 생겨났습니다. 이것을 가능하게 한 것이 일본 전국에서 I턴이나 U턴해 온 젊은이들이었습니다. I턴이란 아무 관계도 없는 지역으로 이주하는 것입니다. U턴은 한번 그 지역을 나간 사람이 다시 돌아오는 것입니다. 마을이 1년간 다양한 일을 하면서 상품 개발을 하는 연수생 제도를 만들었기 때문에 I턴하기 쉬웠다고 할 수 있습니다. 급여는 낮지만 이 마을에 꿈을 찾아 오는 젊은이는 많이 있었습니다. 이 연수생의 아이디어에서 생겨난 히트 상품도 있습니다. 마을이 아이디어를 실현하기 위한 지원도 하고 있기 때문입니다.

　전자 후자 모두 나라의 보조에 의지하지 않고 무엇을 하든지 <u>스스로</u> 지혜를 짜내어 <u>스스로</u> 하고 있습니다. 자립해 있는 것입니다. 특히 후자의 훌륭한 점은 그곳에 산업을 만들어 내고 있는 것입니다. 일자리가 없으면 결국 사람은 그곳에 살 수 없게 되어 버리기 때문입니다. 다른 지역에서 같은 것을 해도 성공한다고 할 순 없습니다. 안고 있는 문제가 다르기 때문입니다. 그러나 이 두 가지 예를 기초로 스스로 생각해 자신들의 마을에 맞는 것을 실행한다면 좋을 거라고 생각합니다.

(주1) 過疎化 : 인구가 너무 줄어 그 지역에서 생활이 어렵게 되는 것
(주2) 取り組み : 여기서는 문제 등을 해결하기 위한 시도
(주3) 当初 : 최초의 때
(주4) 財政 : 여기서는 마을의 경제

25 ①그 어느 쪽도 라고 하는데 '어느 쪽'은 무엇을 가리키고 있는가?

1 마을의 길이나 농로의 보수비와 공영 주택의 건설 비용
2 자재를 산 비용과 마을 사람에게 지불한 돈
3 마을을 위한 비용과 마을 사람을 위한 비용
4 마을 사람에게 지불한 돈과 건설업자에게 지불한 비용

26 ②여기에서도 나라의 보조금 제도에 문제가 있다는 것을 알 수 있습니다 라고 하는데 '여기'란 무엇을 말하는가?

1 보조금을 거부한 마을
2 보조금의 사용 방법
3 보조금의 금액
4 보조금의 규칙

27 필자는 지역을 활성화하는데 무엇이 중요하다고 서술하고 있는가?

1 비용이 들지 않는 방법이 가장 중요하다.
2 지역에 관한 일은 자원봉사자가 하는 것이 중요하다.
3 성공한 지역의 방식을 모방하는 것이 중요하다.
4 스스로 궁리해 실행하는 것이 중요하다.

단어 過疎化(かそか) 과소화 | 若者(わかもの) 젊은이 | 地方(ちほう) 지방 | 都会(とかい) 도시 | 人口(じんこう) 인구 | 増加(ぞうか) 증가 | 地域(ちいき) 지역 | 豊(ゆた)かだ 풍부하다, 풍요롭다 | 取(と)り組(く)み 대처 | 参考(さんこう) 참고 | 村道(そんどう) 마을 길 | 農道(のうどう) 농로 | 補修(ほしゅう) 보수 | 村民(そんみん) 마을 사람 | 資材(しざい) 자재 | 支給(しきゅう) 지급 | 無給(むきゅう) 무급 | 業者(ぎょうしゃ) 업자 | 費用(ひよう) 비용 | 公営(こうえい) 공영 | 住宅(じゅうたく) 주택 | 補助金(ほじょきん) 보조금 | 頼(たよ)る 의지하다 | 規則(きそく) 규칙 | 制度(せいど) 제도 | 家賃(やちん) 집세 | 民間(みんかん) 민간 | 半額(はんがく) 반값 | 医療費(いりょうひ) 의료비 | 財政(ざいせい) 재정 | 給料(きゅうりょう) 급료, 급여 | 減(へ)らす 줄이다 | 海産物(かいさんぶつ) 해산물 | 落(お)とす 떨어뜨리다 | 冷凍(れいとう) 냉동 | 装置(そうち) 장치 | 移(うつ)り住(す)む 이주하다 | 研修生(けんしゅうせい) 연수생 | 実現(じつげん) 실현 | 支援(しえん) 지원 | 前者(ぜんしゃ) 전자 | 後者(こうしゃ) 후자 | 知恵(ちえ) 지혜 | 自立(じりつ) 자립 | 産業(さんぎょう) 산업 | 実行(じっこう) 실행 | 補修費(ほしゅうひ) 보수비, 보수 비용 | 拒否(きょひ) 거부, 거절 | 金額(きんがく) 금액 | 活性化(かっせいか) 활성화 | ボランティア 자원봉사자 | 真似(まね) 모방, 따라함

해설 〈질문 25〉 본문에 나온 나가노 현의 마을에서 보조금에 의지하지 않고 실시한 사업은 두 가지의 도로 정비와 공영 주택 건설이므로 선택지 1번이 정답이다. 마을 주민들은 보수를 받지 않고 일했기 때문에 선택지 2번의 내용은 맞지 않다. 선택지 4번, 건설업자에게 맡기지 않고 마을 사람들이 무보수로 일을 했기 때문에 이 역시 정답이 되지 않는다.

〈질문 26〉 본문에 '보조금은 규칙이 있어 사용할 수 없었다'라는 내용을 보면 선택지 4번이 정답이 된다. 보조금을 받지 않기 때문에 보조금의 사용 방법이나 금액에 문제가 있었다고 말할 수 없으므로 2번과 3번도 정답이 되지 않는다. 보조금을 거부한 사례에 대해서는 언급이 없으므로 선택지 1번 역시 오답이다.

〈질문 27〉 본문에 '비용이 들지 않는 방법이 가장 좋다'는 내용은 나와 있지 않기 때문에 선택지 1번은 정답이 되지 않는다. 역시 자원 봉사에 대한 언급이 없었기 때문에 2번도 맞지 않다. 마지막 문단에서 '다른 지역에서 똑같은 일을 해도 성공하지 않는다'고 얘기하고 있으므로 3번도 정답이 되지 않는다. 선택지 4번 '스스로 생각해 실행하는 것이 좋다'는 것은 본문의 마지막 문장 '스스로 생각해 자신들의 마을에 맞는 것을 실행하면 좋을 것'이라는 내용과 일치하므로 정답이 된다.

| 정보검색(1) |

문제 14 오른쪽 페이지는 동물원의 설명이다. 아래 질문에 대한 답으로 가장 적절한 것을 1·2·3·4에서 하나 고르시오.

해석

	A	B	C	D
입장료	어른(중학생 이상): 1,500엔 어린이(4세 이상): 1,000엔	어른(고등학생 이상): 2,500엔 어린이 중학생: 1,500엔 초등학생: 1,000엔 ＊단체(10명 이상) 10% 할인	어른(고등학생 이상): 2,000엔 어린이(3세~중학생): 900엔 ＊단체(10명 이상) 20% 할인	어른(중학생 이상): 500엔 어린이(초등학생 이하): 200엔 ＊단체(10명 이상) 10% 할인(휴일 제외)
영업시간	하절기(4월~10월): 9:30 ~ 17:15 동절기(11월~3월): 10:30 ~ 15:30 ＊휴일: 매주 월요일	10:00~17:00 ＊휴일: 매주 수요일	9:00~16:00 ＊휴일: 매주 월요일	10:00~17:00 ＊휴일: 매주 목요일
특징	＊펭귄을 수중 터널 아래에서 바라보거나, 높이 17미터의 줄 위를 걷는 오랑우탄을 관찰할 수 있는 행동 전시를 하고 있다. ＊행동 전시는 동물이 자연에 가까운 환경에서 생활할 수 있도록 고안된 전시이다. ＊겨울에는 눈 위를 산책하는 펭귄의 모습을 볼 수 있다. ＊전시 방식이나 안내판 내용은 동물의 생활을 보호하면서 사육사가 상의하여 결정하고 있다.	＊10마리의 코끼리를 사육하고 있으며, 먹이 주기 체험, 등에 올라타기 체험, 코로 올려지는 체험 등을 할 수 있다. ＊코끼리가 그림을 그리거나, 축구를 하거나, 악기를 연주하는 쇼가 있다. ＊코끼리 외에도 캥거루, 알파카, 카피바라, 소동물과 조류, 개와 고양이와 교감할 수 있는 공간도 있다.	＊사자, 벵갈호랑이, 기린 등 동물들이 완전 방목 상태로 무리 지어 생활하고 있다. ＊동물이 그룹으로 행동하는 모습을 관찰할 수 있다. ＊동물에 대해 자세히 설명해 주는 가이드 투어가 있다. ＊일부 구역에서는 캥거루나 카피바라 등과 접촉할 수 있다.	＊규모는 작지만, 새 동물원으로서 오랫동안 지역 주민들에게 사랑받아 왔다. ＊동물 수는 적지만, 자유롭게 생활하는 모습을 관찰할 수 있다. ＊멸종 위기종 보호와 번식 프로그램을 실시하며, 동물 종을 지키는 활동을 하고 있다. ＊행동, 생태, 사육 방법을 연구하여, 동물 복지와 보호에 도움이 되는 데이터를 수집하고 있다.

독해 공략편

1 동물에 타거나 만져보고 싶은 사람은 어느 동물원에 가는 것이 좋은가?

1 A 2 B
3 C 4 D

2 2월 26일(목)에 어른 3명, 중학생 2명, 초등학생 2명, 5세 어린이 2명, 3세 어린이 1명이 차로 동물원에 가고 싶다. 입장료는 1만 엔 이상 쓰고 싶지 않다. 어느 동물원에 갈 수 있는가?

1 A 2 B
3 C 4 D

단어 入園料(にゅうえんりょう) 입장료 | 団体(だんたい) 단체 | 除(のぞ)く 세외하다 | 夏期(かき) 하절기 | 冬期(とうき) 독절기 | 行動展示(こうどうてんじ) 행농 선시 | 工夫(くふう) 고안, 궁리 | 飼育員(しいくいん) 사육사 | 餌(えさ)やり 먹이 주기 | 演奏(えんそう) 연주 | 触(ふ)れ合う 접촉하다, 교감하다 | 放(はな)し飼(が)い 방목(풀어 놓아 기름) | 群(む)れ 무리(떼) | 親(した)しまれる 친숙해지다 | のびのび 구속 없이, 느긋하게 | 絶滅危惧種(ぜつめつきぐしゅ) 멸종 위기종 | 保護(ほご) 보호 | 繁殖(はんしょく) 번식 | 生態(せいたい) 생태

 동물을 타거나 만지고 싶은 사람에게 적합한 곳을 찾아야 한다. B 동물원의 특징을 보면 '코끼리 등에 타는 체험과 '동물과 교감할 수 있는 장소'가 있다고 구체적으로 명시되어 있다. 따라서 정답은 2번이 된다.

〈질문 2〉 A동물원은 〈(중학생 이상 5명×1,500엔)+(4세 이상 4명×1,000엔)〉=11,500엔이므로 예산이 초과된다. B동물원은 〈고등학생 이상 3명×2,500엔)+(중학생 2명×1,500엔)+(초등학생 2명×1,000엔)=12,500원이고, 10명 이상 단체 할인을 하면 11,250엔이 되므로 예산 초과이다. C동물원은 〈(고등학생 이상 2,000엔×3명)+(3살부터 중학생까지 7명×900엔)〉=12,300엔이고 20% 할인하면 9,840엔이므로 정답이 된다. D동물원은 매주 목요일 휴일이므로 갈 수 없다.

정보검색(2)

문제 14 오른쪽 페이지는 공장 견학 프로그램의 설명이다. 아래 질문에 대한 답으로 가장 적절한 것을 1·2·3·4에서 하나 고르시오.

해석

공장 견학 프로그램

	오시는 길	견학 시간	체험시간· 요금	체험 내용
A 도자기 공장	역에서 북쪽으로 도보 3분	20분	40분 2,000엔	* 접시에 그림을 그립니다. (그 후 구워서 완성품은 우편으로 발송)
B 유리 공장	역에서 동쪽으로 도보 3분	20분	1시간 30분 3,000엔	* 만화경(주)을 만듭니다.
C 화지 공장	역에서 남쪽으로 도보 5분	25분	40분 800엔	* 일본 전통 종이로 엽서 2장을 만듭니다. (완성품은 우편으로 발송)
D 과자 공장	역에서 서쪽으로 도보 10분	20분	35분 1,200엔	* 과자에 그림을 그리는 체험을 할 수 있습니다. (포장용 상자 포함) * 과자 담기 무제한(1,000엔)도 있습니다.

(주) 万華鏡 : 돌리면 안의 모양이 변화하는 거울

◆ 공장 간의 이동 시간

A	도보 10분	B
B	도보 10분	C
C	도보 12분	D
D	도보 15분	A

3 역에서 출발하여 모든 공장을 둘러보는 이동 시간이 가장 짧은 코스는 어느 것인가?

1 역→A→B→C→D→역
2 역→A→역→B→역→C→역→D→역
3 역→A→역→B→역→C→D→역
4 역→A→역→B→C→D→역

4 공장에서 1시간 이내로 견학과 체험을 하는 경우, 2,000엔 이하로 가능한 것은 어느 것인가?

1 A나 C
2 B나 D
3 A나 D
4 A나 C나 D

단어 見学(けんがく) 견학 | 移動(いどう) 이동 | 体験(たいけん) 체험 | 陶器(とうき) 도자기 | 徒歩(とほ) 도보 | 完成品(かんせいひん) 완성

품 | 郵送(ゆうそう) 우편으로 보냄 | 万華鏡(まんげきょう) 만화경 | 和紙(わし) 화지, 일본 전통 종이 | 持(も)ち帰(かえ)り 포장, 가지고 돌아감 | 詰(つ)め放題(ほうだい) 가득 채우기

 〈질문 3〉 모든 공장을 보고 역으로 돌아오는 코스 중 이동 시간이 가장 짧은 것을 찾아야 한다. 각 공장은 역을 중심으로 동서남북으로 흩어져 있으며, 역에서 각 공장까지의 왕복 시간과 공장 간 직접 이동 시간을 비교하여 최단 경로를 구해야 한다. 1번: 3(역−A) + 10(A−B) + 10(B−C) + 12(C−D) + 10(D−역) = 45분, 2번: 6(A왕복) + 6(B왕복) + 10(C왕복) + 20(D왕복) = 42분, 3번: 6(A왕복) + 6(B왕복) + 5(역−C) + 12(C−D) + 10(D−역) = 39분, 4번: 6(A왕복) + 3(역−B) + 10(B−C) + 12(C−D) + 10(D−역) = 41분이다. 따라서 정답은 3번이다.

〈질문 4〉 1시간 이내에 견학과 체험을 모두 마치면서 비용이 2,000엔 이하인 곳을 찾아야 한다. A공장은 견학 20분과 체험 40분을 합해 정확히 60분이 소요되며 비용은 2,000엔이므로 조건에 충족한다. B공장은 체험 시간만 1시간 30분이고 비용도 3,000엔이라 제외된다. C공장은 견학 25분과 체험 40분을 합해 총 65분이 걸리므로 1시간을 초과하여 제외된다. D공장은 견학 20분과 체험 35분을 합해 총 55분이 소요되고 비용은 1,200엔이므로 조건에 충족한다. 따라서 조건을 모두 만족하는 곳은 A와 D이므로 정답은 3번이 된다.

정보검색(3)

문제 14 오른쪽 페이지는 올해 신년회 보고서의 일부이다. 아래 질문에 대한 답으로 가장 적절한 것을 1·2·3·4에서 하나 고르시오.

＊ 신년회 스케줄

시간	내용	시간	내용
10:00	스태프 집합·회장 설정·접수 준비	13:00	건배사·식사
11:00	접수 개시	15:00	폐회 인사
12:00	신년회 개회·개회 인사	15:10	사진 촬영
12:05	여흥(주1)(졸업생이 아기 연주)	15:30	폐회·징리
12:35	회장 인사	16:00	해산
12:45	귀빈 인사		

＊ 신년회 합계

수입	회비	남성 70명×5,000엔	350,000엔
		여성 5명×4,000엔	20,000엔
		내빈(주2) 4명×5,000엔	20,000엔
	※참석자는 여흥 6명을 포함하여 85명이다.		
	수입 합계		390,000엔

지출	장소 비용		80,000엔
	식비	음식(1명당 2,500엔)	212,500엔
		음료(1명당 800엔)	68,000엔
	여흥(악기 연주) 사례비		50,000엔
	복권 경품 구입비		15,000엔
	장수홍백만주(신년 선물) 구입비	500엔×25개	12,500엔
	인쇄비		1,000엔
	왕복 엽서(주3) 비용	170엔×200장	34,000엔
	지출 합계		474,000엔
수입과 지출	※부족분 83,000엔은 회에서 받은 지원금을 사용하였다.		−83,000엔

(주1) 여흥: 식이나 파티 등에서 본래 목적과는 다른 즐거움을 위해 하는 것.(예: 노래, 춤, 악기 연주 등) 여기서는 졸업생에 의한 악기 연주.

(주2) 내빈: 모임에 초대된 사람.

(주3) 왕복 엽서: '송신용(보낼 용도)'과 '회신용(답장 용도)' 2장이 접혀서 1장이 된 엽서.

5 내년에도 올해와 같은 금액을 회에서 지원받아 여흥도 진행하고, 내년에는 식사비를 1인당 3,500엔으로 올리려면 어떻게 해야 하는가? (참가 인원은 올해와 동일)

1 홍백만주의 구입과 인쇄를 중지한다.

2 인쇄와 복권 경품을 중지한다.

3 왕복 엽서의 절반을 이메일로 바꾼다.

4 여성 회비를 남성과 같게 하고, 경품 구입비는 절반으로, 인쇄도 중지한다.

6 여흥을 중지하고, 그 외에는 작년과 동일한 조건으로 진행할 경우, 회에서의 지원이 필요 없으려면 최소 몇 명의 남성 회원이 추가로 참가해야 하는가?

1 6명

2 7명

3 8명

4 9명

단어 新年会(しんねんかい) 신년회 | 報告書(ほうこくしょ) 보고서 | 金額(きんがく) 금액 | 援助(えんじょ) 원조, 지원 | 余興(よきょう) 여흥 | 参加(さんか) 참가 | 紅白饅頭(こうはくまんじゅう) 홍백만주(좋은 날에 선물하는 과자 중 하나) | 購入(こうにゅう) 구입 | 印刷(いんさつ) 인쇄 | 福引(ふくびき) 제비뽑기, 추첨 | 景品(けいひん) 경품 | 往復(おうふく) 왕복 | 半額(はんがく) 반값 | 条件(じょうけん) 조건 | 設定(せってい) 설정 | 準備(じゅんび) 준비 | 開始(かいし) 개시 | 挨拶(あいさつ) 인사 | 楽器(がっき) 악기 | 演奏(えんそう) 연주 | 来賓(らいひん) 내빈 | 解散(かいさん) 해산 | 収入(しゅうにゅう) 수입 | 支出(ししゅつ) 지출 | 謝礼(しゃれい) 사례 | 収支(しゅうし) 수지, 수입과 지출

해설 〈질문 5〉 수입 합계 390,000엔에 지원금 84,000엔을 더한 총 474,000엔의 예산 범위 내에서 식사비를 인상하는 방안을 찾아야 한다. 식사비가 1인당 3,500엔으로 오르면 총액은 297,500엔이 되어 기존 식사비(280,500엔)보다 17,000엔의 지출이 더 발생한다. 따라서 다른 항목에서 정확히 17,000엔을 줄여야 한다. 1번은 13,500엔, 2번은 16,000엔, 4번은 13,500엔만 절감되므로 부족하다. 반면 3번은 왕복 엽서 200매 중 절반인 100매(170엔×100명=17,000엔)를 이메일로 대체하면 정확히 17,000엔이 절감되므로 예산 조건에 부합한다. 따라서 정답은 3번이다.

〈질문 6〉 여흥 취소 시 절감되는 비용(사례비 50,000엔+6인분 식비 19,800엔)을 제외하면 13,200엔의 적자가 남는다. 이때 추가 인원 발생 시 1인당 식비(3,300엔) 지출이 동반되므로, 남성 기준 1인당 실질 이익은 1,700엔(회비 5,000엔−식비 3,300엔)이다. 남은 적자를 해소하려면 최소 7.76명이 더 필요하므로, 8명인 3번이 정답이다.

문제 14 오른쪽 페이지는 아르바이트 모집 포스터이다. 아래 질문에 대한 답으로 가장 적절한 것을 1·2·3·4에서 하나 고르시오.

해석

아르바이트 대모집!

A 니코 호텔 (기념품 판매장)
* 위치: 니코 스키장으로부터 도보 1분
* 시급: 2,400엔
* 근무 시간: 7시간 (7:00~15:00)(1시간 휴식 포함)
* 업무 내용: 기념품 판매 직원
* 근무 기간: 12월 1일 ~ 4월 15일 (최소 1개월)
* 휴일: 주 2회
* 기숙사: 호텔 객실 이용 (2명 1실)
* 기타: 시즌 리프트권 지급, 교통비 2만 엔 지급

B 호텔 니코니코
* 위치: 니코 스키장으로부터 도보 10분
* 시급: 2,500엔
* 근무 시간: 8시간 (8:00~17:00)(1시간 휴식 포함)
* 업무 내용: 청소, 접수, 안내, 침대 정리 등
* 근무 기간: 연중 (최소 2개월)
* 휴일: 화요일, 목요일
* 기숙사: 2인실, 식사 3회 제공
* 기타: 2개월 이상 근무 시 30,000엔 지급·리프트권 2만 엔 지급·교통비 2만 엔 지급

C 니코 레스토랑
* 위치: 니코 스키장 내
* 시급: 2,300엔
* 근무 시간: 7시간 (7:00~15:00)(1시간 휴식 포함)
* 업무 내용: 홀 스태프
* 근무 기간: 12월 15일(월) ~ 1월 20일(화)
* 휴일: 매주 수요일
* 기숙사: 2DK 아파트 (2명 1실), 전기·난방·Wi-Fi 이용료는 무료
* 기타: 점심·저녁 식사 제공, 교통비 3만 엔 지급

D 니코 스키장
* 위치: 스키장의 스키 용품점
* 시급: 2,100엔
* 근무 시간: 8시간 (8:00~17:00)(1시간 휴식 포함)
* 업무 내용: 스키 용품 관리(대여·반납 응대·정비 등)
* 근무 기간: 12월 1일(월)~12월 28일(일) 또는 12월 22일(월)~1월 18일(일)
* 휴일: 토·일·공휴일 제외, 주 1회 휴무
* 기숙사: 1DK 아파트, 전기·난방·Wi-Fi 이용료는 무료
* 기타: 스키 용품 무료 대여, 시즌 리프트권(5만 엔 상당) 지급, 교통비 1만 엔 지급

독해 공략편

7 무라타 씨는 돈을 많이 모으고 싶지만, 한 달밖에 일할 수 없다. 가장 많은 급여를 받을 수 있는 곳은 어디인가? (단, 1개월은 4주로 계산한다)

1 A
2 B
3 C
4 D

8 이즈미 씨는 가능한 한 오랫동안 스키를 즐기고 싶다고 생각하고 있다. 니코 스키장의 리프트는 오전 8시 30분부터 오후 4시 30분까지 운행된다. 근무 전후에는 각각 30분씩 시간을 비워 두어야 한다. 마지막 리프트 이후에는 30분간 스키를 탈 수 있다. 어느 일을 선택하는 것이 좋은가?

1 A
2 B
3 C
4 D

단어 募集(ぼしゅう) 모집 | 給料(きゅうりょう) 급여, 월급 | 計算(けいさん) 계산 | 勤務(きんむ) 근무 | 最終(さいしゅう) 최종, 마지막 | 時給(じきゅう) 시급 | 休憩(きゅうけい) 휴식 | 支給(しきゅう) 지급 | 光熱費(こうねつひ) 광열비 | 返却(へんきゃく) 반납 | 除(のぞ)く 제외하다

해설 〈질문 7〉 무라타 씨는 1개월만 근무가 가능하므로 최소 2개월 근무인 B와 4주 이상 근무하는 C는 제외된다. 남은 A와 D를 4주(1개월) 기준으로 비교하면, A는 시급 2,400엔×7시간×주 5일×4주+교통비 2만 엔으로 총 356,000엔를 받는다. D는 시급 2,100엔×8시간×주 6일×4주+교통비 1만 엔으로 총 413,200엔을 받는다. 최종 합계 금액이 더 높은 D가 정답이 된다.

〈질문 8〉 이즈미 씨는 리프트 운영 시간(08:30~16:30) 내에 스키를 최대한 즐기길 원하는데, B와 D는 근무 종료가 17:00라 평일 주간 이용이 불가능하며, 특히 D는 주말(토·일)이 휴일이 아니므로 주말 스키도 즐길 수 없어 가장 불리하다. 반면 A는 매일 15:00에 퇴근하여 리프트 마감 전까지 매일 스키를 탈 수 있고, 주당 2일의 휴일(주말 포함 가능성)까지 확보되어 가장 긴 이용 시간을 보장받으므로 정답은 1번이다.

문제 14 오른쪽 페이지는 토크쇼 프로그램 일람이다. 아래 질문에 대한 답으로 가장 적절한 것을 1·2·3·4에서 하나 고르시오.

해석

	A 이직·창업(주1)	B 부업하는 방법	C 전문직	D 앞으로의 일하는 법
일시	10월 5일(일요일) 13:00~15:00	10월 4일(토요일) 13:00~15:00	10월 13일(월요일) 14:00~16:00	10월 2일(목요일) 19:30~22:00 (종료 시간은 그룹에 따라 늦어질 수 있다)
장소	X대학 2호관 180강의실 (온라인 참가도 가능)	X대학 1호관 201강의실 (온라인 참가도 가능)	X대학 홀 (온라인 참가도 가능)	온라인 강연회
정원	100명 (X대학 관계자에 한함) ※단, 온라인 참가는 일반인도 가능	100명 (X대학 관계자에 한함)	500명	
게스트	회사원·기업가 (40대 X대학교 졸업생 5명)	30~50세 X대학 졸업생인 회사원 5명	유명 의사·변호사· 공인회계사	원격근무자(주2)·프리랜서(주3)·노마드워커(주4)·창업가·자영업자
내용	① 강연 　– 현재의 일 · 이전의 일 　– 첫 직장에서 배운 것 　– 이직·창업의 이유 　– 성공하기 위해서 ② 게스트에게 질문 ③ 5개 그룹으로 나누어 대화 ④ 발표	① 강연 　– 본업과 부업의 관계 　– 일하면서 배운 것 　– 부업에서 성공하기 위해서 ② 게스트에게 질문 ③ 5개 그룹으로 나누어 대화 ④ 발표	① 강연 　– 다양한 전문직의 일 　– 실제 업무, 성공과 실패, 　　보람을 느꼈던 때 　– 필요한 자격증 　– 학생들에게 전하고 싶은 　　일에 대한 태도 　– 학생 시절에 힘써서 해 두 　　어 도움이 되었던 것 ② 게스트에게 질문	① 강연 　– 일하는 방식을 선택한 이유 　– 새로운 근무 방식의 장점과 　　단점 　– 앞으로 일하는 방식은 어떻 　　게 될 것인가 ② 질문 시간 ③ 관심 있는 게스트의 그룹에 　들어가 대화

(주1) 창업: 새로 자신의 회사나 가게 등을 시작하는 것
(주2) 원격 근무자: 인터넷을 이용해 떨어진 장소에서 일하는 사람
(주3) 프리랜서: 회사 등에 소속되지 않고, 자신의 능력이나 시간을 활용해 자유롭게 일하는 사람
(주4) 노마드 워커: 정해진 직장을 두지 않고, 장소를 이동하면서 컴퓨터 등으로 일하는 사람

9 학생으로서 일을 하지 않고 있는 요시다 씨는 어떤 일을 할지에 대해 고민하고 있다. 게스트의 이야기뿐만 아니라 다른 사람들의 의견도 듣고 싶다. 어느 코스를 선택하는 것이 좋은가?

1 A
2 B
3 C
4 D

10 회사원 가와무라 씨는 과장과 성격이 맞지 않아 매일 회사에 가는 것이 힘들다. 가와무라 씨는 X대학교를 졸업하지 않았고, 평일 밤에는 다른 일을 하고 있다. 이 문제를 모두 해결하려면 어느 코스를 선택하는 것이 좋은가?

1 A
2 B
3 C
4 D

단어　轉職(てんしょく) 전직, 이직 | 起業(きぎょう) 창업 | 副業(ふくぎょう) 부업 | 專門職(せんもんしょく) 전문직 | 限定(げんてい) 한정 | 一般(いっぱん) 일반 | 資格(しかく) 자격 | 公認会計士(こうにんかいけいし) 공인회계사 | 態度(たいど) 태도 | 自営業者(じえいぎょうしゃ) 자영업자 | 解決(かいけつ) 해결 | 性格(せいかく) 성격 | 関係者(かんけいしゃ) 관계자 | 講演(こうえん) 강연 | やりがい 보람 | 利点(りてん) 이점 | 欠点(けってん) 결점 | 取(と)り組(く)む 몰두하다

해설　〈질문 9〉 요시다 씨는 자신의 진로를 고민 중이며 게스트뿐만 아니라 다른 참가자들의 의견도 듣고 싶어 하므로, 단순 강연과 질문으로 끝나는 C와 달리 그룹으로 나눠 얘기를 나누거나 발표하는 과정이 포함된 A, B, D 코스 중에서 고르는 것이 적당하다. 학생 신분으로 아직 어떤 일을 할지 고민 중인 상황을 고려하면 이직, 창업, 부업 등의 주제는 어울리지 않는다. 따라서 다양한 일하는 방식에 대해 논의할 수 있는 D가 가장 적합하므로 정답은 4번이다.

정보검색(6)

문제 14 다음 페이지는 여름휴가철 캠핑장의 정보이다. 아래 질문에 대한 답으로 가장 적절한 것을 1·2·3·4에서 하나 고르시오.

해석

	기본 요금	시설	거기서 할 수 있는 활동
A	텐트 – 3인용 3,000엔 – 5인용 5,000엔	화장실 공동취사장 바비큐장	* 수영장 입장료는 500엔입니다. (초등학생 이하 무료) * 성인도 즐길 수 있는 체육 활동이 있습니다. (중학생 이상 700엔, 초등학생 이하 400엔) * 도보 2분 거리에 온천이 있습니다. (입욕 요금: 중학생 이상 800엔, 초등학생 이하 500엔)
B	텐트 – 3인용 4,000엔 – 5인용 7,000엔	화장실 공동취사장 바비큐장	* 강에서 수영할 수 있습니다. * 옆 산에서 기구를 탈 수 있습니다. (중학생 이상은 7,000엔 / 초등학생 이하는 2,000엔 할인)
C	텐트 및 매트 1인당 1박 3,000엔	화장실 코인샤워실 공동취사장 바비큐장	* 산 속 캠핑장입니다. * 인접 목장에는 소, 말, 토끼 등이 있습니다. (중학생 이상 1,600엔, 초등학생 이하 1,000엔, 3세 이하는 무료. 캠핑장 이용자는 반값)
D	텐트 10,000엔	화장실 코인샤워실 공동취사장 바비큐장	* 근처 호수에서 보트나 카누를 탈 수 있습니다. * 보트는 2인승 1시간 1000엔, 카누는 초등학생 이상 1인당 2,000엔으로 지도를 받을 수 있습니다. (예약 필요)

11 가네코 씨는 남편과 아들(중학교 1학년), 딸(초등학교 5학년)의 4명 가족이 1박 2일로 물놀이를 할 수 있는 캠핑장에 갈 생각이다. 예산은 숙박비를 포함하여 1인당 6천 엔이내로 하고 싶다. 가장 비용을 저렴하게 아낄 수 있는 캠핑장은 어디인가?(단, 비용은 모든 활동에 참가한 경우의 금액으로 계산한다)

1 A
2 B
3 C
4 D

12 대학생인 가와무라 씨와 야마시타 씨는 캠핑장 중에서 샤워를 할 수 있고 숙박비가 싼 곳에 가고 싶다. 어디에 가면 좋은가?

1 A
2 B
3 C
4 D

단어 キャンプ場(じょう) 캠프장 | 予算(よさん) 예산 | 基本料金(きほんりょうきん) 기본 요금 | 施設(しせつ) 시설 | テント 텐트, 천막 | 共同(きょうどう) 공동 | 炊事場(すいじじょう) 취사장 | 入場料(にゅうじょうりょう) 입장료 | アスレチック 체육 활동 | 徒歩(とほ) 도보 | 距離(きょり) 거리 | 入浴(にゅうよく) 입욕, 목욕 | 気球(ききゅう) 기구 | マット 매트 | 隣接(りんせつ) 인접 | 牧場(ぼくじょう) 목장 | 半額(はんがく) 반값 | 湖(みずうみ) 호수 | カヌー 카누 | 指導(しどう) 지도

해설 〈질문 11〉 가네코 씨 가족의 총 예산은 6,000엔×4명=24,000엔이다. A는 5인용 텐트 5,000엔, 수영장 500엔×3명=1,500엔, 체육 시설 700엔×3인+400엔=2,500엔, 온천 800엔×3명+500엔=2,900엔으로, 합계 11,900엔이 든다. B는 5인용 텐트비 7,000엔, 기구비 (7,000엔×3명)+5,000엔=26,000엔을 더하면 33,000엔이므로 예산을 초과한다. C는 숙박비가 3,000엔×4명=12,000엔에, 목장은 ((1,600엔×3명)+1,000엔)÷2=2,900엔으로 합계 14,900엔이다. D는 숙박비 10,000엔, 보트비 1,000엔×2대=2,000엔, 카누 2,000엔×4명=8,000엔으로 합계 20,000엔이 필요하다. 예산을 초과하는 B를 제외하고 A, C, D 중에서 A가 제일 저렴하므로 선택지 1번이 정답이다.

〈질문 12〉 샤워 시설이 있는 캠핑장은 C와 D이다. C는 숙박비가 1인당 1박에 3,000엔이므로 두 사람이면 6,000엔이고 D는 10,000엔이다. 따라서 정답은 선택지 3번 C이다.

다음 페이지는 보험 설명이다. 아래 질문에 대한 답으로 가장 좋은 것을 1·2·3·4 중에서 하나 고르시오.

해석

종신 의료 보험

가입 가능한 분: 만 15세~만 80세의 건강한 분
보장 기간·보험료 납입 기간 : 종신(평생 보장)

※ 가입 연령에 따른 선진 의료 특약 포함 보험료 (엔)

연령	남성	여성	연령	남성	여성	연령	남성	여성
45	3,130	2,840	55	4,250	3,740	65	5,780	5,110
46	3,220	2,920	56	4,390	3,860	66	5,950	5,280
47	3,320	2,990	57	4,530	3,980	67	6,130	5,450
48	3,420	3,070	58	4,680	4,100	68	6,310	5,630
49	3,530	3,160	59	4,830	4,230	69	6,510	5,820
50	3,640	3,240	60	4,980	4,370	70	6,710	6,020
51	3,750	3,340	61	5,130	4,500	71	6,920	6,220
52	3,870	3,430	62	5,290	4,650	72	7,140	6,440
53	4,000	3,530	63	5,450	4,800	73	7,380	6,670
54	4,120	3,630	64	5,610	4,950	생략 ～		

- 선진 의료 특약 없이 가입하는 경우 상기 보험료에서 100엔을 뺀 금액이 됩니다.
- 60세 이하인 분 중에서 사망·중증 장애 보험을 희망하시는 분은 상기 보험료에 200엔을 추가해 주십시오.
  71세 도달시에 이 보장은 끝납니다.
- 개인 배상 플러스는 일본 국내에서 법률상의 손해 배상 책임을 질 때 최고 3억 엔까지 지급해 드립니다.
- 개인 배상을 추가하고 싶은 분은 상기 보험료에 200엔을 추가해 주십시오.
- 선진 의료 특약은 10년마다 갱신됩니다. (자동 갱신으로 평생 보장. 해약도 가능)

※보장 내용

선진의료특약 (실액 보장)	최고 1,000만 엔 (통산 1,000만 엔)
입원 (5일째부터)	일액 5,000엔 (통산 1,000일까지)
통원 (5일째부터 최고 90일분)	일액 2,000엔
수술	5만 엔
방사선 치료 (60일에 1회 한도)	5만 엔

13 5년 전에 모든 보장에 가입한 현재 50세의 남성 오키마사오 씨의 보험료는 얼마인가?

1 3,240엔
2 3,530엔
3 3,640엔
4 4,400엔

14 가와무라 하나코 씨는 58세의 여성으로 모든 보장에 들었다. 보험의 내용이 바른 것은 어느 것인가?

1 수술을 받으면 들어간 비용이 지불된다.
2 85세가 되어도 선진 의료를 받을 수 있다.
3 85세에 장애인이 되어도 보장을 받을 수 있다.
4 선진 의료 특약을 언제든지 그만둘 수 있다.

단어 保険(ほけん) 보험 | 保障(ほしょう) 보장 | 先進(せんしん) 선진 | 医療(いりょう) 의료 | 障害者(しょうがいしゃ) 장애인, 장애자 | 特約(とくやく) 특약 | 終身(しゅうしん) 종신 | 加入(かにゅう) 가입 | 保険料払込(ほけんりょうはらいこみ) 보험료 납입 | 一生涯(いっしょうがい) 일생, 한평생 | 年齢(ねんれい) 연령 | 無(な)し 없음 | 上記(じょうき) 상기 | 金額(きんがく) 금액 | 死亡(しぼう) 사망 | 重度(じゅうど) 중증 | 障害(しょうがい) 장애 | 到達(とうたつ) 도달 | 賠償(ばいしょう) 배상 | 法律(ほうりつ) 법률 | 負(お)う 짊어지다, 떠맡다 | 見直(みなお)し 재검토 | 更新(こうしん) 갱신 | 解約(かいやく) 해약 | 実額(じつがく) 실액, 실제 금액 | 通算(つうさん) 통산 | 日額(ひがく) 일액 | 通院(つういん) 통원 | 放射線治療(ほうしゃせんちりょう) 방사선 치료

해설 〈질문 13〉 오키 마사오 씨는 남성으로 현재 50세이지만 보험에 가입했을 때는 45세이므로 선진 의료 특약이 포함된 보험료 3,130엔에 사망·중증 장애 보험료 200엔, 개인 배상 보험료 200엔을 추가해 3,530엔의 보험료를 내야 한다. 따라서 정답은 선택지 중 2번이다.

〈질문 14〉 선택지 1번 수술은 5만 엔만 보장되므로 틀린 내용이다. 종신의료보험은 평생 보장이므로 85세가 되어도 선진 의료 특약을 받을 수 있다. 따라서 정답은 2번이다. 사망·중증 장애 보장은 71세에 끝나므로 85세에는 보장을 받을 수 없기 때문에 정답이 아니다. 4번 선진 의료 특약은 10년마다 변경이 가능하므로 4번 역시 오답이다.

정보검색(8)

다음 페이지는 미나미시의 지역 상품권에 대한 설명이다. 아래 질문에 대한 대답으로 가장 적당한 것을 1·2·3·4에서 하나 고르시오.

해석

미나미시 지역 상품권의 발매에 관한 알림

미나미시에서는 지역 상점의 협력 아래 총액 1억 1천만 엔의 지역 상품권을 판매합니다. 1만 엔으로 500엔권 22장(11,000엔분) 1권을 살 수 있습니다.

★미나미시 지역 상품권 구입에 관한 주의

1. 구입 가능한 수량

   매회 다수의 희망자로 인해 1인당 3권까지로 하겠습니다.

2. 발매일

   1월 17일(일요일) 오전 9시부터 판매 개시합니다. 한정 수량 1만 권이 매진되면 종료하오니 일찌감치 방문해 주세요.

3. 발매 장소

   미나미시청을 포함한 15개 곳. (자세한 사항은 뒷면의 지도를 참조)

★미나미시 지역 상품권 이용에 관한 주의

1. 유효 기한

   3월 31일까지. 기일이 지난 경우에는 사용할 수 없습니다.

2. 이용할 수 있는 가게

   협력 상점 한정. 협력 상점명은 뒷면을 보세요.

3. 이용할 수 없는 경우

   상품을 구입할 때에만 사용 가능. 우표·인지(주)·상품권 등 현금으로 바꿀 수 있는 것은 구입할 수 없습니다.

4. 잔돈에 대해

   상품권을 사용하실 때는 잔돈은 받으실 수 없으니 주의하세요.

(주) 印紙 : 수입인지. 주로 나라에 세금이나 수수료를 납부하기 위한 우표 형태의 물건

15 지역 상품권 사용법으로 올바른 것은 어느 것인가?

1 4월 10일에 협력점에서 지역 상품권으로 맥주를 산다.

2 협력점에서 지역 상품권으로 400엔의 상품을 사서 100엔의 잔돈을 받는다.

3 지역 상품권 1장과 200엔으로 700엔의 상품을 산다.

4 3월 31일에 협력점의 서점에서 지역 상품권을 사용해서 도서상품권을 산다.

16 지역 상품권에 대한 설명과 맞지 않는 것은 어느 것인가?

1 2권을 사면 2천 엔분의 이익을 본다.

2 가족 2명이 가서 6만 6천 엔분을 살 수 있다.

3 무척 인기가 있어서 살 수 있는 수량에 제한이 있다.

4 협력점에서 언제라도 살 수 있다.

단어 商品券(しょうひんけん) 상품권 | 協力(きょうりょく) 협력 | 制限(せいげん) 제한 | 総額(そうがく) 총액 | 売(う)り出(だ)す 발매하다 | 購入(こうにゅう) 구입 | 開始(かいし) 개시 | 早(はや)めに 일찌감치, 서둘러 | 市役所(しやくしょ) 시청 | 裏面(りめん) 뒷면 | 期日(きじつ) 기일 | 印紙(いんし) 인지 | おつり 거스름돈, 잔돈 | 図書券(としょけん) 도서상품권

해설 〈질문 15〉 선택지 1번은 상품권의 사용기한은 3월 31일까지인데 그 이후인 4월 10일에 맥주를 산다고 했으므로 틀리다. 선택지 2번은 상품권을 사용할 때는 잔돈을 받을 수 없다는 것에 어긋난다. 선택지 4번은 지역 상품권으로는 우표나 상품권과 같이 현금화할 수 있는 것은 살 수 없다고 했으므로 틀리다. 선택지 3번은 '지역 상품권 1장과 200엔으로 700엔의 상품을 산다'고 했는데, 상품권이 500엔이므로 정답이 된다.

〈질문 16〉 선택지 1번은 '2권을 사면 2천 엔 분의 이익을 본다'고 했는데, 지문에서 1만 엔으로 1만 천 엔분을 살 수 있다고 했으므로 맞는 설명이다. 선택지 2번은, 1명이 3권까지 구입할 수 있다고 했으므로 2명이면 6권에 총 6만 6천 엔분이 된다. 따라서 맞는 설명이다. 선택지 3번은 구매하고자 하는 사람이 많고 판매 수량이 적어 매진되면 종료하니 조금 일찍 방문해 달라고 했으므로 맞는 설명이다. 선택지 4번은 '협력점에서 언제든지 살 수 있다'고 했는데, 지역 상품권은 발매일과 발매 장소가 정해져 있으므로 내용과 맞지 않다. 따라서 4번이 정답이 된다.

문제 1	1 ④	2 ③	3 ④	4 ③	5 ④	6 ①	7 ④	8 ②	9 ③	10 ①
문제 2	1 ④	2 ④	3 ①	4 ④	5 ③	6 ②	7 ②	8 ①	9 ④	10 ③
문제 3	1 ①	2 ④	3 ②	4 ④	5 ④	6 ③	7 ④	8 ④	9 ④	10 ①
문제 4	1 ①	2 ②	3 ③	4 ③	5 ①	6 ②	7 ③	8 ②	9 ①	10 ③	11 ①	12 ②	13 ②
	14 ①	15 ③	16 ①	17 ②	18 ①	19 ③	20 ③
문제 5	1 ②	2 ①	3 ③	4 ③	5-1 ①	5-2 ②	6-1 ③	6-2 ④

1 문제1 과제이해

p.475

問題 1

問題 1 では、まず質問を聞いてください。それから話を聞いて、問題用紙の 1 から 4 の中から、最もよいものを一つ選んでください。

문제 1

문제 1에서는 먼저 질문을 들어 주세요. 그리고 이야기를 듣고 문제용지의 1에서 4 중에서 가장 적당한 것을 하나 고르세요.

---

1 番

女の人と男の人が話しています。男の人はまず何をしますか。

M: 今度、国でラーメン屋をやろうと思って、ラーメン学校に入ることにしたんだ。

F: ラーメン学校？

M: うん。でも、友達が勧める学校は 8 日で50万円だった。

F: えっ？ちょっと待って。高すぎ〜。ラーメン屋で修行するのは時間がかかって無理だとしても、作り方ならインターネットでも公開されているし……。

M: それを見てラーメンを作ってみたんだけど、何かが足りない気がしたんだ。

F: でも高すぎるよ…。ほかにもラーメン学校があると思うから調べてみた方がいいよ。

M: そうだね。そうするよ。

F: ねえ、1 年ぐらい通えるのなら、普通の料理学校の方がいいかも。ラーメンだけじゃなくて他の日本料理も習えるよ。

M: それはいつか必要になるかもしれないけど、今はラーメンだけで。

1번

여자와 남자가 이야기하고 있습니다. 남자는 먼저 무엇을 합니까?

남: 이번에 고향에서 라멘 가게를 해 볼까 싶어서 라멘 학교에 들어가기로 했어.

여: 라멘 학교?

남: 응. 그런데 친구가 추천한 학교는 8일에 50만 엔이었어.

여: 뭐? 잠깐만. 너무 비싸잖아. 라멘집에서 수련하는 건 시간이 너무 오래 걸려서 어렵다고 해도, 만드는 방법이라면 인터넷에도 공개되어 있고…….

남: 그걸 보고 라멘을 만들어 보긴 했는데, 뭔가가 부족한 느낌이 들었어.

여: 그래도 너무 비싸…. 다른 라멘 학교도 있을 것 같으니까 알아보는 게 좋겠어.

남: 그러네. 그렇게 할게.

여: 있잖아, 1년 정도 다닐 수 있다면 일반 요리 학교가 더 나을지도 몰라. 라멘뿐만 아니라 다른 일본 요리도 배울 수 있어.

남: 그건 언젠가는 필요할지도 모르지만, 지금은 라멘만.

男の人はまず何をしますか。

1 インターネットでラーメン作りを学ぶ。
2 ラーメン学校に入学する。
3 普通の料理学校で学ぶ。
4 ほかのラーメン学校を探す。

남자는 먼저 무엇을 합니까?

1 인터넷으로 라멘 만드는 법을 배운다.
2 라멘 학교에 입학한다.
3 일반 요리 학교에서 배운다.
4 다른 라멘 학교를 찾아본다.

단어 勧(すす)める 추천하다 | 修行(しゅぎょう) 기술을 배우기 위해 견습함 | 無理(むり) 무리 | 公開(こうかい)する 공개하다 | 調(しら)べる 조사하다 | 通(かよ)う 다니다 | 普通(ふつう) 보통 | 習(なら)う 배우다

해설 남자는 처음에 친구가 추천한 50만 엔짜리 학교를 언급한다. 여자가 인터넷 독학을 제안하지만, 남자는 이미 해 봤고 한계를 느꼈다며 거절하므로 1번은 오답이다. 이어 여자가 일반 요리 학교를 추천하지만, 남자는 지금은 라면 전문 기술만 필요하다고 하여 3번도 오답이다. 반면 여자가 다른 학교도 알아보라고 권하자 남자는 「そうするよ(그렇게 할게)」라고 답한다. 따라서 남자가 가장 먼저 할 일은 4번 다른 라면 학교를 찾아보는 것이다.

2番

女の人と男の人が話しています。ミンホさんは今回、何を重視して引っ越ししますか。

M: 卒業するので、公園の近くの静かなところに住みたいんだけど外国人に部屋を貸してくれない大家もいて、引っ越せるか心配しているんだ。

F: ミンホくん、それならぴったりなところがあるわ。私が住んでいるモバイルハウス。今、私たちみんなで庭に一部屋造っているところなの。そこはどう？

M: ええっ？自分たちで造っているの？すご～い。モバイルハウスって動く家？どんな家？

F: トイレやお風呂は別のところに行かなければならないし、布団を敷いたら空きがほとんどない1.5畳ぐらいの狭い家なんだけど。

M: それは気にしないけど、すぐに寮から出なければならないから今は無理。ところで、今ジミンちゃんが住んでいる家も自分で造ったの？

F: そう。私も一緒に造ったのよ。それがすご～くおもしろかった。

M: いいなあ。自分で造って住みたいなあ。

F: じゃ、その次のチャンスの時は連絡するから。

ミンホさんは今回、何を重視して引っ越ししますか。

1 自分で家が造れること
2 部屋にトイレやお風呂があること
3 すぐに引っ越せること
4 静かで公園が近くにあること

2번

여자와 남자가 이야기하고 있습니다. 민호 씨는 이번에 무엇을 중시해서 이사합니까?

남: 졸업을 해서 공원 근처의 조용한 곳에 살고 싶은데, 외국인에게 방을 빌려주지 않는 집주인도 있어서 이사할 수 있을지 걱정이야.

여: 민호야, 그렇다면 딱 좋은 곳이 있어. 내가 살고 있는 모빌 홈이야. 지금 우리 다 같이 마당에 방 하나를 만들고 있는 중이거든. 거기는 어때?

남: 뭐어? 직접 만들고 있는 거야? 대단하다. 모빌 홈이라면 움직이는 집? 어떤 집이야?

여: 화장실이나 목욕탕은 다른 곳으로 가야 하고, 이불을 깔면 여유 공간이 거의 없는 1.5조(약 0.7평) 정도의 좁은 집이긴 한데.

남: 그런 건 상관없지만, 곧바로 기숙사에서 나가야 해서 지금은 무리야. 그건 그렇고, 지금 지민이가 살고 있는 집도 직접 만든 거야?

여: 응. 나도 같이 만들었어. 그게 정～말 재미있었지.

남: 좋겠다. 나도 직접 만들어서 살고 싶네.

여: 그럼, 다음에 기회가 생기면 연락할게.

민호 씨는 이번에 무엇을 중시해서 이사합니까?

1 스스로 집을 만들 수 있는 것
2 방에 화장실이나 욕조가 있는 것
3 바로 이사할 수 있는 것
4 조용하고 공원이 가까이에 있는 것

단어 重視(じゅうし) 중시 | 大家(おおや) 집주인 | モバイルハウス 모빌 홈, 이동식 주택 | 造(つく)る (집 등을) 짓다, 만들다 | 敷(し)く (이불 등을) 깔다 | 空(あ)き 빈 공간, 여유 | ～畳(じょう) ～조, 다다미를 세는 말 | 寮(りょう) 기숙사 | 連絡(れんらく)する 연락하다

3番

女の人と男の人が話しています。お客様に何をあげることにしましたか。

M : お歳暮のリストを作りました。お客様をＡ・Ｂ・Ｃ・Ｄのランクに分けてあります。それぞれ５万、３万、２万、１万円の予算です。また、新しくリストに加えたお客様には星の印を付けてあります。

F : ありがとうございます。品物は去年と同じでいいでしょうか。

M : そのことですが、Ａランクのお客様の中にはたくさんの品物をもらって困ってしまう方が多いようです。わざわざお店に持ち込んで、買い物券にかえているそうなので、最初から商品券を差し上げる方がよろしいのではないでしょうか。

F : ではそうしましょう。ほかの方も不満があるかもしれません。品物ではなく、カタログギフトから選べる方が喜ばれるかもしれませんよ。

M : そのほうがいいですね。カタログギフトを調べてみます。いっそ、全員そうしましょうか。

F : でも、Ａランクはそのままでいいんじゃないですか。

M : はい、わかりました。

お客様に何をあげることにしましたか。

1 全員去年と同じ品物
2 全員カタログギフト
3 Ａランクのお客には商品券、そのほかのお客には去年と同じ品物
4 Ａランクのお客には商品券、そのほかのお客にはカタログギフト

3번

여자와 남자가 이야기하고 있습니다. 손님에게 무엇을 주기로 했습니까?

남: 연말 선물 리스트를 만들었습니다. 고객을 Ａ・Ｂ・Ｃ・Ｄ 등급으로 나누어 두었습니다. 각각 5만, 3만, 2만, 1만 엔의 예산입니다. 또한 리스트에 새로 추가한 고객에게는 별 표시를 해 두었습니다.

여: 감사합니다. 물품은 작년과 똑같이 하면 될까요?

남: 그 건에 대해서 말입니다만, A등급 고객 중에는 많은 물건을 받아도 곤란해하시는 분들이 많은 듯합니다. 번거롭게 매장까지 가져가서 상품권으로 바꾸고 계신다고 하니 처음부터 상품권으로 드리는 편이 낫지 않을까요?

여: 그럼 그렇게 하죠. 다른 분들도 불만이 있을지 모릅니다. 물건이 아니라, 카탈로그 선물 중에서 직접 고를 수 있게 하는 것이 더 좋아하실지도 몰라요.

남: 그 편이 좋겠네요. 카탈로그 선물을 알아볼게요. 차라리 전원을 그렇게 바꿀까요?

여: 하지만 A등급은 그대로 가는 게 좋지 않을까요?

남: 네, 알겠습니다.

손님에게 무엇을 주기로 했습니까?

1 전원 작년과 같은 물품
2 전원 카탈로그 선물
3 A등급 고객에게는 상품권, 그 외 고객에게는 작년과 같은 물품
4 A등급 고객에게는 상품권, 그 외 고객에게는 카탈로그 선물

女
おんな
の人
ひと
と男
おとこ
の人
ひと
が話
はな
しています。男
おとこ
の人
ひと
はまず何
なに
をしますか。

M: あれ、エアコンから水
みず
が落
お
ちてきている。
F: 古
ふる
いから故障
こしょう
したんだわ。すぐに止
と
めて。
M: 止
と
めたら暑
あつ
いから電気屋
でんきや
さんが来
く
るまで下
した
にバケツを置
お
いておけば…。
F: でも、危
あぶ
ないわ。何
なに
かあったら困
こま
るわよ。
M: じゃ、仕方
しかた
がない。隣
となり
の部屋
へや
から扇風機
せんぷうき
を持
も
ってこよう。
F: 扇風機
せんぷうき
だけじゃ、暑
あつ
いわね。どうしましょう。
M: いいことを考
かんが
えた。寝室
しんしつ
のエアコンから冷
つめ
たい風
かぜ
がリビングに流
なが
れてくるようにしよう。
F: それはいいわね。扇風機
せんぷうき
も使
つか
ったらもっといいんじゃない？
M: そうだね。電気屋
でんきや
さんに電話
でんわ
するの忘
わす
れないでよ。
F: 10時
じ
になったらするわ。

男
おとこ
の人
ひと
はまず何
なに
をしますか。

1 バケツを置
お
く
2 扇風機
せんぷうき
をつける
3 リビングのエアコンを止
と
める
4 寝室
しんしつ
のエアコンをつける

4번

여자와 남자가 이야기하고 있습니다. 남자는 우선 무엇을 합니까?

남: 어라, 에어컨에서 물이 떨어지고 있어.

여: 오래돼서 고장 났나 봐. 당장 꺼.

남: 끄면 더우니까 수리 기사가 올 때까지 아래에 양동이를 놓아두면….

여: 하지만 위험해. 무슨 일이라도 생기면 곤란해.

남: 그럼 어쩔 수 없지. 옆방에서 선풍기를 가져오자.

여: 선풍기만으로는 덥겠네. 어쩌지?

남: 좋은 생각이 났어. 침실 에어컨의 찬 바람이 거실로 흘러오게 하자.

여: 그거 좋네. 선풍기도 같이 쓰면 더 좋지 않을까?

남: 그러게. 가전 매장에 전화하는 거 잊지 마.

여: 10시가 되면 할게.

남자는 먼저 무엇을 합니까?

1 양동이를 놓는다
2 선풍기를 켠다
3 거실 에어컨을 끄다
4 침실 에어컨을 켠다

단어 | 故障(こしょう) 고장 | 電気屋(でんきや) 가전 매장, 수리 기사 | 扇風機(せんぷうき) 선풍기 | 寝室(しんしつ) 침실 | バケツ 양동이

해설 | 이 문제의 핵심은 여러 대안 중 가장 먼저 실행되는 행동을 찾는 것이다. 에어컨 이상을 발견하자 여자가 즉시 당장 끄라고 말한다. 남자는 양동이를 받치고 계속 켜 두자고 제안하지만 여자가 위험하다며 반대한다. 결국 남자는 어쩔 수 없다면서 여자의 의견을 받아들여 에어컨을 끄기로 하고, 그 다음 대안으로 선풍기와 침실 에어컨 사용을 논의한다. 따라서 다른 대안을 실행하기 전에 가장 먼저 해야 할 행동은 현재 물이 새는 에어컨을 끄는 것이므로 3번이 정답이 된다.

会社
かいしゃ
で部長
ぶちょう
と女
おんな
の社員
しゃいん
が話
はな
しています。会社
かいしゃ
で何
なに
を買
か
わなければなりませんか。

M: 災害
さいがい
が起
お
きた時
とき
の会社
かいしゃ
での準備
じゅんび
は十分
じゅうぶん
できているかい？
F: 水
みず
や食料品
しょくりょうひん
など1週間分
しゅうかんぶん
は用意
ようい
しました。
M: 外
そと
から避難
ひなん
してくる人
ひと
の分
ぶん
もあるね。
F: ええ。
M: 帰
かえ
れない社員
しゃいん
のために布団
ふとん
も用意
ようい
してある？
F: 布団
ふとん
は大
おお
きいので10人分
にんぶん
しかありませんが…。
M: 冬
ふゆ
だと暖房
だんぼう
が切
き
れてずいぶん寒
さむ
くなるだろうからそれだけじゃ心配
しんぱい
だなあ。

5번

회사에서 부장님과 여성 사원이 이야기하고 있습니다. 회사에서 무엇을 사아 합니까?

남: 재해 발생 시를 대비한 회사의 준비는 충분히 되어 있나?

여: 물이나 식료품 등 일주일 분량은 준비해 두었습니다.

남: 외부에서 피난 오는 사람들의 몫도 있는 거지?

여: 네.

남: 귀가하지 못하는 사원들을 위해 이불도 준비되어 있어?

여: 이불은 무피가 커서 10명분밖에 없습니다만….

남: 겨울이라면 난방이 끊겨서 꽤 추워질 테니 그것만으로는 걱정되는군.

F：でも、使い捨てカイロをたくさん買ってあるので大丈
夫だと思います。

M：そうか。代わりに体を包めるシートを買ったらどうかな。

F：体の熱を逃がさないシートですね。全員の分を買えば
いいですか。

M：うちの会社に避難してくる人もいるから少し多めに
買っておこうか。

F：布団もありますから大丈夫じゃないでしょうか。

M：それもそうだな。

会社で何を買わなければなりませんか。

1 何も買わなくてもいい。

2 シートを買わなければならない。

3 布団を買わなければならない。

4 使い捨てカイロを買わなければならない。

여: 하지만 일회용 핫팩을 많이 사두었기 때문에 괜찮을 것 같습니다.

남: 그런가. 대신에 몸을 감쌀 수 있는 시트를 사는 건 어떨까?

여: 체온을 뺏기지 않게 해 주는 시트 말씀이시군요. 전 사원 몫을
사면 될까요?

남: 우리 회사로 피난 오는 사람도 있을 테니 조금 넉넉하게 사둘까?

여: 이불도 있으니까 괜찮지 않을까요?

남: 그것도 그렇군.

회사에서 무엇을 사야 합니까?

1 아무것도 사지 않아도 된다.

2 시트를 사야 한다.

3 이불을 사야 한다.

4 일회용 핫팩을 사야 한다.

6番

女の人と男の人が話しています。男の人はまず何をしま
すか。

F：最近、どこのキャンプ場も混んでいて楽しめなくなっ
た気がする。

M：そうだね。今流行っているように僕たちもみんなで山
を買って自分たちだけのキャンプを楽しむのがいいん
じゃない。

F：みんな賛成すると思う。会社の寮から2時間ぐらいの
ところを買いたいね。

M：土曜日に集まれる人だけでも集まって相談しよう。
小会議室を予約しようか。

F：うん。じゃ、みんなには私が連絡するね。ねえ、広い
ところを買ってキャンプ場を造るのはどう？

M：他の人にも貸すってことだね。趣味と実益をかねてい
いかもしれない。

F：いいところを探さなきゃ。

M：田村が詳しいから田村に調べてもらおう。

F：いいね。お金どのぐらいかかるかな。

M：山はそんなにしないけど、整備するのに結構かかるか
もしれない。集まるまでにインターネットで調べてお
くよ。

6번

여자와 남자가 이야기하고 있습니다. 남자는 먼저 무엇을 합니
까?

여: 요즘 어느 캠핑장이나 붐벼서 즐길 수 없게 된 것 같아.

남: 맞아. 지금 유행하고 있는 것처럼 우리도 다 같이 산을 사서
우리만의 캠핑을 즐기는 게 좋지 않아?

여: 모두 찬성할 것 같아. 회사 기숙사에서 2시간 정도 걸리는 곳을
사고 싶어.

남: 토요일에 모일 수 있는 사람만이라도 모여서 의논하자. 소회의
실을 예약할까?

여: 응. 그럼 모두에게는 내가 연락할게. 있잖아, 넓은 곳을 사서 캠
핑장을 만드는 건 어때?

남: 다른 사람한테도 빌려준다는 말이지? 취미와 실익을 겸해서
좋을지도 모르겠다.

여: 좋은 곳을 찾아야지.

남: 다무라가 잘 아니까 다무라에게 알아봐 달라고 하자.

여: 좋아. 돈은 얼마나 들까?

남: 산은 그렇게 비싸지 않겠지만 정비하는데 꽤 들지도 몰라. 모이
기 전까지 인터넷으로 조사해 놓을게.

F：人に貸すのは後にして、まず私たちだけでも楽しみま
しょう。

M：そうだね。

男の人はまず何をしますか。

1 会議室を予約する
2 みんなに連絡する
3 キャンプ場を探す
4 インターネットで調べる

여: 남에게 빌려주는 것은 나중에 하고 우선 우리만이라도 즐기자.
남: 그래.

남자는 먼저 무엇을 합니까?

1 회의실을 예약한다
2 모두에게 연락한다
3 캠핑장을 찾는다
4 인터넷으로 조사한다

단어 混(こ)む 붐비다 | 賛成(さんせい) 찬성 | 相談(そうだん) 상담 | 予約(よやく) 예약 | 連絡(れんらく) 연락 | 実益(じつえき) 실익 | かね
る 겸하다 | 詳(くわ)しい 잘 알다, 상세하다 | 整備(せいび) 정비

해설 '소회의실을 예약할까?' 라는 남자의 제안에 여자가 '응'이라고 답하며 '그럼, 연락은 내가 할게'라고 답하고 있으므로 1번은 남자가 할 일,
2번은 여자가 할 일이다. 3번은 다무라에게 부탁할 내용이므로 오답이다. 4번은 모이기 전까지 남자가 해야 하는 일이므로 가장 먼저 할 일
은 아니다.

7番

女の人と男の人が話しています。女の人はこの後まず何
をしますか。

F：夜中に大きな台風が来るそうよ。大川、また溢れるん
じゃないかしら。明るいうちに大川小学校に避難した
方がいいんじゃない？

M：まだ大丈夫だよ。それより、食料は十分ある？

F：食料は大丈夫だけど懐中電灯の電池が切れているわ。

M：必要なものを買って来るよ。ついでに川も見てくる。

F：危ないから川は止めて。それより、母もほしいものが
あるかも知れないから寄って行って。その間に私は大
切なものを2階に運んでおくから。

M：重いものもあるだろう？僕がそっちをした方がいいん
じゃない？

F：それもそうね。買い物に行ってくるわ。

女の人はこの後まず何をしますか。

1 荷物を運ぶ
2 店に行く
3 小学校に行く
4 母親の家に行く

7번

여자와 남자가 이야기하고 있습니다. 여자는 이 다음에 우선 무
엇을 합니까?

여: 밤중에 큰 태풍이 온대. 오카와강 또 넘치지 않을까? 밝을 때
　오카와 초등학교로 대피하는 편이 좋지 않을까?

남: 아직 괜찮아. 그것보다 먹을 건 충분해?

여: 먹을 건 괜찮지만 손전등의 건전지가 떨어졌어.

남: 필요한 것을 사올게. 그 김에 강도 보고 올게.

여: 위험하니까 강은 그만둬. 그것보다 어머니도 필요한 게 있을지
　모르니까 들렀다 가. 그동안에 나는 중요한 물건을 2층으로 옮
　겨 놓을 테니까.

남: 무거운 물건도 있지? 내가 그쪽을 하는 게 낫지 않아?

여: 그것도 그렇네. 장 보러 갔다 올게.

여자는 이 다음에 우선 무엇을 합니까?

1 짐을 나른다
2 가게에 간다
3 초등학교에 간다
4 어머니 집에 간다

단어 夜中(よなか) 한밤중 | 台風(たいふう) 태풍 | 溢(あふ)れる 넘치다 | 避難(ひなん) 피난 | 懐中電灯(かいちゅうでんとう) 손전등 | 電池(
でんち) 건전지 | 切(き)れる (에너지가) 다 되다, 끊기다 | 寄(よ)る 들르다 | 運(はこ)ぶ 운반하다 | 重要(じゅうよう) 중요 | 確保(かくほ)
확보 | 状況(じょうきょう) 상황 | 交代(こうたい) 교대 | 分担(ぶんたん) 분담 | 適切(てきせつ) 적절

해설 짐은 남자가 나르기로 했으므로 1번은 정답이 아니다. 아직 초등학교로 대피할 정도는 아니기 때문에 3번 역시 오답이다. 여자는 마지막 말
에서 장을 보러 가겠다고 했는데 그전에 어머니가 원하는 물건이 있을지도 모르니 들렀다 가는 것이 좋겠다고 말했으므로 선택지 4번이 정
답이다.

8番

女の人と男の人が話しています。二人はこれからおばあさんと何をしますか。

F：このごろおばあちゃん、ぼけてきたんじゃない？
M：そうだね。計算とかパズルとか頭使うことさせようよ。
F：計算やパズルなんかやりたがらないよ。それに頭に一番いいのは運動だって。だから何か運動をさせようよ。ラジオ体操なんかどう？
M：無理だよ。でも散歩なら僕たちが誘えば一緒に行くかも。
F：そうね。音楽もいいんだけど…。おばちゃんは聞かないね。
M：そうだね。ねえ、今日は天気がいいから。
F：そうね。まず実行。

二人はこれからおばあさんと何をしますか。

1 ラジオ体操をする
2 散歩に行く
3 音楽を聞く
4 一緒にいる

8번

여자와 남자가 이야기하고 있습니다. 두 사람은 이제부터 할머니와 무엇을 합니까?

여: 요즘 들어 할머니 둔해지신 것 같지 않아?
남: 맞아. 계산이나 퍼즐 같은 머리 쓰는 걸 하시게 하자.
여: 계산이나 퍼즐 같은 건 하고 싶어 하지 않으셔. 게다가 머리에 가장 좋은 것은 운동이래. 그러니까 뭔가 운동을 하시게 하자. 라디오 체조 같은 건 어때?
남: 무리야. 하지만 산책이라면 우리가 권하면 함께 가실지도 몰라.
여: 그렇구나. 음악도 좋은데…. 할머니는 안 들으시지?
남: 그러게. 있잖아, 오늘은 날씨가 좋으니까.
여: 그래. 우선 실행.

두 사람은 이제부터 할머니와 무엇을 합니까?

1 라디오 체조를 한다
2 산책하러 간다
3 음악을 듣는다
4 함께 있는다

단어 ぼける 치매 기운이 있다 | 計算(けいさん) 계산 | パズル 퍼즐 | 体操(たいそう) 체조 | 誘(さそ)う 권유하다 | 無理(むり) 무리 | 実行(じっこう) 실행

해설 남자가 산책이라면 할머니도 함께 가실지도 모른다고 했고, 대화 말미에 날씨가 좋으니 우선 실행하자고 했으므로 정답은 밖에서 할 수 있는 2번 '산책을 한다'이다. 선택지 1번 라디오 체조는 남자가 무리라고 했으므로 오답이다. 3번 음악은 할머니가 듣지 않는다고 했고, 4번 같이 있는 것은 대화 중에 언급되지 않았으므로 역시 오답이다.

9番

女の人と男の人が話しています。二人はこれからどうしますか。

F：ねえ、太郎の具合が悪いのよ。
M：熱は？
F：熱はないんだけど、顔色が悪くて食べたものをもどしているわ。
M：今晩、何か悪いものでも食べたのかな。
F：ううん、そんなことないと思うけど。もう西病院はやっていないし、救急車呼んだ方がいいかしら？
M：救急車だとどこの病院に運ばれるかわからないよ。
F：じゃ、車で東病院に運んだらどうかしら？
M：それより市の夜間病院はどう？ 近いし必ず医者がいるから。

9번

여자와 남자가 이야기하고 있습니다. 두 사람은 앞으로 어떻게 합니까?

여: 여보, 다로가 상태가 안 좋아.
남: 열은?
여: 열은 없는데 얼굴색이 나쁘고 먹은 것을 토하고 있어.
남: 오늘 저녁에 뭔가 안 좋은 거라도 먹었나?
여: 아니, 그런 건 없는 것 같은데. 이미 니시 병원은 진료가 끝났고 구급차를 부르는 게 좋으려나?
남: 구급차라면 어느 병원으로 실려갈지 몰라.
여: 그럼, 차로 히가시 병원으로 옮기면 어떨까?
남: 그것보다 시의 야간 병원은 어때? 가깝고 반드시 의사가 있으니까.

F：でも、ときどき専門じゃない先生がいる時があるわ
　　よ。
M：じゃ、止めよう。車出してくるから太郎を連れてき
　　て。

二人はこれからどうしますか。
1 救急車を呼ぶ
2 西病院へ行く
3 東病院へ行く
4 夜間病院へ行く

여：하지만 가끔 전문이 아닌 선생님이 있을 때가 있어.
남：그럼 그만두자. 차를 가져올 테니까 다로를 데리고 와.

두 사람은 앞으로 어떻게 합니까?

1 구급차를 부른다
2 니시병원에 간다
3 히가시병원에 간다
4 야간병원에 간다

단어 　具合(ぐあい)が悪(わる)い 몸 상태가 안 좋다 | 熱(ねつ) 열 | 顔色(かおいろ) 안색 | もどす 토하다, 게우다 | 救急車(きゅうきゅうしゃ)
　　　구급차 | 夜間(やかん) 야간 | 専門(せんもん) 전문

해설 　여자가 차로 히가시 병원으로 가는 것이 어떻겠냐고 물었고 남자가 거기보다 야간 병원이 어떠냐고 다시 물었다. 야간 병원에는 가끔 전문
　　　이 아닌 의사가 있다는 여자의 말에 남자는 그럼 그만두자고 했으므로 선택지 3번 '히가시 병원에 간다'가 정답이 된다.

10番

女の人と男の人が家族について話しています。男の人が
一緒に住んでいるのは誰ですか。
M：秋子さん、ご家族は？
F：両親と、祖父とそれから姉が二人います。イムさん
　　は？
M：僕は母は亡くなったんです。それで祖母が僕たちを育
　　ててくれたんです。だから祖母に孝行したいんです。
F：そうですか。ご兄弟は？
M：兄と妹がいます。兄は結婚してアメリカに住んでいま
　　す。
F：妹さんは独身ですか。
M：ええ。一緒に暮らしています。
F：うちは姉たちが結婚して家を出たので四人暮らしで
　　す。
M：うちにはもう一人います。
F：お祖父さんですか。
M：いいえ、祖父はもう亡くなったんです。独身の父の弟
　　です。

男の人が一緒に住んでいるのは誰ですか。
1 おばあさん / おじさん / 父 / 妹
2 おじいさん / おばあさん / おじさん / 父 / 妹
3 おばあさん / おじさん / 父 / 母 / 妹
4 おばあさん / 父 / 兄 / 妹

10번

여자와 남자가 가족에 대해서 이야기하고 있습니다. 남자가 함께
살고 있는 것은 누구입니까?

남：아키코 씨 가족은요?
여：부모님과 할아버지, 그리고 언니가 2명 있어요. 임 씨는요?
남：저는 어머니는 돌아가셨어요. 그래서 할머니가 우리를 길러
　　주셨어요. 그래서 할머니께 효도하고 싶어요.
여：그래요? 형제는요?
남：형과 여동생이 있어요. 형은 결혼해서 미국에 살고 있어요.
여：여동생은 독신인가요?
남：예. 함께 살고 있어요.
여：우리 집은 언니들이 결혼해서 출가했기 때문에 4명이 함께
　　살아요.
남：우리 집에는 또 1명 있어요.
여：할아버지인가요?
남：아니요, 할아버지는 이미 돌아가셨어요. 독신인 아버지의 남동
　　생입니다.

남자가 함께 살고 있는 것은 누구입니끼?

1 할머니 / 삼촌 / 아버지 / 여동생
2 할아버지 / 할머니 / 삼촌 / 아버지 / 여동생
3 할머니 / 삼촌 / 아버지 / 이미니 / 어동생
4 할머니 / 아버지 / 형 / 여동생

단어 両親(りょうしん) 부모님 | 亡(な)くなる 돌아가시다 | 孝行(こうこう) 효도 | 独身(どくしん) 독신 | 暮(く)らす 살다, 지내다

해설 남자는 어머니가 돌아가셔서 할머니가 길러 주셨다고 했으므로 어머니가 들어가 있는 선택지 3번은 오답이다. 또 형은 결혼해서 미국에 있다고 했고, 할아버지는 돌아가셨다고 했으므로 선택지 4번과 2번도 오답이다. 미혼인 여동생과 삼촌과 함께 살고 있다고 했으므로 정답은 1번이 된다.

② 문제2 **포인트이해** p.483

問題 2

問題 2 では、まず質問を聞いてください。そのあと、問題用紙のせんたくしを読んでください。読む時間があります。それから話を聞いて、問題用紙の 1 から 4 の中から、最もよいものを一つ選んでください。

문제 2

문제 2에서는 먼저 질문을 들어 주세요. 그 후 문제용지의 선택지를 읽어 주세요. 읽을 시간이 있습니다. 그리고 이야기를 듣고 문제용지 1에서 4 중에서 가장 적당한 것을 하나 고르세요.

1番

女の人と男の人が話しています。男の人が一番感激した理由は何ですか。

F : ジュンくん、高校野球の決勝戦を見た？
M : もちろんだよ。韓国系の学校が優勝したなんて嬉しいよ。
F : 私は学生が138人しかいないって聞いて、よく優勝したなあって感心しちゃった。
M : 危なかったよ。延長戦になったからハラハラしたよ。
F : おもしろい試合だったね。ジュンくん、留学中にいい経験ができてよかったね。
M : うん、最後に優勝校の校歌が流れた時は本当に感動した。
F : そうね。やっぱり優勝するって誰でも感激するよね。
M : そうだけど、甲子園に韓国語の校歌が響いて…涙が出そうだった。
F : ええっ？そこ？初めて聞いた時は校歌が韓国語で驚いたけど、勝つたびに流れるからもう慣れちゃったよ。
M : そうなんだ。

男の人が一番感激した理由は何ですか。
1 韓国系の学校が優勝したから
2 延長戦まで行ってやっと勝ったから
3 留学中にいい経験ができたから
4 優勝して韓国語の校歌が流れたから

1번

여자와 남자가 이야기하고 있습니다. 남자가 가장 감격한 이유는 무엇입니까?

여: 준아, 고교 야구 결승전 봤어?
남: 당연하지. 한국계 학교가 우승했다니 기뻐.
여: 나는 학생이 138명밖에 안 된다고 해서 참 잘도 우승했구나 하고 감탄했어.
남: 위험했어. 연장전이 되어서 조마조마했어.
여: 재미있는 경기였네. 준이 너가 유학 중에 좋은 경험을 해서 다행이야.
남: 응, 마지막에 우승 학교의 교가가 흘러나올 때는 진짜 감동했어.
여: 그렇네. 역시 우승한다는 건 누구라도 감격하니까 말이야.
남: 그렇긴 하지만 고시엔에 한국어 교가가 울려 퍼져서… 눈물이 날 것 같았어.
여: 어어? 그쪽? 처음 들었을 때는 교가가 한국어라서 놀랐지만 이길 때마다 흐르니까 이제 익숙해져 버렸어.
남: 그렇구나.

남자가 가장 감격한 이유는 무엇입니까?
1 한국계 학교가 우승했기 때문에
2 연장전까지 가서 겨우 이겼기 때문에
3 유학 중에 좋은 경험을 했기 때문에
4 우승해서 한국어 교가가 흘러나왔기 때문에

단어 高校野球(こうこうやきゅう) 고교 야구 | 決勝戦(けっしょうせん) 결승전 | 優勝(ゆうしょう) 우승 | 感心(かんしん) 감탄 | 延長戦(えんちょうせん) 연장전 | ハラハラ 아슬아슬, 조마조마 | 経験(けいけん) 경험 | 校歌(こうか) 교가 | 感動(かんどう)する 감동하다 | 感激(かんげき) 감격 | 響(ひび)く 울려 퍼지다 | 驚(おどろ)く 놀라다 | 慣(な)れる 익숙해지다

2番

コンビニで女の人と男の人が話しています。女の人はどうして日本製のタオルを選びましたか。

M: 良かったね。コンビニでタオルのハンカチが売っていて。

F: 本当に助かった。中国製は500円、日本製は600円か。あまり変わらないね。じゃ、日本製にしよう。

M: 100円の差なら、日本製の方が売れ行きがいいだろうなあ。

F: そうね。これが1000円になると品質が良くてもコンビニでは買わないね。

M: そうだね。中国製の方がよく売れるに決まっているよ。あれ、日本製のタオルはみんないまばりのタオルだって。

F: 本当。コンビニでいまばりのタオルを売っているなんて思わなかった。

M: いまばりのタオルは日本で一番有名だよね。

F: ええ、とっても人気があるよ。

女の人はどうして日本製のタオルを選びましたか。
1 日本製の方が品質がいいから
2 日本製の方が安いから
3 いまばりで作られていたから
4 中国製とそう違わない値段だから

2번

편의점에서 여자와 남자가 이야기하고 있습니다. 여자는 왜 일본제 타월을 골랐습니까?

남: 다행이네. 편의점에서 타월 손수건을 팔고 있어서.

여: 정말 살았어. 중국제는 500엔, 일본제는 600엔인가. 별로 차이 없네. 그럼 일본제로 하자.

남: 100엔 차이라면 일본제 쪽이 더 잘 팔리겠네.

여: 그러게. 이게 1000엔이 되면 품질이 좋아도 편의점에서는 안 사겠지.

남: 맞아. 중국제가 더 잘 팔릴 게 뻔해. 어, 일본 타월은 전부 이마바리 타월이래.

여: 정말. 편의점에서 이마바리 타월을 팔고 있을 줄은 몰랐어.

남: 이마바리 타월은 일본에서 가장 유명하잖아.

여: 응, 아주 인기가 많지.

여자는 왜 일본제 타월을 골랐습니까?

1 일본제가 품질이 좋아서
2 일본제가 싸서
3 이마바리에서 만들어졌기 때문에
4 중국제와 그렇게 차이 나지 않는 가격이라서

3番

大学で女の学生と男の学生が話しています。男の学生が素晴らしいと考えたことは何ですか。

M: ねえ、藻で金がとれるって知っていた？

F: えっ、藻って、わかめとか昆布？金が入っている藻なんて聞いたことがないよ。

M: ごめん。藻の中に金があるんじゃなくて藻を特別なシートにして海の中や温泉に入れてそこに金が付くのを待って回収するんだ。

3번

대학교에서 여학생과 남학생이 이야기하고 있습니다. 남학생이 훌륭하다고 생각한 것은 무엇입니까?

남: 있잖아, 해조류로 금을 캘 수 있다는 거 알고 있었어?

여: 응? 해조류라니, 미역이나 다시마 같은 거? 금이 들어 있는 해조류 같은 건 들어본 적도 없어.

남: 미안. 해조류 안에 금이 있는 게 아니라, 해조류를 특수한 시트로 만들어서 바닷속이나 온천에 넣어두고 거기에 금이 달라붙는 걸 기다렸다가 회수하는 거야.

F：へえ〜。すごいわね。これで金も安くなるわね。嬉しい。

M：それはまだ先の話だよ。実用化にはもっと研究が必要だと思うけど。

F：な〜んだ。喜んで損しちゃった。

M：そうだけど、これってすご〜いアイディアだと思わない？

F：世界初だから？

M：うん。藻に金を付けてとろうなんて、普通の人は考えないことだよ。

F：そうだね。その研究、きっとまた新しいアイディアで問題を解決するんじゃない。

M：僕もそう思うよ。どうしたら人が考えつかないようなことが浮かんでくるのかな。

F：アイディアか。ちょっとした時に思いつくみたいだけど、もともと知識量が多いからアイディアが浮かんでくるんだって。研究が行き詰まったりした時に…。ところでヘミンくんの研究はどう？

M：僕はまだまだ努力が足りないかも。

男の学生が素晴らしいと考えたことは何ですか。

1 もで金をとろうという考え
2 研究を実用化するという考え
3 温泉などから金がとれるということ
4 金が大量にとれるようになる状況

여：오~ 대단하네. 이걸로 금값도 싸지겠네. 기뻐.

남：그건 아직 먼 미래의 이야기야. 실용화에는 연구가 더 필요하다고 생각하지만.

여：뭐야. 괜히 좋아했네.

남：그렇긴 하지만, 이거 정말 대단한 아이디어라고 생각하지 않아?

여：세계 최초라서?

남：응. 해조류에 금을 붙여서 채취하겠다니, 보통 사람은 생각지도 못할 일이야.

여：그렇네. 그 연구, 분명 또 새로운 아이디어로 문제를 해결하지 않을까.

남：나도 그렇게 생각해. 어떻게 하면 남들이 생각지 못한 게 떠오르는 걸까.

여：아이디어라. 사소한 순간에 문득 떠오르는 것 같지만, 원래 지식이 많으니까 아이디어가 떠오르는 거래. 연구가 막히거나 했을 때 말이야…. 그나저나 해민이 네 연구는 어때?

남：나는 아직 노력이 부족한 걸지도 몰라.

남학생이 훌륭하다고 생각한 것은 무엇입니까?

1 해조류로 금을 채취하겠다는 생각
2 연구를 실용화한다는 생각
3 온천 등에서 금을 채취할 수 있다는 것
4 금을 대량으로 채취하게 되는 상황

단어　藻(も) 해조류, 수초 | わかめ 미역 | 昆布(こんぶ) 다시마 | 回収(かいしゅう) 회수 | 実用化(じつようか) 실용화 | 損(そん)する 손해를 보다 | 解決(かいけつ) 해결 | 浮(う)かんでくる 떠오르다 | 行(い)き詰(づ)まる 막히다, 정체되다 | 努力(どりょく) 노력 | 足(た)りない 부족하다

해설　남학생은 대화 중반에 "이거 정말 대단한 아이디어라고 생각하지 않아?"라고 화제를 던진 뒤, "보통 사람은 생각지도 못할 일(並みの人は 考えないこと)"이라며 그 발상 자체를 높게 평가하고 있다. 여자가 언급한 실용화(2번)에 대해서는 "아직 먼 이야기"라고 선을 긋고 있으므로, 남자가 가장 훌륭하다고 감탄하는 대상은 1번 '조류로 금을 채취하겠다는 아이디어(생각)'이다.

4番

女の人と男の人が話しています。男の人は何に困っていますか。

M：ミナさんは日本語が上手で羨ましい。

F：スミスさんだって。発音も日本人らしいし……。

M：でも、僕はうまく使えない表現があるんだよ。例えば「〜んです」とか。

F：意味は習ったでしょう。

M：うん、でも意味はわかるけどうまく使えないんだ。英語で「んです」に当たる表現を見つけるのは難しいんだ。

F：そうなんだ。韓国語には似た表現があるから大丈夫だけど……。

4번

여자와 남자가 이야기하고 있습니다. 남자는 무엇 때문에 곤란해하고 있습니까?

남：미나 씨는 일본어를 잘해서 부러워.

여：스미스 씨도 그래. 발음도 일본인 같고…….

남：하지만, 난 잘 쓰지 못하는 표현이 있어. 예를 들어 '〜인 것입니다'라든가.

여：의미는 배웠잖아.

남：응, 하지만 의미는 알겠는데 잘 쓰지를 못하겠어. 영어로 '〜인 것입니다'에 해당하는 표현을 찾기가 어렵거든.

여：그렇구나. 한국어에는 비슷한 표현이 있어서 괜찮지만…….

M：いいなあ。英語では本当に表しにくいんだ。ルイも困っていたよ。

F：フランス語もそうなんだ。でも日本の生活が長くなったら自然に使えるようになるわよ。

M：そうだといいんだけど。

男の人は何に困っていますか。

1 日本人のように発音できないこと
2 意味が分からなくて使えない言葉があること
3 日本語には英語にない表現ばかりあること
4 意味が分かっても使えない表現があること

남：좋겠다. 영어로는 정말 표현하기 어렵거든. 루이도 곤란해했어.

여：프랑스어도 그렇구나. 하지만 일본 생활이 길어지면 자연스럽게 쓸 수 있게 될 거야.

남：그러면 좋겠는데.

남자는 무엇 때문에 곤란해하고 있습니까?

1 일본인처럼 발음할 수 없는 것
2 의미를 몰라서 사용할 수 없는 단어가 있는 것
3 일본어에는 영어에 없는 표현만 있는 것
4 의미를 알아도 사용할 수 없는 표현이 있는 것

단어 羨(うらや)ましい 부럽다｜発音(はつおん) 발음｜表現(ひょうげん) 표현｜意味(いみ) 의미｜習(なら)う 배우다｜表(あらわ)す 나타내다, 표현하다｜困(こま)る 곤란하다, 어려움을 겪다｜自然(しぜん)に 자연스럽게

해설 남자는 발음이 좋다는 칭찬을 들었으므로 1번은 정답이 아니다. 또한 의미는 배워서 알고 있다고 언급했으므로 2번도 오답이다. 남자는 영어로 치환하기 어려운 특정 표현의 '사용법'에 어려움을 겪고 있다고 말하고 있다. 모든 표현이 영어에 없어서 곤란하다는 3번보다는, 의미를 알아도 상황에 맞게 쓰지 못해 고민이라는 내용인 4번이 가장 적절하다.

5番

女の人と男の人が話しています。女の人はＡＩの恋人を持つことをどう思っていますか。

F：知り合いにやっと恋人ができたらしいんだけど詳しく聞いたらＡＩの恋人なんだって…本当に驚いた。

M：驚くことじゃないよ。マッチングアプリを使ってＡＩと結婚した人もいるくらいだから。

F：まあ。マッチングアプリって人間が結婚相手を探すものだと思っていた。

M：そうだけど、最近はＡＩとのマッチングアプリも多いよ。ＡＩを恋人にしたい人が増えてきたそうだよ。自分の気持ちに沿ってくれるからかな。

F：人間は自分の思うようにはならないからね。でも、何だか悲しいね。現実から逃げているのでは？

M：そういう人もいるかもね。でも、趣味だと思えばいいんじゃない？

F：でも、だんだん、人と付き合わなくなってしまうんじゃない。

M：その心配はあるけど、みんなが幸せを感じているんだからいいんじゃないか。

F：そうだけど、もやもやしちゃうのよ。

M：そのうち、慣れるよ。

5번

여사와 남사가 이야기하고 있습니다. 여사는 AI 연인을 갖는 것에 대해 어떻게 생각하고 있습니까?

여：지인에게 드디어 애인이 생긴 것 같길래 자세히 물어봤더니 AI 연인이라는 거야… 정말 놀랐어.

남：놀랄 일도 아니야. 소개팅 앱을 써서 AI와 결혼한 사람도 있을 정도니까.

여：어머. 소개팅 앱이란 건 사람이 결혼 상대를 찾는 거라고만 생각했어.

남：그렇긴 하지만, 요즘은 AI와의 소개팅 앱도 많아. AI를 연인으로 삼고 싶어 하는 사람이 늘어난 모양이야. 자기 기분에 맞춰 주기 때문일까.

여：사람은 자기 마음대로는 되지 않으니까 말이야. 하지만 왠지 슬프네. 그치? 현실에서 도망치고 있는 거 아니야?

남：그런 사람도 있을지 모르지. 하지만 취미라고 생각하면 괜찮지 않아?

여：하지만 점점 사람과 사귀지 않게 되어버리는 거 아닐까?

남：그런 걱정은 있지만, 다들 행복을 느끼고 있으니까 괜찮잖아.

여：그렇긴 한데, 마음이 좀 찜찜해.

남：머지않아 익숙해질 거야.

女の人はＡＩの恋人を持つことをどう思っていますか。

1 ＡＩなら思いどおりにできるからいい。

2 趣味ならいいと考えている。

3 人と付き合わなくなるのが心配だ。

4 現実を知らないのではと考えている。

여자는 AI 연인을 갖는 것에 대해 어떻게 생각하고 있습니까?

1 AI라면 마음대로 할 수 있으니 좋다.

2 취미라면 괜찮다고 생각하고 있다.

3 사람과 사귀지 않게 되는 것이 걱정이다.

4 현실을 모르는 게 아닐까 생각하고 있다.

단어 恋人(こいびと) 연인 | 知(し)り合(あ)い 지인 | 詳(くわ)しい 자세하다, 상세하다 | 結婚(けっこん) 결혼 | マッチングアプリ 매칭 앱, 소개팅 앱, 데이팅 앱 | 相手(あいて) 상대 | ～に沿(そ)う ～에 부합하다, ～에 따르다 | 逃(に)げる 도망치다 | 付(つ)き合(あ)う 사귀다 | もやもや 마음이 뒤숭숭함, 찜찜하거나 개운치 않은 모양 | 慣(な)れる 익숙해지다

해설 남자는 AI 연인에 대해 긍정적이거나 수용적인 태도를 보이지만, 여자는 대화 내내 부정적인 우려를 표한다. 특히 여자는 "현실에서 도망치고 있는 거 아니야?"라고 의문을 제기한 뒤, 결정적으로 "점점 사람과 사귀지 않게 되어버리는 거 아닐까"라며 사회적 단절에 대한 우려를 직접적으로 드러낸다. 따라서 정답은 3번이다.

6番

女の人と男の人が話しています。女の人はどうしてソウルがうらやましいと言ったのですか。

F：この間ソウルに行った時にハンガンで一晩中飲んだり食べたりしてとっても楽しかった。まるでお祭りみたいだった。

M：いいなあ。僕も行きたかった。

F：すごいのよ。ドラマの撮影もやっていたのよ。

M：それはニュースでも流れてたよ。あまりの人の多さに驚いたよ。ソウル市はハンガンをミョンドンとは違う観光地にしようとしているみたいだね。

F：そうね。東京にもハンガンみたいな場所ができたら嬉しいけど、川のそばにみんなが集まれるような広場がないから…。ハンガンの広場は完全に観光地だったわ。

M：ハンガンは場所もいいしね。東京には利用できる便利なところがないねえ。

F：そうね。川の観光と言えば船ばかりだしね。船の中で飲んだり食べたりするのも楽しいけど…。川のそばで飲んだり食べたりするのは、せいぜいお花見の時ぐらいかな。

M：それも狭いところが多いよ。

F：本当にソウルがうらやましいわ。

女の人はどうしてソウルがうらやましいと言ったのですか。

1 東京はハンガンのように川のそばで食事などができないから

2 東京にはハンガンのように自由に利用できる広い場所がないから

3 東京はハンガンのように川を観光に使っていないから

4 東京にはハンガンのような有名な観光スポットがないから

6번

여자와 남자가 이야기하고 있습니다. 여자는 왜 서울이 부럽다고 했습니까?

여: 얼마 전에 서울에 갔을 때 한강에서 밤새도록 마시고 먹고 해서 정말 즐거웠어. 마치 축제 같았어.

남: 좋겠다. 나도 가고 싶었어.

여: 굉장했다고. 드라마 촬영도 하고 있었어.

남: 그건 뉴스에서도 보여 주더라고. 사람이 엄청 많아서 놀랐어. 서울시는 한강을 명동과는 다른 관광지로 만들려고 하는 모양이네.

여: 맞아. 도쿄에도 한강 같은 장소가 생기면 좋겠지만, 강가에 모두가 모일 수 있는 광장이 없어서…. 한강 광장은 완전히 관광지였어.

남: 한강은 위치도 좋고 말이야. 도쿄에는 이용할 수 있는 편리한 곳이 없네.

여: 맞아. 강의 관광이라고 하면 배뿐이고 말이야. 배 안에서 먹고 마시는 것도 즐겁지만…. 강가에서 먹고 마시는 건 기껏해야 꽃구경 때 정도일까.

남: 그것도 좁은 곳이 많아.

여: 정말 서울이 부러워.

여자는 왜 서울이 부럽다고 했습니까?

1 도쿄는 한강처럼 강가에서 식사 등을 할 수 없어서

2 도쿄에는 한강처럼 자유롭게 이용할 수 있는 넓은 장소가 없어서

3 도쿄는 한강처럼 강을 관광용으로 쓰고 있지 않아서

4 도쿄에는 한강 같은 유명한 관광지가 없어서

7番

女の人と男の人が話しています。犬が男の人に馴れないのはなぜですか。

M: あれ、この犬、松田さんの方ばかり行くね。僕の方には全然来ない。僕、犬には好かれる方なんだけど変だなあ。この犬、女好きってことないだろうし。

F: 当たり前でしょう。この犬、嫌がっているわよ。木村くんが着てきた服が悪いのよ。

M: 服が？　まさか横縞のシャツがしゅうじんふくみたいで嫌ってことないよね。犬にそんなことわかるわけないし。

F: そのまさかなのよ。犬は横縞に警戒心を持つんだって。

M: え〜え。初めて聞いた。どうして？

F: 自然界には横縞ってほとんどないからなんだって。

M: へえ、松田さんって物知りなんだね。

犬が男の人に馴れないのはなぜですか。

1　初めて会ったから
2　服の模様が怖いから
3　しゅうじんふくを着ているから
4　女の人の方が好きだから

7번

여자와 남자가 이야기하고 있습니다. 개가 남자를 따르지 않는 것은 왜입니까?

남: 어? 이 개, 마츠다 씨 쪽에만 가네. 나한테는 전혀 안 와. 나 개가 좋아하는 편인데 이상하네. 이 개 여자를 좋아하는 건 아닐 테고.

여: 당연하지. 이 개, 싫어하고 있어. 기무라 군이 입고 온 옷이 잘못됐어.

남: 옷이? 설마 가로 줄무늬 셔츠가 죄수복 같아서 싫은 건 아니겠지? 개가 그런 걸 알 리가 없고.

여: 그 설마야. 개는 가로 줄무늬에 경계심을 갖는대.

남: 뭐? 처음 들어봐. 어째서?

여: 자연계에는 가로 줄무늬가 거의 없기 때문이래.

남: 우와, 마츠다 씨는 박식하구나.

개가 남자를 따르지 않는 것은 왜입니까?

1　처음 만나서
2　옷 무늬가 무서워서
3　죄수복을 입고 있어서
4　여자를 더 좋아해서

8番

女の人と男の人が話しています。大山さんはなぜ入院していますか。

F: 大山さんが入院したそうよ。

M: やっぱり。お酒を飲みすぎているからいつかは体を壊すと思っていたよ。

F: 違うよ。事故にあったのよ。

8번

여자와 남자가 이야기하고 있습니다. 오야마 씨는 왜 입원해 있습니까?

여: 오야마 씨가 입원했대.

남: 역시. 술을 너무 많이 마셔서 언젠가는 몸을 망칠 거라 생각했어.

여: 아니야. 사고를 당했어.

M：車をぶつけたんだろう？ 運転が下手だから。

F：いや、自転車に乗っていて足を骨折したの。

M：えっ、自転車？ 何で？

F：車にぶつかりそうになって転んだんだって。

M：そう。それで手術するの？

F：ええ、一ヶ月は入院するそうよ。

大山さんはなぜ入院していますか。

1 自転車で転んだから

2 車にぶつかったから

3 お酒を飲みすぎたから

4 車で事故を起こしたから

남：차를 박았지? 운전이 서투르니까.

여：아니, 자전거를 타다가 다리가 부러졌대.

남：뭐, 자전거? 왜?

여：차에 부딪칠 뻔해서 넘어졌대.

남：그래? 그래서 수술해?

여：응, 한 달은 입원한대.

오야마 씨는 왜 입원해 있습니까?

1 자전거에서 넘어져서

2 차에 부딪쳐서

3 술을 너무 많이 마셔서

4 차로 사고를 내서

9番

日本人の男の人と外国人の女の人が話しています。交番の警察官の仕事でないのは何ですか。

M：ここはにぎやかでしょう。

F：あのう、あそこに立っている人は何をしているんですか。

M：ああ、あの人は警察官ですよ。きっとあの男の人に道を教えているんですよ。

F：ああ、上に「こうばん」って書いてありますね。これが有名な交番なんですね。

M：そうです。日本は交番があるから安全なんだという説もあります。

F：交番ってどこにでもあるんですか。

M：ええ、たくさんあります。駅のそばには必ずありますし。

F：次々入って行く人はみんな道を聞いているんですか。

M：大体はそうですね。中には財布を落としたり盗まれたりした人もいるかもしれないですが。

F：警察官がそんな簡単な仕事をしているんですか。

M：それだけではありませんよ。もし事件が起きたらすぐに駆けつけなければならないんですから。

F：殺人でも？

M：ええ、事件なら何でも。酔っぱらいや迷子の世話をすることもありますし、大変だと思いますよ。

9번

일본인 남자와 외국인 여자가 이야기하고 있습니다. 파출소 경찰관의 업무가 아닌 것은 무엇입니까?

남：여기는 번잡하죠?

여：저기, 저기에 서 있는 사람은 무엇을 하고 있나요?

남：아, 저 사람은 경찰관이에요. 아마 저 남자에게 길을 가르쳐 주고 있을 겁니다.

여：아, 위에 '파출소'라고 써 있네요. 이곳이 그 유명한 파출소군요.

남：그렇습니다. 일본은 파출소가 있어서 안전하다는 말도 있어요.

여：파출소는 어디든 있나요?

남：네, 많이 있습니다. 역 주변에는 반드시 있고요.

여：계속해서 들어가는 사람은 모두 길을 묻고 있는 건가요?

남：보통은 그렇지요. 그 중에는 지갑을 잃어 버렸거나 도둑맞았거나 한 사람도 있을지도 모르지만요.

여：경찰관이 그런 간단한 일을 하나요?

남：그것만은 아니에요. 만약 사건이 일어나면 바로 달려가야 하니까요.

여：살인도요?

남：네, 사건이라면 뭐든지요. 취객이나 미아를 돌보는 일도 있고, 힘들 거라고 생각해요.

交番の警察官の仕事でないのは何ですか。

1 道を教える

2 酔っぱらいの世話をする

3 どろぼうをつかまえる

4 お金を貸す

파출소 경찰관의 업무가 아닌 것은 무엇입니까?

1 길을 가르쳐 준다

2 취객을 돌본다

3 도둑을 잡는다

4 돈을 빌려 준다

> **단어** 交番(こうばん) 파출소 | 警察官(けいさつかん) 경찰관 | 安全(あんぜん) 안전 | 盗(ぬす)まれる 도둑맞다 | 駆(か)けつける 달려가다 | 殺人(さつじん) 살인 | 酔(よ)っぱらい 취객 | 迷子(まいご) 미아 | 世話(せわ) 돌봄
>
> **해설** 남자는 경찰관은 사람들에게 길을 가르쳐 주고, 취객이나 미아를 돌보며 사건이 일어나면 바로 달려간다고 했다. 따라서 이와 관계 없는 것은 4번 '돈을 빌려 준다'이다.

10番

女の人と男の人がスケジュールを決めています。男の人はいつ社長に会いますか。

M: 北株式会社の南と申しますが、社長にお目にかかりたいのですが…。明日の午前中はいかがでしょうか。

F: 明日は午後出社でそのまま会議でございます。

M: 会議は何時ごろ終わりますか。

F: いつも２時間ぐらいかかります。またその後すぐに工場へ出かけてしまいます。あさってなら10時と３時が空いておりますが…。

M: そうですか。明日はもういっぱいってことですね。

F: ええ。

M: それでは朝ということで。

F: はい、かしこまりました。

男の人はいつ社長に会いますか。

1 今日

2 明日の３時

3 あさっての10時

4 あさっての３時

10번

여자와 남자가 스케줄을 정하고 있습니다. 남자는 언제 사장님을 만납니까?

남: 기타(北) 주식회사의 미나미라고 합니다만, 사장님을 만나뵙고 싶습니다. 내일 오전 중은 어떠신가요?

여: 내일은 오후에 출근하시고 그대로 회의입니다.

남: 회의는 언제쯤 끝납니까?

여: 언제나 2시간 정도 걸립니다. 또 그 후 바로 공장에 나가십니다. 모레라면 10시와 3시가 비어 있습니다만…….

남: 그렇습니까? 내일은 이미 꽉 차 있다는 말씀이군요.

여: 네.

남: 그럼 아침에 하는 것으로.

여: 예, 알겠습니다.

남자는 언제 사장님을 만납니까?

1 오늘

2 내일 3시

3 모레 10시

4 모레 3시

> **단어** ～と申(もう)す ～라고 하다(겸양 표현) | お目(め)にかかる 뵙다(겸양 표현) | 出社(しゅっしゃ) 출구 | 会議(かいぎ) 회의 | 工場(こうじょう) 공장 | かしこまりました 알겠습니다, 분부대로 하겠습니다
>
> **해설** 남자는 내일 오전 중에 사장님을 만날 수 있는지 물었지만 여자는 내일은 바쁘기 때문에 안 된다고 하고 모레라면 10시와 3시에 시간이 비어 있어서 괜찮다고 한다. 마지막에 남자가 아침으로 해 달라고 했으므로 정답은 3번 '모레 10시'이다.

---

3 문제3 **개요이해**
p 490

問題 3

問題3では、問題用紙に何もいんさつされていません。この問題は、全体としてどんな内容かを聞く問題です。話の前に質問はありません。まず話を聞いてください。それから、質

문제 3

문제 3에서는 문제용지에 아무것도 인쇄되어 있지 않습니다. 이 문제는 전체적으로 어떤 내용인지를 묻는 문제입니다. 이야기 전에 질문은 없습니다. 먼저 이야기를 들어 주세요. 그리고 질문

問とせんたくしを聞いて、1から4の中から、最もよいもの
を一つ選んでください。

1番

キルギスに行った人が話しています。

F：いつも外国人に「どうして日本人は何かをもらったら
すぐにお返しをするの？」と言われていたので、私は
日本人が世界一贈り物をすると思っていました。とこ
ろが、キルギス人は日本人よりもっと贈り物をくれる
人たちばかりでした。訪問先では食べきれないほどご
ちそうしてくれた上に、持っていったお土産よりたく
さんのお返しをもらいました。ちょっとしたお礼に手
作りの小物をあげたら、そのたびにずっと高い贈り物
が返ってきました。それでだんだんちょっとした物を
あげることができなくなってしまいました。そして、
お返しをもらった時の外国人の気持ちがわかるように
なりました。

この人は今どんなことを感じていますか。

1 贈り物のやり取りの難しさ
2 贈り物をやり取りする必要はないこと
3 手作りの物はあげない方がいいこと
4 習慣を知らないと困ったことになること

2番

経済学者が話しています。

M：「推し活」は今や日本の経済にも大きな影響を与えて
います。「推し活」は、ファンが好きなアイドルなど
を「推す」つまりそのアイドルなどの活動を応援して
グッズを買ったりコンサートなどに行ったりするこ
とです。初めは若い人たちに限ったことだと考えられ
てきましたが、今ではファンの年齢層も広がっていま
す。海外からのファンも増えており、「推し活」は活発
な消費活動にとどまらず、関連する場所を訪れることも
多いため、観光業にも大きな影響を与えています。統計
からみても拡大していく分野だと考えられます。

과 선택지를 듣고 1에서 4 중에서 가장 적당한 것을 하나 고르
세요.

1번

키르기스스탄에 다녀온 사람이 이야기하고 있습니다.

여: 항상 외국인들에게 '왜 일본인은 무언가를 받으면 바로 답례를
해?'라는 말을 들어왔기에, 저는 일본인이 세계에서 가장 선물
을 많이 하는 줄 알았습니다. 그런데 키르기스스탄 사람들은 일
본인보다 훨씬 더 선물을 많이 하는 사람들이었습니다. 방문한
곳에서는 다 먹지 못할 정도로 대접해 준 데다, 가져간 선물보
다 훨씬 많은 답례를 받았습니다. 가벼운 감사의 표시로 직접
만든 소품을 주면, 항상 그때마다 훨씬 비싼 선물이 돌아왔습니
다. 그래서 점점 가벼운 물건을 줄 수가 없게 되어 버렸습니다.
그리고 답례를 받았을 때의 외국인들의 기분을 알 수 있게 되었
습니다.

이 사람은 지금 어떤 것을 느끼고 있습니까?

1 선물 주고받기의 어려움
2 선물을 주고받을 필요는 없다는 것
3 수제품은 주지 않는 것이 좋다는 것
4 습관을 모르면 곤란한 일이 생긴다는 것

단어　キルギス 키르기스스탄〈지명〉| お返(かえ)し 답례 | 贈(おく)り物(もの) 선물 | 訪問先(ほうもんさき) 방문처 | ごちそうする (음식을)
대접하다 | ～上(うえ)に ～한 데다, ～뿐만 아니라 | お土産(みやげ) 선물, 기념품 | 手作(てづく)り 수제, 직접 만듦 | 小物(こもの) 소품,
작은 물건 | ～たびに ～할 때마다 | やり取(と)り 주고받음

해설　화자는 자신이 가볍게 준 선물에 대해 상대방이 훨씬 값비싼 답례를 보내오는 상황을 겪으며, 오히려 미안함을 느끼고 더 이상 가벼운 선물
을 주기 어려워졌다고 말한다. 이를 통해 일본인들의 '즉각적인 답례 문화'를 접했던 외국인들이 느꼈을 부담감이나 복잡한 감정을 이해하
게 되었다는 성찰을 보여준다. 따라서 선물 문화가 서로 다를 때 발생하는 '주고받기의 어려움'을 토로하고 있으므로 정답은 1번이다.

2번

경제학자가 이야기하고 있습니다.

남: '오시카츠(최애 덕질)'는 이제 일본 경제에도 큰 영향을 주고 있
습니다. '오시카츠'란 팬이 좋아하는 아이돌 등을 '推す(밀어주
다)', 즉 그 아이돌 등의 활동을 응원하며 굿즈를 사거나 콘서트
등에 가는 것을 말합니다. 처음에는 젊은 층에 한정된 것이라
고 여겨져 왔으나, 지금은 팬들의 연령층도 다양해지고 있습니
다. 해외에서 오는 팬도 늘고 있으며, '오시카츠'는 활발한 소비
활동에 그치지 않고, 관련된 장소를 방문하는 일도 많기 때문에
관광업에도 큰 영향을 주고 있습니다. 통계로 보아도 앞으로 확
대될 분야라고 생각됩니다.

この人は何について話していますか。
1 「推し活」が「推し活」をする人に与える影響
2 「推し活」がアイドルたちに与える影響
3 「推し活」の影響が大きすぎること
4 「推し活」の影響が広がっていること

이 사람은 무엇에 대해 이야기하고 있습니까?
1 '오시카츠'가 덕질을 하는 사람에게 주는 영향
2 '오시카츠'가 아이돌들에게 주는 영향
3 '오시카츠'의 영향이 너무 크다는 것
4 '오시카츠'의 영향이 확대되고 있다는 것

단어 経済学者(けいざいがくしゃ) 경제학자 | 推(お)し 최애(가장 좋아하는 아이돌 멤버, 캐릭터 등) | 影響(えいきょう) 영향 | 与(あた)える 주다, 부여하다 | 応援(おうえん) 응원 | 限(かぎ)る 한정하다 | 年齢層(ねんれいそう) 연령층 | 訪(おとず)れる 방문하다 | 活発(かっぱつ) 활발함 | 関連(かんれん)する 관련되다 | 観光業(かんこうぎょう) 관광업 | 統計(とうけい) 통계 | 拡大(かくだい) 확대

해설 경제학자인 화자는 '오시카츠'가 단순한 팬 활동을 넘어 연령층 확대, 해외 팬 유입, 관광업 활성화 등 일본 경제 전반에 큰 파급 효과를 미치고 있음을 설명한다. 또한 통계적으로도 성장 가능성이 큰 분야라고 긍정적으로 전망하며 그 중요성을 강조하고 있다. 따라서 오시카츠의 영향이 커지고 있다는 의미의 4번이 정답이다.

3番

テレビで社会学者が話しています。

F：デンマークでは郵便ポストを2025年になくしてしまいました。手紙の配達が90％減ったからだそうです。日本のポストは約17万あるうちの4分の1は月30通以下の使用で、そのうち約4％はほぼ使われていない状態です。日本郵便は1日に1回以上ポストに手紙を集めに行く義務がありますから、その費用が大きな負担になっています。現在ポストの数を減らすべきかどうか専門家たちによって議論されていますが、誰もが公平に利用できる状態を維持してほしいものです。そんな中、日本郵便はポストを減らすのではなくポストにセンサーやカメラをつけて誰かが郵便を入れたら取りに行くようにしたり、ポストを災害時に電気が使えるようにしたりすることを考えているそうです。

社会学者は何について話していますか。
1 郵便ポストの新技術で郵便の利用者を増やすことについて
2 日本の郵便ポストの利用状況と新技術のポストについて
3 デンマークと反対に日本で郵便ポストを維持する理由について
4 デンマークや日本でポストの利用者が減ることの影響について

3번

텔레비전에서 사회학자가 이야기하고 있습니다.

여: 덴마크에서는 우체통을 2025년에 없애 버렸습니다. 편지 배달이 90% 줄었기 때문이라고 합니다. 일본의 우체통은 약 17만 개 중 4분의 1이 월 30통 이하로 사용되며, 그중 약 4%는 거의 사용되지 않는 상태입니다. 일본 우편은 하루에 1회 이상 우체통에 편지를 수거하러 갈 의무가 있기 때문에, 그 비용이 큰 부담이 되고 있습니다. 현재 우체통 수를 줄여야 할지 어떨지 전문가들에 의해 논의되고 있습니다만, 누구나 공평하게 이용할 수 있는 상태를 유지해 주었으면 합니다. 그런 가운데, 일본 우편은 우체통을 줄이는 것이 아니라, 우체통에 센서나 카메라를 달아 누군가 우편물을 넣으면 수거하러 가도록 하거나, 우체통을 재해 시에 전기를 사용할 수 있게 만드는 것을 생각하고 있다고 합니다.

사회학자는 무엇에 대해 이야기하고 있습니까?
1 우체통의 신기술로 우편 이용자를 늘리는 것에 대해
2 일본 우체통의 이용 상황과 신기술 우체통에 대해
3 덴마크와 반대로 일본에서 우체통을 유지하는 이유에 대해
4 덴마크나 일본에서 우체통 이용자가 줄어드는 것의 영향에 대해

단어 郵便(ゆうびん)ポスト 우체통 | 配達(はいたつ) 배달 | 減(へ)る 줄다 | 義務(ぎむ) 의무 | 費用(ひよう) 비용 | 負担(ふたん) 부담 | 公平(こうへい) 공평 | 維持(いじ) 유지 | 災害時(さいがいじ) 재해 시 | 状況(じょうきょう) 상황

해설 화자는 덴마크 사례를 제시한 뒤, 일본 우체통의 낮은 이용률과 그로 인한 유지 비용 문제를 설명한다. 이어서 우체통 수를 줄이는 대신 센서나 재해 대비 전원 공급 기능을 추가하는 새로운 활용 방안을 소개한다. 즉, 현황 분석과 문제 제기 후 신기술을 활용한 대응 방안을 다루고 있으므로 전체 내용을 포괄하는 2번이 정답이다.

中学校で先生が生徒たちに話しています。

M: 君たちが仕事につくころは今よりAIが活躍しているはずです。ですから、どんな仕事が残るのかわからないと不安になるかもしれません。確かにＡＩは優秀で、今まで人間がしてきた多くの仕事を奪ってしまうでしょう。けれども人の気持ちを理解したり、新しいアイディアを生み出したりするのは苦手です。だからこそ、周りの人と協力することや考える力をつけることが大切です。また、ＡＩについて学んで、ＡＩがうまく使えるようになれば、それは君たちの力になるはずです。それには今の勉強を頑張らなければなりません。そして学び続けてＡＩに勝つのではなくＡＩとともに仕事ができるようになってほしいです。

先生が言いたいことは何ですか。

1 ＡＩより人間は優秀だから心配しなくていい。
2 ＡＩができない仕事があるから大丈夫だ。
3 ＡＩに勝てるように勉強してほしい。
4 ＡＩが利用できるように学び続けてほしい。

4번

선생님이 학생들에게 이야기하고 있습니다.

남: 여러분이 직업을 가질 때쯤에는 지금보다 AI가 더 많이 활약하고 있을 겁니다. 그래서 어떤 일자리가 남을지 몰라 불안해질지도 모릅니다. 확실히 AI는 우수해서 지금까지 인간이 해온 많은 일자리를 뺏어버리겠지요. 하지만 사람의 마음을 이해하거나 새로운 아이디어를 만들어 내는 것은 서툽니다. 그렇기에 주변 사람과 협력하는 것이나 생각하는 힘을 기르는 것이 중요합니다. 또한, AI에 대해 배워서 AI를 잘 활용할 수 있게 된다면 그것은 여러분에게 힘이 될 것입니다. 그러기 위해서는 지금 하는 공부를 열심히 해야 합니다. 그리고 계속 배워 나가며 AI를 이기려 하는 것이 아니라, AI와 함께 일을 할 수 있게 되기를 바랍니다.

선생님이 말하고자 하는 것은 무엇입니까?

1 AI보다 인간이 우수하므로 걱정할 필요 없다.
2 AI가 할 수 없는 일이 있으니 괜찮다.
3 AI를 이길 수 있도록 공부해 주길 바란다.
4 AI를 활용할 수 있도록 계속 배워나가길 바란다.

단어 仕事(しごと)につく 직업을 갖다 | 活躍(かつやく) 활약 | 不安(ふあん) 불안함 | 優秀(ゆうしゅう) 우수함 | 奪(うば)う 빼앗다 | 生(う)み出(だ)す 만들어 내다 | 協力(きょうりょく) 협력 | 力(ちから)になる 힘이 되다 | ～とともに ～와/과 함께

해설 선생님은 AI가 인간의 일자리를 대체할 미래를 언급하면서도, 공감과 창의성 같은 AI의 한계를 지적하며 인간만의 역량을 강조한다. 특히 결론에서 "AI를 이기는 것이 아니라 AI를 잘 사용할 수 있도록 계속해서 공부해 달라"고 당부하고 있다. 따라서 정답은 4번이며, 'AI를 이길 수 있도록 공부하라'는 3번은 지문의 취지와 반대이므로 오답이다.

ラジオで医者が話しています。

F: 勉強中に眠くなった時にコーヒーを飲む人が大勢いると思います。コーヒーに含まれるカフェインは、頭をすっきりさせて勉強や仕事をする時に集中することができます。ハーバード大学の研究では、コーヒーを1日２～３杯飲む人は心臓病や糖尿病になる可能性が低くなるそうです。また、コーヒーはいいにおいがしますから、リラックス効果もあります。一方、飲みすぎて夜寝られなくなったり、胃を痛めたり、飲まないと落ち着かなくなったりします。ですから大人でも1日３～４杯以上は飲まない方がいいです。中学生、高校生は1日1杯にして夜は飲まない方がいいです。

5번

라디오에서 의사가 이야기하고 있습니다.

여: 공부 중에 졸음이 올 때 커피를 마시는 분들이 많을 거라 생각합니다. 커피에 포함된 카페인은 머리를 맑게 해 주어 공부나 일을 할 때 집중할 수 있습니다. 하버드 대학의 연구에서는 커피를 하루 2~3잔 마시는 사람은 심장병이나 당뇨병에 걸릴 가능성이 낮아진다고 합니다. 또한, 커피는 좋은 향이 나기 때문에 안정 효과도 있습니다. 반면, 너무 많이 마셔서 밤에 잠을 자지 못하게 되거나, 위를 상하게 하거나, 마시지 않으면 불안해지기도 합니다. 그러므로 성인이라도 하루 3~4잔 이상은 마시지 않는 것이 좋습니다. 중학생, 고등학생은 하루 1잔으로 정하고 밤에는 마시지 않는 것이 좋습니다.

医者が言いたいことは何ですか。

1 病気にならないためにコーヒーを飲むようにしよう。

2 コーヒーは体に悪いので夜は絶対飲まないようにしよう。

3 コーヒーはいい点も悪い点もあるので飲む量に気をつけよう。

4 子供は体が小さいので大人の半分の量のコーヒーを飲むの

がいい。

의사가 말하고자 하는 것은 무엇입니까?

1 병에 걸리지 않기 위해 커피를 마시도록 하자.

2 커피는 몸에 나쁘므로 밤에는 절대 마시지 않도록 하자.

3 커피는 좋은 점도 나쁜 점도 있으므로 마시는 양에 주의하자.

4 어린이는 체구가 작으므로 어른의 절반 정도의 커피를 마시는

게 좋다.

단어 含(ふく)む 포함하다 | カフェイン 카페인 | すっきり 상쾌한 모양, 말끔한 모양 | 集中(しゅうちゅう) 집중 | 心臓病(しんぞうびょう) 심장병 | 糖尿病(とうにょうびょう) 당뇨병 | 可能性(かのうせい) 가능성 | 一方(いっぽう) 한편, 반면에 | 胃(い) 위

해설 의사는 커피의 긍정적인 효과인 집중력 향상, 질병 예방, 안정 효과와 함께 불면증, 위장 장애, 의존 증상 같은 부정적인 영향도 함께 설명하고 있다. 결론에서는 성인과 학생 각각의 적정 섭취량을 제시하며 주의를 당부하고 있으므로 정답은 3번이다. 2번 '절대 마시지 말자'나 4번 '어른의 절반'은 지문의 내용보다 과장되었거나 근거가 없어 적절하지 않다.

---

6 番

講演会で社会学者が話しています。

M: 日本に来た外国人が自動販売機の多さに驚くという話をよく聞きますが、みなさんは今その数が少しずつ減っていることに気がつきましたか。2024年には2013年と比べて20％も減りました。2050年には半分になる可能性があります。商品を運ぶ人が足りないし、店より高いうえに、景気が悪いので、買う人が減っているからです。日本全体の自販機の1割くらいが赤字だそうですから、今までのように畑の真ん中にあるような自販機はなくなるでしょう。また、アメリカのように、飲み物だけでなく自動車まで売るようなことはないにしても、これからは他のものを売る自販機が増えていくでしょう。実際、飲み物以外の自販機は増えていますから。

社会学者は何について話していますか。

1 自動販売機の現状と今後の変化

2 自動販売機の歴史と現在

3 自動販売機がなくならない理由

4 新しいタイプの自動販売機が増える理由

6번

강연회에서 사회학자가 이야기하고 있습니다.

남: 일본에 온 외국인들이 자판기가 많은 것에 놀란다는 얘기를 자주 듣습니다만, 여러분은 지금 그 수가 조금씩 줄어들고 있다는 사실을 눈치채셨나요? 2024년에는 2013년에 비해 20%나 줄었습니다. 2050년에는 절반이 될 가능성이 있습니다. 상품을 운반할 사람이 부족하고, 매장보다 가격이 비싼 데다 경기가 좋지 않아 사는 사람이 줄어들고 있기 때문입니다. 일본 전체 자판기의 10분의 1 정도가 적자라고 하니, 지금까지처럼 밭 한가운데에 있는 자판기들은 사라지겠지요. 또한, 미국처럼 음료뿐만 아니라 자동차까지 파는 일은 없다고 해도, 앞으로는 다른 물건을 파는 자판기가 늘어날 것입니다. 실제로 음료 이외의 자판기는 늘어나고 있으니까요.

사회학자는 무엇에 대해 이야기하고 있습니까?

1 자동판매기의 현상과 향후의 변화

2 자동판매기의 역사와 현재

3 자동판매기가 사라지지 않는 이유

4 새로운 타입의 자동판매기가 늘어나는 이유

단어 講演会(こうえんかい) 강연회 | 社会学者(しゃかいがくしゃ) 사회학자 | 自動販売機(じどうはんばいき) 자동판매기 | 減(へ)る 줄다, 적어지다 | 可能性(かのうせい) 가능성 | ～うえに ～한 데다가 | 景気(けいき) 경기, 경세 활동 상태 | 赤字(あかじ) 적자 | 実際(じっさい) 실제 | 増(ふ)える 늘다, 증가하다 | 現状(げんじょう) 현상 | 歴史(れきし) 역사

해설 화자는 일본의 자판기 수가 줄어들고 있는 실태와 그 원인인 인력 부족, 가격 상승, 경기 요인을 설명한 뒤, 앞으로 적자 자판기는 사라지고 판매 품목이 다양해질 것이라는 전망을 제시한다. 따라서 현상과 변화 전망을 함께 포괄하는 1번이 정답이다. 2번은 자판기의 역사를 다루지 않았고, 3번은 증가가 아닌 감소 추세를 설명하고 있으며, 4번은 미국의 자동차 자판기와 같은 새로운 타입의 자판기를 언급하긴 했으나 늘어나는 이유에 대해 다루지는 않는다.

7 番

野球のコーチがバッティングセンターで話しています。

M：今日のバッティングの練習は特別だよ。これからチカチカサングラスという動体視力がよくなる眼鏡を配るよ。みんな知っていると思うけど、動体視力というのは動いているものを見る視力で、これがよくなると飛んでくるボールがよく見える。だからヒットやホームランが打てるようになるよ。楽しみだろう。僕がいいと言うまでこれをかけてボールを打って。目がちかちかして飛んでくるボールがよく見えないかもしれないけど、心配しないで止めないで打って。空振りばかりするだろうけど大丈夫。眼鏡を外したら目がよくなっているから。ボールがよく見えて打てるようになるよ。ちゃんと科学的根拠があるんだから心配ないよ。

コーチが選手たちに心配しなくていいと言っていることは何ですか。

1 特別な眼鏡をかけること
2 動体視力がよくならないこと
3 空振りすること
4 目が痛くなること

7번

야구 코치가 배팅 연습장에서 이야기하고 있습니다.

남 : 오늘 배팅 연습은 특별해. 이제부터 반짝반짝 선글라스라는 동체 시력이 좋아지는 안경을 나눠 줄 거야. 다들 알고 있겠지만 동체 시력이라는 것은 움직이는 사물을 보는 시력인데, 이게 좋아지면 날아오는 공이 잘 보여. 그러니까 안타나 홈런을 칠 수 있게 돼. 기대돼지? 내가 됐다고 할 때까지 이걸 쓰고 공을 쳐. 눈 앞이 반짝반짝해서 날아오는 공이 잘 보이지 않을지도 모르지만 걱정하지 말고 멈추지 말고 쳐. 헛스윙만 하겠지만 괜찮아. 안경을 벗으면 눈이 좋아져 있을 테니까. 공이 잘 보여서 칠 수 있게 될 거야. 제대로 된 과학적인 근거가 있으니 걱정할 거 없어.

코치가 선수들에게 걱정하지 않아도 된다고 말하고 있는 것은 무엇입니까?

1 특별한 안경을 쓰는 것
2 동체 시력이 좋아지지 않는 것
3 헛스윙하는 것
4 눈이 아파지는 것

해설　특별한 안경을 쓰는 것 자체는 걱정할 일이 아니고 그 후 일어나는 일이 걱정거리이기 때문에 선택지 1번은 정답이 아니다. 반짝반짝 선글라스를 쓰면 동체 시력이 좋아진다고 했으므로 2번 역시 오답이다. 보통은 계속 헛스윙을 하면 신경이 쓰이게 되기 때문에 정답은 선택지 3번이다. 눈 앞이 반짝반짝해서 날아오는 공이 잘 보이지 않을 거라고 했지 눈이 아파진다고는 하지 않았으므로 4번 역시 오답이다.

---

8 番

女の人と男の人が話しています。

F：わあ、きれい。ゼリーにバラの花びらが入っているね。
M：いいだろう。食べられるバラなんてめったにないよ。
F：菊の花なら食用のものがあるけど。
M：これ、バラの花を無農薬で作るのが難しくて結構時間がかかったらしいよ。
F：何でも新しいものの開発には時間がかかるんだね。青いバラなんか10年以上かかったし。
M：ああ、不可能を可能にしたって話だね。そういう話は多いね。無農薬の「奇跡のりんご」とか。
F：うん。LEDの青色も開発までに30年近くかかったらしい。あきらめない開発者はみんな偉いと思う。私はとても頑張り続けられそうにない。

8번

여자와 남자가 이야기하고 있습니다.

여 : 우와, 예쁘다. 젤리에 장미 꽃잎이 들어 있어.
남 : 괜찮지? 먹을 수 있는 장미는 좀처럼 없어.
여 : 국화꽃이라면 식용인 것이 있는데.
남 : 이거, 장미꽃을 무농약으로 만들기가 어려워서 꽤 시간이 걸렸대.
여 : 뭐든지 새로운 것을 개발하려면 시간이 걸리는구나. 파란 장미 같은 건 10년 이상 걸렸고.
남 : 아, 불가능을 가능하게 했다는 얘기 말이지. 그런 얘기는 많잖아. 무농약의 '기적의 사과'라든가.
여 : 응. LED의 청색도 개발까지 30년 가까이 걸렸다고 해. 포기하지 않는 개발자는 모두 훌륭하다고 생각해. 나는 도저히 계속 노력 못 할 것 같아.

M: 僕もだよ。「継続は力なり」って言うけど、本当だね。

二人は何に感心していますか。

1 バラでゼリーを作ったこと
2 食用の花があること
3 開発に時間がかかること
4 開発者が諦めないこと

남: 나도 그래. '지속은 힘이다'라고 하는데 정말이네.

두 사람은 무엇에 감탄하고 있습니까?

1 장미로 젤리를 만든 것
2 식용 꽃이 있는 것
3 개발에 시간이 걸리는 것
4 개발자가 포기하지 않는 것

단어 　めったに 좀처럼, 거의 | 食用(しょくよう) 식용 | 無農薬(むのうやく) 무농약 | 開発(かいはつ) 개발 | 不可能(ふかのう) 불가능 | 可能(かのう) 가능 | あきらめる 포기하다 | 開発者(かいはつしゃ) 개발자 | 偉(えら)い 훌륭하다, 대단하다 | 継続(けいぞく)は力(ちから)なり 지속은 힘이다〈격언〉

해설 　두 사람은 젤리에 장미를 넣어 먹을 수 있게 만든 것에 놀라워하고 있는데, 그 외에도 파란 장미와 기적의 사과, LED 등의 예를 들면서 오랜 시간동안 포기하지 않고 계속 해 나가는 것이 훌륭하다고 말하고 있으므로 정답은 선택지 4번이 된다.

9番

女の人がダイヤモンドについて話しています。

F：地球上で最も硬い物質はダイヤモンドです。アクセサリーとしても最も価値が高いです。今、私がつけているペンダントは人工ダイヤモンドでできています。みなさんは天然のダイヤでないから価値が低いと考えるかもしれません。しかし、これは私にとって大変価値がある大切なダイヤモンドなのです。実はこれは2年前に亡くなった母の骨から作ったダイヤモンドです。これをつけているといつも母と一緒にいる気持ちになります。コーヒーカップ1杯ぐらいの骨や灰があれば7ヶ月ぐらいで立派なダイヤモンドとなってあなたのもとに戻ってくるのです。値段は大きさによりますが、40万円ぐらいからご用意できます。今まで多くの方にご利用いただいております。ぜひ、思い出のためにお作りになったらいかがでしょう。

女の人は何をしていますか。

1 ダイヤモンドを売っている
2 ダイヤモンドの作り方を説明している
3 人工ダイヤモンドのよさを話している
4 ダイヤモンドを作るように勧めている

9번

여자가 다이아몬드에 대해 이야기하고 있습니다.

여: 지구상에서 가장 단단한 물질은 다이아몬드입니다. 액세서리로서도 가장 가치가 높습니다. 지금 제가 달고 있는 펜던트는 인공 다이아몬드로 만들어져 있습니다. 여러분은 천연 다이아몬드가 아니니까 가치가 낮다고 생각할지도 모릅니다. 그러나 이것은 저에게 대단히 가치 있는 소중한 다이아몬드입니다. 사실 이것은 2년 전에 돌아가신 어머니의 뼈로 만든 다이아몬드입니다. 이것을 달고 있으면 항상 어머니와 함께 있는 기분이 듭니다. 커피잔 한 잔 분량의 뼈나 재가 있으면 7개월 정도면 멋진 다이아몬드가 되어 당신 곁으로 돌아옵니다. 가격은 크기에 따라 다르지만 40만 엔 정도부터 준비할 수 있습니다. 지금까지 많은 분이 이용하고 계십니다. 꼭 한번 추억을 위해서 만들어 보시면 어떨까요?

여자는 무엇을 하고 있습니까?

1 다이아몬드를 팔고 있다
2 다이아몬드 만드는 법을 설명하고 있다
3 인공 다이아몬드의 장점을 이야기하고 있다
4 다이아몬드를 만들도록 권하고 있다

단어 　最(もっと)も 가장 | 硬(かた)い 단단하다 | 物質(ぶっしつ) 물질 | ダイヤモンド 다이아몬드 | 価値(かち) 가치 | 人工(じんこう) 인공 | 天然(てんねん) 천연 | 骨(ほね) 뼈 | 灰(はい) 재 | ～による ～에 따르다 | 勧(すす)める 권하다, 추천하다

해설 　여자는 자신의 어머니의 유골로 만든 인공 다이아몬드에 대해 이야기한 후 말미에 추억을 위해 꼭 한번 만들어 보라고 권유하고 있다. 따라서 정답은 4번이다.

女(おんな)の人(ひと)と男(おとこ)の人(ひと)が村(むら)の観光(かんこう)について話(はな)しています。

M: うちの村(むら)を観光(かんこう)の村(むら)にしたいんだけど、何(なに)も見(み)る物(もの)がないんだから無理(むり)だよね。

F: でも、それを逆(ぎゃく)に利用(りよう)することもできるんじゃない？秘境(ひきょう)を目玉(めだま)にしている村(むら)もあるのよ。

M: でも、うちは秘境(ひきょう)って感(かん)じはしないよ。

F: これは考(かんが)えれば何(なに)かアイデアが出(で)るという例(れい)よ。星(ほし)を見(み)るためにだけでも人(ひと)はやってくるんだから。例(たと)えばニュージーランドの町(まち)には星(ほし)を見(み)る人(ひと)が大勢(おおぜい)訪(おとず)れるんだって。

M: その話(はなし)、知(し)っているよ。町(まち)の人(ひと)は星(ほし)を見(み)に観光客(かんこうきゃく)が来(く)るなんて思(おも)わなかったんだよね。

F: そうなのよ。星空(ほしぞら)が世界一(せかいいち)だから世界遺産(せかいいさん)に登録(とうろく)しようって日本人(にほんじん)が提案(ていあん)したのよ。案外(あんがい)住(す)んでいる人(ひと)には良(よ)さが当(あ)たり前(まえ)すぎて価値(かち)が分(わ)からないものなのよ。

M: じゃ、農業研修(のうぎょうけんしゅう)に来(き)ている外国人(がいこくじん)に聞(き)いてみようか。

F: それもいいけど、何(なに)か体験(たいけん)できることを探(さが)さない？

M: じゃ、お年寄(としよ)りにも参加(さんか)してもらおうよ。

F: 特(とく)におばあさんたちは手仕事(てしごと)や食(た)べ物(もの)に詳(くわ)しいからね。

二人(ふたり)は誰(だれ)の意見(いけん)を聞(き)こうと考(かんが)えていますか。

1 留学生(りゅうがくせい)やおばあさん
2 成功(せいこう)した町(まち)の人(ひと)
3 外国人(がいこくじん)や村(むら)の老人(ろうじん)
4 村(むら)に住(す)んでいる人(ひと)

여자와 남자가 마을 관광에 대해서 이야기하고 있습니다.

남: 우리 마을을 관광 마을로 하고 싶은데 아무것도 볼거리가 없으니 무리겠지?

여: 하지만 그것을 역으로 이용할 수도 있지 않아? 숨은 명소를 주력으로 하고 있는 마을도 있어.

남: 그렇지만, 우리는 숨은 명소란 느낌은 안 들어.

여: 이건 생각하면 뭔가 아이디어가 나올 거라고 예를 든거야. 별을 보는 것 하나만으로도 사람은 찾아오니까. 예를 들어 뉴질랜드 마을에는 별을 보러 사람들이 많이 찾아온대.

남: 그 이야기 알고 있어. 마을 사람들은 별을 보러 관광객이 온다고는 생각하지 못했다지.

여: 맞아. 별이 총총한 하늘이 세계 제일이니 세계 유산으로 등록하자고 일본인이 제안했대. 의외로 살고 있는 사람은 장점이 너무 당연해서 가치를 모르는 법이거든.

남: 그럼 농업 연수를 하러 와 있는 외국인에게 물어볼까?

여: 그것도 좋지만 뭔가 체험할 수 있는 것을 찾지 않을래?

남: 그럼 나이 드신 분들에게도 참가해 달라고 하자.

여: 특히 할머니들은 손으로 하는 일이나 음식을 잘 아시니까.

두 사람은 누구의 의견을 들으려고 생각하고 있습니까?

1 유학생이나 할머니
2 성공한 마을의 사람
3 외국인이나 마을의 노인
4 마을에 살고 있는 사람

단어 観光(かんこう) 관광 | 逆(ぎゃく)に 역으로, 반대로 | 利用(りよう)する 이용하다 | 秘境(ひきょう) 비경, 남이 모르는 곳 | 目玉(めだま) 특히 강조하고 싶은 것, 가장 중심이 되는 것 | ニュージーランド 뉴질랜드 | 訪(おとず)れる 방문하다 | 世界遺産(せかいいさん) 세계 유산 | 登録(とうろく)する 등록하다 | 提案(ていあん)する 제안하다 | 案外(あんがい) 의외로 | 当(あ)たり前(まえ) 당연함 | 農業(のうぎょう) 농업 | 研修(けんしゅう) 연수 | 体験(たいけん) 체험 | 参加(さんか)する 참가하다 | 詳(くわ)しい 자세하다, 상세하다 | 成功(せいこう)する 성공하다

해설 유학생에 대한 이야기는 대화에 나오지 않았고, 할머니만이 아니라 노인 전체를 언급하고 있다. 성공한 마을에 대해 이야기하기는 했지만 그곳 사람에게 의견을 듣겠다고 얘기하지는 않았으므로 1번과 2번은 정답이 아니다. 대화에서 '외국인에게 물어보자', '나이 드신 분들에게도 참가해 달라고 하자'라고 얘기하고 있으므로 3번이 정답이다. 마을에 살고 있는 사람 중에서도 외국인과 노인들에게만 묻기로 했으므로 4번 역시 오답이다.

---

4 문제4 **즉시응답** p.493

問題(もんだい) 4

問題(もんだい) 4では、問題用紙(もんだいようし)に何(なに)もいんさつされていません。まず文(ぶん)を聞(き)いてください。それから、それに対(たい)する返事(へんじ)を聞(き)いて、1から3の中(なか)から、最(もっと)もよいものを一(ひと)つ選(えら)んでください。

문제 4

문제 4에서는 문제용지에 아무것도 인쇄되어 있지 않습니다. 먼저 문장을 들어 주세요. 그리고 그것에 대한 응답을 듣고 1에서 3 중에서 가장 적당한 것을 하나 고르세요.

1番 ばん

M: 明日は天気にかかわらず、出発しなきゃ。

F : 1 降らないといいんですが。
　　2 天気次第ということですね。
　　3 雨なら延期ですね。

1번

남: 내일은 날씨에 상관없이 출발해야 해.

여: 1 비가 안 오면 좋겠는데요.
　　2 날씨에 달렸다는 뜻이군요.
　　3 비라면 연기겠네요.

단어 ～にかかわらず ～에 상관없이 | 出発(しゅっぱつ) 출발 | ～次第(しだい) ～에 달림 | 延期(えんき) 연기

해설 남자는 날씨와는 관계없이 출발이 이미 결정되었음을 말하고 있다. 따라서 그 전제를 받아들이면서 비가 오지 않기를 바라는 1번이 가장 자연스럽다. 2번에서 날씨에 달렸다는 것은 날씨가 나쁘면 출발하지 않는다는 상황도 포함하므로 오답이다.

2番 ばん

M: 今日は寒くてしょうがない。

F : 1 こんな日に限って自宅勤務なんだ。
　　2 こんな日は外出しないに限るよ。
　　3 今日限りで暖かい日は終わりだ。

2번

남: 오늘은 너무 추워서 견딜 수가 없어.

여: 1 이런 날 하필 재택근무야.
　　2 이런 날은 외출하지 않는 게 최고야.
　　3 오늘로 따뜻한 날은 끝이다.

단어 ～てしょうがない ～해서 어쩔 수 없다, 너무 ～하다 | ～に限(かぎ)って 하필 ～일 때만, ～만큼은 | ～に限(かぎ)る ～이/가 최고다 | 自宅勤務(じたくきんむ) 재택근무 | ～限(かぎ)り ～만, ～뿐, ～까지

해설 남자가 매우 춥다고 말한 상황에서 여자는 그 상황에 공감하며 '이럴 때는 외출하지 않는 것이 가장 좋다'고 답하는 것이 가장 자연스러우므로 2번이 정답이다.

3番 ばん

F : 山本さんはやはりその話は断るとのことです。

M: 1 山本さんにお願いしてよかったよ。
　　2 断りにくいことを頼んで悪かったね。
　　3 断るなら直接言ってくれればいいのに。

3번

여: 야마모토 씨는 역시 그 이야기는 거절하겠다고 합니다.

남: 1 야마모토 씨에게 부탁하길 잘했어.
　　2 거절하기 어려운 걸 부탁해서 미안했네.
　　3 거절할 거면 직접 말해 주면 좋을 텐데.

단어 断(ことわ)る 거절하다 | ～とのことだ ～라고 한다 | 直接(ちょくせつ) 직접

해설 여자는 야마모토 씨가 거절했다는 전언을 전달하고 있다. 이에 대해 남자는 직접 말해 주지 않은 점을 아쉬워하는 반응을 보이므로 3번이 문맥에 맞다.

4番 ばん

M: リンさんは経験は豊かですが、ビジネスマナーがねえ。

F : 1 悪いところが見当たりませんね。
　　2 経験不足では入社させるのはちょっと。
　　3 マナーは入社後に教えられますよ。

4번

남: 린 씨는 경험은 풍부하지만 비즈니스 매너가 좀 그래요.

여: 1 나쁜 점이 보이지 않네요.
　　2 경험이 부족하다면 입사시키는 것은 좀.
　　3 매너는 입사 후에 가르칠 수 있어요.

단어 経験(けいけん) 경험 | 豊(ゆた)か 풍부함 | 見当(みあ)たる 발견되다, 눈에 띄다 | 入社(にゅうしゃ) 입사

해설 남자는 린 씨의 경험은 인정하면서도 매너에 문제가 있음을 지적하고 있다. 이에 대해 여자는 입사 후에 교육으로 보완할 수 있다는 현실적인 대안을 제시하므로 3번이 적절하다.

5番

F：姉さんたら人には絶対にだめだと言いながら自分は子供に10万円もあげたのよ。

M：1 やっぱり、口先だけなんだなあ。

　　2 やっぱり、言った通りにするんだなあ。

　　3 やっぱり、厳しくしているんだなあ。

5번

여: 언니는 다른 사람한테는 절대 안 된다고 말하면서 자기는 아이에게 10만 엔이나 줬어.

남: 1 역시 말뿐이구나.

　　2 역시 말한 대로 하는구나.

　　3 역시 엄하게 대하고 있구나.

단어　口先(くちさき) 입에 발린 말 | 厳(きび)しい 엄하다

해설　말로는 절대 안 된다고 하면서 실제로는 큰돈을 준 상황이므로, 겉으로만 엄하게 말했을 뿐, 말과 행동이 반대된다는 1번이 정답이다.

6番

M：夏は日本には行かないに越したことはないね。

F：1 うん、夏こそ行くべきだね。

　　2 うん、夏がいいね。

　　3 うん、暑さと湿気がたまらないね。

6번

남: 여름에는 일본에 가지 않는 것이 제일이야.

여: 1 응, 여름이야말로 가야 해.

　　2 응, 여름이 좋네.

　　3 응, 더위와 습기를 못 견디겠어.

단어　～に越(こ)したことはない ～하는 것이 제일이다, ～하는 것이 상책이다 | 湿気(しっけ) 습기 | たまらない 견딜 수 없다

해설　남자는 일본의 여름을 피하는 것이 낫다고 말하고 있으며, 여자는 더위와 습기를 견디기 힘들다는 이유로 이에 동의하고 있다. 따라서 3번이 정답이다.

7番

M：裕子、外見で人を判断してはいけないよ。

F：1 だから、いつも服装に気をつかっているんだね。

　　2 それで、見た目を大事にしているんだ。

　　3 でも、中身まではなかなかわからないよ。

7번

남: 유코, 외모로 사람을 판단해서는 안 돼.

여: 1 그래서 항상 복장에 신경을 쓰고 있구나.

　　2 그래서 겉모습을 중요하게 여기는구나.

　　3 하지만 속마음까지는 좀처럼 알 수 없어.

단어　外見(がいけん) 외관, 겉보기 | 判断(はんだん)する 판단하다 | 中身(なかみ) 알맹이, 내면

해설　외모로 사람을 판단해서는 안 된다는 남자의 말에 대해, 여자는 내면을 알아보기 어렵다는 현실적인 한계를 언급하고 있다. 이런 흐름에서 3번이 자연스럽다.

8番

M：この車は値段はさておきスピードでは右に出るものはない。

F：1 スピードが出すぎるんですね。

　　2 値段のことも考えてくださいよ。

　　3 そんなに安いんですか。

8번

남: 이 차는 가격은 둘째 치고 속도 면에서는 최고야.

여: 1 속도가 너무 많이 나는군요.

　　2 가격도 좀 생각하세요.

　　3 그렇게 저렴한가요?

단어　～はさておき ～은/는 차치하고, 은/는 둘째 치고 | 右(みぎ)に出(で)るものはない 최고다, 필적할 자가 없다

해설　남자는 가격에 대한 언급을 피하고 성능만을 평가하고 있다. 이에 대해 여자는 가격도 무시할 수 없으니 고려해야 한다고 지적하고 있으므로 2번이 적절하다.

9番

M: 100円ショップに200円とか300円の商品が増えてきたなあ。

F: 1 買う人にとっては痛いわね。
2 高い方が売れるんだね。
3 店にも私たちにもいいわね。

9번

남: 100엔 숍에 200엔이나 300엔짜리 상품이 늘어났네.

여: 1 사는 사람에게는 타격이네.
2 비싼 쪽이 잘 팔리는구나.
3 가게에도 우리에게도 좋네.

단어 ～にとって ～에게 있어서

해설 저렴함이 장점인 100엔 숍에서 고가 상품이 늘어난 상황을 구매자 입장에서 부정적으로 받아들이고 있으므로 1번이 정답이다.

10番

M: 山田と林は水と油だなあ。

F: 1 じゃ、一緒に仕事をさせませんか。
2 じゃ、席を隣にしてあげましょう。
3 じゃ、席を離した方がいいでしょうか。

10번

남: 야마다와 하야시는 물과 기름이야.

여: 1 그럼, 같이 일을 시키지 않을래요?
2 그럼, 자리를 옆으로 해 줍시다.
3 그럼, 자리를 떨어뜨려 놓는 게 좋을까요?

단어 離(はな)す 떼어놓다

해설 물과 기름의 잘 섞이지 않는 성질에 비유하여 서로 잘 맞지 않는 관계를 나타내고 있다. 따라서 함께 두기보다는 자리를 떨어뜨리는 것이 좋다는 3번이 알맞다.

11番

F: 熱があるけど、会社を休むわけにはいかない。

M: 1 無理するとだめだよ。
2 君次第ではいけないよ。
3 もうちょっと休もう。

11번

여: 열이 있지만 회사를 쉴 수는 없어.

남: 1 무리하면 더 안 돼.
2 자네 마음대로 하면 안 돼.
3 조금만 더 쉬자.

단어 ～わけにはいかない ～할 수는 없다

해설 몸이 아파도 일을 해야 한다는 사람에게 할 말로 적절한 것은 1번이다. 2번은 강경한 금지의 의미로 상황에 적절하지 않다. 3번은 같이 쉬자고 말하고 있으므로 오답이다.

12番

M: 今年は試合には参加するものの、優勝の見込みはないに違いない。

F: 1 だから選手が頑張れば勝てるんだね。
2 でも、出るからには頑張る。
3 頑張り次第で勝てるんだね。

12번

남: 올해는 시합에는 참가하기는 하지만 우승할 가망은 없는 것과 마찬가지야.

여: 1 그러니까 선수가 열심히 하면 이길 수 있구나.
2 하지만 출전하는 이상 열심히 할거야.
3 노력에 따라서 이길 수 있구나.

단어 見込(みこ)み 가망, 전망 | ～に違(ちが)いない ～임에 틀림없다 | ～からには ～한 이상은

해설 남자는 우승할 가망이 없다고 말했는데 여기에 열심히 노력하면 우승할 수 있다고 대답하는 1번과 3번은 적절하지 않다. 이길 수 없어도 열심히 하겠다고 말하는 2번이 적절한 대답이므로 정답이다.

13番

M: 弟といったらいつもこんなことばかりするんだから。

F : 1　それはいいね。

　　2　それは困るね。

　　3　それは本当だね。

단어　～といったら ～로 말할 것 같으면 | 困(こま)る 곤란하다

해설　남자는 남동생의 행동으로 곤란해하고 있다. 그런데 이에 대해 '좋네요'라고 하는 것은 어울리지 않는 대답이므로 1번은 정답이 아니다. 2 번의 반응은 곤란해하는 사람의 마음을 이해하고 동조한다는 분위기를 풍기므로 자연스러운 대답이다. 3번 역시 어색한 대답이므로 정답 은 2번이다.

13번

남: 남동생은 말야, 항상 이런 일만 한다니까.

여: 1　그거 좋다.

　　2　그거 곤란하겠다.

　　3　그건 사실이구나.

14番

F : 休むならせめて電話ぐらいしてよ。

M: 1　連絡しなくちゃ。

　　2　電話してください。

　　3　悪かったよ。

단어　せめて 적어도, 최소한 | 連絡(れんらく)する 연락하다

해설　1번에서 전화를 하지 않은 것에 대해 나무라는 여자의 말에 '～해야 한다'는 당위성을 말하는 것은 문맥상 어색하다. 2번은 '전화 정도는 해 줘'라는 여자의 말에 오히려 자신에게 연락을 달라고 말하고 있으므로 적절하지 않다. 3번은 여자의 불만에 대해 사과하고 있으므로 적절한 대답이라고 볼 수 있다. 따라서 정답은 3번이 된다.

14번

여: 쉴 거면 적어도 전화 정도는 해 줘.

남: 1　연락해야 돼.

　　2　전화해 주세요.

　　3　미안해.

15番

M: 出席するにしろ、しないにしろ、早く返事して。

F : 1　どっちにする？

　　2　明日まで待つよ。

　　3　明日まで待って。

단어　出席する(しゅっせき) 출석하다 | 返事(へんじ)する 대답하다, 답장하다 | ～にしろ ～라 할지라도, ～이든

해설　참석할지 말지 빨리 대답을 달라는 남자의 말에 1번 '어느 쪽으로 할래?'는 오히려 남자에게 어떻게 할지를 묻고 있으므로 오답이다. 2번 ' 내일까지 기다릴게'는 남자 쪽에 어울리는 대답이므로 적절하지 않다. 3번 '내일까지 기다려'는 대답을 재촉하는 남자에게 기다리라고 말하 고 있으므로 적절한 대답이라고 볼 수 있다. 따라서 정답은 3번이다.

15번

남: 참석하든 안 하든 빨리 대답해 줘.

여: 1　어느 쪽으로 할래?

　　2　내일까지 기다릴게.

　　3　내일까지 기다려.

16番

F : レイくん、また遅刻するのかな。

M: 1　ええ、時間通りに来っこないですよ。

　　2　ええ、時間通りに来るわけですよ。

　　3　ええ、時間通りなんですよ。

단어　遅刻(ちこく)する 지각하다 | ～っこない ～할 리가 없다

해설　여자는 레이 군이 또 지각할 것이라고 걱정, 추측하는 상황에서 「ええ」라는 대답은 남자 또한 지각할 가능성에 대해 긍정한다는 의미가 되 므로 적절한 대답은 1번이 된다.

16번

여: 레이 군, 또 지각하는 걸까?

남: 1　네, 시간대로 올 리가 없어요.

　　2　네, 시간대로 올 겁니다.

　　3　네, 시간대로입니다.

17番

F：そろそろ会議を始めましょうか。

M：1 ええ、部長がいないから始めましょう。

　　2 部長が来ないことには始められませんよ。

　　3 部長が来るけど始めません。

17번

여：슬슬 회의를 시작할까요?

남：1 네, 부장님이 없으니 시작합시다.

　　2 부장님이 오지 않으면 시작할 수 없습니다.

　　3 부장님이 오지만 시작하지 않습니다.

단어 会議(かいぎ) 회의 | ～ことには ～하지 않고서는

해설 여자의 이제 슬슬 회의를 시작 하자는 말에는 부장님이 없으면 회의를 시작할 수 없으니 기다려야 한다고 말하는 것이 가장 자연스러우므로 정답은 2번이 된다.

18番

M：後1点取れたら北大学に合格できたのに、残念だよ。

F：1 それじゃ、あきらめきれないね。

　　2 それじゃ、あきらめた方がいいね。

　　3 それじゃ、あきらめない方がいいよ。

18번

남：1점만 더 땄으면 기타대학교에 합격할 수 있었는데, 아쉬워.

여：1 그렇다면 포기하기 어렵겠다.

　　2 그렇다면 포기하는 게 낫겠어.

　　3 그렇다면 포기하지 않는 게 좋아.

단어 合格(ごうかく) 합격 | 残念(ざんねん) 유감임, 아쉬움 | あきらめる 포기하다

해설 남자는 단지 1점 때문에 합격할 수 없었던 것에 대해 유감을 나타내고 있기 때문에 그렇다면 포기하기가 어렵겠다는 위로의 말을 한 1번이 적절한 대답이다.

19番

M：秋なのに今日は冬が来たかのように寒いですね。

F：1 ええ、もう冬ですから。

　　2 ええ、冬が来るほど寒いです。

　　3 ええ、まだ寒くなる季節じゃないのに。

19번

남：가을인데 오늘은 겨울이 온 것처럼 춥네요.

여：1 네, 이제 겨울이니까요.

　　2 네, 겨울이 올수록 춥네요.

　　3 네, 아직 추워질 계절이 아닌데.

단어 ～かのように 마치 ～인 것처럼 | 季節(きせつ) 계절

해설 가을인데도 겨울과 같이 춥다며 계절에 맞지 않는 추위에 대해 말하는 남자의 말에 여자는 동의를 하며 자신도 그게 이상하다고 말하는 3번이 적절하다.

20番

F：先生に対してはもっと敬語を使いなさい。

M：1 でも、僕についてはとても難しいのです。

　　2 でも、僕に対しては敬語を使ってください。

　　3 でも、僕としては十分使っているつもりなんですが

　　…。

20번

여：선생님에게는 좀 더 경어를 쓰세요.

남：1 하지만 저에 대해서는 너무 어려워요.

　　2 하지만 저에게는 경어를 써 주세요.

　　3 하지만 저로서는 충분히 쓰고 있는 건데요….

난어 ～に対(たい)して ～에 대해 | 敬語(けいご) 경어 | ～について ～에 대해, ~에 관해 | ～として ～로서 | つもり ～한 셈, ~한 생각

해설 선생님에게는 좀 더 경어를 사용하라는 여자의 말에 적절한 대답은 자신은 충분히 사용하고 있다고 생각한다는 3번이다. 1번은「私については」대신에「私にとっては(저에게 있어서는)」를 쓰면 상황에 어울리는 표현이 된다.

問題 5

問題 5 では、長めの話を聞きます。この問題には練習はありません。問題用紙にメモをとってもかまいません。

1番、2番

問題用紙に何もいんさつされていません。まず話を聞いてください。それから、質問とせんたくしを聞いて、1から4の中から、最もよいものを一つ選んでください。

1番

会社で3人の社員が商品について話しています。

M: ねえ、商品の名前を変えただけで馬鹿売れするようになった靴下があるんだって。

F1: 知っている。「まるでこたつソックス」でしょう。

F2: 私、名前が気になって…冷え性だから買っちゃったわ。

M: そうか。ねえ、我が社の手袋も名前を変えたら売れるんじゃないか。

F2: 名前だけじゃないのよ。「まるでこたつソックス」はパッケージもかわいいんだから。

M: じゃ、パッケージも若者向けのデザインに変えて、商品名は「こたつ○○」にしちゃおうか。

F1: 簡単に考えないで、私たちの部が我が社の運命を握っているんだから。大体、海外の方は「こたつ」を知らないでしょ。

M: じゃ、何がいい？外国人が知っているもので…。

F2: あのね、名前も大切だけど、まずは製品よ。実際にはいてみたらぽかぽかして本当に暖かったのよ。他の製品と全然違ってた。だから、すぐに買い足したんだから。

M: そうか。そんなにいい製品なんだ。それじゃ、開発部に頑張ってもらわなきゃ。

F1: そうね。他の会社の製品にはない長所が必要ね。でもそんなにいい製品でも名前を変える前は全然売れなかったって聞いたけど。

M: じゃ、僕たちの仕事もすごく大事だね。

F2: ええ、頑張りましょう。

문제 5

문제 5에서는 긴 이야기를 듣습니다. 이 문제에는 연습은 없습니다. 문제용지에 메모를 해도 상관없습니다.

1번, 2번

문제용지에 아무것도 인쇄되어 있지 않습니다. 먼저, 이야기를 들어 주세요. 그리고 질문과 선택지를 듣고 1에서 4 중에서 가장 적당한 것을 하나 고르세요.

1번

회사에서 세 명의 직원이 상품에 대해 이야기하고 있습니다.

남: 있잖아, 상품 이름만 바꿨는데 엄청나게 팔리게 된 양말이 있대.

여1: 알아. '신는 고타쓰 양말'이지?

여2: 나도 이름이 신경 쓰여서… 수족냉증이라 사 버렸어.

남: 그렇구나. 저기, 우리 회사 장갑도 이름을 바꾸면 잘 팔리지 않을까?

여2: 이름뿐만이 아니야. '신는 고타쓰 양말'은 패키지도 귀엽거든.

남: 그럼, 패키지도 젊은 층을 타깃으로 한 디자인으로 바꾸고 이름은 '고타쓰○○'으로 해 버릴까?

여1: 너무 쉽게 생각하지 마. 우리 부서가 우리 회사의 운명을 쥐고 있으니까. 대체로 해외 고객들은 '고타쓰'를 모르잖아.

남: 그럼 뭐가 좋을까? 외국인이 알 만한 걸로….

여2: 저기 말이야, 이름도 중요하지만 우선은 제품이야. 실제로 신어 봤더니 포근하고 정말 따뜻했어. 다른 제품이랑은 완전히 다르더라. 그래서 바로 추가로 샀는걸.

남: 그래? 그렇게 좋은 제품이구나. 그럼 개발부가 힘내 줘야겠네.

여1: 맞아. 다른 회사 제품에는 없는 장점이 필요해. 그런데 그렇게 좋은 제품도 이름을 바꾸기 전에는 전혀 안 팔렸다고 들었어.

남: 그럼 우리 업무도 정말 중요하네.

여2: 네, 힘냅시다.

この人たちの仕事は何ですか。

1 画期的な製品を開発すること
2 商品の売り方を考えること
3 商品のいい点を見つけること
4 やりがいがある仕事を見つけること

이 사람들의 업무는 무엇입니까?

1 획기적인 제품을 개발하는 것
2 상품의 판매 방법을 생각하는 것
3 상품의 좋은 점을 찾아내는 것
4 보람 있는 업무를 찾는 것

  馬鹿売(ばかう)れ 엄청나게 팔림 | 冷(ひ)え性(しょう) 냉증, 냉한 체질 | パッケージ 패키지, 포장 | 〜向(む)け 〜용 | 運命(うんめい) 운명 | 製品(せいひん) 제품 | 買(か)い足(た)す 추가로 사다 | 長所(ちょうしょ) 장점 | 画期的(かっきてき) 획기적 | やりがい 보람

  대화 초반부터 상품의 이름 변경, 패키지 디자인, 타깃 설정 등 마케팅 전략에 대한 논의가 이어지고 있다. 또한 제품의 품질 자체는 개발부의 역할이라고 분명히 언급하고 있으므로, 화자들이 속한 부서는 상품을 어떻게 시장에 내놓고 판매할지를 고민하는 부서임을 알 수 있다. 따라서 정답은 3번이다.

2番

夫婦と男の子が話しています。

F： 大掃除なんだけど、台所と浴室の掃除はプロに頼もうか。

M1：お風呂はいくら払うの？僕が半額でやるよ。

F： 浴室はお風呂のエプロンも掃除しなければならないからヒロシには無理よ。

M1：エプロンって何？

F： エプロンはお湯を入れるバスタブの裏側よ。だから専門家に頼まないと無理なのよ。ヒロシには庭と玄関を頼もうかな。自分の部屋もね。

M1：わかった。すぐやるよ。

M2：トイレは僕がするよ。でも温水が出るところは難しいなあ。

F： じゃ、普通のトイレだけお願い。温水便座は1万円もするけど頼むことにするわ。

M2：台所はどうする？頼むといくらぐらいかかるの？

F： そうねえ。換気扇だけで15,000円、ガスコンロの魚焼き器なども全部やってもらったら25,000円になるのよ。

M2：じゃ、換気扇は無理だけとほかは僕がやるよ。

M1：僕も手伝うよ。

M2：じゃ、一緒にしよう。

掃除会社にどこの掃除を頼むことにしましたか。

1 換気扇とエプロンを含む浴室とトイレ1つ
2 換気扇とエプロンを含む浴室とトイレ2つ
3 換気扇を除いた台所全体と風呂全体とトイレ1つ
4 換気扇とエプロンを除いた風呂とトイレ1つ

2번

부부와 남자아이가 이야기하고 있습니다.

여： 대청소 말인데, 부엌이랑 욕실 청소는 전문가에게 맡길까?

남1：목욕탕은 얼마 줘요? 제가 반값에 할게요.

여： 욕실은 욕조 옆면을 분리해서 그 속도 청소해야 하니까 히로시 네가 하기엔 무리야.

남1：에이프런(욕조 측면 커버)가 뭐예요?

여： 에이프런은 따뜻한 물을 받는 욕조의 안쪽(옆면 커버 안쪽)이야. 그래서 전문가에게 맡기지 않으면 무리거든. 히로시한테는 마당이랑 현관을 부탁할까 해. 네 방도 말이야.

남1：알겠어요. 바로 할게요.

남2：화장실은 내가 할게. 하지만 온수가 나오는 곳은 어렵네.

여： 그럼, 일반 화장실(변기)만 부탁해. 비데(온수 세정 변좌)는 만 엔이나 하지만 맡기기로 할게.

남2：부엌은 어떻게 할까? 맡기면 얼마 정도 들어?

여： 글쎄. 환풍기만 15,000엔, 가스레인지의 생선 그릴 같은 데까지 전부 맡기면 25,000엔이야.

남2：그럼, 환풍기는 무리지만 나머지는 내가 할게.

남1：저도 도울게요.

남2：그래, 같이 하자.

청소 대행업체에 어느 곳의 정소를 맡기기로 했습니까?

1 환풍기와 에이프런을 포함한 욕실과 화장실 하나
2 환풍기와 에이프런을 포함한 욕실과 화장실 두 개
3 환풍기를 제외한 부엌 전체와 욕실 전체와 화장실 하나
4 환풍기와 에이프런을 제외한 욕실과 화장실 하나

3番、4番

問題用紙に何もいんさつされていません。まず話を聞いてください。それから、質問とせんたくしを聞いて、1から4の中から、最もよいものを一つ選んでください。

3番

女の人と男の人がカレー屋について話しています。

F：ねえ、カレーを食べに行かない？ 200円だよ。カツカレーでも450円なの。

M：すごく安いね。200円じゃ儲からないよ。安いから行きたいの？

F：そういうわけじゃないよ。その店、安いだけじゃないの。店の壁に「みらいチケット」というのが貼ってあって誰でもそれを使ってただでカレーが食べられるのよ。

M：じゃ、ただで食べるつもり？ ちょっと恥ずかしいよ。

F：違うわよ。会計の時に余分に200円払うと「みらいチケット」がもらえるの。それを誰かのために自分で壁に貼るのよ。

M：へ〜え。そういえば皿洗いの代わりに食事させてくれる店があったね。その店も自分で食べないで誰かのために食事券を入口に貼る人がいるって言っていたね。

F：そう。私も困っている人のためになる店をやってみたいけど、今は無理だから。

M：せめてできることをやるってことだね。

F：そのぐらいしかできないから。

女の人はその店で何をしたいと言っていますか。

1 店を始めるので様子を見たい
2 カレーの味を見てみたい
3 みらいチケットを貼りたい
4 カレーをただで食べたい

3번, 4번

문제용지에 아무것도 인쇄되어 있지 않습니다. 먼저, 이야기를 들어 주세요. 그리고 질문과 선택지를 듣고 1에서 4 중에서 가장 적당한 것을 하나 고르세요.

3번

여자와 남자가 카레 가게에 대해 이야기하고 있습니다.

여: 있잖아, 카레 먹으러 가지 않을래? 200엔이야. 돈가스 카레도 450엔이야.

남: 굉장히 싸네. 200엔이면 남는게 없겠다. 싸니까 가고 싶은 거야?

여: 그런 게 아니야. 그 가게 싸기만 한 게 아니야. 가게 벽에 '미래 티켓'이라는 게 붙어 있는데 누구나 그것을 사용해서 공짜로 카레를 먹을 수 있어.

남: 그럼 공짜로 먹을 생각이야? 좀 창피하다.

여: 아니야. 계산할 때 여분으로 200엔 내면 '미래 티켓'을 받을 수 있어. 그걸 누군가를 위해 내가 벽에 붙이는 거야.

남: 오, 그렇구나. 그러고 보니 설거지 대신 식사를 하게 해 주는 가게가 있었지? 그 가게도 자기가 먹지 않고 누군가를 위해 식사권을 입구에 붙이는 사람이 있다고 했잖아.

여: 맞아. 나도 어려운 사람을 위한 가게를 하고 싶은데 지금은 무리니까.

남: 최소한의 할 수 있는 일을 한다는 거네.

여: 그 정도밖에 못하니까.

여자는 그 가게에서 무엇을 하고 싶다고 말하고 있습니까?

1 가게를 시작하기 때문에 상황을 보고 싶다
2 카레의 맛을 보고 싶다
3 미래 티켓을 붙이고 싶다
4 카레를 공짜로 먹고 싶다

해설 여자는 미래 티켓을 살 수 있는 카레 가게 얘기를 하면서 자신도 어려운 사람을 도울 수 있는 가게를 하고 싶지만 당장은 무리이기 때문에 지금 할 수 있는 일을 하고 싶다고 말하고 있다. 여자가 지금 할 수 있는 일이란 미래 티켓을 붙여서 다른 사람이 공짜로 식사를 할 수 있도록 하는 것이므로 3번이 정답이다. 현재 가게를 여는 것은 무리이며, 음식 맛은 언급이 없고, 어려운 사람이 공짜로 식사할 수 있도록 돕고 싶다고 했으므로 1, 2, 4번은 정답이 아니다.

4番

外国人の女の人と日本人の男の人が話しています。

F：あっ、レシート、捨てるの？

M：うん、いらないでしょう？

F：うちの国ではレシートは宝くじになっていて、2ヶ月に1回抽選されて当たったらお金がもらえるのよ。だからレシートをもらわない人なんかいないと思うわ。日本円で130円の菓子パンを買って3，600万円も当てた人がいるんだから。

M：すごいな。でも、何でそんなことをしているんだい？

F：景気をよくすることもあるけど、レシートを出した店は脱税できないでしょう？ このシステムにしてから税金がたくさん払われるようになったのよ。

M：脱税か。そういえばテレビである国の脱税についてやっていたけど、歯医者さえ領収書をもらわなければ20％割引にするって言っていた。だから誰も領収書をもらわないんだって。お店もレシートを出さないんだよ。

F：だからその国は財政が大変になったのかも。うちの国では脱税はできないんじゃないかしら。

M：レシートって楽しみもあるし、脱税できないし、一石二鳥だね。

F：ええ。

女の人は自分の国のレシートについてどう考えていますか。

1 脱税を防ぐのでレシートを捨ててはいけない
2 宝くじ付きレシートは景気をよくするために必要だ
3 レシートは楽しみもあるし役に立つ
4 みんながレシートをもらうので脱税がなくなった

4번

외국인 여자와 일본인 남자가 이야기하고 있습니다.

여: 앗, 영수증 버리는 거야?

남: 응, 필요 없잖아?

여: 우리나라에서는 영수증은 복권으로 되어 있어서 두 달에 한 번 추첨을 해서 당첨되면 돈을 받을 수 있어. 그래서 영수증을 받지 않는 사람이 없을걸. 일본 엔으로 130엔짜리 빵을 사서 3,600만 엔이나 당첨된 사람이 있으니까.

남: 대단하다. 그런데 왜 그런 일을 하고 있는 거야?

여: 경기를 좋게 하는 것도 있지만, 영수증을 발급한 가게는 탈세를 할 수 없잖아? 이 시스템을 시행하고 나서 세금이 많이 걷히게 됐어.

남: 탈세라. 그러고 보니 TV에서 어느 나라의 탈세에 대해 다루고 있었는데 치과 의사마저 영수증을 받지 않으면 20% 할인해 준다고 했었어. 그래서 아무도 영수증을 안 받는대. 기게에서도 영수증을 발급 안 해.

여: 그래서 그 나라는 재정이 어려워졌을지도 몰라. 우리나라에서는 탈세는 못 하는 거 아닐까?

남: 영수증은 즐거움도 있고, 탈세도 안 되고, 일석이조네.

여: 응.

여자는 자기 나라의 영수증에 대해 어떻게 생각하고 있습니까?

1 탈세를 방지하므로 영수증을 버려서는 안 된다
2 복권이 붙은 영수증은 경기를 좋게 하기 위해서 필요하다
3 연수중은 제미도 있고 도움이 된다
4 모두가 영수증을 받기 때문에 탈세가 없어졌다

단어 宝(たから)くじ 복권 | 抽選(ちゅうせん) 추첨 | 景気(けいき) 경기 | 脱税(だつぜい) 탈세 | 税金(ぜいきん) 세금 | 領収書(りょうしゅうしょ) 영수증 | 財政(ざいせい) 재정 | 一石二鳥(いっせきにちょう) 일석이조 | 防(ふせ)ぐ 막다, 방지하다

해석 1번은 영수증을 버려서는 안 된다고까지는 말하지 않았기 때문에 정답이 아니다. 경기를 좋게 하는 것보다 세금 징수가 더 중요하며, 탈세가 진혀 없어졌다고는 하지 않았기 때문에 2번과 4번 역시 오답이다. 영수증은 즐거움도 있고 탈세를 방지하기 때문에 일석이조라는 남자의 말에 여자도 동의하고 있으므로 정답은 3번이다.

まず話を聞いてください。それから、二つの質問を聞いて、それぞれ問題用紙の1から4の中から、最もよいものを一つ選んでください。

老人ホームの職員のスポーツクラブについての説明を聞いて、夫婦が話しています。

F1: 皆様、やよいホームにご入居いただきましてありがとうございます。当ホームには自分たちで集まって楽しむクラブがいろいろございまして、専門家の指導を受けられるクラブもあります。今日はそのうちのスポーツクラブをご紹介いたします。まず、人気があるテニスクラブです。週1回、90分で月に1万円かかります。月曜日の午前10時からと午後1時からコーチの指導が受けられます。ラケットなどはご自分で用意してください。次にバレーボールですが、こちらは週2回、火曜日と金曜日の午後1時から3時までです。体育館の使用料として月に500円いただいております。卓球は水曜日と土曜日の午前10時から12時までです。料金は道具の貸出料も含まれていますので、月に1,000円いただいております。また、水泳は午前10時から午後5時までプールが開いていますので、一回2時間400円でいつでもご利用になれます。プールはリハビリにも使用しておりますが、半分はいつでもご利用になれます。皆様、ぜひ、ご参加いただき、お楽しみください。

F2: 健康のために運動をしましょうよ。

M: あまり、気が進まないから高いお金を払う気はしないよ。君はどうする？

F2: 私は気ままに好きな時にできるものにしますよ。あなたも何かしたら？高校の時にやっていた卓球はどう？バレーボールもいいですよ。あっ、友達ができるように誰かと一緒にするものを選んだ方がいいのでは？

M: 確かに最近、人と話さないからなあ。

F2: ええ。それに、時間も考えた方がいいですよ。

M: そうだね。昼食の後はやっぱり昼寝をしたいな。

F2: そうですね。じゃ、申し込みましょう。

質問1　男の人は何を選びましたか。

1 卓球

2 水泳

3 テニス

4 バレーボール

먼저 이야기를 들어 주세요. 그리고 2개의 질문을 듣고 각각 문제용지의 1에서 4 중에서 가장 적당한 것을 하나 고르세요.

요양원 직원의 스포츠 클럽에 대한 설명을 듣고 부부가 이야기하고 있습니다.

여1: 여러분, 야요이 홈에 입주해 주셔서 감사합니다. 저희 홈에는 사람들끼리 모여서 즐기는 여러 클럽이 있으며, 전문가의 지도를 받을 수 있는 클럽도 있습니다. 오늘은 그중 스포츠 클럽을 소개해 드리겠습니다. 우선 인기가 많은 테니스 클럽입니다. 주 1회 90분에 월 1만 엔이 듭니다. 월요일 오전 10시와 오후 1시부터 코치의 지도를 받을 수 있습니다. 라켓 등은 직접 준비해 주세요. 다음으로 배구입니다만, 이쪽은 주 2회, 화요일과 금요일 오후 1시부터 3시까지입니다. 체육관 사용료로 월 500엔을 받고 있습니다. 탁구는 수요일과 토요일 오전 10시부터 12시까지입니다. 요금은 도구 대여료도 포함되어 있으므로 월 1,000엔을 받고 있습니다. 또한 수영은 오전 10시부터 오후 5시까지 수영장이 열려 있으므로, 1회 2시간 400엔으로 언제든 이용하실 수 있습니다. 수영장은 재활 치료에도 사용하고 있습니다만, 절반은 언제든 이용 가능합니다. 여러분, 꼭 참여하셔서 즐겨 주십시오.

여2: 건강을 위해 운동을 합시다.

남: 별로 내키지 않아서 비싼 돈을 낼 마음은 없어. 당신은 어떻게 할 거야?

여2: 나는 마음 내키는 대로 하고 싶을 때 할 수 있는 걸로 할게요. 당신도 뭐 좀 해봐요. 고등학교 때 했던 탁구는 어때요? 배구도 괜찮고요. 아, 친구를 사귈 수 있게 누군가와 같이 하는 걸 고르는 게 좋지 않을까요?

남: 확실히 요즘 사람들과 이야기를 안 하긴 했네.

여2: 네. 그리고 시간도 고려하는 게 좋아요.

남: 그러게. 점심 식사 후에는 역시 낮잠을 자고 싶단 말이지.

여2: 그렇네요. 그럼 신청합시다.

질문1 남자는 무엇을 선택했습니까?

1 탁구

2 수영

3 테니스

4 배구

質問2 女の人は何を選びましたか。

1 卓球
2 水泳
3 テニス
4 バレーボール

질문2 여자는 무엇을 선택했습니까?

1 탁구
2 수영
3 테니스
4 배구

단어 | 老人(ろうじん)ホーム 요양원 | 職員(しょくいん) 직원 | 入居(にゅうきょ) 입주 | 指導(しどう) 지도 | 体育館(たいいくかん) 체육관 | 道具(どうぐ) 도구 | 貸出料(かしだしりょう) 대여료 | リハビリ 재활(치료) | 参加(さんか) 참가 | 気(き)が進(すす)まない 내키지 않다 | 気(き)ままに 내키는 대로, 마음대로 | 昼寝(ひるね) 낮잠 | 申(もう)し込(こ)み 신청

해설 〈질문 1〉남자는 비싼 비용이 드는 활동은 피하고 싶어 하고, 사람들과 교류할 수 있는 활동을 원하며, 오후에는 낮잠을 자고 싶다고 말하고 있다. 따라서 오전에 진행되고 비용이 저렴하며 여러 사람과 함께할 수 있는 탁구가 조건에 가장 잘 맞는다.
〈질문 2〉여자는 정해진 요일이나 시간에 얽매이지 않고, 하고 싶을 때 자유롭게 할 수 있는 활동을 원하고 있다. 이러한 조건에 맞는 것은 수영이다.

6番

まず話を聞いてください。それから、二つの質問を聞いて、それぞれ問題用紙の1から4の中から、最もよいものを一つ選んでください。

コンサルタントの話を聞いて、飲食店の経営者2人が定額制の導入について話しています。

M1:飲食店の新しいサービスの定額制についてお話します。月額いくらかで何度来てもよいので、お客様が増えています。赤字になるのではないかとご心配かもしれませんが、例えばビール飲み放題の場合に定額制のお客様はビール以外の食べ物などを前より注文することが多いのです。また、定額制にいろいろ条件を付けるのでかえって売り上げが伸びているということもあります。90分制などの時間制限、必ず二人以上で来るとか、おつまみは二つ以上注文するとか、工夫次第でかなり利益が出ます。また、前金をもらうわけですから、やり方によって経営が安定すること、間違いないです。

M2:定額制ってお客にも僕らにもいい制度だと思わない？うちの店は飲み物の中でビールとチューハイだけでやってみようと思うんだ。

F: 定額制は料理の注文が多くなるらしいから、料理上手の山下さんにぴったりだね。

M2:実はそこに一番期待しているんだ。花さんの店はどうする？

F: うちはお客さんに長居されると困るし。

M2:でも、時間帯によっては暇な時もあるんじゃない？

F: 午後6時までは暇よ。でも、ずっといられたら困る。

M2:それを条件にしたら？ うちも90分にするつもりだか

6번

먼저 이야기를 들어 주세요. 그리고 2개의 질문을 듣고 각각 문제용지의 1에서 4 중에서 가장 적당한 것을 하나 고르세요.

컨설턴트의 이야기를 듣고 음식점 경영자 두 사람이 정액제 도입에 내해 이야기하고 있습니다.

남1: 음식점의 새로운 서비스인 정액제에 대해 말씀드리겠습니다. 한 달에 얼마를 주고 몇 번을 와도 되기 때문에 손님이 늘고 있습니다. 적자가 나지 않을까 하고 걱정하실 지도 모르지만, 예를 들어 맥주 무제한의 경우 정액제 손님은 맥주 이외의 음식 등을 전보다 주문하는 경우가 많습니다. 또한 정액제에 여러 가지 조건을 붙이기 때문에 오히려 매출이 늘고 있다는 경우도 있습니다. 90분제 등의 시간 제한, 반드시 2명 이상이 와야 한다든가, 안주는 2개 이상 주문한다든가, 궁리하기에 따라 꽤 이익이 납니다. 또한 선금을 받기 때문에 방법에 따라 경영이 안정되는 것이 틀림 없습니다.

남2: 정액제는 손님과 우리에게 모두 좋은 제도라고 생각하지 않아? 우리 가게는 음료 중에서 맥주랑 츄하이로만 해 볼까 해.

여: 정액제는 요리 주문이 많아진다고 하니까 요리를 잘하는 야마시타 씨에게 딱 맞겠네

남2: 실은 거기에 제일 기대하고 있어. 하나 씨네 가게는 어떻게 할 거야?

여: 우리는 손님이 오래 있으면 곤란해서.

남2: 하지만 시간대에 따라서는 한가할 때도 있지 않아?

여: 오후 6시까지는 한가해. 하지만 계속 있으면 곤란해.

ら。

F ： わかった。そうする。

質問1 男の人は定額制にどの条件をつけますか。

1 種類
2 時間
3 時間と種類
4 時間と時間帯

質問2 女の人は定額制にどの条件をつけますか。

1 種類
2 時間
3 時間と種類
4 時間と時間帯

남2: 그것을 조건으로 하면 어때? 우리도 90분으로 할 생각이니까.

여: 알았어. 그렇게 할게.

질문1 남자는 정액제에 어떤 조건을 붙입니까?

1 종류
2 시간
3 시간과 종류
4 시간과 시간대

질문2 여자는 정액제에 어떤 조건을 붙입니까?

1 종류
2 시간
3 시간과 종류
4 시간과 시간대

단어 | コンサルタント 컨설턴트 | 飲食店(いんしょくてん) 음식점 | 定額制(ていがくせい) 정액제 | 月額(げつがく) 1개월당 금액 | 赤字(あかじ) 적자 | 飲(の)み放題(ほうだい) 음료 무한 리필 | 条件(じょうけん) 조건 | かえって 오히려 | 利益(りえき) 이익 | 前金(まえきん) 선금 | 期待(きたい) 기대 | 長居(ながい) 오래 머묾 | 時間帯(じかんたい) 시간대

해설 〈질문 1〉남자는 음료 중에서 맥주와 츄하이를 대상으로 한다고 했고, 마지막 말에서 90분을 조건으로 한다고 했으므로 정답은 3번이다.
〈질문 2〉여자는 6시까지는 한가하지만 손님이 오래 있으면 곤란하다고 말하고 있다. 남자의 제안에 오후 6시까지라는 구체적인 시간대와 가게에 머무르는 시간에 제한을 두기로 했으므로 정답은 4번이다.

1교시 언어지식(문자·어휘·문법)·독해

p.509

문제 1	**1** ③	**2** ①	**3** ②	**4** ③	**5** ④
문제 2	**6** ④	**7** ②	**8** ③	**9** ①	**10** ③
문제 3	**11** ④	**12** ②	**13** ④
문제 4	**14** ③	**15** ④	**16** ②	**17** ②	**18** ①	**19** ③	**20** ③
문제 5	**21** ③	**22** ④	**23** ②	**24** ②	**25** ①
문제 6	**26** ④	**27** ①	**28** ②	**29** ③	**30** ①
문제 7	**31** ③	**32** ③	**33** ④	**34** ④	**35** ①	**36** ②	**37** ③	**38** ②	**39** ①	**40** ②	**41** ③	**42** ④
문제 8	**43** ③ (1342)	**44** ① (2413)	**45** ② (3214)	**46** ① (2413)	**47** ③ (4123)
문제 9	**48** ②	**49** ②	**50** ④	**51** ①
문제 10	**52** ④	**53** ③	**54** ②	**55** ①	**56** ②
문제 11	**57** ③	**58** ①	**59** ①	**60** ③	**61** ②	**62** ④	**63** ①	**64** ②
문제 12	**65** ②	**66** ④
문제 13	**67** ①	**68** ②	**69** ④
문제 14	**70** ③	**71** ①

2교시 청해

p.544

문제 1	**1** ②	**2** ②	**3** ③	**4** ①	**5** ④
문제 2	**1** ①	**2** ④	**3** ④	**4** ③	**5** ②	**6** ①
문제 3	**1** ④	**2** ③	**3** ②	**4** ④	**5** ①
문제 4	**1** ①	**2** ①	**3** ②	**4** ①	**5** ③	**6** ①	**7** ②	**8** ①	**9** ③	**10** ②	**11** ②
문제 5	**1** ②	**2-1** ③	**2-2** ①

문제 1 ＿＿의 단어의 읽기로 가장 알맞은 것을 1·2·3·4에서 하나 고르시오.

1 이번 대학 리포트에서는 저출산 고령화 문제에 대해 **논했다**.

해설 「論」은 훈독하지 않고 음독하여 「ろん」으로 읽는다. 「結論(けつろん, 결론)」,「議論(ぎろん, 의논·논의)」 등으로 쓰인다. 동사로 쓰일 때도 「ろん」으로 읽히기 때문에 「ろんじた」가 정답이 된다.

단어 少子高齢化(しょうしこうれいか) 저출생 고령화 | 信(しん)じる 믿다 | 演(えん)じる 연기하다 | 感(かん)じる 느끼다

2 그 공장은 화재로 인해 막대한 **손해**를 입었다.

해설 「損」은 음독할 때는 「そん」, 훈독할 때는 「損(そこ)なう(파손하다)」와 「損(そこ)ねる(파손하다, 해치다)」에서 알 수 있듯이 「そこ」로 읽는다. 「害」는 훈독하지 않고 음독하여 「がい」로 읽는다. 2음절 명사는 음독하는 경우가 대부분이므로 「そんがい」가 정답이 된다.

단어 火災(かさい) 화재 | 多大(ただい) 매우 큼 | 被(こうむ)る (피해 등을) 입다, 당하다 | 被害(ひがい) 피해

3 생성형 AI를 **활용**하여 SNS 광고를 만들고 있습니다.

해설 「活」는 훈독하지 않고 음독하여 「かつ」로 읽는다. 간혹 「生(い)かす(살리다)」를 「活(い)かす」로도 표기하는 경우가 있으므로 같이 알아 두자. 「用」는 음독할 때는 「よう」, 훈독할 때는 「用(もち)いる(사용하다)」와 같이 읽는다. 문제의 단어는 2음절 명사로서, 둘 다 음독하는 경우이므로 「かつよう」가 정답이 된다.

단어 生成(せいせい) 생성 | 広告(こうこく) 광고 | 活動(かつどう) 활동 | 活躍(かつやく) 활약 | 活発(かっぱつ) 활발

4 홋카이도의 겨울은 **얼어붙는** 듯한 추위입니다.

해설 동사는 훈독이 기본이다. 「凍(こご)える(손 발 등이 얼다, 곱아지다)」와 함께 「凍(こお)る(얼다)」도 함께 기억해 두자. 음독할 때는 「とう」라고 읽으며 「冷凍(れいとう, 냉동)」 등과 같이 쓰인다. 정답은 「こごえる」가 된다.

단어 北海道(ほっかいどう) 홋카이도〈지명〉 | 震(ふる)える 흔들리다, 떨리다 | 植(う)える 심다 | 飢(う)える 굶주리다 | 構(かま)える 자세를 갖추다

5 이 머그컵은 **추첨**을 통해 당첨된 것입니다.

해설 「抽」는 음독하여 「ちゅう」로 읽으며, 「抽象的(ちゅうしょうてき, 추상적)」와 같이 쓰인다. 「選」은 음독하여 「せん」으로 읽으며 훈독할 때는 「選(えら)ぶ(고르다)」와 같이 읽는다. 2음절 명사의 대다수는 음독하기 때문에 「ちゅうせん」이 정답이 된다.

단어 マグカップ 머그컵 | 当(あ)たる 들어맞다, 당첨되다 | 厳選(げんせん) 엄선 | 当選(とうせん) 당선, 당첨

문제 2 ＿＿의 단어를 한자로 쓸 때 가장 알맞은 것을 1·2·3·4에서 하나 고르시오.

6 휴대폰 사진을 **확대**해서 보았다.

단어 絶大(ぜつだい) 아주 큼, 절대적 | 広大(こうだい) 넓고 큼

7 애써서 작성한 데이터를 **실수로** 삭제해 버렸다.

단어 せっかく 모처럼, 애써 | 作成(さくせい) 작성 | 削除(さくじょ) 삭제 | 謝(あやま)る 사과하다 | 計(はか)る 재다 | 護(まも)る 수호하다, 방비하다

8 컴퓨터 프로그램에 **이상**이 발생했다.

해설 「異常(いじょう)」는 비정상적인 상태를 나타내는 말로, 시스템 오류와 고장 등에 주로 쓰인다.

단어 発生(はっせい) 발생 | 移乗(いじょう) 탈것으로 갈아탐

9 12월에 접어들면서 추위가 **한층** 심해졌습니다.

단어 厳(きび)しい 엄하다, 심하다 | 一部(いちぶ) 일부 | 一瞬(いっしゅん) 한순간 | 一括(いっかつ) 일괄

10 학생이 봉사 활동으로 쓰레기 줍기를 하고 있어서 **감탄**했다.

단어 ボランティア 자원봉사, 봉사 활동 | ゴミ拾(ひろ)い 쓰레기 줍기 | 関心(かんしん) 관심 | 歓心(かんしん) 환심

문제 3 (　　)에 들어갈 가장 알맞은 것을 1·2·3·4에서 하나 고르시오.

11 **일본제** 손목시계를 그에게 선물했다.

해설 「製(제)」는 공장에서 제조된 기계, 전자 제품, 의복 등에 사용하고, 「産(산)」은 농산물이나 수산물 등에 주로 사용된다. 따라서 공산품인 손목 시계에는 「日本製(にほんせい, 일본제)」가 적합하며, 「日本産(일본산)」은 주로 식재료 등에 쓰이므로 정답이 될 수 없다.

단어 腕時計(うでどけい) 손목시계

12 비행기 기내는 **전 좌석** 금연입니다.

해설 모든 좌석을 뜻할 때는 「全(ぜん)」을 사용하여 「全席(ぜんせき)」와 같이 표현한다. 「全」은 특정 범위 내의 전부를 나타낼 때 주로 쓰이며, 4번 「総(そう)」는 「総決算(そうけっさん, 총결산)」, 「総売上(そううりあげ, 총매출액)」 등과 같이 수치나 전체를 합산한 결과에 주로 사용된다.

단어 機内(きない) 기내 | 禁煙(きんえん) 금연

13 **미사용** 엽서는 우체국에서 우표로 교환받을 수 있습니다.

해설 아직 사용하지 않은 엽서라고 하는 것이 맥락상 자연스럽다. 이러한 상황에서는 「未使用(みしよう)」로 표현하므로 「未」가 정답이 된다. 「未」는 '아직 ～하지 않음'의 의미를 담고 있다. 반면 「無」는 존재하지 않음을 뜻하여 「無愛想(ぶあいそう, 상냥하지 못함)」, 「無作法(ぶさほう, 버릇없음)」 등에 사용하고, 3번 「非」는 '그것이 아님'을 뜻하여 「非常識(ひじょうしき, 몰상식)」, 「非公開(ひこうかい, 비공개)」 등에서 사용한다.

단어 はがき 엽서 | 郵便局(ゆうびんきょく) 우체국 | 切手(きって) 우표 | 交換(こうかん) 교환

문제 4 (　　)에 들어갈 가장 알맞은 것을 1·2·3·4에서 하나 고르시오.

14 그는 매일 학교에서 친구들과 **장난치고**만 있다.

해설 '학교에서 친구와 ～하고만 있다'는 문장에서 문맥상 자연스러운 것은 「ふざけて(장난치고)」밖에 없다. 「つまずく」는 발이 걸려 넘어지는 물리적 상황이나 일이 실패하는 상황에 쓰이며, 「あきらめる」는 하던 일을 중도에 그만두는 것을 뜻한다. 「でたらめ」는 엉터리인 것을 뜻하므로 친구와 함께하는 행동을 묘사하는 문맥에는 3번이 자연스럽다.

단어 つまずく 걸려 넘어지다, 좌절하다 | あきらめる 포기하다 | でたらめ 엉터리, 허튼소리

15 오랜 세월 품어온 꿈이 드디어 이루어졌습니다.

해설 1번과 2번은 물리적인 시간의 흐름을 뜻할 때 주로 쓰이고 '꿈이 이루어지다'와 같은 감정적, 성취적 맥락에는 「長年(ながねん)」이 자연스럽다.

단어 叶(かな)う 이루어지다 | 年月(ねんげつ) 세월 | 月日(つきひ) 시일, 세월 | 日付(ひづけ) 날짜

16 비행기를 타기 위해 출발 3시간 전에 탑승 절차를 밟았다.

해설 비행기 탑승과 관련해서는 수속·절차라는 말이 이어지는 것이 자연스럽다. 그러므로 2번 「手続(てつづ)き, 수속·절차」가 정답이 된다. 「手当(てあ)て」는 치료나 응급 처치, 「手入(てい)れ」는 기계나 식물 등의 손질, 「手書(てが)き」는 손으로 직접 쓰는 것을 의미하므로 비행기 수속과 관련된 문맥에는 맞지 않는다.

단어 出発(しゅっぱつ) 출발 | 搭乗(とうじょう) 탑승

17 그가 생각하고 있는 것은 전혀 모르겠습니다.

해설 「さっぱり」는 '상쾌하게'라는 뜻 외에도, 뒤에 부정 표현과 같이 쓰여 '전혀, 도무지'라는 뜻으로도 쓰인다. 여기서는 뒤에 「わかりません(모르겠습니다)」이 오는 것으로 보아 '전혀'의 의미로 쓰였음을 알 수 있다. 또한 「さっぱりだ」의 형태로 '엉망이다, 형편없다'라는 의미로도 사용되니 같이 기억해 두자. 「すっかり」는 '완전히 바뀌다'처럼 변화가 완료된 상황을 나타낼 때 주로 쓰이므로 이 상황에서는 어울리지 않는다.

단어 きっぱり 단호히 | しっかり 단단히, 착실히, 견고한 모양 | すっかり 아주, 완전히

18 저는 어릴 때부터 벌레가 질색입니다.

해설 '저는 벌레가 ~입니다'라는 내용에는 싫어한다는 의미의 단어가 오는 것이 가장 자연스럽다. 「苦手(にがて)だ」는 '기술 등이 서투르다'라는 뜻 외에도, '사람이나 사물 등을 거북해하다, 싫어하다'라는 의미를 가지므로 정답은 1번이 된다. 「非難(ひなん, 비난)」, 「短所(たんしょ, 단점)」, 「危険(きけん, 위험)」은 문맥상 어색하다.

19 그는 늘씬하게 키가 커서 모델 같습니다.

해설 키가 크고 모델 같다는 신체적 특징을 묘사하고 있으므로, 몸매가 늘씬하고 매끄러운 모양을 뜻하는 3번 「すらっと」가 정답이 된다. 「さっと」는 동작이 빠른 모양, 「ざっと」는 대충, 대강, 「ずらっと」는 물건 등이 많이 나열된 모양을 뜻하므로 문맥상 이색하다.

단어 さっと 잽싸게, 휙 | ざっと 대충 | ずらっと 죽, 줄줄이

20 컴퓨터가 바이러스에 감염되어 작동하지 않습니다.

해설 '컴퓨터가 ~에 감염되서 작동하지 않는다'는 내용에 어울리는 표현은 「ウイルス(바이러스)」밖에 없다. 「エコ」는 '에코, 친환경', 「ショック」는 '쇼크, 충격', 「ターゲット」는 '타깃, 대상'이라는 뜻으로, 맥락상 어색하다.

단어 感染(かんせん) 감염 | 動(うご)く 움직이다

문제 5 _____의 단어와 의미가 가장 가까운 것을 1·2·3·4에서 하나 고르시오.

21 일터를 잃은 그를 불쌍하게(≒가엾게) 여겨, 우리 회사에서 고용하기로 했습니다.

단어 失(うしな)う 잃다 | 気(き)の毒(どく) 딱함, 불쌍함 | 雇(やと)う 고용하다, 채용하다 | 不満(ふまん) 불만 | 面倒(めんどう) 귀찮음 | かわいそう 불쌍한 모양 | わがまま 제멋대로임

22 언니에게 받은 원피스를 입어 보았더니, 헐렁헐렁했다(≒컸다).

23 새로운 일은 순조(≒순조)롭나요?

단어 スタート 스타트, 시작 | サービス 서비스 | スマート 스마트, 말쑥함, 세련됨

24 최근 수상한 사람이 많다고 들었으니 밤길을 혼자 걷는 것은 조심(≒주의)하세요.

단어 不審者(ふしんしゃ) 수상한 사람 | 夜道(よみち) 밤길 | 用心(ようじん) 조심, 주의 | 準備(じゅんび) 준비 | 心配(しんぱい) 걱정 | 警備(けいび) 경비

25 지구 온난화의 영향으로 서서히(≒조금씩) 바다의 수위가 올라가고 있다.

해설 「徐々(じょじょ)に」는 '서서히'라는 뜻이고 그에 맞는 유의어는 「だんだん(점점, 차츰)」이다. 「だんだん」은 서서히 조금씩 변화하는 과정에 중점을 둔다면, 「どんどん」은 '계속해서, 잇따라, 속속'이라는 뜻으로 기세 좋게 빠르게 진행됨을 의미한다. 예를 들어 「どんどん質問(しつもん)してください(계속해서 질문해 주세요)」와 같이 사용한다.

단어 地球温暖化(ちきゅうおんだんか) 지구 온난화 | 影響(えいきょう) 영향 | 水位(すいい) 수위 | どんどん 계속해서, 척척 | さっさと 서둘러, 빨리 | そっと 살짝

문제 6 다음 단어의 용법으로 가장 알맞은 것을 1·2·3·4에서 하나 고르시오.

26 みじめ 비참함

1 장난치지 말고, 비참하게 수업을 들어 주세요.
　(X, まじめ: 성실함)

2 상사에게 혼나기만 하는 동료를 비참했다.
　(X, みじめだった → 同情した: 동정했다)

3 아이들은 기르던 개가 죽은 것을 비참했다.
　(X, みじめだった → 悲しんだ: 슬퍼했다)

4 그는 부자인 친구와 자신의 생활을 비교하며, 비참한 기분이 되었다. (O)

해설 「みじめ(비참)」는 매우 불쌍하고 가련한 상태를 뜻한다. 타인과 자신의 처지를 비교하며 느끼는 초라한 감정을 표현할 때 가장 자연스럽다.

단어 ふざける 장난치다 | 怒(おこ)る 화내다 | 同僚(どうりょう) 동료 | 同情(どうじょう) 동정 | 飼(か)う (동물을) 기르다 | 比(くら)べる 비교하다

27 誤解(ごかい) 오해

1 그는 오해받기 쉬운 겉모습을 하고 있지만, 매우 친절한 사람입니다. (O)

2 상대 팀이 이렇게까지 강할 줄은, 오해였다.
　(X, 誤算: 계산 착오, 예측 실패)

3 예상보다 많이 팔렸다니, 나의 오해였다.
　(X, 誤算: 계산 착오, 예측 실패)

4 이 제품은 0.1mm의 오해도 허용되지 않습니다.
　(X, 誤差: 오차)

제1회 실전모의테스트

해설 「誤解(오해)」는 사실과 다르게 잘못 해석하거나 이해하는 것을 뜻하므로, 겉모습만 보고 성격을 잘못 판단하기 쉽다는 맥락인 1번이 정답이 된다.

단어 誤解(ごかい) 오해 | 見(み)た目(め) 겉모습 | 誤算(ごさん) 계산 착오, 예측이 빗나감 | 製品(せいひん) 제품 | 許(ゆる)す 허락하다, 용서하다 | 誤差(ごさ) 오차

28 せっかく 모처럼, 일부러, 애써

1 모처럼 병문안을 와 주셔서 감사합니다.
(X, わざわざ: 일부러, 수고스럽게)

2 모처럼 오사카에 왔으니까 본고장의 다코야키를 먹고 싶습니다. (O)

3 모처럼입니다만, 사장님께서는 외출하셨습니다.
(X, あいにく: 공교롭게도)

4 그는 모처럼 발을 밟아서 나를 화나게 했다.
(X, わざと: 일부러, 고의로)

해설 「せっかく」는 애써 얻은 기회나 공들인 노력이 헛되지 않기를 바라는 맥락에서 사용되므로, 오사카에 온 기회를 살리고 싶다는 2번이 정답이 된다. 「わざわざ」는 상대방이 나를 위해 들인 노력 등의 수고스러움에 감사할 때 사용한다.

단어 本場(ほんば) 본고장 | たこ焼(や)き 다코야키 | わざわざ 일부러, 특별히 수고스럽게 | 踏(ふ)む 밟다

29 ハード 하드, 힘듦, 딱딱함

1 사회자 덕분에 하드하게 이야기가 정리되었다.
(X, ハードに → スムーズに: 순조롭게)

2 그녀에게 줄 선물은 예산을 조금 하드해 버렸다.
(X, オーバー: 오버, 초과)

3 저 고등학교의 야구부는 연습이 하드하기로 유명하다. (O)

4 영화관 안에서는 휴대폰을 하드하게 해 주세요.
(X, マナーモード: 매너모드, 무음)

해설 「ハード」는 일이나 훈련 등의 강도가 높고 힘든 상태를 뜻하므로, 야구부의 연습이 고되다는 문맥인 3번이 정답이 된다.

단어 司会(しかい) 사회 | まとまる 정리되다, 합쳐지다 | 予算(よさん) 예산 | スムーズ 스무스, 원활함 | オーバー 오버, 초과

30 ぎっしり 꽉, 가득

1 이번 달은 예정이 가득 차 있어서 쉴 틈도 없다. (O)

2 한여름에 밖에서 야구를 했더니 옷이 땀으로 가득 젖었다.
(X, びっしょり: 흠뻑)

3 바람이 들어오지 않도록 창문을 가득 닫았다.
(X, しっかり: 견고한 모양, 단단히, 꽉, 제대로)

4 이 계약서에 가득 훑어본 다음에 서명해 주세요.
(X, しっかり: 견고한 모양, 단단히, 꽉, 제대로, 똑똑히)

해설 「ぎっしり」 빈틈없이 꽉 들어차 있는 모양을 뜻하며, 공간이나 시간, 스케줄 속에 빈틈이 없는 상태를 강조할 때 자주 사용된다. 따라서 일정이 빈틈없이 짜여 있다는 문맥인 1번이 정답이 된다.

단어 詰(つ)まる 막히다, 꽉 차다 | 真夏(まなつ) 한여름 | 汗(あせ) 땀 | 濡(ぬ)れる 젖다 | 契約書(けいやくしょ) 계약서 | 目(め)を通(とお)す 훑어보다

02 1교시 언어지식(문법)

**문제 7 다음 문장의 (   )에 들어갈 가장 알맞은 것을
1·2·3·4에서 하나 고르시오.**

31 그는 18시가 되자마자(되는가 싶더니) 곧바로 회사를 나갔다.

해설 1번 「~かどうか」는 '~인지 어떤지', 2번 「~からこそ」는 '~이기 때문에야말로', 3번 「~かと思うと」는 '~하는가 싶더니', 4번 「~からといって」는 '~라고 해서'라는 의미이다. 앞의 동작이 끝나자마자 다음 동작이 순식간에 일어남을 나타내는 3번 「~かと思うと(~하는가 싶더니)」를 사용해 18시가 되자마자 바로 회사를 나갔다는 문장을 만드는 것이 자연스럽다. 나머지는 문장의 논리적 흐름상 어울리지 않는다.

32 항상 휴일에는 집 청소를 해야 한다고 생각하면서도, 막상 휴일이 되면 빈둥거리게 된다.

해설 동사의 ます형에 「つつ」가 접속하면 '~하면서'라는 동시 동작과 '~하면서도, ~지만'이라는 역접의 의미를 가진다. 후자의 경우(역접)는 「~つつも」라고도 한다. 해당 문장에서는 '휴일에 청소를 하려고 생각은 하지만 실제로는 그와 반대로 빈둥거리게 된다는 역접의 문맥이므로 3번이 가장 잘 어울린다. 1번은 하나의 동작으로 또 다른 목적을 달성함을 나타낼 때 쓰인다.

단어 休日(きゅうじつ) 휴일 | 掃除(そうじ) 청소 | いざ 막상, 정작 | だらだら 빈둥빈둥 | ~がてら ~하는 김에 | ~はじめる ~하기 시작하다

33 회식을 좋아하는 다나카 씨인 만큼, 오늘도 분명 어디선가 술을 마시고 있을 것이 틀림없다 .

해설 명사 뒤에 「~のことだから」가 붙으면 '~이니까, ~이기 때문에'라는 뜻이 된다. 이는 주로 그 사람의 성격이나 평소 특징을 근거로 뒤에 오는 내용을 추측할 때 사용하는 문형이다. 회식을 좋아하는 다나카 씨의 평소 성향을 근거로 오늘도 술을 마시고 있을 것이라 확신하는 문맥이므로 4번이 정답이 된다. 「~せいで(탓에)」와 「~せいだから(탓이니까)」는 부정적인 결과에 대한 책임을 나타낼 때 쓰여 어색하다.

단어 飲(の)み会(かい) 회식 | ~に違(ちが)いない ~임에 틀림없다

34 1만 엔 이상 구매하신 분에 한해, 이 손수건을 선물로 드립니다.

해설 「~に限り」는 '~에 한하여, ~만은'이라는 뜻으로, 특정 대상이나 조건에만 예외적인 혜택이나 규칙을 적용할 때 사용하는 문형이다. 여기서는 만 엔 이상 구입한 사람이라는 특정 조건에 해당되는 경우에만 선물을 증정한다는 의미이므로 4번이 정답이 된다. 「~によると(~에 의하면)」는 정보의 출처, 「~に際(さい)して(~할 때에)」는 특별한 사건의 시점, 「~に沿(そ)って(~에 따라)」는 기준이나 경로를 나타내므로 문맥상 어색하다.

단어 お買(か)い上(あ)げ 구입(판매자의 입장에서 손님의 구매 행위에 대해 높여 말하는 표현) | ハンカチ 손수건

35 그녀는 한번 결정한 일은 마지막까지 해내는 타입이다.

해설 동사의 ます형에 「~抜(ぬ)く」가 접속하면 '끝까지 ~해내다, 완벽하게 ~하다'라는 의미를 가진다. 이는 단순히 동작을 마치는 것이 아니라, 어려움을 극복하고 마지막까지 완수했다는 뉘앙스를 포함하므로 「やり抜く」가 정답이 된다. 「~かねない」는 '~할 지도 모른다'라는 뜻으로, 부정적인 일이 생길 우려가

있다는 의미로 사용되며, 「～ざるを得(え)ない」는 동사의 없
이형에 접속하여 '～하지 않을 수 없다'라는 강제적 의무를 뜻
하므로 문맥상 어색하다.

단어 決(き)める 결정하다 | 最後(さいご) 최후, 마지막

36 일본의 출생률은 계속 떨어지기**만 한다**고 일컬어집니다.

해설 동사의 기본형에 「～一方(いっぽう)だ」가 접속하면 '(상태가)
계속 ～하기만 한다'라는 뜻으로, 어떤 변화가 멈추지 않고 한
쪽 방향으로만 진행됨을 나타낸다. 출생률이 멈추지 않고 계속
저하되고 있는 사회적 현상을 설명하고 있으므로 2번이 정답
이 된다. 「～べきだ(～해야 한다)」는 당위성을 나타내므로 문
맥상 어색하다. 「～きりだ(～한 채 끝이다)」는 그 뒤로 변화가
없다는 뜻이므로 변화 중인 상황을 나타내기에 맞지 않다.

단어 出生率(しゅっしょうりつ) 출생률 | 低下(ていか) 저하

37 너무 긴장**한 나머지**, 배가 아파지기 시작했다.

해설 「～(の)あまり(～한 나머지)」는 '어떤 감정이나 상태가 너무 극
심한 나머지 (비정상적이거나 좋지 않은) 결과가 나타남'을 뜻
하는 문형이다. 여기서는 긴장의 정도가 너무 심해 신체적 통
증인 복통으로 이어진 상황이므로 「緊張のあまり」가 가장 자
연스럽다. 「～の末(すえ)」는 오랜 고민이나 과정 끝의 결과를,
「～抜(ぬ)きで」는 무엇을 제외함을, 「～折(おり)に」는 기회나
때를 나타내므로 문맥상 어색하다.

단어 緊張(きんちょう) 긴장 | ～末(すえ) ～한 끝에 | ～抜(ぬ)きで
～을/를 빼고 | ～折(おり)に ～할 때에 (기회)

38 그는 요리를 만들 줄도 모르는 **주제에** 내가 만든 요리에 불
평을 해서 화가 난다.

해설 「～くせに」는 '～임에도 불구하고', '～주제에'라는 뜻으로, 앞
의 사실과 뒤의 행동이 모순될 때 상대를 비난하거나 경멸하는
뉘앙스로 사용하는 문형이다. 본인은 요리를 못하면서 남의 요
리에 불평을 한다는 문맥이므로 2번이 정답이 된다. 「～にし
ろ」는 '～라 해도'라는 뜻이며, 「～だけあって」는 '～인 만큼
(과연)'이라는 칭찬의 의미로 쓰인다. 「～か～ないかのうちに
(～하자마자)」는 동작의 동시성을 나타내므로 문맥상 어색하다.

단어 料理(りょうり) 요리 | 文句(もんく)を言(い)う 불평을 하다 |
腹(はら)が立(た)つ 화가 나다

39 어제 세일에서 산 이 스웨터는 가격에 **비해** 착용감이 좋았다.

해설 「～割(わり)に」는 '～에 비해서', '～치고는'이라는 뜻으로, 기
준이 되는 사실로부터 예상되는 것과 실제 결과가 다를 때 사
용하는 문형이다. 가격이 저렴함에도 불구하고 의외로 착용감
이 훌륭하다는 문맥이므로 1번이 정답이 된다. 「～せいで(～
탓에)」는 나쁜 결과의 원인, 「～かわりに(～대신에)」는 대체할
대상, 「～おかげで(～덕분에)」는 인과관계가 명확한 상황에서
좋은 결과의 원인임을 나타내므로 문맥상 어색하다.

단어 値段(ねだん) 가격 | 着心地(きごこち) 착용감

40 언니는 어릴 적부터 병치레가 **잦아서**, 자주 입원하곤 했습
니다.

해설 명사나 동사의 ます형에 「～がち」가 접속하면 '～하기 십상이
다', '자주 ～하다'라는 뜻으로, 바람직하지 않은 상태가 빈번하
게 일어날 때 사용한다. 어릴 적부터 자주 아파서 입원을 반복
했다는 문맥이므로 「病気(びょうき)がち」가 정답이 된다. 「～
だらけ」는 '～투성이, ～이 표면에 가득한 상태' 「～気味(ぎ
み)」는 '～한 기색이 있음', 「～さえ」는 '～조차'를 뜻하므로 문
맥상 어색하다.

단어 幼(おさな)い 어리다 | 入院(にゅういん) 입원 | 病気(びょう
き) 병

41 운동회에서 아이들이 노력하는 모습을 보면 응원**하지 않
을 수 없다**.

해설 동사의 부정(ない형)에 「～ずにはいられない」 혹은 「～ない
ではいられない」가 접속하면 '(주체할 수 없어서) ～하지 않고
는 못 배기다', '안 하고는 견딜 수 없다'라는 뜻이 된다. 이는 화
자의 강한 감정이나 본능적인 충동을 나타낸다. 「する」의 경우
「せずにはいられない」로 변하는 활용에 주의해야 하며, 아이
들의 기특한 모습을 보고 응원하고 싶은 마음을 억누를 수 없다
는 맥락이므로 3번이 정답이 된다.

단어 頑張(がんば)る 힘내다, 분발하다 | 姿(すがた) 모습 | 応援(お
うえん) 응원 | ～ようがない (～할) 방법이 없다 | ～わけで
はない ～하는 것은 아니다 | ～わけにはいかない ～할 수도
없다

42 야마다 씨 부부는 부인이 조용한 데 **반해**, 남편분은 사교적
인 타입입니다.

해설 「～に対(たい)して」는 '～에 대해서(대상)'라는 의미와 함께
'～와는 대조적으로(비교)'라는 의미가 있는데, 여기서는 부인
과 남편의 성격을 비교하는 후자의 용법으로 사용되었다. 따라
서 4번이 정답이다. 참고로 '～에 관하여'라는 뜻의 1번 「～に
関(かん)して」는 주로 주제나 내용을 다룰 때 쓰이며, 「～に対
して」는 구체적인 대상을 향할 때 쓰인다. 구별이 어렵다면 '～
에게'로 바꾸어 말이 되면 「～に対して」를, 말이 안 되면 「～
に関して」나 「～について(～에 대해서, ～에 관해서)」를 선택
하는 것이 요령이다.

단어 夫婦(ふうふ) 부부 | 奥(おく)さん 부인 | 物静(ものしず)かだ
조용하다, 침착하다 | 旦那(だんな) 남편 | 社交的(しゃこうて
き) 사교적 | ～に応(こた)えて ～에 부응하여 | ～に加(くわ)
えて ～에 더해서

문제 8 다음 문장의 ___★___ 에 들어갈 가장 알맞은 것을
1·2·3·4에서 하나 고르시오.

43 공포 영화를 보고 있었는데, 친구는 **너무 무서운 나머지 울
음을 터뜨리고** 말았다.

해설 「명사 + の + あまり」는 '～한 나머지'라는 뜻으로, 어떤 감정
이나 상태가 지나쳐서 특정 결과가 초래됨을 나타낸다. 따라서
'무서운 나머지'는 「怖(こわ)さ + の + あまり」의 순서로 구성
된다. 이어서는 문맥에서 '울음을 터뜨려 버렸다'라는 완료의
의미인 「泣(な)き出(だ)して + しまった」가 와야 하므로, 전
체 순서는 1342가 된다.

단어 ホラー映画(えいが) 공포 영화 | 泣(な)き出(だ)す 울음을 터
뜨리다, 울기 시작하다

44 초등학생 때까지 태국에 살았습니다만, **귀국하고 나서는
태국어를 잊어버리기만 할 뿐**입니다.

해설 동사의 기본형에 접속하는 「～一方(いっぽう)だ」는 '계속 ～
하기만 하다'라는 뜻으로, 어떤 상태의 변화가 한 방향으로 진
행됨을 의미한다. 따라서 「忘(わす)れていく + 一方」가 하나
의 마디가 되어 문장 끝에 위치한다. 문맥상 '귀국하고 나서는
태국어를 잊어버린다'는 흐름이 되어야 하므로 「帰国(きこく)
してからは + タイ語(ご)を」가 앞부분에 온다. 따라서 전체
순서는 2413이 된다.

단어 帰国(きこく) 귀국 | タイ語(ご) 태국어

제1회 실전모의테스트

45 한국에 **오실 때에는 서울을 안내해 드릴** 테니, 부디 연락해 주세요.

해설 「〜折(おり)には」는 '〜할 때에는', '〜할 기회에는'이라는 뜻으로, 「〜時(とき)には」보다 격식을 차린 정중한 표현이다. 문맥상 「韓国にいらっしゃる(한국에 오실) + 折には(때에는) + ソウルを(서울을) +案内いたします(안내해 드리겠습니다)」라는 흐름이 가장 자연스럽다. 따라서 전체 순서는 3214가 된다.

단어 いらっしゃる 오시다, 계시다(존경어) | いたす 하다(겸양어) | ソウル 서울 | ぜひ 꼭, 반드시

46 그 인턴십은 매년 **대학교 학생 지원과를 통해 모집**됩니다.

해설 「〜を通じて(〜을/를 통해서)」는 어떤 수단이나 매개체를 나타내는 문형이다. 문맥상 모집의 매개체가 되는 「大学の(대학의) + 学生支援課(학생 지원과)」 뒤에 「〜を通じて」가 붙고, 마지막으로 「募集されます(모집됩니다)」라는 서술어가 오는 것이 자연스럽다. 따라서 전체 순서는 2413이 된다.

단어 インターンシップ 인턴십 | 大学(だいがく) 대학 | 募集(ぼしゅう) 모집 | 学生支援課(がくせいしえんか) 학생 지원과

47 내 딸은 **생일에 피아노를 갖고 싶어 죽겠는** 모양이다.

해설 「たまらない」는 동사의 て형과 함께 쓰여 '너무 〜해서 견딜 수 없다', '〜해서 죽겠다'라는 뜻을 나타내며, 억누를 수 없는 강한 감정이나 욕구를 나타내는 문형이다. 선택지 중에서 유일하게 호응하는 「ほしくて」와 결합하여 「ほしくてたまらない(갖고 싶어 죽겠다)」라는 마디를 먼저 묶는 것이 핵심이다. 문맥상 「誕生日に(생일에) + ピアノが(피아노가)」가 서술어 앞에 오는 흐름이 자연스러우므로 전체 순서는 4123이 된다.

단어 娘(むすめ) 딸 | ピアノ 피아노 | 誕生日(たんじょうび) 생일

문제 9 다음 문장을 읽고, 문장 전체의 내용을 생각해서 **48** 부터 **51** 에 들어갈 가장 알맞은 것을 1·2·3·4에서 하나 고르시오.

"무라카미 군, 그 건 말이야, 괜찮은 건가?"

"네, 무조건 괜찮습니다."

여러분의 주변에도 '무조건'이라는 말을 연발하는 사람, 있지요? 그리고 이런 말을 쓰는 사람일수록, 전혀 괜찮지 않은 경우가 많지 않나요?

왜 괜찮지 않 **48** 냐 하면, '무조건'을 자주 쓰는 사람은 애당초 그 일에 대해 자신감을 갖고 있지 않기 때문입니다.

자신감이 없기 **49** 때문에야말로 '무조건'이라는 말을 사용하여 자기 자신을 고무시키고 독려하고 있는 것입니다. 혹은 '무조건'이라고 입 밖으로 냄으로써 자기 자신을 납득시키려고 하고 있을 가능성도 있습니다. 그런 의미에서 '나약한 사람'이라는 측면도 있습니다.

그러나 유감스럽게도 자신감이 없기 때문에, 아무리 스스로를 독려해도 결국 실패하고 마는 것입니다.

또한, 자신의 의견을 밀어붙이고 싶은 마음에서 '무조건'을 사용하는 사람도 있습니다. '무조건'이라는 절대적인 말로 밀어붙이면 상대가 반론하지 않고 납득해 주겠지라는 마음입니다. 자기중심적인 면이 강하다고 할 수 있습니다. 제멋대로인 성격이라고도 할 수 있겠지요. 자신의 발언에 주위 사람들이 고개를 끄덕여 주지 않으면 납득하지 못하는, 조금 곤란한 사람입니다.

50 이러한 사람은 "근거는?"이라는 질문을 받으면 갑자기 얼버무려 버리는 경향이 있습니다. 상대가 논리로 치고 들어오면 제대로 반론할 수 없는 것입니다.

이처럼 '무조건'이라는 말은 그리 좋은 인상을 주지 않는 말입니다. 조금 냉정히 말하면 이 세상에 절대라는 건 존재하지 않는다는 사실은 누구나 알 수 있습니다. 그런 만큼 너무 빈번하게 사용하는 것은 피하는 편이 무난합니다.

51 만약 120%의 자신감을 가지고 있다면 '무조건' 같은 진부한 표현을 꺼내지 말고, "〜하니까 괜찮습니다"라는 근거를 제시해야 합니다.

마치자와 시즈오 『말버릇·행동으로 사람의
마음을 꿰뚫어 보는 책』 중에서

(주1) 頻発する : 어떤 일이 연달아 몇 번씩 일어나다

(주2) ハッパをかける : 격려하다, 기합을 넣다

(주3) 陳腐 : 흔해 빠져서 시시함

해설

48 문장 앞부분의 의문사 「なぜ(왜)」와 뒷부분의 「〜からなんです(때문인 것입니다)」를 연결하여 의문을 제기하고 그 이유를 설명하는 구조다. 이 구조의 호응을 고려하면 「〜かといえば(〜냐 하면)」를 사용하여 묻고 답하는 형식을 만드는 2번이 자연스럽다. 「〜によっては(〜에 의해서는)」와 「〜にともなって(〜에 동반해서)」 등은 어울리지 않는다.

49 문맥상 자신이 없기 때문에 더욱 강한 표현을 사용한다는 인과 관계를 강조하고 있다. 이유를 나타내는 「〜から」에 강조의 「こそ」가 붙은 「〜からこそ(〜이기 때문에말로, 더욱)」이 오는 것이 자연스럽다.

50 앞에서 자기중심적인 사람에 대해 언급한 후, 다시 그 대상을 가리키며 설명을 이어가고 있다. 이 때는 바로 앞의 내용을 지시하는 '이러한'이라는 뜻을 가진 「こういう」가 오는 것이 자연스럽다.

51 뒤에 이어지는 문장에서 「〜ば(〜라면)」라는 가정의 형태가 나오고 있다. 이에 호응하여 가정의 상황을 이끄는 부사인 「もし(만약)」가 오는 것이 가장 자연스럽다.

단어 例(れい)の 여느 때의, 바로 그 | 案件(あんけん) 안건 | 周(まわ)り 주변 | 頻発(ひんぱつ)する 빈발하다 | 그렇 애초에 | 事柄(ことがら) 내용, 사항 | 鼓舞(こぶ) 고무, 용기를 북돋움 | あるいは 혹은 | 口(くち)に出(だ)す 말하다 | 納得(なっとく) 납득 | 弱気(よわき) 나약함 | 側面(そくめん) 측면 | いかんせん 유감스럽게도 | 結局(けっきょく) 결국 | 押(お)し通(とお)す 끝까지 고집하다 | 押(お)し切(き)る 밀어붙이다, 밀고 나가다 | 反論(はんろん) 반론 | 心情(しんじょう) 심정 | 自己中心的(じこちゅうしんてき) 자기중심적 | わがまま 제멋대로임 | 発言(はつげん) 발언 | 周囲(しゅうい) 주위 | うなずく 수긍하다, 고개를 끄덕이다 | 根拠(こんきょ) 근거 | 途端(とたん) 〜하는 순간, 〜하자마자 | 口(くち)ごもる 얼버무리다 | 傾向(けいこう) 경향 | 論理(ろんり) 논리 | 印象(いんしょう) 인상 | 冷静(れいせい) 차분함, 냉정함 | 頻繁(ひんぱん)に 빈번하게 | 避(さ)ける 피하다 | 無難(ぶなん) 무난함 | 陳腐(ちんぷ) 진부함 | 言(い)い回(まわ)し 말투, 표현 | 持(も)ち出(だ)す 말을 꺼내다 | 示(しめ)す 보여주다

문제 10 다음 (1)에서 (5)의 문장을 읽고 다음 질문에 대한 답으로 가장 적절한 것을 1·2·3·4에서 하나 고르시오.

1

해석 아래는 어느 회사의 신입 사원에게 도착한 메일이다.

신입 사원 여러분, 오늘 오후부터 연수가 시작됩니다. 입사식 때 나눠준 명찰을 달고 펜 등의 필기구를 지참하여, 1시에 3층 301 회의실로 모여 주십시오. 입구에 이름과 테이블 번호가 게시되어 있습니다. 테이블에 번호가 세워져 있으니 정해진 테이블의 원하는 자리에 앉아 주십시오. 4명이 한 그룹으로 구성됩니다. 이것은 10일 동안 매일 바뀝니다. 매일 연수 시작 시 간단한 자기소개를 하는 시간이 10분 정도 있습니다. 오전 연수는 9시부터 50분마다 10분씩 휴식하면서 11시 50분까지 진행됩니다. 오후는 1시부터 마찬가지 방식으로 4시 50분까지입니다. 잘 부탁드립니다.

52 연수는 어떻게 진행되는가?
1 마음이 맞는 사람끼리 4인 그룹을 만든다.
2 각 그룹에 4명씩 지정된 좌석에 앉는다.
3 오전과 오후에 그룹 내에서 자기소개를 한다.
4 매일 다른 멤버의 그룹으로 나누어진다.

단어 新入社員(しんにゅうしゃいん) 신입 사원 | 研修(けんしゅう) 연수 | 名札(なふだ) 명찰 | 筆記用具(ひっきようぐ) 필기구 | ~ごとに ~마다 | 同様(どうよう)に 마찬가지로, 동일하게 | 指定(してい) 지정

해설 본문 중 "이는 10일간 매일 바뀝니다(これは10日間毎日変わります)"라는 문장을 통해 그룹 멤버가 매일 교체됨을 알 수 있으므로 4번이 정답이다. 1번은 입구에 적혀 있는 테이블 번호대로 앉으라고 했으므로 정답이 아니며, 2번은 테이블은 지정되어 있으나 그 안의 좌석은 원하는 자리에 앉으라고 했으므로 오답이다. 3번은 매일 연수 시작 시에만 자기소개를 한다고 명시되어 있으므로 오답이다.

2

해석 성공하는 사람은 자신을 향해 긍정적인 말을 한다고 한다. 결코 '나 따위가~' 등과 같이 말해서는 안 된다. 강한 부정적인 말은 뇌의 작용을 억제해 버린다. 만약 말해 버렸다면 '왜 이런 말을 해 버렸을까'라고 생각하며 해결책을 찾는 것이 좋다. 분명 찾아낼 수 있을 것이다. "잘했다", "할 수 있을 것이다"와 같은 긍적적인 말은 기분을 좋게 해 준다. 하지만 현실의 자신과 너무 다르면 뇌는 혼란을 일으킨다. 그럴 때는 "나만큼 훌륭한 인간은 없다"를 "나라도 훌륭한 인간이 될 수 있다"로, "100% 좋다"를 "방법에 따라 100%로 만들 수 있다"처럼 표현을 조금 바꾸면 된다. 또한, 좋은 말을 남에게 해 주는 것도 좋다고 한다.

53 필자의 생각은 어느 것인가?
1 긍정적인 말이란 칭찬하는 말이다.
2 언제나 그 말을 사용한 이유를 생각한다.
3 부정적인 것을 말해도 해결 방법은 있다.
4 기분을 좋게 해 준다면 말은 가리지 않는다.

단어 前向(まえむ)き 긍정적임 | 決(けっ)して 결코 | 否定的(ひていてき) 부정적 | 抑(おさ)える 억제하다, 누르다 | 解決策(かいけつさく) 해결책 | 混乱(こんらん) 혼란

해설 본문에서 만약 부정적인 말을 해 버렸다면 해결책을 찾는 것이 좋으며 분명 찾아낼 수 있을 것이라고 언급하고 있다. 따라서 부정적인 말을 했더라도 그 후의 대처를 통해 해결이 가능하다는 관점을 가진 3번이 정답이다. 1번은 긍정적인 말의 예시일 뿐 정의는 아니며, 4번은 뇌가 혼란스럽지 않도록 상황에 맞춰 말을 조금 바꿀 것을 권하고 있으므로 오답이다.

3

해석　　어느 가게에서 점원의 머리색을 자유롭게 했다. 그리고 빨강이나 노란색 등 눈에 띄는 색으로 했을 경우에는 '가게에서 가장 활기찬 인사를 할 것, 손님에게 좋은 인상을 줄 것'이라는 규칙을 지키기로 했다. 검은색이나 갈색이었던 점원 중 다수가 머리를 다양한 색으로 바꿨다. 눈에 띄는 색의 점원은 특히 더 열심히 하게 되었다. 손님에게 불평을 들을 우려가 있었으나, 실제로는 불만은커녕 오히려 손님에게 머리색을 칭찬받아 대화가 활기차게 이어지고 있다고 한다. 또한, 아르바이트 신청이 늘어난 것도 그 가게에는 기쁜 일이었다.

54　머리색을 자유롭게 했더니 어떤 효과가 있었는가?

　　1　불평을 하는 손님이 없어진 점

　　2　이 가게에서 일하고 싶은 사람이 늘어난 점

　　3　검은색이나 갈색 머리 점원이 없어진 점

　　4　손님이 늘어 매출이 증가한 점

단어　目立(めだ)つ 눈에 띄다 | 規則(きそく) 규칙 | 文句(もんく) 불평 | 恐(おそ)れ 우려 | 会話(かいわ) 대화 | はずむ 활기를 띠다 | 申(もう)し込(こ)み 신청

해설　본문 마지막 부분에 아르바이트 신청이 늘어난 것도 그 가게에는 기쁜 일이었다고 명시되어 있다. 이는 구인 측면에서의 긍정적인 효과를 직접적으로 언급한 것이므로 2번이 정답이다. 1번은 그 이전엔 불평하는 손님이 있었다가 없어졌다는 의미인데, 그러한 언급은 없다. 3번은 모든 직원이 다 바꾼 건 아니므로 오답이다. 4번에 대한 언급은 없다.

4

해석　　일본에서는 지갑이나 휴대폰 등을 떨어뜨려도 되돌아오는 것에 대해 해외 사람들이 놀라워한다. 그것은 자랑할 만한 일이지만, 그렇다 하더라도 습득물(주)이 너무 많다. 2023년은 현금 이외의 유실물이 2,078만 7,068점이나 있었는데, 통계가 남아 있는 1917년 이후로 가장 많았다고 한다. 현금도 약 228억 4,568만 엔으로 과거 최다였으며, 주인이 나타나지 않아 도도부현(광역자치단체)의 수입이 된 것도 약 34억 699만 엔이었다고 한다. 또한, 습득물 중에서는 무려 동물도 포함되어 있어서 개가 1만 2,722마리, 고양이도 4,382마리, 조류를 포함한 기타가 8,431마리였다. 야생동물이라면 보호 센터로 보내지겠지만, 주인이 있는 반려동물은 경찰이 맡아야 하므로 부담이 되고 있다.

(주) 取得物: 누군가 떨어뜨린 것을 주운 물건.

55　왜 필자는 '무려'라고 말하고 있는가?

　　1　동물도 습득물로서 취급하는 것에 놀랐기 때문에

　　2　동물 습득물의 수가 과거 최고였기 때문에

　　3　동물은 버리거나 잃어버릴 수 없다고 생각했기 때문에

　　4　동물의 다수가 주인이 있는 것이 믿어지지 않았기 때문에

단어　誇(ほこ)る 자랑하다 | 拾得物(しゅうとくぶつ) 습득물 | 最高(さいこう) 최고 | 過去最多(かこさいた) 과거 최다 | 都道府県(とどうふけん) 도도부현(일본의 광역자치단체) | 野生(やせい) 야생 | 保護(ほご)センター 보호 센터 | 飼(か)い主(ぬし) 동물을 기르는 사람 | 負担(ふたん) 부담

해설　필자가 "무려"라고 말한 이유는, 앞서 열거한 지갑이나 현금 같은 물건들의 범주인 '습득물' 안에 동물이 포함되어 있다는 사실에 주목했기 때문이다. 즉, 동물을 생명체가 아닌 분실된 물건의 일종으로 취급하는 상황에 대한 생경함과 놀라움을 나타내고 있으므로 정답은 1번이 된다.

5

해석

유사시를 위한 밥 짓는 법

① 알루미늄 캔 2개, 우유 등의 종이팩을 3개 준비한다.

② 알루미늄 캔 하나의 윗부분을 잘라낸다.

③ 또 하나의 캔에 가로 3cm, 세로 1.5cm의 구멍을 칼로 90도마다 위아래로 4개 뚫는다.

④ 연료인 우유 팩은 바닥을 제거하고 7cm(가로)×1cm(세로) 크기로 자른다.

⑤ 캔에 쌀 120g과 물 160cc를 넣고, 알루미늄 포일 2장으로 단단히 뚜껑을 덮는다.

⑥ 구멍을 뚫은 캔에 종이를 넣고 불을 붙이면, 15분 정도면 끓기(주1) 시작한다. 20분에서 25분이면 밥이 지어진다.

⑦ 다 되면 캔을 뒤집어서 1분 정도 뜸을 들인다(주2).

(주1) 沸騰: 액체(물이나 음료 등 담는 그릇에 따라 모양이 변하는 것)가 100도 정도가 되어 안에서 거품이 계속 나오는 상태.

(주2) 蒸らす: 불을 끈 후, 뚜껑을 덮은 채로 잠시 두는 것.

56 필자는 유사시라고 말하고 있는데, 그것은 어떤 때인가?

1 집에서 밥을 짓는 도구가 고장 났을 때

2 재해로 전기나 가스가 끊겼을 때

3 집의 전기 등이 끊겼을 때

4 캔으로 밥을 지으려고 생각할 때

난어 いざという時(とき) 유사시, 비상시, 민일의 경우 | 炊(た)き方(かた) 밥 짓는 법 | 上部(じょうぶ) 상부, 윗부분 | 縦(たて) 세로 | 横(よこ) 가로 | 燃料(ねんりょう) 연료 | 蓋(ふた) 뚜껑 | 沸騰(ふっとう)する 끓다 | 蒸(む)らす 뜸을 들이다

해설 본문 서두에 '유사시·비상시'라고 언급되어 있으며, 준비물로 전용 취사도구가 아닌 '알루미늄 캔'과 '종이팩(연료)'을 사용하는 점으로 보아 일반적인 상황이 아님을 알 수 있다. 특히 현대 사회에서 일반적인 조리가 불가능한 대표적인 '비상 상황'은 지진이나 태풍 등의 재해 상황이므로 4번이 가장 적절하다. 3번은 범위가 좁고, 1번은 단순히 도구의 문제이므로 지문에서 제시한 조리법의 의도와는 거리가 있다.

문제 11 다음 (1)에서 (4)의 문장을 읽고 다음 질문에 대한 답으로 가장 적절한 것을 1·2·3·4에서 하나 고르시오.

1

해석

　　일본에서는 정해진 규격의 크기나 모양 등에 맞지 않는 채소나 과일이 슈퍼마켓 등의 가게에서 판매되는 일은 거의 없다. 그래서 상당한 양의 농산물(주1)이 버려지고 있다. 맛있지만 작은 고구마도 ①같은 운명이었다. 그런데 그 고구마가 아시아 여러 나라에서는 큰 인기다. 일본과 달리 전기밥솥(주2)에 넣어서 요리하므로 작은 편이 더 좋기 때문이다. 이를 알아차린 수출 회사가 작은 고구마를 농가로부터 사들여 외국에서 활발하게 팔기 시작했다. 규격이 있음에도 불구하고, 지금은 일본에서도 작은 고구마가 팔리게 되었다.

　　그런데 현재처럼 일본의 고구마가 해외에서 인기가 많아진 것은 최근의 일이다. 일본 고구마의 맛을 알리기 위해 고구마를 수출하고 싶은 나라에 군고구마 굽는 기계를 가지고 가서, 구워서 실제로 맛보게 한 덕분이다. 역시 맛을 알리는 데에는 실제로 먹어 보게 하는 것이 최고다. 그 팔기 위한 노력에는 감탄하게 된다. 그나저나 군고구마 기계까지 가지고 가다니 참 잘 생각한 일이다.

　　고구마는 하나의 예로, 쌀이나 딸기, 차 등 다양한 농산물의 수출량이 늘고 있다. 이는 맛있다는 이유뿐만 아니라, 엔저 덕분에 해외 사람들이 사기 쉬워졌기 때문이기도 하다. ②일본의 농업에도 밝은 빛이 비치기 시작한 듯하다.

(주1) 農産物: 농업을 통해 만들어지는 것

(주2) 炊飯器: 쌀과 물을 넣고 스위치를 누르면 자동으로 밥을 만들어 주는 기계

57 필자는 ① 같은 운명이었다고 말하고 있는데, 어떤 운명인가?

1 해외 시장에는 나가지 못한다.

2 해외에서만 팔린다.

3 규격 외이므로 버려진다.

4 가공품으로 이용된다.

58 ② 일본의 농업에도 밝은 빛이 비치기 시작한 듯하다라고 되어 있는데, 그 이유는 무엇인가?

1 농산물의 해외 매출이 늘어나고 있기 때문에

2 일본 농산물은 모양이 안 좋은 것이 더 맛있다고 알려지게 되었기 때문에

3 크기나 모양 등에 관계없이 전국 슈퍼에서 농산물이 팔리게 되었기 때문에

4 판매 방법을 고안하면 어떤 농산물이든 반드시 팔리기 때문에

단어 規格(きかく) 규격 | 農産物(のうさんぶつ) 농산물 | 運命(うんめい) 운명 | 炊飯器(すいはんき) 전기밥솥 | 輸出(ゆしゅつ) 수출 | 農家
(のうか) 농가 | どんどん 점점, 잇따라 | ～にかかわらず ～에도 불구하고 | 機械(きかい) 기계 | 感心(かんしん)する 감탄하다, 기특하게
여기다 | 輸出量(ゆしゅつりょう) 수출량 | 伸(の)びる 늘다 | 円安(えんやす) 엔저, 엔화 가치 하락

해설 〈문제 57〉 ①의 바로 앞 문장에서 정해진 규격에 맞지 않는 채소나 과일은 거의 판매되지 않으며 상당한 양의 농산물이 버려지고 있다고 언
급하고 있다. 작은 고구마 역시 규격에 맞지 않아 버려지는 운명이었다는 맥락이므로 3번이 정답이다.

〈문제 58〉 마지막 단락에서 고구마뿐만 아니라 쌀, 딸기, 차 등 다양한 농산물의 수출량이 늘고 있다고 구체적인 현상을 짚어준 뒤, 이로 인
해 농업에 밝은 빛(희망)이 보인다고 결론짓고 있다. 따라서 가장 직접적인 원인은 수출 확대로 인한 매출 증가인 1번이다. 2번은 모양이 나
빠도 맛은 좋다고 언급하긴 하지만 그 쪽이 더 맛있다는 의미는 아니므로 오답이다. 3번은 작은 고구마가 일본에서도 팔리게 되었다는 언급
은 있으나 전국 슈퍼에서 팔리게 되었다는 언급은 없다. 4번은 반드시 모든 농산물이 팔린다고 단정한 적이 없으므로 오답이다.

2

해석   일본의 저출산이 멈추지 않는다. 아동 수당을 지급하는 등 다양한 정책이 있지만 좀처럼 효과가 보이지 않는다. 육아의 어려움
을 줄이고자 기업에 남성이 육아 휴직을 갖는 것을 추진하는 것이 의무화된 덕분에 육아휴직을 사용하는 남성의 비율은 2024년에
40.5%로 상승했다.

하지만 현실은 혹독하다. 아이가 있는 사람을 이익을 보고 있는 사람이라고 생각하여 "아이 있는 상전님"라고 부르는 사람들이 있
는 것이다. 그런 사람들은 아이가 있는 사람 때문에 자신들에게 불이익이 있다고 생각한다. 직장에 따뜻하게 받아들이는 분위기가
없으면 육아는 고달파진다. 아이는 자주 아프거나 문제를 일으키기도 하기 때문에 부모가 학교에 몇 번이나 가야 하는 일도 많다.
1986년에는 자신이나 친척 중에 아이가 있는 사람의 비율이 46.2% 이었으나, 2022년에는 18.3%로 감소했다. 그 탓에 육아의 어
려움을 알 기회가 적어져 버렸다.

또한, 아이를 갖든 갖지 않든 상관없이 우리의 미래는 장래의 노동자로서 혹은 연금을 지탱하는 존재로서 아이들에게 도움받게 된
다. 그것은 알고 있어도 현실적으로 직장에서는 (동료가) 쉰 뒤의 빈자리를 채우는 것이 용이하지 않고 현장의 이해를 얻기가 어렵
다. 누군가 출산이나 육아 휴직으로 쉬더라도 주변 사람의 부담이 늘지 않도록 할 필요가 있다. 더 좋은 것은 그때 부담이 늘어난 사
람에게 수당이나 휴가를 주는 것이다. 그렇게 하면 육아를 따뜻하게 지켜볼 수 있게 되어 '아이 있는 상전님' 같은 말은 사라질 것이
다. 아이를 가지려는 사람이 늘어날지도 모른다.

59 필자는 왜 '아이 있는 상전님'이라는 말이 퍼졌다고 말
하고 있는가?

1 아이가 있는 사람 때문에 손해를 보고 있다고 생각하
니까

2 아이가 있는 것만으로 대단하다고 생각하는 것은 그만
했으면 하니까

3 육아는 힘들지만 일하는 것은 더 힘들다고 생각하니까

4 아이가 없는 사람에게 육아를 강요하지 않았으면 하니까

60 필자는 아이가 있는 사람이 가장 일하기 좋은 곳은 어
떤 직장이라고 말하고 있는가?

1 아이 때문에 쉬어도 불평을 듣지 않는 직장

2 아이 때문에 쉴 수 있는 제도가 여러 가지 있는 직장

3 아이 때문에 쉬어도 주변에 민폐가 되지 않는 직장

4 아이 때문에 쉰 사람의 업무를 분담해 주는 직장

단어 少子化(しょうしか) 저출산, 저출생 | 児童手当(じどうてあて) 아동 수당 | 支給(しきゅう)する 지급하다 | 政策(せいさく) 정책 | 育児
休暇(いくじきゅうか) 육아 휴직 | 取得(しゅとく) 취득 | 推進(すいしん) 추진 | 義務化(ぎむか) 의무화 | 上昇(じょうしょう)する 상
승하다 | 子持(こも)ち様(さま) 아이가 있는 사람을 비꼬는 말(직역하면 '아이가 있으신 상전님') | 不利益(ふりえき) 불이익 | 親戚(しんせ
き) 친척 | 減少(げんしょう) 감소 | 年金(ねんきん) 연금 | 容易(ようい) 용이함, 쉬움 | 出産(しゅっさん) 출산 | 負担(ふたん) 부담 | 消
(き)え去(さ)る 사라지다 | 押(お)し付(つ)ける 강요하다 | 分担(ぶんたん) 분담

해설 〈문제 59〉 본문 두 번째 단락에서 그런 사람들은 아이가 있는 사람 때문에 자신들에게 불이익이 있다고 생각하고 있다고 직접적으로 언급
하고 있다. '불이익이 있다'는 것은 곧 '손해를 본다'는 의미이므로 1번이 정답이다.

〈문제 60〉 마지막 단락에서 필자는 해결책으로 누군가 쉬더라도 주변 사람의 부담이 늘지 않도록 할 필요가 있다고 주장한다. 주변의 부담
이 늘지 않는다는 것은 곧 민폐를 끼치지 않는 구조를 만드는 것을 의미하므로 3번이 가장 적절하다. 4번은 업무 분담 자체가 주변의 부담
을 늘릴 수 있다는 맥락에서 필자가 제시한 '수당이나 휴가 지급'이라는 근본적 보상 대책보다는 부분적인 설명에 해당한다.

해석　'아쿠아포닉스'라는 물고기와 채소를 동시에 기를 수 있는 설비에 이목이 쏠리고 있다. 물고기를 수조(주1)에서 기르면 배설물로 물이 더러워지기 때문에 자주 물을 갈아 주어야 한다. 하지만 이것을 사용하면 배설물(주2)을 포함한 물을 깨끗하게 하여 식물을 위한 영양분을 포함한 물로 바꿀 수 있으므로, 그대로 채소 지배에 사용할 수 있다. 채소로 운반된 영양분은 채소에 흡수되어 물은 깨끗해진다. 그것이 다시 물고기 수조로 운반된다. 그래서 물고기를 기르는 물을 갈아 줄 필요가 없다. 비료도 필요 없고, 실내 채소 공장에서 키우므로 외부에서 벌레가 들어올 걱정이 없어 농약도 필요 없다. 그리고 무농약 유기농 채소(주3)로서 고가에 거래될 수 있다. 필요한 것은 물고기 사료뿐이다. 실제로 해 보니 전력의 76%, 물의 66%, 질소(N)의 99%, 이산화탄소(CO2)의 99%를 줄일 수 있었다고 하니 환경에도 매우 좋다는 것을 알 수 있다.

　좋은 점만 있는 것 같지만, 민물(주4)이기 때문에 기를 수 있는 물고기가 한정된다. 일본에서는 담수어는 인기가 없어서 팔기 어렵다. 또한, 농산물도 상추, 토마토, 딸기 등 일부에 한정되어 있다. 해수를 사용할 수 있다면 활용 가능성은 훨씬 높아진다. 현재는 그것을 개발 중이라고 한다. 크게 (　　　).

(주1) 水槽: 물을 넣어 두는 큰 용기. 여기서는 물고기를 기르는 용기
(주2) 排泄物: 생물로부터 나오는 CO2 이외의 것
(주3) 無農薬有機野菜: 농약도 화학적으로 만들어진 비료도 사용하지 않고 기르는 채소
(주4) 淡水: 강물 등의 염분이 들어 있지 않은 물

61 필자는 왜 이 설비가 좋다고 말하고 있는가?

1 내버려 두면 물고기와 채소가 자라기 때문에

2 물고기와 채소가 물고기 사료만으로 자라기 때문에

3 모든 종류의 물고기와 채소를 기를 수 있기 때문에

4 물고기와 채소를 같은 용기에서 기를 수 있기 때문에

62 (　　　) 안에 들어갈 말로 가장 적절한 것은 어느 것인가?

1 기대를 할 수 없다.

2 기대하지 않는 편이 좋다.

3 기대에 어긋나는 일도 있다.

4 기대하고 싶은 바이다.

단어　設備(せつび) 설비 | 水槽(すいそう) 수조 | 排泄物(はいせつぶつ) 배설물 | 栄養(えいよう) 영양 | 栽培(さいばい) 재배 | 吸収(きゅうしゅう) 흡수 | 肥料(ひりょう) 비료 | 無農薬(むのうやく) 무농약 | 有機野菜(ゆうきやさい) 유기농 야채 | 高値(たかね) 높은 가격, 고가 | 取引(とりひき) 거래 | 窒素(ちっそ) 질소 | 二酸化炭素(にさんかたんそ) 이산화탄소 | 淡水(たんすい) 담수, 민물 | ～に限(かぎ)られる ～에 한정되다

해설　〈문제 61〉 본문 중간에 "비료도 필요없고 필요한 것은 물고기 사료뿐이라고 명시되어 있다. 물고기 사료가 시스템 전체의 유일한 투입 자원이 되어 물고기와 채소를 모두 길러내는 효율성을 강조하고 있으므로 2번이 정답이다. 3번은 본문 뒷부분에서 '종류가 한정된다'고 했으므로 오답이다.

〈문제 62〉 지문의 마지막 부분에서 현재의 한계점(담수, 품목 제한)을 언급한 뒤, '해수를 사용할 수 있다면 가능성은 훨씬 높아진다. 현재는 그것을 개발 중이다'라며 긍정적인 미래 전망을 제시하고 있다. 따라서 문맥상 이 기술의 발전을 긍정적으로 기다린다는 의미인 4번 '기대하고 싶은 바이다'가 가장 적절하다.

해석　어릴 적부터 생각할 기회가 많은 주제 중 하나는 생명에 관한 것이 아닐까. 어렸을 때 읽은 지옥(주1)에 관한 그림책 중에서, 부모보다 먼저 죽은 아이가 귀신(주2)에게 괴롭힘을 당하며 돌을 쌓는 장면이 머릿속에 강하게 남아 있다. 본래 그것은 불교의 가르침이라든가 여러 의미가 담겨 있었을지도 모른다. 하지만 나에게는 '생명이란 소중히 여겨야 하는 것'이라는 메시지로 받아들여지는 듯했다. 지금은 그런 해석(주3)이어도 괜찮다는 생각이 든다. 어린아이가 읽는 그림책에 그러한 묘사가 있다는 것은, 어릴 적부터 생명에 대해 생각하는 계기를 만들어 생명을 소중히 여기길 바라는 염원이 담겨 있는 것일지도 모른다.

　　또한, 어릴 때는 벌레를 죽이는 것에 저항감이 없었다. 예를 들어 개미집에 물을 붓거나, 사마귀를 동족끼리 잡아먹게 한(주4) 적은 없었는가. 지금은 의도적으로 벌레를 죽이는 일 따위는 할 수 없을 것 같다. 모기도 죽이지 못할 정도의 나이기에, 어릴 적을 되돌아보며 '왜 그런 짓을 할 수 있었을까' 하고 의문이 든다. 그 답은 바로 우리가 어릴 때부터 받는 생명의 소중함에 관한 교육 덕분이라고 생각된다. 앞서 언급한(주5) 그림책이나, 식사할 때 "잘 먹겠습니다"라고 소리 내어 감사를 전하는 것도, 사소한 일이라 별로 의식되지 않을지 모르지만, 생명의 소중함을 가르치는 일환(주6)으로서 중요한 역할을 한다고 생각한다. 이러한 교육을 통해, 우리는 어릴 적부터 생명에 대해 생각하는 계기를 얻고, 소중히 여기도록 무의식 중에 가르침을 받아온 것이다.

기타지마 카린 『생명에 대한 리포트』에서

(주1) 地獄: 살아있을 때 나쁜 짓을 한 사람이 죽은 뒤에 고통을 받는 장소
(주2) 鬼: 악을 대표하는 존재
(주3) 解釈: 의미를 이해하고 자신의 방식대로 설명하거나 판단하는 것
(주4) 共食い: 같은 생물이 동족을 잡아먹는 것
(주5) 先述: 앞서 서술한 것
(주6) 一環: 전체 흐름 중의 한 부분

63　필자는 그림책의 죽은 뒤에 아이가 고통받는 장면이 무엇을 위한 것이라고 생각하는가?

1　생명이 소중하다는 메시지를 아이에게 전하기 위해

2　죽어서도 고통스러운 일이 있다는 메시지를 전하기 위해

3　부모보다 먼저 죽는 것은 좋지 않다는 메시지를 전하기 위해

4　죽은 아이는 돌을 쌓아야만 한다는 메시지를 전하기 위해

64　필자는 잘 먹겠습니다에 대해 어떻게 생각하고 있는가?

1　이 말을 하기만 하면 생명에 감사하는 마음이 생겨난다고 생각한다.

2　무의식 중에 생명을 소중히 여기는 마음을 기르는 중요한 행동이라고 생각한다.

3　누구나 식사 전에 생명에 감사하는 마음을 나타내야 한다고 생각한다.

4　말하는 것만으로 생명의 소중함을 알게 되는 마법의 단어라고 생각한다.

단어　地獄(じごく) 지옥 | 焼(や)きつく 머릿속에 강하게 남다 | 仏教(ぶっきょう) 불교 | 受(う)け取(と)る 이해하다, 받아들이다 | 解釈(かいしゃく) 해석 | 描写(びょうしゃ) 묘사 | 抵抗(ていこう) 저항, 저항감 | アリ 개미 | カマキリ 사마귀 | 共食(ともぐ)い 동족을 서로 잡아먹음 | 意図的(いとてき) 의도적 | 振(ふ)り返(かえ)る 뒤돌아보다 | 疑問(ぎもん) 의문 | ズバリ 정곡을 찌르는 모양, 정통으로, 거침없이 | 先述(せんじゅつ)する 전술하다, 앞에서 이미 말하다 | 些細(ささい) 세세함 | 意識(いしき) 의식 | 一環(いっかん)として 일환으로서 | 魔法(まほう) 마법

해설　〈문제 63〉 본문 첫 번째 단락에서 필자는 지옥에 관한 그림책의 무서운 묘사를 언급한 뒤, "나에게는 '생명이란 소중히 여겨야 하는 것'이라는 메시지로 받아들여졌다"라고 명시하고 있다. 따라서 필자가 생각하는 해당 장면의 목적은 생명의 소중함을 전달하는 것인 1번이다.
　　〈문제 64〉 지문 마지막 부분에서 필자는 "잘 먹겠습니다"라고 말하는 행동 등이 생명의 소중함을 가르치는 일환으로서 중요한 역할을 한다고 말하며, 이러한 교육을 통해 우리가 무의식 중에 생명을 소중히 여기도록 배워왔다고 결론 짓고 있다. 따라서 2번이 가장 적절하다.

해석

A

국립대학의 수업료(등록금) 인상은 가난한 사람들의 대학 입학을 어렵게 만든다고 생각한다. 가난한 사람들에게는 수업료가 저렴한 국공립대를 목표로 하는 것 외에는 길이 없기 때문이다. 우수한 사람에게는 갚지 않아도 되는 장학금을 마련해 줄 테니 괜찮다는 의견도 있으니 일반인들은 그것으로 납득해 버릴 것이다. 하지만 이런 사례도 있다. 내 제자가 다니던 대학은 성적이 1등인 유학생에게 10만 엔, 2등과 3등에게는 3만 엔의 장학금을 주었다. 그녀는 열심히 공부했지만 4년 동안 2등밖에 하지 못했다. 그녀는 아르바이트를 해야만 하는 학생이었지만, 계속 1등을 차지한 학생은 공부만 하면 되는 경제적으로 여유 있는 중국인 학생이었다. 이는 일본인 학생에게도 해당된다. 일하면서 공부하여 좋은 성적을 거두는 것이 얼마나 힘든 일인지 생각해 주길 바란다. 외국 대학과의 경쟁으로 힘든 상태인 대학이 더 많은 돈을 필요로 한다는 점은 이해하지만, 돈은 학생이 아니라 국가로부터 받아야 한다고 생각한다.

B

일본은 고등 교육에 대한 국가 등의 지출이 너무 적다. 수업료가 비싼 나라는 학생에 대한 경제적 지원이 탄탄하고, 유럽 등에서는 국립대 수업료가 무료인 나라도 많다. 그러나 일본은 수업료도 비싸고 학생들에 대한 장학금도 적다. 그런 와중에 도쿄 대학교가 수업료를 올렸다. 다른 국립대도 이를 따를 것이다. 하지만 이 이상 수업료를 올리면 점점 더 가난한 가정의 아이들은 대학에 들어가기 힘들어질 것이다. 대다수의 도쿄대생은 의사나 고위 관료, 일류 기업의 고소득 부모를 두었다고 한다. 어릴 때부터 학원에 다니며 입시 전쟁을 이겨 온 학생들이 많다. 현재는 각 방면에서 다양성의 중요성이 언급되고 있는데, 대학에서도 인종·연령·성별·능력·가치관 등 다양한 차이를 가진 학생이 있는 것이 중요하다. 따라서 수업료 인상은 국가적으로도 큰 손실이 될 것이다. 지금 상태로는 일본의 대학은 국제 경쟁에서 지고 말 것이다. 국가로부터의 교부금뿐만 아니라 기업이나 개인으로부터의 기부금을 늘림으로써 인상을 억제해야 한다.

65 A와 B가 공통으로 다루고 있는 것은 무엇인기?

1 대학 내 다양성의 필요성

2 수업료 인상에 반대하는 이유

3 일본의 대학이 외국에 뒤떨어지는 점

4 가난한 가정의 아이가 대학에 가지 않는 현상

66 A와 B에서 의견이 다르게 나타나는 점은 무엇인가?

1 장학금의 유효성

2 대학의 수입 부족

3 수입을 얻는 수단

4 대학의 국제화

단어 　授業料(じゅぎょうりょう) 수업료, 등록금 | 値上(ねあ)げ 인상 | 国公立(こっこうりつ) 국공립 | 優秀(ゆうしゅう) 우수함 | 奨学金(しょうがくきん) 장학금 | 一般(いっぱん) 일반 | 納得(なっとく)する 납득하다 | 当(あ)てはまる 해당되다, 적용되다 | 競争(きょうそう) 경쟁 | 高等教育(こうとうきょういく) 고등 교육 | 支出(ししゅつ) 지출 | 支援(しえん) 지원 | ますます 점점, 더욱 더 | 高級官僚(こうきゅうかんりょう) 고급 관료 | 受験(じゅけん) 수험 | 戦争(せんそう) 전쟁 | 勝(か)ち抜(ぬ)く 계속 이기다, 이겨 내다 | 多様性(たようせい) 다양성 | 交付金(こうふきん) 교부금 | 寄付(きふ) 기부

해설 〈문제 65〉 지문 A는 아르바이트를 해야 하는 학생과 공부만 해도 되는 부유한 학생의 형평성을 들어 수업료 인상에 반대하고 있으며, 지문 B는 국가 지출의 부족과 학생 구성의 다양성 훼손을 근거로 인상에 반대하고 있다. 두 지문 모두 '왜 수업료 인상이 문제인가(반대 이유)'를 핵심적으로 논하고 있으므로 2번이 정답이다.

　〈문제 66〉 두 필자는 '수업료 인상 반대'라는 큰 틀에서는 의견이 일치하지만, '부족한 대학 재원을 어떻게 충당할 것인가'라는 구체적인 방법론에서 의견 차이를 보인다. A는 학생이 아닌 국가가 전적으로 책임을 져야 한다고 주장하며 B는 국가의 교부금 외에도 기업이나 개인의 기부금을 늘려야 한다며 재원의 다각화를 주장한다. 따라서 의견이 다른 주제는 수입을 얻는 수단인 3번이 된다.

제1회 실전모의테스트

문제 13 다음 문장을 읽고 다음 질문에 대한 답으로 가장 적절한 것을 1·2·3·4에서 하나 고르시오.

아트 페어란 국내외 갤러리(주1)가 작품을 전시하는 견본 시장(주2)을 말하며, 티켓을 사면 누구라도 회장에 들어가 작품을 살 수 있다. 그래서 전 세계에서 갤러리나 사고 싶은 사람들이 대거 모인다. 동시에 회장 안팎에서 음악이나 패션 이벤트도 열려 전 세계에 새로운 문화를 알릴 수 있는 가치 있는 이벤트이다. 아트 페어에서는 영국의 '프리즈', 스위스의 '아트 바젤', 미국의 '아머리 쇼'가 세계 3대 아트 페어로 불리며 유명하다. 그중 하나인 '프리즈'는 일본에서의 개최를 검토했으나, 최종적으로는 서울을 택했다. 이것은 아트 비즈니스에서도 한국이 유리한 입장이 되었음을 의미한다.

한국은 음악 분야에서 아시아 최초로 세계 진출에 성공하고, 그것을 계속 유지하고 있는 나라이다. BTS를 비롯해 여러 아티스트가 세계에서 활약하고 있다. 거기에는 국가의 힘도 컸다고 한다. 이번에도 한국은 국가가 적극적으로 움직여 프리즈 유치에 성공했다. 이것은 세계적인 작품을 전시·판매할 뿐만 아니라, 프리즈의 힘을 이용해서 많은 손님을 모아 경제 효과를 높이는 동시에 한국의 기술이나 문화를 발신하는 장소가 되었다. 나아가 국가 전체가 협력하고자 미술관이나 박물관이 전람회나 이벤트를 열어 사람들이 지방에도 방문하게 했다. 또한, 국제공항에 온도 관리 등이 가능한 프리포트(면세 창고), 즉 세금이 붙지 않는 창고 건설이 추진되고 있다. 여기에 더해 미술관이나 갤러리, 가게를 여는 '아트 허브' 계획도 진행되고 있다. 이것으로 아시아뿐만 아니라 세계로부터 아트 작품을 끌어들이는 중심지가 될 것임은 틀림없다.

한편, 일본이라 하면 유감스럽게도 세계적인 시야를 가지고 행동하는 사람이나 조직이 없다. '쿨 재팬'이라고 이름을 붙여 일본의 문화 알리기만 추진하고 있는 듯한 느낌이 든다. 그것이 잘 되고 있다면 차라리 좋겠으나, 좀처럼 그렇지 못한 느낌이 든다. 이대로라면 만화나 애니메이션에서도 뒤처질지도 모른다. 만화는 스마트폰에 맞춘 세로로 읽는 형식이 점점 퍼지고 있다. 왜 만화를 세로로 읽는다는 발상이 일본에서 태어나지 않았는가. 현재에 안주하고 있었던 것은 아닐까. 지금까지는 그래도 좋았을지 모르지만, 추월당하고 있는 지금을 생각하면 세계로부터 배워 일본도 변해야 한다고 생각한다.

(주1) ギャラリー: 미술품을 전시하거나 판매하는 조직이나 시설
(주2) 見本市: 기업 등이 자신들의 제품이나 서비스를 전시하여 팔기 위한 큰 이벤트
(주3) 誘致: 불러들이는 것
(주4) アート・ハブ: 미술과 관계있는 활동이나 시설 등의 중심

---

67 좀처럼 그렇지 못한 느낌이 든다는 것은 일본의 어떤 상태를 나타내는가?

1 일본 문화조차 제대로 알리지 못하고 있다.
2 한국과 같은 시야를 갖지 못한다.
3 세계적 문화의 허브가 될 수 없다.
4 일본 문화 알리기밖에 하지 못하고 있다.

68 서울에서 프리즈가 개최된 것으로 알 수 있게 된 사실은 무엇인가?

1 한국의 아트가 훌륭하다는 것
2 한국이 일본보다 앞서가고 있다는 것
3 아트 페어는 경제적 효과가 있다는 것
4 아트 페어에는 많은 작품이 모인다는 것

69 필자는 일본이 어떻게 해야 한다고 말하고 있는가?

1 한국을 흉내 내면 된다.
2 일본 문화를 알리는 힘을 기르면 된다.
3 세계의 문화를 전파하도록 하면 된다.
4 시야를 넓혀서 변해야 한다.

国内外(こくないがい) 국내외 | 見本市(みほんいち) 견본 시장 | 大勢(おおぜい) 많은 사람 | 発信(はっしん) 발신 | 価値(かち) 가치 | 開催(かいさい) 개최 | 検討(けんとう)する 검토하다 | 有利(ゆうり) 유리 | 進出(しんしゅつ) 진출 | 維持(いじ) 유지 | 活躍(かつやく) 활약 | 積極的(せっきょくてき) 적극적 | 誘致(ゆうち) 유치 | 販売(はんばい) 판매 | 効果(こうか) 효과 | 博物館(はくぶつかん) 박물관 | 展覧会(てんらんかい) 전람회 | 訪(おとず)れる 방문하다 | 建設(けんせつ) 건설 | 計画(けいかく) 계획 | 視野(しや) 시야 | 組織(そしき) 조직 | 発想(はっそう) 발상 | 現状(げんじょう) 현상, 현재의 상태 | 追(お)い越(こ)される 추월당하다

〈문제 67〉 본문에서 일본이 자신의 문화 발신(쿨 재팬)에만 치중하고 있다고 비판하며, 그것이 잘 되고 있다면 차라리 좋겠으나, 좀처럼 그렇지 못한 것 같다고 서술했다. 즉, 본인의 목표인 '일본 문화 알리기'조차 제대로 성과를 내지 못하고 있다는 의미이므로 1번이 정답이다.

〈문제 68〉 필자는 프리즈가 일본이 아닌 서울을 선택한 것을 두고 아트 비즈니스에서도 한국이 유리한 입장이 되었음을 의미한다고 했으며, 마지막에 추월당하고 있는 실정이라고 언급했다. 따라서 한국이 이 분야에서 일본의 앞서 나가고 있음을 나타내는 2번이 정답이다.

〈문제 69〉 마지막 문장에서 추월당하고 있는 지금 상황을 생각하면 세계로부터 배우고 일본도 변해야 한다고 강조하고 있으며, 앞서 일본의 문제점으로 세계적인 시야를 갖고 행동하는 사람이나 조직이 없다고 지적했다. 따라서 4번이 필자의 주장과 일치한다.

문제 14 오른쪽 페이지는 공원 개설 안내이다. 아래 질문에 대한 답으로 가장 적절한 것을 1·2·3·4에서 하나 고르시오.

공원 개설 안내

히바리 시에서는 2026년 4월에 히가시 마을에 공원을 개설할 예정입니다. 시설 내용은 아래와 같습니다. 최근 아이들의 목소리가 시끄럽다며 폐쇄된 곳도 있습니다. 그러한 일이 생기지 않도록 지역 여러분, 특히 공원 근처에 거주하시는 분들의 의견을 듣고 싶습니다. 부디 많은 분이 설명회에 참가해 주시길 부탁드립니다.

◆ 히가시 마을 공원 내용(안)
- 관리동: 사무소, 화장실, 휴게소, 소회의실(사전 신청 필요)
- 주차장: 40대. 9:00~17:00. 유료(3시간 300엔, 이후 1시간마다 100엔 추가)
- 자전거 보관소: 약 100대(무료)
- 화장실·세면대·음수대: 관리동 외 3곳
- 조깅·러닝 코스: 공원 중심에 넓은 들판을 조성하고 그 주위에 1km 코스를 만들 예정. 그 주변에 산책용 통로도 설치한다.
- 공 놀이 광장: 농구 골대, 소형 축구 골대는 설치할 예정이나 정식 시합 등은 불가. 공 놀이 전용 광장으로 한다.
- 유아용 광장: 모래사장, 정글짐, 분수(여름에만 아래에서 물이 뿜어져 나옴)
- 시니어용 건강 기구: 5종류의 근력 및 밸런스 기구, 지압 길(산책로를 따라 10m)
- 재해용 설비: 공원 중심의 헬리콥터 착륙장, 재해용 비축 창고(트럭으로 운반하기 편리한 장소에 지을 예정), 재해용 화덕 겸용 벤치(모든 벤치), 재해용 맨홀
- 롤러스케이트·스케이트보드장: 이용은 9:00~17:00. 관리동에서 신청한다
- 일본 정원: 연못, 다리 등. 계절 꽃을 심음.
- 잡목림: 공원 주변과 일본 정원 옆
- 바비큐장: 무료, 10곳
- 기타: 공원의 위치(북측에 병원, 동측에 주택, 남측에 인도, 서측은 골프장에 면하고 있다. 공원 입구는 남쪽 중앙)

70 유아용 광장은 공원 안의 어디에 만드는 것이 좋은가?
1 북동
2 남동
3 남서
4 북서

71 공원 개설 안내문에서 알 수 있는 올바른 내용은 무엇인가?
1 비축 창고는 주차장 안이나 주차장 옆에 두는 것이 좋다.
2 재해용 설비는 모두 비축 창고 근처에 둘 수 있다.
3 주차장은 돈을 내면 언제든지 이용할 수 있다.
4 오전 9시부터 오후 5시까지라면 모든 시설을 이용할 수 있다.

開設(かいせつ) 개설 | 幼児用(ようじよう) 유아용 | 備蓄倉庫(びちくそうこ) 비축 창고 | 災害用(さいがいよう) 재해용 | 設備(せつび) 설비 | 施設(しせつ) 시설 | 閉園(へいえん) 폐원 | 地域(ちいき) 지역 | 参加(さんか) 참가 | 管理棟(かんりとう) 관리동 | 事務所(じむしょ) 사무소 | 休憩所(きゅうけいじょ) 휴게소 | 追加(ついか) 추가 | 駐輪場(ちゅうりんじょう) 자전거 보관소 | 設置(せっち) 설치 | 不可(ふか) 불가 | 専用(せんよう) 전용 | 砂場(すなば) 모래사장 | 噴水(ふんすい) 분수 | 噴(ふ)き出(だ)す 내뿜다 | 器具(きぐ) 기구 | 刺激(しげき) 자극 | 発着場(はっちゃくじょう) 착륙장 | かまど 화덕, 아궁이 | 雑木林(ぞうきばやし) 잡목림 | 面(めん)する 면하다 | 中央(ちゅうおう) 중앙

〈문제 70〉 본문 서두에서 아이들의 소음 문제로 문을 닫는 곳이 있다는 점을 언급하며 근처 주민의 의견을 중시하고 있다. 기타 항목을 보면 동측에 주택, 북측에 병원이 있어 소음에 민감한 구역이다. 서측은 골프장, 남측은 인도이므로 소음 영향이 적다. 따라서 아이들이 노는 유아용 광장은 주택(동)과 병원(북)에서 가장 멀리 떨어진 남서쪽에 배치하는 것이 가장 적절하다.

〈문제 71〉 재해용 비축 창고는 비상시에 식량, 담요, 구호 물품 등을 대량으로 보관하고 운반하는 곳으로 이러한 물자를 신속하게 나르기 위해서는 트럭이나 구급 차량의 접근이 필수적이다. 공원 안내문에서 차량이 드나들 수 있는 곳은 주차장이므로, 물류 효율성을 고려할 때 비축 창고를 주차장 내부나 바로 옆에 배치하는 것이 가장 타당한 설계이므로 1번이 정답이다. 지문에서 재해용 설비 중 벤치와 맨홀은 공원 전체에 흩어져 있어 이를 비축 창고 옆에 모두 모아두는 것은 불가능하므로 2번은 오답이다. 주차장은 이용 시간이 9:00~17:00로 정해져 있으므로 '언제든지' 이용할 수 있다는 설명은 틀렸으므로 3번은 오답이다. 소회의실이나 롤러스케이트장처럼 사전에 신청을 해야 하거나 관리동의 허가가 필요한 시설이 있으므로, 시간만 맞다고 모든 시설을 자유롭게 이용할 수 있는 것은 아니므로 4번은 오답이 된다.

問題 1

問題 1 では、まず質問を聞いてください。それから話を聞いて、問題用紙の 1 から 4 の中から、最もよいものを一つ選んでください。
では練習しましょう。

例

授業で先生が話しています。学生は授業を休んだとき、どのように宿題を確認しますか。

M：ええと、この授業を休むときは、必ず前の日までに連絡してください。

F：メールでもいいですか。

M：はい、いいですよ。あ、それから、休んだときは、私の研究室の前の掲示を見て、宿題を確認してください。友達に聞いたりしないで、自分で確かめてちゃんとやってきてくださいね。

F：はい。

M：それから、今日休んだ人、リンさんですね。リンさんはこのこと知りませんから、だれか伝えておいてくれますか。

F：あ、私、リンさんに伝えておきます。同じ寮ですから。

M：じゃ、お願いします。

学生は授業を休んだとき、どのように宿題を確認しますか。

1 先生にメールで聞く
2 友達にメールで聞く
3 研究室の前のけいじを見る
4 りょうの前のけいじを見る

1 番

女の人と男の人が話しています。男の人はこれからどうしますか。

F：もう食事が終わったの？早食いは体に良くないよ。
M：完全食だから粉を溶かして飲むだけだから。
F：えっ。それだけ？完全食って全部の栄養が入っているのね。でも、それだけじゃ…。
M：忙しいから時間の節約だよ。いつもこれだけ。

문제 1

문제1에서는 먼저 질문을 들어 주세요. 그리고 이야기를 듣고 문제용지의 1에서 4 중에서 가장 적당한 것을 하나 고르세요. 그럼 연습해 봅시다.

예

수업에서 선생님이 얘기하고 있습니다. 학생은 수업을 쉬었을 때 어떻게 숙제를 확인합니까?

남：음, 이 수업을 쉴 때는 반드시 전날까지 연락해 주세요.

여：메일로도 괜찮나요?

남：네, 괜찮습니다. 아, 그리고 쉬었을 때에는 제 연구실 앞 게시를 보고 숙제를 확인해 주세요. 친구에게 묻거나 하지 말고, 자기가 확인해서 제대로 해 오세요.

여：네.

남：그리고, 오늘 쉰 사람 린 씨네요. 린 씨는 이 내용을 모르니까 누군가 전달해 줄래요?

여：아, 저 린 씨에게 전해둘게요. 같은 기숙사이니까요.

남：그럼, 부탁합니다.

학생은 수업을 쉬었을 때 어떻게 숙제를 확인합니까?

1 선생님에게 메일로 묻는다
2 친구에게 메일로 묻는다
3 연구실 앞의 게시를 본다
4 기숙사 앞의 게시를 본다

1번

여자와 남자가 이야기하고 있습니다. 남자는 이제부터 어떻게 합니까?

여：벌써 식사가 끝난 거야? 빨리 먹는 건 몸에 좋지 않아.
남：식사대용품이라 가루를 녹여서 마시기만 하면 되거든.
여：뭐? 그것뿐이야? 식사대용품이라는 건 모든 영양소가 들어있다는 거네. 하지만 그것만으로는 좀…….
남：바쁘니까 시간 절약이야. 항상 이것뿐이야.

F：まあ、いろいろなおいしいものを食べたくないの？

M：誰かと食事に行く時は食べるよ。それ以外は毎日３回
これ。研究の時間がほしいから。

F：しっかり噛まないと骨が弱くなったりするって言う
よ。影響は後から出るから。

M：骨折しやすくなるのは困るな。それじゃ、ガムを噛む
よ。

F：それで効果があるかどうか…。完全食はせめて１日に
１回にしたら？

M：それは無理だよ。

男の人はこれからどうしますか。

1 完全食は１日１回にする
2 ガムをかむ
3 完全食以外食べない
4 食事に時間をかけない

여：뭐, 여러 가지 맛있는 음식을 먹고 싶지는 않아?

남：누군가와 식사하러 갈 때는 먹어. 그 외에는 매일 세 번 이걸 먹
어. 연구 시간을 확보하고 싶어서.

여：잘 씹지 않으면 뼈가 약해지거나 한다고 해. 영향은 나중에 나
타나니까.

남：골절되기 쉬워지는 건 곤란하지. 그럼, 껌을 씹을게.

여：그걸로 효과가 있을지 어떨지 모르겠네. 식사대용품은 적어도
하루에 한 번으로 줄이는 걸로 하면 어때?

남：그건 무리야.

남자는 이제부터 어떻게 합니까?

1 식사대용품은 하루에 한 번으로 한다
2 껌을 씹는다
3 식사대용품 이외에는 먹지 않는다
4 식사에 시간을 들이지 않는다

２番

女の人と男の人が話しています。男の人はこれから何を
しますか。

F：もっと早く来られなかったの？約束の時間の５分ぐら
い前に着いていないと何が起きるかわからないわよ。

M：すみません。靴を磨くのに時間がかかってしまって
…。

F：まあ、服装をきちんとすることは当然だけど。あら、
ネクタイ曲がっているわよ。

M：あ、すみません。これでいいでしょうか。

F：ええ、いいわ。それからコートは建物の中に入る前に
脱いでね。あっ、携帯の電源は大丈夫？

M：はい、電話はマナーモードにしてあります。

F：じゃ、時間だから、入るわよ。

M：はい。

男の人はこれから何をしますか。

1 電話をマナーモードにする
2 コートを脱ぐ
3 靴をきれいにする
4 ネクタイをまっすぐにする

2번

여자와 남자가 이야기하고 있습니다. 남자는 이제부터 무엇을
합니까?

여：좀 더 일찍 올 수 없었니? 약속 시간 5분 전쯤에는 도착해 있지
않으면 무슨 일이 일어날지 모른다고.

남：죄송합니다. 구두를 닦느라 시간이 길러서요….

여：뭐, 복장을 단정히 하는 건 당연한 일이지만. 어라, 넥타이가 삐
뚤어졌어.

남：아, 죄송합니다. 이제 됐을까요?

여：응, 됐어. 그리고 코트는 건물 안에 들어가기 전에 벗어 줘.
아, 핸드폰 전원은 괜찮아?

남：네, 전화는 매너 모드로 해 두었습니다.

여：자, 시간 됐으니까 들어간다.

남：네.

남자는 이제부터 무엇을 합니까?

1 전화기를 매너 모드로 한다
2 코트를 벗는다
3 구두를 깨끗이 한다
4 넥타이를 바르게 한다

단어　約束(やくそく) 약속 | 到着(とうちゃく) 도착 | 服装(ふくそう) 복장 | きちんと 깔끔히 | 当然(とうぜん) 당연 | 磨(みが)く 닦다 | 電源(でんげん) 전원 | マナーモード 매너 모드

해설　여자가 건물 안에 들어가기 전에 코트를 벗으라고 지시했고, 곧 시간이 되었으니 들어가자고 말하며 행동이 이어진다. 넥타이는 대화 중에 이미 바로잡았고, 구두는 오기 전에 닦았으며, 전화기는 이미 매너 모드 상태이므로 남자가 들어가기 직전 바로 해야 할 행동은 2번 코트를 벗는 일이다.

3番

校庭で女の先生と男の先生が話しています。男の先生はまず何をしますか。

F：あっ、山田先生、よかった。

M：どうかしましたか。

F：校庭に穴があいているのを見つけたので校長に知らせに行くところなんです。

M：川田先生、よく気がつきましたね。

F：ええ、たまたまうさぎ小屋に行くところだったので…。

M：そうですか。子供たちが転んでけがでもしたら大変だから早く何とかしないと…。

F：ええ、山田先生、危険な場所に子供たちが近づかないよう見ていてくれませんか。

M：いいですよ。穴はうさぎ小屋のそばですか。

F：ええ、小屋のそばです。

M：じゃ、行って見張っています。ああ、でもロープで囲んだ方がいいな。

F：ロープは校長に報告後、私が倉庫に行って取ってきます。

M：じゃあ、お願いします。

男の先生はまず何をしますか。

1　ロープを取りにそうこに行く
2　危険な場所を子供に知らせに行く
3　穴があいている場所でみはる
4　危険な場所をロープで囲む

3번

교정에서 여자 선생님과 남자 선생님이 이야기하고 있습니다. 남자 선생님은 우선 무엇을 합니까?

여: 아, 야마다 선생님, 다행이다.

남: 무슨 일이신가요?

여: 운동장에 구멍이 난 것을 발견해서 교장 선생님께 알리러 가던 참이었어요.

남: 가와다 선생님, 잘 발견하셨네요.

여: 네, 마침 토끼 사육장으로 가던 길이라서요….

남: 그렇군요. 아이들이 넘어져서 다치기라도 하면 큰일이니까 빨리 어떻게든 해야겠네요.

여: 네, 야마다 선생님, 위험한 장소에 아이들이 가까이 오지 않도록 지켜봐 주시지 않겠어요?

남: 좋아요. 구멍은 토끼 사육장 옆인가요?

여: 네, 사육장 옆이에요.

남: 그럼, 가서 지키고 있겠습니다. 아, 하지만 줄로 둘러치는 편이 좋으려나.

여: 줄은 교장 선생님께 보고한 뒤에 제가 창고에 가서 가져올게요.

남: 그럼, 부탁합니다.

남자 선생님은 우선 무엇을 합니까?

1　로프를 가지러 창고에 간다
2　위험한 장소를 아이들에게 알리러 간다
3　구멍이 뚫려 있는 장소에서 지킨다
4　위험한 장소를 줄로 둘러친다

단어　校庭(こうてい) 교정, 학교 운동장 | 穴(あな) 구멍 | 見(み)つける 발견하다 | 知(し)らせる 알리다 | 気(き)がつく 알아차리다 | うさぎ小屋(ごや) 토끼 사육장 | 転(ころ)ぶ 넘어지다 | けが 상처, 부상 | 危険(きけん) 위험 | 近(ちか)づく 가까이 가다 | 見張(みは)る 지키다, 감시하다 | 囲(かこ)む 둘러싸다 | 報告(ほうこく) 보고 | 倉庫(そうこ) 창고 | 取(と)ってくる 가져오다

해설　여자가 남자에게 아이들이 가까이 오지 않도록 지켜봐 달라고 요청했고, 남자는 가서 지키고 있겠다고 대답했다. 남자가 제안한 줄 설치는 여자가 보고 후에 창고에서 가져오기로 했으므로, 남자가 가장 먼저 해야 할 행동은 구멍이 뚫린 현장을 지키는 일이므로 정답은 3번이다.

4番

女の人と男の人が話しています。女の人が最初にすることとは何ですか。

4번

여자와 남자가 이야기하고 있습니다. 여자가 가장 먼저 하는 일은 무엇입니까?

M：来月はみんなで東山に花見に行く予定になっているけど…どこを歩くかまだコースを決めていないんだ。頂上からの眺めが素晴らしいから上まで行くことは決まっているけど…。

F：コースはいくつかありますね。ケーブルカーで行くこともできますし…。

M：僕は桜並木を歩いて登りたいけど、足が弱い人が参加したらそれは無理だね。

F：じゃ、帰ったら足が悪い人がいるかを確認してすぐに原田さんに電話します。

M：ありがとう。救急箱はどうしようか。

F：それはお手数ですが、原田さんにお任せしてもいいですか。

M：いいよ。コースは後で2人で決めよう。

F：そうですね。行ってみなくても大丈夫でしょうか。あそこもずいぶん変わったそうですから。

M：じゃあ、僕が行ってくるよ。

F：お願いします。

女の人が最初にすることは何ですか。

1 歩くのが大変な人がいるか確認する
2 東山に行ってみる
3 原田さんに電話する
4 コースを決める

남：다음 달은 다 같이 히가시야마로 꽃구경을 갈 예정인데… 어디를 걸을지 아직 코스를 정하지 못했어. 정상에서 보는 전망이 훌륭하니까 위까지 가는 건 정해져 있지만….

여：코스는 몇 가지가 있네요. 케이블카로 갈 수도 있고요….

남：나는 벚꽃 가로수길을 걸어서 올라가고 싶지만, 다리가 불편한 사람이 참가한다면 그건 무리겠지.

여：그럼, 돌아가면 다리가 불편한 사람이 있는지 확인하고 바로 하라다 씨에게 전화할게요.

남：고마워. 구급상자는 어떻게 할까?

여：그건 번거로우시겠지만 하라다 씨에게 맡겨도 될까요?

남：좋아. 코스는 나중에 둘이서 정하자.

여：글쎄요. 직접 가 보지 않아도 괜찮을까요? 그곳도 꽤 변했다고 하니까요.

남：그럼, 내가 다녀올게.

여：부탁드려요.

여자가 가장 먼저 하는 일은 무엇입니까?

1 걷는 것이 힘든 사람이 있는지 확인한다
2 히가시야마에 가 본다
3 하라다 씨에게 전화한다
4 코스를 정한다

단어 頂上(ちょうじょう) 정상 | 眺(なが)め 전망 | 素晴(すば)らしい 훌륭하다 | 桜並木(さくらなみき) 벚꽃 가로수길 | 参加(さんか)する 참가하다 | 確認(かくにん) 확인 | 救急箱(きゅうきゅうばこ) 구급상자 | お手数(てすう) 번거로움 | 任(まか)せる 맡기다

해설 여자는 코스를 정하기 위해서 우선 돌아가면 다리가 불편한 사람이 있는지 확인하고 나서 하라다 씨에게 전화를 하겠다고 말했다. 따라서 가장 먼저 해야 할 일은 거동이 불편한 사람이 있는지 파악하는 것이므로 정답은 1번이다.

5番

女の人と男の人が話しています。この店はまず何をしますか。

M：寿司職人を募集しているけど、全然応募がないんだよ。困ったなあ。

F：太郎に手伝ってもらいたいけど、勉強しなければならないから、寿司ロボットでも買うしかないわね。

M：いいや、回転寿司で出すような寿司は出したくないよ。俺がもっと頑張るから。

F：そんなに働いて体を壊したらどうするの。ねえ、一か月で寿司職人になれる学校があるから、私、行こうかしら。

M：女の寿司職人なんて、それにその間、店はどうするんだ。

5번

여자와 남자가 이야기하고 있습니다. 이 가게는 먼저 무엇을 합니까?

남：초밥 장인을 모집하고 있는데 시원사가 선혀 없어. 큰일이네.

여：다로에게 도움을 받고 싶지만 공부해야 하니까, 초밥 로봇이라도 사는 수밖에 없겠어.

남：아니, 회전 초밥집에서 내놓는 것 같은 초밥은 내놓고 싶지 않아. 내가 더 열심히 할게.

여：그렇게 일하다가 몸은 망치면 어쩌려고. 저기, 한 달이면 초밥 장인이 될 수 있는 학교가 있다는데 내가 가 볼까?

남：여자 초밥 장인이라니, 게다가 그동안 가게는 어떡하고.

F：今どき、女性差別なんて時代遅れよ。それに普通の店員なら、時給を上げればすぐに見つかると思うわ。
M：その前にその学校に職人募集の求人を出したらどうだ？
F：いいわね。でも、だめだったら私、行くから。
M：じゃ、店員が雇えた時にしてくれよ。

この店はまず何をしますか。

1　すしロボットを買う
2　普通の店員を募集する
3　女の人が寿司学校へ入る
4　すし学校に働く人の募集を出す

여: 요즘 시대에 여성 차별이라니, 시대에 뒤떨어졌어. 그리고 평범한 점원이라면 시급을 높이면 바로 구할 수 있을거라 생각해.
남: 그전에 그 학교에 장인 모집 구인 광고를 내 보는 건 어때?
여: 좋네. 하지만 안 되면 내가 갈 거니까.
남: 그럼 점원을 고용했을 때 그렇게 해 줘.

이 가게는 먼저 무엇을 합니까?

1 초밥 로봇을 산다
2 평범한 점원을 모집한다
3 여자가 초밥 학교에 들어간다
4 초밥 학교에 일할 사람 모집 공고를 낸다

단어　職人(しょくにん) 장인 | 募集(ぼしゅう) 모집 | 応募(おうぼ) 응모 | 手伝(てつだ)う 돕다 | 寿司(すし)ロボット 초밥 로봇 | 回転寿司(かいてんずし) 회전 초밥 | 今(いま)どき 요즘, 요즘 세상 | 差別(さべつ) 차별 | 店員(てんいん) 점원 | 時給(じきゅう) 시급 | 求人(きゅうじん) 구인 | 雇(やと)う 고용하다

해설　여자가 초밥 학교에 다니겠다고 제안하자, 남자가 그전에 그 학교에 구인 광고를 내보자고 우선 순위를 정했다. 여자가 이에 동의했으므로, 가게에서 가장 먼저 실행할 행동은 초밥 학교에 일할 사람을 모집하는 공고를 내는 일이다.

問題 2

問題2では、まず質問を聞いてください。そのあと、問題用紙のせんたくしを読んでください。読む時間があります。それから話を聞いて、問題用紙の1から4の中から、最もよいものを一つ選んでください。
では練習しましょう。

例

母親と高校生の女の子が話しています。女の子はどうして学校へ行きたくないのですか。

F1: どうしたの？　朝からためいきばっかり。だれかとけんかでもしたの？
F2: それはもういいの、仲直りしたから。それより、見てよ、この前髪。
F1: まあ、また、思い切って短くしたわね。
F2: こんなんじゃ、みんなに笑われちゃうよ。ねえ、今日学校休んじゃだめ？
F1: だめに決まってるでしょ。そんなこと言って、本当は今日の試験、受けたくないんでしょ。
F2: 違うよ、ちゃんと勉強したんだから。そんなことより、ああ、鏡見るだけで頭痛くなりそう。

문제 2

문제2에서는 먼저 질문을 들어 주세요. 그 후 문제용지의 선택지를 읽어 주세요. 읽는 시간이 있습니다. 그리고 이야기를 듣고 문제용지의 1에서 4 중에서 가장 적당한 것을 하나 고르세요.
그럼 연습해 봅시다.

예

엄마와 고등학생인 여자아이가 이야기하고 있습니다. 여자아이는 왜 학교에 가고 싶지 않습니까?

여1: 왜 그러니? 아침부터 한숨만 쉬고. 누구랑 싸웠니?
여2: 그건 이제 괜찮아, 화해했으니까. 그것보다, 봐, 이 앞머리.
여1: 어머나, 또 양껏 짧게 했네.
여2: 이대로는 모두가 웃고 말거야. 있잖아, 오늘 학교 쉬면 안돼?
여1: 당연히 안 되지! 그렇게 말하고 사실은 오늘 시험 보기 싫어서 그러지?
여2: 아니야. 제대로 공부했단 말이야. 그것보다, 아아, 거울 보는 것만으로 머리 아파질 것 같아.

女の子はどうして学校へ行きたくないのですか。

1 友達とけんかしたから
2 かみがたが気に入らないから
3 試験があるから
4 頭が痛いから

여자아이는 왜 학교에 가고 싶지 않습니까?

1 친구와 싸웠기 때문에
2 머리 모양이 마음에 들지 않기 때문에
3 시험이 있기 때문에
4 머리가 아프기 때문에

1番

女の人と男の人が話しています。男の人はどうして中古の住宅にしますか。

M：家賃を払うのがもったいないから家を買おうと思うんだ。

F：広さにもよるけど、独身なら5,000万円ぐらい出せるんじゃない？

M：それは無理だよ。住宅は年収の５倍までって言うでしょ。僕は年収が600万しかないから、予算は3,000万。

F：年収の５倍は昔の話よ。今はローンも長くなっていて35年だし、50年借りられるのもあるから5,000万円も大丈夫よ。

M：でも、35年だと定年後も返すことになるよ。定年前には返したいよ。

F：じゃ、中古のマンションにしたら？安くて新築のようにきれいなものが多いそうよ。それが嫌なら郊外に行けば安い新築が買えるわよ。それともお父さんに借りる？

M：親に借りるのはちょっと…。会社から遠いのは困るから中古で探してみるよ。

男の人はどうして中古の住宅にしますか。

1 働いているうちにローンを終わらせたいから
2 ローンが年収の５倍までしか借りられないから
3 安いしんちくマンションが売っていないから
4 お父さんにローンの支払いを頼みたいから

1번

여자와 남자가 이야기하고 있습니다. 남자는 왜 구옥으로 합니까?

남: 월세를 내는 게 아까워서 집을 사려고 해.

여: 넓이에 따라 다르겠지만 독신이라면 5,000만 엔 정도는 낼 수 있지 않아?

남: 그건 무리야. 주택은 연봉의 5배까지라고 하잖아. 난 연봉이 600만 엔밖에 안 되니까 예산은 3,000만 엔이야.

여: 연봉의 5배는 옛날 이야기야. 지금은 대출 기간도 길어져서 35년이고, 50년 빌릴 수 있는 것도 있어서 5,000만 엔도 괜찮아.

남: 하지만 35년이면 정년 후에도 갚는 것이 되잖아. 정년 전에는 갚고 싶어.

여: 그럼 구축 아파트로 하는 건 어때? 저렴하고 신축처럼 깨끗한 게 많대. 그게 싫으면 교외로 나가면 싼 신축을 살 수 있어. 아니면 아버지께 빌릴래?

남: 부모님께 빌리는 건 좀…. 회사에서 먼 건 곤란하니까 구옥으로 찾아볼게.

남자는 왜 구옥으로 합니까?

1 일하고 있는 동안에 대출을 끝내고 싶어서
2 대출이 연봉의 5배까지밖에 되지 않아서
3 싼 신축 아파트를 팔고 있지 않아서
4 아버지께 대출금 지불을 부탁하고 싶어서

단어 中古(ちゅうこ) 중고 | 住宅(じゅうたく) 주택 | 家賃(やちん) 집세, 월세 | 独身(どくしん) 독신 | 年収(ねんしゅう) 연 수입 | 予算(よさん) 예산 | 定年(ていねん) 정년 | 郊外(こうがい) 교외 | 新築(しんちく) 신축, 새로 지음

해석 남자는 예산 3,000만 엔 내에서 집을 구하고자 한다. 여자가 대출 기간을 늘려 비싼 신축을 사라고 권하지만, 아버지에게 돈을 빌리는 건 싫다고 하였고 남자는 정년이 되기 전에는 갚고 싶다고 명확히 밝힌다. 따라서 경제적 부담을 줄여 정년 전에 상환을 마치려는 의도가 담긴 1번이 정답이 된다.

女の人と男の人が話しています。この定期購入について最も問題になることは何ですか。

F：困ったわ。この化粧品の定期購入、解約のページが見つからなくて、電話番号も載っていないし、どうしたら解約できるかわからなくて…。

M：それはすぐに解約できないようにしているんだよ。

F：そうかも。よさそうだったので注文したんだけど、でも使ってみたら私には合わなくて…。買う時には定期購入はいつでも解約できるって書いてあったから…。

M：よくある話だよ。初回はすごく安かったでしょう？

F：ええ。それでつい。

M：それが手なんだよ。きっと一回でも買ってもらえたら十分もうかるんだよ。

F：今考えるとそうなのよね。でもその時は残りいくつとか書いてあったので、あわてて注文しちゃったのよ。

M：残りが少なくなっているとあせっちゃうから、わざわざそう書くんだよ。

F：ひどいなあ。

この定期購入について最も問題になることは何ですか。

1 解約方法がないこと
2 簡単に申し込めること
3 最初は安く買えること
4 解約の仕方が難しいこと

2번

여자와 남자가 이야기하고 있습니다. 이 정기 구독에서 가장 문제가 되는 것은 무엇입니까?

여: 큰일이야. 이 화장품 정기 구독, 해지 페이지가 보이지 않고 전화번호도 안 적혀 있어서 어떻게 해야 해지할 수 있는지 모르겠어….

남: 그건 바로 해지할 수 없게 해 둔 거야.

여: 그럴지도. 좋아 보여서 주문했는데, 막상 써 보니 나랑은 안 맞아서…. 살 때는 정기 구독은 언제든 해지할 수 있다고 적혀 있었으니까….

남: 흔히 있는 이야기야. 첫 번째는 엄청 저렴했지?

여: 응. 그래서 그만.

남: 그게 수법이야. 분명 한 번이라도 사게 하면 충분히 이득이 남는 걸 거야.

여: 지금 생각해 보면 그렇네. 하지만 그때는 남은 수량이 얼마 없다고 적혀 있어서 서둘러서 주문해 버렸어.

남: 남은 게 적어지면 초조해지니까 일부러 그렇게 적는 거야.

여: 너무하네.

이 정기 구독에서 가장 문제가 되는 것은 무엇입니까?

1 해약 방법이 없는 것
2 간단히 신청할 수 있는 것
3 처음에는 싸게 살 수 있는 것
4 해약하는 방법이 어려운 것

단어　定期購入(ていきこうにゅう) 정기 구매, 정기 구독 | 解約(かいやく) 해약, 해지 | 載(の)る 실리다, 게재되다 | 注文(ちゅうもん) 주문 | 初回(しょかい) 첫 번째 | もうかる 이익이 남다, 득이 되다 | 残(のこ)り 나머지 | あわてる 당황하다, 서두르다 | あせる 초조해하다 | わざわざ 일부러 | 申(もう)し込(こ)む 신청하다 | 仕方(しかた) 방법

해설　여자는 화장품 정기 구독을 해지하고 싶어 하지만, 웹사이트 내에서 해지 페이지를 찾을 수 없고 고객센터 전화번호조차 기재되어 있지 않아 곤란해하고 있다. 남자는 기업들이 일부러 해지를 어렵게 하는 수법을 쓰고 있다고 지적한다. 따라서 구매 시 언제든 해지가 가능하다고 명시했음에도 불구하고, 실제로는 소비자가 해지 경로를 찾기 힘들게 만든 구조가 가장 큰 문제이므로 4번이 정답이 된다.

3番

女の人と男の人が話しています。2人はどうして不満ですか。

F：大学の校友会から記念品を買ってほしいってお願いが来ているわよ。

M：毎年、寄付のつもりで買っているけど、同じ物ばかり買えないよ。

F：ボールペンも普通のボールペンの倍の値段よ。それに大学の名前が大きく入っているから、私たちは使えるけど、人にはちょっと上げられないしね。

3번

여자와 남자가 이야기하고 있습니다. 두 사람은 왜 불만입니까?

여: 대학교 동문회에서 기념품을 사달라는 부탁이 왔어.

남: 매년 기부하는 셈 치고 사고 있지만, 똑같은 것만 계속 살 수는 없잖아.

여: 볼펜도 일반 볼펜의 두 배 가격이야. 게다가 대학 이름이 크게 박혀 있어서, 우리는 쓸 수 있지만 남에게 주기는 좀 그렇고.

M：メイさんが合格したらあげられたんだけど、落ちちゃったから…。

F：ネクタイも一本あったら十分でしょう。

M：うん、もう買いたいものがないね。

F：もっと消耗品を増やしたら買うんだけど。

M：そうだね。ワインとお酒だけじゃ、アルコールがだめな人は買わないよ。

F：いったい誰が品物を決めているのかしら。

2人はどうして不満ですか。

1 記念品を寄付するから
2 しょうもうひんが全くないから
3 毎年買わなければならないから
4 買いたいものがないから

남：메이 씨가 합격했다면 줄 수 있었겠지만, 떨어져 버렸으니까….

여：넥타이도 한 개 있으면 충분하잖아.

남：응, 이제 사고 싶은 물건이 없네.

여：소모품을 더 늘리면 살 텐데.

남：그러게. 와인과 술뿐이라면, 알코올을 못 마시는 사람은 안 사지.

여：대체 누가 물건을 결정하는 걸까.

두 사람은 왜 불만입니까?

1 기념품을 기부하기 때문에
2 소모품이 전혀 없기 때문에
3 매년 사야만 하기 때문에
4 사고 싶은 물건이 없기 때문에

 不満(ふまん) 불만 | 校友会(こうゆうかい) 교우회, 동문회 | 記念品(きねんひん) 기념품 | 寄付(きふ) 기부 | 合格(ごうかく) 합격 | 消耗品(しょうもうひん) 소모품 | 増(ふ)やす 늘리다

 남녀는 매년 기부하는 마음으로 대학 기념품을 구매해 왔으나, 제품 구성이 매번 비슷하고 디자인이 실용적이지 않아 더 이상 구매하고 싶은 품목이 없다는 점을 토로하고 있다. 남자가 이제 사고 싶은 물건이 없다고 직접적으로 언급하고 있으며, 여자가 소모품 부족과 디자인 문제를 지적하는 흐름을 볼 때, 4번이 정답이 된다는 것을 알 수있다.

4番

女の人と男の人が話しています。女の人はどうして髪のにおいが取れなかったのですか。

F：毎朝髪を洗っているのになぜか頭のにおいが気になるのよ。

M：ああ、それね。この間テレビでやっていたよ。洗う前に髪をとかしている？

F：うん、簡単に。それから髪を濡らしてシャンプーをつけて洗っているけど。

M：髪を濡らしているだけ？シャンプーの前に頭皮をよく洗った方がいいよ。

F：頭皮って頭の皮膚でしょう？髪を洗うんじゃないの？

M：髪を洗う前に頭皮をよく洗うことが大切なんだって。においがする人は最低1分。

F：そんなに長く？

M：うん。においが残る人は短すぎるんだって。シャンプーを手に取ってそのままつけているでしょう？

F：そうよ。

M：手で泡立てなきゃだめだよ。それを髪の根元で泡立てながら全体に広げるんだ。髪より頭皮をよく洗って。

F：ええっ、そうなの。

4번

여자와 남자가 이야기하고 있습니다. 여자는 왜 머리 냄새가 빠지지 않았던 것입니까?

여：매일 아침 머리를 감는데도 왠지 머리 냄새가 신경 쓰여.

남：아, 그거 말이지. 얼마 전에 TV에서 나왔어. 감기 전에 머리를 빗고 있어?

여：응, 간단히. 그리고 나서 머리를 적시고 샴푸를 묻혀서 감고 있는데.

남：머리를 적시기만 해? 샴푸 하기 전에 두피를 잘 씻는 게 좋아.

여：두피라면 머리 피부 말이지? 머리카락을 감는 게 아니야?

남：머리카락을 감기 전에 두피를 잘 씻는 게 중요하대. 냄새가 나는 사람은 최소 1분.

여：그렇게 길게?

남：응. 냄새가 남는 사람은 너무 짧은 거래. 샴푸를 손에 싸서 그대로 묻히고 있지?

여：그렇지.

남：손에서 거품을 내야만 해. 그걸 머리 뿌리 부분에서 거품을 내면서 전체로 퍼뜨리는 거야. 머리카락보다 두피를 잘 닦아.

여：아아 그런 거야?

女の人はどうして髪のにおいが取れなかったのですか。

1 シャンプーを泡立てているから
2 洗う前に髪をとかさなかったから
3 とうひを十分に洗わなかったから
4 髪を濡らしてシャンプーをしたから

여자는 왜 머리 냄새가 빠지지 않았던 것입니까?

1 샴푸를 거품 내고 있기 때문에
2 감기 전에 머리를 빗지 않았기 때문에
3 두피를 충분히 씻지 않았기 때문에
4 머리를 적시고 샴푸를 했기 때문에

単어 気(き)になる 신경 쓰이다 | とかす (머리를) 빗다 | 濡(ぬ)らす 적시다 | 頭皮(とうひ) 두피 | 皮膚(ひふ) 피부 | 最低(さいてい) 최소, 최저 | 泡立(あわだ)てる 거품을 내다 | 根元(ねもと) 뿌리, 근본 | 広(ひろ)げる 넓히다, 퍼뜨리다

해설 남자는 머리 냄새의 주요 원인이 머리카락 자체가 아닌 두피를 제대로 씻지 않았기 때문이라고 설명한다. 특히 샴푸 전 최소 1분 이상 두피를 씻어야 하며, 손에서 거품을 충분히 낸 뒤 머리 뿌리(두피 쪽)를 중심으로 닦아야 한다고 조언한다. 여자는 그동안 머리카락 위주로 짧게 감아왔으므로, 두피를 충분히 씻지 않은 것이 냄새가 남은 근본적인 이유가 되기 때문에 3번이 정답이 된다.

5番

市役所の人が話しています。市が水泳授業を民間にお願いする理由は何ですか。

M: ひばり市では学校の水泳授業を来年度より民間に頼むことにしました。これによりプールの使用料をはじめ、様々な費用はかかりますが、水道代やプールの修繕費などの負担がなくなるため、全体としては費用をずいぶん減らすことができます。民間のプールは建物の中なので日に当たらないし、室内の温度も33度で水温も31度です。教えるのも管理するのも任せられるので先生方も楽になります。子供たちも専門家の丁寧な指導が受けられます。

市が水泳授業を民間にお願いする理由は何ですか。

1 学校のプールを管理するのが大変だから
2 環境も指導もいいし、市も費用を節約できるから
3 費用が減るし、先生が何もしなくてすむから
4 建物の中のプールの方がよく泳げるから

5번

시청 직원이 이야기하고 있습니다. 시가 수영 수업을 민간에 의뢰하는 이유는 무엇입니까?

남: 히바리 시에서는 학교 수영 수업을 내년도부터 민간에 맡기기로 했습니다. 이로 인해 수영장 사용료를 비롯해 다양한 비용은 들지만, 수도 요금이나 수영장 수선비 등의 부담이 없어지므로 전체적으로는 비용을 상당히 줄일 수 있습니다. 민간 수영장은 건물 안이라 햇빛을 받지 않고, 실내 온도도 33도이며 수온도 31도입니다. 가르치는 것도 관리하는 것도 맡길 수 있으므로 선생님들도 편해집니다. 아이들도 전문가의 친절한 지도를 받을 수 있습니다.

시가 수영 수업을 민간에 의뢰하는 이유는 무엇입니까?

1 학교 수영장을 관리하는 것이 힘들어서
2 환경도 지도도 좋고, 시도 비용을 절약할 수 있기 때문에
3 비용이 줄고, 선생님이 아무것도 안 해도 되기 때문에
4 건물 안의 수영장이 더 잘 헤엄칠 수 있기 때문에

単어 市役所(しやくしょ) 시청 | 民間(みんかん) 민간 | 来年度(らいねんど) 내년도 | 頼(たの)む 부탁하다, 의뢰하다 | 使用料(しようりょう) 사용료 | ～をはじめ ~을/를 비롯하여 | 水道代(すいどうだい) 수도 요금 | 修繕費(しゅうぜんひ) 수선비 | 負担(ふたん) 부담 | 管理(かんり) 관리 | 任(まか)せる 맡기다 | 専門家(せんもんか) 전문가 | 丁寧(ていねい) 친절함, 정중함 | 指導(しどう) 지도 | 節約(せつやく) 절약

해설 시청 직원은 학교 수영 수업을 민간에 위탁함으로써 얻는 세 가지 주요 이점을 설명하고 있다. 첫째, 수도세 및 수선비 절감을 통한 경제적 이득(비용 절약), 둘째, 실내 시설 이용을 통한 쾌적한 환경(직사광선 차단 및 적정 온도 유지), 셋째, 전문가에 의한 양질의 지도(전문적인 지도)이다. 따라서 이 세 가지 긍정적인 요소를 모두 포괄하고 있는 2번이 가장 적절한 정답이 된다.

6番

女の人と男の人が話しています。なぜ女の人はこの小説を読むことにしましたか。

M: 最近、どんな本を読んだ？

6번

여자와 남자가 이야기하고 있습니다. 왜 여자는 이 소설을 읽기로 했습니까?

남: 최근에 어떤 책을 읽었어?

F：『ようこそ、ヒュナム洞書店へ』っていう韓国の小説。翻訳本で本屋大賞を取ったのよ。

M：韓国の本ならノーベル賞を取った本もあるのに。

F：でもこの本もとってもいいのよ。友達が言った通り心が温かくなったわ。

M：ふ～ん。最近、韓国の本がいろいろ翻訳されているね。

F：ええ、『未婚じゃなくて非婚です』って本もすすめられて読んだけど、私の気持ちにぴったりだったわ。これからもいろいろ読むつもりよ。

M：へえ、そうなの。この前まで韓国ドラマに夢中になっていたのに。

F：ドラマもそうだけど、現地の人がどんな生活をしているのかに興味が湧いてきた。

M：それでこの間韓国へ行ったんだ。

F：ええ、旅行だけじゃなかなかわからないから、今度留学する予定なの。

なぜ女の人はこの小説を読むことにしましたか。

1 友達にすすめられたから
2 心が温かくなる本だから
3 韓国の本なら何でもよかったから
4 本屋大賞を取ったから

여：『어서 오세요, 휴남동 서점입니다』라는 한국 소설. 번역본으로 서점 대상을 받았어.

남：한국 책이라면 노벨상을 받은 책도 있는데.

여：하지만 이 책도 정말 좋아. 친구가 말한 대로 마음이 따뜻해졌어.

남：흐음. 최근에 한국 책이 다양하게 번역되고 있네.

여：응, 『미혼이 아니라 비혼입니다』라는 책도 추천받아서 읽었는데, 내 기분에 딱 맞았어. 앞으로도 여러 가지 읽을 생각이야.

남：오, 그렇구나. 얼마 전까지 한국 드라마에 열중하더니.

여：드라마도 그렇지만, 현지 사람들이 어떤 생활을 하고 있는지에 흥미가 생겼어.

남：그래서 요전에 한국에 갔었구나.

여：응, 여행만으로는 좀처럼 알 수 없으니까 이번에 유학할 예정이야.

왜 여자는 이 소설을 읽기로 했습니까?

1 친구에게 추천받았기 때문에
2 마음이 따뜻해지는 책이라서
3 한국 책이라면 무엇이든 좋았기 때문에
4 서점 대상을 받았기 때문에

단어 小説(しょうせつ) 소설 | 翻訳本(ほんやくぼん) 번역본 | 本屋大賞(ほんやたいしょう) 서점 대상(일본 서점 직원들이 투표한 책) | 未婚(みこん) 미혼 | 非婚(ひこん) 비혼 | すすめる 권하다, 추천하다 | ぴったり 딱, 꼭 | 夢中(むちゅう)になる 열중하다, 빠지다 | 現地(げんち) 현지 | 興味(きょうみ)が湧(わ)く 흥미가 생기다 | 留学(りゅうがく) 유학 | 予定(よてい) 예정

해설 여자는 소설 「어서 오세요, 휴남동 서점입니다」를 읽은 후 친구가 말한 대로 마음이 따뜻해졌다고 언급한다. 이는 책을 읽기 전에 이미 친구로부터 해당 책에 대한 설명을 들었음을 시사한다. 또한 뒤이어 다른 책인 「미혼이 아니라 비혼입니다」를 언급할 때도 추천받아서 읽었다고 말하는 점으로 보아, 친구의 추천이 독서의 직접적인 계기가 되었음을 알 수 있으므로 1번이 정답이다.

問題3

問題3では、問題用紙に何もいんさつされていません。この問題は、全体としてどんな内容かを聞く問題です。話の前に質問はありません。まず話を聞いてください。それから、質問とせんたくしを聞いて、1から4の中から、最もよいものを一つ選んでください。
では練習しましょう。

문제 3

문제3에서는 문제용지에 아무것도 인쇄되어 있지 않습니다. 이 문제는 전체로시 이떤 내용인지를 묻는 문제입니다. 이야기 선에 질문은 없습니다. 먼저 이야기를 들어 주세요. 그리고 질문과 선택지를 듣고 1에서 4 중에서 가장 적당한 것을 하나 고르세요.

그럼 연습해 봅시다.

例

テレビでアナウンサーが通信販売に関する調査の結果を話しています。

F：皆さん、通信販売を利用されたことがありますか。買

예

텔레비전에서 아나운서가 통신 판매에 관한 조사 결과를 이야기하고 있습니다.

여：여러분, 통신 판매를 이용하신 적인 있습니까? 쇼핑을 할 때에

い物をする時は店に行って、自分の目で確かめてから
しか買わないと言っていた人も、最近この方法を利用
するようになってきたそうです。１０代から８０代
までの人に調査をしたところ、「忙しくて買いに行く
時間がない」「お茶を飲みながらゆっくりと買い物がで
きる」「子供を育てながら、働いているので、毎日の生
活になくてはならない」など多くの意見が出されまし
た。

通信販売の何についての調査ですか。
1 利用者数
2 買える品物の種類
3 利用方法
4 利用する理由

は 가게에 가서 자기 눈으로 확인해야만 산다고 하던 사람도 최
근에는 이 방법을 이용하게 되었다고 합니다. 10대부터 80대
까지 조사한 결과, "바빠서 쇼핑을 갈 시간이 없다" "차를 마시
면서 느긋하게 쇼핑을 할 수 있다" "아이를 키우면서 일하고 있
어서 매일의 생활에 없어서는 안 된다" 등 많은 의견이 나왔습
니다.

통신 판매의 무엇에 대한 조사입니까?

1 이용자 수
2 살 수 있는 물품의 종류
3 이용 방법
4 이용하는 이유

1番

市の観光課の人が話しています。

M: 最近、市の温泉地では部屋が空いているにもかかわら
ず、お客様の宿泊を断らなければならないという旅館
が増えてきました。働く人が不足しているからです。
それを解決するために「泊食分離」つまり泊まる場
所と食事をする場所を分けることにしました。旅館は
全く食事を出さないか朝ごはんのみにしたのです。食
事を出さなければ多くのお客様を迎えることができま
す。また、お客様が外で食べるので、レストランの売
り上げも伸び、地域の活性化につながっています。今
では以前のように多くの人が訪れるにぎやかな温泉地
に戻りました。

男の人が最も主張したいことは何ですか。
1 旅館とレストランの関係
2 「泊食分離」の意味
3 人手不足の理由
4 「泊食分離」の効果

1번

시 관광과 직원이 이야기하고 있습니다.

남: 최근 우리 시의 온천지에서는 방이 비어 있음에도 불구하고 고
객의 숙박을 거절해야만 하는 여관(저녁과 아침 식사를 코스
요리로 제공하는 곳이 많음)이 늘어났습니다. 일하는 사람이
부족하기 때문입니다. 이를 해결하기 위해 '숙박과 식사의 분
리', 즉 머무는 장소와 식사하는 장소를 나누기로 했습니다. 여
관은 식사를 전혀 내지 않거나 아침 식사만 제공하게 된 것입니
다. 식사를 내지 않으면 많은 고객을 맞이할 수 있습니다. 또한,
고객이 밖에서 식사를 하므로 레스토랑의 매출도 늘어, 지역 활
성화로 이어지고 있습니다. 지금은 이전처럼 많은 사람이 방문
하는 북적이는 온천지로 돌아왔습니다.

남자가 가장 주장하고 싶은 것은 무엇입니까?

1 여관과 레스토랑의 관계
2 '숙박과 식사의 분리'의 의미
3 인력 부족의 이유
4 '숙박과 식사의 분리'의 효과

단어 観光課(かんこうか) 관광과 | 温泉地(おんせんち) 온천지 | ～にもかかわらず ～임에도 불구하고 | 宿泊(しゅくはく) 숙박 | 断(ことわ)る 거절하다 | 不足(ふそく) 부족 | 解決(かいけつ) 해결 | 泊食分離(はくしょくぶんり) 숙박과 식사의 분리 | のみ ～만、～뿐 | 迎(むか)える 맞이하다, 맞다 | 売(う)り上(あ)げ 매출 | 地域(ちいき) 지역 | 活性化(かっせいか) 활성화 | 訪(おとず)れる 방문하다

해설 남자는 온천지의 심각한 인력 부족 문제를 해결하기 위해 도입한 숙박과 식사의 분리 정책을 소개하고 있다. 이 정책을 통해 여관은 인력난
속에서도 더 많은 손님을 받을 수 있게 되었고, 지역 식당들의 매출까지 상승하여 온천지가 다시 활기를 찾게 되었다는 성공적인 결과를 강
조하고 있다. 따라서 이 제도가 가져온 긍정적인 변화인 4번이 정답이 된다.

記者の質問に社長が答えています。

F：社員が休みを自由に取ったら生産性は落ちると考えていましたが、予想とは反対に生産性が上がりました。社員は休暇で迷惑をかけないようにどうすれば自分の仕事を早く終わらせられるかを考えて行動するようになりました。その結果、時間の無駄が減りました。それに社員は休暇から帰るともっと頑張るようになりました。さらに誰かが休んでも困らないように工夫するようにもなりました。つまり、社員はいろいろと考えるようになったのです。社員が変わった結果、生産性も上がるようになりました。

社長の答えから考えられる記者の質問はどれですか。
1 どうすれば会社の生産性が上げられるか。
2 どうして社員に自由に休暇を取らせることにしたか。
3 自由に休暇が取れるようになって会社はどうなったか。
4 会社の休暇制度はどうなっているか。

2번

기자의 질문에 사장이 답하고 있습니다.

여: 사원이 휴가를 자유롭게 쓰면 생산성은 떨어질 거라 생각했습니다만, 예상과는 반대로 생산성이 올랐습니다. 사원은 휴가로 폐를 끼치지 않도록 어떻게 하면 자신의 업무를 빨리 끝낼 수 있을지를 생각해서 행동하게 되었습니다. 그 결과, 시간 낭비가 줄었습니다. 게다가 사원은 휴가에서 돌아오면 더욱 열심히 하게 되었습니다. 나아가 누군가가 쉬어도 곤란하지 않도록 궁리하게도 되었습니다. 즉 사원은 여러 가지로 생각하게 된 것입니다. 사원이 변한 결과, 생산성도 오르게 되었습니다.

사장의 답변으로 미루어 볼 때 생각할 수 있는 기자의 질문은 어느 것입니까?

1 어떻게 하면 회사의 생산성을 올릴 수 있는가?
2 왜 사원에게 자유롭게 휴가를 쓰게 하기로 했는가?
3 자유롭게 휴가를 쓸 수 있게 되어 회사는 어떻게 되었는가?
4 회사의 휴가 제도는 어떻게 되어 있는가?

단어 記者(きしゃ) 기자 | 自由(じゆう) 자유 | 生産性(せいさんせい) 생산성 | 予想(よそう) 예상 | 反対(はんたい) 반대 | 休暇(きゅうか) 휴가 | 迷惑(めいわく) 폐, 민폐 | 無駄(むだ) 낭비, 쓸데없음 | 工夫(くふう) 고안, 궁리

해설 사장의 답변은 '생산성이 올랐다, 낭비가 줄었다, 사원들이 스스로 생각하고 행동하게 되었다' 등 자유로운 휴가 제도 도입 이후 나타난 구체적인 변화와 성과에 집중되어 있다. 사장이 '예상과는 반대로', '사원이 변한 결과'라고 언급하며 제도 도입 이후의 상황을 설명하고 있으므로, 기자는 제도의 영향이나 결과를 묻는 3번을 질문했을 것임을 알 수 있다.

栄養士さんがひばり市の給食について話しています。

M：ひばり市の学校給食はなるべくひばり市の農家が作った野菜を使って作られています。それに、加工品はほとんど使わず、化学調味料も使っていません。カレーやコロッケ、ケーキなどもほとんど手作りですので、安全・安心です。また、学校で作っていますから、いつでもできたての温かい給食が食べられます。メニューはご家庭で不足しがちな豆、魚、野菜を多く使っていますし、取りすぎやすい肉、油、砂糖、塩を少なくしています。

栄養士さんは主に何について話していますか。
1 給食の作り方
2 給食の安全性
3 給食で不足する食べ物
4 給食で使う野菜の種類

3번

영양사가 히바리 시의 급식에 대해 이야기하고 있습니다.

남: 히바리 시의 학교 급식은 가능한 한 히바리 시의 농가가 재배한 채소를 사용하여 만들어집니다. 게다가 가공품은 거의 사용하지 않고, 화학 조미료도 쓰지 않습니다. 카레나 고로케, 케이크 등도 대부분 수제이므로 안전하고 안심할 수 있습니다. 또한, 학교에서 직접 만들기 때문에 언제나 막 만든 따뜻한 급식을 먹을 수 있습니다. 메뉴는 가정에서 부족하기 쉬운 콩, 생선, 채소를 많이 사용하고 있으며, 과잉 섭취하기 쉬운 고기, 기름, 설탕, 소금을 적게 쓰고 있습니다.

영양사는 주로 무엇에 대해 이야기하고 있습니까?

1 급식을 만드는 법
2 급식의 안전성
3 급식에서 부족한 음식
4 급식에서 사용하는 채소의 종류

단어　栄養士(えいようし) 영양사 | 給食(きゅうしょく) 급식 | 農家(のうか) 농가 | 加工品(かこうひん) 가공품 | 化学調味料(かがくちょう
みりょう) 화학 조미료 | 手作(てづく)り 수제, 직접 만듦 | できたて 막 만든, 방금 한 | ～がち ～하기 쉬움 | ～やすい ～하기 쉬움

해설　영양사는 지역 농산물 사용, 수제 조리를 통한 화학 조미료 배제, 갓 만든 음식의 신선함, 그리고 건강을 고려한 영양 균형 등을 차례로 나열
하고 있다. 이 모든 요소는 결국 '아이들에게 얼마나 안전하고 질 좋은 급식을 제공하고 있는가'라는 하나의 주제로 귀결된다. 따라서 지문
의 전체적인 내용을 가장 잘 포괄하는 2번이 정답으로 가장 적절하다.

4番

図書館の人が話しています。

F：最近、本を読まない人が増えています。ある調査では
一か月に一冊も本を読まない人が60％以上もいるそ
うです。理由はスマホやゲームで忙しくて時間がない
という人が一番多いです。これはあまりにももったい
ないことです。スマホでも知識や情報を得ることがで
きますが、スマホは頭が処理できる以上の情報が頭に
入ってきて脳が疲れてしまいます。読書は時間をかけ
て情報を得ることができます。また、読書に集中する
ことでストレスを減らすこともできるそうです。ぜ
ひ、図書館に来て本を借りて読んでみてください。新
しい世界が開けますよ。

図書館の人が最も伝えたいのは何ですか。

1 図書館で本を読む理由
2 ストレスを減らす方法
3 脳の疲れを取る方法
4 読書をすすめる理由

4번

도서관 직원이 이야기하고 있습니다.

여: 최근 책을 읽지 않는 사람이 늘고 있습니다. 어떤 조사에서는
한 달에 한 권도 책을 읽지 않는 사람이 60% 이상이나 된다고
합니다. 이유는 스마트폰이나 게임 때문에 바빠서 시간이 없다
는 사람이 가장 많습니다. 이것은 너무나도 아까운 일입니다.
스마트폰으로도 지식이나 정보를 얻을 수 있지만, 스마트폰은
머리가 처리할 수 있는 이상의 정보가 머릿속에 들어와서 뇌가
지쳐버립니다. 독서는 시간을 들여 정보를 얻을 수 있습니다.
또한, 독서에 집중함으로써 스트레스를 줄일 수도 있다고 합니
다. 부디 도서관에 오셔서 책을 빌려 읽어 보시기 바랍니다. 새
로운 세계가 열릴 거예요.

도서관 직원이 가장 전하고 싶은 것은 무엇입니까?

1 도서관에서 책을 읽는 이유
2 스트레스를 줄이는 방법
3 뇌의 피로를 푸는 방법
4 독서를 권장하는 이유

단어　調査(ちょうさ) 조사 | あまりにも 너무나도 | もったいない 아깝다 | 知識(ちしき) 지식 | 情報(じょうほう) 정보 | 得(え)る 얻다 | 処理
(しょり) 처리 | 読書(どくしょ) 독서 | 集中(しゅうちゅう) 집중

해설　도서관 직원은 먼저 현대인의 낮은 독서율과 그 원인(스마트폰 등)을 제시한 뒤, 스마트폰 정보 습득과 차별화되는 독서만의 장점(뇌의 과부
하 방지, 스트레스 감소 등)을 설명하고 있다. 마지막엔 부디 책을 빌려 읽어 보라며 권유하고 있으므로, 도서관 직원이 말하고자 하는 것은
독서가 주는 유익함을 근거로 독서를 장려하는 것이다. 따라서 4번이 정답이 된다.

5番

男の人がインタビューの内容について話しています。

M：先日「すごくほめます」と書いた看板を持って駅のそ
ばに立っている人に話を聞きました。一日平均一万円
ぐらいのお金をもらうそうです。商売になるほどほめ
られたい人がいるのだと驚きました。最初は失敗続
きでほめるのが難しかったそうです。お客さんはだい
たい軽い気持ちで来る人が多いので、酔っ払いもいる
そうです。もちろん、中には失恋や失業をした人もい
て、その場合はどんな状況なのかよく話を聞いてその

5번

남자가 인터뷰 내용에 대해 말하고 있습니다.

남: 요전날 '엄청 칭찬해 드립니다'라고 적힌 간판을 들고 역 근처
에 서 있는 사람에게 이야기를 들었습니다. 하루 평균 1만 엔
정도의 돈을 받는다고 합니다. 사업이 될 정도로 칭찬받고 싶
은 사람이 있는 거구나 라며 놀랐습니다. 처음에는 계속 실패해
서 칭찬하는 것이 어려웠다고 합니다. 손님은 보통 가벼운 마음
으로 오는 사람이 많아서 취객도 있다고 합니다. 물론, 그중에는
실연이나 실직을 한 사람도 있어서, 그럴 때는 어떤 상황인지 이
야기를 잘 듣고 그 안에서 칭찬해 나간다고 합니다. 그의 목표는
일본 전역을 도는 것입니다. 지금까지 많은 현을 돌았다고 합니

中でほめていくそうです。彼の目標は日本中を回ることです。今までに多くの県を回ってきたそうです。私も身近な人をもっとほめようと思いました。

男の人はインタビューした後、どう考えましたか。
1 自分も実行しよう。
2 彼のような生活はしたくない。
3 ほめる商売は楽しそうだ。
4 今まで全然ほめていなかった。

다. 저도 주변 사람을 좀 더 칭찬해야겠다고 생각했습니다.

남자는 인터뷰한 후 어떻게 생각했습니까?

1 나도 실행해야지.
2 그와 같은 생활은 하고 싶지 않다.
3 칭찬하는 장사는 즐거워 보인다.
4 지금까지 전혀 칭찬하지 않았다.

단어 | 看板(かんばん) 간판 | 平均(へいきん) 평균 | 商売(しょうばい) 장사, 사업 | 感心(かんしん) 감탄 | 失敗(しっぱい) 続き(つづき) 실패의 연속 | 酔(よ)っ払(ぱら)い 취객 | 失恋(しつれん) 실연 | 失業(しつぎょう) 실직 | 目標(もくひょう) 목표 | 身近(みぢか) 가까움, 주변 | 実行(じっこう) 실행

해설 | 마지막 문장에서 남자는 "저도 주변 사람을 좀 더 칭찬해야겠다고 생각했습니다"라고 말하며 인터뷰를 통해 느낀 점을 자신의 행동으로 옮기려는 의지를 드러내고 있다. 따라서 1번이 정답으로 가장 적절하다.

問題 4

問題4では、問題用紙に何もいんさつされていません。まず文を聞いてください。それから、それに対する返事を聞いて、1から3の中から、最もよいものを一つ選んでください。では練習しましょう。

문제 4

문제4에서는 문제용지에 아무것도 인쇄되어 있지 않습니다. 먼저 문장을 들어 주세요. 그리고 그것에 대한 응답을 듣고 1에서 3 중에서 가장 적당한 것을 하나 고르세요.
그럼 연습해 봅시다.

例

F : 今日ちょっと、残って仕事してってもらえない？
M: 1 今日ですか。はい、分かりました。
　　2 すみません、今日遅くなったんです。
　　3 残りは、あとこれだけです。

예

여: 오늘 좀 남아서 일해 줄 수 있을까?
남: 1 오늘이요? 네, 알겠습니다.
　　2 죄송합니다. 오늘 늦어졌습니다.
　　3 남은 것은 이것뿐입니다.

1番

M: すっかり暖かくなってきたね。
F: 1 そうだん。桜も咲いたことだし、お花見に行かない？
　　2 そうだね。寒さが厳しいけど、桜は咲いているみたいだよ。
　　3 そうだね。今日はマフラーを巻いてきたよ。

1번

남: 완전히 따뜻해졌네.
여: 1 그렇네. 벚꽃도 폈으니까, 꽃구경 가지 않을래?
　　2 그렇네. 추위가 심히지만, 벚꽃은 피어 있는 것 같아.
　　3 그렇네. 오늘은 목도리를 두르고 왔어.

단어 | すっかり 완전히, 완연히 | 桜(さくら) 벚꽃 | 咲(さ)く 피나 | 厳(きび)しい 엄격하다, (추위가) 심하다

해설 | 남자가 날씨가 따뜻해졌냐고 말하자, 여자가 이에 동조하며 벚꽃이 핀 상황을 근거로 들어 꽃구경을 제안하는 1번이 정답이다. 2번에서 따뜻한 것에 동조하면서 춥다고 말하는 것은 어색하며 3번에서 따뜻한 날씨에 방한용품인 목도리를 하고 왔다고 하는 것 또한 어색하다.

M: ホンさんといえば日本語ができたっけ。

F : 1 日本語ができるだけのことはあります。

2 話がとても好きだそうです。

3 話せることは話せるんですけど。

2번

남: 홍 씨라고 하면 일본어를 할 수 있었던가?

여: 1 과연 일본어가 가능한 보람이 있습니다.

2 이야기를 매우 좋아한다고 합니다.

3 하기는 하는 데요.

단어 ~といえば ~라고 하면 | ~っけ ~였나? | ~だけのことはある (과연) ~한 보람이 있다, ~한 만큼의 가치가 있다

해설 남자가 「~たっけ(~였던가?)」를 사용하여 과거의 기억을 확인하며 묻고 있다. 이에 대해 말할 수 있기는 하지만 완벽하지는 않다는 유보적인 뉘앙스를 풍기는 3번이 가장 자연스럽다. 1번의 「~だけのことはある」는 '과연 ~한 보람이 있다'라는 칭찬의 표현이라 문맥상 어색하다.

3番

M: 山田さんは時間を守りっこないから…。

F : 1 すぐ来るんですね。

2 じゃ、間に合わないかも。

3 もう来ているんですか。

3번

남: 야마다 씨는 시간을 지킬 리가 없으니까….

여: 1 금방 오는군요.

2 그럼, 제시간에 못 올지도.

3 벌써 와 있는 건가요?

단어 守(まも)る 지키다 | ~っこない 절대 ~할 리 없다 | 間(ま)に合(あ)う 시간에 대다, 늦지 않다

해설 남자가 「~っこない」를 사용해 '절대 시간을 지킬 리 없다'며 강한 부정을 나타내고 있다. 그 말의 호응하여, '그럼 늦을지도 모르겠다'라고 답하는 2번이 논리적으로 자연스러우므로 정답이 된다.

4番

F : お母さんのところにいつ行くことにする？

M: 1 そちらの予定に合わせるよ。

2 みんなが留守の日がいいんじゃない？

3 1週間にしたら喜ぶと思うよ。

4번

여: 어머니 댁에 언제 가기로 할까?

남: 1 그쪽 일정에 맞출게.

2 모두가 집을 비운 날이 좋지 않아?

3 일주일 정도로 하면 기뻐하실 거라 생각해.

단어 ~ことにする ~하기로 하다 | 予定(よてい) 일정, 예정 | 留守(るす) 외출하여 집을 비움, 부재중

해설 어머니 댁에 언제 갈지 일정을 정하자는 여자의 제안에 대해 다른 사람의 일정에 맞추겠다는 1번이 가장 자연스럽다. 2번의 모두 밖으로 나가서 아무도 없는 날에 방문하자는 건 문맥상 어색하며, 3번은 가는 시기가 아닌 체류 기간에 대한 답이므로 질문의 의도와 어긋난다.

5番

F : 田舎から出てきて一人暮らしを始めて一か月経ちました。

M: 1 じゃ、一人暮らしを始めてみてはどうですか。

2 田舎へ帰ることにしたんですね。

3 もう、こちらの生活に慣れましたか。

5번

여: 시골에서 올라와서 혼자 살기 시작한 지 한 달이 지났습니다.

남: 1 그럼, 자취를 시작해 보는 건 어떤가요?

2 시골로 돌아가기로 한 거군요.

3 벌써 이쪽 생활에 익숙해졌나요?

단어 田舎(いなか) 시골 | 一人暮(ひとりぐ)らし 자취, 홀로 살기 | 経(た)つ (시간이) 지나다 | 慣(な)れる 익숙해지다

해설 여자가 자신이 자취한지 한 달째라는 말에 대한 반응으로 안부나 적응 여부를 물어보는 것이 자연스러우므로 3번이 정답이 된다. 1번은 이미 혼자 살고 있는 사람에게 혼자 살 것을 권유하는 것은 어색하므로 오답이다. 2번은 여자가 시골로 다시 돌아가겠다고 하지 않았으므로 어울리지 않는 답변이다.

6番

M：山田といえば最近学校に来ないね。
F：1 何かあったのかな。
　　2 何をしたのかな。
　　3 何を知っているのかな。

6번

남：야마다는 요즘 학교에 안 오네.
여：1 무슨 일이 있는 걸까?
　　2 무엇을 한 걸까?
　　3 무엇을 알고 있는 걸까?

단어　～といえば ～라고 하면, ～의 경우

해설　남자가 야마다가 학교에 안 온다는 것을 언급하며 걱정 섞인 말을 던졌을 때, 여자는 그 원인이나 이유를 추측하는 반응을 보이는 것이 가장 자연스러우므로 1번이 정답이 된다. 2번과 3번은 해당 인물이 어떤 구체적인 행동이나 지식을 가졌는지 묻는 것이라 문맥에 맞지 않는다.

7番

F：美子さんは子供のこととなると人が変わっちゃうわね。
M：1 変わらない人もいるって言ったでしょ？
　　2 やっと生まれた一人っ子だから。
　　3 子供の性格が変わったんだね。

7번

여：요시코 씨는 아이 일이라면 사람이 변해 버리네.
남：1 변하지 않는 사람도 있다고 했잖아.
　　2 어렵게 태어난 외동아이니까.
　　3 아이 성격이 변했구나.

단어　やっと 겨우, 긴신히 | 一人(ひとり)っ子(こ) 외동아이

해설　유시코 씨가 유독 아이 일에 민감히게 반응하는 이유로 겨우 얻는(어렵게 태어난) 외동아이라는 배경 설명을 하는 2번이 가장 적절하다. 1번은 상대의 말에 갑자기 따지는 말투는 어색하며, 3번은 변한 것은 아이가 아니라 요시코 씨이므로 상황에 맞지 않다.

8番

F：ホンさんが、大喜びしていますね。
M：1 希望の大学に合格したとみえます。
　　2 大学にあと一歩で合格できなかったようです。
　　3 合格祝いということです。

8번

여：홍 씨가 엄청 기뻐하고 있네요.
남：1 원하던 대학에 합격한 모양이에요.
　　2 대학에 간발의 차로 합격하지 못한 듯합니다.
　　3 합격 축하라는 거예요.

단어　大喜(おおよろこ)びする 매우 기뻐하다 | 希望(きぼう) 희망 | 合格(ごうかく) 합격 | ～とみえる ～로 보인다, ～인 모양이다 | あと一歩(いっぽ) 아쉬운 차이, 간발의 차이 | 祝(いわ)い 축하

해설　여자가 홍 씨의 기뻐하는 상태를 관찰하여 말했으므로, 남자는 그 원인을 추측하여 답하는 것이 자연스럽다. 「～とみえる」는 눈에 보이는 상황을 근거로 추측할 때 사용하는 표현이다. 2번의 간발의 차로 합격하지 못한 상황은 크게 기뻐하는 홍 씨의 모습과 어울리지 않아 어색하며, 3번은 단순히 용어를 설명하는 느낌이라 흐름에 맞지 않는다.

9番

M：立派な作品ができたそうだね。
F：1 彼は任せただけですね。
　　2 彼なしでのことですね。
　　3 彼が作っただけのことはありますね。

9번

남：훌륭한 작품이 완성되었다면서?
여：1 그는 맡기기만 했네유
　　2 그기 없을 때의 일이네요.
　　3 그가 만든 보람이 있네요.

단어　立派(りっぱ) 훌륭함 | 作品(さくひん) 작품 | 任(まか)せる 맡기다 | ～だけのことはある ～한 보람이 있다, 과연 ～답다

해설　작품이 훌륭하다는 칭찬에 대해 「～だけのことはある(과연 ～한 보람이 있다, ～답다)」를 사용하여 그 실력을 인정하는 3번이 정답이다. 1번은 부정적인 뉘앙스가 강하며, 2번은 작품의 완성도와 관계없는 시점을 이야기하고 있어 어색하다.

10番

M: サムさん、やりたくないと言いながらも頑張っている
ね。

F : 1 そうしてくれると、私たちは困りますよ。

　　2 そうでなければ私たちが困りますから。

　　3 そればかりはわかりませんよ。

10번

남: 샘 씨, 하기 싫다고 말하면서도 열심히 하고 있네.

여: 1 그렇게 해 주면 저희는 곤란해요.

　　2 그러지 않으면 저희가 곤란하니까요.

　　3 그것만큼은 모르겠네요.

단어　～ながらも ～하면서도, ～임에도 불구하고 | 頑張(がんば)る 힘내다, 열심히 하다 | 助(たす)かる 도움이 되다, 살아나다 | 困(こま)る 곤란하다

해설　샘 씨가 불평하면서도 제 역할을 다하고 있다는 상황에 대해, 열심히 해야 하는 이유에 대해 말하며 맞장구 치는 2번이 정답이다.

11番

M: 給料を20％も上げてくれなんて、話にならないよ。

F : 1 20％上がることに決まっていますよ。

　　2 20％って、無理がありますね。

　　3 25％を要求した方がいいんじゃないですか。

11번

남: 월급을 20%나 올려달라니 말도 안 되는 소리야.

여: 1 20% 올라가는 게 틀림없어요.

　　2 20%라니, 무리가 있네요.

　　3 25%를 요구하는 편이 좋지 않나요?

단어　給料(きゅうりょう) 월급 | 話(はなし)にならない 말이 안 되다, 상대할 가치가 없다 | ～に決(き)まっている 당연히 ～이다, ～임에 틀림없다 | 無理(むり) 무리 | 可能(かのう) 가능 | 要求(ようきゅう) 요구

해설　남자는 월급을 20%를 올려달라는 요구는 말도 안 된다고 말하고 있다. 이에 대해 여자가 20%는 무리가 있다고 동조하며 맞장구 치는 2번이 자연스럽다. 20% 인상은 말도 안 된다는 남자에게 20%는 올라가는 게 틀림없다는 말이나 더 높은 25% 인상을 언급하는 건 상황에 맞지 않으므로 1, 3번은 오답이다.

問題 5

問題5では、長めの話を聞きます。この問題には練習はありません。問題用紙にメモをとってもかまいません。

문제 5

문제5에서는 조금 긴 이야기를 듣습니다. 이 문제에는 연습은 없습니다. 메모를 해도 상관없습니다.

1番

問題用紙に何もいんさつされていません。まず話を聞いてください。それから、質問とせんたくしを聞いて、1から4の中から、最もよいものを一つ選んでください。

1번

문제용지에 아무것도 인쇄되어 있지 않습니다. 먼저 이야기를 들어 주세요. 그리고 질문과 선택지를 듣고 1에서 4 중에서 가장 적당한 것을 하나 고르세요.

1番

女の課長と2人の部下が話しています。

F1: サム社の方々を迎える準備ですが、終わりましたか。

M: 課長、その件ですが、韓国と日本では習慣や文化が違いますから、ちょっと心配しています。

F2: 私もです。食事もお土産も準備は万全だと思うんですが、やっぱり外国の方ですから…。

1번

여자 과장과 두 명의 부하 직원이 이야기하고 있습니다.

여1: 샘(Sam)사 분들을 맞이할 준비 말인데, 끝났나요?

남: 과장님, 그 건 말입니다만 한국과 일본은 습관이나 문화가 다르니까 조금 걱정하고 있습니다.

여2: 저도요. 식사도 선물도 준비는 완벽하다고 생각하지만 역시 외국 분이시라….

F1: 大丈夫ですよ。イスラムの方をお迎えした時だって
　　ちゃんとできたではありませんか。とても大変だった
　　のに…。
M: 確かにそうですね。イスラムの方は食べられないもの
　　もありましたし…。
F2: お祈りの場所も用意しなければなりませんでした。
F1: そうでしたね。それに比べれば、ずっと楽ですよ。も
　　ちろん、私だって自信があるというわけではありませ
　　んが…。わからないことは直接聞いたらいいと思うん
　　です。
M: そうですね。習慣が違うのは当たり前ですから。
F2: 心を込めておもてなしすればいいですよね。
F1: それが大事ですよ。
M: 気が楽になりました。
F2: 私も、お迎えするのが楽しみになってきました。

3人の気持ちはどれですか。

1 はじめは課長だけ不安だったが、話し合いのあとは不安が
　　なくなった。
2 2人の部下は心配していたが、課長に励まされて不安がな
　　くなった。
3 課長は最初から自信があったが、部下は不安でいっぱいだ
　　った。
4 食事やお土産など準備が終わっていないので、全員心配
　　している。

여1: 괜찮아요. 이슬람 분들을 맞이했을 때도 제대로 해내지 않았
　　 나요? 정말 힘들었는데도….
남: 확실히 그렇네요. 이슬람 분들은 못 드시는 음식도 있었고….
여2: 기도할 장소도 마련해야 했어요.
여1: 그랬죠. 그에 비하면 훨씬 수월해요. 물론 저라고 해서 자신
　　 있는 건 아니지만 말이에요…. 모르는 건 직접 여쭤보면 된다
　　 고 생각해요.
남: 그렇네요. 습관이 다른 건 당연하니까요.
여2: 정성을 다해 대접하면 되겠죠.
여1: 그게 중요해요.
남: 마음이 한결 가벼워졌습니다.
여2: 저도 모시는 게 기대되기 시작했어요.

세 사람의 마음은 어느 것입니까?

1 처음에는 과장만 불안해했지만 논의 후에는 불안이 없어졌다.
2 두 명의 부하 직원은 걱정하고 있었지만 과장의 격려를 받고 불
　 안이 없어졌다.
3 과장은 처음부터 자신감이 있었지만, 부하 직원은 불안으로 가
　 득했다.
4 식사나 선물 등 준비가 끝나지 않았기 때문에 모두 걱정하고 있다.

단어　迎(むか)える 맞이하다 | 習慣(しゅうかん) 습관 | お土産(みやげ) 선물 | 完全(かんぜん)だ 완벽하다 | 祈(いの)り 기도 | 楽(らく)だ 편
하다, 수월하다 | 励(はげ)ます 격려하다 | 当(あ)たり前(まえ) 당연함 | 心(こころ)を込(こ)める 정성을 다하다 | おもてなし 대접, 환대

해설　대화 초반부에서 두 부하 직원은 한국과의 문화적 차이로 인해 걱정된다고 말한다. 이에 과장은 과거 이슬람 손님을 맞이했던 더 힘들었던
경험을 상기시키며 격려한다. 과장의 조언을 들은 후 남직원은 마음이 가벼워졌다, 여직원은 기대되기 시작했다고 말하며 태도가 변화한
다. 따라서 과장의 격려로 부하들의 불안이 해소되었음을 나타내는 2번이 정답이다.

2番

まず話を聞いてください。それから、二つの質問を聞い
て、それぞれ問題用紙の1から4の中から、最もよいも
のを一つ選んでください。

健康センターの人の説明を聞いて女の人と男の人が話し
ています。

F1. 体を温めると免疫力といっ病気と戦う力が上がりま
　　す。そこで、体を温めるいくつかの方法を紹介しま
　　す。Aはシャワーでなく38～40℃くらいのお風呂に
　　15～20分入ることです。Bはウォーキングやスト
　　レッチなどの運動をすることです。筋肉が増えれば増

2부

먼저 이야기를 들어 주세요. 그리고 2개의 질문을 듣고 각각 문
제용지의 1에서 4 중에서 가장 적당한 것을 하나 고르세요.

건강 센터 직원의 설명을 듣고 여자가 남자가 이야기하고 있습니다.

여: 몸을 따뜻하게 하면 면역력이라는 병과 싸우는 힘이 올라갑
　　니다. 그러면 몸을 따뜻하게 하는 몇 가지 방법을 소개합니다.
　　A는 샤워가 아니라 38~40두 정도의 욕조에 15~20분 들이
　　기는 것입니다. B는 걷기나 스트레칭 등의 운동을 하는 것입
　　니다. 근육이 늘어나면 늘어날수록 몸이 쉽게 따뜻해집니다.
　　C는 몸을 따뜻하게 하는 음식이나 음료를 섭취하는 것입니
　　다. 당근이나 시금치, 비타민 E가 많은 견과류도 좋습니다. 따
　　뜻한 코코아를 마시는 것도 미지근한 물을 마시는 것도 좋습

えるほど体が温まりやすくなります。Cは体を温める食べ物や飲み物をとることです。ニンジンやホウレン草、ビタミンEが多いナッツ類もいいです。温かいココアを飲むのも、白湯を飲むのもいいです。特に白湯は内臓の温度を高めるのでおすすめです。Dは寒くないように靴下、手袋、マフラーなどを身に付けたり、カイロを貼って体を温めることです。みなさんに様々な方法で体を温めて健康な生活を送っていただきたいです。

F2: 昔から病気を治すことを手を当てる、「手当てする」っていうから、やっぱり体を温めるのはいいことなのね。私、寒さに弱いから着る物には気をつけているのよ。寒い季節はカイロも使っているし。

M: それじゃ、もう実行しているんじゃないか。

F2: ええ、でも、話を聞いてもっと何かしようと思ったわ。もっと時間があれば運動するんだけど。

M: 僕も。運動の方がいいし。

F2: 私はお風呂で新聞読んだりしようかなって思ったわ。サムさんはどう？

M: 僕はそれより、温かいコーヒーを飲もうかな。

F2: 健康センターの人はココアがいいって言っていたわよ。

M: ココアか。ちょっと苦手なんだよ。

F2: じゃ、ピーナツやニンジンを食べるのはどう？

M: あ、それがいいね。

質問1　男の人はどれを選びましたか。

1 A

2 B

3 C

4 D

質問2　女の人はどれを選びましたか。

1 A

2 B

3 C

4 D

니다. 특히 미지근한 물은 내장의 온도를 높여주므로 추천합니다. D는 춥지 않게 양말, 장갑, 머플러 등을 착용하거나, 핫팩을 붙여 몸을 따뜻하게 하는 것입니다. 여러분이 다양한 방법으로 몸을 따뜻하게 해서 건강한 생활을 보내시길 바랍니다.

여2: 옛날부터 병을 고치는 것을 손을 대는 것, '처치하다(손을 대는 것)'라고 하니까, 역시 몸을 따뜻하게 하는 건 좋은 거네. 나, 추위에 약해서 입는 것에는 신경 쓰고 있거든. 추운 계절엔 핫팩도 쓰고 있고.

남: 그럼 벌써 실행하고 있는 거 아냐?

여2: 응, 하지만 이야기를 듣고 좀 더 무언가 해야겠다고 생각했어. 좀 더 시간이 있다면 운동하겠지만.

남: 나도. 운동이 더 좋고.

여2: 나는 목욕하면서 신문을 보거나 할까 생각했어. 샘 씨는 어때?

남: 나는 그것보다 따뜻한 커피를 마실까 봐.

여2: 건강 센터 직원은 코코아가 좋다고 했어.

남: 코코아인가. 별로 안 좋아해.

여2: 그럼 땅콩이나 당근을 먹는 건 어때?

남: 아, 그게 좋네.

질문1 남자는 어느 것을 선택했습니까?

1 A

2 B

3 C

4 D

질문2 여자는 어느 것을 선택했습니까?

1 A

2 B

3 C

4 D

단어　免疫力(めんえきりょく) 면역력 | 筋肉(きんにく) 근육 | ホウレン草(そう) 시금치 | ナッツ類(るい) 견과류 | 白湯(さゆ) 끓여서 식힌 따뜻한 물 | 内臓(ないぞう) 내장 | 身(み)に付(つ)ける 몸에 익히다, 착용하다 | カイロ 핫팩 | 実行(じっこう) 실행

해설　〈질문 1〉남자는 운동(B)도 좋다고 생각하지만 시간 문제를 언급했고, 코코아는 싫어한다고 하긴 했으나. 마지막에 여자가 제안한 땅콩(견과류)이나 당근을 먹는 것에는 동의했으므로 음식 섭취에 해당하는 C가 정답이다.

　　　〈질문 2〉여자는 이미 따뜻하게 입는 것과 핫팩 사용(D)을 실천 중이며, 운동(B)은 시간이 없어 못 한다고 했다. 대신 목욕하며 신문을 보겠다며 구체적인 계획을 말했으므로 입욕에 해당하는 A가 정답이다.

1교시 **언어지식(문자·어휘·문법)·독해**

p.561

문제 1	1 ②	2 ③	3 ②	4 ①	5 ④

문제 1　1 ②　2 ③　3 ②　4 ①　5 ④

문제 2　6 ②　7 ③　8 ①　9 ②　10 ④

문제 3　11 ①　12 ④　13 ③

문제 4　14 ④　15 ①　16 ③　17 ②　18 ③　19 ④　20 ②

문제 5　21 ③　22 ④　23 ①　24 ③　25 ②

문제 6　26 ④　27 ③　28 ②　29 ④　30 ①

문제 7　31 ②　32 ③　33 ③　34 ①　35 ②　36 ②　37 ④　38 ①　39 ④　40 ③　41 ②　42 ③

문제 8　43 ① (2143)　44 ① (4312)　45 ② (3124)　46 ③ (4231)　47 ④ (3241)

문제 9　48 ②　49 ④　50 ①　51 ③

문제 10　52 ③　53 ①　54 ③　55 ②　56 ④

문제 11　57 ④　58 ①　59 ②　60 ②　61 ④　62 ③　63 ①　64 ③

문제 12　65 ④　66 ①

문제 13　67 ④　68 ③　69 ②

문제 14　70 ②　71 ④

2교시 **청해**

p.596

문제 1　1 ④　2 ②　3 ①　4 ③　5 ④

문제 2　1 ②　2 ①　3 ④　4 ③　5 ③　6 ④

문제 3　1 ④　2 ②　3 ①　4 ④　5 ③

문제 4　1 ②　2 ①　3 ①　4 ③　5 ②　6 ③　7 ②　8 ①　9 ③　10 ②　11 ③

문제 5　1 ③　2-1 ④　2-2 ①

문제 1 ＿＿ 의 단어의 읽기로 가장 알맞은 것을 1·2·3·4에서 하나 고르시오.

1 빨래를 옷걸이에 걸어서 **말린다**.

해설 「干」은 음독할 때는 「若干(じゃっかん, 약간)」과 같이 「かん」으로 읽으며 훈독할 때는 「干(ほ)す」와 같이 읽으므로 정답은 「ほす」가 된다. 음독하는 단어의 경우는 모르는 단어가 나와도 아는 단어들을 조합하면 어느 정도 유추가 가능하지만 훈독은 그 단어를 모르면 유추하기가 어려우므로 평소에 많은 단어를 접하는 것이 중요하다.

단어 洗濯物(せんたくもの) 세탁물, 빨래 | ハンガー 옷걸이 | 押(お)す 밀다, 누르다 | 貸(か)す 빌려주다 | 指(さ)す 가리키다

2 그녀는 3년 전부터 할머니를 **간병**하고 있다.

해설 두 한자 모두 훈독은 없다. 「介」는 「紹介(しょうかい, 소개)」, 「厄介(やっかい, 성가심)」와 같이 「かい」로 읽고, 「護」는 「看護(かんご, 간호)」, 「弁護士(べんごし, 변호사)」와 같이 「ご」로 읽으므로 정답은 3번 「かいご」가 된다.

단어 祖母(そぼ) 할머니 | 敬語(けいご) 경어 | 看護(かんご) 간호

3 장마철이라서 **습도**가 높다.

해설 「湿」는 음독할 때는 「しつ」로 읽고 훈독할 때는 「湿(しめ)る」와 같이 읽는다. 「度」는 음독할 때 대부분 「ど」로 읽지만 「支度(したく, 채비)」처럼 「たく」로 읽히는 경우도 있다. 훈독할 때는 「この度(たび)」와 같이 읽는다. 2음절 명사의 경우 대부분 음독하므로 「しつど」가 정답이 된다.

단어 梅雨(つゆ) 장마 | 時期(じき) 시기 | 湿度(しつど) 습도 | 温度(おんど) 온도 | 濃度(のうど) 농도 | 角度(かくど) 각도

4 철분 부족을 영양제로 **보충한다**.

해설 「補」는 음독할 때는 「補充(ほじゅう, 보충)」, 「候補(こうほ, 후보)」처럼 「ほ」로 읽고 훈독할 때는 「補(おぎな)う(보충하다)」와 같이 읽는다. 따라서 정답은 「おぎなう」가 된다. 훈독으로 읽히는 동사는 그 단어를 알고 있어야만 정답을 찾을 수 있으므로 주의한다.

단어 鉄分不足(てつぶんぶそく) 철분 부족 | サプリメント 영양제, 보충제 | 整(ととの)う 정돈되다 | 伴(ともな)う 수반하다, 동반하다 | 敬(うやま)う 공경하다

5 걸레를 꽉 **짜서** 바닥을 닦았다.

해설 「絞」는 훈독할 때는 「絞(しぼ)る(짜다)」와 같이 읽는다는 정도만 기억해 두자. 따라서 정답은 「しぼって」가 된다. 액체를 짜는 「絞る」와 비틀어 돌린다는 의미의 「ひねる」, 「ねじる」의 차이를 구분하는 것이 포인트이다.

단어 雑巾(ぞうきん) 걸레 | 床(ゆか) 바닥, 마루 | 拭(ふ)く 닦다 | ひねる 비틀다, 꼬집다 | ねじる 비틀다 | 引(ひ)っ張(ぱ)る 끌어당기다

문제 2 ＿＿ 의 단어를 한자로 쓸 때 가장 알맞은 것을 1·2·3·4에서 하나 고르시오.

6 오늘은 새벽 4시에 눈이 **떠져** 버렸다.

단어 目(め)が覚(さ)める 눈이 떠지다, 잠에서 깨다 | 冷(さ)める 식다, 차가워지다

7 이 보조 배터리는 **폭발**할 가능성이 있으므로 비행기에는 반입할 수 없습니다.

단어 モバイルバッテリー 보조 배터리 | 可能性(かのうせい) 가능성 | 持(も)ち込(こ)む 반입하다

8 귤 **통조림**을 따다.

단어 みかん 귤 | 乾杯(かんぱい) 건배

9 그녀의 주장에 **공감**한다.

단어 主張(しゅちょう) 주장 | 同感(どうかん) 동감

10 이 근처 바다에 돌고래가 나타나다니 **드문 일이다**.

단어 辺(あた)り 부근, 근처 | イルカ 돌고래 | 現(あらわ)れる 나타나다 | 珍(めずら)しい 드물다, 희귀하다

문제 3 (　　) 에 들어갈 가장 알맞은 것을 1·2·3·4에서 하나 고르시오.

11 페트병은 **재활용**할 수 있으므로 쓰레기통에 버리지 마세요.

해설 「再(재)」, 「次(차)」, 「復(부/복)」, 「好(호)」 중 「利用」이라는 단어 앞에 붙어서 '다시 활용한다'는 의미를 만드는 것은 「再」이므로 「再利用(さいりよう)」가 정답이 된다. 참고로 「好」는 「好景気(こうけいき, 호황)」, 「好条件(こうじょうけん, 좋은 조건)」 등과 같이 사용한다.

단어 ペットボトル 페트병 | 再利用(さいりよう) 재활용 | ゴミ箱(ばこ) 쓰레기통 | 捨(す)てる 버리다

12 **중노동**으로 허리를 다치고 말았다.

해설 힘든 노동이라고 표현할 때는 우리말과 같이 「重」를 써서 「重労働(じゅうろうどう)」라고 한다. 「高」는 「高学歴(こうがくれき, 고학력)」, 「高気圧(こうきあつ, 고기압)」 등에 사용하고, 「大」는 「大歓迎(だいかんげい, 대환영)」, 「大規模(だいきぼ, 대규모)」, 「多」는 「多方面(たほうめん, 다방면)」 등과 같이 쓰인다.

단어 重労働(じゅうろうどう) 중노동 | 腰(こし) 허리 | 痛(いた)める 아프게 하다, 다치다

13 할머니는 매일 **강변** 길을 산책하신다.

해설 「沿(そ)う」라는 동사의 ます형인 「〜沿(ぞ)い」가 명사 뒤에 붙어서 '〜가, 〜을/를 따라'라는 의미를 가진다. 「道沿(みちぞ)い(길가)」, 「川沿(かわぞ)い(강가, 강변)」와 같이 사용되므로 정답은 3번이 된다. 「面」은 「興行面(こうぎょうめん, 흥행면)」, 「金銭面(きんせんめん, 금전 면)」 등과 같이 쓰이며, 「付き」는 「条件付(じょうけんつ)き(조건부)」, 「庭付(にわつ)き(정원이 딸림)」 등과 같이 쓰인다.

단어 祖母(そぼ) 할머니 | 傍(そば) 옆, 곁 | 付(つ)き 붙어 있음

문제 4 (　　) 에 들어갈 가장 알맞은 것을 1·2·3·4에서 하나 고르시오.

14 고생할 것은 **각오**하고서 그와 결혼했습니다.

해설 「〜上(うえ)で」는 동사의 기본형에 접속하면 '〜하는 데 있어서', 과거형에 접속하면 '〜한 후에'라는 의미이며, 「명사 + の」에 접속하면 이 두 가지 의미를 다 가지므로 문장에 맞게 해석해야 한다. 고생은 이미 각오하고 결혼했다는 의미가 되는 것이 가장 자연스러우므로 「覚悟(かくご)」가 정답이 된다.

단어 苦労(くろう) 고생 | 決意(けつい) 결의 | 維持(いじ) 유지 | 誤解(ごかい) 오해 | 覚悟(かくご) 각오

15 그런 작은 일로 **끙끙대며** 고민하지 않아도 돼요.

해설 어떤 생각에 얽매여서 심하게 고민하는 모습을 나타낼 때는 「くよくよ」를 사용한다. 「うきうき」는 기분이 들뜬 모양, 「ぐんぐん」은 기세 좋게 성장하는 모양, 「うろうろ」는 목적 없이 헤매는 모양을 뜻한다.

단어 くよくよ 끙끙, 고민하는 모양 | うきうき 들썩들썩 | ぐんぐん 부쩍부쩍 | うろうろ 우왕좌왕, 어슬렁어슬렁

16 요전번에 교수님께서 **추천해** 주신 논문을 읽었습니다.

해설 '나는 논문을 읽었고 그 논문은 교수님이 ~해 준 것이다'라는 문장에 들어갈 말로는 「推薦(すいせん, 추천)」이 자연스럽다. 「恐縮(きょうしゅく)」는 상대의 배려에 미안하고 고마운 마음을 나타낼 때 쓴다.

단어 教授(きょうじゅ) 교수 | 論文(ろんぶん) 논문 | 交際(こうさい) 교제 | 命令(めいれい) 명령 | 恐縮(きょうしゅく) 죄송함, 황송함

17 차 면허를 땄기 때문에 **조만간** 차를 살 예정입니다.

해설 면허를 따고서 앞으로 차를 살 예정인 것이므로, 지금부터 그리 멀지 않은 장래를 뜻하는 「近々(ちかぢか)」가 오는 것이 자연스럽다. 「前日(ぜんじつ)」는 전날, 「近年(きんねん)」은 근래, 「当時(とうじ)」는 당시를 뜻하므로 문맥상 어색하다.

단어 免許(めんきょ)をとる 면허를 따다

18 친구가 **경영**하는 레스토랑에서 저녁 식사를 했습니다.

해설 문맥상 '친구가 운영하는(경영하는)'이라는 의미가 가장 자연스럽다. 따라서 정답은 「経営(けいえい, 경영)」이 된다. 「業務(ぎょうむ)」는 직무상 하는 일, 「製造(せいぞう)」는 공장 등에서의 물건 제조, 「作成(さくせい)」는 서류나 계획의 작성을 뜻하므로 음식점 운영에는 쓰지 않는다.

단어 経営(けいえい) 경영, 운영 | 業務(ぎょうむ) 업무 | 製造(せいぞう) 제조 | 作成(さくせい) 작성

19 주름투성이 셔츠는 **단정치 못하**므로, 제대로 다림질을 해서 오세요.

해설 다림질을 해 달라는 내용과 주름투성이 셔츠의 느낌을 생각해 보면 '단정치 못하다'라는 뜻의 「だらしない」가 오는 것이 가장 자연스럽다. 「ふさわしい」는 어울리다, 「やかましい」는 시끄럽다(까다롭다), 「もったいない」는 아깝다는 뜻이므로 문맥상 어울리지 않는다.

단어 シワ 주름 | だらけ 투성이 | アイロンをかける 다림질을 하다

20 나는 매일 욕조에 아로마 오일을 넣고 **휴식**합니다.

해설 목욕할 때 아로마 오일을 넣는다고 했으니 심신의 긴장을 푼다는 의미의 2번 「リラックス」가 가장 자연스럽다. 1번 「リサイクル」는 재활용, 3번 「リハーサル」은 리허설, 4번 「リクエスト」는 요청을 의미한다.

단어 アロマオイル 아로마 오일

제2회 실전모의테스트

문제 5 _____ 의 단어와 의미가 가장 가까운 것을 1·2·3·4에서 하나 고르시오.

21 지갑을 잃어버려서 **여기저기(≒이곳저곳)** 찾아보았지만, 결국 찾지 못했다.

단어 財布(さいふ) 지갑 | 無(な)くす 분실하다 | 探(さが)す 찾다 | 結局(けっきょく) 결국 | 見(み)つかる 발견되다 | べつべつ 따로따로 | あれこれ 이것저것 | それぞれ 각각

22 아이들은 **진지한(≒진지한)** 표정으로 선생님의 이야기를 듣고 있었다.

단어 表情(ひょうじょう) 표정 | 怒(おこ)る 화내다

23 이번 일본어 능력 시험을 위해 **밤을 새워(≒자지 않고)** 공부했습니다.

단어 今回(こんかい) 이번 | 能力試験(のうりょくしけん) 능력 시험 | 徹夜(てつや) 철야, 밤을 새움

24 내가 **쓸데없는(≒불필요한)** 말을 해서 그녀는 화가 나서 돌아가 버렸다.

단어 余計(よけい) 쓸데없음 | 怒(おこ)る 화내다 | 不安(ふあん) 불안함 | 不満(ふまん) 불만 | 不必要(ふひつよう) 불필요함 | 不可解(ふかかい) 이해할 수 없음

25 2년 뒤에 호주로 이주하겠다는 **계획(≒플랜)**을 세우고 있다.

단어 オーストラリア 호주〈지명〉 | 移住(いじゅう) 이주 | 計画(けいかく) 계획 | ルート 경로 | プラン 플랜, 계획 | コース 코스 | イメージ 이미지

문제 6 다음 단어의 용법으로 가장 알맞은 것을 1·2·3·4에서 하나 고르시오.

26 削除(さくじょ) 삭제

1 틀린 부분은 지우개로 제대로 **삭제**하고 나서 다시 씁시다.
(X, 削除して → 消して: 지우고)

2 담뱃불은 제대로 **삭제**해 주세요.
(X, 削除して → 消して: 꺼)

3 머리가 아팠지만, 약을 먹었더니 통증이 **삭제**되었다.
(X, 削除できた → 消えた: 없어졌다)

4 컴퓨터 용량이 적어서 불필요한 데이터를 **삭제**한다. (O)

해설 「削除(さくじょ)」는 데이터나 문서의 일부분을 아예 없애버리는 것을 의미한다.

단어 間違(まちが)える 틀리다 | 消(け)しゴム 지우개 | 書(か)き直(なお)す 다시 쓰다 | 痛(いた)み 통증 | 容量(ようりょう) 용량 | 不要(ふよう) 필요 없음

27 問(と)い合(あ)わせる 문의하다

1 자신이 장래에 무엇이 되고 싶은지 자기 자신에게 **문의했다**.
(X, 問いかけた: 물었다, 질문을 던졌다)

2 그녀는 그에게 어젯밤 누구와 무엇을 하고 있었는지 **문의했다**. (X, 問いただした: 추궁했다)

3 주문한 상품이 좀처럼 도착하지 않아서 전화로 **문의했다**.
(O)

4 경찰이 범인에게 왜 그런 짓을 했느냐고 **문의했다**.
(X, 問い詰めた: 캐물었다)

193

단어 将来(しょうらい) 장래 | 問(と)いかける 묻다, 질문을 던지다 | 問(と)いただす 따지다, 추궁하다 | 注文(ちゅうもん) 주문 | 届(とど)く 도착하다 | 警察(けいさつ) 경찰 | 犯人(はんにん) 범인 | 問(と)い詰(つ)める 캐묻다, 추궁하다

[28] 手当(てあ)て 처치, 치료, 응급조치

1 밸런타인데이에 그녀가 **처치한** 초콜릿을 선물해 주었다.
(X, 手作り : 직접 만든)

2 요리 중에 다쳤지만, 곧바로 어머니가 **처치**해 주었다. (O)

3 선물과 함께 **처치한** 메시지 카드를 곁들여 건넸다.
(X, 手書き : 손으로 쓴)

4 누나는 머리 **처치**를 하기 위해 한 달에 한 번 미용실에 가고 있다. (X, 手入れ : 손질)

단어 けがをする 다치다 | 添(そ)える 곁들이다, 첨부하다 | 渡(わた)す 건네다 | 美容室(びようしつ) 미용실

[29] 深刻(しんこく) 심각

1 오늘은 **심각**한 발표가 있으니 기대를 해 주십시오.
(X, 重大 : 중대)

2 폭우가 내리는 날에 강 근처에 가는 것은 **심각**하다.
(X, 危険 : 위험)

3 졸업식 때 들은 선생님의 말씀이 가슴에 **심각**하다.
(X, 深刻する → 刻まれている : 새겨 두었다)

4 세계 17개국에서는 **심각**한 물 부족이 문제가 되고 있다. (O)

해설 「深刻(しんこく)」는 상태가 매우 중대하고 예사롭지 않아 걱정되는 모양을 뜻한다. 물 부족과 같은 사회적 문제가 매우 위중함을 나타내는 4번이 가장 적절한 사용법이다.

단어 発表(はっぴょう) 발표 | 楽(たの)しみ 기대, 즐거움 | 重大(じゅうだい) 중대함 | 危険(きけん) 위험 | 卒業式(そつぎょうしき) 졸업식 | 刻(きざ)む 새기다, (마음속에) 새겨 두다 | 問題(もんだい) 문제

[30] ブーム 붐, 열풍, 유행

1 최근 해외에서는 일본의 말차가 **유행**인 듯하다. (O)

2 계약 협상이 **유행**하게 끝나서 한시름 놓았다.
(X, スムーズ : 원만함)

3 12월에 들어서자 거리는 크리스마스 **유행** 일색이었다.
(X, ムード : 무드, 분위기)

4 이 가게는 저렴하고 **유행**이 있어서 학생들에게 인기입니다.
(X, ボリューム : 볼륨, 양)

단어 抹茶(まっちゃ) 말차, 가루 녹차 | 契約(けいやく) 계약 | 交渉(こうしょう) 협상 | 一安心(ひとあんしん) 일단 안심 | 一色(いっしょく) 일색, 온통 ~임

02　1교시 **언어지식(문법)**

문제 7　다음 문장의 (　　)에 들어갈 가장 알맞은 것을 1·2·3·4에서 하나 고르시오.

[31] 시청 재건축 공사**를 둘러싸고** 논의가 계속되고 있다.

해설 「~をめぐって」는 '~을/를 둘러싸고'라는 뜻으로, 하나의 주제에 대해 여러 의견이나 논의, 논쟁 등이 오갈 때 쓰인다. 따라서 2번이 오는 것이 가장 자연스럽다. 「~をはじめ」는 '~을/를 비롯하여(나열)', 「~に沿(そ)って」는 '~을/를 따라', 「~に

基(もと)づいて」는 '~에 근거하여'를 뜻하므로 문맥상 어색하다. 여기서 4번은 어떠한 데이터, 법률, 계획 등을 재료로 해서 실행한다는 의미이다.

단어 市役所(しやくしょ) 시청 | 建(た)て替(か)え 재건축 | 議論(ぎろん) 의논, 논의

[32] 서둘러 집을 나온 **탓에**, 물건을 깜빡하고 왔다.

해설 「~ばかりに」는 '~한 탓에'라는 뜻으로, 원치 않는 나쁜 결과가 발생했을 때의 이유를 나타낸다. 따라서 3번이 오는 것이 가장 자연스럽다. 유사 표현인 「~せいで(~탓에)」도 함께 기억해 두자. 「末(すえ)に」는 '~한 끝에', 「だけあって」는 '~인 만큼', 「ことだし」는 '~이기도 하니까'를 뜻하므로 문맥상 어울리지 않는다.

단어 急(いそ)ぐ 서두르다 | 忘(わす)れ物(もの) 물건을 잊음

[33] 최근에는 여성**뿐만 아니라**, 남성도 미용에 관심을 갖는 사람이 늘고 있다.

해설 「~に限(かぎ)らず」는 '~뿐만 아니라'라는 뜻으로, 「Aに限らずBも」의 형태로 쓰여 A로 범위를 한정 짓는 것이 아니라 B로 확장됨을 나타낸다. 따라서 3번이 오는 것이 가장 자연스럽다. 「~に先立(さきだ)って」는 '~에 앞서', 「~を問(と)わず」는 '~을/를 불문하고', 4번 「~を抜(ぬ)きに」는 '~을/를 빼고'를 뜻하므로 문맥상 어울리지 않는다.

단어 女性(じょせい) 여성 | 男性(だんせい) 남성 | 美容(びよう) 미용 | 増(ふ)える 늘다

[34] 내년에는 이사를 할지, **아니면** 이대로 이 방을 빌릴지 고민하고 있다.

해설 「それとも」는 '아니면'이라는 뜻으로, 두 가지 선택지 중 하나를 고를 때 사용한다. 따라서 1번이 오는 것이 가장 자연스럽다. 「それなのに」는 '그런데도', 「そこで」는 '그래서', 「それにしては」는 '그런 것치고는'을 뜻하므로 문맥상 어울리지 않는다.

단어 引(ひ)っ越(こ)し 이사 | 悩(なや)む 고민하다

[35] 이 피트니스 클럽에서는 수영**을 비롯해** 테니스, 요가, 댄스 등 다양한 운동을 즐길 수 있습니다.

해설 「~をはじめ」는 '~을/를 비롯하여'라는 뜻으로, 여러 가지 사례 중 대표적인 하나를 먼저 제시할 때 사용한다. 따라서 2번이 오는 것이 가장 자연스럽다. 「~を問(と)わず」는 '~을/를 불문하고', 「~を通(とお)して」는 '~을/를 통해서', 「~をめぐって」는 '~을/를 둘러싸고'를 뜻하므로 문맥상 어울리지 않는다.

단어 フィットネスクラブ 휘트니스 클럽 | 水泳(すいえい) 수영 | 様々(さまざま) 여러 가지

[36] 일본에서 1년간 살았**지만**, 일본어는 전혀 늘지 않았다.

해설 「~ものの」는 '~이지만'이라는 뜻으로, 앞의 사실은 인정하면서 뒤에 예상과 다른 결과가 올 때 사용하는 역접 표현이다. 따라서 2번이 오는 것이 가장 자연스럽다. 「あげく」는 '~한, 끝에', 「かのように」는 '마치 ~인 듯이', 「からには」는 '~한 이상에는'을 뜻하므로 문맥상 어울리지 않는다.

단어 暮(く)らす 생활하다, 살다 | 全(まった)く 아주, 전혀

[37] 이 시험에 합격할지 어떨지는 제 노력**에 달려 있습**니다.

해설 「명사 + 次第(しだい)だ」는 '~나름이다', '~에 달려 있다'라는

뜻이다. 따라서 4번이 오는 것이 가장 자연스럽다. 「~次第で(~에 따라서)」라는 문형도 함께 기억해 두자. 「~の最中(さいちゅう)」는 '한창 ~중', 「ばかり」는 '~뿐', 「~の上(うえ)」는 '~하는 데 있어'를 뜻하므로 문맥상 어울리지 않는다.

단어 試験(しけん) 시험 | 合格(ごうかく) 합격 | 努力(どりょく) 노력

38 국민의 반대가 심해서 이 나라의 대통령도 **사임할 수밖에 없을** 것이다.

해설 「동사의 ない형 + ざるを得(え)ない」는 '~하지 않을 수 없다(할 수밖에 없다)'라는 뜻이다. 따라서 1번이 오는 것이 가장 자연스럽다. 동사 「する」의 경우 「せざるを得ない」가 됨에 주의하자. 2번은 '그만둘 정도는 아니다', 3번은 '그만두는 것에 지나지 않는다', 4번은 '그만둘 처지가 아니다'라는 뜻이므로 문맥상 어울리지 않는다.

단어 国民(こくみん) 국민 | 反対(はんたい) 반대 | 大統領(だいとうりょう) 대통령 | 辞(や)める 그만두다, 사임하다

39 키가 크다고 해서 누구나 모델이 될 수 있는 **것은 아니다**.

해설 「~というわけではない」는 '(반드시) ~인 것은 아니다'라는 뜻의 부분 부정 표현이다. 따라서 4번이 오는 것이 가장 자연스럽다. 「ほかない・しかない」는 '~할 수밖에 없다', 「というものだ」는 '~라는 것이다'를 뜻하므로 문맥상 어울리지 않는다.

단어 ~からと言(い)って ~라고 해서

40 고객님으로부터 선물로 과자를 **받았습니다**.

해설 손님(높은 사람)으로부터 무언가를 받았을 때는 「いただく(받다)」를 써서 표현한다. 공손하게는 「いただきました」라고 말한다. 「あげました」는 '주었습니다', 「差し上げました」는 '드렸습니다(겸양 표현)', 「くださいました」는 '주셨습니다(존경 표현)'라는 의미로 문맥상 어울리지 않는다.

단어 お土産(みやげ) 선물, 기념품

41 (회사에서)
A : "그럼 다음 주 월요일에 저희 회사에서 뵙고 그 건에 대해 논의하시죠."
B : "네. 그런데 제 부하 직웓도 함께 **뵈러 가고 싶습**니다만, 괜찮으실까요?"

해설 B는 자신의 부하 직원과 함께 가고 싶다는 의사를 정중히 표현해야 하므로, '가다'의 겸양어인 「うかがう」를 사용해야 한다. 따라서 「うかがいたい」가 정답이다. 「お越(こ)しになる(오시다)」와 「いらっしゃる(오시다, 가시다)」는 상대방의 행동을 높이는 존경어이므로 본인(부하 포함)의 행동에는 쓸 수 없다.

단어 弊社(へいしゃ) 저희 회사 | 部下(ぶか) 부하 직원 | 伺(うかが)う 방문하다, 가다(겸양 표현)

42 이 코스 요리에서는 디저트로 원하시는 케이크 **또는** 아이스크림 중에서 하나를 선택하실 수 있습니다.

해설 둘 중 하나를 선택하는 상황이므로 '또는'을 의미하는 「または」가 정답이 된다. 유사 표현인 「あるいは(혹은)」노 함께 기억해 두지. 「さて」는 '그건 그렇고', 「いわば」는 '말하자면', 「むしろ」는 '차라리'를 뜻하므로 문맥상 어울리지 않는다.

문제 8 다음 문장의 ＿＿★＿＿에 들어갈 가장 알맞은 것을 1·2·3·4에서 하나 고르시오.

43 날마다의 **혹독한 훈련을 견딘 보람이 있어**, 시합에서 우승할 수 있었다.

해설 문맥상 '혹독한(2) 훈련을(1) 견딘(4) 보람이 있어서(3)'라는 흐름이 가장 자연스럽다. 「~かいがあって」는 '~한 보람이 있어서'라는 뜻으로 앞에는 동사의 과거형(た형)이 온다. 따라서 순서는 「厳しいレーニングに耐えたかいがあって」가 된다.

단어 日々(ひび) 매일, 날마다 | 試合(しあい) 시합 | 優勝(ゆうしょう) 우승 | トレーニング 트레이닝, 훈련 | 厳(きび)しい 엄격하다, 혹독하다 | 耐(た)える 견디다

44 학생 한 명이 체육 수업에서 **쓰러져서 수업을 할 상황이 아니게 되고** 말았다.

해설 「~どころではない」는 '~할 상황이 아니다'라는 뜻으로, 앞에 명사나 동사 기본형이 온다. 여기서는 '쓰러졌기 때문에(4) 수업(3)할 상황이(1) 아니게 되어(2) 버렸다'는 흐름이 적절하다. 따라서 순서는 「倒(たお)れたので授業(じゅぎょう)どころではなくなって」가 된다.

단어 体育(たいいく) 체육 | 授業(じゅぎょう) 수업 | 倒(たお)れる 쓰러지다

45 이번 싸움은 그가 잘못한 것이니, **그가 사과하지 않는 한 제 쪽에서 먼저** 절대 사과하지 않겠습니다.

해설 「~ない限(かぎ)り」는 '~하지 않는 한'이라는 뜻이다. '그가(3) 사과하지 않는(1) 한(2) 제 쪽에서 먼저(4)'의 순서로 연결되어야 한다. 따라서 순서는 「彼(かれ)が謝(あやま)らない限り私(わたし)からは」가 된다.

단어 今回(こんかい) 이번 | 謝(あやま)る 사과하다 | 絶対(ぜったい) 절대, 무조건

46 요즘 날씨도 계속 비만 내리고 있어서, **내 기분도 우울해진 느낌이다**.

해설 「동사의 ます형 + 気味(ぎみ)だ」는 '~한 기색이다, ~한 느낌이 있다'라는 뜻으로, 주로 좋지 않은 상태에 쓰인다. '나의(4) 기분도(2) 우울해지는(3) 느낌이다(1)'의 순서가 자연스럽다. 따라서 순서는 「私(わたし)の気分(きぶん)も落(お)ち込(こ)み気味(ぎみ)だ」가 된다.

단어 落(お)ち込(こ)む 우울해지다, 낙담하다 | 気味(ぎみ) ~기색, ~느낌

47 생굴을 먹고 **배가 아파졌던 것을 계기로**, 생굴은 먹지 않게 되었습니다.

해설 「~をきっかけに」는 '~을/를 계기로'라는 뜻이다. '배가(3) 아프게(2) 된 것을(4) 계기로(1)'라는 흐름을 만들어야 하며 4번의 「~の」는 앞의 문장을 명사화해 주는 역할을 한다. 따라서 순서는 「お腹(なか)が痛(いた)くなったのをきっかけに」가 된다.

단어 生(なま) 날것 | 力キ 굴 | きっかけ 계기

제2회 실전모의테스트

문제 9 다음 문장을 읽고, 문장 전체의 내용을 생각해서 **48** 부터 **51** 에 들어갈 가장 알맞은 것을 1·2·3·4에서 하나 고르시오.

세상은 바야흐로 미식(주1) 열풍. '일억 모두 식도락가'라고 하는 느낌도 있습니다만, 진정한 식도락가라고 불리는 사람들은 요리를 맛보는 것보다 요리 사진을 찍는 데 열중해 있는 '유행 따라 미식가'들을 불쾌하게 여기며 바라보고 있을지도 모릅니다.

다만, 정신과 의사인 프로이트의 관점에서 보면 식도락가라 불리는 사람들은 어떤 의미에서 가여운 사람들로 여겨 지고 있을 가능성이 있습니다.

왜냐하면 프로이트에 따르면, 요리 맛에 고집을 가진 사람은 이 세상에 태어나서(주2) 18개월 정도가 될 때까지의 사이에 어떤 '욕구 불만'을 경험했을 가능성이 있기 때문입니다.

영아기의 제1단계를 프로이트는 '구순기(주3)'라고 명명하고 있는데, 이 시기의 영아는 스스로는 아무것도 할 수 없습니다. 그렇기 때문에 부모에게 의존하는 것을 배웁니다. 영아는 어머니의 젖을 본능적으로 빱니다만, 영아에게 입술은 생존에 필수적인 기관임과 동시에 인생에서 최초의 쾌락을 가져다주는 기관이기도 하다는 것을 배우는 것입니다.

그런데 그 중요한 구순기에 어머니가 **48** 외출하기 일쑤여서 집에 없거나, 집에 있어도 방치되어 그 욕구가 충분히 채워지지 않으면 마음에 갈등(주4)이 생기고 맙니다. 그리고 구순기를 잘 극복할 수 없게 됩니다.

그런 영아기를 보낸 사람은 어른이 되어서도 의존적이 되어, 애정을 강하게 갈구하게 된다고 합니다. 또한, 입을 통한 만족을 이상하리만큼 추구하게 되어 그 결과 먹는 것에 대한 강한 집착을 **49** 갖게 된다고 하는 것입니다. 그것을 '구순기 고착'이라고 합니다.

50 즉, 식도락가라고 불리는 사람은 소중한 영아기에 만족스럽게 모유를 먹지 못한 사람일지도 모른다는 것. **51** 그렇게 생각하면 식도락가를 바라보는 시선이 조금 달라질지도 모릅니다.

(기요타 요키 『시간을 잊어 버릴 정도로 재밌는
인간 심리의 신비를 알 수 있는 책』 중에서)

(주1) 食通 : 요리의 맛이나 지식에 대해 자세히 아는 것 또는 그런 사람
(주2) 生をうける : 태어나다
(주3) 口唇期 : 입을 통해서 욕구를 채우려고 하는 시기
(주4) かっとう : 어느 쪽을 골라야 할지 망설이는 것

해설

48 명사나 동사의 ます형에 「～がちだ」가 접속하면 '자주 ～하다', '～하기 십상이다'라는 뜻이 된다. 엄마가 집에 없다는 문맥으로 보아 '외출이 잦아서'라는 의미인 2번 「外出(がいしゅつ)しがちで」가 정답임을 알 수 있다. 1번은 '외출하지 않겠다고', 3번은 '외출해서야말로, 4번은 '외출하는 데 있어서'라는 의미로 문맥에 어울리지 않는다.

49 앞부분의 내용이 이유가 되어 특정 결과를 초래한다는 인과관계를 나타내므로, '갖게 된다고 하는 것입니다'라는 의미인 4번 「持(も)つようになるというのです」가 가장 자연스럽다. 1번은 '가질 수는 없다', 2번은 '가질지도 모른다', 3번은 '가진다고

는 할 수 없다'는 뜻이다.

50 앞서 설명한 구순기 고착 이론을 바탕으로 다시 한번 요약·정리하고 있으므로, '즉'을 뜻하는 1번 「つまり」가 가장 자연스럽다. 「さて」는 '그런데, 자', 「それとも」는 '그렇지 않으면, 또는', 「それはそうと」는 '그건 그렇고'라는 뜻이므로 문맥상 어울리지 않는다.

51 지시어의 호응 관계를 묻는 문제이다. 바로 뒤에 오는 동사 「思(おも)う」와 자연스럽게 연결되어 '그렇게 생각하다'라는 의미를 만드는 것은 3번 「そう」뿐이다.

단어 グルメ 음식 맛에 정통함, 미식가, 맛있는 음식 | 本物(ほんもの) 진짜, 진품 | 味(あじ)わう 맛보다 | 撮る(とる) 찍다 | 夢中(むちゅう) 열중함 | にわか 갑작스러운 모양 | 苦々(にがにが)しい 몹시 불쾌하다 | 眺(なが)める 바라보다 | 精神科医(せいしんかい) 정신과 의사 | かわいそう 불쌍함 | 映(うつ)る 비치다, (남에게) 어떤 인상을 주다 | 可能性(かのうせい) 가능성 | こだわり 구애됨, 집착, 고집 | 欲求(よっきゅう) 욕구 | 不満(ふまん) 불만 | 乳児期(にゅうじき) 영아기 | 名付(なづ)ける 이름 붙이다 | 時期(じき) 시기 | 依存(いそん) 의존 | 学(まな)ぶ 배우다 | 本能的(ほんのうてき) 본능적 | 吸(す)う 흡입하다, 피우다 | 生存(せいぞん) 생존 | 必須(ひっす) 필수 | 器官(きかん) 기관 | 快楽(かいらく) 쾌락 | もたらす 가져오다 | 放(ほう)っておく 내버려 두다 | 満(み)たす 채우다 | かっとう 갈등 | 乗(の)り越(こ)える 극복하다 | 愛情(あいじょう) 애정 | 求(もと)める 요구하다, 바라다 | 満足(まんぞく) 만족 | 異常(いじょう) 이상 | 固着(こちゃく) 고착 | 母乳(ぼにゅう) 모유 | 見方(みかた) 보는 법, 견해

문제 10 다음 (1)에서 (5)의 문장을 읽고 다음 질문에 대한 답으로 가장 적절한 것을 1·2·3·4에서 하나 고르시오.

1

해석
다음은 어느 회사에서 온 편지이다.

삼가 아룁니다.
추위가 수그러들고 있습니다만, 귀사의 지속적인 번영을 진심으로 기원합니다.
언제나 대단히 신세를 지고 있습니다. 예년과 같이 신입 사원 교육의 일환(주1)으로 말하기 수업을 개최할 예정이오니, 강사 선생님을 파견해(주2) 주셨으면 합니다. 귀사의 강사분들은 모두 훌륭한 분들뿐이라고 들었습니다만, 가능하다면 작년의 오바야시 요시코 선생님께 부탁드리고 싶습니다. 선생님의 말씀이 매우 알기 쉽고 평판도 좋았기 때문입니다. 아무쪼록 잘 부탁드립니다.

경구

(주1) 一環: 연결 고리 중 하나. 여기서는 신입 사원 교육 중 하나.
(주2) 派遣する: 사람을 가게 하다. 여기서는 강사가 오게 하다.

52 이 편지는 무엇을 의뢰하고 있는가?

1 말하기 수업에 매년 같은 강사를 보내 주었으면 한다.

2 말하기 수업을 직접 개최해 주었으면 한다.

3 가능하다면 오바야시 선생님을 신입 사원 교육을 위해 부르고 싶다.

4 가장 우수한 강사가 신입 사원 교육을 해 주었으면 한다.

단어 拝啓(はいけい) 배계, 삼가 아룁니다, 편지 첫머리에 쓰는 말 | 和(やわ)らぐ 온화해지다, 수그러들다 | 貴社(きしゃ) 귀사, 상대의 회사 | 隆盛(りゅうせい) 융성, 번창 | 申(もう)し上(あ)げる 말씀드리다 | 例年(れいねん) 예년 | 一環(いっかん) 일환 | 開催(かいさい) 개최 | 派遣(はけん) 파견 | 存(ぞん)じる 알다, 생각하다(겸양 표현) | 評判(ひょうばん) 평판, 평판이 좋음 | 何卒(なにとぞ) 아무쪼록 | 敬具(けいぐ) 경구, 편지 끝에 쓰는 말

해설 이 편지는 신입 사원 교육의 일환으로 강사 파견을 요청하는 내용이다. 특히 본문 후반부에서 작년에 평판이 좋았던 대단히 알기 쉬운 강의를 한 오바야시 요시코 선생님을 지목하여 부탁하고 싶다는 구체적인 희망 사항을 명시하고 있다. 따라서 특정 강사를 부르고 싶어 하는 의도가 담긴 3번이 정답이다.

2

해석
걸음걸이가 다음과 같다면 '노쇠(주1)'라고 한다. 「① 몸이 좌우로 크게 흔들린다. ② 걷는 것이 느리다. ③ 팔을 별로 흔들지 않는다. ④ 발이 올라가지 않아 발을 질질 끄는 걸음(주2)이 된다. ⑤ 한 걸음의 폭이 좁다.」 최근에는 노인뿐만 아니라 젊은이들에게도 나타난다. 코로나나 여름 무더위로 밖에 나가지 않게 되어 운동 부족이 되었기 때문이다. 걸음걸이만으로 판단할 수 없을 때는 「Ⓐ 피곤하다·몸이 나른하다. Ⓑ 페트병을 열 수 없다. Ⓒ 6개월 사이에 2kg 이상 체중이 줄어든다. Ⓓ 걷는 것이 느려서 신호가 파란불일 때 건너지 못한다. Ⓔ 일주일에 한 번도 운동을 하지 않는다.」 중 3개가 해당한다면 노쇠이므로 즉시 운동을 시작하는 것이 좋다.

(주1) フレイル: 건강한 상태와 도움이 필요한 상태 사이의 단계.
(주2) すり足: 발바닥으로 바닥 등을 끄는 듯한 걸음걸이.

53 노쇠에 대한 설명과 일치하는 것은 무엇인가?

1 노쇠는 걸음걸이에 나타난다.

2 노쇠는 걸음걸이 이외에는 판단할 수 없다.

3 노쇠는 노인에게만 일어나는 증상이다.

4 노쇠는 즉시 운동을 하지 않으면 낫지 않는다.

단어 揺(ゆ)れる 흔들리다 | 振(ふ)る 흔들다 | すり足(あし) 발을 끄는 걸음 | 幅(はば) 폭 | 狭(せま)い 좁다 | 判断(はんだん) 판단 | だるい 나른하다, 노곤하다 | 減(へ)る 줄다 | 渡(わた)る 건너다 | あてはまる 해당하다 | 症状(しょうじょう) 증상

해설 지문 첫 문장에서 걸음걸이가 특정 5가지 유형과 같다면 노쇠라고 언급하고 있으므로 1번이 정답이다. 2번은 걸음걸이 외에도 Ⓐ～Ⓔ의 판단 기준이 있다고 했으므로 오답이다. 3번은 최근 젊은이들에게도 보인다고 했으므로 오답이다. 4번은 운동을 시작하는 것이 좋다고 권장했을 뿐, 하지 않으면 낫지 않는다는 단정적 표현은 지문에 없으므로 오답이다.

3

해석

반려동물을 기르는 장점은 여러 가지가 있다. 우선, 마음이 치유된다(주1). 특히 혼자 산다면 반려동물 없이는 살 수 없을 정도가 될지도 모른다. 반려동물 덕분에 가족의 대화가 늘었다고 기뻐하는 사람도 많다. 또한, 돌봄을 통해 아이에게 책임감이 생긴다는 목소리도 있다. 그 반면, 여행 등을 가기 어렵거나 먹이를 주고 청소를 하거나 하는 돌봄이 힘든 경우도 있다. 게다가 개라면 산책도 있다. 또한, 반려동물이 병에 걸리면 비싼 의료비가 부담되는 경우가 많다. 게다가 죽게 되면 펫로스(주2)를 겪게도 한다. 반려동물을 기르기 전에는 잘 생각하는 것이 좋다.

(주1) いやす: 여기서는 괴로운 것을 없애는 것.
(주2) ペットロス: 반려동물을 잃음으로써 겪게 되는 슬픔.

54 필자는 반려동물을 기르는 것에 대해 어떻게 서술하고 있는가?

1 반려동물이 있으면 누구나 즐거운 생활을 할 수 있다.

2 단점이 있으므로 반려동물은 기르지 않는 것이 좋다.

3 반려동물을 기르는 것은 좋은 일만 있는 것은 아니다.

4 혼자 사는 사람은 반려동물이 없으면 살 수 없다.

단어 飼(か)う (동물을) 기르다, 키우다 | 長所(ちょうしょ) 장점 | いやす 치유하다 | おかげで 덕분에 | 責任感(せきにんかん) 책임감 | その反面(はんめん) 그 반면 | 餌(えさ) 먹이 | 医療費(いりょうひ) 의료비 | 負担(ふたん) 부담 | そのうえ 게다가 | ペットロス 반려동물을 잃고 난 뒤에 겪는 슬픔과 상실감

해설 지문에서 반려동물을 기르는 일의 장점뿐만 아니라 돌봄의 어려움, 비용 부담, 이별의 슬픔 등 현실적인 단점들을 함께 언급하며 기르기 전에 잘 생각해야 한다고 조언하고 있다. 따라서 반려동물을 기르는 것에 긍정적인 면과 부정적인 면이 모두 존재한다는 의미를 담은 3번이 정답이다.

4

해석

여름 방학 자원봉사 체험 참가자 모집

히바리 복지 협의회에서는 여름 방학 자원봉사 체험 참가자를 모집하고 있습니다.

- 참가 자격: 초등학생 이상 (연령에 따라 참가할 수 없는 활동이 있습니다)
- 보험료: 100엔～1,000엔 (프로그램에 따라 다르지만, 자원봉사 보험에 가입되어 있지 않은 분은 보험료가 필요합니다)
- 접수: 7월 8일(월)～8월 3일(토) 9시～16시 (일요일과 공휴일 제외)
- 활동 기간: 7월 22일(월)～8월 31일(토)

★신청 방법에 대하여★

반드시 본인이 복지 협의회 접수처에 와서 신청해 주십시오.

초등학생은 보호자(주1)와 함께 와 주십시오.

중학생 이하는 보호자의 자필(주2) 승낙서(주3)가 필요합니다.

문의: 042-466-××××

(주1) 保護者: 여기서는 아이를 돌보고 지키는 부모 등.
(주2) 自筆: 직접 쓰는 것.
(주3) 承諾書: 승낙은 희망이나 요구를 받아들이는 것. 승낙서는 그것을 글로 적은 것.

55 모집 내용과 일치하는 것은 무엇인가?

1 참가자는 전원 보험을 신청해야만 한다.

2 신청 날짜에 따라 이미 시작된 활동도 있다.

3 7월 8일에 신청하면 누구든 원하는 활동에 참여할 수 있다.

4 직접 접수처에 가기만 하면 누구든 신청할 수 있다.

단어 ボランティア 자원봉사, 봉사 활동 | 体験(たいけん) 체험 | 参加者(さんかしゃ) 참가자 | 募集(ぼしゅう) 모집 | 協議会(きょうぎかい) 협의회 | 資格(しかく) 자격 | 年齢(ねんれい) 연령 | 保険料(ほけんりょう) 보험료 | 除(のぞ)く 제외하다 | 申(もう)し込(こ)み 신청 | 保護者(ほごしゃ) 보호자 | 自筆(じひつ) 자필 | 承諾書(しょうだくしょ) 승낙서

해설 접수 기간은 8월 3일까지인데 활동 기간은 7월 22일부터 시작하므로 신청하는 날짜에 따라 이미 활동이 시작되었을 가능성이 있는 2번이 정답이다. 1번은 이미 보험에 가입된 사람은 낼 필요가 없으므로 틀린 설명이다. 3번은 연령에 따라 제한되는 활동이 있으므로 오답이다. 4번은 중학생 이하의 경우 보호자의 자필 승낙서가 필요하므로 가기만 한다고 누구나 신청할 수 있는 것은 아니다.

5

해석 달리기·뛰기 등 다양한 운동 경기를 나타내는 픽토그램이라 불리는 그림 문자는 전 세계에서 비슷한 디자인이 사용되고 있다. 이것은 1964년 도쿄 올림픽 때 처음 그려진 것으로, 11명의 디자이너가 저작권을 포기함으로써 전 세계에 퍼졌다. 또한 비상구 등을 나타내는 디자인도 공통된 것이 많아 외국인도 한눈에 의미를 알 수 있다. 한편, 도로 표지판 디자인은 나라마다 완전히 다르다. 특히 일본에서는 대부분의 도로 표지판이 일본어로만 표기되어 있다. 그래서 의미를 알지 못해 사고를 내 버리는 외국인이 많다. 그렇기 때문에 픽토그램과 같은 세계 공통의 디자인이 도로 표지판에도 필요한 것이다.

(주1) 放棄: 자신이 가지고 있는 이익을 얻을 수 있는 권리 등을 쓰지 않는 것.
(주2) 道路標識: 도로를 안전하게 통행하기 위한 표시.

56 픽토그램의 장점은 무엇인가?

1 저작권이 없는 것
2 디자인이 조금씩 다른 것
3 옛날부터 사용되고 있는 것
4 누가 봐도 한눈에 의미를 알 수 있는 것

단어 跳(と)ぶ 뛰다, 뛰어넘다 | 競技(きょうぎ) 경기 | 著作権(ちょさくけん) 저작권 | 放棄(ほうき) 포기, (권리 등을) 행사하지 않음 | 広(ひろ)まる 퍼지다, 보급되다 | 非常口(ひじょうぐち) 비상구 | 共通(きょうつう) 공통 | 一目(ひとめ) 한눈 | 標識(ひょうしき) 표지판 | ～のみ ～뿐, ～만

해설 지문에서 픽토그램은 비상구 디자인 등 공통된 것이 많아 외국인에게도 한눈에 의미가 통한다고 언급하고 있다. 따라서 언어와 관계없이 누구나 직관적으로 의미를 파악할 수 있다는 점을 설명한 4번이 정답이다.

1

해석
　이웃 피아노 선생님이 한탄하고 있었다. 저출산으로 피아노를 배우는 아이들이 줄고 있기 때문이다. 또한, 옛날과 달리 아이들이 공부 등으로 바빠서 지금은 음악처럼 집에서 연습해야 하는 수업은 유행하지 않는다고 한다. 그녀의 남편은 음악 대학 교수인데, 그의 학과도 최근 여대생이 많아졌다고 한다. 음악은 학업(주)과 달리 노력한다고 해서 프로가 될 수 있는 것은 아니기에, 직업을 중시하는 남학생은 웬만한 일이 아니고서는 음대에 입학하지 않는다고 한다. 확실히 음대를 졸업해도 프로로서 일할 곳이나 교사직도 적은 것이 현실이라, 이른 단계에서 취미로 즐기는 정도에 그치고 마는 사람이 많다는 것이다.

　스포츠는 어떠한가. 일본에서는 수영, 축구, 야구, 농구 등을 하는 아이들이 많다. 수영은 초등학교에서 수영 수업이 있어 많은 아이가 배우고 있지만, 헤엄칠 수 있게 되면 그만두는 경우가 많다. 축구는 유치원이나 어린이집 아이들도 즐기고 있다. 축구나 야구, 농구는 인기가 있어 초등학교, 중학교, 고등학교에서도 활발하다. 그만두는 이유는 다양하지만, 예전에 비해 아이들에게 여유가 없어져 공부하기 위해 그만두는 아이도 꽤 있다고 한다. 하지만 그런데도 여전히 스포츠를 즐기고 싶어 하는 아이들도 있는가 하면, 인생을 걸고 몰두하는 아이들도 있다. 일본에서는 연령대별 대회를 비롯해 많은 대회가 열리고 있기 때문에 스포츠의 인기가 시들지 않는 것일지도 모른다. 음악과 마찬가지로 프로가 될 수 있는 사람은 적지만 일찍부터 포기할 필요는 없다. 많은 대회가 있어 스카우트의 눈에 띌 기회도 많으므로 찬스는 있다고 생각한다.

(주) 学業: 교육 현장에서 행하는 공부나 학습.

57　왜 음대에 가는 남학생이 줄고 있는가?

1 아이들이 줄어들고 있기 때문에

2 음악은 어려운 일이기 때문에

3 음악은 취미밖에 되지 않기 때문에

4 음악으로 직업을 갖는 것이 어렵기 때문에

58　필자는 스포츠를 계속하는 것에 대해 어떻게 생각하고 있는가?

1 공부와의 양립은 어렵지만, 계속할 가치가 있다.

2 초등학교 때 그만두는 것이 일반적이지만, 어쩔 수 없다.

3 스포츠는 프로가 될 가능성이 있으므로 모두 계속해야 한다.

4 음악과 마찬가지로 장래의 직업과 연결되지 않으므로 그만두는 것이 좋다.

단어　嘆(なげ)く 한탄하다 | 少子化(しょうしか) 저출산, 저출생 | 習(なら)い事(ごと) 배우는 일, 학교 공부 외로 듣는 예체능 등의 수업 | 流行(はや)る 유행하다 | 重視(じゅうし) 중시 | よほど 상당히, 꽤, 어지간히 | 段階(だんかい) 단계 | 盛(さか)ん 활발함 | ゆとり 여유 | 取(と)り組(く)む 몰두하다 | 衰(おとろ)える 쇠퇴하다, 시들해지다 | 同様(どうよう) 마찬가지 | 目(め)に留(と)まる 눈에 띄다 | 両立(りょうりつ) 양립

해설　〈문제 58〉 지문에서 남학생은 직업을 중시하므로 프로로 일할 장소나 교사직이 적어서 음악으로 직업을 갖기 어려운 현실 때문에 음대 입학을 피한다고 언급되어 있으므로 4번이 정답이다.

　〈문제 59〉 예전에 비해 아이들에게 여유가 없어 공부를 위해 그만두는 아이들이 있음을 언급하고 대회가 많이 열려 스카우트의 눈에 띌 기회도 많으니 일찍부터 포기할 필요는 없다고 말하고 있다. 따라서 1번이 정답이 된다.

해석 일본어 교사로서 최근 곤란한 점은 이른바 일본어의 혼란이다. 언어가 변화하는 것은 자연스러운 일이므로 어쩔 수 없다고도 할 수 있지만, 이대로라면 일본어 능력 시험에 낼 수 없는 문법 문제가 많아지고 만다. 일본어에서는 가능, 수동 등의 상태를 나타내는 경우는 기본적으로 '가'를 쓰는 것이 맞지만, 그것이 점점 '를'로 바뀌고 있다. 지금은 '명사+가+할 수 있다'는 어떻게든 성립하고 있지만, 예를 들어 '가능 동사'는 「日本語を話せる」와 같이 되어가고 있어서, 젊은 기자가 많은 탓인지 신문에서조차 '를'이 자주 사용되고 있다. 신문사에는 교정(주1) 담당자가 있을 텐데 ① 어찌 된 일인가. 예를 들어 「ビールが飲める」를 「ビールを飲める」로 쓰고 있다. 또한, 수동태는 '동사+조동사'로 이루어져 있어서, 자꾸만 앞에 있는 동사에 끌려 "고양이에게 생선을 먹혔다"와 같은 문장이 되어 버린다. 몇 번이고 똑같이 틀린 표현을 보거나 듣다 보면, 점점 그에 익숙해져서 어느새 '를'을 쓰는 쪽이 자연스러워지고 만다. '~하고 싶다'는 이미 「ビールが飲みたい」보다 「ビールを飲みたい」를 쓰는 사람이 더 많아져 버렸다. 그래서 이제 '~하고 싶다'의 조사를 묻는 문제의 선택지에 '가'와 '를'을 동시에 넣을 수 없게 되었다. 자동사와 타동사 중 어느 쪽을 써야 할지 모르는 사람도 나타났다. 10년쯤 전에 어느 미국인 학생이 올바른 영어를 쓸 수 있다는 이유로 대학교에서 조수 아르바이트를 했다는 이야기를 들은 적이 있는데, 지금 ② 일본의 대학생이 같은 상황이다. 어느 나라에서나 같은 일이 일어나고 있는 듯하지만, 해결하려고 하는 것인지 아니면 그대로 내버려 두는 것인지 알고 싶은 따름이다.

(주1) 校正: 문장을 바르게 고치는 것.
(주2) 選択肢: 하나를 고르기 위한 몇 가지 내용.

59 ① 어찌 된 일인가라고 되어 있는데, 필자는 무엇을 가리켜 말하는 것인가?

1 교정해야 하는 것인가

2 왜 정정하지 않는가

3 교정하는 사람은 누구인 것인가

4 어떻게 정정할 셈인가

60 ② 일본의 대학생이 같은 상황이다라고 되어 있는데, 어떤 의미로 필자가 말하는 것인가?

1 교수의 조수를 하는 학생이 있다.

2 올바른 문장을 쓸 수 있는 학생이 적다.

3 올바른 문징을 쓸 수 있으면 조수가 될 수 있다.

4 올바른 문법을 아는 학생이 전혀 없다.

단어 乱(みだ)れ 혼란, 어지러움 | 変化(へんか) 변화 | 基本的(きほんてき) 기본적 | 成立(せいりつ) 성립 | 動詞(どうし) 동사 | 校正(こうせい) 교정, (오타 등을) 바르게 고침 | 助動詞(じょどうし) 조동사 | いつの間(ま)にか 어느새인가 | 選択肢(せんたくし) 선택지 | 自動詞(じどうし) 자동사 | 他動詞(たどうし) 타동사 | 助手(じょしゅ) 조수 | 状況(じょうきょう) 상황 | 解決(かいけつ) 해결 | 指(さ)す 가리키다

해설 〈문제 59〉 신문사에 전문 교정 인력이 있음에도 불구하고 틀린 표현이 그대로 실리는 현상에 대해 "왜 고치지 않는가"라며 의문을 제기하는 것이므로 2번이 정답이다.

〈문제 60〉 과거 미국 대학에서 올바른 문장을 쓰는 능력이 희귀해 조수가 된 사례를 언급하며 현재 일본 대학생들도 올바른 문장을 쓰는 학생이 그만큼 적다는 것을 비판적으로 말하고 있으므로 2번이 정답이다.

해석　뇌는 오른쪽과 왼쪽으로 나누어져 있어서, 왼손이나 왼발을 움직일 때는 우뇌를 사용하고, 오른쪽을 움직일 때는 좌뇌를 사용합니다. 흔히 왼손잡이는 머리가 좋다거나 천재라는 말을 듣곤 합니다. 확실히 아인슈타인이나 에디슨을 비롯해, 천재라고 불리는 사람 중에는 왼손잡이가 많습니다. 그것은 왼손잡이가 오른손잡이보다 우뇌와 좌뇌 어느 쪽도 잘 사용하는 데서 비롯되는 듯합니다. 우뇌와 좌뇌는 역할이 다릅니다. 우뇌는 물체의 형태, 색, 소리, 공간 인식, 좌뇌는 계산이나 언어를 처리할 때 사용됩니다. 예를 들어 글자를 쓸 때 오른손잡이는 좌뇌로 손을 움직이면서 언어를 쓰지만, 왼손잡이는 우뇌로 왼손을 움직이면서 좌뇌로 언어를 다루기 때문에 양쪽 뇌를 모두 사용해야만 합니다. 따라서 왼손잡이가 뇌 전체를 활발하게 움직일 기회가 많으므로 뇌가 활성화(주1)되어 남과 다른 생각도 생기기 쉬워진다고 합니다.

왼손잡이가 되는 것은 유전인 경우도 있지만, 왼손을 자주 사용함으로써 왼손잡이가 되는 경우도 있다고 합니다. 양쪽 뇌를 잘 활동시키고 싶다면 한 달 정도 왼손을 사용하여 생활해 봅시다. 어른이 된 후에도 효과가 있다고 합니다. 하지만 완전히 왼손잡이가 되는 데는 긴 세월이 걸립니다. 또한, 아이를, 특히 10세 이하의 아이를 무리하게 왼손잡이로 만들려고 하는 것은 트라우마(주2)가 될 가능성이 있으므로 피하는 것이 좋습니다.

(주1) 活性化: 기운차게 하거나 활동적으로 만드는 것.
(주2) トラウマ: 커다란 충격이나 공포가 원인이 되어 일어나는 마음의 상처.

61 왼손잡이는 머리가 좋다거나 천재라는 말을 듣곤 합니다라고 되어 있는데, 그것은 왜인가?

1 보통의 일은 생각하지 않기 때문에
2 생각할 때만 뇌 전체를 사용하기 때문에
3 언제나 좌우의 뇌를 동시에 사용하기 때문에
4 뇌의 여러 부분이 자극받기 때문에

62 본문의 내용과 일치하는 것은 무엇인가?

1 왼손잡이와 오른손잡이 중에는 왼손잡이가 더 좋다.
2 왼손잡이와 오른손잡이는 뇌의 작용 방법이 전혀 다르다.
3 어른이 된 후에도 왼손잡이와 오른손잡이는 바꿀 수 있다.
4 왼손잡이와 오른손잡이는 모두 타고난 성질이다.

단어　右脳(うのう) 우뇌 | 左脳(さのう) 좌뇌 | 左利(ひだりき)き 왼손잡이 | 天才(てんさい) 천재 | ～をはじめ ～을/를 비롯하여 | 右利(みぎき)き 오른손잡이 | 生(しょう)じる 생겨나다 | 役目(やくめ) 역할 | 空間(くうかん) 공간 | 認識(にんしき) 인식 | 計算(けいさん) 계산 | 処理(しょり) 처리 | 活発(かっぱつ) 활발 | 機会(きかい) 기회 | 活性化(かっせいか) 활성화 | 遺伝(いでん) 유전 | 効果(こうか) 효과 | 完全(かんぜん) 완전 | トラウマ 트라우마 | 可能性(かのうせい) 가능성 | 避(さ)ける 피하다 | 活動的(かつどうてき) 활동적 | 恐怖(きょうふ) 공포 | 原因(げんいん) 원인 | 刺激(しげき) 자극 | 性質(せいしつ) 성질

해설　〈문제 61〉 지문에서 왼손잡이는 오른손을 움직이는 우뇌와 언어를 담당하는 좌뇌를 동시에 사용하여 뇌 전체를 활발하게 움직일 기회가 많다고 설명하고 있다. 이는 뇌의 여러 부분이 자극받는다는 의미인 4번이 가장 적절하다. 2번과 3번은 '언제나' 혹은 '생각할 때만'이라는 단정적 조건이 지문보다 강하게 표현되어 있어 4번이 더 정확한 답이다.

〈문제 62〉 후반부에서 한 달 정도 왼손을 사용하여 생활해 보자로 권유하며 어른이 된 후에도 효과가 있다고 언급하고 있고, 왼손잡이가 되는 것은 유전뿐만 아니라 훈련(습관)에 의해서도 가능하다고 언급하므로 3번이 정답이다.

해석 　일본에서는 미술관·박물관 등에서 '특별전(주1)'을 열면 수많은 사람이 모여 매우 붐빕니다. 그만큼 시간이나 경제적으로 여유가 있는 사람이 늘어난 것이겠지요. 옛날에는 백화점 등이 유명한 사람의 전람회를 무료로 열어 손님을 모으는 일이 자주 있었습니다. 화랑(주2)도 물론 무료라서 퇴근길에 자주 들르곤 했습니다. 어느 날, 회사 건물 옆의 작은 화랑에서 '무나카타 시코(주3)전'이 열리고 있었습니다. 하지만 ① 무나카타 시코전인데도 보고 있는 사람은 저뿐이었습니다. '갖고 싶다'라고 생각하면서 전시장을 둘러보고 있었는데, 입구의 작은 책상에서 무나카타 시코 본인이 판화(주4)를 새기고 있는 것을 발견했습니다. "와, 무나카타 시코다!"라고 놀라 말을 걸고 싶었습니다. 하지만, 그가 심한 근시 때문에 판화에 딱 붙을 정도로 얼굴을 가까이 대고 열심히 새기고 있었습니다. 방해를 하면 안 되겠다 싶어 아무 말도 할 수 없었습니다. 동료에게 "대단해. 무나카타 시코가 있었어."라고 말했지만 아무도 화랑에 가려고 하지 않았습니다. 그러고 보니, 그 시절에는 미술관도 상설(주5)전은 언제나 텅텅 비어 있어서 저에게는 느긋하게 감상할 수 있는 좋은 장소였던 것이 기억납니다. 최근에는 미술관 입장료도 비싸졌습니다. 그런데도 특별전 등은 작품 옆에서 감상할 수 없을 정도로 사람들로 넘쳐납니다. ② 시대의 변화를 느낍니다.

(주1) 特別展 : 가지고 있는 작품을 보여주는 것이 아니라 특정한 사람의 작품만을 보여주는 전시회. 대부분 빌려와서 전시한다.

(주2) 画廊 : 예술 작품, 특히 그림을 팔기 위해 보여주는 곳.

(주3) 棟方志功 : 1956년 베네치아 비엔날레에서 일본인 최초로 대상을 받았고, 1970년에는 일본 문화 훈장도 받은 유명한 판화가.

(주4) 版画 : 나무판 등에 그림이나 글자를 새기거나 그려서, 그것을 종이나 천 등에 인쇄하여 만든 작품.

(주5) 常設 : 언제나 볼 수 있도록 두는 것.

---

63 필자는 왜 ① 무나카타 시코전인데도라고 말했는가?

1 무나카타 시코가 매우 유명한 사람이었기 때문에

2 필자는 무나카타 시코를 좋아했기 때문에

3 무나카타 시코전이 작은 화랑에서 열리고 있었기 때문에

4 무나카타 시코전이 열리고 있을 거라고 생각하지 못했기 때문에

64 필자는 어떤 ② 시대의 변화가 있다고 말하는가?

1 옛날에는 미술전 입장료가 쌌지만 지금은 비싸졌다.

2 옛날에는 특별전도 무료였지만 지금은 어디든 유료가 되었다.

3 옛날에는 미술전에 싸도 가지 않았지만 지금은 비싸도 붐비는 경우가 많다.

4 옛날에는 상설전이 더 인기가 있었지만 지금은 특별전이 더 인기가 있다.

단어 博物館(はくぶつかん) 박물관 | 特別展(とくべつてん) 특별전 | 混(こ)む 붐비다 | 余裕(よゆう) 여유 | 展覧会(てんらんかい) 전람회 | 画廊(がろう) 화랑, 갤러리 | 立(た)ち寄(よ)る 들르다 | 木版(もくはん) 목판 | 彫(ほ)る 새기다, 조각하다 | 近眼(きんがん) 근시안 | 版画(はんが) 판화 | くっつく 들러붙다 | 邪魔(じゃま) 방해 | 常設展(じょうせつてん) 상설전 | がらがら 텅 비어 있는 모양

해설 〈문제 63〉 무나카타 시코는 주석 3에서 설명하듯 세계적인 상을 받은 거장이다. 필자는 그렇게 유명한 작가의 전시회에 사람이 자기뿐이었다는 의외의 상황을 강조하기 위해 '～인데도'라는 표현을 썼으므로 1번이 정답이다.

　〈문제 64〉 과거에는 유명 작가의 전시가 무료임에도 사람들이 관심을 두지 않았지만, 현재는 비싼 입장료를 내고도 인산인해를 이루는 현상을 대조하고 있다. 즉, 과거에는 저렴해도(무료여도) 안 가던 미술전을 지금은 비싸도 가는 것이 필자가 느끼는 변화이므로 3번이 정답이다.

문제 12 다음 A와 B의 문장을 읽고 다음 질문에 대한 답으로 가장 적절한 것을 1·2·3·4에서 하나 고르시오.

A

　일본의 수도는 낡은 설비나 시설이 많고, 고치는 데 거액의 비용이 든다. 인구도 줄어들고 있어 수도 요금만으로는 수리할 수 없는 지자체도 나오고 있다. 만약 수도 경영을 민간 회사에 맡기면, 새로운 기술이나 돈을 써서 효율적(주1)으로 관리할 수 있다고 생각한다. 예를 들어, 컴퓨터로 누수(주2)를 빨리 찾아내거나, 멀리서 물의 상태를 지켜보거나 할 수 있다면, 낭비되는 물이나 돈을 줄일 수 있다. 게다가 인건비나 관리비도 낮출 수 있어 지자체의 부담도 줄어든다. 수도 요금이 너무 오르는 것은 국가나 지자체가 체크하면 걱정 없다. 이러한 이유로, 민영화는 수도 서비스를 길고 안전하게 지키기 위한 현실적이고 긍정적인 방법이라고 생각한다.

B

　수도는 생활에 절대적으로 필요한 것이며, 회사가 이익을 내기 위한 목적으로 운영되어서는 안 된다고 생각한다. 민간 회사에 맡기면 이익을 내는 것이 목적이 되기 때문에, 수도 요금이 오르거나 서비스가 나빠지거나 할 우려가 있다. 실제로 외국에서는 민영화한 결과, 요금이 크게 올랐고, 주민의 반대로 인해 다시 공영(주3)화로 되돌린 사례가 있다. 또한 거주자가 적어 이익이 나지 않는 지역에서는 서비스를 제대로 받지 못할 우려가 있고 재해가 일어났을 때 바로 수리 받지 못할 우려가 있다. 또한 긴 계약을 해 버리면 주민의 의견이 전달되기 어려워져서, 문제가 있어도 바로 고칠 수 없을 우려도 있다. 수도는 공공의 것으로서 지켜져야 하며, 수리비가 부족한 경우는 국가의 지원이나 지자체의 노력으로 해결해야 한다. 따라서 민영화에는 반대한다.

(주1) 効率的: 적은 시간이나 돈으로 최대의 효과를 낼 수 있는 방식이나 상태.
(주2) 水もれ: 여기서는 수도관에서 물이 조금씩 새어 나오는 것.
(주3) 公営: 민간이 아니라 국가나 지방 공공 단체 등이 경영하는 것.

65 A와 B가 걱정하고 있는 것은 무엇인가?

1 A는 설비 수리를 할 수 없는 것, B는 국가의 지원금이 적은 것을 걱정하고 있다.

2 A는 수도 요금이 부족한 것, B는 민영화로 서비스를 할 수 없게 되는 것을 걱정하고 있다.

3 A는 수도 요금을 싸게 할 수 없는 것, B는 유지하기 위한 비용이 높은 것을 걱정하고 있다.

4 A는 수도 사업을 유지할 수 없는 것, B는 민영화로 수도 요금이 오르는 것을 걱정하고 있다.

66 수도 민영화에 대해 A와 B는 어떻게 서술하고 있는가?

1 A는 수리 비용 부족 등이 해결되므로 찬성한다고 말하고, B는 수도는 공공의 것이므로 반대한다고 말하고 있다.

2 A는 효율적으로 경영할 수 있으므로 찬성한다고 말하고, B는 적자인 경우 국가가 경영하면 되므로 반대한다고 말하고 있다.

3 A는 민간 기업은 적자를 내지 않으므로 찬성한다고 말하고, B는 수도 업무로 이익을 내는 것은 반대한다고 말하고 있다.

4 A는 최신 설비로 교체해야 하므로 찬성한다고 말하고, B는 해외에서는 민영화로 다시 되돌린 국가도 있으므로 반대한다고 말하고 있다.

設備(せつび) 설비 | 施設(しせつ) 시설 | 多額(たがく) 거액 | 自治体(じちたい) 지자체 | 経営(けいえい) 경영 | 民間(みんかん) 민간 | 効率的(こうりつてき) 효율적 | 水(みず)もれ 누수, 물이 새는 것 | 見守(みまも)る 지켜보다, 살피다 | 人件費(じんけんひ) 인건비 | 前向(まえむ)き 적극적, 긍정적 | 利益(りえき) 이익 | 実際(じっさい) 실제 | 民営化(みんえいか) 민영화 | 公営化(こうえいか) 공영화 | 地域(ちいき) 지역 | 災害(さいがい) 재해 | 契約(けいやく) 계약 | 恐(おそ)れ 우려, 걱정 | 公共(こうきょう) 공공 | 支援(しえん) 지원 | 工夫(くふう) 고안, 궁리 | 維持(いじ) 유지 | 不足(ふそく) 부족 | 賛成(さんせい) 찬성 | 赤字(あかじ) 적자 | 状況(じょうきょう) 상황

 〈문제 65〉 A는 서두에서 수리비 부족과 인구 감소로 인해 수도 요금만으로는 수리할 수 없다, 사업 유지가 어렵다는 점을 언급했고, B는 민간 기업의 이익 추구로 인해 수도 요금이 올라갈 걱정이 있다고 했으므로 4번이 정답이다.

〈문제 66〉 A는 민영화를 통해 비용 절감과 효율적 관리가 가능해져 수도 서비스를 안전하게 지킬 수 있다며 찬성하고 있고, B는 수도는 공공의 것이므로 이익을 추구해서는 안 된다며 반대하고 있으므로 1번이 정답이다.

문제 13 다음 문장을 읽고 다음 질문에 대한 답으로 가장 적절한 것을 1·2·3·4에서 하나 고르시오.

해석

인구 증가에 따라 지구상에서 식량 부족이 심화되고 있습니다. 유엔 조사에 따르면, 2022년에 세계에서 약 7억 3,500만 명, 세계 인구의 약 11명 중 1명이 기아에 고통받고 있다고 합니다. 식량 증산은 물론 중요하지만, 식품 로스가 없다면 그 사람들을 구할 수 있다고 합니다. 실제로 세계의 곡물 생산량은 28억 톤 이상이므로, 모든 사람이 충분히 먹을 수 있을 만큼의 식량은 생산되고 있다고 합니다. 하지만 세계에서는 매년, 식량의 3분의 1에 해당하는 13억 톤이 버려지고 있어 필요한 사람에게 전달되지 않는 것입니다. 선진국에서는 먹지 않거나 유통기한이 지나서 버리는 것이 많습니다. 반면 개발도상국은 농작물이 많이 수확되어도 보존이나 가공, 운반 수단이 없어서 버리게 되는 경우가 많다고 합니다. 또한, 식품 로스는 단순히 음식을 낭비하는 것뿐만 아니라, 그 처분 방법이 지구 온난화에 영향을 주고 있습니다.

식품 로스를 줄이기 위해 개인도 할 수 있는 일도 있습니다. 우리는 옛날부터 음식을 건조하거나, 절이거나, 발효시켜서 보존해 왔습니다. 또한 통조림이나 병조림, 레토르트 식품 등도 만들어 왔습니다. 냉장이나 냉동도 하고 있습니다. 그중에서도 생산 단계에서의 식량 보존은 규모가 큰 만큼 중대한 문제입니다. 일본 각지에서는 자연을 이용해 일정한 온도가 유지되는 '저장고'라는 커다란 구멍에 채소나 과일 등을 넣어 반년 정도 보존하는 일이 자주 행해지고 있습니다. 눈을 단단히 뭉쳐 그 안에 보존하는 방법도 쓰고 있습니다. 대형 냉장고나 냉동고도 만들어지고 있지만, 자연의 힘을 이용하는 것과 달리 많은 전력이 필요합니다. 식품의 수분 중 97%를 빼거나 진공 팩으로 만드는 방법도 있습니다.

지금 주목받고 있는 것은 눈 속에 채소 등을 넣어 낮은 온도로 보존하는 일본의 옛 방법에서 힌트를 얻어 습도를 더 높인 보존 방법입니다. 그것은 딸기는 3개월, 복숭아는 2개월, 멜론은 3개월 등 장기간에 걸쳐 갓 수확한 상태 그대로 보존할 수 있습니다. 그것에 의해 소비자에게는 맛을 유지한 채로 전하고, 생산자에게는 출하와 관련된 부담을 줄여주며 지금 문제인 식품 로스에도 공헌할 수 있습니다. 또한 이 외에도 나날이 새로운 기술이 개발되고 있습니다. 기대해도 좋지 않을까요?

(주1) 賞味期限切れ: 맛있게 먹을 수 있는 기한이 지나버린 것.
(주2) 発展途上国: 앞선 국가들에 비해 아직 발전하지 않은 나라.
(주3) 加工: 원래의 재료에 새로운 형태나 성질을 갖게 하는 것.
(주4) 発酵: 눈에 보이지 않는 생물이 작용하여 새로운 음식을 만드는 것.
(주5) レトルト食品: 식품을 고온에서 살균하여 봉지 등에 넣어 장기 보존할 수 있게 만든 것.
(주6) 出荷: 만든 상품이나 농산물을 소비자에게 보내는 것.

67 현재 세계의 식량 사정을 서술하고 있는 것은 어느 것인가?

1 식량의 생산 부족으로 굶주리는 사람이 있다.

2 식량을 보존하지 않기 때문에 식량 부족이 일어나고 있다.

3 개인이 좀 더 노력하면 식량은 부족하지 않다.

4 생산량은 충분하지만 버려지는 식량이 많아서 부족하다.

68 필자의 관심이 가장 높은 기술은 어느 것인가?

1 현재 개발 중인 보존 기술

2 장기간 사용할 수 있는 보존 기술

3 수확 시의 상태를 유지하는 보존 기술

4 옛날부터 이용해 온 보존 기술

69 필자의 의견은 어느 것인가?

1 신선한 상태 그대로의 보존 기술 개발이 필요하다.

2 기술의 진보로 식품 로스는 줄일 수 있을 것이다.

3 식품 로스에는 옛날부터 내려온 식량 보존 방법이 가장 효과가 있다.

4 모든 단계에서의 식품 로스 해결을 목표로 해야 한다.

단어 食糧(しょくりょう) 식량 | 飢(う)え 기아, 굶주림 | 増産(ぞうさん) 생산을 늘림 | 穀物(こくもつ) 곡물 | 食品(しょくひん)ロス 식품 로스, 아직 먹을 수 있는 식품이지만 버려지는 것 | 先進国(せんしんこく) 선진국 | 賞味期限(しょうみきげん) 유통 기한, 소비기한 | 発展途上国(はってんとじょうこく) 개발도상국 | 保存(ほぞん) 보존 | 加工(かこう) 가공 | 手段(しゅだん) 수난 | 処分(しょぶん) 처분 | 温暖化(おんだんか) 온난화 | 乾燥(かんそう) 건조 | 漬物(つけもの) 절임 요리, 장아찌 | 発酵(はっこう) 발효 | 缶詰(かんづめ) 통조림 | 瓶詰(びんづめ) 병조림 | 規模(きぼ) 규모 | 真空(しんくう) 진공 | 出荷(しゅっか) 출하 | 負担(ふたん) 부담 | 貢献(こうけん) 공헌 | 開発(かいはつ) 개발 | 進歩(しんぽ) 신보 | 有効(ゆうこう) 유효

해설 〈문제 67〉 지문 첫 번째 단락에서 식량은 전 인구가 먹기에 충분한 양이 생산되지만, 3분의 1이 버려지기 때문에 기아 문제가 발생한다고 했으므로 4번이 정답이다.

〈문제 68〉 필자는 특히 갓 수확한 그대로 장기간 보존할 수 있는 새로운 기술을 구체적인 예(딸기, 복숭아 등)를 들어 상술하고 있으므로 3번이 정답이다. 1번과 2번은 너무 포괄적인 내용이다. 필자는 특히 갓 수확한 맛과 신선도를 유지하는 구체적인 기술을 강조했으므로 오답이다. 4번은 옛날 방법을 그대로 쓰는 것이 아니라, 거기서 힌트를 얻어 발전시킨 현대적 기술에 더 주목하고 있으므로 오답이다.

205

〈문제 69〉 신기술이 식품 로스에 공헌할 수 있고, 나날이 새로운 기술이 개발되고 있으니 기대해도 좋다고 하고 있다. 즉, 기술 발전을 통해 식품 로스 문제가 해결될 것으로 전망하므로 2번이 정답이다. 1번은 이미 그런 기술이 개발되고 있고, 이에 대한 기대감을 드러내는 것이 필자의 핵심 의견이므로 오답이다. 3번은 옛날 방법이 가장 유효하다고 주장하는 것이 아니라, 신기술 개발에 힌트를 준 소재로 언급되었으므로 오답이다. 4번은 당위적인 목표보다는 기술 발전을 통한 해결 가능성에 더 무게를 싣고 있으므로 오답이다.

문제 14 오른쪽 페이지는 어느 가사 대행 서비스의 내용 안내이다. 아래 질문에 대한 답으로 가장 적절한 것을 1·2·3·4에서 하나 고르시오.

해석

당신의 풍요로운 매일, 히바리 가사 대행 서비스가 서포트합니다!

히바리 가사 대행 서비스는 바쁜 분들에게 딱 맞는 가사 대행 서비스입니다. 언제든 PC·스마트폰으로 의뢰·예정 변경·취소를 하실 수 있습니다. 우선 등록해 주십시오. 첫 이용 시에 사용할 수 있는 1,000엔 할인권을 드립니다. 등록 후 바로 예약하실 수 있습니다.

- 이용 요금(청소·요리)
  ① 정기 코스

1주에 1회	3,000엔(세금 포함)/시간
2주에 1회	3,200엔(세금 포함)/시간
4주에 1회	3,500엔(세금 포함)/시간

  ② 스폿 서비스(필요할 때만 이용하는 서비스): 4,000엔(세금 포함)/시간
- 기타 추가 요금
  ① 캐스트(담당자) 지명: 500엔(세금 포함)/시간
  ② 열쇠 보관(처음에 받습니다): 부재중에 이용하시는 분만 월액 1,000엔(세금 포함)
  ③ 1회 이용당 교통비 일률적으로 1,000엔(세금 포함)을 받고 있습니다.
- 청소 대행(2시간 이상 30분 단위)
  청소 대행으로 1주에 1회 정기 서비스를 이용하시는 경우에 한해 단시간 특별 요금으로 1시간(3,500엔)부터 이용하실 수 있습니다.
- 요리 대행(3시간–재료를 스태프가 구입할 경우는 1시간 추가)
  요리는 재료를 준비해 주십시오. 저희가 구입하여 가지고 갈 수도 있습니다.

※ 정기 서비스란, 일주일 중 정해진 요일 및 일시에 반복해서 행하는 서비스를 가리킵니다. 정기 서비스가 예약된 경우에는 취소되지 않는 한 자동으로 다음 예약이 잡힙니다.
※ 담당자 지명은 한 번 방문한 적이 있는 스태프만 가능합니다.
※ 각 서비스에는 최저 이용 시간 설정이 있습니다.

70 주 1회 1시간 정기 코스를 신청하고 내일 퇴근하기 전에 집 청소를 맡길 경우, 처음에 얼마를 지불해야 하는가?

1 4,000엔
2 4,500엔
3 5,000엔
4 5,500엔

71 요리 서비스로 2주에 1회 요리를 하게 하는 경우, 처음에 얼마를 지불해야 하는가?

1 10,600엔
2 부재중 이용으로 9,600엔
3 부재중 이용으로 장보기도 부탁해 14,800엔
4 장보기도 부탁해 12,800엔

단어 代行(だいこう) 대행 | 依頼(いらい) 의뢰 | 税込(ぜいこみ) 세금 포함 | 指名(しめい) 지명 | 留守(るす) 부재중, 집을 비움 | 月額(げつがく) 1개월 당 금액 | 一律(いちりつ) 일률적으로 | 購入(こうにゅう) 구입 | 繰(く)り返(かえ)し 반복 | 可能(かのう) 가능

해설 〈문제 70〉 매주 1회 1시간 청소 서비스 이용 시 최소 2시간 이상 이용해야 하지만 단시간 특별 요금의 혜택을 받아 요금은 3,500엔이며, 퇴근 전(부재중) 이용이므로 열쇠 보관료 1,000엔과 교통비 1,000엔이 추가된다. 여기에 첫 이용 할인권을 사용해 1,000엔을 빼면 총 4,500엔(3,500+1,000+1,000−1,000)이 된다.
〈문제 71〉 4번은 장보기 포함 4시간 요금(12,800엔)에 교통비 1,000엔을 더하고 첫 이용 할인 1,000엔을 빼서 12,800엔이 되며, 열쇠 보관료 언급이 없으므로 재실 중을 가정할 때 계산이 정확히 일치하여 정답이다. 1번은 3시간 요금과 교통비만 더하고 할인을 적용하지 않아 오답이고, 2번은 부재중(열쇠비 포함) 계산 시 할인을 적용해도 10,600엔이 되어야 하므로 오답이며, 3번은 부재중과 장보기를 모두 포함하고 할인을 적용하면 13,800엔이 되어야 하므로 수치가 맞지 않아 오답이다.

問題 1

問題1では、まず質問を聞いてください。それから話を聞いて、問題用紙の1から4の中から、最もよいものを一つ選んでください。
では練習しましょう。

例

授業で先生が話しています。学生は授業を休んだとき、どのように宿題を確認しますか。

M：ええと、この授業を休むときは、必ず前の日までに連絡してください。

F：メールでもいいですか。

M：はい、いいですよ。あ、それから、休んだときは、私の研究室の前の掲示を見て、宿題を確認してください。友達に聞いたりしないで、自分で確かめてちゃんとやってきてくださいね。

F：はい。

M：それから、今日休んだ人、リンさんですね。リンさんはこのこと知りませんから、だれか伝えておいてくれますか。

F：あ、私、リンさんに伝えておきます。同じ寮ですから。

M：じゃ、お願いします。

学生は授業を休んだとき、どのように宿題を確認しますか。

1　先生にメールで聞く
2　友達にメールで聞く
3　研究室の前のけいじを見る
4　りょうの前のけいじを見る

1番

女の人と男の人が話しています。男の人はこれから何をしたらいいですか。

F：鈴木さん、仕事に熱中するのはいいけど、座ってばかりいると寿命が縮むそうよ。

M：嫌だなあ。じゃ、僕は早死にだ。週末に運動しているのは効果がないのかな。

문제 1

문제1에서는 먼저 질문을 들어 주세요. 그리고 이야기를 듣고 문제용지의 1에서 4 중에서 가장 적당한 것을 하나 고르세요.
그럼 연습해 봅시다.

예

수업에서 선생님이 얘기하고 있습니다. 학생은 수업을 쉬었을 때 어떻게 숙제를 확인합니까?

남：음, 이 수업을 쉴 때는 반드시 전날까지 연락해 주세요.

여：메일로도 괜찮나요?

남：네, 괜찮습니다. 아, 그리고 쉬었을 때에는 제 연구실 앞 게시를 보고 숙제를 확인해 주세요. 친구에게 묻거나 하지 말고, 자기가 확인해서 제대로 해 오세요.

여：네.

남：그리고, 오늘 쉰 사람 린 씨네요. 린 씨는 이 내용을 모르니까 누군가 전달해 줄래요?

여：아, 저 린 씨에게 전해 둘게요. 같은 기숙사이니까요.

남：그럼, 부탁합니다.

학생은 수업을 쉬었을 때 어떻게 숙제를 확인합니까?

1　선생님에게 메일로 묻는다
2　친구에게 메일로 묻는다
3　연구실 앞의 게시를 본다
4　기숙사 앞의 게시를 본다

1번

여자와 남자가 이야기하고 있습니다. 남자는 이제부터 무엇을 하면 좋습니까?

여：스즈키 씨, 일에 열중하는 것도 좋지만, 앉아만 있으면 수명이 줄어든대.

남：아, 싫어. 그럼 난 일찍 죽겠네. 주말에 운동하고 있는 건 효과가 없는 걸까?

F：運動はいいんだけど。長時間座っていると足の血の流れが悪くなるから悪いんだって。足を動かさないといけないのよ。

M：じゃ、立って仕事ができるように可動式デスクを買ってもらいたいな。

F：高さが調節できる机ね。それって、すごく高いものでしょ？会社が買ってくれるかな。

M：この低い机では立って仕事はできないから、買ってくれるように頼むよ。

F：それより今できることをしたら？足を動かすために1時間座ったら立って歩くとか。

M：でも、忙しいから1時間ごとにトイレに行くとかお茶を飲むわけにはいかないし。

F：座ってできることがいいわね。

M：座ってできることか…。やってみるよ。

男の人はこれから何をしたらいいですか。

1 1時間ごとにお茶を飲む
2 立って仕事をする
3 1時間ごとに歩きながら腕を回す
4 座ったまま足をじょうげに動かす

여: 운동은 좋지만. 장시간 앉아 있으면 다리의 혈액 순환이 나빠지기 때문에 안 좋대. 다리를 움직여야 해.

남: 그럼, 서서 일할 수 있도록 움직이는 책상을 사 줬으면 좋겠다.

여: 높이가 조절되는 책상 말이지. 그거 엄청 비싼 거잖아? 회사가 사 주려나?

남: 이 낮은 책상으로는 서서 일을 할 수 없으니까, 사달라고 부탁해 볼게.

여: 그것보다 지금 할 수 있는 일을 하는 게 어때? 다리를 움직이기 위해 1시간 앉아 있으면 일어나서 걷는다든지.

남: 하지만 바쁘니까 1시간마다 화장실에 가거나 차를 마실 수는 없고.

여: 앉아서 할 수 있는 일이 좋겠네.

남: 앉아서 할 수 있는 일이라…. 해 볼게.

남자는 이제부터 무엇을 하면 좋습니까?

1 1시간마다 차를 마신다.
2 서서 일을 한다.
3 1시간마다 걸으면서 팔을 돌린다.
4 앉은 채로 다리를 상하로 움직인다.

단어 熱中(ねっちゅう)する 열중하다 | 寿命(じゅみょう) 수명 | 縮(ちぢ)む 줄어들다 | 早死(はやじ)に 요절, 일찍 죽음 | 効果(こうか) 효과 | 長時間(ちょうじかん) 장시간 | 可動式(かどうしき) 가동식, 움직일 수 있는 방식 | 調節(ちょうせつ) 조절 | 頼(たの)む 부탁하다

해설 대화 마지막에 남자가 바빠서 일어날 수 없다고 하자 여자가 앉아서 할 수 있는 일이 좋겠다고 제안했고 남자가 수긍했으므로, 앉은 상태에서 다리의 혈류를 개선할 수 있는 4번이 정답이다. 1번은 남자가 바빠서 그럴 수 없다고 거절했기에 오답이고, 2번은 현재 책상이 낮아 불가능하다고 했으므로 오답이며, 3번은 지문의 핵심인 다리의 혈액 순환과 관련이 없으므로 오답이다.

2番

会社で女の人と男の人が話しています。佐藤さんは今日、会社で嫌なことがあったらどうしますか。

M：清水さん、最近よくコーヒーを飲んでいるね。

F：嫌なことがあった時にコーヒーを飲むと落ち着くのよ。

M：へえ、女の人はストレス解消のために甘い物を食べるのかと思っていたよ。

F：そういう人も多いわね。高橋さんは飴をなめるんだって。佐藤さんはどうしているの？

M：僕は何と言ってもゲームかな。でも仕事中はできないから…。

F：じゃ、ガムや飴は？それとも、かわいい動物の写真を見るのもいいんじゃない？

M：写真？それいいね。今度赤ちゃんパンダの写真を持ってこよう。でも、今日はこれで我慢するよ。高橋さんみたいに。

2번

회사에서 여자와 남자가 이야기하고 있습니다. 사토 씨는 오늘 회사에서 싫은 일이 생기면 어떻게 합니까?

남: 시미즈 씨, 요즘 커피를 자주 마시네.

여: 싫은 일이 있을 때 커피를 마시면 마음이 안정되거든.

남: 오, 여자들은 스트레스 해소를 위해 단것을 먹는 줄 알았어.

여: 그런 사람도 많지. 다카하시 씨는 사탕을 먹는대. 사토 씨는 어떻게 하고 있어?

남: 난 뭐니 뭐니 해도 게임이려나. 하지만 업무 중에는 할 수 없으니까….

여: 그럼, 껌이나 사탕은? 귀여운 동물 사진을 보는 것도 좋지 않아?

남: 사진? 그거 좋네. 다음에 아기 판다 사진을 가져와야지. 하지만 오늘은 이걸로 참을게. 다카하시 씨처럼 말이야.

F：あれ、そんなもの、ポケットに入れていたんだ。

佐藤さんは今日、会社で嫌なことがあったらどうしますか。

1 コーヒーを飲む
2 飴をなめる
3 パンダの写真を見る
4 ゲームをする

단어 落(お)ち着(つ)く 진정되다, 안정되다 | 解消(かいしょう) 해소 | 飴(あめ) 사탕 | なめる 핥다, (사탕을) 먹다 | 何(なん)と言(い)っても 뭐니 뭐니 해도 | 我慢(がまん) 참음, 인내 | ポケット 포켓, 주머니

해설 남자인 사토 씨는 원래 게임을 좋아하지만 업무 중에는 할 수 없다고 했고, 판다 사진은 다음에 가져오겠다고 했으므로, 3, 4번은 오답이다. 마지막에 오늘은 다카하시 씨처럼 하겠다고 했는데, 앞에서 다카하시 씨의 방법이 사탕을 먹는 것이라고 언급되었으므로 2번이 정답이다. 1번은 시미즈 씨(여자)의 방법이므로 오답이다.

3番

女の人と男の人が話しています。男の人はこれからどうしますか。

F：毎日コンビニのお弁当ばかりでは体に悪いわよ。
M：でも、作るのは面倒だし、それに作り方もわからないし…。たまにおふくろから食べ物を送ってくるから、それで満足。
F：でも、健康のために自分でも作った方がいいんじゃない？この本、どうぞ。電子レンジで作る簡単な料理のレシピが載っているのよ。
M：へえ、どれどれ、電子レンジで4分、切ったりする時間を入れても10分か。いいね。この本、おふくろにあげようかな。
F：自分で使わないの？
M：うん。僕は、電子レンジは温めるだけで十分だから。

男の人はこれからどうしますか。

1 今までの生活を変えない
2 お母さんに料理を送る
3 体にいいものばかり食べる
4 電子レンジは使わない

3번

여자와 남자가 이야기하고 있습니다. 남자는 이제부터 어떻게 합니까?

여 : 매일 편의점 도시락만 먹으면 몸에 나빠.
남 : 하지만 만드는 건 귀찮고, 게다가 만드는 법도 모르고…, 가끔 어머니가 음식을 보내 주시니까 그걸로 만족해.
여 : 그래도 건강을 위해서 스스로도 만드는 편이 좋지 않아? 이 책, 받아. 전자레인지로 만드는 간단한 요리법이 실려 있어.
남 : 오오, 어디 어디, 전자레인지로 4분, 재료를 써는 시간까지 합쳐도 10분인가. 좋네. 이 책 어머니께 드릴까 봐.
여 : 직접 사용하지 않고?
남 : 응. 나는 전자레인지는 데우기만 하는 걸로도 충분하니까.

남자는 이제부터 어떻게 합니까?

1 지금까지의 생활을 바꾸지 않는다
2 어머니께 요리를 보낸다
3 몸에 좋은 것만 먹는다
4 전자레인지는 사용하지 않는다

단어 お弁当(べんとう) 노시락 | 面倒(めんどう) 귀찮음 | おふくろ 어머니(어머니를 친근하게 부르는 말) | 満足(まんぞく) 만족 | 健康(けんこう) 건강 | 電子(でんし)レンジ 전자레인지 | レシピ 레시피, 요리법 | 載(の)る 실리다 | 十分(じゅうぶん) 충분함 | 温(あたた)める 데우다

해설 여자가 건강을 위해 직접 요리할 것을 권하며 요리 책을 주었으나, 남자는 마지막에 전자레인지로 데워 먹는 것만으로 충분하다며 요리할 의사가 없음을 밝혔으므로 1번이 정답이다. 2번은 요리 책을 어머니께 드린다고 했지 요리를 해서 보낸다는 내용이 아니므로 오답이고, 3번은 남자가 여전히 편의점 음식 위주의 생활을 고수하려 하므로 오답이며, 4번은 전자레인지로 데워 먹는 것은 계속하겠다고 했으므로 오답이다.

여 : 어라, 그런 걸 주머니에 넣고 있었네.

사토 씨는 오늘 회사에서 싫은 일이 생기면 어떻게 합니까?

1 커피를 마신다
2 사탕을 먹는다
3 판다 사진을 본다
4 게임을 한다

209

娘さんとお父さんが話しています。女の人はまず何をしますか。

F：お父さん、野菜や米を作るだけでなく、それを利用して新しいことを始めたいなあ。

M：農業の6次産業化だな。俺もミニトマトを乾燥させて売ろうかと考えていたんだ。弘子は何がしたいんだ？

F：野菜を作る体験はどう？泊まってもらうのもいいし。

M：それは難しいんじゃないか。お母さんが賛成しなければできないことだぞ。

F：うん、わかっている。お母さんがいいと言ったらちゃんとした計画書を作るから。

M：それに、体験したい人を集めるのも難しいだろう。

F：人集めはインターネットを使うわ。計画書は隣の鈴木さんにも手伝ってもらおうかな。

M：それなら、鈴木さんだけでなく近所の人みんなに声をかけた方がいいんじゃないか。

F：そうね。でも、それは最後にするつもり。

女の人はまず何をしますか。

1 お客さんを集める
2 近所の人に相談する
3 お母さんに相談する
4 鈴木さんと計画書を作る

4번

딸과 아버지가 이야기하고 있습니다. 여자는 먼저 무엇을 합니까?

여: 아빠, 채소나 쌀을 재배하는 것뿐만 아니라, 그걸 이용해서 새로운 일을 시작하고 싶어.

남: 농업의 6차 산업화로구나. 나도 방울토마토를 말려서 팔아 볼까 생각하고 있었단다. 히로코는 뭘 하고 싶은 거니?

여: 채소 재배 체험은 어때? 숙박하게 하는 것도 좋고요.

남: 그건 어렵지 않겠니. 어머니가 찬성하지 않으면 할 수 없는 일이란다.

여: 네, 알고 있어요. 어머니가 좋다고 하시면 제대로 된 계획서를 만드니까.

남: 게다가, 체험하고 싶은 사람을 모으는 것도 어렵겠지.

여: 사람 모집은 인터넷을 이용할 거예요. 계획서는 옆집 스즈키 씨에게도 도와달라고 할까 봐요.

남: 그렇다면 스즈키 씨뿐만 아니라 이웃 사람들 모두에게 얘기하는 편이 좋지 않겠니?

여: 그렇네요. 하지만 그건 마지막에 할 생각이에요.

여자는 먼저 무엇을 합니까?

1 손님을 모은다
2 이웃에게 상담한다
3 어머니께 상담한다
4 스즈키 씨와 계획서를 만든다

利用(りよう) 이용 | 農業(のうぎょう) 농업 | 乾燥(かんそう) 건조 | 体験(たいけん) 체험 | 泊(と)まる 숙박하다, 머물다 | 賛成(さんせい) 찬성 | 計画書(けいかくしょ) 계획서 | 集(あつ)める 모으다 | 近所(きんじょ) 이웃, 근처 | 声(こえ)をかける 말을 걸다, 부르다 | 相談(そうだん) 상담, 의논

해설　딸은 대화 중에 어머니가 좋다고 하시면 계획서를 만들겠다고 말했으며, 계획서 작성 이후에 사람을 모으거나 이웃에게 알릴 예정이므로 가장 먼저 해야 할 일은 어머니의 동의를 구하는 3번이다. 1번은 인터넷을 통해 나중에 할 일이라 오답이고, 2번은 딸이 직접 마지막에 할 생각이라고 언급했으므로 오답이며, 4번은 어머니의 허락이 떨어진 뒤에 진행할 단계이므로 오답이다.

5番

体操の先生と女の学生が話しています。女の学生はこれから何をしますか。

M：では、その場で3回ジャンプ。

F：は〜い。これで休憩ですか。

M：いやいや、次に息を深く吸って。ゆっくり手を上げながら息を吸って手を下げながら息を吐く。2回続けて…。はい、終わり。

F：よかった。もう、へとへとです。

M：これから15分のトイレ休憩。必ず水分を取っておくこと。

5번

체조 선생님과 여학생이 이야기하고 있습니다. 여학생은 이제부터 무엇을 합니까?

남: 자, 그 자리에서 세 번 점프.

여: 네〜. 이걸로 휴식인가요?

남: 아니 아니, 다음에 숨을 깊게 들이마셔. 천천히 손을 올리면서 숨을 들이마시고 손을 내리면서 숨을 내뱉고. 두 번 계속해서…. 자, 끝.

여: 다행이다. 정말, 녹초가 되었어요.

남: 이제부터 15분간 화장실 휴식. 반드시 수분을 섭취해 둘 것.

F : は〜い。汗をいっぱいかいたから、トイレは大丈夫です。

M: あっ、座らないで。座って休むと、かえって後で体が動かなくなるかもしれないよ。

F : そうですか。すご〜く疲れているんですけど。

M: それでも立っていた方がいいよ。大丈夫。若いからすぐに回復するよ。

F : そうですか。

女の学生はこれから何をしますか。

1 腰をかけて休む
2 トイレに行く
3 ふかく息をする
4 スポーツドリンクを飲む

여: 네〜. 땀을 잔뜩 흘렸으니까 화장실은 괜찮아요.

남: 아, 앉지 마. 앉아서 쉬면 오히려 나중에 몸이 움직이지 않게 될지도 몰라.

여: 그런가요? 엄〜청나게 피곤한데요.

남: 그래도 서 있는 편이 좋아. 괜찮아. 젊으니까 금방 회복될 거야.

여: 그렇군요.

여학생은 이제부터 무엇을 합니까?

1 앉아서 쉰다
2 화장실에 간다
3 깊게 숨을 쉰다
4 스포츠 음료를 마신다

단어 体操(たいそう) 체조 | ジャンプ 점프 | 休憩(きゅうけい) 휴식 | 息(いき)を吸(す)う 숨을 들이마시다 | 吐(は)く 내뱉다 | へとへと 녹초가 됨 | 水分(すいぶん) 수분 | 汗(あせ)をかく 땀을 흘리다 | かえって 오히려 | 回復(かいふく) 회복 | 腰(こし)をかける (걸터)앉다

해설 선생님이 휴식 시간에 반드시 수분을 섭취하라고 지시했고, 학생이 화장실은 가지 않겠다고 했으며 앉으려는 행동도 선생님이 제지했으므로 남은 지시 사항인 4번 스포츠 음료를 마시는 것이 정답이다. 1번은 선생님이 앉지 말라고 했으므로 오답이고, 2번은 학생이 본인 입으로 안 가겠다고 했으므로 오답이며, 3번은 휴식 전 마무리 운동 단계에서 이미 수행했으므로 오답이다.

問題 2

問題2では、まず質問を聞いてください。そのあと、問題用紙のせんたくしを読んでください。読む時間があります。それから話を聞いて、問題用紙の1から4の中から、最もよいものを一つ選んでください。
では練習しましょう。

문제 2

문제2에서는 먼저 질문을 들어 주세요. 그 후 문제용지의 선택지를 읽어 주세요. 읽는 시간이 있습니다. 그리고 이야기를 듣고 문제용지의 1에서 4 중에서 가장 적당한 것을 하나 고르세요. 그럼 연습해 봅시다.

例

母親と高校生の女の子が話しています。女の子はどうして学校へ行きたくないのですか。

F1: どうしたの？朝からためいきばっかり。だれかとけんかでもしたの？

F2: それはもういいの、仲直りしたから。それより、見てよ、この前髪。

F1: まあ、また、思い切って短くしたわね。

F2: こんなんじゃ、みんなに笑われちゃうよ。ねえ、今日学校休んじゃだめ？

F1: だめに決まってるでしょ。そんなこと言って、本当は今日の試験、受けたくないんでしょ。

F2: 違うよ、ちゃんと勉強したんだから。そんなことより、ああ、鏡見るだけで頭痛くなりそう。

예

엄마와 고등학생인 여자아이가 이야기하고 있습니다. 여자아이는 왜 학교에 가고 싶지 않습니까?

여1: 왜 그러니? 아침부터 한숨만 쉬고. 누구랑 싸웠니?

여2: 그건 이제 괜찮아, 화해했으니까. 그것보다, 봐, 이 앞머리.

여1: 어머나, 또 양껏 짧게 했네.

여2: 이대로는 모두가 웃고 말거야. 있잖아, 오늘 학교 쉬면 안돼?

여1: 당연히 안 되지. 그렇게 말하고 사실은 오늘 시험 보기 싫어서 그러지?

여2: 아니야. 제대로 공부했단 말이야. 그것보다, 아아, 거울 보는 것만으로 머리 아파질 것 같아.

女の子はどうして学校へ行きたくないのですか。

1 友達とけんかしたから
2 かみがたが気に入らないから
3 試験があるから
4 頭が痛いから

여자아이는 왜 학교에 가고 싶지 않습니까?

1 친구와 싸웠기 때문에
2 머리 모양이 마음에 들지 않기 때문에
3 시험이 있기 때문에
4 머리가 아프기 때문에

1番

男の人と女の人が話しています。男の人はなぜこの服を着ているのですか。

F：高橋さんって激しい運動をしてもちっとも疲れないみたいね。

M：うん。このシャツとズボンを着ているおかげだよ。すぐ元気になるんだよ。

F：着る物で？食べ物ならわかるけど、シャツやズボンなんて。嘘でしょう？

M：本当だよ。体温が上がって血がよく流れるようになるんだよ。

F：体が温まるのなら、私みたいに手足が冷たくて仕方がない人にもいいわね。

M：そうだね。夜もよく眠れると思うよ。

F：何か特別な物でできているの？

M：うん。プラチナが入っているそうだよ。

F：プラチナ入りじゃ、高いでしょ？私には買えそうにないわね。

M：そんなことないよ。ちょっと高いぐらいだよ。ブランドのバッグとは違うよ。

F：よかった。

男の人はなぜこの服を着ているのですか。

1 手足が冷えないから
2 疲れがとれるから
3 夜よく眠れるから
4 血が流れるから

1번

남자와 여자가 이야기하고 있습니다. 남자는 왜 이 옷을 입고 있습니까?

여: 다카하시 씨는 격렬한 운동을 해도 전혀 지치지 않는 것 같네.

남: 응. 이 셔츠랑 바지를 입고 있는 덕분이야. 금방 회복되거든.

여: 입는 걸로? 음식이라면 이해되는데, 셔츠나 바지라니. 거짓말이지?

남: 진짜야. 체온이 올라가서 혈액 순환이 잘 되게 되거든.

여: 몸이 따뜻해지는 거라면, 나처럼 손발이 차가워서 견딜 수 없는 사람에게도 좋겠네.

남: 그렇지. 밤에도 잠이 잘 올 거라고 생각해.

여: 뭔가 특별한 걸로 만들어져 있어?

남: 응. 백금이 들어있다고 하더라고.

여: 백금이 들어 있으면 비싸지? 난 못 살 것 같네.

남: 그렇지 않아. 조금 비싼 정도야. 브랜드 가방과는 다르다고.

여: 다행이다.

남자는 왜 이 옷을 입고 있습니까?

1 손발이 차가워지지 않아서
2 피로가 풀리기 때문에
3 밤에 잠이 잘 오기 때문에
4 피가 흐르기 때문에

男の人と女の人が喫茶店で話しています。男の人はどうして驚きましたか。

M：何を飲もうか。

F：私は白湯にするわ。

M：白湯？白湯ってただのお湯だよね。

F：うん。でも、白湯は一度100度まで沸かしてから冷ましているので、とっても体にいいのよ。

M：でも、喫茶店に白湯なんかあるかな。

F：ここにはあるわよ。500円で3杯ぐらい飲めるの。

M：へえ、コーヒー1杯と同じ値段じゃないか。ただのお湯なのに高いな。

F：でも、飲みたい人がいるのよ。最近は自動販売機でも売っているわ。

M：えっ、自販機で？白湯なんか買う人、いるのかな。

F：結構売れるんだって。白湯を飲む人が増えているから。

M：白湯なんか家で飲めばいいのに…。

男の人はどうして驚きましたか。

1 自販機でさゆが売っていると聞いたから

2 きっさてんにさゆがあるから

3 さゆが体にいいと女の人が言ったから

4 さゆが冷ましたお湯であると知ったから

2번

남자와 여자가 찻집에서 이야기하고 있습니다. 남자는 왜 놀랐습니까?

남：뭘 마실까?

여：나는 미지근한 물로 할래.

남：미지근한 물? 미지근한 물은 그냥 따뜻한 물이잖아.

여：응. 하지만 미지근한 물은 일단 100도까지 끓였다가 식힌 거라 몸에 아주 좋아.

남：근데 찻집에 미지근한 물 같은 게 있을까?

여：여기엔 있어. 500엔에 3잔 정도 마실 수 있어.

남：오, 커피 한 잔이랑 똑같잖아. 그냥 더운물인데 비싸네.

여：그래도 마시고 싶은 사람이 있거든. 요즘은 자동판매기에서도 팔고 있어.

남：뭐? 자판기에서? 미지근한 물 같은 걸 사는 사람이 있으려나.

여：꽤 잘 팔린대. 미지근한 물을 마시는 사람이 늘고 있어서.

남：미지근한 물 같은 건 집에서 마시면 될 텐데….

남자는 왜 놀랐습니까?

1 자판기에서 미지근한 물을 팔고 있다고 들었기 때문에

2 찻집에 미지근한 물이 있기 때문에

3 미지근한 물이 몸에 좋다고 여자가 말했기 때문에

4 미지근한 물이 식힌 물이라는 것을 알게 되었기 때문에

단어 喫茶店(きっさてん) 찻집, 카페 | 白湯(さゆ) 끓였다가 식힌 물, 미지근한 물 | お湯(ゆ) 더운물, 끓인 물 | 沸(わ)かす 데우다, 끓이다 | 冷(さ)ます 식히다 | 自動販売機(じどうはんばいき) 자동판매기 | 結構(けっこう) 제법, 꽤 | 驚(おどろ)く 놀라다 | 増(ふ)える 늘어나다 | 理由(りゆう) 이유

해설 남자는 찻집에 파는 미지근한 물의 가격에도 의구심을 보였으나, 여자가 자동판매기에서도 판다고 말했을 때 "뭐? 자판기에서?"라고 반문하며 가장 큰 놀라움을 표했으므로 1번이 정답이다. 3번과 4번은 여자의 설명에 수긍하거나 단순히 정보를 받아들인 부분이지 놀라움의 핵심 원인이 아니므로 오답이다.

3番

女の子と男の子が話しています。男の子はどうして髪を伸ばしていますか。

F：ヒロシくん、髪、ずいぶん長くなったね。似合っているよ。長い髪が好きなの？

M：ううん、長くて面倒なんだけど、ヘアドネーションのために長くしているんだ。

F：ヘアドネーションって、ウィッグを作るために髪を寄付することよね。

M：うん。病気で髪がなくなった人のためのかつらを作るんだ。もう31センチを超えたから、いつでも寄付でき

3번

여자아이와 남자아이가 이야기하고 있습니다. 남자아이는 왜 머리를 기르고 있습니까?

여：히로시, 머리가 꽤 길어졌네. 잘 어울려. 긴 머리를 좋아하니?

남：아니, 길어서 귀찮기도 하지만, 머리카락 기부를 위해서 기르고 있는 거야.

여：머리카락 기부라니, 가발을 만들기 위한 머리카락을 기부하는 거 말이지?

남：응. 병으로 머리카락이 없어진 사람을 위한 가발을 만드는 거야. 이미 31cm를 넘어서 언제든 기부할 수 있지만, 길면 길수록 좋으니까.

제2회 실전모의테스트

るけど、長ければ長いほどいいから。
F：偉いね。誰か家族に癌の人がいるの？
M：いないよ。でも、足を折って入院した時、病気で髪が
　　なくなって恥ずかしいから人に会いたくないって言っ
　　ている子に会ったんだ。そういう子が大勢いるんだっ
　　て。
F：それでヘアドネーションのことを知ったのね。
M：うん、お母さんも一緒にしているよ。

男の子はどうして髪を伸ばしていますか。

1　まだ３１センチにならないから
2　がんでウィッグが必要な家族がいるから
3　病院で会った子に髪をあげたいから
4　ウィッグを作るために寄付したいから

여: 장하네. 가족 중에 암 환자가 계시니?

남: 아니. 그런데 지난번에 다리가 부러져서 입원했을 때, 병 때문에 머리카락이 없어져서 부끄러우니까 사람들을 만나고 싶지 않다고 말하는 아이를 만났어. 그런 아이들이 많이 있대.

여: 그래서 머리카락 기부에 대해 알게 된 거구나.

남: 응, 우리 엄마도 같이 하고 있어.

남자아이는 왜 머리를 기르고 있습니까?

1　아직 31cm가 되지 않았기 때문에

2　암으로 가발이 필요한 가족이 있기 때문에

3　병원에서 만난 아이에게 머리카락을 주고 싶어서

4　가발을 만들기 위해 기부하고 싶어서

단어　髪(かみ)を伸(の)ばす 머리를 기르다 | 似合(にあ)う 잘 어울리다 | ドネーション 도네이션, 기부 | ウィッグ 가발 | 寄付(きふ) 기부 | かつら 가발 | 超(こ)える 넘다, 초과하다 | 癌(がん) 암 | 恥(は)ずかしい 창피하다, 부끄럽다 | 偉(えら)い 장하다, 훌륭하다 | 大勢(おおぜい) 많은 사람, 여럿

해설　남자아이는 머리가 길어서 불편함에도 불구하고 머리카락 기부를 위해 기르고 있다고 명확히 목적을 밝혔으며, 이는 가발를 만들기 위한 모발 기부를 뜻하므로 4번이 정답이다. 1번은 이미 31cm를 넘었다고 했으므로 사실과 다르고, 2번은 가족 중에 환자가 없다고 했으므로 오답이며, 3번은 병원에 입원했을 때 만난 아이를 통해 병 때문에 머리카락이 없어져 부끄러워 하는 아이들이 많다는 사실을 알게 되었다는 언급은 있으나, 그 아이에게 머리카락을 주겠다는 약속을 했다는 등의 언급은 없으므로 오답이다.

４番

会社で男の人と女の人が話しています。何が問題ですか。
F：開発部の林さんと山川さん、来年定年ですって。
M：困るなあ。僕たちまだ彼らの助けが必要だよ。
F：大丈夫よ。定年後も勤めてくれると思うわ。ほとんど
　　の人がそのまま働いているみたいだから。
M：それは他の課の人でしょう。定年になると給料がすご
　　く減るから、技術者は高いお金を出す会社に引き抜か
　　れちゃうよ。友達のお兄さんは中国で日本の何倍もの
　　給料をもらっているんだって。
F：その人はよっぽど高い技術があるのよ。林さんも山川
　　さんも辞めちゃうのかな。
M：多分ね。去年退職した泉さんはベトナムにいるらしい
　　よ。定年後の社員にもっと給料を出さなきゃ優秀な人
　　ほどやめていっちゃうよ。
F：そうね。週に３回しか会社に来ないのなら給料が減る
　　のは仕方がないけど、同じように働いて30％も減るの
　　はひどいと思わない？改善してほしいよね。
M：会社も考えていると思うよ。
F：そうね。今までのやり方は通じないわね。

4번

회사에서 남자와 여자가 이야기하고 있습니다. 무엇이 문제입니까?

여: 개발부의 하야시 씨와 야마카와 씨, 내년에 정년이라면서요.

남: 곤란한걸. 우리는 아직 그분들의 도움이 필요하다고.

여: 괜찮을 거야. 정년 후에도 근무해 주실 거라 생각해. 대부분의 사람이 그대로 일하고 있는 것 같으니까.

남: 그건 다른 과 사람들이겠지. 정년이 되면 월급이 엄청나게 줄어드니까, 기술자는 높은 보수를 주는 회사에 스카우트되어 버린다고. 친구 형은 중국에서 일본의 몇 배나 되는 월급을 받고 있대.

여: 그 사람은 워낙 높은 기술이 있는 거겠지. 하야시 씨도 야마카와 씨도 그만두시려나.

남: 아마도. 작년에 퇴직한 이즈미 씨는 베트남에 있는 모양이야. 정년이 된 사원에게 월급을 더 주지 않으면 우수한 사람일수록 그만두고 가 버릴 거야.

여: 맞아. 일주일에 3번밖에 회사에 안 온다면 월급이 줄어드는 건 어쩔 수 없지만, 똑같이 일하는데 30%나 줄어드는 건 너무하다고 생각하지 않아? 개선해 줬으면 좋겠네.

남: 회사도 고민하고 있을 거야.

여: 그렇겠지. 지금까지의 방식은 통하지 않겠네.

何が問題ですか。

1 社員が退職して海外で高い給料で働くこと
2 定年後に週に３日しか働けないこと
3 同じ働き方でも定年後に給料が少なくなること
4 会社が定年後の給料改善を考えていないこと

무엇이 문제입니까?

1 사원이 퇴직하여 해외에서 높은 급여를 받고 일하는 것
2 정년 후에 주 3일밖에 일할 수 없는 것
3 똑같이 일해도 정년 후에 급여가 적어지는 것
4 회사가 정년 후의 급여 개선을 생각하지 않는 것

단어 定年(ていねん) 정년 | 開発部(かいはつぶ) 개발부 | 給料(きゅうりょう) 급여, 월급 | 技術者(ぎじゅつしゃ) 기술자 | 引(ひ)き抜(ぬ)く 스카우트하다, 빼가다 | 退職(たいしょく) 퇴직 | 優秀(ゆうしゅう) 우수함 | 改善(かいぜん) 개선 | 通(つう)じる 통하다, 통용되다

해설 남녀는 정년 후의 인재 유출을 걱정하며 그 원인으로 급여 삭감을 꼽고 있다. 특히 여자가 똑같이 일하는데 30%나 급여가 줄어드는 것은 너무하다고 구체적으로 지적하며 개선을 희망했으므로 3번이 정답이다. 1번은 급여 삭감으로 인해 발생하는 결과 중 하나일 뿐 문제의 근본 원인은 아니며, 2번은 여자가 주 3일만 온다면 삭감도 이해하지만이라고 가정하며 든 예시일 뿐 사실이 아니므로 오답이고, 4번은 남자가 회사도 생각 중일 것이라고 했으므로 오답이다.

5番

経営コンサルタントが話しています。女の人はどうして全面的にＤ２Ｃにすることにあまり賛成ではないのですか。

Ｆ：最近、自分の会社の製品を直接消費者に売るＤ２Ｃが流行っていますが、これはなかなか難しいです。確かに、他の店には売らず、自分の店だけで販売すれば利益率が高いです。もちろん、宣伝やお客さんの意見を聞くために自分の会社の店を持つのはいいですが、すべてを直接売ることには賛成しかねる場合が多いです。特に、消費者がその場で比較して買うような商品は、他社の製品がないと、かえって販売チャンスを逃してしまいます。その店には熱心なファンやその商品を目的に来る人しか来ない可能性が高いからです。みなさんもご存じのように有名なシューズメーカーのＡ社がＤ２Ｃにしたせいで売り上げが驚くほど減ったという例もあります。

女の人はどうして全面的にＤ２Ｃにすることにあまり賛成ではないのですか。

1 Ａ社がＤ２Ｃに失敗したから
2 Ｄ２Ｃをすると売り上げが減るから
3 Ｄ２Ｃには向かない商品があるから
4 Ｄ２Ｃは宣伝のための売り方だから

5번

경영 컨설턴트가 이야기하고 있습니다. 여자는 왜 전면적으로 D2C를 하는 것에 그다지 찬성하지 않습니까?

여: 최근 자기 회사의 제품을 직접 소비자에게 파는 D2C가 유행하고 있습니다만, 이것은 꽤 어렵습니다. 확실히 다른 가게에 판매하지 않고 자기 가게에서만 판매하면 이익률이 높습니다. 물론 홍보나 고객의 의견을 듣기 위해 자기 회사의 매장을 갖는 것은 좋지만, 모든 것을 직접 파는 것에는 찬성하기 어려운 경우가 많습니다. 특히 소비자가 그 자리에서 비교해 보고 사는 상품은 다른 회사의 제품이 없으면 오히려 판매 기회를 놓치고 맙니다. 그 가게에는 열성적인 팬이나 그 상품을 목적으로 오는 사람만 올 가능성이 높기 때문입니다. 여러분도 아시다시피 유명 신발 제조사인 A사가 D2C로 전환한 탓에 매출이 놀라울 정도로 줄었다는 사례도 있습니다.

여자는 왜 전면적으로 D2C를 하는 것에 그다지 찬성하지 않습니까?

1 A사가 D2C에 실패했기 때문
2 D2C를 하면 매출이 줄어들기 때문
3 D2C에는 적합하지 않는 상품이 있기 때문
4 D2C는 홍보를 위한 판매 방식이기 때문

단어 経営(けいえい) 경영 | 全面的(ぜんめんてき) 전면적 | 賛成(さんせい) 찬성 | 直接(ちょくせつ) 직접 | 消費者(しょうひしゃ) 소비자 | 利益率(りえきりつ) 이익률 | 宣伝(せんでん) 홍보, 선전 | ～かねる ～하기 어렵다, ～하기 곤란하다 | 比較(ひかく)する 비교하다 | 逃(のが)す 놓치다 | 可能性(かのうせい) 가능성 | 売(う)り上(あ)げ 매출 | 失敗(しっぱい) 실패

해설 여자는 그 자리에서 비교해 보고 사는 상품은 다른 회사 제품이 없으면 판매 기회를 놓친다고 언급하며 특정 유형의 상품이 D2C 방식과 충돌할 수 있음을 지적했다. 따라서 모든 상품이 아닌 D2C에 맞지 않는 상품(비교 구매 상품)이 존재한다는 이유를 담은 3번이 정답이다. 1번은 주장을 뒷받침하는 하나의 예시일 뿐 근본적인 이유가 아니며, 2번은 모든 D2C가 매출 감소로 이어진다는 일반론이 아니므로 오답이고, 4번은 여자가 매장을 갖는 목적 중 하나로 언급했을 뿐 찬성하지 않는 이유와는 거리가 멀다.

日本人の男の人と韓国人の女の人が話しています。女の人はどうして「ドボボ」と言いましたか。

M：ミンアちゃん、どうしたの？
F：またまた大失敗。「ドボボ」なのよ。
M：えっ。ドボボって何？失敗したのならトホホでしょ。
F：うん。でも、トホホの気持ちがすごく強いから、ドボボにしてみた。
M：ミンアちゃんっておもしろいね。日本語は点々をつけると音が大きくなったり強くなったりするから？
F：そうなのよ。「とんとん」と「どんどん」とかあるでしょ？だから点々をつけてみた。
M：でも、聞いた時「トホホ」より「ドボボ」の方が元気があるように感じるよ。
F：そうか。反対に元気いっぱいになっちゃうってことね。「トホホ」。

女の人はどうして「ドボボ」と言いましたか。

1　「トホホ」に点々をつけてみたかったから
2　「トホホ」の気持ちが表せないから
3　「ドボボ」で元気いっぱいと言いたかったから
4　「トホホ」の気持ちを強くしたかったから

6번

일본인 남자와 한국인 여자가 이야기하고 있습니다. 여자는 왜 "도보보"라고 말했습니까?

남: 민아야, 무슨 일이야?
여: 또 대실패야. '도보보'라니까.
남: 응? 도보보라는 게 뭐야? 실패했을 때는 '토호호'잖아.
여: 응. 하지만 '토호호'하는 마음이 아주 강하니까, '도보보'라고 해 봤어.
남: 민아, 너 참 재미있네. 일본어는 점 두 개를 찍으면 소리가 커지거나 강해지니까?
여: 맞아. '톤톤'과 '돈돈' 같은 게 있잖아? 그래서 점 두 개를 찍어 봤어.
남: 하지만 들었을 때는 '토호호'보다 '도보보'가 더 기운이 넘치는 것처럼 느껴져.
여: 그래? 반대로 기운이 가득해져 버린다는 거구나. '토호호'.

여자는 왜 "도보보"라고 말했습니까?

1 '토호호'에 점 두 개를 찍어 보고 싶었기 때문에
2 '토호호'의 기분을 나타낼 수 없기 때문에
3 '도보보'로 기운 가득하다고 말하고 싶었기 때문에
4 '토호호'의 기분을 강하게 나타내고 싶었기 때문에

단어　大失敗(だいしっぱい) 대실패 | トホホ 매우 곤란하거나 한심한 기분이 들 때 내는 소리 | 点々(てんてん) 여러 점(여기서는 일본어의 탁점을 나타냄) | とんとん 가볍게 두드리는 소리, 똑똑, 톡톡 | どんどん 꽝꽝, 둥둥, 쿵쿵 | 反対(はんたい)に 반대로 | 元気(げんき)いっぱい 기운 가득함

해설　여자는 실패해서 낙담한 기분이 매우 크고 강하다는 것을 강조하기 위해, 일본어의 탁음이 가지는 강하고 무거운 이미지를 빌려 '도보보'라고 표현했다. 따라서 4번이 정답이다. 1번은 수단일 뿐 목적이 아니며, 3번은 남자의 반응일 뿐 여자의 의도가 아니다. 2번은 기분을 나타내기 위해 단어를 변형한 것이지 나타낼 수 없어서가 아니므로 오답이다.

問題３

問題３では、問題用紙に何もいんさつされていません。この問題は、全体としてどんな内容かを聞く問題です。話の前に質問はありません。まず話を聞いてください。それから、質問とせんたくしを聞いて、1から4の中から、最もよいものを一つ選んでください。
では練習しましょう。

문제 3

문제3에서는 문제용지에 아무것도 인쇄되어 있지 않습니다. 이 문제는 전체로서 어떤 내용인지를 묻는 문제입니다. 이야기 전에 질문은 없습니다. 먼저 이야기를 들어 주세요. 그리고 질문과 선택지를 듣고 1에서 4 중에서 가장 적당한 것을 하나 고르세요. 그럼 연습해 봅시다.

例

テレビでアナウンサーが通信販売に関する調査の結果を話しています。
F：皆さん、通信販売を利用されたことがありますか。買

예

텔레비전에서 아나운서가 통신판매에 관한 조사 결과를 이야기하고 있습니다.

여: 여러분, 통신 판매를 이용하신 적인 있습니까? 쇼핑을 할 때에

い物をする時は店に行って、自分の目で確かめてから
しか買わないと言っていた人も、最近この方法を利用
するようになってきたそうです。１０代から８０代ま
での人に調査をしたところ、「忙しくて買いに行く時
間がない」「お茶を飲みながらゆっくりと買い物がで
きる」「子供を育てながら、働いているので、毎日の
生活になくてはならない」など多くの意見が出されま
した。

通信販売の何についての調査ですか。
1 利用者数
2 買える品物の種類
3 利用方法
4 利用する理由

1番

テレビで男の料理人が話しています。

M: みなさん、天ぷらは普通、水に卵と小麦粉を入れて作
ります。揚げたての天ぷらはカラッとしておいしいで
すが、時間が経つと柔らかくなっておいしくなくなっ
てしまいます。そこで今日は時間が経ってもおいし
い天ぷらを作ってみましょう。いろいろな方法があ
ります。卵の代わりにマヨネーズを入れるのもいい
ですが、今日は油を入れてみましょう。粉100ｇに水
180ml、油は大さじ３杯を使います。最初に水と油を
よく混ぜてから粉を入れます。粉は軽く混ぜるように
します。これでずっとカラッとしている天ぷらが作れ
ます。では、やってみましょう。

男の人は今日、どうやって天ぷらを作ると言っています
か。
1 水の代わりに粉に油を入れる
2 水ではなく粉に卵を入れる
3 卵ではなく粉にマヨネーズを入れる
4 卵の代わりに粉に油を入れる

는 가게에 가서 자기 눈으로 확인해야만 산다고 하던 사람도 최
근에는 이 방법을 이용하게 되었다고 합니다. 10대부터 80대
까지 조사한 결과, "바빠서 쇼핑을 갈 시간이 없다" "차를 마시
면서 느긋하게 쇼핑을 할 수 있다" "아이를 키우면서 일하고 있
어서 매일의 생활에 없어서는 안 된다" 등 많은 의견이나왔습
니다.

통신 판매의 무엇에 대한 조사입니까?

1 이용자 수
2 살 수 있는 물품의 종류
3 이용 방법
4 이용하는 이유

1번

텔레비전에서 남자 요리사가 이야기하고 있습니다.

남: 여러분, 튀김은 보통 물에 계란과 밀가루를 넣어서 만듭니다.
갓 튀긴 튀김은 바삭해서 맛있지만, 시간이 지나면 눅눅해져서
맛이 없어지고 맙니다. 그래서 오늘은 시간이 지나도 맛있는 튀
김을 만들어 봅시다. 여러 방법이 있습니다. 계란 대신 마요네
즈를 넣는 것도 좋지만, 오늘은 기름을 넣어 봅시다. 가루 100g
에 물 180ml, 기름은 세 큰술을 사용합니다. 먼저 물과 기름을
잘 섞은 다음 가루를 넣습니다. 가루는 가볍게 섞어 주도록 합
니다. 이렇게 하면 계속 바삭함이 유지되는 튀김을 만들 수 있
습니다. 그럼 한번 해 봅시다.

남자는 오늘 어떻게 튀김을 만든다고 말하고 있습니까?

1 물 대신 가루에 기름을 넣는다
2 물이 아니라 가루에 계란을 넣는다
3 계란이 아니라 가루에 마요네즈를 넣는다
4 계란 대신 가루에 기름을 넣는다

단어 　普通(ふつう) 보통 | 小麦粉(こむぎこ) 밀가루 | 揚(あ)げたて 갓 튀겨냄 | カラッとする 바삭하다 | 時間(じかん)が経(た)つ 시간이 흐르
다 | 代(か)わりに 대신 | 大(おお)さじ 큰술 | 混(ま)ぜる 섞다

해설 　요리사는 보통 튀김 반죽에 들어가는 계란 대신에, 오늘은 기름을 사용하겠다고 설명했다. 마요네즈를 언급하기 했지만 오늘은 기름을 사
용해 보자고 했으므로 3번은 오답이며, 물은 여전히 180ml 사용한다고 했으므로 1번도 오답이다. 따라서 계란의 역할을 기름으로 대체하
는 4번이 정답이다.

2 番

韓国から日本に帰ってきた女の人が話しています。

F：韓国は妊娠している女性が大切にされている社会だと感じました。電車の優先席が四つあったら一つは妊娠している人の席になっていました。私は日本で妊娠していた時に席を譲ってもらえないことがありました。また、日本にも妊娠中や出産後にサービスがありますが、韓国の方がいいと思いました。お金がかかりますが、「チョリウォン」や「トウミ」と言われる出産後に世話をしてくれるサービスがあって、出産後ゆっくり過ごせます。日本より韓国の方がかゆいところに手が届くサービスがあると思いました。

女の人は主に何について話していますか。

1 韓国で妊娠した方がよいということについて
2 韓国と日本の出産前後に関するサービスについて
3 韓国と日本の妊娠している人に対する態度について
4 韓国と日本の妊娠している人の違いについて

2번

한국에서 일본으로 돌아온 여자가 이야기하고 있습니다.

여: 한국은 임신 중인 여성이 소중히 여겨지는 사회라고 느꼈습니다. 전철의 교통약자석이 네 개 있다면 하나는 임신한 사람을 위한 좌석으로 되어 있었습니다. 저는 일본에서 임신했을 때 자리를 양보받지 못한 적이 있었습니다. 또한, 일본에도 임신 중이나 출산 후에 서비스가 있지만, 한국 쪽이 더 좋다고 생각했습니다. 비용은 들지만 '조리원'이나 '도우미'라고 불리는 출산 후에 보살펴 주는 서비스가 있어서, 출산 후 여유롭게 보낼 수 있습니다. 일본보다 한국이 가려운 곳을 긁어주는 듯한 서비스가 있다고 생각했습니다.

여자는 주로 무엇에 대해 이야기하고 있습니까?

1 한국에서 임신하는 편이 좋다는 것에 대하여
2 한국과 일본의 임신·출산 전후 서비스에 대하여
3 한국과 일본의 임신한 사람에 대한 태도에 대하여
4 한국과 일본의 임신한 사람의 차이에 대하여

단어 妊娠(にんしん) 임신 | 優先席(ゆうせんせき) 교통약자석 | 譲(ゆず)る 양보하다 | 出産(しゅっさん) 출산 | 世話(せわ) 보살핌 | かゆいところに手(て)が届(とど)く 가려운 곳을 긁어주다(매우 세심하다) | 前後(ぜんご) 전후 | 〜に関(かん)する 〜에 대한, 〜에 관한 | 態度(たいど) 태도

해설 여자는 임신한 여성을 배려하는 전철 좌석뿐만 아니라 산후조리원과 도우미(출산 후 서비스)를 모두 언급하며 한국과 일본을 비교하고 있다. 따라서 태도에 국한된 3번보다는 임신·출산 전후에 관한 서비스를 아우르는 2번이 가장 적절한 주제임을 알 수 있다.

3 番

講演会で経済学者が話しています。

M：外国人観光客が最も多いのはフランスですが、観光収入ではアメリカが1位です。理由の一つとして、エンターテインメントやレジャーといった娯楽サービス分野における消費が多いことが挙げられます。アメリカでは、2023年一人当たりの総支出の13.5%を占めました。カナダやフランスでも10%を超えています。日本はというと、5.1%にしかなっていません。では、外国人観光客は日本で何にお金を使っているのでしょうか。円安の影響で買い物代が26.5%にも上がっています。アメリカは18%です。このまま何もしないで良いのでしょうか。

経済学者は何について話していますか。

1 日本に来る観光客の消費傾向
2 日本の観光収入が少ない理由
3 外国人観光客の問題点
4 観光客がお金を使う目的

3번

강연회에서 경제학자가 이야기하고 있습니다.

남: 외국인 관광객이 가장 많은 곳은 프랑스입니다만, 관광 수입은 미국이 1위입니다. 이유 중 하나로 엔터테인먼트나 레저 같은 오락 서비스 분야에서의 소비가 많다는 점을 들 수 있습니다. 미국에서는 2023년 1인당 총지출의 13.5%를 차지했습니다. 캐나다나 프랑스에서도 10%를 넘고 있습니다. 일본은 어떠한가 하면, 5.1%밖에 되지 않습니다. 그럼, 외국인 관광객은 일본에서 무엇에 돈을 쓰고 있을까요? 엔저의 영향으로 쇼핑 비용이 26.5%까지나 올랐습니다. 미국은 18%입니다. 이대로 아무 것도 하지 않아도 괜찮은 걸까요?

경제학자는 무엇에 대해 이야기하고 있습니까?

1 일본에 오는 관광객의 소비 경향
2 일본의 관광 수입이 적은 이유
3 외국인 관광객의 문제점
4 관광객이 돈을 쓰는 목적

단어 講演会(こうえんかい) 강연회 | 観光収入(かんこうしゅうにゅう) 관광 수입 | 娯楽(ごらく) 오락 | 分野(ぶんや) 분야 | ～における ～에서의 | 消費(しょうひ) 소비 | 総支出(そうししゅつ) 총지출 | 占(し)める 차지하다 | 円安(えんやす) 엔저 | 影響(えいきょう) 영향 | 値段(ねだん) 가격 | 傾向(けいこう) 경향

해설 경제학자는 일본을 방문한 외국인 관광객이 어디에 돈을 쓰는지를 다른 나라와 비교하며 설명하고 있다. 특히 일본에서는 오락, 레저의 소비가 적고, 쇼핑 지출 비중이 높다고 말하므로 주제는 1번 일본에 오는 관광객의 소비 경향이다.

4番

女の人が話しています。

F：みなさん、こちらの写真をご覧ください。飾りをたくさん付けてピカピカ光らせて走る「デコトラ」と呼ばれるトラックほど目立ちませんが、こちらのトラックも結構目を引くと思いませんか。これは富士山が描いてあるトラックで富士市の宣伝をしています。こちらの、素敵な男の人がりんごを持っているイラストが描かれたトラックは、岩手農協がりんごの宣伝に利用しているものです。どちらも運送会社に頼んでトラックにイラストを描いてもらいました。トラックはあちこち遠くまで行くので多くの人に見てもらえます。イラストを描いたトラックはどこでも注目されて高い宣伝効果があります。みなさんの市もトラックを利用することを考えてみたらいかがでしょう。

女の人の目的は何ですか。

1 デコトラとイラストトラックの違いを教えること
2 宣伝の手段は何が効果的なのかを示すこと
3 イラストトラックの存在を広めること
4 イラストトラックを使うことをすすめること

4번

여자가 이야기하고 있습니다.

여: 여러분, 이 사진을 봐 주십시오. 장식을 많이 달고 번쩍번쩍 빛을 내며 달리는 '데코레이션 트럭'라고 불리는 트럭만큼 눈에 띄진 않지만, 이 트럭도 제법 눈길을 끈다고 생각하지 않으십니까? 이것은 후지산이 그려져 있는 트럭으로 후지시를 홍보하고 있습니다. 이쪽의, 멋진 남자가 사과를 들고 있는 일러스트가 그려진 트럭은 이와테 농협이 사과 홍보에 이용하고 있는 것입니다. 둘 다 운송 회사에 부탁해서 트럭에 일러스트를 그리게 한 것입니다. 트럭은 여기저기 먼 곳까지 가기 때문에 많은 사람에게 보여 줄 수 있습니다. 일러스트를 그린 트럭은 어디서든 주목받아 높은 홍보 효과가 있습니다. 여러분의 시에서도 트럭을 이용하는 것을 생각해 보시면 어떨까요.

여자의 목적은 무엇입니까?

1 데코레이션 트럭과 일러스트 트럭의 차이점을 가르쳐 주는 것
2 홍보 수단은 무엇이 효과적인지 보여 주는 것
3 일러스트 트럭의 존재를 널리 알리는 것
4 일러스트 트럭을 사용하는 것을 권하는 것

단어 飾(かざ)り 장식 | 目立(めだ)つ 눈에 띄다 | 目(め)を引(ひ)く 눈길을 끌다 | 宣伝(せんでん) 선전, 홍보 | 農協(のうきょう) 농업협동조합의 준말 | 運送会社(うんそうがいしゃ) 운송 회사 | 注目(ちゅうもく) 주목 | 効果(こうか) 효과 | 手段(しゅだん) 수단 | すすめる 권하다, 추천하다

해설 여자는 일러스트 트럭의 사례와 홍보 효과를 설명한 뒤, 마지막에 여러분의 시에서도 트럭 이용을 고려해 보라고 제안하고 있다. 따라서 단순한 정보 전달(3번)보다는 구체적인 실행을 권유하는 4번이 화자의 최종 목적에 부합한다.

5番

耳鼻科の医者が話しています。

M：日本人はよく耳の掃除をします。ですから、耳かきもいろいろ売っています。しかし、そのどれを使ってもよい結果にはなりません。耳を傷つけたり耳垢を耳の奥に押し込んでしまったりするからです。最近は特に自分で取れないほどの耳垢ができて病院に来る患者さんが多いです。耳には「自浄」つまり自分できれいにする力があります。耳の奥から耳垢を外に出してくれ

5번

이비인후과 의사가 이야기하고 있습니다.

남: 일본인은 귀 청소를 자주 합니다. 그래서 귀이개두 다양하게 팔고 있습니다. 하지만 그중 어느 것을 써도 좋은 결과로 이어지지는 않습니다. 귀에 상처를 입히거나 귀지를 귀 안쪽으로 밀어 넣어 버리기 때문입니다. 최근에는 특히 스스로 제거할 수 없을 정도의 귀지가 생겨서 병원에 오는 환자가 많습니다. 귀에는 '자정', 즉 스스로 깨끗하게 하는 힘이 있습니다. 귀 안쪽에서 귀지를 밖으로 내보내 주는 것입니다. 하지만 귀 청소만 하고 있

るのです。でも耳掃除ばかりしているとせっかく外に
出ようとしてきた耳垢を奥に戻してしまうことがあり
ます。水が入ってしまったりした場合はタオルで拭い
たり綿棒を入れて水を取ったりしてもよいですが、自
然に乾くのでそのままでもかまわないのです。

耳鼻科の医者は何について話していますか。

1 耳かきを買う時の注意点
2 耳掃除の長所
3 自分での耳掃除の危険性
4 耳垢ができる理由やその取り方

으면, 어렵사리 밖으로 나오려던 귀지를 다시 안쪽으로 되돌려
보내 버리는 경우가 있습니다. 물이 들어갔을 경우에는 타월로
닦거나 면봉을 넣어 물기를 제거해도 좋지만, 자연스럽게 마르
기 때문에 그대로 두어도 상관없습니다.

이비인후과 의사는 무엇에 대해 이야기하고 있습니까?

1 귀이개를 살 때의 주의점
2 귀 청소의 장점
3 스스로 귀를 청소하는 것의 위험성
4 귀지가 생기는 이유나 그 제거 방법

단어 耳鼻科(じびか) 이비인후과 | 耳掃除(みみそうじ) 귀 청소 | 耳垢(みみあか) 귀지 | 押(お)し込(こ)む 밀어 넣다 | 患者(かんじゃ) 환자 | 自浄(じじょう) 자정 | せっかく 어렵사리, 모처럼 | 乾(かわ)く 마르다 | かまわない 상관없다

해설 의사는 귀이개를 써도 결과가 좋지 않으며, 오히려 귀지를 안으로 밀어 넣거나 상처를 입히는 등 스스로 귀를 청소하는 행위가 초래하는 부정적인 결과와 위험성을 중심으로 설명하고 있다. 따라서 3번이 가장 적절하다.

問題 4

問題 4 では、問題用紙に何もいんさつされていません。まず
文を聞いてください。それから、それに対する返事を聞い
て、1 から 3 の中から、最もよいものを一つ選んでくださ
い。
では練習しましょう。

문제 4

문제4에서는 문제용지에 아무것도 인쇄되어 있지 않습니다. 먼
저 문장을 들어 주세요. 그리고 그것에 대한 응답을 듣고 1에서
3 중에서 가장 적당한 것을 하나 고르세요.
그럼 연습해 봅시다.

例

F : 今日ちょっと、残って仕事してってもらえない？
M: 1 今日ですか。はい、分かりました。
　　2 すみません、今日遅くなったんです。
　　3 残りは、あとこれだけです。

예

여: 오늘 좀 남아서 일 해 줄 수 있을까?
남: 1 오늘이요? 네, 알겠습니다.
　　2 죄송합니다. 오늘 늦어졌습니다.
　　3 남은 것은 이것뿐입니다.

---

1 番

F : 最近、水仕事が多くて手が荒れちゃった。
M: 1 洗濯機は故障していないよ。
　　2 台所仕事ばかりだからね。
　　3 なぜ掃除機を使わないの？

1번

여: 최근에 물 쓰는 일을 많이 해서 손이 거칠어졌어.
남: 1 세탁기는 고장 나지 않았어.
　　2 부엌일만 하면 그렇지.
　　3 왜 청소기를 쓰지 않는 거야?

단어 水仕事(みずしごと) 물일, 빨래나 부엌일 등 물을 써서 하는 일 | 手(て)が荒(あ)れる 손이 거칠어지다 | 洗濯機(せんたくき) 세탁기 | 故障(こしょう) 고장 | 台所仕事(だいどころしごと) 부엌일 | 掃除機(そうじき) 청소기

해설 여자가 물 쓰는 일 때문에 손이 거칠어졌다고 고민을 말하고 있으므로, 물을 사용하는 대표적인 가사인 부엌일을 언급하며 공감하는 2번이 정답이다. 1번 세탁기와 3번 청소기는 손이 거칠어지는 직접적인 원인으로 연결되기에는 문맥상 어색하다.

2 番

M: 無理なら無理だと最初に言わなきゃだめだよ。

F : 1 それはそうなんですが…。

　　2 それは困るんですが…。

　　3 それは聞いたんですが…。

2번

남: 안 되겠으면 안 된다고 처음에 말해야지.

여: 1 그건 그렇습니다만….

　　2 그건 곤란합니다만….

　　3 그건 물었습니다만….

단어 | 無理(むり) 무리, 안 됨 | 最初(さいしょ) 처음 | 困(こま)る 곤란하다, 처지가 딱하다

해설 | 남자의 '말을 안 하면 안 되지'라는 충고나 질책에 대해, 자신의 잘못을 어느 정도 인정하면서도 말 끝을 흐리며 변명을 하거나 난처함을 표하는 1번이 가장 자연스러운 응답이다.

---

3 番

F : この会社に投資したら1年で倍になるそうだよ。

M: 1 そんな話があるものか。

　　2 そんな話を聞いてみよう。

　　3 そんな話をするつもりだ。

3번

여: 이 회사에 투자하면 1년에 배가 된대.

남: 1 그런 말이 있을 리가 있나.

　　2 그런 말을 들어 보자.

　　3 그런 말을 할 생각이야.

단어 | 投資(とうし) 투자 | 倍(ばい) 배, 두 배 | ~ものか ~할까 보냐, ~일 리가 있나 | つもり 셈, 의도

해설 | 현실적으로 불가능해 보이는 수익 2배라는 말에 대해 강한 부정이나 의구심을 나타내는 표현을 골라야 한다. 따라서 "그럴 리가 있겠느냐"라는 반문의 의미가 담긴 1번이 가장 적절하다.

---

4 番

M: 紅茶がちょっと、甘すぎちゃった。

F : 1 じゃ、砂糖を入れたら？

　　2 じゃ、塩を減らしたら？

　　3 じゃ、ちょっと紅茶を入れたら？

4번

남: 홍차가 좀 너무 달아져 버렸어.

여: 1 그럼, 설탕을 넣으면 어때?

　　2 그럼, 소금을 줄이면 어때?

　　3 그럼, 홍차를 좀 더 넣으면 어때?

단어 | 紅茶(こうちゃ) 홍차 | ~すぎる 너무 ~하다 | 砂糖(さとう) 설탕 | 塩(しお) 소금 | 減(へ)らす 줄이다

해설 | 남자가 홍차가 너무 달다고 말하고 있으므로, 묽게 해서 단맛을 중화시키기 위해 홍차를 더 넣으라고 제안하는 3번이 가장 논리적이다. 1번은 단맛을 더 강하게 만드는 제안이며, 2번은 홍차의 단맛과는 상관없는 내용이다.

---

5 番

M: 食事を食べかけたまま出かけるなんて。

F : 1 だっておいしかったんだもん。

　　2 だって遅刻しそうだったんだもん。

　　3 だって全部食べたかったんだもん。

5번

남: 식사를 먹다 만 채로 나가다니.

여: 1 그렇지만 맛있었는걸.

　　2 그렇지만 지각할 것 같았는걸.

　　3 그렇지만 전부 먹고 싶었는걸.

단어 | 食事(しょくじ) 식사 | ~かける ~하다 말다 | ~まま ~한 채로 | 出(で)かける 외출하다, 나가다 | だって 그렇지만, 왜냐하면 | 遅刻(ちこく) 지각

해설 | 남자가 먹다 만 채로 급히 나간 행동을 지적하고 있다. 이에 대해 여자가 이유를 대며 변명하는 상황이므로, 시간이 없었다는 의미인 2번이 정답이다.

6番

M: なんだか寝たりないなあ。

F：1 じゃ、運転任せても大丈夫ね。

2 十分寝たなら仕事を始めよう。

3 だからあくびばかりしてるんだ。

6번

남: 왠지 잠이 부족하네.

여: 1 그럼, 운전 맡겨도 괜찮겠네.

2 충분히 잤다면 일을 시작하자.

3 그래서 하품만 하고 있구나.

단어　運転(うんてん) 운전 | 任(まか)せる 맡기다 | あくび 하품

해설　남자가 잠이 부족하다고 말하고 있다. 이에 대한 반응으로는 하품만 하고 있는 남자의 상태를 통해 그 이유를 납득하고 있는 3번이 가장 자연스럽다. 1번은 잠이 부족한 사람에게 운전을 맡겨도 된다고 말하는 모순된 상황이며, 2번은 남자의 말과 상반되는 전제이다.

7番

M: 事故で電車が動かなかったにしろ、もう少し早く来られなかったの？

F：1 すみません。寝坊したもので。

2 すみません。タクシーが拾えなかったもので。

3 すみません。車に乗っていたもので。

7번

남: 사고로 전철이 움직이지 않았다고는 해도, 조금 더 일찍 올 수는 없었니?

여: 1 죄송합니다. 늦잠을 자는 바람에.

2 죄송합니다. 택시를 잡을 수 없었거든요.

3 죄송합니다. 차에 타고 있었거든요.

단어　事故(じこ) 사고 | 〜にしろ 〜라고 해도, 〜라 할지라도 | 寝坊(ねぼう) 늦잠 | 拾(ひろ)う (택시 등을) 잡다, 줍다

해설　남자는 사고 때문에 전철이 운행되지 않은 사실을 인지하고 있음에도 불구하고, 다른 수단을 써서라도 더 일찍 올 방법이 없었느냐며 지각한 여자를 질책하고 있다. 이에 대해 전철 대신 이용하려 했던 다른 수단인 택시를 잡는 것조차 여의치 않았음을 해명하는 2번이 가장 적절하다.

8番

F：どこで結婚相手と知り合ったの？

M：1 叔父を通して話があったんです。

2 叔父の話をもとに書いたんです。

3 叔父の家をめぐって話をしたんです。

8번

여: 어디에서 결혼 상대를 만났어?

남: 1 삼촌을 통해서 이야기가 있었어요.

2 삼촌의 이야기를 토대로 썼어요.

3 삼촌의 집을 둘러싸고 이야기를 했어요.

단어　結婚相手(けっこんあいて) 결혼 상대 | 知(し)り合(あ)う 서로 알게 되다, 알다 | 叔父(おじ) 삼촌, 백부, 숙부 | 〜を通(とお)して 〜을/를 통해서 | 〜をもとに 〜을/를 토대로 | 〜をめぐって 〜을/를 둘러싸고

해설　결혼 상대를 만나게 된 경로를 묻고 있으므로, 삼촌이 중개자 역할을 했음을 나타내는 1번이 정답이다. 2번의 '〜을/를 토대로'는 자료나 근거를 나타낼 때 쓰이며, 3번의 '〜을/를 둘러싸고'는 쟁점이나 대립 상황에서 쓰인다. 또한 결혼 상대를 만난 장소 등과는 전혀 관련 없는 이야기를 하고 있다.

9番

F：ボランティアの協力を抜きにしてこの大会を開くのは絶対に無理です。

M：1 でも、人を雇うのには反対です。

2 それで早めに集合するんですね。

3 じゃ、みんなに声をかけませんか。

9번

여: 자원봉사자의 협력 없이는 이 대회를 개최하는 것은 절대로 무리입니다.

남: 1 하지만, 사람을 고용하는 것에는 반대입니다.

2 그래서 일찍 집합하는 거군요.

3 그럼, 모두에게 권유해 볼까요?

단어 協力(きょうりょく) 협력 | ～を抜(ぬ)きにして(は) ~을/를 제외하고는, ~없이는 | 絶対(ぜったい) 절대 | 無理(むり) 무리, 불가능함 | 雇(やと)う 고용하다 | 集合(しゅうごう)する 집합하다, 모이다 | 声(こえ)をかける 말을 걸다, 부르다, 권유하다

해설 여자가 자원봉사자의 협력 없이는 무리라며 협력의 필수성을 강조하고 있다. 이에 대해 자원봉사자를 모으기 위해 행동할 것을 제안하는 3번이 가장 자연스러운 대답이다.

10番

F：大企業に就職できてよかったですね。
M：1 でも、思ったより給料が高かったんです。
　　2 でも、そのわりに給料が安いんです。
　　3 でも、それによって忙しいんです。

10번

여: 대기업에 취직해서 잘됐네요.
남: 1 하지만, 생각보다 급여가 높았거든요.
　　2 하지만, 그에 비해 급여가 적거든요.
　　3 하지만, 그로 인해 바쁘거든요.

단어 大企業(だいきぎょう) 대기업 | 就職(しゅうしょく) 취직 | 給料(きゅうりょう) 급여, 월급 | そのわりに 그에 비해서, 비교적 | ～によって ~에 의해서, ~로 인해

해설 여자는 남자가 대기업에 취직한 것을 축하하고 있고 그에 대해 남자는 '하지만'이라는 역접의 접속사로 대답하고 있으므로, 겉보기와는 다른 부정적인 상황을 언급하는 것이 자연스럽다. 2번의 '～에 비해서'는 기대치와 실제 상황이 다를 때 사용하므로 정답이 된다. 3번에서 「～によって」는 주로 객관적인 인과관계나 수단, 근거를 나타낼 때 사용하므로 어색하다. 대기업에 취직했다는 사실이 곧바로 바쁘다는 결과로 이어지기보다는 업무가 많다거나 책임이 무겁다는 식의 중간 단계가 필요하다.

11番

M：駅前のラーメン屋、本日限りで閉店だって。
F：1 じゃ、今日は食べられないのね。
　　2 じゃ、明日食べに行かない？
　　3 じゃ、今日中に行ってみよう。

11번

남: 역 앞 라면집, 오늘을 끝으로 폐점한대.
여: 1 그럼, 오늘은 못 먹는 거네.
　　2 그럼, 내일 먹으러 가지 않을래?
　　3 그럼, 오늘 안에 가 보자.

단어 本日(ほんじつ) 오늘 | 限(かぎ)り 끝, 마지막, 한계 | 閉店(へいてん) 폐점

해설 남자는 라면집이 오늘이 마지막 영업일이라고 말하고 있다. 그에 대해서 마지막으로 라면을 먹어보기 위해 오늘 안에 방문하자고 제안하는 3번이 가장 논리적이다. 1번은 오늘까지 영업한다는 말과 모순되며, 2번에서 내일은 이미 폐점한 뒤이므로 성립할 수 없다.

問題 5

問題5では、長めの話を聞きます。この問題には練習はありません。問題用紙にメモをとってもかまいません。

문제 5

문제 5에서는 조금 긴 이야기를 듣습니다. 이 문제에는 연습은 없습니다. 메모를 해도 상관없습니다.

1番

問題用紙に何もいんさつされていません。まず話を聞いてください。それから、質問とせんたくしを聞いて、1から4の中から、最もよいものを一つ選んでください。

男の課長と2人の部下が話しています。

F1：うちの課、仕事が多いわりに人数が少なすぎますよ。
F2：課長、増員をお願いしてください。
M：そうなんだけど、2課の方が過労死が心配されるほどだからね。

1번

문제용지에 아무것도 인쇄되어 있지 않습니다. 먼저 이야기를 들어 주세요. 그리고 질문과 선택지를 듣고 1에서 4 중에서 가장 석낭한 것을 하나 고르세요

남자 과장과 두 명의 부하 직원이 이야기하고 있습니다.

여1: 우리 부서, 업무량에 비해 인원이 너무 적어요.
여2: 과장님, 인원 충원을 요청해 주세요.
남: 그렇긴 한데… 2과 쪽이 과로사가 걱정될 정도라서 말이야.

F1: 2課が忙しいのはみんな知っていますよ。でも、うちの課だって忙しいんです。このままでは辞める人も出ますよ。

M: えっ。誰か辞めそうなのか。

F1: まだはっきりそう言っている人はいないですが、転職サイトを見ている人はいますよ。私たち、うちの会社はブラック企業だと思っています。

M: 確かにそう言われても仕方がないな。でも、何とか仕事を減らすようにするから。

F2: じゃ、外部に仕事を頼んでくれませんか。

M: そこまでは考えていないよ。無駄な仕事を減らそうかと思っているんだけど。

F1: えっ、それだけじゃ、仕事は全然減らないですよ。

課長と部下たちの意見が違うのは何についてですか。
1 会社に対する評価
2 増員の必要性
3 仕事削減の方法
4 ２課の多忙さ

여1: 2과가 바쁜 건 다들 알고 있어요. 하지만 우리 부서도 바쁘다니까요. 이대로라면 그만두는 사람도 나올 거예요.

남: 어, 누가 그만둘 것 같은가?

여1: 아직 확실히 그렇게 말하는 사람은 없지만, 이직 사이트를 보고 있는 사람은 있어요. 저희는 우리 회사가 블랙 기업이라고 생각해요.

남: 확실히 그런 말을 들어도 어쩔 수 없겠군. 하지만 어떻게든 업무를 줄이도록 할테니까.

여2: 그럼, 외부에 일을 맡겨 주시지 않겠어요?

남: 거기까지는 생각하지 않고 있어. 불필요한 업무를 줄여 볼까 생각 중인데.

여1: 어, 그것만으로는 업무가 전혀 줄어들지 않아요.

과장님과 부하 직원들의 의견이 다른 것은 무엇에 대해서입니까?
1 회사에 대한 평가
2 인원 충원의 필요성
3 업무를 줄이는 방법
4 2과의 바쁨 정도

단어　わりに (〜한 것에) 비해서 | 増員(ぞういん) 인원 충원 | 過労死(かろうし) 과로사 | 転職(てんしょく) 이직 | ブラック企業(きぎょう) 블랙 기업(열악한 환경의 노동 착취 기업) | 外部(がいぶ) 외부 | 無駄(むだ)だ 쓸데없다, 불필요하다

해설　부하 직원(여성)들은 업무를 줄이기 위한 방법으로 외부에 일을 맡기는 것을 제안하고 있으나, 과장(남성)은 불필요한 내부 업무를 줄이는 것을 생각하고 있다. 따라서 업무를 줄이는 구체적인 방법에 대해 의견 차이를 보이고 있으므로 3번이 정답이다. 1번의 경우 과장도 블랙 기업이라 불려도 어쩔 수 없다고 인정하며 동의했으며, 2번의 경우 과장은 2과의 상황을 들어 인원 충원은 어렵다는 태도를 보이긴 하지만, 업무량에 비해 인원이 너무 적다는 부하 직원의 의견에 그렇기는 하다고 대답하며 인원 충원의 필요성에 대해서는 인정하고 있으므로 오답이다.

2番

女の部長の話を聞いて、２人の部下が会社の今後の方針について話しています。

F1: 我が社は長く外食産業にたずさわってきました。全国にチェーン店を増やし、利益率も高く、経営はうまく行っています。しかし、現状のままでは我が社の未来はないと考えています。今後の方針を検討するにあたり新規産業に参入する案を四つ挙げますので検討してください。一つ目は内容的には新規とは言えませんが、海外進出です。海外から出店してほしいとの要望も来ています。二つ目は持ち帰り用のお弁当売り場の開設です。三つ目はおそうざいの売り出しです。四つ目は給食産業への進出です。どれも我が社の今の規模や能力を考えるとちょっと冒険ですが、失敗を恐れずに頑張りたいと思っていますのでよろしくお願いします。

2번

여자 부장님의 이야기를 듣고, 두 명의 부하 직원이 회사의 향후 방침에 대해 이야기하고 있습니다.

여1: 우리 회사는 오랫동안 외식 산업에 종사해 왔습니다. 전국에 체인점을 늘리고 이익률도 높아 경영은 잘 되고 있습니다. 하지만 현 상태 그대로는 우리 회사의 미래는 없다고 생각합니다. 향후 방침을 검토함에 있어 신규 산업에 진출하는 안을 네 가지 들 테니 검토해 주십시오. 첫 번째는 내용적으로는 신규라고 할 수 없지만, 해외 진출입니다. 해외에서 점포를 내달라는 요청도 들어오고 있습니다. 두 번째는 포장용 도시락 판매처 개설입니다. 세 번째는 반찬 판매입니다. 네 번째는 급식 산업 진출입니다. 모두 우리 회사의 지금 규모나 능력을 생각하면 조금 모험이지만, 실패를 두려워하지 않고 노력하고자 하니 잘 부탁드립니다.

M: 僕は断然海外進出がいいと思うよ。夢があるじゃない
か。
F2: 言葉の問題もあるし、日本の味そのままでいいかどう
かも考えなければならないから、難しいよ。
M: 味は間違いないから大丈夫。世界に飛び出して店長を
やってみたいな。
F2: 私は慣れないことはやらない方がいいと思うのよ。
M: 今のように工場で全部を作ってそれを学校や病院に配
るのがいいってこと?
F2: ええ、それに毎日確実に食べてもらえればリスクがな
いでしょう?
M: 確かに。工場で作って配るのなら今とかわらないな。
でも、僕はやっぱり夢を追いかけたいよ。

質問1　女の人は何がいいと考えていますか。
1 海外進出
2 お弁当
3 おそうざい
4 給食

質問2　男の人は何がいいと考えていますか。
1 海外進出
2 お弁当
3 おそうざい
4 給食

남:	나는 단연 해외 진출이 좋다고 봐. 꿈이 있잖아.
여2:	언어 문제도 있고, 일본의 맛 그대로도 괜찮을지 생각해야 하니까 어려워.
남:	맛은 확실하니까 괜찮아. 세계로 나가서 점장을 해 보고 싶네.
여2:	나는 익숙하지 않은 일은 안 하는 게 좋다고 생각해.
남:	지금처럼 공장에서 전부 만들어서 그걸 학교나 병원에 배달하는 게 좋다는 뜻이야?
여2:	응, 게다가 매일 확실하게 소비된다면 리스크가 없잖아?
남:	확실히. 공장에서 만들어서 배달하는 거라면 지금과 다르지 않네. 하지만 나는 역시 꿈을 쫓고 싶어.

질문1 여자는 무엇이 좋다고 생각합니까?
1 해외 진출
2 도시락
3 반찬
4 급식

질문2 남자는 무엇이 좋다고 생각합니까?
1 해외 진출
2 도시락
3 반찬
4 급식

단어　今後(こんご) 향후, 앞으로 | 方針(ほうしん) 방침 | 外食(がいしょく) 외식 | 産業(さんぎょう) 산업 | たずさわる 종사하다, 관계하다 | 全国(ぜんこく) 전국 | 増(ふ)やす 늘리다 | 利益率(りえきりつ) 이익률 | 経営(けいえい) 경영 | 現状(げんじょう) 현상, 현재 상태 | 検討(けんとう)する 검토하다 | 〜にあたり 〜함에 있어, 〜을/를 맞이하여 | 新規(しんき) 신규 | 参入(さんにゅう) (시장 등에) 신규 진입 | 進出(しんしゅつ) 진출 | 出店(しゅってん) 출점, 가게를 냄 | 要望(ようぼう) 요망, 요청 | 持(も)ち帰(かえ)り 포장, 테이크아웃 | 開設(かいせつ) 개설 | おそうざい 반찬 | 給食(きゅうしょく) 급식 | 規模(きぼ) 규모 | 冒険(ぼうけん) 모험 | 恐(おそ)れる 두려워하다 | 断然(だんぜん) 단연, 단연코 | 飛(と)び出(だ)す 뛰어 나가다, (세계로) 진출하다 | 店長(てんちょう) 점장 | 確実(かくじつ)に 확실히 | 리스크 리스크, 위험 | 追(お)いかける 뒤쫓다, 추구하다

해설　〈질문 1〉여자는 익숙하지 않은 일은 안 하는 게 좋다며 위험 부담이 적은 안을 선호한다. 또한 남자가 공장에서 만들어 학교나 병원에 배달하는 급식 산업이 형태가 좋냐고 묻자 이에 동의하므로 4번이 정답이다.
　〈질문 2〉남자는 대화 초반부터 단연 해외 진출이 좋다고 언급하고 있다. 급식 형태가 위험 부담이 적다는 여자의 말에 동의를 하면서도 세계로 나가고 싶다는 꿈을 밝히고 있으므로 1번이 정답이다.

N2 ｜ 第1回　模擬テスト　言語知識(文字・語彙・文法)・読解　解答用紙

受験番号
Examinee Registration Number

名前
Name

問題 1

1	①	②	③	④
2	①	②	③	④
3	①	②	③	④
4	①	②	③	④
5	①	②	③	④

問題 2

6	①	②	③	④
7	①	②	③	④
8	①	②	③	④
9	①	②	③	④
10	①	②	③	④

問題 3

11	①	②	③	④
12	①	②	③	④
13	①	②	③	④

問題 4

14	①	②	③	④
15	①	②	③	④
16	①	②	③	④
17	①	②	③	④
18	①	②	③	④
19	①	②	③	④
20	①	②	③	④

問題 5

21	①	②	③	④
22	①	②	③	④
23	①	②	③	④
24	①	②	③	④
25	①	②	③	④

問題 6

26	①	②	③	④
27	①	②	③	④
28	①	②	③	④
29	①	②	③	④
30	①	②	③	④

問題 7

31	①	②	③	④
32	①	②	③	④
33	①	②	③	④
34	①	②	③	④
35	①	②	③	④
36	①	②	③	④
37	①	②	③	④
38	①	②	③	④
39	①	②	③	④
40	①	②	③	④
41	①	②	③	④
42	①	②	③	④

問題 8

43	①	②	③	④
44	①	②	③	④
45	①	②	③	④
46	①	②	③	④
47	①	②	③	④

問題 9

48	①	②	③	④
49	①	②	③	④
50	①	②	③	④
51	①	②	③	④

問題 10

52	①	②	③	④
53	①	②	③	④
54	①	②	③	④
55	①	②	③	④
56	①	②	③	④

問題 11

57	①	②	③	④
58	①	②	③	④
59	①	②	③	④
60	①	②	③	④
61	①	②	③	④
62	①	②	③	④
63	①	②	③	④
64	①	②	③	④

問題 12

65	①	②	③	④
66	①	②	③	④

問題 13

67	①	②	③	④
68	①	②	③	④
69	①	②	③	④

問題 14

70	①	②	③	④
71	①	②	③	④

N2｜第1回　模擬テスト　聴解　解答用紙

受験番号
Examinee Registration Number

名前
Name

< ちゅうい　Notes >

1. くろいえんぴつ（HB、No.2）で
かいてください。
Use a black medium soft
(HB or No.2) pencil.

2. かきなおすときは、けしゴムで
きれいにけしてください。
Erase any unintended marks
completely.

3. きたなくしたり、おったりしないで
ください。
Do not soil or bend this sheet.

4. マークれい　Marking examples

よい Correct	わるい Incorrect
●	⊘ ◑ ◯ ◖ ◑ ◉

問　題　1

例	①	②	●	④
1	①	②	③	④
2	①	②	③	④
3	①	②	③	④
4	①	②	③	④
5	①	②	③	④

問　題　2

例	①	●	③	④
1	①	②	③	④
2	①	②	③	④
3	①	②	③	④
4	①	②	③	④
5	①	②	③	④
6	①	②	③	④

問　題　3　●

例	①	②	③	④
1	①	②	③	④
2	①	②	③	④
3	①	②	③	④
4	①	②	③	④
5	①	②	③	④

問　題　4

例	●	②	③
1	①	②	③
2	①	②	③
3	①	②	③
4	①	②	③
5	①	②	③
6	①	②	③
7	①	②	③
8	①	②	③
9	①	②	③
10	①	②	③
11	①	②	③

問　題　5

1		①	②	③	④
2	(1)	①	②	③	④
	(2)	①	②	③	④

N2｜第2回　模擬テスト　言語知識(文字・語彙・文法)・読解　解答用紙

受験番号　Examinee Registration Number

名前　Name

問題 1

1	①	②	③	④
2	①	②	③	④
3	①	②	③	④
4	①	②	③	④
5	①	②	③	④

問題 2

6	①	②	③	④
7	①	②	③	④
8	①	②	③	④
9	①	②	③	④
10	①	②	③	④

問題 3

11	①	②	③	④
12	①	②	③	④
13	①	②	③	④

問題 4

14	①	②	③	④
15	①	②	③	④
16	①	②	③	④
17	①	②	③	④
18	①	②	③	④
19	①	②	③	④
20	①	②	③	④

問題 5

21	①	②	③	④
22	①	②	③	④
23	①	②	③	④
24	①	②	③	④
25	①	②	③	④

問題 6

26	①	②	③	④
27	①	②	③	④
28	①	②	③	④
29	①	②	③	④
30	①	②	③	④

問題 7

31	①	②	③	④
32	①	②	③	④
33	①	②	③	④
34	①	②	③	④
35	①	②	③	④
36	①	②	③	④
37	①	②	③	④
38	①	②	③	④
39	①	②	③	④
40	①	②	③	④
41	①	②	③	④
42	①	②	③	④

問題 8

43	①	②	③	④
44	①	②	③	④
45	①	②	③	④
46	①	②	③	④
47	①	②	③	④

問題 9

48	①	②	③	④
49	①	②	③	④
50	①	②	③	④
51	①	②	③	④

問題 10

52	①	②	③	④
53	①	②	③	④
54	①	②	③	④
55	①	②	③	④
56	①	②	③	④

問題 11

57	①	②	③	④
58	①	②	③	④
59	①	②	③	④
60	①	②	③	④
61	①	②	③	④
62	①	②	③	④
63	①	②	③	④
64	①	②	③	④

問題 12

| 65 | ① | ② | ③ | ④ |
| 66 | ① | ② | ③ | ④ |

問題 13

67	①	②	③	④
68	①	②	③	④
69	①	②	③	④

問題 14

| 70 | ① | ② | ③ | ④ |
| 71 | ① | ② | ③ | ④ |

N2 | 第2回　模擬テスト　聴解　解答用紙

受　験　番　号 Examinee Registration Number	

名　前 Name	

＜　ちゅうい　Notes　＞

1. くろいえんぴつ（ＨＢ、Ｎｏ.2）で
かいてください。
Use a black medium soft
(HB or No.2) pencil.

2. かきなおすときは、けしゴムで
きれいにけしてください。
Erase any unintended marks
completely.

3. きたなくしたり、おったりしないで
ください。
Do not soil or bend this sheet.

4. マークれい　Marking examples

よい Correct	わるい Incorrect
●	⊘ ◔ ◎ ◯ ◑ ⬤

問　題　1

例	①	②	●	④
1	①	②	③	④
2	①	②	③	④
3	①	②	③	④
4	①	②	③	④
5	①	②	③	④

問　題　2

例	①	●	③	④
1	①	②	③	④
2	①	②	③	④
3	①	②	③	④
4	①	②	③	④
5	①	②	③	④
6	①	②	③	④

問　題　3　●

例	①	②	③	④
1	①	②	③	④
2	①	②	③	④
3	①	②	③	④
4	①	②	③	④
5	①	②	③	④

問　題　4

例	●	②	③
1	①	②	③
2	①	②	③
3	①	②	③
4	①	②	③
5	①	②	③
6	①	②	③
7	①	②	③
8	①	②	③
9	①	②	③
10	①	②	③
11	①	②	③

問　題　5

1		①	②	③	④
2	(1)	①	②	③	④
	(2)	①	②	③	④

memo

JLPT
일본어능력시험
한 권으로
끝내기
N2

JLPT 한 권으로 끝내기

언어지식 문자·어휘 직전 체크!

01 한자읽기 기출어휘 4
02 표기 기출어휘 10
03 단어형성 기출어휘 16
04 문맥구성 기출어휘 19
05 유의표현 기출어휘 25
06 용법 기출어휘 32

언어지식 문법 직전 체크!

N2 핵심문법 150 40

언어지식

문자·어휘 직전 체크!

01 한자읽기 기출어휘
02 표기 기출어휘
03 단어형성 기출어휘
04 문맥구성 기출어휘
05 유의표현 기출어휘
06 용법 기출어휘

 あ

- □ 握手（あくしゅ） 악수
- □ 鮮やか（あざ） 선명함
- □ 焦る（あせ） 초조해하다
- □ 与える（あた） 주다
- □ 温かい（あたた） 따뜻하다, 다정하다
- □ 圧勝（あっしょう） 압승
- □ 圧倒的（あっとうてき） 압도적
- □ 怪しい（あや） 수상하다
- □ 誤り（あやま） 잘못, 틀림, 실수
- □ 争う（あらそ） 싸우다, 경쟁하다
- □ 改めて（あらた） 다시, 새삼스레
- □ 案外（あんがい） 뜻밖에, 의외로
- □ 言い難い（い・がた） 말하기 어렵다
- □ 勇ましい（いさ） 용감하다, 활기차다
- □ 衣装（いしょう） 의상
- □ 異常（いじょう） 이상함
- □ 傷む（いた） 상하다
- □ 著しい（いちじる） 현저하다, 두드러지다
- □ 移転（いてん） 이전
- □ 祈る（いの） 기도하다
- □ 違反（いはん） 위반
- □ 医療（いりょう） 의료
- □ 祝う（いわ） 축하하다
- □ 印刷（いんさつ） 인쇄
- □ 植木（うえき） 정원수, 분재
- □ 浮く（う） 떠오르다, 들뜨다
- □ 疑い（うたが） 의심

- □ 宇宙（うちゅう） 우주
- □ 映る（うつ） 비치다
- □ 腕（うで） 팔, 솜씨
- □ 運送（うんそう） 운송
- □ 運賃（うんちん） 운임
- □ 偉い（えら） 훌륭하다, 대단하다, 위대하다
- □ 得る（え） 얻다
- □ 延期（えんき） 연기, 미룸
- □ 応援（おうえん） 응원
- □ 応対（おうたい） 응대, 접대
- □ 欧米（おうべい） 구미, 유럽과 미국
- □ 大幅（おおはば） 큰 폭
- □ 補う（おぎな） 보충하다
- □ ～億（おく） ～억
- □ 置く（お） 놓다, 두다
- □ 怒る（おこ） 화내다
- □ 幼い（おさな） 어리다, 유치하다
- □ 収まる（おさ） 가라앉다, 해결되다
- □ 納める（おさ） 넣다, 납입하다
- □ 踊り（おど） 춤
- □ 劣る（おと） 뒤떨어지다
- □ 主（おも） 주됨

か

- □ 介護（かいご） 간호, 간병
- □ 改善（かいぜん） 개선
- □ 会談（かいだん） 회담
- □ 快適（かいてき） 쾌적함

☐ 回復 _{かいふく} 회복	☐ 求人 _{きゅうじん} 구인, 일할 사람을 구함

<table>
<tr><td>☐ 回復 (かいふく) 회복</td><td>☐ 求人 (きゅうじん) 구인, 일할 사람을 구함</td></tr>
<tr><td>☐ 抱える (かか) (껴)안다, (문제를) 떠안다</td><td>☐ 休息 (きゅうそく) 휴식</td></tr>
<tr><td>☐ 拡充 (かくじゅう) 확충</td><td>☐ 共感 (きょうかん) 공감</td></tr>
<tr><td>☐ 隠す (かく) 감추다, 숨기다</td><td>☐ 行事 (ぎょうじ) 행사</td></tr>
<tr><td>☐ 下降 (かこう) 하강, 추락</td><td>☐ 協力 (きょうりょく) 협력</td></tr>
<tr><td>☐ 囲む (かこ) 둘러싸다</td><td>☐ 漁業 (ぎょぎょう) 어업</td></tr>
<tr><td>☐ 重ねる (かさ) 거듭하다, 겹치다</td><td>☐ 極端 (きょくたん) 극단적임, 아주 지나침</td></tr>
<tr><td>☐ 賢い (かしこ) 현명하다, 영리하다</td><td>☐ 拒否 (きょひ) 거부</td></tr>
<tr><td>☐ 傾く (かたむ) 기울다, 치우치다</td><td>☐ 記録 (きろく) 기록</td></tr>
<tr><td>☐ 仮定 (かてい) 가정</td><td>☐ 議論 (ぎろん) 의논, 논쟁</td></tr>
<tr><td>☐ 可能性 (かのうせい) 가능성</td><td>☐ 空港 (くうこう) 공항</td></tr>
<tr><td>☐ 貨物 (かもつ) 화물</td><td>☐ 偶然 (ぐうぜん) 우연(히)</td></tr>
<tr><td>☐ 辛い (から) 맵다</td><td>☐ 軽傷 (けいしょう) 경상, 조금 다침</td></tr>
<tr><td>☐ 絡まる (から) 휘감기다, 얽히다</td><td>☐ 下旬 (げじゅん) 하순</td></tr>
<tr><td>☐ 観察 (かんさつ) 관찰</td><td>☐ 現象 (げんしょう) 현상</td></tr>
<tr><td>☐ 乾燥 (かんそう) 건조</td><td>☐ 靴 (くつ) 신발, 구두</td></tr>
<tr><td>☐ 缶詰 (かんづめ) 통조림</td><td>☐ 雲 (くも) 구름</td></tr>
<tr><td>☐ 願望 (がんぼう) 바람, 소원</td><td>☐ 悔しい (くや) 분하다, 억울하다</td></tr>
<tr><td>☐ 勧誘 (かんゆう) 권유</td><td>☐ 暮す (くら) 살다, 생활하다</td></tr>
<tr><td>☐ 完了 (かんりょう) 완료</td><td>☐ 刑事 (けいじ) 형사</td></tr>
<tr><td>☐ 記憶 (きおく) 기억</td><td>☐ 継続 (けいぞく) 계속</td></tr>
<tr><td>☐ 企画 (きかく) 기획</td><td>☐ 芸能 (げいのう) 예능, 연예</td></tr>
<tr><td>☐ 危険 (きけん) 위험</td><td>☐ 警備 (けいび) 경비</td></tr>
<tr><td>☐ 機嫌 (きげん) 기분, 심기</td><td>☐ 景色 (けしき) 경치</td></tr>
<tr><td>☐ 記事 (きじ) 기사</td><td>☐ 結果 (けっか) 결과</td></tr>
<tr><td>☐ 起床 (きしょう) 기상</td><td>☐ 険しい (けわ) 험악하다, 험상궂다</td></tr>
<tr><td>☐ 規制 (きせい) 규제</td><td>☐ 原因 (げんいん) 원인</td></tr>
<tr><td>☐ 競う (きそ) 겨루다, 경쟁하다</td><td>☐ 厳重 (げんじゅう) 엄중함</td></tr>
<tr><td>☐ 貴重 (きちょう) 귀중함</td><td>☐ 建設 (けんせつ) 건설</td></tr>
<tr><td>☐ 規模 (きぼ) 규모</td><td>☐ 講演 (こうえん) 강연</td></tr>
<tr><td>☐ 決まる (き) 결정되다, 정해지다</td><td>☐ 郊外 (こうがい) 교외, 도시 주변 지역</td></tr>
<tr><td>☐ 客 (きゃく) 손님</td><td>☐ 公害 (こうがい) 공해</td></tr>
</table>

□ <ruby>交差点<rt>こう さ てん</rt></ruby> 교차로	□ <ruby>絞る<rt>しぼ</rt></ruby> 조이다, (쥐어)짜다, 좁히다
□ <ruby>高層<rt>こうそう</rt></ruby> 고층	□ <ruby>島<rt>しま</rt></ruby> 섬
□ <ruby>声<rt>こえ</rt></ruby> (목)소리	□ <ruby>占める<rt>し</rt></ruby> (비율·자리 등을) 차지하다
□ <ruby>越える<rt>こ</rt></ruby> (시간, 장소, 지점 등을) 넘다	□ <ruby>湿る<rt>しめ</rt></ruby> 축축해지다, 습기 차다
□ <ruby>氷<rt>こおり</rt></ruby> 얼음	□ <ruby>地元<rt>じ もと</rt></ruby> 그 지역, 그 고장, 연고지
□ <ruby>故郷<rt>こ きょう</rt></ruby> 고향	□ <ruby>柔軟<rt>じゅうなん</rt></ruby> 유연함
□ <ruby>小包<rt>こ づつみ</rt></ruby> 소포	□ <ruby>宿泊<rt>しゅくはく</rt></ruby> 숙박
□ <ruby>異なる<rt>こと</rt></ruby> 다르다	□ <ruby>手術<rt>しゅじゅつ</rt></ruby> 수술
□ <ruby>断る<rt>ことわ</rt></ruby> 거절하다	□ <ruby>出版<rt>しゅっぱん</rt></ruby> 출판
□ <ruby>怖い<rt>こわ</rt></ruby> 무섭다	□ <ruby>首脳<rt>しゅのう</rt></ruby> 수뇌, 정상
□ <ruby>混乱<rt>こんらん</rt></ruby> 혼란	□ <ruby>寿命<rt>じゅみょう</rt></ruby> 수명
	□ <ruby>主要<rt>しゅよう</rt></ruby> 주요
さ	□ <ruby>順調<rt>じゅんちょう</rt></ruby> 순조로움
□ <ruby>再度<rt>さい ど</rt></ruby> 재차, 다시	□ <ruby>〜賞<rt>しょう</rt></ruby> 〜상
□ <ruby>才能<rt>さいのう</rt></ruby> 재능	□ <ruby>状況<rt>じょうきょう</rt></ruby> 상황
□ <ruby>裁判<rt>さいばん</rt></ruby> 재판	□ <ruby>情景<rt>じょうけい</rt></ruby> 정경, 광경
□ <ruby>再利用<rt>さい り ようう</rt></ruby> 재사용	□ <ruby>詳細<rt>しょうさい</rt></ruby> 상세함, 자세함
□ <ruby>幸い<rt>さいわ</rt></ruby> 다행, 다행히	□ <ruby>正直<rt>しょうじき</rt></ruby> 정직함, 솔직함
□ <ruby>作業<rt>さ ぎょう</rt></ruby> 작업	□ <ruby>焦点<rt>しょうてん</rt></ruby> 초점
□ <ruby>削除<rt>さくじょ</rt></ruby> 삭제	□ <ruby>商品<rt>しょうひん</rt></ruby> 상품
□ <ruby>撮影<rt>さつえい</rt></ruby> 촬영	□ <ruby>情報<rt>じょうほう</rt></ruby> 정보
□ <ruby>寒い<rt>さむ</rt></ruby> 춥다	□ <ruby>省略<rt>しょうりゃく</rt></ruby> 생략
□ <ruby>参考<rt>さんこう</rt></ruby> 참고	□ <ruby>職場<rt>しょく ば</rt></ruby> 직장
□ <ruby>賛否<rt>さん ぴ</rt></ruby> 찬반, 가부	□ <ruby>諸国<rt>しょこく</rt></ruby> 여러 나라
□ <ruby>至急<rt>し きゅう</rt></ruby> 시급, 급히	□ <ruby>処理<rt>しょ り</rt></ruby> 처리
□ <ruby>刺激<rt>し げき</rt></ruby> 자극	□ <ruby>資料<rt>し りょう</rt></ruby> 자료
□ <ruby>事件<rt>じ けん</rt></ruby> 사건	□ <ruby>進学率<rt>しんがくりつ</rt></ruby> 진학률
□ <ruby>指示<rt>し じ</rt></ruby> 지시	□ <ruby>心臓<rt>しんぞう</rt></ruby> 심장
□ <ruby>地震<rt>じ しん</rt></ruby> 지진	□ <ruby>信用<rt>しんよう</rt></ruby> 신용
□ <ruby>姿勢<rt>し せい</rt></ruby> 자세	□ <ruby>信頼<rt>しんらい</rt></ruby> 신뢰
□ <ruby>実践<rt>じっせん</rt></ruby> 실천	□ <ruby>人類<rt>じんるい</rt></ruby> 인류
	□ <ruby>垂直<rt>すいちょく</rt></ruby> 수직

☐	数年 _{すうねん}	여러 해, 수년
☐	優れる _{すぐ}	뛰어나다, 우수하다
☐	隅 _{すみ}	구석, 모퉁이
☐	声援 _{せいえん}	성원
☐	性格 _{せいかく}	성격
☐	清潔 _{せいけつ}	청결함
☐	成功 _{せいこう}	성공
☐	政治 _{せいじ}	정치
☐	成長 _{せいちょう}	성장
☐	政党 _{せいとう}	정당
☐	責任 _{せきにん}	책임
☐	世間 _{せけん}	세간, 세상
☐	設備 _{せつび}	설비
☐	背骨 _{せぼね}	척추
☐	戦争 _{せんそう}	전쟁
☐	選択 _{せんたく}	선택
☐	全般 _{ぜんぱん}	전반, 전체
☐	善良 _{ぜんりょう}	선량함, 어질고 착함
☐	総額 _{そうがく}	총액
☐	相互 _{そうご}	상호, 서로
☐	操作 _{そうさ}	조작
☐	想像 _{そうぞう}	상상
☐	装置 _{そうち}	장치
☐	素材 _{そざい}	소재
☐	率直 _{そっちょく}	솔직함
☐	備える _{そな}	갖추다, 대비하다
☐	損害 _{そんがい}	손해
☐	尊重 _{そんちょう}	존중
☐	損得 _{そんとく}	손익, 손해와 이득

☐	退院 _{たいいん}	퇴원
☐	大臣 _{だいじん}	대신, 장관
☐	代表 _{だいひょう}	대표
☐	倒す _{たお}	쓰러뜨리다, 무너뜨리다
☐	他人 _{たにん}	타인
☐	単純 _{たんじゅん}	단순함
☐	担当者 _{たんとうしゃ}	담당자
☐	知恵 _{ちえ}	지혜
☐	地球 _{ちきゅう}	지구
☐	遅刻 _{ちこく}	지각
☐	知識 _{ちしき}	지식
☐	駐車 _{ちゅうしゃ}	주차
☐	抽象的 _{ちゅうしょうてき}	추상적
☐	抽選 _{ちゅうせん}	추첨
☐	～兆 _{ちょう}	～조
☐	調査 _{ちょうさ}	조사
☐	調節 _{ちょうせつ}	조절
☐	著者 _{ちょしゃ}	저자
☐	貯蔵 _{ちょぞう}	저장
☐	治療 _{ちりょう}	치료
☐	通行 _{つうこう}	통행
☐	次々と _{つぎつぎ}	잇달아
☐	机 _{つくえ}	책상
☐	伝える _{つた}	전하다
☐	務める _{つと}	(역할을) 맡다
☐	積む _つ	(짐·경력 능력) 쌓나, 싣나
☐	強火 _{つよび}	센불
☐	適切 _{てきせつ}	적절함
☐	鉄橋 _{てっきょう}	철교
☐	展開 _{てんかい}	전개

□ 統一 통일
□ 逃亡 도망
□ 討論 토론
□ 登山 등산
□ 途端に 바로 그 순간에, 갑자기
□ 途中 도중
□ 突然 돌연, 갑자기
□ 届く 도착하다, 이르다
□ 隣 옆
□ 乏しい (경험·물자 등이) 부족하다, 모자라다
□ 伴う 동반하다, 따르다
□ 努力 노력
□ 泥 진흙

な

□ 内容 내용
□ 仲良く 사이좋게
□ 和やか 온화함
□ 悩む 고민하다
□ 握る 쥐다, 잡다
□ 憎い 밉다
□ 憎む 미워하다, 증오하다
□ 日課 일과
□ 盗む 훔치다
□ 塗る 바르다, 칠하다
□ 熱演 열연
□ 年齢 연령, 나이
□ 農薬 농약
□ 残る 남다
□ 除く 제거하다, 제외하다
□ 述べる 서술하다, 말하다

は

□ ～倍 ～배
□ 配布 배포
□ 爆発 폭발
□ 柱 기둥
□ 恥 부끄러움, 수치, 창피
□ 外れる 제외되다, 벗어나다
□ 発射 발사
□ 離れる 떨어지다, 멀어지다, 떠나다
□ 破片 파편, 부서진 조각
□ 針 바늘
□ 張り切る 기운이 넘치다
□ 犯罪 범죄
□ 反対 반대
□ 判断 판단
□ 販売 판매
□ 比較的 비교적
□ 悲劇 비극
□ 等しい 같다, 동등하다
□ 批評 비평
□ 皮膚 피부
□ ～秒 ～초
□ 評価 평가
□ 標識 표지, 표식
□ 平等 평등
□ 含める 포함하다
□ 舞台 무대
□ 負担 부담
□ 部分的 부분적
□ 触れる (문화·주제 등을) 접하다
□ 分析 분석

漢字	뜻
へいきん 平均	평균
へ 減る	줄다
へんきゃく 返却	(책 등의) 반환, 반납
ぼうえき 貿易	무역
ぼうさい 防災	방재, 재해를 막음
ほうしん 方針	방침
ほう ふ 豊富	풍부함
ほうりつ 法律	법률
ほし 星	별
ほ 掘る	파다, 캐다

漢字	뜻
まね 招く	초대하다, 부르다, 초래하다
まよ 迷う	방설이나
みだ 乱れる	흐트러지다
みっせつ 密接	밀접함
みっぺい 密閉	밀폐
みと 認める	인정하다
み らい 未来	미래
むか 迎える	맞이하다
めんどう 面倒	귀찮음, 번거로움
もくてき 目的	목적
もど 戻す	(원래 자리·상태로) 되돌리다
もと 求める	구하다, 청하다
ものがたり 物語	이야기
も はん 模範	모범

漢字	뜻
やくめ 役目	임무, 역할
や 焼ける	(불)타다, 구워지다
や ちん 家賃	집세

漢字	뜻
やと 雇う	고용하다
やぶ 敗れる	지다, 패배하다
ゆうしゅう 優秀	우수
ゆうしょう 優勝	우승
ゆた 豊か	풍요로움
ゆ だん 油断	방심, 부주의
よ 良い	좋다
ようがん 溶岩	용암
ようきゅう 要求	요구
よう し 容姿	용모와 자태
ようち 幼稚	유치함
よ なか 世の中	세상

漢字	뜻
りゃく 略する	생략하다
りゅうこう 流行	유행
りょうがえ 両替	환전
りょうこく 両国	양국
れいがい 例外	예외
れいぞう こ 冷蔵庫	냉장고
れいとう 冷凍	냉동
れき し 歴史	역사
れんぞく 連続	연속
れんらく 連絡	연락
わら 笑う	웃다
わりあい 割合	비율

 **あ**

- □ 悪天候(あくてんこう) 악천후
- □ 浅い(あさい) 얕다, 깊지 않다
- □ 鮮やか(あざやか) 선명함, 또렷함
- □ 焦る(あせる) 초조해하다
- □ 与える(あたえる) 주다
- □ 辺り(あたり) 주변, 주위
- □ 厚かましい(あつかましい) 뻔뻔하다
- □ 甘い(あまい) 달다, 엄하지 않다
- □ 誤り(あやまり) 잘못, 틀림, 실수
- □ 荒い(あらい) 거칠다, 거세다
- □ 争う(あらそう) 다투다, 경쟁하다
- □ 委員会(いいんかい) 위원회
- □ 勢い(いきおい) 기세, 힘
- □ 勇ましい(いさましい) 용감하다, 활기차다
- □ 異色(いしょく) 이색적임
- □ 泉(いずみ) 샘
- □ 忙しい(いそがしい) 바쁘다
- □ 痛い(いたい) 아프다
- □ 至る(いたる) (〜에) 이르다
- □ 違反(いはん) 위반
- □ 依頼(いらい) 의뢰
- □ 岩(いわ) 바위
- □ 祝い(いわい) 축하(선물)
- □ 伺う(うかがう) 여쭙다
- □ 薄い(うすい) 얇다, 연하다, 싱겁다, 적다
- □ 腕(うで) 팔, 솜씨
- □ 敬う(うやまう) 공경하다

- □ 永久(えいきゅう) 영구, 영원
- □ 絵の具(えのぐ) 그림물감
- □ 演技(えんぎ) 연기
- □ 援助(えんじょ) 원조, 도움
- □ 追い越し(おいこし) 추월
- □ 横断(おうだん) 횡단
- □ お菓子(おかし) 과자
- □ 補う(おぎなう) 보충하다
- □ 〜億(おく) 〜억
- □ 贈る(おくる) 주다, 선물하다
- □ 遅れる(おくれる) 늦다, 뒤처지다
- □ お互いに(おたがいに) 서로
- □ 訪れる(おとずれる) 방문하다, (시기가) 찾아오다
- □ 劣る(おとる) 뒤떨어지다
- □ 驚かせる(おどろかせる) 놀래키다
- □ お湯(おゆ) 더운 물
- □ 泳ぐ(およぐ) 헤엄치다
- □ 温泉(おんせん) 온천

 **か**

- □ 介護(かいご) 간호, 간병
- □ 開催(かいさい) 개최
- □ 改札口(かいさつぐち) 개찰구
- □ 回復(かいふく) 회복
- □ 拡充(かくじゅう) 확충
- □ 拡大(かくだい) 확대
- □ 拡張(かくちょう) 확장
- □ 肩(かた) 어깨

□ 傾く（かたむく） 기울다, 치우치다

□ 必ず（かならず） 반드시, 꼭

□ 壁（かべ） 벽

□ 革靴（かわぐつ） 가죽 구두

□ 感覚（かんかく） 감각

□ 環境（かんきょう） 환경

□ 関係（かんけい） 관계

□ 簡潔（かんけつ） 간결함

□ 関心（かんしん） 관심

□ 観測（かんそく） 관측

□ 勧誘（かんゆう） 권유

□ 管理（かんり） 관리

□ 岸（きし） 물가, 절벽, 벼랑

□ 帰省（きせい） 귀성

□ 競う（きそう） 겨루다, 경쟁하다

□ 喫茶店（きっさてん） 찻집, 카페

□ 寄付（きふ） 기부

□ 疑問（ぎもん） 의문

□ 牛乳（ぎゅうにゅう） 우유

□ 器用（きよう） 손재주가 있음

□ 教育（きょういく） 교육

□ 教師（きょうし） 교사

□ 競争（きょうそう） 경쟁

□ 共同（きょうどう） 공동

□ 恐怖（きょうふ） 공포

□ 許可（きょか） 허가

□ 巨大（きょだい） 거대함

□ 距離（きょり） 거리

□ 議論（ぎろん） 논의, 토론

□ 金額（きんがく） 금액

□ 禁止（きんし） 금지

□ 区域（くいき） 구역

□ 偶然（ぐうぜん） 우연(히)

□ 暮らす（くらす） 살다, 생활하다

□ 暮れる（くれる） (날이) 저물다

□ 詳しい（くわしい） 자세하다

□ 訓練（くんれん） 훈련

□ 経営（けいえい） 경영

□ 景気（けいき） 경기, 경제 활동 상태

□ 傾向（けいこう） 경향

□ 形式（けいしき） 형식

□ 系統（けいとう） 계통

□ 警備（けいび） 경비

□ 景色（けしき） 경치

□ 削る（けずる） 깎다, 줄이다, 없애다

□ 欠点（けってん） 결점

□ 煙（けむり） 연기

□ 健康（けんこう） 건강

□ 検査（けんさ） 검사

□ 研修（けんしゅう） 연수

□ 県庁（けんちょう） 현청(일본 지방 관청)

□ 濃い（こい） 짙다, 진하다

□ 強引（ごういん） 반대를 무릅씀, 억지로 함

□ 硬貨（こうか） 금속 화폐, 동전

□ 郊外（こうがい） 교외, 도시 주변 지역

□ 講義（こうぎ） 강의

□ 講師（こうし） 강사

□ 構造（こうぞう） 구조

□ 好調（こうちょう） 호조, 순조, 좋은 상태임

□ 行動（こうどう） 행동

□ 鉱物（こうぶつ） 광물

□ 凍る（こおる） 얼다

□ 国際（こくさい） 국제

□ 焦げる（こげる） 타다, 눋다

□ 快い 유쾌하다, 즐겁다
□ 腰 허리
□ 個人的 개인적
□ 骨折 골절
□ 異なる 다르다
□ 困る 곤란하다, 어려움을 겪다
□ 混乱 혼란

さ

□ ～際 ～(할) 때, ～가, ～옆
□ 最高 최고
□ 在籍 재적
□ 才能 재능
□ 財布 지갑
□ 坂 언덕
□ 捜す (분실물 등을) 찾다
□ 逆らう 거스르다, 거역하다
□ 咲く (꽃이) 피다
□ 酒 술
□ 叫ぶ 외치다, 부르짖다
□ 誘う (같이 하길) 권하다
□ 撮影 촬영
□ 雑誌 잡지
□ 参加 참가
□ 参照 참조
□ 残念 유감임
□ 散歩 산책
□ 寺院 사원
□ 司会 (회의나 예식 등의) 사회
□ 視察 시찰
□ 四捨五入 반올림

□ 自信 자신(감)
□ 沈む 가라앉다, 지다
□ 施設 시설
□ 従う 따르다, 좇다
□ 実践 실천
□ 湿度 습도
□ 失敗 실패, 실수
□ 指導 지도
□ 児童 아동
□ 志望 지망
□ 湿る 축축해지다, 습기 차다
□ 事務所 사무소
□ 弱点 약점
□ 周囲 주위
□ 収穫 수확
□ 住居 주거
□ 就職 취직
□ 宿泊 숙박
□ 受講 수강
□ 首相 수상, 내각 총리대신
□ 出世 출세
□ 出版社 출판사
□ 趣味 취미
□ 順調 순조로움
□ 準備 준비
□ 紹介 소개
□ 蒸気 수증기
□ 条件 조건
□ 症状 증상, 증세
□ 招待 초대
□ 象徴 상징
□ 承認 승인

□ **消費** 소비 （しょうひ）

□ **消防署** 소방서 （しょうぼうしょ）

□ **将来** 장래 （しょうらい）

□ **省略** 생략 （しょうりゃく）

□ **食欲** 식욕 （しょくよく）

□ **女優** 여배우 （じょゆう）

□ **真剣** 진지함 （しんけん）

□ **診断** 진단 （しんだん）

□ **深夜** 심야 （しんや）

□ **垂直に** 수직으로 （すいちょく）

□ **水滴** 물방울 （すいてき）

□ **救う** 구하다, 구조하다 （すく）

□ **涼しい** 시원하다 （すず）

□ **涼む** 시원한 바람을 쐬다 （すず）

□ **捨てる** 버리다 （す）

□ **鋭い** 날카롭다, 예리하다 （するど）

□ **座る** 앉다 （すわ）

□ **生活** 생활 （せいかつ）

□ **精算** 정산 （せいさん）

□ **成績** 성적 （せいせき）

□ **製造** 제조 （せいぞう）

□ **生徒** 학생 (주로 초·중고생) （せいと）

□ **製品** 제품 （せいひん）

□ **成分** 싱분 （せいぶん）

□ **積極的** 적극적 （せっきょくてき）

□ **節約** 절약 （せつやく）

□ **背中** 등 （せなか）

□ **狭い** 좁다 （せま）

□ **責める** 탓하다, 책망하다 （せ）

□ **戦争** 전쟁 （せんそう）

□ **総人口** 총인구 （そうじんこう）

□ **装置** 장치 （そうち）

□ **即座に** 즉각, 당장 （そくざ）

□ **属する** 속하다, 소속하다 （ぞく）

□ **底** 바닥, 밑 （そこ）

□ **組織** 조직 （そしき）

□ **卒業** 졸업 （そつぎょう）

□ **備える** 갖추다, 대비하다 （そな）

□ **損** 손해 （そん）

□ **尊敬** 존경 （そんけい）

□ **存在** 존재 （そんざい）

□ **損失** 손실 （そんしつ）

た

□ **絶えず** 늘, 끊임없이 （た）

□ **倒す** 쓰러뜨리다 （たお）

□ **畳** 다다미(일본식 돗자리) （たたみ）

□ **谷** 계곡 （たに）

□ **頼もしい** 믿음직하다 （たの）

□ **束ねる** 묶다, 통솔하다 （たば）

□ **卵** 알, 달걀 （たまご）

□ **頼る** 의지하다 （たよ）

□ **団体** 단체 （だんたい）

□ **短編** 단편 （たんぺん）

□ **縮める** 줄이다, 움츠리다 （ちぢ）

□ **駐車場** 주차장 （ちゅうしゃじょう）

□ **頂点** 꼭대기, 정상 （ちょうてん）

□ **直接** 직접 （ちょくせつ）

□ **散る** 지다, 떨어지다, 흐트러지다 （ち）

□ **疲れ** 피로 （つか）

□ **続く** 계속되다, 이어지다 （つづ）

□ **努める** 노력하다, 힘쓰다 （つと）

□ **務める** (역할을) 맡다 （つと）

□ 常^{つね}に　항상
□ 積^つもる　쌓이다
□ 抵抗^{ていこう}　저항
□ 典型的^{てんけいてき}　전형적
□ 伝統^{でんとう}　전통
□ 到着^{とうちゃく}　도착
□ 投票^{とうひょう}　투표
□ 道路^{どうろ}　도로
□ 登録^{とうろく}　등록
□ 討論^{とうろん}　토론
□ 整^{ととの}う　갖추어지다, 정돈되다
□ 飛^とぶ　날다

な

□ 流^{なが}れる　흐르다
□ 波^{なみ}　파도
□ 涙^{なみだ}　눈물
□ 慣^なれる　익숙해지다, 습관이 되다
□ 逃^にげる　도망치다
□ 布^{ぬの}　천
□ 願^{ねが}う　바라다
□ 濃厚^{のうこう}　농후함, 짙음
□ 昇^{のぼ}る　떠오르다

は

□ 歯^は　이, 치아
□ 〜杯^{はい}　〜잔
□ 俳優^{はいゆう}　배우
□ 灰色^{はいいろ}　잿빛, 회색, 침울함
□ 激^{はげ}しい　격하다, 심하다
□ 果^はたす　(역할, 임무 등을) 완수하다

□ 離^{はな}れる　떨어지다, 멀어지다, 떠나다
□ 省^{はぶ}く　줄이다, 생략하다
□ 破片^{はへん}　파편, 부서진 조각
□ 販売^{はんばい}　판매
□ 被害^{ひがい}　피해
□ 〜匹^{ひき}　〜마리
□ 必要^{ひつよう}　필요함
□ 等^{ひと}しい　같다, 동등하다
□ 避難^{ひなん}　피난
□ 批判^{ひはん}　비판
□ 表現^{ひょうげん}　표현
□ 拾^{ひろ}う　줍다
□ 疲労^{ひろう}　피로
□ 広^{ひろ}がる　넓어지다
□ 夫婦^{ふうふ}　부부
□ 複雑^{ふくざつ}　복잡함
□ 福祉^{ふくし}　복지
□ 含^{ふく}む　포함하다
□ 物価^{ぶっか}　물가
□ 降^ふる　(눈·비 등이) 내리다
□ 変更^{へんこう}　변경
□ 編集^{へんしゅう}　편집
□ 返品^{へんぴん}　반품
□ 貿易^{ぼうえき}　무역
□ 報告書^{ほうこくしょ}　보고서
□ 帽子^{ぼうし}　모자
□ 宝石^{ほうせき}　보석
□ 方法^{ほうほう}　방법
□ 訪問^{ほうもん}　방문
□ 法律^{ほうりつ}　법률
□ 募集^{ぼしゅう}　모집

□ 保証 ほしょう 보증

□ 保存 ほぞん 보존

□ 骨 ほね 뼈, 가시

ま

□ 任せる まか 맡기다

□ 混じる ま 섞이다

□ 増す ま 늘다, 많아지다

□ 祭り まつ 축제

□ 窓 まど 창문

□ 招く まね 초대하다, 부르다, 초래하다

□ 守る まも 지키다

□ 万年筆 まんねんひつ 만년필

□ 磨く みが (문질러) 닦다

□ 湖 みずうみ 호수

□ 乱れる みだ 흐트러지다

□ 導く みちび 인도하다

□ 皆 みな 모두

□ 見逃す みのが 못 보다, 놓치다

□ 迎える むか 맞이하다, 마중하다

□ 昔 むかし 옛날

□ 娘 むすめ 딸

□ 村 むら 마을

□ 群れ む 떼, 무리

□ 明確 めいかく 명확함

□ 恵まれる めぐ (좋은 환경 등의) 혜택을 받다, 풍족함을 누리다

□ 珍しい めずら 진귀하다, 드물다

□ 面倒 めんどう 귀찮음, 번거로움, 돌봄

□ 申し込み もう こ 신청

□ 催し もよお 모임, 행사

や

□ 養う やしな 기르다, 부양하다

□ 破れる やぶ 찢어지다, 터지다

□ 辞める や 사임하다, 그만두다

□ 柔らか やわ 부드러움, 유연함

□ 柔らかい やわ 부드럽다

□ 豊か ゆた 풍요로움, 풍부함

□ 油断 ゆだん 방심, 부주의

□ 陽気 ようき 명랑함

□ 欲 よく 욕심

□ 喜ぶ よろこ 기뻐하다, 좋아하다

ら わ

□ 乱暴 らんぼう 난폭함

□ 理解 りかい 이해

□ 略す りゃく 생략하다

□ 領収書 りょうしゅうしょ 영수증

□ 礼儀 れいぎ 예의

□ 輪 わ 원형, 고리

□ 沸く わ 끓다, 뜨거워지다

□ 割引 わりびき 할인

あ

- □ 悪影響 (あくえいきょう) 악영향
- □ 悪条件 (あくじょうけん) 악조건
- □ アメリカ流 (りゅう) 미국식
- □ アルファベット順 (じゅん) 알파벳순
- □ 医学界 (いがくかい) 의학계
- □ 一日おきに (いちにち) 하루 걸러
- □ 異文化 (いぶんか) 다른 문화
- □ 異分野 (いぶんや) 다른 분야
- □ 薄暗い (うすぐら) 좀 어둡다, 침침하다
- □ 応援団 (おうえんだん) 응원단
- □ 親子連れ (おやこづ) 부모와 자녀 동반
- □ 音楽全般 (おんがくぜんぱん) 음악 전반

か

- □ 会員制 (かいいんせい) 회원제
- □ 会社員風 (かいしゃいんふう) 회사원 같은, 회사원풍
- □ 学年別 (がくねんべつ) 학년별
- □ 風邪気味 (かぜぎみ) 감기 기운
- □ 家族連れ (かぞくづ) 가족 동반
- □ 壁際 (かべぎわ) 벽가, 벽 옆
- □ 仮契約 (かりけいやく) 가계약
- □ 仮採用 (かりさいよう) 임시 채용
- □ 仮登録 (かりとうろく) 임시 등록
- □ 管理下 (かんりか) 관리하
- □ 期限切れ (きげんぎ) 기한이 다 됨
- □ 危険性 (きけんせい) 위험성

- □ 貴団体 (きだんたい) 귀 단체
- □ 旧制度 (きゅうせいど) 구 제도
- □ 教育論 (きょういくろん) 교육론
- □ ９時発 (くじはつ) 9시발, 9시 출발
- □ クリーム状 (じょう) 크림 상태
- □ 結婚観 (けっこんかん) 결혼관
- □ 決定権 (けっていけん) 결정권
- □ 現実離れ (げんじつばな) 현실과 동떨어짐
- □ 現社長 (げんしゃちょう) 현 사장
- □ 現制度 (げんせいど) 현 제도
- □ 現段階 (げんだんかい) 현 단계
- □ 高収入 (こうしゅうにゅう) 고수입
- □ 高水準 (こうすいじゅん) 높은 수준
- □ 高性能 (こうせいのう) 고성능
- □ 国際色 (こくさいしょく) 국제색
- □ 子供連れ (こどもづ) 아이 동반

さ

- □ 再開発 (さいかいはつ) 재개발
- □ 最接近 (さいせっきん) 가장 가까이 접근함
- □ 再提出 (さいていしゅつ) 재제출
- □ 再放送 (さいほうそう) 재방송
- □ 最有力 (さいゆうりょく) 가장 유력함
- □ 作品集 (さくひんしゅう) 작품집
- □ 写真付き (しゃしんづ) 사진 포함
- □ 就職率 (しゅうしょくりつ) 취업률
- □ 住宅街 (じゅうたくがい) 주택가
- □ 集中力 (しゅうちゅうりょく) 집중력

□ 主原料 (しゅげんりょう) 주원료
□ 主成分 (しゅせいぶん) 주성분
□ 準決勝 (じゅんけっしょう) 준결승
□ 準優勝 (じゅんゆうしょう) 준우승
□ 招待状 (しょうたいじょう) 초대장
□ 商店街 (しょうてんがい) 상점가
□ 諸外国 (しょがいこく) 여러 외국
□ 食器類 (しょっきるい) 식기류
□ 諸手続き (しょてつづき) 여러 절차
□ 初年度 (しょねんど) 초년도, 첫 년도
□ 諸問題 (しょもんだい) 여러 문제
□ 進学率 (しんがくりつ) 진학률
□ スキー場 (じょう) 스키장
□ 成功率 (せいこうりつ) 성공률
□ 政治色 (せいじしょく) 정치색
□ 前社長 (ぜんしゃちょう) 전 사장
□ 先着順 (せんちゃくじゅん) 선착순
□ 前町長 (ぜんちょうちょう) 전 마을 대표
□ 線路沿い (せんろぞい) 기찻길 옆
□ 総売上 (そううりあげ) 매상 총액, 총 판매액
□ 送信元 (そうしんもと) 발신지

た

□ 頼みづらい (たのみづらい) 부탁하기 곤란하다
□ 食べ頃 (たべごろ) 먹기에 적당한 때
□ 食べづらい (たべづらい) 먹기 힘들다
□ 低価格 (ていかかく) 낮은 가격
□ 低カロリー (てい) 저칼로리
□ 抵抗心 (ていこうしん) 저항심
□ 電車賃 (でんしゃちん) 전철 요금
□ 同意見 (どういけん) 같은 의견

□ 東京駅発 (とうきょうえきはつ) 도쿄역발
□ 投票率 (とうひょうりつ) 투표율
□ 都会育ち (とかいそだち) 도시에서 자람
□ 読書離れ (どくしょばなれ) 독서에서 멀어짐

な

□ 夏休み明け (なつやすみあけ) 여름 방학이 끝난 직후
□ 2対1 (にたいいち) 2 대 1
□ 日本式 (にほんしき) 일본식
□ 日本風 (にほんふう) 일본풍
□ 日本流 (にほんりゅう) 일본류, 일본식
□ 年代順 (ねんだいじゅん) 연대순

は

□ 働き手 (はたらきて) 일꾼, 일손
□ 半透明 (はんとうめい) 반투명
□ 非公式 (ひこうしき) 비공식
□ ビジネスマン風 (ふう) 비즈니스맨풍
□ 一仕事 (ひとしごと) 조금 일을 함
□ 副社長 (ふくしゃちょう) 부사장
□ 副大臣 (ふくだいじん) 부대신, 부장관
□ 不正確 (ふせいかく) 부정확
□ 二人連れ (ふたりづれ) 동행한 두 사람
□ 文学賞 (ぶんがくしょう) 문학상
□ 別会場 (べつかいじょう) 다른 회장
□ 勉強漬け (べんきょうづけ) 공부에 열중임
□ ボール状 (じょう) 둥근 형태, 둥근 모양

ま

□ 真新しい (まあたらしい) 아주 새롭다, 완전히 새것이다
□ 真後ろ (まうしろ) 바로 뒤

□ **真夜中** 한밤중

□ **未経験** 미경험

□ **未使用** 미사용

□ **ムード一色** 분위기 일색

□ **無回答** 무응답

□ **無計画** 무계획

□ **無責任** 무책임

□ **名選手** 명선수

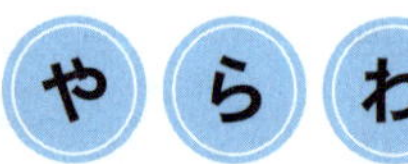

□ **用心深い** 신중하다

□ **予約制** 예약제

□ **ヨーロッパ風** 유럽풍, 유럽식

□ **来学期** 다음 학기

□ **来シーズン** 다음 시즌

□ **別れ際** 헤어질 때

□ **私宛て** 내 앞

□ 相次ぐ (あいつ) 잇따르다, 연달다

□ あいにく 공교롭게도

□ あいまい 애매함

□ あくび 하품

□ あこがれ 동경

□ あこがれる 동경하다

□ 足元 (あしもと) 발밑

□ 預ける (あず) 맡기다

□ アピール 어필, 호소

□ 溢れる (あふ) 넘치다

□ あらかじめ 사전에, 미리

□ 争う (あらそ) 다투다, 경쟁하다

□ アレンジ 정리, 변형, 각색

□ 慌ただしい (あわ) 어수선하다, 바쁘다

□ 安易 (あんい) 손쉬움, 안이함

□ 案外 (あんがい) 의외로, 예상 외로

□ いいかげん 건성임, 무책임함

□ いきなり 갑자기

□ 育児 (いくじ) 육아

□ 維持 (いじ) 유지

□ いじめる 괴롭히다

□ 偉大 (いだい) 위대함

□ 抱く (いだ) (마음 등을) 품다

□ 一時的に (いちじてき) 일시적으로

□ 一気に (いっき) 단숨에

□ いつのまにか 어느새

□ 緯度 (いど) 위도

□ 違反 (いはん) 위반

□ 意欲 (いよく) 의욕

□ いらいら 초조해함, 안절부절못함

□ いわば 말하자면, 예를 들면, 비유하자면

□ いわゆる 소위, 이른바

□ 引退 (いんたい) 은퇴

□ インパクト 임팩트, 충격, 인상

□ 打ち消す (うけ) 부정하다

□ うとうと 꾸벅꾸벅 조는 모양

□ うなずく 수긍하다, (고개를) 끄덕이다

□ 裏付ける (うらづ) 뒷받침하다

□ うわさ 소문

□ 営業 (えいぎょう) 영업

□ エネルギー 에너지

□ 得る (え) 얻다

□ エンジン 엔진

□ 追い払う (おはら) 쫓아 버리다

□ おかまいなく 신경 쓰지 마세요

□ 納める (おさ) 넣다, 납입하다, 납부하나

□ お世話になる (せわ) 신세를 지다

□ 穏やか (おだ) 온화함

□ 劣る (おと) 뒤떨어지다

□ 衰える (おとろ) 쇠약해지다, 쇠퇴하다

□ 思いきって (おも) 과감히, 큰맘 먹고

□ 思い込む (おもこ) 굳게 믿다

□ 主 (おも) 주됨

□ 主に (おも) 주로, 대부분

□ 温厚 (おんこう) (성격이) 온화하고 다정함

 か

- □ 解散（かいさん） 해산
- □ 解消（かいしょう） 해소
- □ 改正（かいせい） 개정
- □ 開設（かいせつ） 개설
- □ 改善（かいぜん） 개선
- □ 改造（かいぞう） 개조
- □ 解約（かいやく） 해약
- □ 抱える（かかえる） (껴)안다, (문제를) 떠안다
- □ 欠かす（かかす） 빠뜨리다, 빼먹다
- □ 輝かしい（かがやかしい） 빛나다, 눈부시다
- □ 覚悟（かくご） 각오
- □ 確保（かくほ） 확보
- □ かさかさ 꺼칠꺼칠, 바삭바삭
- □ 固める（かためる） 굳히다
- □ かたよる 치우치다
- □ 活気（かっき） 활기
- □ 格好（かっこう） 모양, 모습, 행색
- □ 活発（かっぱつ） 활발함
- □ 空（から） 속이 빔
- □ カロリー 칼로리, 열량
- □ 感覚（かんかく） 감각
- □ 完了（かんりょう） 완료
- □ 関与（かんよ） 관여
- □ 気軽に（きがるに） 선뜻, 가벼운 마음으로
- □ 効く（きく） 효과가 있다
- □ きつい 꽉 끼다
- □ ぎっしり 가득 찬 모양, 잔뜩
- □ 記入（きにゅう） 기입
- □ 機能（きのう） 기능
- □ キャンパス 캠퍼스, (대학) 교정

- □ 求人（きゅうじん） 구인, 일할 사람을 구함
- □ 共通（きょうつう） 공통
- □ ぎりぎり 아슬아슬함, 빠듯함
- □ 苦情（くじょう） 불평, 불만
- □ くたくた 녹초가 된 모양
- □ 口調（くちょう） 말투
- □ ぐちを言う（ぐちをいう） 푸념을 하다
- □ ぐったり 녹초가 됨, 늘어짐
- □ くどい 장황하다, 끈질기다
- □ 悔やむ（くやむ） 후회하다, 애석하게 여기다
- □ クリア 통과함, 헤쳐나감
- □ 苦労（くろう） 고생
- □ 詳しい（くわしい） 상세하다, 자세하다
- □ 契機（けいき） 계기
- □ 劇的に（げきてきに） 극적으로
- □ 結論（けつろん） 결론
- □ 気配（けはい） 기색, 기미
- □ 限界（げんかい） 한계
- □ 見当（けんとう） 예측, 짐작
- □ 後悔（こうかい） 후회
- □ 交渉（こうしょう） 교섭
- □ 好調（こうちょう） 호조, 순조, 좋은 상태임
- □ ご遠慮なく（ごえんりょなく） 사양 않고
- □ 誤解（ごかい） 오해
- □ 克服（こくふく） 극복
- □ ごくろうさま 수고하셨습니다
- □ こそこそ 소곤소곤
- □ ごちゃごちゃ 어지러이 뒤섞임, 너저분한 모양
- □ コミュニケーション 커뮤니케이션, 의사 전달
- □ ごろごろ 뒹굴뒹굴, 데굴데굴
- □ コンクール 콩쿠르, 경연 대회

さ

□ 栽培 재배

□ 逆らう 거스르다, 거역하다

□ 差し支える 지장이 있다

□ さっぱり 상쾌함

□ さて 그건 그렇고

□ 覚める 잠이 깨다, 눈이 뜨이다

□ しかたがない 어쩔 수 없다

□ 時間をつぶす 시간을 때우다

□ 直に 바로, 곧

□ 敷く 깔다

□ シーズン 시즌, 시기, 철

□ 辞退 사퇴

□ 次第に 점차

□ しつこい 집요하다

□ しびれる 마비되다, 저리다

□ 地味 수수함, 검소함

□ 締め切り 마감(일)

□ 締め切る 마감하다

□ 地元 그 지역, 그 고장, 연고지

□ 視野 시야

□ しゃべる 이야기하다, 수다를 떨다

□ 邪魔 방해, 거추장스러움

□ 収穫 수확

□ 柔軟 유연함

□ 順調 순조로움

□ 上昇 상승

□ 省略 생략

□ 徐々に 서서히

□ ショック 쇼크, 충격

□ じろじろ 빤히, 유심히

□ 進出 진출

□ 慎重 신중함

□ ずうずうしい 뻔뻔하다

□ 隙 틈, 방심

□ スケジュール 스케줄

□ スタイル 스타일

□ スタート 시작, 출발(점)

□ すっきり 말쑥함, 상쾌함

□ ステージ 스테이지, 무대

□ すなわち 즉

□ スペース 공간

□ スムーズ 순조로움, 원활함

□ スムーズに 순조롭게

□ 鋭い 날카롭다, 예리하다

□ ぜいたく 사치스러움

□ 成長 성장

□ 接する 접하다

□ 接続 접속

□ 設備 설비

□ 節約 절약

□ 迫る 다가오다

□ 専念 전념

□ 相違 상이함, 다름

□ そういえば 그러고 보니

□ 続出 속출

□ 続々(と) 잇달아, 끊임없이

□ そそっかしい 덜렁대다, 경솔하다

□ ぞろぞろ 졸졸, 줄줄(많은 사람이 잇달아 움직이는 모양)

□ 尊重 존중

た

- □ **ターゲット** 타겟, 표적, 대상
- □ **体格**（たいかく） 체격
- □ **タイミング** 타이밍
- □ **対立**（たいりつ） 대립
- □ **炊く**（た） (밥을) 짓다
- □ **蓄える**（たくわ） 저장하다, 비축하다
- □ **多大な**（ただい） 커다란, 막대한
- □ **ただし** 다만
- □ **達する**（たっ） 이르다, 도달하다
- □ **たっぷり** 듬뿍, 많이
- □ **頼もしい**（たの） 믿음직하다, 기대할 만하다
- □ **誓う**（ちか） 맹세하다
- □ **チーム** 팀
- □ **着々と**（ちゃくちゃく） 착착, 척척
- □ **ちゃんと** 제대로, 정확하게
- □ **中継**（ちゅうけい） 중계
- □ **超過**（ちょうか） 초과
- □ **調節**（ちょうせつ） 조절
- □ **散らかす**（ち） 어지르다
- □ **通過**（つうか） 통과
- □ **通じる**（つう） 통하다
- □ **尽きる**（つ） 끝나다, 다하다
- □ **つねに** 항상, 늘
- □ **つまずく** 발에 걸려 넘어지다
- □ **詰まる**（つ） 막히다
- □ **強み**（つよ） 강점, 유리한 점
- □ **つらい** 괴롭다
- □ **提供**（ていきょう） 제공
- □ **訂正**（ていせい） 정정, 고쳐서 바로잡음

- □ **適度**（てきど） 적당한 정도
- □ **手ごろ**（て） 적당함
- □ **デザイン** 디자인
- □ **でたらめに** 엉터리로, 아무렇게나
- □ **徹夜**（てつや） 철야, 밤샘
- □ **手間**（てま） 수고, 품
- □ **転勤**（てんきん） 전근
- □ **点検**（てんけん） 점검
- □ **添付**（てんぷ） 첨부
- □ **どうしても** 기어코, 꼭
- □ **導入**（どうにゅう） 도입
- □ **特色**（とくしょく） 특색
- □ **特定**（とくてい） 특정
- □ **独特**（どくとく） 독특
- □ **溶け込む**（とこ） 녹아들다
- □ **とっくに** 훨씬 전에, 벌써
- □ **飛び散る**（とち） 흩날리다, 사방으로 튀다
- □ **飛びつく**（と） 달려들다
- □ **努力**（どりょく） 노력
- □ **とんでもない** 당치 않다

な

- □ **なお** 여전히, 더욱
- □ **なだらか** (경사 등이) 완만함
- □ **懐かしい**（なつ） 그립다
- □ **納得**（なっとく） 납득
- □ **倣う**（なら） 따르다, 모방하다
- □ **ニーズ** 필요, 수요, 요구
- □ **苦手**（にがて） 서투름, 잘 못함, 어색함
- □ **濁る**（にご） 흐려지다, 탁해지다
- □ **にっこり** 빙긋(이)

□ ノック　노크

□ のんびり　느긋함, 태평함

は

□ 配達（はいたつ）　배달

□ 拍手（はくしゅ）　박수

□ 発揮（はっき）　발휘

□ 派手（はで）　화려함

□ 話しかける（はな）　말을 걸다

□ 場面（ばめん）　장면

□ 腹を立てる（はら　た）　화를 내다

□ バランス　밸런스, 균형

□ 反映（はんえい）　반영

□ パンク　펑크, 터짐

□ 反則（はんそく）　반칙

□ 比較（ひかく）　비교

□ 引き止める（ひ　と）　말리다, 붙잡다

□ ひそひそ　소곤소곤

□ びっしょり　흠뻑 젖은 모양

□ ひも　끈

□ 費用（ひよう）　비용

□ 評価（ひょうか）　평가

□ 評判（ひょうばん）　평판, 유명함

□ 比例（ひれい）　비례

□ 敏感（びんかん）　민감함

□ 不安定（ふあんてい）　불안정

□ 普及（ふきゅう）　보급

□ 含む（ふく）　포함하다

□ ふさわしい　적합하다, 어울리다

□ ぶらぶら　어슬렁어슬렁, 빈둥빈둥

□ プレッシャー　압력, 압박

□ 分析（ぶんせき）　분석

□ 分担（ぶんたん）　분담

□ 平和（へいわ）　평화(로움)

□ べたべた　끈적끈적

□ 豊富に（ほうふ）　풍부하게, 풍족하게

□ ほがらか　명랑함, 쾌청함

□ 歩道（ほどう）　보도, 보행로

□ ほんの　그저, 단지

□ 本物（ほんもの）　진짜, 실물

□ ぼんやり　멍하니, 흐릿하게

ま

□ まあまあ　그런대로

□ マイペース　자기 나름의 방식

□ 貧しい（まず）　가난하다, 변변찮다

□ まねる　흉내 내다

□ まれだ　드물다

□ 迷う（まよ）　헤매다, 망설이다

□ 見出し（みだ）　제목, 헤드라인

□ 耳にする（みみ）　듣다

□ 夢中になる（むちゅう）　푹 빠지다, 열중하다

□ 名所（めいしょ）　명소

□ 目指す（めざ）　목표로 하다

□ 面する（めん）　면하다, 마주 보다

□ 面接（めんせつ）　면접

□ 面倒（めんどう）　귀찮음, 번거로움

□ もてなす　대접하다

□ 盛り上がる（も　あ）　고조되다

- □ **やかましい** 시끄럽다
- □ **役目**（やくめ） 역할
- □ **雇う**（やと） 고용하다
- □ **有効**（ゆうこう） 유효함
- □ **有利**（ゆうり） 유리함
- □ **愉快**（ゆかい） 유쾌함
- □ **油断**（ゆだん） 방심, 부주의
- □ **容積**（ようせき） 용적, 용량
- □ **要約**（ようやく） 요약
- □ **予測**（よそく） 예측
- □ **呼び止める**（よ と） 불러 세우다
- □ **予防**（よぼう） 예방

- □ **リーダー** 리더, 지도자
- □ **リハーサル** 리허설
- □ **流行**（りゅうこう） 유행
- □ **リラックス** 편안함, 긴장을 풀고 편히 쉼
- □ **レベル** 레벨, 수준
- □ **話題**（わだい） 화제
- □ **割り込む**（わ こ） 끼어들다, 새치기하다
- □ **わりと** 비교적

あ

- □ あいさつ 인사 ≒ 会釈 (えしゃく) 가벼운 인사
- □ アイデア 아이디어, 구상 ≒ 案 (あん) 안
- □ あいまいだ 애매하다 ≒ はっきりしない 분명하지 않다
- □ 明(あき)らかな 확실한, 명백한 ≒ はっきりした 확실한, 분명한
- □ 頭(あたま)にきている 화가 나 있다 ≒ 怒(おこ)っている 화내고 있다
- □ 当(あ)てる 맞히다 ≒ ぶつける 부딪다, 던져서 맞히다
- □ あぶない 위험하다, 위태롭다 ≒ あやうい 위험하다, 위태롭다
- □ あやまった 잘못된 ≒ 正(ただ)しくない 옳지 않은
- □ 誤(あやま)り 잘못, 틀림, 실수 ≒ 間違(まちが)っているところ 잘못된 부분
- □ あらゆる 모든, 온갖 ≒ すべての 모든
- □ あわれな 불쌍한, 가여운 ≒ かわいそうな 불쌍한
- □ 案(あん)の定(じょう) 예상대로, 아니나 다를까 ≒ やっぱり 역시
- □ いきなり 갑자기, 돌연 ≒ 突然(とつぜん) 돌연, 갑자기
- □ 息抜(いきぬ)き 잠시 쉬다, 숨을 돌리다 ≒ 休(やす)む 쉬다
- □ いじる 만지다 ≒ 触(さわ)る 만지다, 닿다
- □ 依然(いぜん) 여전히 ≒ まだ 아직
- □ 依然(いぜん)として 여전히 ≒ 相変(あいか)わらず 변함없이
- □ 一層(いっそう) 한 층 ≒ もっと 더욱, 더
- □ 一致(いっち)していた 일치했다 ≒ 同(おな)じだった 같았다
- □ 一転(いってん)した 완전히 바뀌었다 ≒ すっかり変(か)わった 완전히 바뀌었다
- □ いばって 뽐내며, 으스대며 ≒ えらそうにして 잘난 척하며
- □ 打(う)ち消(け)した 부정했다 ≒ 正(ただ)しくないと言(い)った 옳지 않다고 말했다
- □ うつむいて 고개를 숙이고 ≒ 下(した)を向(む)いて 아래를 향하고, 고개를 숙이고
- □ オイル 오일, 기름 ≒ あぶら 기름
- □ 大(おお)げさだ 과장되다 ≒ オーバーだ 오버다, 과장되다
- □ お勘定(かんじょう) 계산, 값을 치름 ≒ 会計(かいけい) 계산, 회계

□ お勘定は済ませました 계산은 마쳤습니다 ≒ お金は払いました 돈은 지불했습니다

□ 臆病だ 겁쟁이다, 겁이 많다 ≒ 何でも怖がる 무엇이든 무서워하다

□ 惜しい 아깝다, 아쉽다 ≒ もったいない 아깝다

□ おしゃべりな 수다스러운 ≒ よく話す 말을 많이 하는

□ おそらく 아마, 어쩌면 ≒ たぶん 아마

□ 落ち込んだ 기가 죽었다 ≒ がっかりした 낙담했다, 실망했다

□ 思いがけない 의외의, 뜻밖의 ≒ 意外な 의외의

□ およそ／おおよそ 대략, 약 ≒ だいたい 대개, 약

□ おわびする 사죄하다, 사과하다 ≒ 謝る 사죄하다, 사과하다

か

□ 買い占めた (상품, 주식 등을) 매점했다 ≒ 全部買った 전부 샀다

□ ガイド(して) 가이드(해), 안내(해) ≒ 案内(して) 안내(해)

□ 回復する 회복하다 ≒ よくなる 좋아지다

□ 概要 개요 ≒ 大体の内容 대강의 내용

□ 欠かせない 빼놓을 수 없다 ≒ ないと困る 없으면 곤란하다

□ かかりつけ 늘 같은 의사에게 진료 받는 ≒ いつも行く 늘 가는

□ 各自 각자 ≒ 一人一人 각자, 한 사람 한 사람

□ かさかさしている 꺼칠꺼칠하다, 버석버석하다 ≒ 乾燥している 건조하다

□ 過剰である 과잉이다 ≒ 多すぎる 너무 많다

□ がっかりする 낙담하다, 실망하다 ≒ 失望する 실망하다

□ かつて 일찍이 ≒ 以前 이전에

□ 勝手な 제멋대로인 ≒ わがままな 제멋대로인

□ 感謝 감사 ≒ おれい 감사(의 말씀)

□ 記憶している 기억하고 있다 ≒ 覚えている 기억하고 있다

□ 帰省して 귀성해서 ≒ ふるさとに戻って 고향에 돌아가서

□ 気に入る 마음에 들다 ≒ 好きになる 좋아하게 되다

□ 奇妙な 기묘한 ≒ 変わった 별난, 특이한 ／ 変な 이상한

□ 行儀 예의, 예의범절 ≒ マナー 매너, 예의

□ 気をつける 조심하다 ≒ 注意する 주의하다

□ 苦情（くじょう） 불만, 불평	≒	不満（ふまん） 불만
□ くたくただ 녹초가 되었다	≒	ひどく疲れた（つか） 몹시 지쳤다
□ くだらない 하찮다, 가치 없다	≒	価値がない（かち） 가치가 없다
□ くどい 장황하다, 지긋지긋하다	≒	しつこい 집요하다, 끈덕지다
□ くるむ 감싸다, 둘러싸다	≒	包む（つつ） 싸다, 포장하다
□ 契機（けいき） 계기	≒	きっかけ 계기
□ 見解（けんかい） 견해	≒	考え方（かんがかた） 사고방식
□ 貢献できる（こうけん） 공헌할 수 있다	≒	役に立つ（やくた） 도움이 되다
□ 小柄だ（こがら） 몸집이 작다	≒	体が小さい（からだちい） 체격이 작다
□ 異なる（こと） 다르다	≒	違う（ちが） 다르다
□ 娯楽（ごらく） 오락	≒	レジャー 레저, 여가

さ

□ 再三（さいさん） 재삼, 여러 번	≒	何度も（なんど） 몇 번이나
□ サイン 사인, 서명	≒	署名（しょめい） 서명
□ ささやく 속삭이다	≒	小声で話す（こごえはな） 작은 소리로 이야기하다
□ 指図（さしず） 지시, 지휘	≒	命令（めいれい） 명령
□ 差し支え（さつか） 지장, 장애	≒	問題（もんだい） 문제
□ 差し支えない（さつか） 지장이 없다	≒	かまわない 상관없다
□ 定める（さだ） 정하다, 결정하다	≒	決める（き） 정하다
□ 雑談（ざつだん） 잡담	≒	おしゃべり 수다
□ さわがしい 소란스럽다	≒	うるさい 시끄럽다
□ サンプル 샘플, 견본	≒	見本（みほん） 견본
□ 仕上げて（しあ） 일을 끝내고, 완성시키고	≒	完成させて（かんせい） 완성시키고
□ じかに 직접	≒	直接（ちょくせつ） 직접
□ しぐさ 행동, 동작	≒	動作（どうさ） 동작
□ 仕事にとりかかる（しごと） 일에 착수하다	≒	仕事をはじめる（しごと） 일을 시작하다
□ じたばたしても 버둥버둥대도, 발버둥쳐도	≒	あわてても 허둥대도
□ じっとして 꼼짝 않고, 가만히	≒	動かないで（うご） 움직이지 않고
□ 失望した（しつぼう） 실망했다	≒	がっかりした 낙담했다, 실망했다
□ 自分勝手な（じぶんかって） 제멋대로의	≒	わがままな 제멋대로의

☐ 湿っている 젖어 있다	≒	まだ乾いていない 아직 마르지 않았다
☐ 終日 종일	≒	一日中 하루 종일
☐ 修正 수정	≒	直す 고치다, 바꾸다
☐ 衝突する 충돌하다	≒	ぶつかる 부딪히다
☐ 衝突しそうに 충돌할 것처럼	≒	ぶつかりそうに 부딪힐 것처럼
☐ 徐々に 서서히	≒	次第に 차례로
☐ 書籍 서적	≒	本 책
☐ 収納する 수납하다	≒	仕舞う 정리하다, 넣다, 치우다
☐ 所有する 소유하다	≒	持つ 가지다
☐ 真剣に 진지하게	≒	まじめに 진지하게, 성실하게
☐ 深刻な 심각한	≒	重大な 중대한
☐ 慎重に 신중히	≒	十分注意して 충분히 주의해서
☐ すべて 모두	≒	全部 전부
☐ 済ます 끝내다, 마치다	≒	終える 끝내다
☐ すまない 미안하다	≒	申し訳ない 죄송하다
☐ 精一杯 힘껏, 있는 힘을 다해	≒	一生懸命 열심히
☐ せいぜい 기껏해야	≒	多くても 많아 봤자
☐ 相互 상호	≒	たがい 서로, 상호
☐ そうぞうしい 시끄럽다, 떠들썩하다	≒	うるさい 시끄럽다
☐ 相当 상당히	≒	かなり 꽤, 상당히
☐ そっくりだ 꼭 닮다	≒	似ている 닮았다
☐ そろう 갖추어지다, 모이다	≒	集まる 모이다
☐ そろえる 맞추다, 일치 시키다	≒	同じにする 같게 하다

た

☐ 題 제목	≒	タイトル 타이틀, 제목
☐ 退屈な 지루한	≒	つまらない 재미없는
☐ 直ちに 곧장, 즉시	≒	すぐに 곧, 바로
☐ たちまち 금세, 갑자기	≒	すぐに 곧, 바로, 즉시
☐ たびたび 여러 번, 자주	≒	しばしば 자주, 종종, 여러 번
☐ たびたび 여러 번, 자주	≒	何度も 몇 번이나

☐ たまたま 우연히	≒	偶然（ぐうぜん） 우연히
☐ 単（たん）なる 단순한	≒	ただの 단순한, 그저
☐ 縮（ちぢ）んで (길이, 크기 등이) 줄고, 줄어	≒	小（ちい）さくなって 작아지고, 작아져
☐ チャンス 찬스	≒	機会（きかい） 기회
☐ 注目（ちゅうもく）する 주목하다	≒	関心（かんしん）を持（も）つ 관심을 갖다
☐ 追加（ついか）する 추가하다	≒	足（た）す 더하다
☐ ついている 행운이 따르다	≒	運（うん）がいい 운이 좋다
☐ 使（つか）い道（みち） 용도, 쓸모	≒	用途（ようと） 용도
☐ 疲（つか）れる 피곤하다	≒	くたびれる 지치다
☐ つねに 늘, 항상	≒	いつも 언제나
☐ テクニック 테크닉, 기술	≒	技術（ぎじゅつ） 기술
☐ でたらめ 엉터리임, 되는 대로임	≒	うそ 거짓말
☐ テンポ 템포, 빠르기, 박자, 속도	≒	速（はや）さ 빠르기
☐ 同情（どうじょう）した 동정했다	≒	かわいそうだと思（おも）った 불쌍하다고 생각했다
☐ 当分（とうぶん） 당분간	≒	しばらく 잠시, 당분긴
☐ 動揺（どうよう）した 동요했다	≒	不安（ふあん）になった 불안해졌다
☐ 同僚（どうりょう） 동료	≒	同（おな）じ会社（かいしゃ）の人（ひと） 같은 회사 사람
☐ 油断（ゆだん）していた 방심하고 있었다	≒	気（き）をつけていなかった 조심하지 않았다
☐ とっくに 훨씬 전에, 벌써	≒	ずっと前（まえ）に 훨씬 전에
☐ とがっている 뾰족하다, 예민하다	≒	細（ほそ）くなっている 좁다, 가늘다, 예민하다
☐ とりあえず 일단, 우선	≒	一応（いちおう） 일단, 우선
☐ トレーニング 훈련, 연습	≒	練習（れんしゅう） 연습

な

☐ 日中（にっちゅう） 낮, 주간	≒	昼間（ひるま） 낮, 주간
☐ 年中（ねんじゅう） 연중, 항상	≒	いつも 늘, 항상

は

☐ はげる 벗겨지다, 바래다	≒	取（と）れる 떨어지다
☐ ハードだ 힘들다	≒	大変（たいへん）だ 힘들다
☐ 比較的（ひかくてき） 비교적	≒	割合（わりあい）に 비교적

□ 引き返す 되돌아가다　≒　戻る 돌아가다

□ ひきょうな 비겁한　≒　ずるい 치사한, 교활한

□ 必死だった 필사적이었다　≒　一生懸命だった 열심이었다

□ 人柄 인품, 성품　≒　性格 성격

□ ぶかぶかだ 헐렁헐렁하다　≒　とても大きい / 大きすぎる 무척 크다

□ 物騒になってきた 위험해졌다, 뒤숭숭해졌다　≒　安全じゃなくなってきた 안전하지 않게 되었다

□ 不平 불평　≒　文句 불평, 불만

□ ブーム 유행　≒　流行 유행

□ プラン 플랜, 계획　≒　計画 계획

□ 方々 여기저기, 여러 곳　≒　あちこち 이곳저곳

□ ほぼ 거의, 대체로　≒　だいたい 대체로

ま

□ 間際 직전　≒　直前 직전

□ まもなく 곧, 머지않아　≒　もうすぐ 이제 곧, 머지않아

□ まれだ 드물다　≒　あまりいない 드물다, 별로 없다

□ まれな 드문　≒　ほとんどない 드문, 거의 없는

□ 見事だ 훌륭하다　≒　すばらしい 훌륭하다

□ 自ら 스스로　≒　自分で 스스로

□ みっともない 보기 흉하다, 창피하다　≒　はずかしい 부끄럽다, 창피하다

□ 妙な 묘한, 이상한　≒　変な 이상한 / 不思議な 이상한, 희한한

□ むかつく 화가 치밀다, 울컥하다　≒　怒る 화나다

□ 無口だ 말이 없다　≒　あまり話さない 그다지 말하지 않는다

□ もっとも 가장, 무엇보다도　≒　一番 가장, 제일

□ 最寄の 근처의　≒　一番近い 가장 가까운

や

□ やかましい 시끄럽다, 떠들썩하다　≒　うるさい 시끄럽다

□ 約 약, 대략　≒　およそ 대략

□ 安くゆずる 싸게 넘기다　≒　安く売る 싸게 팔다

☐ 山のふもと 산기슭 ≒ 山の下の方 산의 아래쪽

☐ やむを得ない 어쩔 수 없다, 부득이하다 ≒ しかた(が)ない 어쩔 수 없다, 하는 수 없다

☐ やや 약간, 다소 ≒ すこし 조금

☐ 優秀だった 우수했다 ≒ 頭がよかった 머리가 좋았다

☐ 愉快な 유쾌한 ≒ 面白い 재미있는

☐ ゆずる 넘겨주다, 양보하다 ≒ あげる 주다

☐ 油断していた 방심하고 있었다 ≒ 気をつけていなかった 조심하지 않았다

☐ 用心 조심, 주의 ≒ 注意 주의

☐ 用心する 조심하다, 주의하다 ≒ 気をつける 조심하다, 주의하다

ら

☐ 利口な 영리한 ≒ 頭がいい 머리가 좋다

☐ 冷静な 냉정한, 침착한 ≒ 落ち着いた 침착한, 차분한

☐ レンタルする 대여하다 ≒ 借りる 빌리다

わ

☐ わがまま 제멋대로 굶 ≒ 勝手 제멋대로 굶

☐ わずか 약간, 불과 ≒ 少し 조금

□ 合図（あいず） (눈짓, 몸짓, 소리 등의) 신호

□ 愛着（あいちゃく） 애착

□ 明かり（あかり） 등불, 불빛

□ 明らか（あきらか） 분명함

□ 甘やかす（あまやかす） 응석을 받아 주다, 오냐오냐하다

□ あるいは 혹은, 또는

□ 荒れる（あれる） 거칠어지다, 날뛰다

□ 慌ただしい（あわただしい） 어수선하다, 바쁘다

□ 言い訳（いいわけ） 변명

□ 生き生き（いきいき） 생기 있는 모양, 활기찬 모양

□ 偉大（いだい） 위대함

□ いちいち 일일이, 하나하나

□ いったん 일단, 우선

□ 一斉に（いっせいに） 일제히, 동시에

□ 違反（いはん） 위반

□ 今に（いまに） 머지않아

□ 引退（いんたい） 은퇴

□ 引用（いんよう） 인용

□ 受け入れる（うけいれる） 받아들이다

□ 薄める（うすめる） 옅게 하다, 묽게 하다

□ うたがう 의심하다

□ 打ち明ける（うちあける） 밝히다, 털어놓다

□ 打ち合わせ（うちあわせ） 협의, 미리 상의함

□ 演説（えんぜつ） 연설

□ 延長（えんちょう） 연장

□ 覆う（おおう） 덮다, 씌우다

□ 大げさ（おおげさ） 과장됨

□ 思いつく（おもいつく） 생각이 떠오르다

□ 温厚（おんこう） (성격이) 온화하고 다정함

□ 温暖（おんだん） 온난함

□ 会見（かいけん） 회견

□ 外見（がいけん） 겉모습, 외견, 외관

□ 解約（かいやく） 해약, 해지

□ かすか 희미함, 어렴풋함

□ がっかり 낙담, 실망

□ かなう 이루어지다

□ かばう 감싸다, 비호하다

□ 頑固（がんこ） 완고함, 끈질김

□ 鑑賞（かんしょう） 감상

□ 頑丈（がんじょう） 튼튼하고 옹골참

□ 感心（かんしん） 감탄함, 감복함

□ 気候（きこう） 기후

□ きっかけ 계기

□ ぎっしり 가득, 잔뜩, 빽빽이

□ きっぱり 딱 잘라, 단호히

□ 急激（きゅうげき） 급격함

□ 休息（きゅうそく） 휴식

□ 共有（きょうゆう） 공유

□ 区切り（くぎり） (일의) 매듭, 단락

□ 暮れ（くれ） 저녁때, 한 해의 마지막

□ くれぐれも 아무쪼록

□ 傾向（けいこう） 경향

□ 掲示（けいじ） 게시

□ 欠陥（けっかん） 결함

□ 限定（げんてい） 한정	□ 上達（じょうたつ） 숙달, 기능이 향상됨
□ 貢献（こうけん） 공헌	□ 初期（しょき） 초기
□ 交代（こうたい） 교대	□ 初歩（しょほ） 초보
□ 合同（ごうどう） 합동	□ 印（しるし） 표, 표시
□ 心強い（こころづよ） 마음 든든하다	□ 深刻（しんこく） 심각함
□ 快い（こころよ） 상쾌하다, 유쾌하다	□ 少しも（すこ） 조금도
□ こつこつ 꾸준히 노력하는 모양	□ 進める（すす） 진행하다, 진척시키다

さ

□ 催促（さいそく） 재촉	□ スピード 속도
□ 栽培（さいばい） 재배	□ するどい 날카롭다
□ 作成（さくせい） 작성	□ 世間（せけん） 세간, 세상
□ 早急（さっきゅう） 매우 급함	□ 世代（せだい） 세대
□ さっさと 어서, 서둘러	□ せっかく 모처럼
□ さびる 녹슬다	□ 節約（せつやく） 절약
□ 差別（さべつ） 차별	□ せめて 적어도
□ 作法（さほう） 예의범절	□ 鮮明（せんめい） 선명
□ さまたげる 방해하다, 지장을 주다	□ 早期（そうき） 조기, 이른 시기
□ 残高（ざんだか） 잔고	□ 即座に（そくざ） 즉각, 당장
□ 支持（しじ） 지지	□ 続出（ぞくしゅつ） 속출
□ 実施（じっし） 실시	□ 素材（そざい） 소재
□ 質素（しっそ） 검소함	□ 粗末（そまつ） 변변치 않음, 함부로 함
□ 実に（じつ） 실로	□ それとも 그렇지 않으면
□ 支配（しはい） 지배	

た

□ しみる 배다, 스며들다	□ 大した（たい） 대단한, 특별한
□ 充実（じゅうじつ） 충실	□ たくましい 늠름하다
□ 充満（じゅうまん） 충만, 가득함	□ 多彩（たさい） 다채로움
□ 取材（しゅざい） 취재	□ たしか 아마
□ 順調（じゅんちょう） 순조로움	□ 畳む（たた） (이불, 옷 등을) 개나
□ 正直（しょうじき） 정직함, 솔직함	□ 妥当（たとう） 타당
□ 生じる（しょう） 발생하다, 생기다	□ たとえ〜ても 비록 〜해도
	□ たまたま 때마침, 우연히

□ 保つ (상태를) 유지하다

□ ～だらけ ～투성이

□ だらしない 단정하지 않다, 칠칠치 못하다

□ 単なる 단순한

□ 縮む 줄어들다

□ 着々 착착

□ 中断 중단

□ 注目 주목

□ 頂上 정상

□ 散らかす 어지르다

□ 散らかる 흩어지다, 널브러지다

□ 尽きる 다하다, 떨어지다, 끝나다

□ 潰す 찌부러뜨리다

□ 定年 정년

□ 手軽 손쉬움, 간단함

□ 展開 전개

□ 問い合わせる 문의하다

□ どうせ 어차피

□ 特殊 특수

□ とっくに 훨씬 전에, 벌써

□ どっと 왈칵, 왁자글

□ 乏しい 부족하다

□ ドライブ 드라이브

な

□ 和やか 온화함

□ 濁る 탁해지다, 흐려지다

□ 日課 일과

□ 鈍い 둔하다, 굼뜨다, 반응이 느리다

□ 熱中 열중

□ 乗り越す 내릴 곳을 지나치다

□ 乗り継ぐ 갈아타다

は

□ 廃止 폐지

□ はきはき 시원시원, 또박또박

□ 外す 풀다, 벗다

□ 発達 발달

□ 腫れる 붓다

□ 範囲 범위

□ 反省 반성

□ 引き返す 되돌아가다

□ 微妙 미묘함

□ 不安 불안

□ 普及 보급

□ ふさぐ 틀어 막다, 가리다

□ ふさわしい 적합하다, 어울리다

□ ふもと (산)기슭

□ 振り向く 뒤돌아보다

□ 分解 분해

□ 分野 분야, 활동 범위

□ へだてる 사이를 떼다, 멀리하다

□ ベテラン 베테랑, 노련한 사람

□ 方針 방침

□ 補足 보충

□ 保存 보존, 저장

□ ほっと 안심하는 모양

ま

□ 向かい 맞은편, 건너편, 정면

□ 矛盾 모순

□ 夢中 열중함, 몰두함

- □ **目上**〔めうえ〕 윗사람, 연장자
- □ **めくる** (종이 등을) 넘기다
- □ **ものたりない** 어딘가 부족하다
- □ **最寄り**〔もよ〕 가장 가까움, 근처
- □ **漏れる**〔も〕 새다, 빠지다

- □ **役目**〔やくめ〕 역할
- □ **破れる**〔やぶ〕 찢어지다, 터지다
- □ **ユーモア** 유머
- □ **行方**〔ゆくえ〕 행방
- □ **用途**〔ようと〕 용도

- □ **楽**〔らく〕 편안함, 쉬움
- □ **利益**〔りえき〕 이익
- □ **略す**〔りゃく〕 줄이다, 생략하다
- □ **礼儀**〔れいぎ〕 예의
- □ **冷静**〔れいせい〕 냉정함
- □ **論争**〔ろんそう〕 논쟁
- □ **わずか** 약간

memo

언어지식

문법 직전 체크!

 핵심문법 150

---

001 **〜あげく**　〜한 끝에

何度もけんかを繰り返したあげく、彼らは別れたそうだ。
몇 번이나 싸움을 반복한 끝에 그들은 헤어졌다고 한다.

---

002 **〜あまり**　〜한 나머지

彼女は一番行きたかった大学に合格し、嬉しさのあまり跳び上がった。
그녀는 가장 가고 싶었던 대학에 합격하여 기쁜 나머지 껑충 뛰었다.

---

003 **〜一方だ**　(오로지) 〜할 뿐이다, 〜하기만 한다

警察の呼びかけにもかかわらず、オートバイの事故は増える一方だ。
경찰의 호소에도 불구하고 오토바이 사고는 늘어나기만 한다.

---

004 **〜うえ(で)**　〜하는 데 있어서 / 〜한 후에

スマホを使ううえで、気をつけることを子供たちと話し合った。
스마트폰을 사용하는 데 있어서 신경 써야 할 것을 아이들과 이야기를 나눴다.

上司と相談したうえで、ご連絡させていただいてもよろしいでしょうか。
상사와 상의한 후에 연락 드려도 괜찮을까요?

電話番号をよくお確かめのうえ、おかけ間違いのないようお願いいたします。 전화번호를 잘 확인하신 후, 잘못 거는 일 없도록 부탁드립니다.

---

005 **〜うえ(に)**　〜인 데다가

このへんは物価が高いうえに交通も不便なので暮らしにくい。
이 근처는 물가가 비싼 데다가 교통도 불편하기 때문에 살기 불편하다.

---

006 **〜うえは**　〜한 이상에는, 〜한 바에는

こうなったうえは、何としても責任をとるつもりです。
이렇게 된 바에는 어떻게든 책임을 질 작정입니다.

007 ～うちに / ～ないうちに

～하는 동안에, ～중에, ～할 때에 / ～하지 않는 사이에, ～하기 전에

この辺りはにぎやかだが、夜になると人通りもなくなるから、明るい**うちに**帰ろう。 이 부근은 붐비지만 밤이 되면 인적도 뜸해지니 밝을 때에 돌아가자.

冷め**ないうちに**、召し上がってください。 식기 전에 드세요.

008 ～おきに　～간격으로, ～걸러

大学行きのシャトルバスは15分**おきに**出ています。
대학교행 셔틀버스는 15분 간격으로 출발하고 있습니다.

009 ～か ～ないかのうちに　～하자마자

彼は、問題を見る**か**見**ないかのうちに**、もう答えを書き始めていた。
그는 문제를 보자마자 벌써 답을 적기 시작했다.

010 ～かいがある　～한 보람이 있다

二時間待った**かいがあって**、雨がやみ、美しい景色を見ることができた。
2시간 기다린 보람이 있어 비가 그치고 아름다운 경치를 볼 수 있었다.

011 ～かぎり / ～ないかぎり　～(하)는 한 / ～(하)지 않는 한

私が記憶する**かぎり**、彼は結婚したことはない。
내가 기억하는 한 그는 결혼한 적이 없다.

あの人が謝ら**ないかぎり**、私は許しません。
그 사람이 사과하지 않는 한 나는 용서하지 않겠습니다.

012 ～かけの / ～かける　～하다 만, ～하는 중인 / ～하나 마니, ～할 뻔하다

椅子に編み**かけの**セーターが置いてあった。
의자에 뜨다 만 스웨터가 놓여 있었다.

冷蔵庫の中の野菜がくさり**かけている**。
냉장고 안의 야채가 썩으려고 한다.

013 ～がたい　～하기 어렵다, ～하기 힘들다

私にとって子供は何ものにも代え**がたい**大切な存在だ。
나에게 있어 아이는 어떤 것으로도 바꿀 수 없는 소중한 존재다.

014 **〜がち** 자주 〜함, 〜하는 경향이 있음

一つ悪いことがあると、何につけても悪く考えがちになる。
한 가지 나쁜 일이 있으면 뭐든지 나쁘게 생각하게 된다.

病気がちの彼には、こんな激しいスポーツはできない。
잔병치레가 잦은 그는 이런 과격한 운동은 할 수 없다.

015 **〜かというと・〜かといえば** 〜(하)는가 하면

文章がうまければ誰でも作家になれるかというと、そんなことはない。
문장에 능하면 누구나 작가가 될 수 있는가 하면 그렇지는 않다.

部長と課長は何かといえば意見が対立する。
부장님과 과장님은 툭하면 의견이 대립한다.

016 **〜かねない** 〜(할) 수도 있다, 〜(할) 지도 모른다

誤解を招きかねない言い方はさけよう。
오해를 살 수도 있는 말투는 피하자.

017 **〜かねる** 〜하기 어렵다, 〜하기 힘들다

詳しい状況は分かりかねます。
자세한 상황은 알기 어렵습니다.

駐車場内の事故、トラブルには責任を負いかねます。
주차장 내 사고, 문제에는 책임을 지기 어렵습니다.

018 **〜から〜にかけて** 〜부터 〜에 걸쳐

日本では、8月の下旬から9月の上旬にかけて台風が多い。
일본에서는 8월 하순부터 9월 초순에 걸쳐 태풍이 많다.

発達する低気圧の影響で、土曜日の夕方から日曜日の朝にかけて、激しい
雨が降るおそれがあります。
발달하는 저기압의 영향으로 토요일 저녁부터 일요일 아침에 걸쳐 심한 비가 내릴 우려가 있습니다.

019 **〜からいって・〜からいうと** 〜으로 보아, 〜으로 보건대

今の状況からいって、このまま計画を進めるのは無理です。
지금 상황으로 보건대 이 상태로 계획을 추진하는 것은 무리입니다.

私の経験から言うと、留学はした方がいいよ。
내 경험으로 보아 유학은 하는 편이 좋아.

020 **〜からして**　〜부터가, 〜으로 보아

私は彼のことが大嫌いだ。彼の話し方や服装からしてがまんならない。
나는 그 사람을 무척 싫어한다. 그 사람의 말투나 복장부터가 참을 수 없다.

021 **〜からすると・〜からすれば**　〜으로 보아

アクセントからすると、どうやらあの人は外国出身らしい。
악센트로 보아 아무래도 그 사람은 외국 출신인 것 같다.

022 **〜からといって**　〜라고 해서

親が頭がいいからといって、子供も必ず頭がいいとはかぎらない。
부모가 머리가 좋다고 해서 자식도 꼭 머리가 좋다고는 할 수 없다.

しばらく連絡がないからといって、そんなに心配することはないよ。
잠시 연락이 없다고 해서 그렇게 걱정할 필요는 없어.

023 **〜からには**　〜할 바에는, 〜한 이상에는

プロ選手になったからには誰にも負けないくらい頑張ろうと思っている。
프로 선수가 된 이상 누구에게도 지지 않을 정도로 열심히 해 봐야겠다고 생각하고 있다.

024 **〜気味**　〜(한) 기운이 있음, 〜(한) 경향임, 〜(한) 기색

仕事の進み具合が遅れ気味なので、今から巻き返せるように頑張ります。
일의 진행 상태가 늦어지는 듯해서 이제부터 다시 제 속도를 맞출 수 있도록 노력하겠습니다.

025 **〜きり / 〜きりだ**　〜한 이래로 / 〜한 채이다, 〜했을 뿐이다

あの人は出かけたきり戻ってこなかった。
그 사람은 나간 채 돌아오지 않았다.

本田さんとは3年前に一度会ったきりだ。
혼다 씨와는 3년 전에 한 번 만났을 뿐이다.

026 **〜きる / 〜きれない**　다 〜하다, 매우 〜하다 / 다 〜할 수 없다

彼はフルマラソンを走りきった。
그는 마라톤 풀코스를 다 뛰었다.

近所の人から食べきれないほどのりんごをもらった。
이웃 사람에게 다 먹을 수 없을 만큼의 사과를 받았다.

`027` **〜くせに**　〜인 주제에, 〜이면서도

父は今日、早く帰ると言ったくせに、飲み会で遅く帰ってきたので母に怒られていた。
아버지는 오늘 일찍 집에 오신다고 했으면서 회식 때문에 늦게 와서 어머니께 혼났다.

うちのジョンは犬のくせに、人間と同じものを食べたがる。
우리집 존은 개이면서 사람과 같은 걸 먹고 싶어 한다.

`028` **〜こそ / 〜からこそ**　〜야말로 / 〜이기 때문에

いつも約束の時間に遅れて迷惑をかけるので、今度こそ、遅刻をしないようにしよう。
항상 약속 시간에 늦어 폐를 끼치니까 이번에야말로 지각을 하지 않도록 하자.

自分の才能を信じ続けてきたからこそ、彼女は成功することができた。
자신의 재능을 계속 믿어 왔기 때문에 그녀는 성공할 수 있었다.

`029` **〜ことか**　〜던가, 〜인지

日本に来たばかりの時、あなたの親切がどんなにうれしかったことか。
일본에 온 지 얼마 되지 않았을 때, 당신의 친절이 얼마나 기뻤던지.

`030` **〜ことから / 〜ところから**　〜로 인해, 〜때문에 / 〜하는 점에서, 〜해서

岡田さんは何でもよく知っていることから、友達に「博士」と呼ばれている。
오카다 씨는 뭐든지 잘 알고 있어서 친구들에게 '박사'라고 불리고 있다.

彼女は父親が韓国人であるところから、韓国人の知り合いも多い。
그녀는 아버지가 한국인이어서 한국인 지인도 많다.

`031` **〜ことだから**　〜(의) 일이니까, 〜이니까

あの人のことだから、どうせ時間どおりには来ないだろう。
그 사람이니까 어차피 시간대로는 오지 않을 것이다.

`032` **〜ことなく**　〜(하)지 않고

失敗をおそれることなく挑戦してほしい。
실패를 두려워하지 말고 도전해 주었으면 한다.

`033` **～ことに** ～하게도

びっくりした**ことに**、宝くじに高額当選しました。
놀랍게도 고액 복권에 당첨되었습니다.

`034` **～ことになる** ～하게 되다, ～하는 셈이 된다
～ことにはならない ～한 것이 되지는 않는다
～ことにする ～하기로 하다

家賃は1か月6万円だから、1年で72万円も支払う**ことになる**。
집세는 한 달에 6만 엔이니까, 1년에 72만 엔이나 지불하는 셈이 된다.

本やインターネットの資料を写しただけではレポートを書いた**ことにはならない**。
책이나 인터넷 자료를 베낀 것만으로는 리포트를 쓴 것이 되지는 않는다.

A 電車とバスとどちらがいいですか。
　전철과 버스 중 어느 쪽이 좋아요?

B そうですね。バスはいつも混みますから、今日は電車で行く**ことにしましょう**。
　글쎄요, 버스는 늘 붐비니까 오늘은 전철로 가기로 합시다.

`035` **～ことはない** ～할 필요는 없다

ピザは配達してもらえるので、わざわざ買いに行く**ことはありません**。
피자는 배달시킬 수 있기 때문에 일부러 사러 갈 필요는 없습니다.

`036` **～最中** 한창 ～중

洗濯物をたたんでいる**最中**に突然部屋から大きな音がした。
한창 빨래를 개고 있던 중에 갑자기 방에서 큰 소리가 났다.

今は食事の**最中**だから、たばこは遠慮した方がいいですよ。
지금은 한창 식사 중이니 담배는 삼가는 것이 좋아요.

`037` **～さえ・～すら** ～조차, ～마저, ～도

今の調子では、予選に出ること**さえ**難しい。
지금 상태로는 예선에 나가는 것조차 어렵다.

漢字どころか、ひらがな**すら**読めない。
한자는커녕 히라가나조차 읽지 못한다.

038 **〜さえ〜ば**　〜만 〜하면

この試合に勝ちさえすれば、オリンピックに出場できる。
이 시합에 이기기만 하면 올림픽에 출전할 수 있다.

おもしろくさえあればどんな本でもけっこうです。
재밌기만 하면 어떤 책이든 좋습니다.

039 **〜ざるをえない**　〜할 수밖에 없다, 〜해야만 한다

私たちも変更された契約の条件を受け入れざるをえなかった。
우리들도 변경된 계약 조건을 받아들일 수밖에 없었다.

ここまでマスコミにたたかれれば、彼も謝罪せざるをえないだろう。
이 정도로 매스컴이 비난하면 그도 사죄할 수밖에 없을 것이다.

040 **〜しかない**　〜밖에 없다

自分の志望する大学に合格するには、毎日一生懸命勉強するしかありません。
자신이 원하는 대학교에 합격하기 위해서는 매일 열심히 공부하는 수밖에 없습니다.

時間がなかったというのは言い訳でしかない。
시간이 없었다는 것은 변명에 지나지 않는다.

041 **〜次第**　〜하는 대로

会議の資料ができ次第、メールでお送りいたします。
회의 자료가 완성되는 대로 메일로 보내 드리겠습니다.

042 **〜次第で(は) / 〜次第だ**　〜에 따라서(는) / 〜나름이다, 〜에 달려 있다, 〜한 것이다

明日の試合は天気次第では中止になるかも知れない。
내일 시합은 날씨에 따라서는 중단될지도 모른다.

先日お伝えした日程に誤りがありましたので、今回改めてご連絡した次第です。
일전에 전해 드린 일정에 착오가 있어 이번에 다시 연락을 드린 것입니다.

043 **〜末(に)**　〜한 끝에

この新しい薬は、何年にもわたる研究の末に作り出されたものだ。
이 신약은 몇 년에 걸친 연구 끝에 만들어 낸 것이다.

044 　**〜ずに**　〜하지 않고

とても疲れていたので、メイクも落とさずに、寝てしまいました。
굉장히 피곤했기 때문에 화장도 지우지 않고 자 버렸습니다.

045 　**〜ずに済む・〜ないで済む・〜なくて(も)済む**
〜하지 않고 끝나다, 〜하지 않아도 된다

友達がコンサートのチケットを1枚くれたので、私はチケットを買わずに済んだ。
친구가 콘서트 티켓을 한 장 주어서 나는 표를 사지 않아도 되었다.

かさを持って行ったので、突然雨に降られてもぬれないで済んだ。
우산을 가지고 갔기 때문에 갑자기 비가 와도 젖지 않아도 되었다.

幸い友人が冷蔵庫をくれたので、新しいのを買わなくて済んだ。
다행히 친구가 냉장고를 줘서 새것을 사지 않아도 되었다.

046 　**〜ずにはいられない**　〜하지 않을 수 없다

今日は嫌なことがあったので、お酒を飲まずにはいられなかった。
오늘은 안 좋은 일이 있었기 때문에 술을 마시지 않을 수가 없었다.

047 　**〜そうにない**　〜할 것 같지 않다

外が騒がしくて、今夜は寝られそうにありません。
밖이 소란스러워서 오늘 밤은 잠들 수 있을 것 같지 않습니다.

048 　**〜そうになる**　〜할 것 같다, 〜할 뻔하다

石につまづいて、転びそうになった。
돌에 걸려 넘어질 뻔했다.

ドラマに感動して涙が出そうになった。
드라마에 감동해서 눈물이 나올 뻔했다.

049 　**それなりの〜**　그런 대로의, 그 나름의

彼が突然、学校をやめたのにはそれなりの理由があった。
그가 갑자기 학교를 그만둔 것에는 그 나름의 이유가 있었다.

050 **〜た以上(は)**　〜한 이상(에는)

この仕事を引き受けた以上は、責任をもって最後までやり遂げます。
이 일을 맡게 된 이상에는 책임감을 가지고 마지막까지 해내겠습니다.

051 **〜だけあって・〜だけに**　(과연) 〜인 만큼
〜だけのことはある　(과연) 〜은/는 다르다, 〜라 할 만하다

彼女は日本に留学していただけあって、日本語がよくできる。
그녀는 일본에 유학했던 만큼 일본어를 아주 잘한다.

この家は、さすが金をかけただけに、大地震でも倒れなかった。
이 집은 과연 돈을 들인 만큼 대지진에도 무너지지 않았다.

彼の作業は速くて確実だ。さすがに、ベテランだけのことはある。
그의 작업은 빠르고 확실하다. 과연 베테랑은 다르다.

052 **〜たところ**　〜했더니

久しぶりにふるさとに帰ってみたところ、すっかり変わっていて少し悲し

かった。
오랜만에 고향에 돌아가 봤더니 완전히 변해 있어서 조금 슬펐다.

053 **〜たとたん(に)**　〜한 순간(에), 〜하자마자

二人は出会ったとたんに恋に落ちたそうです。
두 사람은 만나자마자 사랑에 빠졌다고 합니다.

054 **〜たばかり**　막 〜한 참임, 〜한지 얼마 되지 않음

子供たちはさっき起きたばかりなので機嫌が悪いようです。
아이들은 일어난지 얼마 안 되었기 때문에 기분이 좋지 않은 듯합니다.

055 **〜たび(に)**　〜할 때마다

帰省するたび、親戚にお土産を買っていきます。
고향에 갈 때마다 친척에게 줄 선물을 사갑니다.

056 **〜だらけ**　〜투성이

彼の答案用紙は間違いだらけだった。
그의 답지는 오답투성이였다.

〜ついでに・〜がてら・〜をかねて　〜하는 김에, 〜을/를 겸해서

コンビニでお弁当を買うついでに、ジュースも買った。
편의점에서 도시락을 사는 김에 주스도 샀다.

犬と散歩がてら郵便局に寄って切手を買った。
개와 산책할 겸 우체국에 들러 우표를 샀다.

車を買ったので、ドライブをかねてふるさとの両親の家に行った。
차를 사서 드라이브를 겸해 고향 부모님 집에 갔다.

058

〜っけ　〜던가, 〜였더라

えっ？今日が大学入試でしたっけ。
네? 오늘이 대학 입학 시험이었던가요?

059

〜っこない　〜할 리 없다

山本さんに頼んだってやってくれっこないよ。
야마모토 씨에게 부탁해 봤자 해 줄 리 없어.

060

〜つつ(も)・〜ながら(も)　〜하면서(도), 〜(하)지만
〜つつある　〜중이다, 〜하고 있다

勉強しなければと思いつつ遊んでしまう。
공부해야지 라고 생각하면서도 놀고 만다.

残念ながら彼の言うとおりだ。
유감이지만 그가 말하는 대로다.

地球は毎年少しずつ温かくなりつつある。
지구는 매년 조금씩 따뜻해지고 있다.

061

〜つもり(で)　〜한 셈 (치고), 〜할 생각(으로)

旅行したつもりで、お金は貯金することにした。
여행한 셈 치고 돈은 저금하기로 했다.

でも、自分じゃまだまだ若いつもりでいるよ。
하지만 자기는 아직도 젊은 줄 알고 있어.

062

〜(の)であれば　〜라면

可能<ruby>可<rt>か</rt></ruby><ruby>能<rt>のう</rt></ruby>であれば、ミーティングの時間<ruby>間<rt>かん</rt></ruby>を変更<ruby>変<rt>へん</rt></ruby><ruby>更<rt>こう</rt></ruby>していただけますか。
가능하다면 미팅 시간을 변경해 주실 수 있으신가요?

もし、予約<ruby>予<rt>よ</rt></ruby><ruby>約<rt>やく</rt></ruby>をキャンセルされるのであれば、必<ruby>必<rt>かなら</rt></ruby>ずご連絡<ruby>連<rt>れん</rt></ruby><ruby>絡<rt>らく</rt></ruby>ください。
만약 예약을 취소하신다면 반드시 연락 바랍니다.

〜て以来　〜한 후

彼とけんかして以来、一切口を利かなくなった。
그와 싸우고 난 후 일절 말을 하지 않게 되었다.

〜てからでないと　〜한 다음이 아니면

一定の年齢を超えてからでないと、選挙権は得られません。
일정 연령을 넘긴 다음이 아니면 선거권은 얻을 수 없습니다.

豚肉はしっかり火を通してからでないと、食べられません。
돼지고기는 확실히 구운 다음이 아니면 먹을 수 없습니다.

〜てたまらない・〜てしょうがない　〜해서 견딜 수 없다, 너무 〜하다

昨日から何も食べていないので、お腹がすいてたまらない。
어제부터 아무것도 안 먹었기 때문에 배가 고파서 견딜 수 없다.

合格発表は来週だが、試験の結果が気になってしょうがない。
합격 발표는 다음 주이지만 시험 결과가 너무 신경 쓰인다.

〜てでも　〜해서라도

今日の会合には、どんな手段を使ってでも時間通りに到着しなければならない。　오늘 회합에는 어떤 수단을 써서라도 시간대로 도착해야 한다.

〜てならない　〜해서 견딜 수 없다, 너무 〜하다

友達に何度も電話をしたがつながらない。何かあったのか心配でならない。
친구에게 몇 번이고 전화를 했지만 연결이 되지 않는다. 무슨 일이 생겼는지 걱정이 되어 견딜 수 없다.

068 **〜てはじめて** 　〜서야 비로소

父が亡くなってはじめて、そのありがたさがわかった。
아버지가 돌아가시고 나서야 비로소 그 고마움을 알았다.

069 **〜ということだ** 　〜라고 한다, 〜라는 것이다

ニュースによると、この前起きた事件の犯人が捕まったということだ。
뉴스에 의하면 요전에 일어난 사건의 범인이 잡혔다고 한다.

このお店の野菜は全て無農薬だということです。
이 가게의 야채는 전부 무농약이라고 합니다.

070 **〜というと・〜といえば** 　〜라고 하면

昔は新婚旅行というと、ハワイを思い出す人が多かった。
예전에는 신혼여행이라고 하면 하와이를 떠올리는 사람이 많았다.

日本といえば、富士山を連想します。
일본이라 하면 후지산을 연상합니다.

071 **〜というものだ** 　〜라는 것이다

賃金を倍にしてほしいなどと言うのは、過大な要求というものだ。
임금을 배로 해 달라고 하는 것은 과대한 요구라는 것이다.

072 **〜というより** 　〜라기보다

駅から家までバスに乗らず歩くのは、節約というより健康のためだ。
역에서 집까지 버스를 타지 않고 걷는 것은 절약이라기보다 건강을 위해서이다.

073 **〜というわけだ** 　〜라는 것이다
〜というわけではない 　〜인 것은 아니다

セール中だから、安く買えるというわけです。
세일 중이라서 싸게 살 수 있는 것입니다.

お金があればあるほど、幸せというわけではない。
돈이 많으면 많을수록 행복한 것은 아니다.

| 074 | **〜といった** ~라고 하는, ~(와/과) 같은 |

この人形は「こんにちは」「さようなら」といった簡単な言葉をしゃべります。
이 인형은 '안녕하세요' '안녕히 가세요'와 같은 간단한 말을 합니다.

| 075 | **〜といっても** ~라고 해도 |

料理ができるといっても、たまごやきぐらいです。
요리를 할 수 있다고 해도 계란말이 정도입니다.

| 076 | **〜と思う** ~라고 생각하다, ~일/할 것이다
〜(よ)うと思う ~(하)려고 생각하다, ~(하)려고 하다 |

この問題、テストに出ると思う？ 이 문제, 시험에 나올 것 같아?

今夜はカレーにしようと思います。
오늘 저녁은 카레를 먹으려고 합니다.

| 077 | **〜どころか / 〜どころではない** ~하기는커녕 / ~할 상황이 아니다 |

私はあの人にいろいろ親切にしたつもりだが、感謝されるどころか、恨まれた。
나는 그 사람에게 여러 가지로 친절하게 대했다고 생각하는데 감사를 받기는커녕 원망받았다.

明日は試験があるので、ドライブどころではない。
내일은 시험이 있어서 드라이브할 상황이 아니다.

| 078 | **〜ところだ** 막~ 하려는 참이다 |

雨が降り始めたことに気づかなかったら、洗濯物が濡れるところだった。
비가 내리기 시작한 것을 알아차리지 못했다면 빨래가 젖을 뻔한 참이었다.

ケータイを見ながら下を向いて歩いていたので、危うく車にひかれるところだった。
핸드폰을 보면서 고개를 숙이고 걸어가고 있었기 때문에 하마터면 차에 치일 뻔한 참이었다.

| 079 | **〜ところを** ~(인/한) 중에
〜ところに・〜ところへ ~하는 참에 |

お忙しいところをわざわざおいでいただき、恐縮でございます。
바쁘신 중에 일부러 와 주셔서 송구스럽습니다.

私が説明をしているところに、誰かが会議室のドアをノックした。
내가 설명을 하고 있는 참에 누군가가 회의실 문을 노크했다.

ちょうど出かけようとしていたところへ、田舎の母から宅急便が届いた。
마침 외출하려던 참에 시골에 계신 어머니로부터 택배가 왔다.

080 〜としたら 〜라고 하면

もし、生まれ変われるとしたら、何になりたいですか。
만약 다시 태어난다고 하면 무엇이 되고 싶나요?

081 〜として(は) 〜로서(는), 〜의 입장에서(는)

彼女は研究生として、この大学で勉強している。
그녀는 연구생으로서 이 대학에서 공부하고 있다.

082 〜としても 〜라고 해도

楽天的な彼は会社を首になったとしてもあまり心配しないだろう。
낙천적인 그는 회사에서 해고가 되었다고 해도 별로 걱정하지 않을 것이다.

083 〜とのことだ 〜라고 한다, 〜라는 것이다

新しいショッピングセンターが今週末にオープンするとのことです。
새로운 쇼핑 센터가 이번 주말에 연다고 합니다.

運送会社から連絡があり、大雪の影響で荷物の到着が遅れるとのことです。
운송 회사에서 연락이 와 대설의 영향으로 화물 도착이 늦어진다고 합니다.

084 〜とは ① 〜(이)란 ② 〜라고는, 〜하다니, 〜일/할 줄이야

「下水」とは、台所などで使った汚れた水のことである。
'하수'라는 것은 부엌 등에서 사용한 더러워진 물을 말한다.

あれ以来あの人にもう二度と会えないとは、想像もできなかった。
그 이후로 그 사람을 두 번 다시 만날 수 없을 거라고는 상상도 하지 못했다.

085 〜ないことには 〜(하)시 않으면

噴火がどんな状態なのかは、その現場へ行ってみないことにはわからない。
분화가 어떤 상태인지는 그 현장에 가 보지 않으면 알 수 없다.

086 **〜ないことはない**　　〜(하)지 않는 것은 아니다

あなたの苦労（くろう）がわから**ないことはない**です。
당신의 고생을 모르는 것은 아닙니다.

087 **〜なんて**　〜따위, 〜라고는, 〜하다니

まさか、彼（かれ）が浮気（うわき）していた**なんて**。
설마 그가 바람을 피우고 있었다니.

088 **〜にあたって**　〜에 앞서, 〜에 있어서

運動会（うんどうかい）の開会（かいかい）**にあたって**、校長先生（こうちょうせんせい）からお話（はなし）があります。
운동회 시작에 앞서 교장 선생님의 말씀이 있겠습니다.

089 **〜に至（いた）って(は)**　〜에 이르러서(는)

先生（せんせい）に敬語（けいご）の使（つか）い方（かた）を指摘（してき）される**に至って**、ようやく自分（じぶん）の間違（まちが）いに気（き）づいた。
선생님께 경어 사용법에 대해 지적 받음에 이르러서 겨우 내 실수를 알아차렸다.

今年（ことし）の夏（なつ）はとても暑（あつ）く、兵庫県（ひょうごけん）**に至っては**最高気温（さいこうきおん）が４１度（ど）を記録（きろく）した。
올해 여름은 굉장히 더워서 효고현에 이르러서는 최고 기온이 41도를 기록했다.

090 **〜において・〜における**　〜에서, 〜에서의

1998年（ねん）の冬季（とうき）オリンピックは長野市（ながのし）**において**行（おこな）われた。
1998년 동계 올림픽은 나가노 시에서 열렸다.

国際社会（こくさいしゃかい）**における**我（わ）が国（くに）の役割（やくわり）について述（の）べなさい。
국제 사회에서의 우리나라의 역할에 관해 서술하시오.

091 **〜に応（おう）じて**　〜에 맞게, 〜에 따라서, 〜에 응해

この会社（かいしゃ）では、能力（のうりょく）**に応じて**給料（きゅうりょう）が支払（しはら）われます。
이 회사에서는 능력에 따라서 월급이 지급됩니다.

092

～に欠かせない　　～에 빠트릴 수 없다, ～에 빼놓을 수 없다
～(を)欠かさず　　(～을/를) 빠트리지 않고, (～을/를) 거르지 않고

日光と水は植物を育てるのに欠かせない。
햇빛과 물은 식물을 키우는 데 빼놓을 수 없다.

父は健康のために毎日欠かさず、散歩をしている。
아버지는 건강을 위해 매일 빠트리지 않고 산책을 하고 있다.

093

～にかぎって・～にかぎり　　～에 한해, ～만
～にかぎらず　　～뿐만 아니라

うちの子にかぎってそんなことをするはずがない。
우리 아이만은 그런 짓을 할 리가 없다.

先着100名様にかぎり、景品を差し上げます。
선착순 100분에 한해 경품을 드립니다.

彼は野球部に入っているが、野球に限らずスポーツなら何でも得意だ。
그는 야구부에 들어 있지만 야구뿐만 아니라 스포츠라면 뭐든지 잘한다.

094

～に限る　　～하는 것이 제일이다, ～이/가 최고다

やっぱり寒い日は、温かい鍋に限るね。
역시 추운 날엔 따뜻한 전골이 최고지.

095

～にかけては　　～에 있어서는, ～에 관한 한

彼は勉強はできないが、泳ぎにかけては誰にも負けない。
그는 공부는 못하지만, 수영에 있어서는 누구에게도 지지 않는다.

096

～に決まっている　　반드시 ～이다, ～임이 분명하다, ～임이 당연하다

こんなことをしたら父に叱られるに決まっている。
이런 일을 하면 아버지에게 혼날 게 분명하다.

大雨の日に運動会なんて、できないに決まっている。
큰비가 오는 날 운동회라니, 못 할 게 분명해.

097

～にこたえて　　～에 부응하여

そのアイドルは会場のアンコールにこたえて、もう一曲歌った。
그 아이돌은 회장의 앙코르에 부응하여 한 곡 더 불렀다.

098 **〜に先立って** 〜함에 앞서

試合を始めるに先立って、審判からルール説明があります。
시합을 시작하기에 앞서 심판의 규칙 설명이 있겠습니다.

新システム導入に先立って、操作研修を実施します。
새로운 시스템 도입에 앞서 조작 연수를 실시합니다.

099 **〜にしたがって** 〜(함)에 따라

暗くなるにしたがって、肌寒くなってきた。
어두워짐에 따라 쌀쌀해졌다.

スタッフの案内にしたがって移動してください。
스태프의 안내에 따라 이동해 주세요.

100 **〜にもかかわらず** 〜에도 관계없이, 〜에도 불구하고

努力したにもかかわらず全て失敗してしまった。
노력했는데도 불구하고 모두 실패하고 말았다.

荷物は多少にかかわらずご配達します。
짐은 많고 적음에 관계없이 배달해 드립니다.

101 **〜にしては** 〜치고는

うちの子は小学校4年生にしては、背が低いほうです。
우리 아이는 초등학교 4학년치고는 키가 작은 편입니다.

102 **〜にすぎない** 〜에 불과하다, 〜에 지나지 않는다

地球の陸地面積は全体の3割にすぎない。
지구의 육지 면적은 전체의 3할에 불과하다.

103 **〜に対して** 〜에 대해서, 〜에 비해서

山が好きだと答えた人が30％だったのに対して海が好きだと答えた人は
70％だった。
산이 좋다고 답한 사람이 30%이었던 것에 비해 바다가 좋다고 답한 사람은 70%이었다.

104 **〜に対する** 〜에 대한

弊社では環境に対する取り組みを行っております。
저희 회사에서는 환경에 대한 대응책을 실시하고 있습니다.

105 **～に違いない・～に相違ない**　～임이 틀림없다, ～임이 분명하다

あの子は将来、大物になるに違いない。
그 아이는 장래에 대단한 인물이 될 것이 틀림없다.

服装はいつもとだいぶ違うが、やっぱりあれは石原さんに相違ない。
복장은 평소랑 꽤 다르지만 역시 저건 이시하라 씨가 분명하다.

106 **～に次いで**　～에 뒤이어, ～다음으로

北岳は富士山に次いで日本で２番目に高い山です。
기타다케산은 후지산에 이어 일본에서 2번째로 높은 산입니다.

107 **～につれ(て)**　～(함)에 따라, ～하면서, ～할수록

都市の人口が増えるにつれて、犯罪が増加してきた。
도시의 인구가 늘어남에 따라 범죄가 증가해 왔다.

108 **～にとって**　～에게 있어서, ～에게

留学生にとって住むところを探すのは大きな問題だ。
유학생에게 있어서 살 곳을 찾는 것은 커다란 문제이다.

109 **～にともなって・～にともない**　～에 따라, ～에 동반해
～にともなう　～에 따른, ～에 동반한

高齢化にともない、老人医療の問題も深刻になりつつある。
고령화에 따라 노인 의료 문제도 심각해지고 있다.

火山活動にともなう現象は、次のようなものがあります。
화산 활동에 동반한 현상은 다음과 같은 것이 있습니다.

110 **～には**　～(하)려면

この計画を実現するには、政府の援助が必要です。
이 계획을 실현하려면 정부의 원조가 필요합니다.

111 **～に反して**　～와/과 반대로, ～와/과 달리, ～에 반하여

専門家の予測に反して、景気の回復が遅れている。
전문가의 예측과 달리 경기 회복이 늦어지고 있다.

112 ～にほかならない　　～임에 틀림없다, 바로 ～이다

我が社がここまで成長できたのも、社員全員の努力があったからにほかならない。
우리 회사가 여기까지 성장할 수 있었던 것도 바로 사원 전원의 노력이 있었기 때문이다.

113 ～によって(は)　　～에 따라서(는), ～에 의해(서는)

未成年の飲酒は法律によって禁じられています。
미성년자의 음주는 법률에 의해 금지되어 있습니다.

所によってはにわか雨が降るでしょう。
곳에 따라서는 소나기가 내리겠습니다.

114 ～によらず　　～에 관계없이, ～에 상관없이

我が社は新入社員を学歴によらず採用しています。
우리 회사는 신입 사원을 학력에 관계없이 채용하고 있습니다.

115 ～にわたって・～にわたり　　～에 걸쳐

事故の影響で高速道路が5キロにわたって渋滞しています。
사고의 영향으로 고속 도로가 5키로미터에 걸쳐 정체되고 있습니다.

このお店の味は親子3代にわたり受け継がれています。
이 가게의 맛은 부모 자식간 3대에 걸쳐 이어 내려오고 있습니다.

116 ～ぬきで(は) / ～ぬきには　　～없이(는), ～(하)지 않고(는) / ～없이는, ～빼고는
　　　 ～(は/を)ぬきにして　　～(은/는) 생략하고, ～(을/를) 빼고

冗談ぬきでまじめに考えてください。
농담하지 말고 진지하게 생각해 주세요.

プラスの面もマイナスの面もあるにせよ、現代はもはや観光ぬきには語れない時代です。
긍정적인 면도 부정적인 면도 있지만, 현대는 이제 관광을 빼고는 논할 수 없는 시대입니다.

財政問題をぬきにして福祉政策を考えても、あまり意味がない。
재정 문제를 빼고 복지 정책을 생각해도 별로 의미가 없다.

117 ～抜く　　(끝까지) 계속 ～하다

プロ野球選手になるために厳しい練習を耐え抜いた。
프로 야구 선수가 되기 위해서 혹독한 훈련을 끝까지 견뎠다.

118 **〜のだ**　〜인 것이다, 〜이다

３年間一生懸命勉強したからこそ、志望校に合格できたのです。
3년간 열심히 공부했기 때문에 원하는 학교에 합격할 수 있던 것입니다.

ペットにとっては飼い主がすべてなのだ。
반려동물에게 있어서는 주인이 전부인 것이다.

119 **〜ば〜ほど**　〜(하)면 〜(할) 수록

お金はあればあるほど幸せなのだろうか。
돈은 많으면 많을수록 행복한 것일까.

120 **〜ばかりに**　〜하는 바람에, 〜하는 탓에

古いさしみを食べたばかりにお腹をこわしてしまった。
오래된 생선회를 먹은 탓에 배탈이 나고 말았다.

121 **〜始める**　〜(하)기 시작하다

一昨日からうちで猫を飼い始めました。
그저께부터 우리 집에서 고양이를 기르기 시작했습니다.

122 **〜はともかく・〜は別として**　〜은/는 차치하고, 〜은/는 그렇다 치고

このレストラン、ちょっと高いんですけど、値段はともかく味はいいですね。
이 레스토랑은 조금 비싸지만 가격은 그렇다 치고 맛은 좋네요.

10年前ならともかく、今はそんな服は着られない。
10년 전이면 몰라도 지금은 그런 옷은 입을 수 없다.

彼は別としてチームの他のメンバーとはうまくいっている。
그는 그렇다 치고 팀의 다른 멤버들과는 잘 지내고 있다.

123 **〜ばよかった**　〜하면 좋았겠다, 〜할 걸 그랬다

天気予報を確認すればよかったのに。
일기 예보를 확인했으면 좋았을걸.

買う前にちゃんと調べておけばよかった。
사기 전에 잘 알아볼 걸 그랬다.

124 　**〜ぶりに / 〜ぶりだ**　　〜만에 / 〜만이다

台風で電車が運休になっていたが、10時間ぶりに運転を再開したそうだ。
태풍으로 전철이 운행 중지가 됐었는데 10시간 만에 운행을 재개했다고 한다.

プロ野球の試合を見に行くのは、2年ぶりだ。
프로 야구 경기를 보러 가는 것은 2년만이다.

125　**〜べきだ**　　〜해야 한다, 〜하는 것이 당연하다

間違えたことをしたなら、謝るべきです。
실수를 했다면 사과해야 합니다.

借りたお金は必ず返すべきだ。
빌린 돈은 반드시 갚아야 한다.

126　**〜(より)ほかない**　　〜(하는) 수밖에 없다

終電を逃してしまったので、タクシーで帰るほかない。
막차를 놓쳐 버렸기 때문에 택시로 귀가할 수밖에 없다.

風邪のせいで旅行はあきらめるよりほかなかった。
감기 때문에 여행은 포기할 수밖에 없었다.

127　**〜ほどだ / 〜ほどではない**　　〜(할) 정도이다 / 〜(할) 정도는 아니다

こんなにおいしいなら、毎日食べたいほどだ。
이렇게 맛있다면 매일 먹고 싶을 정도다.

車とぶつかったが、救急車を呼ぶほどではなかった。
차에 부딪혔지만 구급차를 부를 정도는 아니었다.

128　**〜まい**　　〜(하)지 않겠다, 〜(하)지 않을 것이다

今日は雨が降るまいと思って、かさを持ってきませんでした。
오늘은 비가 오지 않을 거라 생각해서 우산을 가져오지 않았습니다.

もう、このようなことはしまいと神様に誓いました。
이제 이런 짓은 하지 않겠다고 신에게 맹세했습니다.

129　**〜向き**　　〜(방)향, 〜취향에 맞음, 〜에 적합함, 〜용

お年寄り向きのサービスや商品がありますか。
어르신에게 적합한 서비스나 상품이 있습니까?

130 **〜向^むけ**　〜용(임)

この会社^{かいしゃ}では、子供^{こども}向^むけのテレビ番組^{ばんぐみ}を作^{つく}っている。
이 회사에서는 어린이용 텔레비전 프로그램을 만들고 있다.

131 **〜も〜ば〜も**　〜도 〜하고(하거니와) 〜도

洗濯^{せんたく}の好^すきな人^{ひと}もいれば、料理^{りょうり}が趣味^{しゅみ}という人^{ひと}もいる。
빨래를 좋아하는 사람도 있고 요리가 취미라는 사람도 있다.

132 **〜もあれば**　〜쯤 있으면, 〜나 되면

このお店^{みせ}は安^{やす}いので1000円^{えん}もあればお腹^{なか}いっぱいになります。
이 가게는 저렴해서 1000엔 정도 있으면 배불러 집니다.

133 **〜ものか**　〜할까 보냐, 〜하나 봐라

サービスも味^{あじ}も悪^{わる}いあんな店^{みせ}、二度^{にど}と行^いくものか。
서비스도 맛도 안 좋은 저런 가게를 두 번 다시 가나 봐라.

嘘^{うそ}ばかりつく彼^{かれ}の言葉^{ことば}なんて信^{しん}じるものか。
거짓말만 치는 그의 말 따위 믿을까 보냐.

134 **〜ものだ**　〜하는 법이다, 〜해야 한다
　　〜ものではない　〜하는 게 아니다, 〜할 필요는 없다, 〜해서는 안 된다

遊^{あそ}んでばかりではだめだ。学生^{がくせい}は勉強^{べんきょう}するものだ。
놀고만 있어서는 안 된다. 학생은 공부를 해야 한다.

夜遅^{よるおそ}く電話^{でんわ}をかけるものではないよ。
밤늦게 전화하는 거 아니야.

135 **〜ものだから**　〜이기 때문에, 〜해서

風邪^{かぜ}をひいてしまったものだから、出席^{しゅっせき}できなかった。
감기에 걸리고 말았기 때문에 참석할 수 없었다.

136 **〜ものなら**　〜(할) 수 있다면

クリスマスのテーマパークの混雑^{こんざつ}は避^さけるものなら避^さけたい。
크리스마스 놀이공원의 혼잡함은 피할 수 있다면 피하고 싶다.

137 **〜ものの**　　〜하기는 했으나, 〜하기는 했지만

すぐ退院はできたものの、不幸にも後遺症が残り、思うように仕事をすることができなくなった。

금방 퇴원은 할 수 있었지만 불행히도 후유증이 남아 생각대로 일을 할 수 없게 되었다.

138 **〜(よ)う / 〜(よ)うとする**　　〜해야지, 〜하자 / 〜하려고 하다

私が買い物に行こうか。 내가 사러 갈까?

ピッチャーが投げようとした時、ランナーは三塁へ走った。

투수가 던지려고 할 때 주자는 3루로 달렸다.

139 **〜ようがない**　　〜할 수 없다, 〜할 방법이 없다

彼に連絡したくても電話番号もメールアドレスも知らないので連絡のしようがない。

그에게 연락하고 싶어도 전화번호도 메일 주소도 모르기 때문에 연락할 방법이 없다.

お箸もスプーンも忘れてしまったので、せっかく作ったお弁当だったが食べようがなかった。

젓가락도 스푼도 까먹어 버렸기 때문에 기껏 만든 도시락이었지만 먹을 수 없었다.

自然災害は、時には人間の力では防ぎようがない。

자연재해는 때로는 인간의 힘으로는 막을 방법이 없다.

140 **〜ようで(は) / 〜ようであれば**　　〜할 것 같아서, 〜해서(는) / 〜할 것 같으면

彼は冷静なようで、本当はあわてものなんです。

그는 침착할 것 같지만 사실은 덜렁이입니다.

締め切り直前になってテーマを変えるようでは、いい論文は書けないだろう。

마감 직전이 되어 주제를 바꿔서는 좋은 논문은 쓸 수 없을 것이다.

水やりは、簡単なようでいて奥の深い作業なんです。

물주기는 간단한 것 같지만 심오한 작업입니다.

予定通りに進まないようであれば、再検討した方がいいのではないでしょうか。

예정대로 진행되지 않는다면 재검토하는 편이 좋지 않을까요?

141

〜ように / 〜ないように　〜하도록 / 〜하지 않도록

彼はみんなによく聞こえるように大声で話した。
그는 모두에게 잘 들리도록 큰 소리로 말했다.

素敵な出会いがありますように。
멋진 만남이 있기를.

二度と同じ誤りをしないように注意しなさい。
두 번 다시 같은 잘못을 하지 않도록 조심해라.

〜ようになる / 〜ようにする　〜하게 되다 / 〜하도록 하다

早く退院できるようになりたいです。
빨리 퇴원할 수 있게 되었으면 좋겠습니다.

もう会わないようにしよう。
이젠 만나지 않도록 해야지.

〜わけにはいかない　〜할 수는 없다

明日は試験があるから、今日は遊んでいるわけにはいかない。
내일은 시험이 있어서 오늘은 놀고 있을 수는 없다.

〜わりに(は)　〜에 비해서(는), 〜치고(는)

あの映画は、有名なスターがたくさん出演しているわりにはつまらなかった。
그 영화는 유명한 스타가 많이 출연한 것 치고는 재미없었다.

〜を契機として・〜を契機に・〜をきっかけに　〜을/를 계기로

その事件を契機として法律が改正されました。
그 사건을 계기로 법률이 개정되었습니다.

転職を契機にすべてがうまくいっている。
이직을 계기로 모든 것이 잘되고 있다.

健康診断をきっかけにダイエットを始めた。
건강 검진을 계기로 다이어트를 시작했다

〜を込めて　〜을/를 담아, 〜을/를 가지고

このケーキは私が心を込めて作ったものです。
이 케이크는 제가 마음을 담아 만든 것입니다.

147 　**～を通じて・～を通して**　～을/를 통해서

藤田さんご夫妻とは鈴木さんを通じて知り合いました。
후지타 씨 부부와는 스즈키 씨를 통해서 알게 되었습니다.

その講義を通して、政治にどんどん興味がわいてきた。
그 강의를 통해서 점점 정치에 흥미가 생겼다.

148 　**～を問わず**　～을/를 불문하고, ～을/를 막론하고

年齢、性別を問わず、誰でもツアーに参加できます。
나이, 성별을 불문하고 누구나 투어에 참가할 수 있습니다.

149 　**～をはじめ**　～을/를 비롯하여

この大学には中国をはじめ、アジアからの留学生が多い。
이 대학에는 중국을 비롯하여 아시아에서 온 유학생이 많다.

150 　**～をめぐって**　～을/를 둘러싸고, ～에 관해

大気汚染の解決策をめぐって活発な議論が続いている。
대기 오염의 해결책을 둘러싸고 활발한 논의가 계속되고 있다.